2015

二七年鉴

ER QI NIAN JIAN

郑州市二七区人民政府主办
郑州市二七区地方志办公室编

郑州市二七区政
中原区
荥阳市
新密市
常庄水库
尖岗水库
图例
省级人民政府
市(区)人民政府
乡(镇)人民政府
街道办事处
行政村
自然村
企事业单位
学校
区界
乡界
公路
规划高速
规划道路
高速公路
河流水库
观光景点
居住区
规划、在建地铁
地铁
铁路
火车站
1:50000
(内部资料 仅供参考)
二七区民政局制 2013年10月

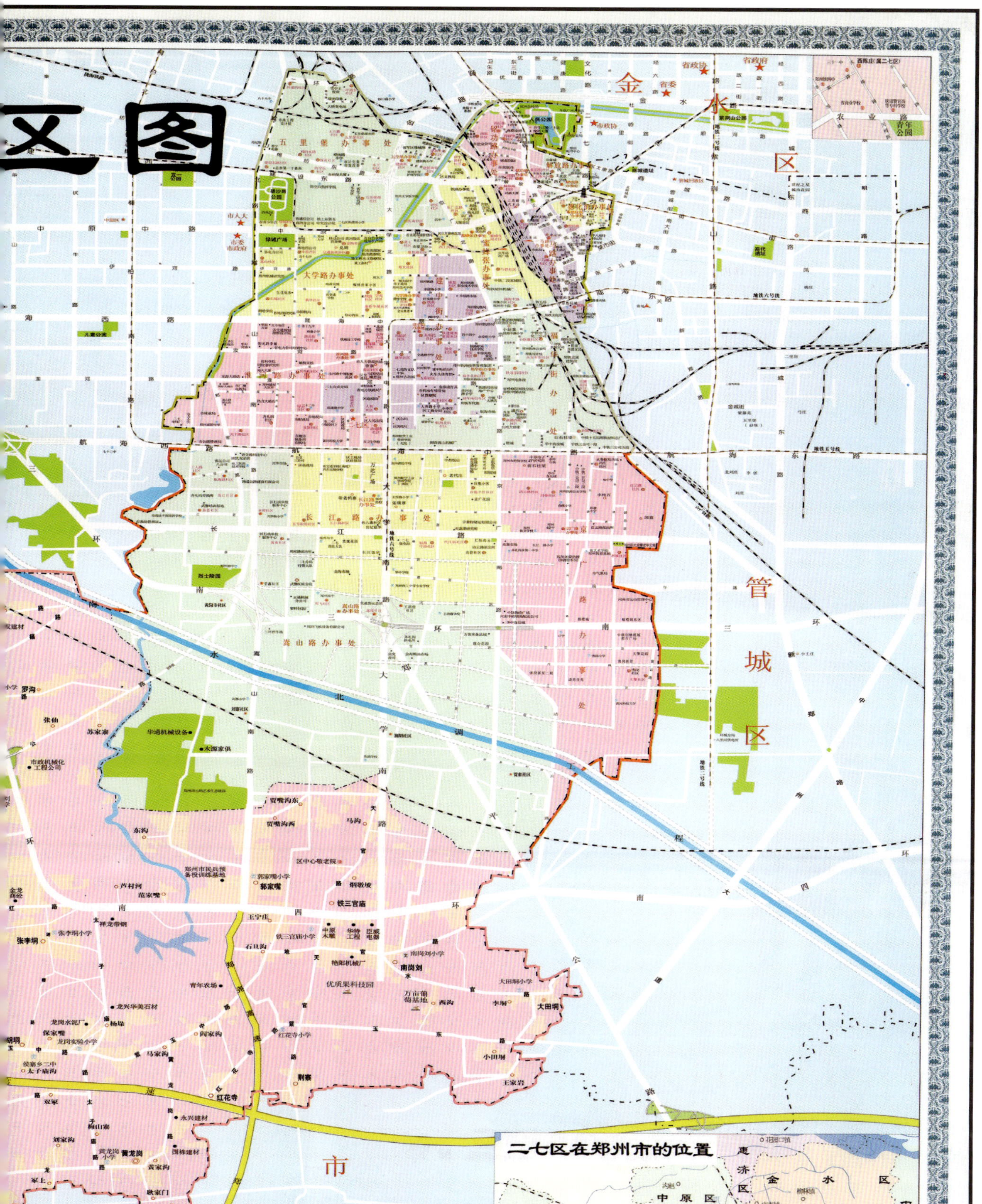
区图
金水区
管城区
新郑市
五里堡办事处
大学路办事处
淮河路办事处
长江路办事处
嵩山路办事处
京广路办事处
省政府
省委
市政府
二七区在郑州市的位置
惠济区
金水区
中原区
荥阳市
巩义
管城区
中牟
新郑市
新密市
二七区
省政府
市政府

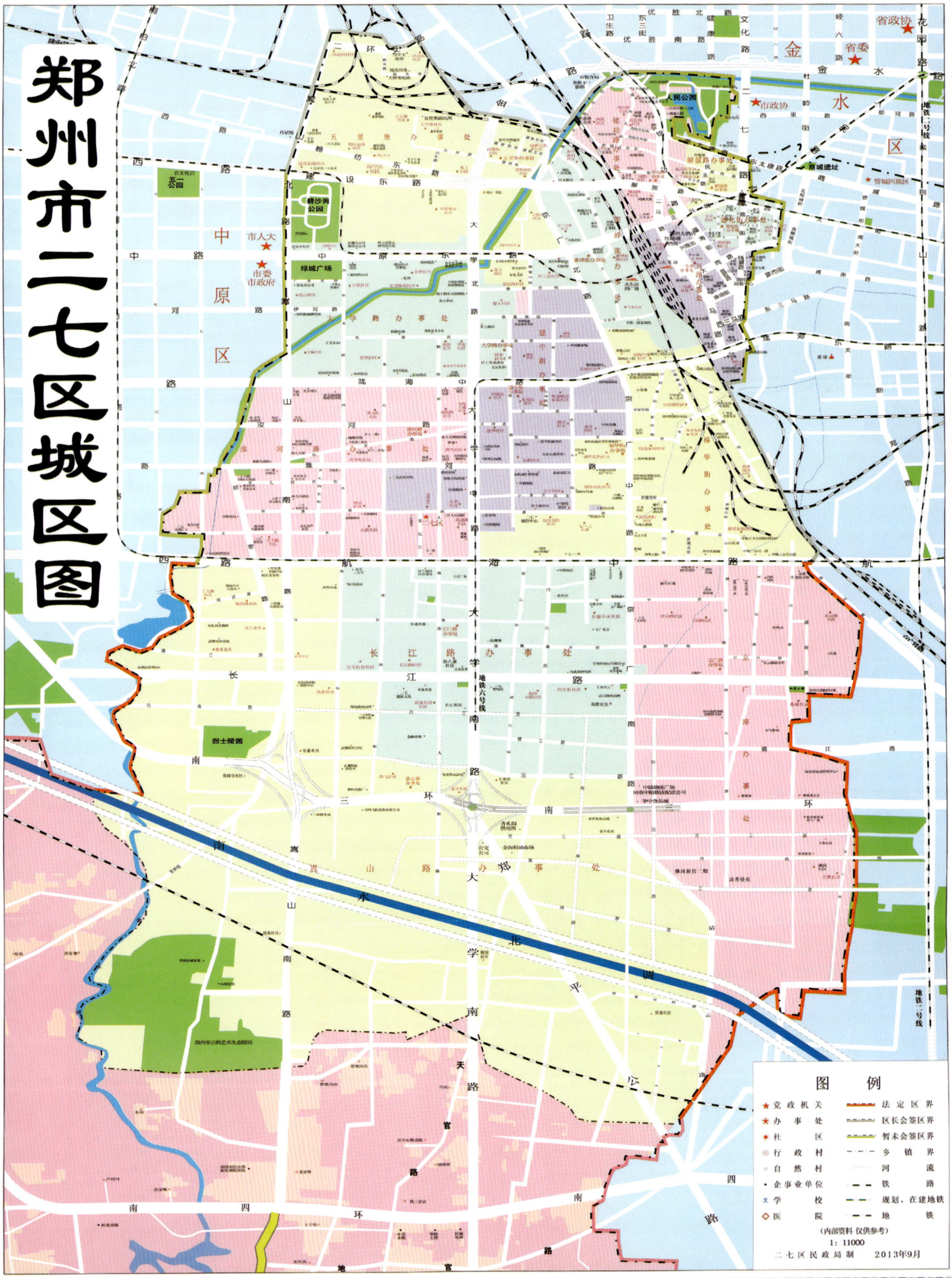
郑州市二七区城区图
图　例
党政机关
办事处
社区
行政村
自然村
企事业单位
学校
医院
法定区界
区长会签区界
暂未会签区界
乡镇界
河流
铁路
规划、在建地铁
地铁
(内部资料 仅供参考)
1：11000
二七区民政局制
2013年9月

升级改造后的德化步行街

未来二七新城（效果图）

解放路立交桥

绿城广场

升龙国际中心

便捷的交通出行

大学科技园区

调研活动

DIAO YAN HUO DONG

1月16日，河南省副省长张维宁视察郑州汽车客运中心站春节期间运输工作

5月12日，河南省公安厅厅长王小洪视察郑州火车站地区“防爆恐”工作

2月26日，河南省商务厅厅长焦锦森到河南网商园调研

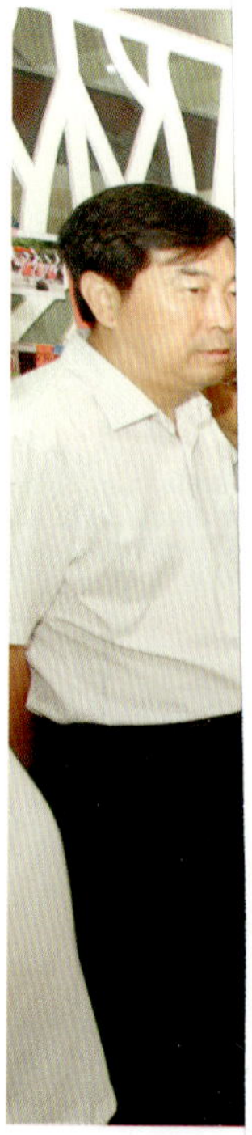

▶ 7月11日，中共郑州市委副书记、市长马懿视察辖区防汛工作

▶ 7月27日，中共郑州市委副书记、市长马懿督导高砦农贸市场整治工作

▶ 11月16日，中共郑州市委副书记、市政协主席王璋视察辖区创建国家文明城市工作

调研活动
DIAO YAN HUO DONG

▶ 4月10日，郑州市人大常委会主任白红战视察辖区食品安全工作

◀ 11月14日，郑州市正市长级领导干部王林贺视察辖区生态廊道建设工作

11月6日，中共郑州市委常委、组织部部长高建慧调研基层党组织建设工作

6月9日，中共郑州市委常委、纪委书记郭锝昌到辖区调研长效机制管理工作

11月28日，中共郑州市委常委、常务副市长孙金献到辖区调研商贸业发展情况

1月22日，中共郑州市委常委、宣传部部长王哲走访慰问低保户家庭

6月20日，中共郑州市委常委、统战部部长王跃华到福华街街道小赵砦社区调研群众工作队工作开展情况

1月16日，中共郑州市委常委、政法委书记黄保卫视察郑州长途汽车中心站春节期间运输安全工作

调研活动
DIAO YAN HUO DONG

▶ 3月27日，中共郑州市委常委、副市长张建慧视察辖区生态廊道建设工作

11月24日，郑州市副市长刘东调研辖区学前教育工作

2月28日，郑州市副市长张俊峰视察郑州火车站西广场建设工作

◀ 1月27日，郑州市副市长马健视察辖区烟花爆竹销售点的安全工作

7月16日，郑州市副市长吴忠华视察郑州火车站地区“防爆恐”工作

2月7日，区“四个班子”领导参加“缅怀革命先烈 共筑中国梦”活动

4月6日，区委书记蔡红到马寨镇检查指导合村并城安置区建设工作

1月13日，中共河南省委、河南省人民政府、河南省军区联合授予区委书记蔡红"党管武装好书记"荣誉称号

4月21日，区委副书记、区长陈红民视察陇海路快速通道拆迁工作

11月12日，区委副书记、区长陈红民视察辖区市场外迁工作

9月19日，区人大常委会主任李章坤视察辖区中州盆景文化园

9月26日，区政协主席于广志视察辖区经济建设工作

3月27日，区委副书记李晓雷到马寨产业集聚区调研

9月23日，正区长级领导干部张伟岭参加“全国科普日”活动启动仪式

调研活动

DIAO YAN HUO DONG

▶ 7月1日，区委常委、郑州火车站地区管委会主任许广佑带领干部职工重温入党誓词

10月10日，区委常委、纪委书记张全金考察河南网商园

3月26日，区委常委、统战部部长王玉红到马寨镇居民家中走访

7月30日，区委常委、宣传部部长王鲁明检查楼院环境卫生整治情况

4月4日，区委常委、政法委书记卢书选为二七区司法先进工作者颁奖

9月18日，区委常委、常务副区长李峰到德化商业步行街调研

7月24日，区委常委、组织部部长丁文霞调研淮河路街道党建工作

9月9日，区委常委、区委办公室主任赵吉平调研长效机制管理工作

5月9日，区委常委、武装部政委胡新生检查辖区民兵应急分队建设工作

党的群众路线教育实践活动

DANGDE QUN ZHONG LU XIAN JIAO YU SHI JIAN HUO DONG

▶

3月10日，二七区召开“党的群众路线教育实践活动”工作会议

◀

3月28日，二七区举办“党的群众路线教育实践活动”报告会

8月13日，中共河南省委督导组到铭功路街道调研

3月18日，中共郑州市委督导组到辖区调研

6月11日，中共郑州市委副书记、市政协主席王璋到五里堡街道调研

2月17日，中共郑州市委常委、宣传部部长王哲到辖区调研

3月25日，区委书记蔡红到联系点—交通新苑社区走访

3月29日，区委副书记、区长陈红民到联系点—亚星社区走访

党的群众路线教育实践活动

DANGDE QUN ZHONG LU XIAN JIAO YU SHI JIAN HUO DONG

3月14日，区“四个班子”领导到焦裕禄纪念馆参观学习

7月1日，二七区举办纪念中国共产党成立93周年暨党的群众路线教育实践活动“我是谁、为了谁、依靠谁”主题演讲报告会

7月1日，老干部进行革命传统教育

12月4日，二七区举行志愿者活动

11月24日，辖区志愿者开展为民服务活动

11月19日，二七区召开“党的群众路线教育实践活动”总结大会

8月28日，二七工商分局开展文化活动

9月11日，社区志愿者开展文艺活动

11月12日，二七区残疾人联合会举办残疾人再就业技能培训

6月19日，社区党员到兰考县焦裕禄纪念馆重温入党誓词

开展"暖冬行动"

陇海大院 "爱心接力"

陇海大院"爱心集体"

街道干部职工认领"微心愿"

◀ 校园赠书

举办“迎端午”文化活动

杂技艺术表演进社区

▶ 庆祝中华人民共和国成立65周年广场文化大会演——“中国梦 在我心中”文艺演出

▶ 举办庆“七一”红色主题活动

◀ 举办第八届郑州樱桃节开幕仪式

志愿者维护交通秩序

开展创建国家卫生城市复审工作

清理占道经营

举行项目开发签约仪式

举办“发展电子商务 引领产业升级”主题沙龙

整治“五小”商店

魅力二七

二七区棚户区改造之合村并城

程炉、张河一期安置区

安置区位于学院路东、安宁路南、绿叶路北，占地面积4.57公顷，规划建设高层住宅楼8栋、幼儿园1所，总建筑面积19.3万平方米，其中，地上建筑面积13.6万平方米，地下建筑面积5.7万平方米。涉及张河、程炉2个村，共945户、3691人。

刘胡垌一期安置区

安置区位于郑少高速公路东、椰风路北，一期占地面积9.8公顷，规划建设高层住宅楼15栋，1所幼儿园，5栋三层商业楼，总建筑面积36.1万平方米，其中，地上建筑面积27.2万平方米，地下建筑面积8.9万平方米。涉及刘胡垌、水磨、王庄3个村，共2173户、7979人。

南岗刘安置区

安置区位于豫一路北、芦庄路南，南岗路西、杏园路东，占地面积4.8公顷，规划建设高层住宅楼9栋，总建筑面积约23.7万平方米，其中，安置房建筑面积约16.5万平方米，幼儿园、商业网点、物业管理、社区服务及地下建筑约7.2万平方米。涉及南岗刘、荆寨2个村，共550户、1699人。

张寨一期安置区

安置区位于郑少高速公路南，思源路北，莲湖路东，一期占地面积6.87公顷，总建筑面积27万平方米，其中，地上建筑面积20.6万平方米，地下建筑面积6.4万平方米。涉及张寨、娄河、湾刘3个村，共1406户，5191人。

编　辑　说　明

一、《二七年鉴》是二七区人民政府主办、二七区地方志办公室承办的地方综合年鉴。本卷年鉴旨在全面系统地记载2014年二七区经济社会发展的主要情况，为机关、企事业单位等组织及外来投资者和社会各界人士了解二七区、研究二七区、建设二七区提供丰富翔实的地情资料。

二、《二七年鉴》自2006年创刊，以出版年号为卷次名称，每年出版一卷，本卷年鉴是第10卷。

三、《二七年鉴》采用分类编辑法。以篇目为单位，篇目、类目标题使用不同的字体、字号，条目为主要信息载体，标题加【】表示。为方便读者检索，本卷年鉴除在正文前设置目录外，还在附录后设置主题词索引，索引标目按汉语拼音声母音序分类排列。

四、《二七年鉴(2015)》共设三十篇，即特载、大事记、区情概述、组织机构、中国共产党、人民代表大会、人民政府、人民政协、纪检监察、民主党派与工商联、群团组织、武装·消防·人民防空、法制建设、经济监督与管理、财政·税收·金融、城乡建设与管理、工业·农业、商贸业、交通运输、科技·教育·体育、文化·旅游·卫生、社会生活、公用事业、管委会与产业集聚区、乡镇·街道、重点项目建设、旅游观光景点、文物、重要文献选编、附录。本卷除文字内容外，还收录反映领导活动、部门工作、行业发展、城乡新貌、居民生活等方面的彩色图片。

五、《二七年鉴》编辑的内容由各撰稿单位提供，并经撰稿单位领导审定，资料内容准确可靠，撰稿人姓名署于条目之后。少数内容为编者收集资料自撰。

六、本卷年鉴的“统计资料”由二七区发展改革和统计局提供，组织机构负责人由中共二七区委组织部提供，旅游观光景点、文物资料由二七区文化旅游局提供。

七、《二七年鉴》在组稿、编撰、印刷、发行过程中得到有关部门和领导的大力支持，参与编撰人员付出了艰辛劳动，在此一并谢忱。本年鉴疏漏、错误之处，恳请读者批评指正。

二七年鉴编纂委员会

二七年鉴编辑部

目 录

中国共产党

区委全局工作

区委会议

区委办公室工作

组织工作

宣传工作

统战工作

信访工作

老干部工作

党校工作

法制工作

地方志工作

区直机关事务管理

人民政协

综述

政协全体会议

政协常委会议

纪检监察

纪委全局工作

监督检查

廉政建设

主要会议及活动

民主党派与工商联

民主党派

工商联

群团组织

工会

共青团

妇女联合会

武装·消防·人民防空

人民武装

人民消防

人民防空

法制建设

政法

公安

嵩山路派出所

洁云路派出所

大学路派出所

解放路派出所

马寨派出所

火车站派出所

交警三大队

检察

审判

司法行政

保安服务

经济监督与管理

发展改革和统计

工商行政管理

审计监督

物价管理

质量技术监督管理

安全生产监督管理

食品药品监督管理

煤矿安全监督管理

财政·税收·金融

财政管理

国税管理

地税管理

中国人寿保险股份有限公司郑州分公司大学路营销服务部

中国人民财产保险股份有限公司郑州市分公司二七支公司

中国银河证券股份有限公司郑州陇海路证券营业部

方正证券股份有限公司郑州嵩山南路证券营业部

城乡建设与管理

建设管理

规划管理

数字化城市管理

爱国卫生

环境保护

工业·农业

工业和信息化

农业经济

商贸业

二七特色商业区

商务工作

投资促进服务

市场管理

粮食管理

大型商场(市场)

交通运输

区域交通运输管理

郑州铁路局

郑州客运段

郑州火车站

郑州交通运输集团有限责任公司

郑州长途汽车中心站

郑州长途汽车总站

科技·教育·体育

科学技术

科技活动

教育　体育

文化·旅游·卫生

文化　旅游

卫生

社会生活

人口和计划生育

民族宗教

民政工作

社会保险事业

残疾人事业

关心下一代

红十字事业

公用事业

通信　邮政

供电　供热　供水

管委会与产业集聚区

二七新区管理委员会

马寨产业集聚区管理委员会

郑州火车站地区管理委员会

蜜蜂张街道

铭功路街道

一马路街道

解放路街道

德化街街道

淮河路街道

嵩山路街道

长江路街道

京广路街道

重点项目建设

二七新区总部经济园项目

齐礼阎城中村改造拆迁建设安置

“二环十五放射”道路绿化提升工程建设

蜜蜂张改造项目

郑州中央商务区项目

核工业第五研究设计院院区改造项目

小李庄社区城中村改造

德化街地下人防工程项目

路砦社区城中村改造项目

康桥溪岸项目

旅游观光景点

文 物

综述

全国重点文物保护单位

河南省文物保护单位

郑州市文物保护单位

区级文物保护单位

重要文献选编

附 录

统计资料

特 载

坚持高标准 加快"五大板块"建设 全面提升区域发展品牌品质品位

——在区委十届八次全体(扩大)会议上的讲话

区委书记 蔡 红

(2015年1月)

同志们：

这次全会的主要任务是，贯彻落实市委十届十次全会精神，总结全区三年行动计划和2014年工作，分析当前形势，部署2015年及今后一个时期工作，动员全区上下立足新起点，坚持高标准，加快"五大板块"建设，全面提升区域发展品牌品质品位。刚才，红民区长对2014年工作进行了全面总结，对2015年各项工作做了安排部署，大家要认真抓好落实。经区委常委会研究，我讲几点意见。

一、充分肯定成绩，进一步坚定信心和决心

2012年以来，全区上下按照市委、市政府的决策部署，深入推进"三大主体"工作，统筹"五大板块"建设，凝心聚力、克难攻坚，实现了三年行动计划的圆满收官。回顾过去的三年，是我们乘势而上、奋起赶超的三年，也是全区发展取得多项突破、发生显著变化的三年。

(一)坚持高标准抓落实，综合实力实现晋位升级。面向现代化、国际化，更加注重发展的内涵，高标准推进各项工作，品牌品质品位提升的成效显现。初步预计，与2011年相比，全区生产总值净增109.9亿元，年均增长8.13%；公共财政预算收入净增9.7亿元，年均增长13.4%；固定资产投资三年共完成866亿元，年均增长21.5%，实现了历史性突破。三年来，荣获"省级文明城区"、"国家义务教育发展基本均衡县区"、"全国科技进步先进区"、"河南省城中村旧城改造先进单位"等国家和省市级荣誉700多项。在全市的表彰中，荣获含金量最高的综合奖和绝大多数单项奖。2014年，全区首次进入全国中小城市科学发展双百强，位居"综合实力百强区"第90位、"最具投资潜力百强区"第73位，成为全省唯一入围的区。

(二)坚持以人的城镇化为核心，城乡一体化、全域城镇化快速推进。三年来，新增建成区11.45平方公里；常住人口增加2.25万人。谋划实施59个大棚户区改造项目，46个正在快速推进，累计拆迁3000多万㎡，腾出可用开发空间2万多亩，村庄拆迁三环内基本完成，四环内大头落地，围合区域完成近半。城市发展从大拆迁进入大建设阶段，开工安置房950万㎡，回迁2万人、340万㎡，实现已动迁群众户均2套安置房，3年以上的动迁项目基本回迁；开工商业面积190万㎡，竣工运营100万㎡。修建道路100余公里，新增绿地660万㎡；全面完成"三城"联创各项任务，城市管理水平不断提升，教育、医疗等公共服务设施不断完善，城乡环境进一步优化。

(三)坚持以三大主导产业为支撑，现代产业格局基本确立。深入实施开放创新双驱动，瞄准国内外500强、行业20强，实施主导产业选商。三年来，签约重大项目48个、签约额2600亿元，实现康师傅扩大再投资、花花牛乳业、华润万象城、绿地滨湖国际城等一大批项目落地、竣工、发挥效益，三大主导产业比重达到70%。探索新型融资模式，成为全国唯一发行城投债的主城区。积极发展电子商务，引进河南网商园、中国中部电子商务港、苏宁易购(食品)电商园等项目，新兴业态从无到有、从小到大，城区经济焕发新机。二七新区、马寨产业集聚区、二七特色商业区三大园区载体作用突显，经济总量、投资总量、税收总量，均占全区60%以上，我区主导产业发展为全市现代产业体系构建做出了重大贡献。

（四）坚持以网格化长效机制为载体，各项工作扎实有效落实。坚持群众路线，密切联系群众、发动群众、服务群众，探索建立以网格化管理为载体的"依靠群众推进工作落实"长效机制，构建起以基层党组织为核心，政府公共服务、市场监管、社会管理、环境保护与群众自治有效衔接、互为支撑的基层治理结构。网格化管理实现从无到有，社会各界从知晓到行动，从被动到主动，群众自治的氛围愈益浓厚，大批历史遗留问题有效解决在基层，大批矛盾化解在基层，成为推动工作落实的有效方法和平台。全区探索形成的"网格化管理标准体系"，被国家标准委确定为行政服务标准化试点项目。

（五）坚持弘扬正能量，城区文明程度进一步提升。巩固提升创文成果，积极推进以"传统文化、时代脉搏"为主题的机关文化建设，营造学习中华优秀传统文化、弘扬核心价值观的良好氛围。加强公民道德建设，深入推进基层"文明使者"志愿服务站建设，深化"十队一学堂"、"暖夕阳"等特色项目，志愿服务体系不断完善。创立、叫响本土原创文化品牌，《大国廉政—中国廉政故事100部系列微电影》首批四部样片已经发布，《念书的孩子》、《快乐星球》在国内初具影响力。

（六）坚持民生优先，群众生活水平明显改善。切实把民生作为最大的政治，一大批与群众生活密切相关的实事圆满完成。三年来，民生支出49亿元，占总支出的71.3%。城乡居民新增就业70125人；城镇居民人均可支配收入由20737元增至28026元，农民人均纯收入由13523元增至17443元。社会保障和弱势群体救助体系不断健全。实施保障性住房"三房合一"改革，新开工建设保障性住房20840 套。教育优质特色高位均衡发展，新建、改建中小学12所，新增优质学位1.54万个，"多彩教育"被选为全国三个值得推介的区域教育发展模式之一。实现"片医"负责制全覆盖，城区居民"15分钟社区医疗服务圈"逐步形成。开展信访问题集中化解，妥善解决涉及群众切身利益的诉求问题873个，代表全省接受中央督导组的检查验收。加强社会治安管理和防范，深化安全生产"打非治违"工作，加大消防、煤矿、建筑等安全监管力度，社会大局保持和谐稳定，人民群众安居乐业。

（七）坚持管党治党，全区想正事、能干事、干成事、不出事的氛围更加浓厚。以党的群众路线教育实践活动正风肃纪，以依法治区强化民主法治建设，深入开展"除四病、刹四风"作风集中整治活动，深化"三强一创"服务型党组织建设，党员干部作风进一步转变。创新多种形式的学习和交流平台，开讲"周末大讲堂"、搭建专题培训班、到沪宁杭等先进地区学习考察、抽调党员干部到基层一线历练服务，让干部不断开阔视野、增长见识、提升创新能力和素养。坚持以事业凝聚人心，充分调动各方面的积极性，四大班子共识共为，广大党员干部勇于担当，形成了"党委统一领导、政府分工负责、人大政协通力合作、全区上下齐心协力抓落实"的良好局面。

三年来，取得的成绩鼓舞人心、令人振奋。这些成绩得益于市委、市政府的正确领导，区四大班子的团结一心，各乡镇街道、区直部门的扎实工作，凝聚着全区上下、社会各界的聪明智慧和艰辛付出。今天受到表彰的单位和个人，只是其中的一部分，还有很多优秀的同志，默默地在各自岗位上奉献，同样值得尊敬。在此，我代表区四大班子，向奋战在全区各条战线上的广大党员干部群众，向关心支持二七发展的各界朋友，表示衷心的感谢和崇高的敬意！

二、准确把握新常态，抢占发展先机

经济发展进入新常态，是中央审时度势做出的重大战略判断。认识新常态，适应新常态，引领新常态，是当前和今后一个时期做好各项工作的关键。要把思想和行动统一到中央、省市委，对新常态的科学判断和决策部署上来，乘势而上，抢占先机。

（一）在正确认识新常态中抢抓机遇。我国进入经济发展新常态，经济韧性好、潜力足、回旋空间大，为今年和今后经济持续健康发展提供了有利条件，我们面临的机遇难得。一是宏观经济趋势形成的机遇。新常态下，个性化、多样化消费渐成主流；基础设施互联互通和一些新技术、新产品、新业态、新商业模式的投资机会大量涌现，为我们现代化高品质服务业发展、电商产业发展、城乡功能完善提供良好契机。二是国家政策带来的机遇。国家优化经济发展布局，实施"一带一路"战略，支持中西部基础设施建设，为我们带来改革红利释放、新型城镇化推进等利好政策。三是产业转移机遇。世界经济深度调整，中高端产业随着互联网、物联网、航空运输的发展，形成了全球配置资源的生产组织方式，在全球有了更大的产业布局选择空间。我们在区位、交通、信息等方面存在比较优势，有利于现代服务业的发展。四是自身的基础和潜力。优美的生态环境、优良的区位条件和深厚的商业文化底蕴，特别是通过近年来的选商引资、项目建设等，人居环境不断改善，产业定位更加明确，城市品质不断提升，发展空间进一步拓展，对外影响持续扩大，为今后发展打下坚实基础。挑战无处不在，机遇稍纵即逝。把握的准确，积极行动，挑战会转化为机遇；把握不准，行动迟缓，机遇将转化为挑战。我们要正确理解和掌握政策，找准契合点，将优势转化为现实生产力，牢牢把握发展主动权。

（二）在主动适应新常态中迎接挑战。从外部环境看，新常态下，经济增长需求不足的矛盾突出、动力转换没有完成。国家建设统一市场的力度加大，各地优惠政策趋向一致，商务环境、政务环境、创新环境等，对产业转移的影响越来越大。与沪宁杭等地先进城区相比，我们在思想观念、发展理念、战略眼光、工作标准、推进机制等方面，还有很大提升空间。从二七发展看，有些工作还不能按照高标准做到位，发展品质需要加快提升；资金、科技、人才等资源要素集聚还不充分，主导产业档次和业态亟待提升；城乡建设处于攻坚阶段，基础设施、生态环境、对产业的承载能力和综合服务能力，与国际化水准差距甚大；历史文化的挖掘、传承、创新与现代化城市和产业的融合远远不够，等等。我们要适应新常态，紧紧盯住、积极研判发展新趋势、新动向、新苗头，坚持改革推动、开放带动、创新驱动。

（三）在积极引领新常态中强化责任担当。要坚持行之有效的发展思路、布局和举措。用市委全会精神审视二七的各项工作，我们着力发展三大主导产业、统筹建设"五大板块"的发展思路和布局，采取的措施及取得的成效，完全契合郑州都市区建设的决策部署，符合全市总体布局和发展思路，符合二七发展阶段的实际和特色，顺应了群众的需求和愿望。这是我们积极引领新常态的谋篇布局和实践探索。大家要坚定信心，坚持既定的思路目标不动摇，在适应和引领新常态中不断完善、不断提升、扩大成效。主动承担国际商都建设，是我们义不容辞的责任。建设现代化国际商都，是省委、省政府对新常态下郑州发展的战略定位和目标路径。当前，全市正在研究制定国际商都建设规划。作为中心城区，我们要抓住这一重大机遇，充分发挥商业优势，加强向上沟通、衔接、配合，更大力度争得全方位的支持。高起点、高标准研究谋划各项工作，在加快自身发展的同时，努力为建设国际商都，实现主城区整体效益最大化多做贡献。

三、高标准推进各项工作，实现全区发展再上新台阶

省委九届八次全会审议通过了《河南省全面建成小康社会加快现代化建设战略纲要》，明确了我省全面建成小康社会、加快社会主义现代化建设的战略目标、战略方针、战略布局、战略重点、战略举措和战略保证。市委、市政府贯彻落实《纲要》精神，做出了建设现代化国际商都的战略谋划。贯彻落实好省市委决策部署，当前及今后一个时期全区工作的总体思路是：全面贯彻党的十八大、十八届三中、四中全会精神，中央、省委经济工作会和省市委全会精神，围绕国际商都建设，强化“品牌品质品位”理念，坚持高标准，深化“三大主体”工作，加快“五大板块”建设，突出“改革创新增活力、投资开放蓄后劲、结构优化再升级、惠民富民求实效”，努力实现综合实力再晋位、城乡环境更优化、群众生活更美好，为郑州都市区建设做出积极贡献。

我们坚持高标准，以积极、可行的目标要求，激发了广大党员干部的热情和干劲，要保持追求卓越、奋发有为的精神状态，在重点工作上求创新，在关键环节上求突破。一是在目标制定上，以晋位升级为目标，选准国际国内一流城市中心城区为标杆，以“跳起来摘桃子”的精神，自加压力，做到调速不减势、量增质更优。决不能满足于轻松完成，出现纵向比有进步、横向比有退步的情况。二是在工作推进上，坚持拆迁比干净、工程比进度、管理比效果、人人比贡献，以高度的责任感和紧迫感，抓实、抓细、抓到位，实现工作创品牌、选商引品牌、发展树品牌。三是在工作成效上，就是要见实效，在经济发展、城乡建设管理、社会和谐、党建工作等各个方面，实现总量和质量、速度和位次、软环境和硬环境的进一步提升，增强核心竞争力和内生动力。四是在干部队伍建设上，忠诚党的事业，强化宗旨意识，从严治吏。习总书记在十八届中纪委五次全会上要求，把守纪律讲规矩摆在更加重要的位置，必须维护党中央权威，在任何时候任何情况下都必须在思想上政治上行动上同党中央保持高度一致；必须维护党的团结，坚持五湖四海，团结一切忠实于党的同志；必须遵循组织程序，重大问题该请示的请示，该汇报的汇报，不允许超越权限办事；必须服从组织决定，决不允许搞非组织活动，不得违背组织决定；必须管好亲属和身边工作人员，不得默许他们利用特殊身份谋取非法利益。守纪律讲规矩，对于我们来讲，就是要把思想和行动统一到区委、区政府的决策部署上来，以“想正事、能干事、干成事、不出事”为准则，抓好理想信念教育、岗位练兵，从严监督管理，在新常态下找准定位，敢于担当、善于担当，增强干部活力，在干事创业中涌现出更多的好干部。五是在实力展示上，做到表里如一，既要扎扎实实工作，持续提升综合实力；又要善于打造亮点，选树先进典型，总结提升经验，强化宣传、普及和推广，提升二七的美誉度和影响力。

实现2015年及今后一个时期的目标任务，要着重把握好五个方面。

（一）更加注重创新创业氛围营造和载体建设、完善，强化改革创新，增强发展活力。要全面深化改革。敢于啃硬骨头，敢于涉险滩，敢于过深水区，抓好市委、市政府确定改革事项的贯彻落实，抓好探索性改革事项的试点争取，抓好权限范围内改革事项的突破创新，抓好已实施改革措施的深化提升，形成与现代经济、市场经济、开放型经济相适应的行政管理服务和运行机制。坚持创新要实。坚持问题导向、市场导向、需求导向，不断创新工作方法，用超前思维和眼光谋划发展。要鼓励创新创业，在二七区发展的现阶段，建立产业发展引导基金，出台最优惠、服务最到位的扶持政策，特别是对实体经济、楼宇经济、文化创意产业，及企业上市、品牌企业入驻的支持、奖励，发展新兴业态、高端业态，吸引上市企业、知名品牌入驻二七、贡献二七。以大众创业、大众创新形成发展新动力。加快创新创业综合体建设，依托大专院校和科研机构，加快完善提升；同时注重新载体的建设，加速创新成果的产业化，使创新成果迅速转化为现实的生产力。

（二）更加注重选商引资和项目建设，强化投资开放，积蓄发展后劲。要做好项目谋划。围绕主导产业，高标准谋划选商引资和项目建设，形成项目的梯次储备。抓开工、抓投产、促进度；更加重视抓大项目，更加重视抓项目的细节，更加重视产业项目，更加重视产业层级和业态层级，更加重视税收贡献，更加重视安置房回迁，更加重视城市形态。要强化选商引资。瞄准“三力型”项目，把二次招商摆在更加重要的位置，实施产业链招商、集群式招商，突出集约用地、投资强度、科技含量和环保要求，促进主导产业向高端化、高科技方向发展，产品和服务向高附加值延伸。以国际化的视野谋划和培育研发中心、结算中心等体现核心竞争力的业态，引资引智，完善提升城区承载功能、服务功能。

（三）更加注重产业项目的培育和实体经济品质提升，不断优化结构，提升主导产业的层级和比重。加快“五大板块”建设，突出规划引领、规划深化，在重点区域、重点产业、重点项目方面，特别是新区起步区、扩展区（侯寨新老镇区），凤凰岛周边，城市中轴线中原路沿线，攻坚片区等区域，把握好项目快速落地的关键条件、关键环节，完善手续，扎实做好前期工作，完善项目快速落地的良性体制和推进机制。核心增长极的发展，必须高于全区平均水平3—5个百分点，实现主导产业区域的不断优化升级。

二七新区要加快完善水电气暖，及学校、医院、文化娱乐、体育等基础设施，提升承载力，尽快承担起城市次中心功能。着力发展以电子商务为引领的高端服务业，乘好电子商务发展大势，发挥比较优势，加快电子商务产业示范区建设，引进、留住人才，激发传统商业转型升级的发展潜力，再造辉煌。发展壮大楼宇经济、总部经济，以城区产业支撑城区可持续发展。

马寨产业集聚区要以晋星、晋位、晋级为目标，今年有望进一星，共有6个。围绕现代食品制造和高端装备业，培育、扶持骨干企业，加快建立现代企业制度，努力把康师傅、新大方培育成为百亿级领军企业。提升研发中心、重点实验室、孵化中心等载体功能，提高企业自主创新能力和核心竞争力。着力推进合村并城和标准化厂房建设，加强生产性、生活性服务设施建设，推动产城融合。

二七特色商业区要加快内环区域城市有机更新，壮大高端商贸服务业，提升产业支撑能力，实现集聚效应，真正成为千亿级商圈的核心区域和增长极。城市大可以是多中心，但要有核心，二七特色商业区的核心地位一定要保持。深入挖掘商业文化和人文积淀，加快引导老字号入驻，促进传统商业焕发新机。政府与企业形成宣传合力，更好地展示二七特色商业区的优势、潜力、发展成效和服务业品牌形象，提升知名度、吸引力、影响力和美誉度。

医疗及高端服务区要建立健全议事协调机制，做好基本情况摸底调查，制定完善区域发展规划和产业发展规划，尽快形成工作专案，明确发展定位、推进时序、实施路径、项目储备和运营模式。充分利用城中村、旧城改造机遇，围绕医疗服务需要，加快商务楼宇建设，把省市优质医疗资源优势，转化为产业发展优势，成为吸引人才、聚集产业、服务群众的经济增长极。

美丽乡村田园生态区要围绕都市农业、休闲旅游的产业方向，编制整体协调发展方案，加快美丽乡村建设；坚持大生态、低强度，运作和引进一批品牌生态文化项目，促进全域旅游产业发展，形成一村一景、一村一业，做到尊重顺应自然、保护生态资源、彰显文化特色，积点成线，以线带面，成为都市近郊游热点。

（四）更加注重大棚户区改造和安置房建设，强化新型城镇化引领，加快全域城镇化进程。一是拆迁比干净。加快拆迁进度和扫尾工作，基本实现各类拆迁改造任务大头落地，为选商引资和项目建设提供空间。二是工程比进度。加快畅通工程、大棚区改造等工作，促使一批产业项目发挥效益。按照“50%动迁群众回迁”的要求，确保安置房建设始终走在全市的前列。围绕村民变市民，更加注重产业配套，完善文化设施、活动场所，市民学校等公共服务设施，强化教育引导，加快群众就业方式、生活方式、居住方式、消费方式的城市化。三是建设比品质。把生态和文化融入经济社会发展的各领域、各方面、各环节，体现到每一个区域、每一条街道、每一栋建筑上。着力改善生态环境，既要有历史耐心，不急于求成，更要坚持源头严防、过程严管、后果严惩，全力做好燃煤锅炉拆改、道路和建筑工地扬尘治理等工作，标本兼治、多管齐下。

（五）更加注重城市精细化管理水平提升和城市形象展示，惠民富民求实效，让群众更多分享发展成果。一是积极主动地启动城市精细化管理服务工作。按照“确保有面、确保有质、确保时限”的要求，力争覆盖全区更多区域，按期完成各项目标，落实解决好群众行路难、办事难、上学难、就业难、就医难“五难”和建设“整洁、畅通、有序”城市形态两大任务。二是建管并重。更加注重对基层各项管理的倾斜支持，设立基层党建、社区管理专项资金，坚持硬件达标、软件上档，力争2—3年内所有社区硬件全部达标；对政府购买服务扩大领域、明确标准，把社区养老、社会组织培育作为重点，完善社区志愿服务体系，推动服务不断扩面，向纵深发展。做好生态廊道、公园、文化大院等管护工作，树立二七城市管理品牌。三是着力发展民生事业。注重基本公共服务均等化，防止平均数掩盖大多数。加快便民服务中心体系建设，构建10—15分钟生活圈；精准发力，确保完成就业目标；坚持国际化、现代化，采取多种办学方式，让二七的孩子享有优质教育；做好为民承诺的实事。四是加快推进社会治理现代化。坚持依法治区，全面加强民主法治建设，巩固提升文明城市创建成果，深化规范提升长效机制建设，形成稳定、有序、和谐的发展环境和群众生活环境。

四、加强和改善党对经济工作的领导，不断提升统揽发展的能力和水平

经济发展进入新常态，党领导经济工作的观念、体制、方式方法也要与时俱进。要加强党领导经济工作制度化建设，提高党领导经济工作的法治化水平，增强党领导经济工作的专业化能力。

（一）加强学习，提高现代化领导能力。全区各级党组织要进一步完善学习制度，创新学习形式，提高学习针对性。坚持用中国特色社会主义理论武装头脑、指导实践；继续办好“周末大讲堂”，深入学习研究投融资体制、资金、人才、项目运作等方面的政策，特别重视法治学习，以润物细无声的方式，提升党员干部群众的法治思维和素养，让法律内涵成为人的高品质基因。要跟踪学习现代经济社会发展知识、政策和范例，学政治，学经济，学法律，学国学，学科技，学军事，等等，做到学以增智、学以修身、学以致用，不断提高运用先进理念和科学方法推进经济发展、管理社会事务的能力。更好地发挥“智库”的作用，为二七发展献计、献策、献力。

（二）强化领导，树立良好工作导向。坚持民主集中制原则，充分发挥八个工作领导小组的作用，持续“党委统一领导，政府分工负责，人大政协通力协作，全区上下齐心协力抓落实”的良好工作局面。要坚持经济社会主战场选拔使用干部，完善领导班子和干部年度综合考核评价办法，突出品德、实绩、作风等内容，加强综合分析研判。从严监督管理，创新干部考察方式，更加注重日常考查，工作实绩考查，逐步实现从重程序、重形式的平面化考察到重实效、重内容的立体式考察转变。要继续做好年轻干部墩苗历练、培养锻炼，抓好跟踪问效，让更多年轻干部到基层一线历练成长。

（三）改进作风，进一步提升“务实、为民、清廉”形象。习总书记在十八届中纪委五次全会上，提出了党风廉政建设的4个重点要求，第一，严肃责任追究，强化党风廉政建设主体责任；第二，横下一条心纠正“四风”，常抓抓出习惯、抓出长效，在坚持中见常态，向制度建设要长效；第三，保持高压态势不放松，查处腐败问题，必须坚持零容忍的态度不变、猛药去疴（kē）的决心不减、刮骨疗毒的勇气不减、严厉惩处的尺度不松，发现一起查处一起，发现多少查处多少；第四，深化党的纪律检查体制改革，加强制度创新。我们要认真学习贯彻习总书记讲话精神，深化党的群众路线教育实践活动成果，持续抓好问题整改，持续做好建章立制，形成纠正“四风”、改进作风的常态化机制。坚决落实“两个责任”，坚持防微杜渐、警钟长鸣、关口前移，建立健全教育、监督并重的惩治和预防腐败体系，正党风、促政风、带民风，为新常态下二七发展，提供坚强保障。

同志们，成绩代表过去，未来任重道远。让我们紧密团结在以习近平同志为总书记的党中央周围，坚定信心，鼓足干劲，以更加良好的精神状态，更加务实的工作作风，高标准推进“五大板块”建设，全面提升区域发展品牌品质品位，努力为郑州都市区建设做出积极贡献！

谢谢大家！

二七区人民代表大会常务委员会工作报告

——在二七区第十五届人民代表大会第四次会议上

人大常委会主任　李章坤

（2015年1月）

各位代表：

我受二七区第十五届人民代表大会常务委员会委托，向大会报告工作，请予审议，并欢迎政协委员和其他列席的同志提出意见。

2014年的主要工作

过去的一年，是全区上下克难攻坚，圆满完成"三年行动计划"，经济社会实现健康发展的一年，也是二七区全面深化改革，推进依法治区，民主法治建设取得显著成绩的一年。区人大常委会在中共二七区委的正确领导下，坚持党的领导、人民当家做主、依法治国，深入贯彻落实党的十八大和十八届三中、四中全会精神，紧紧围绕全区中心工作，坚持依法履职、服务大局、积极作为，有效发挥了地方国家权力机关的职能作用，为促进全区经济社会科学发展做出了积极贡献。

一、坚持党的领导，服务发展取得新成效

区人大常委会坚持与区委思想同心、目标同向、工作同步，着眼事关全区经济社会发展的重大问题，找准切入点和结合点，科学确定工作重点，努力做到决策有据、决定有效、落实有力。

（一）围绕中心助推发展。区人大常委会自觉站位发展全局，认真落实中共二七区委工作部署，积极推进新型城镇化建设、现代产业体系构建和依靠群众推进工作落实长效机制建设"三大主体"工作，促进二七区实现科学发展。围绕推进新型城镇化建设，听取二七新区工作报告，要求新区管委会加快规划、土地手续办理进度，加大基础设施建设力度；区人大常委会领导担任全区16个重点项目指挥长，带领机关工作人员，冲在一线克难攻坚，深入群众解决问题，促进重点项目的快速推进。其中，王胡砦改造项目实现回迁，万达广场安置区项目启动回迁工作，刘砦改造项目安置房已封顶，孙八砦改造项目拆迁工作基本完成。围绕推进现代产业体系构建，区人大代表视察工业项目时提出要坚持走新型工业化道路，优化企业发展环境，提高企业核心竞争力；定期督导马寨产业集聚区工作，促进花花牛乳制品、"康师傅"二期等省重点项目顺利投产；组织区人大代表视察农业工作，提出要大力培育现代农业项目，加强都市区生态文化旅游宣传，加大农民培训力度和现代农业资金投入。围绕推进长效机制建设，调研网格化管理工作，提出要充分发挥职能部门、三级网格长和离退休人员作用，提高解决问题的效率，提高社会治理水平。全区网格化管理工作形成了制度化、规范化的问题解决和工作推进机制，为推动全区社会事务管理和城市管理提升提供有力保障。

（二）突出重点开展监督。区人大常委会认真实施监督法，听取和审议35项议案和工作报告，书面印发审议意见74条。加强对社会经济运行情况的监督，在深入调研的基础上，听取和审议区政府关于2014年上半年国民经济和社会发展计划执行情况的报告，提出要多措并举抓经济稳步增长，创新思路抓现代产业体系构建，加强协作抓城乡协调发展，统筹推进抓民生和社会事业发展。加强对预决算的监督，听取和审议区政府关于2013年财政决算和2014年1–6月预算执行情况的报告，审查批准2013年度财政决算，提出要加强预算管理，完善预算编制与执行；优化税收结构，提高税收质量；合理安排财政支出，严把支出关；推进部门预决算及"三公经费"公开，自觉接受社会监督。加强对财政资金使用情况的监督，参与监督政府采购招投标工作，听取政府采购工作报告，提出要扩大政府采购范围，增加政府采购透明度；严格监管招投标单位，杜绝假投标、挂靠等现象；加强对政府投资项目的前期把关，减少预算虚头；规范代理机构的抽取，选择业务水平高、服务质量好的代理机构参加招投标，提高招投标质量。加强对审计工作的监督，听取并审议区政府关于2013年区本级财政预算执行和其他收支情况的审计工作报告，提出要牢固树立科学审计的新理念，认真履行审计职责；突出审计监督重点，提升审计工作水平；强化审计整改落实，确保审计作用的发挥。

（三）服务大局保障决策落实。区人大常委会依法行使重大事项决定权，从法律上保障区委中心工作加快推进，全力服务发展大局，先后作出批准政府将保障性安居工程、旧城区改建项目列入2014年国民经济和社会发展年度计划、批准2014年政府投资项目计划、批准2013年财政决算等11项决议、决定，并采取视察、调研、听取专项工作报告等方式督促落实。国家卫生城市和国家文明城市重创工作是2014年全市、全区中心工作之一。区人大常委会领导按照市人大常委会和区委的部署，担任集贸市场整治督导组组长和副组长，带领人大代表、机关工作人员和相关单位人员，上下联动，采取不定范围、不定时间、不打招呼等方式，深入市场和分包联系乡镇、街道进行督导，有力促进了复审重创工作的开展。在群众路线教育实践活动中，根据区委安排，区人大常委会5名领导分别兼任区党的群众路线教育实践活动督导组组长，对全区57家单位党的群众路线教育实践活动开展情况进行督导，确保了党的群众路线教育实践活动的实效。

二、坚持惠民利民，改善民生展现新作为

区人大常委会始终把维护好、实现好、发展好人民群众的根本利益作为工作的出发点和落脚点，积极推动解决人民群众最关心、最直接、最现实的利益问题，努力让发展成果更多更公平地惠及广大人民群众。

（一）聚焦民生热点问题。教育是民生之基。区人大常委会组织人大代表视察中小学、幼儿园建设，提出学校建设要超前规划，高标准建设，高质量管理，努力缓解入学难题。医疗是民生之需。区人大常委会组织代表对区政府实施医疗机构管理条例情况进行检查，提出要加强医疗相关法律宣传，加强执法队伍作风建设，坚持依法行政，提高医疗保障能力，努力满足人民群众的就医需求。民政是民生之本。区人大常委会组织代表视察民政工作，提出要加强爱心超市和救助站宣传工作，加大社会救助力度，加强社会管理。安全是民生之忧。区人大常委会组织代表视察防汛工作，提出要增加防汛专项资金投入，安全管理储备物资，加强防汛队伍演练，及时排查隐患，杜绝出现事故；组织人大代表视察食品安全，提出要加强餐饮单位管理，增加食品监管人员，保障食品监管经费，加大餐饮从业人员培训力度，确保人民群众舌尖上的安全；组织人大代表视察消防工作，提出要加大消防工作财力投入，完善社会防控体制，加强消防宣传教育和培训，预防和消除火灾隐患，保障人民群众生命财产安全。

（二）督促政府办理实事。“十件实事”是区政府对全区人民的庄严承诺，其工作成效直接关系人民群众的切身利益，直接反映政府的执政能力。为了促进实事办理，区人大常委会年中针对单项工作开展视察、调研，年底组织区人大代表集中视察在建项目，提出要加快速度，确保承诺内容圆满完成；建管并重，确保已完成的实事发挥作用；充分论证，科学确定2015年承诺内容。其中，为了推进保障性安居工程建设，区人大常委会组织人大代表视察棚户区改造工作，提出要加大拆迁和安置房建设力度，加快手续办理进度，建立项目推进报批报建办事机构，定期研究解决项目建设中存在的问题；为了推进生态环境改善，区人大常委会组织人大代表视察环境污染治理工作，提出要树立危机意识，加大宣传曝光力度，加强环境污染治理，严把项目准入审批关，努力建设美丽二七区。在区人大常委会的督促下，区政府圆满完成“十件实事”办理任务，全年用于民生领域的财政支出19.2亿元。

（三）促进社会和谐稳定。区人大常委会按照区委对群众工作队的要求，派驻机关工作人员到长江路街道孙八砦社区、马寨镇张河社区支持群众工作队员在联合党支部担任第一书记，帮助基层解决难题、推进发展。区人大常委会信访部门全年共接待群众来信来访143件次，督办解决了一批人大代表和人民群众反映突出的问题，为保障群众权益、化解社会矛盾、维护社会稳定做出了积极贡献。

三、坚持依法履职，法治建设迈上新台阶

区人大常委会积极落实党的十八届四中全会精神，把促进民主法治建设作为人大工作的应尽之责，支持和督促“一府两院”依法行政、公正司法，营造了良好的法治环境。

（一）坚持依法治区。组织区人大机关人员学习党的十八届四中全会精神、宪法和法律法规知识，开展无纸化学法用法考试，增强区人大常委会机关干部模范遵守宪法法律的意识。坚持党管干部和人大依法选举任免的统一，全年选举任免160人次。任免工作中坚持任前法律知识考试、任前考察、任前见面、表态发言、颁发任命书等制度，按照党的十八届四中全会关于建立宪法宣誓制度的规定，组织新任人员向宪法宣誓，任后公开任职承诺，增强被任命人员的法律意识、责任意识和接受监督的意识。

（二）强化依法行政。督促区政府在法治轨道上开展工作，完善执法程序，严格执法责任，建立权责统一、权威高效的依法行政体制，加快建设职能科学、权责法定的法治政府。加强规范性文件备案审查监督，对区政府报送的39件规范性文件进行备案审查。开展评选2013年度“人民满意的公仆单位”活动，公开参评单位的履职承诺和践诺情况，对获奖单位进行表彰，促进参评对象依法履职、为民履职。开展食品安全视察和医疗机构管理条例执法检查时，印发相关法律参考资料，督促相关单位严格依法办事。

（三）促进公正司法。支持区法院、区检察院依法独立公正行使职权。在国家首个宪法日组织区人大代表视察区法院工作，提出要坚决推进司法改革，努力促进公平正义，坚持自觉接受监督。支持法院深化改革，任命街道巡回法庭庭长、新型合议庭主审法官，支持区法院提前完成最高法院人民陪审员“三倍增计划”。支持区法院实行一站式司法服务模式，组织区人大代表旁听案件庭审、见证执行26次，参加信访听证11次，每天到法院多功能诉讼服务大厅参与诉前矛盾化解和监督司法工作。组织区人大代表视察区检察院工作，提出要大力开展警示教育，加强对重点人群的法制教育，营造遵纪守法氛围，进一步加强未成年人犯罪检察工作。组织区人大代表参加检察开放日活动，参与羁押必要性审查、附条件不起诉听证会，促进检务公开。

四、坚持优化服务，代表工作迸发新活力

区人大常委会积极探索代表工作方式方法，不断总结经验和创新思路，通过建机制、搭平台、强服务，着力增强代表工作实效，充分发挥代表主体作用。

（一）健全机制，提供代表履职保障。建立监督机制，制定《二七区选举产生的郑州市人大代表履职办法》，组织6名市人大代表在常委会会议上述职。根据代表辞去职务暂行办法的规定，接受14名区人大代表辞去代表职务。

（二）搭建平台，畅通代表履职渠道。组织市十四届人大二七区代表团3个小组的代表开展7次活动，其中，“六一”儿童节前在侯寨乡张李垌小学举行爱心捐赠助学活动，募集捐款14.2万元。全年组织辖区省、市、区人大代表开展集中视察9次、调研活动37次，召开征求意见座谈会3次，参加代表287人次，提出意见建议500多条。

（三）强化服务，优化代表履职环境。一是强化学习培训服务。组织辖区市人大代表到市委党校参加培训，组织部分市、区两级代表到青岛人大培训中心系统学习政治理论和业务知识。二是强化知情知政服务。定期为代表寄送人大报刊、资料，通过印发工作汇报、网上公布、发送短信等方式向人大代表通报“一府两院”工作进展情况。三是强化督办建议服务。对重点建议进行现场督办，召开代表建议办理征求意见座谈会，听取政府建议办理情况报告，对交办的37件建议逐个跟踪落实。通过督办，人大代表所提建议已经解决或基本解决的33件，正在解决或列入计划解决的4件。

五、坚持提升能力，自身建设开创新局面

区人大常委会把自身建设作为人大工作的基础保障，注重强化落实能力，着力提升履职水平，切实维护区人大机关形象，努力使区人大工作更具凝聚力、带动力和影响力。

（一）践行党的群众路线，改进工作作风。以党的群众路线教育实践活动引领全年人大工作。区人大常委会领导和机关党员干部紧紧围绕为民务实清廉主题，聚焦反对“四风”，认真学习规定内容，广泛征求意见建议53条。在此基础上，全面查摆自身问题，深刻剖析思想根源，逐一制订整改措施，深入开展批评与自我批评。活动中，区人大常委会领导在社区建立联系点，支持机关干部到办事处历练，邀请党员老干部参加座谈会，进一步找准了服务群众的着力点，为民服务的实效不断提升。通过开展教育实践活动，全体党员干部进一步坚定了信念，强化了宗旨意识，转变了作风，提升了效能。

（二）注重思想建设，凝聚工作合力。坚持每周五集中学习和定期邀请专家授课，深入学习贯彻党的十八届三中、四中全会和中央、省、市庆祝人民代表大会成立60周年会议精神，组织机关干部实地学习“红旗渠精神”，到新县接受红色教育，为促进新时期人大工作创新发展提供强劲精神动力。坚持公开履职，坚持实行常委会会议电子表决，及时通过人大网站、信息、文件等公布工作动态。强化服务老干部意识，认真落实老干部的政治待遇和生活待遇，坚持重大节日和生病住院期间的走访慰问，重要工作及时通报，加强沟通，了解情况，组织体检，开展活动，注重发挥老干部作用。

（三）加强宣传交流，展示人大形象。每月编发《二七人大信息》，定期更新区人大网站。全国、省、市媒体刊发二七区人大工作稿件100多篇，《人民代表报》对二七区创新监督机制和开展代表工作的经验进行深度报道，《河南日报》对二七区监督食品安全的做法进行4次连续报道，河南电视台邀请二七区人大常委会人员参加河南食品安全系列访谈，二七区开展工作评议的文章被《中国人大年鉴2014》采用。在省、市人大常委会组织的评选中，二七区报送的7篇稿件获奖，5人获得表彰。湖北省宜城市、安徽省蒙城县对二七区开展工作评议和预算监督的做法进行借鉴，二七区在全国人大、上海市人大调研代表工作时都作了典型发言，提升了二七区人大常委会的对外形象。

各位代表，过去的一年，区人大常委会坚持围绕中心不偏离、服务大局不懈怠、为民履职不放松，充分发挥职能作用，做到了依法履职有力、助推发展有为、改善民生有效，树立了地方国家权力机关勇于担当、善作善成的良好形象。这些成绩的取得，是区委高度重视、正确领导的结果，是各位人大代表和广大人大工作者锐意进取、团结奋斗的结果，也是区人民政府、人民法院、人民检察院和社会各界共同关心、大力支持的结果。在此，我代表区人大常委会，向大家表示衷心的感谢！

在看到成绩的同时，我们也清醒地认识到，区人大常委会的工作还存在一些差距和不足，主要表现在：人大工作活力有待进一步激发，基层组织建设有待进一步加强，代表履职水平有待进一步提高，常委会依法履职的实效有待进一步增强等。对于这些问题，常委会在今后的工作中将认真研究，切实加以解决。

2015年的主要任务

2015年，是二七区实施“十二五”规划的收官之年，是经济社会发展新三年行动计划的开局之年，也是推进依法治区、全面深化改革的关键一年。面对新形势、新任务，区人大常委会工作的总体要求是：深入学习贯彻党的十八大、十八届三中四中全会和中央、省、市庆祝人民代表大会成立60周年会议精神，始终坚持党的领导、人民当家做主和依法治国有机统一，围绕全区改革发展大局，忠实履行宪法法律赋予的职责，勇于担当、勤勉履职、积极作为，为推进二七区民主法治建设，实现经济社会科学发展做出新的更大的贡献。

一、以党的领导为核心，全力助推科学发展

毫不动摇地坚持党的领导，更加主动争取区委对人大工作的领导和支持。按照中央全面深化改革的要求，认真贯彻落实市委召开的人大工作会议精神和区委相关要求，扎实推进改革事项落实，加强和改进人大工作，积极使党的主张通过法定程序成为国家意志，积极使党组织推荐的人选经过法定程序成为国家政权机关领导人员，坚定维护党的权威和领导核心地位，保证中央、省、市、区委决策部署的全面贯彻落实。坚持把人大工作放在全区工作大局中来谋划，把一切智慧和力量凝聚到服务科学发展上来。支持区人大常委会领导按照区委安排承担项目建设、遗留问题工作组等急难险重工作。组织代表视察2014年政府投资重点项目完成情况，听取审议区政府关于2015年上半年国民经济计划执行情况报告、关于2015年上半年预算执行情况与2014年决算情况报告、关于2014年预算执行情况的审计报告，探索建立对政府预决算进行全口径监督机制，促进经济健康运行。

二、以民主法治为目标，全面推进依法治区

按照中央全面推进依法治国的要求，扎实推进依法治区工作。坚持任前法律知识考试制度，规范开展任命人员向宪法宣誓活动，增强全民法治观念。组织人大代表视察依法治区工作，推进法治社会建设。继续开展“人民满意的公仆单位”评选活动，听取教育法、旅游法实施情况报告，监督新预算法、新环境保护法及相关条例的实施，组织代表到法院参与化解社会矛盾和监督司法，组织代表参加检察开放日活动，做好人大信访工作，加强对执法队伍学法、用法、守法的监督，促进依法行政和公正司法，维护社会公平正义。

三、以保障民生为宗旨，积极推动民生改善

坚持履职为民，把保障和改善民生、增进人民福祉作为一切工作的出发点和落脚点，尽心尽力察民情、听民声、聚民意、护民权，以为民的实效取信于民。对劳动就业、新型农村合作医疗支持、补助政策落实情况、人防工程、防汛工作、环境污染治理情况、道路建设、十件实事办理等工作进行视察，对社区建设、棚户区改造重点项目进展情况、市容环境提升工程、公共租赁住房建设及分配安置情况等进行调研。

四、以服务代表为重点，充分发挥代表作用

加强和改进代表工作，尊重代表主体地位，提高代表素质，发挥代表作用，增强代表工作实效。一是优化代表履职环境。完善代表履职档案，督促代表积极履职。重视代表能力提升，组织代表到专业机构培训，加大对基层人大代表的培训力度。畅通代表知情知政渠道，邀请代表列席区人大常委会会议。开展代表述职和评先活动，宣传代表履职事迹，落实代表职务退出机制，激发代表履职热情。二是拓展代表履职载体。加强代表联络机构建设，建立健全网络平台。改进代表视察、调研等工作，组织人大代表轮流参加视察、调研、执法检查和主题活动。加强对乡镇人大主席团和街道人大工委工作的指导，加强基层人大组织建设，在乡镇、街道配备专职人大干部，增强基层人大工作活力。三是增强代表履职效果。完善代表议案建议督办和评价机制，着力提高议案建议办理的实际办结率和代表满意率。完善代表联系群众制度，拓宽代表联系群众的渠道和内容，更好地发挥代表在了解民情、反映民意、集中民智方面的独特作用。

五、以自身建设为基石，不断提高履职水平

坚持把加强自身建设作为基础性工程来抓，按照监督工作有亮点、任免工作有好评、代表工作有特色、服务大局有作为、作风建设有成效、宣传工作有影响的要求，努力提升区人大常委会机关的服务水平和履职保障能力，使人大工作氛围更浓厚、局面更生动、成效更显著。一要进一步加强能力建设。按照区委安排，推进区人大机关政治体制改革。加强人大机关队伍建设，适当增添年轻力量，优化人员结构，增加人大机关的生机和活力。坚持每周五集中学习制度，定期邀请专家授课，组织机关工作人员参加学习培训，提升区人大常委会组成人员和机关干部的依法履职能力。认真落实全国离退休干部“双先”表彰会精神，不断提高服务老干部工作能力。二要进一步转变工作作风。巩固党的群众路线教育实践活动成果，推动问题的持续整改。贯彻中央“八项规定”和省、市、区具体要求，加强廉政建设，努力打造理想坚定、政治可靠、业务精湛、作风优良、廉洁勤政的人大机关。三要进一步健全工作制度。建立询问、质询监督制度。牢固树立宪法法律观念，坚持依法依规，围绕规范权力运行和严格机关管理，完善区人大常委会及机关工作制度，使每一项工作都依法按程序推进。四要进一步提升人大形象。加强对人民代表大会制度的研究和宣传，提高宣传稿件的质量和数量，不断扩大区人大常委会的影响力，充分展示二七区民主法治建设的成果。

各位代表，中央关于全面深化改革和推进依法治国的部署为人大工作带来了新的挑战，市委召开的人大工作会议为人大工作带来了良好机遇。面对挑战和机遇，我们重任在肩、责无旁贷，让我们在区委的坚强领导下，把握时代发展新要求，适应经济发展新常态，顺应人民群众新期盼，踏上改革创新新征程，万众一心，锐意进取，扎实工作，奋力开创二七区科学发展的新篇章！

政府工作报告

——在二七区第十五届人民代表大会第四次会议上

区长　陈红民

（2015年1月）

各位代表：

现在，我代表区人民政府向大会报告工作，请予审议，并请各位政协委员和列席人员提出意见。

2014年工作回顾

面对复杂多变的宏观环境和经济下行的严峻形势，我们在市委、市政府和区委的正确领导下，在区人大和区政协的监督支持下，坚持以“三大主体”工作为统揽，突出“改革创新、持续提升、投资增效、服务惠民”，圆满完成区十五届人大三次会议确定的各项任务，经济社会发展呈现出好的趋势、好的态势、好的气势。

（一）千方百计稳增长，全区经济健康快速发展

综合实力持续增强。2014年，预计地区生产总值完成435亿元，同比增长9%；服务业增加值完成352亿元，增长9%；公共财政预算收入完成28.4亿元，增长14.1%；规模以上工业增加值完成41.5亿元，增长10%；社会消费品零售总额完成339.6亿元，增长14.7%；固定资产投资完成336.5亿元，增长15%；城镇居民人均可支配收入完成28026元；农民人均纯收入完成17443元。在市委十届十次全会上，二七区获得郑州都市区建设11项荣誉中的9项，并作为河南省唯一城区，成功进入全国市辖区综合实力和全国最具投资潜力中小城市“双百强”。

产业结构稳中趋优。坚持扩大优质增量与调整优化存量并举，以高端商贸、现代食品制造、生态文化为主导的现代产业体系基本确立。商贸业升级步伐加快。华润万象城购物中心等商业综合体相继投入运营，二七广场周边中高端购物中心增至20家；郑州CSD、红星美凯龙等重大商贸业项目加快建设。启动楼宇经济“十百千”计划，培育纳税超2000万元商务楼宇13栋，税收总额达7.2亿元。特色商业街建设加快推进，完成亚星茶文化街、二七万达金街等10条街区改造提升。现代食品制造业比重提高。规模以上工业总产值完成182.3亿元，增长9.7%；现代食品制造业产值在工业总产值中的比重达38%。培育“康师傅”、“天方”、“万家”等产值亿元以上企业36家，建成企业研发中心43家，工业企业竞争力不断增强。生态文化旅游产业持续壮大。率先在全市开展乡村旅游标准化试点创建工作，樱桃沟、龙园水乡等顺利通过验收；打造生态游、采摘游、文化游等精品旅游线路5条，接待游客551.9万人次，实现旅游收入1.8亿元。超凡、金象等本土影视创作企业走向全国，《大国廉政》等文化艺术作品广受欢迎。新兴产业蓬勃发展。以打造中原地区电商总部基地为目标，大力发展电子商务产业，中国·中部电子商务港总部基地成功落户辖区，苏宁电商园等项目开工，京莎·鞋业网商园等项目完工，培育重点电商企业36家；河南网商园品牌示范带动作用更加明显，“双十一”当天销售额达3.16亿元，同比增长52%。

可持续发展能力不断提升。坚持把投资增效作为经济工作的重要支撑，着力招大引强，狠抓项目攻坚，不断强化要素保障，发展基础更加坚实。招商引资成果丰硕。大力开展定向招商和产业集群招商，成功签约郑州华贸商业中心等“三力型”项目9项，签约额近600亿元。高标准推进二次选商，中部地区首家苹果直营店等15项高端品牌项目落户辖区。全年引进域外境内资金182.5亿元，实际利用外资2.2亿美元。项目建设扎实推进。深入开展“项目服务年”活动，纳入区重点管理的215个项目，完成投资343.2亿元，中央商务区等41个项目已开工，绿地·滨湖国际城等52个项目正加速建设，顶新国际再投资等50个项目已竣工；66个省、市重点项目完成投资142.8亿元，占目标任务的147%。土地保障坚强有力。完成土地上报275公顷、批回392.2公顷、征收305.27公顷、储备467.27公顷、供应167.27公顷，土地出让金额85亿元，均在市内五区名列前茅。开展存量闲置建设用地清理处置专项行动，超额完成年度目标。融资工作成效显著。成功发行9亿元城投债，成为全国首家发行城投债的主城区。创新“政府主导、项目运作、引入担保”的融资模式，不断拓宽融资渠道、优化政府融资结构，筹措各类资金96.69亿元。规划支撑作用明显。编制城南电子商务产业集聚区控规等各类规划40余项，其中马寨新镇区控规等10余项规划得到批复，现代田园城概念性规划等20余项规划正在编制、报批，全区发展更具科学性、前瞻性。

（二）强力推进求突破，新型城镇化建设全面提速

全域城镇化步伐加快。以新型城镇化“六项重点工作”为抓手，着力推进城乡有机更新，二七区被评为郑州市新型城镇化建设先进单位。发展空间进一步拓展。在全市率先实现三环内所有村庄基本拆迁完毕，三四环之间村庄拆迁大头落地，四环至绕城

高速公路之间村庄拆迁有序推进，累计完成征迁1218万平方米，腾出建设用地0.08万多公顷。动迁群众安置得到充分保障。高度重视安置房建设和群众回迁工作，创新实施“七个一”推进机制，全年棚户区开工安置房35109套，开工率115%。全市首个政府主导项目滨河花园30万平方米安置房已封顶；全市首批合村并城项目程炉张河20万平方米安置房基本建成。实现安置房竣工回迁160万平方米，惠及4301户11276名群众，动迁群众居住环境得到明显改善。

城乡形象全面提升。不断加大城市建管力度，城乡面貌焕然一新。群众出行更加方便。端午路、南彩路等41条道路建成，台郭—全垌段改建等3条农村道路完工；新建停车泊位12910个，占总目标的161%。配合完成省、市重大市政道路工程拆迁，三环快速路、陇海路高架等9条道路顺利通车。生态环境建设加快推进。创新实施“绿化示范段与生态防护林相结合”建设模式，市域铁路沿线完成绿化272万平方米，南三环、大学路南延、郑尧连接线等生态廊道建设新增绿化99万平方米。在全市10个综合性公园建设中，二七区承担的叠彩园等3个公园率先建成并对市民开放。积极做好大气污染防治，拆改燃煤锅炉31台，占全市任务总量的三分之一。基础设施进一步完善。新建、改建公厕12座，垃圾中转站1座；黄岗寺、刘砦等8个城中村改造项目配套学校、变电站等基础设施建设正在快速推进。城市管理水平不断提高。大力推动“四城联创”工作，强化市容市貌、社区楼院整治，圆满完成承担的各项创建任务。加大“两违”整治力度，查处违法建设567处，拆除面积22.5万平方米。在全市城市管理整治提升三年行动考核中，二七区名列第一。

（三）以人为本惠民生，各项社会事业协调发展

坚持公共财政向民生领域倾斜，年初确定的各项民生实事圆满完成，民生支出19.2亿元，占公共财政预算支出的74.3%。

社会保障更加有力。高度关注群众就业问题，新增城镇就业再就业23470人，完成农村劳动力转移就业601人；发放小额担保贷款1.05亿元。深入推进城乡低保一体化，累计发放低保金、“五保”金、大病救助金及各类临时性救助补贴1721.7万元。征缴各项社会保险费5.1亿元，全区社保参保对象突破35万人次。不断提高新型农村合作医疗保障水平，参合率98.9%；创新实施乡镇卫生院与市级医院“同质化”管理，农民不出乡镇就能享受三级甲等医院的优质医疗服务；持续扩大社区卫生服务中心、服务站辐射半径，实现“片医”全覆盖；完成200家餐饮企业监控设施安装，被评为河南省公共场所卫生监督示范区。创新“失独”家庭帮扶模式，辖区155户“失独”家庭由政府购买养老服务；新建社区托老站10所、农村养老服务中心2个，初步建立公办养老院、民办养老公寓、社区托老站、居家养老“四位一体”互补型养老服务体系。加大保障性安居工程建设，开工建设公租房1605套。实施农村安全饮水工程，6000余名群众安全吃水问题得到解决。

社会事业统筹发展。新建荆胡小学、人泰路中学、双泰路幼儿园等学校5所，新增学位4500个；不断深化“六名工程”建设，精铸“多彩教育”品牌，二七区成为全国首批、市区首家“国家义务教育发展基本均衡县（区）”。实施科技型企业成长助推计划，科技服务水平持续提升。大力实施文化惠民工程，组织“公益演出”100场，“文化艺术公益讲堂”100余场，开展各类文化活动及文化骨干培训1500余场。扎实做好新形势下的人口和计划生育工作，“国优”成果持续巩固。同时，残疾人事业和慈善事业全面进步，民兵预备役、妇女儿童、民族宗教、外事侨务、地方志、粮食、人防、法制、档案等工作都取得新的成绩。

社会大局和谐稳定。围绕“深化规范提升”主题，不断完善网格化管理标准化体系，强化“三支队伍”建设，群众自治和为民服务水平得到进一步提升；全年通过社会管理信息平台上报各类问题18.8万件，处置率98.9%，长效机制工作得到市委、市政府表彰。健全群众信访工作“七大体系”和应急处置工作机制，上三级交办二七区信访案件按期办结率100%。严格落实安全生产责任制，不断强化对消防、煤矿、危险化学品、建筑施工等重点行业领域的安全监管，全区安全形势持续向好。加大社会治安“打、防、管、控”力度，全区技术防范覆盖率97%，人民群众的安全感和对社会治安的满意度进一步提升。

（四）转变作风提效能，政府自身建设不断加强

全面贯彻落实中央“八项规定”和省、市、区委有关规定，围绕反对“四风”，扎实开展党的群众路线教育实践活动，政风建设取得积极成效，“三公”经费支出下降29.3%，会议费节约70.4%。坚持依法行政，整合取消行政审批事项70余项；梳理规范性文件459件，废止158件；受理政府信息公开申请56件，办复率、满意率均为100%。自觉接受人大监督、政协监督和社会监督，办理人大代表建议和政协委员提案135件，办复率100%。不断强化重点项目、重大支出监察审计，核减节约资金1.78亿元。严格落实党风廉政建设责任制，加大从源头上预防和治理腐败的力度，营造了良好的干事创业环境。

各位代表！2014年是三年行动计划的收官之年。三年来，我们紧紧围绕“三大主体”工作决策部署，抢抓郑州都市区建设的历史机遇，凝心聚力，克难攻坚，干成了一系列具有基础性、战略性、标志性的大事要事，三年行动计划取得显著成效，地区生产总值净增109.9亿元，年均增长8.1%；公共财政预算收入净增9.7亿元，年均增长15%；固定资产投资共完成866亿元，年均增长21.5%。三年来，二七区先后获得“全国科技进步考核先进区”“中国爱心城区”“国家义务教育发展基本均衡县（区）”“河南省城中村旧城改造先进单位”“省级文明城区”等国家、省、市级荣誉700余项。这些成绩的取得，标志着二七区朝着“在全市率先实现城乡一体化、全域城镇化，确立在中心城区的地位”目标又迈出了坚实的一步，标志着二七区在全市率先全面建成小康社会、实现富民强区的基础更加坚实、支撑更加有力、前景更加广阔！

各位代表！发展历程充满艰辛，丰硕成果令人鼓舞。这得益于市委、市政府和区委的正确领导，得益于区人大、区政协的鼎力支持和帮助，凝聚着各位人大代表、政协委员和全区干部群众的心血和汗水。在此，我代表区人民政府，向全区干部群众和各位投资者、建设者，向各位人大代表、政协委员，各民主党派、工商联、人民团体和社会各界人士，向驻区机构以及驻区部队、公安干警，向所有关心支持我区发展的朋友们，表示衷心的感谢和崇高的敬意！

在总结成绩的同时，我们必须清醒地认识到当前面临的压力和问题，主要是：经济下行压力较大，经济运行质量和效益还有待进一步提高；基础设施和配套设施建设滞后，统筹城乡发展和环境治理任务艰巨；政府自身建设还存在薄弱环节，服务发展和服务群众的能力、水平还有待提升等。面对上述问题，我们将采取有效

措施，认真加以改进和解决。

2015年工作总体要求和主要目标

2015年是全面深化改革的关键之年，也是全面推进依法治国的开局之年，做好今年的工作，意义重大。当前，二七区社会经济和全国、全省一样，已进入“增速换挡、结构优化、动力转换”的经济发展新常态。经济形势依然严峻复杂，区域竞争日趋激烈，各类风险进一步增多。我们既要坚定信心、积极适应新常态，更要把握机遇、主动作为新常态，牢牢把握发展主动权，在抢抓机遇中乘势而上，在攻坚克难中加快发展，在奋勇赶超中实现新跨越。

2015年政府工作的指导思想是：全面贯彻落实中央、省、市会议精神，围绕国际商都建设，强化“品牌品质品位”理念，深化“三大主体”工作，加快“五大板块”建设，突出“改革创新增活力、投资开放蓄后劲、结构优化再升级、惠民富民求实效”，努力实现综合实力再晋位、城乡环境更优化、群众生活更美好，为郑州都市区建设做出积极贡献。

2015年经济社会发展主要预期目标是：地区生产总值增长8%；公共财政预算收入增长8%；规模以上工业增加值增长9%；社会消费品零售总额增长13%；固定资产投资增长18%；城镇居民人均可支配收入、农民人均纯收入均增长9%；万元生产总值能耗控制在市定目标内，各项社会事业再上新台阶。

2015年重点工作

2015年，区政府将重点抓好以下工作：

（一）坚持全域发展，着力优化提升产业结构

围绕“一中心、两集聚、多特色”产业功能布局，坚持高品位规划、高质量推进、高标准建设，进一步发挥“五大板块”龙头、示范效应，全力将其打造成为经济发展的主引擎。

加快二七新区建设步伐。以城市次中心功能提升为目标，尽快完成新区38平方公里范围内剩余拆迁，实现新增报地2000亩以上，土地供应1500亩以上。坚持“招大引强”理念，围绕电子商务、商贸物流产业发展，紧盯国内知名企业开展定向招商、重点招商，积极与“路劲”“万达”“恒大”“平安”等企业对接，争取签约10亿元项目5个以上。加快推进“绿地双塔”“电信枢纽大厦”“凤凰岛”等项目开工建设，确保郑州CSD、红星美凯龙等产业项目尽快出形象，实现锦绣山河、建业泰宏国际城、亚星盛世等项目开工商品房110万平方米、安置房140万平方米，固定资产投资完成170亿元以上。以“新区基础设施2015年基本完善”为目标，加快侯寨水厂一期、自来水加压泵站、荆胡变电站等项目建设，建成鼎盛大道、杏梁路等18条道路，不断提升新区承载力。

加快马寨产业集聚区晋星升级。以打造河南省星级产业集聚区为目标，实施“龙头型企业引进、规模企业上市培育、成长型中小企业扶持、高耗低能企业外迁、企业家精英培养”五项计划，加快推进优势产业、龙头企业发展壮大，力争主营业务收入完成190亿元，主导产业占全部企业营业收入比重达65%以上。加快康师傅二期等项目建设，完成固定资产投资60亿元以上。利用标准化厂房，打造一批现代食品“园中园”。高标准抓好马寨新镇区规划建设，大力发展教育、健康、养生、养老、休闲等产业，加快完善基础设施和公共服务配套设施，确保1平方公里起步区年内出形象、出亮点。

加快二七区特色商业区提档升级。以国际商都建设为契机，围绕打造千亿级商圈的目标，引进国内外高水平商业运营管理团队，着力提高商业区运作运营管理水平。积极推动内环区域城市有机更新，抓好亚细亚商场及周边区域、铭功路以西等地块的改造提升，加快金博大城扩建、时代广场、百年德化二期等项目建设，力争固定资产投资完成36亿元以上，主营业务收入350亿元。以“重塑百年德化商业街形象”为目标，高标准谋划、推进二七区印象等项目建设，引导德化新街、德化大厦等项目高起点招商，着力提升商业街区业态品质、发展品位。开展二七广场、郑州火车站周边区域综合整治，加快城市中心广场建设，推进地下空间开发，进一步优化区域环境。

加快医疗及高端服务区规划建设。依托辖区优质医疗资源，发展医疗保健、医学成果展示及健康服务产业，加快形成医疗服务产业集群。抓住旧城和城中村改造机遇，规划培育医疗康复服务、医疗器械经营、医疗教科研及配套服务等产业，力争3至5年，把医疗及高端服务区打造成为功能不断完善、优势更加凸显、服务品位高端，兼具经济、社会、环境效益的新的经济增长极。

加快全域文化旅游产业培育发展。紧盯“旅游主业化、全域景区化”的发展目标，围绕水、林、地貌、遗迹、文化等元素，精心打造生态文化游、休闲游、红色游、工业游等特色旅游线路，力争将我区建设成郑州市近郊游的首选之地。高标准做好南部城区现代田园城规划编制工作，设立产业发展专项扶持资金，重点推动文化旅游、休闲养生、都市农业等产业发展。按照规划设计要求，实现精准化重点招商10个以上，积极推动路劲文化产业园、万达文化旅游项目、永泰文化旅游综合体等项目落地。以3A级景区标准，加快南水北调生态文化公园建设；稳步推进老奶奶庙旧石器遗址公园建设。按照“保护性开发”的原则，以古村落、文化遗迹、特色建筑为保留提升主体，适度发展文化旅游产业，实现“文化遗产保护、新农村建设、农村文化建设、旅游发展”四轮齐驱。积极创建美丽乡村，确保在基础设施配套完善、农村环境整治、农业产业提升和农民素质提升等方面达到省人居环境示范村标准。抓好都市型农业发展，力争农业龙头企业达到16家、培育提升3至5家休闲农业精品园区。

（二）实施开放创新，不断增强发展后劲和活力

坚持“可持续发展”理念，紧紧抓住互联网背景下新型业态发展和产业升级的有利契机，在更大范围、更广领域、更高层次上扩大开放、改革创新，不断增强区域经济可持续发展能力。

加快新兴产业发展。积极推进城南电子商务产业集聚区建设，确保河南网商园二期、三期和中国·中部电子商务港总部基地一期运营见效，力促敦煌网华中区总部等项目落地，引进大型电子商务项目（企业）20个，培育3家销售额5000万元以上的本土电子商务服务平台。着力发展商贸物流产业，重点招引龙头型物流企业落户，加快苏宁物流园等项目建设，努力建立与现代服务业相配套的物流服务体系。

大力开展选商引资。秉承“招大引强”理念，积极吸引符合产业规划的重大项目和品牌企业入驻，确保保利城市广场等5个“三力型”项目和5个“五职”招商项目落地建设，力争新签约主导产业项目12个以上、品牌二次招商项目20个以上，实现招商引资到位资金200亿元以上。坚持引资、引智、引技术、引平台相结合，积极引进研发中心、结算中心、国家级质检中心等体现核心竞争力的业态，健全产业功能配套。

强力推动项目建设。继续开展"项目服务年"活动，健全项目现场督办会、土地规划周例会、项目推进周例会等工作推进机制，加快以苏宁电商园为代表的新兴产业项目建设，推动以华润万象城二期、郑州华贸商业中心为代表的高端商贸业项目建设，确保项目投资超400亿元，力争纳入省市重点项目20个以上。

持续强化要素保障。加快地下空间开发利用等各类空间规划编制，超前做好重点区域、重点项目详细性规划，提高城市规划建设的科学化水平。加大土地报批征供和存量闲置土地处置力度，力争实现报地200公顷、征收200公顷、储备400公顷、供应166.67公顷。着力增强政府投融资公司融资能力，在推广PPP模式、拓展融资渠道、做活多元业务上求突破，实现融资20亿元以上。强化资金管理，不断提高资金使用效益、降低财政运行风险，形成"融得进、用得出、管得好、还得上"的良性循环。

突出抓好创新发展。设立专项资金，探索推进创新创业综合体建设，着力搭建企业培育、创业孵化平台，不断优化创新创业环境。结合主导产业发展需求，探索建立风险投资基金和创业投资基金，制定落实扶持科技创新创业的配套政策。积极推动企业技术革新，扶持重点企业建立研发中心；大力培育科技型企业，鼓励支持"新大方""帝益肥"等企业扩大规模、改制上市。研究出台人才引进优惠政策，构建高层次人才创新园和留学生、大学生创业园等创业平台。进一步加强院地、院企合作，促进科技成果转化和产业化。

稳步推进改革改制。认真落实中央、省、市确定的各项改革任务，努力构建"体制顺畅、制度高效、保障有力、运转协调"的发展体系。深化行政审批制度改革。全力推进"五单一网"制度改革，探索实施行政审批"一科制"受理、内部循环审核、限时办结的工作机制，努力实现流程最简、审批最快、服务最优的"一站式"服务。积极推进财税、投融资体制改革。建立健全政府预算体系和政府举债融资机制，不断完善与公共财政体制相适应的多元化投融资体制。鼓励社会资本参与教育、医疗、生态环境保护等领域建设。支持银行、证券、信托、债券、基金、风险投资在内的多元化投资主体在二七区发展创业，实现产业的高端化和经济形态的现代化。深化农村综合改革。稳步推进农村集体产权制度改革、村委会改居委会工作。加快农民市民化，逐步将城中村、城郊村和产业集聚区内村庄的农业人口成建制转为城镇户口；通过开展素质技能培训、"市民大讲堂"等活动，促进从农民到市民的角色转换。同时，持续深化土地管理制度、集体林权制度以及科技、民生、文化、医疗卫生、社会保险等重点领域改革。

（三）推进四大工程，进一步加快全域城镇化进程

坚持"城乡统筹、产城互动、融合发展"理念，实施四大工程，进一步提升新型城镇化建设水平。

着力加快大棚户区拆迁改造工程。全面完成17个项目的遗留拆迁；启动并完成新定3个重点区域项目、7个旧城改造项目、8个合村并城项目拆迁，完成征迁800万平方米以上。力争实现孙八砦、中央商务区等15个项目100公顷土地出让；完成河医片区等9个项目控规方案批复等工作。

全力推进安置房建设工程。围绕拆迁区域安置房全面开工、政府主导安置房全线启动的目标，实行安置房建设承诺制，确保开工建设滨河花园二期等16个项目安置房和商品房350万平方米，实现50%动迁群众回迁安置。积极探索村集体物业与市场相结合的管理办法，努力解决安置房物业管理、房产证办理等问题。大力实施保障性安居工程，成立区公共租赁住房发展中心，加大对公租房的建设、管理、配租、监察和服务力度。

大力推进基础设施建设工程。坚持"基础设施先行"理念，确保重点区域基础设施基本完善、其他区域进一步健全。重点完善南部城区路网、管网，力争将郑密路等4条道路基础设施配套工程以及渠南路等21条道路列入市城建计划，实现水、电、气、暖、污水处理等配套设施与道路建设同步实施。全力推动生态廊道、绿地和垃圾中转站等公共服务设施建设，整治提升8座公园（游园）和7块街头绿地；完成500亩低质低效林改造及郑少、郑尧、绕城高速公路两侧绿化提升建设任务。

强力推进城市形象提升工程。按照"确保有面、确保有质、确保时限"的要求，积极主动地启动城市精细化管理服务工作，落实解决好群众行路难、办事难、上学难、就业难、就医难"五难"和建设"整洁、畅通、有序"城市形态两大任务，全力打造"10至15分钟便民生活圈"。以郑州市建设智慧城市为契机，探索推进城市数字化信息管理平台、社会管理信息平台、区长热线"三网融合"，提高城市管理智能化水平。着力提升环境卫生清扫保洁能力，确保城市环卫机械化清扫率达到70%以上。实施"乡村清洁工程"，加强农村环境连片综合整治和违法用地、违法建设整治，不断改善城乡环境。深入实施"蓝天碧水"工程，配合做好郑州市环城生态水系循环工程、贾鲁河生态治理工程建设；抓好建筑工地扬尘、渣土车抛撒等污染治理，大力推进节能减排降碳工作，进一步改善空气质量。加大环境执法力度，让损害环境者依法付出代价。

（四）牢记民生优先，努力让群众生活更美好

坚持把改善民生作为全区工作的出发点和落脚点，围绕落实群众"七个更"期盼要求，不断加大财政投入，积极抓好省、市、区"十大实事"等民生工程，努力让全区人民共享发展成果。

切实保障和改善民生。加强社会主义核心价值观教育，强化群众性精神文明创建，不断提高社会文明程度。围绕"品质化、信息化、国际化"发展目标，深入实施"六名工程"，着力打造现代化教育体育强区、名区。进一步完善社会保障体系，扩大社会保险参保覆盖面；不断丰富"四个一"社会救助体系内容，开展好低保、低收入等各项政策性救助。全面完善从社区到医院的医疗服务体系，加快公共卫生服务中心建设，积极争创省级慢性病综合防控示范区和全国基层中医药先进单位。落实好"单独二孩"政策，促进人口长期均衡发展。持续加强"四位一体"互补型养老服务体系建设，探索推进"就近养老"模式，打造2个社区托老试点。继续抓好国防教育、"双拥"工作和民兵预备役建设，做好民族宗教、机关事务、妇女儿童、人民防控、物价、侨务、档案等工作。

全面加强社会管理。强力推进网格化管理标准化体系建设，建立健全基层综合服务管理平台，加快完善基层四项基础制度，不断强化公共服务和居民自治，重点解决群众关心的热点难点问题。认真落实信访工作责任制，进一步畅通信访渠道，妥善处理群众利益诉求。严格落实安全生产责任制，强化企业主体责任，加大食品、消防、煤矿、危险化学品、建筑施工等重点行业领域隐患排查治理力度，不断提高安全监管、安全保障和应急救援能力。深入推进社会治安综合治理，构筑"疏导化解、治安防控、打击犯罪、法治保障"四大平台，严厉打击各类犯罪活动，努力建设人民群众更加满意的“平安二七”。

认真做好实事办理工作。在确保完成省、市“十大实事”涉及二七区任务的基础上，重点为辖区群众办好以下实事：

1.进一步改善低收入家庭居住环境。新开工公共租赁住房1504套，新开工棚户区改造住房17484套；基本建成保障性住房和棚户区改造住房9000套。

2.推进教育事业优质均衡发展。投资1.05亿元，新建、迁建中小学校、幼儿园5所，新增学位4560个；投资500万元，提升教育现代化水平，实现区属中小学校“三通两平”。

3.积极推进就业、促进创业，完成城镇新增就业2万人，实现农村劳动力转移就业不少于500人；小额担保贷款8000万元。加快农民市民化进程，加大劳动就业培训力度，完成农村劳动力职业技能培训不少于500人。

4.持续加大投入力度，提升医疗卫生保障水平。投入450万元，提高新型农村合作医疗补助标准，在2014年每人每年90元的基础上增加50元，达到每人每年140元。

5.以“三级三类”便民服务中心为依托，构建全方位、多层次的公共服务体系。投入3000万元，加快推进标准化社区便民服务中心建设，打造10个功能完备的社区便民服务中心；为每个社区增加5万元工作经费。

6.大力推进“畅通郑州”工程建设，完善城乡路网体系。新建市政道路18条，改建乡村道路4条；着力破解停车难题，新建停车泊位8000个。

7.实施绿化提升工程，积极构建生态园林城区。投资1.8亿元，加快推进南水北调生态文化公园和郑登快速等生态廊道建设，新增绿地230万平方米。

8.丰富群众文化生活，提高文化队伍整体素质。积极开展文化进基层活动，为辖区群众开展100场公益演出和100场公益培训，培训文化骨干2万人次。

9.设立2000万元困难救助专项基金，进一步加大帮扶救助力度，对特困家庭和贫困残疾人、精神病患者等给予特殊医疗救助。

10.探索建立食品安全追溯监管体系，充分发挥数字化监控平台作用，确保辖区大中型餐饮企业、学校食堂等重点领域食品安全监管覆盖率达到100%；全年开展食品安全动态检测2100批次。

（五）坚持为民务实清廉，建设人民满意政府

各位代表，新常态对政府工作提出了更高要求。我们必须要加强政府自身建设，全力打造法治政府、高效政府、廉洁政府。

坚持依法行政。认真贯彻落实党的十八届四中全会精神，严格按照法定权限和程序行使权力、履行职责。扎实推进“六五”普法教育和“法律六进”活动，加快建设覆盖城乡居民的公共法律服务体系。坚决执行人大及其常委会决议决定，自觉接受人大监督、政协监督和社会监督，认真办理人大代表建议和政协委员提案。完善重大行政决策制度和决策程序，探索建立政府智库，提升政府决策科学化水平。

加强效能建设。坚持重点工作重点推进，强化重大事项、重点项目台账式管理，以过程控制、责任倒逼强力推动工作落实。实施政府绩效管理，建立分级分工负责、层层传导压力、每周督促督导、每月观摩评比、年底严格奖惩的工作机制。坚持明责、尽责、问责相结合，严格实施行政问责制、公开承诺制、首办责任制、限时办结制、考核评议制，对群众和企业反映强烈的问题实行倒查问责，发现一起、查处一起。

切实转变作风。持续巩固党的群众路线教育实践活动成果，认真落实中央和省、市、区委关于改进作风的有关规定，建立健全作风建设长效机制。加快政府职能转变，切实增强为发展服务、为基层服务、为群众服务的能力。全面推进政务公开和政府信息公开，提高政府工作的透明度。强化厉行节约，力戒铺张浪费，大力压缩“三公”经费支出。加大对政府重大项目、重点工程、专项资金等重点领域的监察审计力度，从严查处各类违纪违法行为。严格落实党风廉政建设责任制，持续推进政府系统党风廉政建设和反腐败工作，营造风清气正的经济社会发展环境。

各位代表！成绩始于实干，成功源于拼搏。让我们在市委、市政府和区委的正确领导下，在区人大、区政协的监督支持下，同心同德，砥砺奋进，心无旁骛干实事，身体力行谋发展，积极作为新常态，为完成全年各项目标任务，建设富强、文明、平安、美丽新二七区，不断开创二七区经济社会发展新局面而努力奋斗！

政协二七区第八届委员会常务委员会工作报告

——在政协二七区第八届委员会第四次会议上

政协主席　于广志

（2015年1月）

各位委员、各位同志：

我受政协二七区第八届委员会常务委员会委托，向大会报告工作，请审议，并请同志们提出意见。

一、2014年工作回顾

2014年，区政协在中共二七区委的正确领导下，认真落实中共十八大、十八届三中、四中全会精神和中共郑州市委政协工作会议精神，围绕“改革创新、持续提升、投资增效、服务惠民”总要求，积极履行政治协商、民主监督、参政议政职能，深入开展“务实创新、奉献二七”活动，充分发挥了协调关系、汇集力量、建言献策、服务大局的重要作用，为助推全区经济社会科学发展、和谐稳定做出了积极贡献。

（一）紧扣中心大局，突出协商议政重要作用

区政协自觉坚持区委的领导，坚定不移地贯彻落实区委的决策部署，坚持做到聚焦中心、聚智聚力，积极为全区经济社会发展建言献策。

一是精心组织协商议政。注重把政协常委会的专题调研、专题视察、专题协商、专题议政作为协商主要形式，选择二七区经济社会发展中具有全局性、前瞻性课题进行调查研究。同时注重把调研成果同协商议政内容结合起来，不断提高协商议政实效。区政协八届三次会议期间，委员们通过分组讨论、撰写提案等形式，就社会经济发展和民生改善建言献策。区委书记蔡红、区长陈红民深入各界别组与委员进行面对面交流、广泛听取委员意见，实现了协商议政“直通车”。区政协根据谋划2015年工作安排，组织召开省、市、区三级政协委员及企业家协商议政座谈会，围绕医疗养老保险、电子商务、民营企业发展等方面献计献策，为区委、区政府科学谋划工作提供参考依据。区政协主席会议围绕推动乡镇义务教育均衡发展等工作开展重点协商，提出了推动城乡义务教育资源共享，实现城乡教育均衡发展等建议。工商联界别委员通过界别协商，针对加快电子商务产业发展，提出了《关于大力发展电子商务促进我区商贸业发展的建议》，在城南电子商务产业集聚区和河南网商园二期项目建设中发挥了积极的作用。

二是积极开展调研视察。把调研视察作为委员议政建言、服务发展大局的重要形式，从促进工作落实入手，深入开展调研视察活动。围绕“三大主体”工作、重要项目规划编制等全区重点工作，确定关于二七区发展都市型现代农业、市场外迁、安置房建设等重点调研课题，由政协副主席牵头落实课题，形成《以创意农业推进我区休闲观光农业发展、助力二七品牌品质品位提升》《关于二七区市场外迁报告》《关于区政府主导安置房建设情况的调研报告》，为推动二七区经济发展提供了重要参考。在认真做好重点调研课题的同时，我们还围绕社区矫正工作、食品工业发展、生态农业发展和宗教场所发展现状等情况多次开展调研视察活动，提出60余条意见建议，有关部门给予采纳。同时积极配合郑州市政协做好南水北调资源保护情况调研，完成《科学调水管水、提升生态水系功能》调研报告。马寨镇、大学路街道等政协工委立足基层，围绕生态廊道建设、文明城市和卫生城市创建等重大活动，充分发挥自身优势，调动各方面资源，形成工作合力，为辖区环境美化、社会和谐稳定做出了应有贡献。

三是助力推进重点工作。政协领导积极参与重点工作，围绕城区市场升级、项目征迁、棚户区改造、精品街整治等重点难点工作，深入开展调查研究，及时协调解决项目推进问题。一年来，经过不懈努力，牵头并承担的京莎鞋业网商园项目建设完工，中央商务区起步区、河医片区等市定项目征迁工作已基本完成，荆胡社区一期、黄岗寺社区等安置房建设已完成居民回迁，核五院、兑周社区、建设路精品街整治建设项目正稳步推进。主席会议实地视察产业园区建设、交通及铁路沿线整治、区级综合性公园建设，就加大重点项目推进力度、改善辖区生态环境、妥善处理群众合理诉求等方面提出建议。区政协积极参与“三城联创”工作，在全体政协委员中开展“为创建文明城市做贡献”活动，印发《致政协委员及各界人士倡议书》，组织委员对创建工作中的基础设施建设、商业街区环境卫生、窗口行业整治等进行视察，为推动文明城市创建发挥了积极作用。建中街、一马路街道等政协工委

组织委员进街道、进社区、进家庭，充分发挥建言献策、民主监督、宣传鼓劲、模范带动作用，有力推动了“三城联创”工作。

（二）围绕改革发展，积极主动服务大局

区政协紧紧围绕“三大主体”工作，发挥优势，加强提案办理，强化民主监督，重视社情民意反映，为推动民生政策措施落实和民生热点问题的解决，认真履行职能。

一是充分发挥提案监督的重要作用。区政协八届三次会议期间，委员提出提案153件，立案交办146件。区政协在办理提案过程中，进一步规范办理程序、完善办理机制，实行领导领衔、现场办理、协商办理、加强重点提案督办等措施，推动了提案办理有效落实。如针对缓解辖区停车难问题，委员提出关于解决停车难问题的建议，得到区政府高度重视，将停车场建设列入政府年度“十件实事”，设立专项资金奖补，大力推进停车场建设。关于治理城市空气污染的建议，促进了我区燃煤锅炉拆改和建筑工地扬尘治理工作。政协委员通过提案认真履职，献计出力，服务发展，主动服务民生，广泛听取民意，积极反映诉求，凝聚了二七区发展正能量。

二是不断拓展和强化民主监督工作。把促进职能部门作风转变和提升服务水平作为民主监督的重要内容。一年来，区政协组织委员广泛参与政风行风评议、教师招考、教育实践活动“三评议”、法院庭审与诉前调解、检务开放日等工作，积极履行民主监督职能。铭功路、淮河路等街道办事处政协工委通过政协委员评议小组等形式，组织委员对辖区网格化管理、“五小”门店整治、最低生活保障等工作进行民主评议，并对社区体制建设等工作提出建议，发挥了委员在公共管理、服务等方面的民主监督作用。

三是高度重视和反映社情民意工作。把了解和反映社情民意作为畅通渠道、协调关系、改善民生的重要形式和内容，通过领导下访、委员之家、政协网站等多种途径，围绕群众普遍关心、与群众利益密切相关的社区文化建设、城乡最低生活保障等热点难点问题开展专题调研，客观反映社情民意，为区委正确分析判断形势、制定相应政策、解决有关问题提供科学参考。全年共编发社情民意信息170多条，如《关于加强基层文化建设的建议》《关于深挖优质教育资源、惠及二七百姓的建议》等，为丰富提升基层文化体系建设，推进文化惠民工程健康发展发挥了应有的作用。

（三）促进民主和谐，履职为民成效显著

区政协始终把握团结和民主两大主题，履行职能，增进团结，汇聚力量，加强联谊交流活动，促进了民生改善、社会和谐稳定。

一是为凝聚发展合力营造氛围。坚持政协领导联系民主党派、工商联和人民团体制度，有序开展界别调研、界别座谈、界别联谊。在政协全体会议、常委会议、主席会议以及其他活动中，注重发挥民主党派、工商联、无党派代表人士在政协组织和工作中的积极作用，加强同各界群众的联系沟通，开展大量的协调关系、矛盾化解工作。通过走访宗教场所，举办民族宗教界委员座谈会，听取少数民族文化事业发展情况。向港澳台侨界代表人士通报二七区社会经济发展和政协工作情况，开展助推台资企业转型升级调研，发挥台侨界别委员在对外合作与交流中的重要作用。邀请各界代表人士参加专题调研视察活动，积极建言献策，巩固和发展了我区爱国统一战线，形成了团结联谊、凝心聚力、共谋发展的良好局面。

二是为助力网格管理倾情履职。在全体政协委员、基层政协工委和机关组织开展“发挥政协作用、助推网格化管理工作”活动。区政协领导班子成员带头深入社区、煤矿蹲点调研，深入开展隐患排查治理指导工作。抽调12名机关干部组成驻社区服务工作队，协助社区开展校园周边整治、打击食品违法犯罪等专项行动。189名区政协委员和52名驻辖区省市政协委员，就近联系社区和群众，进网格、访民情、听民意，委员们将自身优势与社区建设相结合，带着热情、带着资源进社区，对工作的开展情况实施民主监督、跟踪问效，有力助推了网格化管理工作深入开展。提出“关于排除小区安全隐患，确保居民生命财产安全的建议”“关于对无主管居民楼院实施封闭和聘人看护管理的建议”等社情民意信息，就社区公共照明、老居民楼的防火、治安等问题解决，在区委、区政府与群众之间发挥了桥梁纽带作用。

三是为促进改善民生勇于担当。通过开展“务实创新、奉献二七”活动，积极引导和组织委员主动参与经济发展、社会各项公益事业。一年来，政协委员参与引进项目16个、资金近2.7亿元，委员企业固定资产投资1.63亿元，纳税1.2亿元。捐物捐款折合约330余万元，帮扶学生20名、捐赠书籍560册，帮扶困难群众496名，安排就业岗位1065人次。教育界别委员根据发生在辖区学校真实事例，制作微电影《回家的星星》，呼吁全社会关注自闭症儿童。台侨界别委员常年坚持开展“一帮一”助学兴教活动，资助困难家庭学生完成学业。广大政协委员正确处理荣誉与责任、履行委员职责与做好本职工作的关系，心系二七区科学发展，甘于奉献，勇于直言，体现出高度的政治责任感和使命感。委员们热心公益事业、奉献社会的善举赢得了社会各界的“点赞”。

（四）践行群众路线，自身建设不断加强

区政协以开展党的群众路线教育实践活动为契机，主动适应新形势、新任务，切实加强自身建设，为提升履职能力和水平夯实基础。

一是注重政治理论业务学习。把深入学习贯彻中共十八大、十八届三中四中全会精神作为首要政治任务，认真贯彻落实习近平总书记系列重要讲话精神和中共郑州市委政协工作会议精神，紧密结合工作实际，统一思想、凝聚共识。专题学习习近平总书记在庆祝人民政协成立65周年重要讲话精神，深刻理解和把握新形势下中共中央关于政协工作重大方针政策、人民政协性质、地位、职能、作用。举办政协委员集中学习讲座，邀请全国政协委员作全国“两会”精神辅导报告，邀请市政协往届委员就履行委员职责、当好政协委员作专题讲座，进一步提高委员自身素质和履职能力。我们把注重政治理论学习同探索新时期政协工作的这种做法，以《坚持务实创新、提升履职品质》经验材料形式，在中共郑州市委政协工作会议上进行了交流。

二是深入开展教育实践活动。根据市委、区委部署要求，政协党组以“为民、务实、清廉”为主题，大力学习弘扬焦裕禄精神，践行“三严三实”，深入开展党的群众路线教育实践活动，聚焦形式主义、官僚主义、享乐主义和奢靡之风，广泛征求意见，查摆突出问题，狠抓整改落实。加强党风廉政建设，认真落实中央“八项规定”，规范各类会议活动，完善调研视察工作，精简文件简报，严格执行公务接待标准，在转变作风上取得了明显成效。大力加强制度建设，建立和完善多层次联系服务委员机制，充分发挥界别、专委会的作用。通过教育实践活动，存在的“四风”问题得到纠正，机关全体党员干部的宗旨意识、群众观念进一步增强，政协团结各界、服务大局的工作更加接地气、更加有效。

三是加强文化宣传营造良好环境。围绕弘扬先进文化，充分发挥政协智力密集、名贤荟萃的优势，加强中华民族优秀传统文化和二七区红色文化宣传，积极开展与兄弟城区县（市）政协的文化联络交流，开阔视野，增进友谊，促进工作。举办庆祝人民政协成立65周年书画摄影作品展活动，展出各类书画摄影作品120余幅。作品内容丰富，主题积极向上，体现了辖区委员和群众热爱美、创造美、共建和谐二七区的精神面貌，获得良好的社会反响。发挥政协文史资料“存史资政、团结育人”的作用，在郑州市第五十七中学、人和路小学等学校开展国学授课8次，赠送文史资料20套，征集二七区村庄变迁史料20余万字，图片220张，形成《远去的记忆——二七区城乡建置存目（第一稿）》。省政协主席叶冬松、市政协主席王璋等多次到二七区调研指导工作，对区政协围绕服务党委政府中心工作，认真履行委员职责，助推经济发展，展示政协形象给予充分肯定。

各位委员，过去的一年，区政协工作取得一些成绩。这是中共二七区委高度重视、正确领导的结果，是区人大、区政府大力支持的结果，也是全体政协委员共同努力的结果。在此，我代表区政协，向所有关心、参与和支持政协工作的各位领导和同志们、全体委员表示衷心的感谢！

在肯定成绩的同时，我们也清醒地看到，对照中共十八大和十八届三中、四中全会提出的新要求，对照区委对政协工作的新希望，对照委员和群众的新期待，我们的工作仍然存在一些薄弱环节。主要是开展民主监督的有效性还需进一步提高，一些委员参政议政意识、履职能力还需进一步增强，机关工作服务保障水平还需进一步提升等等。真诚地希望各位委员、各位同志对区政协的工作提出批评和建议，以利于我们今后更好地开展工作。

二、2015年工作意见

2015年是二七区新三年行动计划启动之年，是全面提升发展品牌品质品位的关键一年。做好履行职能的各项工作意义重大。区政协工作的总体思路是：认真贯彻中共十八大、十八届三中、四中全会精神和中共郑州市委政协工作会议精神，在中共二七区委的正确领导下，围绕国际商都建设、强化“品牌品质品位”理念、深化“三大主体”工作、加快“五大板块”建设，认真履行职能，主动适应新常态，全面提升政协工作水平和质量。持续开展“务实创新、奉献二七”活动，为二七区实现综合实力再晋位、城乡环境更优化、群众生活更美好凝聚智慧和力量，为全区社会经济更好更快发展做出新贡献。

（一）加强学习培训，在政治思想素质上主动适应新常态

自觉服从和维护中共二七区委的领导，切实把政协工作融入全区工作大局，确保区委的决策部署在政协工作中得到全面落实。要坚持把思想政治建设摆在各项工作首位，强化理论学习，巩固共同思想基础。一是重视区政协常委学习培训。创新学习形式，丰富学习内容，采取走出去、请进来等灵活多样的方式，举办区政协常委培训班，提高理论素养。二是加强委员学习培训。深化“委员活动日”活动，建立季度邀请专家学者授课学习制度，围绕中共十八届三中、四中全会和习近平总书记系列重要讲话精神，中共郑州市委政协工作会议和区委十届八次全会精神，以及形势政策、政协知识。通过举办专题培训、辅导讲座、专业院校培训等学习活动，有重点地对委员进行培训，提高委员们的理论素养，为知情明政，更好履行职责创造条件。三是抓好机关建设。巩固党的群众路线教育实践活动成果，通过推进“学习型、服务型、创新型、和谐型”机关建设，恪守“三严三实”要求，加强机关干部理论学习培训，使学习成为推动创新、提高能力的有效途径，不断提高机关服务保障能力和水平。

（二）着眼全区大局，在服务改革发展上作出新贡献

紧扣区委决策部署，积极作为新常态，持续开展“务实创新、奉献二七”活动，认真履职，勇于建言。一是坚持和完善常委会议、主席会议协商机制，对事关全区改革发展稳定的重大事项、事关人民群众切身利益的重要决策进行协商。二是聚焦“三大主体”工作和“五大板块”建设，围绕“改革创新增活力、投资开放蓄后劲、结构调整再升级、惠民富民求实效”，精选课题，深入调研，多为改革发展出实招、谋良策。三是充分发挥人才荟萃、智力密集优势，积极投身以航空港实验区为统揽的郑州都市区建设，牵线搭桥、招商引资、投资兴业，为推动二七区社会经济发展贡献力量。四是扎实开展民主监督，针对区委、区政府重要决策部署的推进和落实，选准角度、把握尺度、使民主监督工作扎实有效。

（三）强化履职为民，在促进民主和谐上展现新作为

发挥政协的独特优势，切实把心系百姓、关注民生作为履职重点，围绕涉及群众切身利益的矛盾和问题，多做团结鼓劲、凝聚人心的工作，努力把各党派、各团体、各阶层和各界人士团结起来，为形成稳定、有序、和谐的发展环境和群众生活环境凝聚正能量，服务惠民，奉献社会。一是坚持把政协提案作为参政议政的重要形式，围绕城市精细化管理、棚户区改造、安置房建设等群众切身利益问题协商议政，促进群众关心的区域教育文化、公共服务设施、公共法律服务体系建设等民计民生工作。二是切实加强和改进社情民意信息工作，经常深入基层，开展进网格、进企业、进学校，及时、准确反映群众利益诉求，协助区委、区政府妥善处理各方面利益关系，发挥政协桥梁纽带和智库作用。三是持续开展“务实创新、奉献二七”活动，健全完善活动工作机制，组织引导政协委员围绕区委中心工作，积极参政议政，献良策、建真言、作奉献、树形象。

（四）丰富协商形式，大力推进协商民主

按照协商于民、协商为民的要求，丰富协商形式，力求在推进协商民主上取得新突破。一是要创新政治协商形式。进一步完善政协全体会议、常委会议、主席会议等协商机制，积极开展季度协商议政，深入进行专题协商、对口协商、界别协商、提案办理协商。二是要选好协商议题，拟定协商计划，使民主协商工作思路更加清晰，更加有效。三是要建立健全协商成效反馈机制，努力营造既畅所欲言、各抒己见，又理性有度、合法依章的良好协商氛围。

（五）坚持务实创新，在履职能力建设上赢得新进展

适应推进国家治理体系和治理能力现代化建设的要求，大力加强履职能力建设，提高政治把握能力、调查研究能力、服务群众能力、合作共事能力。一是加强界别建设。突出政协界别特色，充分运用界别活动、界别提案、界别反映社情民意等形式，扩大社会各界有序政治参与。二是加强委员服务管理。完善委员联系群众、履职考评、正常退出等机制，引导委员发挥在本职工作中的带头作用、政协工作中的主体作用、界别群众中的代表作用，努力争当参政议政的先进、解疑释惑的使者、民主监督的中坚、遵纪守法的模范。三是加强委员之家提升建设。围绕持续开展“务实创新、奉献二七”活动，把“委员之家”打造成为学习交流的平台、民主共事的大家庭，反映社情民意、服务群众的联系站，谋划发展的智慧园。四是加强专委会和基层政协工委建设。完善专委会联系一个社区、一户委员之家、帮扶一户困难户的工作机制。规范乡镇、街道政协工委组织建设，建立社区（村）社情民意联系点。着力提高服务意识，增强政务性服务能力和统筹协调能力，更好地服务于大局、服务于委员、服务于群众，为有效履行职能、顺利开展工作提供有力保障。五是全面贯彻中共十八届中央纪委五次全会精神，严格落实党风廉政建设“两个责任”，持之以恒执行中央“八项规定”、市委20条规定、区委26条规定，坚决反对“四风”，厉行勤俭节约，杜绝奢侈浪费现象，以实际成效展现政协为民务实清廉形象。

各位委员、同志们，坚持党的领导，围绕中心、服务大局，是政协工作必须始终遵循的重要原则。在新的一年里，让我们在中共二七区委的坚强领导下，进一步增强政治意识、大局意识、责任意识，不断强化学习，夯实履职基础，以改革创新的精神切实提升履职能力，以求真务实的作风充分彰显形象，努力开创政协工作新局面，为全面提升二七区品牌品质品位做出新的更大的贡献！

大事记

1月

3日

△二七区召开土地实施网上招拍挂工作务虚会。会议通报了郑州市城中村改造项目实施网上招拍挂和土地实施网上招拍挂的有关情况。与会领导和相关单位负责人就如何减少网上招拍挂对全区项目的影响以及下步推进项目的具体措施进行发言。区委副书记、副区长陈红民强调：一是抓紧时间、认真学习市政府关于土地网上招拍挂的相关政策；二是对未列入网上招拍挂的土地，严格按照时间节点倒排工期，确保按时完成任务；三是拓宽融资渠道，发挥区融资平台作用。同时，调动企业的积极性；四是相关单位要未雨绸缪，做好土地成本核算；五是与上级部门积极对接，处理好遗留问题，争取有利政策。区领导潘开名、王玉红、卢书选、辛绍河、李国立出席会议。

△郑州市政府副市长、市红十字会会长刘东到京广路街道金祥花园小区看望慰问辖区首例遗体、眼角膜捐献志愿者家属娄学英，并送去慰问金2000元和米、面粉、食用油、被褥等慰问品。娄学英的女儿冉心怡于2012年4月不幸去世，娄学英通过郑州市和二七区红十字会，将女儿的遗体捐献用于医学研究，同时捐献2个眼角膜用于治疗失明患者，刘东一行对娄妈妈的义举表示感谢。郑州市政府副秘书长王霄鹂和市红十字会常务副会长张春香、副会长汤震陪同看望，区政府党组成员、区红十字会会长黄卫红参加看望。

8日

△中共二七区第十届委员会第六次全体（扩大）会议召开。会议全面贯彻落实党的十八大、十八届二中、三中全会、中央经济工作会、中共河南省委九届六次全会、中共河南省委经济工作会议、中共郑州市委十届六次全会精神，审议中共二七区委常委会2013年工作报告，中共二七区委、二七区人民政府关于做好2014年经济工作的实施意见（讨论稿），中共二七区委2014年工作要点（讨论稿），对2013年度全区“三大主体”工作先进集体和个人进行了表彰。全会号召，全区上下要紧密团结在以习近平为总书记的党中央周围，在中共郑州市委、市政府的正确领导下，坚定信心，迎难而上，始终以充满激情的精神状态，改革创新的工作措施，更加扎实的工作作风，树二七区发展品牌，展实力提升风采，努力为郑州都市区建设做出积极的贡献。区委书记蔡红，区委副书记、副区长陈红民出席会议并作重要讲话。区领导潘开名、李章坤、于广志、张伟岭、许广佑、张全金、王玉红、王鲁明、卢书选、李峰、丁文霞、赵吉平、孙兴伟出席会议，区委委员、区委候补委员出席会议。

9日

△由中共郑州市委统战部驻福华街群众工作队、福华街街道联合举办的“心系群众　情暖福华”暖冬行动启动仪式在福华街街道举行。“心系群众　情暖福华”暖冬行动系列活动旨在帮助困难群众温暖过冬，是一项解民忧、暖民心、聚民力的惠民行动。“暖冬行动”从即日启动，为期一个月，通过开展“温暖过冬天”“热情冬日行”“文化进社区”“爱心助圆梦”系列活动，把募集到的爱心资金和物品送到群众手中。启动仪式上，市委统战部副部长、市台湾工作办公室主任李元中代表市委统战部向街道捐赠募集到的5万元爱心资金和棉衣、棉鞋、粮油等价值3万元的爱心物资。李元中强调：大家要以高度负责的态度和务实的作风，按照活动内容和要求扎实开展好“暖冬行动”，在真情关心、真心帮助和真诚服务群众上取得实实在在的成效，切实为群众办好事、办实事。区委常委、区委统战部部长王玉红，市工商联副主席、群众工作队代表郭留章，区委统战部副部长、工商联党组书记卢学俊等参加启动仪式。

10日

△中共郑州市委常委、常务副市长孙金献到辖区召开农民工工资支付工作现场会。区委副书记、副区长陈红民汇报全区农民工工资支付专项检查工作进度、采取措施和下步打算，市直部门负责人就做好农民工工资清欠工作提出意见和建议。孙金献要求：一是各相关单位要举一反三，加大力度，一案一策，认真贯彻落实好省、市领导对全市农民工工资拖欠问题的批示精神；二是各县（市）区要坚持“守土有责”，市直部门要做到“尽职尽责”，形成合力，依法依纪打击处理；三是人力资源和社会保障部门要切实发挥统筹协调、严格执法、督促检查的作用，做到及早介入、依法依规、不推诿推卸，确保问题及早解决到位。区领导蔡红、卢书选、刘利、王启树、曹宪武参加会议。

11日

△区委副书记、副区长陈红民主持召开农民工工资清欠行动专题工作会议。陈红民强调：第一，吸取教训，高度重视。按照属地管理原则，建立信息通报制度，特别是对8个重点问题解决推进情况和新发现的此类问题形成日报告制度并明确相关领导和所属局委、乡(镇)街道迅速解决。第二，突出重点，强化措施。要求春节前各乡(镇)、街道实现各自属地区域内基本无拖欠农民工工资现象。一要做好专项检查工作；二要建立完善查处机制；三要完善应急处置机制。第三，加强领导，狠抓落实。要求将农民工工资当成一项重中之重的任务来抓，各单位要由主要领导牵头负责，各部门之间要密切配合，公安、法院、建设等部门通力合作，快速处理，特别是要做好建筑领域的排查治理工作。第四，做好宣传引导。由宣传部门制订专题方案，做好清欠农民

工工资的宣传引导。区领导卢书选、刘利、王启树、曹宪武出席会议。

△区委副书记、副区长陈红民主持召开环卫体制改革工作汇报会。区领导李峰、董治会出席会议。

13日

△河南省副省长王铁带领省政府相关部门人员到马寨产业集聚区调研河南花花牛生物科技有限公司年产40万吨乳制品项目建设情况。王铁一行参观了项目主厂房区域，了解设备安装情况、投产时间，并对项目的生产工艺、产品结构、原料来源、市场份额、产品价格等情况进行了了解。王铁要求：一定要加快项目建设进度，早投产、早见效；作为乳制品企业，在生产过程中一定要严把质量安全关，把质量安全视为企业生命；食品行业潜力巨大，一定要抓住有利时机，不断发展壮大。区领导陈红民、王玉红、谭清录参加调研。

△区委副书记潘开名到淮河路街道考察、指导工作。潘开名对街道的便民服务大厅、机关文化建设进行查看，听取工作开展情况及辖区信访稳定情况汇报。潘开名对街道2013年取得的成绩给予肯定，并针对近期的信访稳定工作指出：一要高度重视，全面排查。以高度负责的态度，认真对辖区不稳定因素进行地毯式排查，做到早发现、早上报、早解决，确保不稳定因素化解在萌芽状态；二要深入一线，注重方法。街道领导班子要亲力亲为，切实深入建筑工地，站在农民工的立场上，急其所急；三要部门联动，狠抓落实。积极与上级部门密切配合，各部门之间要通力合作，快速处理出现的问题，确保辖区安全稳定。

△省人大常委会与二七区人大常委会在建中街街道淮南社区联合举办“走基层、义务赠送春联”活动。活动现场，省人大常委会领导和书法家们挥毫泼墨，为居民送上了新春祝福。河南省十一届人大常委会副主任、省人大书画摄影研究院院长刘新民，省十二届人大常委会内司工委副主任、省人大书画摄影研究院副院长李民庆，省十二届人大常委会副秘书长、省人大书画摄影研究院副院长戚建庄和十几名书法家出席活动。区领导蔡红、李章坤、张丽英、李刚、周国建、柳建华、武志亮、张忠民、杨明军、张好义、张新云等参加活动。

14日

△区委书记蔡红和区委副书记、副区长陈红民分两组到辖区困难群众家中走访慰问，并为他们送去米、面粉、食用油、牛奶、棉被以及慰问金。自1月14日开始，全区副县级以上领导分成15组走访慰问辖区困难群众。

△区人大常委会主任李章坤到马寨镇调研信访稳定工作。李章坤了解马寨镇节前信访稳定工作开展情况、存在的不稳定因素及有无拖欠农民工工资情况，听取相关负责人的汇报。李章坤对马寨镇的信访维稳工作给予肯定，并要求：一要加大排查力度；二要健全信访机制；三要加强责任落实。

△中国建设投资集团有限公司、中投汇豪（控股）有限公司、北京金贝源国际商贸有限公司领导一行到辖区参观考察。区领导李峰、王玉卿陪同考察。

15日

△区委书记蔡红，区委副书记、副区长陈红民,区人大常委会主任李章坤,区政协主席于广志及区委常委分四组到原区“四个班子”老领导家中走访慰问。蔡红一行亲切询问老领导们的生活起居、健康状况、实际困难及家庭情况，向他们介绍全区当前经济和社会运行情况，听取老干部们对全区社会经济发展的意见和建议，感谢老领导们对全区各项事业发展的关注和支持。

△区委副书记、副区长陈红民召开全区安置房建设工作推进会。区城改办公室、新型城镇化办公室负责人分别汇报了城中村改造、合村并城项目安置房建设总体进展情况，相关乡（镇）、街道负责人补充发言，与会人员围绕加快安置房项目控（修）规编制、土地手续上报、土地供应、村庄改造方案和安置基数审定、完善政府主导内容形式、确定投资建设主体、施工质量安全监管、细化项目建设台账、政策和办理程序宣传、做好迎检工作等方面进行讨论。会议明确了2014年安置房建设工作目标和时间节点要求。陈红民要求：各部门要进一步明确职责，结合实际，注重可持续健康发展，对安置房建设项目实施精细化管理，强化周督查和周报告制度，加快规划、土地、拆迁、建设等手续办理速度，采取“政府主导、企业担保、项目融资”和与企业合作模式，确保按照市政府下达的时间节点、任务，强力推进安置房建设。区领导潘开名、王玉红、丁文霞、辛绍河、张富强、李国立、谭清录出席会议。区城改办公室、新型城镇化办公室、发改统计局、财政局、建设局、环境保护局、国土资源局、土地储备中心、规划分局、二七新区、侯寨乡、马寨镇和蜜蜂张、京广路、铭功路、长江路、五里堡、嵩山路等6个街道负责人参加会议。

16日

△区人大常委会主任李章坤，区委常委、区委统战部部长王玉红等到马寨镇水磨村、王庄村走访慰问困难党员、残疾人、特困户等群体，为他们送去了慰问金、食用油、米等生活用品。

△区委书记蔡红，区委副书记、副区长陈红民，区委常委、区委办公室主任赵吉平，区正县级干部、区政府党组成员林海到区中心敬老院和辖区爱馨养老公寓走访慰问，为老人们送去肉、鸡蛋、面粉、水果等慰问品。蔡红一行首先到区中心敬老院，询问老人们日常生活状况以及文化活动开展情况，特别询问敬老院的供暖情况，并叮嘱工作人员要做好老人的保暖工作，蔡红一行还到老人房间，向老人们拜年。蔡红一行又到辖区爱馨养老公寓，对公寓内干净、整洁的环境和各项设施的完善给予充分肯定。

△16日—17日，区领导潘开名、李章坤、于广志、张伟岭、许广佑、王玉红、王鲁明、杨振河、张丽英、李刚、柳建华、于珊、李东亮、王同超、张新云、张好义、王玉卿、张家齐走访慰问龙岗水泥厂，辖区低保户、残疾人、优抚对象、“失独”家庭等困难家庭。

17日

△区委书记蔡红，区委副书记、副区长陈红民带领区领导潘开名、王鲁明、赵吉平、孙兴伟、杨振河、范武成、林海、吴书文、陈旭儒走访慰问中国人民解放军郑州警备区、中国人民解放军防空兵学院、武警河南省总队医院、武警郑州市支队、中国人民解放军驻郑州铁路局军事代表处、中国人民解放军信息工程大学地理空间信息学院、武警郑州消防支队等辖区驻军部队，为官兵送去电视机、洗衣机、空气净化机等慰问品。走访中，区领导对驻军部队一直以来给予二七区的支持和帮助表示感谢；辖区驻军部队对全区在解决随军家属安置、子女入学、军队退休人员、城镇退役士兵就业安置等方面所做的大量工作给予了充分肯定。

18日

△中共郑州市委常委、常务副市长孙金献慰问辖区企业军队转业干部张樟仁。区委副书记、副区长陈红民陪同慰问。

19日

△中共河南省委常委、郑州市委书记吴天君慰问辖区困难群众。市领

导王璋、姚待献陪同慰问，区委书记蔡红参加慰问。

20日

△中共郑州市委常委、统战部部长王跃华，市委统战部副部长、市工商联党组书记白宇宙一行走访慰问福华街街道小赵砦社区困难群众。区委书记蔡红，区委常委、区委统战部部长王玉红陪同走访。

21日

△二七区2014年春节“三下乡”集中服务活动在马寨镇水磨村拉开序幕。活动现场，区领导为村民们免费发放春联、窗花、小灯笼和印有文明礼仪、“四德”教育宣传的环境保护袋、钥匙扣、水杯、扑克等，在惠民的同时大力宣传文明、公德、节约、环境保护等理念。全区“三下乡”集中服务活动当日，为群众检查身体100余人，接待各种法律、教育、技术咨询300余人，发放春联、窗花等5000余份。区领导王鲁明、周国建、李东亮出席活动，区文明委办公室、团区委、区妇联、区卫生局、区教体局等15家单位参加活动。

△由市人口和计划生育委员会党组成员、副主任段新国，郑州市政府督查二处副处长许敏及郑州市财政局、郑州市人口计生委相关负责人一行组成的人口和计划生育“三到位”检查考评组到二七区就人口和计划生育“三到位”（责任、措施、投入）情况进行考核。会上，考评组听取了区委副书记潘开名所做的全区2013年工作基本情况的汇报，副区长于珊所做的全区人口和计划生育工作2013年度“三到位”落实情况的汇报和区纪委、财政局2家单位就履行人口和计划生育职责情况的汇报；市考核组就相关档案资料进行现场查看，对全区人口计划生育工作取得的成绩给予充分肯定，同时建议：一要把稳定低生育水平作为首要任务；二要更加重视提高出生人口素质；三要综合治理性别比偏高问题；四要积极创新流动人口服务管理；五要切实落实计生利益导向政策；六要进一步强化政策外生育的查处力度。区领导陈红民、潘开名、周国建、于珊出席会议，43家计划生育综合治理成员单位和15个乡（镇）、街道负责人参加会议。

△区政协主席于广志一行慰问区政协老领导贾森立、王明杰、汪爱英。于广志向老领导们介绍区政协八届委员会工作情况和2014年政协工作打算，希望老领导关心支持全区的社会经济发展改革大局，关心支持政协工作，促进政协工作更好地围绕中心、服务大局。

△周口市人民政府副秘书长熊和平一行12人考察二七区棚户区、城中村改造工作。考察团详细了解辖区城中村改造项目在集体土地确权、安置房用地土地划拨、安置房产权证办理等的经验和做法。市政府副秘书长袁聚平、二七区领导辛绍河陪同考察。

22日

△中共郑州市委常委、市委宣传部部长王哲，市人大常委会副主任贾记鑫，郑州警备区参谋长董继峰，市民政局调研员韩学军一行走访慰问辖区困难群众和中心敬老院。王哲一行首先慰问辖区优抚对象、低保户和困难党员等，随后，到二七区中心敬老院，了解敬老院的情况，查看老人们的宿舍，对宿舍内整齐、干净的住宿环境给予高度评价，并代表市委、市政府给老人们送去1万元慰问金、50袋面粉以及50桶食用油。王哲要求，要不断完善相关配套设施以及各项制度条例，提升养老服务水平，切实关心老人们的生活，确保老人们过上一个欢乐、祥和的春节。区委副书记、副区长陈红民，区委常委、区委宣传部部长王鲁明，区人武部部长杨振河等领导陪同走访。

△区委书记蔡红到郑州铁路局走访慰问。区领导潘开名、许广佑、赵吉平、辛绍河、刘利陪同慰问。

23日

△中共河南省委常委、郑州市委书记吴天君，市委副书记、市长马懿，市委常委、副市长张建慧到辖区调研督查“五项重点工作”进展情况。吴天君一行实地查看了金水河分水口公园，了解工程进度，听取安置房建设、重点区域拆迁等情况的汇报，对全区的工作给予肯定。区领导蔡红、陈红民陪同调研。

△河南省新闻出版局局长姚进忠，省版权局局长来有功到辖区检查出版物市场。郑州市政府副秘书长王宵鹂、市文广新局局长李宪敏、二七区政府副区长姚实陪同检查。

24日

△省发展和改革委员会副主任王红一行到辖区调研节日期间市场商品价格情况。河南省价格监督检查与反垄断局局长魏利建，郑州市物价局局长杨虎臣，区领导蔡红、赵吉平、司文一陪同调研。

△二七区第十期“周末大讲堂”开讲，邀请华东师范大学教授余南平围绕“当今国际政治经济格局及中国的对策”作专题报告。余南平从当今热点问题入手，以全新的角度就国际政治经济格局以及中国在复杂的国际形势中面临的新挑战、所采取的对策进行了解读、分析。报告会由区委常委、区委宣传部部长王鲁明主持。全区副县级以上领导，全区各单位副科级以上干部、各行政村（社区）书记主任及部分单位中层人员约1000余人参加“周末大讲堂”活动。

27日

△二七区召开“三大主体”工作座谈会。村（社区）书记、主任针对“三大主体”工作发表意见。与会领导就村（社区）书记、主任提出的具体建议进行深入探讨。区委书记蔡红指出：基层干部直接跟群众打交道，是做好群众工作的关键，要调动好方方面面的力量，努力提高群众对政府的满意度。在做好自己本辖区工作的同时，要放眼全区的工作，找准自身定位，努力做到特色鲜明；要抓学习，促提升，不断加强业务、政治等方面的学习。区领导潘开名、李峰、丁文霞、赵吉平出席会议，15乡（镇）、街道的村（社区）书记、主任代表参加会议。

△郑州市政府副市长刘东带队到百顺农贸市场督导H7N9禽流感疫情防控工作。区政府党组成员黄卫红陪同督导。

△区委书记蔡红，区委常委、区委宣传部部长王鲁明一行走访慰问辖区老艺术家。蔡红一行来到艺术家郑广瑾、豫剧六大名旦之一马金凤等老艺术家家中，了解艺术家们的工作、生活情况。蔡红对老艺术家们为全区文化发展做出的突出贡献表示感谢，并倾听他们对全区文化发展的意见和建议。蔡红表示：希望老艺术家们继续发挥自身专业优势、经验优势，为全区发展多提宝贵意见、多献发展良策、多培养优秀人才，为全区文化事业的大发展、大繁荣作出贡献。

△郑州市政府副市长马健一行到嵩山南路烟花爆竹销售点、中石油航海路加油站进行检查。马健强调：各有关部门和企业要在春节期间加大安全事故隐患的排查力度，严厉打击非法、违法行为，将安全生产的责任落实到生产经营中的每个环节、每个岗位和每名员工，切实做好烟花爆竹、加油站等安全管理工作，建立预警抢险机制，排好节日安全值班，发现问题及时解决，确保春节期间全市安全稳定。区委副书记、副区长陈红民，区政府党组成员司文一陪同检查。

29日

△郑州市城市管理局局长赵新

民，区委书记蔡红，区委常委、区委办公室主任赵吉平，副区长董治会一行到长江路、兴华街垃圾中转站慰问春节期间坚守在工作岗位上的环卫工人。

2月

7日

△中共二七区委、二七区政府与二七纪念馆联合举办“缅怀革命先烈　共筑中国梦”二七纪念日宣誓活动。上午10时30分，区领导和纪念馆负责人共同向烈士们敬献花篮。随后，进行集体宣誓。宣誓结束后，区领导一行参观在二七纪念馆内举办的“千秋二七”展览及二七区经济、社会发展和民生事业图片展览。图片从不同角度反映了近年全区各项事业取得的成就，生动展示了全区人民团结拼搏、奋发图强的精神面貌。区“四个班子”领导，全区各单位、乡（镇）街道负责人以及二七纪念馆全体职工200余人出席活动。

10日

△二七新区道路命名方案汇报会召开。会上，郑州市行政区划与地名学会负责人汇报了3套新区道路命名方案。与会领导及相关单位负责人分别就方案进行讨论，提出意见和建议。区委书记蔡红指出，一要按照有利于项目落地、区域发展的总体思路命名；二要遵循、尊重历史，沿袭历史的原则；三要有丰富文化底蕴，同时要朗朗上口、简单易记。以“二十四节气”为主题命名是全区道路命名的一大特色，要加快完善方案，并尽早召开专家评审会。区领导陈红民、潘开名、丁文霞、林海、李国立等出席会议。

11日

△二七区门户网站在全市74个政府网站综合评估中被评为2013年度“郑州市优秀网站”，这是“二七门户网”连续三年获此殊荣。

△郑州市文物局局长阎铁成调研马寨镇坟上村的市级文物保护单位——明周悼王墓遗址。阎铁成一行查看墓葬遗址现状，听取有关墓葬的考古勘探、文物保护规划等情况的汇报。随后，在区委常委会议室就明周悼王墓遗址公园建设、老奶奶庙旧石器遗址公园建设用地调整等问题召开座谈会。会上，阎铁成表示，市文物局将全力支持明周悼王墓遗址公园建设，并全程提供无偿服务；关于老奶奶庙旧石器遗址公园建设用地调整的问题，区委书记蔡红明确指示由区国土局负责抓好落实。副区长姚实等陪同调研。

12日

△政协二七区第八届委员会第三次会议在区会议中心三楼会议室开幕。区政协主席于广志，区委常委、区委统战部部长，区政协党组副书记王玉红，区政协领导陈爱萍、李琳、吴书文、陈旭儒、李东亮、王同超、袁新生、曾平、刘建生、朱广善、李鹏飞及区政协常委在主席台就坐。区领导蔡红、陈红民、李章坤、潘开名、张伟岭、许广佑、张全金、王鲁明、卢书选、李峰、丁文霞、赵吉平、周国堂等应邀出席大会并在主席台就坐。区委书记蔡红致开幕词。于广志受政协二七区第八届委员会常务委员会委托，向大会报告工作；陈爱萍受政协二七区第八届委员会常务委员会的委托，向大会报告八届二次会议以来的提案工作。

△五里堡街道王立砦社区连片改造项目安置补偿方案工作会召开。区领导陈红民、潘开名、王鲁明、柳建华、辛绍河、张好义、张家齐出席会议。

13日

△二七区第十五届人民代表大会第三次会议在政通礼堂开幕。区领导蔡红、李章坤、陈红民、潘开名、于广志、张丽英、范武成、李刚、周国建、郭穆顺、柳建华、武志亮、张忠民、靳凤英、兰海、杨明军、刘增杰、张好义、张新云在主席台前排就座。区委书记蔡红致开幕词。副区长陈红民代表区人民政府向大会作政府工作报告。会上，代表们审议关于二七区2013年财政预算执行情况和2014年财政预算（草案）的报告、关于二七区2013年国民经济和社会发展计划执行情况与2014年计划（草案）的报告。

14日

△政协二七区第八届委员会第三次会议在区会议中心闭幕。区政协领导于广志、陈爱萍、李琳、吴书文、陈旭儒、李东亮、王同超、袁新生、曾平、刘建生、朱广善、李鹏飞在主席台就座。区领导蔡红、陈红民、李章坤、潘开名、张伟岭、许广佑、张全金、王玉红、王鲁明、卢书选、李峰、丁文霞、赵吉平、周国堂到会祝贺，并在主席台就座。会议通过王彬、李锦勇、孟令运当选政协二七区第八届委员会常务委员会委员；会议表彰了2013年度政协工作先进集体和先进个人；审议通过了政协二七区第八届委员会第三次会议提案审查情况的报告；审议通过了政协二七区第八届委员会第三次会议政治决议；审议通过了政协二七区第八届委员会第三次会议关于常务委员会工作报告的决议；审议通过了政协二七区第八届委员会第三次会议关于八届二次会议以来提案工作报告的决议。区政协主席于广志致闭幕词。

15日

△二七区第十五届人民代表大会第三次会议在区会议中心闭幕。区领导蔡红、陈红民、李章坤、潘开名、于广志、张丽英、范武成、李刚、周国建、郭穆顺、柳建华、武志亮、张忠民、靳凤英、兰海、杨明军、刘增杰、张好义、张新云在主席台就座。根据大会选举办法规定，经代表无记名投票选举，补选陈红民为二七区人民政府区长、周国堂为二七区第十五届人民代表大会常务委员会副主任。大会还选举二七区出席郑州市第十四届人民代表大会的代表64人。大会采用举手表决的方式，通过关于政府工作报告的决议、关于二七区2013年国民经济和社会发展计划执行情况与2014年计划（草案）及其报告的决议、关于二七区2013年财政预算执行情况和2014年财政预算（草案）及其报告的决议、关于二七区人大常委会工作报告的决议、关于二七区人民法院工作报告的决议、关于二七区人民检察院工作报告的决议及关于议案审理意见的报告。新当选的区人民政府区长陈红民及区人大常委会主任李章坤发表讲话。

17日

△中共郑州市委常委、市委宣传部部长王哲到大学路街道交通新苑社区调研指导“党的群众路线教育实践活动”。王哲一行首先了解交通新苑社区党建和日常群众工作开展情况，并深入居民群众家中，通过走访交谈了解群众需求，征求群众对开展教育实践活动的意见和建议。之后，王哲在交通新苑社区召开座谈会，区委常委、组织部部长丁文霞汇报全区“党的群众路线教育实践活动”前期准备情况和调研工作开展情况；区委常委、区纪委书记张全金介绍了全区贯彻落实中央“八项规定”和干部作风建设工作开展情况；各社区书记和三级网格长结合自身工作实际，对教育实践活动提出意见、建议。王哲强调：一要摸清问题；二要突出重点；三要着眼长效。区委书记蔡红，区委常委、区委宣传部部长王鲁明，区委常委、区委办公室主任赵吉平陪同调研。

18日

△区纪委组织区“四个班子”成员及科级以上干部800余人，在政通

礼堂集中观看廉政影片《人生不能重来》。此次观影活动是全区开展反腐倡廉教育的一项重要举措，旨在教育引导广大党员干部在新的一年里进一步增强党性观念，牢固树立廉洁从政理念，切实做到反腐倡廉常抓不懈，拒腐防变警钟长鸣。同时，紧密结合"党的群众路线教育实践活动"，反思因个人腐败给社会和家庭带来的巨大伤害，深入查找"四风"方面存在的突出问题，进一步带头落实好党风廉政建设各项规章制度，进一步贯彻好"一岗双责"，教育好配偶、亲属和身边工作人员，在全区营造崇廉尚廉的浓厚氛围。

△辖区金博大城扩建改造项目土地顺利出让。该地块占地1.2公顷，征收面积约2.6万平方米，成交价约1.8亿元，这是全区2014年完成的第1宗旧城土地招拍挂项目。

△18日—20日，北京中投汇豪集团副总裁范光芒一行3人到辖区参观考察。区领导李峰、王玉卿陪同考察。

19日

△全区安置房建设工作会议召开。相关单位负责人分别汇报安置房建设的进展情况及存在问题，与会领导就如何推进安置房建设提出意见、建议。区委副书记、区长陈红民要求：一是高度重视安置房建设工作；二是按照时间节点推进项目建设；三是做好开源节流。要按照"政府主导、企业担保、项目融资"的方式加大融资力度，同时，要开拓思路，通过竞争性谈判、服务外包等措施压缩工程成本。区领导潘开名、丁文霞、辛绍河、刘利、李国立出席会议。

20日

△顶新国际集团公司和河南苏宁云商销售有限公司通过公开"招拍挂"程序，分别取得马寨产业集聚区公安路南、明晖路西13.54公顷和振兴路南、学院路东23.24公顷工业用地的使用权，将进一步推进顶新国际集团公司扩大再投资项目、苏宁河南地区管理总部及物流配送中心重点项目建设。

△春晖小学学生张超凡在2014年度全国青少年校园足球精英冬令营活动中荣获"优秀球员奖"，教练金卫东荣获"优秀指导员"。郑州市第七十四中学、汉川街小学、建新街小学、解放路小学、京广路小学、陇海中路小学、邱寨小学荣获河南省教育系统2010—2013年度示范家长学校；苗圃小学、艺术小学荣获河南省教育系统2010—2013年度先进家长学校。

22日

△中共河南省委常委、郑州市委书记吴天君到辖区与市十四届人大一次会议二七区代表团代表们共同审议市人大常委会和"一府两院"工作报告。赵可信、胡仲泰、张晓霞、陈五妮等代表先后发言。代表们充分肯定了市人大常委会和"一府两院"过去五年的工作，认为未来五年确立的各项工作目标思路清晰，切实可行。代表们还就加快推进新型城镇化、完善基础设施建设、发挥人大代表作用等提出意见和建议。吴天君指出：二七区作为中心城区，在全市发展大局中具有举足轻重的地位和作用，希望二七区珍惜当前发展的大好形势，坚定跨越发展的信心和决心，在郑州市新一轮发展中找准定位，凝心聚力，围绕"两个初步"目标，科学谋划未来发展蓝图；要进一步强化责任担当，狠抓工作落实，积极推进战略举措的实施，在全市率先实现"城乡一体化、全域城镇化"，确立在中心城区的地位，为全市早日实现"两个初步"目标做出积极贡献。吴天君强调，人大代表不仅仅是一个职务，更是一种责任、一种使命，希望人大代表忠诚履职尽责，做遵纪守法的模范、解疑释惑的使者、认真履职的先进，不辜负人民的期望和重托。市领导王哲、姚待献、贾记鑫、舒安娜等参加审议。

25日

△全区招商引资推进会召开。会上，相关单位负责人围绕服装工业园项目、兑周村连片开发项目及中部电子商务港项目概况、进展情况及下步打算进行汇报，与会领导就如何推动项目建议提出意见、建议。区委副书记、区长陈红民强调：一是高度重视。这3个项目非常符合二七区高端服务业发展定位和商贸业未来发展方向，相关单位要坚定信心，全力以赴，积极与项目开发商沟通联系，争取项目落户辖区。二是争取支持。要积极与省、市部门沟通汇报，争取有利政策，调动开发商投资积极性。三是未雨绸缪。要细化3个项目招商方案，充分做好前期各项准备工作，统筹推进项目建设。区领导潘开名、李峰、陈旭儒、王玉卿、李国立出席会议。

26日

△河南省商务厅厅长焦锦森、副厅长张雷明，省电子商务办公室主任吴源奇，郑州市政府副秘书长李杰，市商务局局长朱河顺，市商务局党委委员、投资促进中心主任张延廷一行调研辖区电子商务工作。焦锦森一行实地查看河南网商园，了解园区电子商务企业运营情况、电子商务总部楼宇项目建设及周边基础设施配套情况。随后，焦锦森一行到二七新区管委会会议室召开电子商务工作座谈会。焦锦森对全区电子商务工作给予充分肯定，尤其对二七区城南电子商务集聚区的发展寄予厚望，并希望进一步开拓视野，坚定信心，探索电子商务发展新路子，做大、做强二七区电子商务。区领导蔡红、陈红民、潘开名、丁文霞、王玉卿、李国立陪同调研。

28日

△上海银都实业有限公司执行总裁项育福一行4人到辖区考察并召开座谈会。区领导蔡红、卢书选、李峰、周国建参加座谈会。

3月

1日

△中共二七区委党务工作会议召开。区委副书记、区长陈红民传达市委书记吴天君在市十四届人大一次会议期间参加二七区代表团审议时的讲话精神，区委副书记潘开名传达市委党务工作大会精神。区委书记蔡红指出，全区上下要认真学习，切实把思想和行动统一到习近平总书记系列重要讲话精神上来，统一到中央和省、市委决策部署上来，统一到全年目标任务落实上来，全力以赴做好新时期的党务工作。区领导于广志、张伟岭、许广佑、张全金、王玉红、王鲁明、卢书选、丁文霞、赵吉平出席会议。

△中共二七区第十届纪律检查委员会第四次全体（扩大）会议在区会议中心三楼会议室召开。区委常委、区纪委书记张全金作工作报告。会议审议通过张全金代表区纪委常委会向全会所作的工作报告。会议表彰2013年纪检监察部门先进集体和先进个人。区领导蔡红、陈红民、潘开明、于广志、张伟玲、许广佑、王玉红、王鲁明、卢书选、丁文霞、赵吉平出席会议；区纪委委员，各乡（镇）、街道纪（工）委书记，区直各单位纪委书记（纪检组长）、分管纪检监察工作的副职等120人参加会议。

△2014年全区组织、宣传、统战暨长效机制工作会议召开。区委副书记潘开名主持会议。会上，对2013年度长效机制、组织、宣传、统战工作进行全面总结，对2014年长效机制、组织、宣传、统战工作进行部署。区委常委、区委统战部部长

王玉红，区委常委、区委宣传部部长王鲁明，区委常委、区委组织部部长丁文霞，区委常委、区委办公室主任赵吉平出席会议。

2日

△2014年二七区科级女干部培训班在郑州师范学院开班，来自全区优秀科级女干部60余人参加为期两天的培训。培训主要针对女性素质、形象塑造和女性美德等方面。开班仪式由区委常委、区委宣传部部长王鲁明主持。区委书记蔡红作重要讲话，提出：一要敢于成事树志气；二要塑造品德讲大气；三要勤于学习养才气。开班仪式后，郑州师范学院党委书记于向英作题为《妇女干部的成长与培养》的报告。郑州师范学院党委书记于向英、郑州师范学院副院长张建航，区领导蔡红、王鲁明出席开班仪式。

3日

△河南省人大常委会教科文卫工作委主任詹玉荣，副主任刘少宇、李经超，郑州大学传媒发展研究中心主任董广安，省计划生育委员会巡视员薛勤功，政法处调研员、奖扶处处长王自立，省人大常委会教科文卫工委办公室主任科员秦士才一行到辖区调研人口计划生育工作。詹玉荣一行先后到五里堡街道国花社区、大学路街道康桥社区、爱馨养老院实地参观社区一站式办事大厅、科教室、妇女之家、手工作坊、书画室、老年活动站、康检室、居家服务中心、老年康复中心等场所，向计划生育工作人员和辖区居民了解单（双）独生子女生育政策落实、奖扶金发放情况；随后，詹玉荣一行在爱馨养老院查看218名特困计划生育家庭档案，详细询问了社区老年人食宿状况、对工作人员的满意度等情况，并就计划生育特殊困难家庭老人的养老服务情况等进行深入交流。詹玉荣对全区计划生育特殊困难家庭老人的养老服务工作、“12349”爱馨热线及对失能、半失能老人进行分区照顾等措施给予高度评价，并希望继续高度重视人口计划生育工作，扩大养老服务规模，准确把握人口计划生育工作新情况、新问题，并持之以恒地抓好，努力促进家庭幸福、社会和谐。郑州市人大常委会副主任赵武安，市人大常委会教科文卫工委主任张义德，市政府副秘书长周铭，市人口计划生育委员会主任王清芬等陪同调研，区领导李峰、周国建、于珊参加调研。

△全区“六项重点工作”推进会召开。会议传达全市“六项重点工作”会议精神，听取三环快速化工程涉及辖区的拆迁、管线迁改敷设、平交路口道路建设、铁路沿线绿化、合村并城安置房建设、城中村和旧城改造安置房建设、3个区级公园建设等重点工作推进情况汇报；与会人员和部门负责人提出意见和建议。区委副书记、区长陈红民作重要讲话，他要求：一是全力以赴推进三环路快速化工程沿线拆迁工作，统筹安排工程招投标，确保工程快速推进；二是利用春季植树绿化的有利时机，加快推进铁路沿线和三环绿化工作，并切实做好绿化后期养护工作；三是3座区级公园要按照时间节点完成建设任务，同时要统筹考虑周边便民服务设施的建设；四是加强协调和对接，加快做好重点区域攻坚项目的规划编制调整、前期手续办理和拆迁工作；五是加快安置房建设，确保早开工、早建设，切实完成好全年安置房建设的目标任务。区领导刘利、董治会、李国立出席会议。

4日 △区委副书记、区长陈红民查看郑西高速公路沿线绿化设计工作。陈红民一行先后查看了郑西高速公路沿线郑密路、嵩山南路、大学南路、郑平路平交区域绿化情况，对高速公路沿线有关绿化、设计、拆迁、垃圾清运、资金保障等工作进行现场安排。随后，召开协调会，对加快郑西高速公路沿线绿化工作进行部署，逐一明确责任单位和完成时限。副区长刘利陪同查看。

△区委副书记、区长陈红民到二七新区视察拆迁工作。陈红民一行先后到北安置区、“绿地”二期、郑州CSD、南安置区、“鑫苑”“奥马”等项目拆迁现场实地查看，听取拆迁工作汇报，研究拆迁中遇到的困难和问题，对下步工作做出具体安排。陈红民强调，一要加大工作力度，按照既定时间节点加快推进拆迁；二要克服困难，积极与被拆迁企业、居民进行谈判，抓紧时间实施拆迁；三要加快各项手续办理工作，条件成熟的安置区地块要尽快开工建设；四要在搞好项目建设的同时加强项目周边市容卫生及私搭乱建整治工作；五要做好督查工作，督查室要对各项目涉及的拆迁、垃圾清运等工作进行督查通报。区领导潘开名、刘利、李国立陪同视察。

5日

△区委副书记、区长陈红民视察孙八砦社区和中央商务区项目建设情况。陈红民一行先后来到孙八砦社区、中央商务区拆迁改造项目现场，实地查看项目改造进展情况。项目指挥长武志亮、袁新生简要介绍项目整体情况，并就拆迁过程中遇到的问题进行汇报；长江路、蜜蜂张、福华街街道负责人汇报项目进展情况。陈红民在了解项目规划、拆迁安置及配套设施建设等情况后召开中央商务区项目专题推进会。会上，陈红民对中央商务区拆迁过程中存在的重点、难点问题提出指导性意见。区领导李峰、刘利、李华民等陪同视察。

△中共二七区委宣传部、二七区社会主义精神文明指导委员会办公室联合河南省首个“文明使者志愿服务站”——郑州市人民公园，共同举办“践行雷锋精神　弘扬文明二七”3·5学雷锋志愿服务活动。区委常委、区委宣传部部长王鲁明，区人大常委会副主任周国建出席活动。10支志愿服务队伍共300余人为游园群众开展了有针对性的志愿服务。

△康师傅控股有限公司中国区兼华北区董事长赵慧敬带领顶新国际集团高层一行5人到二七区访问。顶新集团公司负责人实地查看了顶新国际集团公司扩大再投资项目一期施工现场，并与区领导进行友好商谈。区领导陈红民、王玉红、司文一等出席座谈会议。

6日

△由二七区妇联举办的庆“三八”表彰暨“扬时代精神、展巾帼风采”诗歌朗诵大会在区会议中心三楼会议室举行。会议宣读了《关于表彰2012-2013“双学双比”“巾帼建功”活动先进集体、先进个人的决定》《关于表彰二七区维护妇女儿童权益先进集体（个人）的决定》，区领导为受表彰的先进集体和先进个人代表颁发证书和奖牌。区委常委、区委宣传部部长王鲁明作重要讲话。表彰会后，区领导和各界妇女代表共同观看“扬时代精神、展巾帼风采”诗歌朗诵。区人大常委会副主任周国建、区政协党组成员李鹏飞出席活动。

△区委副书记、区长陈红民视察一马路、陇海路交汇处地块的拆迁、棚户区改造以及综合开发情况。陈红民听取该区域规划及重点项目进展情况汇报，对相关工作进行现场部署。他要求：一是抓紧对接沟通，加快推进通讯大世界搬迁，确保陇海快速路建设进程；二是切实做好陇海大院棚户区改造项目的动迁工作，加强政策宣传，切实做好群众安置补偿，尽快完成项目征收，确保早开工、早建设；三是抓好一马路以西、陇海路以南连片开发项目的包装、宣传与推介，抓紧与登凯房地产开发有限公司

以及宏光置业有限公司洽谈、对接，力争实现项目早签约、早落地，尽快改善火车站东广场西片区的形象与环境，提升中心城区承载力。区领导卢书选、张新云陪同视察。

△3月6日，获嘉县产业集聚区管委会副主任苏全军一行到马寨产业集聚区考察调研。

7日

△中共郑州市委常委、副市长张建慧视察辖区三环路生态廊道建设情况。张建慧一行实地查看了三环沿线二七新区投资大厦门前建筑、郑飞公司大门及培训楼、红星美凯龙项目部板房等拆除情况，现场协调三环路生态廊道建设所涉及自来水、天然气、热力等地下管网施工有关问题，了解三环生态廊道绿化设计及拆迁、垃圾清运等工作进展情况。市政府副秘书长袁聚平及市政、园林、自来水、天然气、热力等单位负责人陪同视察。区领导陈红民、董治会、李国立参加视察。

△区纪委（监察局）分两批组织全区县处级领导干部和各单位党政负责人160余人，到郑州市人民检察院预防职务犯罪警示教育基地参观学习。此次警示教育活动给领导干部们再一次敲响了廉政警钟。

△区委副书记、区长陈红民召开信访稳定工作会议。会议传达了全市信访稳定工作会议精神，对做好全国“两会”期间信访稳定工作进行了再动员、再部署。区领导卢书选、王启树出席会议。

8日

△区委常委会研究部署第二批“党的群众路线教育实践活动”。会议研究讨论《中共二七区委关于在全区党员中深入开展党的群众路线教育实践活动的实施意见》和《二七区党的群众路线教育实践活动实施方案》等文件，区委书记蔡红领读学习《中国共产党章程》。蔡红要求全区党员干部要充分把握学习的重要性，要从党章学起，坚持学原文、系统学、带头学、学明白、学深入，要把学习和实际工作结合起来，不断发现工作中存在的问题，弥补自身的不足，只有在全区充分形成“大学习、大讨论”的良好氛围，群众路线教育实践活动才能开展好、出成效。

9日

△区委副书记、区长陈红民召开全区园林绿化工作推进会。区领导李峰、刘利、董治会出席会议。

10日

△区委书记蔡红调研指导华润万象城项目。听取项目建设情况汇报，现场解决项目推进中遇到的问题和困难。

△区委副书记李晓雷到淮河路街道调研指导工作。

△区政协主席于广志到建中街街道调研信访稳定工作。

△全区“党的群众路线教育实践活动”工作会议召开。区委书记蔡红主持会议并作动员讲话，蔡红从4个方面提出具体要求：一要统一思想、提升认识，以高度的政治自觉、思想自觉和行动自觉投入到活动中来；二要把握要求、聚焦重点，增强教育实践活动的针对性；三要澄清认识、抓住关键，扎实推进教育实践活动有序开展；四要加强领导、落实责任，确保教育实践活动取得实效。市委第二督导组组长、省纪委驻省政协机关纪检组组长、机关党组成员冯芳喜充分肯定全区“党的群众路线教育实践活动”前期准备工作成效，并要求：一是认真学习，准确把握中央和省、市委的基本要求；二是真抓实做，确保活动取得实实在在效果；三是务实从严，扎实开展督导工作。会上还对区“四个班子”和县级领导干部作风建设情况进行民主评议。最后，蔡红强调：一要迅速传达贯彻；二要迅速启动，精心组织好本单位的教育实践活动；三要加强督导，严格标准，确保活动效果。市委督导组副组长、市委宣传部调研员龚守鹏，市委督导组副组长、市纪委基层党风室副县级检查员、监察员高金来出席会议。

△区委副书记、区长陈红民到马寨镇视察合村并城及安置房建设情况。陈红民一行到刘胡垌、张寨拆迁工地，刘胡垌、程炉、张河安置区等项目现场查看，听取拆迁及安置房建设情况汇报，询问施工中遇到的困难和问题，随后到镇政府会议室进行座谈。会上，马寨镇简要汇报合村并城总体情况，省规划设计院介绍马寨新镇区安置区修规方案，各相关局委的负责人分别提出意见及建议。区领导李章坤、王玉红、刘利陪同视察。

△全区生态建设安排部署工作会在区委常委会议室召开。传达全市生态建设现场观摩会议精神，听取市域铁路沿线拆迁绿化、区级综合性公园建设、重点区域拆迁改造、安置房建设等重点工作进展情况汇报，并就下步工作进行深入讨论，提出具体的意见和建议。区委副书记、区长陈红民对下步工作进行部署，区委书记蔡红作重要讲话：一要提高标准，确保一季度各项工作不落后；二要抢占先机，积极主动做好各项工作；三要加强保障，为各项工作开展提供良好环境；四要建立台账，在横向对比中抓好工作落实；五要注重成效，工作中的问题要立即整改、立刻解决，快速推进各项工作。

11日

△区委常委会开展“党的群众路线教育实践活动”集中学习。会上集中观看电影《周恩来的四个昼夜》；区委常委、纪委书记张全金领学《习近平总书记在第十八届中央纪律检查委员会第二次全体会议上的讲话》；区委常委、区委宣传部部长王鲁明领学《习近平总书记在中共中央政治局第十三次集体学习时的讲话》。最后，区委书记蔡红指出：区委组织部要定期组织各督导组进行集中培训、交流，征集各组在活动开展中存在的问题、意见和建议，并定期汇报；各督导组要创造性地开展工作，为活动的顺利开展营造好的开端。区委副书记、区长陈红民，区委常委会成员，“党的群众路线教育实践活动”7个区委督导组组长出席会议。

△区委书记蔡红视察中央商务区项目建设情况。蔡红一行沿项目规划的太和路、幸福路、广场南路实地查看中央商务区项目建设情况，听取项目涉及安置房建设、规划设计等情况汇报，详细了解项目建设过程中遇到的困难和问题。蔡红对中央商务区项目建设给予充分肯定，强调各部门之间要注重协调配合，勇于克难攻坚，有计划、有步骤的加快推动项目开展，扎扎实实做好中央商务区项目建设工作。区领导刘利、袁新生及中铁七局负责人陪同视察。

△中共河南省委常委、郑州市委书记吴天君，副市长张建慧一行视察辖区陇海快速路工程项目。吴天君听取陇海快速路工程规划设计、施工情况汇报，了解项目建设过程中遇到的困难和问题。区领导蔡红、陈红民、刘利陪同视察。

12日

△区委副书记、区长陈红民视察五里堡街道王立砦社区攻坚项目。陈红民现场查看王立砦社区攻坚项目进展情况，了解项目推进中的困难和问题，随后召开现场办公会。区领导李晓雷、刘利、张家齐陪同视察。

△二七区在嵩山南路与南四环路交叉口向北区域开展“森林城区 生态二七”全民义务植树活动。区委书记蔡红，区委副书记、区长陈红民等区“四个班子”领导，65家区直行政事业单位320余名干部职工参加植树活动，共种植栾树、紫玉兰、木槿等670余棵。

△马寨镇、二七新城等5宗

266.67公顷土地（含近133.33公顷安置房项目）通过河南省国土资源厅现场踏勘，为全区安置房的开工建设争取土地资源。

13日

△二七区召开老奶奶庙旧石器遗址公园项目环境整治工程工作会。郑州市文物局副局长任晓红、市文物考古研究院副院长李建和、二七区政府副区长姚实出席会议。

14日

△二七区总工会三届十七次全委（扩大）会议在区会议中心召开。区总工会主席张新云代表区总工会第三届委员会作工作报告。会议总结2013年度工会工作，通报表彰2013年度工会工作先进集体和个人，部署2014年度工会工作。区委常委、区委宣传部部长王鲁明做重要讲话。出席会议的领导为2013年度工会工作先进单位颁发奖牌，各基层工会主席向区总工会递交了2014年工会工作目标责任书。全区各基层工会主席、干事以及受表彰的先进个人等近150人参加会议。

△由区委副书记李晓雷带队，区“四个班子”县处级领导40余人赴兰考县焦裕禄纪念馆参观学习，缅怀焦裕禄的光辉一生，重温焦裕禄的感人事迹，并举行隆重的瞻仰仪式。活动现场，区委副书记李晓雷，正区长级领导干部张伟岭向焦裕禄烈士墓敬献花圈，全体人员向焦裕禄墓碑三鞠躬，并在墓碑前重温入党誓词，集体瞻仰焦裕禄烈士墓，随后参观焦裕禄纪念馆。参观结束后，大家到焦桐树旁，驻足凭吊，追思焦裕禄一心为民所建树的丰功伟绩。

17日

△区委常委会组织“党的群众路线教育实践活动”集中学习。会上，集体观看电影《焦裕禄》；区委常委、常务副区长李峰，区总工会主席张新云领学“党的群众路线教育实践活动”相关会议精神。区委书记蔡红，区委副书记、区长陈红民，区委常委会组成人员，“党的群众路线教育实践活动”7个区委督导组组长出席会议。

△区委副书记、区长陈红民调研凤凰岛生态文化苑项目。陈红民听取相关单位负责人就凤凰岛生态文化苑设计、规划情况以及项目进展情况的汇报，了解项目推进中有关资金保障、手续审批以及土地征收的问题。陈红民指出：各部门要攻坚克难、全力以赴，加快推进项目进展，早日改善区域面貌，提升二七区品位。副区长姚实陪同调研。

18日

△全区违法建设专项整治工作推进会召开。区领导陈红民、张全金、刘利、董治会、司文一等出席会议。

△全区2014年度安全生产工作会议召开。市安监局领导邢兴强、法规处处长李建新，区政府领导司文一参加会议。

△二七区召开“党的群众路线教育实践活动”报告会。会议邀请开封市委党校教授李永成为全区党员干部作题为《焦裕禄与党的群众路线》专题报告。李永成围绕“焦裕禄精神与党的群众路线”主题，从党的群众路线的形成，焦裕禄贯彻群众路线的坚定信仰、崇高境界、方法智慧、伟大品格等方面，深入浅出地讲解焦裕禄对党的群众路线的理解和笃守。报告会由区委常委、区委宣传部部长王鲁明主持。

△“党的群众路线教育实践活动”市委督导组组长冯芳喜一行到辖区调研指导工作。督导组实地调研中央商务区、华润万象城、德化新街等项目，听取铭功路街道长效机制工作汇报，并要求：二七区要将"党的群众路线教育实践活动"融入项目建设等各项工作中，凝心聚力、克难攻坚，为全市社会经济发展做出积极贡献。区领导蔡红、李晓雷、卢书选、赵吉平陪同调研。

19日

△区委副书记、区长陈红民在二七新区管委会召开现场办公会。陈红民听取消防三中队、侯寨供销社、大田垌村拆迁及贾砦社区改造选商、郑州CSD项目建设情况汇报，各相关单位分别提出意见和建议。陈红民逐一对各项工作进行部署，并要求：一是高度重视拆迁工作的精细化，在房屋丈量、兑付等环节，进一步规范制度，提高准确性，重要数据必要时要进行二次丈量，对每户村民的拆迁补偿面积和款项要张榜公布；二是有关乡、街道要把攻坚村（社区）拆迁做为当前头等大事来抓，把群众的思想工作做到位，倒排工期，每项工作都要明确时间节点和责任人，同时，要做好违法建设查处工作；三是对电子商务产业集聚区等重要项目，新区、乡、街道及有关政府职能部门要做好规划、土地、拆迁等基础工作，同时加强与企业合作，推进市场化运作；四是加强与企业沟通，做好项目开工用水、用电等相关服务工作，确保新区重点项目按计划节点推进。区领导刘利、李国立出席会议，新型城镇化办公室、城改办、侯寨乡、嵩山路街道负责人参加会议。

△区委常委会组织“党的群众路线教育实践活动”集中学习。会上，集体观看由二七区联合制作的反映辖区陇海大院邻里互助故事的电影《好好的活着》，与会领导对电影及陇海大院精神进行深入讨论；区委常委、区委政法委书记卢书选领学“党的群众路线教育实践活动”相关会议精神。区委书记蔡红，区委常委会组成人员，“党的群众路线教育实践活动”7个区委督导组组长出席会议。

△区委副书记李晓雷到福华街街道调研指导工作。区领导赵吉平陪同调研。

20日

△区委副书记、区长陈红民召开市场外迁工作推进会。会议总结2013年市场外迁工作，对2014年重点工作进行安排部署。各相关街道办事处递交目标责任书。陈红民强调：一是相关单位要进一步提高认识，切实增强做好市场外迁工作的紧迫感、责任感，处理好市场外迁回流等遗留问题，确保全区市场外迁工作持续推进；二是要进一步明确任务，有效改善交通拥堵状况，拓展中心城区发展空间，提升城市形象；三是要正确处理好市场外迁和经济发展、信访稳定、民生之间的关系，力争尽快完成市委、市政府下达全区的市场外迁工作任务。区领导李峰、刘利、王玉卿、李国立出席会议。

△中共郑州市委第二考核组组长、市委组织部副部长白云，市纪委、市委组织部等有关领导在区会议中心三楼会议室对全区2013年度市管领导班子、领导干部和作风建设暨反腐倡廉建设、党委中心组理论学习、保密工作领导责任制进行考核。区委书记蔡红代表领导班子和个人作述职、述廉、述学报告。会后，进行了民主测评投票。会议由区委副书记、区长陈红民主持。区县处级领导干部，区直部门负责人，乡（镇）、街道党政负责人，党委工作部门其他副职，部分担任过县处级领导职务的老干部，部分“两代表一委员”，乡（镇）、街道、区直委局纪（工）委书记、纪检组长等参加会议。

△郑州市政府副市长吴忠华、市委群工部部长牛瑞华、市司法局局长周顺杰等一行到大学路街道调研指导信访稳定工作并召开座谈会。会上，区委书记蔡红首先就全区信访稳定工作的现状、存在问题及解决建议做了汇报。随后，吴忠华采取由下而上的方式，听取来自社区、街道、公安、检察院、法院等各层级、各单位负责人的汇报。经过讨论，交流意见，吴

忠华对基层信访工作开展过程中存在的困难及问题进行细致梳理，同时征求基层对于信访稳定工作的意见、建议，共收集意见、建议25条。最后，吴忠华强调：一是认识要提升，二是任务要砸死，三是问题要解决，四是防线要筑牢，五是奖惩要分明。区领导卢书选、王启树、曹宪武陪同调研，相关街道、社区、派出所负责人16人参加座谈会。

△长江路街道孙八砦社区城中村改造项目规划汇报会召开。区领导陈红民、李峰、武志亮、刘利、李华民出席会议。

21日

△全区违法建设专项整治工作动员会召开。会议宣读《关于严厉打击各类违法建设行为的通告》和《违法建设专项整治工作方案》，相关单位负责人作了表态发言；区委常委、区纪委书记张全金进一步明确工作纪律；区委副书记、区长陈红民要求：一是必须深刻认识违法建设形势的严峻性；二是必须坚决将违法建设拆除到位；三是必须团结协作形成强大合力；四是必须严肃追究责任，绝不姑息违规、违法行为。区领导李晓雷、卢书选、刘利、董治会出席会议；区检察院、区法院、马寨公安派出所负责人，相关区直委局、街道办事处负责人和分管领导，乡(镇)班子成员和村“三委”班子负责人及各村民组长参加会议。

△区政府党组组织“党的群众路线教育实践活动”集中学习。区委副书记、区长陈红民要求：一是提高认识，深刻领会开展第二批“党的群众路线教育实践活动”的重大意义；二是准确把握，确保群众路线教育实践活动扎实有序推进；三是全力以赴，确保群众路线教育实践活动取得实际效果。随后，陈红民领学中共中央总书记习近平的文章《认真学习党章严格遵守党章》，并集体观看《百家讲坛——周文顺讲焦裕禄》，重温焦裕禄的先进事迹，进一步强化为民服务的宗旨意识。区政府党组成员参加学习。

22日

△二七区召开综合性公园建设及郑尧高速公路连接线、大学路南延道路绿化工作推进会。会议听取3座综合性公园建设和郑尧高速公路连接线、大学路南延道路绿化工作进展情况汇报以及工作推进中遇到的问题，与会领导和相关单位负责人进行深入讨论，并提出意见和建议。区委副书记、区长陈红民强调：一是各单位要高度重视，做好自己的本职工作；二是对3座综合性公园近期工作部署；三是郑尧高速公路连接线、大学路南延道路绿化要按照既定时间节点，做好垃圾清运和土方平整、施工单位、监理单位招标工作。区领导李晓雷、董治会出席会议。

25日

△区委书记蔡红到河医片区——王立砦村拆迁项目现场召开办公会议。蔡红一行到现场查看工作进展情况，同群众亲切交谈，了解群众对棚户区改造的看法、建议，向群众对项目进展给予的大力支持表示衷心的感谢；在棉纺路小学拆迁现场，蔡红详细了解学校搬迁准备工作进展情况，存在困难，要求教体局和学校负责人，从大局着眼，自己多想办法解决问题，细致工作化解难题，尽快完成搬迁，使学生的正常学习尽可能不受影响，少受影响；在垃圾中转站现场，区城市管理执法局领导明确表态，涉及到执法局的拆迁任务，积极做好一切准备工作，确保项目顺利进行；在同拆迁一线工作的干部职工座谈时，蔡红就前一阶段指挥部的拆迁动员工作成绩给予了充分肯定，针对指挥部梳理出来的突出问题，蔡红强调：在下一阶段工作中，要站在全区的高度，认真对待，结合正在开展的“党的群众路线教育实践活动”的工作要求，明确任务，明确时间节点，动脑筋，拓思路，把自己的事情办好，把需要配合的事情做到位，确保任务顺利完成。区领导王鲁明、刘利、张家齐出席办公会议。

△郑州市政协副主席崔凡率市政协“党的群众路线教育实践活动”调研组到区政协召开专题座谈会，就市政协机关开展“党的群众路线教育实践活动”听取对领导班子、政协机关和领导干部“四风”方面的突出问题的反映，征求机关改进作风及开展教育实践活动的意见、建议。座谈会上，与会代表结合自身工作实际，就加强政协委员培训、加强对各县（区）政协的指导与联系、为历届委员搭建联谊平台、设立提案办理动态网络管理系统等建言献策。市政协调研组向与会人员发放调查问卷征求意见、建议。区政协主席、党组书记于广志，区政协副主席、党组副书记陈爱萍，市政协、区政协委员代表，乡(镇)、街道政协工委主任代表及区政协各委办主任参加会议。

△区委书记蔡红到“党的群众路线教育实践活动”分包联系点——大学路街道交通新苑社区走访调研。蔡红一行先后到党员群众代表李石头、张玉芬等家中走访，询问他们的生活情况，并就第二批“党的群众路线教育实践活动”的开展情况征求他们的意见。随后，在交通新苑社区召开座谈会。区委常委、区委组织部部长丁文霞就全区教育实践活动开展情况做简要介绍，鼓励大家就“四风”问题、社区建设以及惠民措施等方面畅所欲言。参会代表针对金水河沿岸绿化及社区养老等问题提出意见。针对代表们提出的社区周边金水河沿岸树木稀缺及社区养老等问题，蔡红要求大学路街道尽快与市河道管理处对接，最快夏天让群众可以有树乘凉；针对养老问题，要求大学路街道结合各社区实际，积极探索社区养老模式，解决群众实际问题。

△河南省中小企业担保集团公司总经理王宇一行到马寨产业集聚区调研。调研组一行先后到花花牛项目、“康师傅”项目、程炉合村并城安置房项目进行实地查看，并召开现场办公会。会议听取马寨产业集聚区近年来的发展状况、近期担保需求等情况汇报，调研组对马寨产业集聚区的发展和成绩给予充分肯定，同时希望进一步加大与二七区的合作力度，以达到合作共赢，共同发展的目的。区领导李峰、李华民陪同调研。

△区委副书记、区长陈红民赴北京市拜访北京国华置业集团公司。陈红民一行首先实地查看北京华贸中心项目，随后与北京国华置业集团公司董事长房超就投资开发郑州华贸中心项目（兑周片区改造）进行商谈。双方就郑州华贸中心项目框架协议条款及相关事宜进行深入的交流，并初步达成合作共识。区领导王玉卿参加。

26日

△区政协举行“以传达学习全国‘两会’精神”为主题的2014年第一季度委员活动日活动。会议特邀全国政协委员、郑州市政协副主席朱专兴作“全国两会精神解读”专题报告。朱专兴以亲身经历和体会，详细介绍“两会”盛况，并对“两会”中提出的新思想、新观点、新论断以及深化改革的奋斗目标和任务作了系统阐述和辅导。区政协主席于广志，区政协副主席陈爱萍、吴书文、陈旭儒、李东亮、王同超、袁新生，党组成员刘建生、张家齐、朱广善、李鹏飞出席会议，全体政协委员及区政协机关全体人员参加会议。会议由陈爱萍主持。

△郑州市政府副市长张俊峰视察辖区“二环十七放射”生态廊道建设。张俊峰了解辖区生态廊道绿化设计及拆迁、垃圾清运等工作进展情况，对全区工作成果给予充分肯定。

张俊峰要求，要高度重视生态廊道绿化建设，抓紧与沿线各单位对接沟通，争取工作支持，积极协调解决各类问题，把生态廊道绿化工作紧抓不放，全力推进，确保按时高效保质完成“二环十七放射”生态廊道绿化任务。区领导蔡红、刘利、董治会陪同视察。

△区人大常委会在区会议中心召开2013年度“人民满意的公仆单位”评选大会。与会代表听取区“一府两院”以及辖区垂直部门共40家单位的履职报告，对各单位2013年的工作情况进行评议，并当场进行无记名投票；同时结合“党的群众路线教育实践活动”，对区人大常委会作风建设情况进行评议。经过计票，按照区人大常委会的评选方案规定，满意率靠前的二七区人民政府办公室、二七区人民法院、二七区地税局、二七区人力资源和社会保障局、二七区财政局、二七区人民检察院、二七区教育体育局将被评为2013年度二七区“人民满意的公仆单位”，并在区人大常委会会议上进行授牌表彰。会议由区人大常委会副主任周国建主持。区委书记蔡红，区人大常委会主任李章坤，区政协主席于广志，区委常委、区纪委书记张全金，区委常委、区委宣传部部长王鲁明等出席大会，部分省、市人大代表，全体区人大代表和参评单位行政负责人共220余人参加会议。

27日

△区委副书记李晓雷到马寨产业集聚区调研。李晓雷一行首先到马寨产业集聚区管委会第一会议室召开座谈会。马寨产业集聚区管委会副主任、马寨镇党委常务副书记刘丽红汇报马寨产业集聚区、马寨镇基本情况，2013年发展情况、2014年工作重点及马寨镇合村并城情况。区委常委、区委统战部部长王玉红介绍马寨管委会领导班子成员、管委会2014年度目标任务分解情况及2013年度各项经济指标完成情况。随后，李晓雷一行到马寨产业集聚区规划展馆及公共服务中心，了解马寨产业集聚区发展历程、发展目标、重点企业等，并实地查看马寨检测所、马寨污水处理厂、“顶新扩大”再投资一期、苏宁公司河南总部及配送中心、“花花牛”乳业及刘胡垌安置区项目，询问重点项目建设进度及推进情况。在马寨污水处理厂项目现场，李晓雷要求克服一切困难、加快进度，确保按时投入使用；在刘胡垌安置区，要求认真总结在推进合村并城过程中好的经验做法、加强宣传报道，突出打造亮点。

△郑州市政府副市长张俊峰带队视察辖区郑州垃圾综合处理厂项目。张俊峰一行到垃圾综合处理厂项目进行实地查看，并召开办公会。会上，张俊峰对全区在项目推进中生态建设和环境保护所作出的努力给予充分肯定，并对下一步工作进行部署。市政府副秘书长潘冰，区领导陈红民、董治会陪同视察。

△“小手拉大手—关爱生命，文明交通”郑州市2014年文明交通进校园百日宣传启动仪式在幸福路小学举行。郑州市政府副市长吴忠华，市委宣传部副部长、市精神文明建设委员会办公室主任裴保顺，区领导王启树出席活动。

28日

△郑州市考核组组长、市发改委副主任李福科一行对全区2013年度经济社会发展、组团新区产业集聚区和服务业发展进行考核，并在区委常委会议室召开座谈会。区相关单位领导分别汇报全区经济社会发展、组团新区产业集聚区建设和服务业发展情况。会后，考核组查看全区相关资料并进行实地查看。区领导李晓雷、王玉红、李峰、丁文霞、赵吉平、李国立、谭清录等出席会议。

△二七区召开“党的群众路线教育实践活动”报告会。邀请中共河南省委党校教授田宪臣为全区领导干部作习近平总书记系列重要讲话精神专题辅导。田宪臣围绕“深入学习习近平总书记系列重要讲话精神”主题，从坚定的理想信念、高度的政治责任、深厚的为民情怀等6个方面深刻解析习近平讲话特点，并用“坚持一条主线、抓住二个关键、实现三个目标、防范四种危险、搞好五大建设、做到六个坚持”系统总结了习近平系列讲话的主要内容。报告会由区委常委、区委组织部部长丁文霞主持。

△区委副书记、区长陈红民召开王立砦改造项目学校搬迁工作推进会，专题协调棉纺路小学搬迁工作。在听取王立砦项目推进及棉纺路小学搬迁工作进展情况汇报后，陈红民要求：一是将棉纺路中学作为棉纺路小学过渡教学点，加快做好学生日常所需的自来水、污水、电等基础工程，同时要进一步加快工程建设进度，并抓住有利时机尽快完成校区绿化工作；二是加快协调相关部门做好对棉纺路中学提前交付使用的初验工作；三是抓紧完善新校区基础设施配套建设，以满足学校日常教学需求；四是加快棉纺路小学搬迁工作进度，确保于4月4日前完成学生搬迁工作。王立砦改造项目指挥部、区建投公司、区教体局、五里堡街道等部门负责人参加会议。

△郑州市政府副市长马健到辖区郑煤集团公司三李煤矿检查煤矿安全生产工作。马健查看矿井调度室等重要场所，询问了矿井当前井下瓦斯、涌水量及煤炭运销等基本情况。他强调，在当前煤炭经济形势不好的情况下，煤矿企业要克服困难，要进一步巩固安全生产基础，加大煤矿职工的上岗培训和技能培训，严格按照规章操作制度开展煤矿开采等工作，切实做好煤矿安全生产工作。市煤炭局局长柴栓庆、区领导王玉卿陪同检查。

29日

△区委副书记、区长陈红民到嵩山路街道亚星社区调研“党的群众路线教育实践活动”。陈红民一行走访居民黄龄、翟桂珍家，详细了解他们的工作、生活情况，听取他们的意见、建议。随后，在社区召开座谈会，陈红民逐一梳理大家提出的问题，分别提出解决方案和措施，明确部门、明确时间、明确责任人。陈红民强调，社区工作最代表政府的形象，希望社区工作人员不断提高自身素质，增强为民服务的能力和水平，付出更多的时间和精力做好工作，提升服务促进和谐。社区群众代表和网格长参加座谈会。

△3月，国家发改委批复二七区发行城投债，同意二七国有资产经营有限公司发行9亿元债券，债券周期为7年，所筹资金全部用于合村并城基础设施建设项目。

4月

1日

△中共二七区委、二七区人民政府在郑州市烈士陵园举行清明节悼念革命先烈活动。悼念仪式上，全体人员向烈士默哀1分钟，并在主持人的带领下，面对党旗重读入党誓词。区委书记蔡红，区人大常委会主任李章坤，区政协主席于广志，区委常委、常务副区长李峰向革命烈士敬献花篮。最后，参加仪式的全体人员缓缓绕行纪念碑，悼念革命先烈。区“四个班子”成员，各单位党政负责人及副科级以上领导干部，全区中、小学校校长，巡防队员代表等约1200人参加活动。

△中共郑州市委督导组组长、河南省纪委驻省政协机关纪检组组长、机关党组成员冯芳喜一行到嵩山路街道亚星社区调研教育实践活动。督导

组一行到亚星社区历史浮雕墙、社区服务中心、居民学校、文化活动室等参观。随后在社区会议室召开座谈会，就全市开展的“党的群众路线教育实践活动”中基层单位和党员干部中存在的“四风”问题听取意见、建议；就群众急需解决的实际问题听取意见、建议。嵩山路街道党工委书记胡仲泰及其他党员代表先后发言。冯芳喜强调：一是准确把握活动的重要性，主题不变，问题不换；二是依靠群众，坚持开门搞活动；三是着力解决突出问题、“四风”问题，关系群众利益；四是以群众满意度来评判活动开展的成效。区委常委、区委组织部部长丁文霞陪同调研。

△区委副书记、区长陈红民陪同市委常委、副市长薛云伟前往香港开展招商活动。薛云伟一行拜访恒隆集团公司，与香港恒隆集团公司董事、总经理陈南禄就项目合作进行深入的洽谈。陈红民重点向恒隆集团推介铭功路以西部分区域、亚细亚商场周边等项目地块。双方就项目的规划思路、拆迁成本、土地价格等情况进行磋商，初步达成共识，同时邀请恒隆集团公司高层领导4月前来二七区进行项目考察。香港招商洽谈活动期间，陈红民还参观考察香港路劲集团公司、登凯国际集团（香港）有限公司等企业及企业投资开发项目，全面宣传二七区招商项目地块的优势资源，寻求更多合作机会，力争达成一批意向项目，进一步扩大二七区的知名度和影响力。

2日

△全区2014年文化旅游工作会议召开。会议总结2013年全区旅游工作，安排部署2014年工作；表彰区创建国家公共文化服务体系示范区工作先进集体和先进个人。樱桃沟景区管委会、龙园水乡等4家单位作典型发言。副区长姚实作重要讲话。各乡（镇）街道、景区（点）、旅行社及各类文化企业等200余人参加会议。

3日

△区委书记蔡红到大学路街道中原社区走访调研。蔡红一行首先来到居民关巨廉家中，询问他的身体、生活情况，并就第二批“党的群众路线教育实践活动”向他征求意见；在中原社区便民服务大厅，蔡红一行慰问患有唐氏综合症的青年袁光，并鼓励他多参加社区举办的各项活动，融入社区大家庭；在社区活动室，文艺队正排练歌曲《人民的好书记焦裕禄》，蔡红鼓励她们多参加社区活动，创作更好的节目，取得更大的成绩。随后召开座谈会，蔡红对照“焦裕禄精神”提出“六问”，鼓励大家就“四风”问题、社区建设以及惠民措施等方面畅所欲言。蔡红强调，作为党员干部不能总听赞歌，要多发现问题，多听取意见，全体党员干部要像焦裕禄一样深入群众，用实际行动为人民服务，明白忙工作的目的就是为了百姓生活得更好。区委常委、区委办公室主任赵吉平陪同调研。

△跨境贸易平台敦煌网创始人、CEO王树彤到河南网商园考察。区领导王玉卿陪同考察。

4日

△二七区2013年工作总结和2014年目标承诺暨新型城镇化建设推进大会召开。区委副书记、区长陈红民对全区2013年工作及2014年一季度工作进行全面总结，部署近期有关工作；区委副书记李晓雷宣读《中共二七区委、二七区人民政府关于对2013年度工作先进单位和个人进行表彰的决定》，对200多家2013年度工作考核优秀单位、工作单项奖单位、新型城镇化建设工作先进单位、税收贡献奖企业、最具社会责任感企业进行表彰；15个乡（镇）、街道向区委、区政府递交2014年目标承诺书。区委书记蔡红就做好今后一个时期的工作提出具体要求：一是坚定信仰，自觉担当；二是提升标准，勇于担当；三是抢抓进度，勇于担当；四是强化练兵，能够担当；五是真抓实干，务实担当；六是科学推进，善于担当。区领导李晓雷、李章坤、于广志、张伟岭、许广佑、张全金、王玉红、王鲁明、卢书选、李峰、丁文霞、赵吉平、胡新生等，全区副县级以上领导干部，副科级以上干部，获得税收贡献奖和最具社会责任感企业奖的企业负责人，各乡（镇）街道、村（社区）书记（主任）参加会议。

8日

△区委副书记、区长陈红民调研铭功路以西连片开发项目恒隆集团公司意向开发区域。区领导卢书选、王玉卿陪同调研。

9日

△郑州市国土资源局局长刘维德到辖区调研国土资源管理工作。刘维德对全区的国土资源管理工作给予充分肯定。副区长刘利陪同调研。

△市安全生产监督管理局局长李元中带队到辖区调研安全生产工作。区领导司文一陪同调研。

△区委副书记、区长陈红民到马寨产业集聚区管委会调研并召开现场办公会议。陈红民实地查看4月中旬“全市产业集聚区暨新型城镇化建设观摩讲评活动”马寨产业集聚区观摩路线及观摩点的情况，随后召开会议，听取全市观摩活动观摩点准备情况、顶新国际集团公司扩大再投资项目等有关工作汇报。会上，陈红民对各项工作进行了安排部署，提出明确要求：一是高度重视全市产业集聚区观摩活动，加大环境整治及绿化力度，确保做到沿线干净、卫生；二是做好安置区建设现场围墙拉建、展板的制作，在观摩活动汇报中要突出合村并城的亮点工作；三是加强沟通，详细了解其他地区或单位在锅炉拆改过程中的好的经验和做法，千方百计确保顶新国际集团公司扩大再投资项目按时投产。区领导王玉红、刘利及区发改统计局、区财政局、区环境保护局、区审计局、区土地储备中心、区合村并城办公室、区规划分局、马寨管委会主要负责人参加会议。

△中共郑州市委督导组组长、河南省纪委驻省政协机关纪检组组长、机关党组成员冯芳喜一行走访调研大学路街道中原社区、交通新苑社区、康桥华城社区，了解基层教育实践活动开展情况。冯芳喜对3个社区在“党的群众路线教育实践活动”中所采取的一系列创新举措给予高度评价。最后，督导组一行与各社区书记进行深入交流。区委常委、区委办公室主任赵吉平陪同调研。

10日

△二七区2014年统战工作会议召开。会议安排部署2014年工作任务，下发《2014年全区统战工作考评内容及标准》，各分管领导就各自分管工作进行安排。区委常委、区委统战部部长王玉红要求：一要找好新定位；二要发挥好统战优势；三要运用好考评细则；四要发挥好先进力量；五要发掘好自身资源。全区各民主党派支部负责人、各乡（镇）街道工委统战委员、统战专职人员及各委（局）分管统战工作的领导共50余人参加会议。

△北京永泰集团公司总经理戴迪、副总经理李雪洁一行6人到辖区考察高端商业项目。考察组实地查看滨河花园、凤凰岛以及樱桃沟休闲旅游区等项目地块，了解地块面积、地理位置及交通状况、周边环境及配套设施等情况。随后召开座谈会，永泰集团公司相关负责人介绍公司的业态概况，阐述了项目选址基本需求，并针对实地考察项目地块给予反馈意见。参会领导及有关部门与永泰集团公司就项目选址、发展趋向等问题进行深入研究和讨论。最后，区委副书记、区长陈红民强调：一是高度重

视；二是争取支持；三是未雨绸缪。区领导李峰、李国立陪同考察并参加座谈会。

△郑州市人大常委会主任白红战到辖区调研食品安全工作。区领导陈红民、李章坤、黄卫红等陪同调研。

11日

△市妇联联合二七区妇联在建中街街道铁道陇海家园社区召开“党的群众路线教育实践活动”座谈会，听取基层妇女代表对妇联工作的意见和建议。与会人员对妇联系统在开展“党的群众路线教育实践活动”中围绕妇女“想什么、急什么、盼什么”问题，结合妇女维权行动、儿童成长教育、妇联干部队伍建设等方面进行了广泛交流并提出意见和建议。市妇联主席马斐颖、市妇联纪检书记周宇红、副主席侯淑玲，区委常委、区委宣传部部长王鲁明等出席座谈会。

12日

△区委副书记、区长陈红民听取郑州CSD项目修规及侯寨老镇区项目控规方案汇报。金源百荣投资有限公司和北京建筑设计研究院分别汇报郑州CSD项目工作情况和项目修规方案，希尔顿公司汇报希尔顿酒店项目设计思路，郑州市规划院介绍侯寨老镇区控规方案。与会相关单位负责人和区领导分别提出意见与建议。关于郑州CSD项目，陈红民要求：一是项目单位要按照协议加快建设进度；二是要配合市场外迁工作，调整项目建设时序并细化建设周期；三是项目单位要对临时市场使用期限作出明确承诺；四是希望设计部门抓紧时间修改完善修规方案，争取尽快提交专家评审会；五是统筹推进项目周边市政配套建设工作。关于侯寨老镇区项目控规方案，陈红民要求：一要统筹考虑土地综合效益；二要对交通流量、容积率、商业比例等方面进行修改完善；三要把控规方案完善与侯寨总规调整工作结合起来。

14日

△区委书记蔡红到马寨镇督查“全市产业集聚区暨新型城镇化工作观摩讲评活动”准备情况。蔡红一行先后来到刘胡垌安置区建设现场、“花花牛”乳业、“康师傅”扩大再投资等项目实地查看建设情况。每到一处，蔡红都到设备安装车间查看进度，并与项目负责人进行交谈，询问项目建设周期、进展情况、投产时间等。蔡红要求：马寨镇与马寨产业集聚区管委会一定要高度重视此次观摩活动，再次对观摩路线及观摩点的准备工作进行补充完善，确保观摩取得良好效果。区领导李晓雷、王玉红等陪同督查。

16日

△中共河南省委常委、郑州市委书记吴天君带领市“四个班子”及各县（市）区主要领导，到辖区调研产业集聚区暨重点项目建设工作。吴天君一行首先到二七区会议中心，听取区委书记蔡红对全区整体工作情况汇报。随后到孙八砦社区城中村改造、刘胡垌安置区、“康师傅”一期水厂、“康师傅”扩大再投资等项目建设现场查看项目建设情况。吴天君要求：各县（市）区要高度重视此次全市产业集聚区暨重点项目建设观摩讲评活动，互相借鉴、学习经验，进一步做好各项工作，为全市经济社会发展做出积极贡献。区委书记蔡红等陪同调研。

17日

△中共郑州市委常委、副市长张建慧在市政府综合楼第一会议室召开会议，专题研究二七区安置房建设有关问题。张建慧听取二七区关于合村并城安置房项目手续办理、用地划拔和土地成本核算、生态水系暗管改线、道路等基础设施建设，马寨镇新镇区控规批复及西陈庄村、王立砦社区和孙八砦社区等项目有关问题的汇报。张建慧对二七区安置房建设工作给予充分肯定，并进行现场办公，协调解决有关问题。他要求相关市直部门按照时间节点尽快落实，积极支持，全力推进二七区安置房项目建设。市规划、国土、财政、建设、城改等部门负责人，区领导蔡红、陈红民、李晓雷等参加会议。

△中国科协及部分省、市科协领导调研二七区社区科普大学建设工作。

18日

△全区选商引资及项目推进情况汇报会召开。会议听取全区选商引资总体情况以及“五职”招商项目筛选整理情况汇报。“五职”招商项目相关管委会、街道负责人就项目签约、手续办理、资金来源、时间节点等情况进行补充汇报，与会领导和相关部门负责人提出意见和建议；会议还听取近期重点招商引资项目进展情况的汇报。区委副书记、区长陈红民强调：一是健全项目推进机制；二是紧抓项目运作重点环节；三是强化项目推进措施；四是切实增强责任意识；五是加强协调，强化运作。区领导李峰、刘利、陈旭儒、袁新生、张富强、王玉卿、李国立出席会议。

△区委常委会组织“党的群众路线教育实践活动”集中学习。会议学习习近平总书记在兰考县委常委扩大会议上的讲话以及中共中央宣传部“关于部署今年培育和践行社会主义核心价值观”电视电话会议精神。区委书记蔡红在会上听取7个督导组组长对各组“党的群众路线教育实践活动”近期开展情况汇报，并对全区下一阶段“党的群众路线教育实践活动”作出具体安排。区领导李晓雷、李章坤、于广志、张伟岭、王鲁明、卢书选、丁文霞、赵吉平，区“党的群众路线教育实践活动”7个督导组组长等参加学习。

△二七区召开选商引资及项目推进情况汇报会。区领导陈红民、李峰、刘利、陈旭儒、袁新生、张富强、王玉卿、李国立出席会议。

19日

△郑州市政府副市长张俊峰一行考察辖区铁路沿线绿化工作。张俊峰一行来到辖区郑西高铁嵩山路绿化示范点，查看苗木种植情况，听取全区铁路沿线绿化工作进展情况汇报。张俊峰充分肯定二七区前期的绿化工作，并对下一步铁路沿线的综合整治工作提出了要求：一要加强地方与铁路部门的沟通协调，确保工作顺利推进；二要抢抓时间，保证绿化工作进度；三要抓好绿化苗木种植质量，确保效果。区长陈红民、副区长刘利，铁路部门负责人陪同考察。

21日

△区委副书记、区长陈红民视察陇海高架路拆迁情况。陈红民一行查看嵩山路与陇海路交叉口东南角陇海高架路涉及的绿化带、路灯灯杆以及变电箱的拆除情况，陇海路与京广路交叉口的跨街铁桥以及郑州铁路局4号楼的拆除情况，陇海路与钱塘路丁字交叉路口的凯盛通讯城的拆除情况；现场向相关街道负责人了解陇海高架路涉及拆迁项目的面积、施工计划、征收补偿协议、时间节点等问题。陈红民强调：各相关单位要高度重视、全力以赴，严格按照市委、市政府的要求，把握时间节点，高品质完成拆迁征收工作，并保障施工现场通顺畅行。区领导兰海、刘利陪同视察。

22日

△中共河南省委常委、郑州市委书记吴天君，副市长张建慧到视察辖区金水路西延工程进展情况。区领导陈红民、王鲁明、刘利陪同视察。

△二七区召开“党的群众路线教育实践活动”报告会。区委书记蔡红作“学习弘扬焦裕禄精神、做有担当的好干部”专题辅导报告，蔡红指出：一是深刻认识焦裕禄精神；二是准确把握焦裕禄精神的时代内涵；三

是深化学习弘扬焦裕禄精神，做一名有担当的干部。区委常委、区委组织部部长丁文霞主持报告会。

△全区合村并城安置房建设专题汇报会召开。会议听取9个合村并城安置区项目进展情况以及存在问题汇报，与会领导和部门负责人针对安置房建设中存在的手续办理、垃圾清运、打桩勘探、户型设计、方案修规等问题进行深入研究，进一步明确责任单位、责任人以及时间节点。区委副书记、区长陈红民强调：一是抓好贯彻落实；二是全程跟踪监督；三是完善项目推进机制。区领导丁文霞、刘利、张富强、李国立出席会议。

23日

△中共郑州市委常委、宣传部部长王哲一行到二七区调研指导工作。王哲听取全区信访稳定和“党的群众路线教育实践活动”近期情况及存在问题汇报，对全区信访稳定及“党的群众路线教育实践活动”近期开展情况给予肯定，并对存在的问题作出具体指导。区领导蔡红、张全金、王鲁明、卢书选、丁文霞、赵吉平、王启树、曹宪武等参加调研活动。

24日

△二七区2014年人口和计划生育工作会议在区会议中心三楼会议室召开。副区长于珊作人口和计划生育工作报告；区人大常委会副主任周国建宣读区委、区政府关于表彰2013年度人口和计划生育工作先进单位和先进个人的决定；15个乡（镇）、街道和8家综合治理单位负责人向区委、区政府递交人口计生工作目标管理责任书；区委副书记、区长陈红民指出：作为主城区的二七区必须有“挑大梁、走前头”的责任和担当，全区上下要切实将人口和计生工作作为社会经济各项事业的基础和保障，坚定不移地按照中央和省、市各级要求，创新方式方法，打基础、抓重点、克难点，实现计生服务水平的总体新跃升。区领导李晓雷等出席会议，43个综合治理成员单位负责人，15个乡（镇）、街道办事处党政负责人、主管计划生育副职、计划生育办公室主任，各行政村（社区）党支部书记、农村计划生育专职人员和部分公共单位代表等参加会议。会议由区委副书记李晓雷主持。

25日

△二七区举办第十一期“周末大讲堂”。邀请财政部财政科学研究所研究生部教授许安拓做题为《基于地方经济发展的中国经济——债务与金融创新》的报告。许安拓从当今全国地方经济发展的热点、难点问题入手，以全新的角度深刻剖析地方经济发展面临的新挑战，对地方政府负债经营、拓展融资渠道等进行系统讲解和分析。区委书记蔡红，区委副书记、区长陈红民等全区副县级以上领导干部、各单位负责人参加“周末大讲堂”活动。报告会由区委常委、区委宣传部部长王鲁明主持。

28日

△二七区总工会举办二七区庆“五一”暨“中国梦·劳动美·我与改革创新”主题职工书画、摄影展览。一级美术师、中国书协会员、郑州市书画家协会副主席毛鸿雁等嘉宾亲临现场指导，部分领导和嘉宾对优秀作品给予点评，并进行现场创作交流。本次展览展出各类作品200余件，评出一等奖3个、二等奖6个、三等奖9个。区领导蔡红、于广志、王鲁明、周国建、张新云及二七区原正县级干部刘炜东，国家一级美术师、郑州市书画家协会副主席毛鸿雁等出席画展；各基层工会主席以及辖区书画、摄影作品创作者、爱好者200余人参加活动。

△三门峡市湖滨区政府副区长王西川带队到二七区考察学习环卫管理及爱国卫生运动工作。

29日

△区委书记蔡红到大学路街道桃源社区、康桥华城社区调研指导工作。此次调研主要围绕“党的群众路线教育实践活动”，采取入户走访及召开座谈会的方式，深入群众调研活动效果并征求意见、建议。蔡红一行先后来到桃源社区居民张跃、康桥华城社区居民岳玉环家中走访调研。调研结束后召开座谈会，蔡红就第二批“党的群众路线教育实践活动”开展情况做了简要介绍，鼓励大家就“四风”问题、群众日常生活困难等畅所欲言。最后，蔡红强调：党和政府要和群众建立紧密联系，即使国家政策和群众的需求有一定的差距，我们也要在有限的条件下为群众办一些实实在在的好事，同时要加强精神文明建设，把二七区建设成为品质、品位城区。区委常委、区委办公室主任赵吉平陪同调研，街道主要负责人和群众代表参加座谈会。

△区委副书记李晓雷到区城改办公室调研。李晓雷听取全区城中村及旧城改造工作、安置房建设和重点区域拆迁等情况汇报，对区城改办公室工作给予充分肯定。

△开封市顺河回族区政府常务副区长白海富一行到二七区考察基础设施建设及融资工作。双方就如何做好基础设施建设和融资工作进行深入交流。二七区领导李峰、刘利陪同考察。

30日

△区委副书记、区长陈红民考察郑尧高速公路连接线绿化、攻坚项目等重点工作进展情况。陈红民一行先后查看了郑尧高速公路连接线绿化情况及孙八砦社区、中央商务区、王立砦社区3个攻坚项目拆迁现场，对郑尧高速公路连接线施工现场绿化及攻坚项目规划、手续办理、土地征收等工作进行现场安排。陈红民强调：一是加快项目推进力度；二是以优先保障安置房建设为前提，加快推进3个攻坚项目规划调整与安置区土地征收；三是强化责任；四是加强沟通协调。区领导李晓雷、董治会、袁新生、张家齐、张富强、李华民陪同视察。

△区委常委会组织“党的群众路线教育实践活动”集中学习。与会人员和各督导组组长分别汇报自“党的群众路线教育实践活动”开展以来群众提出的、各部门长期存在的问题以及相应的整改措施。区委书记蔡红指出，要积极主动认领问题，端正工作作风；要齐心协力，边学边改，认认真真、从严从实做好整改工作，要让群众看到“党的群众路线教育实践活动”的开展成效。区领导陈红民、李晓雷、李章坤、于广志、张伟岭、张全金、王玉红、王鲁明、卢书选、丁文霞、赵吉平及区“党的群众路线教育实践活动”7个督导组组长等参加学习。

△二七区与北京登凯投资管理有限公司签约一马路西地块综合开发项目。

△4月，全区累计完成亚星置业、滨河花园、二七新城安置区等8个项目共133.33公顷土地的征收工作。

△4月，二七区被表彰为“郑州市就业工作先进单位”“郑州市新型工业化建设先进单位”。

5月

1日

△中共浙江省义乌市市委书记李一飞带领义乌市党政考察团一行16人考察二七新区建设工作。考察团一行参观二七新区规划沙盘，听取二七新区项目建设情况介绍，并到二七新区城南批发市场地块实地考察。中共二七区委副书记、区长陈红民介绍二七新区发展概况及发展目标，希望二七区与义乌市加强合作交流，互惠互利，共同发展，为两地的繁荣富强作

出更大贡献。区领导李晓雷、丁文霞、王玉卿、李国立等陪同考察。

4日

△区委副书记、区长陈红民视察三环路道路绿化工作。陈红民实地查看三环路道路绿化进展情况，并对苗木栽植、管养和沿线遗留建筑物的拆除、美化以及垃圾清运等工作进行安排。陈红民强调：一是强化苗木管养；二是完善绿化项目考核机制；三是进一步提高沿线绿化工作效率。同时，针对郑尧高速公路连接线绿化工作，陈红民要求绿化工作要与土地征收同步进行、交叉推进，确保在5月10日前全冠大树栽种完毕。副区长刘利陪同视察。

5日

△区委书记蔡红到郑煤集团公司振兴二矿调研安全生产工作。蔡红一行询问煤矿安全现状及井下各大系统运转情况，听取矿长关于当前煤炭行情及经济运行等情况的汇报，并在调度室查看矿领导带班入井记录。蔡红强调：一是企业在全国煤炭形势低迷的大形势下，要克服困难，保障安全投入，切实做好安全生产工作，抓好现场管理，确保安全生产；二是各有关部门要加大督察检查力度，切实做好隐患排查治理工作，坚决遏制安全事故的发生；三是驻矿监管人员要切实增强责任心，及时掌握煤矿企业的生产状况，认真做好驻矿安全监管工作，确保辖区煤矿安全形势持续稳定。区领导赵吉平、王玉卿陪同调研。

△二七区三级网格长“菜单式”培训班开班。重点对636名三级网格长进行食品安全法规、监管及处置方法培训。区领导赵吉平、黄卫红、李华民出席开班仪式。

6日

△区委副书记、区长陈红民主持召开华贸中心项目进展情况汇报会。会议听取华贸中心项目洽谈进展情况汇报，与会领导和部门负责人针对投资核算、安置补偿、容积率等问题进行深入研究。陈红民强调：一是统筹考虑安置补偿问题；二是统筹考虑周边区域规划以及地下空间开发；三是进一步做好项目核算；四是要进一步强化责任意识，加强项目推荐及洽谈，确保项目尽快签约落地。区领导刘利、陈旭儒出席会议。

△郑州第八届樱桃节开幕。区领导丁文霞、姚实出席开幕式。

7日

△中原区人民政府副区长陈耀宗带领由中原区编制委员会办公室、区发改统计局、区政府信息中心等部门负责人组成的交流团到二七区特色商业区参观考察。陈耀宗一行集中观看二七区项目展板，并在特色商业区管委会会议室召开座谈会。会上，二七区特色商业区管委会常务副主任张文奇对管委会机构设置、运行框架等方面做详细介绍。交流团一行认为管委会管理思路清晰，有很多好经验、好举措值得学习借鉴，表示要将好的做法和经验带回去，助力建设中原区的特色商业区，同时希望在以后的工作中进一步加强与二七区的交流，共同促进郑州商业经济的健康快速发展。区委常委、政法委书记卢书选陪同考察。

8日

△1月至4月全区经济运行情况分析会召开。会议听取了1月至4月全区整体经济运行情况及财税、融资、工业经济、农业经济、旅游经济、招商引资、商务、项目建设、保障房、房地产市场、土地计划等工作运行情况、存在问题、下一步推进措施汇报，与会区领导分别对分管工作进行点评和强调。最后，区委副书记、区长陈红民要求：一是正确认识当前经济形势，坚定信心，正确应对；二是始终把招商引资、项目建设作为社会经济发展的主抓手，常抓不懈；三是把握工作重点，综合发力，推动工作；四是要履职尽责，齐心协力，推动经济快速发展。区领导李峰、姚实、于珊、刘利、董治会、王启树、张富强、黄卫红、司文一、王玉卿、李国立、李华民出席会议。

9日

△二七区举办第十二期“周末大讲堂”。邀请中共河南省委党校副教授樊金山作题为《正确对待舆论监督，提高应对突发事件能力》的专题报告。樊金山就正确对待舆论监督，提高应对突发事件能力等方面，紧扣当前新闻媒体的传播特点和规律，分析如何正确看待媒体、如何做好媒体接待，以及如何与媒体交流等问题。会议要求各单位要按照区委、区政府的总体要求，围绕区委、区政府中心工作，牢牢把握正确舆论导向，不断提高舆论引导能力，进一步创新手段方式，切实增强舆论引导的针对性和实效性，做到在多元中立主导、在多样中谋共识，积聚社会正能量，为二七区发展营造良好的舆论氛围。

△河南小樱桃动漫集团有限公司董事长张国晓邀请中国工程院院士、中国矿业大学教授彭苏萍等9人组成考察团对侯寨乡煤矿沉陷区进行考察。区委常委、常务副区长李峰陪同考察。

13日

△区委副书记、区长陈红民听取北大资源（河南）投资有限公司关于铁三官庙村合村并城项目开发构想及二七电子商务产业集聚区项目规划控制方案汇报，与会人员进行讨论，并提出意见和建议。陈红民强调：要明确定位，把电子商务作为主导产业推动；要准确把握政策，相关单位应做好沟通对接，使项目既符合规划发展又符合产城融合发展要求；要注重学习借鉴先进地区的成功经验，重点学习电子商务如何发展、如何提升业态、如何完善功能配套，如何做好扶持与服务等；要统筹考虑，按照产城融合、产城一体的要求，把项目整体建设与新区发展相结合，根据新区整体发展需要修订和完善项目控规。区领导刘利、王玉卿、李国立出席会议。

14日

△中共河南省委常委、郑州市委书记吴天君带领市直有关单位负责人调研二七区“党的群众路线教育实践活动”和重点工作推进情况。吴天君一行先后到王立砦社区、华润万象城、中央商务区、二七新区及实验外国语中学、孙八砦社区等实地察看重点项目建设情况，到铭功路街道了解网格化长效机制建设和教育实践活动开展情况。随后，在区委常委会议室召开座谈会。区委书记蔡红汇报全区2014年的工作推进情况。吴天君要求：一是肯定成绩，持续思路，进一步增强建设高端商贸生态文化区的责任感和紧迫感；二是抢抓机遇，突出重点，加快推进以棚户区改造为主导的全域城镇化建设；三是以党的群众路线教育实践活动为契机，深化规范提升长效机制。调研结束后，蔡红召开专题会议，贯彻落实吴天君调研指示精神，安排下阶段重点工作，并对打造高端商贸文化区、棚户区改造等工作任务进行细化分解，明确具体责任人和完成时限。区领导蔡红、陈红民陪同调研。

△中共郑州市委常委、市委统战部部长王跃华到郑州新大方重工科技有限公司调研。王跃华听取企业经营和科技创新情况汇报，询问企业发展中的困难和问题。王跃华要求，进一步加强企业服务和科技创新，为科技型企业发展营造良好环境。副区长于珊陪同调研。

△郑州市人大常委会副主任赵武安视察辖区综合性公园建设情况。赵武安听取全区综合性公园建设进展情况汇报，询问土地手续办理情况，并要求要突出主题、特色鲜明，按照既定时间节点抓紧推进，确保早日完

工。副区长董治会陪同视察。

15日

△由郑州市妇联主办，中共二七区委宣传部、区文明办、区妇联承办的郑州市最美家庭表彰暨“我为母亲做件实事”主题活动启动仪式在亚星社区广场举行。省、市、区领导分别为获奖家庭颁发证书和奖品。“最美家庭”代表郑州师范学院姬宁、二七区马昕、中原区严红兵做典型发言，家庭代表阎明宣读“我为母亲做件实事”倡议书。河南省妇联主席陈砚秋，郑州市政府副市长张俊峰、市政协副主席李玉辉、市政府副秘书潘冰、市妇联主席马斐颖，郑州报业集团党委委员、副社长、副总经理张永，中共二七区委书记蔡红，区委常委、区委宣传部部长王鲁明等出席活动。全市最美家庭标兵户代表、社区家庭代表等300余人参加活动。

16日

△二七区十五届人大常委会第十三次会议在区政府四楼大会议室召开。会议听取并审议区发改统计局局长王永利作的关于二七区2014年政府投资项目计划（草案）的报告，审议区人大常委会关于表彰2013年度二七区“人民满意的公仆单位”的决定（草案）。经过表决，会议决定批准二七区2014年政府投资项目计划，授予二七区人民政府办公室、二七区人民法院、二七区地税局、二七区人力资源和社会保障局、二七区财政局、二七区人民检察院、二七区教育体育局等为2013年度二七区“人民满意的公仆单位”称号。区人大常委会主任李章坤向获奖单位负责人颁发奖牌。区人大常委会领导李章坤、张丽英、李刚、周国建、柳建华、武志亮、张忠民、周国堂、张好义、张新云出席会议，区委常委、常务副区长李峰、区人民法院院长王焰斌、区人民检察院副检察长黄健、区政府办公室主任马世锋和各乡（镇）人大主席团、街道人大工委负责人列席会议。

△二七区残疾人自强健身示范点启动仪式暨“爱心书吧”捐赠活动在区辅读学校举行。区领导为残疾人健身示范点举行揭牌仪式，为二七区辅读学校捐赠价值5000元的“爱心书吧”；随后，区领导考察辅读学校的“爱心书吧”“爱心超市”和残疾人健身示范点，并与参加健身的残疾人进行交流。区领导张伟岭、林海出席活动，区残疾人代表、二七区辅读学校全体师生和各乡（镇）、街道残联理事长100余人参加活动。

△以发生在二七区陇海大院的真实故事为题材，由河南金象影业有限公司、前卫文化传媒有限公司和中共二七区委宣传部联合创作的电影《好好的活着》在奥斯卡升龙国际影城举行首映式暨媒体看片会。影片以发生在闻名全国的模范道德大院“陇海大院”的真实故事改编，再现了获得“感动中原十大新闻人物”“中国好人榜”的“陇海大院爱心集体”38年接力照顾高位截瘫者高新海的感人事迹，引起现场媒体记者的强烈共鸣，称影片以“爱心传递而浇铸自强自立的生命价值”为主题，展现了河南人扶危济困、助人为乐的美德和身残志坚的自强精神，进一步丰富了“美丽河南”的精神内涵，诠释了河南人亲情、友情、邻里情和爱情，把传统美德与当代价值观贯通，书写了人间大爱，传递了社会正能量。

△二七区召开内环区域开发建设推进情况及金水河“一河两岸”改造提升工程专题会议。区领导蔡红、陈红民、李晓雷、赵吉平、刘利出席会议。

17日

△区委副书记、区长陈红民带领区规划局、区农委、区交通局、区国土资源局、区旅游局负责人调研辖区南部生态文化产业推进工作和樱桃沟景区旅游、民生等相关情况。陈红民一行先后到桐树洼煤矿沉降区、御品堂、樱桃部落和老奶奶庙遗址调研，充分肯定景区对文化产业的保护和重视，提出加快饱含文化内涵的旅游景点的对外开放进度，希望景区能依托丰富的旅游资源，依据整体规划，加大招商引资力度，早日升级为国家4A级旅游景区。区委常委、区委组织部部长丁文霞，副区长姚实陪同调研。

20日

△区委常委会组织“党的群众路线教育实践活动”集中学习。会议传达学习中央深化改革领导小组第一次、第二次会议精神和省、市委全会精神。与会领导集体观看影片《苏联亡党亡国20年祭》。区领导蔡红、李晓雷、李章坤、于广志、张伟岭、王玉红、王鲁明、赵吉平、胡新生，区党的群众路线教育实践活动督导组组长等参加学习。

△二七区2013年引进招聘急需人才座谈会在区常委会议室召开。全区2013年引进招聘的23名急需人才汇报参加工作9个月来在思想转变、学习提升、工作融入以及生活适应等方面的情况，并结合自身工作经历讲述工作中遇到的问题，提出相应的意见、建议。区委书记蔡红肯定大家积极、阳光、向上的工作心态和融入二七区、奉献二七区的工作表现，要求大家珍惜得来不易的工作机会，努力在工作中锻炼自己、提升自己，一步一个台阶稳步前进；提醒大家要看到自身的不足，时刻保持谦虚谨慎的态度，用一颗平常心对待工作，主动弥补缺陷，提升工作成绩。蔡红结合自身工作经历，在如何做好文字工作、加强学习培训、塑造良好修养等方面与大家分享自己的经验，并对大家提出的意见、建议给予答复。区领导丁文霞、赵吉平、王启树参加座谈会。

21日

△二七区西南片区发展研讨会召开。邀请省、市旅游文化及城市规划方面专家及相关行业企业家共同座谈，研讨西南片区发展思路。会上，区委副书记李晓雷介绍西南片区基本情况，与会专家、企业家从发展定位、核心竞争力、发展模式、打造特色等方面与区领导进行研讨。区委副书记、区长陈红民作指出：一是在生态文化上做足文章，站在建设中原经济区的战略高度，从完善城市功能和提升城市品味上高标准做好规划编制；二是逐步理顺相关体制及组织机构职能，加大对文化、生态的投入力度；三是下大力气招大商、引强商，加大资金支持和项目储备力度，建设有品味的生态文化项目；四是统筹考虑西南片区开发，在保护生态资源的基础上，提升容量、丰富内涵，打造特色村庄，做到生态、经济、社会效益同步进行。区领导李晓雷、丁文霞、姚实出席会议。

22日

△区委书记蔡红到金象影业公司、超凡影视公司调研。蔡红一行首先到金象影业公司查看公司网站、工作室、放映厅，听取企业发展汇报，要求对企业发展存在的问题进行跟进、协调，解决好企业发展过程中的“瓶颈”问题。随后，蔡红一行到超凡影视拍摄基地查看《快乐星球》摄影棚，详细了解《快乐星球》系列剧的拍摄制作过程，并观看电视剧《快乐星球5》、3D电影《快乐星球大营救》宣传片。蔡红指出：生态文化产业是全区主导产业之一，符合市、区规划定位，是首要发展的现代化产业，要大力发展生态文化产业；全区上下要集中精力坚定不移地为符合现代化产业体系的企业做好服务，提供政策上、环境上的支持。区领导王鲁明、姚实陪同调研。

23日

△区委书记蔡红视察孙八砦社区拆迁改造项目。蔡红一行查看拆迁现

场，并召开现场办公会。区领导李晓雷、张全金、卢书选、李峰、赵吉平、武志亮、刘利、李华民陪同视察。

24日

△区委副书记、区长陈红民检查马寨镇部分企业安全生产工作。陈红民一行对郑州联创制漆公司的安全生产设施、规章制度以及企业的安全生产资料等情况进行检查；在郑煤集团公司振兴二矿生产调度室，陈红民询问矿区近期安全生产、监控系统运行、员工培训及井下现场管理等情况。区领导司文一、王玉卿陪同检查。

△二七区召开中共郑州市委书记吴天君调研讲话任务分解工作会。会上，副区长刘利汇报“六项重点”工作、内环线区域有机更新工作推进方案；区委常委、区委办公室主任赵吉平汇报“坚持依靠群众推进工作落实长效机制”经验总结与提升实施意见和工作方案；区委常委、区委组织部部长丁文霞汇报关于开展“完善三项机制，提升干部素能”活动的实施意见；区委常委、区委政法委书记卢书选汇报“高端商贸服务业发展实施意见”；区委常委、区委统战部部长王玉红汇报马寨产业集聚区“晋星”和进“十快”实施意见和工作方案；区委常委、区纪委书记张全金汇报“除四病、刹四风”干部作风整治“回头看”活动实施方案。与会区领导和参会部门负责人就汇报内容进行讨论，并提出具体的意见和建议。区“四个班子”领导出席会议，区直相关部门主要负责人参加会议。

△区委常委会组织“党的群众路线教育实践活动”集中学习。会议听取全区“党的群众路线教育实践活动”近期开展情况以及下一步安排；集中学习中央教育实践活动办公室印发《关于河南省兰考县委专题民主生活会情况的通报》。区委书记蔡红要求，要扎扎实实完成规定动作，认认真真学习必学书目，积极准备班子内部谈心沟通和剖析检查材料，明确各环节内容，细化任务，扎实推进“党的群众路线教育实践活动”的开展。区“四个班子”领导出席会议。

26日至28日

△二七区22名县处级领导干部到大别山干部学院参加为期3天的党性教育专题培训。集中学习“坚守信念、牢记宗旨、顾全大局、勇于担当”的大别山精神，开展党性教育、大局观教育、群众路线教育。

△市人大常委会副主任张学军带队视察辖区妇女权益保障工作情况。市政府副秘书长潘冰，市妇联主席马斐颖，二七区人民政府副区长于珊陪同视察。

29日

△国家卫生计生委流动人口信息管理中心副主任肖子华带领国家卫生计生委流动人口动态监测调查督导组一行到辖区调研督导流动人口动态监测工作。调研分座谈和查阅资料两部分。座谈会上，肖子华一行听取郑州市人口计生委开展流动人口动态监测推进工作情况、二七区2014年上半年流动人口动态监测工作情况汇报。会后，肖子华一行与参与动态监测的调查员对工作中存在的问题、意见和建议进行交流，询问调查员培训及工作情况，与省、市相关人员及个别调查员共同探讨调查工作中存在的问题与解决办法；中国人民大学学生与被调查员就流动人口社会融合进行一对一访谈。随后，肖子华一行查看流动人口动态监测调查问卷的填写情况。肖子华充分肯定全区流动人口动态监测工作取得的成绩，并在人员配备、统筹服务管理以及入户方法等方面提出具体要求并进行指导，鼓励二七区有关人员认真做好流动人口动态监测收尾工作，确保真实、全面了解流动人口的生产、生活、生育状况，为国家科学决策提供有力依据。河南省人口计生委流动人口服务管理处处长孙恒英，郑州市人口计生委党组书记、主任李秀山，副区长于珊等陪同调研。

△全区“党的群众路线教育实践活动”群众评价工作会议在区会议中心三楼会议室召开。会议由区委书记蔡红主持。区领导蔡红、李章坤、陈红民、于广志分别通报“学习教育、听取意见”工作情况。市委督导组组长冯芳喜对全区“党的群众路线教育实践”按活动第一环节开展情况给予肯定，并对开展群众评价工作提出要求：一要高度重视；二要突出重点；三要客观公正。随后，向与会代表发放群众满意评价表，对二七区“四个班子”第一环节开展情况进行现场测评。会后，市委督导组成员与区级以上“两代表一委员”、党员群众代表进行个别谈话，了解二七区“四个班子”第一环节活动开展情况。市委督导组成员，区委委员、候补委员和区纪委常委，部分退出领导岗位的老干部，乡（镇）街道党政负责人，区委各部委、区直各单位主要负责人，区民主党派、工商联代表，部分组织关系隶属区委的垂直单位主要负责人，区级以上“两代表一委员”，党员群众代表等参加会议。

30日

△“六一”国际儿童节前夕，区领导蔡红、李章坤、于广志、张伟岭、王鲁明、赵吉平、于珊到辖区陇西小学南校区看望慰问学校师生，并与师生、家长一起参加学校庆“六一”活动。区领导向学校赠送慰问品。

△中共河南省委副书记邓凯、省人大常委会副主任蒋笃运、副省长张广智、省政协副主席龚立群，中共郑州市委副书记、市政协主席、市委秘书长王璋，市人大常委会副主任舒安娜，副市长刘东，市政协副主席吴晓君一行到辖区幸福路小学出席“庆六一、红领巾相约中国梦——今天我入队争当好队员”示范性主题队日活动。邓凯一行与全校师生一起参加少先队入队仪式，并为新入队的少先队员佩戴红领巾。仪式结束后，邓凯一行观看学校在中队教室举行的“红领巾相约中国梦”少先队多彩活动课展示，了解辖区少先队活动课进课堂等开展情况，并对二七区自2014年初开始在全队普遍开展“红领巾相约中国梦”少先队基本知识学习实践活动所取得的阶段性成果给予充分肯定。河南省关工委、河南省妇联、团省委、省教育厅，郑州市妇联、团市委、市教育局等领导，区委书记蔡红，区委常委、区委组织部部长丁文霞参加活动。

△二七区“舞台艺术进乡村、进社区”活动在马寨镇水磨村举办。郑州市文化广播电视新闻出版（版权）局局长王霄鹏、副局长宁凤丽，副区长姚实出席活动。

31日

△中共郑州市委常委、市委组织部部长高建慧，市人大常委会副主任舒安娜、张学军，副市长张俊峰，市政协副主席吴晓君、薛景霞一行到二七区妇女儿童活动中心观看全区少年儿童作品展示暨“六一”节汇报演出。活动中，市领导不仅与在场儿童进行互动，观看艺术文化课程展示，还参观了自护教育基地的建设。随后，高建慧一行到铁道陇海家园社区参观“妇女之家”“儿童之家”，并参观社区志愿者书法授课、“喜迎六一节——儿童益智趣味游戏比赛”、巾帼志愿者才艺展示和“儿童之家”4点钟课堂等社区主题活动。高建慧一行与社区志愿者交谈，询问社区活动的开展情况，并为在场儿童赠送节日礼品，儿童们以手工作品来回赠市领导。区领导蔡红、王鲁明、丁文霞、赵吉平、周国建、于珊陪同参观。

△“五一”期间，全区接待游客26万人次，同比增长12.1%；旅游收入1104.21万元，同比增长9.3%。其

中，樱桃沟景区接待游客约9.15万人次，实现旅游收入549万元。

△5月，二七区荣获“郑州市2013年度食品安全工作先进集体”。

6月

4日

△河南省政协主席叶冬松率领省政协委员考察团一行到河南网商园调研二七区电子商务发展情况。叶冬松听取园区的现状、未来规划、商业模式、建设和招商等情况的介绍，对辖区电子商务的发展给予充分肯定。省委常委、市委书记吴天君，省商务厅副厅长张雷明陪同调研，区领导蔡红、王玉卿参加调研。

△中共安阳市委宣传部副部长、市社会主义精神文明建设委员会办公室主任王东峰带队到嵩山路街道亚星社区调研。

6日

△郑州市政府副市长刘东视察郑州市第二中学、郑州市第四中学高考考点准备工作。区领导蔡红、于珊陪同视察。

△郑州市政协副主席李玉辉率领10余名市政协委员视察辖区“创建国家森林城区”工作。视察组听取二七区“创建国家森林城区”工作情况汇报，重点检查辖区水源涵养林建设情况。对二七区“创建国家森林城区”工作取得的成绩给予充分肯定，并就如何推进下一步“创建国家森林城区”工作提出了要求。

7日

△区委副书记、区长陈红民召开二七新区基础设施建设推进会。会议听取二七新区管委会关于道路、水厂、变电站、自来水加压泵站等基础设施建设推进情况及存在问题汇报。与会人员和相关单位负责人就拆迁、征地、建设手续等有关问题进行深入讨论，并提出意见和建议。郑州市规划院介绍天津电子商务产业园考察情况、考察心得和有关规划调整建议。区领导李晓雷、丁文霞、黄卫红、李国立出席会议，区发改统计局、财政局、审计局、建设局、规划分局、民政局、侯寨乡、嵩山路街道有关负责人参加会议。

9日

△区委书记蔡红随省政府代表团参加在台湾举行的“中原情　一家亲”两岸外经贸活动。

10日

△郑州市领导吴天君、王跃华到郑州新大方重工科技有限公司调研。区领导陈红民、王玉红、于珊、司文一陪同调研。

△二七区“三城联创”暨城市管理提升工作动员会召开。副区长董治会安排部署全区国家卫生城市、园林城市复审及城市管理整治提升工作。区委常委、区委宣传部部长王鲁明安排部署全区全国文明城市创建工作。区委副书记、区长陈红民要求：要统一思想，提高认识，切实增强开展好“三城联创”暨城市管理整治提升活动的责任感和紧迫感。区领导李晓雷、张全金、李峰、丁文霞、赵吉平、王启树、林海、黄卫红、李华民出席会议；全区各单位副科级以上干部、各行政村（社区）党组织人员书记、辖区公共单位负责人及文明单位负责人、中小学校长、幼儿园园长、青年志愿者代表、群众工作队队长参加会议。

△中共郑州市委副书记、市政协主席、市委秘书长王璋到辖区调研“党的群众路线教育实践活动”、长效机制建设和棚户区改造工作。王璋一行实地查看五里堡街道王立砦社区项目建设现场，了解河医片区等棚户区重点项目建设情况，并到王立砦社区禹金梅等5户居民家中走访，询问他们的就业、生活、经济等状况。在随后召开的座谈会上，王璋听取二七区经济社会发展情况、“党的群众路线实践教育活动”、长效机制工作和棚户区改造工作情况汇报、群众代表的意见建议、愿望、诉求，并对全区群众工作和民生工作取得的成效给予肯定。王璋要求：一是以学习焦裕禄精神、深入基层察民情、听民声活动为学教活动的有效载体，扎实推进教育实践活动开展；二是以“深化规范提升”为主题，切实把以网格化管理为抓手的长效机制建设引向深入，努力实现治理能力和治理体系的现代化；三是积极深化改革，努力从改革中寻求克难攻坚、爬坡过坎的动力，促进“五大”工作又好又快发展。区领导李晓雷、丁文霞、赵吉平、刘利、张家齐等陪同调研。

11日

△长江路街道孙八砦社区项目工作推进会召开。会议听取孙八砦项目进展情况、存在问题以及项目涉及的小产权房拆迁补偿安置方案的汇报，与会人员和部门负责人就土地征收、小产权房拆迁补偿安置、世纪联华商厦涉及集体资产等问题进行探讨。区委副书记、区长陈红民指出：一是健全台账式机制；二是加大工作力度；三是加速推进小产权房拆迁补偿工作；四是整合资源全力推进。区领导李峰、刘利、李华民出席会议。

△河南省传统商业O2O转型研讨会在二七区召开。二七区领导王玉卿介绍全区近年电子商务工作开展情况，省商务厅副厅长张雷明对二七区近年电子商务发展取得的成绩给予充分肯定，省商务厅电子商务办公室主任吴源奇，郑州市商务局投资促进中心主任张延廷出席会议。

14日

△区委副书记、区长陈红民视察辖区城市防汛工作。陈红民一行视察二七区城市管理执法局市政所防汛物资储备情况、南屏路污水情况、南水北调贾砦倒虹吸、荆胡杏园渡槽等防汛工作，以及双秀公园路边占道经营和人和路、郑航北路道路建设情况，对全区城市防汛工作以及占道经营、路网建设进行现场部署。副区长姚实、董治会陪同视察。

16日

△教育部基础教育一司副司长杜柯伟一行督查、巡视二七区义务教育学校规范办学工作。杜柯伟一行首先到淮河东路小学查看学校规范化办学情况及办学特色，并在学校会议室召开座谈会。会上，二七区人民政府副区长于珊以“规范办学，合力减负，促进学生全面健康成长”为题，汇报了二七区义务教育学校规范办学行为工作情况。会后，杜柯伟一行到郑州市第八十二中学，听取学校义务教育规范化办学工作情况汇报，并就招生入学、学籍管理、作业教辅、考试评价等方面与教师、学生、家长代表进行座谈。督查组对全区义务教育学校规范办学的创新性举措及显著成效给予肯定，同时希望进一步规范义务教育阶段学校办学行为，坚定不移地实施素质教育，落实“减负”的各项要求，促进教育内涵、优质发展。河南省教育厅基础教育一处处长张怀军、副处长李明，郑州市政府副秘书长李建霞，郑州市教育局党委书记、局长毛杰，副局长田保华，二七区人民政府副区长于珊陪同督查。

17日

△全区重点项目推进会召开。会议听取华贸中心项目、新大方集团公司项目、顶新集团公司项目、侯寨乡煤矿沉陷区、垃圾处理厂补偿安置等重点项目的推进情况。与会领导和参会部门负责人进行讨论，并提出具体的意见和建议。区委书记蔡红要求，要加快推进华贸中心项目，加强与市政府、市直各相关部门、公共单位、开发商、辖区群众的沟通，成立区级谈判小组，拿出具体方案，积极做好土地一级整理等前期工作，要列入市重点工程，加速项目推进，要精确做

好成本、安置面积的计算；要抓紧时间积极解决新大方集团公司项目存在的问题；要排除一切困难，确保顶新集团公司项目如期投产；要妥善做好煤矿沉陷区、垃圾处理厂等项目的安置工作。区领导陈红民、李晓雷、王玉红、王鲁明、丁文霞、赵吉平、刘利、陈旭儒、王玉卿、李国立、谭清录等出席会议。

△区委书记蔡红到“党的群众路线教育实践活动”联系点——大学路街道调研并实地查看项目建设情况。蔡红一行在欧亚酒店项目现场，听取项目单位负责人的情况介绍，了解工程进展、拆迁安置等情况，并对加快推进项目进度提出可操作性的意见和建议；在焦家门项目建设工地，查看工程建设情况，询问项目建设资金投入、项目进度等情况。随后，蔡红一行到居民吴川生、许明家里，询问他们的身体情况、生活状况，并就第二批“党的群众路线教育实践活动”征求意见。区领导赵吉平、刘利陪同调研。

18日

△区领导在区委常委会议室与北京国华置业有限公司就兑周村改造华贸中心项目召开座谈会。大学路街道党工委书记海鸥介绍兑周村改造进展情况，北京国华置业有限公司项目总经理王曜介绍企业相关情况。与会领导和参会部门负责人就项目情况提出了具体的意见和建议。区委书记蔡红要求：兑周村改造的目标已经确定，要排除一切困难，加大、加深解决实际问题的宽度与深度，科学运用与企业的合作，列出问题清单,定好时间表，制订详尽方案，使兑周村改造项目稳步推进，尽早让市民享受到改造成果。区领导陈红民、王鲁明、赵吉平、刘利、陈旭儒及北京国华置业有限公司副总裁巩向民出席座谈会。

△安阳市政府考察团一行考察二七区棚户区及城中村改造工作。市政府副秘书长袁聚平，二七区领导李晓雷、刘利陪同考察。

19日

△河南省妇联副主席库凤霞一行到二七区调研妇女创业就业发展情况，实地查看辖区妇女创业就业实践基地——郑商瓷的建设情况。库凤霞一行查看郑商瓷的制作和生产情况，听取郑商瓷研究所所长李梅花对陶瓷创作、研发历程的介绍，以及公司在抓好自身发展的同时，带动城乡妇女创业就业、致富增收情况。库凤霞对二七区在推进女性就业创业取得的成绩给予充分肯定，要求进一步搭建好平台，积极引导妇女创业、服务妇女就业、促进妇女发展，真正做到“广覆盖、普受益”，让广大妇女得到更多的实惠。郑州市妇联主席马斐颖，区委常委、区委宣传部部长王鲁明陪同调研。

△区委常委会组织“党的群众路线教育实践活动”集中学习。与会领导集体观看《苏联亡党亡国20年祭》；区委常委、统战部部长王玉红，区委常委、区武装部政委胡新生领学习近平总书记讲话。区委书记蔡红要求：学习要贯彻“党的群众路线教育实践活动”始终，要认认真真学习必学书目。区四个班子领导出席会议。

20日

△二七区在政通礼堂举办第十三期“周末大讲堂”，邀请了市人大常委会副主任舒安娜作题为《机关公务礼仪》报告。舒安娜从机关公务礼仪的内涵、意义和具体方法等内容，结合自身的工作阅历和社会活动经历，对机关公务礼仪等方面进行分析讲解。

△全区“坚持依靠群众推进工作落实”长效机制工作推进会在区会议中心三楼会议室召开。区委常委、区委办公室主任赵吉平主持会议。二七质量技术监督分局下沉人员、区卫生局群众工作队队长、铭功路街道二级网格长、福华街街道二级网格长、五里堡街道三级网格长、大学路街道三级网格长分别就长效机制工作开展情况作典型发言。区政府党组成员李华民就全区长效机制工作作点评，并就网格化管理工作成效、存在问题及下一部工作重点进行总结、安排；区委常委、区委组织部部长丁文霞就全区群众工作队工作开展情况进行全面点评；区委书记蔡红就进一步“深化规范提升”长效机制工作提出要求：一要提高站位，坚定信心；二要把握重点，深入推进；三要加强领导，抓好落实。区领导李峰、张丽英、陈爱萍、李华民出席会议，区直26个执法局（委）行政负责人及分管领导，13家驻区垂直单位行政负责人及分管领导，各乡（镇）街道书记、分管领导及长效办公室主任，10名职能部门下沉人员，20名群众工作队队长，30名二级网格长，50名三级网格长参加会议。

△中共郑州市委常委、市委统战部部长王跃华到福华街街道调研。王跃华一行实地查看街道和小赵砦社区便民服务大厅、街道和社区群众工作队办公室，在街道群众工作队办公室，王跃华听取2014年以来群众工作队工作开展情况汇报；在小赵砦社区便民服务大厅，王跃华询问社区工作人员组成情况、社区整体工作情况。王跃华对社区和群众工作队工作成绩给予肯定，并要求，一是扎实开展“党的群众路线教育实践活动”；二是解决群众关心的热点、难点问题；三是群众工作队要紧密配合社区工作。调研中，市委统战部向小赵砦社区捐赠帮扶资金5万元。区领导陈红民、王玉红陪同调研。

23日

△中共郑州市委常委、市委宣传部部长王哲一行到二七区调研，实地查看二七区重点区域拆迁安置工作情况和防汛工作情况。王哲一行到王立砦社区、中央商务区、孙八砦社区征迁现场，了解重点区域征迁进展及安置房建设情况；随后，实地查看郭家咀水库、城市防汛物资储备仓库的防汛工作，并召开座谈会，听取二七区“党的群众路线教育实践活动”开展情况、信访稳定工作以及全区上半年社会经济发展情况汇报。王哲对全区重点区域征迁安置和防汛工作给予充分肯定。他指出，二七区要持续加大重点项目建设和推进力度，解决好攻坚片区整体规划、地上地下空间利用及交通组织等发展中存在的突出问题，将“党的群众路线教育实践活动”与当前客观实际紧密结合，推动党员干部队伍综合素养的整体提升，切实解决好基层和群众反映的热点难点问题。区领导蔡红、陈红民等陪同调研。

23日—27日

△区委副书记、区长陈红民带队赴北京市、浙江省杭州市等地考察。区领导丁文霞、王玉卿陪同考察。

24日

△中共郑州市委“党的群众路线教育实践活动”督导组组长冯芳喜一行6人到马寨产业集聚区调研“党的群众路线教育实践活动”开展情况。督导组一行先后到刘胡垌安置区、“花花牛”项目、程炉张河安置区、马寨污水处理厂、马寨产业集聚区规划展示中心、先锋会所、马寨产业集聚区公共服务中心实地查看，听取马寨产业集聚区总体工作情况及“党的群众路线教育实践活动”开展情况的汇报。督导组一行充分肯定马寨产业集聚区在开展“党的群众路线教育实践活动”中以解决企业和项目建设过程中存在问题为突破口的做法。区领导王玉红、谭清录陪同调研。

△全国人大常委会原副委员长、中国关心下一代工作委员会主任顾秀莲考察二七区“社会主义核心价值观教育活动”开展情况。在淮河东路小

学，校长张艳丽向顾秀莲一行介绍学校“社会主义核心价值观教育活动”开展情况，参观学校6个多功能教室，观看学生们“中国梦　我的梦”汇报演出；在郑州市军队干部休养一所，顾秀莲一行观看离休干部张利修的图片展。在随后召开的座谈会上，张利修汇报自己20多年来办图片展的心理路程。考察结束后，中共二七区委书记蔡红表示：中央、省、市关心下一代工作委员会莅临辖区指导工作，是对全区工作极大的鼓励和鞭策。全区将按照顾秀莲讲话要求，继续坚定不移地支持关心下一代工作委员会工作，在全区大力弘扬社会主义核心价值观，凝聚力量，开拓进取，为中原经济区、郑州都市区建设，实现中华民族伟大复兴的“中国梦”作出积极贡献。河南省关心下一代工作委员会副主任张德广、李中央、吴全智，中共郑州市委常委、市委组织部部长高建慧，郑州市关心下一代工作委员会主任刘振中等陪同考察，二七区领导蔡红、丁文霞、赵吉平参加考察。

△区人大常委会主任李章坤带领人大代表视察全区防汛、布汛工作。代表们先后查看了黄河布汛情况、正商城项目建筑基坑、南屏路积水点、区防汛物资储备仓库，对全区整体防汛工作提出要求：一要增加防汛设施，确保物资储备的安全管理；二要增加防汛专项资金投入，确保防汛工作经费；三要进行防汛队伍演练，确保防汛的战斗力；四要加强宣传力度，不断巡查管理；五要及时排查隐患，杜绝出现事故；六要加强收水井的养护工作，及时处理收水井周围的垃圾；七要强化责任，确保各项防汛措施落实到位。

25日

△区委书记蔡红带领区建设局、二七规划分局、侯寨乡等相关单位负责人到二七新区现场办公，协调解决工作推进中存在的问题。蔡红一行先后到红星美凯龙项目工地、郭家咀铁三官庙安置区、绿地滨湖国际城二期、郑州CSD、南岗刘安置区、鑫苑鑫都会一期等项目现场实地查看，听取项目建设情况汇报，并询问项目建设进度及推进中遇到的困难和问题。蔡红一行还沿途视察环翠路、刺绣路、鼎盛大道、杏梁路、青铜东路、青铜西路、望桥路等道路建设情况，随后召开会议，听取侯寨乡总体规划评估及调整必要性论证汇报。与会单位负责人及有关区领导提出具体意见、建议。蔡红强调，规划调整要立足长远发展、统筹考虑，结合重大项目建设和产业发展需要进行科学编制，多方征求意见，抓紧修改完善，加快推进规划方案报批。区领导赵吉平、刘利、黄卫红、李国立陪同。

△郑州市政府副市长张俊峰带队到马寨产业集聚区调研。张俊峰一行实地查看郑州顶益食品有限公司锅炉运行以及刘胡垌安置区建设情况。随后，在郑州顶益食品有限公司召开座谈会，听取顶新国际集团公司投资项目的热源供应情况及存在问题的汇报。张俊峰要求：在合村并城相关手续办理方面，市直各部门要提高办事效率，加快行政审批速度；在做好刘胡垌安置区建设的同时，要认真分析、正确理解相关文件精神，保护好尖岗水库水源。区领导李晓雷、王玉红、谭清录等陪同调研。

26日

△二七区迎接国家卫生城市复审工作专题推进会在区委常委会议室召开。副区长、区迎接国家卫生城市复审工作领导小组办公室主任董治会主持会议。在观看了创建国家卫生城区工作存在问题的视频后，迎接国家卫生城市复审7个专项整治指挥部的指挥长汇报各自工作开展情况。董治会通报6月25日副市长张俊峰带队对全区迎接国家卫生城市复审工作检查情况，分析了全区急需解决的7个方面的突出问题，并就迎接河南省爱国卫生运动委员会办公室复查考核提出意见。区委书记蔡红要求：一是讲政治、讲大局；二是高度重视、领导重视；三是提高认识，强化责任；四是健全网格、全员动员；五是限期整改、专项评比；六是注重实效、奖罚分明。全区7个专项整治指挥部指挥长、办公室主任，15个乡（镇）街道党政负责人、主管领导以及有关单位负责人参加会议。

△区委书记蔡红带领全区7个专项整治指挥部指挥长以及有关单位负责人，对全区迎接国家卫生城市省级复审工作中存在的突出问题以及整改情况进行检查。蔡红一行先后到天赐良园小区、蜜蜂张村拆迁工地、西工房社区、康复中街市场、康复后街疏堵结合点、郑州大学南校区南门周边“五小”门店、兴华南街和中陆广场私设垃圾场等地，查看居民区环境卫生、拆迁工地生活垃圾清理和围挡搭建、道路清扫保洁、“五小”门店经营证照和硬件设施、私设垃圾场整治等情况。在郑州大学南校区南门附近的一家快捷酒店，蔡红在查看店内的公共场所卫生监督公示栏后，随即拿出手机拨打公示栏上的监督电话和卫生监督员联系电话；在淮北街一家小餐馆内，蔡红向店主询问有关经营证照办理、餐具消毒、“四害”防制等情况，对餐馆存在的文明用餐用语和禁止吸烟标志缺失等问题予以现场指正。

△区政协主席于广志带队调研河医片区改造项目。

30日

△中共河南省委常委、郑州市委书记吴天君，市委副书记、市长马懿到辖区视察安置房建设工作。区领导蔡红、陈红民、刘利等陪同视察。

△6月，郑州市2014年度科技发展计划出炉，辖区中船重工七一三所、万谷机械有限公司等企业申报的42个科技项目获得市级科技立项支持。

△6月，全区开工建设公共租赁住房792套，占全年任务量的51.4%；基本建成保障性住房884套，占全年任务量的89%。

△6月，辖区郑州帝益生态农业科技工程有限责任公司、郑州好日子园艺有限公司荣获“2014年度郑州市现代农业科技创新型龙头企业”荣誉称号。

7月

1日

△二七区纪念中国共产党成立93周年暨党的群众路线教育实践活动“我是谁、为了谁、依靠谁”主题演讲报告会在政通路小学报告厅举行。来自10家单位的演讲者，用真实的故事和朴实的语言讲述身边的先进典型事迹。区委书记蔡红指出：举办“我是谁、为了谁、依靠谁”主题报告会，目的就是希望通过典型引领，帮助广大党员干部弄清“我是谁、为了谁、依靠谁”这一重大课题，引导党员干部进一步坚定理想信念，牢记党员身份，增强群众观念，激发干事活力，真正把党的群众路线贯彻到全区改革发展稳定工作的各个方面，为加快二七区社会经济发展凝聚正能量，做出新的、更大的贡献。

3日

△全区存量闲置建设用地集中清理处置专项行动动员会召开。会议传达全市土地管理制度改革创新暨存量闲置建设用地集中清理处置工作会议精神，通报全区存量闲置建设用地情况，并对全区存量闲置建设用地集中清理处置专项行动进行部署。区领导陈红民、刘利、李国立出席会议。

4日

△国家卫生和计划生育委员会家

庭司副司长何炤华、调研员郑春梅等一行4人督查二七区计划生育特殊困难家庭扶助关怀工作。会议在区政府常务会议室召开。郑州市人口和计划生育委员会党组成员、副主任段新国，二七区政府副区长于珊分别就计划生育特殊困难家庭扶助关怀工作开展情况作专题汇报；督查组成员与部分乡（镇）街道、社区计划生育专职工作人员、"失独"老人代表及志愿者代表座谈，了解"失独"老人的生活状况、困难、需求以及扶助政策落实情况以及爱馨养老集团、社区医院等对老人的照顾和生活服务方面的情况，听取各方人士对特殊困难家庭扶助工作的看法、意见和建议。何炤华一行对郑州市及二七区开展的计划生育特殊困难家庭扶助关怀工作给予高度肯定，并从利益导向政策的重要性以及如何做好计划生育家庭养老工作、如何调动资源、工作怎样有成效等方面进行探讨与交流。

5日

△二七新区181.733公顷土地征收方案获得河南省政府批复，上报批复率87%。

6日

△区委常委召开"党的群众路线教育实践活动"专题民主生活会。区委常委班子成员围绕为民、务实、清廉主题，聚焦"四风"问题，开展批评与自我批评。中共郑州市委常委、市委宣传部部长王哲主持民主生活会，区委书记蔡红代表区常委会作对照检查，带头查摆自身问题，开展自我批评，并恳请每名班子成员提出意见。区委其他班子成员逐一作对照检查，剖析原因，亮出整改举措，互相提出意见、建议。省委、市委联合第二督导组组长、省纪委驻省政协机关纪检组组长、机关党组成员冯芳喜全程参与并指导民主生活会。最后，王哲就下一步工作提出四点要求：一要认真归纳总结；二要持续深化学习；三要贯彻民主集中制；四要统筹处理好开展活动与推进改革发展稳定的关系。

8日

△由民政部副部长顾朝曦，国家信访局副局长赵晓光带队，国家信访局综合指导司副司长杨燕伟、公安部办公厅信访办公室查办指导处调研员张新安、中央社会治安综合治理委员会办公室综治四室副处长朱晓平，国家信访局综合指导司指导二处副处长方绍飞等一行5人组成的国务院《信访条例》执法检查组对近年二七区《信访条例》贯彻落实情况进行检查指导。会议由郑州市政府副市长吴忠华主持。中共二七区委书记蔡红向检查组汇报全区《信访条例》贯彻执行情况，全区各级信访干部代表与检查组领导进行座谈交流。检查组对二七区近年贯彻落实信访制度、全力化解信访问题以及制度创新等工作开展情况给予充分肯定。随后，检查组一行到淮河路街道、大学路街道康桥华城社区、二七区人民法院等地进行实地考察。河南省民政厅厅长冯昕，郑州市信访局局长蒋美兰、副局长李全胜，郑州市政府副市长吴忠华，郑州市委群工部部长、市信访局局长牛瑞华等陪同检查，区领导蔡红、陈红民、卢书选、王启树、曹宪武以及部分街道党工委书记、社区信访干部参加会议。

9日

△9日，区人大常委会主任李章坤带领区人大代表视察辖区食品安全工作。

11日

△中共郑州市委副书记、市长马懿带领相关单位负责人检查辖区尖岗水库防汛工作。副市长张俊峰、杨福平，市政府秘书长王春山，中共二七区委书记蔡红，区委副书记、区长陈红民陪同检查。

△二七区第十四期"周末大讲堂"在政通礼堂开讲，邀请了市政府法制办公室常务副主任李文德作题为《城市管理与依法行政》专题报告。李文德就依法行政与依法执政的关系、依法行政的基本要求，以及城市管理执法需要注意的几个问题，结合城市管理面临的主要矛盾和亟待解决的问题，与大家分享他的独到见解，对进一步提高全区干部对城市管理工作的认识，扎实推进全区城市管理整治提升工作起到很好的作用。

△中共安阳市北关区区委书记程利军带领区"四个班子"成员和区直有关单位主要负责人到二七区参观考察。考察团一行到华润万象城、河南网商园参观考察，听取二七特色商业区整体商贸发展情况、华润万象城项目概况、河南网商园园区建设思路、二七区电子商务发展现状等工作汇报。考察团一行对二七区传统商贸业发展及新兴电子商务工作取得的成绩给予充分肯定，并表示将把二七区好的做法和经验带回去，助力安阳市北关区楼宇经济和电子商务发展。中共二七区委书记蔡红等领导陪同考察。

15日

△住房城乡建设部住房保障司副司长张学勤到京广路街道冯庄社区调研全区棚户区改造项目建设情况。张学勤一行实地查看了冯庄社区棚户区改造项目，详细询问项目占地面积、建设用地所占比例、保障住房户型设计、周边配套设施、项目发展近况及推进过程中遇到的难题等。张学勤要求，严格把控项目的安全质量，规范建设施工标准、完善安全责任体系，将保障住房建设成精品工程，让百姓切实享受住房保障政策带来的成果。河南省住房和城乡建设厅住房保障处处长千战应，二七区政府副区长刘利陪同调研。

18日

△区领导听取全区重点工作情况汇报。区委常委、常务副区长李峰通报八个领导小组上半年工作基本情况；区委常委、区委组织部部长丁文霞通报"党的群众路线教育实践活动"专题民主生活会情况；区委副书记、区长陈红民通报赴北京市、浙江省杭州市等城市考察情况。区委书记蔡红指出：扎实推进日常工作，在"三年行动计划"的收官之年，认清存在不足，积极亡羊补牢；切实开好各级专题民主生活会，扎实开展"党的群众路线教育实践活动"。区领导李晓雷、李章坤、张伟岭、许广佑、王玉红、王鲁明、卢书选、赵吉平、胡新生等出席会议。

△区委书记蔡红，区委副书记、区长陈红民到马寨产业集聚区管委会召开现场办公会。管委会及马寨镇就上半年工作进展情况进行汇报，与会区直相关部门负责人对集聚区建设存在的问题提出意见和建议。陈红民对各项工作存在的问题进行部署。蔡红强调：一是瞄准目标，坚定信心，晋星晋级；二是开放创新，狠抓项目，做强实体经济；三是解放思想，提振信心，从服务和管理中出效率。区领导王玉红、赵吉平、刘利、司文一出席会议，区发改统计局、财政局、区工信局、环境保护局、土地储备中心、工商局、规划分局、马寨产业集聚区管委会、马寨镇等主要负责人参加会议。

18日至22日

△第八届中国民族商品交易会在内蒙古自治区呼和浩特市国际会展中心举办。二七区代表团在区领导王玉卿带领下参加大会。马寨产业集聚区知名民族企业—天方食品集团公司代表二七区在郑州市特装区设立展位展出。这次参会为企业提供了与其他民族企业沟通和交流的平台，提高了企业知名度，扩大了产品销售量。同时，在郑州市协办的草原丝绸之路交流合作国际论坛上，发放二七区招商引资宣传册40余册，全方位、多角度展示二七区丰厚的项目资源。

21日

△二七区召开迎接国家卫生城市复审重创工作推进会。会议对全区复审重创工作进行部署，宣读了《郑州市迎接国家卫生城复审重创考核奖惩办法》和《二七区迎审领导小组办公室关于对国家卫生城市复审重创工作督查检查情况的通报》。区委副书记、区长陈红民强调：一要高度清醒，正视问题，迅速进入迎检工作临战状态，进一步增强工作的使命感、责任感和紧迫感。二要突出重点，攻克难点，确保顺利通过各项复审验收。三要强化督导，狠抓落实，推动迎检工作扎实有效开展。区领导李晓雷、王鲁明、李峰、丁文霞、董治会、林海、黄卫红、李华民出席会议。

△区委书记蔡红带队到中央商务区项目安置房施工现场视察。在实地察看后，蔡红指出，要加快进度，把项目做成标杆工程。项目控制规划修订审批报批工作要抓紧，7月23日前，区规划分局要协助中铁七局上报规划图纸，力争8月1日前郑州市规划局研究公示，并协调郑州市规划局实施项目全面开工。要求区城改办公室、房屋征收办公室分别负责跟进协调办理安置房施工图和项目征收令的有关事宜，力争8月1日前协调郑州市规划局履行控制规划公示前的手续。

23日

△区委书记蔡红，区委副书记、区长陈红民带队走访慰问中国人民解放军郑州警备区。区领导李晓雷、赵吉平、胡新生、杨振河、武志亮、林海、吴书文、陈旭儒陪同走访。

△区委副书记、区长陈红民视察市容环境卫生、消防设施及郑州市第八十一中学建设工作。陈红民一行沿途察看张魏寨中街、金海市场、贾砦社区的市容环境卫生，市八十一中学新校址、赣江路消防中队消防设施建设进展情况，听取各相关单位负责人的介绍。陈红民指出：一是各部门按照职责分工，相互配合，通力协作，进一步加大工作力度，积极做好群众安置工作，确保严格按照时间节点完成任务；二是加大拆迁区域的管理，做好生活、建筑垃圾清运工作，为迎接国家卫生城市复审重创工作检查做好准备；三是土地资源利用最大化，同时做好交通道路、市政基础设施、便民服务中心等配套工程，切实改善群众居住条件。区领导刘利、董治会、王启树、林海陪同视察。

△二七区召开2014年“扫黄打非”工作会议。会议回顾总结了2013年工作，对2014年工作进行部署。区“扫黄打非”工作领导小组与各成员单位签订2014年“扫黄打非”工作目标责任书。区委常委、区委宣传部部长、区“扫黄打非”工作领导小组组长王鲁明出席会议并讲话。

24日

△二七区第十五期“周末大讲堂”在政通礼堂开讲，邀请国防大学战略研究所副所长、教授孟祥青做题为《我国安全环境与国家安全战略》的报告。孟祥青从战略的高度，由中东、北、非剧变的深层次原因以及对国家的影响入手，围绕国家安全环境的复杂性及面临的主要威胁、筹划国家安全战略的几点思考，通过对钓鱼岛问题、南海问题、朝鲜半岛问题等的分析，结合全球形势，全面剖析当前国家安全环境的复杂性及面临的主要威胁，阐述中国政府当前外交政策以及国防与经济协调发展战略。

△马寨镇道路拆迁及合村并城工作专题会议召开。会议听取程炉张河安置区及康佳南路建设涉及的李家沟合村并城拆迁安置补偿方案的汇报，与会领导、部门负责人就张河社区合村并城安置补偿方案的奖补标准、安置补偿方式、宅基地及房屋权属认定、享受安置补偿人口的界定、安置房建设等问题进行探讨，并提出意见和建议。区委副书记、区长陈红民强调：一要调整工作思路，转变工作方法；二要进一步完善拆迁安置补偿方案；三要强化对接和沟通；四要成立专门机构。区领导王玉红、刘利出席会议。

26日至28日

△国家森林城市考核组到二七区检查验收“创建国家森林城市”工作。考核组一行到郑州树木园、绿城广场实地查看，听取工作情况汇报，对全区“创建国家森林城市”建设工作给予充分肯定。区领导蔡红、陈红民、姚实陪同检查。

29日

△二七区召开区级领导班子专题民主生活会情况通报暨群众评议会议。邀请干部、群众代表对区委、区人大、区政府、区政协领导班子教育实践活动“查摆问题、开展批评”情况和专题民主生活会情况进行评议。市委督导组组长冯芳喜，副组长龚首鹏、高金来等现场指导。蔡红、陈红民、李章坤、于广志等区“四个班子”有关领导出席会议。会议由区委书记蔡红主持。蔡红、李章坤、陈红民、于广志先后通报区委、区人大、区政府、区政协领导班子在党的群众路线教育实践活动第二环节工作开展情况和专题民主生活会情况。与会人员通过填写民主测评表的方式，对区“四个班子”第二环节活动情况和专题民主生活会情况进行评议。区委委员、候补委员和区纪委常委，近5年退出领导岗位的副县级以上老领导，各乡（镇）、街道党政负责人，区委各部委、区直各单位主要负责人，区民主党派、工商联主要负责人代表，驻区垂直管理单位主要负责人，部分区级以上“两代表一委员”和基层党员、群众代表等参加评议。

30日

△区人大常委会主任李章坤督导检查辖区集贸市场整治工作。区领导周国堂、周国建陪同检查。

△区委常委、区纪委书记张全金主持召开全区城中村、城乡结合部及出入市口综合整治工作会议。

△中共河南省委常委、郑州市委书记吴天君带领市“四大班子”领导和市棚改办公室等相关部门主要负责人，以及各县（市）、区及各开发区管委会党政正职150人，到侯寨乡铁三官庙村拆迁现场视察。

31日

△中共二七区第十届委员会第七次全体（扩大）会议在区会议中心召开。全会对上半年经济社会发展情况进行总结。全会强调，要以教育实践活动为契机，全面加强党的建设，为经济社会发展提供坚强保障。全会号召，全区上下要立即行动起来，坚持高标准，以一往无前的勇气、一抓到底的干劲，推动全区发展再上新台阶，努力提升品牌、品质、品位，为郑州都市区建设做出积极贡献。区委书记蔡红，区委副书记、区长陈红民作重要讲话。区领导李晓雷、李章坤、于广志、张伟岭、许广佑、王玉红、王鲁明、卢书选、李峰、丁文霞、赵吉平、胡新生出席会议。区委委员、候补委员出席会议。

8月

2日

△区委副书记、区长陈红民主持召开马寨镇合村并城工作推进会。会议听取马寨镇张寨村、刘胡垌村遗留拆迁、拆迁公示内容及准备情况，以及程炉村、张河村拆迁补偿方案落实情况的汇报。陈红民强调：一是健全安置补偿方案；二是加强组织领导，尽快成立相关合村并城项目指挥部；三是各部门要做到及时会商、上下联动、密切配合、形成合力，全力以赴加快推进土地征收工作进程，为安置

房开工建设、重大项目落地打下坚实基础。区领导王玉红、刘利出席会议。

4日

△二七区与郑州市国土局、郑州市土地储备中心、郑州地产集团公司、郑州城建集团公司战略合作暨项目开发签约仪式举行。区委书记蔡红致辞并介绍全区棚户区改造、招商引资等工作情况。郑州市政府常务副秘书长李国强作重要讲话，他表示，此次签约预示着郑州市土地开发工作上了一个新台阶，并将有力推动二七区经济社会发展。签约仪式上，二七区与郑州市国土资源局、郑州市土地储备中心、郑州地产集团公司签订四方战略协议；与郑州地产集团公司签约华贸项目协议；与郑州城建集团公司签订大田垌荆砦改造项目合作协议。市国土资源局局长、土地储备中心主任刘伟德，郑州地产集团公司董事长李俊宇等领导，区领导陈红民、李晓雷、李章坤、于广志、王鲁明、李峰、丁文霞、刘利、李国立出席签约仪式。

△二七区召开土地综合利用工作会议，研究批而未征、征而未供、供而未用土地工作。会议听取全区2006年—2013年度批回土地中批而未征、征而未供的41个项目存在的问题，与会区领导和相关单位负责人就其处置方案进行讨论。区委副书记、区长陈红民强调:一是思想上高度重视；二是紧抓土地征收重点环节；三是强化组织，精心运作。区领导刘利、李国立出席会议。

△区人大常委会主任李章坤召开集贸市场整治工作推进会议。

6日

△二七区召开侯寨乡合村并城及嵩山路街道贾砦社区改造项目工作推进会议。会议听取侯寨乡郭家咀村、铁三官庙村、罗沟村遗留拆迁、拆迁公示内容及准备情况，以及大田垌村安置补偿方案落实情况的汇报，与会领导与部门负责人就安置补偿方案的完善、补偿标准的制定、违法建设的整治、公示情况的筹备等问题进行研讨，并提出意见和建议。随后，会议听取贾砦社区改造项目拆迁方案的汇报，与会领导与部门负责人就配强配齐指挥部力量、安置补偿方案的制订等进行分析讨论，并提出意见和建议。区领导陈红民、丁文霞、刘利、李国立出席会议。

△二七区召开马寨镇合村并城工作推进会。会议听取马寨镇张寨村、刘胡垌村遗留拆迁、拆迁公示内容及准备情况的汇报，与会领导与部门负责人就遗留拆迁问题、公示情况内容和筹备、安置房建设等进行研讨，并提出意见、建议。区委副书记、区长陈红民指出：一是抓紧时间组织相关部门对已签约未兑付补偿资金和过渡费的村民协议进行复核；二是明确工作职责和任务，做好责任分解和落实；三是强化对接协调，加速推进安置房建设；四是尽快成立安置房建设相关机构，确保全区安置房建设顺利推进；五是坚持科学规划、分步实施，因地制宜、注重实效的原则，进一步完善和提升程炉（张河）安置补偿方案；六是及时将土地征收的政策、范围、对象、补偿补助标准、举报监督电话等信息公开公示，自觉接受社会及群众的监督。区领导丁文霞、刘利、李国立出席会议。

7日

△中共河南省委常委、省委宣传部部长赵素萍，省委宣传部常务副部长王耀，省委宣传部副部长王庆，省社会主义精神文明建设指导委员会办公室创建处处长王飞，中共郑州市委常委、市委宣传部部长王哲，市委宣传部副部长、市社会主义精神文明建设指导委员会办公室主任裴保顺一行调研二七区公益广告设置宣传、康桥华城社区志愿服务等精神文明建设工作。赵素萍一行首先到建设路，对二七区开展宣传“社会主义核心价值观”“文明河南”“中国梦”等公益广告设置情况进行查看。随后到大学路街道康桥华城社区，了解社区志愿服务工作制度化运作模式、志愿者招募注册、奖励机制和各类特色志愿服务活动的开展情况，观看社区小小志愿者、老年志愿者的精彩表演，对社区志愿服务工作表示肯定。赵素萍指出：要加大对社区志愿服务站点硬件设施、资金的投入，打造更多基础条件好、活动丰富的社区站点，做到每条街道都有亮点社区。中共二七区委书记蔡红，区委常委、区委宣传部部长王鲁明陪同调研。

9日

△区委副书记、区长陈红民视察辖区市容市貌、环境卫生工作。陈红民一行沿途察看中陆广场北侧工地、高寨市场、王胡砦新村、郑飞家园住宅小区和兴华街沿途等市容市貌、环境卫生整治情况，并现场进行工作安排。陈红民要求：一是强化职责；二是建立长效机制；三是高质量做好高寨市场基础设施建设，加大基础设施建设的投入力度，同时强化对接协调，分批次、分阶段做好高寨市场外迁工作；四是加大与公安部门的对接协调力度，实行分类别、分区域的拉网式整治，集中力量清理占道经营、车辆乱停等违法行为，确保辖区市容市貌良好、街巷规范有序。区领导董治会、林海陪同视察。

13日

△中共河南省委“党的群众路线教育实践活动”第一督导组组长、省政协副主席、党组副书记靳绥东率领的督导组对二七区“党的群众路线教育实践活动”开展情况进行调研督导。督导组一行先后到华润万象城项目、河南网商园实地查看项目进展情况，并与项目负责人、服务对象等进行交流，了解对“党的群众路线教育实践活动”开展的意见、建议。在二七新区召开的座谈会上，区委书记蔡红从四个方面汇报全区教育实践活动开展情况。靳绥东表示，二七区坚持党的群众路线教育实践活动规定动作认真落实、自选动作勇于创新，活动推进扎实，积累了大量有借鉴意义的经验做法；坚持教育实践活动与经济社会发展相结合，解决了一大批群众反映强烈的突出问题，经济社会发展取得长足进步。中共郑州市委常委、市委宣传部部长王哲、市委第二督导组组长冯芳喜、市委党的群众路线教育实践活动办公室副主任秦晓辉陪同调研。区领导蔡红、陈红民、李晓雷、李章坤、于广志、卢书选、丁文霞等参加调研。

14日

△区委书记蔡红一行采取不事先通知、不固定路线的方式，骑自行车对辖区市容环境卫生整治工作进行暗查。蔡红一行先后到航海路、兴华南街、汉江路、郑密路、丹青路、长江路、高寨市场等检查卫生整治工作。蔡红指出，全区的卫生整治工作任务艰巨，各单位要加大整治力度，明确奖惩机制，努力为市民创造良好的市容环境。副区长董治会及区市政局、区爱国卫生运动委员会办公室负责人陪同暗访。

15日

△中共河南省委第三巡视组组长蒋益民、副组长田跃曾带领巡视组到马寨产业集聚区巡视。巡视组一行参观集聚区规划馆，实地查看郑州顶益食品有限公司、花花牛生物科技有限公司，对集聚区的发展，尤其是省重点项目的建设进度给予充分肯定和高度评价。蒋益民希望集聚区要立足现有主导产业，进一步加强招商引资力度，加快项目建设进度，完善基础功能，优化服务环境，为河南省、郑州市的发展做出更大的贡献。河南省发改委领导孙廷喜、刘伟、郭玮，郑州市发改委领导李书峰、李福科陪同调研，区领导蔡红、赵吉平参加调研。

16日

△区委召开中心组学习全省市厅级领导干部研讨班辅导报告精神专题会议并对全区开展学习讨论活动进行安排部署。区委书记蔡红传达习近平总书记在河南省考察时的讲话精神；区委副书记李晓雷传达省委书记郭庚茂在全省市厅级领导干部研讨班上所作的辅导报告；区委常委、区委宣传部部长王鲁明领学《河南日报》8月5日文章《让中原更出彩的战略谋划与总体设计》。最后，蔡红要求：全区上下要深入学习贯彻全省市厅级主要领导干部研讨班辅导报告精神，把学习贯彻辅导报告精神与推动全区经济社会发展、全面深化改革的新思路、新举措结合起来，与解决群众关心的热点、难点问题结合起来，统筹兼顾，合理安排，学以致用，促进工作同步推进，为实现全域城镇化、城乡一体化做出更大贡献。区委中心组成员参加专题会。

18日

△区委副书记、区长陈红民考察贾砦社区城中村改造工作。区领导李晓雷、刘利、李国立陪同视察。

△区委副书记、区长陈红民召开麦垛沟村合村并城项目安置补偿方案汇报会。区领导李晓雷、丁文霞、姚实、刘利出席会议。

20日

△区人大常委会主任李章坤、副主任张丽英视察集贸市场创建整治工作。

21日

△区委副书记、区长陈红民视察孙八砦社区攻坚项目。陈红民一行实地查看孙八砦社区项目拆迁现场以及高寨集贸市场基础设施建设情况，了解项目进展情况、拆迁遗留问题等，随后召开座谈会。孙八砦社区项目指挥部汇报项目整体工作进展情况，各部门负责人做表态发言，与会区领导对项目推进提出意见和建议。陈红民指出：一是肯定成绩，乘势而进；二是自我加压，攻坚克难；三是加快推进手续办理和安置区建设；四是履职尽责，形成合力。区领导武志亮、刘利、李华民陪同视察。

22日

△由二七区纪委监察局、二七区人民检察院联合举办的“走好人生每一步”暨二七区“人生四季”“双节”廉政教育活动在政通礼堂举行。区委书记蔡红发表致辞，她指出，要始终把反腐倡廉建设摆在重要的位置，把握新时期的新要求，创新教育形式，做到防微杜渐、警钟长鸣。“走好人生每一步”暨二七区“人生四季”“双节”廉政教育活动由“童蒙养正”“青年养志”“中年养德”“老年养心”四个篇章构成，以诗歌朗诵、相声、小品、快板、豫剧等形式，表达了在反腐倡廉道路上，一步走错，满盘皆输，要走好、走稳、走正人生每一步的主题，传递了廉洁理念，倡导了廉洁精神，增强了廉政文化的吸引力和感染力。中共河南省纪委宣传部部长陈敬如，省人民检察院副检察长周新萍，郑州市政协副主席、市检察院副检察长朱专兴，市纪委副书记葛震远，市纪委常委刘进国，市人民检察院职务犯罪预防局局长张全来等出席活动。全区县处级干部和科级以上干部近1000人参加活动。

△二七区第十六期“周末大讲堂”开讲，邀请浙江大学教授陈德人做题为《电子商务发展新趋势》的报告。陈德人从电子商务发展的四次浪潮以及第四次浪潮的“四个特征”“三个方向”“三大瓶颈”等方面入手，介绍电子商务以及电子商务在当今社会发展中的影响和作用，并通过大量实例阐述电子商务发展的新特征、新趋势。会议由区委常委、区委宣传部部长王鲁明主持。全区副县级以上领导，各单位副科级以上及部分中层干部，各行政村（社区）书记、主任等1000余人参加报告会。

23日

△区委书记蔡红视察德化街人民防空工程项目。她要求进一步丰富街区商业业态，招引“老字号”餐饮品牌入驻；加强周边市容管理，维护商业中心形象。

24日

△二七区迎接国家卫生城市复审重创“除四害”集中消杀日活动启动仪式在政通路升龙广场举行。启动仪式现场为各乡（镇）、街道发放统一购置的消杀喷雾器和消杀药物，并向市民群众发放《二七区迎接国家卫生城市复审重创简明手册》2000册、苍蝇拍1000个、控盐勺2500个。各乡（镇）、街道展出以国家卫生城市重创和病媒生物防制为主要内容的宣传展板30余块。各PCO公司设置6处咨询服务台为群众提供病媒生物防制咨询服务，讲授家庭常用的“四害”防制技巧，深受群众的好评。随后，各街道联合参与辖区病媒生物防制市场化服务的PCO公司对社区居民区、集贸市场、城中村、待建工地、游园绿地等区域内的“四害”防制薄弱部位进行集中消杀。郑州市爱国卫生运动委员会办公室主任顾建钦一行到淮河路街道政通社区集中消杀现场参观。在政通社区，市爱国卫生运动委员会办公室病媒生物防制处处长潘晓波应邀为与会的领导和社区居民现场讲解捕蝇笼的悬挂和使用技巧。市爱国卫生运动委员会办公室主任顾建钦、副主任张中建，区委副书记、区长陈红民、副区长董治会出席启动仪式。各乡（镇）、街道工作人员、参与辖区病媒生物防制市场化服务的PCO公司代表以及群众500余人参加活动。据不完全统计，24日当天，全区集中消杀居民区450多个，集贸市场10个，公共单位150家，城中村、城乡结合部10个，游园绿地15处。

26日

△中共郑州市委副书记、市政协主席王璋带领相关部门负责人视察辖区郑州大学第一附属医院周边交通及停车秩序维护工作。副市长张俊峰、市人大常委会秘书长王福松、市政协秘书长陈松林，区领导蔡红、赵吉平、董治会陪同视察。

△区委书记蔡红率队在建业地产股份有限公司董事局主席、建业凯浦公司董事长胡葆森的陪同下实地考察建业集团公司开发的艾美酒店、七盛角商业街、“东京梦华”等项目。胡葆森与蔡红就建业凯浦公司投资的银河中心项目开发建设进行洽谈并达成合作意向。区领导卢书选、丁文霞、赵吉平、张新云陪同考察。

△区委书记蔡红到马寨镇张河村、程炉村及刘胡垌安置区建设现场调研指导合村并城相关工作。区委副书记李晓磊、区委常委、统战部部长王玉红陪同调研。

27日

△中共河南省委统战部副部长张利芳一行到二七区督导中央巡视组河南巡视交办案件办理情况。区领导蔡红、卢书选、丁文霞、兰海、董治会、王启树等陪同督导。

△区委副书记、区长陈红民视察蜜蜂张村城中村改造工作。陈红民实地查看蜜蜂张村城中村改造项目进展情况，了解项目推进中的有关问题，随后召开座谈会。陈红民指出：一是继续加大拆迁力度，切实维护群众利益；二是加快推进手续办理和安置区建设；三是加强管理，狠抓落实；四是履职尽责，形成合力，优化项目施工环境，推进项目进展。区领导刘利、张富强陪同视察。

△中共郑州市委常委、市委统战部部长王跃华视察马寨产业集聚区重点项目。王跃华一行视察了集聚区规划展示中心、“顶新再投资”“新大方重科”“苏宁电商园”“花花牛”乳业

等重点项目，实地查看程炉张河、刘胡垌安置区，了解集聚区发展规划和推进情况、重点项目建设情况、企业运行发展情况。王跃华对集聚区的发展给予充分肯定。他要求，进一步提升站位，强化项目建设和企业服务，全力推进产业集聚区晋位升级。区委副书记、区长陈红民，区委常委、区委统战部部长王玉红等陪同视察。

28日

△郑州市人大常委会副主任周长松到高寨和金海市场视察创文创卫工作。区领导张丽英、武志亮陪同视察。

△区委副书记、区长陈红民视察贾寨社区城中村改造及创建卫生城市复审工作。陈红民一行先后到贾寨社区城中村改造现场、万客来市场、佛岗新居、长江一号建筑工地了解拆迁进度，查看创建国家卫生城市复审整治情况。陈红民对贾寨社区城中村改造工程建设进度给予肯定，他要求：要做好工地降尘处理、安全保障等工作，对已签协议的群众，要及时兑付到位。在视察创建国家卫生城市复审工作时，陈红民强调：要以创建国家卫生城市复审工作为抓手，加强市场管理，做好建筑工地整治和社区生活环境及周边市容整治，做好垃圾清运、车辆停放、占道清理等工作，营造干净、舒适、整洁的环境。区领导李晓雷、董治会、李国立陪同视察。

29日

△省军区司令员卢长健到马寨产业集聚区新大方集团视察。卢长健一行观看了特种架桥运输平板车运载展示，并在总装车间了解特种机械的装配过程和工艺。卢长健对二七区支持现代化重工企业发展所做的工作给予充分肯定，对新大方集团公司在国内特种架桥机领域取得的成绩和做出的贡献表示赞赏。河南省军区领导林卫民、王宝贞，中共郑州市委副书记、市政协主席王璋，郑州市警备区领导刘贵新、尚守道、董继锋，二七区领导蔡红、王玉红、赵吉平、胡新生、杨振河陪同视察。

△8月，荆胡社区城中村改造项目18.43公顷土地成功挂牌，成交总金额32700万元。

△8月，辖区35名残疾人选手参加郑州市第五届残疾人职业技能竞赛，获得团体总分第一、9个单项奖。

9月

3日

△河南省卫生和计划生育副主任谢李广一行到二七区督导流动人口卫生和计划生育基本公共服务均等化工作。督导分座谈会和实地调研两部分进行。座谈会上，郑州市人口和计划生育委员会副主任陈勇、郑州市卫生局副局长许迎春分别就流动人口、流动人口卫生均等化服务工作开展情况作专题汇报；二七区、中原区负责人分别作工作汇报。与会人员就流动人口卫生和计划生育基本公共服务均等化工作中存在的问题和经验做法等进行探讨和交流。谢李广对郑州市及二七区、中原区的流动人口卫生和计划生育基本公共服务均等化试点工作给予高度肯定。会后，督导组一行到大学路街道康桥社区和建中街街道人和社区实地调研，参观惠艺乐老年大学、手工坊、康检室和“儿童之家”等场所；查阅了流动人口基本公共服务均等化工作的相关资料；与辖区部分流动人口代表座谈，询问他们所享受的服务、优惠政策及服务落实情况，听取对流动人口服务管理方面的看法、意见与建议。

△在第30个教师节来临之际，区委书记蔡红到长江东路小学、春晖小学、二七区第一幼儿园、兴华小学、工人南路小学、郑州市第七十四中学走访慰问。蔡红代表二七区委、区政府向教师致以节日的问候和美好的祝愿，并与教师进行交谈，了解教师们新学期的工作和生活情况，鼓励大家要取得更大的成绩。蔡红一行还实地查看各学校的校容校貌、校园文化建设、班级班额和教育教学开展等情况。区领导张伟岭、王鲁明、赵吉平、于珊、李东亮陪同走访。

4日

△区委书记蔡红到马寨产业集聚区主持召开项目周例会，协调解决项目推进中存在的问题。蔡红听取项目进展情况以及遇到的问题，区直相关部门负责人针对问题提出了解决的意见和建议。蔡红对集聚区的项目推进工作给予肯定并指出：一定要牢固树立服务企业就是服务发展的理念，切实转变作风，实实在在为企业做好服务，解决好问题。区领导王玉红、刘利出席会议，区发改统计局、工信局、财政局、环境保护局、国土资源局、规划分局、土储中心、新型城镇办公室、马寨管委会及马寨镇相关人员参加会议。

△二七区组织机关单位、乡（镇）、街道近千名职工，在政通礼堂观看《大国廉政——中国廉政故事100部系列微电影》。该电影是由中共二七区委宣传部和金象影业联合拍摄，央视微电影频道发行，各省（市）卫视台、十八家权威视频网站、移动互联网等联合展播的国内首部以反腐廉政为主题的微电影系列。已拍摄、制作4部样片，另有8部列入年度拍摄计划。当天放映的4部电影既有讲述康熙撤藩故事，展现陈廷敬政治智慧和廉政胆识的《大清廉相陈廷敬之撤藩风云》；讲述清朝嘉庆年间王尔烈“一堆青瓦、两袖清风、三枚钱币”传奇故事的《神秘驼队》；也有取材南宋诗人周紫芝《竹坡诗话》，讲述主人翁“李甲”公私分明立家法故事的《公烛》；重塑春秋时期宋国贤臣子罕视廉洁不贪为无价之宝的典故《无价之宝》。

△二七区庆祝2014年教师节表彰大会在区会议中心三楼会议室召开。副区长于珊作教育工作报告。大会表彰了先进个人、先进单位。最后，区委书记蔡红要求：一要再接再厉，持续提升二七教育品牌；二要放宽视野，积极增创教育品牌新优势；三要加强领导，强化教育发展的保障。区领导于广志、张伟岭、王鲁明、赵吉平、周国建、李东亮出席会议，区相关委局和乡（镇）、街道及辖区派出所相关负责人，区属各学校、辖区市直中学、事业单位子弟学校、民办学校校长及受表彰的先进教师代表参加会议。

△为进一步加强农村教师队伍建设，推进农村教育发展，中共二七区委、二七区人民政府决定从2014年9月起，为侯寨乡、马寨镇在编在岗教师每人每月增发200元的奖励性绩效工资，并加大对农村教师表彰力度，将农村教师区级表彰比例提高到城区教师的2倍。同时规定到农村任教的新任教师可直接享受定级工资。一系列举措的相继出台，旨在鼓励教师扎根农村、教书育人，全面提升农村教育发展水平，加快推进全区教育优质特色、高位均衡发展。

△区委书记蔡红、区人大常委会副主任周国堂参加大学路街道祥和社区党支部专题组织生活会。祥和社区党支部在组织学习、广泛征求意见和开展谈心活动的基础上，围绕“为民务实清廉”主题，聚焦以反对“四风”“服务群众”为重点召开专题组织生活会。祥和社区党支部书记任丙元根据前期征求到的意见、建议，对党支部班子及自身存在的问题作对照检查，其他支部成员结合本职工作，以自查自纠的方式进行剖析，开展批评与自我批评。最后，蔡红强调，本次党的群众路线教育实践活动是在群众“家门口”搞活动，在座的不但要关注“四风”问题，更要重点解决好

关系群众切身利益的问题，要建立起为群众服务的良好机制，营造办实事的良好氛围，让老百姓切实感受到活动的实效。基层党支部一定要真正做到接地气，切实解决好服务群众的“最后一公里”问题。

10日

△郑州市人大常委会主任白红战带队到金海市场视察市场整治工作。白红战查看了市场内部管理、经营及环境卫生情况，对市场整治工作的做法和成效给予肯定。区委书记蔡红陪同视察。

△中共河北省邯郸市丛台区区委书记穆伟利、区长靳禄兵、副区长韩恺等率领丛台区商务、发改等部门人员以及邯郸市知名企业家代表30余人到二七区河南网商园考察电子商务工作。考察团一行听取河南网商园负责人关于园区发展思路、经营现状、未来规划的情况介绍，查看入园企业，了解企业经营、销售等情况。在随后召开的座谈会上，区领导王玉卿介绍二七区电子商务发展情况，双方就电子商务发展、产业升级等共同关心的问题展开交流。考察团表示二七区、丛台区有许多相似之处，希望今后双方能够保持联系，促进双方在经济、文化、旅游等方面的交流，共同为中原经济区建设增砖添瓦。郑州市商务局投资促进中心主任张延廷，区领导蔡红、李峰、赵吉平、王玉卿陪同考察。

△区委书记蔡红，区委常委、区委办公室主任赵吉平，副区长董治会带领市政、爱国卫生运动委员会办公室等部门负责人，骑自行车检查建中街街道市容环境卫生治理情况。蔡红一行沿人和路、汝河路、交通路、政通路检查道路保洁情况，重点察看西福民社区卫生环境治理情况。蔡红指出：社区的卫生环境不容乐观，需要做的工作还很多，要求街道、社区投入更多的人力、物力加大治理力度，早日让居民享受到干净、整洁的卫生环境。

△区政协主席于广志到侯寨乡龙岗实验小学走访慰问教师。区政协领导李东亮、朱广善、李鹏飞陪同走访。

11日

△住房和城乡建设部住房保障司司长曹金彪、监督处调研员王剑平、综合处副处长戴冠华、监督处干部董茉芙一行到辖区调研廉租房、公租房建设、分配情况。曹金彪一行先到正商城和园5号院公租房项目查看建设情况，随后到芙蓉花苑二期廉租房项目查看建设、分配情况。二七区住房保障服务中心主任刘钰汇报二七区廉租房、公租房项目整体情况，各项目负责人介绍项目进展情况。曹金彪对全区保障房工作给予充分肯定。河南省住房和城乡建设厅巡视员陈海勤、住房保障处处长千战应、保障处干部孟德功，郑州市住房保障局局长李德耀、保障办公室副主任严家新陪同调研，中共二七区委副书记、二七区人民政府区长陈红民，副区长刘利参加调研活动。

△截至2014年9月，二七区有廉租房、公租房项目20个、6869套。20个项目中，6个项目房源已分配，共814套；7个项目主体已封顶；4个项目已基本建成；2个项目正在主体施工；1个项目正在办理施工许可证。

12日

△区委书记蔡红到马寨产业集聚区主持召开项目周例会，协调解决集聚区重点项目推进中存在的问题。蔡红听取污水处理厂项目、“康师傅”项目二期的进展情况以及遇到的问题，区直相关部门针对问题提出解决意见、建议。蔡红对集聚区的项目推进工作给予肯定并指出，一定要统一思想、目标一致、同心协力，牢固树立服务企业就是服务发展的理念，切实转变工作作风，重点抓好工作落实，实实在在为企业做好服务，抓紧时间解决影响项目推进的各项问题。区领导王玉红、李峰、赵吉平、林海、司文一参加会议。

15日至18日

△区委书记蔡红带领15个乡（镇）、街道以及区发改、市政、规划、招商等相关单位负责人赴浙江省杭州市、江苏省南京市、上海市三地18个考察点学习考察。在杭州市，考察河坊街步行街，着重学习街道规划、建筑形式、招商品牌以及夜间灯光照明、垃圾处理、行政执法、地砖铺设、雨污排水等具体内容，考察西湖区城市数字化管理中心、杭州电子商务产业园、杭州西溪创意产业园、桐庐县荻浦村和环溪村；在南京市，考察建邺区河西新城规划馆、青奥城、建邺区社管局三级服务平台建设社会管理服务中心、苏宁云商总部、江宁区谷里街道周村、南京紫金（江宁）科技创新特别社区——中国3D打印研究院；在上海市，考察徐汇区徐家汇街道社区事务受理服务中心、徐汇区斜土街道社会公益组织孵化园、8号桥创意园区、嘉定新城。区领导王玉红、王鲁明、卢书选、刘利、董治会、李国立等参加考察。

19日

△区人大常委会主任李章坤视察全区农业工作。李章坤到袁河中州盆景文化园、郑州飞龙农业科技观光园等地进行实地察看，对全区休闲观光农业取得的成绩给予充分肯定。区领导张丽英、周国建、郭穆顺、武志亮、靳凤英、周国堂陪同视察。

23日

△二七区2014年党的统一战线系统培训班开班。培训为期4天。授课内容包括党的统一战线基本理论、基层统战工作、河南三大国家发展战略、国际国内政治经济形势、文化与经济等内容。除课堂授课外，还分组讨论、座谈交流。全区民主党派、非公经济、无党派、民族宗教界代表人士及各乡（镇）、街道工委统战委员、各委局分管党的统一路线工作的人员等89人参加培训。区委常委、区委统战部部长王玉红出席开班仪式。

△区委书记蔡红到侯寨乡大田垌村拆迁指挥部调研。听取大田垌村拆迁工作情况、存在的问题及下步的汇报。蔡红要求，要切实维护群众利益，加快项目推进。区委常委、区委组织部部长丁文霞陪同调研。

△郑州市政协副主席李玉辉到嵩山路督导创建国家卫生城市复审整治工作。实地查看“五小”门店、建筑工地、社区楼院整治情况，他要求，严格对照整治标准，争取圆满完成创建国家卫生城市工作。区政协副主席陈爱萍陪同督导。

24日

△郑州市政府副市长刘东带领市“五小行业”督导组人员到辖区督导“五小行业”整治工作。刘东一行到兴华北街、益民路、德化美食街，查看味美斋美食园、饺子香、德克士等15家“五小门店”。同时，在汉川街小学，刘东查看学校建设和“多彩教育”开展情况，并与外来务工子女学生亲切交谈，询问学习、生活情况，对学校发展提出要求。刘东对辖区“五小行业”整治工作取得的成效给予充分肯定，并就下一步整治工作提出要求：一是加大督导力度；二是加大回访力度；三是加大宣传力度。市卫生局纪委书记张智光，区委常委、区委组织部部长丁文霞，副区长董治会陪同督导。

25日

△2014年河南省现代服务业开放合作洽谈会在郑州国际会展中心举办。洽谈会上，全区推介项目14个，签约项目1个，引进资金15亿元。

28日

△区委书记蔡红到大学路街道康

桥华城社区调研居家养老服务工作。蔡红一行首先到社区“一站式”便民服务大厅，了解社区老年人的基本情况，观看社区老年文化活动展示，查看社区“银龄之家”养老服务中心，听取社区开展居家养老服务工作情况介绍，爱馨养老集团公司董事长豆雨霞介绍社区养老服务项目及“三九”特色服务内容。蔡红对社区为老年人提供周到细致的服务给予肯定，并鼓励社区工作人员开拓创新，为老年人提供更优质的服务。区领导林海陪同调研。

△区委书记蔡红到幸福社区视察“银龄之家”建设情况。蔡红要求进一步做好“银龄之家”工作，为老年人创造更好的生活娱乐环境。

△德化新街开街仪式举行。中国步行商业街工作委员会主任韩建徽，河南省旅游协会会长苏福功，郑州市市长级干部丁世显出席开街仪式，区领导李章坤、卢书选、张新云参加开街仪式。

29日

△河南省省级老干部任克礼、王宏范、张国荣、姚侠、祁正祥、李志斌、张以祥、吴全智、郭国三、李道民、李中央、张程峰等一行到二七区爱馨养老服务中心调研并慰问老人。爱馨养老服务中心是郑州市较早成立的一家具有多种养老模式、功能完备的养老机构。省、市领导一行到综合护理大楼询问老人们的身体和生活状况，希望老人们保重身体、安度晚年，并向生活在这里的老人致以节日的慰问。中共河南省委常委、郑州市委书记吴天君陪同调研，区领导蔡红、林海参加调研。

30日

△区政协举办“迎国庆暨庆祝人民政协成立65周年”书画作品展览。区政协从征集到的130余幅作品中精选50余幅参加展览。各位选手超过书画、绘画作品，讴歌了经济社会发展的巨大成就，反映了人民政协的光辉历程，书写了全区政协工作特色和履职成果。

10月

4日

△郑州市政府副市长马健到二七区检查节日期间安全生产工作。马健一行先后到航海路中石油第26站、郑州汽车客运总站、长江路世纪联华超市对消防设施、电线、电路、安全管理措施等进行检查，询问企业安全管理制度和节假日期间的安全应对措施，并现场启动消防应急系统，考察工作人员实际操作消防设施能力。马健强调:一是在节日期间坚决不能放松思想，做好隐患排查整改工作；二是持续加强对从业人员的宣传教育培训，提高安全意识；三是做好应急演练工作，提高员工对突发事件的应急处置能力。

5日

△区委副书记、区长陈红民视察马寨镇程炉村违法建设拆除情况并召开现场会。要求马寨镇党委、政府切实履行主体责任，加强巡查，坚决遏制，违建必拆，维护全区良好的发展环境。区领导王玉红、董治会参加会议。

△区委副书记、区长陈红民视察嵩山路街道贾砦社区、侯寨乡大田垌村改造进展情况。要求坚持原则、强化监督、切实维护群众利益，加快项目拆迁攻坚。区领导董治会、李国立陪同视察。

△区委副书记、区长陈红民视察社区楼院整治、高速路出入口、拆迁工地及辖区主次干道环境卫生。要求紧盯重点，抓住难点，注重细节标准，切实做好创卫复审整治工作。副区长董治会陪同视察。

10日

△区委书记蔡红到福华街街道路华大厦党支部、嵩山路街道刘砦社区、侯寨乡郭小寨村、黄河科技学院科技创业园，专程就非公有制组织党建、基层服务型党组织建设、“软弱涣散”党组织整顿及群众工作队、村级组织换届筹备、人才引育等工作进行调研。区委常委、区委组织部部长丁文霞陪同调研。

14日

△区委书记蔡红到大学路街道视察文明城市卫生创建工作。蔡红一行首先到康桥步行街，检查步行街内的“五小”门店。在检查勤劳街“五小”门店时，蔡红走近商贩，与摊主交谈，了解市场生鲜价格，在督促其卫生整治的同时不忘体察民情，关心民生。随后，蔡红一行步行到桃源社区检查楼院卫生，对楼栋内和可能存在遗漏的卫生死角进行随机抽查。蔡红一行突击检查桃源路、淮北街沿线以及兑周村、康复后街的创建卫生城区情况，对大学路街道办事处的创建工作给予肯定。蔡红表示，“四城联创”工作的大力开展，让辖区旧貌换新颜，但许多老旧小区还存在一些问题，街道办事处一定要加大力度进行集中整治。副区长董治会陪同视察。

15日

△二七区召开创建国家卫生城市检查工作点评推进会，听取全区创建国家卫生城市检查工作推进情况。与会人员观看创建国家卫生城市复审检查问题汇总的幻灯片；副区长董治会总结近期创建国家卫生城市复审工作，安排具体工作；与会区人员和15个乡（镇）、街道办事处主要负责人分别对创建国家卫生城市复审工作做表态发言。区委书记蔡红指出：对照标准，加快整治工作；加强督导，加强指导，现场协调解决问题；全民动员，全民上阵，齐心协力做好创建国家卫生城市复审工作；要明确责任，奖惩分明，确保顺利通过创建国家卫生城市复审验收。区领导李晓雷、李章坤、于广志、张全金、王鲁明、丁文霞、周国堂、董治会、王同超、黄卫红、王玉卿、李华民等出席会议。各相关指挥部，区爱国卫生运动委员会办公室、城市管理行政执法局，15个乡（镇）、街道主要负责人参加会议。

△《人民日报》公布2014年中国中小城市科学发展评价指标体系研究成果，二七区在全国市辖区综合实力前100个区（科学发展百强区）中排名第90位，在全国最具投资潜力中小城市前100个区（投资潜力百强区）中排名第73位，这两项都是河南省唯一入围的城区。本次研究成果由中国中小城市科学发展评价体系研究课题组、中国经济学会中小城市经济发展委员会发布。

17日

△第十七期“周末大讲堂”开讲。区委常委、区委宣传部部长王鲁明主持。区发改统计局局长王永利，五里堡街道党工委书记鲁林林，德化街街道党工委常务副书记马遂鑫，马寨镇党委常务副书记刘丽红，嵩山路街道党工委书记胡仲泰，区政府党组成员、二七新区管委会副主任李国立与全区干部职工共同分享他们在考察期间的所学、所思、所感，探讨先进地区的经验和做法，并畅谈二七区的发展方向和思路。全区副县级以上领导干部，各单位副科级以上干部、各行政村（社区）书记、主任及部分单位中层人员等参加“周末大讲堂”活动。

20日

△甘肃省金昌市政协主席亢万柏一行莅临华润万象城、齐礼阎社区、王胡砦社区项目建设现场考察。

21日

△二七区召开存量闲置建设用地集中清理处置专项行动推进会。会议听取全区存量闲置建设用地情况汇报，对未供即用地块历史遗留问题处置试点工作进行安排部署。区委副书

记、区长陈红民强调：一要高度重视、迅速行动；二要强化国土部门的主体责任，加强与市直部门沟通对接；三要实施台账式管理；四要进一步巩固和扩大清理整治行动成果。区领导刘利、李国立出席会议。

△二七区召开三个攻坚片区规划报批工作推进会。会议听取中央商务区项目、孙八砦社区攻坚项目、王立砦河医片区项目的规划报批和土地征收工作的进展情况，与会领导和部门负责人就项目手续办理、安置房建设、垃圾清运、土地征收以及攻坚项目时间节点安排等工作进行探讨和研究，并提出意见和建议。区委副书记、区长陈红民指出：一是各有关部门要认真履行职责；二是把握时间节点，明确项目的完成时限和责任人；三是引导开发企业算大账、算总账，尽快拨付拆迁资金，做好资金保障；四是加速推进安置房建设各项手续的审批、办理，紧扣时间节点，严把安全质量关，切实有效推进安置房建设进度。区领导武志亮、刘利、袁新生、张家齐出席会议。

23日

△二七区召开秋冬重点工作推进会。会议传达全市秋冬重点工作会议精神，对全区农业农村、城建城管、城乡道路等工作进行点评，对秋冬重点工作进行动员部署。区委书记蔡红指出：一要抓好“三年行动计划”总结和工作谋划，全面梳理和总结推进措施，切实提升发展合力；二要调整工作思路、转变工作方法，主动向上级领导汇报工作，做好与上级部门的沟通衔接，积极争取上级领导和部门的支持；三要防止“过关”思想，在作风建设上做到建章立制、常抓不懈，稳妥做好村级组织换届工作，进一步凝聚加快二七区发展的强大正能量，确保圆满完成各项工作目标任务。区“四个班子”领导出席会议。

△区委副书记、区长陈红民视察国家卫生城市复审重创及侯寨乡大田垌村合村并城推进工作。陈红民一行先后到西福民社区、金海市场、大田垌村拆迁现场，查看创建国家卫生城区复审整治工作，实地了解拆迁进度。区领导李晓雷、刘利、董治会、李国立陪同视察。

24日

△二七区第十八期“周末大讲堂”在政通礼堂开讲，邀请中共中央宣传部思想政治研究所副所长戴木才做题为《学习习近平关于弘扬中华传统美德重要论述，培育和弘扬社会主义核心价值观》的报告。戴木才详细解读习近平关于社会主义文化发展繁荣和培育社会主义核心价值观的新思想、新论断、新思路，以及中华传统美德的形成过程、主要特点与作用，并对培育社会主义核心价值观、弘扬中华传统美德提出具有建设性的对策和建议。中共郑州市委宣传部副部长宋建国，全区副县级以上领导干部，各单位副科级以上及部分中层干部，各行政村（社区）书记、主任等1000余人参加报告会。会议由区委常委、区委宣传部部长王鲁明主持。

△区人大常委会主任李章坤带领市、区两级人大代表，视察辖区消防工作和二七区人民检察院工作。李章坤一行到亚新·橄榄城小区、橄榄城·都市广场、二七区消防大队新队站，查看社区消防工作、商场消防工作、消防大队新队站建设情况，对二七区政府与消防大队重视消防资金投入、加强消防演练和消防检查的做法表示肯定，对全区消防工作现状表示满意。代表们建议，二七区政府和消防大队要进一步加大消防资金投入，加强消防知识宣传，增强全民消防意识和能力。随后，代表们到二七区人民检察院检务大厅、未成年人刑事检察科，了解检察院工作开展情况。区人大常委会副主任武志亮在检察院会议室主持召开座谈会。区检察院检察长丁铁梅汇报检察院工作开展情况，与会代表分别发言，提出意见、建议。代表们认为，检察院工作锐意创新、特色突出、措施得力、成绩明显，尤其是新刑事诉讼法实施后，成立未检科，加大未成年人犯罪检察工作力度，反贪和反渎职工作成效显著，服务区委中心工作，服务项目建设，为全区经济发展保驾护航。区人大常委会副主任周国建、郭穆顺、武志亮和党组成员、总工会主席张新云参加视察。

25日

△二七区成功入围“中国科学发展百强区”（第90位）和“中国投资潜力百强区”（第73位），是河南省唯一入围的城区。

26日

△由中共二七区委宣传部和河南望远文化传媒有限公司联合出品的少年电影《双筒望远镜之兔子的朋友是乌龟》在长江东路小学正式开机。开机仪式上，电影剧组向长江东路小学赠送六棵樱桃树，寓意着来年电影和孩子们的梦想都能结出丰硕的果实。郑州市人大常委会副主任雷志，中共河南省委政研室办公室副主任李昌林，中共河南省校园安全办公室主任张露，区委常委、区委宣传部部长王鲁明，著名剧作家孟宪明等出席开机仪式。

△《双筒望远镜》系列电影是全国首部少年科技、励志、都市形象片。影片故事由著名剧作家孟宪明同名获奖小说改编而成，孟宪明编剧，著名导演李彧（李保田的儿子）执导。将拍摄20部，每部片场90分钟，首部电影为《兔子的朋友是乌龟》，计划拍摄20天，主场景全部选在二七区。

△河南省第十七个环卫工人节，区委副书记、区长陈红民到交通路垃圾中转站慰问获得区级表彰的先进环卫工作者、区级优秀城市美容师。陈红民为环卫工人送上荣誉证书、奖金和慰问品。随后，陈红民一行到建华住宅小区和马寨街慰问困难环卫职工，给他们带来米、面粉、食用油等生活用品。慰问中，陈红民充分肯定环卫工人对城市环境卫生工作做出的贡献。区领导靳凤英、董治会、王同超陪同慰问。

27日

△区委中心组召开会议，传达学习党的十八届四中全会等重要会议精神。区委常委、区委宣传部部长王鲁明主持会议。会上，区委书记蔡红传达中共中央十八届四中全会、中纪委十八届四中全会会议精神，安排全区学习中央会议精神工作；区委常委、区委政法委书记卢书选传达全市深化平安郑州建设工作推进会议精神，安排全区依法治区有关工作；区土地储备中心主任张超汇报郑州市城乡规划建设“六统一”有关精神。

28日

△区委副书记、区长陈红民带领区政府办公室、新型城镇化办公室、嵩山路街道主要负责人视察嵩山路街道贾砦社区城中村拆迁工作。陈红民一行到贾砦社区区域进行实地查看，针对拆迁标段分布、人员机械数量、拆迁扬尘治理、安全防护等听取项目指挥部和嵩山路街道的工作汇报。陈红民要求：一是项目指挥部和街道要严格按照既定节点，督促施工单位抢时间、抓进度；二是拆迁过程中，要采取有效措施，降低扬尘，确保安全“零事故”；三是对于部分国有土地上企业厂房及其他疑难问题认真梳理、想方设法尽快解决。区领导刘利、李国立陪同视察。

29日

△郑州市政府副市长张俊峰带领市直有关部门主要负责人视察郑登快速通道（二七段）项目建设推进情况。郑登快速通道是郑州市重点工程项目，张俊峰要求郑州市供电公司加快高压线路的迁改工作，并希望二七

区继续加大服务协调工作力度，解决好项目建设过程中出现的各种问题，为施工单位创造优良的施工环境，确保郑登快速通道早日竣工通车。区领导黄卫红陪同视察。

30日

△中共河南省委常委、郑州市委书记吴天君带领市“四大班子”成员和市棚户区改造办公室等相关部门主要负责人，以及各县（市）、区及各开发区管委会党政负责人150人，到贾砦社区拆迁现场进行考察。

31日

△区委副书记、区长陈红民主持召开医疗卫生工作汇报会。会议听取全区卫生工作整体情况、存在问题及建议的汇报，相关单位负责人提出意见、建议。陈红民要求：一是区管医疗卫生机构要积极探索管理新模式，加大对基层医疗卫生机构负责人和业务骨干的培养选拔，努力开辟工作新局面；二是加大支持力度，通过开辟绿色通道等方式引进医疗卫生技术专业人才，挖掘各医院特色，加大财政投入力度，发挥财政资金“四两拔千斤”职能；三是加快卫生项目建设，积极协调规划、土地等相关部门，全力以赴向前推进。区领导李华民出席会议。

△区委副书记、区长陈红民主持召开“二环十七放射”道路绿化及综合性公园建设推进会。会议听取“二环十七放射”道路绿化提升工程、南水北调生态文化公园建设、综合性公园建设工作汇报，与会人员和部门负责人就道路绿化、公园建设、项目推进等工作进行研究，并提出意见、建议。陈红民要求：一是抓紧时间，倒排工期；二是健全制度，强势推进；三是未雨绸缪，加强对接；四是高标准做好综合性公园建设。副区长董治会出席会议。

△区委副书记、区长陈红民主持召开今冬明春重点工作推进会。会议听取林业生态提升、南水北调绿化带建设、农村人居环境改善等重点工作的汇报，与会人员和部门负责人进行研究，并提出意见、建议。陈红民指出：一是全面贯彻落实全市秋冬重点工作推进会精神，组织谋划好各项重点工作，强化工作运作、加大投入力度、完善基础设施建设，确保各项重点工作落到实处；二是做好森林防火、林地保护、绿化提升工作，促进森林资源数量、质量和生态效益良性发展；三是倒排工期、挂图作战，加快南水北调涉及的土地征收工作；四是加大巡查和执法力度，集中清理整顿公路河道沿线环境卫生，拿出部分财政资金进行奖补，切实改善和提升农村人居环境；五是坚持从实际出发，转变工作思路，因地制宜编制和完善“美丽乡村”建设方案，积极谋划、统筹做好“美丽乡村”试点村建设；同时，加大沟通对接力度，做好选商招商和资源优化配置，提升项目标准，实现现有农村业态提升改造。副区长姚实出席会议。

△区委副书记、区长陈红民召开医疗卫生工作汇报会。区领导李华民出席会议。

11月

1日

△北京东方嘉诚文化产业发展有限公司总经理甄军、设计总监刘雷，丰合投资公司董事长丰光、总裁陈起一行6人到二七区考察。考察组实地查看二七区社区服务中心（惠邻中心），听取社区服务中心的设计、结构、面积、配套、交通、区位、定位等情况介绍。随后召开洽谈会。副区长于珊介绍全区科技、文化资源的有关情况和建设创新、创业综合体的思路；东方嘉诚企业介绍该公司关于科技文化产业园区运作模式、包装推介、管理服务等方面的成功经验，双方就合作建设全区创新创业综合体，整合辖区科技、文化资源，开展科技创意企业服务、孵化器建设等情况进行交流磋商，并达成初步合作意向。区委常委、区委宣传部部长王鲁明，副区长于珊陪同考察。

△区委副书记、区长陈红民召开重点区域、重点项目规划编制情况汇报会。会议听取侯寨新老镇区、贾砦社区、马寨新镇区、铭功路以西连片开发区域规划编制等情况汇报，相关单位负责人提出意见、建议。陈红民提出：规划编制要充分发挥南部城区位置优越、环境优美、交通便利的综合优势，统筹考虑各方面因素，合理规划安置、商业、商务、产业，实现效益最大化。区领导李晓雷、王玉红、卢书选、丁文霞、刘利、王玉卿出席会议。

4日

△二七区召开新型城镇化暨重点项目观摩点评会。区委副书记、区长陈红民带队观摩高砦社区城中村改造、红星美凯龙家居博览中心、绿地滨湖国际城、荆胡社区城中村改造等重点项目建设情况，对推进重点项目进度、加快安置房建设、完善道路绿化等基础配套工作进行部署。随后，召开重点项目工作推进会。对1—9月全区新型城镇化工作、重点项目建设情况进行点评，听取蜜蜂张村、中央商务区、王胡砦社区等项目进展情况汇报。陈红民指出，重点项目是区域发展的主力军和重要支撑，要做到常抓不懈、分类划分、重点推进。区领导李峰、丁文霞、周国建、刘利、林海、陈爱萍、王同超、李国立出席会议，区19个重点项目指挥部指挥长，区直经济职能部门和乡（镇）、街道、管委会负责人参加会议。

△区委书记蔡红带领区委组织部、区民政局以及各乡(镇)、街道负责人观摩调研社区党建工作。蔡红一行先后到民主路社区、二道街社区、一马路社区、文苑社区、西工房社区、福华南街社区、人和社区，了解社区党建工作情况，听取各社区在创建服务型党组织方面的特色做法。蔡红要求：一是切实增强抓党建的工作责任；二是加强沟通交流；三是突出特色；四是统筹工作开展。

6日

△区委副书记、区长陈红民深入项目建设现场视察政府主导合村并城安置区建设情况。陈红民一行先后到侯寨乡滨河花园安置区，马寨镇张寨安置区、刘胡垌安置区，二七新区南岗刘安置区、郭家咀铁三官庙安置区，实地了解项目进展情况，研究项目推进中存在的问题。随后，召开安置区建设工作专题会，听取安置区建设情况汇报。陈红民强调：一是健全工作机制；二是加快推进；三是强化运作；四是善做善成。区领导王玉红、李国立、谭清录陪同视察。

△市委常委、市委组织部部长高建慧一行到二七区调研社区党建工作。调研组一行先后到铭功路街道二道街社区、福华街街道福南社区、大学路街道新华社区、康桥华城社区调研基层社区党建工作，并同社区书记座谈，了解基层社区党建工作。区领导蔡红、陈红民、丁文霞、赵吉平陪同调研。

7日

△郑州市人大常委会副主任赵武安一行实地查看二七区“十大实事”项目之一的综合性公园——叠彩园、净秀园绿化工程建设工作。赵武安一行听取公园建设进展情况汇报，并对施工场地进行现场观摩，对二七区综合性公园建设工作给予充分肯定，并要求公园建设要高质量、高标准，按照既定时间节点推进，确保12月底前建成并对外开放。副区长董治会陪同视察。

△区委副书记、区长陈红民召开财政体制改革和融资工作汇报会。会议听取区财政、融资体制改革情况及

资金使用有关情况，1—10月政府融资情况及“国发43号文”对政府融资工作的影响的汇报。与会人员及部门负责人就新形势下如何开展融资工作进行了分析、探讨。区委常委、常务副区长李峰参加会议。

11日

△“双十一”、河南网商园有35家企业参战，截至11日24时，河南网商园销售额累计3.16亿元，与2013年“双十一”单日销售额2.08亿元相比，增长约52%。

12日

△区委副书记、区长陈红民召开二七现代田园城规划汇报会。会议听取南部生态文化区打造现代田园城概念规划的汇报，与会人员和部门负责人就规划设计、主题定位、思路调整、功能结构等内容进行探讨和研究，并提出意见、建议。陈红民要求：一是围绕打造“美丽乡村”，结合实际，统筹考虑南部城区产业业态，明确规划区域、基本思路和发展重点，加大文化资源的挖掘力度；二是坚持以新型城镇化为引领，充分将规划设计与新型城镇化结合起来，进一步完善城镇体系，着力提升城镇居民生活质量；三是以项目建设带动产业发展，充分将规划设计与项目建设和项目摆布相结合，认真谋划和推进一批项目；四是加大与相关部门的对接沟通力度，深入谋划调研，尽快完善和充实南部文化区规划设计方案，进一步提升规划档次。副区长姚实出席会议。

△二七区职工运动会羽毛球比赛在新大方公司羽毛球馆正式落下帷幕，这标志着二七区职工运动会闭幕。本次区职工运动会历时8天，跨度1个月，有137支代表队、1000余人参加，比赛项目涉及乒乓球、篮球、羽毛球。乒乓球比赛区教体局获得委局公共单位组冠军，五里堡街道获得乡（镇）、街道组冠军；篮球比赛区工商局获得委局公共单位组冠军，建中街街道获得乡（镇）、街道组的冠军；羽毛球比赛区工商局获得委局公共单位组冠军，长江路街道获得乡（镇）、街道组的冠军。

△区委副书记、区长陈红民视察市场外迁工作。陈红民一行先后到金林市场、“金智万博”、路华大厦查看，随后召开推进会，听取2014年市场外迁工作总体进展情况以及各单位市场外迁工作进展情况汇报，与会人员和相关单位负责人就下步推进市场外迁工作进行讨论。陈红民强调，一是把市场外迁作为一项政治任务，严格按照时间节点，积极采取措施，加快推进市场外迁工作，确保年底前完成16家市场外迁的目标任务；二是严格制定标准，引导市场结合实际情况，逐渐完善市场环境，减少批发业态，逐步向城市高端商务综合体的经营模式转变；三是各单位要对照职责和任务，全力抓好落实。区领导王玉卿陪同视察。

13日

△区委副书记、区长陈红民视察全区新型城镇化建设推进工作。陈红民一行视察嵩山路、长江路、南三环路、京广路等路段沿线拆迁遗留建筑物的拆迁情况，现场对城中村改造工作进行布置。陈红民强调：一是强化工作谋划和运作；二是加强部门沟通协作；三是积极采取措施，提前介入、强化对接。副区长刘利陪同视察。

14日

△郑州市市长级领导干部王林贺督导辖区冬季林业生态廊道建设及造林绿化工作。王林贺一行查看大学南路、郑登快速路生态廊道建设情况，沿途听取生态廊道建设、造林绿化工作进展情况汇报。王林贺对二七区生态廊道建设成果以及造林绿化工作表示肯定。区委副书记、区长陈红民，副区长姚实陪同督导。

△区委副书记、区长陈红民召开公园周边“15分钟服务圈”及学校规划（2013—2030）征求意见会。区领导于珊、刘利出席会议。

16日

△中共郑州市委统战部联合农工党郑州市委员会在福华街街道小赵寨街涵秀园开展“医疗服务进社区”义诊活动。郑州市中心医院、郑州市中医院、郑州市紧急救援中心、郑州市第二人民医院、郑州市第三人民医院的口腔科、神经内科、心血管内科、骨科的10名医生免费为居民就诊，讲解常用急救知识等。王跃华肯定此次义诊活动，指出，群众工作队在今后的工作中要多开展医疗、就业等服务活动，满足群众的多样化需求，切实打通联系服务群众“最后一公里”。区领导蔡红、王玉红、赵古平等参加活动。

19日

△区人大常委会主任李章坤带领市、区两级人大代表视察辖区环境保护、污染治理工作。人大代表们到郑州管理学院查看锅炉拆除改造工作，到侯寨乡滨河花园查看建筑工地扬尘治理工作，到天方食品厂查看锅炉拆除改造工作，到马寨污水处理站查看污水处理净化工作，听取全区环境保护工作情况汇报，针对产业结构性污染、完成减排任务、环境保护监管手段等方面存在的问题，人大代表们提出意见、建议。区人大常委会领导周国建、柳建华、张忠民、靳凤英、周国堂、张好义及区政府领导林海参加视察。

△河南省卫生和计划生育委员会副主任谢李广等专家质评组一行5人调研二七区孕前优生健康检查工作。调研分实地调研和座谈会两部分。专家质评组一行首先对二七区孕前优生项目工作流程、实验室管理、家庭档案管理进行实地查看。现场对血液常规检验、血清葡萄糖测定、肝功能检测、肾功能检测、乙型肝炎血清学5项检测、甲状腺功能检测、梅毒螺旋体筛查等项目进行室间质评。座谈会上，谢李广对二七区建立孕前优生项目考核评估机制给予充分肯定，对早孕及妊娠结局随访中的重点人群管理等工作给予高度认可，并要求：一是重点加强随访；二是强化优生宣传教育；三是提高有效随访率；四是规范操作程序。副区长于珊陪同调研。

△全区“党的群众路线教育实践活动”总结会议召开。会议由区委副书记、区长陈红民主持。区委书记蔡红对全区党的群众路线教育实践活动进行总结汇报。市委督导组组长冯芳喜肯定全区党的群众路线教育实践活动取得的成绩，就进一步巩固和拓展活动成果、加强作风建设提出要求：持续加强学习教育；持续巩固活动成果；持续推进整改落实；持续推动作风建设。市委督导组副组长龚首鹏等出席会议。区“四个班子”成员，区委各部委、区直各单位主要负责人和分管副职；乡（镇）、街道党政负责人等参加会议。

△中共郑州市委副书记、市政协主席王璋，市政协副主席吴晓君及7名市政协常委、3名市政协委员一行到二七区人民法院调研指导文化建设工作。王璋一行首先视察二七区人民法院多功能诉讼服务大厅，观看“水文化”、庭室文化、廉政文化、党建文化园地和信息化系统功能及应用演示。座谈会上，二七区人民法院党组书记、院长王焰斌汇报法院近年整体工作开展情况。王璋对二七区人民法院整体工作给予肯定。区领导蔡红、李晓雷、于广志、吴书文陪同调研。

20日

△二七区召开学习考察党建工作座谈会，交流学习考察心得，共同探讨下步社区党建工作。区委书记蔡红指出，通过学习考察，大家对社区党建、社区服务型党组织建设有了更深地认识。要认真进行思考总结、消化吸收，把学到的先进理念、先进经验

和典型做法，用到全区社区党建工作上来，做好下一步党建工作。

△为学习先进党建工作经验，扎实推进全区基层服务型党组织建设，11月12日至15日，区委常委、常务副区长李峰带领区委办公室、区委组织部、区财政局、区民政局和部分街道办事处有关负责人，赴吉林省长春市南关区、绿园区考察学习8个不同类型社区，并与当地有关部门负责人进行座谈交流。

21日

△区委副书记、区长陈红民带队视察全区基础设施建设工作。陈红民一行查看鼎盛大道、杏园路、四季路、工人路垃圾中转站、天和园绿化工程、郑登快速通道等基础设施建设情况，要求各责任部门抢抓节点、倒排工期，加快项目建设进度。随后召开推进会。陈红民指出：基础设施建设关系民生、贴近群众，同时对推进全区社会经济发展有着重要的支撑作用，各部门要高度重视，切实树立“基础先行”的理念，立足当前、着眼未来，强化工作谋划和运作，加大投入力度，确保此项工作落到实处。区领导李晓雷、刘利、董治会、林海、黄卫红、李国立陪同视察。

△二七区第十九期“周末大讲堂”开讲，邀请郑州师范学院科研处处长王永恒教授作题为《习近平的执政理念与执政风格》的报告。全区副县级以上领导干部，各乡（镇）、街道党政负责人，区直各单位负责人等160余人参加报告会。会议由区委常委、区委宣传部部长王鲁明主持。

22日

△全区创建全国文明城市工作推进会召开。会议由区委副书记李晓雷主持。区委常委、区委宣传部部长王鲁明通报前期全区创建全国文明城市工作开展情况，并对下一步工作进行安排。区城市管理执法局、区教体局、交警三大队、建中街街道、辖区国家级文明单位郑州大学第一附属医院等单位在会上作表态发言，区直单位代表和15个乡（镇）、街道向区委书记蔡红递交创建全国文明城市工作目标责任书。中共郑州市委宣传部副部长、市社会主义精神文明建设委员会办公室主任裴保顺对二七区在郑州市创建全国文明城市过程中所做的工作给予充分的肯定，并提出：一要充分利用各种宣传方式、动用所有宣传媒介营造强大的声势和氛围；二要严格对照测评体系，全面检查，强化整改，打好迎接测评检查各项准备工作攻坚战；三要围绕突出问题、抓好薄弱环节整治创建，打好冲刺攻坚战。区领导蔡红、李晓雷、李章坤、于广志、张伟岭、张全金、王玉红、王鲁明、卢书选、李峰及全区副县级以上领导干部出席会议，区直各单位、乡（镇）、街道副科级以上干部，各行政村、社区书记（主任），中小学校长、幼儿园园长，辖区公共单位、文明单位负责人以及青年志愿者代表、各驻村工作队1000余人参加会议。

23日

△“2014年郑州市暨二七区全民终身学习活动周”开幕式在汝河路小学举行。本次活动周的主题是：“全民终身学习，创造出彩人生”。二七区将围绕这一主题，立足“品质、品牌、品位”发展定位，以“建设现代化教育体育强区、名区”为目标，以“多彩教育”理念为引领，把社区教育作为建设社会主义和谐社会、构建终身教育体系的一项重要工作来抓，逐步形成“心中有规划、手中有资源、工作有队伍、活动有载体、教育有成效”的社区教育格局，通过进一步夯实基础，提升内涵，铸造品牌，努力打造现代化学习新城区。河南省教育厅职业成人教育处副处长张家成，成人教研室主任谭玉辉，郑州市教育局党委书记、局长毛杰，副区长于珊等出席活动。

25日

△区人大常委会主任李章坤带领部分市、区两级人大代表视察全区工业发展情况。视察组实地查看河南花花牛生物科技有限公司、郑州新大方重工科技有限公司、顶新国际集团公司扩大再投资项目、河南灏宇纸品有限公司，了解企业发展情况，分析存在的问题，提出改进工作的建议并召开座谈会。代表们建议，优化服务，加大企业宣传力度，帮助企业解决用工、土地、手续等方面难题；优化发展环境，加大马寨产业集聚区基础设施建设和环境治理力度，改善市容、市貌；调整产业结构，淘汰落后产能，提高工业企业科技含量。区委常委、区委统战部部长、马寨产业集聚区管委会常务副主任王玉红，马寨管委会副主任谭清录陪同视察。

△区政协主席于广志到毛家湾农家乐调研，就如何加快“农家乐”、农业园区的精致化建设，促进创新创意，提高综合服务及持续发展能力进行探讨。区领导李东亮、李鹏飞陪同调研。

26日

△郑州市人大常委会副主任舒安娜带领市人大代表视察二七区义务教育均衡发展工作。视察组先后到郑州市第八十九中学、工人南路小学对学校基础设施建设、师资力量配备、工作机制创新等方面进行查看，并对具体工作进行现场指导。最后，视察组在郑州市第七十三中学召开座谈会，听取二七区、其他县（区）义务教育均衡发展情况的整体汇报。市教育局党委副书记、常务副局长刘鹏利，区人大常委会副主任周国建、副区长于珊陪同视察。

△区委副书记、区长陈红民召开南水北调生态文化公园景观规划概念方案汇报会。会议听取南水北调生态文化公园景观规划概念方案的汇报，与会人员与部门负责人就项目定位、景观布局、投资预算、公园功能等进行分析和研究，并提出意见、建议。陈红民要求：一要紧扣上位规划；二要深度挖掘文化内涵；三要综合考虑公园内植被、树木的种类和布局；四要科学规划，合理设计；五要加大与相关部门的协调对接力度，积极争取上级部门的支持。区领导李晓雷、姚实、董治会、李国立出席会议。

28日

△二七区召开党的十八届四中全会精神宣讲动员大会，对宣讲活动进行动员和部署。会议邀请中州大学教授熊项斌作题为《牢固树立法治观念，全面推进依法治国》的示范性宣讲。熊项斌从党的十八届四中全会全面推进依法治国的重大意义、主要内容及对基层干部如何做好依法执政几点建议进行系统讲解。为进一步提高认识，明确方向，把这次宣讲活动搞好，真正使全会精神深入人心，家喻户晓，让法治成为人民群众内心的真诚信仰，中共二七区委宣传部从区党校、区教体局、区司法局、区法制办公室等单位抽调近10名政治素质好、理论水平高的领导干部和理论工作者，组成区委宣讲团，从11月28日到12月底，利用近一个月的时间，到机关、企业、学校、农村、社区广泛开展宣讲活动。

△郑州市人大常委会主任白红战到二七区视察市场整治工作。区领导陈红民、李章坤等陪同视察。

△区人大常委会主任李章坤带领部分市、区两级人大代表视察学校建设和“医疗机构管理条例”执法情况。视察组实地查看兴华街第二小学、绿云社区卫生服务站、区卫生监督所、区疾控中心并召开座谈会。关于学校建设工作，人大代表们建议，严格按照上级规定的人口比例和生均标准规划建设学校，探讨在人口密集、土地紧张的新形势下如何开展学校建设；关于医疗

机构管理条例执法工作，代表们建议，要严格执行“医疗机构管理条例”，严格医疗机构准入，严厉打击非法行医，加大社区卫生服务站建设力度，畅通涉医举报渠道，妥善解决卫生监督聘用人员社会保险待遇。区人大常委会周国建、郭穆顺、柳建华、武志亮、张忠民、靳凤英、杨明军、周国堂、张好义和区政府党组成员李华民参加视察。

12月

2日

△区委副书记、区长陈红民视察全区民生工程及实事办理工作。陈红民一行视察了二七区救助站、华豫川酒店、叠彩园、Y005侯全线，询问辖区流浪人员救助、食品安全监管、综合性公园建设以及路网建设等工作推进情况。陈红民指出：各承办单位要把民生实事当作“一号工程”“政治任务”紧抓不放，高度重视，加快推进，确保按期保质兑现承诺，把好事办好，实事办实。区领导李峰、董治会、林海、黄卫红、李华民陪同视察。

4日

△区委副书记、区长陈红民召开安置房建设工作汇报会。会议研究加快和规范安置房建设意见，与会人员与部门负责人就规范标准、优化流程、强化监管以及创新推进模式等工作进行探讨和分析，提出意见、建议。陈红民强调：一是高度重视；二是健全机制；三是强化对接；四是创新推进模式。

△区委副书记、区长陈红民召开郑州市“15分钟生活圈”规划建设进展情况汇报会。会议听取郑州市“15分钟生活圈”规划建设进展情况的汇报，与会人员和部门负责人就工作思路、资源整合、功能提升以及推进机制进行研究，提出意见、建议。陈红民强调：一是提前谋划、抢抓机遇；二是主动对接、深度挖掘；三是主动作为、积极运作。副区长董治会参加会议。

△二七区“弘扬志愿者精神　共创文明城市”“12·5”国际志愿者日服务活动在绿城广场举办。仪式上，文明单位代表向二七区中心养老院、郑州市聋哑学校、农民工代表捐赠棉衣100余件，帽子、围巾防寒用品120余套，书包、文具等学习用品600余套。“田园二七”文化志愿者艺术团近百名优秀文艺骨干表演形式多样的节目，各类志愿服务分队发挥自己的专业特长开展一系列志愿服务活动。来自区直机关、各级文明单位、青年志愿者代表1000余人参加活动。

△区委书记蔡红带领区发改和统计局、区民政局、区财政局、区建设局、区土地储备中心、区新型城镇化办公室、区人民法院、二七规划分局、侯寨乡、嵩山路街道等相关单位负责人到二七新区调研。蔡红一行先后到124窑厂、侯寨人民法庭、二七区敬老院进行实地查看，随后在新区管委会四楼会议室，由区委副书记、新区管委会常务副主任李晓雷主持召开会议。会上，蔡红对新区下步发展提出要求：一要把握好形势与政策；二要抓好规划和基础工作；三要紧盯项目和选商工作；四要创新土地和融资工作；五要坚持完善工作制度。区领导李晓雷、丁文霞、赵吉平、刘利、李国立陪同调研。

△区人大常委会主任李章坤带领部分市、区两级人大代表视察全区民政、“十件实事”办理和区人民法院工作。视察组实地查看民政工作涉及的二七区社会救助爱心超市、二七区救助站，“十件实事”涉及的南溪路、叠彩园，视察区人民法院诉讼服务大厅、“水文化”长廊、廉政文化建设、信息化系统建设并召开座谈会。区委常委、常务副区长李峰汇报“十件实事”办理情况，区政府党组成员林海汇报民政工作，区人民法院院长王焰斌汇报法院工作，与会人大代表发表意见、建议。关于民政工作，人大代表们建议，要增设爱心超市，扩大超市规模，加大宣传，加强与爱心企业的合作；增加社会救助预算，确保民生工作资金；加大救助站投入和管理，加大夜间巡逻力度，引导露宿街头人员到救助站住宿。关于“十件实事”办理工作，人大代表们建议，要做好实事办理收尾工作，确保工程质量；加大二七新区道路建设力度，为二七新区项目落地提供条件；确定2015年“十件实事”前召开各层次座谈会，充分论证，确保确定的项目当年能够完成。关于人民法院工作，代表们建议，要推进司法公开，定期组织各界人士召开座谈会，赢得群众对法院工作的理解；进一步健全各项机制，推进工作规范化、公开化。区人大常委会张丽英、周国建、柳建华、武志亮、兰海、杨明军、周国堂、张好义和区政府领导李峰、董治会、林海、黄卫红陪同视察。

5日

△区委副书记、区长陈红民考察村庄遗留拆迁及违法建设查处情况。陈红民一行考察王胡砦社区、贾砦社区、罗沟村、张寨村等拆迁遗留问题，荆寨、张河等高速公路沿线村庄以及刘庄、程炉等村违法建设整治工作。陈红民指出：一是高度重视、主动作为；二是严格要求、完善机制；三是未雨绸缪、主动对接。区领导李晓雷、刘利、董治会陪同考察。

△郑州市政府副市长马健带领市工信委、市统计局等部门负责人到马寨产业集聚区督导全区“稳增长、调结构”百日攻坚行动。马健一行实地调研河南花花牛生物科技有限公司、顶新国际集团公司扩大再投资项目、河南灏宇纸品有限公司，听取企业分析存在的问题，提出改进工作的建议。随后在管委会第一会议室召开座谈会，听取全区工业经济运行情况及集聚区工作情况汇报。马健对全区工业经济所取得的成绩表示肯定并强调，一是高度重视百日攻坚行动；二是持续抓好“百日行动”的相关工作；三是充分挖掘自身潜力；四是根据市政府主导方向，拓宽思维，突出特色；五是抓好龙头带动、产业集聚、产业链条；六是做好聚焦聚力、集约发展、选商引资、产城融合等工作。区领导蔡红、王玉红、司文一、谭清录参加调研活动。

7日至8日

△由郑州市人大常委会教科文卫工委调研员寇仲，市教育局副局长、市政府教育督导室副总督学葛飞带领的县级政府教育工作督导评估组一行12人对二七区中小学、幼儿园建设暨中小学、中等职业学校生均公用经费标准制定及落实情况进行专项督导评估。督导组分成三个小组对二七区新建、改扩建中小学、幼儿园项目和生均公用经费标准的制定及落实等情况进行巡视和检查，查阅相关档案和资料并在区政府五楼常务会议室召开督导评估汇报会和反馈会。反馈会上，督导组专家就全区中小学、幼儿园建设和生均公用经费标准制定与落实情况进行反馈，对全区近年在中小学、幼儿园建设和生均公用经费标准制定与落实等方面工作取得的显著成效给予充分肯定，指出存在的问题，提出改进工作的意见与建议。区领导陈红民、张伟岭、王鲁明、周国建、王启树、李东亮参加会议。

9日

△区人大常委会邀请辖区省、市、区人大代表在区委常委会议室召开座谈会，听取对全区工作的意见和建议。座谈会由区人大常委会主任李章坤主持。区委常委、常务副区长李峰通报全区2014年1月至10月经济社会运行情况，与会代表结合全区

"三年行动计划"完成情况和各自岗位实际，分别发表对全区工作的意见和建议。区委书记蔡红对人大代表们提出的一些意见、建议给予答复并现场交办解决。区委副书记、区长陈红民，区委副书记李晓雷，区委常委、区委办公室主任赵吉平等出席会议。

△中共郑州市委副书记、市长马懿带队视察二七区务工失助流浪人员帮扶工作。马懿一行查看二七区救助站、二马路劳务市场，对全区流浪乞讨人员救助、务工人员失助帮扶工作给予肯定，并指出要高度重视、紧抓不放，切实将民生工作做好、做实。市、区领导吴忠华、蔡红、陈红民、许广佑、王启树陪同视察。

10日

△区委副书记、区长陈红民到二七特色商业区调研重点项目建设工作。陈红民听取德化新街、凯润中心、"二七印象"等项目负责人对项目运营、手续办理、项目规划等情况的汇报，并实地查看德化新街、亚细亚商厦地块周边连片改造项目。陈红民指出：一是做好德化新街项目后期招商运营工作，将其打造成为郑州市地下商业经济的新样板；二是借鉴地下开发的经验，凯润中心项目可借鉴德化新街地下开发的经验，对地上、地下实行统一开发，充分利用土地资源；三是"二七印象"项目可考虑依旧做旧，保留现有建筑，进行外立面改造，打造一条展示郑州20世纪商业文化的风情街，丰富郑州市历史文化内涵；四是针对亚细亚商厦地块周边连片改造项目，进一步摸清底数，细化改造方案，积极与恒隆集团公司进行对接洽谈。区委常委、区委政法委书记卢书选陪同调研。

11日

△区委副书记、区长陈红民带队视察二七万达特色商业街。陈红民一行实地查看万达百货、万达影院、"大玩家""大歌星"等主力店运营情况，听取特色商业街基本情况、入驻商户、商业运行、企业文化建设等的汇报，陈红民对万达广场发挥品牌辐射效益，带动区域社会经济发展，促进周边地区提档升级所发挥的作用给予肯定。他强调：一是各相关部门要进一步加大企业服务力度，及时协调解决企业困难和需求，为企业发展创造更好的经营环境；二是进一步加强合作，与万达集团公司在更多领域、更大空间，加强合作，互利共赢；三是希望万达广场依法依规经营发展，主动承担社会责任感，为二七区社会经济繁荣、城市发展、人民幸福做出应有贡献。区领导武志亮、王玉卿陪同视察。

△郑州市人大常委会副主任周长松带队到辖区视察保障性安居工程、大气污染治理等"十大实事"工作。周长松一行查看亚星盛世星尚中心公租房项目、郑州航空工业管理学院燃煤锅炉拆除现场，对全区公租房建设、大气污染治理工作给予肯定，并要求全区克服困难、周密部署，强力推进，切实把好事办好、实事办实。区领导陈红民、周国堂、李华民陪同视察。

△区政协在区委常委会议室召开辖区省、市、区三级政协委员及企业家代表谋划二七区2015年工作建言献策座谈会。区委常委、常务副区长李峰汇报2014年全区经济运行情况，委员们和企业家代表围绕区委、区政府中心工作，就医疗养老保险、电子商务、民营企业发展等方面，对区委、区政府和政协谋划2015年工作提出意见、建议。区委书记蔡红表示，各位政协委员和企业家代表结合工作实际，从不同角度、不同层面针对全区2015年工作提出很好的意见和建议，这些意见和建议既有关于全区近期工作的，也有关系全区长远发展的，既有经济建设方面的，也有社会、民生方面的，为区委、区政府进一步开阔思路、改进工作，科学谋划2015年工作提供有益的帮助和借鉴。会后，区委、区政府将认真研究，充分吸收这些意见和建议，进一步完善工作思路和工作措施。区委副书记李晓雷,区政协主席于广志，区委常委、区委统战部部长王玉红，区委常委、区委办公室主任赵吉平等出席会议。

15日

△河南省人大常委会副主任张大卫带领部分全国人大代表到辖区河南网商园视察电子商务工作。视察团一行听取河南网商园负责人对园区的发展现状、未来规划、商业模式、建设和招商等情况的介绍，走访入园企业，了解企业经营和发展情况。人大代表们对河南网商园的发展给予充分肯定，对全区电子商务工作给予高度评价。张大卫指出，二七区电子商务发展的新方法、新思路对河南省电子商务发展工作有着重要的借鉴作用，二七区要紧紧抓住中原经济区发展的重大战略机遇，进一步提高认识，明确规划，以务实的工作作风和态度，结合自身发展定位，运用现有优势形成更大的优势，统筹协调，为河南省产业升级转型增添助力。省商务厅厅长焦锦森，中共郑州市委常委、副市长薛云伟陪同视察，区领导蔡红、李章坤、周国建、王玉卿参加视察。

17日

△区委副书记、区长陈红民召开郑州0143粮库迁建项目选址汇报会。听取郑州0143粮库迁建项目选址情况汇报，与会人员和部门负责人提出意见、建议。陈红民强调：一是主动对接，强化协调；二是进一步完善选址方案，因地制宜，合理利用土地资源，实现优化布局；三是积极运作，加快推进。副区长姚实出席会议。

△二七区召开落实党风廉政建设"两个责任"工作会。区委常委、区纪委书记张全金解读《二七区关于落实党风廉政建设党委主体责任和纪委监督责任实施意见（试行）》精神和要求。区委书记蔡红指出，要统一思想、提高认识，切实增强落实"两个责任"的紧迫感。

18日

△区委副书记、区长陈红民召开闲置建设用地清查专项行动推进会。听取全区闲置建设用地清查专项行动开展情况的汇报，与会人员和部门负责人就存在问题、解决措施进行研究讨论，并提出意见、建议。陈红民强调：一要高度重视；二要密切配合；三是强化对接。区领导刘利、李国立出席会议。

△区委副书记、区长陈红民召开南水北调生态文化公园景观设计方案汇报会。听取南水北调生态文化公园（郑平路至嵩山路西500米）景观规划概念方案汇报，与会区人员、部门负责人对设计方案的主题定位、公园布局、功能划分、文化特色、种植设计等方面进行了探讨和研究，并提出意见、建议。陈红民指出：一是创新思路，明确定位；二是精心设计，合理布局；三是强化对接，积极引入市场化理念。区领导靳凤英、姚实、刘利、董治会、王同超、李国立参加会议。

19日

△区委副书记、区长陈红民召开全区违法建设整治专题会议。区领导刘利、董治会出席会议。

24日

△区委副书记、区长陈红民召开二七区南部片区概念性规划汇报会。会议听取南部片区概念性规划情况的汇报，与会人员和部门负责人对南部片区的规划定位、方案提升、产业布局、特色旅游等方面进行探讨研究，并提出意见、建议。陈红民指出：一是深化提升规划方案；二是创新思路打造品牌；三是主动对接加强协调；四是明确职责强化招商；五是优化基础配套设施。

△区委副书记、区长陈红民到红馆、天主教堂、新视听演艺中心、麦霸KTV等地检查“平安夜”消防安全工作。陈红民查看消防器材、疏散通道、安全出口、视频监控、应急预案等，了解各场所逃生器材配备、装修耐火材质使用和企业消防“四个能力”建设情况。陈红民要求：一是加大隐患排查力度；二是加大消防安全宣传；三是明确职责做好分级管理，确保“平安夜”平安。区领导司文一陪同检查。

25日

△中共郑州市委督导组组长、省纪委驻省政协机关纪检组组长、机关党组成员冯芳喜一行6人督导检查全区“党的群众路线教育实践活动”整改落实“回头看”情况。督导组一行实地查看了解放路街道、区教体局教育实践活动整改落实“回头看”情况。随后，在区委组织部会议室召开座谈会。区委常委、区委组织部部长丁文霞对全区教育实践活动整改落实“回头看”情况作简要汇报。冯芳喜对二七区党的群众路线教育实践活动整改落实工作取得的成效给予充分肯定，对下一步工作提出要求：一要持续提高思想认识；二要持续推进作风整治；三要持续深化整改落实；四要持续加强制度建设。

△甘肃省卫生和计划生育委员会调研组一行3人到大学路街道康桥华城社区调研流动人口服务管理工作。调研组一行查看了医疗室、活动中心、惠艺乐老年大学等场所，听取社区人口、卫生和计划生育工作和网络化建设等的经验介绍，与省、市、区在会人员就社区开展流动人口服务管理的基本做法、创新特色、服务管理模式以及社区网格化管理等工作进行深入交流。甘肃省卫生和计划生育委员会流动人口服务管理处处长赵玉生对康桥华城社区流动人口服务管理的做法给予高度称赞，表示要将二七区好的做法和经验带回甘肃省，进一步推进甘肃省的各项工作深入开展。河南省卫生和计划生育委员会流动人口服务管理处处长孙恒英、郑州市卫生和计划生育委员会副主任陈勇、副区长于珊等陪同调研。

△郑州人民政府副市长刘东带队督导全区政府机关办公正版软件使用情况。刘东一行听取二七区软件正版化工作开展情况的汇报，实地查看二七区机关办公电脑使用办公软件情况，对二七区软件正版化工作给予充分肯定。刘东指出：一是高度重视软件正版化工作，切实增强保护知识产权、自觉使用正版软件的意识，积极营造尊重和保护知识产权的良好氛围；二是积极探索建立软件正版化工作长效机制，强化正版软件采购的监管力度，加强政府采购源头管理工作，严格按照计算机预装正版软件的规定进行招投标，督促经销商做好软件兼容和售后服务等工作，从源头上落实软件正版化工作；三是持续推进公共电子阅览室建设，进一步做好电子阅览室计算机的更新维护和正版软件的采购安装等工作。二七区领导陈红民、于珊陪同督导。

△二七区召开管委会、乡（镇）、街道负责人座谈会。会议由区委副书记李晓雷主持。各管委会、乡（镇）、街道主要负责人分别汇报2014年工作和2015年工作谋划。与会人员就汇报内容进行讨论，并对2015年全区工作谋划提出具体的意见和建议。区领导蔡红、李晓雷、王玉红、丁文霞、赵吉平、李国立、谭清录等出席会议。

29日

△全区各单位党（工）委、纪（工）委主要负责人落实党风廉政建设“两个责任”专题培训开班。区主要领导从当前反腐败工作的形势和改革、发展的角度深入解析“两个责任”的内涵与具体内容，重点学习二七区关于落实党风廉政建设党委主体责任和纪委监督责任实施意见，印发“两个责任”年度重要工作“提示表”和“工作图表”，进一步划定清晰的界限，要求全区各单位行动起来，细化“定责”、强化“履责”、硬化“追责”，做到“知责、守责、尽责”。

△区委书记蔡红视察二七宾馆区域拆迁工作。蔡红要求做好交通、噪音、扬尘治理，加速做好二七宾馆拆除工作。区领导赵吉平陪同视察。

△区委副书记、区长陈红民召开南水北调生态文化公园设计方案汇报会。会议听取南水北调生态文化公园规划设计方案汇报，与会人员和部门负责人对设计方案的投入估算、土地性质、交通规划、道路设计、后期维护等方面进行研究，并提出了意见、建议。陈红民指出：要坚持生态理念，凸显文化特色，统筹兼顾、精心设计，确保把南水北调生态文化公园建设成郑州名片。区领导李国立参加会议。

△由郑州师范学院和二七区主办的“辞旧迎新音乐会”在郑州市青少年宫举办。此次音乐会是郑州师院音乐学院师生为二七区劳动模范、道德模范、优秀教师、企业家和清洁工等一线劳动者献上的一场别具特色的文化盛宴，也是全区文化惠民的一项活动。

△郑州市、二七区两级政府2014年年初向全市市民承诺的“十件实事”之一的二七区3个综合性公园即将向全市市民开放。公园开园前夕，区委书记蔡红、区委副书记李晓雷等对3个综合性公园建设及开园的各项筹备工作进行实地查看。蔡红一行听取公园建设情况及开园筹备工作汇报，对3个综合性公园建设工作在市综合性公园建设每月排名中均名列第一并全部按时对外开放（全市唯一）给予充分肯定。同时对开园筹备工作提出要求：一是邀请部分区人大代表和政协委员参加开园活动，向人大代表、政协委员展示一年来全区在公园、廊道建设取得的新成就；二是每座公园设置意见箱，听取广大市民对公园建设及其他民生工作的意见和建议，为以后工作做决策提供参考依据，多为群众办实事、办好事；三是做好公园周边的洒水降尘工作，以良好的空气质量确保市民游园时心情舒畅；四是开园气氛要热烈，借此机会宣传二七区、展示二七区宜商宜居的新形象。

30日

△二七区3座区级综合性公园——叠彩园、天和园、净秀园正式开园。3座综合性公园集健身、娱乐、休闲、科普、防灾避险等功能于一体，建有活动广场、景观小品、娱乐健身等设施。综合性公园建设是郑州市、二七区政府2014年度民生“十件实事”之一。区人大代表、政协委员和公园周边的居民参加开园活动。

31日

△区人大常委会主任李章坤在机关四楼大会议室主持召开区十五届人大常委会第十六次会议。会议审议通过二七区人民政府关于学校建设、实施“医疗机构管理条例”情况的报告和区人大常委会教科文卫工委的视察报告，审议通过二七区人民政府关于民政工作的报告、区人民法院工作报告和二七区人大常委会法工委的视察报告。会议决定补选许广佑为郑州市第十四届人大代表，接受范武成辞去区十五届人大代表职务的请求。区人大常委会张丽英、周国建、武志亮、张忠民、靳凤英、兰海、杨明军、周国堂、张好义、张新云出席会议，区人民政府党组成员李华民、区人民法院院长王焰斌、区人民检察院检察长丁铁梅和和各乡（镇）、街道人大工作负责人列席会议。

（杨　坤　韦　翔）

区情概述

自然环境

【地理位置】　二七区，位于东经113°30′~113°41′，北纬34°36′~34°46′。地处郑州市区中心偏西南，东和管城回族区接壤，南、西南接新郑市、新密市，西、西北与荥阳市、中原区毗邻，北连金水区。始建于1948年10月，1955年因纪念1923年2月7日的京汉铁路工人大罢工而更名为二七区，是国家唯一因纪念重大革命历史事件而命名的城区。辖区总面积156.2平方公里，建成区面积35平方公里，农村总面积123.5平方公里。

【地貌特征】　二七区地势西南高、东北低，地势起伏、沟壑纵横，侯寨乡、马寨镇尤为明显。最高点为侯寨乡南部冢上，海拔254.9米，与辖区的二七广场海拔103米相比，相差151.9米，全区平均海拔177.9米。

【自然资源】　二七区地势由西南向东北倾斜，农村多丘陵，沟壑纵横，属暖温带大陆性气候，温暖气团交替频繁，常年雨量偏少。春季寒暖无常，少雨多风；夏季多雨炎热；秋季凉爽，光照充足；冬季干燥寒冷，风多雪少。辖区境内属淮河流域，主要河流有贾鲁河、贾峪河、金水河、熊耳河。贾鲁河上游有二条支流：西支贾峪河（亦称孔河），源于新密袁庄乡南湾长里沟，自荥阳入境，经辖区张河村、马寨镇、湾刘村入常庄水库，境内全长10.5公里，流域面积14.6平方公里；东支有二处水源：西源发自新密白寨乡杨树岗圣水峪河，经梨园河汇冰泉、温泉，流经辖区申河村、水磨村入尖岗水库；东源发自侯寨乡大路西代家村九娘娘庙泉，经陈顶、下李河村、小庙咀村流入尖岗水库。

【林地资源】　二七区西南部区域为浅山丘陵地带，多为荒丘秃岭。近年，全区启动一系列森林生态建设工程，实施对尖岗水库周边的水岸绿化、丘陵岗地的生态恢复、沟河路渠的廊道绿化、乡（镇）村庄的村（镇）绿化等大规模的绿化工程，如今的二七区西南部已享有郑州“绿肺”的美称，全区森林覆盖率从2002年的14.71%跃升至2014年的31.41%，超出全市森林覆盖率（26.99%）4.51个百分点，高出全省11.25个百分点，林地面积5020公顷，已建成市级绿化模范乡（镇）2个、市级林业生态村12个。被授予“河南省林业生态县（市区）”“河南省绿化模范县（市区）”“中国绿色名区”等荣誉称号，实现“城在林中、林水相依、林路相随”的景观格局。

【土地资源】　二七区土地总面积为15495.6公顷，其中耕地2011.4公顷、园地1929.9公顷、林地2264.5公顷、草地322.1公顷，城镇村及工矿用地7622.6公顷、交通运输用地727.8公顷、水域及水利设施用地431.5公顷，其他土地185.8公顷。

【矿产资源】　二七区矿产资源丰富，集中分布于辖区西南部，以煤炭、石灰岩、黏土为主。煤炭保有储量8166.98万吨，石灰岩储量4637.182万吨，砖瓦用黏土储量26.065万立方米。

（自　辑）

建置区划

【建制沿革】　民国2年（1913）郑州废州设县，郑州称郑县，郑县下设城厢、人和、永康、仁亲、宣平、长乐、安定7个区，其中城厢区的一部分、永康区的大部分、人和区和仁亲区的一部分属二七区。民国23年（1934），郑县将7个区并为4个区，即第一区、第二区、第三区、第四区，区下设联保制度。本区为第一区的第一部分（即西大街一部分）、第二区的大部分。民国30年（1941）撤销区建镇，郑州市改设14个乡、镇，旧城内及城附近设4镇，有维新镇、豫丰镇、长春镇、德化镇，城郊设10个乡，辖区为齐礼阎乡、长春镇、德化镇的大部分、豫丰镇的一部分，共19个公所。新中国成立前，郑州由4镇又变为3镇。1948年10月22日郑州解放，在德化镇、长春镇、豫丰镇的基础上，将国民党时期的19个保改为19条街，同年10月底郑州成立一、二、三区，辖区为第二区，并划5个管理区，区设立街公所。1947年7月撤销街公所，改为区公所，1951年9月撤销区公所，成立区人民政府。1952年辖杜岭街、西太康路、益民街、德化街、大同路5个街政府。为纪念“二七”大罢工，1955年将二区改为二七区。1958年将二七区改为七一人民公社。1959年变七一人民公社为二七区人民公社。1961年撤销人民公社，恢复二七区人民委员会。1966年“文化大革命”开始。1968年成立二七区革命委员会。1980年撤销革命委员会恢复二七区人民政府，辖9个街道办事处和1个农业乡（即陇海乡）。

【区划调整】　1987年3月郑州市区划调整时，撤销金海区、郊区，将金海区的齐礼阎乡和原郊区的刘胡垌乡、侯寨乡划归二七区，实行区带乡体质。1997年成立淮河路街道办事处。1998年12月，刘胡垌乡改建为马寨镇。2001年7月，撤销陇海乡。2006年10月，撤销齐礼阎乡，增设长江路、嵩山路、京广路3个街道办事处。2014年年底，区辖大学路、五里堡、德化街、解放路、铭功路、一马路、蜜蜂张、福华街、建中街、淮河路、长江路、嵩山路、京广路13个街道办事处，1乡（侯寨乡）、1镇（马寨镇），城市社区110个，农村社区39个，行政村14个。区人民政府驻政通路85号。

（自　辑）

乡、镇(村、社区居民管理委员会)一览表

乡、镇	社区数	社区居民管理委员会名称	村委会数	村委会名称
侯寨乡	18	三李社区、袁河社区、桐树洼社区、郭小寨社区、全垌社区、台郭社区、麦垛沟社区、樱桃沟社区、上李河社区、黄龙岗社区、大路西社区、曹洼社区、西胡垌社区、红花寺社区、东胡垌社区、侯寨社区、八卦庙社区、上阎垌社区	10	刘庄村、尖岗村、盆刘村、罗沟村、张李垌村、郭家咀村、铁三官庙村、南岗刘村、大田垌村、荆寨村
马寨镇	9	马寨社区、杨寨社区、坟上社区、程炉社区、水磨社区、张河社区、王庄社区、申河社区、阎家咀社区	4	刘胡垌村、张寨村、湾刘村、娄河村

街道(社区居民委员会、社区居民管理委员会)一览表

街道名称	社区数	社区居民委员会名称	村委会 (社区管委会)数	村委会 (社区管委会)名称
大学路街道	12	祥和社区、郑大社区、金桥社区、中原社区、桃源社区、嵩山社区、新华社区、交通新苑社区、绿城社区、学苑社区、长城社区、长城康桥华城社区	3	兑周村、焦家门村、菜王村二组
五里堡街道	18	建新街社区、建新北街社区、建新南街社区、河医社区、河医南社区、康复路社区、菜王社区、五里堡社区、五里堡南社区、防空兵社区、建设东路社区、水工社区、王立砦社区、棉纺东路社区、二环道东社区、二环道西社区、国花社区、香榭丽社区		
福华街街道	12	陇海中路社区、小赵砦社区、苗圃花园社区、永安东街社区、铁道家园社区、新圃西街社区、新圃东街社区、航海北街社区、福华南街社区、福华北街社区、七一三社区、苗圃东社区	1	小赵砦村
建中街街道	13	铁英社区、庆丰社区、东福民社区、保全社区、永安社区、五彩社区、建华社区、西福民社区、康复社区、幸福社区、淮南社区、陇海家园社区、人和社区	1	小李庄社区管委会
蜜蜂张街道	5	西工房社区、马砦社区、蜜蜂张南社区、和平新村社区、京广北路社区	1	蜜蜂张村
铭功路街道	6	解放路社区、二道街社区、东后街社区、西前街社区、西后街社区、西彩社区	1	西陈庄村
一马路街道	4	陇海大院社区、敦睦路社区、一马路社区、饮马池社区		
解放路街道	1	民主路社区		
德化街街道	3	南彩社区、大同社区、文苑社区		
淮河路街道	9	陇海路社区、兴华街社区、金海大道社区、淮河社区、政通社区、亚新社区、天下路社区、绿云社区、淮北街社区	2	路砦社区管委会、齐礼阎社区管委会
嵩山路街道	12	郑飞社区、亚星社区、航海路社区、工人路社区、蔚蓝社区、珠江社区、宏鑫社区、逸园社区、嵩南社区、联合社区、广兴社区、敢福社区	5	黄岗寺社区管委会、王胡砦社区管委会、刘砦社区管委会、荆胡社区管委会、贾砦社区管委会
长江路街道	7	航海中路社区、长江路社区、玫瑰花园社区、五号街坊社区、代庄街社区、台胞小区社区、万达社区	2	高砦社区管委会、孙八砦社区管委会
京广路街道	8	洁云社区、冯春社区、红云社区、橄榄社区、天擎社区、惠城社区、春晖社区、青秀佳苑社区	2	冯庄社区管委会、佛岗社区管委会

区位优势

【历史文化】 二七区辖区有汉代民居邓公寨、明代周悼王陵、清代民居“天井院”等众多历史遗迹；老奶奶庙旧石器时代遗址将中华文明探源向前推进了3至5万年；铭功路出土的商代青釉瓷尊，把中国瓷器烧造史提前1000多年；阎氏陶瓷、郑商瓷等瓷器已走出国门、走向世界；百年老街德化步行街的商文化精神传承至今；二七纪念塔成为河南省零公里点标志，郑州烈士陵园等留下浓郁的红色文化。

【交通通讯】 京广、陇海两条铁路大动脉在境内交会，素有中国铁路“心脏”之称。辖区有全国最大的铁路枢纽站——郑州火车站、河南省最大的汽车客运站——郑州汽车客运中心站，中原地区最大的电力、电信、邮政枢纽均位于辖区。郑少高速公路、郑尧高速公路、西南绕城高速公路穿境而过，城区距新郑国际机场仅30分钟车程。

【旅游资源】 二七区西南部多丘陵沟壑，地形地貌独特，旅游资源丰富，有6666.67公顷生态涵养林、2公顷樱桃沟、1466.67公顷葡萄园、400公顷龙西湖水面、280公顷郑州树木园和正在推进的33.33公顷南环公园，以及南水北调工程6.7公里长的生态景观带。已培育出以烤鱼沟、梨园村、玉泉山庄为代表的特色休闲旅游农业，打造“郑州樱桃节、葡萄节、浪漫赏花游、秋季采摘游”等系列近郊旅游品牌。

【公共资源、社会服务体系】 二七区拥有郑州大学、解放军防空兵学院、郑州航空管理学院、中州大学、黄河科技大学、河南省交通职业技术学院、郑州卫生学校等大中专院校，核工业部第五设计院、中国船舶重工集团公司七一三研究所等中央、省部级科研机构，郑州大学第一附属医院、河南省妇幼保健院、武警河南总队医院等大中型医院，金融、证券、通讯、餐饮、文化娱乐等商业服务设施齐全。

（胡　伟）

人口状况

【人口】 2014年年末，二七区总人口766392人，其中女性375593人；城镇人口680173人。全年出生7996人、死亡3508人，人口出生率10.53‰，死亡率4.62‰，自然增长率5.91‰。

【民族构成】 2014年年末，二七区有46个民族成分，其中，少数民族成分45个，约1.8万人（回族约1.3万人，满族约1300人）。全区有1个民族村（兑周村）、2个民族杂居村（湾刘村、曹洼村），少数民族超过千人的乡（镇）、街道办事处有7个（铭功路、蜜蜂张、淮河路、建中街、五里堡、大学路、福华街街道办事处）。全区少数民族企业1家，有270余家清真饭店和清真食品摊点。

（杨雁平　白艳丽）

发展概述

【综合实力】 2014年，二七区完成地区生产总值428.2亿元，同比增长7.6%；公共财政预算收入28.4亿元，增长14.1%；规模以上工业增加值41.8亿元，增长10.2%；社会消费品零售总额335.7亿元，增长13.4%；固定资产投资338.9亿元，增长15.8%；城镇居民人均可支配收入27873元；农民人均纯收入17475元。首次进入全国中小城市科学发展双“百强”，位居“综合实力百强区”第90位、“最具投资潜力百强区”第73位，是河南唯一入围的区，综合实力位居河南省50个城区第二。

【主导产业】 2014年，二七区高端商贸服务、现代食品制造、生态文化三大主导产业比重达到70%。二七新区、马寨产业集聚区、二七特色商业区“三大园区”载体作用突显，经济总量、投资总量、税收总量，均占全区60%以上。

商贸业升级步伐加快。华润万象城购物中心等商业综合体相继投入运营，二七广场周边中高端购物中心增至20家；郑州CSD、红星美凯龙等重大商贸业项目加快建设。启动楼宇经济“十百千”计划，培育纳税超2000万元商务楼宇13栋，税收总额7.2亿元。特色商业街建设加快推进，完成亚星茶文化街、二七万达金街等10条街区改造提升。

现代食品制造业比重提高。规模以上工业总产值完成182.3亿元，

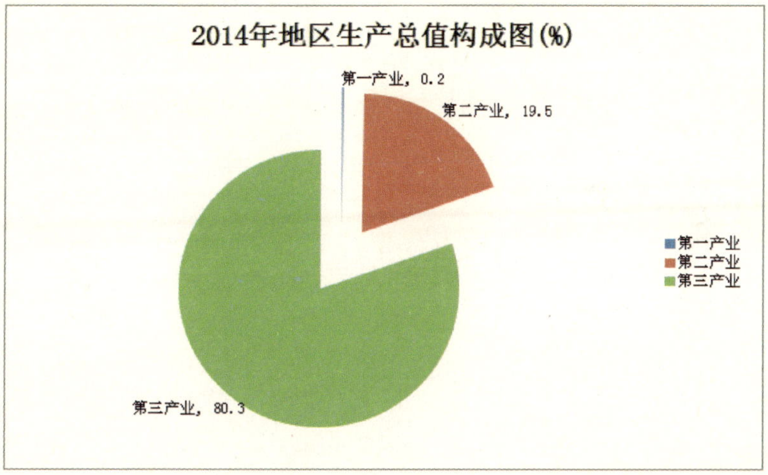

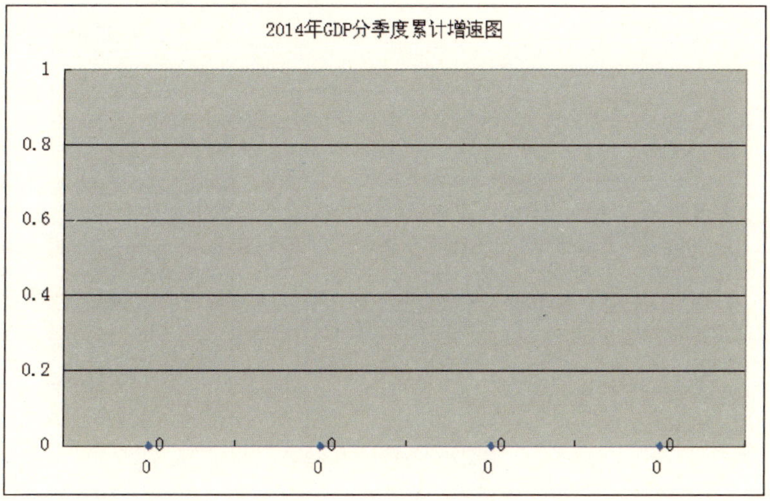

增长9.7%；现代食品制造业产值在工业总产值中的比重占38%。培育“康师傅”“天方”“万家”等产值亿元以上企业36家，建成企业研发中心43家，工业企业竞争力不断增强。

生态文化产业持续壮大。率先在全市开展乡村旅游标准化试点创建工作，樱桃沟、龙园水乡等顺利通过验收；打造生态游、采摘游、文化游等精品旅游线路5条，接待游客551.9万人次，实现旅游收入1.8亿元。“超凡”“金象”等本土影视创作企业走向全国，《大国廉政》等文化艺术作品广受欢迎。

新兴产业蓬勃发展。以打造中原地区电商总部基地为目标，大力发展电子商务产业，中国·中部电子商务港总部基地成功落户辖区，苏宁电商园等项目已开工，京莎·鞋业网商园等项目完工，培育重点电商企业36家；河南网商园品牌示范带动作用更加明显，“双十一”当天销售额3.16亿元，同比增长52%。

【农业】 2014年，二七区完成农业总产值11207万元，比2013年下降14%；完成农业增加值6164万元，比2013年下降4%。

2014年，二七区完成种植业增加值2958万元，比2013年下降3%。粮食总产量680吨，比2013年下降72%；其中夏粮388吨，比2013年下降70%；秋粮292吨，比2013年下降73%。蔬菜总产量639吨，比2013年下降28%；水果总产量10245吨，比2013年下降3%。

2014年，二七区完成林业增加值50万元，比2013年下降74%。

2014年，二七区完成畜牧业增加值2737万元，比2013年下降7%；完成渔业增加值100万元，比2013年增长14%。

2014年，二七区完成农林牧渔服务业增加值319万元，比2013年增长10%。

【工业和建筑业】 2014年年末，二七区共有规模以上工业企业100家。全部工业完成增加值446222万元，比2013年增长9.6%。其中：规模以上工业完成增加值417603万元，比2013年增长10.2%；规模以下工业完成增加值28600万元，比2013年增长4.4%。

2014年，二七区规模以上工业企业实现产品销售收入1747758万元，实现利税总额77801万元，实现利润总额56650万元，产销率达到97.6%，比2013年下降1.3个百分点。

【固定资产投资】 2014年，二七区完成全社会固定资产投资3391599万元，比2013年增长15.7%。其中：城镇投资3389372万元，比2013年增长15.8%；农村投资2226.5万元，比2013年下降41.7%。全年固定资产新开工项目34个，比2013年下降37%。

【商业】 2014年，二七区完成社会消费品零售额3356967万元，比2013年增长13.4%。分行业看，批零贸易业零售额2992541万元，比2013年增长13.9%；住宿餐饮业零售额364426万元，比2013年增长9.1%。

2014年，二七区实现外贸出口总值11215万美元，比2013年下降28.2%；实际利用外商直接投资23185万美元，比2013年增长13.1%。

【财政】 2014年，二七区地方财政

2014年规模以上工业增加值累计增速图（%）

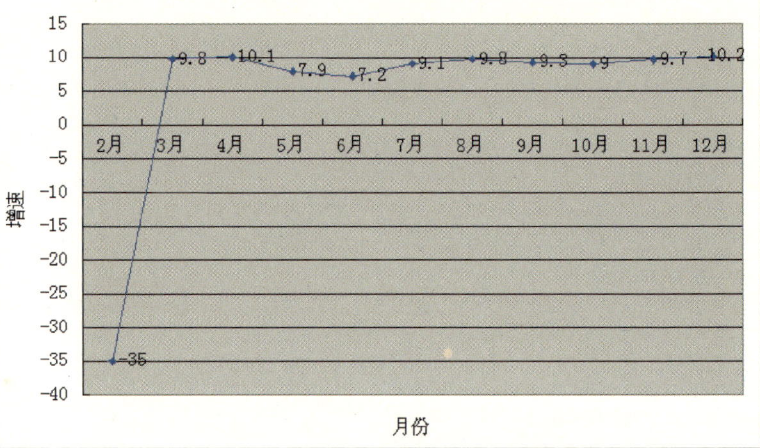

2014年固定资产投资累计增速图（%）

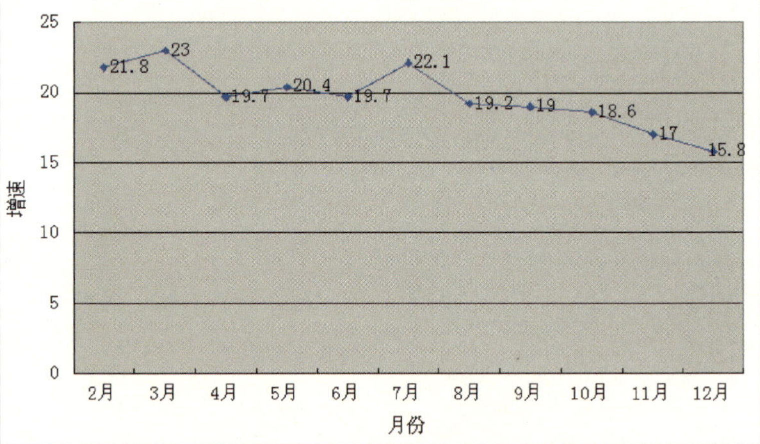

2014年社会消费品零售总额累计增速图（%）

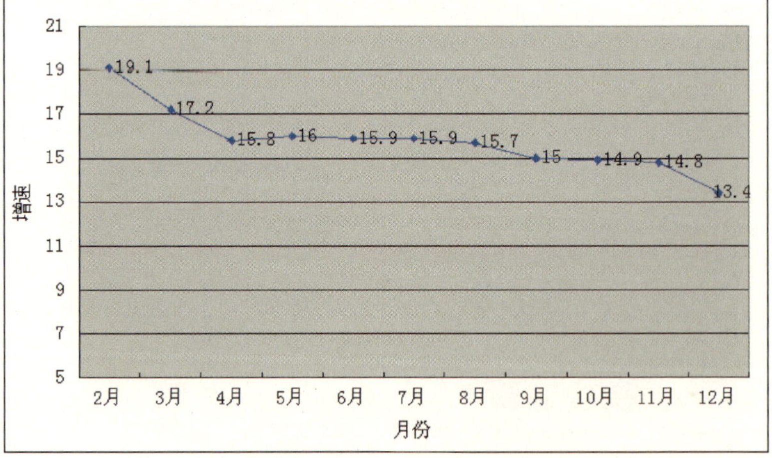

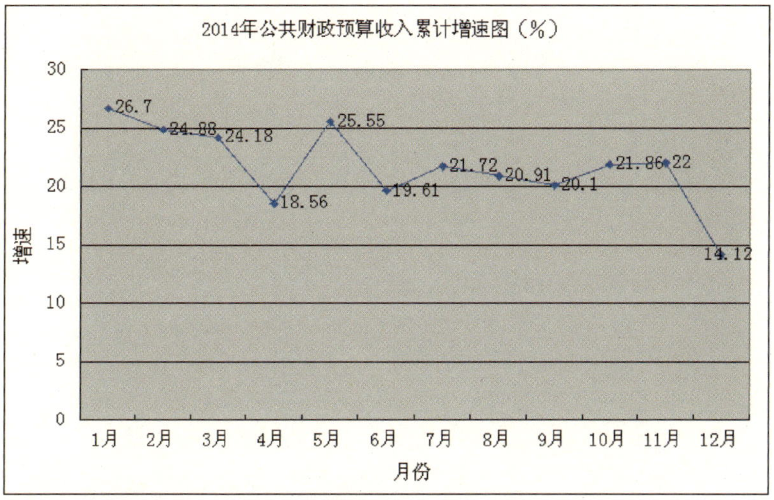

2014年公共财政预算收入累计增速图（%）

收入完成284041万元，比2013年增长14.05%。其中公共财政预算收入283898万元，比2013年增长14.12%。公共财政预算收入中税收收入完成269453万元，其中增值税完成24399万元，同比增长94.18%；营业税完成82776万元，同比下降1.7%；企业所得税完成25689万元，同比增长8.38%；个人所得税完成10973万元，同比增长47.47%。全年公共财政预算支出258105万元，比2013年增长18.84%。其中一般公共服务支出42711万元，教育支出36109万元，社会保障和就业支出22446万元。财政收入占全区生产总值的比重达到6.6%，比2013年提高0.5个百分点。

【城市建设与环境保护】 2014年，二七区新建公厕3座，升级改造公厕9座；新建垃圾中转站1座；金水河兴华街桥维修工程完成；建设叠彩园、天和园、净秀园3座区级综合性公园，总面积28.67万平方米，新植乔木6632株，新植月季6.8万株;完成南三环路（二期）、嵩山南路交通学院段、郑尧高速公路连接线、大学南路南延绿化工程建设，绿化总面积约99.15万平方米，栽植乔灌木12.3万株、地被53.7万平方米，铺设游路12公里、自行车道9.6公里，建设公共健身综合体3处、广场29座。郑登快速通道绿化面积约134万平方米。南水北调生态文化公园示范段绿化面积268.8万平方米。

2014年，二七区工业固体废物处置利用率90%以上，危险废物产生、处置单位规范化管理抽查达标率95%以上，医疗废品无害化处置率100%。全年辐射事故零发生，废旧放射源集中收贮率、闲置放射源集中暂存率100%。

2014年，二七区拆改燃煤锅炉31台274蒸吨(目标内25台，目标外6台)，目标任务完成率124%。经初步核算，通过燃煤锅炉拆改，全区燃煤年消减量约13.9万吨，二氧化硫年减排约4011.2吨，削减氮氧化物约1915.6吨，减少烟尘排放约1288.9吨。

【文化、教育、体育】 2014年年末，二七区有文化馆1座、图书馆1座；初步实现每个社区（村）建设一支群众文化队伍、每年组织一次文化培训、每季度开展一次文化活动的目标。以文化惠民、文化亲民工程为统领，大力开展“免费公益电影放映”“公益演出”“公益讲堂”等活动，全年放映公益电影636场（次），组织“公益演出”活动100场（次）、“文化艺术公益大讲堂”100余场（次）；开展各类群众文化活动、各级文化骨干培训1500场次,捐赠图书1.8万余册；举办二七区第一届群众文化活动展演。同时，配合完成2014年河南省“舞台艺术送农民”活动4场，郑州市“舞台艺术进乡村、进社区”活动26场，进一步满足了辖区广大群众的精神文化需求。

2014年，二七区联合中原网，开展“乡野美味”——二七“农家乐”巡礼活动，对全区“农家乐”进行全方位宣传推介，收到了良好效果。推出“市区—樱桃部落—御品堂”和“市区—郑州市树木园—毛家湾—龙园水乡”2条“二七近郊一日游”线路。深入开展“519中国旅游日”“文明旅游”进社区等宣传活动。2014年，全区接待游客551.9万人次，比2013年增长15%；实现旅游收入1.8亿元，比2013年增长20%。

2014年，二七区普通高中招生1184人，毕业835人，年末在校学生3312人；普通初中招生3181人，毕业2770人，年末在校学生8819人；小学招生10558人，毕业8292人，年末在校人数52647人；幼儿园入园幼儿招生6123人，离园幼儿7352人，年末在园幼儿25676人。全区适龄儿童入学率达100%。中小学体育达标率为92%。2014年全区体育运动荣获世界级奖励28项，国家级奖励51项，省级奖励194项。

【卫生、科技】 2014年年末，二七区有医疗卫生机构310家，卫生技术人员18932人，病床16020人。组建片医团队城市153个、农村41个，实现城乡片医覆盖率100%，国家免疫规划疫苗接种率99.0%，医疗机构量化分级管理率100%；监督检查覆盖率100%。

2014年，二七区培育科技型企业41家，高新技术企业15家，知识产权优势企业4家，创新型试点企业25家，市级科技进步奖9项，专利奖1项；完成专利申请量1803件，授权量1104件；郑州市首家防震减灾科普教育基地落户长江东路小学。

【人民生活和社会保障】 2014年，二七区城镇居民人均可支配收入27873元，比2013年增长9.4%；农民居民人均纯收入17475元，比2013年增长10.2%。

2014年，二七区城镇居民基本医疗保险参保215636人；新型农村合作医疗参保90689人，参合率98.9%，享受补贴77694人次共4329.66万元；全年城镇居民养老保险参保63048人；累计发放低保金、“五保”金、大病救助金及各类临时性救助补贴1721.7万元。征缴各项社会保险费5.1亿元。创新“失独”家庭帮扶模式，辖区155户“失独”家庭由政府购买养老服务；新建社区托老站10个、农村养老服务中心2个，初步建立公办养老院、民办养老公寓、社区托老站、居家养老“四位一体”互补型养老服务体系。实施农村安全饮水工程，6000余名群众安全吃水问题得到妥善解决。

2014年，二七区城镇新增就业23470人，新增转移农村劳动力就业601人，开展再就业培训4608人，创业培训480人，农村劳动力职业技能培训558人。

（杨雁平）

组织机构

中共二七区委

书　　记：蔡　红（女）
副 书 记：陈红民
　　潘开名（2月免）
　　李晓雷（2月任）
正区长级领导干部：张伟岭
常　　委：蔡　红（女）
　　陈红民
　　潘开名（2月免）
　　李晓雷（2月任）
　　许广佑（12月免）
　　张全金
　　王玉红（女）
　　王鲁明（12月免）
　　卢书选
　　李　峰
　　丁文霞（女）
　　赵吉平
　　孙兴伟（2月免）
　　胡新生（2月任）
　　黄卫东（12月任）
委　　员：（按姓名笔画排序）
　　丁文霞（女）
　　于广志
　　马　建
　　马遂鑫
　　王　波（女）
　　王玉红（女）
　　王鲁明（12月免）
　　王焰斌
　　牛军领
　　卢书选
　　孙兴伟（2月免）
　　朱松山
　　许广佑（12月免）
　　李　峰
　　李华民
　　李晓雷（2月任）
　　李章坤
　　张文奇
　　张伟新
　　张全金
　　张建森
　　张振国
　　张新云（女）
　　陈卫东
　　陈红民
　　赵　阳
　　赵吉平
　　赵国玺
　　胡仲泰
　　胡新生（2月任）
　　海　鸥
　　黄卫东（12月任）
　　黄新宏
　　蔡　红（女）
　　谭清录
　　潘开名（2月免）
候补委员：王永利
　　王晓东
　　刘子科
　　崔工作
　　刘敬军（女）
　　秦玉凤（女）

二七区第十五届人大常委会

党组书记：李章坤
党组副书记：张丽英（女）
　　刘增杰（11月退休）
主　　任：李章坤
副 主 任：张丽英（女）
　　李　刚（11月终止）
　　周国建（12月免）
　　郭穆顺
　　柳建华
　　武志亮（12月辞）
　　靳凤英（女，12月辞）
　　兰　海
　　杨明军
　　周国堂（2月选）
党组成员：范武成（5月退休）
　　张忠民
　　赵　田（2月退休）
　　张好义
　　张新云（女）
　　陈　庆
委　　员：（按姓名笔画排序）
　　王　波（女）
　　刘增杰（11月退休）
　　刘德斌
　　张好义
　　张忠民
　　张新云（女）
　　李　玲（女）
　　李素佩（女）
　　杨录生
　　杨振河
　　陈　庆
　　周国堂
　　范武成（2月退辞）
　　胡大白（女）
　　赵　田（2月辞）
　　赵建堂

二七区人民政府

党组书记：陈红民（2月任）
区　　长：陈红民
党组副书记、副区长：李　峰
副 区 长：姚　实（12月免）
　　于　珊（女）
　　辛绍河（2月免）
　　袁　斌（12月任）
　　刘　利
　　董治会
　　唐莉军（女，12月任）
　　弓永超（12月任）
党组成员：杨振河
　　王启树
　　林　海
　　赵　阳
　　黄卫红（女）
　　王天福
　　司文一
　　王玉卿
　　赵国玺
　　李国立
　　李华民
　　张富强
　　马世锋
　　张　军

政协二七区第八届委员会

党 组 书 记:于广志
党组副书记:王玉红(女)
陈爱萍
主　　　席:于广志
副　主　席:陈爱萍
李　琳
吴书文
陈旭儒(12月免)
李东亮(12月免)
王同超
袁新生
曾　平
党 组 成 员:刘建生(1月退休)
张家齐
朱广善
李鹏飞
秘　书　长:刘　栋(女)
常　　　委:(按姓氏笔画排序)
于广志　马世锋
王同超　王　彬(女)
王家祥　田留锁
付阳光　朱广善
刘来群
刘建生(1月退休)
闫宗汉　闫百顺
闫全玉　刘　栋(女)
陈爱萍　李　琳
吴书文　李东亮
杜志刚　李锦勇
李学彦　李爱松(女)
李鹏飞　豆雨霞(女)
张　军　张爱云(女)
谷殿明　张一帆
张志华　张家齐
陈旭儒　尚　红(女)
帖伟杰　牧秋君(女)
孟令运　侯　伟
侯世安　侯宛林
袁新生　郭　磊
黄晓江　康定银
曾　平　鲁香敏(女)
魏　兵

二七区纪律检查委员会

书　　　记:张全金
常务副书记:张　军
副　书　记:贾新建
常　　　委:张全金　张　军
贾新建　周松杰
陈俊家　闫东明
王丽娜(女)
委　　　员:张全金　张　军
贾新建　周松杰
陈俊家　闫东明
王丽娜(女)
侯宛林　康定银
张爱云(女)
武和平　蒋　锋
任书庆
薛　燕
杨利红(女)
李新亮
宋志敏
郭向东
李艳玲(女)

区委工作部门

(一)四大办公室

区委办公室

主　　　任:赵吉平
常务副主任:王　彬(女)
副　主　任:刘长海(8月免)
刘兴国(8月免)
程云鹏(8月免)
王　璐
田景超(9月免)

保密局

局　　　长:张世卿
副　局　长:郗雪桃(女)

机要局、国家密码管理局

局　　　长:暂缺
副　局　长:田景超(9月任,主持工作)
徐　娟(女)
孙永生
总 工 程 师:冯红岗

联合督查室

主　　　任:刘兴国
副　主　任:张　利(女)
滕光永

目标考评办公室

主　　　任:暂缺
副　主　任:谢俊慈(女)
徐小岱(女)

政策咨询研究室

主　　　任:王朝阳
副　主　任:王丽阳(女)
张烨旭(女)

党史研究室

主　　　任:王　璐(8月免)
副　主　任:杨　坤(女)

人大常委会工作机构

办公室

主　　　任:陈　庆
副　主　任:张震宇　乐凤海
张　航

法制工作委员会

主　　　任:李　玲(女)
副　主　任:文东升(8月任)

财经工作委员会

主　　　任:赵建堂
副　主　任:张红艳(女)

教科文卫工作委员会

主　　　任:杨录生
副　主　任:邵顺利

城建城管工作委员会

主　　　任:王　云(1月免)
任书庆(8月任)
副　主　任:牛　真(女,11月免)

代表联络工作委员会

主　　　任:刘德斌

来信来访工作室

主　　　任:杨志华

机关老干部科

科　　　长:陈　庆(8月免)
雷芙蓉(女,8月任)
副　科　长:孙　瑞(女)

政府办公室

主　　　任:马世锋
常务副主任:李志刚
副　主　任:张　靖(女,8月免)
豆来平
魏常春(8月免)
张　斌(9月免)
左学彬　杨迎春
王　冬
刘亚贞(女,8月任)

社会公共管理办公室

主　　　任:李志刚
副　主　任:牛伟强(8月任)
杨　岑(8月任)
余淑霞(女,8月免)
闫鑫磊(8月免)
李振江(8月任,挂职)

接待办公室

主　　　任:刘长海
副　主　任:牛丽娟(女)
刘　涛

应急管理办公室

主　　　任:李志刚(8月免)

副　主　任：张　靖（女，8月任，主持工作）
牛伟强（8月免）
马祥利

畅通管理办公室

主　　任：王志平
副　主　任：李黄钦
杨茂青（8月病退）

食品安全委员会办公室

主　　任：张晓慧（女）
副　主　任：李　晖
孙晓峰（8月辞职）

行政服务中心

主　　任：闫东明（8月免）
副　主　任：张　斌（9月任，主持工作）
李开明
刘　霞（女）

政协工作机构

办公室

主　　任：李锦勇
副　主　任：刘　芳（女）
聂　巍（8月免）
梁晟桦（8月免）
王建新

宣教文卫体委员会

主　　任：付阳光（8月免）
副　主　任：王　英（女）

提案委员会

主　　任：田留锁
副　主　任：李少军（女）

委员管理联络委员会

主　　任：刘来群
副　主　任：连彦修

农业委员会

主　　任：鲁香敏（女）
副　主　任：蔡建峰（8月任）

民族宗教港澳台侨委员会

主　　任：魏　兵

经济科技委员会

主　　任：闫宗汉
副　主　任：张美云（女）

社会法制委员会

主　　任：牧秋君（女）

城建环保委员会

主　　任：黄晓江
副　主　任：王松超（8月任）

文史资料办公室

主　　任：郭　磊
副　主　任：江　玲（女）

机关老干部科

科　　长：翟伟峰

（二）部委局及两院

纪律检查委员会工作机构

办公室

主　　任：刘　彬

案件检查一室

主　　任：张占亭（8月免）
姚昊博（8月任）

案件审理室

主　　任：杨永波

信访室

主　　任：谷俊红（女）

执法监察室

主　　任：李　智

廉自室

主　　任：郭　桥（女）

纠风室

主　　任：张占亭（8月任）

纪监案件管理室

主　　任：李若雯（女）

行政效能监察投诉中心

主　　任：闫东明（8月免）
副　主　任：王昱辉　蒋松晓
姚昊博（8月免）
唐　瑜（女）

基层党风室

主　　任：空缺

政务公开室

主　　任：刘敬华（女）

案件检查二室

主　　任：空缺

纪检宣传教育中心

主　　任：楚振海

人民武装部

党组第一书记：蔡　红（女）
党委书记、政治委员：孙兴伟（1月免）
胡新生（1月任）
党委副书记、部长：杨振河
副　部　长：孟令运

组织部

部　　长：丁文霞（女）
常务副部长：王　波（女）
副　部　长：侯宛林
冯　沛

党员电化教育中心

主　　任：白　静（女，8月免）
副　主　任：赵云海　王巍昂

人才工作办公室

主　　任：赵恒康（8月免）
副　主　任：高凯莉（女，8月任）

绩效考核工作办公室

主　　任：冯　沛
副　主　任：姜聚鑫（8月免）
孟新玉

干部监督室

主　　任：宋　阳（女）

大学生村（社区）管理办公室

主　　任：袁刘坤（8月任）

宣传部

部　　长：王鲁明（12月免）
黄卫东（12月任）
常务副部长：肖　锋
副　部　长：徐笑康　康定银
张富国
张文利（女，兼文明办主任）

精神文明建设指导委员会

办公室

主　　任：张文利（女）
副　主　任：程似锦（女）
邹　峰

对外宣传办公室

主　　任：康定银（8月免）
副　主　任：朱永娜（女，8月免）
周法有（8月任）

信息网络安全管理中心

主　　任：余淑霞（女，8月提前退休）
副　主　任：刘正科
闫鑫磊
张　绮（8月免）

文化产业发展工作领导小组

办公室

主　　任：张森强
副　主　任：赵二涛（8月任）

统战部

部　　长：王玉红（女）
常务副部长：尚　红（女）
副　部　长：卢学俊
李彦芳
党春立

帖建军
张淑君(女)

台湾事务办公室

主　　任:李　青(女)

政法委员会

书　　记:卢书选
常务副书记:张爱云(女,8月免)
孔　健(8月任)
副 书 记:魏宏林　白尊杰
朱　蕾(女)

社会管理综合治理委员会办公室

主　　任:周明勋

维护稳定工作办公室

主　　任:刘亚贞(女,8月免)
郭卫东(8月任)

社会治安巡防管理办公室

主　　任:李建涛
副 主 任:胡贵明

防范和处理邪教问题办公室

主　　任:李小平(女)
副 主 任:赵志红(女)

国家安全领导小组办公室

主　　任:魏宏林(兼)
副 主 任:郑　雷(6月任)

矛盾排查调处中心

主　　任:孙永红

暂住人口协管员管理办公室

主　　任:王　兴(女)

人民法院

党组书记、院长:王焰斌
党组成员、副院长:宋　晔(女)
王国松
孙维宁(女)
李学文
张相卿
党组成员、纪检组长:李全林
党组成员、政治处主任:张　力(女)
党组成员、审监庭庭长:李志彦
党组成员、办公室主任:李俊勇

人民检察院

党组书记、检察长:丁铁梅　(女)
党组成员、副检察长:黄　健
杨　光
张宏伟
李　恒
王　荣(女)
李红强
党组成员、纪检组长:王援红
党组成员、反贪局局长:刘京雷
党组成员、反渎局局长:王炳璋
党组成员、预防局局长:徐中起
党组成员、政治处主任:孟　鹤

总工会

主　　席:张新云(女)
常务副主席:杨东起
副 主 席:汤孝轩
闫崇建
臧刘伟(8月免)

机构编制办公室

主　　任:董跃武
副 主 任:赵惠敏(女)
汪　华(女)

事业单位登记管理局

局　　长:陈俊峰(8月免)

群众工作部

部　　长:曹宪武
常务副部长:孔　健(8月免)
冯　军(9月任)

区直属机关党工委

书　　记:杨　芳(女)
副 书 记:郜　浩
李瑞中(9月,挂职)

老干部局

局　　长:徐建宇(女)
副 局 长:陈　华(女)
马素红(女,8月免)

党校

校　　长:丁文霞(女,兼任)
常务副校长:冯晶丽(女)
副 校 长:贾根柱

档案局

局　　长:张艳玲(女)
副 局 长:王　卉(女)
法枝梅(女,8月免)

群团组织

团区委

书　　记:暂缺
副 书 记:牛　真(女,9月任,主持工作)
韩冰冰(女,9月免)
王西锋(8月免)

妇女联合会

主　　席:李素佩(女)
副 主 席:付秀荣(女,8月免)
陈　忠(女)
尚　璟(女,9月挂职)

科学技术协会

主　　席:任随意
副 主 席:张　冰(女,8月免)
曲　乐(9月任,挂职)

工商联合会

党组书记:卢学俊
主　　席:曾　平
副 主 席:张　琰(女)

残疾人联合会

党组书记、理事长:侯俊雷(9月任)
副 理 事 长:赵景娣(女)
陈艳玲(女)
纪 检 组 长:路　正

区政府组成部门

发展改革和统计局

局　　长:王永利
书　　记:王永利(9月任)
党组书记、常务副局长:侯俊雷(8月免)
副 局 长:赵春锋　徐冠发
冯保强(8月免)
刘云鹏(挂职)
总统计师:杨金侠(女)

重点项目管理办公室

主　　任:王　琳
副 主 任:王雅君(女)
　　　　　闫勇辉(8月免)

社会经济调查队

队　　长:暂缺

工业和信息化局

局　　长:张建忠
党委书记:王永献(8月免)
　　　　　张建忠(9月任)
副 书 记:王永献(9月任)
副书记、纪委书记:赵晓丽(女)
副 局 长:耿广礼
　　　　　郑　宇(8月免)
　　　　　王遂义
工会主席:杨建锋

企业服务中心

主　任:王　健

教育体育局

局长、党委书记:刘子科
副 书 记:郑永生
副 局 长:张俊航
　　　　　荆　华(女)
　　　　　张卫民
　　　　　吴　鹏
　　　　　孙岩梅(女)
　　　　　孙志欣(女,8月免)
纪委书记:时宏领
工会主席:冯建国
高招办主任:孙志欣(女,9月挂职)

科学技术局

局长、党组书记:田培红(女)
常务副局长:刘国华
副 局 长:胡颂华
　　　　　李　霞(女,8月免)

监察局

局　　长:张　军
副 局 长:陈俊家
　　　　　张海红(女)
　　　　　王丽娜(女,8月免)

民政局

局　　长:苏连成
党组书记:李瑞中(8月免)
　　　　　苏连成(9月任)
常务副局长:韦青山
副 局 长:苏　静
　　　　　杨建民(12月免)
　　　　　雷芙蓉(女,8月免)
　　　　　杨　洁(女,8月免)
　　　　　史新林
　　　　　贾金全
纪检组长:胡悦冬

社区建设局

局　　长:苏　静(女,8月免)
副 局 长:王凤仓
　　　　　许伟锋

老龄办公室

主　　任:杨建民(8月免)

养老服务中心

主　　任:段绍霞

司法局

局　　长:王淑真(女,8月免)
　　　　　张爱云(女,8月任)
副 局 长:王建新(女)
　　　　　李　倩(女,8月免)
纪检组长:武静静(女,9月任)

依法治区办公室

副 主 任:沈　纳

财政局

局　　长:张建森
书　　记:张建森(9月任)
副 书 记:崔宗晓(8月免)
常务副局长:杨利红(女)
副 局 长:李　斌
　　　　　郭　韬(8月免)
　　　　　王新成
　　　　　李忠慧(女)
总会计师:张凤梅(女,8月免)

国库集中支付中心

主　　任:郭芬芹(女)

政府采购办公室

副 主 任:张凤梅(女,9月任,主持工作)
　　　　　臧刘娜(女)

金融工作办公室

主　　任:郭　韬
副 主 任:牛伟萍(女)
　　　　　郭云超(8月免)

非税收入管理局

副 局 长:李迎利(女,8月任)

人力资源和社会保障局

局长、党组书记:陈卫东
副 局 长:薛燕(女,9月免)
　　　　　侯宏生
　　　　　张秀玲(女)
　　　　　要新波(9月免)

自主择业军转干部管理服务中心

主　　任:王松超(8月免)
　　　　　吕学斌(8月任)

仲裁院

院　　长:赵红菊(女)

建设局

局　　长:秦玉凤(女)
党委书记:毛新辉(8月免)
　　　　　秦玉凤(女,8月任)
常务副局长:刘京威
纪委书记:李军霞(女,8月免)
　　　　　吴海超(8月任)
副 局 长:程中启
　　　　　鲁海燕(1月任)
　　　　　刘　杰(8月免)
　　　　　王明辉
　　　　　刘　洋(挂职)
　　　　　曾凡普(挂职)

环境保护局

局　　长:邵剑勇
党组书记:马本义(8月免)
　　　　　邵剑勇(9月任)
党组副书记:马本义(9月任)
常务副局长:胡金财
副局长、党组副书记:孙柳强(8月免)
副 局 长:孟烨然(女)
　　　　　张　军

城市管理执法局

局　　长:牛军领(9月兼任书记)
副 书 记:石　君(女,9月任)
纪检书记:唐新华(8月免)
常务副局长:石　君(女,8月免)
副 局 长:郭发民
　　　　　翟相海(8月免)
　　　　　张晨涓(女,8月免)
　　　　　汪建星　李国栋
　　　　　赵　青(女)
　　　　　许　兵(女)

邵　壮(8月免)
路宝云(女,挂职)
工会主席:孟改娥(女,8月免)

环卫公共设施管理所

所　长:(暂缺)

市政工程设施管理所

所　长:陈　辉

园林绿化管理中心

主　任:翟相海
副 主 任:魏东立
王　婷(女)

环卫清洁服务总公司

总 经 理:张晨涓(女)
副总经理:谈玉霞(女)
荆体健(8月免)
邵　壮(9月任,挂职)

车管会

主　任:李国栋(兼任)

马寨市政所

所　长:邵丙坤

侯寨市政所

所　长:彭东林(8月免)

交通运输局

局　长:阴小强
党组书记:张忠彦(8月免)
阴小强(9月任)
党组副书记:常石页(8月免)
张忠彦(9月任)
常务副局长:毕宏泉
副 局 长:张清华
谷德春
邵书平
张向阳
邵艳涛(挂职)
于　鑫(挂职)

农业农村工作委员会

主　任:王国华
党委书记:杜双晶(女,8月免)
王国华(9月任)
副 书 记:杜双晶(女,9月任)
方　艳(女)
常务副主任:钱长改
副 主 任:蔡建峰(兼粮食局局长,8月免)
唐安华(8月免)
胡桂霞(女)
石黎明(8月免)
纪委书记:崔　熠(女)
总农艺师:高俊红(女)

卫生局

局　长:王章正
书　记:李红菊(女,8月免)
王章正(9月任)
副 书 记:李红菊(女,9月任)
于鹏飞(1月任)
副 局 长:朱学杰
张佳佳(女)
刘英霞(女)
工会主席:马素萍(女,8月免)
纪委书记:梁兆琦(女)

健康教育所

所　长:刘艳玲(女)

新型农村合作医疗办公室

主　任:李淑霞(女)

疾病预防控制中心

主　任:曹杰斌
书　记:刘永胜

妇幼保健所

所　长:边东亮
书　记:牛建钢(女)

郑州市口腔医院

书　记:马素萍(女,9月任,挂职)

郑州市第二中医院

院　长:陈宪忠

二七区人民医院

院　长:马喜鑫

郑州市精神病防治医院

院　长:陈记全
书　记:张　平(女)

二七区皮肤医院

院　长:李　培

侯寨中心卫生院

院　长:张志强

马寨镇卫生院

院　长:宋国斌

审计局

局长、党组书记:李新亮
党组副书记:魏　毅
常务副局长:岳小莉(女,8月免)
副 局 长:彭　霞(女)

政府投资评审中心

主　任:余　坤(女)
副 主 任:龚　生

经济责任审计中心

主　任:李志伟

人口和计划生育委员会

主　任:任书庆(8月免)
常务副主任:霍晓丽(女)
副 主 任:王瑞敏(女,8月主持工作)
裴佐湃
赵红霞(女)
工会主席:赵　蔚(女)

计划生育服务站

站　长:洪建云(女)

出生人口性别比办公室

主　任:李军岭(8月免)

流动人口管理办公室

主　任:暂缺

城市管理行政执法局

局　长:朱继光(8月任)
副 局 长:李晓君(女,8月任)
刘运强(8月任)
王崇安(8月任)
李志强(8月任)
工会主席:马春英(女,8月任)

直属事业单位

二七新区管理委员会

党工委书记、主任:陈红民
党工委副书记、常务副主任:
潘开名(2月免)
李晓雷(7月任)
党工委委员、副主任:丁文霞(女)
李国立
崔工作
胡仲泰
主任助理:胡爱民
时金华

办公室

主　任:张学志
副 主 任:陈琳琳(女)
李　霞(女,9月挂职)
周　雨(9月挂职)

国土规划局

局　长:李先红
副 局 长:张延龄
王　芳(女)

市政建设环保局

局　长:郭映泉

副　局　长：高　磊

招商引资局

局　　　长：张学权
常务副局长：于建业（8月免）
副　局　长：张　娅（女，挂职）

马寨产业集聚区管理委员会

党工委书记、主任：陈红民
党工委副书记、常务副主任：王玉红（女）
党工委委员：谭清录
　　刘丽红（女）
　　谢金旺
　　马　磊
副　主　任：谭清录
　　刘丽红（女）
　　马　磊
主任助理：王振轩
　　史崇浩
　　邢　涛（8月免）

办公室

主　　　任：邢　涛
副　主　任：张　华
　　郭东军（挂职）

市政环保局

局　　　长：俞　宏
副　局　长：田子平（8月退休）

国土规划局

局　　　长：赵伟东（挂职）
副　局　长：张起生
　　李　军

招商局

副　局　长：杨庆元
　　王　凡

投资管理局

副　局　长：任　强

企业服务中心

主　　　任：赵黎春
副　主　任：何忠卿
　　郑　宇（挂职）
　　熊金玉（9月任，挂职）
　　要新波（9月任，挂职）

二七特色商业区管理委员会

党工委书记、主任：卢书选
党工委副书记、主任：张文奇
委员、副主任：马遂鑫、朱松山
委　　　员：赵　伟（女）

综合管理办公室

主　　　任：王小贤（女，8月任）

公共服务办公室

主　　　任：于建业（8月任）
副　主　任：周跃亭（9月任，挂职）

经济发展办公室

副　主　任：金一灿（8月任，主持工作）

规划建设办公室

副　主　任：张金博（8月任，主持工作）

樱桃沟景区开发管理委员会

党工委书记：南中洋
副　书　记：齐新华（市下派）
主　　　任：齐新华（市下派）
党务副主任：暂缺
副　主　任：胡瑞红（女）
　　宋红雨（9月任，挂职）
　　姚锦树（9月任，挂职）
　　叶　磊（9月任，挂职）

民族宗教事务局

局　　　长：法建军
副　局　长：钱延军
　　马秋芬（女，8月免）
　　田增强（9月任，挂职）

机关事务管理局

局　　　长：高武汉
党组书记：张福兑（8月免）
　　高武汉（9月任）
党组副书记：张福兑（9月任）
副　局　长：杨德安（8月免）
　　李冬莉（女）
　　李文玉（1月任）
　　谭跃伟（女）

政府采购中心

主　　　任：景红军（9月免）

住房保障服务中心

主　　　任：刘　钰（女）
党委书记：刘　钰（女，9月任）
纪委书记：陈　丹（女，8月任）
副　主　任：荆体伟（9月任）
　　吴继承（1月任）
　　孙晓东
　　郑一超（8月退休）
　　卞现刚
　　陈晓军
工会主席：吴海超（8月免）

物业管理指导办公室

主　　　任：刘　毅

房屋征收与补偿办公室

主　　　任：徐力夫
党组书记：许孔萍（女，8月免）
　　徐力夫（9月任）
党组副书记：许孔萍（女，9月任）
常务副主任：赵思庆
副　主　任：商红卫
　　胡亚琼（女）
　　杨爱军（8月免）
　　张俊生（8月免）
纪检组长：朱向东

煤矿安全监督管理办公室

主　　　任：牛学峰
副　主　任：张晓刚
　　宋红雨（8月免）

商务局

局　　　长：王晓东
党委书记：刘敬军（女，8月免）
　　王晓东（9月任）
副　书　记：王晓东（9月免）
　　刘敬军（女，9月任）
党务副局长：李　震
副　局　长：周清秀（女，8月免）
　　王小贤（女，8月免）
　　王磊强
　　叶　磊（8月免）
纪委书记：李军霞（女，8月任）
工会主席：陈　丹（女，8月免）

信访局

局　　　长：曹宪武
常务副局长：孔　健（8月免）
　　冯　军（9月任）
副　局　长：李咏梅（女）
　　李登亮（9月免）
　　刘洪滨
　　文玉莲（8月任）

人民来访接待中心

主　　　任：文玉莲（女，8月免）
　　刘　勇（8月任）

安全生产监督管理局

局　　　长：刘少卿
党组书记：岳喜成（8月免）
　　刘少卿（9月任）

党组副书记：岳喜成（9月任）
常务副局长：张庆华
副 局 长：杨建军
李 强
王战红
郭喜田（9月任，挂职）
崔虎英（8月免）
唐桂琴（女）
纪检组长：王 炜

文化旅游局

局 长：牛志宏（女）
党组书记：常 智（8月免）
牛志宏（女，9月任）
常务副局长：王进喜
副局长兼区扫黄打非领导小组办公室
主 任：张 凯（8月免区扫黄打非领导小组办公室主任）
副 局 长：靳东霞（女）
高 蕾（女）
图书馆馆长：邹红娜（女）

南水北调工程建设管理办公室

主 任：田喜增
党组书记：张 攀（女，8月免）
田喜增（9月任）
党组副书记：张 攀（女，9月任）
党组副书记、副主任：熊金玉（8月免）
副 主 任：王宏石
纪检组长：林荣春

建设投资公司

总 经 理：崔宗晓
副总经理：李洪志
肖云霞（女）
李雨辰（女）
金国河

数字化城市管理指挥中心

主 任：王 琳（女）
副 主 任：付朝峰

投资促进服务中心

主 任：王晓琳（女）
副 主 任：毛学利
丁 磊
张 娅（女，8月免）

爱国卫生运动委员会办公室

主 任：张新波
副 主 任：宋改琴（女）
李现峰（8月退休）
孙 磊（8月退休）

红十字联合会

会 长：黄卫红（女，6月免）
李华民（6月任）
常务副会长：井 燕（女）
副 会 长：于素娟（女8月免）
张 霞（女，8月任）

新型城镇化建设办公室

综合协调办公室

主 任：靳发宏（8月免）
毛新辉（8月任）

城中村和旧城改造办公室

副 主 任：刘 杰（8月任，主持工作）
胡艳华（女，8月任）

合村并城办公室

副 主 任：魏常春（8月任，主持工作）
张建华（8月任）

区政府组成部门内部挂牌单位

地方志办公室

主 任：刘 琴（女）
副 主 任：孙建业（8月退休）
韩 冰（8月任）

法制办公室

主 任：吕锋卫
副 主 任：沈建菊（女）
张治初（8月免）
唐 丹（8月免）

人民防空办公室

主 任：杨 杰（8月免）
副 主 任：傅光成
刘皎皓

物价局

局 长：冯保强
副 局 长：顾巧玲（女）
检查所所长：高增瑛（女）

粮食局

局 长：蔡建峰（8月免）
靳发宏（8月任）

乡镇

侯寨乡党委

书 记：丁文霞（女）
常务副书记：崔工作
副 书 记：南中洋
齐新华（市下派挂职）
赵恒康（挂职）
副书记、政协工委主任：魏红利
副书记、纪委书记：胡会杰（8月任）
纪委副书记、监察室主任：马新
委员、武装部部长：程丽霞（女）
委 员：李轶韬（女，8月免）
杨 磊（9月任，挂职）
许建伟（9月任，挂职）
宋志敏

侯寨乡人大主席团

主 席：崔工作

侯寨乡人民政府

乡 长：南中洋（兼樱桃沟景区党工委书记）
副 乡 长：乔 林（8月任）
李轶韬（女，8月免）
于建桥
牛军锋
田 领（挂职）
杨爱军（挂职）
郑 惠（女，9月任，市下派挂职）
工会主席：李科伟
综治中心主任：宋志敏
副 主 任：李育斌
司法所所长：陈 伟（9月免）

侯寨乡村镇规划建设管理中心

主 任：刘云鹏（8月免）
副 主 任：蒋延群

李　和
白云龙(9月任,挂职)

马寨镇党委

书　　记:王玉红(女)
常务副书记:刘丽红(女)
副 书 记:谢金旺
王柏奇(兼政协工委主任)
李应涛(兼综治中心主任)
委员、纪委书记:段祥军
纪委副书记、监察室主任:申林(女)
党 委 委 员:张玉强
周　雨(8月免)
王西锋(9月任,挂职)
董志强(9月任,挂职)

马寨镇人大主席团

主　　席:刘丽红(女)
副 主 席:田子平(8月退休)

马寨镇人民政府

镇　　长:谢金旺
副 镇 长:张玉强
马军利
霍东红(女)
曾成全
王　轲(9月任,市下派挂职)
司法所所长:郭　威
工会主席:李永梅(女)

马寨镇村镇规划建设管理中心

副 主 任:张起生
高　磊(9月免)
李　军(8月免)

派出机构

大学路街道党工委

书　　记:海　鸥
副 书 记:周　彪
副书记、纪工委书记、政协工委主任:
郭向东
副 书 记:于　沛(9月任,市下派挂职)
李艳菊(8月任)
委员、武装部部长:苏精适(8月免)
委　　员:陈志强
徐　雯(女)
冯海娜(女)
郭永志(9月任,挂职)
纪工委副书记、监察室主任:赵　沛(女)

大学路街道办事处

主　　任:周　彪
副 主 任:李　明(8月免)
胡　麟(女)
工 会 主 席:王丽艳(女)
司法所所长:宋明珠(女)
综治中心副主任:邵丽丽(女,8月免)

五里堡街道党工委

书　　记:鲁林林(女)
副 书 记:魏　锋
副书记、政协工委主任:赵　强
副书记、纪工委书记、综治中心主任:
吴　原(女)
纪工委副书记、监察室主任:陈瑞果(女)
委　　员:马卫丽(女)
段　侠(女)
高素丽(女)
委员、武装部部长:李　凡(9月免)

五里堡街道办事处

主　　任:魏　锋
副 主 任:潘志梅(女)
李　凡(9月任)
张朝熠(8月免)
邵艳涛(8月免)
曲　乐(8月免)
范景松(9月任,挂职)
杨　洁(女,挂职)
马素红(女,挂职)
张　绮(女,挂职)
工 会 主 席:王　权
司法所所长:方浩东

福华街街道党工委

书　　记:岳　伟(市下派挂职)
副 书 记:张振威
副书记、纪工委书记、政协工委主任:
张积会(8月免)
副书记、纪工委书记:郭喜田(8月免)
副书记、纪工委书记、综治中心主任:
陈志伟(8月任)
副 书 记:皇甫凯芳(女,8月任)
纪工委副书记、监察室主任:刘一鹏
委员、武装部部长:李红霞(女)
委　　员:王新莉(女)
刘建伟
杨　熠(女)

福华街街道办事处

主　　任:张振威
副 主 任:侯寒松
梅　涛
郭福强
杨亚林
杨晓蕾(女,9月任,挂职)
张俊生(挂职)
工 会 主 席:孙晓霞(女)
司法所所长:江伟婵(女)
综治中心副主任:秦素霞(女)

建中街街道党工委

书　　记:李景光
副 书 记:李振伟
朱　峰
副书记、纪工委书记:
李艳玲(女,8月免)
李轶韬(女,8月任)
政协工委主任:李艳玲(女,8月免)
李轶韬(女,8月任)
综治中心主任:朱　峰
纪工委副书记、监察室主任:
闫　鸽(女,8月免)
委　　员:刘国强
刘　慧(女)
刘　洋(8月免)
陈俊峰(9月任,挂职)
王　华(9月任,挂职)
委员、武装部部长:朱新杰

建中街街道办事处

主　　任:李振伟
副 主 任:王建良
刘　闯
于云婕(女,8月免)
李　倩(女,9月任,挂职)
工 会 主 席:陈伟丽(女)
司法所所长:王朝燕(女)
综治中心副主任:刘　军

蜜蜂张街道党工委

书　　记:张振国
副 书 记:李青青(女)
王俊英(女,8月任,兼纪

工委书记）
副书记、纪工委书记、综治中心主任：
陈志伟（8月免）
副书记、政协工委主任：孟照军
纪工委副书记、监察室主任：文　雯（女）
委　　员：孟淑霞（女）
王益民
录秀娥（女）
梁晟桦（挂职）
委员、武装部部长：梁崇厚

蜜蜂张街道办事处

主　　任：李青青（女）
副 主 任：唐留生
娄成亮
田增强（8月免）
崔虎英（挂职）
白　帆（女，9月任，市下派挂职）
工会主席：朱　芳（女）
综治办副主任：王　静（女）
司法所所长：郭涵宁（8月免）

铭功路街道党工委

书　　记：张伟新
副 书 记：王　峰
副书记、纪工委书记、政协工委主任：
苏　丹（女）
副书记、综治中心主任：郭卫东（8月免）
副 书 记：程云鹏（挂职）
李　明（8月任）
委员、武装部部长：赵爱玲（女，8月免）
委　　员：石国昌
马　红（女）
张治初（9月任，挂职）
纪工委副书记、监察室主任：边亚强

铭功路街道办事处

主　　任：王　峰
副 主 任：李艳菊（女，8月免）
曾凡普（8月免）
高慧萍（女）
刘海姣（女）
张　科（市下派挂职）
孙　强
常石页（9月任，挂职）
工会主席：韩雪彬
综治中心副主任：陈亚飞（8月免）

一马路街道党工委

书　　记：马　建
副 书 记：徐　建
副书记、纪工委书记、政协工委主任：
李庆红
副 书 记：徐　帆（女，9月任，市下派挂职）
刘俊霞（女，8月任）
委　　员：宗献伟
秦贞敏（女）
李　曼（女）
盖　红（女，9月任，挂职）
闫勇辉（挂职）
委员、武装部部长：李　伟

一马路街道办事处

主　　任：徐　建
副 主 任：路宝云（女，8月免）
郭铁周
赵宝军
李志宏（8月免）
工会主席：李运海
综治中心副主任：于　东
司法所所长：张　霞（女，8月免）

解放路街道党工委

书　　记：朱松山
副 书 记：尚　可
政协工委主任：吕学斌（8月免）
副书记、纪工委书记：吕学斌（8月免）
杨志强（8月任）
副书记、综治中心主任：张巧云（女）
委员、武装部部长：李清海
委　　员：高　冬
杨　华（女）
孟　健
纪工委副书记、监察室主任：
张淑利（女）

解放路街道办事处

主　　任：尚　可
副 主 任：康向军
金一灿（8月免）
闫　立
闫国英（女）
马秋芬（女，9月任，挂职）
工会主席：尚　璟（女，8月免）
综治中心副主任：张　旭
司法所所长：张　丽（女）

德化街街道党工委

书　　记：卢书选
常务副书记：马遂鑫
副 书 记：赵　伟（女，市下派挂职）
副书记、纪工委书记、综治中心主任：
刘旭峰
副书记、政协工委主任：赵红军
纪工委副书记、监察室主任：陈永超
委　　员：车彦坤（女，8月免）
徐满红（女）
皇甫前程
张桂莲（女，9月任，挂职）
委员、武装部部长：沈胜利

德化街街道办事处

主　　任：赵　伟（女，市下派挂职）
副 主 任：魏永生
闫　红（9月任，市下派挂职）
邵俊杰
臧刘伟（9月任，挂职）
张金博（8月免）
工会主席：史红丽（女）
综治中心副主任：余建军
司法所所长：郭红霞（女）

淮河路街道党工委

书　　记：赵红林
副 书 记：秦召玉
副书记、纪工委书记、综治中心主任：
冯　军（9月免）
副 书 记：张积会（8月任，兼政协工委主任）
李治昊（市下派挂职）
李登亮（9月任）
纪工委副书记、监察室主任：
张素雯（女，8月免）
委员、武装部部长：张　健
委　　员：臧江涛
李　丽（女）
刘福平
许　楠（挂职）
张素雯（女，9月任，挂职）

淮河路街道办事处

主　　任：秦召玉
副 主 任：杨志强（8月免）
皇甫凯芳（女，8月免）
于　鑫（8月免）
孔培荣（女）
赵爱玲（女，8月任）
李志宏（9月任，挂职）
工会主席：何　华
综治中心副主任：贾胜超（9月免）
司法所所长：张丽华（女）

嵩山路街道党工委

书　　　记:胡仲泰
副　书　记:张　勋
　　　　　陈　强(8月任)
　　　　　毛新辉(8月免,挂职)
副书记、纪工委书记、综治中心主任:
　　　　　赵彦军
委　　　员:左彩霞(女)
　　　　　兰喜国
　　　　　聂　巍(挂职)
纪工委副书记、监察室主任:李浩杰
委员、武装部部长:雷广伟

嵩山路街道办事处

主　　　任:张　勋
副　主　任:陈　强(8月免)
　　　　　乔　林(女,8月免)
　　　　　杨德安(9月任,挂职)
　　　　　张　蕾(女)
　　　　　岳小莉(女,挂职)
　　　　　姚锦树(8月免)
　　　　　唐安华(挂职)
　　　　　田禾秀(女)
　　　　　姜聚鑫(挂职)
　　　　　张朝熠(8月任)
工 会 主 席:王天朗
综治办副主任:张　杰
司法所所长:王鸿飞

长江路街道党工委

书　　　记:黄新宏
副　书　记:路　军
　　　　　娄　晖
副书记、纪工委书记:禹　欣(8月免)
　　　　　苏精适(8月任)
政协工委主任:禹　欣(8月免)
　　　　　娄　晖(8月任)
委　　　员:刘俊霞(女,8月免)
　　　　　郭东军(8月免)
　　　　　袁朝晖
　　　　　吴永辉(9月任,挂职)
　　　　　法枝梅(女,9月任,挂职)
委员、武装部部长:李　海
纪工委副书记、监察室主任:
　　　　　贾彩霞(女)

长江路街道办事处

主　　　任:路　军
副　主　任:吴丽娜(女)
　　　　　郭海滨
　　　　　李瑞奇
　　　　　梁　建
　　　　　张　冰(女,挂职)
　　　　　孙柳强(9月任,挂职)
　　　　　石　美(女,9月任,挂职)
综治中心主任:文东升(8月免)
综治中心副主任:董潺潺(女,9月免)
司法所所长:暂缺
工 会 主 席:吴永辉(8月免)

京广路街道党工委

书　　　记:张　祎
副　书　记:余　莉(女,9月免)
副书记、政协工委主任:
　　　　　荆体伟(9月免)
副书记、纪工委书记、综治中心主任:
　　　　　魏辉利
副书记:申志晓(女,9月任,市下派挂职)
委员、武装部部长:楚利伟
委　　　员:石　美(8月免)
　　　　　孙向明
纪工委副书记、监察室主任:
　　　　　荆军锋(8月免)

京广路街道办事处

主　　　任:余　莉(女,9月免)
副　主　任:李振江(8月免)
　　　　　付秀荣(9月任,挂职)
　　　　　凡思伟
　　　　　王　倩(女)
　　　　　王　晔(9月任,挂职)
　　　　　郑　涛
工 会 主 席:郭小芳(女)
综治中心副主任:焦建设
司法所所长:孟　涛

垂直管理部门

郑州市公安局嵩山路派出所

所　　　长:王天福
政　　　委:周德生(4月任郑州市公安局治安支队负责人)
副　所　长:李国领　张瑞民
　　　　　冯红军
　　　　　陈红君(女)

警务综合大队

大　队　长:齐同民
教　导　员:王富强
副 大 队 长:邵长峰
　　　　　张　冰(女)

案件侦办大队

大　队　长:胡业震
教　导　员:王凤海
副 大 队 长:陈瑞选
　　　　　陈　磊

治安管理服务大队

大　队　长:张洪铭
副 大 队 长:李　扬(女)

交管巡防大队

大　队　长:孙　立
教　导　员:林　立
副 大 队 长:韩　华
　　　　　周　韧
　　　　　张志安

特勤大队

大　队　长:董　晟
副 大 队 长:刘　允
　　　　　马福增

经侦大队

大　队　长:高宏伟
副 大 队 长:尹双允
　　　　　邵晓东

执法执纪监督室

主　　　任:刘霄翔(女)
副　主　任:冉　军
　　　　　剧　亮

拘留所

所　　　长:王建峰
教　导　员:郭光耀
副　所　长:苑光丽(女)

郑州市公安局洁云路派出所

局　　　长:江　云
政　　　委:窦照辉
副　局　长:贾　红
　　　　　郭爱荣(女)
　　　　　朱登尉
　　　　　袁艳林

警务综合大队

大　队　长:郭瑞峰
教　导　员:冯发喜

案件侦办大队

大　队　长:李　虎(1月任)

治安管理服务大队

大　队　长:马　军
教　导　员:谢　华(女)

交管巡防大队

大　队　长:郭长江
教　导　员:张文杰

执法执纪监督室

主　　　任:柳伟现

郑州市公安局大学路派出所

局　　长:田亚杰
政　　委:阎永琦
副 局 长:王　军　张立巍
　　　　王　琳　张　帅
　　　　秦留柱　秦江涛

警务综合大队

大 队 长:张宪民
教 导 员:张宝兴

案件侦办大队

大 队 长:孙学中
教 导 员:闫宏伟

治安管理服务大队

大 队 长:刘　鹏
教 导 员:刘绪锋

交管巡防大队

大 队 长:苗　萌
教 导 员:申　涛

执法执纪监督室

主　　任:陈志勇
教 导 员:王超峰

郑州市公安局解放路派出所

所　　长:李　勇
政　　委:徐占刚
副 所 长:袁卫平　马九嵩
　　　　赵明军　孙中辉

警务综合大队

大 队 长:赵志刚
教 导 员:丁　洁

案件侦办大队

大 队 长:黄少波
教 导 员:王前闯

交管巡防大队

大 队 长:王志刚
教 导 员:马　璐

治安管理服务大队

大 队 长:杨雪锋
教 导 员:郭　伟

执法执纪监督室

主　　任:崔一宁
教 导 员:柴建宇

郑州市公安局马寨派出所

局　　长:张　炜
政　　委:焦许洲
副 局长:卢　伟　张国华
　　　　王宏伟　刘　安

警务综合大队

大 队 长:靳志勇
教 导 员:丁建鑫

案件侦办大队

大 队 长:薛　山
教 导 员:周永刚(代理,兼任马寨警务区警长)

治安管理服务大队

大 队 长:杨　锐
教 导 员:樊　磊(代理,兼任侯寨警务区警长)

交管巡防大队

大 队 长:刘华玉
教 导 员:何志军

执法执纪监督室

主　　任:黄　奇
教 导 员:窦宏伟(兼任郭家咀警务区警长)

郑州市公安局火车站派出所

所　　长:栗　英(女)
政　　委:刘春明
副 所 长:李朝军　侯振平
　　　　李全明　李战伟

警务综合大队

大 队 长:崔长松
教 导 员:郑晓慧

治安管理服务大队

大 队 长:阎春雷
教 导 员:(空缺)

案件侦办大队

大 队 长:许根佑
教 导 员:(空缺)

交管巡防大队

大 队 长:刘水法
教 导 员:陈留法

经侦大队

大 队 长:王　伟
教 导 员:陈中印

执法执纪监督室

主　　任:张万春
教 导 员:刘　泳

拘留所

所　　长:薛丽伟
指 导 员:乔晓忠

郑州市公安局交警三大队

大 队 长:王金柱
教 导 员:杨英洲

办公室

主　　任:唐志鹏

一中队

中 队 长:孙　航
指 导 员:张　斌

二中队

中 队 长:汪智杰
指 导 员:岳　涛

三中队

中 队 长:贺松涛
指 导 员:孙勇杰

四中队

中 队 长:方玉林
指 导 员:齐　岳

五中队

中 队 长:仇玉峰
指 导 员:杨金彧

六中队

中 队 长:赵　森
指 导 员:李延洲

车站一中队

中 队 长:王　杨
指 导 员:杨　军

夜巡中队

中 队 长:温洪涛
指 导 员:郑敏军

车管中队

中 队 长:雷　震

事故中队

中 队 长:周富强
指 导 员:李勇强

二七公安消防大队

政治教导员　党委书记:王新利
大队长、党委副书记:陈世辉

二七工商行政管理分局

局　　长:李　珉(2月免)
　　　　孟文建(2月任)
副 局 长:张超峰　崔宇强
　　　　周毅敏　胡京秋
党组成员:金建成
　　　　李景玉
纪检组长:胡京秋(兼)

二七质量技术监督分局

书记、局长:樊长兴

副　局　长：季郑州
马清学
李民凡
纪检监察员、副局长：高　鹏

二七区国家税务局

局　　　长：赵宁宇
副　局　长：常振兴（12月任）
王岩平（女）
张　辉
崔国营（12月任）
韩冀红（女，12月免）
吴向军（12月免）
经 检 组 长：常振兴（12月免）
赵　悦（女，12月任）
工 会 主 席：张春晖（女，12月免）

二七区地方税务局

党组书记、局长：刘伟红（3月免）
王爱民（女，3月任）
副　局　长：魏建萍（女）
杜　华
韩伟文
纪 检 组 长：慕万亭

国土资源局

党委书记、局长：禹秉臻
党委副书记、副局长：崔绍光
党委委员、副局长：张　瑞
赵伟东
张洪亮
张　超（兼土地储备中心主任）
委员、副局长：彭万化
党 委 委 员：李先红
党委委员、纪委书记：王玉霞（女）
党委委员、工会主席：王敬敏（女）

二七规划分局

局　　　长：葛　咏
副　局　长：赵建华（女）

二七市场管理处

主　　　任：周绍斌（3月任）
书　　　记：周绍斌（3月免）
毛庆华（4月任）
副　主　任：宋紫云
毛庆华（4月免）

二七食品药品监督管理分局

局长、党组书记：朱明忠
副局长、党组成员：成辉
纪检组长、党组成员：陈向林
监督所所长：李华杰
监督所党支部书记、党组成员：张东风

郑州市土地储备中心二七区分中心

主　　　任：张　超
副　主　任：刘新丽（女）
许建伟（8月免）
杨　庆

郑州市社会保险局二七分局

局　　　长：薛　燕（女）
副　局　长：魏辉延
时营军
岳　超
董爱武（女）
王瑜亮

中国共产党

区委全局工作

【概况】 2014年，中共二七区委辖党总支部48个，党支部575个，党委23个，党工委16个，共有党员23168名。

2014年，是郑州都市区“三年行动计划”收官之年。区委常委会以邓小平理论、“三个代表”重要思想、科学发展观为指导，贯彻落实党的十八大、十八届三中、四中全会和习近平总书记系列重要讲话精神，按照中央和省、市决策部署，树立“品牌、品质、品位”理念，实施开放、创新“双驱动”，推进“三大主体”工作，统筹“五大板块”建设，圆满完成“三年行动计划”目标任务，全区经济社会各项事业跃上新水平。

区委常委会始终注重发挥总揽全局、协调各方的领导核心作用，坚持“党委统一领导、政府分工负责、人大政协通力合作、全区上下齐心协力抓落实”的工作运行机制，尽职尽责抓中心、带全局、聚合力、促发展，政治建设、经济建设、文化建设、社会建设、生态文明建设和党的建设等各项工作再上新台阶。

2014年，完成地区生产总值435亿元，增长9%，是2011年的1.3倍；服务业增加值352亿元，同比增长9%，是2011年的1.4倍，占GDP比重为80.9%，较2011年提高3.1个百分点；公共财政预算收入28.4亿元，增长14%，是2011年的1.02倍；规模工业增加值41.5亿元，增长10%；社会消费品零售额339.6亿元，增长14.7%，是2011年的1.5倍；固定资产投资336.5亿元，增长15%，是2011年的1.9倍；城镇居民人均可支配收入28026元，是2011年的1.4倍；农民人均纯收入17443元，是2011年的1.3倍。二七区首次进入全国中小城市科学发展“双百强”，位居科学发展百强区第90位、最具投资潜力百强区第73位，成为全省唯一入围的区。

二七区三年行动计划主要经济目标进展情况一览表

序号	指标名称	单位	2011年完成数	2012年完成情况		2013年完成情况		2014年完成情况		2012年至2014年完成情况		三年行动计划目标测算	
				绝对值	增速	绝对值	增速	绝对值	增速	累计完成绝对值	年均增速	三年绝对值累计总量	年均增速
1	地区生产总值	亿元	325.1	363.9	8.1%	399.3	7.3%	428.2	7.6%	1191.4	7.7%	1260.6	13%
2	第三产业增加值	亿元	252.9	285.9	8.6%	313.9	5.8%	344	6.6%	943.8	7.0%	1014.5	12%
3	固定资产投资	亿元	189.4	236.6	26%	292.6	23.7%	338.9	15.8%	868.1	21.8%	902.6	25%
4	公共财政预算收入	亿元	18.7	21.77	16.3%	24.9	9.9%	28.4	14.1%	75.1	13.4%	74.7	15%
5	规模工业增加值	亿元	39.2	42.9	8.2%	47.4	12.7%	41.8	10.2%	132.1	10.4%	174.2	19%
6	社会消费品零售总额	亿元	231.8	265.4	14.5%	301.3	13.3%	335.7	13.4%	902.4	13.7%	942.6	16%
7	外贸出口	亿美元	1.3	1.44	11.3%	1.56	8.7%	1.1	–28.2%	4.1	–4.6%	4.71	——
8	实际利用外资	亿美元	1.6	1.83	12.8%	2.05	11.7%	2.3	13.1%	6.2	12.5%	6.68	——
9	城镇居民人均可支配收入	元	20737	23246	12.1%	25478	9.6%	27873.0	9.4%	76597.0	10.4%	76928.7	11%
10	农民人均纯收入	元	13523	15153	12.1%	15857	9.5%	17475.0	10.2%	48485.0	10.6%	51107.9	12%

【投资与建设】 坚持把以项目为载体的“强投资”作为经济工作的总抓手，突出主导产业选商、重大项目建设和要素驱动能力提升。

（一）选商引资。围绕主导产业，突出抓业态、显特色，着力选优引强。重点抓好项目包装策划和梯次储备，开展产业链招商、集群式招商。全年签约郑州华贸商业中心、马寨新镇区合村并城等主导产业项目9个，签约额近600亿元。坚持高标准推进二次选商，河南首家4D国际影院等15个品牌项目落户辖区。“绿地凤凰岛”、中国中部电商港等一批具有影响力、带动力的项目正在进行实质性谈判。

（二）项目建设。深化“四个一”项目推进机制，确保重点项目顺利推进。全年纳入区重点管理的215个项目完成投资343.2亿元，新开工41个，竣工50个，在建项目52个，其中，省、市重点项目累计完成投资142.8亿元，占目标任务的147%。“康师傅”扩大再投资、华润万象城、花花牛乳制品加工等一批项目竣工运营，发挥了巨大的经济效益、社会效益。

（三）要素驱动。抢抓政策机遇，创新融资形式，成为全国唯一一个城投债发行的主城区，全年筹措各类资金96.69亿元，新增政府融资20.43亿元，全区多层次融资体系初步形成。深入实施全市“六统一”土地储备模式，全年完成土地上报275公顷，批回392.2公顷，完成征收305.27公顷，收储467.27公顷，实现供地167.27公顷，土地出让金额达85亿元，“六项指标”均在市内六区名列前茅。

【新型城镇化建设】 坚持以“人的城镇化”为核心，全面做好安置房建设和5项重点工作，努力实现群众就业方式、生活方式、居住方式、消费方式的城市化。全年新型城镇化完成投资超300亿元，拆迁1218万平方米，全区19个城中村拆迁全部完成，市区三环路内所有城中村拆迁基本完成，市区四环路内村庄拆迁实现大头落地。

（一）群众安置工作。纳入市定“136”台账的20个项目全部开工，面积578万平方米，实现封顶180万平方米，回迁4301户11276人。全区累计开工安置房950万平方米，确保被拆迁群众户均2套安置房，3年以上拆迁项目实现全部回迁，全区安置房建设走在全市前列。

（二）交通道路、生态廊道和绿化整治等工作。全年新修区管道路28条，新建停车泊位12910个，是年目标任务的161%；新增生态廊道、铁路沿线、综合性公园等绿化396万平方米。2014年，在全市建成综合性公园10座中，辖区的3座综合性公园全部建成开放。统筹整合提升周边教育、医疗、便民服务、养老服务等设施，构建“十五分钟便民生活圈”，群众生活环境、交通环境得到进一步改善。

（三）重点区域拆迁改造。孙八砦、王立砦整村拆迁基本完成，中央商务区安置区拆迁完毕，完成拆迁185万平方米，开工建设安置房25.3万平方米，目标进度均达到市定要求，各项工作有序推进。

【现代产业体系构建】 加快推进二七新区、马寨产业集聚区、二七特色商业区三大园区建设。全年3个园区在社会经济发展中的载体作用更加突出，经济总量、投资总量、税收总量，均占全区60%以上，以高端商贸、生态文化、现代食品制造为主导的现代产业格局基本确立。

（一）二七新区。新区控规获批面积32.54平方公里，占总面积的85.6%。全年完成土地征收92.73公顷，实现供地105公顷；完成固定资产投资约170亿元，在上半年全市组团新区考核中固定资产投资排名第一，安置房建设排名第二。亿元以上项目完成投资157亿元，基础设施和公共服务设施完成投资约40亿元。新开工绿地·滨湖国际城二期、郑州CSD、红星美凯龙、鑫苑鑫家等4个省、市重点项目，河南网商园二期、中国中部电子商务港（总部基地）一期等项目已投入使用。寒山路、南彩路等12条道路建成通车；自来水1号加压泵站、荆胡变电站等设施正加快推进。

（二）马寨产业集聚区。全年完成规模以上工业总产值160亿元，增长14.78%；固定资产投资完成56.65亿元，增长61.86%。建成标准化厂房22万平方米，新增道路2.2公里。签约苏宁食品电商园和马寨新镇区合村并城开发重点项目2个，引进郑州麦珂琪食品等二次招商项目27个，引进郑州茂丰置业、郑州豫宝达房地产等总部（楼宇）经济项目8家。实际到位资金34.4亿元，利用外资7395万美元。通信、燃气、电力、雨水管网、污水管网已覆盖建成区及部分待建区域，污水处理厂一期实现通水调试，集聚区基础设施配套不断完善。

（三）二七特色商业区。围绕千亿级商圈建设，全面提升商业开发价值和土地利用价值。全年完成固定资产投资33.68亿元；财政收入5.58亿元，增速17.28%；社会消费品零售总额181.81亿元；招商引资44.87亿元，增速184%。策划包装铭功路以西连片开发项目、二七宾馆周边地下空间开发利用等项目7个，德化新街等二次选商项目13个。投资亿元以上的15个高端商贸项目进展顺利，华润万象城已开业，华润大厦正式启用，华润悦府住宅已交房。德化街地下人民防空工程基本竣工，正弘凯宾城、德化无限城主体已完工，二次招商基本完成，城市形态有机更新和产业业态提升不断加快。

【长效机制建设】 以国家级行政服务标准化试点为契机，着力完善《二七区网格化管理标准体系（试行）》等制度，健全标准化体系，有效解决了一大批“看得见的管不住、管得住的看不见”的问题。

（一）深化条块融合。制定并下发《二七区三支队伍管理办法》《二七区长效机制运行监督考评办法》等制度文件，以制度推动条块深度融合。全年召集各级联席会议89次，组织联合执法75次，一批涉及民生的问题得到有效解决。

（二）督查考核管理机制建设。建立效能稽查队伍，引入第三方稽查，加强对三支队伍的管理，促进各项工作有效落实。全年开展督查活动51次，责任追究17人。

（三）提升平台运行效率。坚持“发现问题上平台、解决问题用平台”，平台作用得到有效发挥，工作效率实现明显提升。全年社情信息发现168757件，处置167053件，处置率为98.99%；台账信息发现18827件，处置18673件，处置率99.18%。

（四）充实为民服务内容。加强对群众工作队员和网格人员服务技能培训；制作“十五分钟便民服务圈”索引地图，探索实行“社区服务积分制”；打造为民服务示范社区，形成铭功路街道公益性社会组织孵化基地、大学路街道志愿服务网络、京广路街道居民“说事”制度等特色品牌。

（五）推进群众自治。坚持用文化引领网格服务，开展“我们的节日”“大走访、大帮扶”等特色主题活动。充分发挥各种力量作用，引导离退休老干部、老党员、社区志愿者、楼栋长、家庭联户代表，主动参与社区服务，实现“自我管理、自我服务”。探索建立一级网格党工委、二级网格党支部、三级网格党小组的“党组织服务体系”，进一步夯实基层基础。

【民生社会事业】 区委常委会始终自觉把保障和改善民生作为一切工作的出发点和落脚点，着力发展民生社会事业，努力营造安全稳定、和谐有序的政治社会氛围，不断提高居民幸福指数。

（一）解决群众关心的热点、难点问题。深入推进“六名工程”，形成“多彩教育”品牌，全区教育优质均衡发展。加快推进5所中小学、幼儿园建设，新增学位4500余个，超额完成全年目标。开工建设保障房1605套，是年目标的104%，基本建成993套，超额完成年度目标任务，进一步缓解低收入群体的住房压力。完成城镇新增就业23470人，是年目标的110%。

（二）提升社会保障水平。逐步形成政府主导、社会参与的救助工作长效机制，连续四年保持“中国爱心城区”称号。全年累计救助保障各类困难对象9500余人，发放低保、“五保”金、大病救助、临时救助及各类临时补贴1721.7万元。完善城区居民“15分钟社区医疗服务圈”，新型农村合作医疗保障水平逐步提升，参合率98.9%，疾病预防控制连续3年全市排名第一。

（三）稳定社会大局。强化问题排查化解，顺利完成APEC会议、全国“两会”等重要会议的信访保障任务，全区信访形势平稳可控，代表河南省接受中央督导组的检查验收。加强社会治安管理和防范，深入开展“防暴恐、净环境、调纠纷、稳大局”专项活动，构筑“自下而上、从小到大、层层创建、逐级推动”的平安创建体系。深化安全生产“打非治违”活动，加大消防安全、煤矿安全、建筑安全、危险化学品安全监管力度。检查生产经营单位12128家（次），排查治理各类隐患11889条，已全部整改。

【精神文明和民主法治建设】 （一）民主法治建设。坚持党的领导、人民当家做主和依法治国的有机统一。坚持和完善人民代表大会制度，支持人大及其常委会依法履行职能，有效促进“一府两院”依法行政、公正司法，保障人大代表发挥主体作用。坚持完善共产党领导的多党合作和政治协商制度，支持政协履行政治协商、民主监督、参政议政职能，更好地发挥协调关系、汇集力量、建言献策、服务大局的作用。按照“法治中国”路线图，创新开展“普法大讲堂”等教育活动，完善区人民法院“一站式”多功能诉讼服务大厅，推进司法公开。建立健全社区矫正制度，组建社区矫正机构193个。坚持党管武装，扎实开展“双拥”工作；开展“同心·工程”实践行动，不断加强与民主党派、无党派和非公有制经济人士的联系，切实做好民族、宗教、侨务、对台工作，爱国统一战线进一步巩固和发展；做好老干部工作；工会、共青团、妇联、科协、工商联、残联等人民团体的民主参与作用进一步增强。

（二）加强精神文明建设。培育和践行社会主义核心价值观，推进以“传统文化、时代脉搏”为主题的机关文化建设，营造学习中华民族优秀传统文化、弘扬核心价值观的良好氛围。加强公民道德建设，举办全市首场道德模范故事汇，“陇海大院爱心集体”进入2014“感动中国人物”20强。深入推进基层“文明使者”志愿服务站点建设，组建“爱心帮帮团”“春风号、红旗对”“义工之家”等特色志愿服务队伍，丰富二七特色的志愿服务模式。加强未成年人思想道德建设，广泛开展“我的中国梦”“认星争优、做美德少年”等主题教育实践活动。坚持文化惠民，累计放映农村公益电影636场（次），开展“优秀舞台艺术进乡村、进社区、进基层”公益演出100场（次），“文化艺术公益讲堂”100余场，举办各类文化活动及文化骨干培训1500余场，完成全年目标任务。加快发展文化创意产业，影视制作、传媒创意等8个产业初具雏形，微电影《大国廉政——中国廉政故事100部系列微电影》首批4部样片已经发布，《念书的孩子》《快乐星球》在国内初具影响力。

【全面深化改革】 （一）经济体制改革。城乡规划土地建设管理“六统一”改革进展顺利。机构改革工作有序进行，工商、质量技术监督、药品食品监督等垂直管理部门下放工作已启动。二七新区、马寨产业集聚区、二七特色商业区套合改革已完成。推进“五险合一”社会保险制度改革，成立郑州市社会保险局二七分局。不断壮大政府融资平台，初步建立多层次资本市场融资体系。深化基层医疗卫生计划生育体制改革，基层医疗卫生机构已全面实施基本药物制度。

（二）政治体制和党的建设制度改革。加强人民代表大会制度建设，健全人大与“一府两院”沟通协调机制。建立预算审查前听取人大代表和社会各界建议制度。推进协商民主广泛多层制度化发展，充分发挥委员的主体作用。深化干部选拔任用制度改革，探索“一定三重”（定启动原则、重综合研判、重酝酿沟通、重示范引领）动议模式。

（三）司法和社会管理改革。全面推进涉法、涉诉信访改革，实行涉法、涉诉信访依法终结制度。建立健全社区矫正制度，组建社区矫正机构193个。完善食品、药品安全社会共管机制，实施量化分级管理制度，建立和完善餐饮单位诚信档案。

（四）文化体制改革。加强新兴媒体舆论导向作用，积极与中央、省市媒体和新兴媒体的沟通交流。建立健全新闻发言人制度，强化网络舆情工作。大力发展文化创意产业，培育扶持一批文化骨干企业和品牌项目。

【党的群众路线教育实践活动】 认真贯彻落实习近平总书记系列重要讲话精神和省、市委决策部署，坚持把党的群众路线教育实践活动作为正风肃纪、凝心聚力、推动发展的重大举措，紧紧围绕“为民、务实、清廉”主题，要求全区499家单位、724个基层党组织、2.2万余名党员，以兰考县为标杆，坚持“一学三促四抓”，贯彻整风精神和“三严三实”要求，落实中央“八项规定”，坚决反对“四风”，党群干群关系明显好转。

（一）学习教育。坚持领导班子带头学、各基层党组织书记系统学、各类党员全员学，采取精读原著、专家授课、实地参观、互动交流等“九学”方式，分类开展学习教育，从思想上打牢基础、增添动力。

（二）征集意见、建议。在区委常委和党员副区长中建立联系点，分两批发放调查问卷1万份。通过一线走访、设置“民意信箱”、公布热线电话、走进上级业务部门等方式，广泛征集各领域、各层面意见、建议6733条，梳理为3大类421项。

（三）批评与自我批评。严把对照检查、谈心谈话、开展批评“三个关口”，召开高质量的民主生活会或专题组织生活会。台郭村作为村级组织专题组织生活会和民主评议党员试点，为全市积累了经验。

（四）问题整改。扎实做好党的群众路线教育实践活动征求意见及中央巡视组反馈意见整改落实，按照到门、到事、到人“三到”要求，分类建台账、定方案、抓整改。开展“软弱涣散”基层党组织整顿、环境整治等8项专项行动，整合取消行政审批事项70项，梳理规范性文件459件，一批涉及群众切实利益的问题得到有效化解。扎实推进超配干部专项治理，完成市委下达第一阶段20%、第二阶段21%的消化任务。

（五）建章立制。立足巡视整改问题、作风建设、长效规范等，制定《二七区落实基层党建工作责任制度实施办法》《二七区村庄拆迁改造过程管理办法》《二七区“三强一创”活动实施意见》等相关制度规定，确保以制度管权管人管事。

【党的建设】 坚持把党的建设作为事关全局的大事来抓，围绕“党的群众路线教育实践活动”，努力建设一支“想正事、能干事、干成事、不出事”的干部队伍，为二七区发展提供坚强的政治保障。

（一）思想政治建设。坚持把学习习近平总书记系列重要讲话作为重大政治任务，贯穿到年度学习计划之中，做到真学真懂、真信真用、真抓真改，组织区委中心组学习20余次。采取区委书记讲党课、集中学习、专题讲座、培训研讨等形式，迅速在全区掀起学习党的十八届三中、四中全会精神热潮。创新学习方式和形式，创办“周末大讲堂”活动15期，在大别山干部培训学院、焦裕禄纪念馆等举办领导干部培训班2期，组织部分区领导和乡（镇）街道、区直委（局）负责人，赴上海市、浙江省杭州市、江苏省南京市等地学习考察，进一步促进全区党员干部开阔视野、丰富阅历、增长才干。

（二）领导班子和干部队伍建设。强化乡（镇）、街道基层一线干部交流配备。改进干部考核方式，新增对干部“担当”表现的考核内容，使考核更加科学有效。持续加强干部历练培养，抓好第一批历练干部的跟踪问效。2014年按照市委“六进”要求，选派第二批45名优秀科级干部到乡（镇）街道、村（社区）、非公有制企业等一线历练。切实抓好干部教育培训，选派50名干部参加各级专题轮训或市委党校中青年干部班，举办6期科级女干部、党员发展对象等专题培训班。

（三）基层党组织建设。深化推进“三强一创”活动，抓好在职党员“双报到双服务”；开展“实现微心愿、做好微服务”活动，帮助群众实现“微心愿”326个。建立健全软弱涣散党组织整顿常态机制，完成15个“软弱涣散”党组织的整顿转化。新建非公有制党组织40家，全区总量达到304家。新建“红网家园”20个，培育市级党员远程教育示范基地2个，形成“三微一网”的信息化党建格局。

（四）党风廉政建设。坚持民主集中制，制定常委会议事规则及制度14项，定期召开会议，专题研究部署党风廉政建设工作。编发《警醒寄语》手机报50期，累计发送科级以上干部9万人次。深化廉政文化“一单位一品牌”活动，打造一批省、市级示范点。创新开展以“人生四季”为主题的“双节”廉政教育活动，向社会传递、释放崇廉尚廉的“正能量”。组织作风专项督查86次，深化“除四病、刹四风”干部作风整治“回头看”活动，重点以“七看”为载体，切实做到改进作风常态化。

（五）保密工作。落实保密工作领导责任制，深入实施《“十二五”规划时期全区保密事业发展规划》。强化经费投入，全年安排35万元用于机要保密事业发展。完善健全《保密工作组织领导制度》《保密技术防范管理制度》等10项制度，不断提升保密工作的规范化水平。做好保密普查和节假日期间的保密工作，加强对保密人员保密意识和业务能力培训，确保各项工作落到实处。

（杨　坤）

区委会议

【常委会议】 2014年，召开常委会议25次。

1月6日，听取关于区委十届六次全体（扩大）会议筹备情况、市委征求民主生活会意见、建议相关工作情况的汇报，研究区委十届六次全体（扩大）会议相关材料、2013年度“三大主体”工作先进集体和先进个人表彰工作、《关于健全完善二七区干部监督工作联席会议制度的通知（讨论稿）》以及有关区委组织部相关工作事宜，传达学习中共河南省委组织部干部监督工作联席会议制度相关文件和省纪委、省委组织部关于做好严肃换届纪律工作文件精神。

2月7日，听取区十五届人大三次会议筹备情况、区政协八届三次会议筹备情况以及区“两会”各类名单确定情况的汇报，研究二七区人大常委会工作报告、二七区政协第八届常委会工作报告、二七区2014年为民办十件实事项目、二七区2014年政府工作报告、关于二七区2013年国民经济和社会发展计划执行情况与2014年计划（草案）的报告、关于二七区2013年财政预算执行情况和2014年财政预算（草案）的报告、二七区人民法院工作报告、二七区人民检察院工作报告（讨论稿）、二七区招商引资工作汇报以及区委组织部相关工作事宜，传达学习省纪委九届四次全会、全市领导干部会议市委农村工作会议暨全市扶贫开发和革命老区建设工作会议以及全市生态建设工作动员大会精神。

2月10日，听取推荐郑州市十四届人大代表候选人及第十三届市政协委员初步人选情况汇报。

2月11日，研究二七区“两会”有关选举事宜。

2月27日，传达学习郑州市委常委会议、市委党务工作大会、市“两会”及市委书记吴天君在市十四届人大一次会议期间参加区代表团审议时的讲话、全省信访稳定工作电视电话会议以及警备区党委第四届第四次全体（扩大）会议精神，听取全区党务工作大会及组织、宣传、统战工作会议、区纪委十届四次全会、2014年全区政法暨平安建设信访工作会议筹备情况，2013年度全区政法暨平安建设工作、2013年度全区信访工作拟表彰情况以及二七区2014年武装工作会议筹备情况汇报，研究中共二七区委书记蔡红在区委党务工作大会上的讲话、二七区2014年组织工作要点、关于表彰2013年度二七区服务型党组织和优秀组工干部的决定、二七区2014年统战工作要点、关于表彰2013年度二七区统战工作先进单位和先进个人的决定、二七区2014年宣传思想文化工作要点、关于命名表彰二七区2013年度区级文明单位、文明社区（村）、精神文明建设先进单位和精神文明建设先进个人的决定、二七区“坚持依靠群众推进工作落实”长效机制工作2014年工作要点、关于表彰2013年度“坚持依靠群众　推进工作落实”长效机制工作先进单位、优秀群众工作队和先进个人的决定（讨论稿）。

3月8日，听取全区“党的群众路线教育实践活动”相关文件起草及会议筹备情况汇报，研究二七区2013年度城市管理整治提升先进单位（个人）评选方案（讨论稿），传达《关于转发〈全省3月6日非正常上访3月7日赴省集体上访情况通报〉的通知》精神和全省政府职能转变和机构改革工作电视电话会议精神，集中学习《中国共产党章程》。

3月31日，听取全区2013年度工作总结暨2014年目标承诺大会筹备、全区2013年工作考核和单项奖评选情况汇报，研究中共二七区委关于区委领导干部工作分工的通知（讨论稿）、关于成立二七区社会保险服务管理办公室有关事宜，传达学习郑州市2014年新型城镇化工作推进大会会议、全市人口和计划生育工作电视电话会会议精神。

4月14日，听取全区“迎接全市产业集聚区暨新型城镇化工作观摩讲评会议”有关筹备情况汇报、对全市各县（市）区委书记、县（市）区长征求意见建议座谈会有关意见建议，研究关于表彰2013年度全区科技进步工作先进集体和先进个人、2013年度全区人口和计划生育工作先进单位及先进个人的相关事宜，传达学习全省重点项目暨产业集聚区建设工作会议精神。

4月21日，传达学习全市产业集聚区暨重点项目建设观摩讲评会议、《中共中央办公厅　国务院办公厅印发〈关于建立健全信息发布和政策解读机制的意见〉的通知》精神，听取与会区领导干部2014年第一季度重点工作开展情况及下步工作打算汇报。

4月22日，听取全区乡（镇）、街道和区直部门考核评价办法起草情况、与会区领导2014年第一季度重点工作开展情况及下步工作打算汇报，研究二七区区直部门综合目标考核评价工作试行办法、二七区经济社会发展目标考核评价试行办法（讨论稿），通报全区近期“党的群众路线教育实践活动”开展情况，传达学习赴新乡市学习基层党建先进典型经验及中共郑州市第十届委员会第八次（扩大）会议精神。

5月19日，听取上级关于改革部署安排及全区改革工作开展情况、全区2013年度领导班子和科级干部考核情况汇报以及全区有关案件情况通报，研究二七区关于成立区委全面深化改革领导小组的通知、二七区2014年产业集群招商方案（讨论稿），传达《关于印发刘满仓同志〈在省交办信访案件督查督办会议上的讲话〉的通知》精神。

5月30日，开展“党的群众路线教育实践活动”集中学习，学习习近平总书记在兰考县委常委班子专题民主生活会上的讲话精神，传达学习《关于做好第二批教育实践活动查摆问题、开展批评工作的通知》《关于印发〈“查摆问题、开展批评”环节需要重点把握的若干问题〉的通知》文件精神及市委督导组近期工作要求、全市棚户区改造工作推进会议、全市“坚持依靠群众　推进工作落实”长效机制工作会议精神，通报第一环节群众评价个别谈话情况、全区教育实践活动群众评价反馈情况及动员会上民主评议结果。

6月3日，传达学习《中共河南省委办公厅转发〈省委党的群众路线教育实践活动领导小组关于认真学习贯彻习近平总书记指导兰考县委常委班子专题民主生活会时的重要讲话精神的意见〉的通知》精神，研究区委常委班子对照检查材料。

6月9日，听取二七区“三城联创”暨城市管理提升工作动员会筹备情况汇报。

6月16日，研究二七区“坚持依靠群众　推进工作落实”长效机制工作推进会筹备工作、区委组织部相关工作，传达学习《中共郑州市委　郑州市人民政府关于贯彻落实〈河南省实施“党政机关厉行节约反对浪费条例”办法〉的通知》、王璋到五里堡街道调研走访讲话及市委“党的群众路线教育实践活动”领导小组办公室有关文件精神。

7月28日，听取区委十届七次全体（扩大）会议筹备情况汇报，研究《关于认真落实市委十届九次全体（扩大）会议涉及二七区任务的工作部署》、蔡红在区委十届七次全体（扩大）会议上的讲话材料、区委常委会2014年上半年工作报告、陈红民在区委十届七次全体（扩大）会议上的讲话、二七区2014年上半年经济形势分析及下半年工作建议、区经济社会运行八个领导小组（除日常应急工作小组外）和长效机制工作领导小组点评材料及调整区县处级领导联系分包乡（镇）街道有关事宜、二七区领导班子专题民主生活会情况通报暨群众评议会议筹备有关事宜、乡科级专题民主生活会有关事宜，传达学习全市食品药品工商质检管理体制改革工作会议、《关于纪检监察机关不再开展新购公务用车备案工作有关问题的通知》精神。

8月1日，研究区委组织部相关工作。

8月8日，研究区委组织部相关工作。

8月25日，研究区委组织部相关工作、《进一步完善区委领导同志与党外代表人士联谊交友制度的通知》（讨论稿）、县处级党员领导干部分包联系基层党组织专题组织生活会有关事宜，听取凤凰岛高端商务项目工作进展情况汇报。

8月29日，研究《二七区实施〈党政机关厉行节约反对浪费条例〉办法》（讨论稿）、二七区庆祝2014年教师节有关事宜、区委组织部相关工作。

9月29日，研究区委组织部相关工作、提高环卫工人待遇相关工作、《关于推进区人民法院审判权运行机制改革的意见》，听取全区近期“党的群众路线教育实践活动”开展情况汇报，传达学习全省产业集聚区观摩现场会议、省委第一巡视组巡视郑州市工作动员会议以及郑州市县（市）、上街区产业集聚区建设暨全市招商引资工作观摩讲评会议精神，并安排布置节前工作。

10月21日，研究全区村级组织换届工作、全区秋冬重点工作推进会议筹备工作，听取区经济社会发展七个领导小组（除日常应急处置工作领导小组）组长汇报各小组“三年行动计划”完成情况、分管其他工作2014年前三季度完成情况、下步工作打算，与会其他领导汇报2014年前三季度重点工作开展情况及下步工作打算。

11月17日，听取全区2014年选商引资项目集中签约仪式筹备情况汇报，研究开展二七区“双拥”先进表彰活动与调整区“双拥”工作领导小组工作，传达学习全国全省全市党委秘书长办公厅（室）主任会议及《11月12日市委书记吴天君关于做好2015年工作谋划的讲话要点》精神。

12月1日，研究《二七区关于落实党风廉政建设党委主体责任和纪委监督责任的实施意见（试行）》、全区2014年度表彰奖励计划有关工作，传达全市推行依法逐级走访工作现场推进会议、郑州市棚户区改造及安置房建设现场观摩会议、郑州市政府机构改革暨全面推进“五单一网”制度改革工作动员会议精神及全区有关工作安排，通报有关案件情况。

12月8日，研究惠邻中心使用建议、二七区创建全国文明城市迎检工作，听取2014年全面深化改革工作情况总结和2015年全区重点改革任务选题建议、工作要点情况汇报。

【常委务虚会议】 2014年，召开区委常委务虚会议2次。

1月20日，研究2014年政府投资新建项目、解决市垃圾综合处理场遗留问题，传达学习全市“坚持依靠群众　推进工作落实”长效机制工作现场观摩会议、中共中央办公厅　国务院办公厅《关于依法处理涉法涉诉信访问题的意见》《关于创新群众工作方法解决信访突出问题的建议》文件精神，通报全市相关工作事宜。

7月22日，听取七个重点工作推

进领导小组（除日常应急处置工作领导小组）组长汇报各小组“三年行动计划”2014年上半年及实施两年半以来主要任务完成情况及下步工作打算，与会区领导干部汇报2014年上半年工作完成情况及下步工作打算。

【区委常委碰头会议】 2014年，召开区委常委碰头会议1次。

2月7日，听取全区选商引资工作汇报、与会区领导干部近期工作安排，传达学习中共河南省纪委九届四次全会精神、全市领导干部会议、市委农村工作会议暨全市扶贫开发和革命老区建设工作会议精神。

【区委专题会议】 2014年，召开区委专题会议3次。

3月17日，召开信访稳定工作会议。

7月18日，召开马寨产业集聚区现场办公会。

11月20日，召开赴吉林省长春市学习考察党建工作座谈会。

（杨　坤）

区委办公室工作

【概况】 2014年，区委办公室坚持深入贯彻落实党的十八大和十八届三中、四中全会精神，以及省、市、区重要会议精神和各项决策部署，围绕年初确定的奋斗目标和工作重点，以“深入开展党的群众路线教育实践活动”为抓手，全力服务好区委中心和重点工作，较好地完成了各项目标任务。

【学习教育】 2014年，区委办公室始终把学习作为首要责任、摆在首要位置，建立办公室集中学习制度，通过采取支部集体学习、科室集中学习和个人自学等方式，要求全体人员“在学中干、在干中学”，切实提高自身素质和业务水平，做到学以增智、学以致用。一是加强政治理论学习。坚持不懈地学习邓小平理论、“三个代表”重要思想和科学发展观，进一步夯实理论基础，不断提高党性修养，始终坚定正确政治方向、政治立场，在任何情况下都做到思想与党中央保持高度一致。深入学习党的十八大和十八届三中四中全会、中央经济工作会议精神，以及省、市、区重要会议精神等，进一步深化对国情、省情、市情和区情的把握，增强站位全局、发挥好参谋助手作用的主动性和创造性。二是加强对教育实践活动方面知识的学习。采取集中学习和自学方式，重点学习习近平总书记系列重要讲话精神特别是兰考县讲话精神，学习中央和省委、市委、区委关于党的群众路线教育实践活动及作风建设方面的规定和要求，学习弘扬焦裕禄精神方面的文件、影视等资料，并撰写读书笔记和心得体会。通过学习，使广大党员干部进一步深化对党的群众路线教育实践活动的认识，提高为群众服务的自觉性和主动性。同时，结合党的群众路线教育实践活动，认真查摆问题，深刻剖析根源，按照立行立改、近中期整改、远期整改事项，建立整改台账，提出具体整改措施，进一步明确努力方向。三是加强业务知识的学习。深入学习习近平总书记视察中共中央办公厅时提出的“五个坚持”的要求和中央、省、市党委系统秘书长（办公厅主任）会议精神，深化对办公室工作新形势、新任务和新要求等的认识，明确办公室工作的重点和方向，进一步拓宽和完善服务视野、工作思路和工作措施。同时，广泛学习经济、管理、社会、人文等方面的知识，增强科学文化素养，收集研究国内外先进地区发展动态和成功经验，努力使区委办公室服务从更高层面、更宽角度认识事物，把握规律，提升水平。四是注重理论学习与实践锻炼相统一。号召全体职工向实践学习，把工作的过程、协调解决问题的过程作为学习提高的过程，坚持理论联系实际，注重用新理论、新知识研究和思考问题，在工作实践中深化对理论知识的理解和把握，把学习成果转化为谋划工作的思路、推动发展的措施，努力做到知行合一。

二七区召开“坚持依靠群众推进工作落实”长效机制工作推进会

【履职尽责】 2014年，区委办公室学习贯彻中央和省市党委秘书长、办公厅（室）主任会议精神，按照习近平总书记“五个坚持”的要求，坚持围绕中心、服务大局，充分发挥桥梁枢纽、综合协调和后勤保障等作用，以加强办公室机关文化建设为抓手，统筹做好文秘、信息、督查和综合服务等各项工作，提高以文辅政和综合服务水平，较好地完成全年各项目标任务。区委办公室先后获得2012—2013年郑州市党委系统办公室工作先进集体、省级和市级党委系统信息工作先进单位、全市《中办通讯》《秘书工作》《郑州工作》通联、宣传工作先进单位等多项表彰及荣誉称号。

（一）构建新形势下办公室工作的新格局。一是综合协调服务有力有序。充分发挥区委办公室的统筹协调作用，参与组织筹备全区性重要会议、活动210余次；组织区委常委会、务虚会、碰头会等28次、专题会议3次，起草印发会议纪要28期。二是以文辅政水平明显提升。全年起草区委十届六次全会、十届七次全会、党务工作会等讲话60篇，撰写考察报告、理论文章、采访提纲等材料110篇，整理编印《实践与思考3》；起草印发区委关于调整区委领导工作分工的通知、关于调整区八个工作领导小组成员的通知、关于实施厉行勤俭节约反对铺张浪费条例办法等重要文件30多件；审核办理各类公文190件，上报备案规范性文件5件；编发《二七信息》89期、《每日新闻摘要》230期，全年上报信息638篇，采用201篇（市采专期9篇），全区信息工作位列省、市先进。三是政策咨询研究工作成效明显。全年编发《领导参阅》40期；起草二七区委2014年工作要点、《关于深化实施开放创新双驱动战略　加快二七区经济社会发展的意见》《关于贯彻党的十八届三中全会精神全面深化改革的实施意见》等文件，撰写《河医立交东北地块连片开发情况调研报告》《河医周边环境问题调研报告》等调研文章。四是目标督查体系不断完善。科学合理设置目标体系，建立目标管理台账，强化日常考核和过程监督。印发《二七区经济社会发展目标考核评价试行办法》，做好对乡（镇）街道、区直委（局）的目标完成情况的督促检查。进一步健全督查、督办工作机制，创新工作方式方法，努力做到"交必办、办必果、果必报"，确保区委决策部署不折不扣地落实。围绕区委中心和重点工作督查、督办重要决议事项292项，办理领导批示（交办）件112件、网民留言188件。五是服务保障能力明显增强。持续开展保密教育宣传活动，进一步提升保密管理水平。全年领取、分发、传阅机要文件48期约4500余份，收发各类明电、密电926件，顺利完成全区保密普查及非涉密网络保密专项检查工作。六是"党的群众路线教育实践活动"扎实开展。4月以来，区委办公室按照"照镜子、正衣冠、洗洗澡、治治病"的总要求，贯彻整风精神，以严的思想、严的要求和严的作风，超前谋划，严密实施，圆满完成教育实践活动"学习教育、听取意见""查摆问题、开展批评""整改落实、建章立制"三个环节的工作任务，在聚焦反对"四风"、解决突出问题等方面取得明显成效，党员干部思想认识进一步提高，贯彻党的群众路线的自觉性和坚定性明显增强，批评和自我批评的优良传统进一步发扬。

（二）开创规范高效、优质服务的工作新局面。以深入开展"党的群众路线教育实践活动"为契机，全面推进工作制度、工作规范、工作流程体系化、规范化、标准化，努力提升办公室服务水平。一是努力提升工作效能。推行日清日结、周清周结等政务、事务、会务限时办结制，促使工作效率明显提升。推行第一时间办理制，基本达到公文运转不过夜、纪要形成不过夜、事后反馈不过夜。二是努力规范运行机制。对办公室各科（室）、局、办公室工作职能和岗位职责、对各项工作制度、工作规范、工作流程进行重新梳理和完善，使各部门的职责更清晰、政务服务更高效。进一步强化工作主动性、规范性和纪律性，树立"零差错"目标，努力使区委办公室文件流转无纰漏，会议安排无瑕疵，活动组织无盲点。三是努力创新工作方式方法。文稿起草方面，围绕区委中心工作，站位全局，科学谋划，在贴近领导思路、把握全局动态、提供决策参考上下功夫，组织好文件材料起草工作，力争高效率提供有份量的信息和有价值的调研文章，不断提升以文辅政能力；建立公文联审把关制度，实现动态审核、全程审核、终极审核的有机结合；健全督查、督办工作机制，增强督查工作的全局性、主动性和时效性，确保决策的落实；增强安全意识，实现密码管理、文件传阅等工作高效有序运转，服务保障能力进一步增强。

（三）树立奋勇争先、团结和谐的团队新形象。全面加强办公室机关文化建设和内部管理。以机关文化建设为引领，通过组织开展丰富多彩的机关文体活动等形式，营造浓厚的机关文化氛围，打造优秀机关文化，激发职工的工作激情和活力。结合工作实际实行"AB角"工作制度，强化岗位补台和相互配合；坚持落实好"周例会、月总结、季评比"制度，以《工作周报》为载体，加强内部工作情况的交流和督促；修改完善年度考核奖惩办法，严格工作纪律，调动工作积极性；搭建桥梁，加强科室之间的业务交流，促进沟通协作，实现科室之间沟通协作无缝隙，保持区委办公室良好形象；加强党风廉政教育，加强作风建设，杜绝机关庸、懒、散现象，打造勤政廉洁、务实高效的战斗集体。

（四）健全完善"坚持依靠群众、推进工作落实"长效机制。在区委领导下，围绕市委、区委中心工作，不断创新机制，完善工作措施，充实工作内容，充分发挥网格化管理作用，有效解决一批热点、难点问题，推动中心工作及阶段性重点工作的顺利开展。*标准化体系建设方面*。按照市、区相关要求，修改完善了《二七区网格化管理标准体系（试行）》等制度文件，对原"网格化管理标准体系试行版"进行全面修订，体系设计全部调整，共分4个体系8章27个小节，还在进一步完善提升。*条块融合方面*。一是科学调整下沉力量。全区33个职能部门1057名下沉人员、139支工作队905名工作队员、626个三级网格485名三级网格长，已经全部调整到岗履职；二是加强下沉人员日常管理。制定并下发《三支队伍管理办法》《长效机制运行监督考评办法》等制度文件，以制度促履职、强管理，推动条块深度融合；三是完善联合巡查联合执法制度。全年全区各级召集联席会议89次，组织联合执法75次，先后开展电梯安全隐患排查、瓶装燃气市场安全治理、桶装水排查等多次专项行动，涉及民计民生的一批问题得到有效解决。*信息平台建设方面*。一是强化平台运用。全年排查各类问题176035件，解决174348件，处置率99.04%；二是完善平台运行机制。及时充实平台基础数据，规范平台操作流程，制定并下发《二七区社会公共信息平台应用规范及流程》，建立信息平台运行机制，确保问题有效解决；三是强化平台运用实效。出台"二七区社会公共管理信息平台动态考核办法"，围绕问题发现上报情况、问题解决情况，对各单位运用平台情况进行考核，提高社管平台运用权威。*为民服务方面*。一是强化技能培训。全年组织开展区级培训23次，培训网格长1876人次、职能部门人员1394人次、群众工作队员796人次；二是创新服务方式。制作"十五分钟便民服务圈"索引地图，探索实行"社区服务积分制"，为群众生产生活提供便利；三是打造为民服务示范社区。全区15个乡（镇）、街道以社区为单位，深入挖掘服务亮点，形成铭功路街道公益性社会组织孵化基地、大学路街道志愿服务网络等特色品牌。*群众自治方面*。一是通过开展"我们的节日""大走访、大帮扶"等特色主题活动，进一步调动群众参与网格化管理的积极性；二是充分发挥各种力量作用，逐步引导群众实现自我管理、自我服务；三是探索建立一级网格党工委、二级网格党支部、三级网格党小组的"党组织服务体系"，进一步夯实基层基础。*督查考核方面*。坚持稽查激励并重，一方面组建效能稽查队伍，引入第三方稽查，以稽查促履职、促融合、促落实。全年开展督查活动51次，编发督查通报21期，责任追究17人；另一方面，区委、区政府为每名三级网格长配备"社管通"手机，定期划拨专项资金用于优秀网格长的奖励。

【党风廉政建设】　2014年，区委办公室严格按照党风廉政建设要求，坚持认真贯彻落实廉洁自律各项规定，自觉执行"四大纪律、八项要求"和"五个不准"等党纪条规，建立部门（岗位）职权风险防控体系，从工作纪律、廉洁要求、作风建设等方面做起，自觉规范职工言行，接受组织和群众监督。一是注重加强学习教育。强化思想理论武装，利用集中学习时间进行反腐倡廉教育，引导职工树立正确的世界观、人生观、价值观，不断增强法制观念和纪律观念，自觉抵制歪风邪气，真正筑牢拒腐防变的思想道德防线；二是坚决反对“四风”。在工作和生活中坚持高标准严要求，使广大党员干部始终做到自重、自省、自警、自励，不断提高自身修养和道德情操。同时，严格执行廉洁自律有关规定，严格遵守中央“八项规定”以及省、市、区有关改进工作作风、密切联系群众的有关要求，坚决反对“四风”，厉行勤俭节约，自觉抵制不正之风，全年无发生违法、违纪现象；三是不断完善制度建设。加强党风廉政建设，努力用健全的制度和有效的监督规范行为。坚持“用制度管人、用制度管事”，建立健全接待工作、财务管理、人事管理、固定资产管理等系列规章制度，注重从制度上规范和约束职工的行为。

【督查工作】　（一）工作开展情况

（1）区委决策督查事项落实情况。全年分解落实区委常委会、专题会议纪要25期，涉及事项124项；分解《市委工作部署》6期，印发《区委工作部署》6期，涉及任务168项，落实率100%，实现区委中心工作件件件有落实，事事有回音。

（2）市、区委领导交办事项落实情况。全年累计办理各级主要领导批示件112件。其中：市委主要领导批示及市委督查室督办件17件，需日督办、周督办的长期工作15件，已全部办结或阶段性办结。

（3）网上事项办理情况、落实情况。全年办理网民留言188件，已全部落实。其中区委书记电子信箱69件，人民网省委书记留言板16件、人民网省长留言板6件、人民网市委书记留言板18件、人民网区委书记留言板79件；收集汇总全区各单位党政正职一周工作情况51期。

（二）采取措施

（1）建立完善各项督查机制。区委把督查工作作为狠抓落实的主要途径，建立完善区领导干部分包重点工作指挥长制度、重点企业协调会制度、项目建设现场督查和跟踪制度、工作督查制度、工作通报制度、重点工作实行每周专报制度，进一步完善“主要领导总负责、分管领导具体抓、其他领导协调抓，一级抓一级，层层抓落实”的督查工作机制。

（2）围绕中心抓重点。始终把区委、区政府的中心工作、区重要会议议定事项、重大工作部署、群众关心的热点难点问题作为督查的工作重心，及时分解目标任务、明确责任主体及完成时限，专人定期跟踪督办。对于“三大主体”工作及落实中央巡视组河南反馈意见整改工作等中央、省、市重点工作，明确时间节点及任务，定期对每个项目进展情况实地查看、督办，并及时向区委主要领导反馈进展情况及存在问题。

（3）快速高效促反馈。领导批示件严格落实“交办不隔夜”，当天交办到承办单位；领导有明确时间要求的，严格按照时间要求反馈落实情况，未明确时间要求的，紧急事项3日内办结并反馈，一般事项一周内办结并反馈；需长时间督办的事项的要在一周内进行初次反馈，区委督查室进行持续督办，进展情况及时反馈。网上舆情事项办理，凡属资讯类问题3日内答复、一般类问题一周内答复、复杂问题最长不超过两周答复。

（4）创新方法求实效。对于重点工作、难点工作，采取周报、月报和实地调研的方式，时刻跟进督查；对于群众反映的难点问题，尤其是市容、市貌等易反弹问题，以不定期进行实地督查为主，书面汇报为辅；对于阶段性工作，采取全面督查与重点督查相结合的方式，不仅节约工作成本又确保督查实效。

（5）党政联合抓落实。凡是全局性的重大决策和重要工作部署，采取党政联合督查办法，由区委督查室和区政务督查室共同研究制订督查方案，牵头组织有关部门联合开展督查活动，综合反馈督查情况，从而减少对基层的多头下文、重复检查的现象，提高督查力度和督查效率。

【目标考评】　（一）科学制订目标。一是做好年度目标制定工作。结合区十届六次全体（扩大）会议、省市工作会议精神及政府工作报告、区委工作要点等确定的区委、区政府重点工作，综合考虑市委、市政府确定的阶段性重点工作，各考核主体对各乡（镇）、街道目标任务进行分解。二是根据乡（镇）、街道目标任务，各相关考核主体制定相应的考核细则，作为年度考核的依据。三是起草《二七区经济社会发展目标考核评价试行办法》。根据省、市相关考核评价办法，起草并印发《二七区经济社会发展目标考核评价试行办法》。

（二）目标监管。特别是加强对主要经济指标的监测。通过加强对考核主体管理，加强目标日常监管，确保年初下达的各项目标任务能按时保质完成。与此同时，为做好全区主要经济指标的监测，确保各项经济指标正常增长，保证在全市的位次，坚持及时汇总、通报全区及各乡（镇）、街道主要经济指标完成情况，督促各单位狠抓项目、组织税收。

（三）沟通对接。一是根据郑州市目标办公室下达的2014年度指导性工作目标，结合区政府职能分工，对市目标进行任务分解，进一步明确责任单位，确保完成市下达的各项目标任务。同时对半年、三季度市目标完成情况进行收集整理。二是做好市、区差异化考核相关材料的报送工作。根据郑州市目标办公室《关于报送各县市区经济社会发展差异化考核指标的通知》要求，及时与相关部门沟通对接，组织开展全区差异化考核指标上报工作，并初步选定新型城镇化、网格化管理、电子商务、融资工作、生态文化产业发展、义务教育均衡发展和科技工作等七项指标作为全区差异化考核的备选指标。经研究，最终确定将新型城镇化、电子商务、义务教育均衡发展等3项指标作为全区差异化考核的备选指标。

（四）目标考核。一是做好2013年度工作总结及考核。组织好市政府对全区目标考核工作。根据工作安排，由目标办牵头，区政府办公室、区发改局、区工信局、区财政局、区商务局、区投促中心等市政府下达目标涉及的责任部门共同努力，圆满完成郑州市人民政府对全区的目标考核工作，荣获2013年度郑州市目标管理工作先进单位；做好全区各单位目标考核，对纳入绩效考核的单位进行年度综合考核。同时与区绩效办公室结合，区纪委、区委组织部、区委宣传部、区财政局、区城管局、区新型城镇办公室等部门共同对2013年度各单项奖进行评选和汇总，并牵头评出特别贡献奖、服务先进单位等奖项。二是做好2014年度工作考核相关工作。根据全区考核工作安排，启动2014年度全区目标考核，收集各单位年度工作自查报告及各考核主体考核成绩，对各单位工作进行综合成绩评定。

（五）督查调研。在加强督查，确保目标完成的同时，多次组织调研活动，针对如何强化目标过程管理、如何更加科学地对主要经济指标进行排名、如何开展年底考核、如何使目标管理体系更加科学等课题，到乡（镇）、街道及相关委局展开调研，并及时根据调研所征集的意见和建议，完善和改进目标考核工作。

【长效机制工作】 （一）标准化体系建设。以国家级行政服务标准化试点为契机，按照市、区的相关要求，修改完善《二七区网格化管理标准体系(试行）》等制度文件，梳理汇总20类176小项容易交叉的问题，明确职责分工、疑难问题的解决办法，逐步实现问题解决流程标准化；对原“网格化管理标准体系试行版”全面进行修订，体系设计全部调整，共分4个体系8章27个小节，文本修订工作正在进行中，全区各单位也在一边摸索实施一边补充完善。

（二）条块融合。一是科学调整下沉力量。采取逆向选择、按需下沉的方法，科学调整下沉力量。全区33个职能部门1057名下沉人员、139支工作队905名工作队员、626个三级网格485名三级网格长，已经全部调整到岗履职。二是加强下沉人员日常管理。制定并下发《三支队伍管理办法》《长效机制运行监督考评办法》等制度文件，以制度促履职、强管理，推动条块深度融合。三是完善联合巡查、联合执法制度。强化联合巡查、联合执法制度的落实，采取随机抽查、问题反馈、平台信息跟踪等方法，加大对联合执法成效的检查力度。全年全区各级召集联席会议89次，组织联合执法75次。四是开展专项治理行动。依托网格化管理平台，开展电梯安全隐患排查、瓶装燃气市场安全治理、桶装水排查等10余次专项行动，绿城花园破墙开店、京沙修路导致永安社区京广路46号院污水堵塞等涉及民计民生的一批问题得到有效解决。

（三）信息平台建设。一是强化平台运用。组建平台操作员队伍，加强平台应用培训，总结“类问题办理标准”，形成“发现问题上平台、解决问题用平台”的良好局面。全年排查各类问题176035件，解决174348件，处置率99.04%。二是完善平台运行机制。及时充实平台基础数据，规范平台操作流程，制定并下发《二七区社会公共信息平台应用规范及流程》，从信息来源、信息采集主体等9个方面，建立信息平台运行机制，确保问题有效解决。三是强化平台运用实效。出台《二七区社会公共管理信息平台动态考核办法》，围绕问题发现上报情况、问题解决情况，对各单位运用平台情况进行考核，提高社管平台运用权威。

（四）为民服务。一是强化技能培训。针对群众工作队、下沉人员及部分三级网格长轮换后，对新岗位了解不够、业务不熟的情况，组织开展技能培训，提升业务素能。全年组织开展区级培训23次，培训网格长1876人次、职能部门人员1394人次、群众工作队员796人次。二是创新服务方式。制作“十五分钟便民服务圈”索引地图，探索实行“社区服务积分制”，在大学路街道“雷锋超市”，志愿者人手一个志愿者服务小红本，通过参与社区管理与服务获得积分，积分达到一定数量可以在“雷锋超市”兑换不同的物品或相应的服务。三是打造为民服务示范社区。全区15个乡（镇）、街道以社区为单位，深入挖掘服务亮点，形成铭功路街道公益性社会组织孵化基地、大学路街道志愿服务网络等特色品牌，年初下达的每个乡（镇）、街道打造1个亮点社区的任务基本完成。

（五）群众自治。一是坚持用文化引领网格。通过开展“我们的节日”“大走访、大帮扶”等特色主题活动，进一步调动群众参与网格化管理的积极性。全区举行各类主题活动、社区文化活动900余场次。建中街街道联合《郑州晚报》等媒体，主动开展“文化进社区”活动，受到群众欢迎。二是充分发挥各种力量作用。动员离退休老干部、老党员、社区志愿者、楼栋长、家庭联户代表等，主动参与社区服务，逐步引导群众实现自我管理、自我服务。全区已注册志愿者7800余名，年均开展志愿服务活动千余场，服务累计时数460万小时，服务50万人次。三是坚持党员示范带动。探索建立一级网格党工委、二级网格党支部、三级网格党小组的“党组织服务体系”，进一步夯实基层基础。淮河路街道将辖区各类党员合理分配到每个三级网格，在每个网格建立党组织，通过党员示范带动，带动更多群众主动融入到这项工作中来。

（六）督查考核。坚持稽查激励并重。组建由区委督查室、区政府督查室、区纪委、区委组织部、区长效办公室、社会管理办公室等部门参与的效能稽查队伍，引入第三方稽查，进一步加强对职能部门下沉人员、群众工作队和各级网格长的监督管理，以稽查促履职、促融合、促落实。全年开展督查活动51次，编发督查通报21期，责任追究17人。区财政划拨30多万元为每名三级网格长配备“社管通”手机，每半年拿出近20万元用于优秀网格长的奖励。

（杨坤　张晓宁　谢俊慈　缪白静）

组织工作

【概况】 2014年，全区组织工作坚持围绕中心、服务大局，以“党的群众路线教育实践活动”为统揽、以服务型党组织建设为抓手、以人才引育为支撑，各项工作取得新进展、新成效。中央《教育实践活动简报》以“郑州市二七区围绕关键问题推进专项整治”为题刊发经验做法；《河南日报》、省《教育实践活动简报》等媒体及内刊刊发二七区做法39条；省委第一督导组组长靳绥东对区活动更是给予“动真碰硬、强力推进、做法很好”的批示肯定。组织工作实现全面跃升，中共中央组织部《组工信息》2次刊发全区经验做法；全市推广二七区“三强一创”活动经验，《郑州日报》以专版形式进行大篇幅报道，该做法成功入围第三届全国基层党建典型案例评选。2014年年底，区委组织部还荣获“2012—2013年度河南省组织部门信访工作先进单位”荣誉称号。

【干部教育培训】 一是抓好政策理论培训。出台《关于在全区开展“完善三项机制、提升干部素能”活动的意见》，把完善教育培训机制作为提升干部素能的有效措施，重点围绕上级新精神、新政策开展政策理论培训。针对新修订的《干部任用条例》，通过在二七党建网开设专栏、编发短信、发放学习资料、中心组学习等方式，组织全区领导干部和组织人事干部进行学习，并围绕新《条例》动议、民主推荐、考察、讨论决定、任职“五个基本流程”进行研读分析，修订完善全区干部选拔任用工作流程；开展“好读书、常读书、读好书”活动，认真组织科级干部研读精选书目并撰写心得体会，有效提升科级干部政策理论水平。二是树立“前沿性”理念。坚持把经济发展、项目建设、煤矿监管、信访稳定等作为干部锻炼的主战场，围绕区委、区政府中心工作，先后选派200余名科级干部和优秀年轻干部到长江路街道孙八砦社区项目拆迁、信访稳定、教育实践活动等工作一线培养锻炼；认真开展选派优秀科级干部到基层一线工作，选派45名优秀科级干部到乡（镇）、街道、村（社区）、非公有制企业、园区、项目指挥部等一线挂职历练，对2013年选派的37名科级历练干部在征求本人意见的基础上延长历练时间，继续在“急、难、险、重”岗位和基层一线工作实践中接受

二七区召开党的群众路线教育实践活动工作会议

锻炼、经受考验。选派11名优秀科级干部到市直部门挂职锻炼，加强与市直单位优秀科级干部的双向交流，不断提升干部队伍整体素质。三是完成调训任务。选派37名县处级领导干部参加学习贯彻习近平总书记系列重要讲话精神和十八届三中全会精神集中轮训班；选派2名县处级领导干部、7名正科级领导干部参加中共河南省委党校县域经济科学发展班、市委党校春季主体班、秋季主体班等；推荐上报3名县处级干部和2名科级干部纳入全省中青年干部“素质优化工程”；选派30余名科级以上干部参加全市干部大讲堂专题报告会，并配合做好全国、全省组织部门学习贯彻《干部任用条例》集中培训班和全省党委组织部长群众路线专题培训班等调训任务。

【干部队伍建设】　一是改进完善干部选拔任用方式。在动议环节，探索采用“两征求、三查看”方式（征求区分管领导意见，征求单位党委（党组）意见；查看近三年年度考核情况，查看组织部门平时掌握情况，查看分管工作排名情况），强化党委（党组）、分管领导和组织部门在干部选拔任用中的权重和干部考察识别的责任。在充实配备乡（镇）、街道副书记岗位时，充分尊重基层意见，并考虑使用各年龄段干部，由乡（镇）、街道党政负责人署名推荐表现优秀的、年龄在40岁以上和以下的副书记人选各1名，从中择优选用，形成梯形的年龄结构，进一步增强基层领导班子的整体能力，同时树立“重基层”的用人导向。二是稳妥推进选人用人整改工作。围绕新《条例》和选人用人工作相关要求，对干部配备政策、领导职数设置、干部实际配备、超缺配等情况进行全面摸底统计，对各单位科级干部配备情况进行认真分析研究，深入查找存在问题，研究制订整改计划，并通过中共郑州市委组织部专项检查。研究制订《二七区关于开展超职数配备干部专项治理的工作方案》，提出集中消化方案，主要通过免去兼职干部的兼任职务、自愿申请提前退休、空缺岗位交流补缺、到龄退休、选派干部到基层一线工作等途径对超职数配备的干部予以消化。三是改进干部考核方式。对二七新区管委会、马寨产业集聚区管委会、二七特色商业区管委会3家单位进行专项考核，结合实际设置专项考核指标，让考核更具针对性。按照习近平提出的“好干部”标准，分别从信念坚定、为民服务、勤政务实、敢于担当、清正廉洁5个方面进行测评，使考核更加严格、更加全面、更加切合实际。创新考核指标内容，将干部“担当”表现纳入干部考核之中，作为考察干部、识别干部、选用干部的一项重要指标，为识别、考准、用准干部提供科学依据和决策参考。对年度考核结果进行统计汇总，深入分析各领导班子运行情况和民意基础，对考察、考核中干部群众意见较多或问题突出的领导班子和干部，按问题程度分别对领导班子和个人进行警醒和诫勉谈话。

【干部管理监督】　一是做好干部管理日常工作。坚持公务员日常登记制度。加强对各单位负责公务员登记工作人员的业务指导，干部调整后及时与涉及单位沟通办理变动登记手续；规范完善科级干部档案。对全区科级干部档案进行逐一核查，重点对“三龄一历”（年龄、党龄、工龄和学历学位）等信息进行认定；做好科级干部车改职级认定、退休（提前退休、病退、退职等）审批、辞职审批等日常工作，并配合中共郑州市委组织部、区有关部门做好各类报表统计工作，全年填报中共郑州市委组织部相关统计报表120余份，配合区委统战部、区地方志办公室、妇联、区事务管理局等部门填报、核对相关统计报表40余份。二是健全完善干部监督工作联席会议制度。发布《关于健全完善干部监督工作联席会议制度的通知》，进一步明确干部监督联席会议的组成单位、会议形式、信息沟通方式等要求。组织召开由二七区纪委、区委政法委、区群工部、二七区人民法院、二七区人民检察院等15家成员单位参加的干部监督工作联席会议3次，由各成员单位分别通报每一季度的干部监督信息，共同学习上级政策精神及外地经验做法，进一步健全动态、全面、及时了解干部的长效机制。同时，借联席会议之机，征求各成员单位对全区干部监督工作的意见和建议，为谋划2015年工作打下基础。三是切实加强科级干部的日常监督。修订《关于进一步加强科级干部因私出国（境）管理监督工作的通知》，建立出国（境）证件管理信息台账，对全区科级干部因私出国（境）证照办理情况进行全面摸底清查，并对全区科级干部因私证件上缴情况进行清查和催缴。同时，配合中共郑州市委组织部，对县处级干部因私证照情况进行统计和上缴。修订《科级干部请销假管理制度》，进一步完善审批程序，严格监督管理。坚持领导干部个人事项报告制度，要求全区科级干部按要求填报领导干部个人有关事项报告表，对个人事项变化情况、子女配偶移居国外情况进行统计汇总，建立台账备查。四是加强领导干部经济责任审计监督。委托二七区审计局对17名单位党政负责人进行任中经济责任审计，对4名党政负责人进行离任审计，对被审计单位领导干部任职期间的工作进行全面评价，有效增强干部监督工作的主动性，及时发现领导干部存在的苗头性、倾向性问题，及早采取措施进行整改。同时，坚持把审计结果作为干部选拔任用的重要依据，实现“审”和“用”的有效结合。

【基层党组织和党员队伍建设】　一是持续深化“三强一创”活动。抓好在职党员“双报到双服务”活动，健全完善“15分钟服务圈”、服务代办等机制，依托“网格化”管理体系，以片区（楼群）为单位，围绕环卫清洁、扶危济困、纠纷调解、法律咨询、家电维修、教育辅导、健康义诊等，为群众提供组团式服务。分层次开展“实现微心愿、做好微服务”活动90余次，社区困难群众“微心愿”，被广大在职党员争先认领，通过活动开展，累计帮助1600余名群众圆梦“微心愿”。同时，将在职党员参与村（社区）志愿服务情况作为党员干部晋升提拔八小时以外“德”的考察的一项关键内容，对表现突出的在职党员优先予以表彰奖励和提拔重用，有效激发在职党员服务社区、服务群众的热情。二是大力开展“软弱涣散”党组织整顿。从解决思想、队伍、服务、机制等问题入手，深入开展“四抓四解”活动。一抓“两委”班子作风整顿，着力解决领导班子不团结、内耗严重的问题；二抓组织调整，着力解决党组织书记和村“两委”班子能力不足、工作滞后的问题；三抓“双基”建设，加大群众工作队派驻力度，着力解决信访矛盾突出、服务群众能力弱的问题；四抓制度建设，着力解决“三会一课”等制度落实不力的问题。采取副县级领导干部挂点联系、信访及区农委等部门对口帮扶等举措，完成15个“软、弱、涣、散”党组织的整顿转化。同时，做好动态管理，实行末位倒排，建立健全“软弱涣散”党组织整顿常态机制。三是村级组织换届工作基本完成。按照省、市委的总体部署，成立由区委书记任组长的村级组织换届选举工作领导小组。成立换届办公室，组建2个督导组，设置3个业务指导组具体指导全区换届工作。严格选人标准，联合组织、纪检、计划生育、政法、公安、检察院、法院、司法等8个部门对候选人初步人选进行资格审查；严格换届程序、印制150余份村党组织、村民委员会和村务监督委员会换届选举流程图和3万份村级组织换届选举明白卡，明确每项工作环节流程；严肃换届纪律，公布举报电话和信箱，畅通监督渠道，确保换届有序推进。截至2014年年底，全区已有46个村完成村委会换届。

【党的群众路线教育实践活动】 在全区724个基层党组织和2.2万多名党员中深入开展“党的群众路线教育实践活动”，3个层级、7类基层党组织梯次衔接、有序推进，取得良好成效。一是抓牢学习教育。区委常委率先垂范，开展集中学习15次、听取辅导报告4次；县处级领导赴兰考县学习焦裕禄精神，到大别山干部学院封闭学习，为全区党员干部作好表率。发挥特色资源优势，安排党员干部到二七纪念塔集中宣誓、到郑州市烈士陵园缅怀革命先烈，并将焦裕禄、史来贺等先进人物事迹汇编成《河南的精神》读本，强化实际效果。在“七一”前夕，举办3场“我是谁、为了谁、依靠谁”报告会，用身边事教育身边人，取得了很好效果。二是抓实意见征集。在区委常委和党员副区长中建立联系点，分两批发放调查问卷1万份。全区各单位通过一线走访、设置“民意信箱”、公布热线电话、走进上级业务部门等方式，征集意见、建议6733条，梳理汇总为3大类421项。三是抓细对照检查。严把对照检查、谈心谈话、开展批评“三个关口”，班子成员对照检查材料普遍修改10稿以上，区“四个班子”成员之间提出相互批评意见1344条，15个乡（镇）、街道领导班子相互批评意见9468条，各级领导干部都以普通党员身份参加所在支部的组织生活会，2万余名党员参加民主评议。侯寨乡台郭村作为村级组织专题组织生活会和民主评议党员试点，为全市积累了经验。四是抓好问题整改。按照中共郑州市委“三到”要求，分类建台账、订方案、抓整改。先后开展“软弱涣散”基层党组织整顿、环境整治等8项专项行动；整合取消行政审批事项70项；梳理规范性文件459件；处理群众来信来访31件，一批涉及群众切实利益的就学就业、交通环境、医疗保险、社会保险等问题得到有效解决。

【远程教育】 一是“三微一体”畅通党员教育“微”渠道。开通微博、微信、微视，建立“指尖上的微课堂”，为党员群众提供时下热点新闻及政务信息。结合教育实践活动，通过网站、微博、微信和QQ群，与基层党员群众进行实时互动，听取意见、查找问题，拓宽群众利益诉求和反映问题的渠道。二是办好用活“一网一刊”。实行“点单式”服务，调查党员群众需求并根据意见征求情况适当调整《二七党建》和二七党建网栏目设置。定期征求对《二七党建》编发方式的意见、建议，真正形成“从群众中来，到群众中去”的良性循环。三是构建微博矩阵。整合乡（镇）、街道、委局微博、微信平台，打造微博矩阵，构建虚拟党建活动社区，及时发布党建动态信息，建立组织工作信息传播新模式。四是做好“红色网络教育家园”建设。全面推进“红网家园”建设。2014年年底全区共建成44家“红网家园”。在侯寨乡、马寨镇选择发展前景好、经济价值高、社会效益显著的特色产业打造示范基地，并根据郑州市党员干部现代远程教育学用示范基地建设的标准，培育符合要求的市级基地，已培育出1个市级学用示范基地——御园生态园。

【非公有制党建工作】 一是规范化管理工作。制定《二七区非公组织党组织管理考核办法》《二七区非公有制经济组织和社会组织党组织工作暂行办法》《二七区非公有制组织党组织党费收缴管理办法》，对非公有制企业党建工作予以规范。印发《二七区非公有制经济组织和社会组织党的群众路线教育实践活动实施方案》，对非公企业开展教育实践活动进行指导。二是组织建设情况。到市、区档案局、图书馆及思达集团进行调查了解，对长江路街道爱馨集团索良民（94岁）的党员身份进行认定，确保其在爱馨集团公司党总支过上正常组织生活；对于长期不能正常开展组织活动、不按程序发展党员的4家非公有制企业党组织予以撤销，对2家非公有制企业党组织隶属关系进行调整。圆满完成2014年中共郑州市委组织部下达的全年新建非公有制企业党组织50家的任务。三是信息化和服务型党组织创建工作。建立二七区非公有制党建微信公众账号，及时发布全区最新非公有制党建工作动态和时事新闻，方便非公有制企业党员员工学习交流；结合各个非公有制企业实际和所能提供的具体服务情况，初步完成二七区非公有制企业党组织服务项目卡制作，集中精力对各企业党组织提供该项服务的具体联系人、联系方式、服务时间、服务项目等内容进行及时更新发布，方便各企业之间互相联系、交流，服务广大职工，促进企业共同成长。四是非公有制企业参与社会公益事业情况。搭建非公有制企业参与社会公益事业和互帮互助的平台，组织中泰脑科医院到汉川街小学为300余名流动儿童进行义诊，组织郑州华联公司、丰绅投资公司等为侯寨乡张李垌小学等学校爱心捐赠10余万元，组织河南网商园到郑州鞋城等传统商贸商场进行电子商务方面的培训，同时，协调二七区第二人民医院到路华大厦为100余名商户进行免费体检，使广大商户切实感受到党组织的关心、关怀。

【大学生村（社区）干部工作】 一是抓好教育培训。利用网络、QQ群等学习平台，上传十八届三中、四中全会精神解读和全国大学生村干部座谈会、全省基层组织建设工作会议以及习近平总书记对村干部张广秀的复信精神，组织大学生村（社区）干部学习讨论，要求参与“党的群众路线教育实践活动”，当好政策宣传员、民意调查员、材料分析员、整改监督员，有效确保活动落到实处、取得实效。二是强化日常管理。完善“积分制”管理内容设置，对在村（社区）担任书记、主任职务和在乡（镇）、街道从事“急难险重”岗位工作的予以加分倾斜，有效激发其工作热情。坚持季访谈和个别约谈制度，定期抽查大学生村（社区）干部的在岗履职情况，创新开展大学生村（社区）干部季度自评工作，切实加强对大学生村（社区）干部的管理监督，对侯寨乡两名责任心不强、造成重大工作延误的村干部给予诫勉谈话和扣发工资处分。三是做实服务保障。按时发放大学生村（社区）干部工资、及时缴纳“三金”等，做好大学生村（社区）干部报考省选调生、公务员和市、区事业单位工作人员的通知服务工作，2014年全区已有2名村干部考上河南省选调生，3名村干部被录用为乡（镇）机关公务员。

【群众工作队工作】 一是及时选派。5月初对区直单位群众工作队进行调整，选派63家区直单位的905名党员干部组成139支群众工作队，与市派15支群众工作队一起，到154个村（社区）帮助开展工作、服务居民群众。7月底，按照新的管理办法，在每支工作队固定1名常驻队员，专职从事群众工作，纳入历练干部管理。截至8月初，全区129名常驻队员全部到岗、到位开始工作。二是规范管理。与139个村（社区）全部建立联合党支部，修订《二七区群众工作队管理办法（试行）》，健全“工作例会、公开承诺、定期汇报、日常考勤”等9项机制，推行每周上报工作信息、每月分片区座谈、每季度汇报比拼机制，切实加强对群众工作队的日常管理。三是创新举措。在农村，推行“半天在村半天在乡（镇）街道”工作机制，要求常驻队员作为村为民事务代办员，帮助办理各类代办事项360多件，受到乡（镇）党委和村民群众的一致欢迎。尤其是村级组织换届选举期间，组织派驻群众工作队员参与，当好民意调研员、政策宣传员、程序指导员和纪律监督员，全力做好服务对接工作，市村级组织换届工作简报对这一作法予以推广。在社区，要求常驻队员担任社区主任助理，明确具体的分工和职责，全年走访群众1.5万余户，帮扶困难群众300多户。四是强化宣传。创办群众工作队微信平台，对上级最新要求、经典文章故事、各队鲜活经验、先进人物事迹等及时进行推送，已成为工作队员学习知识、展示工作、抒发感情的精神家园。平台开通以来，已累计推送简报30期，《郑州日报》给予相关报道，中共郑州市委组织部群众工作队微信平台刊发信息12篇。

【绩效考核】 一是围绕中心，坚持以考核促工作。对全区89家考核单位2013年工作进行系统考核、计分统计，评选出年度工作考核优秀单位23个；按照《二七区2013年度工作单项奖评选办法》，评选出“三大主体”工作、投资促进、民生建设等13项奖项获奖单位，并在年度表彰大会上进行表彰。结合2014年全区工作开展情况，起草制定《二七区区直部门综合目标考核评价工作试行办法》，同时，会同区目标办公室，制定《二七区经济社会发展目标考核评价工作试行办法》。根据2013年年初与各乡（镇）街道、区直单位签订的组织工作目标，对全区73个基层党组织进行组织工作考核和综合计分。按照《二七区村（社区）干部绩效考核奖惩办法》规定，组织全区7个涉及行政村、社区管理委员会的乡（镇）街道对53个行政村490名村干部进行考核。二是严格要求，扎实做好历练干部管理工作。加强对全区216名历练干部的管理。联合区纪委、区人社局专门成立督查组，定期做好历练干部日常督查工作，其中集中督查达到15次，编发督查通报10期；对自我要求不严、落实制度不到位的，坚决予以退出，全年退出14人；同时，做好历练干部的日志、月计划等管理抽查工作，对全区所有历练干部进行三个季度的考核，召开座谈会8次，编印《历练干部心得体会文集》400余册。三是树立导向，建立完善重要岗位领导业绩档案。进一步扩充业绩档案建立内容，扩大业绩档案范围，将科级正职后备干部业绩档案一并建立，同时要求各单位党组织逐步建立单位中层干部业绩档案，逐步完善干部业绩档案建设体系。已建立各单位党政正职业绩档案95人；建立县处级后备干部业绩档案13人；建立马寨产业集聚区、二七新区、二七特色商业区管委会领导班子业绩档案。四是服务大局，做好“五小行业”整治工作。成立二七区“五小行业”整治工作指挥部，建立“科级干部包街，中层干部包段，网格人员包店”的责任落实机制。统一印制各类进货台账记录本6000余本、“文明餐桌行为公约”6800余份、禁烟标志1万份、《“五小行业”整治宣传册》及《致“五小行业”业主的一封信》1万份。经过整治，全区4591家“五小行业”。达标率95%，顺利通过国家爱国卫生运动委员会办公室专家暗访，区“五小行业”整治工作指挥部被郑州市评为8月份“流动红旗”单位。

【人才工作】 一是抓机制、强沟通、成合力。下发《关于完善人才工作联席会议制度的通知》，进一步明确各单位职责，健全工作制度，形成上下联动抓人才的新格局，督促各有关单位谋划好年度人才工作计划及工作着力点，明确人才工作分管领导和联络员，进一步完善人才工作责任机制。下发《关于认真做好全区人才资源更新调查定期更新人才信息库的通知》，动态了解掌握辖区人才资源现状。充分利用人才工作QQ群、新浪微博、二七党建网等，及时宣传全区引才政策、先进地区的人才工作经验，加强沟通交流相互学习，进一步畅通信息沟通机制。同时，与北京市、上海市工作站对接，宣传推介全区人才工作政策，邀请科研团队来辖区创业发展，并做好有关人才项目政策的咨询。二是做好“产学研”对接。与黄河科技学院进行对接，双方共建“产、学、研”合作平台，发挥各自优势，帮助辖区电子商贸企业解决技术、人才培养等难题，优化人才培养模式，探索一条主管部门与辖区高等院校联合培养高层次、高技能、创新型人才的新路子。8月份，黄河科技学院大学科技园被认定为2014年第一批郑州市大学科技园。推荐辖区新引进的海外高层次专家人才项目，河南智韬国际知识产权服务有限公司团队申报2014年郑州市“科技创新领军人才”项目。与上海市浦东新区归国留学人员联合会、浙江省杭州市人才发展最佳企业等联系，学习先进地区人才工作经验，进一步拓宽人才工作思路。三是搭平台、提服务、激活力。分别在河南网商园、汝河路小学举办以“发展电子商务引领产业升级”“家庭教育与人才成长”为主题的沙龙活动，做好全市第十二批专业技术拔尖人才的推荐遴选工作，对辖区各单位推荐的候选人进行资格审查，及时将符合条件的16名候选人上报郑州市人才办公室。经过层层筛选、评审，郑州新大方重工科技有限公司张志华、郑州飞机装备有限公司张蔚峰等8人被列为考察对象，考察工作已结束。做好第二届全省优秀农村实用人才的推荐工作。经初审，推荐马寨镇卫生院院长宋国斌、郑州好日子园艺有限公司总经理刘维营等3人作为候选人上报郑州市农业农村工作委员会。同时，做好“国家千人计划”人选申报工作。

【机关建设】 以开展教育实践活动为核心，大力加强自身建设，组织部机关党员干部拜谒郑州市烈士陵园、参观学习焦裕禄精神图片展、到新县大别山干部学院接受党性教育，确保学深、学透、学活。将焦裕禄、史来贺等先进人物事迹汇编成《河南的精神》读本，在全区范围内分发。印制教育实践活动《应知应会》小册子、《史事通鉴》等自学教材，并通过发放调查问卷、开通部长信箱和微博等方式，征集意见、建议460条。做好4591家“五小门店”的督查督导工作，8月份二七区荣获“全市爱国卫生工作流动红旗”。

（刘继勋）

宣传工作

【概况】 中共二七区委宣传部（挂二七区精神文明建设指导委员会办公室牌子）是区委主管意识形态方面工作的综合职能部门，内设办公室、宣传科、党教科、新闻科4个科室。2005年3月，成立对外宣传办公室（挂二七区人民政府新闻办公室牌子）。2010年3月，二七区信息化管理办公室更名为二七区信息网络安全管理中心。2011年11月，成立二七区文化产业发展工作领导小组办公室。在职职工55人。

2014年，全区宣传思想文化工作以学习贯彻党的十八大和十八届三中、四中全会精神为主线，勇于担当、履职尽责，坚持抓具体、求实效、出亮点，整体工作持续向上向好，重点工作突破提升，主旋律更响亮、正能量更强劲，在一些领域取得新进展、新突破。

【党员教育工作】 （1）抓好各级党委中心组学习。组织党委中心组成员学习习近平系列讲话精神、“党的群众路线教育实践活动”等专题内容，邀请专家、学者针对政治、经济、城市管理、电子商务等内容作专题讲座。全年组织区委中心组集中学习20次；编发《理论学习参考》26期；举办“周末大讲堂”21期，“周末大讲堂”已成为全区党员干部学习交流的主要平台。二七区把“周末大讲堂”与中心组学习相结合的做法，受到郑州市领导好评。（2）加强党员教育阵地建设。充实更新“网上党校”，8所基层党校被评为省级先进基层党校、12所基层党校被评为市级先进基层党校。（3）加强理想信念教育。组织开展党的十七届六中全会、十八大、十八届三中全会精神的学习宣传，组建宣讲团，深入机关、社区、企业、学校开展系列教育活动，推动理论与群众“面对面”。

二七区举办“周末大讲堂”活动

【新闻外宣工作】 （1）加强“品牌、品质、品位”宣传。10月15日，《人民日报》公布2014年中国中、小城市科学发展评价指标体系研究成果，二七区在全国市辖区综合实力前100个区中排名第90位，在全国最具投资潜力中小城市前100个区中排名第73位，是河南省唯一入围的区。（2）围绕区委、区政府重点工作，大力加强宣传报道。在人民网、新华社、河南日报、郑州日报等媒体刊发《加快推进城乡一体化二七区再签210亿大单》《二七区：让惠民之路越走越宽》等稿件，对全区“三大主体工作”和发展民生等方面取得的新成就、新突破进行立体展示。《郑州晚报》《郑州日报》分别以《郑州市“三大主体工作“巡礼之”走进二七》《树立“品牌、品质、品味”理念，在全市率先实现城乡一体化、全域城镇化》为题，对全区社会经济发展、城乡新变化进行专版报道。针对20余起舆论监督报道及突发事件，协调处理，有效应对，较好控制了事态发展。

【网站建设与网络舆情工作】 （1）宣传社会主义核心价值观，坚持宣传社会主义正能量，净化网络空间。门户网站累计更新、发布政务信息、各类新闻1.15万篇，大屏幕累计播放图片、视频、通知430余条（幅），设立30余期网络专题专栏。（2）做好舆情应对工作。邀请专家作了题为《正确对待舆论监督，提高应对突发事件能力》专题讲座；处置70余起重大网络、新闻突发事件，编发《二七舆情时报》68期、《魅力二七》47期。（3）增强网络问政，做好“政”“民”互动。加大“心通桥”问政平台处理力度。网民在全区板块发表问政帖2031条，回复率99.5%；其中，办结1569条，办结率91.27%。

【思想政治工作】 （1）不断深化“学习中华民族优秀传统文化、做有道德的二七人”教育活动，打造“道德高地”。以亚星社区为样本点，推进优秀传统文化进社区。在辖区40多条道路和居民楼院建起2万多米的“文化墙”“文化长廊”，打造“国画一条街”等数10个弘扬中华美德的教育阵地，力求社会主义核心价值观建设春风化雨、润物无声。在街道和单位创建推介了“兰为文化”“莲心文化”“水文化”等品牌。（2）策划并完成了以“传统文化 时代脉搏”为主题的区机关大院文化建设，使社会主义核心价值观具体化、大众化，更好地为区机关干部所理解和践行。(3)弘扬时代精神，深入开展“学雷锋教育实践活动”。打造谷殿明“学雷锋工作室”、江学铜“学雷锋服务班”、社会救助“爱心超市”、陇海大院“爱心集体”、亚星社区、康桥华城社区等一批“学雷锋教育实践基地”和胡佩兰“感动中国人物”等先进典型，全区30名先进人物被省、市媒体集中宣传报道。

【群众文化活动】　制定并出台《中共二七区委　二七区人民政府关于推动文化大发展大繁荣建设文化强区的实施意见》,作为指导全区文化大发展的综合性文件。结合重大节庆日、纪念日，开展丰富多彩的群众文化活动，展演民间文艺。开展“家庭式”体验实践、乡村年俗文化艺术展等235场，参与群众达30万余人。侯寨社区农历正月初一——自办“村晚”在中央电视台新闻频道播出。开展全民文化艺术素质提升公共培训示范社区和群众路线教育活动100场公益演出等“文艺进社区”活动。举办郑州市第二届群众文化艺术节暨“庆祝新中国成立65周年广场文化大会演”——“中国梦在我心中”二七区专场文艺演出。做好“我们的中国梦——讲述二七故事”文艺作品征集和收藏工作，已征集到报告文学《生命的冬青树》等12件作品，并上传至新华网发展论坛参加评选。全区有15件作品分别入选省、市精神文明建设“五个一工程”和“文学艺术优秀成果奖”。

【文化产业发展】　(1)培育影视制作、传媒创意等8个产业雏形。扶持金象影业等6家省、市品牌,创建超凡影视等4个市级示范基地，樱桃沟、马寨镇2个市级文化产业特色村(镇)。(2)加强文化创意企业的对外推介工作。组织6家文化企业先后参加深圳文博会、中部投资贸易博览会、首届河南省文化产业博览会；2部影片参展“郑州本土电影展映月活动”、深圳文博会；举办“践行价值观、传递正能量”——二七区本土电影展映活动。(3)打造品牌，推动影视制作聚集。系列儿童影视作品在国内初具影响力，《念书的孩子Ⅲ》、20部少年系列电影《双筒望远镜》、50集3D电视系列剧《快乐星球5》等影视作品正在紧张拍摄、制作。由中共二七区委宣传部、辖区影视公司共同制作的弘扬陇海大院精神的电影《好好的活着》、反映新农村建设题材的故事片《鱼湾村的故事》在院线上线。2014年，反映大学生支教影片《美丽无比》等4部影视作品、《回家的星星》等6部微电影开拍，其中，微电影《大国廉政——中国廉政故事100部系列微电影》首批4部样片发布，《念书的孩子》在第十届美国圣地亚哥国际儿童电影节评选活动中荣获“最佳电影奖”，荣获2014年河南省“五个一工程奖”，微电影《爷爷、孙子、狗》获第二届亚洲微电影节最佳作品奖。

【文明创建工作】　(1)巩固提升精神文明创建工作成果。通过召开动员会、推进会、培训会，层层落实，进一步加快文明创建工作进程。2014年8月，以优异成绩迎接中央文明办公室、省精神文明委员会办公室创文暗访督导和省级文明城区创建复审工作；10月13日，在全市率先完成《全国文明城市文明程度指数测评体系》中37大项、101小项任务指标的初步审核工作。(2)加强未成年人思想道德建设。开展“认星争优做美德少年”活动，13名学生荣获市级表彰，1名学生荣获省级表彰；深入开展“做一个有道德的人”等主题活动，新建乡村学校少年宫5所，城市学校少年宫6所；连续三年荣获“未成年人思想道德建设先进区”表彰。(3)深入推进公益广告宣传工作。利用辖区电子显示屏、建筑围挡、道路墙体等宣传面积1600多平方米，在辖区建筑工地设置公益广告围挡3万多平方米，组织展开“中国梦”“社会主义核心价值观”“文明河南”“讲文明树新风”等公益广告宣传，进一步推动群众倡导文明、践行文明。(4)全力打造规范化、品牌化志愿服务。加强推进基层“文明使者”志愿服务站点建设，完善社区志愿服务体系，围绕社会公益事业，切实推出“十队一学堂”“暖夕阳”等一批具有二七特色的志愿服务项目。(5)突出志愿服务品牌化建设工作。推出“实现微心愿、开展微服务”“双服务双报到”等特色志愿服务活动。建立全区志愿服务网络管理系统，传播志愿服务理念。在全省率先建立第一个“文明使者”志愿服务站——郑州市人民公园“文明使者”志愿服务站，并依托示范点模式延伸服务触角，建立了67个社区站点、13个窗口单位站点、5个公共场所站点。全区建成72个“志愿服务365工作室”，注册志愿者7800余名，年均开展志愿服务活动千余场，实现志愿服务站点全覆盖模式。

（胡　伟）

统战工作

【概况】　中共二七区委统战部（挂中共二七区委台湾工作办公室、二七区人民政府台湾事务办公室牌子），内设办公室、宣传文秘科、党派科。办公地点在区政府楼10楼，现有干部职工22人。

2014年，区委统战部在中共二七区委的领导下和中共郑州市委统战部的具体指导下，以邓小平理论、“三个代表”重要思想、科学发展观、习近平系列重要讲话精神为指导，全面贯彻党的十八大和十八届三中、四中全会精神，牢牢把握“大团结、大联合”主题，深入开展“党的群众路线教育实践活动”，为富强二七区、文明二七区、平安二七区、美丽二七区和郑州都市区建设凝聚人心、汇聚力量，做出了贡献。

【思想政治工作】　2014年，区委统战部坚持把学习贯彻党的十八大、十八届三中、四中全会精神和习近平系列重要讲话精神贯穿统战工作始终。举办十八届三、四中全会精神宣讲会、报告会、座谈会，每名统战干部、党外干部均撰写十八大及十八届三中、四中全会学习笔记及心得体会。开展践行社会主义核心价值体系系列活动。制作社会主义核心价值体系系列宣传版面，组织统战成员参与“同心·话苑”征文比赛、“同心·中国梦”征文比赛、“凝聚共识　增强三个自信”书画展、“立足本职做贡献　改进作风促和谐”演讲比赛、“坚持多党合作　共创美好未来”知识竞赛等活动，引导广大统战成员进一步坚定理想信念，坚持正确方向，最大限度把统战成员的意志、智慧和力量凝聚到区委决策部署上来。经过评比，全区有4篇征文被选入《郑州市统一战线同心共筑中国梦》征文获奖作品集，5幅书画作品入选全市“迎国庆”书画展。通过一系列举措，进一步夯实了统一战线的思想政治基础。

【非公有制经济工作】　围绕“突出学习教育”“突出纽带作用”“突出企业发展”“突出社会责任”的“四个突出”，多角度、全方位推动非公有制经济人士理想信念教育实践活动深入开展，非公有制经济人士思想政治水平进一步提升。深入企业开展调研活动，走访企业30余家，收集意见、建议20余条。根据企业需求确

统战部举办2014年统战系统培训班

立全年“着力引导企业通过电子工具开展商务活动”的服务方向，组织17家非公有制企业负责人赴浙江省杭州市考察学习电子商务，对杭州网商园、淘宝总部、四季青批发市场等地进行实地参观考察；邀请中国电子商务研究中心曹磊为企业家进行电子商务知识培训；组织企业多次参观河南网商园，参加电子商务相关的讲座，为企业家在电子、网络营销方面打开思路，开阔眼界。举办二七区工商联执委羽毛球友谊赛、植树护绿、登山健体等活动，丰富执委们的业余生活。坚持和完善“民企互学交流机制”，带领会员企业对建海置业公司、宇通客车公司、郑豫房地产公司、华润万象城、百年德化公司等企业进行参观和学习，重点对“微风投商业模式”及企业融资、楼宇经济等方面选取典型参观交流。举办二七区“中小企业金融和商务楼宇需求对接会”、二七区金融服务培训会，为企业提供法律维权服务60余次。引导企业参与“光彩”事业及“百千万”工程，参与“光彩”事业企业20余家，开展活动20余次，捐赠资金200余万元。

【民主政治建设】　完善中共二七区委领导干部与党外人士联系交友制度，召开党外人士情况通报会、座谈会6次。引导民主党派、工商联、无党派人士围绕产业转型升级、新型城镇化建设、市场外迁等重大课题开展联合调研、重点调研等活动，为区委、区政府科学决策提供前瞻性预案。整理出意见、建议30余条，形成调研报告7篇。配合区委完成政协委员中党外人士的推荐、选拔、资料审查、档案整理、人选推荐报送等工作。对已确定身份的11名无党派人士和20名无党派后备人员进行信息汇总，建立详细台账。在马寨镇郑州永安电力电缆有限公司、侯寨乡中国商瓷发展中心设立新的社会阶层人士联络站，为各级党委统战部门联系新的社会阶层人士搭建桥梁。

【民族宗教工作】　每月坚持民族宗教领域不稳定因素排查，防范做在矛盾化解之前。开展了新版C型清真牌证的更换和信息录入工作。开展清真食品专项检查2次，清真食品季度综合检查2次，组织大、中型清真食品经营单位的从业人员进行考试，邀请区政协委员及民族宗教界代表人士对执法检查活动进行跟踪监督，建立清真食品义务监督员队伍，加强清真食品日常监管。联合相关乡（镇）、街道办事处依法对2处非法基督教活动、1处非法佛教活动进行稳妥处置。对全区各宗教活动场所进行安全大检查，确保信教群众的生命财产安全。全年民族宗教领域未发生信访、上访等问题，未发生任何影响社会稳定的突发事件和群众聚集事件。

【海外联谊工作】　继续做好分层次挂钩台资企业工作，成立二七区及乡（镇）、街道办事处两级台商服务领导小组。召开辖区台资企业座谈会，邀请9家台商就投资环境、服务等方面进行调研，征集意见、建议5个。参与协调处理涉及台资企业及台胞、台属的矛盾纠纷，对全区困难台胞台属、侨胞侨属进行全面普查，对特困台胞台属进行慰问。

【队伍建设】　一是开展党的群众路线教育实践活动。围绕“为民务实清廉”的主题，坚持高标准、严要求，以查找“四风”问题为重点，开展学习教育，广泛征求意见、建议，查找领导班子和领导班子成员在“四风”方面的问题、涉及群众切身利益方面的问题、联系服务群众“最后一公里”方面的问题。组织领导班子集中学习22次，党员干部集中学习22次，累计召开座谈会22次，走访、调研43次，参加265人次，发放征求意见调查问卷801份，开展谈心、谈话50人次，通过自己找、互相帮、上级点，收集到意见、建议75条，经梳理、归纳，形成3个方面23项问题并均已得到整改落实。二是组织教育培训。9月，举办二七区统战系统培训班，全区统战成员、统战干部89人参加培训，为学员传授党的统一战线理论、经济、金融知识等，提升全区统一战线参与经济社会建设的水平。4月、11月举办2期全区统战信息员培训会，邀请省、市委统战部信息工作负责人为统战信息员讲授信息工作相关知识与经验。三是加强对统战单位的目标考核。印发《2014年全区统战工作要点》《2014年全区统战系统考评内容及标准》《2014年各乡（镇）、街道办事处工商联工作考核细则》等文件和材料，使全年工作有目标、有任务、有标准、有奖惩，同时加强对目标的日常管理，每月均按照考核标准对各统战单位工作开展情况进行考评打分，确保全年任务按时推进，各项工作真正落到实处。

【信息及宣传工作】　统战信息工作以“巩固、提升”为目标，以“围绕中心工作、全系统共同参与”为总要求开展工作，明确规定对各统战单位的任务要求，实行月考核制度，并及时通报考核结果。中共二七区委统战部被中央统战部宣传办公室评为“2014年度《中国统一战线》宣传先进单位”，被中共河南省委统战部评为“基层统战信息工作先进单位”“基层网站宣传工作先进单位”。

（许　琳）

信访工作

【概况】　中共二七区委群众工作部，中共二七区委、二七区人民政府信访局，内设办公室、领导接待科、群众来访接待科、办案督查科、信电科，下辖一个二级机构（人民来访接

国家信访局领导到二七区人民法院考察诉前调解工作

待中心)，另设有区信访事项复查复核委员办公室、联席会议办公室，现有干部职工23人。办公地址位于政通路85号。

2014年，中共二七区委群工部(信访局)贯彻中央、省、市关于信访工作的系列决策部署，围绕全区社会经济发展工作大局和“三大主体工作”，以事要解决为工作重点，以“控增量、减存量、降总量”为工作目标，坚持“急则治标、缓则治本、长则建制”工作思路，推进信访制度改革，推行依法逐级走访工作；进一步深化信访联席会议、领导干部接访下访、领导干部分包信访案件等“六项制度”；开展依法逐级走访、信访突出问题专项整治、信访事项群众满意度评价，“四无”乡（镇)、街道办事处创建等活动，全区信访形势进一步好转，为密切区委、区政府同人民群众的联系，维护信访群众合法权益，保持社会大局稳定做出了贡献。

【来信来访与案件办理】 全年收到群众来信214案260件，其中中央转送56案63件、省转送78案102件、市转送69案83件、区自受理11案12件，群众来信回复率和案件按期交办率100%；全年受理群众网上信访63案64件，其中中央转送12案13件、省转送39案39件、市转送10案10件、区自受理案件2案2件，按期回复率和结案率100%，电话来访12案12件，全部按期办结。

全年接待群众集体走访359起389批7563人,其中到省集访54起57批1015人、到市集访74起82批1673人、来区集访231起250批4875人；接待群众个人走访468起478次848人，其中到省个访97起98次145人、去市个访34起35次68人、来区个访337起345次635人。

全年办理上级交办信访案件308件。其中中央巡视组交办73件，省委巡视组交办10件，省、市信访维护社会稳定部门交办46件，全国信访信息系统网上直转案件179起，全部按期办结，按期办结率100%。

【赴京非正常上访治理】 全年发生赴北京非正常上访102人次，其中第一季度发生赴北京非正常上访62人次，是近年最多的。为迅速遏制赴北京非正常上访的严峻态势，从4月份开始在全区开展赴北京非正常上访专项治理行动，严格落实“四包一”责任制，加大公安机关依法处理赴北京非正常上访工作力度，广泛开展依法有序上访宣传教育活动，使全区赴北京非正常上访得到有效遏制，第二季度赴北京非正常上访明显下降至20人次，第三季度下降至16人次，第四季度下降至4人次，取得显著成效。

【联席会议制度】 全年区委常委会6次听取信访工作汇报，区政府常务会议4次专题研究信访工作。区委、区政府主要领导召开14次信访联席会议，研究重大信访事项和疑难信访案件35起。区委书记蔡红，区委副书记、区长陈红民带头接待来访群众、批阅群众来信，区“四个班子”县处级领导干部主动带案下访、分包信访案件、解决信访突出问题。

【复查复核案件】 全年收到复查申请37案，较2013年上升68%;经审查符合进入信访事项复查复核程序的案件30件，其中有24件经过复查，维持原办理单位意见；变更原办理单位处理意见1案，协调解决5案，按期告知率和按期结案率100%。

【领导干部接访下访】 一是领导干部接访严格落实“六个一”制度，全区党政领导干部全年接待安排情况以公示牌和网络平台向社会公示。全年区党政领导接待群众66起657人，其中区委书记蔡红接待15次信访事项27起291人，区委副书记、区长陈红民接待10次信访事项14起103人，其他区领导干部接待信访事项25起263人；二是组织领导干部带案下访，每月15日前后到所联系分包的乡（镇)、街道和社区（村）下访，听取乡（镇)、街道不稳定因素排查情况、分包信访案件进展情况、信访工作开展情况，帮助基层解决疑难信访案件，全年区“四个班子”成员下访12次。

【机制建设】 一是依托全区网格化管理长效机制工作平台，开展矛盾排查化解工作。全年集中开展矛盾排查14次，对排查出的26起新的不稳定因素和已挂牌督办仍未化解的30起信访积案，进一步明确区级领导干部包案和责任单位责任，细化化解及稳控措施，确保群众稳控得住、问题化解的了；二是开展依法逐级走访工作。从2014年12月1日起推行信访诉求“一单式”办理机制，对来访群众反映的信访事项严格按照依法逐级走访办法受理，保障合理合法诉求依照法律规定和程序来解决，确保群众反映的问题“件件有落实、事事有回音”；三是坚持信访工作月例会制度、敏感时期日例会制度。为确保把信访工作落到实处，区信访局每月10日前后召开各乡（镇）街道、重点委（局）信访办主任月工作例会，通过月工作例会及时传达上级有关信访工作新精神、新动态，及时纠正信访工作中有关单位存在的问题，安排布置近期信访工作重点任务。遇到重大活动、会议及敏感节点或重大节日，区信访局不定期召开信访工作专题会议，安排部署相关工作，根据实际情况，建立日研判工作机制，研判当日发生的信访事项，预测未来有可能发生的信访事项，为确保辖区社会大局稳定奠定良好基础。

【重大活动、会议信访保障】 区委群工部（信访局）每次重要活动和会议敏感时期，均超期谋划、科学部署，提前研究制订信访保障工作方案和应急方案，召开专题会议，圆满完成中央、省、市、区四级“两会”、习近平视察郑州、中央巡视组巡视河南、十八届四中全会、APEC会议、省委巡视组巡视郑州等重大敏感节点信访保障工作，实现各类会议、活动期间不发生个体恶性上访事项和群体性上访事项的工作目标，确保省、市领导多次到辖区视察期间的信访保障任务的圆满完成。

（高　彬）

老干部工作

【概况】　中共二七区委老干部局内设办公室、老干部活动中心、关心下一代工作委员会，现有干部职工14人。办公地址位于区政府楼1楼101室。

2014年，区委老干部局坚持把学习贯彻党的十八大和十八届三中、四中全会精神，学习贯彻习近平系列重要讲话精神作为首要政治任务，以开展“党的群众路线教育实践活动”为抓手，探索“两走两为”工作载体创新，完善服务管理，统筹推进业务工作和自身建设，有效推动全区老干部工作转型发展、科学发展，赢得区委和老干部们“双满意”。

【离退休干部思想政治建设】　一是围绕学习跟进活动进度。定期向老干部通报全区“党的群众路线教育实践活动”开展情况，对热点问题解疑释惑；向老干部送阅《离退休干部“看郑州”学习读本》《焦裕禄传》等1000余册书籍和学习资料；组织观看《周恩来的四个昼夜》等多部红色影视片；邀请老干部参加教育实践活动动员会、报告会和民主评议会；对全区2684名离退休党员、89个离退休党支部进行摸底统计，使学习教育更有针对性、特色性。二是围绕主线开展系列活动。采取电话问询、问卷调查、入户走访等方式，请老干部“把脉会诊”，就作风问题、民生事业、城市管理、社会经济发展等方面征求意见、建议50余条，并及时传达、反馈了整改落实情况；组织离退休干部开展“观郑州发展”活动，到马寨产业集聚区、树木园、薰衣草庄园、郑州市档案馆参观考察，近距离感知郑州日新月异的巨大变化；10月份，组织20名区级离退休干部赴新县革命老区重温红色经典。通过一系列活动，使老干部们在实践中重新践行党的群众路线。

【离退休干部“两项待遇”落实】　为老干部订阅《中国老年报》《郑州日报》《求是》《老人春秋》《党史博览》等报刊4000余份；邀请老干部参加区“两会”和党的群众路线教育实践活动，召开座谈会征求老干部的意见、建议；组织老干部外出参观考察3次；定期向老干部通报全区各项工作的进展情况。

老干部局组织离退休老干部参观重点项目建设

落实上级《关于提高离休干部护理费标准的通知》精神，对“两费”和生活补贴等经费发放情况及时督导；定期开展老干部健康体检；在重大节日、老干部生病住院期间进行慰问探望。全年全区离休干部离休费按照标准每月足额发放到位，全年报销医药费500多万元，同时，区政府对离休干部每年每人报销医疗费不足3600元的设立专项奖励金，全年有7名老干部获得医药费奖励金。

【老干部学习活动阵地建设】　一是分步实施，加大建设力度。按照“建好主阵地、扩大覆盖面、延伸靠共建”的总体思路，对网格化管理规范、基础设施齐全、老干部工作组织健全的26个社区进行先期挂牌示范，投入10万余元资金对老干部活动中心软、硬件设施进行升级改造。二是“四个注重”，优化管理机制。注重指导，对挂牌社区进行常态化、制度化的指导督促；注重调研，组织干部职工到社区站点进行调研，撰写《二七区老年志愿者队伍建设情况》的调研报告；注重交流，区老年大学有学员600余人，开设英语、书画、手工艺等9个教学班，学校定期召开教学工作会，选拔优秀学员深入社区分站送课送学；注重展示，联合社区举办学员作品展和文体比赛等活动，展示教学成果。三是实现“一站多用”，发挥分站示范带动作用。分站根据自身实际，拓展服务范围，打造服务特色，举办健康养生、老年法律维权等讲座和巡诊活动100多场次，1万余名老年人受益；成立帮扶标兵队、助老先锋队、“时间银行”志愿服务队等53支特色队伍和“温馨聊天室”等10余种服务项目。

【老干部作用发挥】　围绕“同心共筑中国梦”和“为党的事业增添正能量”两大主题，引导老干部为市、区的改革发展贡献余热。一是发挥感召力，传播“好声音”。组织“五老”人员成立爱国主义教育讲师团、法制教育宣传团、暑期关爱团、特殊群体儿童帮扶团，通过举办专题报告会、科普知识培训班等方式，发挥“五老”在关心下一代工作中的重要作用。二是发挥影响力，传递“正能量”。组织老干部参演区纪委举办的“人生四季”“双节”廉政教育活动和区委组织部举办的“我是谁、为了谁、依靠谁”主题演讲报告会，向社会传递崇廉尚廉、务实进取的“正能量”。三是发挥践行力，展现“新风采”。由退休县处级老干部任团长的二七区老年科协常年组织经验丰富的老专家、老科技人员深入村（社区）开展科普宣教活动，连续9年荣获全市老科协先进集体，10月全市老年科学技术协会经验现场交流会在嵩山路街道郑飞社区召开。

【作风建设】　以“党的群众路线教育实践活动”为契机，优化提升老干部工作队伍整体素质，按照“三严三实”要求，优化工作队伍整体素质，做到“三个加强”。一是加强学习。

秉承“忠诚、创新、感恩、奉献”的工作理念，在区老干部局机关深入开展“两抓两提”活动,采取集中学习、精读原著、专家授课、座谈研讨、实地参观等方式，增强对工作的责任感和使命感。二是加强队伍历练培养。对政治素质高、业务能力强的干部压担子、下一线，参与创建文明城市、创建国家卫生城市和网格化管理下沉工作。三是加强调研宣传。坚持调研出精品、宣传出影响、工作出成效的原则，针对新时期老干部工作遇到的新情况、新问题，围绕推动老干部工作转型科学发展主题，在区老干部局机关开展专题调研活动，局领导和工作人员多次深入社区和老干部家中走访调研。2014年，在《中国老年报》《河南省老干部工作通讯》《老人春秋》《活动月报》等媒体登载老干部工作稿件200多篇，为进一步做好老干部工作营造了良好的舆论氛围。

（王炎升）

党校工作

【概况】　中共二七区委党校，成立于1984年9月。现有工作人员11人。办公地址位于政通路29号鼎鑫商务四楼。

2014年，党校在区委、区政府领导下，在上级党校业务指导下，立足本职，创先争优，在干部培训、理论宣讲、教研工作、师资队伍建设等工作取得显著成效。

【机关自身建设】　党校在总结往年量化管理的基础上，修订工作纪律、管理措施、考勤制度、培训制度等，进一步完善激励机制，将责任分解落实到人，每月公布工作绩效，季度进行评比，形成良好的工作氛围，为实现全年目标任务打下良好基础。同时，为了提高教师对“党的群众路线教育实践活动”和党的十八届三中、四中全会精神的认识和理解，给教师们购置学习书籍，组织教师们参加讲座和学习班学习。

【培训和科研工作】　（一）党员发展对象培训。2014年，区委党校与区委组织部、机关党工委联合举办3期党员发展对象培训班，每期7天，培训学员402人。内容主要有学习焦裕禄精神、践行党的群众路线、党章等。培训中，学员以自身工作经历讲述如何在“党的群众路线教育实践活动”中发挥先进作用。向参训学员发放征求意见表200余份，就教学质量、服务态度、课程设置、日常管理等方面征求有价值的建议10条。

（二）开展调研活动。围绕“县级党校如何加强基层党组织书记和基层党员培训”开展专题调研，发放调查问卷320份，撰写4000字调研报告1篇。调研论文《基层社会管理模式创新——网格化管理研究》获二七区优秀调研成果二等奖；撰写的调研论文《丝绸之路经济带——郑州枢纽地位研究》已完成；向中共郑州市委党校报送3篇调研论文参加全市党校系统12届科研成果评选活动，其中《慈善事业面临的困惑与对策研究》获优秀科研成果一等奖，《二七区经济发展探讨》《郑州市城南农村贫困人口调查报告》分别荣获二等奖，区委党校获优秀科研工作组织奖。配合中共郑州市委党校开展棚户区改造相关调研工作，为政府决策提供相关依据。

党校举办党员发展对象培训班

【宣讲活动】　以《群众路线教育实践活动解读》《十八届三中全会精神解读》《学习十八届三中全会精神，全面深化改革》《认真学习十八届四中全会精神》为题先后到区市政局、区国土资源局、区人力资源和社会保障局、区农委、区民政局、铭功路街道、德化街街道、福华街街道、长江路街道、侯寨乡、马寨镇等10多家单位进行宣讲，受教育1000多人。

【党的群众路线教育实践活动】　区委党校支部采取集中辅导、专题讨论、学习交流、自学等形式开展学习教育活动，重点学习中国特色社会主义理论体系、社会主义核心价值观、《中国共产党党章》、中共党史、群众观点、党的十八大及十八届三中全会及习近平系列重要讲话精神，学习中央、省委、市委关于党的群众路线教育实践活动及作风建设方面的规定和要求，学习践行党的群众路线的好榜样焦裕禄、任长霞等先进事迹，召开民主生活会，开展谈心、谈话活动，广泛征求意见、建议，查找党校、党支部成员存在的“四风”问题，并进行整改，按时完成党的群众路线教育实践活动的相关工作。

【帮扶慰问】　春节、“六一”儿童节前夕，领导班子成员到五里堡街道防空兵社区、侯寨乡东胡同社区17户贫困家庭和计划生育贫困户走访慰问；中秋节前夕，慰问2名退休干部。

（褚红丽）

档案管理

【概况】　2014年，二七区档案局在区委、区政府的正确领导和上级档案部门的具体指导下，以科学发展观为统领，谨记“为党管档、为国守史、为民服务”的神圣职责，紧扣目标抓落实，有力推动各项工作顺利开展。

【档案业务专题培训】　2014年2月25日下午，对全局档案人员进行档案业务专题培训。档案局业务科室培训人员就机关档案管理的重要性、文件材料的归档范围、保管期限、编制要求、整理步骤等内容进行详细讲解，使参加培训的档案干部对新形势下机关文书档案工作的新特点、新思

档案局组织机关工作人员参观焦裕禄图片展

路、新经验和新方法有了新认识，对提升档案基础业务的实践能力和操作水平、推动机关档案管理工作的深入开展起到重要作用。

【档案征集】 一是接收区城乡路网建设指挥部自2009年至2013年会计档案56卷（其中总账、明细账5卷，会计报表5卷，记账凭证46卷）；二是征集名人档案“感动中国2013年度十大人物胡佩兰”光盘2张入馆藏；三是征集历史文物电子档案。征集到二七区文化旅游局电子版文物档案，全国重点文物保护单位2处、河南省文物保护单位4处、郑州市文物保护单位23处、二七区文物保护单位13处，各类不可移动文物共388处（其中，古遗址198处，古墓葬43处，古建筑37处，石窟石刻1处，近现代史迹109处），共计155张照片。将所有电子版文物档案及照片刻录光盘保存。

【年度文件材料立卷归档】 全区87家全宗单位接受年度文件材料立卷归档检查，整理档案13381件（卷），其中文书档案10145件（永久档案9915件、30年档案154件），会计档案3236卷（报表档案166卷，账簿档案196卷、凭证档案2874卷）；整理照片870张、光盘182张、文件汇编175册，全部进行数字化处理，利用档案管理系统进行挂接，为方便档案利用打下基础。

【档案数字化加工工作】 2014年，扫描区人力资源和社会保障局1962年至2005年长期档案230卷36987页，区民政局复员军人档案2148卷49519页，残疾军人档案121卷2548页，全部录入电子文档中心管理系统，提高检索效率，方便群众查询。

【规范化管理认证工作】 11月，嵩山路街道、区环保境保护局分别通过“河南省二级示范单位”“河南省三级示范单位”验收；长江路街道台胞住宅小区社区、代庄街社区档案管理工作通过郑州市“社区档案规范化认证”；建中街街道铁道家园社区档案管理工作通过“省级示范社区”认证。

【档案执法检查】 9月23日至9月25日，区档案局对20家单位进行档案执法检查。通过检查，有效提高基层单位的档案意识和安全责任意识，促进档案工作制度化、规范化、标准化建设。

【档案指导】 为二七区“二环十七放射”绿化工程中第一、二项目部的17家施工单位、4家监理单位提供无偿档案业务指导服务；对华电郑州机械设计研究院实行“零距离”服务，帮助企业解析《企业文件材料归档范围和档案保管期限规定》，指导企业制定规范的文件材料，提供实用的档案管理方案，帮助企业形成一套便捷、高效的档案管理模式。

【档案宣传】 一是抓好二七区档案信息网站建设。实行网站管理专人负责，及时更新网站内容，截至2014年年底，已被区级以上的档案信息网站采用稿件267篇（其中，国家级17篇，省级79篇，市级91篇，区级80篇）；二是成功举办“二七区生态廊道建设成果展”。利用工作中拍摄收集的1万多张原始照片，历时6个月，筹备举办“二七区生态廊道建设成果展”，于2014年3月12日植树节，在郑州市档案馆五楼正式展出。区委书记蔡红为成果展写序题名，并到现场参观指导。截至2014年年底，接待机关、团体、企事业单位400多家，参观近3万人次，向社会各界宣传二七区、推介二七区。

【重大建设项目档案管理登记】 2014年，完成全区开工的16个重点建设项目的档案登记工作，涉及区交通局、区农委、区城管局、区市容美化指挥部、“二环十七放射”指挥部、马寨产业集聚区管委会等6家主管单位，并要求建设单位填报“郑州市二七区重点建设项目档案管理登记表”。

【重大建设项目档案验收】 全年完成马寨产业集聚区管委会的环境保护型公厕采购项目，区建设投资公司的王胡砦小学，洁云路派出所安装机房监控设施，区建设局的南屏路（石柱路—京广南路）、郑航南路（兴华南街—兑周路）、自由路（民主路—铭功路）、共建街（福寿街—兴盛路）、中秋路（大学路—代庄街）、端午路（大学路—京广路）、沁河路（郑密路—兴华南街）、留园路（工人路—嵩山路）11个区属重点建设项目竣工档案验收。

联合区人大常委会、区财政局、区审计局、区发改委对嵩山路学校的小学楼、中学楼、行政楼项目及“两环十七放射”嵩山南路、南四环路15个标段共计18个项目进行了初验。

【档案利用服务】 2014年度，接待利用档案2430人次（其中，接待单位查阅文书档案利用69人次，接待婚姻、城建、公证、复员军人等档案查阅利用2341人次），利用档案8500余卷件，复制档案资料2万余张。在编史修志、资产评估、清产核资、维护职工合法权益等方面发挥了作用。

（刘培莉）

区直机关党工委工作

【概况】 2014年，中共二七区直属机关党工委牢牢把握“服务中心、建设队伍”两大任务，不断创新工作思路、强化工作职责、落实工作目标，全面推进区直机关党的思想建设、组织建设、作风建设、反腐倡廉建设和制度建设，努力提升机

机关党工委开展"微心愿"爱心活动

关党建科学化水平，为加快推进全区社会经济发展提供坚强组织保证和强大精神动力。

【机关基层组织建设】 强化目标责任制。与直属42个党组织签订党建工作目标责任书，严格落实"三会一课"、书记讲党课等工作制度，采取轮流观摩、季度点评、派员参加、查看日记等方式，加大对各单位机关党建工作的考评力度。2014年，重点指导建成区工商局、区人民法院、区民政局、区人力资源和社会保障局、区人民检察院、区计划生育委员会等10个党建示范点和特色文化示范点。优化党组织设置，对10个届满基层党组织进行换届、改选、补选，保证基层党组织的建立健全。

【党员志愿服务活动】 组织开展"实现微心愿 开展微服务"系列活动。"三八"妇女节来临之际，在全区开展"实现微心愿 共筑巾帼梦"党员志愿服务活动；"五一"劳动节前夕，结合辖区环卫工人、巡防队员的家庭情况，开展以"实现微心愿 放飞微梦想"为主题的第三批党员志愿服务活动；教师节前，开展"点亮微心愿 情圆红烛梦"第四批党员志愿服务活动；春节前，开展"点亮微心愿 传递微爱心"党员志愿服务活动。各项活动开展以来，区级征集到568个"微心愿"，各乡（镇）、街道征集到1125个"微心愿"，吸引全区3000余名机关党员干部主动参与认领，为1690多个家庭圆梦，营造"人人为我，我为人人"的良好氛围，真正的把温暖与服务送到需要帮助的困难群众家中，为群众办实事、做好事，传递党的温情。

【机关党建进基层】 开展机关党建进社区、进项目、进企业和"千名党员下基层、服务群众促发展"党员义务奉献日活动。同时，深化"双报到双服务"活动，深入企业、村组、社区，开展解难事、办实事、做好事等活动。

【党员发展和教育管理】 全年47名发展对象分两批参加发展党员培训班，新发展党员46人，预备党员按期转正53名。全年收缴党费314064.5元。

围绕党的十八届三中全会精神，组织区直机关党员干部参加"党的十八届三中全会精神知识竞赛"，开展"践行群众路线·为民务实清廉"主题征文活动；召开"我是谁、为了谁、依靠谁"主题演讲比赛，开设机关"学习大讲堂"，借助网络开展"微党课""指尖上的党课"等多种形式的学习；开展"庆七一 观红影暨集中宣誓"活动；组织机关党员干部观看《焦裕禄》《吴仁宝》等典型人物影片；重温入党誓词，强化党员心系群众、务实为民服务意识，引导党员密切联系群众，坚定理想信念。

【文体活动】 组织区直机关47个工会小组300余名选手参加全区职工羽毛球、篮球、乒乓球比赛；组织开展"书香'三八'""阳光女性·幸福中国"读书征文活动；开展以"关爱他人、关爱社会、关爱自然"为主题的学雷锋志愿者服务月活动；组织参与区总工会"中国梦·劳动美·我与改革创新"主题征文比赛、摄影展、书画展系列文化活动；组织各单位为女职工征订《妇女生活》《现代家长》等女性读物；组织女职工参加区妇联组织的"广场舞"大赛。

（王亚丽）

机构编制管理

【概况】 二七区机构编制委员会办公室，现有干部职工10人。办公地点位于升龙国际B区1号楼17楼。

2014年，二七区机构编制工作在区委、区政府的正确领导下，围绕全区中心工作，不断深化行政管理体制改革，稳妥推进事业单位分类改革，落实事业单位机构编制总量控制和事业单位法人登记管理，加快机构编制信息化建设，为二七区社会经济发展提供有力的机制体制保障，荣获"二七区2014年度服务先进单位"称号。

【行政审批制度改革】 二七区作为全市五个试点单位中唯一的县（区）试点，全力做好行政审批服务流程的制定工作，全力做好市政府下放的52项行政审批事项承接工作。对区直部门行政审批项目进行审核清理。整合、精简审批项目35项，41项审批项目缩短办理时限。全力落实行政审批"两集中、两到位"试点工作，实行部门审批事项向"行政服务科"集中，"行政服务科"向办事大厅集中。同时，做到内设机构、人员编制、中层领导职数"三不增加"，实现行政审批程序更加规范、简化，群众办理行政审批事项更加便捷、高效。二七区的行政审批制度改革工作走在了全市前列，受到市领导的肯定与好评。

【事业单位分类改革】 区编办加强事业单位编制管理，实行严格的总量控制，并进行初步分类整理。通过核实事业单位类别划分的法律依据、法规授权情况和行政职能内容，以统一严格标准，科学界定全区各事业单位职责，明确承担行政职能类事业单位4家，公益一类事业单位304家，公益二类事业单位11家，生产经营类事业单位1家，不纳入分类事业单位1家，为稳妥推进事业单位分类改革奠定坚实基础。

【管理体制调研】 食品药品、工商、质量技术监督行政管理体制调整是推进食品药品监管体制改革的前提和基础。2014年，按照上级部署，食品药品、工商、质量技术监督省级以下垂直管理部门改为地方政府分级管理体制，食品药品、工商、质量技术监督部门成为区政府的工作部门。区编办以转变政府职能为核心，以整合监管职能和机构为重点，开展工商、质量技术监督、食品药品管理体制调研，并根据调研情况提出编制划转比例等建议，实现事权、编制、人员、经费、资产的平稳过渡和“无缝对接”。

【事业单位机构编制】 开拓思路，不断提升单位自身服务意识和服务能力，变“被动处理”为“主动管理”，探索建立机构编制总量控制和动态调整机制。采取“严控总量、盘活存量”方式控制编制，严格控制新建事业机构，按照“建一撤一”原则，确保事业机构数不增，减少因新设机构带来的编制需求量。对确因工作需要新增的编制，一般采取从本系统内同类经费形式事业单位空编中调剂的方式解决，充分挖掘现有编制潜力，实现对事业单位机构编制总量的控制。2014年，为加强新型城镇化和专业园区建设，区编办通过论证，报区机构编制委员会研究批准，为区新型城镇化办公室等5家单位区内调剂事业编制共计57名。在满足单位编制需求的同时，做到总量调控，科学配置现有编制资源，有效实现优化编制资源配置，更好地服务辖区社会经济发展。

【实名制信息数据库建设】 按照中央机构编制委员会办公室关于“依托电子政务保密网络建设机构编制业务网”的要求，推进机构编制实名制信息系统建设。一是安排专人管理机构编制实名制网络。针对实名制信息采集工作中可能存在的问题进行预测，及时与上级机构编制业务部门进行对接，做好相关政策咨询。二是科学谋划，确保信息填报有序进行。召开“全区机构编制实名制信息采集”工作会议，对各单位机构和人员信息采集工作开展培训，明确信息采集范围、对象及相关表格填写要求。针对各单位具体情况进行业务咨询解答，确保信息填报质量。三是实时校准，确保信息录入准确无误。根据各单位报送的机构和人员编制信息数据，逐项审核，以准确、完整、高效的标准，高质量地进行机构编制信息审核与录入工作。

“七一”前夕，编办举办重温入党誓词活动

【机构和人员编制核查】 对全区57家行政机构及330家事业单位执行机构编制法规政策情况、人员在编在岗情况及单位是否存在违反机构编制纪律情况开展专项核查。收集核查采集信息387份，整理机构编制审批文件234件（其中区直单位215件、乡（镇）街道19件），装订基础档案354份（其中区直单位264份、乡（镇）街道90份），做到机构清、编制清、领导职数清、实有人员清，实现“具体机构设置与按规定审批的机构相对应、实有人员和财政供养人员相对应”的核查目标。

【事业单位法人年检】 通过采取预约办理、重点督促等方式方法，提高事业单位法人年检工作效率。注重把好材料填写关、审核关、录入关和复核关，对材料齐全、符合条件的单位当场办结。2014年，全区事业单位321家，办理事业单位变更登记52家，办理事业单位法人证书遗失补领6家；应参加年检事业单位289家，办理年度检验276家，年检合格276家，网上年检率95%。

（常旭东）

人民代表大会

综　述

【概况】　2014年，区人大常委会在中共二七区委的领导下，坚持党的领导、人民当家做主、依法治国，深入贯彻落实党的十八大和十八届三中、四中全会精神，围绕全区中心工作，坚持依法履职、服务大局、积极作为，有效发挥地方国家权力机关的职能作用，为促进全区经济社会科学发展做出了贡献。

【监督工作】　2014年，区人大常委会按照“围绕中心、突出重点、讲求实效”的监督工作思路，不断加强和改进监督工作。2014年，常委会共召开常委会会议6次，听取审议议案和报告35项，书面印发审议意见74条，要求有关部门落实并限期报告落实情况。

工作评议。3月，召开评选二七区2013年度“人民满意的公仆单位”大会，在区十五届人大常委会第十三次会议上对满意率排名靠前的区人民政府办公室、二七区人民法院、二七区地税局、二七区人力资源和社会保障局、二七区财政局、二七区人民检察院、二七区教育体育局进行表彰。

计划和预算监督。听取和审议区政府关于2014年上半年国民经济和社会发展计划执行情况的报告，关于2013年财政决算和2014年1至6月预算执行情况的报告，审查批准2013年度财政决算，提出要加强预算管理，完善预算编制与执行；加强对财政资金使用情况的监督，参与监督政府采购招投标工作，听取政府采购工作报告。

法律监督。加强规范性文件备案审查监督，对区政府报送的39件规范性文件进行备案审查。支持法院实行“一站式”司法服务模式，组织人大代表旁听案件庭审、见证执行26次，参加信访听证11次，每天到法院多功能诉讼服务大厅参与诉前矛盾化解和监督司法工作。组织代表参加二七区人民检察院“开放日”活动，参与羁押必要性审查、附条件不起诉听证会，促进检务公开。

督办信访案件。坚持领导每月定期下访和重要信访件督办制度。全年接待群众来信、来访143件次，督办解决了一批人大代表和人民群众反映突出的问题，为保障群众权益、化解社会矛盾、维护社会稳定做出了贡献。

【决定重大事项工作】　2014年，区人大常委会依法行使重大事项决定权，从法律上保障区委中心工作加快推进，全力服务发展大局。作出批准政府将保障性安居工程、旧城区改建项目列入2014年国民经济和社会发展年度计划，批准2014年政府投资项目计划，批准2013年财政决算等11项决议、决定，并采取视察、调研、听取专项工作报告等方式督促落实。

【人事任免工作】　2014年，区人大常委会坚持党管干部和人大依法选举任免相结合，全年选举任免160人次。任免工作中坚持任前法律知识考试、任前考察、任前见面、表态发言、颁发任命书等制度，按照十八届四中全会关于建立宪法宣誓制度的规定，组织新任人员向宪法宣誓，任后公开任职承诺，增强被任命人员的法律意识、责任意识和接受监督的意识。

【代表工作】　2014年，区人大常委会探索代表工作方式、方法，通过建机制、搭平台、强服务，着力增强代表工作实效，充分发挥代表主体作用。

健全机制，提供代表履职保障。建立监督机制，制定《二七区选举产生的郑州市人大代表履职办法》，组织6名市人大代表在常委会会议述职。根据代表辞去职务暂行办法规定，接受14名区人大代表辞去代表职务。

搭建平台，畅通代表履职渠道。组织郑州市十四届人大二七区代表团3个小组的代表开展7次活动。“六一”前夕，在侯寨乡张李垌小学举行爱心捐赠助学活动，募集捐款14.2万元。全年组织辖区省、市、区人大代表开展集中视察9次、调研活动37次，召开征求意见座谈会3次，参加代表287人次，提出意见、建议500多条。

强化服务，优化代表履职环境。一是强化学习培训服务。组织辖区市人大代表到中共郑州市委党校参加培训，组织部分市、区两级代表到山东省青岛市人大培训中心系统学习政治理论和业务知识。二是强化知情知政服务。定期为代表寄送人大报刊、资料，通过印发工作汇报、网上公布、发送短信等方式向代表通报“一府两院”工作进展情况。三是强化督办建议服务。对重点建议进行现场督办，召开代表建议办理征求意见座谈会，听取政府建议办理情况报告，对交办的37件建议逐个跟踪落实。通过督办，代表所提建议已经解决或基本解决的33件，正在解决或列入计划解决的4件。

【助推经济社会发展】　2014年，区人大常委会推进新型城镇化建设、现代产业体系构建和依靠群众推进工作落实长效机制建设“三大主体”工作，促进全区实现科学发展。常委会领导班子成员担任全区16个重点项目指挥长，带领机关工作人员，深入群众解决问题，促进重点项目的快速推进。其中，王胡砦社区改造项目实现回迁，万达广场安置区项目启动回迁工作，刘砦社区改造项目安置房已封顶，孙八砦社区改造项目拆迁工作基本完成。定期督导马寨产业集聚区工作，促进花花牛乳制品、“康师傅”二期等省重点项目顺利投产；组

区人大常委会主任李章坤带领人大代表视察社会救助爱心超市

织代表视察农业工作，提出要大力培育现代农业项目，加强都市区生态文化旅游宣传，加大农民培训力度和现代农业资金投入；组织调研网格化管理工作，提出要充分发挥职能部门、三级网格长和离退休人员作用，提高解决问题的效率，提高社会综合治理水平。

【自身建设】 2014年区人大常委会把自身建设作为人大工作的基础保障，注重强化落实能力，着力提升履职水平，切实维护机关形象，努力使人大工作更具凝聚力、带动力和影响力。

践行党的群众路线，改进工作作风。以“党的群众路线教育实践活动”引领全年人大工作。区人大常委会领导和机关党员干部围绕为民务实清廉主题，聚焦反对“四风”，学习规定内容，广泛征求意见、建议53条。在此基础上，全面查摆自身问题，深刻剖析思想根源，逐一制定整改措施，深入开展批评与自我批评。活动中，常委会领导干部在社区建立联系点，支持机关干部到街道办事处历练，邀请党员、老干部参加座谈会，进一步找准服务群众的着力点，为民服务的实效不断提升。通过开展教育实践活动，全体党员干部进一步坚定信念，强化宗旨，转变作风，提升效能。

注重思想建设，凝聚工作合力。坚持每周五集中学习和定期邀请专家授课，深入学习贯彻党的十八届三中、四中全会和中央、省、市庆祝人民代表大会成立60周年会议精神，组织机关干部实地学习“红旗渠精神”，到大别山干部学院接受红色教育，为促进新时期人大工作创新发展提供强劲精神动力。坚持公开履职，坚持实行常委会会议电子表决，及时通过人大网站、信息、文件等公布工作动态。强化服务老干部意识，落实老干部的政治待遇和生活待遇，坚持重大节日和生病住院期间的走访慰问，重要工作及时通报，加强沟通，了解情况，组织体检，开展活动，注重发挥老干部作用。

加强宣传交流，展示人大形象。每月编发《二七人大信息》，定期更新区人大网站。全国、省、市媒体刊发全区人大工作稿件100多篇，《人民代表报》对二七区创新监督机制和开展代表工作的经验进行深度报道，《河南日报》对二七区监督食品安全的做法进行4次连续报道，河南电视台邀请二七区人大常委会人员参加河南食品安全系列访谈，全区开展工作评议的文章被《中国人大年鉴2014》采用。在省、市人大常委会组织的评选中，全区报送的7篇稿件获奖，5人获得表彰。湖北省宜城市、安徽省蒙城县对全区开展工作评议和预算监督的做法进行借鉴，二七区在全国人大、上海市人大调研代表工作时做典型发言，提升了区人大常委会的对外形象。

（乐凤海）

人大全会

【十五届人民代表大会第三次会议】 2月13日至15日，二七区第十五届人民代表大会第三次会议召开。

2月13日上午9点，会议在政通路小学礼堂开幕。大会主席团常务主席李章坤主持会议，区委书记蔡红致开幕词，代区长陈红民代表区人民政府向大会作政府工作报告，代表们审查关于二七区2013年财政预算执行情况和2014年财政预算（草案）的报告、关于二七区2013年国民经济和社会发展计划执行情况与2014年计划（草案）的报告。

2月14日上午，大会召开第三次全体会议，分别听取二七区人大常委会主任李章坤作的区人大常委会工作报告、区人民法院院长王焰斌作的区人民法院工作报告和区人民检察院检察长丁铁梅作的区人民检察院工作报告。

2月15日上午，大会在区会议中心三楼会议室召开第四次、第五次全体会议。第四次全体会议依法补选陈红民为二七区人民政府区长、周国堂为区第十五届人民代表大会常务委员会副主任，选举出二七区出席郑州市第十四届人民代表大会的代表64人；第五次全体会议通过关于二七区人民政府工作报告的决议、关于二七区2013年国民经济和社会发展计划执行情况与2014年计划（草案）及其报告的决议、关于二七区2013年财政预算执行情况和2014年财政预算（草案）及其报告的决议、关于二七区人大常委会工作报告的决议、关于二七区人民法院工作报告的决议、关于二七区人民检察院工作报告的决议及关于议案审理意见的报告。新当选的二七区人民政府区长陈红民做表态发言，区人大常委会主任李章坤发表闭幕讲话。

（乐凤海）

人大常委会会议

【十五届人大常委会第十一次会议】 2014年1月20日上午，区人大常委会主任李章坤在机关四楼大会议室主持召开区十五届人大常委会第十一次会议。会议听取并审议二七区人民政府副区长辛绍河作的关于提请将保障性安居工程、旧城区改建项目列入2014年国民经济和社会发展年度计划的议案，区委常委、常务副区长李峰作的关于提请区人大常委会王鹏不再担任二七区人民政府区长职务的议案说明。经过表决，会议通过两个议案，决定将议案中所提项目列入2014年国民经济和社会发展年度计划，接受王鹏辞去二七区人民政府区长职务的请求。

【十五届人大常委会第十二次会议】 2014年2月11日上午，区人大常委会主任李章坤在机关四楼大会议室主持召开区十五届人大常委会第十二次会议。会议听取并审议了区人大常委会办公室主任陈庆作的关于区十五届人大三次会议筹备工作情况的汇报，区人大常委会副主任李刚作的关于区十五届人民代表大会代表变化情况及补选代表的代表资格的审查报告，区委组织部常务副部长王波关于区十五届人大三次会议选举办法（草案）和陈红民任职情况的汇报。会议审议二七区人大常委会关于召开二七区十五届人大会三次会议的决定（草案）、二七区人大常委会工作报告稿、二七区十五届人大三次会议议程（草案）、区十五届人大三次会议主席团和秘书长建议名单、区十五届人大三次会议计划财政预算审查委员会建议名单、区十五届人大三次会议议案审查委员会建议名单、区十五届人大三次会议列席人员名单、关于提请免去王云区人大常委会城建城管工作委员会主任职务的议案、关于提请陈红民代理区政府区长的议案、区人大常委会委员辞职事宜。经过表决，会议通过所有议案、报告及建议名单，决定2月13日召开区十五届人大三次会议，决定陈红民代理区人民政府区长，接受范武成、赵田辞去区人大常委会委员职务的请求，免去王云的区人大常委会城建城管工作委员会主任职务。

【十五届人大常委会第十三次会议】
2014年5月16日下午，区人大常委会主任李章坤在机关四楼大会议室主持召开区十五届人大常委会第十三次会议。会议听取并审议区发改统计局局长王永利作的关于二七区2014年政府投资项目计划（草案）的报告，审议区人大常委会关于表彰2013年度二七区“人民满意的公仆单位”的决定（草案）。经过表决，会议决定批准二七区2014年政府投资项目计划，授予二七区人民政府办公室、二七区人民法院、二七区地税局、二七区人力资源和社会保障局、二七区财政局、二七区人民检察院、二七区教育体育局2013年度二七区“人民满意的公仆单位”称号。区人大常委会主任李章坤向获奖单位负责人颁发奖牌。

【十五届人大常委会第十四次会议】
2014年8月29日上午，区人大常委会主任李章坤在机关四楼大会议室主持召开区十五届人大常委会第十四次会议。会议听取并审议区发改统计局局长王永利作的关于二七区2014年上半年国民经济和社会发展计划执行情况的报告，区财政局局长张建森作的关于二七区2013年财政决算和2014年1至6月预算执行情况的报告，区审计局局长李新亮作的关于2013年度区本级预算执行及其他财政收支的审计工作报告，区政府副区长姚实作的关于区十五届人大三次会议代表建议、批评和意见办理情况的报告。副区长姚实、区人大常委会办公室主任陈庆、区人民法院副院长王国松分别作了任免议案说明。会议审议二七区人民政府关于全区食品安全工作情况的汇报及区人大常委会教科文卫工委关于食品安全工作的视察报告。经过表决，会议通过上述议题，决定免去辛绍河的区政府副区长职务、王淑真的区司法局局长职务、任书庆的区人口和计划生育委员会主任职务、陈庆的区人大常委会机关老干部科科长职务，任命任书庆为区人大常委会城建城管工作委员会主任、雷芙蓉为区人大常委会机关老干部科科长、文东升为区人大常委会法制工作委员会副主任、张爱云为区司法局局长。会议任命了102名区人民法院人民陪审员，对11名法官进行职务任免。区人大常委会主任李章坤颁发任命书，新任法官面向国徽集中宣誓。

【十五届人大常委会第十五次会议】
2014年11月21日上午，区人大常委会主任李章坤在机关四楼大会议室主持召开区十五届人大常委会第十五次会议。会议审议通过二七区选举产生的郑州市人大代表履职办法、区人民检察院工作报告及区人大常委会法工委的视察报告、区政府消防工作报告、区政府关于棚户区改造工作进展情况的汇报及区人大常委会城建工委的视察报告、区人民法院关于提请区人大常委会任免李靖等13人法律职务的议案、区人民检察院关于提请区人大常委会任免马雅东等8人法律职务的议案、区人大常委会主任会议关于提请免去牛真区人大常委会城建城管工作委员会副主任职务的议案，决定接受李刚、王云辞去区十五届人大代表职务的请求。根据选举法第53条的规定，李刚的区人大常委会副主任职务终止。6名二七区选举产生的市十四届人大代表在会上进行述职后被评议为称职。李章坤向12名新任法官、2名新任检察官颁发任命书。按照党的十八届四中全会关于人大及其常委会选举或者决定任命的国家工作人员正式就职时公开向宪法宣誓的要求，新任法官和检察官手持宪法，面向国徽集中宣誓。

【十五届人大常委会第十六次会议】
2014年12月31日上午，区人大常委会主任李章坤在机关四楼大会议室主持召开区十五届人大常委会第十六次会议。会议审议通过区人民政府关于学校建设、实施医疗机构管理条例情况的报告和区人大常委会教科文卫工委的视察报告，审议通过了区政府关于民政工作的报告、区人民法院工作报告和区人大常委会法工委的视察报告。会议决定补选许广佑为郑州市第十四届人大代表，接受范武成辞去区十五届人大代表职务的请求。

（乐凤海）

大事记

1月

●9日上午，区人大常委会主任李章坤带领区人大代表到区人民检察院视察，并座谈。

●13日上午，省人大常委会与区人大常委会在建中街街道淮南社区联合举办“走基层、义务赠送春联”活动。省十一届人大常委会副主任、省人大书画摄影研究院院长刘新民，省十二届人大常委会内务司法工委副主任、省人大书画摄影研究院副院长李民庆，省十二届人大常委会副秘书长、省人大书画摄影研究院副院长戚建庄和十几名书法家出席活动，区委书记蔡红、区人大常委会主任李章坤以及张丽英、李刚、周国建、柳建华、武志亮、张忠民、杨明军、张好义、张新云等区人大常委会领导参加活动。

●14日上午，区人大常委会主任李章坤到马寨镇调研信访稳定工作。

●20日上午，区人大常委会主任李章坤在区人大常委会四楼小会议室主持召开区十五届人大常委会主任会议第十二次会议。

●20日上午，区人大常委会主任李章坤在机关四楼大会议室主持召开区十五届人大常委会第十一次会议。

2月

●8日下午，区人大常委会主任李章坤主持召开区十五届人大常委会主任会议第十三次会议。

●11日上午，区人大常委会主任李章坤在机关四楼大会议室主持召开区十五届人大常委会第十二次会议。

●13日-15日，二七区第十五届人民代表大会第三次会议召开。会议依法补选陈红民为区人民政府区长、周国堂为区第十五届人民代表大会常务委员会副主任，选举出二七区出席郑州市第十四届人民代表大会的代表64人。会议通过关于二七区人民政府工作报告的决议、关于二七区2013年国民经济和社会发展计划执行情况与2014年计划（草案）及其报告的决议、关于二七区2013年财政预算执行情况和2014年财政预算（草案）及其报告的决议、关于二七区人大常委会工作报告的决议、关于二七区人民法院工作报告的决议、关于二七区人民检察院工作报告的决议及关于议案审理意见的报告。

3月

●14日上午，湖北省宜城市人大常委会副主任李明国一行到辖区学习考察人大常委会评议工作并座谈。区人大常委会副主任张丽英参加座谈。

●21日下午，区人大常委会邀请省人大常委会委员、副秘书长戚建庄在区会议中心二楼视频会议室作题为《在打造“四个河南”过程中肩负起人大代表的光荣使命》的专题讲座。讲座由区人大常委会副主任李刚主持，区人大常委会机关全体人员，乡（镇）、街道人大干部，部分区、乡（镇）人大代表参加培训。

●26日上午，区人大常委会在区会议中心召开2013年度二七区“人民满意的公仆单位”评选大会，会议由区人大常委会副主任周国建主持。区委书记蔡红、区人大常委会主任李章坤、区政协主席于广志、区委常委、区纪委书记张全金，区委常委、区委宣传部长王鲁明等领导出席大会，部分省、市人大代表、全体区人大代表和参评单位行政负责人220余人参加会议。与会代表听取区“一府两院”以及辖区垂直部门共40家单位的履职报告，对各单位2013年的工作情况进行评议，并当场进行无记名投票。

4月

●1日上午，区人大常委会主任李章坤到联系单位——马寨镇马寨社区调研“党的群众路线教育实践活动”。

●2日上午，市人大常委会选举任免代表联络工委主任阎铁成、副主任蔡军龙一行5人到区人大常委会调研人事任免和代表工作。区人大常委会副主任兰海、区人民法院院长王焰斌参加座谈。

●10日，市人大常委会主任白红战带领市人大代表到淮河路街道百顺农贸市场视察食品安全工作。区委副书记、区长陈红民，区人大常委会主任、党组书记李章坤，区副县级干部、政府党组成员黄卫红陪同视察。

●15日上午，区人大常委会组织市十四届人大二七代表团第三组人大代表在郑州市古玩城五楼会议室开展代表培训活动。

5月

●13日上午，区人大常委会主任李章坤主持召开区十五届人大常委会主任会议第十五次会议。

●16日下午，区人大常委会主任李章坤在机关四楼大会议室主持召开区十五届人大常委会第十三次会议。

●30日，郑州市十四届人大二七代表团在侯寨乡张李垌小学举行“大爱无疆，呵护成长”——迎“六一”爱心捐赠助学活动。郑州市十四届人大代表、厅级领导干部、郑州慈善总会会长姚待献参加活动并作重要讲话，市人大常委会选工委主任阎铁成，人大常委会副秘书长、研究室主任姜朝红，市人大常委会委员、城乡建设委员会副主任张子亮，市人大常委会委员、民进郑州市委副主任委员赵学庆，区委常委、区委组织部部长丁文霞，区人大常委会副主任周国建，副区长于珊等出席活动。

6月

●12日上午，区人大常委会主任、党组书记李章坤主持召开党组会议，组织集中学习，讨论人大工作如何立行立改、建章立制。

●24日上午，区人大常委会主任李章坤带领人大代表，对全区防汛工作进行视察。

7月

●9日上午，区人大常委会主任、党组书记李章坤带领市、区两级人大代表视察辖区食品安全工作。区人大常委会领导张丽英、李刚、周国建、柳建华、张忠民、周国堂、张好义、张新云，副县级干部、区政府党组成员李华民陪同视察。

●17日，区人大党组召开党的群众路线教育实践活动专题民主生活会。区人大常委会主任、党组书记李章坤主持会议。省、市委联合第二督导组副组长龚首鹏及有关成员全程指导民主生活会，区委组织部常务副部长王波参加会议。

●23日上午，区人大常委会在机关四楼小会议室召开老干部座谈会，征求离退休和退二线干部对“党的群众路线教育实践活动”的意见。区人大常委会主任、党组书记李章坤，副主任、党组副书记张丽英，分管机关老干部科的正县级干部、党组成员张忠民、副县级干部、党组成员张好义出席会议。会议由张忠民主持。

●25日下午，区人大常委会主任、区集贸市场整治督导组组长李章坤组织召开集贸市场整治工作会议。会议由区委常委、常务副区长李峰主持。

●27日上午，区人大常委会主任、区集贸市场整治督导组组长李章坤带领有关人员督导辖区集贸市场。副县级干部、区政府党组成员王玉卿参加。

●30日上午，区人大常委会主任、区集贸市场整治督导组组长李章坤带队对辖区集贸市场整治工作进行暗查督导。区人大常委会副主任周国建、周国堂参加检查。

8月

●1日下午，区人大常委会副主任周国建与区政府党组成员李华民带领有关人员，到河南电视台8号演播厅参加河南日报报业集团公司主办的《2014河南食品安全与发展风险交流系列访谈》。国家食品药品检验检疫局、河南省食品安全生产办公室、河南省畜牧局、河南省农业厅等国家、省直部门负责人参加访谈。区人大常委会机关、食品安全生产办公室、食品药品检验检疫局、质量技术监督局、工商局、马寨镇、郑州万家食品公司共150人来到现场。

●4日上午，区人大常委会主任、区集贸市场整治督导组组长李章坤听取督导情况汇报。各小组分别汇报督导情况，指出督导中发现的问题和提出的整改要求。

●11日，区人大常委会机关党支部在四楼小会议室召开党的群众路线教育实践活动专题民主生活会。区人大常委会办公室主任、机关党支部书记陈庆主持会议，区委第五督导组组长朱广善及督导组成员全程指导。

●12日上午，区人大常委会主任、区集贸市场整治督导组组长李章坤对辖区农贸市场、工贸市场整治工作进行暗访督导。区人大常委会党组成员张忠民参加督导。

●20日上午，区人大常委会主任李章坤、副主任张丽英、柳建华、党组成员张好义到一马路、解放路、铭功路、德化街街道督导集贸市场整治工作。

●27日上午，区人大常委会主任李章坤主持召开区十五届人大常委会主任会议第十六次会议。

●28日上午，区人大常委会机关党支部召开“党的群众路线教育实践活动”专题组织生活会。机关党支部书记陈庆主持会议。会上，陈庆代表党支部作对照检查并带头开展个人自评，党支部委员依次开展个人自评，并相互间进行互评。

●29日上午，区人大常委会主任李章坤在机关四楼大会议室主持召开区十五届人大常委会第十四次会议。

●29日上午，区人大常委会机关党支部全体党员共28人参加民主评议党员会议。区人大常委会党组成员以普通党员的身份参加会议。

9月

●19日，区人大常委会主任李章坤带领部分市、区人大代表视察全区农业工作。区人大常委会副主任张丽英、周国建、郭穆顺、武志亮、靳凤英、周国堂参加视察。

●24日上午，区人大常委会主任李章坤带领市、区人大代表，视察辖区棚户区改造项目进展情况。区人大常委会领导张丽英、周国建、柳建华、武志亮、张忠民、靳凤英、周国堂、张好义，区政府领导李峰、黄卫红、张富强陪同视察。

10月

●10日上午，区人大常委会主任、区集贸市场整治督导组组长李章坤带领督导组成员，对辖区集贸市场进行督导。

●24日上午，区人大常委会主任李章坤带领市、区人大代表，对辖区消防工作、检察院工作进行视察。区人大常委会副主任周国建、郭穆顺、武志亮和区人大常委会党组成员、区总工会主席张新云陪同视察。

●31日上午，区人大常委会主任、党组书记李章坤在机关四楼小会议室主持召开党组会议，研究起草区委加强人大工作的意见。区人大常委会领导周国建、郭穆顺、柳建华、武志亮、张忠民、靳凤英、兰海、周国堂、张好义、张新云出席会议。

●31日上午，区委书记蔡红参加郑州市人大代表视察二七区新型城镇化建设活动，并主持召开座谈会。区委常委、区委组织部部长丁文霞，区人大常委会副主任、党组副书记张丽英陪同视察。郑州市人大常委会副秘书长、办公厅主任李金鹏，选工委主任阎铁成，副秘书长姜朝红专程参加二七代表团第三组活动。

11月

●18日上午，区人大常委会主任李章坤主持召开区十五届人大常委会主任会议第十七次会议。

●19日下午，区人大常委会主任李章坤带领市、区人大代表，视察辖区环境保护污染治理工作情况。区人大常委会领导周国建、柳建华、张忠民、靳凤英、周国堂、张好义和区政府领导林海陪同视察。

●21日上午，区人大常委会主任李章坤在机关四楼大会议室主持召开区十五届人大常委会第十五次会议。

●25日上午，区人大常委会主任李章坤带领部分市、区人大代表，对全区工业发展情况进行视察。区委常委、区委统战部部长、马寨管委会常务副主任王玉红陪同视察。

●28日上午，区人大常委会主任李章坤带领部分市、区人大代表，对辖区学校建设和医疗机构管理条例执法情况进行视察。区人大常委会领导周国建、郭穆顺、柳建华、武志亮、张忠民、靳凤英、杨明军、周国堂、张好义和区政府党组成员李华民陪同视察。

12月

●4日上午，区人大常委会主任李章坤带领部分市、区人大代表，对全区民政、“十件实事”办理、区人民法院工作进行视察。区人大常委会领导张丽英、周国建、柳建华、武志亮、兰海、杨明军、周国堂、张好义和区政府领导李峰、董治会、林海、黄卫红陪同视察。

●5日上午，区人大常委会主任、区创文工作集贸市场整治督导组组长李章坤，区人大常委会副主任、区集贸市场整治督导组副组长周国建督导辖区万客来食品城市场整治工作。

●9日上午，区人大常委会邀请辖区省、市、区人大代表在区委常委会议室召开座谈会，广泛听取各方面人士对全区工作的意见和建议。座谈会由区人大常委会主任李章坤主持。区委书记蔡红，区委副书记区长陈红民，区委副书记李晓雷，区委常委、常务副区长李峰，区委常委、区委办公室主任赵吉平，区人大常委会领导张丽英、周国建、郭穆顺、张忠民、兰海、杨明军、周国堂、张好义、张新云出席会议。

●11日上午，区人大常委会副主任、党组副书记张丽英调研全区网格化管理工作开展情况。区人民政府党组成员李华民参加调研。

●11日上午，区人大常委会副主任杨明军带领督导组成员，对蜜蜂张街道办事处辖区的集贸市场整治工作进行督导。

●15日下午，省人大常委会副主任张大卫带领部分全国人大代表到辖区河南网商园视察电子商务工作。省商务厅厅长焦锦淼，市委常委、副市长薛云伟，区领导蔡红、李章坤、周国建、王玉卿陪同视察。

●26日上午，区人大常委会主任李章坤主持召开区十五届人大常委会主任会议第十八次会议。

●31日上午，区人大常委会主任李章坤在机关四楼大会议室主持召开区十五届人大常委会第十六次会议。

（乐凤海）

人民政府

政府全局工作

【概况】 2014年，是二七区“三年行动计划”的收官之年，二七区人民政府在中共郑州市委、郑州市人民政府和中共二七区委的正确领导下，在区人大监督下、区政协支持下，坚持以“三大主体”工作为统揽，突出“改革创新、持续提升、投资增效、服务惠民”，圆满完成区十五届人大三次会议确定的各项任务，社会经济发展呈现出好的趋势、好的态势、好的气势。二七区获得郑州都市区建设11项荣誉中的9项，并作为河南省唯一城区，成功进入全国市辖区综合实力和全国最具投资潜力中小城市“双百强”。

【经济工作】 2014年，二七区生产总值完成435亿元，同比增长9%；服务业增加值完成352亿元，增长9%；公共财政预算收入完成28.4亿元，增长14.1%；规模以上工业增加值完成41.5亿元，增长10%；社会消费品零售总额339.6亿元，增长14.7%；固定资产投资336.5亿元，增长15%；城镇居民人均可支配收入28026元；农民人均纯收入17443元。

【项目投资】 *招商引资*。二七区大力开展定向招商和产业集群招商，成功签约郑州华贸商业中心等“三力型”项目9个，签约额近600亿元。高标准推进二次选商，中部地区首家“苹果”直营店等15个高端品牌项目落户辖区。全年引进域外境内资金182.5亿元，实际利用外资2.2亿美元。*项目建设*。深入开展“项目服务年”活动，纳入区重点管理的215个项目，完成投资343.2亿元，二七区中央商务区等41个项目开工，绿地·滨湖国际城等52个项目正加速建设，顶新国际再投资等50个项目竣工；66个省、市重点项目完成投资142.8亿元，占目标任务的147%。

【要素保障】 *土地保障*。全区完成土地上报275公顷、批回392.2公顷、征收305.3公顷、储备467.3公顷、供应167.3公顷，土地出让金额85亿元，均在郑州市内五区名列前茅。开展存量闲置建设用地清理处置专项行动，超额完成年度目标。*融资工作*。成功发行9亿元城市投资债券，成为全国首家发行城市投资债券的主城区。创新“政府主导、项目运作、引入担保”的融资模式，不断拓宽融资渠道、优化政府融资结构，筹措各类资金96.69亿元。*规划支撑*。编制城南电子商务产业集聚区控规等各类规划40余项，其中马寨新镇区控规等10余项规划得到批复，现代田园城概念性规划等20余项规划正在编制、报批。

【现代产业体系建设】 *商贸业升级*。华润万象城购物中心等商业综合体相继投入运营，二七广场周边中高端购物中心增至20家；郑州CSD、“红星美凯龙”等重大商贸业项目加快建设。启动楼宇经济“十百千”计划，培育纳税超2000万元商务楼宇13栋，税收总额7.2亿元。特色商业街建设加快推进，完成亚星茶文化街、二七万达金街等10条街区改造提升。*现代食品制造业*。规模以上工业总产值完成182.3亿元，增长9.7%；现代食品制造业产值在工业总产值中的比重占38%。培育“康师傅”、“天方”、“万家”等产值亿元以上企业36家，建成企业研发中心43家，工业企业竞争力不断增强。*生态文化旅游产业*。率先在全市开展乡村旅游标准化试点创建工作，樱桃沟、龙园水乡等顺利通过验收；打造生态游、采摘游、文化游等精品旅游线路5条，接待游客551.9万人次，实现旅游收入1.8亿元。“超凡”、“金象”等本土影视创作企业走向全国，《大国廉政》等文化艺术作品广受欢迎。*新兴产业*。以打造中原地区电商总部基地为目标，大力发展电子商务产业，中国·中部电子商务港总部基地成功落户二七区辖区，苏宁电商园等项目已开工，京莎·鞋业网商园等项目已完工，培育重点电商企业36家；河南网商园品牌示范带动作用更加明显，“双十一”当天销售额3.16亿元，同比增长52%。

【新型城镇化建设】 2014年，二七区政府以新型城镇化“六项重点工作”为抓手，着力推进城乡有机更新，二七区被评为郑州市新型城镇化建设先进单位。*发展空间进一步拓展*。在全市率先实现市区三环路内所有村庄基本拆迁完毕，市区三四环路之间村庄基本拆迁完毕，四环路至绕城高速公路之间村庄拆迁有序推进，累计完成征迁1218万平方米，腾出建设用地约800公顷。*动迁群众安置得到充分保障*。高度重视安置房建设和群众回迁工作，创新实施“七个一”推进机制，全年棚户区开工安置房35109套，开工率115%。郑州市首个政府主导项目滨河花园30万平方米安置房已封顶；郑州市首批合村并城项目程炉（张河）20万平方米安置房基本建成。实现安置房竣工回迁160万平方米，惠及4301户11276名群众，动迁群众居住环境得到明显改善。*群众出行更加方便*。端午路、南彩路等41条道路已建成，台郭—全垌段改建等3条农村道路完工；新建停车泊位12910个，占总目标的161%。配合完成省、市重大市政道路工程拆迁，市区三环快速路、陇海路高架等9条道路顺利通车。*生态环境建设加快推进*。创新实施“绿化示范段与生态防护林相结合”建设模式，市域铁路沿线完成绿化272万平方米，市区南三环路、大学路南延、郑尧高速公路连接线等生态廊道建设新增绿化99万平方米。在全市10座综合性公园建设中，二七区承担的叠彩园等3座公园率先建成并对市民开放。做好大气污染防治，拆改燃煤锅炉31台，占全市任务总量的三分之一。基础设施进一步完善。新建、改建公厕12座，垃圾中转站1座；黄岗寺、刘砦等8座城中村改造项目配套学校、变电站等基础设施建设正在快速推进。城市管理水平不断提高。大力推动“四城联创”工作，强化市容市貌、社区楼院整治，圆满完成承担的各项创建任务。加大“两违”整治力度，查处违法建设567处，拆除面积22.5万平方米。在郑州市城市管理整治提升“三年行动”考核中，二七区名列第一。

【民生保障】 2014年，二七区政府坚持公共财政向民生领域倾斜，年初确定的各项民生实事圆满完成，民生支出19.2亿元，占公共财政预算支出的74.3%。高度关注群众就业问题，新增城镇就业再就业23470人，完成农村劳动力转移就业601人；发放小额担保贷款1.05亿元。深入推进城乡低保一体化，累计发放低保金、“五保金”、大病救助金及各类临时性救助补贴1721.7万元。征缴各项社会保险费5.1亿元，全区社会保险参保对象突破35万人次。不断提高新型农村合作医疗保障水平，参合率98.9%；创新实施乡（镇）卫生院与市级医院“同质化”管理，农民不出乡（镇）就能享受三级甲等医院的优质医疗服务；持续扩大社区卫生服务中心、服务站辐射半径，实现“片医”全覆盖；完成200家餐饮企业监控设施安装，被评为河南省公共场所卫生监督示范区。创新“失独”家庭帮扶模式，辖区155户“失独”家庭由政府购买养老服务；新建社区托老站10个、农村养老服务中心2个，初步建立公办养老院、民办养老公寓、社区托老站、居家养老“四位一体”互补型养老服务体系。加大保障性安居工程建设，开工建设公租房1605套。实施农村安全饮水工程，6000余名群众安全吃水问题得到解决。

【社会事业】 2014年，二七区新建荆胡小学、人泰路中学、双泰路幼儿园等学校、幼儿园5所，新增学位4500个；不断深化“六名工程”建设，精铸“多彩教育”品牌，二七区成为全国首批、市区首家“国家义务教育发展基本均衡县（区）”。实施科技型企业成长助推计划，科技服务水平持续提升。大力实施文化惠民工程，组织“公益演出”100场，“文化艺术公益讲堂”100余场，开展各类文化活动及文化骨干培训1500余场。扎实做好新形势下的人口和计划生育工作，“国优”成果持续巩固。同时，残疾人事业和慈善事业全面进步，民兵预备役、妇女儿童、民族宗教、外事侨务、地方志、粮食、人民防空、法制、档案等工作都取得新成绩。

【安全生产与信访稳定】 2014年，二七区政府围绕“深化规范提升”主题，不断完善网格化管理标准化体系，强化“三支队伍”建设，群众自治和为民服务水平得到进一步提升；全年通过社会管理信息平台上报各类问题18.8万件，处置率98.9%，长效机制工作得到中共郑州市委、郑州市人民政府表彰。健全群众信访工作“七大体系”和应急处置工作机制，上三级交办全区信访案件按期办结率100%。严格落实安全生产责任制，不断强化对消防、煤矿、危化、建筑施工等重点行业领域的安全监管，全区安全形势持续向好。加大社会治安“打、防、管、控”力度，全区技防覆盖率97%，人民群众的安全感和对社会治安的满意度进一步提升。

【十件实事完成情况】 2014年，二七区人民政府根据年初制订的十年实事，奋力拼搏，完成预定任务。(1)城镇新增就业完成23470人，占全年任务的117%。(2)开展“失独”家庭帮扶工作，辖区6名符合集中供养条件的老人入住养老机构，155户“失独”家庭已由政府购买养老服务。(3)荆胡小学、人泰路中学、樱桃沟小学附属幼儿园、侯寨小学附属幼儿园均已开工建设。(4)新开工建设公共租赁住房1605套，占全年任务的104%，基本建成993套，占全年任务的100%；开工建设棚户区改造安置住房30772套，占全年任务的101%。(5)实施农村安全饮水工程，为郭小寨村、台郭村、樱桃沟村新打机井3眼，为上李河村、樱桃沟村、申河村铺设自来水管网。(6)建设食品安全数字化监管系统，完成辖区200家餐饮企业监控设施安装。(7)全年开展文艺公益演出100场、各类各级文化骨干培训1500场。(8)推进城乡路网建设，南彩路等17条市政道路，Y005侯全线（郑密路—全垌段）等3条农村道路均已完工。(9)新建停车泊位12910个，完成全年目标任务的161%。(10)“叠彩园”、“天和园”、“净秀园”等3座综合性公园已开园；实施生态廊道绿化提升工程，共计新增绿地56万平方米，栽植乔木8.5万株。

【人大代表建议办理】 区十五届人大三次会议以来，二七区政府收到区人大代表建议37件，涉及辖区经济建设、社会发展、民生保障等方面。为做好建议办理工作，区政府迅速召开会议，对37件建议进行研究，并将建议办理工作纳入年度目标管理，严格办理工作考核制度，规范办理工作程序，主动密切与区人大代表的联系，落实与代表“三见面”要求，接受代表监督。截至6月底，所有建议全部答复代表，答复率100%，从代表反馈的意见看，满意率100%。

【政协委员提案办理】 区政协八届三次会议以来，二七区政府接到政协提案委交办的委员提案97件，涉及辖区农村建设、道路交通、教科文卫、城建城管、就业保障和经济建设等领域，选题广泛，内容丰富。为做好提案办理工作，区政府对97件提案的办理工作进行研究，精心组织，周密部署，确保办理任务的按时、按质完成。各承办单位把办好政协委员提案列入重要议事日程，履职尽责，提高办理质量，加强协作，创新工作方法，狠抓落实，提高办理实效，截至6月底，97件提案全部在规定时间内办理完毕，答复率100%；从反馈意见看，委员满意或基本满意率100%。

（韦　翔）

政府会议

【政府常务会议】 2014年，二七区人民政府召开11次常务会议。

1月6日上午，区委副书记、区政府副区长陈红民在区政府常务会议室主持召开2014年区政府第1次常务会议，研究区委十届六次全会有关材料、2014年经济工作实施意见及2014年主要经济发展目标测算方案、2014年政府投资新建项目、2013年度“三大主体”工作拟表彰事项、《二七区林地保护利用规划》等事项。

1月26日下午，区委常委、常务副区长李峰在区政府常务会议室主持召开2014年区政府第2次常务会议，研究二七区政府工作报告和2014年“十件实事”项目。

4月1日下午，区委常委、常务副区长李峰在区政府常务会议室主持召开2014年区政府第3次常务会议，研究2013年度工作考核表彰奖励和2013年度新型城镇化建设先进个人表彰事项。

6月12日下午，区委副书记、区长陈红民在区政府常务会议室主持召开2014年区政府第4次常务会议，研究生态廊道绿化管理养护市场化运作、事业单位工作人员招聘、铭功路街道与解放路街道行政区域界限划分、河医片区拆迁安置补偿方案、2014年燃煤锅炉拆改、网格化管理队伍建设等事项。

6月27日上午，区委常委、常务副区长李峰在区政府常务会议室主持召开2014年区政府第5次常务会议，研究全民健身活动中心建设、二七区农业项目管理暂行办法、实施《党政机关厉行节约反对浪费条例》办法、区公共卫生综合服务中心建设、区残疾人综合服务中心办公用房等事项。

8月2日上午，区委常委、常务副区长李峰在区政府常务会议室主持召开2014年区政府第6次常务会议，研究追加60岁以上城镇独生子女父母年老奖励扶助金及计划生育家庭特殊困难补助资金、西胡垌“36”房屋坍塌事故调查报告、“郭家咀铁三官庙村庄改造方案”等事项。

8月22日上午，区委副书记、区长陈红民在区政府常务会议室主持召开2014年区政府第7次常务会议，研究了环卫设施规划建设、落实环卫工人待遇、大气污染治理、建立行政机关法律顾问制度、学法等事项。

9月26日上午，区委常委、常务副区长李峰在区政府常务会议室主持召开2014年区政府第8次常务会议，研究“郑州市二七区区直机关差旅费管理办法”、给予3名人员开除公职、二七区新型城镇化建设中历史文化遗存保护、0143粮食储备库迁建项目建设等事项。

10月28日上午，区委副书记、区长陈红民在区政府常务会议室主持召开2014年区政府第9次常务会议，研究二七宾馆及周边区域房屋征收和2015年棚户区改造等事项。

11月25日上午，区委副书记、区长陈红民在区政府常务会议室主持召开了2014年区政府第10次常务会议，研究农民工工资支付、私募债发行及对违纪工作人员处理意见等事项。

12月19日下午，区委常委、常务副区长李峰在区政府常务会议室主持召开2014年区政府第11次常务会议，研究撤并整合和新成立社区居民委员会、京广路以东中原路以北综合整治项目、公有房屋拆迁安置等事项。

【区长办公会议】　2014年，二七区人民政府召开1次区长办公会议。

11月1日下午，区委副书记、区长陈红民在区政府常务会议室主持召开区长办公会，研究马寨镇新镇区控制性详细规划优化方案。

（韦　翔）

政府办公室工作

【概况】　2014年，二七区政府办公室在区委、区政府的正确领导下，围绕区委、区政府中心工作和重大决策部署，结合深入开展“党的群众路线教育实践活动”要求，重学习、强作风、提效能，充分发挥参谋助手、督促检查、组织协调等职能，团结一致，扎实工作，在参与政务、办理事务、搞好服务等方面都取得较好成绩，出色地完成区政府办公室承担的各项目标任务，促进二七区政府各项工作的高效运转。先后获得河南省政务信息先进单位、郑州市政务信息第一名、郑州市政务督查工作先进典型。

政府办公室召开“党的群众路线教育实践活动”专题民主生活会

【理论学习】　一是大力提升理论素养。高度重视理论学习，做到学习有计划、学习有记录、学习有考勤，结合第二批“党的群众路线教育实践活动”，组织学习40余次，按时完成学习计划，通过组织周例会、集中学习等形式，完成对党的十八大四中全会精神、习近平系列讲话和法律法规学习，及时宣传贯彻中央、省、市方针政策，不断提升政治理论和依法履职水平。二是丰富学习内容。扎实开展课题认领、认讲活动，继续“主任和科长讲堂”，由分管副主任牵头、科室参与，全年组织“主任（科长）讲堂”10余次，促进科室间的沟通和交流。三是把学习教育摆在首位。坚持每周两个半天的集中学习，深入开展“看、听、读、写、讲、走”等形式多样的学习教育，组织集中学习54次，观看影片12部，开展专题讨论、演讲活动3次，撰写心得体会112篇，编发简报39期。

【政务服务】　（一）履行参谋助手职责，提高以文辅政工作水平。一是办文力求精益求精。对会议方案、领导讲话、下发文件、会后报道等各种材料都做到精益求精，严把行文、运转、审批关，特别是在综合文稿起草上，努力吃透上级精神，体现领导意图，反复琢磨观点，精心锤炼文字，出色地完成年度区政府工作报告，完成区委全会、政府全会、新型城镇化推进大会等重要会议领导讲话、发言的起草工作，全年起草领导讲话、工作汇报、典型发言等综合材料200多篇，得到区政府领导的肯定和好评。二是调研力求高质高效。围绕全区总体工作部署和重点工作，筛选出关系全区大局、有针对性的课题进行深入调研，先后对全区转方式调结构、电子商务发展、新型城镇化建设等事关辖区经济社会发展的重大问题、重点工作进行专题深层次调研，撰写一系列质量较高的调研报告，为领导科学决策提供参考依据。三是信息力求准新快精。开拓信息传递方式，创新实施手机政务信息平台，新办《域外信息》简报和手机短信《政务要闻》《园区动态》等，及时对全区发展社会经济的新做法、新亮点进行总结、提升和宣传，全年编辑《政府工作快报》137期，编发各部门工作信息1370条；编辑《域外信息》27期，编发区领导工作动态信息435条；上传信息4298条，上报专期专报32篇，多篇信息被市、区领导批示表扬。信息工作在全省、全市处于先进位次，区政府办公室连续4年被评为郑州市政务信息第一名；连续5年被评为河南省政务信息先进单位。

（二）充分发挥综合协调作用，确保行政工作运转顺畅。一是周密高效做好协调服务工作。善于站在全区工作大局的高度来考虑问题、处理事情，坚持原则性和灵活性相结合，加强与上级部门的联系，强化与各乡（镇）、街道各部门的合作，稳妥地处理好各种关系，推动各项工作顺利开展。二是周备细致做好会务筹备工作。无论会务规模大小，都认真筹划、精心组织，做到不出纰漏、细致圆满。全年筹备区委全会、政府全会、区政府民主生活会、区政府常务会议、区长办公会及各类日常会议108次。三是周详规范做好应急管理工作。坚持把应急预案体系建设作为应急管理的一项重要工作来抓，重点强化易发、多发灾害和事故应急预案管理，突出抓了预案修订、学习与演练等关键环节，组织全区各相关部门开展防汛、防震、卫生防疫、消防等各类应急演练。

（三）切实发挥督促检查职能，推动区委、区政府决策贯彻落实。围绕区委、区政府的中心工作和重要部署，创新实施督查工作"日协调周督查月通报"制度，进一步建立健全督察工作机制，加大督办检查落实力度，创新方式方法，对全区新型城镇化建设推进情况、"六项重点工作"、领导决策重大事项、今冬明春重要项目等实行直接督查、经常督办，每周一汇总、每周一汇报、每周一通报，有效促进各项决策和目标任务高效落实。对区委、区政府的重大决策和确定的重点工作，进行重点督查，抓好跟踪调度，使领导在第一时间准确、直观、形象地掌握进展情况；对区长办公会、区政府常务会议、各项专题会议确定的事项，及时分解落实到相关领导和职能部门，及时督办汇总，限期落到实处；对领导批示文件，做好分办、转办、催办工作，下达督办通知，做好结果反馈，确保事事有回音、项项有交代、件件有着落。全年累计下发督办通知单42份，转发领导批示100余件，办结率100%。发挥督查室职能职责，持续加大对人大代表建议、政协委员提案的办理、指导工作，全年办理市级人大代表建议1件、区级人大代表建议37件、政协委员提案97件，做到与代表、委员见面率100%、办结率100%、满意率100%，二七区作为先进典型，成为郑州市区内五区唯一一个受到市政府表扬和通报的城区。

（四）全面加强办公室自身建设，大力提升机关整体形象。深入开展"党的群众路线教育实践活动"，抓好区政府办公室制度建设、队伍建设、作风建设，全力打造办公室开拓创新、精明强干、勤政务实的第一阵容，使区政府办公室成为节奏明快、协调有力、政令畅通的第一通道，廉洁高效、务实为民、诚信开明的第一窗口，用一流的素质、作风和干劲为全区社会经济发展做出了新的贡献。充分利用开展"党的群众路线教育实践活动"契机，推动区政府办公室职责、制度、流程再造，大力弘扬勤奋好学之风，把学习作为提高素质、增长本领、干好工作的根本途径，深入推进学习型机关建设，建立经常化、制度化、规范化的学习制度。实行周一例会、周五学习制度，创新推动能力倍增计划，实行办公室主任、科长课题认领、讲课授课制度，不断提高干部队伍的综合素质。加强作风建设，大力弘扬雷厉风行之风，以"提速、提质、提效"为核心，对综合协调、文稿起草、信息编发、会务安排、后勤管理、督察督办等工作逐个环节明确任务、落实责任，倡导"事无积压、案无积卷、当日事当日毕"，会务办理的"满意率"、文稿写作的"认可率"、信息调研的"采用率"、政务督查的"办结率"、文电运行的"及时率"、应急管理的"到位率"有效提高。大力弘扬奉献敬业之风，保持吃苦耐劳、埋头苦干、忘我工作的优良作风，追忆革命历史，重温入党誓言，学习革命先烈的艰苦奋斗，为事业不惜献身的革命情怀，以实干树威信，以成绩论位次，开创各项工作的新局面。大力弘扬团结和谐之风，强化"一盘棋"的大局意识，在工作中合心、合力、合拍，增强干部队伍的整体战斗力和凝聚力。大力弘扬心系群众之风，开展办公室"群众工作年"活动，坚持深入一线、提升为民服务意识，严厉整治工作中存在的脱离群众、脱离实际、不接"地气"问题，坚持问计于民、问需于民的原则，规定每名工作人员到分包、联系社区工作不少于一周，帮助基层排查、解决安全生产、消防安全、非法建设、非法经营、信访稳定等问题。大力弘扬清正廉洁之风，教育干部职工干净干事、公道处事、正派做人，时刻保持清醒的头脑，自觉抵制和防范各种不正之风的侵蚀，维护了区政府办公室的良好形象。

【畅通管理】 （一）停车场建设工作。2014年。市政府下达给全区的停车场建设任务是4880个停车泊位，其中公共服务和商业类配建停车泊位3100个，独立运营停车泊位1250个，开辟地面停车泊位530个，住宅配建停车泊位只进行情况统计。二七区2014年承诺为民办理"十件实事"中停车场建设任务是新建停车泊位8000个，其中包括住宅配建停车泊位。一是科学分解任务，周密安排部署。将停车泊位建设任务进行科学分解，具体细化至各街道办事处。针对独立运营停车场建设任务，要求各街道办事处3月底前确定选址，6月底前完成年度任务40%，9月底前完成年度任务80%，12月底前完成100%，严格按照时限推进落实；二是建立项目台账，实施动态监控。通过对辖区所有项目进行全面摸排，分门别类统计，建立台账，全面掌握项目配建停车场情况，做到心中有数。同时，专门建立独立运营和临时平面停车场工作台账，逐个项目编号，时时掌握每个项目进展情况，做到动态监控；三是深入选址现场，提供指导服务。协调规划部门，深入选址现场，由规划部门对选址情况拿出初步意见，符合规划的，按照停车场建设流程进行报批，区畅通办公室进行跟踪服务，力争选址项目顺利快速推进，早日开工。不符合规划的，当场向土地权属单位说明情况；四是深挖资源，开辟平面停车场。对辖区未建工地和闲置空地进行逐个摸排，凡是能够开辟10个车位以上、使用3个月以上的空地，鼓励企业和业主将空地进行平整和划线，开辟成为临时平面停车场，有效缓解周边停车难问题；五是主动出击，推进重点项目。为方便职工和前来办事群众停放车辆，区政府在机关大院建设一座立体停车场，车位120个。通过政府示范带头建设立体停车场，可引导辖区企事业单位和社会力量投资建设立体停车场，逐步提高社会各方力量建设立体停车场的积极性，共同解决停车难题。

2014年，全区建成停车泊位12910个，其中：公共服务和商业类配建停车泊位5049个、独立运营停车泊位1350个、地面停车泊位1350个、住宅配建停车泊位5161个，占市定年度任务的158%（不含住宅配建停车泊位，共7749个），占区定年度任务的161%。

（二）停车需求调研工作。面对规划审批难问题，从调研停车需求着手，下发郑州市静态交通基本信息调查表至各街道办事处，由各网格对辖区道路、内部单位、社区、商场、沿街商户等所有区域现有泊位及停车需求进行全面摸排，准确掌握全区总体停车需求量情况，确定停车需求集中区域。经过调研，全区现有停车泊位49227个，停车需求63070个。及时将调研结果上报市畅通办公室，由市畅通办公室转至市城乡规划局，市城乡规划局正在停车需求集中区域规划停车场，解决停车场规划难问题。

（三）人大建议、政协提案办理工作。2014年，二七区政府接收到区政府政务督查室转交的区人大代表建议1件、政协委员提案2件，内容均是加大停车场建设力度，解决停车难问题。严格按照办理工作程序，多次电话联系、走访人大代表和政协委员，并适时通报办理工作进度，与代表委员见面率100%、办理答复率100%、代表委员反馈满意率100%。

（四）区政府大院立体停车场建设工作。（1）全面深入调研，形成可行性报告。区政府大院原有平面停车泊位远不能满足停车需求，只有建设立体停车泊位，才能有效缓解停车难题。一是弄清停车需求，拟定建设规模。联合区机关事务管理局对区政府机关大院现有停车泊位进行全面摸排，弄清现有泊位数及车辆数，得出停车泊位缺口数，基本确定停车泊位建设数量。二实地踏勘，拟定选址位置。联合区机关事务管理局、区规划局等有关部门，深入大院每一处空地，从安全、规划、舒适等角度现场讨论建设立体停车场的可行性，经过讨论研究，初步确定两处选址。三是请教学习，拟定建设模式。向各停车场建设公司请教学习，结合实际情况，寻找最适合区政府机关大院的建设模式。最终，经过深入调研，形成《关于建设区政府大院立体停车场项目的可行性报告》。

（2）广泛征求意见，确定选址和建设模式。为科学合理确定区政府大院立体停车场选址，面向全区93家单位发出区政府大院立体停车场选址征求意见稿，征求立体停车场选址意见和建议。经过整理汇总各单位的意见和建议，一致同意在自行车棚位置建设立体停车场，最终确定梳齿小塔库立体停车场建设模式。

（3）严格按照程序，办理各项手续。确定选址和建设模式后，区畅通办立即起草区政府大院立体停车场项目推进实施方案，并召集各相关单位召开项目建设推进会，明确各单位的任务和分工。按照任务分工，顺利完成项目评审、立项、招投标、地面勘探、规划审批等各项手续办理工作，严格按照程序有序推进。

（4）强化监督，建设优质工程。按图施工，施工方严格设计蓝图进行施工，不允许出现私自改变设计施工行为，一旦发现，监理将给予严厉的经济处罚；施工方自我把关，一旦发现问题不遮不掩，上报监理，共同商定解决问题措施；区畅通办公室24小时不定时检查，只要施工方在施工，随时到现场查看监理日记、审验施工质量、检查施工进度，强调安全施工。

【应急工作】 （一）突出重点，不断完善应急预案体系。坚持把应急预案体系建设作为应急管理的一项重要工作来抓，按照“广覆盖、易操作、重实用”的思路，重点强化易发、多发灾害和事故应急预案管理，突出抓了预案修订、学习与演练等关键环节，使预案的操作性有了新增强，覆盖面有了新扩展，为应对突发事件发挥了重要基础作用。区消防、卫生、环境保护、安全生产监督管理等相关部门结合工作实际，着眼于磨合机制、锻炼队伍、检验预案、教育群众、突出重点、严格流程，开展相关应急预案演练工作。据统计，全区各相关部门共开展防汛、防震、卫生防疫、消防等各类应急演练480多次。

（二）整合资源，着力提高应急保障能力。按照“整合资源、加大投入、统一规划、分期建设”的思路，稳步推进应急队伍、应急物资储备、应急基础设施建设，应急保障能力有了新提升。一是加大应急队伍建设。依托区消防、卫生、农委等职能部门成立专项应急救援队伍。二是开展应急资源普查。对全区各部门的应急指挥小组和应急管理小组、应急预案、应急救援队伍、应急处置装备、应急救援物资、应急物资仓库和应急指挥平台建设等基本情况进行全面摸底调查，并建立“二七区日常应急处置工作机制”，有效提升全区应急突发事件的处置能力。三是及时发布灾害性天气预警信息。根据气象部门预报，对大风高温、强降雨等各类灾害性天气，通过短信、紧急通知等各种形式，及时发布预警信息，提示各部门和广大公众切实做好防范应对工作，最大限度减少灾害性天气造成的损失。

（三）强化宣教，切实增强全民防灾意识。以“5·12”防灾减灾日和“11·9”消防日为载体，全区开展防灾避险宣传，现场派发应急综合知识宣传单和防灾减灾知识宣传单5000多份。邀请专家分别就“突发事件信息处理”和“气象灾害知识预防与避险”专题授课。各相关部门组织形式多样的宣教活动，在中、小学校开展“一月一主题、一周一课、一日一讲”常规性安全知识教育；区安全生产监督管理局、区工信局定期开展行业安全管理人员岗前培训，提高专业救援技能和安全管理水平。全年全区累计开展各类应急演练及科普宣教活动510多场次，累计普及应急安全知识约35万人次。二七区应急办公室在河南省应急办公室组织的全省2014移动应急平台大比武中荣获三等奖。

（四）落实制度，不断加强值守应急工作。进一步规范和落实各项规章制度，明确岗位职责、任务分工，确保信息渠道畅通，突发事件及时处置。按照二七区突发事件信息报告制度，对突发事件信息报告的主体、内容、范围、方式、程序和责任追究进行明确，在基层单位建立信息报告员制度，畅通信息渠道，严格报送管理，在第一时间内准确掌握全区各类突发事件的信息，确保突发事件早发现、早报告、早处置。落实区政府应急值班工作制度及突发事件信息报告制度，进一步细化值班的工作职能，使值班工作职能更加明确，更加规范，各项工作有章可循、有案可查。对各种自然灾害、重大灾情、疫情、事故、重要社会动态等突发事件认真、准确进行记录，及时报告有关领导，并按领导指示意见，反馈并协调有关部门予以妥善处理。

【食品安全监管】 2014年，二七区食品安全委员会办公室以提升食品安全监管为核心，以保障全民饮食安全为宗旨，发挥监督协调作用，推进各项工作的落实，开展食品安全专项整治，探索新形势下的食品安全监管新机制，管控全区113家规模养殖场（户）、95家持证食品生产加工企业、8900余家食品经营单位（户）、2170余家餐饮服务单位，圆满地完成年初制定的各项既定工作目标，食品安全总体形势平稳可控，全年未发生较重大食品安全事故。

（一）完善工作机制，一是召开全区食品安全工作会议，贯彻落实国家和省、市食品安全工作会议精神，与15个乡（镇）街道、6个主要职能部门签订二七区2014年食品安全工作目标责任书，制订2014年郑州市二七区食品安全工作要点等一系列文件，使食品安全工作做到组织到位、目标明确。二是定期召开区食品安全工作例会，研究、部署、协调、解决食品安全工作中出现的问题，充分发挥区食品安全委员会办公室在全区食品安全工作中的抓手作用，各成员单位在实际工作中保持密切联系，及时报告工作进度，通报工作信息。三是做好机构改革前的准备工作。及时组织相关职能部门对工作机制进行梳理和整理，为机构改革提前做好基础保障。

（二）聚焦重点环节，推进综合治理。一是强化农产品源头管理。全年全区基地抽检即将上市农产品326批次，合格率100%；对全区集贸市场、超市、放心肉店等300多户进行9.9万户次日常的监督检查；检查生猪养殖户230户次，抽取生猪尿样476头份进行检测，检测结果全部为阴性；查处生产假兽药、饲料案件2起。二是强化生产加工质量管理。落实“三制度一规定”，即食品生产企业约谈制度、黑名单制度、生产许可服务制度和监督检查规定，进行约谈和警示教育8次，约谈人员230人次；开展为企业送“春风”服务活动，提供咨询服务100余次，解决实际问题近40件；充分利用年审工作平台，搞好与宣传培训、企业自查、监督检查、整改处理“四结合”，提高食品生产企业监督检查效率和质量。三是强化市场流通准入管理。充分发挥12315消费者申诉举报网络作用，建立规范消费维权志愿者队伍，参与到消费纠纷调解、食品抽检、案件查处、现场监督检查等工作中，打造和谐消费环境。全年查处食品案件111起，其中万元以上案件34起，罚没款70.39万元。四是强化餐饮消费服务管理。全年发放餐饮服务许可证1607家，实施量化分级管理1703家，定级1530家；食品安全远程电子视频监控被列为二七区2014年十件实事之一，已完成安装摄像头180家；全力做好国家卫生城市复查和全国文明城市考评验收工作，对1451家次餐饮单位提出整改意见，打造示范街13条、示范店198个。五是完善食品安全环节监管。规范食品安全事故查处流程，完善食品安全应急体系，提高应急处置能力。各乡（镇）街道以提高群众对食品安全知识的了解、增强群众安全意识和依法维权意识为目标，多方位开展食品安全宣传，分别与社区（村）及食品生产经营单位签订目标责任书；侯寨乡、马寨镇、嵩山路街道成立食品安全专职机构；马寨镇将60家食品企业分包到每名副科级领导，每月向辖区食品企业下达食品安全隐患整改通知书，组织辖区单位开展食品安全应急演练；五里堡街道通过手机短信发送食品安全宣传知识。通过形式多样工作举措，有效地提升了对辖区食品生产经营单位的监管。

（三）采取多种措施，强化重点整治。以“2014年二七区食品安全工作要点”为指导，组织实施“强网固本”“夏日行动”“四打击四规范”等专项整治行动，开展打击食品非法添加和滥用食品添加剂、肉及肉制品、桶装水、标识标签、面制品以及保健食品等重点品种综合治理，以一个个阶段性成果，推动全区食品安全形势的稳步好转。专项整治行动期间，累计检查食品生产经营商户13.2万余户次，立案查处食品案件37起，罚款20.2万元，取缔无证照生产经营户5户，没收销毁不合格食品1316公斤；保健食品“打四非”专项行动中，检查保健食品经营企业318户次，查处案件7起，罚款金额2.4万元。统筹各部门执法力量，组织开展多次联合执法行动，进一步加大对学校周边无证照食品经营打击力度，强化商业街区、“农家乐”等重点区域的综合治理，在重大节庆日和重要活动期间，组织各部门以节日消费量大的酒水、饮料、保健食品、儿童食品、进口食品等为重点品种，以集贸市场和城乡结合部为重点区域，以接待宾馆饭店和“农家乐”为重点对象，集中开展食品安全大检查，消除食品安全隐患，防控食品安全事故发生，营造了安全放心的饮食消费环境。

（四）依托宣传教育，提升共治水平。一是开展集中宣传。宣传周期间，全区15个乡（镇）、街道以“尚德守法　提升食品安全治理能力”为主题同步开展食品安全集中宣传活动，通过展板展示、现场咨询、悬挂横幅、发放资料以及快检现场演示等形式向市民宣传食品安全知识。二是深化“六进”活动，提升市民知晓度。开展食品安全进社区、进学校、进农村、进市场、进公共场所、进企业活动累计354次。三是对辖区部分餐饮服务单位、学校食堂开展“透明厨房”活动，实行透明厨房的餐饮单位91家，425人参观，收集建议17条，对合理化建议已进行整改落实。四是联合主流媒体，对全区食品安全工作进行宣传。《河南日报》刊发《承载责任与梦想　铸就跨越发展“新传奇”——透过食品产业发展领略郑州市二七区经济建设》，以两个整版专题报道二七区食品安全工作。二七区作为河南省两个优秀县（区）代表之一参加由国务院食品安全委员会办公室和国家食药监管总局主办、河南省食品安全办公室承办的《2014河南食品安全与发展风险交流系列访谈》，二七区政府领导代表二七区作先进经验交流。五是加强人员培训，增强责任意识。组织开展针对食品生产经营单位负责人、食品安全管理人员、监管人员、网格人员等重点对象的食品安全教育培训，培训1550人次，从而有效提高食品经营者的主体责任意识。

（五）创新管理方法，提升监管效果。一是有序推进视频监控。针对大中型餐饮服务企业、学校食堂、职工食堂就餐人员集中、涉及面广，易发生群体性食物中毒事件等特点，实行食品安全远程电子视频监控，实时监控生产加工流程，规范其操作行为，推动餐饮服务单位的质量管理观念的变革。二是持续开展大宗食品抽检。按照落实二七区人民政府“民生实事”任务需要，制订全年食品安全监督抽检计划和任务，采取现场快检、日常监管抽检、委托抽检等方式，全年抽检食品样品2287个批次，抽检总合格率99.13%。三是建设农贸市场整治示范点。百顺农贸市场被确定作为全市示范点，投资300万元，完成经营面积4000平方米的新型农贸市场的升级改造。四是召开餐饮服务单位示范现场会。为进一步加强餐饮服务环节食品安全监管，交流餐饮服务单位在食品安全工作中的先进经验和做法，提升餐饮服务食品安全水平，在张福记陇海路店举办全区餐饮服务管理示范现场观摩会，就餐饮服务各环节的操作管理流程、餐饮服务食品安全管理细节等方面，监管部门与餐饮单位代表进行交流，推广优秀餐饮服务管理经验，开启食品安全监管新模式。

【接待工作】　2014年，二七区接待办公室以服务区委、区政府的中心工作为出发点，厉行节约，规范接待，坚持特色化、精细化服务，开拓创新、扎实工作，较好地完成接待河南省人大代表视察组、浙江省义乌市党政考察团、中共郑州市委党的群众路线教育活动督导组；组织区党政考察团赴浙江省杭州市、江苏省南京市、上海市考察及区党建工作赴吉林省长春市学习考察；参加2014年“世界市长论坛”接待活动。全年完成接待任务193批次，接待约2200人。

（一）注重细节。树立“接待无小事，细节决定成败”的接待理念。

无论是何种规模的接待、活动，将每一个接待流程细化，提升服务标准，始终坚持以来宾要求为第一信号，以来宾满意为第一标准。在接待中做到以最快的速度领会领导及客人的意图和需求，增强工作主动性、超前性和预见性，体现接待工作的人性化。

（二）简化接待环节。全面贯彻执行中央“八项规定”，把“八项规定”同接待工作实际相结合，做到“两不”（一是“不打折”。在公务接待中严格执行接待有关规定和标准，不搞变通，做落实制度的表率；二是“不走样”。坚持“有利公务、简化礼仪、务实节俭、杜绝浪费”的原则，严格落实省、市、区的规定，不擅自提高规格和标准，不突破规定和要求），提前对接待对象进行摸底确认，在用餐、住宿方面尽量减少浪费，压缩接待费用。在接待工作中做到既轻车简从又不失热情高效，尽地主之谊又严守规定标准，简化礼仪又尽显接待风貌。

（三）精心安排接待服务。在公务接待中，以“热情、细致、周到”为原则，将活动安排具体化。从活动前的计划、筹备，到活动中的执行、开展，再到活动后的总结、整理，确保每一项任务开展的顺畅、完美，并努力挖掘地方特色。根据辖区地理环境、人文资源、民情风俗以及饮食特色，搞好特色化、个性化服务。根据客人的生活习惯，充分做到既尊重来宾风俗习惯，又体现本地特色，使客人在工作和生活上都有宾至如归的感觉，努力打造富有特色的接待服务品牌和接待服务风格。

【行政服务】 （一）行政审批制度改革工作。2014年，二七区政府系统共有行政审批服务事项135项，涉及职能部门25个，其中，区直部门22个（卫生局、残疾人联合会、计划生育委员会、文化旅游局、教育体育局、住房保障中心、民政局、发展改革统计局、国土资源局、农村工作委员会、交通局、宗教局、物价局、环境保护局、城管执法局、人力资源和社会保障局、商务局、粮食局、人民防空办公室、安全生产监督管理局、档案局、建设局），垂直部门3个（工商分局、消防大队、食品药品管理分局）。2014年，对全区现行的行政许可、非行政许可、行政服务事项进行深度梳理，新承接上级下放事项43项，涉及区直单位13家，均已开始实施。在此基础上理清全区行政审批事项现状：一是全区共有行政审批服务事项135项（含新承接事项），其中行政许可99项、非行政许可12项、行政服务24项，涉及职能部门25个。二是精简办事环节，按照办事环节不超过3个、承诺时限在1、3、7个工作日内办结等要求，对现有事项进行优化，截至2014年年底，申报材料再减少47项，办理环节再减少41个，承诺时限再减少483天，与法定时限相比，提速69%。第一，按事项类别分。全区135项行政审批服务事项中，行政许可99项（如卫生许可证），非行政许可12项（如企业项目投资核准），行政服务24项（如老年优待证）。第二，按办件类型分。全区135项行政审批服务事项中，即办件9件（如婚姻登记），承诺件95件（如卫生许可证），上报件31件（如公租房申请）。第三，事项向行政服务科集中情况。全区涉及行政审批的25家职能单位，都按照相关规定成立行政服务科，且均下发正式文件明确将审批事项纳入行政服务科。第四，行政服务科向行政服务中心集中情况。全区涉及行政审批的25家职能单位的行政服务科，除区档案局（大厅面积有限）和区建设局（市建委事项没有下放到位）因客观原因未进驻中心外，其余23家全部进驻。第五，人员进驻及授权到位情况。中心50名窗口工作人员中，持有执法证为18人，占36%；年龄45岁以下42人，占84%；正式在编人员42人，占84%。各单位均明确由一名分管领导任首席代表，全权负责本单位行政审批事项的办理，实现授权到位。

（二）网上审批平台建设。一是升级改造网上审批系统。2014年5月28日，印发《二七区行政审批制度改革领导小组办公室关于二七区行政审批软件平台建设的通知》，要求各审批职能部门、乡（镇）、街道认真梳理审批业务及事项相关信息，经过梳理，共有21个部门92个事项纳入到网上审批系统，完成系统事项配置。在全部事项录入完成后，连续组织召开2次“二七区网上审批工作培训会”，邀请深圳太极公司工程师进行集中培训。8月，区政府支出35.05万元用于升级网上审批系统，于9月底完成系统升级改造工作，并于10月开展系统试运行。自系统试运行以来，办结各类审批服务事项1066件，没有一起超期办结的情况，同时开展绩效排名3次（每月一次）。二是加强视频监控巡查工作。区行政服务中心和15个乡（镇）、街道便民服务中心共安装视频监控摄像机72个，纳入省、市平台集中管理，每天由专人不间断进行视频巡逻，对大厅工作人员实施监督，通过电子监察系统发现并纠正12人次，大厅办事效率、服务态度不断提高，收到明显成效。

（三）指导乡（镇）、街道便民服务工作。加强对全区15个乡（镇）、街道便民服务中心、134个村（社区）便民服务代办站的指导检查。推行“六公开”，即办事程序公开、申请条件公开、申报材料公开、办结时间公开、收费标准和收费依据公开，方便辖区群众。2014年，在推行“六公开”基础上，于9月印发《关于进一步加强全区乡镇街道审批服务事项梳理优化工作的通知》，通过各乡（镇）街道自查、行政服务中心审核统一标准、各乡（镇）、街道公示执行三个环节，统一全区乡（镇）、街道便民服务工作标准。通过梳理，乡（镇）、街道审批事项共有20项，其中计生窗口7项、民政窗口5项、社会保障窗口8项。2014年，全区乡（镇）、街道便民服务中心办结事项16801件，村（社区）便民服务代办站办结事项71471件。

（四）审批信息公开中心。坚持把公开透明作为方便群众办事的重要手段，推行开门办公、挂牌上岗制度，接受监督。编制党务政务公开目录，在行政服务中心网站开辟“信息公开”专栏，拓展群众办事查询渠道；在大厅设立党务、政务公开专栏，及时公示群众关心、关注的热点、难点问题；根据审批事项清理优化结果，新印制5500份行政服务办事指南折页、1.6万张宣传卡片、500本《二七区行政服务指南》，置于窗口，方便群众取阅；各进驻单位制作申请书样表，放在窗口和填表台，方便企业、群众参考填写；在大厅设立4个党务、政务公开触摸屏，在大厅门口设立电子显示屏，对审批事项的审批主体、事项名称、办理程序、收费标准及依据、联系方式、办理结果等内容进行实时公开、并及时更新相关信息，保障公开工作不留盲区。

（五）企业服务。一是走访，提供服务。责任领导带领工作人员每月定期走访企业，询问企业经营状况、存在困难和难题及政府部门能够提供的帮助和服务。为提高针对性和实效性，重点对辖区支柱企业、经营困难企业、重点项目进行优先走访。全年走访企业212家，搜集问题56项，已全部解决。二是邀请企业，贴心征求。坚持邀请辖区企业家代表召开“优环境、促发展”企业家座谈会，了解企业在生产经营和生活中的困难和问题，各乡（镇）、街道和职能部门在工作中有无吃、拿、卡、要、“四乱”“四难”等不良行为。同时，征集辖区企业家代表对全区的企业生产经营环境治理、城市管理、行政审批服务、依法行政等方面的意见和建议。全年组织召开4期企业家座谈会，邀请辖区29名企业家代表参加，收集17家企业的12项问题，已全部解决。

【社会公共管理】（一）科学调整下沉力量。4月份，与区长效机制管理办公室结合，按照“按需下沉、科学配置”的原则，对全区职能部门下沉人员进行调整。调整后的下沉部门33个，下沉人员1057名。

（二）组织联席会议，开展联合执法。制定联席会议、联合执法办法，定期组织召开会议，研判工作中存在的问题；优化“三级联合执法体系”，建立乡（镇）、街道网格化管理联动工作室、社区联动工作站，由区、乡（镇）街道、（村）社区三级，根据各自权限开展相应的联合执法，有针对性地让各级分别承担难易有别、性质各异的联合执法任务，消化不同类别、不同层次的社会问题。全年全区各级召集联席会议107次，组织联合执法106次，解决了一些群众关注的热点、难点问题。

（三）完善平台基础数据库建设。完成常住人口61.41万人、常住户18.68万户的系统导入和纠错工作，做好企业(个体商户)30892家的分配工作，完善66个组织机构信息，充实基础数据库；督促15个一级网格、168个二级网格、626个三级网格完成组织管理中机构管理任务，补充完善机构设置、职责描述和单位概况；完成1057名区下沉人员、2476名区派群众队工作队员数据信息，为信息平台扩能提效提供了数据支撑。

(四)规范平台操作流程。按照信息平台“专职负责、厘清责任、交办及时”的签收交办制度，结合“统筹、收集、分发、追究、裁决、协调”6个职能，制作问题处理固化流程，实现工作程序化，促进问题及时交办化解。

（五）加强平台业务监管。建立月通报制度，每月对各单位平台上报情况、问题解决情况进行通报，提示预警，鞭策各级网格和职能部门主动履职尽责。全区通过信息平台上报各类问题168933件，解决167855件，处置率99.36%。

（六）开展业务培训。区级信息平台技术人员对全区的一级网格、区直部门、下沉人员开展DIY（自助式）菜单式培训。培训围绕网格长必备知识、职能部门业务知识、信息平台应用操作、开展群众工作技巧、网格长经验交流等内容，既安排职能部门讲授专业知识，又邀请网格长传授工作经验和工作方法，通过现场交流互动、结业考试等方式，效果良好。全年开展培训10余次，受训1500人。

（七）加强督查严格问责。7月2日，区政府长效工作办公室、长效机制管理办公室、区政府社会工作管理办公室牵头，会同区纪委（监察局）、区委组织部、区绩效工作办公室、区委督查室、区政务督查室，成立二七区长效机制工作效能联合稽查组。至12月份共开展稽查工作15次，编发稽查通报14期，追责单位6家。在做好联合稽查的同时，采取随机抽查、明察暗访等形式，开展专项督查，推动工作落实。至12月底，全区开展专项督查46起，下发督查通报11期，追责28人，追责单位30次。

（八）配强网格力量。根据工作要求，将巡防队员、协管员、民调员、计划生育专职人员、大学生村干部、环卫工人、社区志愿者、沿街商户等力量整合，纳入二、三级网格，壮大基层网格力量。

（九）增强文化活动的辐射力。发挥网格服务小队、艺术团体、志愿者服务队等力量，开展文化活动。通过活动的辐射力，带动群众参与网格化管理。

（十）加强对“三支队伍”的管理监督。采取多项措施，加强对“三支队伍”的建设和管理。下发《二七区职能部门下沉人员管理实施细则》《二七区网格长队伍管理实施细则》《二七区群众工作队管理暂行办法》《二七区“坚持依靠群众推进工作落实”长效机制运行监督管理暂行办法》，对全区“三支队伍”（网格长队伍、下沉人员队伍、群众工作队队伍）的管理监督、职责任务、工作制度、考评激励等提出具体意见，制定实施细则。

（十一）建立网格化管理标准体系。制订工作方案，分赴乡（镇）、街道及部分局委“大走访、大调研”，全面摸底，普遍征集对标准体系在初步实施过程中的意见、建议。同时外出学习，借鉴先进地区经验，形成二七区网格化管理标准体系（试行版）。通过聘请专家对试行版文本经过充分论证研讨后，正在修订和完善。

（十二）加强信息宣传。《郑州日报》《郑州晚报》等多家媒体分别以《二七区上下联动清占道》《多方联动治顽疾》等为题，多次对全区通过联合执法解决难题进行报道；郑州市社会公共管理信息平台前三季度共刊发全区信息简报和工作动态169篇。在《魅力二七》上开辟长效机制网格化管理工作专栏，编发《二七区社会公共管理工作简报》。

（韦　翔　张保萍　马　丽　陈本友）

人事管理

【概况】二七区人力资源和社会保障局内设劳动人事争议仲裁院、自主择业管理服务中心、行政培训中心、劳动保障服务管理中心、职业介绍中心、劳动监察中队、人事档案管理中心、二七区社会保险管理办公室8个二级机构（2014年4月18日，“二七区行政培训中心”增挂“二七区社会保险管理办公室”牌子），现有正式干部职工117名。办公地址位于京广南路9号。

2014年，二七区人力资源和社会保障局围绕全区中心工作，坚持“行动迅速、善抓落实、创新创效、廉政为民”的工作准则，全面加强干部队伍建设，狠抓各项工作目标的落实，圆满地完成市、区确定的各项目标任务。

【事业单位人员聘用】2014年，二七区人力资源和社会保障局严格坚持“按岗聘用”原则，继续执行事业单位空缺岗位使用申报制度，禁止超岗聘用和不按政策规定等级聘用，提高全区事业单位岗位管理制度规范化运行水平。2014年，全区有100余家单位组织竞聘上岗，完善岗位变动备案手续，办理岗位变动11批，涉及1000余人。

【年度考核】2014年，二七区人力资源和社会保障局以10%为基点，根据各单位获得荣誉最高不超过20%的比例，对各单位副科级以下一般工作人员2013年度考核等次进行审核审批，全区考核确定为优秀等次1251人、合格（称职）等次7563人，不定等次218人，不合格2人。

【劳动模范（先进工作者）推荐评选】2014年，二七区人力资源和社会保障局严格程序，广泛征求意见，自下而上民主推荐，并征求纪检、计划生育、社会综合治理等“一票否决”部门意见，通过评选，圆满完成河南省劳动模范（先进工作者）推荐评选工作，二七区人民检察院刘京雷被评为“河南省先进工作者”。

【职称评审】 2014年，二七区人力资源和社会保障局在职称评审工作中，一是组织全区机关事业单位工勤技能岗位等级考核考试报名、资格审查和证书放发工作。全区363人参加考核，被郑州市人力资源和社会保障局评为工勤技能岗位技能竞赛优秀组织单位；二是系列专业技术职务任职资格评定工作。全年认定初级职称290人，申报中、高级职称307人。

【人事招聘】 2014年，二七区人力资源和社会保障局在人事招聘工作中，根据各单位人才需求情况，做好全区事业单位人员招聘工作。全年组织公开招聘事业单位人员二批，招聘122人。

【就业招聘】 2014年，二七区人力资源和社会保障局共举办及参加各类招聘会11次，在二七万达广场、郑州大学等人流密集的场所举办民营企业周招聘会、大学生专场招聘会等大型招聘会4次，举办“送岗位、进社区”活动7次，累计参加招聘单位120余家，提供岗位5300多个，涉及服装加工、餐饮、IT、物业管理、家政服务和生产工人等行业，1800多名求职者现场达成用工协议。

【公共就业信息发布平台建设】 作为郑州市公共就业服务平台首批试点单位，在区人力资源和社会保障局一楼办事大厅、马寨产业集聚区公共服务大厅设立郑州市公共就业信息发布平台系统，同时在区人力资源和社会保障局办公楼临街处设立24小时便民服务平台查询窗口，方便人员查询。

【就业帮扶】 2014年，二七区人力资源和社会保障局在就业帮扶工作中，重点聚焦未就业大学毕业生和就业困难人员。对这两类人群做到无业原因、家庭状况、技能特长、培训意向、择业要求“五清楚”，并开通“就业服务电话110”（86625093），搭建就业困难人员QQ群和未就业大学毕业生短信平台；建立“特殊就业困难人员”跟踪服务台账，对“零就业”家庭人员和残疾人员实行“一对一”就业帮扶，承诺“不挑不拣者3个工作日”实现就业。

开展农民工工资支付工作宣传月活动

【创业促就业】 2014年，二七区人力资源和社会保障局在创业促就业工作中，通过各种载体宣传省、市、区各项创业优惠政策，依托公共就业服务平台为辖区创业人员提供咨询和服务。同时，通过举办创业培训班，落实各项创业优惠政策，帮助有创业意向的人员创业，继而实现创业带动就业。全年创业培训480人，帮助创业人员和企业贷款1.5亿元。

2014年，全区完成城镇新增就业再就业23402人，占年度目标任务的117%（其中：下岗失业人员再就业7183人，占年度目标的133%；就业困难人员再就业1792人，占年度目标的105%），完成农村劳动力转移就业594人，占年度目标148%，均超额完成各项目标任务。

【劳动争议调解仲裁】 2014年，二七区人力资源和社会保障局在劳动争议调解仲裁工作中，坚持“调解为主、仲裁为辅”工作原则，将调解工作贯穿仲裁案件处理的整个过程。实行庭前调解、开庭调解、庭后调解“三位一体”调解模式，只要当事人有调解意愿，随时都可进行调解，争取双方互谅互让，最大限度提高调解率。全年接待来访、申诉等各类劳动争议案件576起，其中立案审理378起，以仲裁调解结案265起，直接为劳动者挽回经济损失达315.7万元；以仲裁裁决结案113起，为劳动者赢取经济赔偿达246.7万元，立案调解率70%，时效内结案率100%。

【劳动维权】 2014年，二七区人力资源和社会保障局在劳动维权工作中，一是宣传预防突出“早”。通过开展“农民工工资支付宣传月”、在建筑工地设立维权公示牌、召开用工单位和农民工代表座谈会等活动，在辖区营造农民工维权氛围。二是发现问题突出“快”。区劳动监察中队监察队员按照分片包干制度，明确排查任务，深入排查欠薪情况，同时，开辟农民工维权绿色通道，公布24小时劳动举报投诉电话（68700679），随时受理举报投诉。三是专项检查突出“准”。把排查中发现问题的企业以及农民工投诉较多、以往发生过欠薪、近期生产经营发生困难的企业列为重点检查对象，开展农民工工资支付专项执法检查，查找欠薪隐患。四是打击查处突出“严”。对于恶意拖欠农民工工资的用工单位、以讨要工资为名讨要工程款的建筑用工单位以及非法招工的职业介绍机构，严厉查处，问题特别严重的，移交司法机关处理。全年排查工程建设、加工制造、餐饮服务等劳动密集型行业和个体工商户等用人单位4.38万家，帮助800多名农民工追回拖欠工资2300多万元，有力地维护了劳动者的合法权益。

【工伤认定】 2014年，二七区人力资源和社会保障局在工伤认定工作中，坚持“便民、严谨、高效”标准，开通工伤认定“绿色通道”。深入事故现场和用人单位调查取证，审核用人单位和个人提供的申请材料，确保受伤职工能够及时申请工伤赔付。全年受理工伤申请135例，认定工伤申请127例。

（白 静）

法制工作

【概况】 二七区人民政府法制办公

召开"党的群众路线教育实践活动"座谈会

室成立于2010年6月，下设二七区人民政府行政复议中心，共有职工12人。办公地址在区政府10楼。

2014年，区政府法制办公室深入贯彻落实科学发展观,以全面推进依法行政、建设法治政府为目标,围绕区委、区政府中心工作,重点做好服务型行政执法建设、行政执法监督、规范性文件审核备案和行政复议、行政诉讼等工作，通过创新依法行政机制,当好政府法律顾问和参谋助手,较好地完成了各项工作目标任务。

【依法行政工作】 2014年，区政府法制办公室起草并印发《二七区2014年依法行政工作要点》，对2014年依法行政工作进行重点部署。印发《郑州市二七区人民政府办公室关于印发二七区人民政府2014年领导干部学法计划的通知》，落实区政府常务会议学法制度、领导干部学法制度。为做好全区依法行政示范单位创建工作，印发《郑州市二七区人民政府办公室关于做好我区创建郑州市依法行政示范单位验收工作的通知》，要求各单位自检自查，及时整改，确保各项工作任务规范达标。

【规范性文件监督管理】 （一）区政府（办公室）规范性文件清理工作。2014年，清理区政府（办公室）规范性文件213件，其中，继续有效规范性文件101件，废止规范性文件15件，失效规范性文件97件，并以《郑州市二七区人民政府关于公布规范性文件清理结果的通知》文件形式在区政府门户网站上公布；2014年4月28日印发《郑州市二七区人民政府办公室关于印发二七区规范性文件清理工作方案的通知》，清理区政府（办）规范性文件105件，其中，继续有效规范性文件99件，失效规范性文件6件，并以《郑州市二七区人民政府关于公布规范性文件清理结果的通知》文件形式在区政府门户网站上公布。

（二）规范性文件合法性审核工作。全年审核并向郑州市政府法制办公室、区人大常委会报备规范性文件40件，并在区政府门户网站上公布，确保区政府（办公室）规范性文件合法率、备案率、公布率100%。

（三）规范性文件备案审查工作。收到乡（镇）人民政府、街道办事处、区直各单位报送备案审查规范性文件125件。印发《二七区人民政府法制办公室关于建立规范性文件管理和备案统计制度的通知》。同时，印发《郑州市二七区人民政府办公室关于2014年1—6月份规范性文件备案情况的通报》，对各备案义务单位的上半年规范性文件备案情况进行通报。为提高规范性文件认定的准确性，做好规范性文件管理方面的相关指导工作，印发《二七区人民政府法制办公室关于转发郑法〔2014〕36号文件的通知》。

【服务型行政执法建设】 2014年，区政府法制办公室印发《郑州市二七区人民政府办公室关于印发二七区2014年推进服务型行政执法建设工作实施方案的通知》《二七区推行行政指导工作的意见的通知》《二七区依法行政领导小组关于转发〈河南省行政指导工作规范〉和〈河南省行政指导文书示范文本〉的通知》《二七区依法行政领导小组关于印发二七区关于规范行政处罚裁量权工作的通知》等文件，开展全区推进服务型行政执法活动。

【行政执法人员轮训暨执法证件审验培训】 2014年，区政府法制办公室于9月4日起草并印发《关于开展2014年度行政执法人员轮训暨执法证件审验培训工作的通知》，于9月17日邀请郑州市政府法制办公室常务副主任李文德到政通路小学参加全区2014年行政执法人员轮训暨执法证件审验培训工作及科级干部行政审批制度改革专题会，全区各单位所有科级干部及全区542名行政执法人员参加会议；9月25日印发《二七区人民政府法制办公室关于2014年度全区行政执法人员轮训考试暨行政执法资格审验考试的通知》，全区533名执法人员通过行政执法资格审验考试，9名人员不合格。

【行政执法证件年审】 2014年，区政府法制办公室起草并印发《郑州市二七区人民政府法制办公室关于做好2014年度行政执法证件年审工作的通知》，组织开展行政执法证件年审工作。经审查，全区持有执法证543人、监督证13人，参加年审556人，通过审查538人合格，18人年审不合格，7人调离执法岗位，3人退休；2013年度通过考试合格 231人尚未发证。

【行政执法监督检查】 2014年，区政府法制办公室在行政执法监督检查工作中，重点抓了以下几项工作：（一）行政执法行为统计备案工作。区政府及区属30家备案义务单位共作出行政执法行为233360件。其中，行政许可25988件，行政处罚1960件，行政确认11138件，行政强制15件，行政征收193638件，行政给付339件，非行政许可的行政审批128件，行政裁决0件，其他行政行为154件。

（二）行政执法卷宗评查工作。通过各执法单位自查自评、案卷评查组重点抽查等方式，分阶段对全区各行政执法单位的行政执法情况进行了评查。重点对区执法局及区国土资源局卷宗进行抽查，并从主体认定、事实认定、法律适用、文书制作规范、案卷装订规范等方面对抽查的案卷进行评查，现场指出案卷中存在的问题，要求各单位对所有案卷进行检查，并做好整改落实。

（三）2013年度依法行政工作责任目标评议考核发现问题整改工作。按照《2013年度依法行政工作责任目标评议考核发现问题进行整改的通知》要求，针对2013年度全区依法行政工作责任目标评议考核中发现的问题，总结，查找存在的突出问题，制订切实可行的整改措施，进行整改。

（四）规范行政处罚裁量权工作。印发《二七区关于规范行政处罚裁量权工作的通知》，组织全区具有行政处罚权的行政执法机关，开展规范行政处罚自由裁量权工作，对行政处罚的种类和幅度，制定科学、具体的裁量标准和适用规则，作为行使行政处罚自由裁量权的依据。

（五）政府信息公开法制审核工作及区政府法制信息报送工作。收到政府信息公开申请54件，均经法制审核，审核率100%。2014年，向郑州市人民政府法制办公室报送法制信息52篇。

（六）组织开展全区2014年度依法行政工作责任目标评议考核工作。2014年11月制定并下发《郑州市二七区人民政府办公室关于印发二七区2014年度依法行政工作责任目标评议考核实施方案的通知》，组织开展全区依法行政工作责任目标评议考核工作。

【行政复议、诉讼及行政合同审核】 2014年，区政府法制办公室在行政复议、诉讼及行政合同审核工作中，重点抓了以下几项工作：（一）行政复议工作。全年受理行政复议案件89起，审结71件，未审结18件，行政复议案件结案率100%。其中审结的案件中，作维持决定的12件，责令限期履行的25件，双方当事人达成和解、申请人撤回行政复议申请的34件。

（二）行政诉讼工作。严格按照《郑州市人民政府法制办公室关于进一步加强行政诉讼文书备案工作的通知要求》及时向郑州市人民政府报备二七区诉讼案件信息，区本级诉讼案件56起，42起胜诉、14起正在审理中。

（三）行政合同审核工作。审核行政合同9份，提出审核意见15条，法制审核率100%。为规范和加强区政府法律顾问工作，提高依法行政水平，起草并印发《二七区人民政府法律顾问工作规则的通知》及《二七区人民政府关于普遍建立法律顾问制度的实施意见的通知》。

（申志红）

地方志工作

【概况】 二七区地方志办公室成立于2007年5月，内设综合科、区志科、年鉴科。现有干部职工7人。办公地址位于区政府办公楼六楼。

2014年，二七区地方志办公室以续志、年鉴、地情书编纂以及“党的群众路线教育实践活动”为中心工作，开拓进取，攻坚克难，推进地方志各项工作顺利开展。

【年鉴编纂】 2014年年初中共二七区委、区政府办公室下发《关于认真做好〈二七年鉴〉（2014卷）编纂工作的通知》和《年鉴材料撰写报送指导性意见》，正式启动《二七年鉴（2014）》编纂工作。在区委、区政府的关心、支持下，在各撰稿单位分管领导及撰稿人的共同努力下，《二七年鉴（2014）》11月正式出版发行。全书共设29篇、198个分目，130多万字，系统记录2013年二七区域政治、经济、社会发展的主要情况。《二七年鉴》自2006年出版至今，已出版发行9卷。

【地情书编撰】 由二七区地方志办公室编撰的二七区地情系列丛书之《食在二七》于2014年11月正式出版发行。全书近10万字，收录各种照片500余幅，分为特色菜肴、风味小吃、“农家乐”三大部分。特色菜肴部分详细介绍80多种菜肴及每一种菜肴的历史来源、典故、趣闻以及制作过程等；风味小吃部分重点介绍160多种名优小吃及小吃的由来、传说、特色及制作过程等；“农家乐”部分主要介绍郑州市二七区马寨镇、侯寨乡有代表性、特色性、规模性的“农家乐”饭店10多家。为了传承历史，书中附录部分重点介绍新中国成立前后辖区餐饮业发展状况。《食在二七》的编撰、出版、发行填补了二七区美食史料的空白，为全区历史、文化、经济的发展做出了贡献。

【《二七区大事月报》编发】 《二七区大事月报》是区地方志办公室的自办刊物，在整合全区大事、要事的同时，把全区地方志工作开展情况和最新动态以及各单位志书编纂出版情况以简报的形式向全区进行发布。自2011年7月创刊以来，已编发42期，反映良好。

【网站建设】 2011年，区地方志办公室在全市率先开通二七区情网站，开创了以网络形式宣传、推介全区地方志工作，使群众通过网络了解、认知地方志工作。网站版面设置二七概况、大事回眸、志鉴工作、志鉴之窗、志鉴论坛、图文二七、古今二七、生活指南、民俗风情等栏目。区地方志办公室在做好网站的资料收集、整理、信息发布及维护管理的同时，根据工作需要和社会反映适时调整版块内容，不断增强网站内容的实用性、趣味性。网站的开通，为宣传二七区，推介二七区提供了很好的推动平台。

【志书编纂指导】 指导乡（镇）街道志、部门志和行业志（专业志）的编修工作。2014年，指派有丰富专业志编修经验的工作人员指导、编纂《二七区国土资源志》，预计2015年出版发行。同时，指导《侯寨乡志》的编纂、发行工作。《侯寨乡志》预计2015年出版发行。

【方志室建设】 2014年，在区委、

地方志办公室领导到侯寨乡指导《侯寨乡志》编修工作

区政府的大力支持下，经区地方志办公室领导的沟通协调，将一间办公室腾出作为方志资料室。方志资料室现已收藏各省、市、县（区）出版的各类志书、年鉴和二七区出版的部门志（年鉴）、专业志（年鉴）及各类文史资料3000余册。全年区地方志办公室与全国各地交换志书、年鉴等工具书约100册。

【党的群众路线教育实践活动】 开展“党的群众路线教育实践活动”，组织学习党的十八大、十八届四中全会精神以及习近平重要讲话精神，查找形式主义、官僚主义、享乐主义和奢靡之风“四风”方面存在的问题，制定措施，及时整改。通过学习、整改，不断提高党员干部的思想素质、工作作风和业务水平，切实增强解决问题、服务群众的能力。

【业务培训】 10月份，区地方志办公室领导带领业务骨干一行4人参加由郑州市地方史志办公室在北京大学举办的“郑州市修志编鉴业务培训班”。北京大学专家、学者以深厚的专业知识和丰富的实践经验，对史志、年鉴的编纂以及国学文化进行深入讲解，对史志工作的开展颇具借鉴、指导作用。同时，办公室组织干部职工参加二七区组织的各类领导干部素质讲座和学习活动，加强对地方志工作业务知识的学习培训，并注重把学习教育活动与工作实际相结合，把学习成果转化为思想方法，不断提高职工队伍素质、业务能力和工作效率。

（赵慧敏）

区直机关事务管理

【概况】 2014年，二七区政府机关事务管理局学习贯彻党的十八大和十八届三中、四中全会以及区委十届六次、七次全会精神,按照“围绕中心、服务大局，求真务实、改革创新，勤政廉洁，努力开创机关事务管理工作新局面”的总体工作要求，以创建“全国文明单位”为总抓手，扎实开展“读书活动月”“节能宣传月”、学习焦裕禄先进事迹系列活动、“党的群众路线教育实践活动”以及创建全国文明单位系列活动。通过大力推进《机关事务管理条例》《党政机关厉行节约反对浪费条例》《公共机构节能条例》的落实，使各项机关后勤工作取得明显成效，保障了区机关的高效运转。

【创建全国文明单位活动】 2014年，区机关事务管理局提出创建“全国文明单位”的申请。经过3个多月的收集、整理，13大项、50小项活动的文字资料初步成型。其中，2012年整理出13本，2013年、2014年各整理出11本，每本200页左右，邀请专业人员对文字资料进行把关和校对。经过努力，各项有关活动资料的整理工作于10月底前全部完成，并送至考评组验收。由于在软件和硬件以及活动开展等方面存在一些不足，最终未能创建成功。

【机关大院管理】 一是严格控制外来车辆，搞好车辆疏导和停放。二是解决机关大院停车位规划与建设工作。立体停车场于5月初开始施工；三是为每个岗位的保安队员配备对讲机，实行24小时值班制度，加大巡查力度。四是配合信防部门做好上访人员的疏导工作，全年疏导210余次。五是做好集体户口管理，为分配大学生、军转干部办理集体户口20余人次，办理借用户口70余次。六是对保洁人员制定严格的岗位责任制度，并指定负责人对卫生保洁情况进行督察。七是对后花园的垃圾场地进行改造，添置新的垃圾桶，分类盛装，美化环境。八是请虫控消杀公司对办公楼进行大面积消杀，消杀面积为1万多平方米，确保机关大院和家属院环境干净、整洁。九是为办公大楼内配备消防器材200余个。十是做好区机关大院公共场所禁烟、控烟工作。区机关事务管理局荣获2014年度无烟单位称号。

【设施、设备维修保养】 物业维修实行昼夜值班，全程服务，定期巡查区机关办公区和家属院绿化、卫生、水电、建筑物等基础公共设施，为各类会议做好保电工作。对办公大楼内的电梯定期严格报检检查，每日维护，每周1至2次保养。对机关大楼二次供水水箱进行清洗，确保用水安全。对机关配电室变压器、柴油发电机进行检测，确保夏季用电高峰的使用安全。整修人和路家属院对讲门7户。为区机关大院各办公楼窗户进行检修及更换，对区委办公楼破裂暖气主管道进行整修等。

【环境绿化、美化、亮化】 一是全年培育牵牛花、瓜叶菊、地肤、蝴蝶花、串红、百日草等各种花卉3万余盆；二是清理区机关大院和家属院草坪及为香樟、雪松、红叶李等树木喷洒农药，擦洗树木吊牌150余次，移栽法桐3棵、棕榈3棵；三是为机关大院及人和路家属院补种草坪1600余平方米；四是为了营造节日气氛，在机关大院道路两侧摆放鲜花4000余盆。

【政府采购工作】 2014年，区政府采购中心共接到55个招标项目，完成55个项目。完成采购预算940.77058万元，节约资金139.13585万元，节约率14.79%。

【公务灶和机关食堂管理】 公务灶建设。一是按照“科学管理、严格审批、强化监督、规范运行”原则，修订完善接待审批、日常监督、卫生安全、账务报销、审核公开、文明就餐等规范性制度；二是依照“定额供

开展送清凉活动

餐、成本核算、经济实惠”原则，明确接待标准，使公务接待费用得到有效控制。全年，公务灶接待国家、省、市、区各种活动约170次，接待各级领导3500余人次。

机关食堂管理。按照“卫生防疫标准化、职责任务具体化、征求意见经常化、花样品种多样化”目标，适时调整膳食品种、花色和供应时间，改进菜肴口味，提升餐饮服务质量。全年机关食堂工作餐接待约8万余人次。

【节能减排工作】 2014年，区机关事务管理局完成单位建筑面积年耗电量、人均年耗水量、公车百公里油耗与2013年同比下降4%的目标任务。2014年6月1日至30日，以“携手节能低碳，共建碧水蓝天”为主题，在全区开展“节能宣传月”活动，制作2000余把节能宣传扇子，分发给机关干部职工们，切实增强大家的节能意识，树立和普及生态文明理念。

【办公用房管理】 一是在二马路、航海路、小赵砦等路段，为区残疾人综合服务中心、区教育体育局、区文管办、区农委、区食品安全生产办公室、解放路公安派出所等单位调配办公用房。二是做好每月底到各租房单位进行水、电费、物业费、暖气费收缴工作。三是做好合同到期后的续签工作。2014年续签合同12份，新签合同3份。四是做好政通路13号院装修及装修后的审计工作，调配区纪委办公用房。五是制订惠邻中心办公用房整合调配工作实施方案。根据人员编制情况对急需办公用房的区商务局、区发展改革和统计局、区投资促进服务中心、区社会管理办公室、区政府采购开标交易大厅、区行政审批中心、区人力资源和社会保障局、区民政局婚姻登记大厅、区档案局等9家单位办公用房使用面积进行核算，调配至惠邻中心。

【会务服务】 做好会议中心和政通礼堂会务服务。强化服务人员责任意识、敬业意识、服务意识和规范意识，为全区各类会议提供满意的服务和保障。全年接待、服务各类会议130余次。

【公务车管理】 一是对公务用车建立健全档案管理信息。建立公务用车使用情况工作台账，公务用车严格申请、严格审批、严格管理、定点存放，全年未出现公车私用等违规、违纪现象。二是做好法定节假日公车封存管理。三是组织驾驶员学习交通法规、专业技术，增强服务意识、安全意识、节约意识和组织纪律观念，做好公务出行服务，全年安全无误派车车辆210余次。四是做好新车购置审核。对新车购入严格审核、严格把关，完善相关手续。全年办理生产、特种车辆上牌入户手续15辆。五是严格控制车辆运行费用。切实加强车辆用油管理，严格执行“一车一卡”加油。六是对公务车辆采取定点维修，做到资金专款专用。由专人到修理厂进行质量跟踪，核准报修项目及验收已换损件，防止对方漏项或以劣充优。车辆维修完毕，由专人验收并核账。七是采取定岗、定车、定费“三定”管理模式，确保驾驶员按时安全出车，减少损耗。全年对公务用车的维修、耗油量与行驶路程进行对比检查，评出“节油降耗先锋”、“优秀驾驶员”各2名，予以表彰鼓励。八是做好公务“黄标”车淘汰工作。11月底前，全区所有“黄标”车辆全部完成报废工作，治理工作得到上级肯定。九是对全区副科级以上事业单位进行重新编制核定，明确各乡（镇）、街道车辆编制，严格区分一般公务用车和生产、特种用车，并对信息进行详细审查、筛选，全区新核定一般公务用车105辆，生产、特种用车205辆，学校、医院用车26辆。

【队伍建设】 2014年，区机关事务管理局一是注重业务理论学习，加强学习型机关建设。采取集中学习、专家辅导、分散自学、讨论交流等多种形式，坚持“一周一学”制度，不断提高干部职工的政治理论水平。为丰富学习内容，营造学习氛围，安排专项经费用于完善和更新图书室硬件和软件设施，为每名干部职工购买《感恩做人 敬业做事》和《中国人必读的300个修身故事》两本书籍，并举行读书学习活动启动仪式，下发读书学习活动方案。8月18日上午，全局在会议中心三楼会议室举行读书演讲比赛，确保学习不浮于表面，使学习型机关建设取得成效。二是严格执行民主集中制，不断加强团结协作意识。领导班子成员坚持重大决策集体讨论、集体决定；坚持经常与干部职工进行思想交流，多方组织集体活动，培养集体意识和集体荣誉感，从而营造生动活跃、和谐融洽的工作氛围。三是切实加强廉政建设，始终把清正廉洁、公道正派的思想作风贯穿于学习和生活中，在领导班子成员中形成甘于清贫、遵纪守法的良好氛围。领导班子成员坚持做到依法行政、廉洁从政，无任何违法、违纪现象发生。

【党的群众路线教育实践活动】 “党的群众路线教育实践活动”期间，中心学习组成员开展集中学习活动10次，每天抽出时间进行自学；在广泛听取意见、建议环节，领导班子成员坚持经常性在领导班子成员之间以及干部群众之间开展谈心交流、征求意见、批评与自我批评，使每名领导班子成员均能正视自己在“四风”方面存在的问题，并及时提出整改措施，切实做到边学边查、边改边评，使“党的群众路线教育实践活动”取得效果。在“整改落实”环节中，领导班子和班子成员共查找“四风”问题89个，已完成整改68个；专项整治问题4个，已完成2个；其余未完成整改的问题，需长期坚持、不断改善。在建章立制环节，对各项规章制度进行清理规范，废止1项，新建1项。

【长效机制工作】 一是继续帮助社区制订完善各项发展规划，协助社区班子加强队伍建设，参与社区基层组织建设；二是关注弱势群体，开展特困人员帮扶；三是参与社区网格化管理，做好安全生产、信访稳定、排查化解社会矛盾等工作；四是开展大走访、大座谈活动，走访了绿云社区、路砦社区、大同社区群众30余户，收集建议20多条，咨询服务近百条。

（荆志超）

人民政协

综　述

【概况】　2014年，在中共二七区委正确领导下，区政协落实中共十八大、十八届三中、四中全会精神和市政协工作会议精神，围绕“改革创新、持续提升、投资增效、服务惠民”总要求，履行政治协商、民主监督、参政议政职能，深入开展“务实创新、奉献二七”活动，充分发挥协调关系、汇集力量、建言献策、服务大局的重要作用，为助推二七区社会经济科学发展、和谐稳定做出了贡献。

【履行协商议政职能】　（一）协商议政。注重把区政协常委会的专题调研、专题视察、专题协商、专题议政作为协商主要形式，选择全区社会经济发展中具有全局性、前瞻性课题进行调查研究。同时注重把调研成果同协商议政内容结合起来，不断提高协商议政实效。区政协八届三次会议期间，委员们通过分组讨论、撰写提案等形式，就经济社会发展和民生改善建言献策。中共二七区委书记蔡红，区委副书记、区长陈红民深入各界别组与政协委员进行面对面交流，广泛听取委员意见，实现协商议政“直通车”。区政协根据谋划2015年工作安排，组织召开省、市、区三级政协委员及企业家协商议政座谈会，围绕医疗养老保险、电子商务、民营企业发展等方面献计献策，为区委、区政府科学谋划工作提供参考依据。区政协主席会议围绕推动乡（镇）义务教育均衡发展等工作开展重点协商，提出推动城乡义务教育资源共享，实现城乡教育均衡发展等建议；工商联界别委员通过界别协商，针对加快电子商务产业发展，提出关于大力发展电子商务，促进二七区商贸业发展的建议，在城南电子商务产业集聚区和河南网商园二期项目建设中，发挥了作用。

（二）调研视察。把调研视察作为委员议政建言、服务发展大局的重要形式，从促进工作落实入手，深入开展调研视察活动。围绕“三大主体”工作、重要项目规划编制等全区重点工作，确定关于全区发展都市型现代农业、市场外迁、安置房建设等重点调研课题，由区政协副主席牵头落实课题，形成《以创意农业推进我区休闲观光农业发展、助力二七品牌品质品位提升》《关于二七区市场外迁报告》《关于区政府主导安置房建设情况的调研报告》，为推动全区社会经济发展提供重要参考。在做好重点调研课题的同时，围绕社区矫正工作、食品工业发展、生态农业发展和宗教场所发展现状等情况多次开展调研视察活动，提出60余条意见、建议，有关部门给予采纳。同时配合郑州市政协做好南水北调资源保护情况调研，完成《科学调水管水、提升生态水系功能》调研报告。马寨镇、大学路街道等政协工委立足基层，围绕生态廊道建设、文明城市和卫生城市创建等重大活动，充分发挥自身优势，调动各方面资源，形成工作合力，为辖区环境美化、社会和谐稳定做出了应有贡献。

（三）助推重点工作。区政协领导参与重点工作，围绕城区市场升级、项目征迁、棚户区改造、精品街整治等重点、难点工作，深入开展调查研究，及时协调解决项目推进问题。2014年，牵头并承担的京莎鞋业网商园项目建设已完工，中央商务区起步区、河医片区等市定项目征迁工作基本完成，荆胡社区一期、黄岗寺社区等安置房建设已完成居民回迁，核工业部第五研究设计院、兑周社区、建设路精品街整治建设项目正稳步推进。区政协主席会议实地视察产业园区建设、交通及铁路沿线整治、区级综合性公园建设，就加大重点项目推进力度、改善辖区生态环境、妥善处理群众合理诉求等方面提出建议。区政协参与“三城联创”工作，在全体政协委员中开展“为创建文明城市做贡献”活动，印发《致政协委员及各界人士倡议书》，组织委员对创建工作中的基础设施建设、商业街区环境卫生、窗口行业整治等进行视察，为推动文明城市创建发挥作用。建中街、一马路街道等政协工委组织委员进街道、进社区、进家庭，发挥建言献策、民主监督、宣传鼓劲、模范带动作用，有力推动了“三城联创”工作。

政协委员视察区重点项目建设

【助推社会经济发展】 （一）发挥提案监督作用。区政协八届三次会议期间，委员提出提案153件，立案交办146件。区政协在办理提案过程中，进一步规范办理程序、完善办理机制，实行领导干部领衔、现场办理、协商办理、加强重点提案督办等措施，推动提案办理有效落实。针对缓解辖区停车难问题，委员提出关于解决停车难问题的建议，得到区政府高度重视，将停车场建设列入政府年度“十件实事”，设立专项资金奖补，大力推进停车场建设；关于治理城市空气污染的建议，促进辖区燃煤锅炉拆改和建筑工地扬尘治理工作。政协委员通过提案认真履职，献计出力，服务发展，主动服务民生，广泛听取民意，反映诉求，凝聚了全区发展正能量。

（二）拓展和强化民主监督。把促进职能部门作风转变和提升服务水平作为民主监督的重要内容。2014年，区政协组织委员广泛参与政风行风评议、教师招考、党的群众路线教育实践活动“三评议”、法院庭审与诉前调解、检务“开放日”等工作，履行民主监督职能。铭功路、淮河路等街道政协工委通过政协委员评议小组等形式，组织委员对辖区网格化管理、“五小”门店整治、最低生活保障等工作进行民主评议，并对社区体制建设等工作提出建议，发挥政协委员在公共管理、服务等方面的民主监督作用。

（三）重视和反映社情民意。把了解和反映社情民意作为畅通渠道、协调关系、改善民生的重要形式和内容，通过领导干部下访、委员之家、政协网站等多种途径和方法，围绕群众普遍关心、与群众利益密切相关的社区文化建设、城乡最低生活保障等热点、难点问题开展专题调研，客观反映社情民意，为区委正确分析判断形势、制定相应政策、解决有关问题提供科学参考。全年编发社情民意信息170多条，如《关于加强基层文化建设的建议》《关于深挖优质教育资源、惠及二七百姓的建议》等，为丰富提升基层文化体系建设，推进文化惠民工程健康发展发挥了应有的作用。

【联谊交流活动】 （一）政治理论业务学习。把深入学习贯彻中共十八大、十八届三中四中全会精神作为首要政治任务，贯彻落实习近平系列重要讲话精神和市政协工作会议精神，结合工作实际，统一思想、凝聚共识。专题学习习近平在庆祝人民政协成立65周年重要讲话精神，深刻理解和把握新形势下中共中央关于政协工作重大方针政策、人民政协性质、地位、职能、作用。举办政协委员集中学习讲座，邀请全国政协委员作全国“两会”精神辅导报告，邀请市政协往届委员就履行委员职责、当好政协委员作专题讲座，进一步提高委员自身素质和履职能力。区政协注重政治理论学习、深入探索新时期政协工作的做法，以《坚持务实创新、提升履职品质》经验材料形式，在市政协工作会议上进行交流。

（二）开展党的群众路线教育实践活动。区政协党组以“为民、务实、清廉”为主题，大力学习弘扬焦裕禄精神，践行“三严三实”，深入开展“党的群众路线教育实践活动”，聚焦形式主义、官僚主义、享乐主义和奢靡之风，广泛征求意见，查摆突出问题，狠抓整改落实。加强党风廉政建设，落实中央“八项规定”，规范各类会议活动，完善调研视察工作，精简文件简报，严格执行公务接待标准，在转变作风上取得明显成效。大力加强制度建设，建立和完善多层次联系服务委员机制，充分发挥界别、专委会的作用。通过教育实践活动，存在的“四风”问题得到纠正，机关全体党员干部的宗旨意识、群众观念进一步增强，政协团结各界、服务大局的工作更加接地气、更加有效。

（三）文化宣传。围绕弘扬先进文化，充分发挥政协智力密集、名贤荟萃的优势，加强中华民族优秀传统文化和二七红色文化宣传，开展与其他城区县（市）政协的文化联络交流，开阔视野，增进友谊，促进工作。举办庆祝人民政协成立65周年书画摄影作品展活动，展出各类书画、摄影作品120余幅。作品内容丰富，主题积极向上，体现了辖区政协委员和群众热爱美、创造美、共建和谐二七区的精神面貌，获得良好社会反响。发挥政协文史资料“存史资政、团结育人”的作用，在郑州市五十七中学、人和路小学等学校开展国学授课8次，赠送文史资料20套，征集二七区村庄变迁史料20余万字，图片220张，形成《远去的记忆——二七区城乡建置存目（第一稿）》。河南省政协主席叶冬松、郑州市政协主席王璋等多次到辖区调研指导工作，对二七区政协围绕服务党委、政府中心工作，履行委员职责，助推社会经济发展，展示政协形象给予充分肯定。

【提案工作】 2014年，区政协委员们提出提案153件，经审查立案146件（合并归类后113件）。提案中，有关综合经济建设方面的16件，占14%；有关城建管理和环境保护方面的44件，占39%；有关科学、教育、文化、卫生、体育方面的19件，占17%；有关保障和改善民生、社会管理方面的18件，占16%；有关民主法制、统一战线等其他方面的16件，占14%。三次全会以后，区政协会同区政府召开政协委员提案交办会，及时将提案移交各有关部门、单位办理。截至2014年6月底，提案办复率100%，满意率98%。

【自身建设】 （一）常委学习培训。创新学习形式，丰富学习内容，采取走出去、请进来等形式的方式，举办政协常委培训班，提高理论素养。

（二）委员学习培训。深化“委员活动日”活动，建立季度邀请专家、学者授课学习制度，围绕中共十八届三中、四中全会和习近平系列重要讲话精神，市政协工作会议和区委十届八次全会精神。以及形势政策、政协知识，通过举办专题培训、辅导讲座、专业院校培训等学习活动，有重点地对委员进行培训，提高委员们的理论素养，为知情明政，更好履行职责创造条件。

（三）机关建设。巩固“党的群众路线教育实践活动”成果，通过推进“学习型、服务型、创新型、和谐型”机关建设，恪守“三严三实”要求，加强机关干部理论学习培训，使学习成为推动创新、提高能力的有效途径，不断提高机关服务保障能力和水平。紧扣区委决策部署，持续开展“务实创新、奉献二七”活动，认真履职，勇于建言。一是坚持和完善常委会议、主席会议协商机制，对事关全区改革发展稳定的重大事项、事关人民群众切身利益的重要决策进行协商；二是聚焦“三大主体”工作和“五大板块”建设，围绕“改革创新增活力、投资开放蓄后劲、结构调整再升级、惠民富民求实效”，精选课题，深入调研，多为改革发展出实招、谋良策；三是充分发挥人才荟萃、智力密集优势，投身以郑州航空港实验区为统揽的郑州都市区建设，牵线搭桥、招商引资、投资兴业，为推动二七区社会经济发展贡献力量。

（四）民主监督。针对区委、区政府重要决策部署的推进和落实，选准角度、把握尺度，使民主监督工作扎实有效。发挥政协的独特优势，切实把心系百姓、关注民生作为履职重点，围绕涉及群众切身利益的矛盾和问题，多做团结鼓劲、凝聚人心的工作，努力把各党派、各团体、各阶层和各界人士团结起来，为形成稳定、有序、和谐的发展环境和群众生活环境凝聚正能量，服务惠民，奉献社会。一是坚持把政协提案作为参政议政的重要形式，围绕城市精细化管理、棚户区改造、安置房建设等群众切身利益问题协商议政，促进群众关心的区域教育文化、公共服务设施、公共法律服务体系建设等民计民生工作；二是切实加强和改进社情民意信息工作，经常深入基层，开展进网格、进企业、进学校，及时、准确反映群众利益诉求，协助区委、区政府妥善处理各方面利益关系，发挥政协桥梁纽带和智库作用；三是持续开展“务实创新、奉献二七”活动，健全完善活动工作机制，组织引导政协委员围绕区委中心工作，参政议政，献良策、建真言、作奉献、树形象。

（曾　璐）

政协全体会议

【政协二七区第八届委员会第三次会议】 政协二七区第八届委员会第三次会议，于2014年2月11日至14日在区会议中心三楼会议室举行。会议听取并审议通过了政协二七区第八届委员会常务委员会工作报告和提案工作报告；列席二七区第十五届人民代表大会第三次会议，听取并讨论协商二七区政府工作报告及其他有关报告；增补政协二七区第八届委员会常务委员。

会议学习了区委书记蔡红在开幕会上的重要讲话。蔡红代表区委对政协一年来的工作给予充分肯定，对委员们的参政议政水平和热情给予高度评价，对做好今后的工作提出新的、更高的要求。

会议听取和讨论区委副书记、区长陈红民所作的政府工作报告和其他重要报告。会议认为，2014年是圆满完成“十二五”规划、科学编制“十三五”规划承上启下的一年，是全区制定和推进实施“新三年行动计划”的开局之年。委员们通过小组讨论、撰写提案等形式，对2013年二七区各项工作取得的成绩给予肯定，特别是对“三大主体”工作的深入推进做出高度评价；对全区社会经济发展中的重大问题和人民群众普遍关心的热点问题畅所欲言，建言献策；对做好新形势下的人民政协工作提出意见和建议。

会议一致赞同政协二七区第八届委员会常务委员会工作报告和提案工作报告。会议认为，区政协在区委的领导下，高举爱国主义和社会主义旗帜，紧紧围绕区委工作中心，积极动员全区社会各界力量，坚持和完善中国共产党领导的多党合作和政治协商制度，牢牢把握团结民主两大主题，认真履行政治协商、民主监督、参政议政的主要职能，为推进全区的经济发展、社会稳定及各项事业的建设做出了积极贡献，人民政协事业呈现出团结和谐、务实进取、蓬勃发展的良好局面。

会议指出，2014年是圆满完成“十二五”规划、科学编制“十三五”规划承上启下的一年，是全区制定和推进实施“新三年行动计划”的开局之年。区委十届八次全会确定了全区发展的目标和总体要求，任务已经明确。区政协要按照区委十届八次全会的决策部署，紧紧围绕“改革创新增活力、投资开放蓄后劲、结构优化再升级、惠民富民求实效”，认真履职，勇于建言，助推发展，奉献社会。充分发挥政协协商民主重要渠道作用，进一步深入开展“务实创新、奉献二七”活动，为推进全区社会经济发展贡献智慧和力量。

（曾　璐）

政协常委会议

【区政协八届七次常委会议】 1月9日上午，区政协在三楼会议室召开八届七次常委会议。会议由区政协主席于广志主持。会议议程有三项：一是区政协专委会和乡（镇）、街道政协工委述职；二是协商决定区政协有关人事任免事宜；三是讨论区政协八届三次全会有关报告。

【区政协八届八次常委会议】 2月9日上午，区政协在三楼会议室召开八届八次常委会议。会议由区政协主席于广志主持。会议议程有五项：一是听取政协二七区第八届委员第三次会议筹备情况；二是审议政协八届三次全会有关报告；三是讨论审议政协八届三次全会有关事宜；四是讨论通过2014年区政协工作要点及有关表彰事宜；五是协商决定区政协有关人事任免事宜。

【区政协八届九次常委会议】 8月11日上午，区政协在区会议中心二楼视频会议室召开八届九次常委会议。会议由区政协主席于广志主持。会议议程有二项：一是二七区人民政府通报全区1—7月经济社会运行情况；二是区政协委员视察河南网商园运行建设情况。

【区政协八届十次常委会议】 9月26日上午，区政协在三楼会议室召开八届十次常委会议。会议由区政协主席于广志主持。会议议程有二项：一是审议区政协八届十一次常委会议议程（草案）；二是学习习近平在庆祝人民政协成立65周年大会上的重要讲话。

（曾　璐）

大事记

3月26日上午，在鑫地酒店四楼会议室召开第一季度政协委员活动日。

3月31日上午，政协全体工作人员到郑州市烈士陵园参加悼念烈士活动。

4月22日上午，区政协副主席王同超带领秘书长、办公室主任接待四川省成都市武侯区政协考擦团。

7月4日上午，在区会议中心三楼召开第二季度政协委员活动日。

7月18日上午，在区政三楼会议室召开政协党组民主生活会。由市委第二督导组领导和区政协党组成员参加，会议中市委督导组领导对民主生活会召开提出要求，区政协主席于广志代表党组和个人作了对照检查和对其他党组成员展开批评，党组成员依次进行个人对照检查发言。市委第二督导组对专题民主生活会进行评价，最后，区政协主席于广志进行总结表态发言。

8月11日，在区政三楼会议室召开政协机关党员干部民主生活会。会议上区委督导组组长对民主生活会召开提出要求，区政协党支部书记刘栋首先代表党支部作对照检查，其他党员干部依次进行对照检查发言和互相批评。区委督导组组长对专题民主生活会进行评价，最后，区政协党支部书记刘栋进行总结表态发言。

8月15日下午，在区政协三楼会议室，区政协主席于广志、副主席王同超，机关干部和政协委员一起视察卫生城市复审迎检工作。

9月27日上午，在政府楼一楼大厅，区政协党组成员和政协委员参加区政协举办庆祝人民政协成立65周年书画展。

9月29日上午，区政协党组成员前往郑州市烈士陵园参加2014年烈士纪念日活动。

10月21日上午，区政协全体领导干部及各街道办事处工作人员，到郑州市青少年宫参加庆祝人民政协成立65周年暨中共郑州市委政协工作大会。

（曾　璐）

纪检监察

纪委全局工作

【概况】　中共二七区纪律检查委员会（与二七区监察局合署办公）成立于1954年8月，区纪委、区监察局机关内设办公室、案件检查一室、案件检查二室、执法监察室、信访室、案件审理室、廉自室、纠风室、案件管理室、基层党风室、政务公开室、宣传教育中心、行政效能监察投诉中心等13个职能科室（中心），在职人员60人。办公地址位于区委办公楼3楼。

【全局工作】　2014年，全区纪检监察机关在区委、区政府和上级纪检监察机关的正确领导下，深入贯彻落实区委十届七次、八次全会和上级纪委全会精神，聚焦中心任务，强化主业主责，持续深化创新、创优、创先、创特色的“四创”工作方法，勇于探索、主动作为，克难攻坚、锐意进取，有力推动党风廉政建设和反腐败工作取得新成效。

中共二七区委高度重视党风廉政建设“两个责任”的落实，建立区委常委会“议责议廉”制度，定期召开“议责议廉”会议，加强对重大问题、重点工作、重要案件的研究部署和指导推动。出台《关于落实党风廉政建设党委主体责任和纪委监督责任的实施意见》，召开全区落实党风廉政建设主体责任述责述廉大会，层层传导压力，推动“两个责任”落实到位。全区纪检监察机关聚焦中心任务，逐步推进“三转”，清理和调整议事协调机构，退出车辆购置审批、招投标现场监督等职能部门的10余项具体性事务。强化案件查办和执纪监督职能，把更多力量、更多时间集中在查办案件上。严格落实“一案双究、责任倒查”，对履行主体责任不到位的4家单位主要领导干部启动责任追究，维护了主体责任的严肃性和权威性。

（卢云波）

监督检查

【正风肃纪】　围绕落实中央“八项规定”精神和省、市、区相关规定，狠抓“四风”问题不放手，紧盯重要节点不松劲，开展领导干部及亲属违规经商办企业、领导干部收送红包礼金、基层侵害群众利益信访举报突出问题等专项治理。2014年，查处违反中央“八项规定”和廉洁自律案件16起，处理22人，下发专项通报9期，落实信访监督制度，实施信访约谈5人。“三公”经费支出下降29.3%。围绕各级政策措施落实情况开展执法监察，实施集体诫勉谈话2次，对贯彻落实政策不力的2名科级干部实施问责。不断创新特邀监察员工作方式，开办特邀监察员巡回讲座6次，组织特邀监察员参与监督6类22项，较好地发挥了特邀监察员的监督作用。深化开展“除四病、剎四风”作风整治“回头看”活动，“庸、懒、散、奢、冷、硬、横、推”等不良现象得到有效遏制。发挥“行政效能网格监测点”的作用，妥善解决群众投诉问题6起，社会经济发展环境持续优化，二七区连续10年荣获“全市优化经济发展环境工作先进集体”。

【惩治腐败】　坚持以“零容忍”的态度惩治腐败，有案必查、有贪必肃、有腐必惩，突出查办党员干部贪污贿赂、腐化堕落、失职渎职的腐败问题。2014年，全区纪检监察机关受理各类信访举报89件，立案查处违纪、违法案件28起（其中“两规”案件3起），移送司法机关15人，党政纪处分45人（其中开除党籍并开除公职6人，开除党籍5人，开除公职2人），涉案违纪金额815.37万元，挽回经济损失3000余万元。坚持“快进快出、抓早抓小”的办案理念，办案效率得到大

区纪委召开落实党风廉政建设“两个责任”工作会议

幅提升。注重发挥中共二七区委反腐败协调小组的作用，健全协作办案、沟通联系和跟踪督办机制，全年移送案件线索16起，集中查办、督办中央巡视组、省委巡视组转来的问题线索65件次，形成反腐败工作的整体合力。

【维护民利】　2014年，区纪检委（监察局）把“心中有民”作为工作的出发点和落脚点，深入开展“问苦扶贫、思廉求进”主题实践活动。区纪委监察领导班子成员分组联系2个村（社区），每个室（中心）联系1名困难党员，有效解决群众提出的问题12个，进一步密切了党群干群关系。针对村组干部问题易发、多发的实际，先后在6月份、12月份召开村组干部警示教育大会，以案说法、议案明纪；针对群众诉求表达不畅的问题，以侯寨乡、马寨镇36个村（社区）为先行，与区民政局创新开展村情民意“邮政快递”服务，引导群众就近便捷地行使知情权、参与权和监督权；围绕食品安全、强农惠农、涉教收费等群众关注的热点领域开展专项治理10余项，发现纠正损害群众利益问题25个，有效维护了人民群众的切身利益。

（卢云波）

廉政建设

【廉政教育】　2014年，区纪检委不断创新教育形式，在“廉政亲情寄语背后的故事”演讲活动的基础上，开展以“人生四季”为主题的廉政教育活动，引导党员干部“走好人生每一步”，以亲情柔性的一面增强教育感染力，“人生四季”廉政教育活动荣获郑州市精神文明建设“五个一”工程奖。坚持办好、用好《每周一鉴》手机报，不间断地编发党规党纪有关条文、正反两个方面的典型案例、醒脑提神的警醒寄语等内容。全年向科级以上干部发送《每周一鉴》113期、“警醒寄语”68期，实现每周有提醒、事事有警示。发挥“清风二七”微博的网络宣传优势，延伸和扩大宣传的纵深和覆盖面。据新浪网官方数据显示，在河南省纪检系统开设的2000余个政务微博中，“清风二七”影响力进入前10名。二七区廉政宣传教育工作连续4年在全市年度考核中排名第一。

【自身建设】　2014年，二七区纪检委坚持扎实有效的开展“党的群众路线教育实践活动”，进一步强化“三严三实”作风。以制度为保障，健全完善目标责任制考评制度、机关学习制度等23项制度，机关日常管理得到强化。实行电子考勤系统，坚持每天指纹签到，在岗情况即时公示，基本做到每名工作人员在哪里、干什么，机关内部能掌握，来访人员清楚。以“强素能”为目的，创新开展“三个一”活动（即：“每周一得”“每室一课”“每月一讲”学评活动），进一步提升学习效果。坚持在区直属委（局）机关开展“星级科室”、工作能手和工作标兵评选活动，有效激发了干事创业的热情。

（卢云波）

主要会议与活动

【中共二七区第十届纪律检查委员会第四次全体（扩大）会议】　2014年3月1日，区纪委在会议中心召开中共二七区第十届纪律检查委员会第四次全体（扩大）会议。会议要求，全区纪检监察机关要认真贯彻落实中央、省委、市委、区委决策部署，严格执行党风廉政建设责任制，以好的作风创造好的业绩，共同开创党风廉政建设和反腐败工作的新局面。区委常委、纪委书记张全金作工作报告。

张全金在报告中回顾总结了全区2013年党风廉政建设和反腐败工作后指出：深入推进2014年反腐倡廉各项工作，要严明党的纪律特别是政治纪律，着力加强作风建设；聚焦中心任务，推进改革创新，加强反腐败体制、机制创新和制度保障；深入落实中央“八项规定”精神，强化执纪监督，坚持不懈纠正“四风”；从严教育、监督党员干部，保持惩治腐败的高压态势；加强纪检监察干部队伍建设，提高履职能力，坚定不移把党风廉政建设和反腐败斗争引向深入，为全区社会经济科学持续发展提供有力保证。

张全金指出：要健全体制机制、维护政令畅通，以监督检查的新成果保障发展；要严明党的纪律、改进工作作风，以作风建设的新成效形成常态；要重视群众呼声、坚持严惩重办，以惩治腐败的新态势取信于民；要注重廉政教育、强化监督制约，以科学有效的新举措预防腐败；落实“三转”要求、严格履职尽责，以突出主业的新转变夯实基础。

会议审议通过了张全金代表区纪委常委会向全会所作的工作报告。全会对2013年纪检监察先进集体和先进个人进行表彰。

【“走好人生每一步”暨二七区“人生四季”双节廉政教育活动】　2014年8月22日，由区纪委、监察局、区人民检察院联合举办的“走好人生每一步”暨二七区“人生四季”双节廉政教育活动在政通礼堂举行。

区委书记蔡红首先致辞，蔡红代表区“四个班子”对各领导的到来表示热烈地欢迎和衷心的感谢，并希望各位领导多到辖区走走看看，多提宝贵意见、建议。蔡红指出，要始终把反腐倡廉建设摆在重要的位置，把握新时期的新要求，创新教育形式，做到防微杜渐、警钟长鸣。在加强制度反腐的同时，更加注重增添廉政教育的暖色调，向社会传递和释放崇廉尚廉的“正能量”。全区在总结2013年“廉政亲情寄语背后的故事”演讲活动成功经验的基础上，深入探索，针对人生四个阶段的不同特点，开展“人生四季”双节廉政教育活动，就是很好的实践。

“走好人生每一步”暨二七区“人生四季”双节廉政教育活动由“童蒙养正”“青年养志”“中年养德”“老年养心”四个篇章构成，集合诗歌朗诵、相声、小品、快板、豫剧等形式，表达了在反腐倡廉的道路上，一步走错，满盘皆输，要走好、走稳、走正人生每一步的主题。其中，儿童豫剧《争当好少年》、群口相声《说廉解赢》、音乐情景剧《家的呼唤》、叙事诗朗诵《千古恨》、哑剧《盖章》、散文诗朗诵《暮色斑斓初心不改》等一个个来自普通干部群众表演的原创“草根”节目，主题突出、内容丰富、形式多样、表演生动，紧扣反腐倡廉建设主旋律，体现了思想性和艺术性的统一，传递了廉洁理念，倡导了廉洁精神，增强了廉政文化的吸引力和感染力，在党员干部心灵深处引起强烈共鸣，赢得在场党员干部的阵阵掌声，不少党员干部观看到感人之处，流下了感动的泪水。

此次活动，通过对“人生四季”四种修为的演艺，促使“廉”字深入人心，从而激励广大党员干部“守好廉洁之门、筑牢反腐防线”，过一个节俭健康、欢乐祥和、风清气正的“中秋”和“国庆”佳节。同时，教育广大党员干部树立正确的人生观和价值观，既要做到“严以修身、严以用权、严以律己”，又能做到“谋事要实、创业要实、做人要实”，走好人生每一步。

中共河南省纪委宣传部部长陈敬如，河南省人民检察院副检察长周新萍，郑州市政协副主席、郑州市人民检察院副检察长朱专兴，中共郑州市纪委副书记葛震远，中共郑州市纪委常委刘进国，郑州市人民检察院职务犯罪预防局局长张全来，中共郑州市纪委宣教室主任杨芳，中共郑州市纪委宣教室副主任科员王圣亮等出席活动。全区县处级干部和科级以上干部近1000人参加活动并观看演出。

（卢云波）

民主党派与工商联

民主党派

【概况】　2014年，二七区有各民主党派成员291人，其中，民革成员34人、民盟成员42人、民建成员42人、民进成员42人、农工党成员34人、致公党成员14人、九三学社成员83人。

郑州市有7个民主党派在二七区设立二七总支1个，即：民盟二七总支；设立基层委员会1个，即：九三学社二七基层委员会；设立郑州总支二七支部1个，即：致公党郑州总支二七支部。基层支部（支社）10个，即：民革二七（一）支部、民革二七（二）支部；民建二七（一）支部、民建二七（二）支部、民建二七（三）支部（退休支部）；民进二七（一）支部、民进二七（二）支部；农工党二七支部；九三学社二七基层委员会（一）支社、九三学社二七基层委员会（二）支社、九三学社二七基层委员会（三）支社、九三学社二七基层委员会（四）支社。

【党派工作】　（一）加强与各界人士之间的联系沟通。3月份，区委统战部在新大方重工科技有限公司会议室召开2014年民主党派人士座谈会，各民主党派主委分别就2014年各党派支部工作计划进行交流。4月份开始，根据《中共郑州市委贯彻〈中共中央关于进一步加强中国共产党领导的多党合作和政治协商制度建设的意见〉的实施意见》《市委办公厅关于转发2014年各民主党派重点调研课题的通知》文件精神，区委统战部广泛征求各民主党派基层支部意见，下发《中共二七区委统战部关于2014年各民主党派重点调研课题的通知》，协助各民主党派有侧重地开展考察、座谈等调研活动。5月份，区民主党派座谈会在马寨产业集聚区召开，各党派支部负责人就近期中国特色社会主义学习实践活动开展情况、支部工作中存在的问题及亟需统战部配合的工作进行交流，对中共二七区委统战部在简化工作程序、改进“四风”、更好地组织党外人士开展活动等工作提出意见、建议。6月份，起草“二七区委党政领导干部与党外代表人士联谊交友制度的通知及联谊交友名册”，加强中共二七区委与党外人士的联系，加强党政领导干部与党外代表人士的诚挚交往和互相沟通，更好的凝聚统一战线各界人士力量，扩大党的群众基础，发挥党外人士在参政议政、促进二七区经济发展和社会发展的独特作用。7月份，协助致公党郑州总支二七支部召开民主生活会，致公党郑州总支主委胡文杰，市委统战部党派处处长杨飞燕、石林参加会议，会上，学习有关中国特色社会主义学习实践活动有关内容。7月份，协助九三学社二七区基层委会做好“社区矫正调查问卷”发放及回收，全面了解社区矫正实行过程，为九三学社二七基层委员会调研报告形成提供有力的依据。9月份，组织2014年二七区统战系统培训班，对辖区16名民主党派、10名无党派、8名党外科级干部进行培训。11月份，组织辖区统一战线学习贯彻中共十八届四中全会精神报告会，邀请辖区各民主党派代表人士22名、无党派代表人士10名、党外科级干部30名参会。

（二）开展“专家服务团”活动。3月份，党外专家服务团成员为马寨镇妇女代表开办女性健康知识讲座；4月份，区委统战部联合农工党二七支部党员，在铁道家园社区开展送医送药义诊活动，为150余人次提供医疗服务，为居民免费提供药品价值近万元。5月份，区委统战部联合致公党郑州总支二七支部主委石华锋、副主委杜海祥组织“送优质课下乡”活动，就教学技能及教学活动中的实际问题走进马寨镇培育小学课堂，为来自马寨镇辖区60余名教师带来一堂精彩的互动课程。7月至8月，为了让铁道家园社区的儿童们度过一个健康、文明、安全、快乐的暑假，区委统战

统战部召开民主党派人士座谈会

部、铁道家园社区联合党支部邀请“党外专家服务团”成员为儿童们安排形式多样的暑期活动，开设法制、警体、软笔书法、硬笔书法等暑期培训课程。通过暑期活动使儿童们学到更多在课堂上难以学到的知识。8月份，区委统战部、大学路街道联合专家服务团成员到社区开展“片医进社区”义诊活动，为辖区居民免费测量血压，监测心率等。10月份，专家服务团成员在交通新苑社区为辖区老年人送去慰问品。

（三）开展“民主党派、工商联社会服务工作室”活动。3月份，组织党外妇女人士在新大方集团公司羽毛球馆举行迎“三八”羽毛球交流赛，丰富党外妇女人士业余文化生活，调节身心，使她们以更充沛的精力和高昂的斗志，全身心的投入到党派工作和岗位工作中去。3月份，“社会服务工作室”轮值主任、九三学社二七基层委员会、坦言律师事务所张祖琴协助郑州市律师协会女律师工作委员会参与组织“葡萄酒与法律”专家讲座活动。4月1日，第二十四届中国兰花博览会正式亮相郑州绿博园，“社会服务工作室”轮值主任组织民革二七二支部、农工二七支部的成员一行20多人到绿博园参与游园赏花活动。5月份，“二七区民主党派、工商联社会服务工作室”18人赴马寨镇王庄小学、侯寨乡郭小寨小学慰问贫困学生，为贫困学生捐款1.9万元，为20名贫困学生送去书包、文具和书籍。8月份，区委统战部组织“社会服务工作室”成员参与“送清凉”活动，为建筑工人送去矿泉水60件、绿豆100公斤、白糖50公斤、清凉油和肥皂120套、《党的十八大读本》10套，有效激发了建筑工人的工作热情，为助推项目建设高效运转提供了强有力保障。

（四）参与“同心”实践行动。3月份，全区各民主党派支部负责人、非公有制经济人士代表等22人赴郑州市“同心”实践基地——登封市唐庄乡学习考察。4月份，以“同心同行、共创未来”为主题，结合“党的群众路线教育实践活动”和“中国特色社会主义学习实践系列活动”，向全区统一战线成员和统战干部开展“同心·中国梦”征文活动。6月份，区委统战部发放为民服务卡300张，对市、区、马寨产业集聚区管委会关于杨寨发展的相关情况进行宣传。通过走访宣传，加强政府和群众之间的相互了解，增强群众对政府的信任；通过走访座谈，收集群众需解决帮助问题、意见诉求20余条。7月份，区委统战部组织驻杨寨群众工作队一行看望慰问杨寨村孔举仁、陈恩枝等5名老党员和困难群众。10月份，邀请专家服务团成员为“同心”实践基地——马寨镇马寨社区、张河社区、湾刘社区开展“送法律、解纠纷”活动。11月份，辖区党外知识分子赴马寨镇开展“送平安”大型宣传活动，专家团成员现场宣讲法律知识，解答群众疑难问题，发放安全常识、防火防震小常识宣传手册300多册，用电、用气宣传资料500余份。

（陈　卓）

工商联

【概况】　二七区工商联现有干部职工11人。办公地址位于区政府楼10楼1002室。

2014年，区工商联在市工商联和区委的支持下，将“党的群众路线教育实践活动”与非公有制经济人士“理想信念教育实践活动”紧密结合，紧扣“两个健康”工作主题，切实改变工作作风，履行各项职能，深入开展会员服务活动，有力推动了辖区非公有制经济的健康发展和非公有制经济人士健康成长。

【理想信念教育实践活动】　结合辖区实际情况，增强非公有制经济人士对中国特色社会主义的信念、对党和政府的信任、对企业发展的信心、对社会的信誉。活动中走访企业30余家，深入企业支部指导工作10余次，召开座谈会6次，参加130余人次；开展谈心谈话10余次，发放征求意见调查问卷100余份，收集意见、建议20余条，为企业切实解决实际问题。

【参政议政工作】　（一）开展调研促发展。收集辖区非公有制经济人士的意见、建议，为区委、区政府决策提供参考。全年征集意见、建议30余条，形成调研报告3篇。其中《关于我区商业经济经营状况的调查》已提交区政府，供领导决策参阅。

（二）组织会员代表参政议政。全年区工商联执委上报提案、议案25份，其中对《关于非公有制经济代表人士努力提高参政议政质量的建议》及《关于完善非公经济人士引导和培养教育工作的建议》提案的回复得到区领导肯定。

（三）开展调研。组织基层商会负责人和企业家代表30余人参加“企业投资自主权和示范项目第三方评估”调研活动，收集调查问卷30余份、评估报告11份，为领导决策提供第一手数据。

【服务中心工作】　（一）招商引资助发展。利用商会的组织网络，为全区社会经济发展牵线搭桥，以商招商，服务经济发展，全年完成招商引资18亿元，较2013年提高20%以上。

（二）市场外迁助大局。针对辖区市场外迁开展调研，了解外迁中遇到的困难及难题，形成4份调研报告提交相关部门，同时发挥工商联会员优势，做好外迁市场的管理方及商户沟通协调工作，确保外迁工作按时按点完成。

召开工商联八届三次执委会议

（三）联办活动助和谐。多次联合区人劳局、区工信局、区商务局举办招聘会、金融信息会、法律维权会等。全年组织招聘企业87家，提供就业岗位900余个，实际安排就业1000多人，提供法律维权服务15次。

【会员服务】（一）加强学习重引导。面对社会经济发展的新常态、新形势，引导非公有制经济人士强化对经济政策的学习。组织收听收看《2014年中国民营经济大家谈——全面深化改革与民营经济发展新机遇》视频会议；组织参加著名财经评论员叶檀博士的"对话叶檀——解读金融投资密码共享名家理财智慧论坛"；组织20多家会员企业负责人赴浙江省杭州市网商园、淘宝总部等地考察学习电子商务。

（二）互学交流促提高。为更好的促进企业间的交流与合作，多次组织非公有制经济人士赴会员企业开展互学互访活动。组织非公有制经济人士到建海置业公司、宇通客车公司、郑豫房地产公司、华润万象城、百年德化等单位进行参观和学习。

（三）金融服务助融资。6月，区工商联在梧桐高尔夫俱乐部举办金融服务培训会，邀请10余家金融机构和8家企业代表参加。上海夏鼎投资的创始人叶峰为企业家讲授金融知识和资本运作，拓宽融资渠道，加快企业发展。会议现场有3家企业与金融机构达成融资意向。

（四）强化锻炼健身心。为促进会员企业之间的交流，丰富大家的文体活动，3月7日，区工商联在大方羽毛球馆举办羽毛球友谊赛；3月12日，组织会员企业负责人及员工50人到南环公园义务植树；6月，组织部分企业家到嵩山九龙潭开展登山活动；9月，邀请部分民主党派负责人，到郑州树木园开展暴走比赛。

【光彩慈善活动】（一）参与"同心"实践行动。3月21日，组织非公有制经济人士20余人赴郑州市"同心"实践基地——登封市唐庄乡考察，学习先进经验，调动企业参与"同心"实践行动的积极性。

（二）参与"光彩"事业。全区工商联、商会组织开展活动20多次，捐赠资金200余万元；"百企帮百村"活动参与企业2家，帮扶项目4个，投资3万元；帮扶困难学生100多人，帮扶资金19万元。

（三）组织"六一"慰问活动。组织民营企业家购买价值1万元的书籍文具，分别赴王庄小学、郭小寨小学看望贫困学生。

【自身建设】（一）加强工商联队伍建设。严格按照广泛性和代表性相结合的原则制定会员发展规划，不仅吸纳有代表性的科技型、外向型企业进入，注重吸收小微企业入会，已发展会员3800个。

（二）加强调研规范基层组织。深入各乡（镇）、街道调研15次，就当前基层商会工作中的问题及难题进行深入了解，发现问题30个，收集意见、建议40余条，从制度上作进一步规范，增强服务会员的能力。

（三）推进商会组建工作。10月22日，百荣华中商会正式成立。商会拥有会员300余个，涉及多个行业领域。

（郭志海）

群团组织

工　会

【概况】　二七区总工会组建于1952年10月。现有工作人员20名。办公地址在区政府办公楼11楼。

2014年，区总工会以邓小平理论、“三个代表”重要思想、科学发展观为指导，学习贯彻党的十八届三中、四中全会和习近平系列重要讲话精神，贯彻中国工会十六大、区委十届七次全会和郑州市总工会十四届七次全委（扩大）会议精神，把握全国工人运动时代主题，团结动员广大职工在推进全面深化改革、推动科学发展、实现稳中求进、建设更加美好二七区中充分发挥工人阶级主力军作用，谱写了二七区工人运动事业的新篇章。

【基层工会组织建设】　2014年，区总工会在基层工会组织建设工作中继续巩固建会成果，扩大工会组织覆盖面。按照存量全覆盖、增量进入常态的要求，继续开展组建和发展会员工作，全年新建工会199家，新增会员12029人。女职工委员会与工会同步组建、同步批复，女会员在10人以上的企业，女职工委员会组建率达100%；新建单位同步建立经审组织100%。在全区工会组织不断增加、会员队伍不断扩大的同时，区总工会大力推动基层工会阵地建设，6月召开基层工会建设工作推进会，下发《关于在全区基层工会开展达标创优建立工会工作示范点活动的实施意见》，要求全区努力把基层工会组织建设成广大职工信赖的“职工之家”，把工会干部锤炼成听党话、跟党走、职工信赖的“娘家人”。推进会后，各乡（镇）街道工会、社区、企业工会迅速行动，立足实际、因地制宜，创新思路、软硬齐抓，进一步深化基层工会阵地建设，形成全区各级工会组织建设整体推进的良好局面。4月4日，河南省总工会党组书记、常务副主席李建庄到大学路街道长城社区调研“职工之家”建设情况，对社区创新工作思路和工作方式予以肯定。5月13日，荥阳市总工会带领社区工会一行10余人，到长城社区参观学习，交流“职工之家”建设经验。

【维权工作】　2014年，区总工会在维权工作中坚持“党政主导、工会力推、多方联动，企业与职工参与”的工作原则，进一步深化发展全区的企业工资集体协商工作，实现强造势、快推进、高质量、广覆盖。全区签订工资专项集体合同141份，覆盖企业2044家、职工51110人，签订率100%。其中，独立签订84份，覆盖职工10380人；签订区域性合同57份，覆盖企业1960家、职工40730人。

深入推进职工日常维权工作。2月份，二七区总工会在“春风行动”招聘会现场设置宣传咨询台，向群众宣传、普及有关职工劳动权益和特殊利益等法律、法规知识，提高企业规范用工意识和职工维权意识。发放《职工劳动权益常识》《郑州市劳动用工条例》《进城务工人员知识手册》等各类宣传资料3000余份，接待咨询60多人次。区总工会联合区安全生产监督管理局，严格开展安全生产隐患排查治理工作。参与职业病防治工作，重点对新大方集团公司职业病防治工作做了全面检查和材料准备。

工会领导慰问困难女职工家庭

【帮扶工作】　（1）救助帮扶。在元旦、春节期间，区总工会为208名困难职工送去价值8.7万元的生活物品和8.32万元的现金；为常年坚守一线的困难企业职工580人，送去价值8.9万元的春节慰问物资，为6名困难计划生育家庭送去价值1800元的生活物品。7月份，区总工会在“夏季送清凉活动”中，深入基层单位，发放绿豆、白糖、毛巾、肥皂等防暑降温品等共计21万余元，扩大工会关心、关爱职工的社会影响。8月份，区总工会开展“金秋助学”活动，为辖区考上大学的困难职工子女发放救助金1.7万元，切实帮助困难职工子女解决上学难问题。9月初，教师节来临之际，区总工会为辖区一线教育工作者发放慰问品价值3万余元。国庆节前夕，区总工会在兴华南街28号院举行“双节”慰问困难职工物资发放仪式，发放物资总额6.5万元。截至年底，区总工会在帮扶慰问活动中，累计发放的慰问金及慰问物品共计55万余元。

（2）关爱女性。区总工会把女职工“关爱行动”与“送温暖”“金秋助学”“千万农民工援助行动”“帮扶送教育”活动等帮扶活动结合起来，打造帮扶工作品牌。9月16日，区总工会邀请郑州大学第一附属医院妇产科主任医师到二七区艺术小学开展以“关爱女性健康”为主题的讲座，来自全区各学校近100余名女教师聆听讲座，通过讲座，提高了女教师的健康意识和自我保护能力。

【职工队伍建设】 上半年，区总工会组织辖区近千家企业参加郑州市“安康杯”竞赛活动，提升职工安全意识，推动企业进一步强化安全防护措施。2月份，辖区瑞光公司被评为全国“安康杯”竞赛省级优胜单位。4月10日，由全国心系列活动组委会主办，区总工会承办的中国梦、健康家“心系女性—家庭药箱进万家”社区广场主题文化活动在升龙广场隆重举行。通过“家庭健康知识有奖问答”“趣味涂鸦”等系列趣味游戏，让职工学习保健知识，增强女职工健康素养，营造家庭、企业以及社会共同关爱女职工身心健康的良好氛围。6月份，在全区卫生系统开展“感动中国2013年度人物——胡佩兰”先进事迹学习活动，组织开展“服务百姓健康，争当胡佩兰式好医生、好护士”技术比武活动，宣传模范人物先进事迹，引导职工比学先进。6月20日，区教育体育局工会在艺术小学举办教职工文化艺术节展演活动。从4月份起面向全区征集作品，对征集到的200余幅优秀书画、摄影作品和来自25家单位的精彩节目进行集中展览和展演，充分展示全区教职工的才艺，体现了全区教职工健康向上的审美情趣和艺术修养。

【劳模评选】 做好2014年度劳动模范、先进评选推荐工作，全区有2名职工被评为省级劳动模范、6名职工被授予郑州市“五一劳动奖章”、2家单位被授予郑州市“五一劳动奖状”，政通路小学荣获“五一巾帼标兵岗”，二七区总工会、福满多有限公司荣获郑州市女职工工作先进单位；二七区环卫公共设施管理所维修服务班班长江学铜被选为郑州市劳动模范事迹巡回宣讲团成员。春节期间，为15名困难劳模发放郑州市困难劳动模范补助金4.5万元。

【职工文化建设】 春节期间，带领辖区职工参与郑州市总工会组织开展的“绿城一叶”大型农民工志愿服务活动。“三八”妇女节前夕，组织全区女职工参与郑州市总工会举办的书香“三八”——“阳光女性·幸福中国”读书征文活动，向郑州市总工会选送征文50余篇，区第一幼儿园王一曼的《我幸福·我是一名幼儿教师》获得二等奖，京广路小学陈晶的《幸福就在身边》、石佛信用社汪西娟的《我若盛开蝴蝶自来》获得三等奖，在女职工中营造出健康、文明、积极向上的学习氛围。“五一”前夕，在政通路小学举办“中国梦·劳动美·我与改革创新”主题职工书画、摄影展览，展出作品200余幅，评选出书法类、绘画类、摄影类一、二、三等奖。展览期间，全区近500名职工书画、摄影爱好者参观交流。10月份，区总工会举办“二七区职工运动会”，设置乒乓球、羽毛球、篮球三个比赛项目，共有159支队伍报名参赛，参赛运动员1500余人。通过运动会，全区职工既锻炼了身体、陶冶了情操，加深了了解、促进了沟通、增强了凝心聚力。

【党的群众路线教育实践活动】 坚持“严”字当头，突出“认真”二字，领导班子带头学习，全体党员干部采取集中学习、个人自学、专题讨论交流等方式，深入学习党的十八大、十八届三中全会及习近平一系列重要讲话精神，学习《联系服务群众—经验做法选编》《损害群众利益—典型案例剖析》《论群众路线—重要论述摘编》《厉行节约 反对浪费—重要论述摘编》等教材。全年党员干部集中学习20次；观看《周恩来的四个昼夜》《焦裕禄》《吴仁宝》《红旗渠》《雷锋在1959》《第一书记》等系列教育影片25部，提高党员干部廉洁从政的意识。党员干部征求意见，开展批评和自我批评，认真整改。截至2014年年底，二七区总工会建立联系点39个，实地走访16次。通过每一个环节的扎实推进、每一个问题的跟踪解决，取得实实在在的成效。

【自身建设】 强化职工教育培训。2014年，为深化“工字号”创业带动就业工程，支持企业发展，为应聘者和众多企业搭建人才供需平台，破解企业“用工荒”难题，同时为失业人员搭建就业平台，区总工会与区人力资源和社会保障局共同组织专场招聘会2场，提供免费就业服务850人次，介绍就业230人；组织632人参加职业技能培训。4月21日，区总工会组织工会干部参加2014年河南省工会女职工干部培训班，进一步提升女干部的业务素养。11月，区总工会在鹰城鑫地酒店举办二七区工会系统领导干部研修班，切实提高工会干部的政治理论素质和业务水平。12月，组织辖区基层主席参加郑州市区（县）工会干部业务素能提升培训班，有效增强了基层工会主席的理论水平。

【经费审计】 开展2013年工会经费收支决算审计和2014年工会经费预算审查，完成2013年经审规范化建设台账资料上报工作，工会经费审查工作规范化建设继续加强。

（韦 伟）

共青团

【概况】 共青团二七区委员会1952年9月成立。内设办公室、少先队二七区工作委员会，现有干部职工10人。办公地址位于区政府11楼。

2014年，团区委以邓小平理论、“三个代表”重要思想和科学发展观为指导，深入贯彻落实党的十八届三中全会精神，围绕全区经济社会发展和全面建设郑州都市区的整体要求，坚持以深化为目标、以创新求突破、以制度作保障，团结带领广大团员青年，为加快推进二七区经济社会发展贡献青春力量。

【书画展评】 “元旦”期间，团区委在马寨镇各中、小学举行丰富多彩、形式不一的迎“元旦”书画展评活动。师生普遍参与，参展作品主题鲜明、内容丰富、形式多样，既饱含传统韵味，又具有时代气息，彰显校园学子艺术水平，充满青春活力。

【“我心中的绿色家园”——二七区少年儿童绘画大赛】 3月上旬，为进一步加强生态环境保护宣传教育，丰富小学生校园文化生活，引导少年儿童树立生态环保意识，亲近大自然、热爱大自然，自觉形成保护生态环境、热爱绿色家园的良好习惯，团区委联合区教育体育局在全区小学生中开展“我心中的绿色家园”——二七区少儿绘画大赛，并于3月11日下午在郑州市绿博园进行大赛决赛。2000余名小学生参加各环节的角逐，收到各类作品近800幅、入围作品200余幅，评选出优秀作品60余幅，30名优秀参赛学生荣获大奖。

【“扶起人心　呼唤爱心　团递青春正能量”主题活动】　3月5日，在全国第51个“学雷锋纪念日”和第15个“国际志愿者日”到来之际，为进一步弘扬雷锋精神，引导广大青少年切切实实学雷锋、做雷锋，团区委针对“老人在街头摔倒扶不扶”这一热点问题，组织辖区河南交通职业技术学院等高校的30余名大学生志愿者走上街头，手举“为随手扶老人做好事点个赞！”“老人倒了还能扶，人心倒了还能扶么？”等宣传标语，搀扶老人过马路，帮老人推车拿东西，捡拾路面垃圾，倡导文明出行，用实际行动为“扶不扶老人”这个时下热点话题做出回应。志愿者们以类似行为艺术的形式向广大市民倡议：学习雷锋，勇敢伸出友爱之手，扶起人心、呼唤爱心，倡树社会正能量。

【“百场电影进工地”活动】　3月18日，团区委在刘砦社区城中村改造项目工地，为300名外来建筑工人播放电影《高兴》《可可西里》，精彩的电影给枯燥单调的工地生活带来欢乐，一些周边工地的工人们纷纷前来观看。放映结束后，团区委为在场的工人们赠送100份包含毛巾、牙膏、洗发水在内的日用品小套装。

【“青春辉映二七”拍客作品大赛】　4月中旬，团区委组织开展“青春辉映二七”拍客作品大赛。活动不仅得到辖区广大青年朋友的响应，还吸引近百名省、市、区各级摄影家协会的资深摄影爱好者、知名媒体摄影记者和图片编辑踊跃参与，征集到参赛作品400余部。参赛青年用镜头记录下全区加快经济转型升级、建设幸福二七区的成果，用图片宣传、塑造美丽幸福二七区。5月4日至6日，团区委从参赛作品中精心挑选出36幅主题鲜明、内容丰富的作品，分为“今日二七”“激扬青春”“家乡如画”“共青风采”四个主题进行集中展览。

团区委开展“学习焦裕禄精神　争做模范团干部”活动

【举行“以坚持铸梦　用行动传承”主题队会活动暨胡佩兰希望书屋捐赠仪式】　4月21日上午，由共青团郑州市委、郑州市希望办公室主办，共青团二七区委协办的“以坚持铸梦　用行动传承”主题队会暨胡佩兰希望书屋捐赠仪式在路砦小学举行。在《以坚持铸梦　用行动传承》主题队会中，郑州市希望办公室向路砦小学、大学路第二小学分别捐赠价值2500元的“胡佩兰希望书屋”，儿童们通过手语歌曲、诗朗诵、观看胡佩兰《感动中国十大人物颁奖典礼》视频、小主播讲胡奶奶的故事、胡奶奶精神感悟发言等活动，号召全市少先队员们学习胡佩兰奶奶无私奉献的精神，奋发读书、奉献爱心、传递希望，用自己的实际行动回报社会。

【社区运动会】　5月16日上午，团区委联合大学路街道桃源社区党支部共同举办“桃源社区趣味性运动会”。运动会设踢毽子、摸鼻子、棋牌等比赛项目。团区委多名青年党员志愿者为社区群众分发购物袋、毛巾、牙刷、牙膏、洗发水等奖品，同时开展志愿服务活动。

【学习“焦裕禄精神”主题教育实践活动】　5月20日，团区委组织全体党员干部和部分基层团组织负责人赴兰考县焦裕禄纪念馆开展学习“焦裕禄精神”主题教育实践活动。在焦裕禄纪念馆，大家观看展厅里的展品和图片，聆听焦裕禄的感人事迹，瞻仰他生前工作、生活遗物和图片。大家在焦裕禄烈士墓前伫立默哀并向焦裕禄纪念碑三鞠躬，缅怀这名把毕生精力献给党和人民的模范共产党员。

【共享阳光　快乐体育】　5月23日上午，团区委带领大学路第二小学的30名小小志愿者，与河南省志愿者联合会、河南省残疾人联合会联合郑开国际马拉松赛组委会，在郑州市盲聋哑学校参加“共享阳光　快乐体育”流动课堂启动仪式。启动仪式上，郑州市盲聋哑学校校长与大学路第二小学副校长宣布两所学校正式结对并签订结对书。仪式结束后，大学路第二小学的30名小学生和盲聋哑学校的学生们共同参与“步调一致向前跑”“同心协力夹气球”“角色体验门球”等趣味运动。这种角色的互换让正常儿童们体验到了残疾儿童生活的艰辛，明白了团队协作的重要性。

【“红领巾相约中国梦——今天我入队，争当好队员”主题队日活动】　5月30日上午，“红领巾相约中国梦——今天我入队　争当好队员”示范性主题队日活动在幸福路小学举行。

在学校操场上，与会领导与少先队员一起参加少先队入队仪式。入队仪式以少先队大队会形式举行，由少先队小干部主持，与会领导为新入队的少先队员佩戴红领巾。在中队教室里举行的少先队活动课展示，主要以新队员建组织、找岗位、搞活动和老队员围绕“中国梦”、社会主义核心价值观开展主题队会、特色活动，采取各种形式培养和增强少先队员为实现“中国梦”做好全面准备的认同感、责任感和使命感，进而全面展示全区少先队员勤奋学习、快乐生活、全面发展的良好精神面貌。与会领导参观“红歌我来唱”“社会主义核心价值观在心中”、少先队中队委竞选等活动课展示，给学生们带来节日的祝福和礼物，并与辅导员和少先队员代表合影留念。省委副书记邓凯、省人大常委会副主任蒋笃运、副省长张广智、省政协副主席龚立群以及团省委、省教育厅、省妇联、省关心下一代工作委员会及市“四个领导班子”和相关部门负责人出席活动，区委书记蔡红，区委常委、区委组织部部长丁文霞参加活动。

【“服务群众在心中　百场电影进网格”活动】　2014年7月，为了丰富全区广大青少年暑期文化生活，贯彻落实“党的群众路线教育实践活动”，团区委将大学生社会实践活动与青少年暑期教育活动相结合，组织机关党员干部与河南省医学专科学校大学生志愿者成立3支电影放映服务小分队，精心挑选出30余部爱国主义教育、青春励志故事、儿童动漫、文化娱乐等不同类型的影片，陆续在辖区居民楼院、文化活动广场开展“服务群众在心中　百场电影进网格”活动。通过映前播放青少年权益维护宣传短片、现场派发普法科教资料、讲解生活节约小常识，让社区的青少年们在观看电影的同时又学习科普、自护知识。

【志愿者服务活动】　12月4日上午，团区委联合二七区社会主义精神文明建设指导委员会办公室在郑州市绿城广场举办“弘扬志愿者精神　共创文明城市”12·5国际志愿者日服务活动。启动仪式上，志愿者代表带领全体志愿者们立誓，要用实际行动服务他人、回报社会。绿城广场代表文明单位作表态发言，文明单位代表向二七区中心养老院、郑州市聋哑学校、农民工代表捐赠棉衣、文具等生活必需品。

仪式结束后，“田园二七”文化志愿者艺术团近百名优秀文艺骨干，给市民朋友带来一场精彩的演出，各类志愿服务分队充分发挥自己专业特长开展一系列志愿服务活动。区直机关、各级文明单位、青年志愿者、文明市民代表近千人参加活动。

【青少年传统文化教育活动】　7月16日，团区委联合康克教育机构，组织近1000名大中学生代表在新郑轩辕黄帝故里轩辕广场拜谒轩辕黄帝、诵读国学经典，正式拉开全区青少年传统文化教育活动的序幕。

（帖亚威）

妇女联合会

【概况】　二七区妇女联合会成立于1950年1月。内设妇联办公室、妇女儿童工作委员会办公室，现有干部职工7人。办公地址为区政府11楼1113室。

2014年，区妇联把学习贯彻党的十八大精神与谋划全年工作相结合，贯彻男女平等基本国策，坚持儿童优先原则，围绕中心、服务大局，立足基层、服务妇女，维护妇女儿童合法权益，有效地服务妇女儿童民生，优化妇女发展环境，团结带领全区妇女在加快推进郑州都市区建设中做出贡献。

【妇女创业就业】　（1）引导贫困、失业妇女、在校大学生在就业创业中另辟新路。2014年，区妇联借助家政公司、月嫂服务中心等培训点，与郑州市卫生学校、郑州海桥商贸有限公司联合开展免费家政技能培训并成立女大学生就业、创业导师团，对下岗职工、农村妇女及在校大学生进行岗前个性化培训，涉及月嫂、母婴护理、家政技能等，每月1期，每期培训近100人，其中获得育婴师高级资格证1300余人，高级月嫂认证资格的有100余人，安排女性再就业近800人次，参训人员就业率100%，被郑州市妇联命名为“女性（女大学生）就业创业实践基地”。

（2）服务妇女在创业、就业中谋求发展。2014年，区妇联在基层挖掘多家具有带动作用的典型企业，帮助无业、失业女性群体就业、创业，扎实开展“巾帼就业创业行动”。区妇联组织优秀企业为大学生创业、就业搭建服务平台，营造创业环境，提供就业援助，帮助妇女自谋职业和自主创业。二七区好日子园艺有限公司与区妇联合作开展“巾帼科技培训活动”，培训近500人次；帮助妇女拓宽就业渠道，每年提供就业岗位近120个，同时，该公司与省内多所高校进行合作，每年给大学生提供实习岗位近100个，并成立“大学生就业、创业导师团”，大力扶助大学生就业、创业。

（3）推进小额担保贷款工作。组织各乡（镇）街道妇联主席、社区主任和部分有创业意愿的妇女代表作妇女小额担保贷款政策宣讲，印制宣传资料和表格2000多份，全年小额担保贷款完成2600万元，超额完成300万元。

（4）持续实施“巾帼”科技培训。举办农村实用人才技术专业培训班5期，培训妇女近1000人；利用“科技活动周”开展科技知识宣传2次，发放相关资料1500份。

【提升服务能力】　（1）提高参政议政能力。强化区妇联执委参与职责，定期召开执委会议，组织执委参与妇联工作考核、参加妇联组织的重要会议及活动，定期听取执委意见。加强和完善妇女代表联系制

妇联领导慰问环卫工人

度，建立妇女代表接访制度，组织妇女代表建言献策，提高妇联工作的吸引力、影响力和凝聚力。(2)加强基层组织建设。2014年，所有乡（镇）、街道（社区）都建立“妇女之家”，达到“妇女之家”全覆盖。同时，区妇联着力推进“一家一品”特色建设，拓展“家”的领域，延伸“家”的功能，发挥“家”的作用，打造各类特色“妇女之家”。全年创建省级“妇女之家”示范点6个、市级“妇女之家”示范点10个。(3)扎实开展女干部培训活动。2014年，区妇联与区委组织部联合在郑州师范学院举办为期2天的二七区科级女干部培训班。通过学习交流，开阔视野，提升素养，增强能力，培养一支具有较高政治理论素养和开拓创新精神的新型女干部队伍。

【维权工作】 (1)按照“一手抓发展，一手抓维权”方针，广泛协调社会力量，为上访妇女开展维权关爱行动。发挥妇联“以情促化”优势，完善“信访接待、法律援助、人民调解、心理疏导”维权模式，探索推进妇女信访代理制度，着力推进基层维权服务站点建设。2014年，建设15个区级服务点和151个基层服务点。全年处理信访案件80件次，避免多起矛盾激化事件。推进平安家庭创建活动，参与做好禁毒、防范艾滋病、防拐、防邪教等工作。

(2)坚持维护权力与维护稳定相结合原则，做好群众接访工作。建立健全应急预案体系，化解基层矛盾，解决民生实事。全年处理个人来访40件，来访50人次，处理率100%。婚姻家庭权益问题仍是妇女投诉的重点，政治权益案件占一定比例，劳动和社会保障权益诉求呈上升趋势。针对维权工作实践反映出来的问题，进一步规范12338维权热线工作机制，做好来信、来访接待、处理工作，采取疏导、政策宣传、联动服务等方式提升维权工作实效。

(3)强化宣传。以“坚持男女平等基本国策，保障妇女儿童合法权益”为主题，开展形式多样的法制宣传教育活动，利用节庆、法制宣传日、“三下乡”等有利时机，集中进行普法宣传。全年开展各类法制宣传5次，各成员单位以各种形式发放宣传图册4500余册、宣传资料5000余份，悬挂宣传横幅30余条，接受法律咨询1100余人。

【儿童工作】 (1)做好受人口流动影响的儿童项目工作。2014年，区妇联持续开展教师培训及流动儿童家长培训，特别对新迁入的流动儿童家庭做好登记、宣传培训，培训内容主要为妇联编制的流动儿童家庭教育使用手册（家庭教育篇和行为养成篇）。通过系统的培训，使每户家庭真正了解市、区的各项政策法规、各种证件的办理程序、入学和社会保障等情况以及古今中外名人成功案例。同时，区妇联建立以学校为基础的流动儿童保护体系，切实解决流动儿童家庭在实际生活中的难题，不断优化流动儿童的生活与学习环境。

(2)整合资源，推进家庭教育创新发展。一是抓好专家队伍建设。广泛吸纳理论层次高、经验丰富的专家、学者和富有教子实践经验的优秀家长，成立由17名专家组成的区级家庭教育讲师团；二是抓好家长学校教师队伍建设。推荐各学校、村（社区）优秀示范家长学校代表和家庭教育讲师团优秀骨干参加省、市家庭教育骨干培训班；三是抓好志愿者队伍建设。注重吸收专家、教师、干部、家长、大学生以及老干部等热心家庭教育工作的各界人士，扩大家庭教育工作志愿者队伍，通过结对帮扶、咨询服务、调查走访、社区宣传等活动，为家长、儿童提供服务。

(3)开展贫困儿童救助、帮扶工作。一是“六一”儿童节在建中街街道铁道陇海家园“妇女儿童之家”举办社区儿童趣味运动会。二是开展“心系儿童爱心捐赠”活动。7月11日，区妇联到交通路幼儿园开展捐赠慰问活动，为贫困儿童送去爱心企业——强生集团捐赠的价值近2000元婴幼儿润肤露。三是节假日期间，慰问贫困儿童15人，幼儿园1所，资助金额1万余元。

(4)坚持以“抓活动、创特色、树品牌、促合力”为主线，大力开展关爱留守流动儿童行动。2014年，全区建立“儿童之家”9所，建立健全“儿童之家”的各项管理制度。“儿童之家”开设维权点、心理咨询室、留守流动儿童风采展示台、建立“读书角”，开通“亲情电话”，购置桌椅、书架、文体器材等设施。全年政府投资90万元，为新建“儿童之家”高标准配置电脑、电视机、DVD、各类图书等教学设备，使“儿童之家”图书阅览、学习辅导、手工制作等各项服务功能得到充分发挥，为留守流动儿童搭建增长见识、开阔视野、健身娱乐的服务平台。

【精神文明创建活动】 (1)组织二七区庆祝第104个“三八”国际妇女节表彰暨“扬时代精神、展巾帼风采”诗歌朗诵大会。对全区“双学双比、巾帼建功、维护妇女儿童合法权益”工作的先进集体43个、先进个人176人进行表彰。

(2)开展“实现微心愿·共筑巾帼梦”志愿服务活动。“三八”节前期，区妇联组织党员干部深入基层、深入群众，特别是贫困妇女、单亲家庭、残疾人和“空巢”老人等困难女性群体，广泛征集妇女现实需求和渴望实现的“微心愿”，并把征集到的100个“微心愿”以“心愿墙”的形式进行集中展示，100个“微心愿”被党员干部全部认领，大家纷纷争当“圆梦使者”，传递爱心正能量。

(3)开展培树先进典型活动。为传承良好家风，寻找最美家庭，区妇联在“5·15”国际家庭日开展郑州市“最美家庭表彰暨我为母亲做件实事”活动。整个活动融颁奖表彰、家庭才艺展示、“最美家庭”标兵户分享家庭美丽故事、家庭代表宣读倡议书等环节。活动中间还穿插由区文化馆巾帼志愿者团队表演的精彩节目。共表彰10户“最美家庭标兵户”、40户“最美家庭”、191户“最美家庭提名奖”，辖区方秀云家庭被评为全国“最美家庭”、河南省“最美家庭标兵户”、郑州市“最美家庭标兵户”，马昕家庭被评为河南省“最美家庭提名奖”、郑州市“最美家庭标兵户”，杨洪新家庭被评为郑州市“最美家庭标兵户”，段国英、孙楠、于桂芝3户家庭被评为郑州市“最美家庭”，其他53户被评为郑州市“最美家庭提名奖”；方秀云、杨秀坤两名母亲荣获市级“十佳母亲”。

【巾帼志愿服务活动】 (1)切实加强对“巾帼”志愿者服务队伍的组织领导，使各基层“巾帼”志愿者队伍管理更加规范化。全年29支志愿者服务队，开展志愿服务活动100余次，志愿服务时间1500小时，每支服务队总服务时间50小时以上。

(2)组织有特色的“巾帼”志愿服务活动。一是开展“巾帼”志愿者“走基层、送文化”活动。3月5日下午，区妇联组织“巾帼”志愿者艺术团在五里堡街道鑫苑国花社区开展“巾帼志愿我参与、服务和谐我先行”文艺演出，来自辖区的150余名居民参与活动，受到广大妇女和社区群众的一致好评。二是开展“创建文明城市巾帼志愿者在行动”活动。8月30日，组织100名“巾帼志愿者”在建中街街道建华社区、长江路街道航海中路社区开展“创建文明城市、巾帼志愿者服务活动”（爱心帮扶志愿服务、文明维护志愿服务、文明交通志愿服务）。

（3）做好市、区两级“巾帼志愿者”长期招募工作。全年完成志愿者在册登记300名，开展“巾帼志愿者”培训活动50余次。

【作风建设】（1）探索新形势下妇女工作的新途径、新方法，着力建设“坚强阵地”和“温暖之家”，推进妇联组织建设。抓住开展“党群共建创先争优”活动的有利契机，依靠党建带妇建，激发基层妇联组织活力，充分发挥“妇女之家”的宣传引导、权益维护、知识传播和组织活动的作用，使基层妇女工作更有成效；探索在非公有制经济组织和社会组织中灵活设置妇女组织，对辖区“两新”组织的妇女组织的组建情况进行调研。

（2）深入推进“党的群众路线教育实践活动”。组织中心组开展学习5次、党支部集中学习4次、专题报告会2次、党支部书记主题党课1次。通过设立征求意见箱、召开座谈会、发放调查问卷、个别谈话和“12338”维权热线等形式，广泛征集妇女群众、乡（镇）街道妇联的意见和建议，累计召开座谈会3次，专题报告会3次，发放调查问卷近400份；通过群众提、自己找、上级点、互相帮、集体议等方式，聚焦“四风”，查摆各类问题37个，结合对照检查材料、专题民主生活会的批评和自我批评、情况通报会后的反馈意见，进一步补充征集相关意见、建议20条，确定整改事项4大类别、26项，其中立行立改7项，专项整治10项，近期整改6项以及远期整改3项。逐项研究整改措施，在提升思想认识、及时组织“回头看”、抓好制度建设、强化督查、严肃问责等方面开展各项工作，切实抓好“党的群众路线教育实践活动”。

【帮扶活动】在联户帮扶活动中突出为解决基层妇女在创业、就业过程中存在的方向、技术及资金问题。到长江路街道航海中路社区走访居民200户，收集意见30条。为方便结对帮扶对象的联系，做到每月至少上门走访1次。工作人员全部下沉到乡（镇）、街道的一级网格里，并将乡（镇）、街道妇联主席、社区（村）妇联主席、社区楼院长分别充实到一级至三级网格，帮助解决妇女、儿童相关问题。

（闫　明）

武装·消防·人民防空

人民武装

【概况】 2014年，二七区人民武装部（简称区人武部）在河南省军区、郑州警备区党委和区委、区政府的正确领导下，坚持以党的十八届四中全会精神为指导，围绕有效履行全军历史使命和建设先进人武部的目标，注重科学发展，突出工作重点，狠抓工作落实，圆满完成年度各项工作任务。2014年被河南省军区表彰为民兵应急分队建设先进单位、先进基层党组织、新闻报道先进单位，被郑州警备区表彰为“四无”达标先进单位、“财务管理先进单位”；京广路街道武装部、侯寨乡武装部长程丽霞，分别被中共郑州市委、市政府、郑州警备区联合表彰为“郑州市国防后备力量建设”先进单位、先进个人，二七区教育体育局被中共郑州市委、郑州市人民政府、郑州警备区联合表彰为郑州市第八届关心支持国防建设“十佳单位”。

【思想政治建设】 区人武部党委始终把思想政治建设摆在各项工作的首位。贯彻执行两级军区、警备区党委指示精神，围绕建设全面过硬战略预备力量，大力加强思想政治建设，大力推进军事斗争各项准备，大力抓好基层建设基础，突出党委班子建设，抓住安全稳定，着力提高人武部全面建设水平与遂行多样化军事任务能力，确保各项任务圆满完成；同时抓好当代革命军人核心价值观、“加强党性修养、锤炼思想作风”教育活动，形势政策教育坚持紧贴形势任务、紧贴单位实际，形式多样、方法灵活，富有成效；做好隐蔽斗争和“四反”工作，区人武部安全稳定，基础更加牢固；注重加强党委领导班子和干部队伍建设，健全党委决策、干部任用等制度规定，党委集体领导坚强有力，干部队伍精神状态振奋，人武部风气建设有新的进步。

【民兵基层建设】 2014年，区人武部根据上级指示精神和河南省军区人武部规范化建设标准要求，明确机关自身与基层武装部建设标准，完善制定各类例会制度、工作制度和专职人民武装干部管理措施，坚持用制度规范专职人民武装干部队伍和民兵队伍建设，夯实民兵基层建设的组织基础；坚持落实民兵政治教育。在充分发挥《中国民兵》《中国国防报》《前卫报》《黄河民兵》等报刊教育功能的基础上，利用民兵整组、军事训练、成建制遂行任务等时机，搞好集中学习、随机教育；发挥“民兵之家”的阵地作用，引导民兵开展自我学习、自我教育；借助岗位平台，依托所在单位教育优势，开展岗位成才、爱岗精武教育；整合社会教育资源，发挥辖区内相关场、馆、所作用，利用国家重要节日，依托二七纪念馆等具有红色历史意义的场所，组织专职人民武装干部、民兵队伍开展国防教育、职能教育；同时，进一步发挥军队政工网络信息平台作用，开辟网络教育课堂、党校教育课堂，共同营造民兵政治教育的良好环境和氛围，民兵作用发挥成效明显；注重在支援地方经济建设中用兵、练兵，组织民兵应急分队，配合公安部门执勤巡逻、护厂护路，高标准完成中共二七区委、二七区人民政府赋予的清明节烈士陵园民兵执勤祭奠活动、民兵执勤保畅通等多次急、难、险、重任务；结合省、市两级提出的“五项行动”“六个郑州”行动，抽调民兵维护社会稳定、保障道路畅通，疏导主要路段的交通；组织发动乡（镇）民兵支援辖区生态建设、植树造林和帮扶街道、社区工作，受到群众一致欢迎。

【民兵整组和军事训练】 按照河南省军区、郑州市警备区的统一安排和部署，人武部从2014年年初开始着手抓好全年的民兵整组工作。通过学习上级的指示精神和调查摸底，针对全区的任务特点，制订民

郑州警备区参谋长检察基层武装部工作

兵整组工作计划。全体人员深入到乡（镇）、街道、企事业单位搞调查、摸情况，重点对信息化战争所需的科技、信息产业、信息技术人才、信息网络设备、信息传播媒体、信息安全防护技术等底数、“三战”潜力和国防动员潜力等情况登记造册，并对每个分队如何编建、如何调整进行研究，适时调整编建布局，优化编建结构，扩大编建范围，拓宽编兵渠道，尽可能把转业、退伍军人和专业技术人才编进来，特别是注重增大编建的科技含量，对科技产业、科技人才优先考虑，重点编建。每个编建单位按照规定集结点验程序，组织普遍点验，区人武部及时组织机关人员指导帮助，确保点验落到实处。在军事训练上，全年整体思路是区分层次、突出重点，重点围绕“反台独”军事斗争准备任务，着眼实战要求，结合自身实际和平战时所担负的任务，科学筹划，严密组织，按纲施训。4月，区人武部圆满完成河南省军区、郑州警备区应急拉动演习任务，受到河南省军区、郑州警备区首长的通报表扬。在省、市两级组织的人武部主官比武、“四会”教练员队伍比武和民兵骨干队伍比武竞赛中，取得集体第一、个人前三名的优异成绩。

【征兵工作】 针对2014年征集政策有较大调整，征集对象主体更为倾向高学历青年、安置政策变更、大学生入伍优惠政策多的实际，区人武部注重加强对在校大学生的宣传发动，加大宣传力度，改进报名方法，延长报名时间，在郑州大学、黄河科技大学、郑州铁路职业技术学院、郑州航空工业管理学院、郑州科技学院设立5个宣传报名点，并在各院校进行为期一周的“献身国防”教育宣讲与宣传发动活动。同时，在二七广场、绿城广场人员密集区域开展形式多样的宣传发动，发放征兵资料1万余份，利用短信平台发送征兵信息2万余条，鼓舞和调动广大应届大学毕业生应征入伍的积极性。共登记适龄青年2.8万名，择优确定预征对象2710人，经过初审确定进站体检1326人，向部队输送合格兵员465人。

【“双拥”工作和国防教育】 2014年，区人武部以创建“双拥模范区”为目标，不断加大协调力度，促进军政、军民团结。“八一”期间，区人武部组织区“四个班子”领导成员和区直各局委、街道领导开展“军事日活动”，推进军民纽带关系，提升国防教育效果。一是扎实开展全面国防教育。为提高全民国防教育的质量，坚持领导干部国防教育靠党校、青少年学生国防教育靠学校、普通群众国防教育靠社区。在民办高校组织军训和开设国防教育课，利用民兵训练等整组时机，开展形式多样的国防教育宣传咨询活动，增强全民国防观念。二是定期走访慰问，解决部分难题。在“八一”、春节期间，协调军地双方开展互相走访慰问活动，进一步密切军政、军民关系。协助政府解决军队干部家属就业、子女入学、军转干部安置等难题，全年协调军队子女、入学入托30余人，协调涉军案件6起。三是协调驻军参加地方建设。与辖区驻军协调，参与创建全国文明城市活动，以实际行动支持地方社会经济发展。春节期间，区人武部带领辖区民兵在主要路段维护交通，在重点目标附近执勤巡逻，在畅通郑州、平安郑州、和谐郑州、生态郑州、法治郑州、安全郑州及辖区社会建设发展做出了贡献。

【后勤保障工作】 2014年，区人武部在后勤管理上坚持党委领导集体下的首长分工负责制；落实军政主官双签审批和经费联审会签制度；在经费使用上，集中财力用于战备、训练和区人武部的生活、办公等方面。由于监督机制健全，增收节支工作落实，区人武部基本建设完善，各项保障工作有力，曾连续8年被郑州警备区表彰为“财务管理先进单位”。

（王艳林）

人民消防

【概况】 二七区公安消防大队，即中国人民武装警察部队郑州市二七区消防大队，成立于2005年7月31日。大队现下属一个现役中队，四个现役、合同制混编中队，是全省下辖中队最多的消防大队。

2014年，二七区公安消防大队在中共二七区委、二七区人民政府和郑州市消防支队的正确领导下，按照“规范、尽责、创新、和谐、稳定”的总要求和“忠诚消防、文明消防、阳光消防、效率消防”的工作宗旨，遵循“防为上、救次之、戒为下”的消防管理理念，以切实减少火灾危害、全力保护人民群众生命财产安全为目标，履行工作职责，全区消防安全形势持续稳定，未发生重特大火灾事故。

【部队管理】 一是强化领导班子建设。坚决贯彻党的民主集中制和党委集体领导下的分工负责制，落实党务公开，坚持“三重一大”等重大问题党委集体研究决定。二是强化廉政建设。始终将廉政建设摆在各项工作的首位，突出重点，深入开展集中整治消防腐败问题等专项教育活动，在外部组织“双述双评”活动，聘请新一届廉政监督员，签订承诺书，并参与政府行风评议活动，全面加强党风廉政建设。三是强化素质建设。通过理论知识和专业知识的学习，强化官兵岗位素质教育，特别是深入开展学习贯彻党的十八届四中全会精神主题活动，使全体人员树立强烈的使命意识、责任意识和奉献意识，夯实官兵思想基础。

【消防监督】 区公安消防大队紧盯二七商圈人员汇集区、商场市场云集区、在建工程密集区、仓储聚集区四大防控重点，全警动员持续开展二七商圈消防安全专项治理、仓储物流消防安全专项治理、重大火灾隐患集中整治、城中村（城乡结合部）消防安全专项治理、医疗场所消防安全专项治理、“九九平安”消防安全专项行动、劳动密集型场所消防安全专项治理等各类专项治理行动20余次，始终保持严打火患的高压态势。2014年，检查单位2574家次，发现火灾隐患1378处，督促整改火灾隐患1293处，下发责令改正通知书947份，处罚单位、个人102家次，依法查封单位10家，责令“三停”单位40家，刑事拘留81人；办理行政审批260起；开展火灾调查376起，未发生一起火灾上访事件；受理群众举报361起，做到每起有检查、有回复、有记录，实现群众满意度100%。

【执勤训练】 2014年，区公安消防大队树立官兵“灭大火、打硬仗”意识，在继承传统训练内容的基础上，通过优化内容体系结构，增设拓展多样化训练任务、联合作战基础、加快科技强警步伐等内容，组织官兵每周深入重点单位、重点区域开展熟悉道路、水源、消防设施等情况演练，根据辖区高层建筑多、商场市场多、工厂物流多的特点，大力开展高层灭火救人、大型

消防大队领导检查指导消防工作

商（市）场火灾扑救、仓库（厂房）火灾扑救等实战演练，不断提升部队灭火救援综合能力。2014年，大队接警出动1376起，出动车辆3143辆次，出动官兵16067人次，疏散被困人员782人，抢救被困人员257人，保护财产价值2460.5万元，灭火救援成功率100%。

【社会化火灾防控】 2014年，区公安消防大队按照“六位一体抓消防、三防四制保安全”工作思路，进一步细化完善三级网格管理体系，坚持每月对乡（镇）街道、每周对公安派出所进行业务指导，重点提升二、三级网格消防工作能力。针对居民住宅小区电动车火灾多发的实际情况，大队分批次组织各居民住宅小区物业单位管理人员进行消防安全集中培训，督促有条件的住宅小区建立电动自行车集中充电棚，解决部分住宅小区私拉乱接电线给电动车充电的问题，减少安全隐患。同时，根据辖区商场（市场）密集的特点，督促指导19家大型商场（市场）等高危场所全部建立人员、车辆、装备齐全的防消联勤队伍，定期开展消防安全业务指导，并于5月份组织开展全区“联勤杯”防消联勤队业务技能比武活动，不断增强实战能力，有效解决大型商场（市场）及周边公安消防力量到场前5至10分钟扑救初期火灾问题。

【消防宣传】 2014年，区公安消防大队在常态化宣传基础上，紧盯重点人群、重点场所、重点部位和重点时段，不断创新工作方法、拓宽宣传渠道，以消防宣传“五进”活动为主线，以有火必训、有会必训、有演必训、有用必训和错时制宣传为抓手，以队站开放、志愿者服务、消防安全“送安全、送健康、送温暖”、社区“妈妈防火团”等活动为补充，持续不断开展全方位、全时空消防大宣传，每天派出消防宣传车深入重点单位、人员密集场所、居民楼院、厂矿、学校等开展不间断宣传。全年开展“五进”宣传300余场次、错时宣传430余场次、专场培训200余场次，印制宣传彩页10万余份，制作大型户外消防宣传喷绘8块、居民楼院及“九小场所”消防安全提示贴2万余张，群众消防安全意识不断提升。

（李旭旭）

人民防空

【概况】 二七区人民防空办公室内设综合科、工程管理科、平战法规科。办公地址位于淮河东路68号。

【人民防空建设】 （一）完成《城市防空袭方案》修订、评审、报批工作。组织相关人员对《城市防空袭方案》的相关数据进行调查、汇总，对方案进行评审、报批，辖区《城市防空袭方案》编制完成。

（二）防空警报器选址安装工作。在城市建设拆迁量大、选址困难的情况下，通过网格化管理平台,普遍选点，重点突破，完成嵩山路街道新增警报器的选址、安装工作。

（三）做好“9·18”国防教育日人民防空警报统一鸣放工作。组织人员对辖区31处警报器安放点进行拉网式排查，并对管理人员进行相关培训。同时，在嵩淮游园举办大型宣传活动，组织大型锣鼓队和秧歌队进行宣传表演，聘用专业广告公司制作宣传彩虹门和气球，制作各种宣传条幅200余条，宣传版面100余块，向辖区居民发放人民防空宣传资料近万册。当天，有关社区举办“防空防灾”宣传教育活动和演练，宣传《中华人民共和国人民防空法》和相关知识，取得良好效果。辖区31台警报器于“9·18”国防教育日全部鸣响，警报鸣响率100%。

（四）巩固“五进”示范单位创建成果。2014年，定期派人到示范单位（亚星社区、冯春社区、郑州市第四十四中学、郑州市第一零二中学、郑飞集团公司）指导工作，为示范单位购买相关物品和学习资料，把学习教育实践活动与示范单位的其他工作相结合，起到较好的宣传效果，受到示范单位的好评。

（五）早期人防工程维护使用管理。结合人民防空工程资料图纸，对早期人防工程进行普查管理，按照“坚持依靠群众推进工作落实”长效机制，利用街道网格进行实地查看，发现解放路小学、铭功路小学两处早期人防工程出现塌陷、积水现象，立即制订抢修方案，确保早期人民防空工程完好率达80%。

（六）建立完善人民防空工程标志挂牌工作。根据郑州市人民防空办公室对人民防空工程实施挂牌工作的通知，带领人民防空专职人员多次到辖区街道、公共单位进行摸底排查，做好人民防空工程登记、挂牌工作，落实人民防空工程使用证制度。

（七）纳凉点开放使用。利用人民防空工程开放夏季纳凉点是民心工程，也是人民防空工作的亮点。辖区有3处人民防空工程纳凉点（地一大道G区、北京华联超市、大商超市绿城店）。特别是地一大道G区人民防空工程纳凉点，有200多个座位，配置有投影仪，可供群众观看节目。办公室为每个纳凉点配备饮水机、纯净水及扑克、杂志、书籍，受到纳凉群众好评。

（八）人民防空工程防汛工作。本着“安全第一，常备不懈，预防为主，全力抢救”的方针，二七区人民防空办公室成立人民防空防汛应急领导小组，制订人民防空防汛应急预案和人民防空防汛工作方案，与各公共单位及街道签订防汛工作责任制，督促各公共单位及街道对辖区内的早期人民防空工程进行汛前安全隐患大排查，对存在安全隐患的人民防空工程提出具体的整改措施，严格执行人民防空防汛安全责任落实制度和责任追究制度。对二道街早期人民防空工程、煤仓北街早期人民防空工程、解放路小学早期人民防空工程进行抢险加固，确保汛期辖区群众及学校师生安全。同时对辖区5万平方米早期人民防空工程的出入口部、工程内部以及排风口、通风口等进行实地检查，重点检查工程主体结构，对一些有裂缝、危及地面安全的工程及时进行加固改造，不留任何安全隐患；对破损的人民防空工程附属设施及时修补或更换，结合人民防空工程资料图纸对早期人民防空工程进行重新登记和普查。汛期，全体人员下沉到人民防空工程点进行实地巡查，防止突发暴雨及市政管网破裂冲刷人民防空工程，保证辖区居民的安全。

（九）切实做好信访、安全和应急工作。二七区人民防空办公室把信访、安全和应急工作做为工作重点来抓，全年未发生上访及安全事件。严格落实战备值班，加强机关“准军事化”建设，做到应急处置完备、及时。

（十）做好德化街地下人民防空工程建设工作。德化街人民防空工程建设项目是郑州市的重点建设项目，也是二七区重点建设的社会公益项目。总建筑面积3.4万平方米，项目建成后将成为郑州市老旧城区人员密集核心地段人民防空的重要组成部分，对地铁1号线、3号线和6号线的人员换乘和分流发挥重要作用，具有良好的战备和民用综合效益。2014年，德化街地下人民防空工程建设顺利完成，已投入使用。

【党建工作】 （一）坚持开展公开承诺。在做好2013年度公开承诺的基础上，党支部加强对承诺事项的指导监督，扎实推进公开承诺工作的开展。（二）深入开展“三强一创”活动。及时制订活动实施方案，加强党组织班子、阵地、活动、制度的规范化建设，扩大党组织覆盖面，增强党组织的创造力、凝聚力、战斗力。

【党的群众路线教育实践活动】 （一）动员部署，统一思想，制订活动方案。党支部召开专题会，组织学习各级党组织关于开展“党的群众路线教育实践活动”的一系列会议精神，研究部署开展活动的具体工作。（二）加强理论学习。党支部利用每周两个半天的时间组织中心组理论学习，集中学习《习近平在调研指导兰考县党的群众路线教育实践活动时强调大力学习弘扬焦裕禄精神 继续推动教育实践活动取得实效》《郭庚茂在兰考县调研座谈时的讲话》《论群众路线》《厉行节约反对浪费》等，党支部书记对领导班子成员的学习笔记和体会进行点评，检查学习效果。（三）多渠道广泛征求意、见建议，查找问题。制作二七区人民防空办公室党的群众路线教育实践活动征求意见表，广泛征求干部职工的意见和建议。（四）坚持实事求是，标本兼治，着眼长远，分步实施。对收集到的意见、建议进行梳理归纳，按照先急后缓、先易后难的原则，对马上能够解决的问题，集中精力立即予以解决；对情况复杂、涉及面广的问题，创造条件，组织各方面力量共同解决；对长期性的工作，坚持常抓不懈，确保活动的长期效果。（五）做好建章立制工作。针对收集的意见，制订整改实施方案、专项治理整改方案，并修改、完善各项规章制度。

【党风廉政建设】 区人民防空办公室把加强党风廉政建设作为重要工作来抓，制订实施方案，同时组织学习近年党和国家颁布的重要法规、反腐倡廉各项制度与规定，组织党员干部观看警示教育片，同时加强监督，通过不间断的督查促进各项制度的落实。

【群众工作队工作】 成立长效机制领导机构，形成社区、街道、工作队三级网络，建立长效机制QQ群，每周下社区办公1天，做到有问题及时解决，解决不了及时上报。

（杨 芳）

法制建设

政法

【概况】 2014年，中共二七区委政法委按照中央、省委、市委政法工作会议的部署要求，围绕全区经济社会发展大局，把握“维护社会大局稳定、促进社会公平正义、保障人民安居乐业”三大任务,以“平安、法治、队伍”三大建设为载体，深化平安二七区创建、加大严打整治力度、落实司法体制改革、狠抓信访维护社会稳定工作，有力地维护了二七区的安全与稳定，为二七区经济和社会各项事业的快速发展营造了良好的社会环境。

【维护政治安定】 中共二七区委政法委开展反邪教“百日会战”专项行动。抓捕邪教人员20人，敏感时期没有发生邪教人员公开聚集、搞煽动、反宣传和滋事活动。严密防控各类涉及恐怖袭击苗头隐患，没有发生现实恐怖危害。妥善处置群体性堵门堵路、阻扰施工事件61起，对组织、煽动、串联、挑起事件的为首人员和骨干分子依法行政警告213人、治安拘留18人、刑事拘留4人，全年没有发生造成影响的重大政治案（事）件。

【信访专项治理】 中共二七区委政法委推进依法逐级走访，开展信访突出问题专项治理活动，扎实推进信访案件就地化解。中央、省、市交办信访案件235件，按期办结187件，按期办结率100%；中央巡视组分6批交办的73起信访案件全部如期办结；处理疑难信访案件28起、重大信访案件11起；依法打击赴北京非正常上访，行政拘留8人、逮捕1人。

【净化社会环境】 中共二七区委政法委深入开展命案攻坚、打黑除恶、打击多发性侵财犯罪等专项斗争，成功侦破一批影响恶劣、危害严重的案件，进一步净化社会环境。全年共发命案4起，破案4起，发案同期下降5起；破获侵财类案件1143起1026人，打掉涉黑团伙45个220人；检察机关批准逮捕365件478人，提起公诉615件765人；审判机关审理刑事案件587件，追究刑事责任893人，依法审理抢劫、盗窃等暴力、侵财犯罪案件268件352人；依法审理信息网络实施诽谤、寻衅滋事、敲诈勒索、非法经营等案件24件。

省政法委领导到二七区召开“涉法涉诉信访案件依法终结”工作座谈会

【强化平安基础】 一是对“城中村”、城乡结合部、校园周边等重点地区、部位、场所和群众反映强烈的侵财案件较多、校园管理混乱等突出问题，开展清理、清查活动96次，集中整治重点区域33处；二是充分发挥网格化管理体系作用，推行治安自治管理模式，建立由社区综合治理专职人员、楼栋（院）长、巡防队员、社区民警、治安巡逻员、网格长、网格志愿者和沿街商户店员等组成的群防群治队伍；三是按照“公平对待、搞好服务、合理引导、完善管理”和“分类施策、因人施教、齐抓共管、综合治理”的基本原则，优化流动人口管理服务，强化对重点人员、特殊人群的管控帮扶、教育转化，有效地预防、减少各种违法犯罪。

【法治建设】 中共二七区委政法委深入开展“法治二七”创建活动，大力实施依法行政示范单位、民主法治村（社区）、“诚信守法企业”和“依法治校示范学校”等基层法治创建，切实推进基层法治化进程。五里堡街道国花社区等9个村（社区）被评为市级民主法治村（社区），大学路街道交通新苑社区被评为省级民主法治社区。全面落实依法行政和公正司法的各项措施，加强执法监督、开展群众评议、完善行政执法程序，推进行政执法行为的公开化、标准化、规范化。深入开展法制宣传教育活动，加强基层干部群众的学法用法和知法守法，提升公民依法办事、依法表达诉求、依法维护自身合法权益的意识和能力，推动矛盾纠纷化解纳入法治化轨道。

【队伍建设】　2014年，全区政法各部门始终把强化队伍建设作为优化基层基础工作的重要抓手，狠抓管理，增强素质，队伍面貌有了明显变化，整体工作水平全面提升。二七区人民法院荣获“全国优秀法院”、河南省“人民满意政法单位”、全省法院系统“集体一等功”，二七区人民检察院荣获全国检察系统“集体一等功”、全国检察机关“文明接待室”、全国检察宣传先进单位，洁云路公安派出所交管巡防大队荣获“全省优秀公安基层单位”；涌现出“河南省先进工作者”刘京雷，“全省民事行政检察业务能手”张启娟，“全省检察系统二等功”张庆峰，“河南省人民满意政法干警”张永中，“全省公安系统二等功”沈永杰，“全省优秀人民警察”付明、唐启东、李东亚、马文强、李建星、张勇、张帅、聂睿，“全省公安巾帼民警”汪洋、魏霞等一批先进典型。

（高晓东）

公　安

嵩山路派出所

【概况】　郑州市公安局嵩山路派出所系2010年11月6日郑州市警务体制改革后成立，管辖区域由原淮河路、嵩山路、建中街、福华街、郑密路等5个派出所辖区组成，东起陇海路京广铁路东线至郑平公路，南起荆胡村与管城区交界，西起黄岗寺至陇海中路，北起陇海中路南沿石到京广铁路东线。对外又称郑州市公安局二七第一分局，下辖警务综合大队、案件侦办大队、治安管理服务大队、交管巡防大队、经济侦察大队、特殊勤务大队、拘留所、执法执纪监督室。办公地址位于淮南街8号原二七公安分局院内。

辖区总面积26.62平方公里，占二七区城区面积的76%；常住人口243209人，占全区总人口的42%，辖区内共有社区50个，警务室40个，内部单位171家，居民楼院506个，医院12家，学校69所，金融单位68家，娱乐场所11家。

2014年，派出所在区委、区政府、区政法委和市公安局党委的正确领导下，围绕上级党委的一系列安排部署，以“人民群众满意、党委政府满意”为目标，以“平安创建”为主线，以“党的群众路线教育实践活动”为载体，以网格化管理工作为重点，以“反暴恐、保平安”工作为抓手，统筹布局，真抓实干，全力维护了辖区社会政治和治安大局稳定。全年破获刑事案件439起；刑事拘留692人，逮捕198人，起诉397人，行政拘留601人，强制隔离戒毒7人，抓获网上逃犯54人，打掉团伙43案206人。

【“维稳处突”工作】　一是强化情报信息研判。制定情报信息研判工作规范，进一步加强情报信息的搜集工作。全年上报各类情报信息485条，其中重要信息40余条。同时加强情报信息的研判评估工作，每月1日对上月情报信息进行综合分析研判，为领导正确决策提供依据，有力指导“打防”工作。二是开展联勤联动巡逻执勤。每天7时至22时，1名民警和1名特警队员分别携带手枪和微型冲锋枪，带领2名应急处置队员在辖区重点部位开展巡逻防控，随时处置应对突发事件。三是强化反暴力恐怖活动基础工作。落实各项工作措施，深入摸排辖区重点人员情况，详细掌握重点人员居住、生活、工作情况，遏制宗教极端思想发展、传播，严防暴力恐怖案件发生。四是强化信访长效机制建设。按照“案结事了、息诉罢访、群众满意”的工作标准，坚持每月两次的局长接访。全年接待群众来访72起，办结72起，办结率100%；停访息诉65起，上级交办的涉法涉诉信访事项57起，已办结57起，办结并停访息诉率100%，圆满完成全国、省、市“两会”等重大会议及活动期间的信访安全保卫工作。

【命案侦防】　一是强化多警联动，提升快速反应能力。对于发生的命案，各部门能够根据现场情况展开紧急查控，整体作战，快侦快破。二是强化防控措施。严密社会面治安防控，排查化解矛盾纠纷，最大限度地预防新发命案。三是强化经费保障。命案攻坚所需经费，全额保障，实报实销。2014年发生的“2014·1·3”张俊故意杀人案、“2014·1·22”张增发故意伤人案、“2014·4·22”王修坤故意伤害致死案、“2014·10·5”抢劫杀人案均被迅速侦破，命案侦破率100%。协助内蒙古自治区乌海市公安局抓获1名故意杀人逃犯。

【打击“两抢一盗”犯罪】　派出所始终把人民群众反映强烈的“两抢一盗”等多发性侵财型犯罪作为打击重点。坚持“打团伙、打流窜、打系列”的要求，不断加大对“两抢一盗”犯罪的打击力度。全年刑事拘留“两抢一盗”违法犯罪人员87人，打掉“两抢一盗”团伙17个。

【“打黑除恶”专项斗争】　派出所坚持把打击整治、依法严惩作为“打黑除恶”的核心内容，按照“打早打小、露头就打、除恶务尽”的原则，排除一切干扰，广泛收集证据，给予“稳、准、狠”打击。一是建立打击专业队。案侦大队成立专门“打黑除恶”专业队，明确由1名大队领导负责，重点打击隐藏较深、社会影响恶劣的黑社会性质犯罪组织。二是集中摸排线索。从社会治安混乱、黑恶势力易涉足的地

派出所举办“中国梦·警察梦”演讲比赛

方入手，从群众感觉最不安全的地方入手，加强对群众举报线索的分析研判，加强排查摸底，广辟线索来源，努力把黑恶势力全面纳入侦办视线。全年打掉恶势力犯罪3个，涉及团伙成员14人。

【打击经济领域犯罪】 2014年，嵩山公安派出所以维护辖区经济运行安全和市场经济秩序为主线，以严厉打击“四类犯罪”和非法集资案件等专项行动为主要任务，以“多破案、办大案、办好案”为目标，严打经济领域犯罪。全年侦破经济犯罪案件60起，其中侦破百万元以上案件5起，河南省公安厅督办案件2起，抓获嫌疑人108人，其中刑事拘留108人，逮捕19人，移送起诉82人，挽回经济损失6000余万元。

【治安防范】 2014年，嵩山路公安派出所针对辖区刑事类警情特点，组织民警深入辖区企事业单位、居民楼院、沿街门店、住宅小区物业等处走访群众，征求意见，办实事、解难事，赢得群众支持；召开治安积极分子、物业保安、巡防队员等社会力量300余人参加的治安防范工作会，明确岗位职责，强化防范能力，最大限度地发动社会力量参与群防群治，织密辖区治安防控网络；逐一与辖区内部单位、住宅小区物业、沿街门店等签订治安责任书，压实责任，充分发挥其邻里关照、联防联治的作用，辖区刑事类警情日环比明显下降。

【治安整治】 2014年，嵩山路公安派出所一是深入开展“反暴恐、保稳定”专项行动。出动警力1210人次，出动警车420台次。检查旅店业、网吧、桑拿洗浴、歌舞厅等经营场所104家（次），检查供水、供电、供暖、燃气、加油站等重点单位以及学校、内部单位158家（次），检查商场、市场、早市夜市等人员聚集区62处，盘查核实可疑人员248人。二是持续开展“打四黑除四害”专项行动。出动警力678人次，警车140辆次，查处赌博案24起，刑事拘留97人；贩毒案6起，刑事拘留10人，吸毒案件10起，行政拘留7人，强制戒毒5人。三是不断深化缉枪治爆专项行动。全面掌握辖区危险物品从业单位底数及基本情况，严格落实备案登记制度，分类建立辖区危险物品从业单位台账和管理档案，做到“一户一档”；严格审批制度，凡申请购买危险物品统一由主管副所长审批，坚持“谁审查，谁把关，谁签字，谁负责”的原则；加强危险物品从业单位的日常监督检查，每半月定期对辖区所有危险物品从业单位进行一次安全检查，并将检查情况建立台账。全年张贴、发放缉枪治爆宣传品1300多张，收缴步枪子弹100多发、管制刀具45把。四是开展治安重点地区挂牌整治。针对辖区侵财类警情高发的万达商场、孙八寨社区、刘砦社区、建华社区进行挂牌整治、“地毯式”摸排，切实把影响群众安全感的突出问题摸准、摸实、摸全，并核实情况，逐一进行登记造册和备案，实行动态排查控制。全面开展流动人口清理整顿专项行动。通过基础信息采集、录入、比对等工作，密切掌握流动人口动态变化，不断完善流动人口管理工作机制，逐一落实高危人员管理措施，及时接触控制有违法犯罪倾向人员，着力预防和打击流动人口犯罪，切实增强为打击破案提供线索的能力。五是严厉打击“黄、赌、毒”违法犯罪。以整治治安乱点和群众反映强烈的治安问题为突破口，进一步整顿行业场所治安秩序，健全完善安全防范措施，查处违法经营行为。集中警力对辖区的“黄、赌、毒”现象进行大力整治，加大对涉赌案件的查处力度。全年处理“黄、赌、毒”案件59起，打击处理违法犯罪嫌疑人332人。六是深入开展旅馆业专项整治。组织对旅馆业进行检查120家次，依法拘留违法经营业主8人次，取缔无证经营小旅馆2家。通过专项整治，依法查处、取缔违法违规经营的旅馆等场所，场所经营者规范经营意识明显增强，基础信息采录上传率大幅度提升，发现、预防和打击违法犯罪活动的能力明显增强。七是开展夏季严打严防“铁网”行动。7月17日至8月16日，组织开展为期一个月的“铁网”行动。从“查暴恐、查安全、查隐患”入手，严密防范暴力犯罪、恐怖袭击及各类违法犯罪活动的发生，确保辖区社会政治稳定和治安大局持续平稳。累计出动警力3356人次，清理、清查场所523家，处罚场所2家，检查物流业58家，寄递业1家，医院32家次，学校152家次，银行141家次，大型商场33家次，公交站2家，加油站65家次，其他周高点单位18家，发现隐患1处，下发整改隐患通知书1份；清理、清查私房租赁户541户，集贸市场15家，“五小”场所198家，暂住人口764人，“三无”人员198人，排查见面重点人员206人。

【党的群众路线教育实践活动】 2014年，嵩山路公安派出所在党的群众路线教育活动中，突出抓好以下工作。（一）*全面把握党的群众路线教育实践活动的内容和要求*。为确保教育实践活动扎实有效开展，嵩山路派出所党委及早着手，就如何把握党的群众路线教育实践活动的主要内容和要求，为全所各单位及民警提供条理明晰、重点明确的指导性意见，及时召开会议，学习领会各级领导讲话精神及郑州市公安局活动方案等内容，总结提炼出开展好党的群众路线教育实践活动需要把握的九个方面的内容和要求下发给各单位，做到有章可循。

（二）*严格落实各项规定动作*。活动开展以来，所党委高度重视规定动作的落实，在开展学习教育、征求意见、督导指导、“三评”活动、查摆问题等关键环节规定动作的基础上，富有成效召开专题民主生活会。通过开展批评与自我批评，进一步深化认识，凝聚共识。会后，认真扎实开展相关问题整改落实。所领导班子及每名成员按照要求，紧密结合实际制订细化派出所班子及成员个人问题整改方案。围绕联系群众切身利益问题、围绕基层联系服务群众问题、上级机关检查出的问题、人民群众信访反映的突出问题和自身查摆的问题，主动认领单位及个人问题，突出重点，落实责任，扎实有序、全面深入推进对照检查出的25项突出问题的整改工作，切实做到“四回应”，即回应群众和一线民警所提意见、回应班子及个人对照材料查摆的突出问题、回应专题民主生活会和专题组织生活会上所提批评意见、回应上级党组织和督导组点明的问题，确保党的群众路线教育实践活动开展以来所发现的各类突出问题和需整改事项，均做到事事有回音、整改无遗漏。

【重大案件侦破】 （1）*破获一起因债务纠纷引起的杀人抛尸案*。

1月21日，接洁云路派出所移交的一起疑似被侵害案件。报案人邵某某报称：1月13日，其妹邵某英说要找一个叫张增法的人要60多万欠款，随后不久邵某英电话关机失去联系。侦查员根据邵某雨提供的情况，首先利用公安信息系统进行网上侦查和视频侦查，发现1月13日晚，一男一女两人驾驶一辆黑色“雪铁龙”轿车把邵某英送到马寨镇东方鑫地宾馆居住，经仔细辨认，确认这两人是与邵某英有经济往来的张某法和其妻子郭某珍。经查当晚所用黑色“雪铁龙”牌轿车系张某法所用，通过调取多个卡口信息，显示1月16日至1月18日张某法和邵某英还在一起。但张某法却称其已于1月17日把35万元现金还给邵某英，邵某某离开后二人再没有见过面。由此看来，张某法显然是在说谎，其犯罪嫌疑陡然上升。

确定张某法重大嫌疑后，侦查人员随即对其进行突审，但张某法始终坚持说钱已经还给了邵某英，邵某英走后再也没见过。由于无法确定邵美英是否死亡，案件一时陷入僵局。侦查员及时调整思路，围绕邵某英手机开展调查。在郑州市公安局技术侦察支队的大力支持下，侦查员在侯寨村一村民家中找到邵某英之前使用的手机。经询问，该村民称手机是在尖岗水库里捡到的，看着不错就拿回家用了。由此侦查员推断邵某英应该是已经遇害。遂对张某法开展强力突审工作，在大量证据和政治攻势下，犯罪嫌疑人张某法供述了其因为债务纠纷将邵某英勒死并抛尸的犯罪事实，根据其指认，侦查员在郑密公路与金水河交叉口附近一窨井内找到被害人邵某英的尸体，犯罪嫌疑人张某法已被刑事拘留。

（2）协助山西警方成功抓获一名重大贩毒案首犯。

7月11日，案件侦办大队接到山西省临汾侯马市公安局的协查请求，称该局正在侦破的一起重大贩毒案件在逃的主要嫌疑人在辖区出现，要求协助抓捕。嵩山路派出所领导高度重视，立即指派案侦大队教导员王凤海带队前往抓捕。

在郑州市公安局技术侦察部门大力支持下，侦查员很快锁定犯罪嫌疑人在辖区嵩山路康桥溪山御府住宅小区的具体位置。因毒贩警惕性高，反侦查意识强，工作稍有不慎就可能惊动嫌疑人，导致抓捕失败。教导员王凤海通过化装侦查，访问调查，发现住宅小区单位门装有门禁，并且犯罪嫌疑人在其门口装有监控摄像头。对此，教导员王凤海假扮物业人员，以检修相关设施为名，将犯罪嫌疑人家门敲开，提前埋伏好的民警及时出击，将嫌疑人姜某恒在住处成功抓获，当即提取到冰毒40克、麻姑4包以及作案使用的通讯工具等物品。

经讯问，犯罪嫌疑人姜某恒供述其于2014年6月伙同王某飞在河南省平顶山市某贩毒人员手中购买冰毒500克，后又卖往山西省的犯罪事实。犯罪嫌疑人已移交山西省警方做进一步处理。

（3）案侦大队成功破获一特大持刀入室抢劫案。

6月29日凌晨，嵩山路派出所案侦大队接报警称：在交通路与淮河路交叉口6号院1单元3楼南户有多名男子持刀入室抢劫。分管副所长冯红军、案侦大队副大队长陈磊随即组织警力赶往现场展开调查。

经查，被害人王某丽、孙某豪、席某明、卢某飞、李某群等均为聋哑人，由于语言沟通障碍，给民警及时了解警情带来很大的困难。副所长冯红军一方面派人去请翻译组织民警与受害人进行沟通，另一方面组织人员迅速对现场周边视频情况开展调查。经查，当晚23时许，有6名男性聋哑人突然闯入受害人租住的房间内，持刀对被害人王某丽、孙某豪、席某明、卢某飞、李某群等人进行威胁及殴打，抢走受害人的“联想”牌笔记本电脑1台，黑色平板电脑1台，白色“三星”牌S4手机1部，白色5寸屏的“联想”牌手机1部，黑色“诺基亚”牌手机1部，拉杆箱子1个和现金人民币8000多元，并将王某丽衣服扒光，用手机拍下裸照后从现场逃离。

案侦大队迅速抽调命案中队、侵财中队、打黑中队的精干民警10余人组成专案组，在副大队长陈磊、陈瑞选的带领下，对6名嫌疑人的情况展开调查，由于嫌疑人也是聋哑人，给案件调查带来很大的阻力和困难，视频追踪到一家属院门口就没有了信息，嫌疑人的身份及踪迹一时无从查起，案件侦查陷入僵局。专案组民警采取以物找人的方法，围绕被抢物品的信息展开侦查，在郑州市公安局业务部门的协助下，专案组先后确定刘某、武某松、孙某海、孙某、刘某、王某国等6名嫌疑人的身份。但此时部分嫌疑人作案后已逃离郑州市，案侦大队副大队长陈磊、陈瑞选随即带领专案组民警奔赴嫌疑人可能落脚的河南、山西省等地进行多日的蹲点守候，于2014年7月25日先后在郑州市古荥、山西省将犯罪嫌疑人刘某、王某国、武某松抓获归案。经讯问，3名犯罪嫌疑人对伙同他人入室抢劫的犯罪事实供认不讳。2014年7月31日晚，慑于强大的追捕压力，剩余3名犯罪嫌疑人刘某、孙某、孙某海主动来嵩山路派出所投案自首。

（4）治安四中队先后破获两起人体藏毒运输毒品案。

8月13日，嵩山路派出所治安四中队根据掌握的线索获知，从云南省昆明市飞往郑州的CZ6370号航班内，一名叫舒某（男，29岁，四川省眉山市东坡区柳圣乡桂花村人）的乘客体内疑似藏有毒品。8月14日凌晨0时许，治安四中队民警在CZ6370号航班内将名叫舒某的嫌疑人控制。经就地讯问，嫌疑人舒某交代其体内携带83包（3大包，80小包）毒品的犯罪事实，经对其体内携带的83包不明物体送检鉴定，其携带的83包不明物体为毒品麻古，含甲基苯丙胺成分，总重量为339克。嫌疑人舒某因涉嫌运输毒品被依法刑事拘留。8月28日，治安四中队民警根据掌握的线索获知，从云南省昆明市飞往郑州的CZ6370号航班内有5名乘客，张某（男，35岁，陕西省富平县淡村镇瓦窑村人）、张某（男，27岁，陕西省富平县淡村镇瓦窑村人）、张某博（男，30岁，陕西省富平县淡村镇瓦窑村新庄组）、任某胜（男，40岁，陕西省富平县薛镇湘子村人）、尚某军（男，35岁，陕西省富平县老庙镇东于村人）有体内携带毒品嫌疑。8月29日2时许，5名犯罪嫌疑人刚刚抵达郑州新郑国际机场，即被守候在机场的治安四中队民警抓获。经突审，5名嫌疑人交代，2014年8月28日，受上线指使在缅甸境内花园酒店129房间分别吞下毒品麻古，后从云南省景洪机场乘坐CZ6370号航班飞至郑州新郑国际机场，准备将毒品运往湖北省武汉市的犯罪事实。经进一步查证，5名犯罪嫌疑人共人体携带毒品15大包、358小包，毒品已送检。5名犯罪嫌疑人被依法刑事拘留，案件正在进一步审理之中。

（5）案件侦办大队侦破一起特大荐股诈骗案。

8月27日，嵩山路派出所案件侦办大队按照郑州市公安局领导指定管辖批示，经过潜心经营，缜密侦查，在掌握该团伙的组织架构、活动规律和确切位置后，副大队长陈瑞选、陈磊带领10名精干警力，对位于金水区晨旭路恒升府住宅小区第13号楼7楼702房间的诈骗团伙展开抓捕，当场抓获5名涉嫌诈骗的犯罪嫌疑人，缴获一大批作案工具及银行卡。

经查，犯罪嫌疑人孙某朋、靳某峰、黄某、黄某、郭某丽等5人均系郑州鑫之成软件科技有限公司员工，其在对股市操作情况、买卖规则不了解的情况下，利用电脑QQ聊天工具，在互联网上寻找炒股网民，通过其组建的QQ群向广大网民散布其公司掌握的所谓炒股“内幕消息”，向网民推荐购买股票，并将涨势较好的股票情况发送网民，称是其公司开发的炒股软件分析所得。在骗取被害人信任后，以想掌握更多的“内幕信息”需要加入公司的会员为诱饵，要求股民以1万元至2万元不等的价格代价交纳会费，成为不同等级的会员后，公司提供有价值的“内幕信息”，帮助用户炒股获利。在诈骗成功后，按照每人骗取的钱财数量以相应的比例进行分配。该团伙采用上述手段，先后诈骗山东省、吉林省、江苏省、四川省成都市、广东省广州市、广东省深圳市、浙江省、辽宁省等14个省（市）30余名网民，诈骗金额300余万元。

（6）派出所成功破获系列诈骗老年人案件。

9月3日，嵩山路派出所案件侦办大队经过近3个月时间的循踪追击，成功破获发生在郑州市的系列诈骗老年人案件，3名犯罪嫌疑人王某杰（男，45岁）、王某辉（男，32岁）、苏某停（男，41岁，3人均系河南省郏县薛店镇下宫村人）落入法网，从中破获系列诈骗老年人案件10余起。

2014年6月4日、6月6日、6月10日，辖区兴华南街、勤劳街、汝河路菜场等地接连发生3起冒充受害人熟人，以受害人儿子出车祸，急需输血为由的诈骗老年人案件，涉案金额10多万元，造成极其恶劣的社会影响。案件发生后，由主抓刑侦工作的副所长冯红军任组长，抽调案侦大队合成作战队、视频中队精干力量组成专案组，侦破工作迅速展开。

经视频侦查，发现犯罪嫌疑人轨迹。专案组民警吴琦君、沈永杰通过调取3起案件现场监控发现，3起案件均系3名犯罪嫌疑人驾驶1辆无牌的银灰色“瑞达起亚赛拉图”牌轿车。经过对嫌疑人使用的通讯工具进行调取，发现犯罪嫌疑人使用的手机号、手机，只用于作案时使用，平时手机关机，且6月下旬全部停止使用。

串并案分析，发现犯罪嫌疑人高危区域。8月13日上午11时许，受害老人陈某显去帝湖买菜回到兴华街民安路23号院门口时，被3名男子以其儿子出车祸，现在重度昏迷急需输血抢救为由，骗走现金2.02万元。专案组民警通过仔细比对嫌疑车辆细微特征、犯罪嫌疑人体貌特征、作案特点，发现“813”案件和6月份的3起案件系同一伙人作案，随即决定并案侦查。由于犯罪嫌疑人反侦查意识极强，专案组转变思路，拟定以车找人的侦查方向，开始围绕高速公路信息进行分析查找。通过调取8月1日至8月20日的高速公路信息分析发现，无牌“瑞达起亚”牌轿车从8月12日开始一直到8月14日，每天早上7点左右从平顶山郏县高速公路口上站，8点左右从侯寨站下高速公路，下午13点左右不固定从哪个高速公路口上站，但肯定会回到郏县。依据嫌疑人高速公路信息，通过查询高危地域犯罪类型，发现郏县就是冒充熟人诈骗的高危地区，由此确定犯罪嫌疑人系平顶山市郏县人，根据作案手法、特点分析犯罪嫌疑人应为前科人员作案。

信息多维分析，确定犯罪嫌疑人郏县轨迹。视频中队吴琦君、沈永杰随即前往郏县开展视频侦查工作。依据8月12日至14日犯罪嫌疑人上下高速公路轨迹，开展顺线、逆线追踪，通过调取郏县公安局指挥中心监控记录，发现嫌疑车辆从郏县经一路与东坡大道交叉口出发，后北拐到复兴路至龙山大道，沿龙山大道向东，上郏县高速公路。确定嫌疑人出发地点后，侦查人员随即在该区域展开侦查工作，经过大量工作，专案组确定案发时段嫌疑车辆系从郏县星光商务宾馆出发到郑州市作案的。在当地公安机关的大力支持下，专案组民警以检查消防的名义秘密调取宾馆录像资料，通过甄别，发现6月份、8月12日至14日3名犯罪嫌疑人均在星光宾馆居住，宾馆内部监控反应3名犯罪嫌疑人较为清晰的体貌特征。

合成作战，锁定犯罪嫌疑人身份。确定犯罪嫌疑人清晰照片以后，专案组随即对郏县籍前科人员与宾馆嫌疑人照片进行比对，在郑州市公安局合成作战队支持下，通过全国违法犯罪人员库、省市一体化平台、在逃人员网等多种资源平台，调取郏县籍前科人员几千条数据进行分析研判，最终锁定3名嫌疑人之一王某杰，该人因诈骗、盗窃，被公安机关多次打击处理。9月2日，负责查找嫌疑车辆的专案组民警发现当天凌晨7时10分，嫌疑车辆再次从郏县来到郑州市，综合分析6月份、8月份犯罪嫌疑人作案情况，专案组发现嫌疑人一般都是一连作案几天，然后过一段时间再次作案，而且一般都居住在郏县星光宾馆。9月2日晚上9时许，负责在郏县星光宾馆监控的专案组民警发现嫌疑车辆已经停在宾馆门口。得到信息以后，案侦大队教导员王凤海立即组织10名专案组民警赶到郏县，伺机抓捕。9月3日凌晨7时许，3名犯罪嫌疑人刚刚下楼，准备离开时，被布控的侦查人员一举抓获。经讯问，王某杰、王某辉、苏某停3名犯罪嫌疑人对在郑州市冒充受害人熟人，以受害人儿子出车祸，急需输血为由诈骗老年人作案10多起犯罪事实供认不讳。

（7）通过查证一起失踪人员线索，成功破获“2014·10·5”重大杀人案。

10月5日，嵩山路派出所案件侦办大队从一起报失踪人员警情入手，利用视频、信息、网监、技术等多种侦查手段合成作战，在郑州市公安局党委副书记、常务副局长张书军，党委委员、副局长张武清等领导统一指挥下，在郑州市公安局犯罪侦查局、技侦支队和网监支队指导下，仅用8个小时，即成功破获一起重大杀人案，杀害2名女子的犯罪嫌疑人李某舟（男，29岁，河南省灵宝市阳平镇咀头村磨上村人）、杨某州（男，41岁，河南省上蔡县无量寺乡竹园村小杨庄人，两人均暂住侯寨乡红花寺村）抓获归案。

10月5日上午10时20分，案件侦办大队接到孔某岭（男，35岁，河南省沈丘县人）等人报警：称其暂住在嵩山路街道黄岗寺社区的妹妹孔某丽（24岁）、侄女孔某惠（23岁）自10月1日下午18时50分失去联系。与其一同来报案的还有孔某丽、孔某惠2人的男朋友及孔某丽的一个网友李某舟。由于一次失踪两人，且失联时间过长，值班的副大队长张恺意识到案情重大，随即向所领导及案侦大队领导进行报告。

时值国庆假日，值班副所长李国领组织案件侦办大队大队长胡业震、副大队长张凯及案侦大队值班民警、处置队员迅速成立专案组，展开调查、侦查工作。

得知案情后，郑州市公安局副局长张武清、郑州市公安局犯罪侦查局局长马强等领导立即组织犯罪侦查局、技术侦察支队和网监支队领导带领侦查员指挥、指导侦查工作。专案组民警兵分5组：第一组围绕失踪人员和其关系人（重点是来报案的4名男子）生活轨迹信息进行排查和了解；第二组到2名失踪人员位于黄岗寺社区的住处调取监控录像，进行视频分析；第三组围绕2名失踪人员的网络信息进行网上信息查询搜索；第四组由侦查民警调取失踪人员的通讯记录，从中查找最后和失踪人员联系的交往人员；第五组由技术民警围绕2人住处开展现场勘验和搜索。

通过整体作战，密切配合，各种信息很快汇总到专案组，经对失踪地点周边视频信息比对和通话记录查询，均证实与孔常岭一起来报案的李某舟于10月1日中午与2名失踪人员见面并一起外出的信息。

侦查员随即对李某舟进行询问，李某舟狡辩称：10月1日中午确实曾和2名失踪人员外出吃饭，之后将2人送回住处便没再联系。经视频组民警反复筛查，监控一直未显示2名失踪人员返回居住地。侦查员根据李某舟报案时未主动交代和失踪人员有联系的情况，遂将其进行重点控制。

正当侦查工作进行时，接到郑州市公安局通报，在马寨镇杨垛村发现两具无头女尸，专案组马上意识到可能与2名失踪人员有关，专案组立即赶到现场，经对尸体照片与社区监控比对，并经受害人男朋友辨认，发现死者体貌特征、衣着和2名失踪人员十分相似，后侦查员加大对李某舟的讯问力度。李某舟供述2014年6月，其与2名失踪人员在乘坐公交车相识后交往。2014年10月1日13时许，其伙同杨某州用自己的“昌河”牌面包车将2名女子从位于黄岗寺的住处骗出，谎称到三门峡摘石榴，并让2人带上钱和银行卡。后在马寨辖区的交通学院门口吃过饭后，将2人拉至位于红花寺村李某舟、杨某州开的服装厂，让孔某惠，孔某丽挑衣服穿。之后，又将2人送回住处。

得此情况后，郑州市公安局领导立即决定，组织技侦配合抓捕杨某州，至下午5时许，在郑州市南郊成功将杨某抓获。经过政策攻心，2人很快交代了犯罪过程。李某舟与杨某州在红花寺开一服装厂，经常商量以此为据点，从周边抢劫人财。如果有财物就抢财物，没财物就将人控制住，到厂里干活不给工资。10月1日下午，他们将被害人孔某惠、孔某丽2人骗出，吃过饭后，将2人拉至驻马店上蔡县设在杨连州家的服装厂，让2人在此打工，未逞。遂将2人衣服扒光，捆绑放置于杨连州家中专门为控制不愿在此打工的人所挖的一个地下室。对2人进行殴打，抢劫2人财物。由于担心2人报警，至10月3日凌晨1时许，李某舟和杨某州又用面包车将被害人孔某丽、孔某惠拉至二七区贾咀村一片拆迁空地处，用车上的三角铁将被害人打死。后将2人尸体装进编织袋后拉至马寨镇杨垛村西边一深沟处，用车上的菜刀将两被害人的头颅割下，将尸体躯干抛至沟内，又将两被害人的头颅扔至马寨镇闫垛村一乡间公路桥下，后潜回厂内。犯罪嫌疑人李某舟和杨某州已被刑事拘留。

（8）案侦大队成功破获一起重大贩毒案件。

11月27日，嵩山路派出所案侦大队根据掌握的线索，经过一个多月时间的秘密调查，循踪追击，在郑州市公安局刑事侦查局打黑支队的指导下，联合嵩山路派出所特勤大队，成功打掉藏匿在二七区的一个秘密贩毒窝点，涉嫌贩卖毒品的犯罪嫌疑人荆某华（男，1965年9月13日出生，住郑州市二七区大学北路65号楼3单元28号）、谷某贝（男，1980年3月25日　住郑州市二七区新圃东街118号楼附22号）和前来购买毒品的庞某州（男，57岁，1957年3月13日出生，住郑州市二七区二道街168号院2号楼8单元13号）当场抓获，缴获“黄皮”、海洛因等毒品共计170余克，毒资1200余元。

10月，案侦大队在侦办涉黑案件时获悉，在二七区小赵砦村附近有一贩毒窝点，老板很谨慎，自己从不出面，雇马仔专门送货，生意做得很大。获知此线索后，大队教导员王凤海随即组织人员展开调查，并安排特情贴靠，长线经营。在一个多月的调查取证中，毒贩频繁变换交易、藏毒地点，案件侦查一度搁浅。2014年11月25日，经过缜密跟踪侦查，侦查人员获取该毒贩已搬至二七区桃园路翰林书院住宅小区贩卖毒品，且老板刚购进不少毒品准备销售的确切信息。

得知情况后，教导员王凤海果断决定展开抓捕，并立即会同特勤大队民警一起，经过2天时间的架网守候，于2014年11月27日16时在翰林书院住宅小区1号楼21楼将涉嫌贩毒的荆某华、谷某贝和前来购买毒品的庞某州当场抓获，当场查获“黄皮”、海洛因等毒品共计170余克，毒资1200余元。经审讯，3名犯罪嫌疑人对贩卖、购买毒品的犯罪事实供认不讳。

（9）派出所摧毁一四川省凉山州籍8人盗窃团伙。

12月8日，嵩山路派出所案件侦办大队经过信息研判，轨迹分析，视频比对，成功摧毁一个由四川省凉山州籍人员组成的攀爬夜盗团伙，犯罪嫌疑人日某来（男，彝族，1990年1月1日生，四川省越西县人）等8名团伙成员被一网打尽，从中带破发生在市区的攀爬夜盗系列案件30余起。

进入10月份以来，辖区连续发生多起攀爬夜盗案件，受害群众家中大量现金、金银首饰、笔记本电脑、手机等贵重物品被盗，造成恶劣影响。案件发生后，案侦大队经串并案件，认为该系列案件应为流窜作案，外地人作案。通过认真收集、固定每一起案件现场证据资料，调取每起案件的视频资料，并与全国高危人员、案发前后上下网人员、案发时间段宾馆住宿人员碰撞比对，分析研判，从中发现一名叫日某来的四川省凉山州人员有重大作案嫌疑。经对该人活动轨迹分析，发现该人经常在二七区及管城区圃田乡一带活动。

11月8日8时许，案侦大队再次接到报警，嵩山路胥江辉手机店内发生一起手机被盗案件。接警后，案侦大队侵财中队民警迅速赶到现场，经过调取案发现场监控信息和视频比对，确认嫌疑人系日某来所为，遂迅速获取日某来使用的手机号码，通过电子痕迹侦查，发现该人经常联系的人都是四川省凉山州人员，经进一步循踪追击，侦查员在管城区圃田乡河沟王村发现日某来的暂住地，组织带领侦查员经过十多天的蹲点守候，发现该团伙成员共8人，均分散居住在圃田乡的河沟王村，白天在家睡觉，晚上出去作案。2014年12月8日，在摸清该团伙的人员构成及活动规律后，唐启东果断决定收网。与此同时，蹲点守候的侦查员获悉，当晚11时许，8名团伙成员将在该村一处租住点聚集，商议再次作案的确切消息后，侦查员随即对该地形成合围，将8名团伙成员全部抓获，并从其暂住地搜出大量作案工具以及赃物。

经讯问，该伙成员均为20多岁的男性，彝族，四川省凉山州人。

在郑州市靠偷窃为生，成员之间相互交叉结伙作案。据该团伙交代，2014年已在全市范围内攀爬夜盗居民小区住户、盗窃电动车、盗割建筑工地电缆线作案30余起。

（10）案侦大队成功侦破一起特大开设赌场案。

2014年12月17日凌晨，嵩山路派出所案侦大队在郑州市公安局打黑支队的大力支持下，缜密侦查，周密部署，成功打掉一个特大聚众赌博场所，当场抓获参赌人员115人，缴获涉案赌资30余万。

2014年12月初，郑州市公安局犯罪侦察局打黑支队民警在侦查一起涉黑案件过程中，发现在长江东路春天花园住宅小区临街商铺二楼隐藏一个大型赌场线索，随即向嵩山路派出所所案侦大队进行通报。经进一步侦察，发现该地下赌场规模大，参赌人员多，赌场戒备森严，除有两道防盗门外，还有数十名保安、望风看场人员，赌场内外设暗哨、流动哨，看场人员还备有闷棍等攻击性工具。

2014年12月17日凌晨，郑州市公安局打黑支队会同嵩山路派出所抽调50名精干警力，分成若干小组展开行动。前期，嵩山路派出所案侦大队副大队长陈瑞选和打黑支队民警王威二人化妆成赌客混进赌场，待时机成熟时向外发出信号通知行动。在外待命的民警立即持枪控制赌场前后出口，案侦大队副大队长陈磊带领民警迅速控制外围流动哨、暗哨、放风人员，最终将该赌场涉案人员一举抓获，当场抓获参赌人员115人，查获涉案赌资30余万元。

经初步调查核实，该赌场涉嫌从事“推饼”“捕鱼机”等各种方式进行聚众赌博。50余名涉赌人员分别被依法打击处理。

（董新利）

洁云路派出所

【概况】　郑州市公安局洁云路派出所成立于2010年11月6日，办公地址位于红云路9号，现有民警127人，内设“四队一室”，即警务综合大队、案件侦办大队、治安管理服务大队、交管巡防大队、执法执纪监督室。

2014年，洁云路派出所在郑州市公安局党委和区委、区政府的坚强领导下，以人民群众满意为目标，以“党的群众路线教育实践活动”为主线，打防并举，真抓实干，加强过硬队伍建设，努力提升公安工作水平，社会大局持续平稳，人民群众安居乐业。

【维护社会稳定】　一是切实加强“反暴恐”工作。针对“反暴恐”工作的新形势、新特点，组建武装巡逻队，规范巡逻路线，配齐武器警械，全天候巡逻，切实加强学校、车站、商场等重点部位的巡逻防控。重点做好全国、省、市“两会”期间及敏感节点的值班备勤、社会面管控等安全保卫工作，确保不发生来自辖区的干扰。二是做好维护社会稳定工作。加强情报信息搜集，尤其是拆迁矛盾、劳资纠纷等方面的预警性、内幕性、行动性信息，做到早发现、早控制、早化解。严密防范“法轮功”等邪教组织的渗透破坏活动，全年没有发生渗透破坏案事件。做好处置群体性事件的各项准备工作，一旦发生群体性事件，坚持理性、平和、文明、规范执法，区分性质，灵活果断处置。全年发生的12起较大规模群体性事件均得到妥善处置。三是做好信访稳定。坚持落实一把手接访制度，做好初信、初访工作，及时化解信访问题。落实中央关于信访接待工作的新规定、新要求，主动开展处置化解；属于职责范围内，依法处理；职责范围外，引导群众走法律渠道解决；对缠访、闹访的，依法打击。同时，加强民警的管理教育，严守执法程序，规范自身言行，从源头上减少信访案件的发生。全年信访投诉量较2013年同期下降30%，其中，2月至4月、7月至9月实现“零上访”。

【打击犯罪】　2014年，洁云路派出所持续深入开展打击现行违法犯罪专项行动、“反暴恐、保平安”专项行动和冬季“铁拳战役”，保持对违法犯罪的严打高压态势，重点打击“两抢一盗”、诈骗等多发性侵财型犯罪，全年打击处理各类违法犯罪嫌疑人669人，较2013年总量568人上升18%，现行命案实现“零发案”，成功打掉以楚某为首的10人恶势力团伙，侦破一起部级毒品目标案件，打掉一个16人的特大制贩毒团伙，缴获各类毒品近2000克，切断一条从广东省、四川省方向流入郑州市的毒品通道，确保了辖区社会治安大局持续平稳。

【治安防控】　2014年，洁云路派出所以“一格（村）‘1+N’”警务机制建设为统领，多措并举，通过推进视频监控建设、专项整治等措施，加强社会治安管控，治安防控水平不断提升。

（1）推进监控建设。在初步建成视频监控系统的基础上，通过出台奖惩办法，明确目标任务，定期通报讲评，大力推进居民楼院、住宅小区、场所、沿街门店的视频监控安装工作，努力实现辖区视频监控全覆盖。全年新建监控平台276个，安装探头2042个，其中标清探头1717个、高清探头325个。

（2）强化治安整治。针对辖区治安形势的变化，多措并举，重点加强都市村庄、新建住宅小区、汽车站、批发市场、居民楼院的治安整治，最大限度地打压违法犯罪活动空间。通过集中整治，重点部位治安面貌得到明显改观，发案率较

派出所表彰奖励优秀民警

2013年同期下降16%。

（3）严格治安管理。强化网吧、旅馆、洗浴室等复杂场所管理，严格落实“四实”上传，适时开展场所专项整治。严厉打击“黄、赌、毒”违法犯罪，坚决取缔赌博厅、“十元店”等易滋生违法犯罪的场所，消除治安隐患。严格消防监督检查，全面排查整改火灾隐患，拒不整改的坚决予以依法处罚，严防发生火灾事故。

【规范执法行为】 2014年，洁云路派出所在规范执法行为工作中，一是提升执法素质。通过以会代训、开办“周末课堂”、巡回授课等措施，切实加强经常性执法培训。组织开展“接处警标兵”和“执法办案标兵”评选活动，引导民警多办案、办好案，不断提升民警执法办案的能力和素质。二是强化执法监督。执法执纪监督室在做好事前预防、事后审核的同时，将执法关口进一步前移，提前介入，事中监督。所有执法办案场所实现监控联网，配备执法记录仪和全程录音录像设备，实现执法过程的全程监督，及时发现纠正执法问题，确保案件依法公正办理。三是提高执法水平。坚持落实执法月讲评制、案件质量跟踪制、大要案提前介入制、法制民警分包中队制、接受案件提级预判制度等工作机制，不断提升民警规范执法的水平。

【警务保障】 2014年，洁云路派出所在警务保障方面，为每名一线民警配备执法记录仪，保障民警执法办案顺利开展，维护民警合法权益。同时，为全体民警配备“充电宝”，以保证警务通、执法记录仪的正常使用。购置指纹采集仪4个，保障日常信息采集工作的开展。为加强“反暴恐”工作，派出所投入10万元，为5处独立办公点购置钢叉、防暴控制器等装备，进一步提升民警的防范处置能力。通过多方协调，派出所在王胡寨社区建设一栋四层办公楼，春节前已经封顶，预计2015年完工。搬迁后将彻底解决案件侦办大队和治安一中队办公用房问题。

【队伍建设】 2014年，派出所围绕“党的群众路线教育实践活动”，坚持从严治警、从优待警、文化育警，全面加强过硬队伍建设，努力营造团结实干、奋发有为、风清气正的浓厚氛围，民警队伍凝聚力和战斗力不断提升，为各项工作顺利推进奠定了坚实的队伍基础。派出所再次荣获“二七区服务地方经济发展特别贡献奖”；派出所交管巡防大队被评为“全省公安机关优秀基层单位”。

（1）深入开展“党的群众路线教育实践活动”。通过组织学习教育、广泛征求意见、深刻查摆剖析、开展批评和自我批评等活动，人人受到教育，人人受到触动，人人有所提高。同时坚持问题导向，狠抓问题整改，注重建章立制，有力推动公安工作和队伍建设的发展进步。通过活动的扎实开展，全体党员民警普遍接受一次深刻的党的群众路线教育，宗旨意识进一步牢固，党建工作进一步加强，工作作风进一步转变，警民关系进一步密切。在3次群众评议中，评“好”率分别为98.5%、100%、99%。

（2）严格内部管理。坚持从严要求、规范管理，通过制度管理人、约束人，不断提升队伍管理水平。研究出台“关于各级干部履职尽责的几点要求”，明确各级干部职责定位，细化任务分工，确保工作有序开展，确保队伍安全稳定。逐级签订廉政责任书，落实“两个主体责任”，狠抓党风廉政建设。组织开展“正风肃纪、强化法纪”专项教育整顿活动，教育引导全体民警守住底线，廉洁自律，同时为进一步严肃警风警纪，所党委出台“不允许任何单位和个人接受场所的赞助和节礼；不允许任何人入股参与场所经营；不允许利用办案、办证、查车收取任何费用，吃、拿、卡、要”等“五个不允许”的规定，设置“高压线”，严防违法违纪行为。

（3）强化思想政治工作。坚持开展谈心活动，每半年集中1个月时间开展广泛的谈心活动，加强沟通交流，理顺民警情绪，解决思想问题。开展意见、建议征集活动，明确要求领导班子成员每季度至少提出2条意见、建议，中层干部每月至少收集上报1条意见、建议，畅通沟通渠道。在定期举办一线民警座谈会的基础上，派出所连续两年举办民警家属座谈会，分批邀请民警家属走进警营，近距离体验民警工作生活，争取家属对公安工作的理解支持，解决民警的后顾之忧。组织开展岗位练兵活动，派出所连续两年组织开展实弹射击训练考核，提升民警的实战能力。在2014年郑州市公安局依法使用武器警械专项训练第1次、第2次考核中名列全市第三名、第一名。

（4）坚持做好从优待警。坚持民警生日送短信祝福、生日蛋糕，民警住院看望慰问，帮扶困难民警，组织民警体检，保障民警休假，民警子女考上大学予以资助，解决民警洗衣、洗澡问题等从优待警措施，营造拴心留人的工作环境，民警归属感进一步增强，工作积极性和主动性不断提高。

（陈　阳）

大学路派出所

【概况】 警务体制改革后的大学路派出所成立于2010年11月5日，由原大学路派出所、蜜蜂张派出所、五里堡派出所合并组成，下辖警务综合大队、案件侦办大队、治安管理服务大队、交管巡防大队、执法执纪监督室，现有民警152人，男民警114人，女民警38人，平均年龄36岁，中共党员140人。

辖区总面积6.13平方公里，管辖范围：东起马砦街、京广铁路线，西至嵩山路，北起二环支路、陇海铁路立交桥，南至陇海路。辖区有大学路、蜜蜂张、五里堡3个街道办事处，行政社区33个，警务室23个；辖区现有常住人口150805人，流动人口27808人，楼院197座，各类技术防范设施104个，各级重点单位86家，旅栈业35家，娱乐场所17家，网吧25家，医院10所，金融单位25家，大中专院校7所，中小学、幼儿园30所，人大代表、政协委员53人。

2014年，派出所在郑州市公安局党委和区委、区政府的领导下，围绕“打造平安郑州，构建和谐社会”的总体目标，以“四严一创”为主线，严厉打击各类违法犯罪活动，全面加强干警队伍和基层基础建设，圆满完成郑州市公安局党委和区委、区政府交办的各项工作任务，有效地维护了辖区政治、治安大局稳定，为辖区居民安居乐业和区域社会经济发展创造了良好的社会环境。一是打击刑事犯罪工作。2014年，刑事拘留各类违法犯罪嫌疑人193人，逮捕57人，起诉158人，行政拘留224人，强制戒毒3人，抓获各类逃犯36人；打掉涉恶团伙3个，打掉恶势力犯罪9人，打掉涉黑团伙1个，打掉黑势力犯罪10人，打掉医托医闹团伙2个。尤其是一举打掉长期盘踞在郑州大学第一附属医院周边以假“120”车为伪装手段诈骗的带有黑社会性质犯

派出所领导慰问民警

罪团伙10人。打击的数量和质量均得到明显提升。二是社区警务工作。中原社区“以打促防”工作新模式，被河南省公安厅、郑州市公安局多次肯定，河南省公安厅厅长王小洪、郑州市公安局常务副局长张书军均作出批示，转发各单位学习；棉东社区“一格（村）‘1+N’网格工作”新成效，被《河南法制报》《郑州晚报》等多家媒体报道宣传；五里堡社区民警范孝才扎根社区30余载，首创“社区小法庭”化解社区矛盾新做法，被省、市多家媒体报道，郑州市公安局主要领导亲临社区并给予肯定。三是信访工作。开展信访矛盾“集中化解月”活动，中央巡视组交办的8起信访投诉案件和中共河南省委政法委交办的2起信访投诉案件全部办结；河南省公安厅交办的18起信访积案化解率100%；信访投诉与2013年同期相比下降13%，连续6个月出现“零信访”投诉。四是治安乱点整治效果明显。为优化郑州大学第一附属医院周边治安环境，为病人及家属营造良好的就医环境，派出所会同二七区行政执法局、辖区街道、交警三大队等单位，郑州大学第一附属医院周边治安乱点进行整治，取得良好效果。

【综合执法】 （一）加大打击力度，提高综合打击效能。在“四严一创”活动中，全所刑事拘留各类违法犯罪嫌疑人193人，逮捕57人，起诉158人，行政拘留224人，强制戒毒3人，抓获各类逃犯36人；打掉涉恶团伙3个，打掉恶势力犯罪9人，打掉涉黑团伙1个，打掉黑势力犯罪10人，打掉医托、医闹团伙2个。

（二）扎实开展“打黑除恶”，确保社会治安大局稳定。在打击“黑恶势力”上，派出所始终坚持露头就打、严厉打击，加大对“黑恶势力”犯罪的严打深挖。全年摸排各类涉恶线索5条，侦办涉恶团伙3个，打掉恶势力犯罪9人；摸排黑社会线索1条，打掉涉黑犯罪团伙1个，打掉黑势力犯罪10人。尤其是一举打掉盘踞在郑州大学第一附属医院周边以假“120”车为伪装手段诈骗的带有黑社会性质犯罪团伙10人，有效震慑了犯罪，取得良好社会影响。

（三）严格执法办案，提高执法质量。派出所在加大打击力度、提高打击效能的同时，狠抓执法办案规范化建设，以规范使用办案区“四个一律”和执法检查“回头看”活动为抓手，加大对各业务队室执法办案监督检查力度。通过努力，派出所在强化打击处理工作的情况下，全年无执法过错责任案件，未发生刑讯逼供、滥用强制措施、滥用枪支警械，超时限、超范围留置及其他严重违法问题，整体执法质量明显提升。

【社会面控制和社会管理】 （一）加强治安乱点整治，强化特种行业、娱乐服务场所治安管理和阵地控制。派出所会同二七区消防大队、区工商局、区行政执法局、各街道办事处等单位，对郑州大学第一附属医院、郑州大学第三附属医院、中苑名都住宅小区等重点单位开展治安整治。通过整治，刑事类警情及发案率均大幅下降。

（二）强化社会面管控，构建街面防控网络。一是派出所交管巡防大队三组巡逻民警，严格落实有警接警、无警巡逻的工作要求，最大限度地将警力屯警街面，震慑犯罪；二是以交巡大队民警为主力，配备特警、巡防队员组成派出所武装巡逻队，每天7时至22时在辖区重点单位、场所、路段开展不间断武装巡逻防控，确保一旦发生暴力事件能及时有效控制；三是郑州市武警支队安排12人的小分队，驻扎在派出所，2辆武警巡逻车全天候在辖区行政单位、医院、商场、地铁口等重点区域开展不间断、全方位武装巡逻，有力地震慑了犯罪，确保辖区治安大局稳定；四是与区政法委和辖区街道办事处等有关部门联系，将各种社会综合治理力量合理分布到各网格。在人员防范上，进一步规范联防组织和管理措施，健全各项工作运行机制、检查督导制度、奖惩制度等规范化管理措施；在技术防范上，在监控探头的布局上作好规划，形成互动的整体合力。通过人员防范、技术防范建设，全面提升派出所“打、管、防、控”综合效能。

（三）加强对辖区场所、行业的消防隐患整治力度。联合二七区消防大队等部门，对辖区内的人员密集场所开展不定期消防安全大检查，有效保障辖区消防安全。全年消防执法3384起，罚款95050元，消防拘留24人、警告881人，确保辖区内全年无火灾事故、无严重治安灾害事故、无涉枪涉爆案件发生。

【服务群众】 （一）做好窗口服务工作，提升人民群众的满意率。一是推行“二代身份证”送证上门服务。及时将“二代身份证”送到办证人手中，深受群众好评。二是结合“党的群众路线教育实践活动”，开展“警营开放日”活动。邀请辖区群众走进派出所队室，进一步了解公安工作，对派出所的工作提出意见、建议。真正做到公安工作从群众中来到群众中去，全面落实党的群众路线工作要求，用群众的评价作为工作评定的标准。三是全面落实河南省公安厅20条便民利民措施。在户籍室等窗口队室开展星级评定活动，窗口队室及时受理各类业务，进一步规范窗口单位办事程序，提升工作效率，受到广大群众认可和好评。

（二）以河南省公安厅“一格

(村)一警”建设为抓手，延伸服务群众触角。在2010年警务体制改革之初，派出所落实社区民警专职社区工作，全所共划分为23个社区，“一区一警”专职社区工作。2014年，根据河南省公安厅“一区一警”的工作要求，派出所从其他队室抽调部分业务能力强的干警充实到社区工作，在全所建立88个网格，每格一警，每周二下午集中进入网格开展社区警务工作，从而延伸服务群众的触角，将服务群众工作落实在辖区的各个地方。全年为企业、为群众办好事、做实事、解难事390余件。派出所建立完善“以所指挥室为依托，武装巡逻队、交管巡防民警街面巡逻防控为主导，治安民警强化矛盾化解，案侦民警重抓打击”的多警联动工作机制，既有效服务群众，又确保群众生命财产安全。

(三)开展“集中化解信访及投诉案件专项整治月”活动，提升服务质量和水平。为了有效遏制信访案件的发生，减少、避免投诉案件，更好地贯彻落实“党的群众路线教育实践活动”，努力提升服务群众的质量和水平，派出所开展为期一个月的“集中化解信访及投诉案件专项整治月”活动。坚持局长每周二接访、其他局领导日常接访、分包局领导深入分包队室帮助化解信访矛盾。经过一个月的集中化解整治，化解信访积案4起，解决信访投诉6起，信访积案化解率100%，信访案件当事人满意率100%。既有效化解一批信访案事件，又强化了民警执法为民意识，提升了服务群众的质量和水平，取得良好效果。

【队伍建设】 2014年，派出所以开展“党的群众路线教育实践活动”为契机，按照“一学三促四抓”的总体要求，学习习近平系列讲话精神，对照落实全所各级领导干部和民警在遵守党的政治纪律和贯彻执行中央“八项规定”、省委省政府20条意见、市委市政府20条规定，以学习弘扬焦裕禄精神为指引，对照“为民、务实、清廉”的要求，深入开展学习实践科学发展观及“人民警察核心价值观教育实践活动”等主题教育活动，民警队伍的凝聚力和战斗力不断增强，为各项工作顺利推进奠定了坚实的队伍基础。

(一)抓班子作表率凝聚警心。派出所领导班子成员坚持党的民主集中制原则，强化领导班子组织建设。每季度召开一次民主生活会，汇报思想，开展批评与自我批评，相互监督，相互团结，共同进步。坚持每周一所长办公会例会制度，集思广议，共同决策，领导班子内形成良好的民主氛围。领导班子成员身体力行，自觉接受民警的监督，时时处处为民警做出表率。在领导班子成员的表率作用下，民警主人翁意识得到强化，凝聚力和战斗力进一步加强。

(二)抓政治教育强化思想武装。一是抓好政治学习。全所始终坚持周五政治学习制度，各队室以大队为单位组织民警开展政治学习，使民警养成自觉学习政治理论的习惯，保持坚定正确的政治方向、增强政治责任感、提高政治敏锐性。二是加强党风党纪和公安纪律教育。严格落实“一岗双责”和党风廉政建设责任制，层层签订责任状，责任到人；民警有违纪，追究领导责任。三是创新教育方式。为了加强对民警8小时以外的思想教育和监督管理，各队室以中队为单位，每名中队领导分包该队室民警，及时掌握民警的思想动态，做到及时疏导，跟踪管理，提高民警队伍的免疫力。

(三)抓队伍建设强化规范管理。一是建章立制强管理。派出所在强化队伍思想教育的同时，注重制度建设，从规范入手，建章立制，强化队伍管理长效机制建设。修订完善《大学路分局加强值班备勤制度》《大学路分局关于加强协勤人员管理规定》《大学路分局请销假制度》《大学路分局内务管理制度》等一系列规范性文件，使民警行有所规、蹈有所矩，坚决杜绝有令不行、有禁不止和自由主义现象，保障警令畅通和各项公安工作有效落实。二是严格执法强作风。开展“正风肃纪强化法纪”专项教育整顿活动，旨在教育广大民警深刻吸取民警严重违法违纪问题的深刻教训，切实整治影响派出所队伍建设、执法规范化建设和反腐倡廉建设中存在的突出问题，集中整治队伍中存在的纪律作风涣散、管理松懈等突出问题，进一步教育民警端正作风、强化法纪、预防和杜绝各类违法违纪案件发生，以铁的纪律培育好的作风、树立良好形象，以清正廉洁保障公正执法、维护公平正义。

(高松洋)

解放路派出所

【概况】 郑州市公安局解放路派出所辖区地处二七商圈的核心区域，位置优越、商业繁华、游客云集，辖区中心耸立着郑州市的标志性建筑——二七纪念塔，环绕二七广场周边有20余家全国、全省知名的大型商场、大型批发市场，120家宾馆；郑州火车站、郑州长途汽车中心站相邻而居，是郑州市对外开放交流的重要窗口，也是典型的人流、物流、现金流汇聚之地，日均人流量数十万人，节假日更高达50万人以上。派出所党委始终把保持二七广场地区社会治安稳定有序作为根本任务。

2014年，在中共二七区委、二七区人民政府和郑州市公安局党委的正确领导下，派出所坚持以党的

派出所召开“正风肃纪　强化法纪”专项教育整顿活动动员会

十八届三中、四中全会和习近平系列讲话精神为指导，以深入开展“四严一创”活动为中心，扎实推进各项工作，实现公安打防管控、服务群众和队伍建设等工作水平全面提升。

【“反恐维稳”工作】 一是做好二七广场——全国、全省重点安全保卫区域的安全保卫工作。先后投入警力280余人次，成功完成省、市“两会”及敏感节点二七广场周边的安全保卫和保障稳定工作。二是所领导、各大队领导带头参加武装巡逻，建立每天早晨7时至晚上10时的大范围、常态化武装巡逻机制，有的放矢加强辖区治安复杂地段以及二七广场、批发市场、车站、学校等人员密集场所等易发案部位的巡逻控制，强力震慑和有效预防可能出现的恐怖、暴力袭击事件。三是通过组织民警参加郑州市公安局武器警械全员轮训、实弹射击演练、“反暴恐”应急拉动演练等活动，大力推进“反暴恐、保稳定”工作，确保“反恐维稳”能力不断增强，确保辖区社会政治和治安大局持续稳定。

【综合打击】 2014年，在郑州市公安局开展的“打击黄赌毒、打击现行违法犯罪”“打盗抢、反暴恐”“铁网”“打击制毒贩毒”等系列专项行动讲评中，成绩均位居前列。自“铁拳行动”开展以来，派出所围绕郑州市公安局党委提出的“一打、两控、三查、五评”工作任务，全警动员、全员参与、全力以赴，派出所取得2014年冬季“铁拳战役”综合考核第二名的优异成绩，受到郑州市公安局表彰。

针对二七广场、各大商场周边扒窃、假手机诈骗案件多发，派出所开展反扒窃、打击假手机诈骗、压警情专项行动，全年刑事拘留扒窃人员76人；先后打掉利用“苹果”牌手机模型实施诈骗50余起案件的19人特大犯罪团伙、四川省梁山州籍攀爬入室盗窃10余起的3人盗窃团伙、专门盗窃电动车的3人团伙。

2014年，派出所依法打击处理各类违法犯罪分子568余人，刑事拘留291人，打掉各类违法犯罪团伙9个，辖区治安形势明显好转，连续20个月命案发案率为零，重大恶性案件发案率为零。

【治安管控】 因特殊的地理位置，部分老贼惯犯长期盘踞在辖区从事扒窃等违法犯罪活动。2014年，派出所采取打击、防范、稳控等多种举措，继续保持对老贼惯犯等违法犯罪人员和治安乱点地区的高压态势；重点打击处理老贼惯犯16人次，开展一马路后街深度清理整治行动2次（刑事拘留2人、行政拘留4人、收容教育2人、关停违法小旅馆3家），辖区侵财类警情得到有效控制。长期盘踞辖区的老贼惯犯违法犯罪活动受到严厉打击。

【规范执法】 一是加大执法理念教育，规范执法行为。深入开展执法规范化建设检查评比，引领执法办案质量不断提升。二是开展执法工作季度评优评差活动。搜集典型案例，以案讲法，及时解决执法中存在的突出问题，提高执法能力。三是以强力做好信访工作为突破口，确保公安执法工作水平全面提升。2014年，继续对信访积案采取领导包案负责制，组织专门警力限期结案，完成李某海、陈某军、沙某顺、陈某军等4起长达15年以上疑难信访积案化解工作，警务制度改革时遗留的13起信访疑难积案均得到圆满解决，停访息诉率100%。在郑州公安局信访工作情况通报中，派出所有10个月均是“零上访”。省公安厅交办的2起重点案件办结率100%，停访息诉率100%；中央巡视组交办的2起重点案件办结率100%。

【党的群众路线教育实践活动】 派出所党委始终把开展“党的群众路线教育实践活动”作为首要政治任务，贯彻中央、省委、市委和郑州市公安局党委的部署要求，把握让群众满意的根本标准，严格落实“照镜子、正衣冠、洗洗澡、治治病”的总要求，精心组织，扎实推进，切实做到学习教育、听取意见不走过场，查摆问题、开展批评不搞形式，整改落实、建章立制不留死角，服务中心、促进工作不虚不空，取得党的群众路线教育实践活动和公安整体工作的良好成效，民警的思想认识进一步提升，队伍政治纪律、组织生活进一步严格，纪律作风进一步强化，打防工作能力进一步增强，维护社会稳定和“防暴恐”工作水平进一步提升，执法工作水平明显提高。在信访稳定、“反暴恐”、打击处理、刑事案件如实立案和现场勘验、治安乱点专项治理、落实“一格（村）‘1+N’”警务等多项工作中取得优异成绩，多次受到郑州市公安局肯定和表扬。

【队伍建设】 一是深入开展党风廉政建设和反腐倡廉宣传教育。通过组织民警观看《法网这边的呼唤》《四风之害》教育警示片，强化民警的执法责任心，筑牢思想道德防线。二是结合“党的群众路线教育实践活动”，不断加强制度建设。制定并下发《解放路分局预防职务犯罪工作责任制度》《涉案物品管理规定》《涉案财物管理专项治理工作量化考核方案》等规章制度，形成靠制度管权、管事、管人的反腐倡廉长效机制。三是狠抓作风建设。坚持“树四风，抓两基，求四效”（树四风即：“大树正气之风、大兴调研之风、大讲实干之风、大倡廉洁之风”；抓两基即：狠抓“基础工作、基本技能”建设；求四效即：“人人得到尊重，人人感到公平，人人自由发展，人人心情舒畅”）。通过大力弘扬正气，坚决抵制歪风邪气，不断改进工作作风，提升服务能力。2013年至2014年，派出所连续两年没有民警因违法违纪问题受到处理、处分，民警队伍始终保持风清气正，昂扬向上的良好势头。

（刘建庄）

马寨派出所

【概况】 郑州市公安局马寨派出所位于二七区西四环路与郑少高速公路交会处，管辖区域为侯寨乡、马寨镇。内设“四队一室”和3个警务区，即警务综合大队、案件侦办大队、治安管理服务大队、交管巡防大队、执法执纪监督室，马寨警务区、侯寨警务区、郭家咀警务区。现有民警90人。

2014年，派出所以开展“党的群众路线教育实践活动”为统领，以推进“一格（村）‘1+N’”警务工作模式为中心，以深化公安“打防控管”业务为抓手，以坚持“群众第一、基层第一、民警第一”为方向，以实现“让人民群众满意、让党委政府满意、让上级机关满意、让基层民警满意”为目标，全力维护辖区社会政治和治安大局稳定，各项工作都取得成效。全年辖区命案侦破率一直保持100%，在“春雷行动”“反暴恐保平安”以及夏、秋季节严打和冬季“铁拳战役”等行动中都名列郑州市公安局前茅，对中央巡视组交办的3起信访案件和河南省公安厅交办的12起信访案件结案率100%，“一村一警”工作因效果显著而受到上级的通报表扬并作典型发言，“党的群众路线教育实践活动”在各阶段群众评价中得到全优成绩，获得人民群众的信任和满意。

【社会管理创新】 派出所管辖区域地处郑州西南四环路城郊结合部，较之市内派出所辖区面积大，人口密度相对较低，随着郑州市都市区建设的不断深入，流动人口日益增多，对公安工作的开展提出严峻挑战。2013年8月，经过广泛调研，多次研究论证，并报请郑州市公安局主要领导批准，将原有的“以条为主”的“四队一室”警务工作模式，调整为“以块为主，条块结合”的警务区管理工作模式，即除完全保留派出所警务综合、执法执纪2个队室以外，另外3个业务大队即案侦、治安、交管巡防，仅保留大队主要领导以及必要的内勤和应急处置队（案件侦办大队保留大案队、技术队，治安管理服务大队保留户籍和特种行业管理，交管巡防大队组建武装巡逻队），其他警力全部下沉至新成立的马寨、侯寨、郭家咀3个警务区，警务区领导班子实行“一正三副”，即1名警长主持警务区全面工作，3名副警长各自带领3个警组，同时有针对性分管案侦、治安、交通管理巡防对口业务。经过一年多的运转，整体工作运行状况进一步好转。一是接处警工作效率进一步提升。警务模式调整前，辖区面积大，出警跨距远，因交巡、治安、案侦3个业务大队重复接处警而造成推诿扯皮的情况时有发生，随之带来因接处警环节造成的投诉和警情回访不满意。自警务区管理模式变革以来，各警务区对各自辖区警情处置采取“一站式”负责制，从接处警、受立案、案件侦破全程负责，推诿扯皮现象再无发生，信访投诉和警情回访不满意现象大幅减少；二是与党委、政府沟通协调能力进一步增强。自警务区模式推行以来，各警务区领导班子立足辖区，与地方党委、政府以及村“两委”组织沟通协调更加深入，更大限度地争取地方的物力、财力支持，更大限度地调动综合治理力量参与公安工作，对辖区的阵地控制及社会管控能力增强。三是业务大队的指导职能进一步发挥。自警务区模式推行以来，3个业务大队的职能逐渐从开展打防管控工作转变为履行业务指导，各业务大队主官有更多的时间和精力用于研究公安机关业务和沟通协调，以更加精准地指导各警务区工作开展，派出所整体工作绩效得到提升。派出所在郑州市公安局开展的“春雷行动”“反暴恐、保平安”“冬季铁拳战役”等专项活动中，综合绩效一直位居全市前列，打防管控水平得到提高。

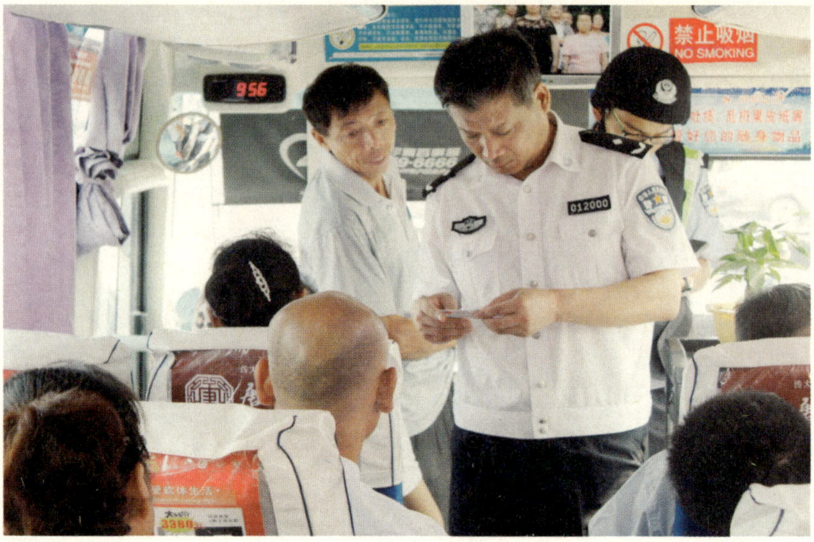

领导带队盘查出入市车辆安全

【“1+N”警务工作】 自河南省公安厅、郑州市公安局推行“一格（村）‘1+N’”警务工作模式以来，派出所党委高度重视，力争以此为重要着力点，推动各项公安工作全面开展，在辖区地方政府的大力支持下，致力做好“一高二精三到位”。“一高”，即坚持警务工作站建设高标准。派出所克服辖区地域偏僻和农村正处于“两委”换届中的各种困难，定区域、定任务、定时间，在全市率先建成具有独立办公用房、设施完备的32个“一村一警”工作站，受到郑州市公安局的通报表彰，在郑州市局讲评会上做典型发言；“二精”，即选派精干警力，打造精品亮点。一是从工作站的警力选配上，实行AB双警负责制，A为主，B为辅，A民警均从所党委、队室以及各警务区领导班子中选出，所长张炜、政委焦许洲等领导直接分包警务工作站。二是从精品亮点的创建上，选派副所长卢伟、张国华等以及年轻业务骨干分包6个示范警务室，从组织领导、人员素质、工作热情上予以全方位保障。同时，完善组织培训、督导检查和业务考核机制，对工作不力的工作站进行问责，以推进各工作站警务工作稳步开展。“三到位”，即服务为民水平到位、维护区域稳定到位、履行公安机关职能到位。一是在服务为民方面，广大民警为群众办好事、做实事。二是在维护区域稳定方面，在年底辖区村“两委”换届期间，派出所大力配合辖区党委、政府工作，社区民警、包村民警全程参与开展巡查、巡视，携带执法记录仪现场监控，并对全部参选党员3600余人进行政治审查。通过广大民警扎实开展“一村一警”工作，辖区41个行政村“两委”换届选举工作圆满完成，未发生抢票箱、村霸控制选举等情况。三是在履行公安机关职能方面。由派出所统一组织，各警务工作站与村治保组织紧密结合，先后调动综合治理力量500余人次对辖区开展“无死角”清查，关停证照不全的各类“五小”场所30余家，打掉“涉黄涉赌”窝点12个。自“一村一警”工作开展以来，派出所通过下网格走访获取各类情报线索320条，通过分析研判有效打击各类违法犯罪嫌疑人110人，破获各类案事件82起，整治消防安全隐患场所79家，治理交通拥堵乱点12个，切实维护了辖区社会政治和治安大局持续平稳。

【基层基础建设】 硬基础方面。一是提升指挥中枢效能。自警务改革成立以来，因办公区域受限，从领导班子成员到各队室领导干部大都分散办公，一直存在着决策迟缓、警令不畅、工作协调不及时的问题。派出所通过大力协调，科学调整，从2014年开始，将原分散到各办公点的领导班子成员、“四队一室”领导班子全部搬至派出所本部，所党委研究决策更加迅速，警令上传下达更加通畅，业务指导协调更加及时，整体公安工作效率进一步提升。二是持续推动警力下沉。按照“精简机关、贴近实战”的要求，尤其是推行警务区模式以来，将年轻、骨干民警尽可能地推向警务区、推向业务大队。除所领导、警务综合、执法执纪警力外，一线警力约占全所总警力的80%以上。通过与中共二七区委政法委大力协调，争取120余名协勤人员，将其中90%以上人员分配到3个警务区，尽可能最大限度地将警力压到一线，压到基层。三是加强后勤保障。通过大力协调，向郑州市财政局以及地方党委、政府协调资金，对派出所原有的4个办公区域进行修缮，同时将警务制度改革前闲置已久的刘胡垌办公点重新装修启用，添置办公设备，并在此组建马寨警务区。针对派出所公务车辆运行时间长、报废车辆多的难题，通过多方努力，在全市公安机关中第一个自行筹集资金，通过层层审批，率先完成配备第一批6辆警用车辆，并全部下发到3个警务区，保证基层一线公安工作顺利开展。

软基础方面。派出所以深入开展“党的群众路线教育实践活动”为统领，大力推动队伍正规化建设。一是大力开展“党的群众路线教育实践活动”。2014年，派出所以“为民务实清廉”为主题，以“照镜子、正衣冠、洗洗澡、治治病”为总要求，通过深入学习习近平系列讲话精神，贯彻落实中央“八项规定”等重要条例禁令，大力开展批评和自我批评，深入对照查摆党风廉政建设及“四风”方面突出问题，着力整改落实，建章立制，使干部作风进一步转变，干群关系进一步密切，为民务实清廉形象进一步树立，有力提升了党员领导干部的执政能力和水平。二是强力正风肃纪。派出所将“正风肃纪、强化法纪、廉洁从警”专项教育整顿活动贯穿于全年公安工作，开展“忠诚、责任、务实、为民”和“如何从警、如何做警、为谁用警”两项大讨论活动，力求对每名民警内心引起震动，引起警醒；按照党的群众路线教育实践活动要求，全部完成各项规定动作；通过深刻教育，广大党员领导干部有效提升执政水平。

【队伍建设】 一是在坚持日常考勤、内务卫生以及执法办案环节督导检查的同时，针对活动中发现的问题，制定一系列规章制度，作为派出所工作的长期指导性文件。为坚持厉行节约，倡导艰苦奋斗精神，出台《无纸化办公管理办法》和《坚持厉行节约、反对浪费的规定》；为在“三公”经费监管上做到有据可依、有章可循，出台《财务报销管理办法》；为规范人事、组织安排等重大决策议事事项，出台《党委和局长会议议事制度》，进一步规范执法办案，严格队伍管理，促进公安工作的整体跨越提升。二是坚持凭政绩用干部。2014年，派出所按照2013年年初制定的工作奖惩措施，对未达到既定目标的部分队室主官进行岗位调整兑现，充分体现公平公正用人原则。全年派出所在各阶段对各部门领导干部进行考核奖惩，继续坚持干部能上能下，让有为之人有位。

（卢　伟）

火车站派出所

【概况】 郑州市公安局火车站派出所成立于1961年，内设警务综合大队、执法执纪监督室、案件侦办大队、治安管理服务大队、交管巡防大队、经济侦查大队、火车站地区拘留所。现有民警108人、工勤人员2人。

管辖区域以郑州火车站广场为中心，北起二马路南桥头，西至郑州火车站站前办公楼一线，南至一马路邮政局门口南部，东到福寿街东侧石一线，面积约0.98平方公里。此外，郑州火车站西广场上下两层共计12万平方米区域属派出所管辖。

郑州火车站地区地处京广、陇海两大铁路干线的交会处，是全国重要铁路交通枢纽，素有“中国铁路心脏”之称。紧邻郑州火车站的有河南省最大的长途汽车客运中心站，周边大型服装批发市场、小商品批发市场众多，每天平均周转旅客和群众高达100万人次，郑州火车站地区客流、物流、车流高度集中，不仅治安管理难度大，而且随着反恐怖袭击形势日趋复杂化，反恐怖袭击任务艰巨。

2014年，派出所在中共二七区委、二七区人民政府及郑州市公安局的领导下，围绕公安机关“四项建设”主题，深入贯彻河南省公安厅“三个第一”理念，以“反暴恐、保稳定”工作为主线，以强化多警联勤、联动为重点，以网格化管理为依托，以打造平安站区为目标，着力构建“反恐维稳”、立体防控、群防群治、便民服务“四大网络”，统筹布局，整体作战，实现了综合打击效能、整体防控效果和队伍整体素质明显提升，全年实现“暴恐”、命案、抢劫等重大案件“零发案”，群体性事件“零聚集”，刑事类警情、治安类警情分别下降22%、18%，得到前来郑州火车站地区督导检查工作的中央及省、市领导的充分肯定。

【队伍建设】 全面更新硬件设施，推进队伍正规化建设。2014年，所党委落实从优待警政策，改善干警办公住宿条件。斥资100余万元对办公区域、民警宿舍进行装修、修缮，对破旧不堪的床、衣柜及办公用具统一更新，使办公、住宿环境焕然一新；在硬件全面更新的同

国家反恐怖袭击委员会安全检查组检查指导郑州火车站安全保卫工作

时，所党委围绕队伍正规化建设，把贯彻落实党风廉政建设"两个责任"作为工作着力点，强化党委主体责任和纪委责任，全面推进公安队伍建设和反腐倡廉建设，把"党的群众路线教育实践活动"中取得的有效探索、实践做法，运用到民警思想教育、组织生活和队伍管理中，着力打造忠诚、廉洁、法治、为民的公安队伍。

【"反恐处突"工作】 自云南省昆明火车站"3·1"暴恐袭击事件发生后，为贯彻落实公安部《关于进一步加强火车站等人员密集场所安全防范工作的意见》和省、市有关领导的要求，火车站派出所建立"三个统一"联勤联动指挥体系，制订"一分钟"处置工作预案，遵循"六项工作原则"，建立"六大工作机制"，为郑州火车站地区"反暴恐"联勤、联动工作顺利实施提供保证。

为实现精准防控，经过对辖区科学规划，在郑州火车站东西广场、郑州长途汽车中心站、大同路一马路公交港湾、兴隆街福寿街公交港湾、郑州火车站内等6处人员密集场所建立"六大防区"，对郑州火车站地区实行全方位防控。一是划片分包，责任到人。对"六个防区"实行责任分包，每名领导人、每名参战巡组对所分包防区具体负责防区内巡逻防控和应急处置突发性事件工作，做到每个防区有领导人分包、每个防区有巡组防控。二是屯警街面，动中备勤。对应"六大防区"，建立16个武装巡逻小组（其中二七区公安分局5个、郑州火车站派出所7个、武警部队4个），每天有53名警力、16名综合治理力量荷枪实弹，按照"车巡、步巡结合，以步巡为主"的巡逻方式，从每天早上7时开始，统一着装，闪烁警灯，在防区开展武装巡逻、巡控工作，屯警街面，动中备勤，形成高压震慑之势，一旦出现突发性事件，立即快速反应，确保能够1分钟高效处置。三是严格"四个一""四到位"。从实战需要出发，对所有参战警组要求做到"四个一"（一律佩备枪支，一律佩戴单警装备，一律手持电台，一律佩戴执法记录仪），同时，要求必须做到"四到位"（上下岗时间必须保证到位、上岗执勤警力必须保证到位、执勤警组反恐怖袭击装备必须到位、快速反应处置时间必须到位），并加强督导，严防工作棚架。四是培训演练，提高能力。对参战民警以及站区社会反恐怖袭击力量，强化防范和处置突发性事件技能培训。派出所举办枪支使用、查缉战术、反恐怖袭击知识等基本技能和应知应会知识培训，组织民警参加郑州市公安局组织的武器警械专项训练和考核，提高防范和处置突发性事件能力。同时，模拟警情，每周不定时开展演练拉动，提高铁路、地方公安和特警、武警的协同作战和快速反应能力。

【立体防控】 根据郑州火车站区域流动人口多、治安状况复杂的特点，结合辖区实际，多措并举，信息作战，打防结合，在破大案、多破案的同时，控发案、降警情，挤压犯罪分子活动空间。一是严厉打击各类侵财性犯罪。依托视频监控系统，视频导侦，信息研判，合成作战，精准打防，连续破获30余起扒窃、诈骗等涉及群众切身利益的民生案件。二是强化"四色预警"人员处置。依托大情报信息平台，闻警即动，迅速出击，提高信息化作战能力。通过对大情报信息平台红、橙、黄、蓝"四色"预警人员信息的有效处置，全年抓获各类网上逃犯和涉毒人员85人。三是强化"四类"流动人口管控。强化源头管理，把防范关口前移，依托旅栈业"四实"上传系统，强化流动人口动态管控和快速反应机制建设，同时将郑州长途汽车站旅客信息接入情报平台，使郑州火车站地区的旅馆住宿、网吧上网、乘坐长途汽车、公交卡实名登记等4种人员动态信息全部纳入公安机关视线，对流动人员做到"底数清、情况明、管得严、控得住"。四是强化对"三类"老贼惯犯的打击。实施"网格管理，责任承包"机制，对经常在郑州火车站区域实施扒窃、诈骗的老贼惯犯实行民警责任承包，对案件高发区域实行大队分包管理，对犯罪分子进行定点、定位打压，最大限度地减少犯罪空间，有效降低发案率。五是强化"五类"高危人员摸排。组织多部门联合行动，不间断开展清理、清查行动，重点对涉危涉爆危险品人员、携带管制刀具人员以及邮递物流、房屋租赁流动人员等开展盘查和信息采集，确保对高危人员早发现、早控制、早处置。全年拘留携带管制刀具等违法人员100余人，收缴弹簧刀、弓弩等管制刀具180余件，净化了社会环境，确保社会治安平稳有序。

【群防群治】 一是发动群众参与。为了发动站区商户、群众参与治安防范，派出所多次召开辖区企事业单位、商户、群众代表参加群防群治部署会和"反恐"动员会，宣传群防群治知识，动员群众行动起来，检举揭发犯罪嫌疑人员和犯罪线索，发挥群众在打防管控中的作用。全年发放红色袖箍800条，购买齐肩棍、钢叉等装备300多支，有500多名综合治理人员参加到综合治理行动之中，在站区初步形成全民参与、人人防范的群防网络。二是推行"十户联防"制度。在沿街商户和小商品城、金林市场等批发市场中推行"十户联防"制度，让每十户商户组成一个防范小组，配发红袖标和器械，建立商户自我防范体系，做到互联互防（防火、防盗、防抢、防爆炸、防恐怖袭击）。三是建立内部单位巡逻队。指导郑州长途汽车中心站等单位组织保安等综合治理力量组成巡逻队，佩戴红色袖箍，手持齐肩棍、钢叉等器械，在商场、企事业单位内部开展治安巡逻，切实完善单位的社会治安防范体系。

【警务服务】 一是划分三个责任区，开展矛盾纠纷排查化解工作。组织责任区民警深入辖区，走访企业和商户，及时发现和化解各类不安定因素苗头210条（次），全年站区群体性事件、聚众上访等继续保持"零记录"。二是建立三个警务室，警务工作前移。在郑州火车站东、西广场分别配备1辆流动巡逻车警务室，在郑州长途汽车中心站建立驻站警务室，延伸打防控触角，在震慑犯罪的同时，近距离服务群众，接受报警求助和化解矛盾纠纷。派出所研发公安网无线网卡，在流动警务室配置笔记本电脑和打印机，为过往旅客提供"户籍证明"打印等便捷服务。同时针对财物丢失或被盗，建立"爱心账户"，解决群众急需用钱的燃眉之急。三是利用反恐怖袭击武装巡组，加大排查力度。充分利用屯警街面的"反恐处突"武装巡逻小组，加大检查、盘查力度，采集人员信息，建立台账，同时做好购买车票、问路咨询、宾馆住宿等服务。

（李祖胜）

交警三大队

【概况】 郑州市公安局交警支队第三大队所辖区域为：环道路内：京

交通民警在风雪中指挥交通

广铁路（上货线）、金水路（均不含）以南，南三环路（含）以北，嵩山路（不含）以东，铭功路、福寿街、敦睦路（均含）、新郑路（不含）以西；环道路外：南三环路以南至新密市、新郑市交界、郑密公路（含）以东、新郑路、老107国道（均不含）以西。大队现有民警184人，下设8个执勤中队和车管中队、事故中队、办公室共计11个部门。办公地址位于铭功路116号。

2014年，交警三大队在郑州市公安局、郑州市公安局交警支队党委的正确领导下，始终把维护社会政治稳定，确保辖区道路交通安全、畅通、有序放在工作首位，坚持以“党的群众路线教育实践活动”为依托，立足本职、争先创优，围绕“四严一创”中心工作和各阶段工作重点，以提高交警快速反应能力和现场处置能力为中心，不断加强队伍建设和业务能力建设，大力加强公安交通管理工作和队伍正规化建设，着力推动交通安全综合治理，充分发挥交警维护交通秩序和服务群众的职能，努力实现辖区交通管理工作新提升和交警队伍建设新发展，全力确保辖区交通畅通，为维护省会的政治、治安稳定做出了贡献。

【队伍建设】 2014年，交警三大队始终坚持以增强队伍凝聚力、提升队伍整体素质、提高队伍战斗力为目标，以打造优良团队，树立良好形象作为队伍建设工作的出发点和落脚点，把提高民警队伍的政治业务素质和工作能力作为重心，大力开展交警队伍教育和管理工作。一是继续加强基层党组织建设、加强党员队伍建设，增强基层党组织的战斗堡垒作用和共产党员的先锋模范作用，以点带面，带动全体民警、协警坚定共产主义理想信念，树立人民警察核心价值观。二是以党的十八大精神为指导，结合“正风肃纪、强化法纪”专项教育整顿活动，进一步贯彻落实“党的群众路线教育实践活动”，教育引导广大党员进一步加强党性修养，紧紧围绕保持党的先进性和纯洁性，以为民务实清廉为主要内容，改进工作作风，牢固树立宗旨意识、增强群众观念、践行群众路线，坚持做到讲忠诚、懂规矩、知敬畏、守纪律，真抓实干，努力营造风清气正、坚决履行公安交管使命的良好氛围，真正把交警队伍建设成为政治坚定、业务精通、勤政为民、开拓创新、廉洁高效的过硬队伍。三是进一步开展警营文化建设。大队紧密结合辖区公安交通管理工作实际，充分整合各类文化资源，强力推进“文化强警、文化惠警、文化塑警”工程。先后开展“三八”妇女节征文活动、摄影大赛、书法大赛、“十佳警营歌手大赛”等文体活动，为建设文化警营、和谐警营、幸福警营，打造警营文化品牌，开创“内聚警心、外树形象、提振士气、塑造警魂”，增强队伍凝聚力、提升队伍整体素质、提高队伍战斗力打下了坚实基础。四是提高民警、协警的自身安全防护意识。大队开展“执勤执法安全防护”工作，并以“提高安全意识、完善防护装备、落实规章制度、严防伤亡事故”为目标，通过集中组织培训、科学调整勤务部署、加强演练、全面落实各项安全防护规定等方法，不断提高民警、协警的安全防护意识，最大限度地预防减少民警、协警执勤执法期间的意外伤亡事故。五是切实解决民警、协警的实际问题。大队严格落实民警休假制度，确保民警得到充分调整修养，并且多次组织走访民警、协警家庭，了解民警、协警生活情况，帮助困难民警、协警，特别是受伤民警、协警、英烈家属解决实际问题和后顾之忧，从根本上解决民警、协警的实际困难。

【交通秩序管理】 2014年，交警三大队高度重视辖区内日常交通秩序的管理，不断创新举措，着重整治重点交通违法行为，大力推进动、静态交通秩序管理，不断完善优化交通安全设施，坚持常态化管理和集中行动相结合，为群众创造良好的通行环境。一是加强对辖区内交通隐患点段的排查整治力度。全面排查整治辖区内危险路段和事故多发点段，对辖区内道路交通设施，尤其是辖区学校、医院周边道路交通设施进行详细摸排，对排查出的事故多发点段和危险路段进行分析讨论，并及时向相关管理部门进行反映及提出整改意见。二是强化秩序管理，不断提升道路交通疏堵保通效能。大力开展交通秩序整治，强力疏解交通堵点、难点，进一步建立交通应急管理机制、完善恶劣天气交通应急预案、优化勤务模式；根据辖区道路交通管理需求和警情变化特点，大队建立缓解交通疏导责任制和交通拥堵节点排查制，坚持固定岗与流动岗相结合，适时调整执勤岗位设置，不断提高路面见警率和管事率，切实加强高峰期间、节假日大客流及大活动期间的保安全、保畅通能力。三是加强日常交通秩序管理，严查各类交通违法行为。交警三大队坚持领导率先垂范、全警动员、全警上路、科学部警原则，坚持在岗在位，加大勤务密度，延长勤务时间，提高勤务效率，并对各类交通违法行为形成严防、严管、严治、严惩的高压态势，使辖区各类交通违法行为明显减少，有效确保辖区道路交通安全、畅通、有序。四是有针对性地开展各类专项治理行动。大队以“打基础、树形象、防事故、保畅通”为主线，以“反暴恐、净环境、调纠纷、稳大局”，预防重特大道路交通事故为重点，相继开展医院和学校周边交通秩序专项整治、“打盗抢、防暴恐”专项行动、“涉牌涉证”专项行动、“道路客运安全年”活动、“打四非、查四违”专项行动、“六打六治”专项行动及严打严防“铁网”行动等专项整治工作，有效震慑了辖区各类交通违法行为。

【源头化管理】 2014年，交警三大队不断深化“源头化管理”工作，始终坚持“制度开道、宣传先行、措施跟进、科技保障”总体思路，切实发挥“源头化管理”作用，杜绝重特大交通事故发生。一是制度开道，不断完善各项“源头化管理”制度。建立驾驶员例会学习制度，通过每月一次的例会学习，向驾驶员宣传交通安全法规、讲述安全驾驶常识、传达上级机关最新精神、部署、研究分析事故原因；建立车辆四级检验制度，严格落实客车的日检、月检、季检、年检，确保车辆时刻保持良好运行状态，杜绝病车上路；建立“黑名单”制度，每月对辖管驾驶员进行一次排查，将违反规定的驾驶员列入驾驶员“黑名单”，建立专门台账，同时通报主管部门予以解聘和辞退。二是宣传先行，宣传“源头化管理”工作和交通安全知识。交警三大队始终坚持把宣传工作日常化，采取在客运场站设置固定宣传栏、宣传橱窗等方式，将一些交通安全常识以及一些事故发生后的自救、互救常识制作成板块、宣传页，在客运场站长期摆放、发放；借助客运场站的多媒体广告、电子显示屏长期播放交通安全宣传光盘，大力宣传“源头化管理”工作和交通安全知识。三是措施跟进，加大排查整治力度。大队多次组织民警、协警深入辖区客货运场站，对车辆及驾驶员进行排查，澄清底数，并建立台账；严把车辆出站关，坚决杜绝病车上路；加大路面检查力度，在辖区南三环路京广路口、南三环路大学路口等重点区域路口、出入市口常年设置执勤岗位，对客运车辆实行不定期检查，对存在安全隐患的车辆及时进行纠正，坚决杜绝重特大事故发生。四是科技保障，深入贯彻落实科技强警战略。交警三大队高度重视科技强警建设，不断创新举措，并注重科技手段的应用，把科技强警贯穿至日常工作中。

【宣传教育】 2014年，交警三大队一是发挥微信微博、广播、电视、报纸等媒体的作用，广泛宣传交通安全知识，并针对不同的交通违法行为，开展专项交通安全行为宣传，用鲜活的事例警示广大交通参与者，进一步增强其自觉维护道路交通秩序的主动性。二是结合辖区实际，广泛开展形式多样的交通安全宣传活动。多次组织民警深入辖区客货运场站，以“关爱生命、文明出行”为主题，采取张贴宣传挂图、发放宣传单、播放宣传光盘等方式进行宣传。通过每周的驾驶员安全教育课、每月的重点驾驶员安全例会通报全国近期重特大交通事故情况，讲授相关交通安全法律、法规知识。三是定期到辖区中小学开展安全教育宣传活动。通过交通安全知识授课、有奖提问、发放安全反光贴、文明交通安全出行互动等形式向中小学生讲授交通安全知识，提高中小学生的文明交通、安全出行意识。

（唐志鹏）

检　察

【概况】 二七区人民检察院内设办公室、政治处、侦查监督科、公诉科、未成年人刑事检察科、反贪污贿赂局、反渎职侵权局、监所检察科、民事行政检察科、控告申诉检察科、预防职务犯罪局、检察技术科、计财装备科、法律政策研究室、纪检监察科、案件管理中心、司法法警大队，现有在编干警150人。办公地址位于交通路28号。

2014年，二七区人民检察院在各项工作中争当“领头雁”“排头兵”，“1+1”办案工作机制、案件效能管理、“青春护航工程”、预防“五进”专题活动、加强纪律作风建设等8项工作的经验做法，被最高人民检察院、中共河南省委政法委、河南省人民检察院等单位转发推广，成为全省乃至全国检察工作的亮点。二七区人民检察院荣获最高人民检察院“集体一等功”、全国检察机关“文明接待室”、全国检察宣传先进单位、郑州市政法工作先进集体等18项集体荣誉，干警荣获“河南省先进工作者”、全省“人民满意的政法干警”、全省检察机关“优秀反贪侦查员、预防业务素能比武金牌标兵、民事行政检察业务能手”等40余项荣誉称号。

【法律监督】 2014年，区人民检察院深入贯彻宽严相济刑事司法政策，依法批准逮捕各类刑事犯罪嫌疑人521人、提起公诉879人；对46名涉嫌犯罪但无逮捕必要的，作出不逮捕决定；对17名涉嫌犯罪但情节轻微的，作出不起诉决定。立案查办贪污贿赂犯罪24件29人、渎职侵权犯罪5件11人，立案人数同比分别上升58.8%、37.5%。其中查办百万元以上大案12件16人，同比上升167%；查处县处级干部5人，同比上升150%。紧盯生态环境保护，查办郑州市环境保护监测中心站原站长、书记两名县处级干部贪污、受贿案；紧盯惠农政策落实，查办征地拆迁领域窝案、串案14人；紧盯为官不作为、乱作为，查办郑州市公安局治安支队原正、副支队长收受贿赂、滥用职权，放任“皇家一号”违法犯罪活动案等一批发生在群众身边、损害群众利益的职务犯罪，彰显反腐败决心和成效。

检察院成立“青春护航”服务队

【信访工作】 2014年，区检察院在信访工作中，搭建来信、来访、电话、网络“四位一体”举报体系，全天候受理群众控告、申诉和举报。严格执行检察长接待日制度，实行点名接访、预约接访，接待群众来访156人次，对检察环节的信访问题均及时办理。落实诉访分离的改革措施，对排查发现的28起涉检信访案件均及时化解。对中央巡视组、中共河南省委政法委、河南省人民检察院交办的9起案件均及时办结，全年未发生进京赴省涉及检察院有理信访案件。关注信访弱势群体，对12名刑事被害人、涉检信访困难人员进行经济救助。创新方式参与社会治理，派出干警下沉三级网格，在辖区2个街道办事处设立“便民接访窗口”，定期、定点宣传人民检察职能和人民检察工作，方便群众举报，便于群众监督。

【“1+1”办案工作机制】 2014年，区人民检察院探索运用“1+1”办案工作机制，整合全院办案力量，借助各方资源，深挖贪贿背后的渎职犯罪和渎职中隐藏的贪贿犯罪，查处贪污渎职交织的多罪名案件15人。所查办的反贪案件均为大案，其中百万元以上案件占办案总数的近三分之二。反渎职案件突破刑期低、缓刑、免刑多的“瓶颈”，查办的5件11人全部为贪污渎职罪名交织的重大、特大案件，实刑判决率100%，其中8人被判三年以上有期徒刑，1人被判十年以上有期徒刑。严格遵守讯问时限、全程同步录音录像、律师会见等规定，坚持规范、文明执法。反贪污、反渎职工作经验分别在全市做典型发言。

【预防宣传】 2014年，区人民检察院牢固树立“挽救一名干部比惩治一名干部更为重要”的理念，进一步完善社会化预防犯罪体系。在全区开展“争创无职务犯罪示范单位”活动，成立“预防宣讲团”，抽调业务骨干，在教育、卫生、拆迁等重点领域开展预防调查6次，发出预防检察建议22份，举办警示教育讲座19次。在全省首创“流动式”警示教育基地，开展“警钟长鸣、防微杜渐”巡回展7次，长150余米的展板摆进会场集市、田间地头，受教育近万人次，使职务预防工作真正“活”起来。联合凤凰传媒集团公司，把预防职务犯罪公益广告首次呈现在二七广场电子屏上。与中共二七区纪委联合举办“人生四季”节前廉政教育会演，省、市检察院领导亲临指导，并给予充分肯定。

【队伍建设】 2014年，区人民检察院紧扣“为民、务实、清廉”主题，坚持把政治理论和党纪检纪学习贯彻始终，赴鄂豫皖苏区首府革命博物馆、河南检察博物馆接受革命传统教育，坚定理想信念，站稳群众立场；坚持把领导班子和领导干部作为查摆剖析的重点，聚焦“四风”问题，领导班子成员带头征求意见、带头开展批评与自我批评，深入群众走访，真诚谈心交流，收集意见、建议120余条；坚持把建章立制贯穿始终，制订整改措施20余项，健全机关管理、执法办案、接受监督相关制度12项，用整改实效赢得群众的真心支持。

把提高业务素质作为核心要求，扎实推进“学、练、赛”活动，与中国政法大学等3所高校联合建立“司法文明协同创新实验基地”，组织干警参加各类业务培训51期、100余人次，实现学习、练兵全覆盖，在实战演练中提升素能。注重提升干警办案能力，组织反贪污、反渎职等部门业务骨干分赴北京大学、中国人民大学、浙江大学进行先进司法理念和侦查技能培训，办理的5起县处级要案中，有2起为区检察院反贪干警自行发现线索并成功查办。注重培养干警文明素养，举办“道德讲堂”12期；开展“实现微心愿”“关爱农民工”等各类志愿服务活动20余次；组织开展首届运动会、庆“七一”朗诵歌咏比赛等文体活动。倾力打造独具二七区检察院特色的文化品牌，集聚全院干警智慧，提炼出富于文化内涵、引领行为规范的院党组和部门工作理念，二七区反渎职侵权局“以法护航，让权力不越位、不失位、不错位”、预防职务犯罪局“关心您、保护您、帮助您”等部门工作理念，均成为指引工作开展的精神动力。在办公室楼道走廊布置以检察行为文化、廉政文化、党建文化为主要内容的精美文化标牌，充分发挥检察文化陶冶情操、鼓舞士气、凝聚人心的作用，潜移默化地提升检察工作软实力。

院领导班子成员坚持每周一党组例会，对“三重一大”事项集体研究决定，带领推进各项工作，带队督察作风纪律，带头参加集体活动。坚持以最严的标准、最严的举措，根治执法作风顽疾，出台请假制度、联合督察办法等作风纪律五项规定，每天人像签到，每天记录队伍管理日志，全年进行各种督察近百次；层层签订党风廉政建设责任书，加强干警8小时以外管理，要求干警管好自己、管好家属；以廉政故事、格言、违纪违法案例为主要内容，编发《每周省鉴》，每周五以短信形式发送每名干警，时刻保持警醒。严格落实检察人员办案说情报告制度，预防和杜绝办案中的“跑风漏气”问题。组织开展“党纪检纪条规学习月”“办案安全、办案纪律教育整顿月”活动，做到规范执法，文明办案。

【人大监督】 2014年，区检察院坚持党对检察工作的绝对领导，坚决执行区委各项决策部署，坚持重大事项、查办重大案件及时向区委请示报告制度。坚持把人大代表、政协委员的意见、建议作为加强和改进检察工作的强大动力。坚持领导班子成员“一对一”联络服务人大代表，强化与人大代表的经常性联系，主动上门征求意见、建议。将《检察日报》《公民与法》等400余份报刊送到代表、委员手中。依托“检察工作短讯平台”，及时将全院重要工作、重要活动，向人大代表报告。主动邀请人大代表参加全院羁押必要性审查、涉检信访公开审查、附条件不起诉等多项工作听证会。2014年10月，二七区人大常委会组织市、区两级人大代表视察区检察院工作，提出五条建议，院党组多次专题研究，采取针对性措施，持续扩大警示教育覆盖面，建立“二七检察”微信平台，开通案件信息公开系统，进一步改进职务犯罪预防和检务公开工作。

【大事记】 2014年1月10日，郑州市二七区人民检察院以98.6分的优异成绩（满分100分），顺利通过“省特级档案室”联合评审组考核验收，晋级“省特级档案室”。

2014年1月13日，中国检察官文联主席、最高人民检察院原党组副书记、常务副检察长张耕，在河南省人民检察院党组书记、检察长蔡宁，河南省院党组副书记、常务副检察长张国臣，中共郑州市委常委、市委政法委书记、市公安局局长黄保卫，郑州市人民检察院党组书记、检察长杨祖伟等陪同下，到二七区人民检察院视察工作，开展“迎新春、送文化”活动，并为检察官赠送中国检察官文联自制的春联。

2014年3月6日，二七区人民检察院对涉嫌故意杀人犯罪的无刑事责任能力人刘某，依法向二七区人民法院提出强制医疗申请。该案系修改后《中华人民共和国刑事诉讼法》实施以来二七区人民检察院办理的首例强制医疗案件。

5月30日下午，二七区人民检察院“青春护航”志愿服务队成立以来的首场宣讲会在郑州市第四中学礼堂举行，郑州市第四中学初一、初二年级400余名师生观看宣讲。此次宣讲会与以往的法制讲座不同的是，除3名检察官的演讲外，还有检察官自编、自导、自演的情景剧《我想参加高考》，检察官们真情的表演和现身说法，受到广大师生的热烈欢迎。

（孙 静）

审 判

【概况】 二七区人民法院始建于1956年6月。内设政治处（组织人事科、宣传教育科、绩效考核办公室、党委办公室）、办公室、司法行政科、审判管理办公室、研究室、监察室、司法警察大队、司法技术科、多功能诉讼服务大厅、刑事审判庭、少年综合审判庭、民事审判第一庭、民事审判第二庭、民事审判第三庭、行政审判庭、审判监督庭、执行局（执行一庭、二庭、综合科）、侯寨人民法庭、马寨人民法庭。现有人员205人，94人具有审判职称。办公地址在政通路75号。

2014年，二七区人民法院深入贯彻党的十八届三中、四中全会精神，围绕“让人民群众在每个司法案件中都感受到公平正义”的工作目标，坚持“公正司法、司法为民”工作主题，忠实履行宪法和法律赋予的职责，各项工作取得长足进步和发展。全年受理各类案件11736件，审执结9418件，审限内结案率100%，为辖区社会大局稳定、经济快速发展提供强有力的司法保障和服务。

【刑事审判】 2014年，区人民法院依法惩治刑事犯罪，推进“平安二七”建设。全年审理刑事案件610件，判处罪犯777人。一是依法严惩危害公共安全和人民群众生命财产安全的严重刑事犯罪,审理抢劫、盗窃等暴力、侵财犯罪案件213件262人，对412名被告人判处五年以上有期徒刑刑罚。二是依法严惩贪污贿赂、渎职侵权等职务犯罪。审理贪污贿赂、渎职侵权等职务犯罪案件31件35人，推进反腐败斗争深入开展。三是依法严惩危害民生的犯罪。审理危害食品、药品安全犯罪案件13件，对36人判处刑罚。四是贯彻宽严相济的刑事政策，坚持疑罪从无，非法证据排除，司法保障人权。对未成年人犯罪、轻微刑事犯罪以及具有自首、立功等情节的被告人依法从宽处理，依法审理涉及少年刑事案件47件，营造青少年健康成长的法治环境。

【民商事审判】 2014年，区人民法院依法化解民商纠纷，切实保障改善民生。全年审理各类民商事案件6334件。一是以保护当事人合法权益为重点，对农民工追讨劳动报酬等案件快立、快审、快执。全年审结劳动争议案件465件，维护正常的用工秩序，保护劳动者合法权益。依法审理追索赡养费、抚养费、医疗损害赔偿、交通事故人身损害赔偿、工伤赔偿等涉民生案件2751件，为受害方挽回经济损失6200余万元。二是以规范市场秩序为重点，依法审理金融信贷案件115件，涉案金额7800余万元。注重保护合法的民间借贷和企业融资行为，依法制裁高利贷等不法行为，维护金融市场秩序。依法审理涉及产业结构调整、农村土地流转纠纷案件21件，优化辖区投资环境，维护群众切身利益。三是以化解矛盾纠纷为重点，着重强化调解工作。全年以调解、撤诉方式审结民事案件3293件，调撤率52%。依法适用简易程序审理民事案件3976件，最大限度地缩短审判期限、提高审判效率。加强诉讼与非诉讼调解的衔接，依法确认人民调解协议187件，回应人民群众的司法需求。

【行政审判】 2014年，区人民法院依法监督行政执法，促进政府依法行政。全年审理行政诉讼案件198件。一是坚持合法性审查。全年审查行政机关申请非诉讼执行案件31件，发出行政首长出庭通知98份，协调解决58件。结合行政机关败诉案例，及时向行政机关发送司法建议17份，切实增强行政机关依法行政能力。二是加大行政纠纷化解力度。在案件审理过程中引导行政机关与行政管理相对人沟通协调，促使行政纠纷化解，行政案件撤诉率42.2%。三是发挥行政审判服务保障作用。监督支持行政机关依法行政，妥善化解涉及城市建设、城市拆迁等行政纠纷23件，保障全区社会经济又好又快发展。

法院巡回审判化解居民纠纷

【执行工作】 2014年，区人民法院依法穷尽执行措施，努力破解执行“瓶颈”。全年执结案件2255件，执行到位率86.4%，执行标的额1.3亿元。一是加大执行工作力度。全年采取查封、冻结措施1567次，拘留76人，通过威慑机制敦促被执行人履行义务。二是实施曝光失信被执行人名单制度。在“全国法院失信被执行人信息公布与查询平台”，发布失信被执行人信息468条。同时在地方报纸、电视媒体上集中曝光典型失信被执行人，压缩赖账户经营活动空间。三是推行联动信用惩戒机制。与金融机构共建查封、冻结一体化办公系统，实现账户查询、冻结一次完成，有效防范资产转移。建立信息化执行指挥中心，及时查控被执行人及其财产，提高执行效率。

【队伍建设】 （一）强化党的群众路线教育实践活动主题，着力解决突出问题。一是院领导班子坚持笃学深思细照，广泛征求群众意见，主动批评与自我批评，带头“除四病、刹四风”，制订6个方面28条整改措施并逐一落实。二是转变审判作风，大力整治“六难三案”问题（门难进、脸难看、事难办、立案难、诉讼难、执行难；人情案、关系案、金钱案）。坚决纠正“冷横硬推、吃拿卡要、慵懒散奢”等顽症痼疾。通过巡回审判感受群众疾苦，增进干警与群众之间的感情，下大力气解决宗旨意识、服务意识不强等突出问题。

（二）强化法院文化建设，提升士气凝心聚力。一是秉承文化育人、文化兴院理念，牢固树立以法院文化建设为抓手，增强队伍素质，提升审判质效的工作思路。秉承“厚德、尚法、勤廉、慎断”的二七区法院院训，弘扬“发扬传统、坚定信念、务实创新、勇立潮头”的二七区法院精神。二是进一步提升法院文化品味。充实优秀传统文化、核心价值观文化，完善“水文化”、廉政文化、党建文化、庭室文化，形成独具特色的二七区法院文化风格和时代内涵。建成院史馆，激励干警公正司法，敬业爱民。三是发挥先进文化的引领作用，打造团队精神。开展“天平在我心中”“我是谁、为了谁、依靠谁”演讲活动，提升队伍的向心力和凝聚力。

（三）强化廉洁司法意识，筑牢反腐倡廉防线。一是坚持标本兼治，完善机制建设，强化权力运行监督。坚持从小事抓起，从细节抓起，从突出问题抓起。二是深化“廉政亲情寄语”系列活动，形成自律倡廉、家庭助廉良性互动。三是发挥“清风茶社”的警示作用，警钟长鸣，防微杜渐。推行廉政“日提醒”制度，要求干警每日记录廉政日记，做到自警自醒。

（四）强化司法能力建设，培养复合型法律人才。一是加大教育培训力度，邀请郑州大学法学院知名教授为全体干警授课，组织“十佳干警”、主审法官和业务骨干60余人先后到吉林大学、西南政法大学培训，增强司法能力。二是开展岗位大练兵活动，通过庭审观摩、优秀裁判文书评选、业务知识考试等形式，提高法官驾驭庭审、制作裁判文书及法律适用的能力。三是坚持年轻干部到基层一线实践锻炼制度，对拟提拔干部和拟任法官安排到基层法庭和信访部门培养锻炼，提高化解矛盾纠纷和做群众工作的能力。

（五）主动接受人大监督，不断改进法院工作。充分认识接受人大监督的重要意义，切实增强接受监督的意识，不断加强和改进法院工作。办理人大常委会审议意见、人大代表建议和代表关注案件，对人大代表提出的5件建议和关注的23起案件，做到件件见面听取意见，件件报告办理情况。主动走访三级人大代表219名，邀请人大代表旁听评议案件76件，见证执行16次，参加信访听证11次。

建立法院干警和人大代表“一对一结对子”联络制度，在“阳光二七”网站设立人大代表、政协委员沟通交流平台，为600余名四级人大代表、政协委员建立个人数据库，利用沟通交流平台和手机短信向人大代表、政协委员发布区法院工作信息46条。全年办理政协委员提案3件，以座谈、走访、邀请视察和旁听庭审等形式听取人大代表、政协委员意见46人（次）。畅通民意沟通渠道，在“阳光二七”网站建立“院长信箱”、“人民满意度评价”栏目，回复群众咨询81次，解决群众反映事项53件。全年人民陪审员参审案件3791件，占适用普通程序审理案件的80%。完成人民陪审员“三倍增”计划，增选人民陪审员90名。向区人大常委会专题报告人民陪审员工作并落实审议意见，加强人民陪审员培训工作，提高人民陪审员履职能力。

【管理创新】 （一）深化审判机制改革，落实主审法官责任。一是探索审判权运行机制改革。2014年，区法院率先在全省法院系统推行审判权运行机制改革。组建21个新型合议庭，任命和竞选主审法官28名，选任独任法官18名，全院具有审判资格人员（包括院领导、庭长）全部纳入合议庭参与办案。二是全面落实合议庭、主审法官负责制。所有裁判文书由主审法官签发，形成院长、庭长带头办案，主审法官对案件审判质量和审判效果终身负责的良好局面，真正实现“让审理者裁判，由裁判者负责”的改革目标和要求，审判质量和审判效果明显提升。最高人民法院在二七区举办“二七杯”全国司法改革有奖征文比赛颁奖暨司法改革研讨会，对区法院司法改革取得的成绩给予充分肯定。

（二）打造信息服务平台，着力推进司法公开。一是依托信息化建设规范升级审判流程公开、裁判文书公开和执行信息公开三大平台。当事人凭借案件的查询密码和二维码，即可直接收到审判、执行过程的每个节点信息，案件庭审活动全部实现“三同步、两公开”（同步录音录像、同步记录、同步显示庭审记录，公开展示庭审证据、公开展示适用的法律法规）。利用三级法院网公开发布裁判文书3081份，倒逼审判质量和审判效果进一步提升。二是推行审判管理信息化。依托信息平台排期开庭，每个程序转换设置审限预警功能，督促及时结案。裁判文书全部实现网上制作和审批。全部案件实行网上监控，发现问题立即整改，较好地解决了案件超审限问题。省委常委、省委政法委书记刘满仓对区法院司法公开工作作出批示，要求全省政法机关总结推广区法院的做法。

（三）完善“六无”激励机制，优化管理，激发活力。一是推行并完善以“六无”为目标的审判管理激励机制。要求每起案件努力实现“无发还重审、无改判、无超审限、无上访、无违法违纪、无新闻媒体负面报道”的“六无”目标和效果。二是高度重视考核结果的运用。严格按照“六无”目标考核评选出的“十佳干警”，在晋职晋级、立功受奖依次优先。运用“六无”机制考核结果决定干部选拔和法官晋级，形成凝心聚力、激发活力的良好氛围。

（四）强化服务窗口建设，打造为民服务平台。一是着力解决“立案难”。制定《二七区人民法院关于落实司法为民规范立案工作的若干意见》，强化立案指导、风险告知，切实保障当事人诉权。二是完善便民利民举措。依托信息化平台，推行网上预约立案、网上送达、网上咨询和网上查询服务。服务大厅全年诉前保全356件，诉前鉴定27件，直接审理简单民事案件863件，审限均不超过30日，较好地解决了群众反映强烈的“立案难、审判难、执行难”问题。

（五）依托纠纷化解网络，探索社会治理创新。一是构建四级司法服务网络。在辖区充实、组建9个法庭或巡回法庭，建立114个巡回审判站、1303巡回审判点，聘请3326名楼栋调解员，把司法服务触角延伸到全区15个乡（镇）、街道，实现司法服务全覆盖。依靠司法服务网络，将矛盾纠纷化解在诉前或萌芽状态。二是在诉讼服务大厅建立矛盾纠纷多元化解机制。全年依靠区政法委干部、区人大代表、政协委员、律师、人民调解员、大学生志愿者等社会力量参与化解各类纠纷689件，成功化解465件，化解率67.48%。河南省高级人民法院院长张立勇对区法院"建立矛盾纠纷多元化解机制"的做法予以充分肯定。

（六）运用法治思维方式，推行信访听证机制。一是注重涉诉信访源头治理。对社会关注、群体性案件等进行全程风险动态评估，防止矛盾激化，实现案结事了。二是探索推行信访听证制度。对疑难、复杂的信访案件组成信访合议庭公开听证，邀请人大代表、政协委员、律师、法学专家、信访人所在单位或社区人员、新闻媒体记者等参加听证，形成客观公正的信访处理结果。全年对11起长期信访积案进行公开听证，其中6起案件实现息诉罢访。三是坚持院领导每日接访、预约接访和带案下访，及时疏导化解各类涉诉信访案件36件。四是加强审判监督工作。全年进入再审案件21件，依法纠正9件，及时解决群众反映的合理诉求。中央社会稳定专项督导组、国务院信访条例检查组先后到区法院调研，对涉诉信访治理长效机制建设给予高度评价。

（七）注重司法人文关怀，维护弱势群体权益。一是开展维护涉民生案件专项活动。审理涉及农村留守妇女、留守儿童、留守老人案件37件。连续6年开展"维护进城务工人员权益"专项活动，审理、执行此类案件361件，追讨劳动报酬1650余万元，让当事人感受到司法温暖。二是对生活确有困难的刑事被害人、申请执行人司法救助82万元；对生活困难的123起案件当事人减、免、缓诉讼费87万元，让经济困难的当事人打得起官司。

【重大案件审理】 （一）区法院率先推行专家辅助人出庭制度。近年，大量医疗纠纷、知识产权等专业性较强案件进入法院，案件当事人就某些专业性事项申请司法鉴定而得出的鉴定意见，既是法官裁判的重要依据，也是当事人争议的焦点，对案件裁判起着至关重要的作用。争议双方往往对司法鉴定意见分歧较大且涉及知识过于专业而使得法官对案件处理难度增大。2013年新修订的《中华人民共和国民事诉讼法》第七十九条规定："当事人可以申请人民法院通知有专门知识的人出庭，就鉴定人做出的鉴定意见或者专业知识提出意见。"

2014年4月20日，区法院在审理吕某诉郑州大学第一附属医院医疗损害责任纠纷案件中，原告对被告医疗行为申请司法鉴定，鉴定意见做出后，被告申请医学专家出庭并对鉴定意见做出专业意见。区法院民事审判第三庭在院司法技术部门大力协助下，通过省、市法院司法技术部门从河南省高级人民法院司法技术处设立的专家库中选取1名骨科、1名肿瘤科著名医学专家出庭，这是河南省法院系统邀请专家辅助人参与庭审第一例。在庭审过程中，2名医学专家就鉴定意见中的有关问题，分别询问鉴定人、当事人，对案件涉及的专业问题进行解释、说明，庭后提交了书面意见。

区法院邀请专家辅助人出庭，做出专业意见，一是案件审理更加公开、透明。专家到庭与当事人、鉴定人面对面相互询问，改变了原来庭外咨询专家意见的传统做法，专业问题得到更加充分的释义和论证，司法程序更加公开、透明。二是帮助法官查清事实。使法官对案件事实有更为全面的把握，把法官从专业技术问题的困扰中解脱出来，使其专注于法律的准确适用，提高审判质量和效果。三是在一定程度上弥补了现行司法鉴定制度的不足。专家辅助人参加庭审对鉴定意见和案件涉及的专业问题提出专业知识意见，增强了鉴定意见的权威性，更有利于缓解当事人对立情绪，提高司法公信力。

（二）区法院通过司法网络拍卖平台，成功拍卖全省首座加油站。2014年6月24日，区法院在淘宝网登记拍卖的位于巩义市小关镇紧邻310国道的一座加油站，在165.4194万元起拍价基础上，经过280轮竞价、33次延时，最终以689.4194万元的价格成交，为当事人节省近34.45万元的拍卖佣金。同时，由于网上竞拍广泛参与、激烈竞争的特点，该标的最终以超过评估价524万元的价格成交，溢价率318%，成为河南省首例加油站通过网络司法拍卖平台的成功拍卖。

巩义市小关镇加油站原归被执行人河南某石化公司所有，因该石化公司与申请执行人李某某发生债务纠纷，被李某某诉至区法院，法院判令被告某石化公司偿还原告借款250万元及利息729760元。判决生效后，申请人李某某到区法院申请执行，在执行过程中，发现被执行人无银行存款及其他财产，仅有一座加油站，遂依法查封该加油站(包括土地使用权及附属房屋)，并按程序委托评估公司进行评估，并成功在淘宝网上进行网络拍卖。

此次拍卖，区法院执行局高度重视，精心组织，严格按照省、市法院司法网络拍卖的要求，在淘宝网发布详细的拍卖须知、拍卖公告、标的物情况调查表，对外公布值班电话，由专人负责24小时接受意向竞买人的咨询；在公告展示阶段，共接受来自福建省、江苏省、浙江省及河南省内买家咨询457次，网上围观人员123万人，组织竞买意向人现场看样6次。6月23日上午10时开始拍卖，共有22家意向竞买人交纳保证金参与竞拍。经过26个小时的激烈竞价，终于被竞买号为S9538的竞买人以689.4194万元的价格竞得。此次拍卖拍品溢价率创河南司法网络拍卖的最高纪录。

此次司法网络成功拍卖，是区法院贯彻执行省、市法院实行司法网络拍卖的成功尝试，一方面实现并维护双方当事人的正当权益，节省有关费用；另一方面充分保证了执行工作的公开、公平和公正，提升了司法公信力。

（三）侯寨人民法庭开启"农民工维权绿色通道"。

2014年8月9日，侯寨人民法庭开启"农民工维权绿色通道"，快速审结赵书杰等14名农民工工资案件。

2014年2月15日，赵书杰等14名农民工经人介绍到福建省中马建设工程有限公司金源搅拌站工作，福建省中马建设工程有限公司一直未与其签订劳动合同。2014年8月份，福建省中马建设工程有限公司以人事变动为由与其解除劳动关系，未支付任何报酬。赵书杰等人向区人力资源和社会保障局提起劳动仲裁，区人力资源和社会保障局裁定不予受理。赵书杰等人将福建省中马建设工程有限公司诉至侯寨法庭。侯寨法庭接到诉状后，立即组织原、被告进行调解，经过3次耐心调解，双方终于达成调解协议，被告将8万余元补偿款当场支付给原告。该起劳动争议案件从受理到结束不到15天，最大限度地保护了农民工合法权益，取得良好法律效果和社会效果。

（刘永丽　李晓理）

司法行政

【概况】 二七区司法局成立于1983年。下设办公室、宣教科、基层科、法律援助中心、公证处、律师管理科6个科室，现有在编人员43人；下辖律师事务所23个，法律服务所9个，法律援助工作站20个，联络点137个，基层人民调解委员会167个，人民调解员521名。办公地址位于兴华南街85号。

2014年，区司法局深入贯彻落实党的十八大、十八届三中、四中全会精神，坚持依法治国理念，把保持全区经济平稳较快发展作为第一要务，把维护社会和谐稳定作为第一要义，把提高执行力、推动各项工作创新发展作为第一要求，以“弘扬法治精神、提升执行能力、争当发展先锋”为动力，充分发挥司法行政职能优势，为推动全区经济社会跨越发展发挥了应有的作用。全年开展“法律六进”活动106次，开展“普法讲师团”活动82场，听课群众超过4000人；排查矛盾纠纷2157件，成功调解矛盾纠纷2121件，调解率100%，调成率98.3%；接收刑满释放人员85名，建档率100%，帮教率100%；累计接收社区矫正人员126名，累计解除社区矫正人员20名；办理法律援助案件400件（含非诉讼），接听来电1123人次，接待来访1207人次；办理各类公证1013件，其中民事778件、经济235件，提供公证预约服务和上门服务156件，接待群众来电来访和法律咨询2252人次，办理公证法律援助58件。

【依法治理工作】 一是持续推进“普法讲师团”工作。开展普法大讲堂82场，听课群众4000余人；强力推进“法律六进”活动，对辖区的机关、乡村、社区、学校、企业进行法律宣传，开展“法律六进”活动106场次，印制发放普法宣传栏材料；在中、小学生中开展暑期安全法制教育，免费发放普法笔记本3000多本；联合二七区老年大学，为辖区老年人举办一场“老年人权益保障法”讲座。二是配合全区中心（或阶段性）工作进行相关法律知识宣传。针对农村村委会换届选举，印制6000本《村委会换届选举法律知识宣传册》发放到52个村（社区）的党员干部手中，介绍换届选举相关法律知识及违法行为处理案例。为便于辖区居民学习法律知识，在解放路立交桥下建成一处600米的普法长廊，五里堡街道国花社区建成60米的普法长廊，建中街街道隆福国际住宅小区建成65米的普法长廊和法制公园，德化街街道建成4.5米高的宣传栏。为搞好“平安二七”建设，印制800余条法律宣传条幅、1.6万余份宣传彩页、7万余张便民服务卡，发放到社区楼院。针对年底农民工工资拖欠严重问题，印制宣传彩页1.4万余份，发放到辖区115个建筑施工工地，既向施工方宣传拖欠农民工工资的危害及处罚措施，为农民工指出解决拖欠工资问题的渠道，同时向农民工普及法律援助知识。针对堵门堵路事件现象，制作宣传版面，重点介绍聚众扰乱公共秩序罪、妨碍执行公务罪、治安管理处罚法、道路交通安全法等法律知识，张贴到社区进行宣传。

【“规范化司法所”建设】 2014年，区司法局围绕“坚持依靠群众，推进工作落实”长效机制工作，加强“规范化司法所”创建，提高基层司法行政工作能力和水平，矛盾纠纷排查调处、刑满释放人员安置帮教和社区矫正工作取得新成效。截至2014年年底，全区已有3个司法所达到省级规范化标准，14个司法所达到市级规范化标准。淮河路司法所创建“省级规范化司法所”，已经通过验收。

【人民调解工作】 一是加大人民调解工作宣传力度。充分利用条幅、宣传板块、普法讲堂等媒介，扩大群众对人民调解的知晓度。二是完善大排查、大化解机制。坚持“日走访、日巡查”制度，深入到困难人群多、矛盾纠纷多、工作难度大的村组、社区、企事业单位，开展有针对性的排查，对在排查过程中发现的邻里、婚姻家庭、房屋宅基地等常见、多发性矛盾纠纷就地化解；对排查出来的疑难复杂矛盾纠纷和党委、政府交办及相关部门委托移交的矛盾纠纷，采取司法所长亲自参与调解的方式就地化解。三是完善“三调联动”对接机制，进一步建立健全上下联动、齐抓共管的大调解工作运行机制。最大限度发挥驻法院、公安派出所民事调解工作室的作用，对前来立案的婚姻家庭纠纷、邻里纠纷、小额的或争议不大的债务和损害赔偿类纠纷等案件，建议当事人首先选择民事调解工作室进行调解，以减少诉讼成本和时间。四是为调动民调员的工作积极性，对优秀规范的卷宗给予30至50元卷宗补贴。2014年，评选出精品卷宗599册，已发放补贴近2万元。五是加强调委会规范化建设，加大民调员管理力度。继续开展规范化调委会建设和“十星人民调解委员会”创建活动，截至2014年年底，大学路街道交通新苑社区调委会创建省级“十星级调委会”，已经通过验收。

【安置帮教工作】 2014年，区司法局在安置帮教工作中坚持“以人为本、消除歧视”工作原则，对刑满释放人员的帮教工作做到“五及时”（及时造册建档、及时家访掌握思想动态、及时签订帮教协议书、及时进行法制教育、及时制订和落实帮教措施），使其回归有人管、就业有人扶、困难有人助。协调各乡（镇）、街道办事处及有关部门，为有特殊困难的帮教对象提供服务，对青少年回归人员，采取“一帮一”“多帮一”和“组织帮教、个人帮教”相结合的方式实施帮教，教育帮教对象时刻铭记社会的宽容和关怀，杜绝重新违法犯罪现象。

【社区矫正工作】 一是加强学习培训，落实社区矫正各项工作。坚持开展集中学习《社区矫正实施办法》，组织参加社区矫正工作培训班；做好在全国“两会”期间社区矫正工作，实行社区矫正安全稳定“日报告”制度，确保辖区在全国“两会”期间的安全稳定。二是完善档案，实现规范化管理。对接收的每名社区矫正对象，及时建立监管档案和执行档案，确保不漏管、不脱管。三是全面实现全区社区矫正工作信息化管理。已为328名社区矫正对象办理GPS卫星定位卡，并将其基本信息录入到社区司法矫正信息管理平台，对其进行24小时GPS卫星定位追踪及矫正对象网络管理。四是强化社区矫正工作措施，提高矫正效果。对于接收的每名矫正对象，实行定期参加司法所组织的活动，定期开展心理咨询和谈话活动，确保矫正质量和效果。五是强化监督，杜绝漏洞。定期到各司法所抽查工作，并结合矫正信息平台，督查矫正人员的服矫情况，确保社区矫正工作顺利开展。

【法律援助】 一是加大宣传力度，扩大法律援助社会影响力。组织辖区律师在全区范围内开展法律援助宣传和“法制大讲堂”活动，巡回宣传“148法律援助”知识及各类法律法规，解答咨询1300余人次，发放宣传资料7000余份。二是健全工作机构，构建法律援助网络。在全区15个乡（镇）、街道建立法律援助工作站的基础上，将法律援助触角延伸到村（社区），在村（社区）设立法律援助受理点，同时，从各村（社区）、律师事务所、法律服务所中招募法律援助志愿者155人，组建法律援助志愿者队伍，定期开展法律援助活动。三是建立健全法律援助工作机制。把法律援助案件数量、工作质量、服务态度纳入律师、法律工作者年度目标考核，实现法律援助工作“四统一”；严把受理承办案件程序关、立卷关，落实奖惩措施，推动法律援助工作顺利开展。四是拓展援助渠道，打造司法行政窗口形象。发挥各乡（镇）、街道援助工作站作用，同工会、妇联、人武部、残联等部门协调配合，开展对未成年人、残疾人、妇女、老年人及军人的特色法律援助。

【公证工作】 2014年，区司法局在公证工作中，坚持“措施便民、工作创新、服务优质”的工作思路，以开展“优质法律服务，促进社会稳定”活动为契机，全力做好重点工程建设、城市拆迁、旧城改造、国有土地使用权及国有资产出让转让、企业改制等公证事项，在推动辖区社会经济快速平稳发展，预防纠纷，减少诉讼，维护社会治安大局稳定的过程中，发挥了不可替代的监督保障作用。一是提高公证满意度。制作便民服务卡、法律宣传单发放到全区各社区（村），组织公证员走访当事人，广泛征求群众的意见和建议。二是开设便民服务窗口。开通公证服务热线，为困难群众开辟绿色通道，开展为老、弱、病、残等弱势群体办理预约服务和上门公证服务156件。三是加强与法律援助中心合作，为困难群众减免公证费用，使群众切实感受到法律的公平正义，全年办理公证法律援助58件。

【律师管理】 一是着力提高律师综合能力。强化职业道德建设，加强业务素质培训，集中学习《中华人民共和国律师法》及司法部有关律师管理的规范性文件，组织观看警示教育片，学习违纪典型案例，让律师从中吸取教训，引以为戒。二是发挥律师服务社会经济发展的作用。开展“一村（社区）一律师”活动，将全区所有律师派驻到所有的村（社区），并在醒目位置悬挂公示律师个人信息，接受辖区百姓的法律咨询，大学路司法所将每周一下午定为“周一说法日”；开展律师法院值班制度，在区法院立案大厅设置律师值班点，全区20个律师所轮流值班，为当事人提供法律咨询，对符合条件的当事人免费提供法律援助；配合区委、区政府中心工作，为区纪委派驻律师，对涉法案件提供法律咨询，配合案件调查和办理；继续深化律师陪访制度，在区主要领导接访日，安排律师为信访群众“会诊”法律问题，主动介入信访，从法律的视角为上访和接访双方进行明晰，打消信访群众“闹访”“缠访”行为，增强政府依法行政的能力。

【队伍建设】 一是加强组织领导，推进活动扎实开展。制订二七区司法局党的群众路线教育实践活动方案，召开“党的群众路线教育实践活动”动员大会，把党员干部分为3支群众工作队，分别下沉到侯寨乡麦垛沟村，嵩山路街道工人路社区、航海路社区，协助基层开展普法依法治理，参与调解疑难、复杂民间纠纷，加强社区矫正工作，确保社区矫正人员不脱管、漏管，拓展法律援助受案范围。截至2014年年底，发放党员便民服务卡1800余张，广泛征求意见40条，帮助辖区群众解决问题35件。二是统一思想认识，强化学习教育。突出三个“深刻认识”（深刻认识开展“党的群众路线教育实践活动”的重大意义，深刻认识中央狠抓作风建设的决心，深刻认识开展”党的群众路线教育实践活动”对司法行政工作的必要性和紧迫性），进一步统一思想认识。采取集中学习、个人自学、书记讲党课、局领导上党课、学习心得交流会相结合的形式，学习党的十八大、十八届三中、四中全会精神及《论党的群众路线》《厉行节约反对浪费》《党的群众路线教育实践活动学习文件选编》《习近平关于党的群众路线教育实践活动论述摘编》等理论书籍，开展集中学习11次，个人自学10余次，党支部书记讲党课4次，学习心得交流会1次，观看教育影片10余部，党员干部撰写学习笔记数万字、心得体会40余篇。三是查摆问题，主动分析不足。通过深入基层调研走访、设置征求意见箱、召开座谈会、党员组织生活会、公布热线电话等形式广泛征集意见、建议，对征集到的意见、建议，召开局领导班子会议和全体干部会议，逐一认领，逐条落实，对查找出的问题，深刻剖析问题实质和产生根源，找准整改措施和方向；局领导班子成员撰写剖析材料，剖析个人在“四风”方面存在的问题，真正达到触动思想、触及灵魂、解决问题的目的。活动开展以来，局领导班子成员下基层40人次，召开座谈会4次，谈心谈话会30余人次，发放调查问卷600余份，征求意见表50份，收集意见、建议3大类20余条，已全部整改完毕。四是注重成果巩固，促进建章立制。结合司法行政工作特点，对已有制度重新进行梳理，废、改、立并举，广泛听取职工的意见、建议，修改完善职工上班考勤制度、请销假规定及审批制度、工作奖惩措施、公章使用制度、公文管理制度、安全生产制度、财务管理制度等，达到规范言行、提高效率、提升服务的目的。

（祝大伟）

保安服务

【概况】 郑州市保安服务公司成立于1985年5月，是全国成立最早的三家保安公司之一。公司现有职工300人、保安队员1.6万余名，为1827家党政机关、企事业单位、学校、社区等提供治安安全防范服务，为郑州市大型商贸、文化、体育活动提供全方位保安服务，取得了社会效益和经济效益的最大化。

公司现有8家人防直属公司、8家人防分公司、1家押运分公司、1个技术防范报警中心、1家与民营联合经营的金盾华安公司、1个培训中心，是一家拥有1.6万余名保安队员、集人防、技防、押运为一体的综合性保安服务公司。在河南省同行率先通过ISO9001:2008国际质量体系认证；建立河南地区最大的押运分公司，市场份额占90%以上；公司有一流的办公楼、培训教学楼、食堂和训练场等设施，培养和锻造了一批懂管理、善经营的人才。

2013年10月，根据河南省公安厅工作要求，郑州市保安服务公司进行体制改革。2014年，公司完成清产核资，出资人由郑州市公安局变为郑州市国有资产管理委员会，公司隶属郑州市国资委；总公司下属的4家分公司（东开、郑东、二七、西开）出资人由各公安分局变为总公司。

2011年9月，公司在全国3000多家保安公司中脱颖而出，被评为第三届全国先进保安服务公司；多次受到省、市有关部门的表彰奖励，为创建平安和谐郑州，为社会经济跨越式发展做出了应有的贡献。

【安保工作】 一是将“平安建设”工作纳入全年工作考核，制定考核奖励细则。2014年，保安队员在工作岗位及大型勤务执勤活动中处置各类事故和不安全因素1700余起；协助客户安保部门及公安机关抓获违法犯罪嫌疑人85人，做到“一案一奖”；扑灭初期火灾40余起。二是公司监管民警做好上公交、下网格、保安全的工作。郑州市公安局在“铁网”行动中，公司30名监管民警分为两个组，在7条公交线路不分节假日，每天跟车巡逻检查6小时，对存在的安全隐患进行排查整改，对老、弱、病、残乘客给予照顾，把安全与温暖送给市民。郑州市公安局进一步深化“一格（村）‘1＋N’”警务工作后，公司抽调32名民警，领导身先士卒，分赴各自负责的社区、网格，以热心、诚心听取诉求，解决治安隐患，开展矛盾化解、信息采集、重点守护等工作，维护一方平安。三是加强与各公安派出所的对接，参与社会治安防范，配合公安机关开展清理、清查活动。全年公司保安队员参加清理、清查20余次，出动1万余人次。四是为重点企业保驾护航。公司为1827家单位提供安全保卫服务，其中大部分是党政机关、企事业单位、学校等重点治安防范单位，尤其是郑州地铁运营后，各站点由保安承担安全保卫任务，实现“站站联动，地下地上联动”新的安全保卫模式，为地铁的安全保卫工作做出了应有的贡献。

【维稳工作】 2014年，公司特保大队成功处置上访事件1966起，为各机关办公创造了良好的工作秩序和环境，成为群众满意、政府放心、市公安局信任的一支维护社会稳定队伍，多次受到上级部门的充分肯定。

【队伍建设】 2014年，公司多策并举，以管理为抓手，队伍的形象、安全措施、客户满意率、队员的幸福指数显著提升。一是实现“衣冠不整、行为不端、仪表不良”的“三不”治理工作常态化。针对保安队员80%来自于农村地区或下岗职工的现状,多措并举,开展保安基础形象塑造工作，由公司督察部负责深入各岗点，尤其是偏远岗点，对“三不”治理情况进行督察，每周出一期督察通报，好的表扬、差的批评，限期整改，把各单位经理查岗查勤情况列入督察必查项目，责任到人，保安队员形象明显提升，经理查勤率由2013年的80%提升到2014年的95%。二是抓安全防范，确保队伍安全。在2013年开展“防事故、保安全”竞赛活动的基础上，2014年公司加大力度，多措并举，事故率明显下降。三是加大自训力度，提高管理水平。公司各单位举办各类自训10期，参训人员1万余人；仅2014年就有2000名保安队员参加“国家保安员资格证”考试，通过率98%。四是开展“大走访”活动。公司领导班子及管理人员深入256家客户单位，听取诉求，采取“请进来”的办法，召开“征求意见恳谈会”。对征求到的30条意见和建议进行梳理，能当场解决的立即解决，不能当场解决的限期解决，为客户排忧解难，受到客户赞许。五是烘托企业文化。2014年，公司采取各种形式，加大企业文化建设，拍摄以《心若在　责任就在》为题的微电影，反映押运分公司一名押运员在母亲去世时，仍坚守岗位的事迹。拍摄下网格民警以热心、诚心与百姓心交心，听取诉求解决治安隐患，维护一方平安的事迹。组织队员观看全国首部反映保安题材的3D电影《密道追踪》。公司自办的《郑州保安》杂志已出版24期，系统地反映公司队伍管理、业务发展、队员形象、履职尽责、保安全、做好服务等内容，向社会各界展示郑州市的保安形象。在中国保安服务业发展30周年举办的“中国保安30年书画作品”展上，退休职工张亚莉的摄影作品《钢铁意志》获得三等奖。六是“两关一管”深入人心。公司经过与郑州市人力资源和社会保障局多次沟通协商，妥善解决了部分职工的历史遗留问题。在完成公司家属院办理房产证后，给家属院解决困扰已久的暖气问题；公司拿出基金40余万元，对贫困队员实行帮扶；总公司、直属公司、区分公司领导春节、中秋节购买慰问品看望队员；并分赴省内部分地区对贫困队员的家庭慰问，受益队员万余人次；开通队员返乡班车，解决队员返乡乘车的困难；落实“两关一管”，既让保安队员体会到公司的关心关爱，又让保安队员自觉服从管理，营造了公司高效发展的和谐内部环境。

（甄丽君）

经济监督与管理

发展改革和统计

【概况】 二七区发展改革和统计局内设办公室、法规科、综合科、投资科、核算科、统计科6个科室以及4个二级机构（二七区社会经济调查队、二七区重点项目建设管理办公室、二七区能源管理办公室、二七区社会信用服务中心）。现有干部职工64人。办公地址位于兴华南街59号富博商务5楼。

2014年，二七区发改统计局围绕全市“三大一中”战略定位，坚持以“三大主体”工作为主导，以项目为抓手，牢固树立“品牌、品质、品位”理念，突出“改革创新、持续提升、投资增效、服务惠民”，全区经济运行承压企稳，民生社会事业持续改善，总体保持持续平稳向上的发展态势。荣获郑州市重点项目建设先进集体、郑州市发展改革工作先进集体、二七区优化经济环境发展奖等荣誉。

【现代服务业发展】 （一）坚持“培内引外”并重，推进市场外迁，整合现有资源，加大选商引资力度，紧盯“三强一优”项目，引进新兴业态，带动商贸业转型升级。

（二）将电子商务作为转变发展方式、引领高端商贸服务业发展的重要突破口，成功引进运营河南网商园、中国中部电子商务港、苏宁易购（食品）电商园等品牌电商项目。2014年“双十一”当天，河南网商园销售额3.16亿元，与2013年“双十一”单日销售额2.08亿元相比增长52%。

（三）推动文化产业发展。推进品牌培育和项目建设，重点培育影视制作、传媒创意等8个产业雏形；扶持金象影业公司等6家省、市知名品牌,制作12部影视作品；培育2个省级文化创意产业优秀企业，创建4个市级文化产业示范基地，完成郑州古玩城文化传承升级改造；河南工艺美术馆、古玩城展览馆、红樱桃美术创意园相继对外开放，填补了河南省工艺美术及明清瓷器民间展览空白。

【现代产业体系建设】 （一）规划体系基本完备。二七新区实现总体规划、土地利用总体规划、产业发展规划“三规合一”。控规获批土地面积累计达32.54平方公里，占二七新区总面积（38平方公里）的85.6%；二七特色商业区空间发展规划、控制性详细规划及交通专项研究规划编制完成，正在审批中。

（二）基础设施建设不断完善。二七新区郑航南路等9条道路已建成通车；佛岗路、鼎盛大道等18条道路正在建设；环翠路等17条道路正在进行前期设计及手续办理；自来水1号加压泵站、侯寨水厂、荆胡变电站等项目正在推进，南郊热源厂已建成供暖；南环公园一期工程完成。马寨产业集聚区月光路等5条续建道路完工，公安路等6条道路正在加紧推进；马寨污水处理厂、魏河变电站基本完工；“康师傅”二期、“花花牛”一期等水电配套设施工程完成。

（三）项目建设推进有力。2014年，二七新区新开工绿地二期、郑州CSD、红星美凯龙、鑫苑鑫家4个项目。马寨产业集聚区顶新再投资项目一期、“花花牛”项目一期投产；苏宁物流配送中心项目已进场施工；灏宇纸品项目主体基本竣工；苏宁电商园施工图设计初稿已完成，二次方案已获省政府批复。在二七特色商业区16项亿元以上产业项目中，华润万象城一期项目购物中心已于2014年4月19日正式开业，华润大厦已于2014年9月正式启用，华润悦府住宅已基本交房；德化街地下人民防空工程基本竣工，于2014年9月28日举行开街仪式；正弘凯宾城、德化无限城主体已完工，二次招商基本完成。

召开全区统计年报工作会议

【项目管理与服务】 2014年，纳入全区重点管理的215个项目，在建52个，新开工41个，竣工50个，完成投资351.2亿元。其中，省、市重点项目完成投资190.9亿元，占年计划的198.4%，超额完成郑州市政府下达的年度目标任务。

（一）抓领导，建立项目推进责任机制。坚持依托区级领导班子经济社会工作运行机制七个领导小组统筹推进全区项目，形成重点工作领导小组、项目指挥部、乡（镇）街道三级项目管理体系。按照"年初建账、每月对账、半年查账、年底交账"的要求，细化重点项目台账内容，做到动态管理，跟踪落实。

（二）抓管理，坚持项目节点控制机制。实行重大项目区级领导"三定四包六个一"服务机制。根据项目推进情况，将重点项目分为前期、开工、续建、竣工等四类，量化工作任务，实行节点控制，做到以月保季、以季保年工作目标。

（三）抓难点，加快项目制约因素破解。实行项目问题"日报告"、项目推进"周例会"、项目进度"月通报"工作机制，及时协调、解决重点项目问题，加快项目手续办理。

【节能减排工作】 （一）强化节能目标管理。制定2014年节能减排目标考核细则，将节能减排各项工作进行分块管理和考核，落实节能减排问责制和"一票否决"。

（二）强化重点用能单位管理。对2013年能源综合消费量在2000吨标准煤以上的郑州热力公司等9家企业重点监控，及时掌握辖区能源消费动态变化，适时启动红色、橙色、黄色三级预警，确保各企业完成年度节能量目标。

（三）强化循环经济发展。继续开展资源综合利用企业认定工作，提高资源综合利用效率，发展循环经济，促进节约型社会建设。鼓励辖区建材企业开展资源综合利用，对辖区5家资源综合利用企业进行专项检查，提高企业对节能减排工作的认识。

（四）做好高效照明产品推广工作。全年推广节能灯具1175套，为目标任务的106.8%，连续6年超额完成郑州市下达的推广目标。

（五）强化舆论宣传。下发《关于2014年二七区节能宣传月和全国低碳日活动的通知》，编制《节能宣传手册》500册、《节能减排文件选编》100册、印制节能宣传画1000余张，大力宣传推广高效节能产品，营造"人人讲节约、事事讲节约、时时讲节约"的良好氛围。

【统计基础建设】 （一）加强统计基础建设。重点做好"三区""四上"基本单位名录库动态维护，不断完善普查单位名录库，确保单位不缺不漏，信息真实完整。强化乡（镇）统计规范化建设，提升基层统计人员的业务水平。

（二）加大统计执法检查力度。针对30家企业的数据质量进行检查，对存在数据质量问题的单位，下达整改通知书，确保源头数据质量。

【统计服务】 （一）加强组织领导。建立完善经济运行分析监测联席会议制度，形成由领导小组组长召集、各成员单位参与，各负其责，齐抓共管的工作格局。

（二）加强建章立制。为保障经济运行分析监测工作高效开展，制定并出台了经济分析"月例会"、"季度推进会"、"成员单位联络员"和项目问题上下联动解决等制度，编发快报12期，撰写经济分析20余篇，编印《二七区经济社会发展动态》11期3300余册。

（三）强化监测工作重点。明确经济社会运行监测的重点区域、重点行业、重点企业和重点指标，通过明确工作职责，建立工作台账，强化目标管理，加强监督考核，确保"三年行动计划"各项目标任务顺利推进。

【统计普查调查】 2014年，第三次全国经济普查工作圆满完成。机构组建、人员选调、物资准备、部门资料整理比对、普查区划分与电子地图绘制、入户核查、核查数据录入、普查员培训、PDA数据采集、汇总等各项工作任务顺利实施，全区完成上报法人单位4208家、产活单位1085家、个体户3.4万户。

（杨雁平）

工商行政管理

【概况】 郑州市工商行政管理局二七分局成立于1979年。内设办公室、人事科、财务科、监察室、法制科、注册科、监管科、消费者权益保护科8个科室及1个12315申诉举报中心。下设13个工商所（大学路工商所、德化街工商所、福华街工商所、铭功路工商所、五里堡工商所、建中街工商所、京广路工商所、一马路工商所、嵩山路工商所、马寨工商所、华中工商所、南三环工商所、解放路工商所）。管理2个协会（个体私营经济协会、消费者协会）。现有在职干部职工255人。办公地址位于政通路30号。

2014年，分局在区委、区政府的正确领导下，以"党的群众路线教育实践活动"为契机，深入贯彻党的十八届三中、四中全会精神，围绕区委、区政府的总体思路和要求，履行服务发展、市场监管、消费维权等核心职能，全力服务辖区社会经济建设、招商引资等重点工作，促进各类市场主体健康发展，为推动全区社会经济发展提供良好的服务和保障，较好地完成各项工作任务。全年办理一般程序处罚案件550起，出动执法人员12270人次，检查食品经营户69300户次；开展各类食品专项行动18次，开展不合格食品检查43次，查处食品案件117起；接受消费者投诉3120起，为消费者挽回经济损失126万元。

【服务经济发展】 一是出台"十项举措"服务辖区经济发展。2014年4

河南省工商局领导检查辖区农贸市场

月30日，在“简化注册登记程序、实施商标战略、提升服务效能、服务企业发展”等方面，出台十项服务经济发展措施，进一步简化手续，降低登记门槛，促使为民服务便利化。二是服务推进全区重点项目建设。组织人员进驻百荣商贸城市场，为商户办理营业执照2852户，办理食品流通许可证2419户。三是采取企业动产抵押登记的形式，帮助企业解决融资难的问题，为企业融资3815万元。全年办理企业设立登记1349户，办理个体工商户开业登记9991户。

【商标战略】 2014年，分局大力实施商标战略。通过开展集中宣传、商标服务走访活动等形式，引导、指导辖区企业争创著名、驰名商标。向河南省工商局申报河南省著名商标14件，已获批13件，使辖区“河南省著名商标”达30件。将马寨产业集聚区作为产业集群品牌培育基地，将4家著名商标企业作为“驰名商标”重点培育对象，逐步加快了全区实施商标战略的步伐。

【长效机制工作】 2014年，分局围绕持续“深化规范提升”主题，落实二七区长效机制工作总体思路，把握关键环节，推动条块融合，把工商工作全面融入网格化管理体系，持续完善平台运行管理机制，持续提升长效机制运行水平，促进长效机制工作再上新台阶。全年网格信息平台运转正常，问题办结率100%；开展专项执法行动81次，以工商所为单位的网格培训54期。

【登记制度改革】 2014年，分局专门召开登记制度改革推进会，对改革涉及的登记、监管工作进行全面部署。多次组织专题培训会，学习有关政策、规定。细化服务举措，大力度、全方位推进工商登记制度改革，应对登记制度改革带来的业务高峰，进一步激发市场活力，取得注册资本登记制度改革的阶段性成效。

【企业信用公示】 2014年，分局利用党组学习会、局长办公会等，多次组织学习有关政策、法规，细化工作流程，邀请专家授课，加大企业信用信息公示的宣传力度，发放宣传资料1.5万份，及时宣传条例及配套规章，确保改革措施落实到位。

【党的群众路线教育实践活动】 局坚持从严、务实的标准，扎实推进，务求实效。完成方案制订、动员部署、集中学习、交流研讨、征求意见、即知即改、建章立制、整改落实等项工作，多方位开展“走基层、听民意，察民情、办实事”“基层服务月”活动。组织中心组学习14次，党支部专题学习81次，举办专题报告会4次，发放征求意见表150份，征求的意见归纳为3大类22条。对“四风”问题和群众反映的突出问题立行立改，以整改落实的实际效果取信于民。市、区“党的群众路线教育实践活动”督导组对分局党的群众路线教育实践活动均给予充分肯定。

【队伍建设】 2014年，分局把队伍作风建设融入到各项工作之中，以政风促行风，以行风树形象，切实为服务辖区经济发展提供作风保障。一是举办“清风工商”廉政教育活动。参加党课200人次，组织学习256人次，观看电教片225人次。二是对《“四自修养”管理办法》等7项制度进行修订完善。三是聘请廉政监督员。各工商所邀请辖区各界代表开展面对面“述”“评”活动。四是对各所办理注册登记短信回访1413户，满意率99.7%；节日期间监察室明察暗访48次，各所无一人违反工作纪律。

（朱永增）

审计监督

【概况】 二七区审计局成立于1984年6月。内设办公室、审计综合科、法制科、专项资金审计科，下辖2个二级机构（二七区政府投资评审中心、二七区经济责任审计中心），现有干部职工52人。办公地址位于兴华南街85号。

2014年，区审计局贯彻落实党的十八大和十八届三中、四中全会精神，学习习近平系列讲话内容，开展“一讲二比三会”（讲学习，比技能、比奉献，会审计、会服务、会创新）和“三看二评一树”（看态度、看行动、看结果，评精品、评标兵，树典型）活动，把握财政审计、经济责任审计、政府投资项目评审、政府投资项目审计、专项资金审计工作重点，依法履行审计监督职责，切实加强自身建设，助推审计事业提质增效，圆满完成各项工作任务。

【预算执行审计】 2014年，区审计局完成2011年二七区农村环境连片综合整治建设项目资金竣工决算审计，涉及中央财政及各级配套资金180万元，工程送审结算金额317.56万元，审定金额221.01万元，核减96.55万元；完成侯寨乡2012年度财务收支及决算审计，涉及财政资金3921.83万元；对二七区2013年度预算执行情况及其他财政收支情况进行审计；对二七区2013年度区本级税收计划执行情况进行审计；对二七区2011年至2013年度涉企财政资金进行专项审计，审计调查涉企农业、科技等财政资金项目38个，项目企业12家，涉及财政资金1465.50万元；对二七区“贯彻落实稳增长促改革调结构惠民生”政策措施落实情况进行跟踪审计，审计项目需要跟踪审计落实的内容共计19个方面、63项政策措施的落实情况。

【政府投资审计】 2014年，区审计局坚持服务全区建设，进一步拓展加大投资审计的广度和力度，严格执行《郑州市二七区人民政府投资项目前评审和后评估办法》《郑州市二七区人民政府投资项目管理办法》，有效开展政府投资项目审计，形成政府投资项目全过程监督体系，规范政府投资项目的管理，提高财政资金的使用效率，使审计监督与服务职能更为有效的发挥。以政府投资项目评审为突破口，建立项目评审“三审制度”（即预审、初审、评审），完善“先评审、后招标”的投资评审机制，以达到审计关口前移目的；以跟踪审计隐蔽工程、变更签证和资金拨付为重点，对不同的建设项目，采取不同跟踪审计模式，及时发现和纠正施工过程中存在的造价不实、管理不规范等问题，变事后监督为事前预防，有效发挥“免疫系统”功能；以竣工决算审计为总闸口，通过工程价款结算审计，把握工程造价的真实性与合理性，通过竣工决算审计，确定项目从筹划到竣工投产全过程的全部实际费用。全年完成政府投资结算审计项目70个，送审金额21593万元，审定金额18668万元，审减金额2925万元，平均审减率13.5%；完成财政投资项目评审127个，送评总金额7.84亿元，评定总金额6.26亿元，评减总金额1.58亿元。充分发挥了审计机关在节约财政性资金、减少损失浪费、提高投资效益的作用。

【经济责任审计】 2014年，区审计局根据《党政主要领导干部和国有企业领导人员经济责任审计规定》要求，受区委组织部委托开展经济责任审计工作。坚持“依法审计、服务大局、围绕中心、突出重点、求真务实”的工作方针，以规范行政行为为重点，以审计创新为动力，以提升审计质量为核心，大胆实践、扎实工作，履行经济责任审计监督职责。全年完成经济责任审计项目20个，其中离任经济责任审计项目5个、任中经济责任审计项目15个，涉及审计金额5.4亿元，提出审计建议55条，对审计查出的问题各单位都整改到位，审计建议落实率100%。对完成的审计项目已纠正并处理处罚，有效地制止和纠正了违纪、违规行为，严肃了财经法纪，规范了财经秩序，有力促进了经济发展。

审计局召开“党的群众路线教育实践活动”动员会

【专项审计】 2014年，区审计局严格执行《二七区项目指挥部资金监督办法》，全年完成6个指挥部财务收支、2家开发公司临时机构资产清算和财务收支及1项专项资金等审计，审计金额21亿元，提出合理化建议20余条。揭示了专项资金在归集、管理和使用中存在的问题，并针对性地提出审计意见和建议，促进相关领域政策措施贯彻落实和制度完善。

【队伍建设】 2014年，区审计局建立“用制度管权、按制度办事、靠制度管人”的机制。通过领导干部率先垂范、树立典范、强化督查、奖优罚劣等方式，真正把制度落到实处；职工以学习促成长，树立“终身学习、全员学习、工作学习一体化”理念，形成“以素质教育为核心、以知识更新为重点、以在职学习为主渠道、以集中培训为重要措施、以自我学习为主要形式”的学习教育体系，为复合型、应用型审计人才成长敞开通道，打造一支政治素质好、业务能力强、工作作风硬的审计队伍。

【廉政建设】 2014年，区审计局大力弘扬“责任、忠诚、清廉、依法、独立、奉献”的价值观；狠抓队伍廉政建设，牢记廉政建设是审计工作的“生命线”，廉政纪律是绝不可触摸的“高压线”；不断强化精神文明建设，着力提升职工综合素质，树立审计机关良好形象，实现精神文明建设与审计工作有机结合和良性互动。

（赛　静）

物价管理

【概况】 二七区物价局成立于1989年。内设办公室、法制科、行政服务科、认证中心、举报中心、检查一科、检查二科、检查三科，下属二级机构一个（二七区物价检查所）。现有职工34人。办公地址位于政通路29号鼎鑫商务楼七楼。

2014年，区物价局在区委、区政府的正确领导下，贯彻党的十八大、十八届三中、四中全会精神，紧紧围绕“三大主体”工作和“三年行动计划”目标，扎实开展“党的群众路线教育实践活动”，坚持以“立足监管促发展、强化服务惠民生”为主线，加大价格监管力度，整顿和规范价格秩序，优化经济发展环境，着力解决群众最关心、最直接、最现实的价格热点、难点问题，为二七区经济发展营造良好的价格环境。

【价格监测与价格信息服务】 密切关注辖区米、面、食用油等与群众生活相关的重要商品的价格，及时掌握市场价格动态，建立信息报送制度，为政府决策提供服务。2014年度，价格监测83次，编写物价信息60余篇；完善市场价格巡查制度，以农副产品为主，组织对辖区23家商场、15座农贸市场开展价格检查，对于囤积居奇、哄抬物价等价格违法行为给予严厉打击；完善“价格提醒会”制度，在节假日期间，召开“价格提醒会”，发放规范节日期间市场价格行为的“政策提醒函”，提醒各大商家严格价格自律，保障市场供应，确保节日期间市场物价稳定。

【行政事业性和经营服务性收费管理】 坚持收费许可证制度和年审制度，严把办证关，实行办事大厅“一站式”办理，特殊情况上门服务；推行全国收费动态监管系统，促使收费管理科学化、信息化、公开化，提升全区收费监管水平。2014年，年审换发收费许可证119个，其中：行政事业性收费20个，医疗服务收费59个，学校代收费和服务性收费40个；收费备案157家，其中：物业服务收费备案65家，民办非学历教育备案92家，抽查面30%以上。

【价格监督检查】 2014年，区物价局加强医院停车场收费监管，组织对辖区郑州大学第一附属医院、郑州大学第三附属医院等15家医院机动车停车场收费进行监督检查，完善收费公示制度，优化辖区停车管理秩序；加强第八届中国（河南）投资贸易洽谈会、高考期间价格监管，深入辖区商场、景区、餐饮等场所，指导规范明码标价行为；组织开展涉企收费专项检查，对区建设局、区交通局等部门2012年以来的收费行为进行监督检查，规范全区涉企收费行为，减轻企业负担；开展医疗服务收费专项检查，组织对郑州市口腔医院、郑州市第二中医院等21家医疗机构收费情况进行检查，重点检查医院政府定价药品最高零售价执行情况、药品加价率、一次性医用耗材、检查检验的价格与收费执行情况，规范医疗服务收费行为，优化辖区医疗卫生服务环境，减轻患者负担；开展教育收费专项检查，重点检查郑州市第七十四中学、郑州市第五十三中学、陇西小学、春晖小学、兴华街小学等5所学校收费情况，落实“一费制”和“两免一补”政策，切实维护学生家长的合法权益；开展物业服务收费检查，组织对辖区金域上郡住宅小区、亚星盛世家园住宅小区等103个住宅小区对物业管理收费情况开展专项检查，主要检查各物业公司2014年以来价格政策执行情况及新物业管理条例出台后各住宅小区物业管理收费执行情况，规范辖区物业服务收费行为，营造和谐、诚信的小区居住环境。

【价格服务】 2014年，区物价局开展“商贸业价格服务周”活动，以“党的群众教育实践活动”为载体，局领导带队深入华润万象城、二七万达广场等商场，开展“商贸业价格服务周”活动，建立商场对口联系制度，完善商贸业价格管理制度和物价员制度，对商场商品价格行为给予现场指导规范，倡导商户遵纪守法、诚信经营；开展“价格服务进景区”活动，深入辖区樱桃沟等景区，开展价格服务活动，对餐饮业、停车场、游乐场等场所明码标价情况进行指导规范，倡导商户诚信经营，优化景区价格秩序；做好平价蔬菜店建设工作，组织人员深入各乡（镇）、街道，选择适合平价蔬菜店建设的经营场所，争取更多的平价蔬菜店设置到辖区，让更多的群众能够购买到便宜菜、放心菜，从而惠及百姓生活。截至2014年12月底，建设平价蔬菜店12家。

物价局深入华润万象城开展价格服务活动

【价格举报】 2014年，区物价局注重畅通诉求渠道，充分发挥“67412358”价格举报电话的桥梁作用，坚持24小时值班制度，按照“快、准、实”工作原则，及时查处价格举报案件。对群众投诉的问题不推、不拖、不上交，妥善解决，切实做到件件有落实，事事有回音。全年处理来电、来访、来信案件226起，其中：价格咨询176起，价格举报50起，省、市转办案件3起，退还多收价款5.6万余元，办结率98%以上，受理回复率100%。

【价格认证】 2014年，区物价局在涉案物品价格鉴定工作中，始终坚持客观、公正、合法、科学的原则，坚决做到资料齐全、程序合法、计算准确、结论真实，严把委托受理、现场勘验、市场调查、内部审议、档案归档“五关”。在规定工作日内，准确无误地完成每份评估报告，为司法机关办理案件提供可靠的价格依据。全年完成各类涉案物品价格鉴证案件320起，评估金额达68余万元，其中涉及盗窃电动车、手机案件较多，占总案件数量的64%。

【党的群众路线教育实践活动】 一是研究活动方案，成立领导小组，制订学习计划，做好宣传动员；二是采取集中学习与自学相结合，明确学习任务，丰富学习内容，创新学习载体，确保学习成效；三是召开学习成果交流会，每名职工畅谈学习心得体会，局长带头讲党课，参加“我是谁、为了谁、依靠谁”主题演讲活动，倡树服务奉献新风；四是深入华润万象城等商场开展调研活动，多渠道征集服务对象及群众对物价工作的意见、建议；五是按照“照镜子、正衣冠、洗洗澡、治治病”总要求，深入查摆领导班子及领导班子成员“四风”方面存在问题，撰写对照检查材料，召开领导班子专题民主生活会和组织生活会；六是领导班子及领导班子成员结合“四风”等方面查摆出的问题，制订切实可行的整改方案和整改措施，建立完善各项规章制度，建立问题台账和制度清单，确保问题尽快解决，保证党的群众路线教育实践活动取得成效。

【长效机制工作】 2014年，区物价局以“深化、规范、提升”为主题，健全工作机制，建立完善《二七区物价局考核奖惩制度》《二七区物价局下沉工作方案》《二七区物价局下沉人员管理办法》《二七区物价局下沉网格人员考评办法》。下沉人员坚持每周工作巡查至少2次，坚持填报工作台账，全年巡查152次；局领导坚持每周组织网格人员、下沉人员进行一次协同巡查，每两周组织一次研判会商，及时排查、发现、解决问题，全年协同巡查40次、研判会商25次。坚持“三个三分之一”制度，将长效机制工作列为领导班子会议固定议题，建立局长亲自抓、分管领导具体抓的工作机制，局长定期听取网格化管理工作汇报，定期深入基层进行调研、解决问题，全年召开长效机制工作会议60次、调研15次，研究、解决问题108件。举办物价网格化管理业务培训会，增强下沉人员业务素质，提高下沉人员的履职能力和水平，全年举办网格培训12次。成立督查工作小组，定期对下沉网格人员履职情况进行督查，并及时进行通报，对于工作不作为、工作乱作为现象给予责任追究，保障长效机制工作有效落实，全年开展工作督查26次，编写督查通报26篇。同时，做好对永安东街社区、航海北街社区、福华北街社区的帮扶工作，主动为社区解决实际问题，全年帮助社区解决问题32个，开展帮扶4次，帮扶20人，帮扶2000余元。

（张志伟）

质量技术监督管理

【概况】 郑州市质量技术监督局二七分局内设办公室、纪检监察室、计财科、人事科、法规科、食品科、标准科、计量科、特安科、质量科、监督科、稽查队、长效办，现有干部职工30人。办公地址位于政通路29号院龙亭住宅小区办公楼四楼。

2014年，分局围绕区委、区政府总体工作要求，在全面开展“党的群众路线教育实践活动”的同时，严格按照既定工作目标开展工作，在特种设备安全监管、食品监管和质量监管等方面取得明显成绩。一是协调建立乡（镇）质监分站。加强对侯寨乡、马寨镇食品和特种设备的有效监管。两站成立以来，普查各类型使用单位147家，各类特种设备594台/部；与29家正规的使用单位签定特种设备使用单位安全使用承诺书；配合乡（镇）拆除常压改承压锅炉4台；举办乡（镇）安全员培训班3期，建立安全隐患周报制度。二“是质量强区”工作进展顺利。在制定“质量立区”（现更改为“质量强区”）工作计划的基础上，大力开展服务全区规模以上生产企业工作，下发《关于进一步做好服务企业工作的意见》，选取50家规模工业企业作为重点服务对象，由局领导班子成员分包服务，帮助企业解决发展过程中遇到的困难和问题。同时协调二七区人民政府推进全区“质量立区”工作。下发《郑州市二七区人民政府关于推进质量立区战略工作的意见》，对“质量立区”工作做出统筹安排和部署，并把“质量立区”工作纳入政府绩效考核目标。三是召开二七区特种设备监管专项会议。由郑州市质量技术监督局特安处处长郭景德授课。四是“春风行动”服务帮扶活动。以食品生产工业园区企业、食品生产规模企业、新落地企业为重点，以“五个一”为内容，全方位、全过程“传帮带”，使企业逐步走向规范化生产的道路。五是开通纪检监察政务微博。继2013年创办“廉政文化”期刊后，2014年在新浪微博上开通“清风二七质监”纪检监察政务微博。微博设置10个栏目，突出“宣传、教育、警示、监督、服务”五大功能。微博开通以来，原创和转发总数量均居二七区前列，发表、转载微博3600余篇，“粉丝”3200余人。

【标准计量工作】　一是继续开展旅游服务标准化示范工作。制定“两年实施计划和验收标准”，建立具有二七区特色的地方乡村旅游化体系，促进乡村旅游服务设施升级完善，规范乡村旅游产品和服务质量，提高游客的满意度，形成一批标准化、品牌化的乡村旅游经营单位，进一步提升辖区旅游业的吸引力和竞争力；二是重点开展“5·20”世界计量日服务计量进社区、进市场、进企业现场计量咨询服务，并于5月20日组织开展“光明计量进校园”现场宣传活动，制作展板3块，发放宣传资料3400余份，咨询服务50余人次，宣传计量在生活中的地位和作用。

【质量监督管理】　一是开展工业产品生产许可证巡查工作。从产品包装是否符合标识标注规定入手，以生产条件、检验手段、生产技术及原辅材料进货验收和产品出厂检验实施情况为重点，确保出厂产品符合国家有关规定。对辖区内获证企业建立质量档案，实行动态管理。二是开展工业产品获证企业年审工作。继续加强工业产品生产许可证的后续监管，狠抓生产许可证年度监督审查工作的实施，8月底前顺利完成2014年度生产许可证年审工作。辖区工业产品获证企业13家，已全部上交自查报告。三是进一步加强机动车安检机构监督管理，落实主体责任，提高检验水平，对郑州市公安局机动车辆检测中心进行严格检查。四是开展3个专项整治行动。对辖区机动车检测机构进行检查；对液化石油气质量安全进行专项整治，排查辖区4家气瓶充装单位，截至2014年年底，没有发现液化石油气生产企业和液化石油气瓶制造企业；对建筑机械生产行业开展专项整治，出动执法人员45人次，执法车辆23台次，截至年底，未发现建筑机械生产企业。

【食品企业监督管理】　一是发挥网格责任管理职能，对食品生产企业监督检查。全年出动车辆240余台次，人员480余人次，监督检查食品及添加剂生产企业280余家次，累计发现问题200余条，下达责令整改通知书150余份，已提交自查报告和整改报告100余份。二是制定落实“三制度一规定”，监督食品生产企业履行主体责任。全年进行约谈和警示教育8次，约谈230人次，上报黑名单4次，涉及企业和无证生产作坊20余家。三是利用年审工作平台，加大对食品生产企业监督检查力度。四是开展“企业联盟检查”，督促食品生产企业互帮互学，取长补短。五是坚持抓好“食品风险检测和应急演练”，增强食品生产企业产品质量的预见性和可控性。六是集中开展以“道德诚信教育”为主要内容的宣传培训活动，强化食品生产企业法律意识和责任意识。七是持续深化“食品安全专项整治”，确保食品生产企业产品质量安全无事故。八是严厉查处“不合格产品、不规范生产”违法违规行为，促进食品生产企业健康发展。全年开展食品相关培训8次，培训1000余人；对辖区奶制品、方便食品、膨化制品、食品添加剂、水、速冻、糕点等产品进行抽样，对231家次食品生产企业、475个生产批次的产品进行抽样送检，经检测企业合格226家次、产品合格470个批次，企业合格率97.8%、产品合格率98.9%。

【特种设备安全监察】　依托网格化工作机制，对全区的电梯进行普查登记，普查电梯4546台。针对乡（镇）、街道网格人员和安全检查人员对电梯的安全运行知识了解较少的情况，特安科分批到乡（镇）、街道进行培训，培训400余人次，并邀请郑州市质量技术监督局专家对二七区安委会成员单位和乡（镇）、街道分管安全生产的领导200余人进行培训。

【执法监督】　2014年受理投诉、举报案件217起，均得到妥善解决，做到第一时间转办，并及时回复当事人和上级部门，化解矛盾、解决纠纷。

开展“3·15”消费者权益保护日集中宣传活动

【党组织建设和精神文明建设】（一）坚持抓好党组织建设，为全局发展打好坚实基础。党支部组织开展民主评议党员活动，全局21名党员参加评议，1名党员被评为优秀党员，20名党员被评为合格党员。同时，组织召开两次专题民主生活会，对提出的改进组织工作意见、建议及存在问题，结合2013年度组织工作目标考核反馈意见，制订整改措施并进行整改。

（二）抓好理论学习和思想政治教育，提高党员干部素质。一是组织党员干部参加“四个一”活动。在党员干部中开展“四个一”读书活动，坚持每月精读一本书、撰写一篇心得体会、开展一次心得交流、进行一次集中考试。通过不断地学习，不仅提升党员的能力素质，同时有效增强全心全意为人民服务的宗旨意识。二是有序开展“党的群众路线教育实践活动”。党支部和领导班子成员先后走访13个行政科室、150余家企业及社区，访谈132人，发放调查问卷100份、征求意见信50份，组织召开各类座谈会10余次，征求意见、建议26条，针对征求的意见、建议，党支部制订切实可行的整改方案，建立整改台账，限时整改落实。同时，编制20项工作制度汇编。

（三）开展组织活动，切实做到党务政务有机结合。一是丰富党员的集体生活。组织召开了干部职工座谈会、重温入党誓词活动，以及“学党史、转作风、比贡献”主题教育活动。通过宣誓，进一步激发党员、预备党员的使命感、责任感和自豪感，深化党性修养；通过学习党的历史，引导党员干部在进一步增强党性观念的同时，做好本职工作，进一步加强机关作风建设，巩固和发展全面“创先争优”活动成果。二是继续推进“三强一创”活动的开展。结合“党的群众路线教育实践活动”，将工作重点放在争创“服务型党支部”工作方面，做了大量工作。

（四）实现党建网格化平台与监管工作有效结合。党支部在政府网格化管理的基础上，将局党建网格融入监管网格，实行党政共同监管的方式，搭建内部网格平台，做到每一级网格都有质监人员。在实际工作中，党支部加强与各乡（镇）、街道网格长的联系，为局行政工作扫除监管盲角、解决监管措施乏力等方面起到良好帮助作用。全年向郑州市质量技术监督局和二七区有关部门上报各类发现问题、解决问题92件，均做到查清案情、及时回复。

【党风廉政建设】一是领导高度重视，安排部署党风廉政建设和反腐败工作。党支部成员与各科室负责人签订了“2014年党风廉政建设目标管理责任书”。二是创新学习形式，开展形式多样的反腐倡廉宣传教育活动。三是健全各项管理制度。制定完善考勤制度、民生生活会制度、重大事项决策制度等22项制度。四是开展“严肃查处节假日期间各种违规、违纪行为”等专项检查活动，全年没有干部职工违法、违纪行为发生。五是开展清理纠正党员干部私自从事营利性活动、领导干部亲属违规经商办企业和领导干部收送红包礼金问题专项治理及整治“会所中的歪风”专项治理活动。六是开展纪律作风整顿活动。局领导班子成员从自身做起，当好表率，带头执行各项规定。七是开展民主评议政风、行风工作。结合第二批“党的群众路线教育实践活动”，制订民主评议政风、行风活动方案，明确提出整改问题、正确履职、政务公开、优质服务、勤政廉政等重点评议内容。活动期间向区人大代表、政协委员以及辖区群众发放工作汇报信1513封，编发行风评议短信1443条，发放调查问卷121份，召开座谈会3次。

【长效机制工作】一是做好与区直各级网格的条块融合工作。按时参加街道召开的联席会议，对网格内发现的问题及时解决。二是对质监领域专业性较强的食品、质量、计量、标准、特种设备等专业知识，组织二、三级网格管理人员开展集中培训7次，参训300余人次，发放《中华人民共和国特种设备安全法》《食品安全知识》等宣传资料300余本。

（张华荣　刘晓青）

安全生产监督管理

【概况】二七区安全生产监督管理局于2003年2月挂牌成立，2005年7月成立二七区安全生产监察执法大队。内设党政办公室、综合科、监管科、法制科；安全生产检察执法大队下设5个监察中队（监察所）。现有在职干部职工54人。办公地址位于小赵砦街86号院。

2014年，二七区安全生产工作以科学发展、安全发展为统领，以创建“平安二七”为平台，以安全生产网格化管理为抓手，严格按照全年安全生产工作总体规划和部署，以“党的群众路线教育活动”为契机，狠抓干部队伍建设，夯实基层基础工作；以安全生产网格化管理为平台，着力深化条块融合，排查治理安全隐患；以行政执法为拳头，严厉查处非法、违法行为，有效预防和遏制重特大安全生产责任事故发生，为全区经济社会发展营造了良好的环境。

【事故指标控制】2014年，郑州市政府下达二七区的死亡人数控制指标为2人，根据《郑州市12月份生产安全事故月报》显示，全区1月至12月死亡1人（此事故属市城中村改造焦家门村项目，市直管建筑工地），煤矿、非煤矿山、特种设备、危化等行业未发生安全事故。

【组织保障】（一）建立安全生产长效机制。构建安全生产“三分六定”网格，明确全区各单位的职责、任务、工作要求。

（二）坚持科学工作机制。继续实行安全生产“千分倒扣”制度，推行“红、黄”安全生产形势定期警示制度、专家“会诊”制度和分管区领导每周带队“例查”制度。

（三）区委、区政府制定并下发《关于进一步加强安全生产工作的意见》，制订全年安全生产工作计划、工作要点，明晰各项目标任务，为工作开展打下基础。

（四）深入开展“百千万”对话谈心活动。区主要领导、分管领导率先深入基层、深入一线，与企业厂长（经理）对话谈心，督促其树立“红线”意识，切实负起安全生产主体责任。同时配合郑州市第十一督导组与乡（镇）、街道的乡长（镇长）、主任对话谈心，从8个方面进行交流，通过谈心活动，单位负责人的责任意识明显提高。

【安全体系建设】（一）按照安全生产“党政同责”“一岗双责”“管行业必须管安全、管业务必须管安全、管生产经营单位必须管安全”的要求，层层签订目标责任书，明确各级政府安全生产责任。

（二）建立安全生产分级监管体系。行业主管部门和乡（镇）、街道，按照行业和辖区实际，相对划分日常监管的重点，乡（镇）、街道依据三级网格划分日常监管重点，对全区生产经营单位进行分类、分级督导检查。

（三）建立安全生产排查治理体系。乡（镇）街道、行业委局制订年度日常检查工作计划，对重点领域、重点行业、重点部位、重点时段、重大危险源等监管重点加大巡查力度，建立生产单位基本信息动态台账和事故隐患排查治理台账。

（四）建立安全生产督导考评体系。把安全生产工作作为干部任用和奖惩的依据之一，二七区政府成立督导组，对各乡（镇）街道、相关行业委局每两个月进行一次督导考核，督导情况全区通报，年终进行总评。

已全部整改到位。

城乡结合部专项整治。针对侯寨乡、马寨镇、嵩山路街道等城乡结合部，集中开展“打击非法生产经营单位”专项行动。

（四）坚持督导督查。区领导坚持每周四带队督导，区政府7个督导组每双月督导各单位安全生产工作。

举办二七区安全生产监管人员培训班

【隐患排查治理】（一）深入开展“六打六治”活动。开展综合性大检查和专项行动23次。通过企业自查、主管部门监察、乡（镇）街道属地检查、区安委会督查等措施，检查生产经营单位12128家（次），排查治理各类隐患11889条，已全部整改。

（二）开展专家查隐患活动，深度挖掘安全隐患。

（三）对重点区域、难点问题，实施专项整治。

消防安全。重点对人员密集区、商业云集区、在建工程密集区、市区三环路周边仓储聚集区，持续开展消防安全专项行动。

建筑安全。截至2014年年底，全区在建建筑工地114个、市管工地101个、区管工地13个，全年对建筑工地的安全巡查、检查累计500余次，下发安全隐患整改通知书400余份。

煤矿安全。振兴二矿、三李煤矿“证照齐全”，正常生产；金源煤矿处于隐患整改阶段，其余煤矿均处于停产状态，每班下井通风排水人员不超过5人。

危险化学品行业。全年组织危险化学品专家开展5次查隐患活动，累计检查重点生产经营单位100多家次，发现安全生产隐患200多处，

【宣传教育培训】（一）有针对性的对网格管理人员进行轮训，增强隐患排查治理能力。

（二）对生产经营单位安全管理人员和特种作业人员集中培训，全年举办培训班17场，培训1463人。

（三）“安全生产月”活动。巡回播放《盲洞·迷途》《平安是福》《生产安全事故典型案例盘点（2014版）》等宣传片；举办“安全生产月”宣传咨询日活动；组织开展矿山抢险、危险化学品扑救、人员密集场所火灾疏散、建筑工地坠落等4个行业应急救援综合演练。

（四）贯彻《中华人民共和国安全生产监督管理法》实施。10月底分两期组织全区安监系统干部和三级网格长共计500多人集中进行业务学习。

【“标准化”创建】（一）安全和谐型村镇（社区）达标工作。全年完成31个安全和谐型村镇（社区）创建任务。

（二）企业标准化创建工作。已有38家企业完成标准化创建工作。

（三）非煤矿山和危险化学品标准化创建工作。全区仅有1家非煤矿山企业，完成安全生产标准化“五级达标”安全评价工作，2家危险化学品生产企业完成标准化“三级达标”安全评价工作。

【大事记】 9月30日晚，市区南四环路发生运输危险化学品罐车泄露事故，区安全生产监督管理局启动应急救援系统，经现场全力抢先，未发生人员伤亡和环境影响。

（许建明）

食品药品监督管理

【概况】 郑州市食品药品监督管理局二七分局成立于2010年8月6日。内设办公室、药品监管科、食品监管科、纪检监察室，二级机构1个（食品药品监督所）。现有干部职工29人。办公地址在陇海中路50号慧丰大厦9楼。

2014年，分局以“党的群众教育实践活动”为抓手，围绕保障人民群众饮食、用药安全，坚持“监管与活动并重、打假与规范同行”工作原则，深入开展“党的群众路线教育活动”，加大食品、药品安全日常监管力度，以各项专项整治行动为主线，切实加大餐饮、药械市场整顿和规范力度，始终保持高压态势，打防并举，促使企业诚实守信，合法经营。全年累计出动执法人员1600余人次，监督检查“四品一械”生产经营使用单位4000余家，餐饮服务企业及药械、保健食品、化妆品经营使用单位检查覆盖率100%；立案查处食品、药品违法案件119件，结案率100%，罚没额58.4万元；受理投诉、举报、协查食品、药品安全事项83起，全部调查处理并及时反馈，满意率100%。辖区全年无一起食品、药品安全事故,饮食、用药安全水平得到进一步提升。

【食品安全监督管理】 一是加强餐饮单位的许可监督管理,严把餐饮消费服务许可关。2014年，全局严格审核发放餐饮服务许可证，为每家新办单位提供有效的许可前帮助，将许可期限由法定的20个工作日缩短到12个工作日，全年发放餐饮服务许可证1607份。二是以督查与自查相结合的方式，开展两次学校食堂食品安全专项行动，对辖区140家学校、幼儿园食堂进行全面检查，并建立健全学校食堂食品安全监管信用档案，定期进行评定，对纳入食品安全不良信用记录名单的单位加大处罚力度，进行重点监管。在专项整治行动中立案10起，处罚10起，罚没3.6万元。三是完成重大活动期间餐饮食品安全

保障工作。在市、区“两会”、第八届中部地区博览会、高考等重大活动期间，对各大活动接待餐馆落实24小时驻点监督制，进行全程监督，做到保障前有方案、保障中全程监管、保障后有总结，同时要求餐饮单位严格执行《中华人民共和国食品安全法》及《餐饮服务食品采购索证索票管理规定》，做到48小时留样，确保重大活动期间的餐饮食品安全。四是做好“五小”门店示范创建。打造示范街13条、示范店198个，其中市级示范街2条。在辖区开展“透明厨房”活动，全年实行透明厨房的餐饮单位91家，425人参观，收集参观人员建议17条，对合理化建议进行整改落实。同时组织辖区160余家餐饮单位负责人到张福记陇海路店后厨现场观摩学习，就餐饮服务各环节操作管理现场“取经”，不仅为餐饮服务行业管理人员提供学习交流平台，也是创新监管方式的有效尝试。五是做好食品安全风险监测工作，坚决查处不合格食品经营行为。全年抽检采样189家餐饮单位，出动执法人员85人，抽样531批次（其中豆制品40批次、面点43批次、肉制品100批次、辣椒酱90批次、食醋60批次、酱油60批次、月饼30批次、大米70批次、食用油30批次、饮料8批次），在抽验过程中，联合郑州市食品药品监督管理局共同采样，抽验方法和过程严格按照相关程序进行，确保餐饮业食品安全。六是开展餐饮服务食品安全量化分级管理。对辖区餐饮单位全部实施量化分级管理，辖区餐饮单位评定级别1530家，量化分级率100%。在对餐饮单位实施量化分级管理的同时，对餐饮单位建立监管诚信档案。

局领导检查饭店食品安全

【药品、医疗器械市场监督管理】 一是强化监管，大力推进经营企业监督检查。履行监管职能，建立健全企业监管档案，将日常监督、专项检查、飞行检查有机结合，开展“五整治”等各类专项整治活动，进一步规范药械市场秩序，保障了人民群众用药安全。截至年底，检查各类药械经营使用单位736家次，做到药械生产经营企业监督检查全覆盖。二是开展医疗器械“五整治”专项检查。制订“郑州市食品药品监督管理局二七分局医疗器械“五整治”专项行动实施方案”，并于2014年4月初开始医疗器械“五整治”专项检查。在专项检查中，出动执法人员717人次，累计检查13家次医疗器械生产单位、188家次经营单位、38家使用单位，查处违法违规单位41家，责令整改41家，警告28家，立案查处13家，罚没8.9万元。三是强化“两个报表”的上报工作，完善产品的质量监测。加大对“药品不良反应和医疗器械不良事件”两个报表上报的宣传工作，明确要求药品零售企业和医疗机构在药品和医疗器械使用过程中对发现的不良反应和不良事件要及时、准确的上报，全年完成ADR上报378份，其中严重的报告21份，新的严重的药品不良反应10份；MDR上报20份，切实为提高药械产品质量奠定了基础。四是指定专人负责广告监测。对辖区内电视台、互联网和平面媒体发布的药械广告开展全方位、全覆盖监测，加大广告药械经营企业监管力度，并主动与工商行政管理、新闻单位的联系和沟通，将河南省食品药品监督管理河南发布的违法医疗器械广告公告及时通报工商行政管理、新闻出版、广播电视等部门，形成打击违法广告的合力。2例医疗器械违法广告，已转送给郑州市食品药品监督管理局协助相关部门处理。五是加强基本药物流通环节抽样和医疗器械抽验工作。结合日常监管向涉药企业和人员宣传药械质量知识，进一步提高企业对药械质量抽检工作的认识，采取集中培训与个别指导相结合的方法，对抽样人员集中进行药品抽检相关业务知识培训，进一步提高抽检工作效率。全年抽验医疗器械27批次，基本药物抽样3批次，全部送往郑州市食品药品监督管理局。六是做好GSP认证和药品经营许可证换发工作。指导辖区药品经营企业完成2014年的换证工作，及早解决企业换证和GSP重新认证过程中可能遇到的问题。3月18日，组织辖区50家药品零售企业召开换证工作座谈暨培训会，为新版GSP实施奠定基础。截至年底，初审材料111份，通过认证57家。七是开展保健食品、化妆品日常监管。继续开展保健食品打“四非”和化妆品的监督管理，重点开展保健食品、化妆品原辅料、药店经营保健食品和非特殊用途化妆品备案等方面的日常检查，全年查处保健食品案件7起、罚没2.4万元；查处化妆品违法案件5起、罚没1.7万元，使辖区保健食品、化妆品市场得到进一步规范。

【队伍建设】 一是抓学习教育，深入开展“党的群众路线教育实践活动”。学习习近平系列讲话精神、群众路线教育实践活动党员干部学习读本》《之江新语》《党的群众路线教育实践活动学习讲座》等辅导书籍10余本，每月坚持集中组织职工政治理论学习，观看电教片，进行正反两方面教育，并及时总结和交流。全年，组织干部职工集中学习和自学人均50多小时、撰写心得体会15篇。通过学习教育和一系列有益活动的开展，干部职工的政治理论水平和思想觉悟得到明显提高，工作积极性和责任感明显增强，打牢了立党为公、执政为民的思想基础。二是狠抓党风廉政建设。把党风廉政建设责任制纳入年度绩效考核，同研究、同布置、同考核，把责任落实到各个岗位，实行“一岗双责”，与各科室负责人签订责任书。全年组织干部职工开展反腐倡廉教育活动4次，观看电教片《焦裕禄》等，没有发生“吃、拿、卡、要”等违纪、违法事件，没有出现被举报、投诉和讼诉案件，保持了整个队伍的纯洁性。三是抓制度建设，坚持依法行政。全局进一步完善政务公开、服务承诺、首问责任和便民服务制度，做到管理全局事务用制度，规范各项行为有规程，促进各项工作高效规范运行。在法制建设上，坚持把法制宣传与培训、依法行政与查办案件规范管理制度建设作为重点内容来抓，制订干部作风整顿公开承诺书，强化行政执法责任，规范行政执法行为。四是推行绩效考核，提高行政效能。全面推行绩效考核，加强效能建设，做到任务层层分解，责任到人、工作到位，采取日常提醒与督查督办相结合，实行科室月工作汇报制，强化工作责任，及时掌握全局工作动态，实施过程控制和效绩评价，确保各项工作有效落实。同时，把绩效考核结果的运用与行政问责以及人员的选拔任用、奖励惩戒等有机结合，切实解决“干与不干”“干好干坏一样”问题。

【宣传活动】　一是强化信息宣传，打造阳光政务。2014年，通过新闻报道、政务公开等方式方法在二七辖区广泛宣传食品药品、医疗器械法律法规，大力普及食品、药品安全知识，提高群众饮食、用药安全的自我保护意识。全年收集上报各类食品、药品监管工作信息60余条，其中市级以上媒体采用20条，市食品药品监督管理局政务信息采用22条。二是开展食品、药品安全宣传活动，努力营造饮食、用药安全健康的良好氛围。充分利用各类宣传媒介和平台，开展安全饮食、健康用药基本常识的宣传教育。充分利用“3·15”消费权益日、12331投诉举报宣传月、食品安全宣传周、药品安全宣传月等重大节日，开展形式多样的宣传活动。开展宣传咨询活动16次，累计发放宣传资料、宣传画、法律法规宣传手册、食品药品安全知识资料1.75万余份，制作宣传展板52块，公众的食品、药品安全知识知晓率和满意率不断提高。开展食品、药品从业人员宣传培训活动。依托网格化管理，对食品、药品从业人员及三级网格人员进行食品、药品安全知识培训，全年累计培训单位负责人731人次，培训网格人员600余人次。通过培训，从业人员的规范意识有所提高，对新的法律法规及工作要求有了进一步认识。加强政务网站建设。强化信息公开，公布职能调整公告、餐饮消费警示、政策文件等信息，引导社会关心、关注食品、药品安全工作。

【工作亮点】　一是创新餐饮服务单位监管手段。2012年，在全省率先开展对部分大型餐饮单位和学校食堂实行食品安全远程电子视频监控试点工作。2014年，餐饮服务食品安全数字监管系统被列为二七区为民承诺十件实事之一，区财政投入100余万为200家大中型餐饮单位安装终端设备，每名监督员可以通过手机、电脑对餐饮单位实施24小时食品安全监控，对食品加工现场卫生状况、操作流程及某一环节具体操作情况实行动态监控。通过实时记录、视频回放、方向调整和指挥中心与后厨对话等功能对历史记录进行保存与调取，一旦发现食品安全隐患，即刻告知餐饮单位，确保在第一时间排除隐患，保证了餐饮安全。二是开展“透明厨房”活动，组织餐饮服务单位、学校食堂开展“透明厨房”活动，同时鼓励餐饮服务单位“明厨亮灶”、实行“阳光公示”，以“透明厨房、阳光操作”为主线，打造行政监督、社会监督和群众监督的平台，消费者参与餐饮服务食品安全监督，维护消费者的知情权、监督权，同时以走进“透明厨房”为主题，开展“厨房开放日”活动，邀请人大代表、政协委员、消费者和社会各界人士在“厨房开放日”参观、评议餐饮单位厨房，餐饮单位每年开放厨房的次数原则上不少于4次。

（王贵平）

煤矿安全监督管理

【概况】　二七区煤矿安全监督管理办公室成立于2011年1月。内设综合科、煤矿管理科、安全监察科。在编干部职工21人。办公地址位于二七区行政培训中心院内。

2014年，二七区煤矿安全监督管理办公室以辖区煤矿安全隐患预控为重点，以“敢为人先、勇争一流”的干事创业精神和“从零开始、向零奋斗”的安全监管目标，创新安全监管方式，提升安全监管效能，确保辖区煤矿全年持续安全稳定。

【煤矿监督管理】　一是切实履行政府职责。区委、区政府主要领导每周督查煤矿，区政府每季度召开常务会议专题研究煤矿工作，区政府每月召开一次煤矿安全办公会，分包煤矿领导定点定期实地查访煤矿安全，产煤乡（镇）政府主要领导每周督查暗访煤矿等，地方政府严格履行属地监管职责。二是“以网格固安全”，建立长效机制。将煤矿安全日常监管与“网格化建设”相结合，以煤矿为单元划定一级网格1个、二级网格2个、三级网格6个，并实行周例会、月安全办公会议制度，分析、研究和解决安全生产工作中存在的问题，及时消除网格内存在的安全隐患。三是强力推进煤矿风险预控体系建设。在辖区生产矿井重点推行风险预控体系建设，要求每名干部职工进行危险源辨识，并对危险源进行风险评估，明确煤矿安全管理的对象和重点，辖区生产矿井振兴二矿、三李煤矿均建立风险预控体系。四是推进煤矿质量标准化达标建设。督促煤矿严格按照质量标准化规范各项管理，在2014年质量标准化达标建设中，振兴二矿被评为国家质量标准化一类矿井，三李煤矿被评为国家质量标准化二类矿井。五是开展矿长谈心活动，推动矿长尽职守责。4月29日、5月30日，分管区领导分别与辖区煤矿矿长进行谈心，督促企业负责人守职尽责，牢固树立安全生产红线意识,全面履行矿长安全生产职责。

【驻矿管理】　一是“一矿一站”设监管。每矿设立一个驻矿监管站，每矿派驻6名驻矿员，设正副站长各1名，全面负责对煤矿进行24小时不间断安全监管。二是半年轮换推陈出新。坚持每半年对驻矿监管人员继续驻矿意愿统计一次，择优留用，对空缺岗位及时提请组织部抽调优秀骨干力量补充。三是教授授课提技能。在河南工程学院开设专期培训班，全年组织36名驻矿安全监管人员进行业务培训，使得驻矿安全监管人员的素质和监管水平有了提升。四是工作鉴定入档案。按照组织部要求，结合驻矿监管人员日常工作表现和每月集中考核情况，每半年对驻矿监管人员工作情况给予客观公正的评定并报组织部备案，以此督促驻矿人员切实履行驻矿监管职责。

【安全生产】　制订二七区兼并重组煤矿“回头看”专项实施方案，明确责任目标、责任人和整改时限，督查各煤矿企业“四证”及“三真、三到位”情况，督促其做好隐患排查、整改治理工作，督促煤矿企业加强生产过程控制，强化现场监管，并加强瓦斯、水害治理，着力规范煤矿安全生产秩序，有效遏制煤矿事故发生。

【执法检查】 一是“联合执法”，无缝推进“打非治违”。为进一步强化属地政府对辖区煤矿联合执法检查工作力度，组成以煤矿安全生产监督管理办公室为主，二七区国土资源局、环境保护局、人力资源和社会保障局、工商局、马寨镇政府、侯寨乡政府、马寨公安派出所、侯寨供电所等部门参加的“联合执法检查组”，于6月、12月两次对煤矿企业火工用品、供电线路、企业证照、用工合同、安全规章制度、环境监测等重点领域进行详细检查。二是聘请专家团“会诊”煤矿。于3月、5月、9月、12月开展四次“专家会诊”活动，相继聘请平顶山煤炭集团公司35人（次）一线煤矿工作专家对二七区高瓦斯矿井“一通三防”、防治水、机电运输、安全管理等方面进行系统检查，对查出的59条安全隐患已督促煤矿全部整改到位。三是开展“各类检查”，消除安全隐患。先后开展“季度安全大检查”“三季三防”“教育培训专项检查”“煤矿安全生产专项整治”“七条规定专项检查”等，其中下井检查102人次，检查出各类隐患153条，全部要求煤矿企业制订隐患整改方案，按照“五定”原则已全部整改到位。四是强力推进“煤矿隐蔽致灾因素”普查工作，建立灾害防治信息数据库。成立“二七区兼并重组煤矿隐蔽致灾因素普查工作领导小组”，制订工作方案，倒排工期，督促兼并重组煤矿企业按照时间节点有序推进。辖区3家兼并重组煤矿已完成“隐蔽致灾因素”普查工作，建立完善的灾害防治工作基础信息数据库。

组织驻矿人员业务知识培训

【机关管理】 一是开展“教授课堂”提素能。聘请国投集团公司高级工程师、河南省应急救援专家就“煤矿安全常见问题及监督检查重点”讲解，进一步提升煤矿安全监管专业执法队伍素质。二是务实清廉惠群众。开展“党的群众路线教育实践活动”，教育引导机关干部做“务实、清廉、为民”的模范干部。三是打通“服务群众最后一公里”转变作风。在开展社区服务工作的同时，主动作为，参与“三城联创”宣传活动、公益援助活动、“微心愿”送达活动、“环卫工人节”卫生清扫和社区卫生义务劳动等多项活动。

（邓连峰）

财政·税收·金融

财政管理

【概况】 二七区财政局内设办公室、农业科、预算科、行财社保科、国有资产管理科、国库科、财政监督和会计科、信息科；有二七区政府采购办公室、二七区国库集中支付中心、二七区非税收入管理局、二七区基层财政管理所、二七区金融工作办公室、二七区国有资产管理局6家局属事业单位，现有职工117人。办公地址位于大学中路108号。

2014年，区财政局坚持以“三大主体”工作为统揽，落实区委、区政府的重大决策，完成了各项财政工作任务。（一）采取有力措施组织财政收入，完成全年收入预算目标任务。全年全区公共财政预算收入累计完成283898万元，为年度预算的103.74%，超预算10240万元，同比增长14.12%，增收35118万元，收入增速在郑州市市内六区中排名第一，总量排名第二。

（二）调整优化支出结构，重点支出得到保障。全年全区财政支出完成710184万元，为调整预算的98.40%，增长32.96%。其中：公共财政预算支出完成258233万元，为调整预算的96.67%，增长18.90%；基金预算支出完成451951万元，为调整预算的99.41%，增长42.59%。民生支出完成19.2亿元，占公共财政预算支出的比重为74.3%，较2013年增长24.3%，超年初任务目标4.3个百分点。实现当年财政收支平衡，有效保证了全区各项社会经济活动的正常开展。

（三）多层次、多元化筹集资金，保障全区社会经济发展和重点项目建设需要。一是通过运作社会资本、银行贷款和争取土地出让金返还等方式，筹集资金96.7亿元，推进二七宾馆拆迁、铁路沿线整治、3座区级综合性公园建设和贾寨、大田垌、刘胡垌等一大批棚户区改造项目实施。二是创新融资方式，以二七区国有资产经营公司为主体发行的“城投债”成功融资9亿元，为二七区合村并城建设提供资金保障。三是支持小微企业发展，在全区范围内筛选98家小微企业推荐进入郑州市小微企业名录库，并先后组织6次共56家小微企业和相关金融机构进行对接，获得银行贷款4.5亿元。四是支持培育企业上市，完善“四库一平台”建设，对在二七区注册的企业进行分类登记，筛选7家企业进入郑州市上市后备企业资源库。五是围绕园区产业发展扶持政策，获得上级财政专项资金7004万元，促进二七新区、马寨产业集聚区、二七特色商业区和辖区企业的发展。

（四）推进财政改革，依法理财水平进一步提升。一是推进财政信息公开，全区已有177家预算单位主动向社会公开部门预决算和“三公”经费信息。二是深化公务卡制度改革，开展公务卡执行情况专项检查，检查面50%。三是启动“营改增”试点改革，顺利完成交通运输业、邮政业、电信业、现代服务业的“营改增”工作，圆满实现改革无缝对接和平稳过渡。四是加强对政府采购行为和供应商的监管，进一步完善法律顾问制度，强化问责机制，确保采购质量。全年完成大型政府采购项目249批次，实际完成政府采购4.8亿元，公开招标比例占99%。五是加强国有资产日常监管，全年办理新增资产1.1亿元，调拨使用资产658万元，处置资产净收益2000万元。六是加强财政监督，开展会计信息质量检查和“三公”经费、“小金库”专项治理，发现违规违纪问题8个，查纠违规资金141.7万元。七是多种形式举办财会人员业务培训，学习新的《行政事业单位会计制度》《中华人民共和国预算法》等财经法律法规，累计参加600人次，培训率100%。八是严格落实中央厉行节约有关规定，全区会议活动费较2013年节约70.4%，“三公”经费较2013年节约29.3%。

【乡（镇）、街道财政收入完成情况】 2014年，全区15个乡（镇）、街道共完成财政收入269091万元，

财政局召开创建省级文明单位动员会

同比增长19.63%，为年初任务的99.36%。完成任务的单位有10家，按完成情况依次是：嵩山路街道办事处、长江路街道办事处、建中街街道办事处、侯寨乡、福华街街道办事处、一马路街道办事处、解放路街道办事处、淮河路街道办事处、铭功路街道办事处、大学路街道办事处。

【二七新区、马寨产业集聚区奖励资金返还】 协调郑州市财政局兑付二七新区税收奖励政策，成功返还二七新区2013年税收市级留成资金5443万元；配合马寨产业集聚区获得2014年省、市产业集聚区税收奖励政策资金345万元。

【财政专户管理】 2014年11月底，为进一步做好财政专户管理工作，按照上级财政要求，计划2015年年初将区本级财政专户存量情况统一纳入“金财账务系统”统一核算。2014年，各专户共拨付资金19118万元，保证了全区各项社保基金的规范调拨和粮食风险、计划生育、学校“两免一补”工作的开展。

【退税工作】 为了贯彻落实国家对社会福利企业的优惠政策，严肃国家税收政策，促进全区社会福利企业持续、稳定、健康、有序地发展。2014年，为178家企业办理减免退税5221万元。其中：落实民政福利企业20家，办理退税2064万元；办理其他政策性退税企业158家，退税3157万元。

【公务卡结算制度改革】 2014年，联合区纪委、区监察局、区审计局共同出台“全区公务卡制度改革推进情况专项检查工作的通知”，并对全区50%的单位进行公务卡制度改革专项检查，及时纠正公务卡制度改革中的不规范、不到位行为，完善公务卡改革管理办法，健全制度建设，充分发挥公务卡在规范“三公”消费的监督约束作用。

【教育资金】 2014年，二七区累计投入教育资金4.5亿元，保障人员支出、加强师资力量建设、打造“教育名区”、落实生均经费政策及各项免费政策、对贫困学生实施财政资助；新建、改扩建峨嵋路小学等18所中小学及幼儿园，为相关学校新增教育、教学设施、设备；对14所学校校舍、运动场等进行维修改造。

【计划生育经费】 2014年，二七区安排计划生育经费支出4300万元，将计划生育经费的投入方向由管理型转为服务型，扩大城镇居民独生子女父母年老奖励区级财政补助范围，率先在郑州市将计划生育“失独”家庭老人实行政府集中供养和购买养老服务。

【平安建设专项资金】 2014年，二七区安排平安建设专项资金6605.4万元，主要用于洁云路派出所技术防范监控建设、全区技术防范监控设施维修及技术防范设施租金支出、食品安全抽检、赣江路消防站建设及购买消防设备设施、巡防人员支出等生产、食品、消防、治安及技术防范和监控设施方面的投入，全方位确保辖区群众生产、生活安全稳定。

【社会保障体系建设】 一是全年安排本级资金3830.74万元，补助城乡居民养老、城镇居民医疗、破（困）企业大病统筹等社会保险支出。二是落实民政政策，加强“双拥”共建。全年拨付民政资金9100万元，其中：为各类优抚对象发放抚恤金及各种定期、定量抚恤补助、一次性抚恤金2816万元；对退役士兵及军休人员安排退役安置资金1400余万元，确保军心稳定及社会安宁；安排基层政权和社区建设资金3270余万元，重点保障社区基本运行，加强社区服务中心建设，推进社区用房及星级社区建设奖补，不断完善社区功能，使社区居民的生活水平和生活质量不断提高；对特殊困难群体提供流浪乞讨人员救助资金168.75万元。

【卫生和医疗事业资金】 2014年，二七区支付卫生和医疗事业资金3626.92万元，对社区卫生服务中心、服务站实行政府购买基本公共卫生服务，为辖区群众提供免费计划免疫、妇幼保健、健康教育等公共卫生服务，对实施国家药物制度并实施药品零差价销售的医疗服务机构实施补助。全年累计筹集各级新型农村合作医疗区级财政资金4300余万元，受益农民90689人，将最高支付限额由15万元提高到20万元，按人均10元的标准为参保农民缴纳大病保险，使其享受“二次报销”。

【城中村改造项目资金】 2014年，协调郑州市财政局、郑州市土地储备中心，获得资金30.5亿元，保障齐礼阎社区、荆胡社区等13个城中村、旧城改造项目的建设进度。

【城市建设资金】 2014年，完成城市建设项目支出69.98亿元，保证荆胡、金源百荣、郭家咀等13个城中村、旧城改造、合村并城项目及“二环十七放射”、陇海路高架桥、二七宾馆周边拆迁等一大批重点工程项目的进行，同时保证全区26条道路的建设需求。

【基建项目支出】 2014年，基建项目支出0.88亿元，保证了嵩山路学校、棉纺路中学、老旧小区等22个民生项目的顺利进行。

【环卫工人工资】 2014年，追加经费589万元，将环卫工人工资由1240元/月调至1836元/月，并缴纳养老保险110万元。

【“蓝天行动”计划】 2014年，投入资金1561万元，用于机械化清扫车购置、更新“黄标”车，核拨资金1310万元用于燃煤锅炉拆除，核拨1109万元用于农村污水处理站建设及运营，核拨1746万元用于农村道路建设及养护。

【政府采购】 一是实行代理机构随机抽取。从2014年开始，公开招标选取10家综合实力强、业务水平高、重质量、重信誉的社会代理机构组成一个代理机构数据库，推荐采购人使用，采购人通过二七区政府采购系统操作，采用随机抽取的方法，选用推荐的采购代理机构代理本单位的采购项目，整个随机抽取过程公开、公平、公正。二是利用政府采购网络平台，鼓励协议供货和定点单位范围内网上竞价，提高采购效益。全年组织网上竞价采购25次，预算金额约221万元，资金节约率12%。三是扩大政府采购覆盖范围，将预算金额在30万元零星工程采购纳入区政府采购。全年完成大型政府采购项目249批次，完成政府采购预算7.11亿元，实际支付4.80亿元，节约资金2.3亿元，节约率为32%，采购规模较2013年同期增长15%，其中公开招标是政府采购主要方式，占所有采购方式的99%，工程采购占所有采购的67%。

【政府融资】 一是加大与金融机构合作，适度扩大商业银行贷款规模。与15家商业银行建立良好合作关系，融通资金10.43亿元。二是整合区属“四资”，壮大融资平台实力，全力推进9亿元城投债成功发行。三是新增政府融资和资本市场融资完成

23.03亿元，为郑州市政府下达22亿元目标任务的104.7%。四是大力扶持企业上市和帮助小微企业融资，组织6次共56家企业和相关金融机构进行对接，发放贷款4.5亿元。

【乡（镇）、街道国库集中支付改革】 按照《郑州市二七区乡镇、办事处国库集中支付改革实施方案》的要求，全年15个乡（镇）、街道全部推行国库集中支付改革，撤销单位原有所有财政银行账户，统一开设零余额账户，纳入国库管理体系。

【协税护税工作】 一是加强重点税源企业、重点项目的动态监管，堵塞税收流失。二是加强对欠缴税款和偷漏税款的清缴工作，全年追缴啓福置业区级税款220万元。三是支持税务部门依法征税和创新税收征管模式。依托“以地控税”试点项目，进一步审核辖区应税土地面积，做好土地使用税、耕地占用税等地方小税种的征管工作。四是继续实行区、乡（镇）街道、村（社区）三级基础税源网格化管理。把税源管理作为各级政府网格化管理的主要内容和重点工作，实行动态监管。

【国有资产管理】 一是加强新增资产的审批管理。对各单位新购置固定资产，在年初预算内及时进行审批，对部分年初没有预算而需要购置资产的单位，通过追加购置申请报告，在核对其资产数量符合标准时予以审批。二是加强新增资产的入账管理，对各单位新增的固定资产，审核无误、资料齐全后及时办理固定资产入账登记手续。全年新增固定资产11208万元，入账率100%。三是做好报废固定资产的处理工作。全年报废资产41家，报废固定资产原值3129万元。四是做好行政事业单位的资产调拨工作。加快固定资产循环使用，节约财政资金，全年办理103家调拨手续，涉及固定资产原值658万元。五是做好资产处置后收益的上缴工作。全年累计处置房产等资产收益2169.3万元，已全额上缴区财政。六是加强出租资产的管理。对全区176家行政事业单位出租房屋资产合同进行登记备案，及时核对其面积并催缴其租赁收入及时上缴区财政。

【国库集中支付】 2014年，全区有189家预算单位纳入国库集中支付范围。全区国库集中支付累计下达零余额用款额度22.58亿元，累计支付21.38亿元，其中：授权支付16.24亿元，直接支付5.14亿元。

【工资统发】 严格按照区机构编制委员会办公室核定的人数、人事部门审定的工资标准，纳入全区财政工资统发的各预算单位工资，确保工资按时、足额发放，养老保险、医疗保险等“五险一金”及时足额交纳。截至2014年年底，区财政统发工资单位156家、7342人，工资性支出及“五险一金”单位部分支出4.94亿元。

【临时机构财务管理】 2014年，纳入会计集中核算的各指挥部等临时机构共计69家，全年核算银行存款支出36.67亿元。

【惠农政策】 累计投入农业、林业、水利等专项资金2800万元，重点扶持辖区农村道路建设、樱桃沟森林公园建设、创建国家森林城市。农业产业贷款贴息等工作拨付1400多万元，对南水北调配套工程附属物进行补差，确保农民利益不受损失。发放粮食直补、农业生产资料综合补贴资金517.5万元，通过惠民补贴“一卡（折）通”全部发放到享受补贴农户手中，发放比例100%，全区累计1.6万户农民受益。

【财政监督】 一是加大会计基础工作检查力度。在全区开展会计信息质量检查，并对5家行政事业单位进行重点检查，查出会计基础工作不规范问题20余项，查出违规金额33.76万元，确保财政资金的安全规范。二是开展严肃财经纪律和“三公”经费、“小金库”专项治理工作。在全区183家党政机关、事业单位和社会团体开展自查自纠，自查率100%；与区审计局共同对18家单位进行重点检查，查出违规资金107.96万元，没有发现私设“小金库”情况。三是开展部分涉及民生的政府专项资金监督检查。经自查，资金全部落实到位，未发现滞留闲置、截留挪用专项资金、虚报冒领、挤占挪用、贪污浪费等违法违纪行为。四是开展惠民资金自查自纠工作。对全区2012年至2013年21项惠民资金筹集、拨付、管理、使用情况进行自查、检查。

【会计事务】 一是配合省、市财政部门办理各项业务。全年审核通过初级会计职称考试报名1320人、中级会计职称考试报名674人，发放会计从业资格证书280本，办理跨省转入、转出和省内转入会计从业资格证262件，办理会计证人员信息采集140人次，信息变更28件，发放中级职称准考证520份。二是开展《会计基础工作规范》修订问卷调查。向全区183家预算单位发放问卷调查，征集意见、建议，完善会计基础工作。

【教育培训】 2014年，组织全区近200家预算单位财会人员开展新《行政单位会计制度》与《事业单位会计制度》专题培训，培训约600人次。通过培训为预算单位财务人员理解新财务会计制度改革的实质精髓、掌握新旧制度的转换和衔接奠定了理论基础，有利于进一步提高财务管理水平，强化廉政风险防控机制。

【财会论文评比】 2014年，在全区范围内开展财会论文评比活动。收到论文21篇，筛选出11篇优秀论文参加郑州市评审，荣获二等奖1篇、三等奖1篇。

【企业所得税调查】 2014年，从二七区国税局、二七区地税局提供的区所得税纳税“百强”企业名单中筛选出能代表本地区行业发展特点的一些企业（重点税源户、外资企业、上市公司以及一定数量的民营企业），经调查统计，录入样本企业64户，完成率106.7%。被调查64户企业的利润总额57.52亿元，应纳税所得额合计42.04亿元，应纳所得税额10.44亿元。

【政风行风建设】 一是完善首问负责制。对群众和基层单位到机关办事的人员，由首问责任人负责，提供周到服务，并做好联系沟通工作。二是按照高效便捷、为民服务的原则，建立完善限时办结制，确保快捷、高效。三是实行政务公开。将办事程序及有关的法律、法规在二七区网站公布，接受社会监督。四是深入开展创建省级文明单位和创建文明科室活动，塑造文明形象，提高服务水平。五是在全区发放征求意见表，对各科室履行职责、落实政策、规范执法、优质服务、公开兑现承诺、为群众做实事做好事等方面进行调查，发放意见表100份，收回98份，满意率100%。七是开展“创建群众满意的基层财政所活动”。

【大事记】 2014年5月26日，郑州二七国有资产经营有限公司公司债券（14郑州二七债）在银行间市场和上海交易所跨市场挂牌上市交易，成功募集资金9亿元，期限7年，年利率7.1%。

（刘 静　俞永玲）

国税管理

【概况】 二七区国家税务局成立于1994年。内设办公室、人事教育科、监察室、征管科技科、政策法规科、税政科、收入核算科、机关党委办公室、纳税服务科、评估一科、评估二科,8个派出机构(第一税务分局、第二税务分局、第三税务分局、第四税务分局、第五税务分局、第六税务分局、第七税务分局、第八税务分局),现有在职人员185名。办公地址位于大学中路8号。

2014年，二七区国家税务局围绕税收中心工作，以重点税源管理为主线，大力组织税收收入，努力把税源管理专业化成果转化为税收收入。全年累计入库税收合计295801万元，完成年计划234770万元的125.99%，超收61031万元，同比增收87598万元，增幅42.07%。其中：累计组织地方级收入121786万元，完成年计划90500万元的134.57%，超收31286万元；同比增收48077万元，增幅65.22%；累计组织区级收入32234万元，同比增收9652万元，增幅42.74%。

国务院督导组领导督导二七区国税局税收工作

【税收征管】 一是先进理念奠定税收工作发展潜力。不断探索新路子、研究新方法、制定新制度，打破原有征管中“管理人员”与“入库税款”不匹配的现象，满足税收工作向更高方向发展的要求。二是平稳构建税收征管工作新格局。通过前期多方面、多层次动员，期间局领导班子带队开展工作，实现业务、人员、机构、职责“四到位”。三是税源管理层级得到提升。税源实现分类分级管理：对重点税源突出集中管理，打破区域划分。在围绕组织收入开展重点税源的日常管理和个性化服务工作的同时，强化与风险管理办公室的协作，对重点税源税收风险指标进行预警和提示，帮助企业及时化解税收风险。对小微企业、个体工商户等小型税源，集中分片或分市场、分区域进行管理服务，个体实现“按季申报”。通过扎实推进税源管理专业化。全年纳税评估入库税款、滞纳金共6242.95万元，“纳税评估成效率”连续在郑州市国税系统排名第一。

【所得税管理】 一是所得税收入激增。围绕组织收入,采用“点面结合”管理方式，抓紧重点行业、企业及重大疑点纳税人，全面做好辖区内所得税纳税人的宣传、辅导工作。全年集中时间召开政策培训会6场次，参会企业和内部人员6500余人次，有效提高纳税人的税法遵从度。全年累计实现企业所得税收入18.07亿元，较2013年同期增长绝对额5.96亿元，增长幅度49.22%，占全部税收总量的61.03%。二是所得税管理质量提高。有效利用优惠备案、财损报备事前审核，深入各报备企业开展事前审核，取得突出工作成效。对河南省电力公司、振兴二矿等73户企业的69项报备事项进行事前审核，发现不符合政策规定报备事项17项。审增财产损失报备应纳税所得额2700余万元，审核发现企业不符合政策规定优惠备案15项，挽回税款3200余万元。三是强化内外部政策培训。集中时间召开政策培训会6场次，参会企业和内部人员6500余人次。全年累计实现所得税收入16.99亿元，较2013年同期增长绝对额5.09亿元，增长幅度42.82%，占全部税收总量的72.40%。

【营改增工作】 一是周密安排，顺利完成相关企业交接。做好前期准备，完成税务登记、税种鉴定、基础数据的采集、录入，完成一般纳税人认定、发票确认、税控设备有序衔接及使用培训等工作。二是优化服务，政策宣传到位。一方面多次深入企业，宣传铁路运输营改增的政策精神，密切关注热点问题，加强沟通，及时反馈，另一方面针对纳税人需求，进行个性化辅导，做好“一对一”服务，帮助其做好财务核算衔接，确保其开得出票、算得清账、缴得了税。三是做好分析，加强后续管理。进一步做好调查和统计分析。密切关注改革运行后企业税负变化情况，研究测算税制改革对经济结构和产业发展所带来的影响，以真实数据展示改革成果，同时落实好铁路试点过渡期间各项税收优惠政策。2014年，共有“营改增”纳税人4421户，入库增值税3.08亿元。

【助力企业】 对招商引资企业主动上门服务，提供税收指导，促进企业落户；对政策规定应给予减免税的，主动为纳税人办理有关手续；对涉及出口免、抵、退税业务的，按规定落实到位，全力支持企业发展。建立企业联系制度，及时掌握企业的最新动态；加强函调工作，做好审核监控和分析，通过短信平台开展提醒服务，营造良好税企关系，加强对新认定企业的调查，加强对新办企业的税收政策辅导；进一步减轻税负、助力小微企业成长，落实好对小微企业的优惠政策。2014年实际享受各项优惠政策2571户，享受优惠金额达592.69万元；增值税总计退税额7325万元，增值税总计免抵税额1116万元；出口退税函调781户次，发函62份，接收来函31份，对来函全部复函。

【纳税服务】 顺畅流转程序，办税服务厅实现排队现象减少、工作人员减少、服务窗口数量减少，受到纳税人好评，全年收到纳税人锦旗5面，表扬信8封。一是推进办税大厅标准化建设，提高服务质量。窗口全部实现“一窗通办”，其中225项业务实现即办、3项业务实行免单、48项业务签单、108项业务电子填单，有效解决了纳税人多次排队、多窗口跑的问题。二是拓展服务渠道。在郑州市率先运行“免填单”系统，创建无障碍辅导区和多功能室，进一步扩大网上申报、抄报税、认证、税库银一体化等现有系统的使用面，服务近5万次纳税人，有效减少纳税人到大厅的次数，实现“双减负”；三是满足纳税人普通发票合理需求。优化代开普通发票服务，在办税服务厅安装代开发票自助设备，为固定税户开具发票提供自助服务。依据纳税人税收信誉实行分类，一次性供应一个月或三个月的普通发票使用量。推行网络自助开具发票，在自助服务区增加纳税人自助开具发票功能。

【税收宣传】 一是通过税法大讲堂、税户大走访、换位大体验等多种方式，广泛开展便民办税“春风行动”。全年举办纳税人培训119场，发放税收宣传册页6.7万余份。局领导班子成员到办税服务厅担当导税员、前台操作员，为纳税人讲解税收政策和业务流程；第七分局深入企业将小微企业政策送到纳税人手中；第八分局对辖区纳税人开展企业所得税汇算清缴培训；第三分局对郑州铁路局开展专场“营改增”培训等；各税务分局和职能科室开展“访企业、听意见、解难题”活动，走访企业100余户次，解决纳税人疑难问题30余件。

【党的群众路线教育实践活动】 一是思想自觉性得到明显提升。通过集中读书、深入讨论、现场教育、专题辅导等方式使党员干部多渠道、多途径接受教育，先后19次组织党组中心组学习，13个党支部累计集中学习468次，受教育8632人次，撰写心得体会1162篇，党员干部的思想自觉性全面提升，为“思想自觉”带动“行动自觉”打下了基础。二是宗旨意识明显加强。在专题民主生活会及组织会中，党组成员开展批评与自我批评，敢于揭短亮丑、维护领导班子团结。三是坚定不断改进工作作风的“决心”。激发敢于动真碰硬的“勇气”、弘扬了一心为公的“正气”。四是进一步提振精神风貌。在全局大兴求真务实、真抓实干、谦虚谨慎、艰苦奋斗之风。开展“蔚蓝二七”系列培训，本着群众关心什么、需要什么的原则，倾全力设计以“缓解压力、调整心态、提升凝聚力”为中心的主题培训，真正把党组对大家的关心用实实在在的行动表达出来。

【党风廉政建设】 一是加强部署，落实党风廉政建设责任制。落实“三会一课”制度、召开党风廉政建设工作会议，逐级签订了党风廉政建设目标责任书、政风行风建设目标责任书，形成“一级抓一级、层层抓落实”的工作格局，为党风廉政建设各项工作扎实推进提供有力保障。二是加强反腐倡廉教育。在重大节日前向干部职工发出廉政提醒短信1200余条，收到较好的警示教育效果；开展案例警示教育及岗位风险自查、预防职务犯罪讲座等，增强干部职工的廉政意识、法纪意识、自律意识；领导班子成员及各单位不同层面人员面对国旗进行廉政宣誓，营造全员思廉、守廉、倡廉的浓厚氛围。三是加强“两权”监督。由主管副局长带领相关科室组成检查小组，对一线执法人员进行执法执纪检查，强化执法监察力度，规避执法风险；向纳税人发放300余份廉洁自律调查问卷，对队伍建设情况开展调查，未发现不廉洁现象；对办税服务厅装修改造工程进行全程监督，确保招投标过程公开、公正、透明；对收缴的26箱380户企业防伪税控专用设备核对确认进行监督，确保销毁专用设备的电子信息与实物保持一致。四是扎实推进政风行风建设。开展政风行风督查，相关科室联合成立政风行风督导组，采取督查方式，对上班纪律、着装、税容风纪、办公场所环境卫生、办公秩序、纳税服务等方面进行督导检查。通过督导检查，强化工作纪律，切实促进职工工作作风进一步转变。

【队伍建设】 一是盘活人力资源，激发活力。按照税源管理专业化要求，成立局风险管理办公室，成立纳税评估一科、纳税评估二科，增设1个税务分局，调整23名人员，为5个税务分局配置5名专职监察员。二是正确导向，增强动力。坚持党管干部原则，坚持正确用人导向，坚持德才兼备、以德为先、注重实绩、群众公认的用人标准，集中选拔8名勤勉敬业、敢于担当、实绩突出、清正廉洁、群众公认的正副科级领导干部，对激发队伍活力，为国税事业科学发展提供坚强组织保证。三是突出重点，凝聚合力。将两级领导班子建设放在首位，领导班子合力越来越强，效率越来越高，党组领队深入一线督导52次；组织年中展评会、62次局务（扩大）会、62次党组（扩大）会、19次党组中心组学习，13个党支部累计组织集中学习468次。同时，选好干部、配强班子。调整正股级干部2名、副股级干部9名，调整后的领导班子搭配合理、结构优化，进一步加强了中层领导力量。

（赵 哲）

地税管理

【概况】 二七区地方税务局成立于1994年9月。机关内设11个科（室），1个办税服务厅，16个基层税务所，现有干部职工200名。负责辖区内45724户纳税人的地方税征收管理工作。

2014年，累计组织总收入361893万元，同比增长23.0%，增收67733万元；累计组织税收收入346552万元，同比增长23.8%，增收66600万元；中央级累计组织税收65715万元，同比增长41.1%，增收19135万元；地方级组织收入280837万元，同比增长20.3%，增收47465万元，完成郑州市地税局下达目标任务的107.2%，超收18837万元；区级组织收入191522万元，同比增长23.4%，增收36273万元，完成政府下达目标任务的102.8%，超收5279万元。得到郑州市地方税务和中共二七区委、二七区人民政府的充分肯定。

【税政工作】 一是做好土地增值税清算工作。二是全面搞好营业税税源普查工作。三是稳妥推行“营改增”试点工作。全年移交国税纳税人2000余户，涉及交通运输、部分现代居民服务业、电信业等行业。四是推进“以地控税”工作，基本完成“以地控税”地企关联工作。五是贯彻落实所得税“人才三年倍增计划”。全局11名人员进入人才库，排名全市第三。六是做好2013年度企业所得税汇算清缴工作。七是抓好小型微利企业税收优惠政策落实。全区符合规定条件的小型微利企业1688户，减免所得税额累计金额1114.13万元。八是做好2013年度12万以上个人所得税申报工作。九是抓好股权转让信息核实工作。十是抓好各项税收优惠政策的落实。

【完善征管质效】 一是推进档案管理电子化工作。作为郑州市地税局电子档案系统试点单位，做到一次采集归档，多岗位、多层次信息共享，减少内部资料传递台账11项。二是加强征管基础档案管理。对所管辖的45724户纳税人办理设立登记、扣缴税款登记的基础档案、缴纳营业税的个体工商户的税款核定档案，按照规范化标准进行整理，并通过郑州市地税局检查组的检查，纸质档案资料已于2014年年底完成全部影像信息的采集工作。三是实现“全国县级税务机关纳税服务规范（1.0）版”试运行工作平稳落地。全局树立“人人都是服务者”思想，采取“三单一账一预案”等多项措施，完成涉及地方税务的143项服务事项。四是做好“金税三期”上线准备工作。于2013年建立“金税三期”上线组织架构，2014年完成全局正常户、失效户、转非户的税务登记基础信息数据清洗工作。五是开展税收征管风险应对。启动“计算机核定定额系统”，通过告知书的形式将核定公式、参数标准、系数标准以及地段类型在大厅、各税务所进行公告，使定额核定工作更加公开、公正、透明；开展对娱乐行业税收管理风险提示的核实，核实137户风险提示，纠正征收方式62户，受到郑州市地方税务局通报表扬。

地税局召开创建“省级文明单位”工作会议

【执法监管】　一是打基础，建立“双推双评”纳税评估模式。在2014年全市征管工作座谈会上，区局纳税评估工作得到郑州市地方税务局好评。二是强举措，着眼提升评估质效。通过对郑州市地方税务局列入预警范围4户旅游业和5户区局筛选户共9户实施重点评估，评估入库税款滞纳金32.5万元，在郑州市地方税务局业务评比中，名列第二，被评为优秀单位。三是抓重点，防范集群风险。通过对20多户注销纳税单位的评估，辅导纳税人自查补报税款100多万元，确保税款不流失。四是重落实，加大对各类发票违法、违章案件的处罚和考核力度。对区局受理的各类发票违法、违章案件每月进行通报，加大对管理所及管理员的监督考核和责任追究力度，最大限度遏制发票违法违章案件发生。截至2014年12月30日，全局受理举报案件67户次，查处26户，罚款1.65万元。五是严把关，落实行政处罚预先审核制度。做好行政处罚案件法律预先审核工作，落实简易程序备案制度，做好事前防范和事后监督。发挥税务所法制员的作用，严格审核基层执法案件的程序、证据及依据等。全年税务行政处罚案件一般程序91件，处罚金额24.175万元；简易程序645件，处罚金额1.04万元。

【纳税服务】　一是使用档案电子管理系统，简化办税流程。实现业务档案影像采集，为简化涉税流程、整合服务资源、提高服务效率提供强有力的技术支持，切实解决纳税人重复报送资料和税务机关业务档案多头整理问题。二是以纳税人满意为目标，开展特色服务。开展导税服务，有效指引纳税人办理各项涉税业务，让纳税人“省力”；开展提醒服务，将纳税人办理事项的依据、时限、程序和所需的全部资料一次性告知纳税人，让纳税人“省时”；开展投诉维权服务，及时帮助纳税人解决涉税问题，维护纳税人合法权益，让纳税人“省心”。三是以排头兵的标准，规范纳税服务。自《全国县级税务机关纳税服务规范》实行以来，区局作为河南省地方税务局试点单位，严格落实《全国县级税务机关纳税服务规范》，建立“意见箱”台账、便民联系卡、服务承诺书、银联便民支付点、医药箱、便民伞、“手机加油站”、“微信扫一扫”等服务设施，同时实行急事急办、特事特办，对残疾人、孕妇、老年人等特殊人士开设绿色通道，优先办理税务登记、发放发票、申报纳税等涉税业务的办理及受理。四是充分运用纳税服务效能管理系统，提高办税服务效能。通过视频实时监控，及时对办税窗口出现的拥挤、争议和各类突发事件做到统一协调，妥善处理；通过分析统计功能，对办税服务厅的总体情况和工作人员的服务质效，及时准确的进行绩效考核，改善人力资源调配和服务质量；通过后台管理功能，在业务设置中设定每项涉税业务的办理时限，调整窗口办理需求。五是建立考核机制，提高服务质量。围绕服务效益、服务效率和服务质量等工作标准，制定纳税服务总体满意率、分项满意率等系列绩效评估定量和定性指标，建立评议、考核和奖惩机制，将此项工作与税收业务工作同步考核，每月对窗口岗位人员服务质量和水平进行绩效考核，从中评比出“办税服务明星”，发挥榜样作用。

【省级文明单位重创工作】　2014年是区局省级文明单位重创的关键一年，为加强组织领导，形成齐创共建工作合力，区局成立精神文明创建工作领导小组并下设办公室，全局各部门通力协作，各司其职，形成一把手亲自抓、分管领导直接抓、职能部门具体抓、相关部门配合抓的工作格局，确保精神文明创建工作健康有序进行。按照“五个有”的总要求（即：有创建目标和具体思路，有工作机构和硬件保障，有活动载体和行业特色，有工作制度和运行机制，有落实举措和工作实效），教育干部职工“爱国守法、明礼诚信、团结友善、勤俭自强、敬业奉献”，提高干部的道德修养，全面提升队伍道德素质，坚持把社会主义核心价值观融入精神文明建设全过程，开展形式多样的道德实践活动；继续开展“送温暖、献爱心”等扶贫济困活动，向登封市26所希望小学捐赠学习生活用品200余套、电脑50台，用于改善农村希望小学教学条件；发动干部职工整理闲置衣物135公斤，与“衣网情深”物资捐献机构联系，向贫困山区的人们贡献绵薄之力；大力加强节约型机关建设，厉行勤俭节约、反对铺张浪费；深入开展文明餐桌行动，促进“文明用餐，节俭惜福”良好风气的养成；倡导“节能减排、低碳生活”、文明行车、“禁烟行动”；大力开展网上道德建设，抓好网络文明传播队伍建设，传播正能量；引导干部职工广泛参与文明传播行动，充分发挥传播文明、引领风尚的重要作用。

【廉政建设】 在单位内部实行党风廉政建设责任制，进一步完善各项廉政规章制度，明确干部职工工作职责、工作标准、惩戒措施等，强化监督到位，做到“不漏岗、不漏人、不漏事”，时时处处有监督，人人受监督。制订“实施明查暗访促进政风行风建设工作方案”，坚持明查暗访制度化、规范化、常态化，不定期委托社会人员进行暗访，把查访到的问题在全局会议上公开播放，及时通报。坚持跟踪问效，问题不解决不放手；在外部聘请40多名税务廉政监督员（有人大代表、政协委员、企业主管等人士），不定期组织召开座谈会、发放问卷调查，及时了解地税人员的工作质量、服务水平和廉政状况，对反映出的问题和不足，制订针对性解决方案，定人、限时解决。坚持每周二、周五下午每次不少于两个小时的专题学习，坚持每月对党风、党纪考核情况进行通报，进一步筑牢廉政防线，树立良好政形象，赢得较高的社会满意度。在政府部门行风评议中，区局取得第一名的好成绩。

【党的群众路线教育实践活动】 一是坚持载体抓学习，有效增强自觉性。成立活动领导小组，紧密结合实际，研究谋划活动方案，创新性制订详细的时间进度表。二是坚持畅通渠道广纳谏，掌握群众诉求。采取上级点、群众提、自己找、集体评、互相帮和督导组反馈等形式，广泛征求职工的意见、建议。活动开展以来，局领导班子成员谈心交流60余次，发放民意征求表500余份，梳理意见、建议25条。三是广泛开展宣传造势。在局网站专门开设活动宣传专栏，及时更新、发布有关内容，充分宣传、展示活动风采，大力营造“牢固树立群众观点、认真践行群众路线”的浓厚舆论氛围，把活动不断引向深入。四是谈心谈话求实效。在广泛征求意见的基础上，党组书记与领导班子成员逐个谈心谈话，领导班子成员之间、领导班子成员与分管部门之间开展谈心交心，做到不回避矛盾，不浅尝辄止，做到认识到位、查摆到位、剖析到位。通过深入谈心交谈活动，增进团结共识。五是民主生活会触灵魂。局领导班子成员紧紧围绕保持党的先进性和纯洁性，坚持严肃认真、实事求是、民主团结，开展批评和自我批评，做到不回避、不掩饰，坦陈、深刻剖析检查，敢于揭短亮丑、勇于担当地自我批评。六是整改建制。区局通过巩固运用“回头看”成果，聚焦“四风”抓整改、转变职能求突破，加快推进专项治理，着力构建作风建设的长效机制，切实提升机关行政效能和服务质量，注重各项制度之间的配套衔接，做到彼此呼应、发挥整体功能。

【基层干部作风专项整顿】 立足省、市地方税务局确定的整顿工作3个重点，结合全局工作实际，制订实施方案，明确指导思想、目标要求和方法步骤，实行一把手负总责、其他领导班子成员分工负责的组织机制，将任务分解落实到科室、落实到人。一是抓好学习教育。通过身边人讲身边事，用身边事教育身边人，筑牢基层干部“五种观念”，在全局形成比、学、赶、帮、超的竞赛氛围。在局内部网站设立警示教育专栏，及时通报各级反腐案例，组织干部职工集中观看《焦裕禄》《警示录》等正反两方面的教育片，警示教育基层干部，夯实基层干部作风建设基础。二是开展自查整改。全局把专项整顿活动作为下半年的重要政治任务，按照“工作抓与不抓、真抓与假抓、会抓与不会抓”三个不一样要求，全程抓好落实。三是开展“严肃作风、优化服务”批评与自我批评专题会。局党组成员按照工作分工参加基层科所专题会，将地方税务局提出的“冷、硬、横、推”“吃、拿、卡、要、报”和税务干部参与从事经商办企业等问题作为开展批评与自我批评的重中之重，真正查找基层干部在作风方面存在的问题，找准整改目标和努力方向。四是治理“节日病”。开好节前廉政教育会和领导干部廉政谈话会，借助绩效短信平台发布提醒短信，公开举报电话，严格节日期间“吃、住、行、游”的监管，让广大地税干部职工时刻绷紧廉洁自律这根弦，有效防止节日期间的各种不正之风和奢侈浪费行为发生。五是开展明查暗访。坚持“突击检查为主、定期检查为辅”的原则，由监察室牵头组成明查暗访组，不打招呼、不定时间开展明查暗访。通过专项整治活动，全局作风纪律进一步改进，政治纪律、组织纪律和工作纪律进一步增强。

【培训文化品牌建设】 一是提高全局税务干部教育培训的针对性和时效性。邀请知名专家对全局干部进行素质培训，同时协调税政科、征科科、法规科等业务科室，及时把握省、市地方税务局业务工作重点，合理安排、因需施教。二是打造“二七地税培训文化”品牌。根据内部和外部不同需要，精选课程，挂放在区局内、外网上供大家随时学习，使二七区地税局的“金牌讲座”成为地税系统的招牌。三是按照以外促内的工作思路，协调业务部门抽取业务尖子，采取走出去的方式，增强全局培训师资力量，提高内部师资新生力量的综合素质和教学能力。结合新的绩效管理信息平台，对培训当中授课表现优异者进行鼓励，督促、激励大家学习的主动性。

【绩效考评】 按照“谁主管、谁考核、谁负责”原则，对加扣分事项和申诉事项进行操作。按照绩效管理流程，运用信息系统全面实施绩效管理，查找绩效管理运行过程中存在的问题，分析原因，加强沟通，提出增强个人绩效的措施，并将情况及时反馈给本人，边运行、边提高，不断完善绩效管理体系。

【宣传活动】 一是新兴媒体传讯息。针对纳税人所关注的焦点、热点问题拍摄微型轻喜剧，把税收政策融入文艺故事，把税法宣传融入新兴媒体，用诙谐的语言，将税收知识生动化、立体化植入社会，吸引更多的群众目光，普及更多的税收知识，提升更广泛的社会理解度，真正将税收宣传工作做出实效。二是利用多种渠道树立典型。通过典型事迹宣扬、先进评选等形式，推出一批新时期单位涌现出的优秀税务干部，用真实的事迹感染受众群体，提升税务系统社会地位，提升民众税收遵从度。三是税务宣传内外兼修。打破以往税收宣传只对外的理念，在系统内部开展知识普及榜样力量的宣扬，用身边人的事例影响集体中的每一名成员，用宣传的力量带进工作动力。四是主办“青年学子学税思辩PK赛”。联合河南财经政法大学，围绕“青春谱税章，学子论税收”主题，结合当前宏观经济环境和微观纳税环境，着眼于当前税制公平性、合理性、税收政策改革、税收征管、纳税意识的培养和约束、纳税负担、税收与民生等议题展开辩论，得到河南省、郑州市地方税务局的肯定。

（任雨涛）

中国人寿保险股份有限公司郑州分公司大学路营销服务部

【概况】 中国人寿保险股份有限公司郑州分公司大学路营销服务部位于大学北路18号金源大厦四楼，2014年拥有正式员工5人，营销员452人，是郑州公司一级A类营销服务部，2014年中国人寿总公司优秀基层单位。2014年规模保费突破1亿元，个险期交2875万元；2015年前十个月规模保费1.3亿元，新单期交保费3076万，意外险256万。在全省118家城区营销服务部中名列第二位。公司主营个人寿险、养老险、分红险、健康险、车险、团体保险等，服务部下辖5个营销团队，日常管理注重团队文化建设，坚持“成己为人，成人达己”的企业文化，强调快乐营销，用心服务，把爱心和保障送给千家万户。

（大学路营业部）

中国人民财产保险股份有限公司郑州市分公司二七支公司

【概况】 截至2014年11月，中国人民财产保险股份有限公司郑州市分公司二七支公司实收保费2692.73万元，其中车险2577.88万元，企财险52.92万元，意外险7万元，货运险49.25万元，实收保费增速67.62%。利润总额125.24万元，全年车险续保率49.96%。

【主要工作和举措】 2014年，人险二七支公司坚持有效益发展，重视业务质量，在确保质量的前提下快速发展。注重车辆保险盈利性业务的发展，限制车险中亏损性业务的发展。从承保源头上把好关，鼓励员工多承保出险率较低的非营利车辆和家庭自用车，多与出险客户联系沟通，提供理赔辅助，即提升服务质量，减少未决赔案。非车险方面大力发展优质企财、货运、和三类以下意外保险，严格管控亏损性、高风险的非车险业务。在中国人民财产保险股份有限公司郑州市支公司开展的“数一数二不数三，创先争优看领先”活动中，公司在全市系统争创利润率第一。

（二）2014年，公司的渠道业务发展良好，不断创新与车商、分期公司等渠道的合作机制，丰富合作内容，提升合作层次。“众发汽贸”公司等大客户较2013年同期业务量均有所增长，“中原高速”公司的公务车辆保险业务合作正常。2014年中标优途汽车销售有限公司车险竞标项目，年保费约600万元。

（三）紧抓续保工作，加强续保过程管理。要求业务人员收集客户真实信息，力争改善渠道业务续保率不高的问题。在员工业务中，灌输续保工作的重要性，逐单询问、逐单落实，按照中国人民财产保险股份有限公司郑州市支公司的续保工作流程，严格要求，监督执行。2014年公司多次获得中国人民财产保险股份有限公司郑州市支公司的续保奖励。

（四）重视团队建设，构建学习型组织。公司利用晨会时间，阅读经典文化著作，组织大家共同学习、分享心得。发放、讲解非车险条款和承保方案，增强团队的业务知识。

【作风建设】 公司坚持求真务实的工作作风，服从上级的领导，努力完成交办和职责内的工作。在“党的群众路线教育实践活动”中，学习相关文件精神，扎实有效开展自我剖析，严格约束自己工作、生活中的个人行为，廉洁从业，严于律己。

（二七支公司）

中国银河证券股份有限公司郑州陇海路证券营业部

【概况】 中国银河证券股份有限公司郑州陇海路证券营业部成立于1993年，现有员工25人，现有营业面积2772平方米，位于陇海中路59号。

营业部依托上市公司中国银河证券股份有限公司的强大实力，结合自身优势，以“全面财富管理”为理念，秉承“专业理财、稳健经营、以人为本”的宗旨，力求以尽善尽美的服务满足广大客户的需求，不断推出新的服务项目，开拓更广阔的市场，为客户提供专业化、全方位的服务。

【经营范围】 证券经纪，证券投资咨询，与证券交易、证券投资活动有关的财务顾问，证券投资基金代销，为期货公司提供中间介绍业务，融资融券，代销金融产品。

（陇海路营业部）

方正证券股份有限公司郑州嵩山南路证券营业部

【概况】 营业部成立于2004年7月，现有职工百余人，从事证券经纪、融资融券、为期货公司提供中介介绍业务、证券投资咨询、证券投资基金代销、代销金融产品等业务。

2014年，为支援郑州市社会经济发展，促成地方企业上市“新三板”，做好服务地方经济金融服务，参与推介“新三板”业务。

（嵩山南路营业部）

城乡建设与管理

建设管理

【概况】 二七区建设局成立于1984年。内设办公室、建设管理科、市政工程科及工程建设质量安全监督管理中心；2014年在职干部职工60人。办公地点位于民安路7号。

2014年，二七区建设局在区委、区政府正确领导下，牢固树立“品牌、品质、品位”理念，突出“改革创新、持续提升、投资增效、服务惠民”，全力做好二七区市政道路拆迁建设及建设领域监管等重点工作，为郑州都市区建设做出了贡献。

【市政道路修建】 2014年全市“畅通郑州”工程涉及辖区58条道路，其中市管道路30条，区管道路28条，总拆迁面积13万平方米，总长度74.9公里，总投资11.7亿元。

市管道路建设。端午路等13条道路建成通车，漓江路等6条道路正在建设，人和路（长江路至南三环）段、南关西街等2条道路暂缓建设，剩余9条道路郑州市建委已移交地产集团公司和郑州市建投公司负责建设；南云路、兴华街、望桥路等3条道路完成招标，长江路西延等5条道路正在做前期设计及手续办理工作。

区管道路建设。2014年续建的6条区管道路（南溪路、连云路、南屏路、开发路、郑贾路、寒山西路），主体全部建成并通车，正在进行安装路灯、铺设人行道等收尾工作。

自建道路。在完成“畅通郑州”涉及辖区58条道路建设任务的基础上，自加压力，围绕南部城区、省（市）重点项目，新增加24条区管道路建设计划。截至2014年年底，双泰路、刺绣路等8条道路正在铺设雨污水管网；人泰路完成招标，施工单位正在进行交桩；其余15条道路全部完成施工图设计及审核等前期工作，待道路周边项目基坑回填完毕后即展开招标工作。

【重点项目协调】 2014年，区建设局承担南三环快速路工程及京广路立交桥工程、京沙路二期工程、3座跨南水北调桥工程等省、市重点工程的拆迁协调任务。项目建设期间，与属地街道办事处一起妥善处理道路建设中遇到的问题，成功解决涉及京广路立交桥辅道建设的高砦社区围挡后退、京沙南段道路红线范围内线杆迁改等问题，为重点项目推进提供了有力保障。

【建筑工地综合整治】 一是完善巡查制度，缩短巡查周期。建立问题台账，采取每日巡查、每周联动、集中整治与专项整治结合等措施，做到隐患排查整改责任到人，落实整改措施到位。二是层层负责，落实各级网格监管职责。通过签订目标责任书，明确三级网格责任，确保具体工作有人抓、有人管。三是加强法律法规和安全生产宣传。通过班前十分钟、建筑工地“红色驿站”等宣传阵地，加大宣传，提高务工人员安全生产意识，避免安全事故发生。四是多措并举，治理建筑工地扬尘污染。对辖区所有在建工地设置环境保护公示牌，与各施工企业签订“二七区建筑工地扬尘污染综合整治目标责任书”，制定建筑工地扬尘整治奖惩办法。五是加大执法力度。协同相关部门定期、不定期开展联合执法活动，防治结合，严厉打击违规、违法建设发生。

【建筑工地安全生产】 一是与辖区在建施工单位签订“二七区建筑工地安全生产目标责任保证书”。二是开展节假日期间消防安全检查工作，下发《节日期间建筑工地消防安全工作的紧急通知》，严禁在建筑工地内燃放烟花爆竹，禁止施放“孔明灯”，加强工地内部巡查，做好消防安全工作，工地留守人员做好安全防范，防火、防煤气中毒。三是坚持日巡查、周督导制度，对巡查发现或群众反映的安全隐患问题，编号建立问题台账并做好巡查日志，整改一处，消号一处。全年检查在建工程500余次，下

局长带队检查长龙广场工地创建文明城市工作

发安全隐患整改指令书420份，整改回复300余份，整改率85%，确保了监管区域内建筑工地的生产安全。四是加强安全教育培训工作，提升从业人员安全素质。通过建立民工安全教育培训平台、举办培训班，加强对农民工、从业人员的安全素质培养。全年举办6期培训班，参培1200人，确保从业人员持证上岗，为安全生产工作提供了保障。

【建筑工地扬尘污染综合整治】 一是设立建筑工地环境保护公示牌，明确施工单位及相关责任人。二是与施工企业签订“二七区建筑工地扬尘污染综合整治目标责任书”，做到“建设单位知晓、施工单位明白”。三是施工工地运输车辆采取防遗撒措施，清运垃圾的车辆加盖篷布。四是建筑工地主要道路硬化，出入口设置冲洗轮胎设施，严禁车辆带泥土驶出工地、污染路面。五是要求建设施工单位有专人负责此项工作，对可能出现的遗撒等问题，要及时组织人员清扫，保持市容道路干净，方便市民出行。六是自购防尘网、草籽、水泥大沙等一系列控尘设备和材料，对工地实施垃圾清运、覆盖、绿化、硬化等防尘措施。

【建筑节能与新型墙材革新】 一是完成民用建筑能耗和节能信息统计工作。举办全区“民用建筑能耗和节能信息工作”培训会，截至2014年年底，统计建筑基本信息419栋、建筑面积347.85万平方米，建筑能耗信息131栋、建筑面积224.93万平方米（能源消耗量：电0.69亿千瓦时，单位面积能耗：10.43万吨标准煤），进一步掌握建筑能耗实际状况，加强能源领域宏观管理和科学决策，促进建筑节能工作的发展。二是新型墙材的推广和应用。以“发展绿色建筑，开发可再生能源”为主题，开展形式多样的宣传活动，制作宣传展板16块，发放墙材革新知识手册、宣传单500余份，纸杯、扑克等宣传品500余份，参加活动达到百余人次，收到良好社会效果。结合“坚持依靠群众、推进工作落实长效机制”网格化管理，把建筑节能与新型墙材工作纳入网格，发挥网格全覆盖优势。

【清欠工程款工作】 协调解决工程款及农民工工资拖欠和信访工作。全年配合市、区相关部门协调解决工程款及农民工工资拖欠等信访问题40多起，协调工程款3.8亿元，协调解决农民工工资6000余万元。

【指导村镇建设】 着力做好马寨镇、侯寨乡等危房统计、农村人居环境信息系统建设、生活垃圾处理等重要基础工作，提升农村危房改造、传统村落和民居保护等重点工作。

【网格化管理】 一是完善网格人员管理制度。制定“七区建设局下沉人员管理办法”和“二七区建设局下沉人员考评办法”，通过建立个人工作业绩档案，实施动态管理，每月将下沉人员的主动融合、参与巡查、发现解决问题等情况进行考核通报。二是完善平台运行管理机制。实现区长电话转办、“心通桥”“两办”督查室督办等信息平台与区长效办公室社管网络平台信息共享，畅通反映问题的渠道，提高回复质量，充分发挥信息平台在发现问题、解决问题中的统筹协调作用。三是推进条块深度融合。严格落实条块协同巡查、联动执法制度，单位下沉人员会同各街道三级网格长开展巡查工作，充分调动下沉人员主观能动性，主动履责。

【队伍建设】 一是领导班子表率，发挥示范作用。局党委始终把领导班子建设当作工作的重中之重来抓，要求领导班子成员既是分管工作的指挥员，又是领航员和战斗员，工作中以身作则，率先垂范，在重、难、险、累等工作面前不推脱、不畏难，勇于担当，乐于奉献；在工作落实上，领导班子成员带头讲党课、学习业务，参加各类集体活动，工作中深入拆迁现场、施工一线，化解各类矛盾，遵守组织纪律，尤其是在市政道路建设、建筑工地治理、安置房监管等重点工作中，领导班子成员昼夜奋战，时时处处起到模范带头作用，身体力行地感染着身边的职工，在全局形成了一股强大的正能量。二是教育引导，提升队伍素质。以第二批“党的群众路线教育实践活动”为载体，每月为职工推荐一本励志书籍、撰写一篇心得体会、开展一次读书座谈会、评出一批“学习之星”。完善局网站，开辟党务公开栏目，把党务、政务公开做为与基层群众沟通的“连心桥”。举办“正道、正派、正心”主题讲座，提升党员干部大局意识、责任意识，撰写学习心得体会45篇。深入开展“一诺三评”活动，每半年对党员干部进行一次测评，对测评靠后人员进行辅导谈话，帮助分析存在问题。开展“暖心”行动。实行年度体检、困难职工帮扶等关爱活动。通过各种关爱活动，干部职工的凝聚力、向心力得到增强，战斗力显著提高。三是制度建设，增强执行能力。通过梳理和细化各项制度，提高制度的操作性、约束力。修改制定《二七区建设局工作纪律管理办法》《二七区重大案件案审会制度》《二七区建设局巡查制度》《二七区市政道路建设管理办法》等制度，有力推动了执行力建设。同时，成立局政务督查室，采取随机抽查与定期督导相结合的方式，督导各项工作落实，为执行力建设提供有力保障。四是坚持选人用人德才兼备，落实用人机制。在中层干部选拔上，坚持德才兼备，能者上庸者下，注重把一批年轻干部放在一线历练和培养，并适时选拔到重要岗位上，在全局树立“是金子总会发光的”价值观、事业观。

（翟丽君）

规划管理

【概况】 郑州市城乡规划局二七分局成立于2003年6月。内设综合室、用地科、建管科。现有工作人员20人，办公地址位于升龙国际中心B区1号楼1单元16楼。

【项目审批】 2014年，二七分局共审批各类建筑工程项目约283万平方米，核发建设用地规划许可证53个。

【重点规划编制】 2014年，二七分局共组织编制了马寨新镇区控制规划、二七商业中心区控制规划、雅居乐商业中心连片改造项目等系列重点规划，致力实现辖区非建成区规划全覆盖，城乡产业、业态、空间布局进一步优化。马寨新镇区控制规划，郑州市政府已批复；二七商业中心区控制规划、空间发展规划、交通专项规划，相关编制成果已完成，正在报批；雅居乐商业中心连片开发项目控制规划已批复。

【重点项目】 华润万象城二期：正在编制控规。绿地滨河国际项目：3区、5区建设工程规划许可证已下发。CSD国际时尚商贸中心：百荣世纪城1区、2区地块CSD-14-02地块修订规划已通过专家评审会，正在修改完善设计方案。红星美凯龙项目：控规已批复，正在办理土地手续。中央商务区项目：正在调整控规，安置区地块修规方案正在修改完善，正在设计D1、D2商业地块方案，6栋安置房已开挖地基。马寨程炉（张河）合村并城安置区项目：一期修订规划已通过专家评审会。国网河南省电力公司营销综合楼项目：已核发建筑工程规划许可证。

【城中村改造】 西陈庄村：控制规划已批复，设计条件已下发，正在完善修规。刘寨社区：部分地块用地规划许可证已下发，锦和广场已下发建筑工程规划许可证。王胡砦社区：修订规划规已批复，C-9、A-12、A-13、B-01开发地块正在调整规划方案。齐礼阎社区：升龙城2号院已核发建设工程规划许可证，安置区5号院已核发建设用地规划许可证。小李庄社区：A20、A08地块规划手续已办结，升龙天玺住宅小区1号、2号院已下发建设工程规划许可证。冯庄社区：正商城泰园1号院、和园7号院已下发建设工程规划许可证。蜜蜂张村：修订规划已通过专家评审会，正在办理相关土地手续。荆胡社区：泰宏建业国际城9、12号院已核发建筑工程规划许可证。高寨社区：已下发用地规划许可证，修规已批复。黄岗寺社区：亚星盛世星苑住宅小区项目已下发建设工程规划许可证。王立砦社区：已委托相关部门编制控制规划。

【违法用地、违法建设查处】 做好辖区国有土地违法建设发现和上报工作，并配合区违法建设指挥部做好辖区内集体土地违法建设认定工作。全年协助区违法建设指挥部认定辖区内国有土地违法建设约60余处，均已报郑州市城乡规划局城乡监察支队处理。

【保障性住房及棚户区改造】 珠江翠园保障性住房项目：已下发建设工程规划许可证。文盛园经适房项目：已取得控制规划、经济适用房指标、用地证，正在办理土地手续。解放新村棚户区改造项目：位于中原路北、京广路西，控制规划已批复，正在办理相关土地手续，并调整修订规划方案。郑州铁路局188号院棚户区改造项目：已下发建设工程规划许可证。核五院棚户区改造项目：控制规划郑州市政府已批复，正在办理相关土地手续。

（景晓凯）

住房保障服务

【概况】 二七区住房保障服务中心内设党政办、纪检监察室、财务科、人事科、管理科、法制科、房屋安全科、信访办公室、房改办公室、产权科、工会、保障性住房科、物业指导中心，5个房管所（铁西北、铁西南、一马路、德化街、铭功路），4家经济实体（开发公司、物业公司、德化街经营公司、德化街经营部）、1家租赁所。现有干部职工546人。办公地址位于齐礼阎中街95号。

【住房保障】 公共租赁住房建设。2014年，全区开工建设公租房项目6项（小李庄社区城中村改造、齐辉好邻居、泰宏建业国际城、亚星盛世星尚中心、鑫苑鑫都汇、锦绣山河玉瑞园）。截至年底，6个项目均已取得用地规划许可证、土地证、工程规划许可证、施工许可证，其中小李庄社区城中村改造项目已开工建设235套，“齐辉好邻居”项目已开工建设54套，“泰宏建业国际城”项目已开工建设606套，“亚星盛世星尚中心”项目已开工建设80套，“鑫苑鑫都汇”项目已开工建设241套，“锦绣山河玉瑞园”项目已开工建设389套，共计1605套，占全年目标任务1541套的104%，超额完成全年开工建设目标任务。全年全区基本建成公租房项目2个（“正商城和园”5号院住宅小区、“中投联合汇金城”项目），计划基本建成993套。截至年底，2项目“四证”齐全，其中“正商城和园”5号院已基本建成884套，“中投联合汇金城”项目已基本建成109套，共计993套，占全年目标任务993套的100%，已完成全年基本建成目标任务。

保障性住房分配。截至2014年年底，全区受理公共租赁住房1620户，受理经济适用住房补交差价款1260户；全区廉租住房保障家庭1724户（其中实物配租474户）。全年发放廉租住房租赁补贴款529.8134万元，因家庭条件改善按政策核准退出332户。制订二七区公共租赁住房轮候供应方案，对全区适合条件的公租房房源进行分配，已分配公共租赁住房557套，保障家庭均已入住。

【物业管理】 2014年年初，与各乡（镇）、街道办事处签订2014年度老旧小区改造目标责任书，召开老旧住宅小区基础设施改造后期物业管理推进会，组织辖区物业服务企业进行综合管理平台信息申报。全年完成96家物业服务企业年度动态考核材料申报，完成80%现场查看，办理全区物业服务企业合同备案144件，受理物业企业接管项目区域划分16件，成立业主委员会2家。

以“化解矛盾在基层”为目标，建立健全有效的物业管理协调机制，引导各基层主体对物业管理的指导、

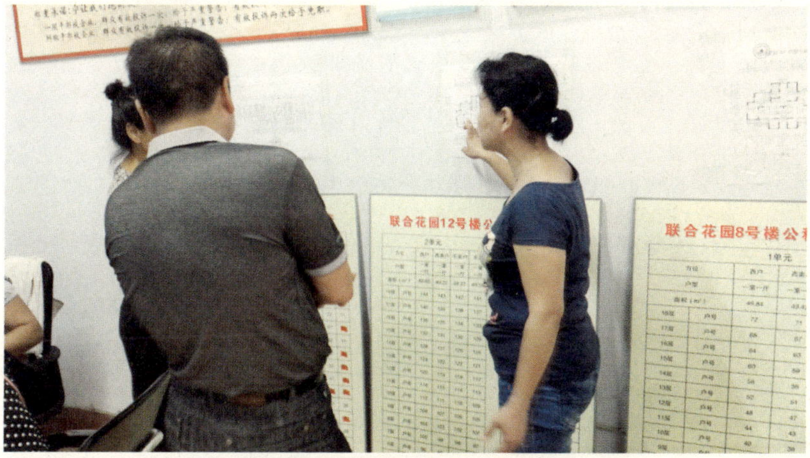

分配公租房

监督和协调。通过对乡（镇）、街道、社区、业主委员会、物业管理企业等主体的有效联络和沟通，初步加强了对物业管理企业、业主委员会、业主的矛盾排查和协调工作。全年受理各类物业管理投诉600余起，办结率、群众满意率100%，无越级上访案件发生。

【房屋管理】 普查房屋。2014年，全区普查房屋5000余栋，普查面积2203万余平方米，其中严重损坏及危险房62栋。针对普查结果建立二七区房屋安全档案，进行房屋安全动态管理。

房屋安全查处。2014年，全年受理郑州市房管局转入和群众投诉的房屋安全案件31起，及时进行现场勘查、报告及查处，无越级上访情况发生。

危旧公房维修。2014年，针对全区公房房屋年久、陈旧等情况，重新制订房屋安全排查周期，加大排查频率，确保用户居住安全。对查出的

危旧房屋及时加固处理并实施重点监控。

公房规范管理。2014年，做好公房租赁户的资格审定工作，加强监督，完善数据化、信息化管理系统，杜绝违规租赁、转租现象，防止国有资产流失。

【经济工作】 创新经营模式，提高资产效益。秉承“招大商、招强商，实现国有资产利益最大化”原则，对德化街3栋商业房产依法进行公开招投标，吸引苏宁电器公司等大型公司入驻，其中德化街88号楼租金510万/年、德化街45号楼租金1580万/年、德化街3号楼一、二层租金666万/年，租金同比递增193.19%。

深入挖掘潜能，提高管理效益。全年直管公房租金收缴约192万，非住宅租金收缴约22万，公房租金收缴大幅提高；租赁手续费收入约86万元，租赁备案累计1.4万余户，累计完成面积17万余平方米。

大胆开拓市场，提高部门效益。在前期调研摸排的基础上，制订有效方案主动走向市场，已接手包括汽车4S店等市场主体委托开展物业管理。

（岳少贞）

国土资源管理

【概况】 二七区国土资源局成立于1987年6月。内设办公室、政策法规科、土地管理科、矿产资源管理科，下设4个二级机构（国土资源监察执法大队、土地开发整理中心、测绘队、土地储备中心），5个派出机构（第一国土资源管理所、第二国土资源管理所、第三国土资源管理所、侯寨国土资源管理所、马寨国土资源管理所），现有在职干部职工86人（不含二七区土地储备中心人员）。办公地点位于航海中路151号。

2014年，区国土局以“保红线、保发展、保效益、保权益、促改革”为工作主线，以开展“党的群众路线教育实践活动”为契机，转变工作作风，提升工作效能，各项工作有序推进。

【土地资源】 2014年，二七区土地总面积15495.6公顷，其中耕地2011.4公顷，园地1929.9公顷，林地2264.5公顷，草地322.1公顷，城镇村及工矿用地7622.6公顷，交通运输用地727.8公顷，水域及水利设施用地431.5公顷，其他土地185.8公顷。

【矿产资源】 2014年，二七区矿产资源丰富，集中分布于西南部，以煤炭、石灰岩、黏土为主。煤炭保有储量8166.98万吨，石灰岩储量4637.182万吨，砖瓦用黏土储量26.065万立方米。

【耕地保护】 以基本农田划定工作为切入点，协助区政府签订“区、乡、村、组、户”五级基本农田保护目标责任书，推行基本农田保护信息化，初步建立永久基本农田划定数据库。坚持占补平衡制度，2014年以易地占补平衡的方式补充耕地45.07公顷，通过省级交易平台储备占补平衡指标66.67公顷。

【服务项目用地】 2014年，国土局组卷上报8个批次和1个单选址项目的275.01公顷土地；批回涉及11个批次的392.21公顷建设用地；完成征收305.27公顷；完成供地349.67公顷，其中，招拍挂出让45宗、125.92公顷，成交总金额51.1亿元，宗数、面积、成交价均列郑州市内五区第一名。

【确权工作】 2014年，国土局开展全区43个行政村农村集体土地所有权确权工作，已完成32个村、236宗、7301.84公顷土地登记发证工作，登记发证率77.0%。选定马寨镇闫家咀村作为试点，先行推进宅基地和集体建设用地使用权确权登记发证工作，完成337宗宅基地、19宗集体建设用地外业地籍调查工作。

【土地变更调查与遥感监测】 依照“日清月累年统计”的变更原则，采取“做好五个保障，搞好三个结合，严格两级会审”工作模式，编制年度土地变更调查与遥感监测工作实施方案、年度土地变更调查与遥感监测工作实施细则等，发挥土地变更调查、执法监察、动态巡查“三结合”优势，依据职责分工，采取措施分类处理。

【城镇住房分割登记】 坚持开展延时服务、预约服务、上门服务、特岗假日服务及代办服务，坚持实行一次性告知制、限时办结制、首问负责制，进一步强化和完善城镇住房用地分割业务。2014年，受理城镇住房用地分割登记业务5999宗，发放国有土地使用证6009本，按时办结率、服务满意率均为100%。二七区行政服务中心国土资源局窗口多次被评为“红旗窗口”“党员先锋示范岗”，荣获河南省国土资源厅“优质服务标兵”称号。

【存量闲置建设用地集中清理处置专项行动】 2014年7月1日，成立二七区存量闲置建设用地集中清理处置专项行动领导小组，出台《二七区存量闲置建设用地集中清理处置专项行动实施方案》，并于3日召开动员会。通过明确工作职责和时间节点，建立项目跟踪动态管理台账，完成土地征收151.93公顷、供应261公顷，分别占年度任务的124.9%、118.5%和全部任务量的75.0%、59.3%。

【矿产资源开发监督管理】 2014年，国土局加强矿产资源日常监督管理，开展动态巡查26次，无超层越界行为发生。完成2014年度采矿权人年检工作，全区矿山企业7家，年检

国土资源局召开“党的群众路线教育实践活动”专题民主生活会

率、持证率、动态检测率均达100%。

【监察执法】 2014年，国土局在郑州市各县（市）区率先建立国土资源执法监察监管网络平台，对强化土地动态巡查，破解“发现难、制止难、查处难”，有效监督和制约执法行为具有重要意义。落实动态巡查制度，巡查发现违法用地187宗，下发责令停止国土资源违法行为通知书420份，立案查处各类违法用地案件160宗，查处面积54.4公顷。开展2014年度土地矿产卫星图片执法检查工作，查处违法用地93宗，各类土地违法案件得到有效遏制。

【地质灾害防治】 2014年，国土局建立地质灾害防治管理工作目标责任制，完善群测群防网络，集中在汛期前开展地质灾害易发区域的调查，累计开展隐患排查24次，未发生地质灾害安全事故。

【宣传教育】 2014，二七国土局利用“4·22”“6·25”“三下乡”等节日和活动，广泛宣传国土资源政策法规和办事流程，发放各类宣传品4000余份，有效提高了群众对国土资源管理工作的认知度。全年累计上报新闻信息450余篇，被各级媒体采用145余篇。

【党的群众路线教育实践活动】 成立“党的群众路线教育实践活动”领导小组，制订实施方案，围绕“为民、务实、清廉”主题，严格按照“照镜子、正衣冠、洗洗澡、治治病”总要求，高标准开展活动。发放调查问卷500余份，实地走访260人次，召开座谈会26次，300多名群众和干部职工提出意见、建议，列出24项具体整改落实任务及12项制度制定、修改计划，进行整改落实。开展谈心、交心活动，组织召开高质量专题民主生活会、专题组织生活会和各环节群众评议会。

【队伍建设】 2014，国土局坚持和完善党委中心组和党员干部理论学习制度，不断丰富学习内容，增强学习实效，实现职工思想政治水平、业务素质双提升；加强基层国土所、土地协管员队伍建设，以“党的群众路线教育实践活动”、政风行风评议等为契机，推行党务、政务公开，广泛接受群众监督，严肃考勤、车辆、会风纪律，工作效能和服务质量得到显著提升。

（邵 波）

土地储备

【概况】 郑州市土地储备中心二七区分中心成立于2005年9月。内设规划发展科、储备开发科、办公室、人劳计财科，现有干部职工22人。办公地点位于航海中路151号。

【工作亮点】 一是“三年行动计划”实现完美收官。2012年至2014年累计完成土地储备1711.73公顷，位列全市第一，为全区未来社会经济发展提供有力的发展空间和土地资源保障。二是土地一级开发整理创造全市新亮点。自2010年开始，郑州市土地储备中心二七区分中心在学习北京市、四川省成都市、安徽省、合肥市工作经验的基础上，制订全区的土地一级开发工作流程，为全市的土地一级开发整理工作创造了试点。

中心开展“党的群众路线教育实践学习活动”

【创新性措施】 一是认真分析，科学管理，实现土地储备精心运作。根据土地报批、收储、整理、供应等环节编制计划，明确时间节点、明确各部门工作任务，按计划确定收储地块规模、供应规模；实施土地整理开发，合理安排土地收储、供应时间，实现储备土地收储、整理、供应有序推进，有效缩短土地储备时间，减少土地储备资金的占用，确保土地储备资金在规定的时间内回笼并实现政府收益，真正实现土地运作的梯次推进、良性循环。二是建立机制，实现土地储备工作有序推进。2014年，中心制定工作流程、土地储备工作手册、土地征收资金管理办法、土地出让评估审批制度以及首问负责制、限时办结制、责任追究倒查机制等制度，确保全区土地储备工作快速有序推进。

【土地储备】 2014年，累计完成土地储备503.26公顷（其中：集体土地征收450.70公顷，国有土地收购52.56公顷），占年度目标任务466.67公顷的107.84%，居全市前列。

【融资工作】 2014年，累计完成融资19.4亿元，为全区的土地征收和安置房建设提供了资金保障。

【党风廉政建设】 制订党风廉政建设责任制实施方案，强化对领导干部权力运用的约束。严格执行“收支两条线”财务管理制度，杜绝“小金库”现象发生。通过定期的自纠互查以及开展述职述廉、民主生活会等活动，切实强化领导干部实施监督和接受监督的意识。注重教育，增强党员干部拒腐防变能力。

【党组织建设】 一是扎实开展“党的群众路线教育实践活动”，进一步加强基层组织建设。学习党的十八大、十八届三中全会精神，使群众观念进一步牢固、突出问题进一步解决、作风形象进一步改进、服务效能进一步提升、制度规范进一步健全。紧扣“为民、务实、清廉”主题，按照“照镜子、正衣冠、洗洗澡、治治病”的总要求，聚焦“四风”查摆问题，做到边查边改，基本达到预期要求。二是深入开展“三强一创”活动，夯实基础，增强服务能力。严格党员教育管理和党内组织生活，完善发展党员制度，加大党员干部教育培训，提高工作能力，设立专职党员发展工作者，保证党员发展质量。三是建立党员志愿者服务队伍，形成统一规范的志愿服务体系。建立“巾帼志愿者”服务队伍和党员服务志愿队，全年开展党员志愿者服务15余次。按照“三个三分之一”要求选派工作队员赴侯寨乡张李垌村、建中街街道铁英街社区开展群众工作。组织党员干部开展“微心愿”认领活动，5名党员志愿者认领“微心愿”。四是借势大走访、大座谈活动，加强领导班子思想政治建设，广泛征求群众意见，制订切实整改措施。五是落实党建责任制，进一步加强领导班子和干部队伍建设。严格按照《党政领导干部选拔任用工作条例》和《二七区党政机关中层干部管理意见》选任、调整中层干部，优化中层干部队伍结构。

【群众工作】 群众工作队队员深入张李垌村、铁英街社区全面了解实际情况，参加村委会（社区）领导班子会议，上门走访，了解困难党员、孤寡老人生活存在的问题，利用节假日慰问困难群众并给予一定的生活物资帮助。

（郭 昕）

建设投资

【概况】 二七区建设投资公司成立于2007年4月19日。内设办公室、合同预算科、工程科、财务科，现有在职干部职工27人。办公地址位于淮河中路68号。

2014年，公司充分发挥政府主融资平台作用，累计完成银行授信额度8.94亿元，为全区基础建设和城市发展融通资金6.1亿元，为全区财政担保融资8.2亿元，为22家区属企业提供融资担保总额2.047亿元；联合郑州银行成功开发集合委托贷款新融资业务，募集资金6750万元，牵头承担城投债发行重任，成功发行7年期9亿元的“14郑州二七债”；充分发挥政府投资项目建设主体作用，累计实施代建教育项目16个，其中，完工项目9个（侯寨中心小学、马寨第一中学、区辅读学校、郑州市第四十八中学、王胡砦小学、马寨镇中心幼儿园、侯寨乡中心幼儿园、棉纺路中学、兴华幼儿园），在建项目3个（嵩山路学校、荆胡小学、郑州八十一中学），筹建项目4个（航海路小学东校区、峨嵋路小学、碧云路小学、兴华街第三小学）。总建筑面积约168687平方米，总投资约40167万元，已完成投资约17899万元，实现税收约1068万元，节约财政资金约1100万元。

【融资工作】 （一）城投债发行。3月6日，国家发改委正式批准二七城投债发行。5月26日，成功发行“14郑州二七债”，期限7年。5月27日，募集资金9亿元到账。二七区发行城投债在全国主城区范围内为第一家；债项评级AA+，在全国同级别债券评价中排名前列；年利率7.1%，在全国范围内同级别县（区）平台位居前列，为全省2014年发行债券中第一（低），发行成本较低。债券发行从启动到申报成功不到8个月，获批有效时间2个月。债券的成功发行创造了二七区品牌，扩大了二七区的影响力，充分证明二七区的经济实力、信用水平等得到资本市场检验和认可。发债成功后，工商银行、国开证券等10余家金融机构主动上门与二七区政府洽谈合作，在融资环境日益趋紧的情况下，为二七区开拓直接融资打下了坚实基础。（二）棚户区改造项目融资。抓住国家对棚户区项目的政策倾斜，同金融机构对接，为棚户区改造融通资金。按照二七区政府的要求，快速以二七区建设投资公司的名义，组织整理王立砦项目棚户区融资所需的各项资料，包括项目立项手续、土地规划手续、拆迁手续等，于2014年6月底将融资项目上报国家开发银行，正在等待审批。（三）探索新的融资模式。依托郑州大学第一附属医院高阳桥周边片区棚户区项目，探索尝试私募债新的融资模式，与河南省豫资公司、平安银行联合启动私募债融资项目。融资规模15亿元，期限3+2年，分3期执行，综合利率约8.4%（预计），正在有序推进融资项目的前期准备工作。

【投资工作】 （一）二七区社区服务中心项目。与二七区招商部门联系，多渠道广泛接触有投资意向的商家洽谈合作，与河南东方医院投资有限公司、中州国际饭店、跨境贸易电子商务等意向单位进行深入谈判，并筹备选商会遴选商家。因区政府政策变化，2014年12月8日，区委、区政府统筹确定项目使用方案，意旨是惠及民生、服务群众、推动总部经济。为此，公司配合区政府办公室、区直机关事务管理局编制项目使用方案，已完成二次装修方案设计和装修工程招标，正在全速推进二次装修工程施工。项目的投入使用将会极大限度地满足人民群众的“一站式”综合性服务需求。（二）股权监管工作。加强对河南省二七担保有限公司、郑州市二七投资有限公司的股权监管，联合区审计局等相关机构成立审计小组进驻两个公司，对两家公司成立以来的经营情况进行审计，对资产进行评估。2014年6月河南国审会计师事务所出具两家公司的审计报告，经过审计两家公司的经营状况良好，二七区投资股份分别增值390.7034万元、422.4万元，实现国有资产保值增值。（三）荣茂大厦房产过户工作。针对荣茂大厦房产所在土地为划拨地，房产转让政策早已经停止、导致产权仍然在原产权人（主要为郑州银行）名下，存在着很大风险的状况，抓住郑州市推进郑州银行IPO准备工作，对郑州银行资产进行优化的契

公司组织学习十八届四中全会精神

机，全力争取将自有土地变为出让地，为荣茂大厦房产尽快过户创造条件。经过与郑州市国土资源管理部门、房管部门多次沟通协调，房产过户资料已经上报，正在协调郑州市住房保障和房地产管理局办理荣茂大厦房产过户手续。

【项目代建】 （一）荆胡小学项目：是2014年郑州市政府公开承诺的民生实事项目，9月30日完成招投标，10月份进场开工建设，已完成临时建筑、部分围墙、风雨操场基坑开挖。（二）郑州市第八十一中学项目：是2014年郑州市“十件实事”内容之一，8月中旬完成地块东侧区域拆迁，9月底完成西侧南半部分拆迁，10月完成招投标并进场开工建设，已完成临建施工。（三）嵩山路学校项目：为2014年度政府投资续建项目，10月完成主楼工程竣工验收和场区工程招投标，正在快速推进场区工程施工。（四）棉纺路中学项目：2014年4月，因王立砦小学拆迁，原棉纺路小学需安置场区配套工程尚未完工的棉纺路中学。接到区政府棉纺路中学项目提前交付使用任务后，迅速确定各项搬迁工作任务分工，快速完成雨污管网和临时水电接通，设置安全隔离设施进行安全隐患排查，确保棉纺路小学如期搬迁。利用暑期完成场区工程收尾工作并正式交付使用。（五）航海路小学东校区、碧云路小学、兴华街第三小学、峨嵋路小学项目：完成方案设计。

【党的群众路线教育实践活动】 （一）紧盯“学习教育、听取意见”不放松。全年开展集中理论学习20次，开展讲党课活动2次，举行专题培训3次，举办演讲比赛2次，撰写调研报告4篇，撰写征文稿件20篇。采取“自我找、调研找、登门找、开门找”等形式，查找出领导班子各类问题50条，认领问题7条，已经整改问题48条，正在整改问题9条。（二）紧盯“查摆问题、开展批评”不放松。针对查摆出的各类问题，召开领导班子会议集体“会诊”，归纳整理出领导班子存在的突出问题27条，其中“四风”问题15条、关系切身利益问题3条、群众服务群众“最后一公里”意见、建议2条，其他方面的意见问题7条。开展集中谈心谈话2批次，做到畅所欲言、开诚布公、客观公正。按照“衡量尺子严、查摆问题准、原因分析深、整改措施实”的要求，撰写对照检查材料，先后3次集体研究领导班子的对照检查材料，修改完善6次。开展批评与自我批评，领导班子成员思想上受到了深刻教育，达到“团结—批评—团结”的目的。（三）紧盯“整改落实、建章立制”不放松。从严制订问题整改方案、专项整治方案、制度建设计划，列出问题整改清单，建立制度建设台账。4项立行立改事项、2项专项整治事项、3项近中期整改事项已整改完毕，1项远期整改事项正在整改之中。认领中央开展的2项专项整治事项已整改完毕，认领中共河南省委开展的3项专项整治事项已整改1项，认领市委开展的2项专项整治事项正在整改之中，认领本区委开展的1项专项整治事项和本单位开展的1项专项整治事项已整改完毕。遵照“立足实际、简便易行、务实有效、不搞形式”原则，对本公司现有的20个岗位描述书、112项工作制度、52项工作流程进行全面系统地梳理完善，废止3项制度，修订10项制度，新建3项制度，营造了“为民务实清廉”的干事氛围。

【组织建设】 （一）“四分四合”增合力。通过实施党建与项目建设工作“四分四合”（即：职能上分，思想上合；工作上分，目标上合；程序上分，步调上合；制度上分，关系上合），形成党政联动抓项目、齐抓共管搞建设的工作机制，实现党的建设与项目建设“两手抓、两不误、两推进”。（二）“四个坚持”夯基础。牢固树立“项目至上、党员先行”理念，做到“四个坚持”（即：坚持“共心”，统一思想，同心合力，共建项目建设高效环境；坚持“共事”，统一行动，同心同行，共筑项目建设健康秩序；坚持“讲政治”，常思“我是谁、为了谁、依靠谁”、我该为项目建设做什么，共创项目建设浓厚氛围；坚持“沟通”，强化机关党组织与施工及监理单位的沟通、机关党员与工地流动党员的沟通、驻守工地人员与建筑工人的沟通）共创项目建设和谐格局。（三）“四化建设”抓服务。公司每年平均实施代建政府公益性项目3个，参建人员约600人。为提升项目建设服务水平，全力铸造“民心工程、放心工程、廉洁工程”，深化“规范化、制度化、流程化、可视化”管理服务体系，在立项、设计、招标、建设、验收、维护等环节规范运作，主动邀请纪检、发改、财政、审计、法律顾问、人大代表等监督主体对项目建设全程跟踪监督，做到关口前移，全力打造“为民务实清廉”的发展队伍，全力构建风清气正的项目建设氛围。（四）“四进活动”构和谐。利用项目建设周工作例会和重大节假日时间，组织队伍深入建筑工地开展“请您为我找问题进工地”“廉政文化进工地”“关爱农民工、送电影进工地”“忆党史、话党建、送温暖进工地”等“四进活动”，查找领导班子和党员干部的“四风”问题，丰富建筑工人的文化生活，增强建筑工人对党的认识，坚定建筑工人为二七区发展做贡献的信心，为推动项目建设健康和谐运转提供强有力支撑。

【党风廉政建设】 （一）加强廉政教育。教育大家常修为政之德，常怀律己之心，常思贪欲之害，常弃非分之想。（二）完善规章制度。严格落实中央“八项规定”，依法依规办事，对已有的公务接待、项目变更、招标采购、审计结算等制度进行修订完善。（三）关口前移抓规范。主动邀请区人大、区纪委、区检察院、区发展改革和统计局、区财政局、区审计局、区建设局、区安全生产监督管理局等单位，对工程招标、项目建设、大宗物资采购、安全生产等方面进行监督监管。

【团队建设】 （一）会议统一工作。通过召开周例会、领导班子会、务虚会等，明确工作任务，明确工作责任。（二）谈心统一思想。建立谈心制度，召开干群谈话会，了解干部职工的思想、工作、个人重大事项等情况，在思想上帮助、工作上支持、生活上关心，充分调动广大干部职工干事创业积极性。（三）活动统一感情。以各种文体活动为载体，活跃干群关系，增进了解。（四）目标统一方向。让每个人都参与到公司长期发展战略目标的制订中来，使每个人都了解公司在一定时间内要达到什么样的目标，自己在一定时间内要达到什么样的目标，通过目标统一方向，最终形成凝聚力、向心力、战斗力。

（李晓晖　牛梦薇）

房屋征收与补偿

【概况】 二七区房屋征收与补偿办公室成立于1989年11月。内设行政科、劳资科、信访科、法制科、督查科、拆迁安置补偿事务所、拆迁一科、拆迁二科、拆迁三科、拆迁四科。在职职工108人。办公地址位于政通路29号院6号楼。

2014年，办公室按照区委、区政府“三大主体”工作部署，坚持

"以人为本、依法征收、和谐征收、阳光征收"工作思路，强力、有序、公平、和谐地推进房屋征收工作，为省、市区重点建设项目顺利实施营造了良好的外部环境，为扎实推进全区"三年行动计划"奠定了坚实的基础。

【拆迁安置】（一）正在实施的项目。中央商务区D地块项目。项目范围为京广路以东、京广路铁路以西、西广场以南、陇海路以北，涉及征收2152户，征收面积316014平方米。2014年3月，中央商务区项目在逐步完善立项、规划、征收令等手续的情况下，超常规运作，实施预征收动迁。截至年底，项目安置区前期4公顷需征迁非住宅房屋4.2万余平方米已征迁3.6万平方米。10月30日，郑州市规划局对辖区太和路、中铁路、新甫西街道路工程及幸福路—操场街下穿铁路隧道工程（新甫西街至京广路段）4条道路规划方案批复。11月20日，征迁工作组在幸福路等4条道路范围内张贴征求意见通知12份，向1300余户群众发放房屋征收方案（征求意见稿），开始为期30天的公开征求群众意见。

二七宾馆及周边区域征收改造项目。项目位于二七广场以西、解放路以南、武英里以北、新胜路以东区域。项目涉及征收2户，征收面积2.25万平方米。截至2014年年底，郑州市二七宾馆有限责任公司于11月28日已签订房屋征收补偿协议，吸引力服饰公司的房屋征收工作正在协商中。

京广北路以东中原路以北综合整治项目。项目涉及房屋征收面积59809.67平方米，被征收827户，已签约812户，剩余15户尚未签约，正在依法履行相关程序。

辖区轨道5号线。轨道五号线沿航海路涉及辖区5个站点，分别是冯庄站、京广南路站、大学南路站、嵩山路站、工人路站，长约5公里。项目征收单位和居民91户，房屋总建筑面积22119.44平方米，其中住宅74户，建筑面积4444.22平方米；非住宅17户，建筑面积17675.22平方米。截至2014年年底，二七区政府已组织社会稳定风险评估。

（二）正在筹备的项目。河医片区改造项目。涉及国有土地征收居民6482户，建筑总面积50.73万平方米。截至2014年年底，项目征收补偿方案已初步完成。

办公室组织召开党员干部民主生活会

路砦社区城中村连片改造项目D3、D6地块。涉及征收237户，征收面积36351.17平方米。项目征收补偿方案已经区政府修改完善。

（三）城中村改造项目。配合做好侯寨乡南岗刘村、郭家咀村、罗沟村、铁三官庙村和马寨镇刘胡垌村、张寨村及五里堡街道王立砦片区等城中村改造项目被征迁居民丈量、复核、认证、兑付及政策解释等工作。

【工作亮点】一是坚持依法征收。在房屋征收中，做到核定"一把尺"，补偿"一杆秤"，维护政策执行的严肃性。二是坚持惠民征收。在不改变征收政策的前提下，发现、解决部分征收弱势群体的就医、就业、就学、住房等困难，取得群众的信任与支持，切实体现人性化、人情化征收。三是坚持"阳光征收"。在征收前，召开征收座谈会，充分体现民意，对房屋丈量、无证建筑的认定、安置房分配等情况，均向社会公示，接受群众监督。四是坚持征收创新。在征收项目中成立临时党支部，充分发挥基层党组织的战斗堡垒和共产党员的先锋模范作用，切实把党的组织优势转化为推动各项事业发展的强大力量，更好地服务于全区房屋征收工作。五是坚持"廉洁征收"。始终把党风廉政建设作为党建工作的一项重要政治任务，从加强教育、规范工作流程、强化监督入手，着力打造"廉洁征收"，有效预防和减少房屋征收过程中以权谋私、徇私舞弊行为的发生。

【党建工作】（一）密切党群关系，夯实基层基础。一是开展志愿服务活动。9月20日、9月27日，组织30余名党员干部到社区开展"迎国庆 大扫除"活动。二是开展以"我是谁、为了谁、依靠谁"为主题的演讲比赛。干部职工结合自身思想和工作实际，讲自己的、身边的好人好事，弘扬正能量。

（二）走访慰问困难党员、社区低保人员，帮助解决困难。一是春节期间，主要领导带队到结对帮扶单位——登封市嵩阳民族社区开展节日慰问活动，走访慰问10余户生活困难群众。二是开展"实现微心愿、放飞微梦想"活动。党员干部主动从区委、区政府心愿墙上认领"微心愿"，将新购买的衣服和书包送到"心愿人"的手中，帮助"心愿人"圆梦。

（三）全面推进项目党建。相继在陇海路高架快速通道工程、金水路西延道路工程、中央商务区项目、蜜蜂张村改造、孙八砦社区改造等项目中成立项目临时党支部，切实把党的组织优势转化为推动项目建设为强大力量。

【党风廉政建设】（一）推进党风廉政建设目标责任制。建立"党组统一领导、班子成员齐抓共管、科室负责人各负其责、依靠党员群众支持和参与"的领导体制和工作机制。每季度召开1次党风廉政建设专题工作会议，针对群众普遍关心的党风廉政建设问题和领导班子建设问题，查找问题、分析原因，及时研究、制订整改措施，抓好落实。把党风廉政建设作为党组织建设和民主政治建设的重要内容，纳入领导班子工作考核目标管理，与具体业务工作同部署、同落实、同检查、同考核。

（二）抓好党风廉政教育，促进干部队伍廉洁从政。一是加强党纪法规教育。每季度组织党员干部学习党风廉政建设规章制度。二是每半年由纪检组长主持召开年轻党员干部廉洁从政的专题讲座，并与年轻干部开展谈话，密切关注年轻干部的思想动态，做到防患于未然。三是开展警示教育活动。参观郑州市反腐倡廉警示教育基地，让干部亲眼目睹、亲身感受违法违纪带来的一系列后果。提取2014年社会关注度较高的违纪案例，采取以案说法等方式，引导干部根据个案中的价值观、是非观等容易产生分歧的问题展开讨论。

【党的群众路线教育实践活动】 组织党员干部集中学习10次，领导班子及中心组理论学习7次，党组书记讲党课1次，收看《百家讲坛》等电教片7部，学习形式多样，效果明显。找出领导班子和领导班子成员在"四风"方面存在的突出问题共计64条，制订具体整改措施136条。通过学习教育和整改落实，领导班子和党员干部的作风明显改善。

（高兴利　权松波　侯尊旖）

新型城镇化建设

【概况】 二七区新型城镇化建设办公室成立于2011年9月。2014年8月将原二七区城中村及旧城改造办公室、二七区新型城镇化建设办公室、二七区新型城镇化建设综合协调办公室人员整合，是全区新型城镇化建设领导组的办事机构，负责全区新型城镇化建设综合协调和城中村、旧城、合村并城等大棚户区改造业务的组织、指导、协调、督查、考核等工作。内设党政办公室、综合业务科、计划规划科、拆迁土地科、建设房管科。现有干部职工45名，临时人员5名。办公地址位于政通路升龙国际B区1号楼1单元23、24楼。

2014年，办公室在区委、区政府正确领导下，围绕重点区域拆迁带动全域城镇化、围绕棚户区改造任务推动项目开工建设、围绕强投资夯基础解决城中村改造遗留问题、围绕惠民生强化公共配套与基础设施建设、围绕手续办理压茬推进项目运作，全区重点区域拆迁、安置房建设在全市新型城镇化观摩讲评排名中位列前位。

【综合业务】 2014年，办公室综合协调全区近40家单位的新型城镇化业务工作。完成全市新型城镇化月报、安置房周报、重点项目月报等各类报表约2000份的统计上报任务；牵头做好全市新型城镇化建设各类督查观摩迎检工作14次；印发《二七区安置房建设周报》《二七区六项重点工作周报》24期；牵头做好郑州市新型城镇化年度及"三年行动计划"考核，并做好新"三年行动计划"上报。

【计划规划】 2014年，全区棚户区改造计划开工30609套，实际完成30772套，超额完成任务。上报贾砦社区等9个项目15484套棚户区改造任务，申请列入2015年棚户区改造计划；实现核工业部第五研究设计院、二七时代广场、侯寨滨河花园合村并城等项目控制规划批复；内环线路城市有机更新"三年行动计划"涉及辖区的19个改造项目已全面实施。

【拆迁及土地出让】 西陈庄村、郭家咀铁三官庙村庄改造方案已获区政府批复；孙八砦社区、王立砦社区、贾砦社区、大田垌社区、张河社区4个整村地块基本完成拆迁；郑州火车站西广场项目完成一期安置区地块拆迁。城中村、旧城及合村并城项目完成土地出让127.6公顷、土地出让金额625718万元。

【房屋建设】 2014年，二七区新型城镇化建设实现冯庄社区、高砦社区、中央商务区一期安置房项目桩基施工，完成二七新区北安置区、南安置区一期安置房地基建设，刘砦社区、齐礼阎社区、滨河花园、程炉（张河）一期安置房项目主体封顶；黄岗寺社区、荆胡社区安置房项目158万平方米竣工回迁。

【全区首个合村并城村庄改造方案获批复】 8月12日，二七区政府向二七新区管委会下达《郑州市二七区人民政府关于同意郭家咀铁三官庙村庄改造方案的批复》，批复二七区首个合村并城村庄改造方案。

河南省城乡建设与住房保障厅督察组督查二七区棚改项目进展情况

【党建工作】 坚持"围绕业务抓党建、抓好党建促业务"工作思路，组织开展党的群众路线教育实践活动；优化服务载体，成立安置房建设服务队，为二七区慈善总会捐款1400元，组织32人次认领"微心愿"5个并帮助圆梦，到所结对帮扶的建中街街道人和社区开展清理楼院卫生死角义务劳动，深入群众工作队所分包的京广路街道惠城社区、侯寨乡罗沟村帮助开展工作；加强党风廉政建设，举办7期职工廉政主题教育活动，修订完善职工请销假等规章制度，杜绝职工违法违纪行为发生。

（费博　丁雪）

南水北调工程建设管理

【概况】　二七区南水北调工程建设管理办公室2006年2月成立。内设综合科、建管科、财务科、移民科，现有干部职工16人。办公地址位于索克世纪大厦3楼。

2014年，办公室在区委、区政府正确领导下，以“党的群众路线教育实践活动”为抓手，行动迅速，善抓落实，确保国家重点工程顺利施工，高效完成各项工作任务。

【南水北调工作】　一是吃透政策，精通业务，做好投资计划的分解、下达。2014年，下达各类投资计划127份，发放征迁补偿投资3295余万元。二是通力合作，共享共赢，圆满完成南水北调配套工程各项征迁任务。在配套工程建设时间紧、任务重、困难多的情况下，干部职工按照时间节点要求，征地104多公顷，拆迁房屋2万多平方米，副业迁建4家，完成10千伏高压线路改造5条、低压配电柜和变压器迁建1套；完成迁建移动线路2条、广播电视线路5条，完成管线和生态水系交叉专项工程2处、管线和污水管道交叉专项工程1处，圆满完成配套工程的征迁任务。三是深入基层，关注民生，妥善解决遗留问题。全年协调解决遗留问题57起，其中，解决补偿类问题25起、征迁类问题7起、影响类问题6起、施工环境类问题5起、专项迁建类问题4起、阻工类问题7起、其他问题3起，较好地维护了群众利益，维护辖区社会和谐稳定，全力促进南水北调工程建设顺利进行。四是超前规划，把握节点，确保临时用地复垦返还。全年完成临时用地返还移交60.2公顷，其中干渠29.47公顷、配套30.73公顷。

【移民扶持】　一是切实做好水库移民后期扶持资金发放工作，保证资金及时、安全、准确发放。完成2014年第一、二、三季度共3次大、中型水库移民后期扶持资金发放工作，累计发放8661人次，发放资金129.915万元。二是加大水库移民后期扶持项目管理实施力度，改善移民生产、生活条件，促进库区和移民安置区长远发展。2014年完成的大、中型水库移民后期扶持项目5个，分别是2012年度马寨镇湾刘村道路硬化工程、水磨村道路硬化工程、侯寨乡麦垛沟村农田灌溉工程；侯寨乡尖岗村中心街道排水改造工程、2013年度娄河村彩色苗木育苗基地基础设施建设工程。三是实事求是，做好移民人口年终审核。全年全区核减移民36人，新增加1人。2014年全区纳入大、中型水库后期扶持范围的农村移民共计2852人。四是做好2014年度移民后扶项目上报工作。全年成功上报2个移民后期扶持结余资金项目（马寨镇娄河村南岸道路硬化和化粪池工程、湾刘村道路硬化及排水工程）。

【机关文化建设】　一是提升工作效能。进一步完善规章制度，编印“二七区南水北调办公室考勤制度”“二七区南水北调办公室请销假制度”等。二是扎实推进干部学习教育活动。把机关文化建设糅合到开展干部学习教育活动过程中，利用每周二、五下午时间，学习各级党代会及文件精神、优秀传统文化等，营造“创先争优”的良好氛围。三是继续深化机关文化建设。调整完善物质文化，以低碳、节能为目标，倡导绿色和谐的办公环境；强化制度文化，重新修订有关机关管理制度，强化刚性和执行力，补充关怀制度；丰富价值观文化，通过开展“德能素质大比拼”活动，丰富价值观体系建设内涵，净化价值观体系建设环境，打造出一支能征善战、克难攻坚、无私奉献、和谐向上的一流干部队伍。

（张　钒）

办公室领导深入基层征求意见

城市管理

【概况】　二七区城市管理执法局成立于2010年6月。机关内设办公室、计划财务科、市容环卫科、后勤设备科、人事科、市政道路科、园林绿化科、基建科、法制科、行政服务科，同时挂牌二七区城市防汛办公室，下属8家事业单位（二七区城市管理综合服务中心、二七区环卫清洁服务总公司、二七区园林绿化管理中心、二七区环卫公共设施管理所、二七区市政工程设施管理所、二七区马寨工业园区市政管理所、二七区侯寨市政管理所、二七区城市管理执法局车管会），现有正式职工542人。办公地址位于兴华南街85号。

2014年，在区委、区政府正确领导下，区城市管理执法局以城市管理整治提升、生态廊道建设和综合性公园建设为主线，精心谋划、统筹安排、克难攻坚、狠抓落实，圆满完成各项工作任务，取得良好成效。

【道路保洁及垃圾清运】　2014年，区环卫清洁服务总公司担负着辖区176条主次干道、背街小巷492万平方米的清扫保洁、小广告清理、果皮箱清掏清擦、主干道机械化清洗扫、洒水降尘和26座垃圾中转站日产530多吨居民生活垃圾的日产日清任务。按照《郑州市人民政府关于规范环卫管理工作改善环卫职工待遇的通知》要求，5月份以后将辖区97条道路180万平方米人工清扫保洁作业工作实行市场化运作，二七区环卫清洁服务总公司负责辖区79条主次干道、背街小巷314万平方米的清扫保洁、小广告清理、果皮箱管理和26座垃圾中转日产530多吨生活垃圾的日产日清工作。

【综合性公园建设】　2014年，二七区建设完成叠彩园、天和园、净秀园3座区级综合性公园，并于12月30

日正式开放。在建设过程中，抽调业务精、工作能力强的20人，组建3个工程建设项目部，高标准、严要求，通过倒排工期、挂图作战等措施，确保工程优质高效。在郑州市综合性公园建设每月排名中，二七区均名列第一，也是全市唯一当年全面完成区级综合性公园建设目标任务的县（市）区。公园建设的工作经验被郑州市人民政府办公厅在政府工作快报（201期2014年6月24日）专刊予以推广。

【生态廊道建设】　2014年，二七区完成南三环路二期、大学南路（南四环—绕城高速公路段）、郑尧高速公路连接线道路绿化建设任务。绿化面积67.2万平方米，栽植乔、灌木8.58万株、地被40万平方米，敷设自行车道8.17公里。其中，南三环路二期绿化工程，绿化面积20万平方米，栽植乔灌木4.6万株，地被13.18万平方米，自行车道2.17公里；大学南路（南四环—绕城高速公路段）绿化工程，长3公里，绿化面积30万平方米，栽植乔、灌木2.3万株、地被17万平方米，敷设自行车道6公里；郑尧高速公路连接线绿化工程，长1.6公里，绿化面积17.2万平方米，栽植乔、灌木1.68万株、地被9.8万平方米。

【城市管理整治提升】　2014年，二七区重点加强对辖区市容、市貌整治的督导力度，高标准完成春节期间市容环境卫生集中整治、地铁一号线综合整治、南三环路沿线综合整治、废弃及存在安全隐患立杆整治、“两会”期间城市管理综合整治、迎接第十一届中国国际园林博览会专家组实地考查市容市貌保障、甲午年黄帝故里拜祖大典市容保障等阶段性任务，在郑州市提升办公室组织的考评中，二七区获得郑州市市内五区综合排名第二名的好成绩；在郑州市提升办公室组织的“2012—2014三年提升活动”综合考评中，二七区“三年综合成绩”郑州市位居市内五区排名第一，被评为“郑州市城市管理整治提升活动先进单位”。

【项目建设】　2014年，二七区辖区新建公厕6座，改造公厕9座，新建环卫中转站1座；完成金水河兴华街桥维修工程；完成兴华街（民安路—淮河路）车行道1254平方米、汉江路（嵩山路—兴华街）人行道2320平方米的整治任务；加强生态水系排污口整治，发现和整治排污口30处。

【“四城联创”工作】　2014年，在郑州市创建全国文明城市、国家园林城市、国家卫生城市复审重创工作中，二七区城管局承担生活环境整治和公共场所整治工作任务。通过日督查、周评比等多种措施，集中整治，快速推进，圆满完成环境卫生、园林绿化等“四城联创”期间的整治任务，受到郑州市指挥部表彰（街道、河渠及城中村、城乡结合部、出入市口整治流动红旗2面）。

【长效机制建设】　2014年，二七区城管局在充分发挥网格员作用的同时，进一步调整充实城市管理应急队伍；通过快速解决问题，减少信息平台和数字化案件，与2013年同期相比，城市管理问题发生率降低60%，信息平台接受案件47件，全部按时整改完毕。二七区城管局荣获二七区2014年度网格化管理奖。

区“四个班子”领导与干部职工一起参加义务植树活动

【市、区民生实事完成情况】　2014年，一是协助市有关部门为4万户城区居民实施自来水“一户一表”改造工作，创造了良好的施工环境；按照郑政明电〔2011〕18号文件要求，二七区财政局全部上缴2014年自来水“一户一表”改造全区需要拨付的资金1217.94万元；二是配合推进新密裕中电厂热源入郑工程的地面绿化工作，确保先完成地下热力管道铺设，再进行地面绿化建设，绿化工作全部完成；三是实施市区南三环路（二七段）、大学南路、郑尧高速公路连接线道路两侧各50米的绿化建设；四是新建3座综合性公园，已于12月30日正式向市民开放。

【数字化案卷、各类交办件和人大建议、政协提案办理情况】　全年接到区数字化指挥中心派遣案卷4062件，职责范围外案卷回退1215件，按要求办结2847件；办理ZZIC督办25件、区长热线投诉200余件、领导交办33件、落实区委工作部署10期、区委会议纪要16期，市、区委书记信箱转办6份，实现办结率、回复率100%的总体目标；收到人大代表建议、政协委员提案10件，均已办结，满意率100%。

【道路养护】　2014年，二七区城管局完成车行道修补11987平方米，人行道整修7825.6平方米，换修窨井64套，修补混凝土路面235平方米，栽侧石1152.8米、条石212米，拆除“马路钉子”65处，发现、上报突发道路沉陷、塌坑、缺砖等路面病害487处；发现制止无证占道87处、无证破路168处。

【园林绿化】　2014年，二七区辖区新建绿地68.57万平方米，新植乔木266294株、灌木90850株，补植、补栽乔灌木93175株、麦冬8391平方米；补栽行道树376棵，修剪整形行道树3187棵；垂直绿化30150余株，屋顶绿化3200平方米。重点对汝河路（嵩山路至淮北街）、保全街（庆丰街至京广路）2条（段）区管道路，进行行道树补植、补栽，花坛、花带修剪整形、充实栽植连翘、黄杨球等花灌木，日常浇水养护等精细化养护，努力铸造二七区的林荫道路；建成万达住宅区、荆胡安置区、御景台3个社区公园；创建“郑州市园林小区”4个（正商城福苑住宅小区、橄榄城御景台住宅小区、鑫苑现代城住宅小区、中国船泊重工集团公司第七一三研究所)。

【规范养犬工作】 2014年，全区办理养犬证387只，年审2509只，注销犬证20只，转移犬只17只，处理群众投诉68起。

【城市防汛】 严格落实机构人员落实到位、安全隐患排查到位、应急预案制订完善到位、防汛物资储备到位、抢险队伍组建到位、道路积水点分包到位。组织城市防汛抢险应急人员2000名，成立40人的防汛应急队伍，雨天上路进行不间断巡视，24小时待命，保证在接到指令后第一时间赶赴防汛抢险现场，确保了城区雨季各易积水点及时排水，安全度汛。

(石海洲)

行政执法

【概况】 二七区城市管理行政执法局成立于2001年9月。机关内设办公室、组织监察科、法制宣传科、执法督查科、人事计财科、后勤装备科；下设19个执法中队，其中直属中队4个，派驻各乡(镇)、街道综合执法中队15个。现有在职职工401人。办公地址位于中原路102号。

2014年，行政执法局以“党的群众路线学习教育实践活动”为契机，不断改进工作作风，执法为民、服务民生；以创建“星级执法监察队伍”为抓手，规范管理、建强队伍；以保障区委、区政府中心工作为重点，强化监管、严格执法；扎实开展城市管理行政执法工作，持续有效提升城市管理成果。被河南省住房和城乡建设厅评为“河南省住房和城乡建设系统四星级执法监察队伍”，被郑州市城市管理局评为“2014年度城市管理行政执法先进单位”，在“三年行动计划”工作中被中共二七区委、二七区人民政府授予二七区“三年行动计划”综合工作优秀单位、二七区“三年行动计划”城乡建设管理工作先进单位、二七区“三年行动计划”城市管理提升工作先进单位，荣获二七区“2014年度工作考核优秀单位”“支持新型城镇化建设先进单位”“城市管理提升奖”“最具执行力奖”“最具和谐团队奖”“郑州市户外广告规范整治工作先进单位”“2012—2014年度郑州市推进服务型行政执法建设先进单位”“2014年上半年无烟单位”“2014年度二七区人事管理工作先进单位”“2014年度二七区文化活动先进集体”等荣誉称号。

【专项整治】 (一)渣土运输道路遗撒整治。一是帮助二七区渣土清运协会将辖区内原有的12家清运企业重组为3家，以加强监督和管理。二是组织辖区渣土清运公司负责人及驾驶员开展遵章守纪学习教育活动，制作、印发宣传单和宣传册6000余份，受教育1500余人次。三是通过实行“5+2”“白+黑”工作制度，展开“全天候”执法巡查，做到早检查、早发现、早处置。全年检查渣土运输车辆7400余台次，现场批评教育1600余台次，暂扣车辆120余台，有效遏制辖区建成区内渣土运输道路遗撒现象。

(二)占道露天烧烤治理。7月份开始，除组织各街道开展日常治理外，每周不少于2次组织近百名执法人员开展集中整治专项行动，对长期拒不整改、治理后反弹的占道露天烧烤摊点予以重点整治。截至年底，开展占道露天烧烤摊点集中整治行动42次，暂扣烧烤炉370余个，发放《抗击雾霾　保护蓝天》——致露天烧烤经营者的一封信、《露天烧烤对人体健康的影响》等宣传资料5000余份，截至10月底，辖区建成区内114处露天碳烧烤摊点改用清洁能源全部整改到位。

(三)占道经营、突出店外经营专项整治。一是营造宣传氛围。印发各类宣传页、宣传手册5.5万份，在各级、各类新闻媒体宣传报道70余篇次，强化占道经营、突出店外经营整治的舆论氛围。二是持续开展市容集中整治行动。根据占道经营、突出店外经营的特点，定期、不定期组织近百名执法队员开展市容集中整治行动，对主要道路、重点区域、市容管理乱点、难点进行整治。全年开展市容集中整治行动近80次，出动执法人员8500余人次、执法车辆1770余台次，暂扣违章占道物品2.37万件(套)。三是支援乡(镇)、街道做好市容整治工作。全年支援乡(镇)、街道整治市容59次，出动执法人员8850余人次、执法车辆近1800台次，有效解决只靠乡(镇)、街道自身力量难以解决的占道经营难题。四是开展城区道路交通秩序整治“百日行动”机动车占道经营专项整治工作。12月初，联系辖区公安交警和街道办事处，针对辖区主次干道和人流量较大的路段，启动机动车占道经营专项整治工作，截至2014年年底，结合“百日行动”专项行动，制作、印发“三封信”2万份、宣传册7000份，受教育达10万余人次；协调组织开展联合执法行动20余次，出动执法人员3000余人次、执法车辆420余台次，取缔整改各类占道经营和突出店外经营3500余处，暂扣各类占道经营机动车辆69台、电动三轮车32辆、人力三轮车291辆、手推车117辆。五是抓好占道经营、突出店外经营专项整治督促指导工作。加强对各街道办事处白天和夜间市容管理的督促、指导力度，全年转发、下发整改通知书717份，涉及各类违章占道6029处，整改率100%。

(四)迎接“三城联创”检查验收。在迎接全国文明城市、国家卫生城市和国家园林城市创建检查中，执法局提前着手、精心部署，投入人力、物力、财力，放弃节假日休息时间，全员上阵、全时执法，统筹安排执法力量，强化重点部位、主要路段、检查组驻地周边的市容管理。出动执法人员5700余人次、执法车辆1140余台次，制作印发宣传单8000份、宣传册4500份、“致辖区市民一封信”1万份，持续营造市容集中整治提升氛围；同时，根据迎接检查的需要，对迎接检查的路线、区域内辖区固定商户卷闸门、沿街墙体、道路桥梁线杆等沿街立面的乱涂乱画、小广告和污损进行油漆、清理、整饰。迎接检查期间清理占道经营、突出店外经营1820余处；暂扣占道物品3150余件(套)。

(五)持续依法规范城市养犬。一是成立专业执法队伍。组建一支由区行政执法局、各街道、公安派出所等部门人员组成的272人联合执法队伍，同时，组建一支由9名精干执法人员组成的规范养犬专项行动组，为开展工作提供人员保障。二是加大执法管理力度。在日常不间断机动巡查的基础上，组织执法人员在6时至9时、18时至22时两个遛犬集中时段开展错时执法，对不听劝阻、拒绝整改的违规养犬人，坚决依法予以处罚，处罚违规养犬行为78起。全年受理群众举报案件396件，办结率100%。三是坚持开展联合行动。联合街道、公安干警等多方力量，坚持每周组织开展不少于2次的全区性联合执法行动，同时，印制、发放规范养犬宣传册5000份、“致养犬居民一封信”1万份，营造和保持了查处违规养犬的强大声势。全年暂扣、收容流浪犬、无证犬等1621条。

(六)清理、整饰小广告。2014年，出动协管员2.08万人次，清理、整饰辖区主次干道沿街两侧立面乱贴乱画、乱写乱涂各类小广告236434

处（粘贴广告188904余张，大喷手写各类办证广告47530余条），消除、整饰色差2.85万余处，做到全市效率最高、整饰效果最好，有效维护了辖区沿街立面的整洁。

（七）规范新旧住宅小区沿街商户门头牌匾。2014年9月，组织精干力量专项负责，并做好与市户外广告指挥部的日常工作对接，边学边干，确保辖区户外广告整治工作的连续性。

（八）违法建设整治。以“统一领导、部门联动、拆防并举、稳中求进”为指导思想，以“先易后难、循序渐进”为原则，以网格化长效管理机制为依托，逐级分包、责任到人，确保违法建设发现及时、处理到位，杜绝新增违法建设的发生。全年，拆除违法建设488处，面积约14.24万平方米。其中，拆除集体土地违法建设252处，面积约13.66万平方米；拆除国有土地违法建设236处，面积约0.58万平方米。

（九）集中整治河南网商园周边环境。自3月7日开始，在“中部电商港项目”周边500米至1000米整治范围内，集中投入人员、资金，对占道经营、突出店外经营、乱贴乱画、乱扯乱挂、乱堆乱放、占道施工、商业促销等市容乱象进行不间断集中整治，拆除不规范门头320余处，清理、粉饰沿街立面4500余平方米，清理小广告26210余处，治理占道经营、突出店外经营1530余处，暂扣灯箱260多个，拆除各类户外广告近200处，督促施工工地更换破损围挡2处近300米，清运占道物料、渣土近百车，有力提升了网商园周边的环境秩序。

【作风建设】 一是丰富学习载体，营造良好学习氛围。利用局政务电子显示屏，开辟“每日一学”“实时播报”等栏目，滚动播放学习内容，以图文并茂的形式即时播报全局“党的群众路线教育实践活动”开展情况；制作30块宣传版面，在局机关及15个乡（镇）、街道执法中队流动宣传活动主要内容；在局机关和15个执法中队设置党员干部活动“学习园地”，定期将活动简报、心得体会等予以张贴。组织集中学习16次，印发活动简报51期，撰写心得体会406份，营造真学、善学的良好氛围。二是广泛查找“四风”问题，确保不缺不漏。通过采取召开座谈会、实地调研、基层走访、个别谈话等形式，向人大代表、政协委员、渣土运输公司负责人、商户代表征集对城市管理、环境卫生、为民服务、行政效能等方面的意见、建议，征求涉及“四风”等方面的意见、建议785条，梳理归纳为三大类39条，全部建立台账，明确整改时限，限期解决到位。三是抓整改、解决问题不敷衍。制订整改方案、领导班子整改清单、领导班子成员个人整改清单，明确具体整改措施、整改方式、整改时限、责任分工等，对亟需整改的问题实行“销号式管理”，及时收集、汇总整改任务完成情况，并进行检查验收，确保整改任务件件落实，收到实效。截至2014年年底，完成立行立改事项8项、专项整治3项、近中期整改事项3项、计划于2015年年底前完成的远期整改事项4项。

执法局开展丰富多彩的职工文化活动

【队伍建设】 （一）制度建设。通过制定、完善执法行为规范、行政执法人员管理办法以及领导班子成员带班、值班制度等，规范执法行为，突出文明执法，塑造执法队伍良好形象。（二）素质建设。为强化综合执法能力，凝聚团队意识，采取理论学习和军事化训练相结合的方式，针对不同岗位，邀请高校教授、资深律师讲课，开展多项有针对性的业务技能培训。全年开展各类培训160余学时，受训人员7500余人次，执法人员业务知识进一步精进，能力素质进一步提升。（三）形象建设。要求执法人员在工作中严格着装规范，坚持亮证执法，注重证据采集，突出“教育、劝阻、执法”治理流程，坚持做到严格执法、公正执法、文明执法、阳光执法，规范执法程序。5月，制作发放“行政执法温馨告知书”8000余份，对开展文明执法作出承诺，真正树立起城市管理执法队伍整体的良好形象。（四）基层组织建设。6月，圆满完成7个党支部委员会的组建工作，使党的基层阵地更加巩固，为发挥好战斗堡垒作用奠定坚实基础。（五）法制建设。全年办理案件900余起，所有案件事实清楚、证据确凿、程序合法、定性准确、处罚适当、手续完备，无陈述、无申辩，无复议、无诉讼。

【文化建设】 一是组织演讲比赛。2014年5月，围绕“务实、为民、清廉”要求，组织开展“心系群众、执法为民”主题演讲比赛，25个执法中队、机关科室的28名选手结合党的群众路线教育实践活动，联系岗位职责，登台参赛，充分展示干部职工积极进取、昂扬向上的精神面貌，为扎实有效开展各项工作凝聚起强大动力。二是组织野外拓展训练。11月，分3批次在舞钢市对执法人员进行野外拓展训练。通过野外拓展训练，使参训的每名队员在解决问题、应对挑战的活动过程中达到“磨练意志、陶冶情操、完善自我、融炼团队”的目标，不但提高个人的环境适应与发展能力，而且提高团队的环境适应与发展能力，为应对更加复杂的执法工作提供保障。三是参加文体活动。2014年以来，执法队员参加了市城管局岗位技术比武的知识竞赛、郑州市总工会组织的演讲比赛、区总工会组织的篮球比赛等多项文体赛事。通过参与，调动了执法队员逢一必夺、勇争一流、敢拼敢赢的竞争精神。

（苏亚辉）

数字化城市管理

【概况】 2014年，二七区数字化城市管理指挥中心在区委、区政府的正确领导下，落实数字化城市管理体系的目标任务，参与全区“四城联创”工作部署和“城市管理整治提升三年行动”工作，依托数字化城市管理平台，强化数字化城市管理案件的指挥派遣、督查考核，进一步提高精细化管理水平，圆满完成各项工作任务。

【数字化城市管理】 一是结合全区城市管理整治提升工作，不定期召开专项工作安排会。二是采取日督查、周通报、月评比的督导考核方式，加强数字化城市管理日常工作的监督考核，每月以《数字化城市管理统计分析月报》形式通报全区考核、评比成绩。三是将数字化案件数量及排名以手机短信形式实时发至各单位党政负责人。四是采取座谈、实地查看、明晰确权、提出建议、限时整改等方式加强调查研究，不定期对各单位开展督导，推动工作落实。五是完善考评体系。对《二七区数字化城市管理考评办法》进行修订，明确考核对象、评分标准、考评方式、督查方式等。六是严格落实奖惩。依据《二七区城市管理整治提升活动奖惩办法》，由中区数字化中心提供数字化成绩，对各责任单位进行奖惩。七是以城市管理整治提升行动为载体，协助完成建筑垃圾综合治理、地铁站周边市容环境卫生综合治理、重大活动市容市貌保障等方面的考评工作，为城市管理工作有序开展奠定坚实基础。

2014年受理郑州市数字化监督、指挥中心派遣案件37273件，其中事件类36641件、部件类632件。高发问题有经营游商18546件、违章设置广告3650件、店外经营3316件、沿街晾挂1639件、暴露生活垃圾1621件，结案率100%。

【投诉受理】 全年重点做好市12319建设事业服务热线、二七区执法热线市民投诉受理工作。为确保城市管理各类问题得到妥善处置、市民投诉渠道畅通，坚持24小时轮岗值班，节假日不休息，全年受理382件市民投诉，办结率99%。

【长效机制工作】 中心始终坚持“三个三分之一”工作制度，对派驻社区群众工作队队员进行轮换；继续加大下沉街道工作人员督导数字化城市管理工作力度，依托网格化社会管理新模式，把数字化城市管理工作作为重点，协助街道处置数字化城市管理案件，通过一对一的业务指导，使全区数字城市管理工作效率显著提升。

【党的群众路线教育实践活动】 2014年，中心全面贯彻落实中央“八项规定”和省、市、区委有关规定，围绕反对“四风”，扎实开展“党的群众路线教育实践活动”，作风建设取得显著成效。召开座谈会4场，走访社会各界80人次，发放调查问卷100份，收集意见、建议120条；查摆“四风”问题表现36条，共性问题37条、单位个性问题14条；班子成员在民主生活会上领导相互之间提出批评和建议8条。在整改落实方面，梳理整改事项51项，全部建立整改台账，解决整改“四风”问题37项，“联系群众最后一公里”问题2项，群众关心的热点问题4项。在专项整治方面，开展整治文山会海、公款送礼、公款吃喝、奢侈浪费等专项整治，集中解决群众投诉问题得不到妥善处置、对市级部门协调力度不够、对案件处置情况监督力度不强等问题。在建章立制方面，完善领导决策制度、机关管理制度、激励奖励机制，完善落实党风廉政建设考核评价制度，做好规章制度的“废、改、立”工作，废止2项、修改7项、新建3项。

（岳少巍）

指挥中心在社区开展“送清凉”活动

爱国卫生

【概况】 二七区爱国卫生运动委员会办公室成立于1975年。内设办公室、人事财务科、病媒防制科、宣传教育科、综合科、督查一科、督查二科。现有在职干部职工30人。办公地点位于政通路29号。

2014年，在区委、区政府正确领导和大力支持下，区爱国卫生运动委员会办公室组织各乡（镇）、街道、区直部门围绕“三城联创”特别是国家卫生城市复审重创的工作中心，深入开展爱国卫生各项工作，取得较好成效。

【爱国卫生宣传教育】 一是圆满完成全区居民区6期、1500余块健康教育专栏内容更换工作。二是开展“无烟单位”创建工作。2014年，全区134家市、区两级党政机关分两个批次顺利通过郑州市爱国卫生运动委员会办公室组织的郑州市“无烟单位”创建工作考核并予以命名。三是成功组织开展二七区第26个爱国卫生月暨第65个世界卫生日集中宣传活动、第27个世界无烟日集中宣传活动，取得较好效果，受到辖区市民好评。四是顺利完成省（市）级卫生先进单位创建工作。2014年，辖区3家单位通过省级卫生先进单位复审验收，2家单位新创建为省级卫生先进单位；2家单位新创建为市级卫生先进单位。

【病媒生物防制】 一是组织开展季节性病媒生物防制活动。组织开展集中防制越冬蚊蝇、春季灭鼠和夏季灭蚊蝇活动，为各乡（镇）、街道免费发放各类消杀药品156箱、捕蝇笼3000个、消杀喷壶350个，制作发放病媒生物防制宣传页5000

余份。二是通过“除四害”先进城区达标验收。经过半年的努力工作，全区病媒生物防制工作取得较好效果，辖区“四害”密度严格控制在国家卫生城市标准规定的范围以内，为全区巩固国家卫生城市工作奠定了基础。三是病媒生物防制市场化工作有序实施。7家pco公司成功竞得2014年至2015年度辖区无主管居民区公共区域病媒生物防制市场化服务项目。四是深入开展“夏秋季集中消杀日”活动，全区组织开展“集中消杀日”活动4次，集中消杀社区楼院1000多个，集贸市场30家，辖区单位200家，城中村、城乡结合部20个，游园绿地25处。

爱卫办领导督导辖区市场整治工作

【国家卫生城市重创复审】 从4月开始，区爱卫办切实发挥创建全国卫生城市复审工作的牵头组织作用，全面组织协调和督促指导全区创建全国卫生城市复审迎接检查，以台账销号制度、联席会议制度、督查通报制度、联合执法机制、长效管理制度等工作措施为抓手，力保各项整治工作落到实处，实现“整建全国卫生城市一批、带动一批、巩固一批”创建全国卫生城市效果。各乡（镇）、街道累计整治社区楼院1500个，更新垃圾收集容器5300余个，整治辖区“五小”门店4200多家，整治集贸市场31家，清理、清运积存垃圾3800车，修补路面、粉饰墙体、设置拆迁围挡2.2万余平方米。经过努力，全区“六项整治”工作达标率92%，圆满地完成所承担的国家卫生城市复审整治工作任务。

【党风廉政建设】 2014年，在“党的群众路线教育实践活动”中，领导班子成员带头开展“四个一”活动（即每周一次中心组学习、每周一天集中学习、每周一次交流座谈、每周观看一部影视教育片），深化学习效果；带头贯彻落实中央“八项规定”以及区委、区政府关于改进工作作风、密切联系群众的“二十六条规定”；组织并带领全体党员干部学习党纪党规，增强党员和干部职工法纪意识，树立法纪观念。组织学习党章、中纪委全会精神，学习廉政准则、纪律处分条例、中华人民共和国行政监察法；深入开展正风肃纪活动，建立健全了加强作风建设、效能建设的长效机制（谈心谈话制度、述职述廉制度、定期民主评议制度、督察评分制度等），使干部职工作风建设、反腐倡廉工作逐步走上科学化、制度化、规范化轨道；召开“为民、务实、清廉”专题民主生活会，领导班子成员开展批评与自我批评，重点解决在“四风”方面存在的突出问题。通过民主生活会，领导班子成员发扬优点，修正不足，促进领导班子自身团结。

（臧献伟）

环境保护

【概况】 二七区环境保护局成立于2009年7月。内设办公室、污染防治科、法制科，1个二级机构（环境监察大队）。现有正式职工57人，办公地址位于民安路7号院。

2014年，环保局以“党的群众路线教育实践活动”为契机，以网格化管理为依托，以环境综合整治为重点，实施“蓝天”行动、生态水系建设、生态区创建等工程，圆满完成郑州市政府下达的5类12项年度目标任务。

【环境综合整治】 （一）做好燃煤锅炉拆改工作。全年拆改燃煤锅炉31台274蒸吨，提前两个月完成目标任务的124%，占郑州市总完成数的（全市完成86台）30%，受到郑州市环境保护局高度肯定。通过燃煤锅炉拆改，燃煤年消减量约13.9万吨，二氧化硫年减排约4011.2吨，削减氮氧化物约1915.6吨，减少烟尘排放约1288.9吨。

（二）推进无燃煤区建设工作。郑州市无燃煤区验收组采取查看资料、实地巡查等方式对辖区新建的18.14平方公里无燃煤区签字验收。全区已累计建设无燃煤区30.63平方公里，约占建成区面积的86.9%。

（三）建立燃煤锅炉改制后督查机制。对辖区燃煤锅炉改制单位进行督查，严查擅自建设燃煤锅炉、拆改不彻底、改造后恢复使用燃煤等违法、违规现象，确保燃煤锅炉拆改成果。

【饮用水水源地保护工作】 （一）开展水环境质量调查。全面排查辖区地下水环境基础状况，累计出动260余人次，调查垃圾填埋场1座、危险废物处置场1座、加油站及储油库9家、重点工业园区1个。

（二）实施水源地保护区周边企业专项整治。排查饮用水源地一级保护区内违法排污企业2家，已报请区政府对其关闭，其中郑州娄河新村生态农业开发有限公司已关闭到位。关闭一级保护区内违法建筑2处，建筑面积820平方米，占地面积400平方米；二级保护区内违法排污企业和违法建设项目19家，现已对其中13家下达整改通知书。

（三）加强饮用水水源地日常管理和维护。2014年，完善水源地各类标志牌和界碑、界桩的设置，建设213米尖岗水库筑坝防护网。

【工业污染防治】 （一）为保障重点项目建设。主动与上级环境保护部门联系，及时调剂预支增量，未出现影响重点项目落地现象；严格总量控制，全年办理建设项目环境影响评价214件，办理建设项目环境保护竣工验收77件，发放排污注册证85个，办理污染防治设施闲置停运审批7起，未出现一例错批、漏批、越权批现象，全部为产业政策鼓励类或允许类。

（二）指导企业完成清洁生产审核工作。指导和督促郑州立邦制漆有限公司完成清洁生产审核工作。全年已累计完成清洁生产审核企业10家。

【生态环境保护】 （一）推进生态区创建。组织技术骨干赴国家级生态区——栾川县考察学习，拟订二七区创建省级生态区实施方案，邀请河南省环境保护科学研究院专家授课，拍摄创建宣传片。

（二）引导生态村创建工作。上李河村、桐树洼村、申河村完成创建工作并向上级申报工作，等待验收。截至年底，已创建生态村12个（不含待验收3个），其中省级生态村9个。

（三）加快污水处理设施建设进度。马寨产业集聚区污水处理厂完成建设任务，正在通水试运行。

（四）农村环境连片综合整治稳步推进。开展侯寨乡盆刘村、马寨镇水磨村农村环境连片综合整治。

【危险废物和辐射环境监管】 （一）危险废物事故“零发生”。对80家单位（医疗机构72家、废机油产生单位7家、收贮矿物油单位1家）建立动态档案，确保辖区工业固体废物处置利用率90%以上，危险废物产生、处置单位规范化管理抽查达标率95%以上，医废无害化处置率100%。

（二）辐射事故“零发生”。排查辐射应用单位32家，其中，放射源及放射性同位素工作单位12家，放射源共计242枚；射线装置工作单位20家，射线装置共计101台，实现辐射事故“零发生”，废旧放射源集中收贮率、闲置放射源集中暂存率100%。

（三）开展油气回收综合治理工作。排查加油站31家（中石油公司7家、中石化公司13家、民营公司11家），油罐车68辆，储油库1座。整改到位的加油站15家（中石油公司3家、中石化公司7家、民营公司5家），整改到位的油罐车50辆。

【信访工作】 为及时查处信访案件，成立环境监察夜间中队，通过“错时工作制”“问题管理法”等措施，坚持“对违法事件不查清不放过、对违法行为不处理不放过、对环境整治不到位不放过”原则，做到文明受理、及时处理、限期结案、及时反馈、跟踪问效，切实解决群众反映强烈的环境保护热点、难点问题。全年处理各类环境信访举报件616件（市长、区长电话投诉转办件409件，市局“12369”转办件9件，本级“12369”投诉件148件，其他投诉50件），处理率100%，群众满意率95%以上，未发生因环境保护问题查处不当引起的群体性信访事件。在日常环境信访工作中，建立动态污染源监管台账，对可能产生环境污染信访的问题，及时介入，坚持以“早、快、细、严、实”为指导，保证“有理、有据、有节”地对企事业单位进行环境监管，使环境管理真正服务百姓、服务社会。

【执法能力建设】 （一）建立健全环境污染突发事件应急体系。制订“郑州市二七区关于印发空气重污染日预警应急工作实施方案的通知”，成立二七区空气重污染日预警应急指挥部。

（二）开展环境保护专项执法检查。开展重点行业领域安全生产专项整治等20余项专项行动，加大执法检查力度。累计出动执法车辆1200余台次、人员3800余人次，查处环境违法企业51家。

（三）完善环境保护产业数据库。强化环境监察、辐射、应急等能力建设，完善重点污染源档案和污染源信息数据库。以及环境保护产业调查等数据库，最大程度地减少突发环境事件造成的损失和危害，保障人民群众生命财产安全，促进社会经济的协调、健康发展。

清明节，环保局开展祭奠英烈活动

【宣传教育及绿色创建】 结合环境大接访、“六·五”世界环境日等重大活动，开展专题宣传，累计展出环保宣传展板60余块，发放“六·五”世界环境日倡议书等宣传资料2.3万余份，环境保护知识手册700余本。开展绿色创建活动。已累计创建省、市级绿色学校17所、绿色社区10个。

（孙辛宇）

工业·农业

工业和信息化

【概况】 二七区工业和信息化局成立于2010年3月。内设党政办公室、工业信息化科、中小企业服务科、法制信访科、安全生产科，下设一个二级机构（二七区企业服务中心）。现有干部职工39名。办公地址位于淮河路68号6楼。

2014年，全区100家（不含郑州飞机制造公司）规模以上工业企业累计完成增加值41.76亿元，同比增长10.2%，郑州市内六区排名第一；32个纳入区项目库管理的工业项目累计投资34.26亿元；民营经济（非公有制经济）增加值351.3亿元,同比增长11.8%，占郑州市下达目标340亿元的103.3%；为辖区124家企业获得各项贷款资金7.5亿元；为企业解决各类问题443条，办结率100%；为5家企业获得2014年品牌培育试点，1家企业获2014年度河南省工业和信息化厅科技成果二等奖，马寨产业集聚区被河南省工业和信息化厅评定为全省产业集群区域品牌建设试点单位；区属集体企业全年安全生产无事故。

【工业经济运行情况】 2014年，工信局紧扣新型工业"三年行动计划"目标，狠抓重大项目建设，加强经济运行监测，突出战略性企业培育，加快主导产业发展，有力促进了全区工业经济平稳健康发展。全区100家（不含郑州飞机制造公司）规模以上工业企业累计完成增加值41.76亿元，同比增长10.2%，增速在郑州市市内六区排名第一；规模工业总产值累计完成182.26亿元，同比增长9.65%。实现销售收入174.78亿元，同比增长6.42%；实现利税7.78亿元，同比下降0.13%，其中完成利润总额5.67亿元，同比增长6.03%。

【重点工业项目】 针对重点工业项目建立台账，明确时间节点，全程跟踪服务。2014年，纳入区项目库管理的工业项目32个，累计完成投资34.26亿元，比郑州市下达目标（30亿元）高出4.26亿元（其中已竣工项目19个，累计完成投资9.4亿元）。全年省、市级续建、开工重点工业项目9个，累计完成投资27.48亿元，其中，顶新国际集团公司扩大再投资项目（一期）（省级重点工业产业项目）完成投资8.5亿元，累计完成投资6亿元，6条生产线已投产；河南花花牛生物科技有限公司年产40万吨乳制品生产线项目（市级重点项目）完成投资9亿元，累计完成投资5亿元，项目一期10条生产线已投产。

【节能降耗工作】 采取宣传引导、重点监测、争取政策和资金扶持等多项措施强化企业责任主体意识，推进节能技改工作。2014年，全区规模以上工业企业生产总值1662195.43万元，规模以上工业综合能源消费量179755.45吨标煤，规模以上工业企业万元产值能耗0.108吨标煤/万元，圆满完成郑州市定的目标任务。

【民营经济】 2014年，全区民营经济（非公有制经济）增加值完成351.3亿元,同比增长11.8%，占郑州市下达目标340亿元的103.3%。

【企业服务】 一是解决企业融资难题。全年组织银企担保对接13次，为辖区124家企业获得各项贷款资金7.5亿元。二是建立企业服务台账。圆满解决河南省信心药业公司、金土地公司、瑞光印务公司等企业反映的问题443条，办结率100%。三是加强涉企政策宣传。编制印发《中小微企业发展政策汇编》500余册。四是争取试点。成功为5家企业获得2014年品牌培育试点，1家企业获2014年度河南省工业和信息化厅科技成果二等奖，马寨产业集聚区被河南省工业和信息化厅评定为全省产业集群区域品牌建设试点单位。五是提升企业创新能力。组织瑞光印务公司等企业参加"产、学、研"合作对接、到新郑市富士康科技园区进行参观考察、TRIZ理论创新工程师主题培训会活动。六是实现企业人才输送。推荐11名大学生到新大方集团公

工信局举办"中小企业成长与战略"研修班

司、黑马计算机公司进行暑期见习。七是组织企业参加培训。先后组织30余家企业参加投融资辅导和会计管理财务转型培训、“翔计划”培训活动，组织5家企业赴浙江大学参加高级研修培训班。八是加强工业和信息化项目备案管理。全区工业和信息化系统网上备案登记企业投资工业和信息化投资项目6个，项目总投资1.25亿元。

【担保机构监管服务】 通过日常监管和专项检查相结合等多项措施，强化担保机构监管服务。全年开展现场检查两次，组织担保机构和小额贷款公司高管参加各种业务知识培训7次，辖区6家融资性担保机构和4家小额贷款公司均运营正常，没有新增高风险性担保公司。2014年，辖区6家担保机构银行总授信额度61.5亿元，在保企业和商户715户，在保金额34.6亿元，实现税收1335万元；4家小额贷款公司发放贷款234户，贷款额度8.6亿，实现税收733万元。

【企业信息化建设】 通过政策宣传、引领示范等措施，引导企业加大信息化资金投入，提高信息化技术应用水平。组织郑州飞机制造公司、新大方集团公司、瑞光印务公司等企业进行企业信息化水平测评，掌握全区工业企业信息化应用水平；组织花都柜业公司、瑞光机械公司等企业申报郑州市2013年度电子商务重点示范企业，充分发挥引领示范作用，引导辖区工业企业拓宽销售渠道；组织部分工业企业参加“电子商务人才沙龙”，加强信息化知识宣传和培训；组织全球内衣交易网等企业参加“2014年河南五大产业链产销对接暨电商对接大会”；组织新大方公司、瑞光印务公司、郑州飞机制造公司等企业申报2014年度河南省信息化专项资金项目。

【区属企业安全生产管理】 持续推行安全生产网格化管理模式，强化责任意识，抓实抓好宣传、排查、整改、培训等环节。全年下发安全生产文件11份，召开安全生产专题工作会议10次，开展安全员培训50余人次。区属企业未发生安全等级事故。

【信访稳定】 通过建立健全信访预约、案件分包、会议分析、日常排查、重点防控以及案件督查督办制度等多项措施，有效化解了社会不和谐因素，维护企业稳步发展局面。河南雪洋绿色食品有限公司、原河南省木工机械厂等多起信访问题圆满解决。全年接待、受理群众来信来访48批361人次，其中个访21批35人次、集体访27批326人次，没有发生赴省进京非正常上访情况。

【机关建设】 加强机关党员干部队伍的教育、培训、管理、使用，以“党的群众路线教育实践活动”为契机，查找“四风”问题，强化宗旨意识转作风，建章立制促提升，机关干事创业的氛围日益浓厚，全年未发生违法违纪、违反计划生育、职务犯罪和渎职失职现象。

【区属集体企业简介】 2014年，二七区原有集体所有制工业企业51家（其中郑州市移交27家，二七区直属24家），37家已由集体企业改制成为股份制企业（均为非公有制企业）。未改制的集体企业14家，其中，6家已搬迁或拆迁；4家企业无资产或资产较少，职工下岗自谋职业；3家“三无”企业（无土地、无厂房、无资金）；1家无法取得联系的企业。

一、现存区属集体企业具体情况

14家未改制的集体企业中，根据企业实际情况，大致分为以下几类：

（一）涉及拆迁或搬迁的企业（6家）

1.郑州市霓虹灯电器厂（郑州市移交）。位于解放路，被拆迁。在职职工19人，退休9人。2006年停产，现依靠位于中原路地下道北侧四间房屋租赁维持。

2.郑州市气垫运输设备厂。位于南绕城公路6号，在职职工49人，退休职工66人。因“两环十七放射”工程，大部分已拆迁。

3.郑州市轻工实业总公司。位于中原路104号，已拆迁；2005年停产，在职职工54人，退休职工40人。

4.郑州市五金家电公司。位于中原路104号，已拆迁。在职职工30人，退休职工50人。现依靠位于桃源路的学生公寓租赁维持经营。

5.郑州市中南无损检测仪器厂（郑州市移交）。搬迁到金水区，注册地改到金水区，不再属于辖区管理。

6、郑州市皮革公司（郑州市移交）。位于中原路104号，已拆迁；在职职工7人，退休职工30人，1998年停产至今。

（二）无资产或资产少，职工自谋职业企业（4家）

1.郑州市节电设备厂。位于西陈庄前街93号，在职职工154人，退休职工161人。房产产权与房管局有纠纷，无其他资产，1998年停产，职工自谋职业。

2.郑州市树脂厂（郑州市移交）。位于二道街228号，在职职工44人，退休职工111人。停产多年，职工下岗，在厂区土地上建家属房出售给职工，无其他资产。

3.郑州市消防器材厂（郑州市移交）。原厂区位于保全街16号，1996年停产。2002年移交到二七区管理，同年搬迁到中牟县九龙镇工业园区，占地面积2.27公顷，依靠场地租赁经营。在职职工106人，退休职工184人。长期拖欠职工统筹款，职工大多自谋职业。

4.郑州市金鼎实业公司。位于嵩山北路81号，在职职工82人，退休职工235人。1999年停产，全体职工下岗，依靠出租厂房缴纳在职职工养老统筹金。

（三）“三无”企业（3家）

1.郑州市电控设备厂。位于铭功路59号，在职职工50人，退休职工116人。该企业与郑州电通公司（现楠华置业公司）存在经济纠纷，现无土地、无厂房、无资金。

2.河南省木工机械展销部。位于裕元里30号，在职职工46人，退休职工45人。该企业涉及债务纠纷败诉后，资产全部被法院强制执行，现无土地、无厂房、无资金。

3.郑州市笼箩铁编厂。1996年停产，没有任何资产，职工32人已全部退休。

（四）无法取得联系企业（1家）

郑州市二七万隆工贸公司（郑州市移交）。根据移交时提供的电话和厂址，联系不上，找不到厂址，十几年来该企业无一职工或厂领导到二七区有关部门联系过。

二、区属企业工作开展情况

（一）企业改制工作。截至2014年年底，14家区属企业除1家联系不上外，其他均已停产，企业经营困难，职工自谋出路，暂时没有接到企业改制申请。

（二）信访稳定工作。通过建立健全信访预约、案件分包、会议分析、日常排查、重点防控以及案件督查督办制度等多项措施，有效化解社会不和谐因素，维护稳定发展局面。原河南省木工机械厂信访问题圆满解决，郑州市气垫厂、郑州市轻工实业公司等问题正在调处中，全年没有发生赴省进京非正常上访情况。

（三）安全生产工作。持续推行安全生产网格化管理模式，强化责任意识，抓实抓好宣传、排查、整改、培训等环节，全年下发安全生产文件11份，召开安全生产专题工作会议10次，开展安全员培训50余人次。全年区属企业未发生安全等级事故。

（四）党建工作。14家集体企业中9家建立党支部，共有党员79人。2014年，区工信局党委以“党的群众路线教育实践活动”为契机，通过建立领导班子联系点制度、及时召开各环节专题会议、因企业状况制订活动方案、定期深入企业跟踪指导等措施，保障党的群众路线教育实践活动在企业党组织的贯彻落实，使区属企业党组织凝聚力进一步增强，党群关系更加紧密。

【大事记】 2014年5月26日，郑州金土地能源科技有限公司的太阳能—生物质能—氢能耦合互补发电装置项目荣获2014年河南省工业和信息化科技成果二等奖。

2014年9月22日，河南省瑞光印务股份有限公司、郑州天方食品集团有限公司、河南金土地煤气工程有限公司（郑州金土地能源科技有限公司）、郑州中宇包装材料有限公司、郑州新大方重工科技有限公司等被河南省工业和信息化厅评为“工业企业品牌培育试点企业”，马寨产业集聚区被河南省工业和信息化厅评为“2014年河南省产业集聚群区域品牌建设试点”。

2014年12月5日至6日，组织辖区企业家协会成员到郑州大学参加中小企业成长与战略高级研修班培训学习，帮助企业快速适应当前形势变化，拓宽发展思路，提高企业家整体素质。

2014年12月26日，郑州万谷机械有限公司的河南省粮食干燥工业公共技术研发设计中心被河南省工业和信息化厅认定为“河南省工业公共技术研发设计中心”。

（时永贵　刘　燕）

农业经济

【概况】 2014年，二七区农业农村工作委员会在区委、区政府领导下，立足岗位，创新工作。一是“三年行动计划”顺利收官。累计完成农业项目17个，完成投资6.7亿元，二七区荣获郑州市农业农村工作“三年行动计划”先进单位。二是农业结构优化效果显现。全区农业龙头企业销售收入11亿元，新成立农民专业合作社8家。三是生态林业建设成果显著。报批通过《二七区林地保护利用规划（2010—2020）》；完成绕城高速公路8公里生态廊道提升改造工作任务；采取强有力措施，加强森林管护，维护辖区森林资源安全；圆满完成郑州市创建国家森林城市的工作任务，并获得郑州市创建国家森林城市工作先进单位。截至2014年年底，辖区共有林地面积5020公顷，森林覆盖率31.41%。四是水生态文明建设步伐加快。扎实开展防汛抗旱工作，确保辖区未发生洪涝灾害；完成郑州市生态水系工程（二七区段）规划编制工作；完成了樱桃沟村、台郭村、郭小寨村等村的安全饮水工程建设。五是农产品质量监管有力。开展“瘦肉精”专项整治，强化蔬菜、水果生产基地监测，强化动物疫病防控，确保人民群众吃上“放心菜”“放心肉”。六是产权制度改革试点完成。稳步推进农村集体经济组织产权制度改革，完成郭家咀村集体产权制度改革试点工作。

【种植业】 辖区主要农作物为小麦、玉米、花生。2014年，农作物播种总面积310公顷，其中粮食作物231公顷，产量68万公斤（小麦130公顷38.8万公斤，玉米89公顷27.7万公斤，豆类12公顷1.5万公斤）；油料作物播种面积47公顷、产量4.8万公斤（其中：花生18公顷2.9万公斤，油菜29公顷1.9万公斤）。

【畜牧业】 2014年，全区有生猪养殖场92家，存栏生猪10839头；牛养殖场22家，存栏232头；羊养殖场34家，存栏1853只；存栏2000只以上禽养殖场32家，存栏40.8万羽，其中1万只以上蛋鸡养殖场19家。涉及养殖村庄34个，分布于马寨镇、侯寨乡、嵩山路街道辖区。全年肉类产量132.1万公斤，禽蛋产量530.4万公斤，奶类产量87.6万公斤。

【优化农业产业结构】 一是产业化水平持续提升。2014年，全区17家市级农业产业化龙头企业完成销售收入11亿元；新成立农民专业合作社8家、家庭农场1家。二是农产品市场推介不断加强，完成征集上报3家农产品加工企业6个单品。三是完成设施农业任务3.3公顷和“三品一标”认证登记绿色食品蔬菜系列产品6个。四是加强植物检疫力度，抽检玉米种子11个品种29个批次，调运检疫17万公斤，保障了农业生产用种安全。五是加大秸秆禁烧查处力度。禁烧期间，采取加大宣传、明确责任、全天候巡查、关键部位严防死守等措施，确保辖区未发生秸秆焚烧现象。

【生态林业建设】 二七区西南部区域为浅山丘陵地带，多为荒丘秃岭。近年，全区启动一系列森林生态建设工程，实施对尖岗水库周边的水岸绿化、丘陵岗地的生态恢复、沟河路渠的廊道绿化、乡（镇）村庄的村（镇）绿化等大规模绿化工程，如今的辖区西南部已享誉郑州“绿肺”的美称，全区森林覆盖率从2002年的14.71%跃升至2014年的31.41%，超出全市森林覆盖率（26.99%）4.51个百分点，高出全省11.25个百分点，林地面积5020公顷，已建成市级绿化模范乡（镇）2个、市级林业生态

区农委召开民主生活会

村12个。二七区被授予“河南省林业生态县（市区）”“河南省绿化模范县（市区）”“中国绿色名区”等荣誉称号，实现“城在林中、林水相依、林路相随”的景观格局。2014年全区完成林业产值16183万元，水果产量1624万公斤、产值12990万元。一是完成《二七区林地保护利用规划（2010–2020）》报批。二是完成绕城高速公路8公里生态廊道提升改造工作任务，补植大规格乔木2000余株，新增绿化面积8000余平方米。三是圆满完成郑州市创建国家森林城市工作任务，荣获“郑州市创建国家森林城市工作先进单位”。四是加强森林资源管护。全年发现并向森林公安机关移交毁林填沟案件5起。五是加大森林防火宣传及巡查力度，对重点部位严防死守，确保安全度过森林防火紧要期。六是完成招商引资220万元、林业产值24990万元。

【生态水系建设】 一是协助郑州市水务部门完成“郑州市生态水系工程（二七区段）的规划编制”工作。二是完成侯寨乡樱桃沟节水灌溉项目和小型水源工程项目，新打机井2眼，发展农业灌溉80公顷。三是完成樱桃沟村、台郭村、郭小寨村等村的安全饮水工程建设，解决6000人吃水困难。

【农产品质量安全监管】 一是开展“瘦肉精”专项整治工作，合格率100%。二是强化蔬菜、水果生产基地监测，抽检样品合格率99.5%。三是强化动物疫病防控，免疫猪瘟、猪口蹄疫、高致病性猪蓝耳病各2.64万头，牛口蹄疫520头，羊口蹄疫3270只，禽流感80.7万羽。四是开展兽药、饲料质量安全整治工作，查获假冒伪劣饲料及违禁药350公斤，办理案件2起，结案率100%。

【产权制度改革】 稳步推进农村集体经济组织产权制度改革，完成郭家咀村集体产权制度改革试点工作。

（闫明军）

商贸业

二七特色商业区

【概况】 二七特色商业区地处郑州市中心，北沿金水河、铭功路、西太康路，与金水区相邻；东沿二七路、西大街、南下街一线，与管城区接壤；南至陇海路；西至京广快速路。面积2.17平方公里，涉及德化街、解放路、一马路、铭功路、蜜蜂张和福华街6个街道。

二七特色商业区管委会成立于2013年3月。内设综合管理办公室、规划建设办公室、经济发展办公室、公共服务办公室，现有正式干部职工8人。办公地点位于德化街3号德化快捷酒店4楼。

2014年，管委会坚持以千亿级商圈建设为目标，以项目为抓手，以项目带动、业态提升、交通优化、公共服务平台建设为重点，打造功能完善、环境优美、业态高端的现代化，高品质服务业形象展示区，坚定不移实施项目带动战略，狠抓项目建设，特色商业区建设得到全面发展。

【经济工作】 2014年，二七特色商业区区级财政收入完成5.9亿元，同比增长23.83%；社会消费品零售总额完成181.18亿元，同比增长2.16%；招商引资完成53.23亿元，同比增长236.89%；固定资产投资完成33.91亿元，同比下降5.26%；入驻企业1355家（规模或限额以上服务业企业96家）、个体工商户11839家，吸纳64553人就业。在全省170余个特色商业区、商务中心区中获得全省“十强商务中心区（特色商业区）”荣誉称号。

【规划编制】 2014年，管委会正在编制或报批的规划共有5项（商业区空间发展规划、商业区控制性详细规划、商业区交通专项研究、二七宾馆周边地下空间开发利用控制性详细规划、铭功路以西连片开发项目控制性详细规划）。其中：委托郑州市规划勘测设计研究院编制的商业区空间发展规划、控制性详细规划及交通专项研究等3项规划的编制成果均已完成，正在审批；2014年1月，委托郑州市规划勘测设计研究院编制的《二七宾馆周边地下空间开发利用控制性详细规划》，已于2014年3月完成编制；2014年8月，委托郑州市规划勘察设计研究院编制的《铭功路以西连片开发项目控制性详细规划》，2014年11月已召开初步成果汇报会。

管委会领导研究商业区工作

【招商引资】 一是转变招商理念。管委会从原来“捡到篮子里都是菜”的招商引资方式，转变为围绕产业集聚“选商引强”的模式。二是确立“1+X”的产业集聚发展定位，重点改造提升高端商贸产业，大力培育带动力强、辐射面广的商贸业龙头企业，从而使“三力”型项目扎堆聚集。2014年，管委会谋划包装了“铭功路以西连片开发项目、二七宾馆周边地下空间开发利用”等7个项目，与香港恒隆集团公司、北京中投汇豪集团公司、上海银都公司等省内外知名企业进行接洽对接，开展新一轮招商引资。

【项目建设】 2014年，管委会继续坚持领导分包、现场办公、督导协调等项目工作机制，确保重点项目高效推进。建成华润万象城购物中心一期、德化新街等一批重点项目，并积极引导建成项目的商业运营向高端商贸发展，促使运营企业不断完善项目的购物、餐饮、休闲、娱乐、体验等服务功能，激发消费活力。2014年，商业区重点监测的投资额亿元以上的商业项目15个，其中续建项目6个、计划新开工项目6个、前期项目3个，计划总投资272亿元，总占地面积54.33公顷，总建筑面积338万平方米。续建项目中，投资40亿的华润万象城一期项目购物中心已于4月19日开业，华润悦府住宅小区1、2、3、4号楼都已经封顶，华润大厦主体结构已封顶；投资6亿的正弘凯宾城项目已封顶；投资4.7亿的德化街人民防空工程项目德化街、钱塘路段主体（德化新街）已完工，正在试运营；投资6亿的德化无限城项目裙楼砌体施工和幕墙龙骨安装已完成90%，主楼正在进行消防、空调安装工程；投资3亿的钱塘大厦项目基坑支护已完工；投资1.2亿的铭都国际项目已建至地面22层。计划新开工项目中，投资20亿的二七时代广场项目控规方案正式批复，正在进行房产证、土地证的注销；投资15亿的百年德化二期项目控规文件已正式批复，正在办理土地证；投资10亿的金博大城扩建项目，2月18日项目地块土地出让公示，已于3月21日摘牌，等待修订规划批复；蜜蜂张城中村改造项目已进入拆迁收尾阶段；中央商务区项目总体控制规划郑州市规划局正就项目变动进行技术调整，先期开工的4栋安置楼的修规待郑州市规划局办公室通过；华润万象城二期项目的修订规划方案已通过，交通整改建议的初稿已完成。前期项目中，"欧洲时尚中心"正在进行项目的前期准备工作，完善设计方案；"凯润广场"和"二七印象"项目正在进行控制规划、修订规划的编制工作。

【业态升级】 管委会支持华润万象城发展高端业态，2014年4月19日开业的购物中心一期已汇集上百个国际一线品牌，9月启用的华润大厦已有"民生证券""周大福"等20多家重点品牌总部企业入驻；引导华联商厦升级，引进"星巴克咖啡""三星体验店"等休闲业态；依托德化无限城、德化新街等项目重新招引"蔡记""葛记""合记"等郑州特色"老字号"饭店回归。

【党的群众路线教育实践活动】 一是学习教育，征求意见贯穿始终。组织集中学习32次、中心组学习15次、自学研读活动40次，观看专题教育片16部，开展调研、征求意见座谈会18次，征求到各类意见、建议136条，干部职工对活动的知晓率100%。二是查摆问题，开展批评。聚焦"四风"问题，开展谈心、谈话18人次，对照检查材料普遍修改5次以上，召开高质量民主生活会，从而进一步统一思想、改进作风、增进团结。三是整改落实，建章立制扎实有效。在领导班子确定整改任务中，除了2项需要长期整改的已整改完毕，领导班子成员个人确定的已经立行立改2项，完成整改4项，新建立联系群众、机关管理、党建工作等方面17项制度。

（杨 伟）

商务工作

【概况】 二七区商务局成立于2005年1月。内设办公室、市场发展科、商贸发展科、电子商务科、行政服务科、楼宇经济发展科6个科室。现有正式干部职工43人。办公地址位于兴华南街59号富博商务楼3楼。

2014年，商务局在区委、区政府正确领导下，在区人大常委会关心支持下，围绕"抢机遇、大建设、重提升、优环境、惠民生"的要求，应对复杂多变的经济形势，务实创新，克服困难，致力于搞活流通，扩大消费，促进内外贸平稳增长，全区商务事业呈现良好发展态势。

区商务局领导向来宾介绍河南网商园情况

【经济工作】 2014年，二七区社会消费品零售总额完成3356967万元，增长13.4%；外贸出口完成11215万美元；对外经济合作营业额完成1650万美元，占年度目标的103.1%；境外投资额完成5100万美元，占年度目标的102%。

【现代商贸业】 一是承载力不断增强。全区18个商贸业重点项目累计实现投资37.8亿元，其中华润万象城已经开业，德化无限城、正弘凯宾城等一批高端商业项目即将建成投入运营，现代商贸业发展的空间承载力不断增强。二是做好"培内"工作。选取大商集团郑州地区集团公司等9家具有较强品牌优势和集聚效应的商贸骨干企业，作为"培内"的主要扶持对象，充分发挥其引领带动作用，增强发展后劲。三是特色街建设不断加快。已完成橄榄城都市广场、二七万达金街、亚星茶城等10条商业街区建设。

【电子商务】 一是出台《关于支持二七区电子商务产业发展的意见》，设立专项资金，重点支持电子商务产业园区、电子商务平台、电子商务培训及推广。二是加快项目建设。中国中部电子商务港（总部基地）项目正在进行内部装修和企业招商；河南网商园二期改造接近尾声，已有15家企业提前入驻，三期主体建设已完工，计划2015年上半年投入使用；京莎·中国（中部）鞋业网商园项目已建设完工。三是实施产业链招商和集群式招商。瞄准国内外一流电商企业进行选商引资，在谈的德国SAP华中区办事处、"敦煌网华中区总部"、新地郑州二七电子商务物流园等一批重点项目前期进展顺利，有望2015年落户辖区。四是河南网商园发展迅猛，企业孵化功能凸显。园区现有的50家企业中有12家是由传统企业转型而来，另有10家企业近年经济增长都在5倍以上。2014年"双十一"，整个园区单日销售额3.16亿元，较2013年增长52%。

【外贸出口】 一是精心组织辖区36家外贸企业参加广州贸易交易会、投资洽谈会等大型经贸展会活动，累计签订出口订单约9000万美元。二是充分利用政策优势，大力支持企业拓展业务空间。帮助24家外贸企业获得各类奖补资金56万元人民币。三是初步建立金融与外贸合作联系机制，搭建银企对接桥梁，促成8家企业融资贷款近3亿元。

【楼宇、总部经济】 一是打造10栋年纳税超2000万元的楼宇。根据每栋楼宇的不同情况，实行“一楼一策”，台账式管理，定期排名，加强督导。截至2014年年底，已打造二七万达广场、升龙B区、慧丰大厦等纳税超2000万元楼宇13栋，超额完成全年目标任务。二是做好总部经济工作。依托华润大厦，与企业建立联动机制，为入驻华润大厦的企业提供证照代办等系列服务。截至2014年年底，华润大厦已入驻国信证券公司、周大福珠宝公司等20余家区域性总部企业，总部集聚效应初步显现。全年新增楼宇面积7万平方米，新引进楼宇企业300家。

【其他行业管理】 2014年，全区已累计改造或新建标准化菜市场8家，完成5家菜市场肉类蔬菜流通追溯改造工作，完成30座加油站年审及成品油监管工作，发放酒类随附单6.6万份，同时西瓜销售、市场监测、药品流通管理、再生资源回收利用体系建设、集贸市场综合整治等工作均顺利完成全年目标任务。

（韩 松）

投资促进服务

【概况】 二七区投资促进服务中心成立于2009年5月。内设财务人劳科、招商科、二次招商科、统计科、企业服务科、办公室，现有正式职工28人。办公地址位于兴华南街59号富博商务7楼。

【经济工作】 2014年，二七区域外境内资金累计完成180.96亿元，占年目标的104.1%，同比增长11.5%，郑州市内六区排名第二（其中省外资金完成136.0亿元，占年目标的100.1%，同比增长6.7%）；实际利用外资累计完成2.32亿美元，同比增长13.1%，郑州市内六区排名第二。

【产业集群招商、自主招商及二次招商】 2014年，二七区立足主导产业，瞄准三大区域和重点企业，率先在全市开展产业集群招商活动。全年组织参与走访活动13次，走访香港恒隆公司、北京永泰公司等企业30余家，接洽香港路劲公司、福建融侨公司等回访企业20余家，为全区围绕主导产业选商引资奠定了良好基础。

以选商引资促进主导产业提档升级，突出项目的品牌、品质、品位。全年组织承办招商引资项目签约活动6次，引进郑州华贸中心、马寨新镇区合村并城、小赵砦片区棚户区改造等项目24个，签约额600亿元；同时，郑州华贸中心、路劲新城文化休闲综合体项目已签订协议。

以二次选商促进传统业态有机更新，按照“政府主导、定向招商、统一管理”的招商模式，已促成美国西屋电气总部经济、中联国际瑞士酒店公寓、河南首家新大地4D国际影院等15个品牌二次招商项目落户辖区，全面提升高端商贸服务业的层级和比重。

【“三力”“五职”招商项目】 2014年，二七区纳入市“三力”型项目库（在国际上有影响力、在国内有号召力、对国内外资源有整合力）管理的重点项目14个，已开工项目7个。“五职”招商项目（市辖各县（市）区、开发区党政正职，主管招商引资、工业和城建的行政副职）已通过郑州市考核组考察验收。“鑫苑鑫世界”、火车站西出口高端商贸服务、“天地锦绣城”“名门城市广场”、龙羽商业中心项目已全部实现当年签约、当年开工。同时，借助重大招商引资项目“两级三层一统筹”推进机制，搜集、排查土地、规划、资金等项目问题16个，已解决12个，确保项目快速有序推进。

【经贸活动及项目集中推介】 2014年，组织筹备参加甲午年拜祖大典、第八届河南投资洽谈会、第十八届西部地区博览会、第十六届海交会、亚布力论坛峰会、第十八届厦门投资洽谈会等商务活动11场。组织天方食品公司、庆文食品公司、金土地能源有限公司等20家企业60余人次参与展览展示，发放宣传册200余册，邀商企业50余家，充分利用商务平台提高二七区产业集聚区的知名度。同时，梳理辖区优质地块资源，建立储备项目动态管理台账，制作精美的“二七招商引资项目地块宣传推介片”，切实加大招商引资宣传推介力度。全年新包装储备樱桃沟休闲区、郑州火车站西广场以北、焦家门—菜王村连片改造、3519厂家属院连片开发、幸福路9号院开发、民安路地块开发等优质项目地块20个，重点包装推介项目地块7个，全方位、多视角展示二七区发展新形象。

（赵思捷）

市场管理

【概况】 郑州市市场发展局二七市场管理处成立于2001年11月。内设办公室、市场管理科、规划发展科，现有干部职工35人。办公地址位于庆丰街34号。

2014年，二七市场管理处围绕中共二七区委、二七区人民政府和郑州市市场发展局中心工作，以打造现代化市场体系为目标，强化队伍建设、创新管理理念、提升服务品味。在郑州市创建国家卫生城市、全国文明城市、辖区市场日常监管和市场外迁工作中，履职尽责，成绩显著，得到中共二七区委、二七区人民政府和郑州市市场发展局的肯定，并荣获二七区2014年度“先进单位”“市场外迁工作先进单位”“三年行动计划工业经济和安全生产工作先进单位”“三年行动计划综合单位优秀单位”“三年行动计划商贸物流和对外开放

二七区领导考察香港路劲集团公司并交换纪念品

市场管理处领导检查市场外迁工作

工作服务地方发展特别贡献奖”，郑州市市场发展局2014年目标考核综合第一名，荣获“先进单位”“先进党支部”。

【重点工作】 2014年，郑州市政府下达二七区16家市场外迁任务已完成，等待验收。全年外迁工作回复政协议案3件，回复群众咨询100余起，编印外迁督查月报14期。向市政府上报郑州火车站地区市场外迁情况调研报告，得到郑州市政府批复，同意郑州火车站商圈7家市场升级改造。多次组织相关街道、商户到外迁工作比较好的市场观摩学习。

【市场监管】 加强市场监督管理，完善监管机制和措施，制定市场建设规范和管理规范标准，与辖区相关职能部门对接，密切配合，使各项职能得到有效发挥，取得显著成效，圆满完成各项工作任务。

在辖区市场的创建国家卫生城市、创建文明城市整治工作中，工作人员每日深入市场督促检查，对照27项整治标准逐一落实。根据安全生产，食品卫生，创建卫生、文明城市的各阶段性要求和辖区市场现状，制订工作计划，力求使各项工作能合理有序地展开。在2014年郑州市创建国家卫生城市、创建文明城市复审工作中，二七区市场管理处作为牵头单位，组织、强化领导工作，圆满创建工作，得到市、区领导的肯定和表扬。

【机关日常管理】 为营造规范有序、高效低耗的办公秩序，营造良好的干事创业氛围，管理处对单位的财务、人事、信访、行政管理等工作进行统一规范，做到以制度为先导，以规章为准绳，明确工作流程，规范工作程序，强化内部管理，提高工作效率。

【队伍建设】 一是强化学习，提升素质。按照“持续求进、完善提升”的总体要求，建立完善学习培训制度，通过加强培训学习，不断提高干部队伍素质；二是强化管理，明确责任。通过实行目标管理、开展“创先争优”等活动，充分调动干部职工干事创业的积极性。

【党员活动】 组织党员干部参加义务劳动、向困难群众捐款，走访慰问贫困职工，创建“党员先锋岗”等活动。

【廉政文化建设】 管理处把干部职工的政治思想教育与反腐倡廉教育相结合，健全完善廉政制度，组织观看反腐倡廉警示片，提高干部职工的廉洁自律意识。

（宋紫云）

粮食管理

【概况】 二七区粮食局成立于1987年3月。内设办公室、综合业务科、市场监管科、行政服务科和财务科，现有在职职工18人；所属粮食企业郑州0143河南省粮食储备库承担二七区地方储备粮收购和储存任务，现有职工32人。办公地址位于路砦西街2号。

2014年，区粮食局围绕“改革创新、持续提升、投资增效、服务惠民”的总要求，以“转变作风，务实重干”为工作准则，把统筹解决遗留问题、加快迁建项目推进作为重点工作，围绕储备粮管理“科学谋划、合理布局、提档升级”，顺利完成全年粮食轮库、仓储科学管理、仓储设施提档升级、粮食社会化管理等工作，荣获全市粮食安全工作先进集体、二七区2014年服务先进单位奖。

【仓储管理】 按照《二七区区级储备粮管理暂行办法》，对储备粮实行动态管理，严格制度，落实责任。特别是在地方储备粮轮换期间，加强监管，全年保质保量完成734万公斤储备粮轮换任务，全面完成郑州市政府下达的地方储备粮任务；获得2013年至2014年度国家仓库维修改造配套资金54万元，用于郑州0143河南省粮食储备库仓库功能提升维修改造工作，工程于3月开工，年底经有关部门验收完工；继续坚持粮情分析例会制度，确保粮食储存安全，确保“四无”粮仓率100%，仓房完好率100%，科学储粮率100%；及早做好防汛预案，确保储粮安全度汛；扎实开展保化员操作规程强化、演练和警示教育，严格执行“一三七”检查制度，及时开展粮食库存大检查，确保储粮数量真实、质量可靠，保证国家用时调得动、用得上。

【粮食库存检查】 2014年3月，按照郑州市粮食局的统一安排，对金水区的郑州0101河南省粮食储备库进行粮食库存检查。全局派出业务骨干5人，检查粮食1.4万吨，均未发现异常情况，并按时上报检查资料。

【“粮食科技活动周”活动】 2014年5月17日至24日，在“全国粮食科技活动周”期间，结合“党的群众路线教育实践活动”，以“科学食粮，健康圆梦”为主题，在淮北社区开展“进社区、进家庭”粮食科技活动周宣传活动，制作宣传彩页1500份，印制宣传手提袋500个，宣传内容涵盖稻米、小麦粉、杂粮豆、油脂营养与健康知识、主食营养与健康知识等方面内容。活动现场向辖区居民开展“爱粮节粮　传承美德”教育，现场参与群众2000多人，发放宣传用品2000多份，接受居民咨询200人次，发挥了粮油科技在增强国民营养健康、体质素质、保障国家粮食安全等方面的重要作用，增强了居民在粮食消费方面的节俭意识、营养意识。

【粮油安全宣传】 2014年6月18

日，在侯寨乡黄龙岗社区组织“尚德守法 健康圆梦”粮油质量安全宣传咨询活动。针对合理营养、科学膳食，稻米、小麦、杂粮豆、油脂等营养与健康知识进行宣传。

【“爱粮节粮”宣传周活动】 2014年10月16日，联合京广路街道天擎社区在都市广场举行“全国爱粮节粮”宣传周活动。制作展板7块、横幅2条，印制宣传资料1000余份，以“节约一粒粮 我们在行动”为主题，组织开展“家庭在行动”“青少年在行动”“企业在行动”等系列活动，面向社区居民、青少年宣传节粮与健康知识，培养科学食粮意识，动员全社会力量共同参与，减少粮食损失、浪费现象。河南省粮食局局长赵启林、郑州市粮食局局长刘啸峰等亲临现场参与活动。

【依法行政】 贯彻《2014小麦最低收购价执行预案》，在二七区粮食企业和收储库点宣传国家粮食政策和2014年小麦最低收购价格，准备收购仓容，检修粮食收购设备和器材，增设收购库点，督促辖区粮食企业在显著位置公布粮食收购质价政策，要求各收购企业坚持“以质论价、优质优价、现款结算、不打白条”，挂牌、敞开收购辖区农民余粮，使农民增产增收，保护农民种粮积极性。夏收前，对辖区4家企业收购资格进行审核，对企业保管、化验人员进行全员培训，强化入库质量观念，发挥国有粮食购销企业主渠道作用；夏收期间，深入辖区粮食收储企业进行监督检查，有效规范粮食收购秩序，优化粮食经济发展环境。

【社会粮油供需平衡调查】 做好全区2013年度粮油供需平衡调查。对辖区22家城镇居民、11家农户，3家转化用粮企业、1家粮食经营企业、1家国有粮食收储企业、1个粮油批发市场进行粮油供需平衡调查，调查显示辖区粮稳民安；开展粮油工业企业统计调查，调查全区粮油工业企业5家；对从事主食加工、经营的企业和摊点、城乡居民进行主食产业化发展现状和需求趋势进行专项调查，为国家制定粮食宏观调控政策，确保粮食安全提供基础资料和依据。

【粮食仓库清查】 做好全区粮食仓储清查工作，没有发现完好仓库出租和挪作他用的情况，出租和挪作他用的仓库均属于需要维修、死角和待报废仓库；8月4日，迎接上街区粮食局对二七区粮食仓储清查工作的复查；8月7号，由二七区粮食业务骨干组成的清查小组对中原区粮食仓库仓容情况进行清查。

【安全生产和稳定工作】 年初层层签订安全生产、消防安全、安全储粮目标责任书，制订二七区粮食局2014年安全生产工作计划、2014安全生产应急救援预案、安全生产月活动方案、防汛工作方案，并抓好落实。贯彻执行各项安全生产法律、法规和安全标准，健全安全管理制度和安全操作规程，定期召开安全例会，开展安全生产培训和警示教育，对各库点进行定期和不定期的安全生产大检查，切实解决影响和制约辖区粮食行业安全生产的突出问题，加强储粮操作安全管理。全年安全培训率达到100%，干部职工安全知识知晓率100%，确保全年安全生产和消防安全万无一失。

【党的群众路线教育实践活动】 以全面贯彻落实党的十八大和十八届三中全会及习近平系列重要讲话精神为指导，以保持党的先进性和纯洁性为主线，以贯彻落实中央“八项规定”、省委若干意见、市委20条要求、区委26条具体要求和《党政机关厉行节约反对浪费条例》等为切入点，以“为民务实清廉”为主题、以解决“四风”问题为主要内容，以加强党性修养，着眼解决问题，建立长效机制为目标，领导干部带头，全体党员干部参与，从动员部署、学习教育、调查研究、征求意见、谈心活动、专题民主生活会、整改落实等全方位地开展活动，完成“学习教育、征求意见，查摆问题、开展批评，整改落实、建章立制”3个环节的各项工作。通过教育实践活动，较好地解决了领导班子和党员领导干部在“四风”方面存在的突出问题，达到了思想上有明显提高、政治上有明显进步、修养上有明显加强、作风上有明显改变、工作上有明显改进的效果。

【宣传思想和精神文明建设】 全年组织中心组集中学习12次；加强党员教育阵地建设，深入开展党员教育活动，全年党员学习教育活动48次；开展“社会主义核心价值观”主题教育、“学雷锋”、文明单位创建等活动，有效提升全局干部职工文明素养；深入开展志愿服务行动，开展“微心愿”服务活动。

【长效机制和驻村工作】 把“坚持依靠群众、推进工作落实”长效机制与“党的群众路线教育实践活动”相结合，与日常粮食工作相结合，与深入基层为民服务相结合，继续开展“三强一创”活动；配合社区开展工作，于5月成立驻侯寨乡黄龙岗社区、驻京广路街道天擎社区两支群众工作队，深入社区，走访群众，排查矛盾，及时解决群众反映的热点、难点问题，联合社区开展各类活动。

（王坤萍）

局领导检查粮食工作

大型商场（市场）

【德化街】 2000年8月，郑州市人民政府下发《关于同意将德化街建成商业步行街批复》，正式立项建设德化商业步行街，德化步行街于2002年12月28日正式开街。

德化步行街保留钟表眼镜、珠宝首饰、餐饮小吃、乐器图书、百货等传统经营项目外，增加家电、通讯、洗化、娱乐、健身、名牌服装、西餐等项目，使这条街成为集购物、文化、娱乐、观光、休闲、美食功能为一体的更具现代气息的步行景观街。2014年“十一”黄金周期间，德化步行街上人流如潮，熙熙攘攘，高峰人流量达到60万人次。

2006年，在重庆市召开的“2006中国商业街发展高峰论坛”上，德化步行街被中国步行商业街工作委员会授予“中国著名商业街”称号。入选“中国著名商业街”称号的仅有北京王府井、上海南京路、南京黄头街等10条商业路。

2012年11月29日，郑州地铁1号线举行接车仪式，并于2013年12月26日正式运营。在地铁的直接催化下，2012年11月24日，德化街人民防空工程德化新街正式开工。德化街人民防空工程德化新街定位“中原首条地铁商业步行街”，位于德化步行街正下方，北起郑州地铁1号线二七广场站，穿过大同路，南至钱塘路菜市街，使二七商圈和郑州火车站商圈形成地下贯通。

2014年，德化街辖区共有商户3000余家，实现社会消费品零售总额近60亿元，形成区级税收近8800万元。总投资4.7亿元。于2014年9月28日建成开业。

【百年德化·风情购物公园】 由宇通集团公司旗下宇通不动产（河南）有限公司建设，占地面积3.47公顷，经营面积6.8万平方米，位于德化街以西，正兴街以南，福寿街以东，裕元里以北。紧邻郑州火车站、郑州长途汽车客运总站，数十条交通线路途经“百年德化”，是郑州交通网络最为密集的地方。

百年德化·风情购物公园作为德化街“复兴”工程，承继老德化街“以德感化世人”的古训，宇通不动产公司为德化街二期改造项目命名为“百年德化·风情购物公园”，寓意“传承百年商史，德润百年未来”，在继承百年德化街传统文化和商业精华的同时，开创百年德化新时代、新商业。

“百年德化”整体建筑理念用国际规划演绎中原最具时代特色的商业空间。“百年德化”聘请曾主持设计过美国“迪士尼乐园”、香港“亚洲中央公园”等大型项目，在商业街建设和景观设计方面享有盛誉的“美国泛亚易道设计事务所”进行规划设计，园区以下沉式中心广场为中心，由A、B、C、D四个主题区域有机组成，所有店面和商铺通过幽径和联廊连接为统一整体，建筑风格现代新颖，环境设计接轨国际潮流，在中原地区率先引入体验消费观念，在经营定位上包容和涵盖购物、餐饮、娱乐、休闲、社交、商务、观光等功能，从而在打造中原地区商业地产中独树一帜的风情购物公园，打造成为郑州市地标、现代商业的典范。

“百年德化”按照园区经营战略目标，实现时尚休闲、运动极地、流行前线、潮流美饰、餐饮娱乐五大业态立体互补功能。

时尚休闲 汇集来自国内外的近百家休闲运动品牌，“堡狮龙”“佐丹奴”“真维斯”“优捷思”“卡丹路”“互动地带”“森马”“以纯”等拥有一定知名度的休闲品牌旗舰店、形象店，构成“百年德化”的支柱商家。

运动极地 “阿迪”“耐克”“茵宝”“匡威”“金鸡”等国际一线品牌汇聚于3000平方米YY胜道；“安踏”“特步”“沃特”“乔丹”“361°”等国内品牌在B区构成独特运动带；李宁形象店、露天篮球公园、街头涂鸦文化墙以文化引导形式标注运动风向。

流行前线 1.5万平方米的营业空间，汇聚近500家经营各类时尚潮流商品的店铺，衣服、鞋、包和各类年轻人钟情的物品，已经成为郑州时尚文化的风向标。

美饰空间 “百年德化”三楼和二楼部分区域，形成中原地区规模最大、品牌最多的美饰集散地，以经营女性配饰为主，包括各类首饰、挂件和配件，涉及高、中、低不同档次，辐射范围涵盖周边安徽省、河北省、山东省等多个省份。

餐饮娱乐 电影院、西餐厅、主题餐厅、动漫中心、时尚美甲等休闲娱乐业态为年轻时尚一族提供多功能、“一站式”休闲娱乐空间。

百年德化·风情购物公园功能完善的业态组合，情景式的购物空间，让更多的人在体验的氛围中领略风情，在最短的时间内享受最佳的购物休闲；浓厚的载德文化氛围，精诚的品牌追求，同时为广大商家提供一个充满人文气息与全新商机的经营场所。

【华润万象城一期购物中心】 位于民主路10号，于2014年4月19日开业。总占地面积2.67公顷，总建筑面积约28万平方米，由华润置地（郑州）有限公司投资建设。购物中心一期共7层，总建筑面积18万平方米，营业面积12万平方米。整个万象城品牌整体规划500个，美食区域总计规划餐饮品牌多达60个。已签约的国内外知名品牌有：Chanel、Prada、Cartier、Burberry、苹果直营店、金标百盛精品百货店、“冰纷万象”真冰场、中影星级影院、Olé精品进口超市、星巴克、稻香酒家等。万象城是内地国际一线品牌聚合度最高的购物中心之一，众多国际一线品牌的汇聚是万象城最大的亮点。随着万象城第六城在郑州市的正式开业，必将极大刺激城市消费活力，释放城市消费潜能，将高端消费留在郑州市，在无形拉升城市形象及知名度的同时，为二七区乃至郑州市城市商业发展及经济拉升发挥巨大作用。2017年项目整体建成后，将成为中原地区最具影响力的集购物、餐饮、娱乐、休闲与时尚生活体验为一体的现代化、“一站式”城市综合体。

【BHG（北京）百货有限公司郑州店（北京华联商厦）】 成立于2002年，营业面积5万平方米。位于二七广场北侧，交通便利，位置优越，商圈辐射面80万人口，是集购物、休闲、餐饮、娱乐、文化为一体的大型综合商厦。以青春、时尚、活力、激情为定位，在商品的组合上突出青春、时尚，面向18至45岁年轻消费层次；在营销模式上，率先推出实惠的时尚主题营销和互动、文化、民俗性、娱乐性营销活动。在品牌引进上，利用集团优势和自身的良好信誉，不断引进知名品牌进驻，特别是女装、运动服饰等众多知名品牌旗舰店均设于此；在服务管理上，大力推行“顾客第一”服务原则，首推“六大待客用语”服务，赢得广大市民一致赞誉；在经营管理方面，大力推行品牌建设，加强商品促销，不断完善商品品类、品项，满足顾客多样需求。

【大商集团新玛特购物广场金博大店】 位于二七路200号，营业面积6万平方米，其前身为开业于1997年的金博大购物中心。商场集名品百货、精品超市、中西餐饮为一体，拥有地上近1万平方米的超大广场及地下两层大型免费停车场，近500个停车位。河南省首家引入“哈根达斯”“必胜客”“斗牛士”“呷哺呷哺”等知名餐饮名牌；“周大福”“谢瑞麟”“星巴克”等品牌旗舰店均设在商场。拥有员工3700余名，年销售额15亿元。获得“诚信经营企业”“消费者最信赖商场”“中原商业最佳零供合作奖”“河南省和谐商业企业”等荣誉称号，并被商务部认定为中国“金鼎百货店”。

【金鑫珠宝正弘店】 2012年1月18日开业，位于二七广场商业区北侧的正弘大厦，与郑州火车站近邻，交通便利，位置显著。拥有8000平方米购物区域，以“专业化、特色化、规模化”经营理念全面开启“一站式”、体验式珠宝消费新理念的珠宝行业发展新模式。“金鑫珠宝”对产品品质、服务严格要求，始终如一，已成为河南地区最受欢迎的珠宝品牌，被誉为“河南珠宝大鳄”，致力打造“中国珠宝商城连锁第一品牌”。

【郑州华联商厦有限责任公司】 位于二七纪念塔西北侧。商厦占地面积8973.5平方米，总建筑面积33800.18平方米，其中营业楼面积23402.20平方米，附楼办公楼（2至8层）面积3780平方米、宾馆（9至10层）面积1080平方米。原郑州华联商厦始建于1987年，1990年9月1日建成开业。该商厦先后获得全国“五一”劳动奖状、全国百家知名企业、全国无假冒伪劣商品商店、全国售后服务满意单位、全国商业信誉企业、中国保护消费者杯、全国打假先进单位等100多项荣誉称号，并连年跻身全国百家最大零售企业和全国500强企业行列。

【世贸商城】 郑州同盈·世贸商城现已改名为世贸中心大厦，由上海肯同投资集团于2001年开始投资兴建，位于郑州火车站服装商圈的核心位置——乔家门路58号，总建筑面积30万平方米，拥有来自全国各地的服装经销商、总代理2000余家，经营来自世界的5000多个服饰品牌，是中原地区最专业的服饰综合体。拥有来自全国各地的服装经销商、总代理2000余家，经营来自世界的5000多个服饰品牌。市场辐射6个省（自治区），日均客流量万人次以上，年上缴税费数千万元，年成交额数十亿元，已成为以零售、团购、服装展示、信息交流、购物体验为主的智能化购物中心。

【天隆服装城】 位于一马路北端。建筑面积10万平方米，共有商铺2000余间。天隆服装城共计8层，是一座地下2层、地上6层的大型现代化中高档品牌服装批发市场。市场配置中央空调、客货电梯、安全监控系统、消防系统、宽带网等现代设施，形成中部地区大规模针织世界、天隆牛仔城、运动休闲服饰广场、最大男装批发中心。

【郑州国际小商品城】 座落于兴隆街8号，是中原地区最早创办的小商品专业批发市场。商场由A、B两个市场簇群组成，营业面积34234平方米，商位1831个，拥有先进而发达的市场体系。自2005年6月开业至今招商率95%以上；拥有几十个行业、万余种商品，几乎囊括工艺礼品、小家电、电子电器、玩具、文体办公、钟表等日用品，具有物美价廉的鲜明特色，在中原地区小商品批发市场上具有极强的竞争力。B楼商品以时尚饰品、家居装饰、箱包皮具、工艺礼品、体育用品等为特色，尤其以四楼的义乌饰品行业龙头——“新光饰品”为带动，将商场打造成为中原地区品种最多、最专业的饰品、礼品批发市场。多年间，商场历经多次科学规划与扩建，已经形成中西部地区规模最大、产品辐射力最强的小商品批发零售基地、小商品流通中心、展示中心，连续多年位居中原地区小商品批发市场榜首，多次荣获“全国最佳商业地产奖”“中原最佳商业地产奖”“消防安全管理先进单位”“消费者维权先进单位”“河南省文明诚信市场”“河南省消防安全共建单位”“中国小商品城十大影响力品牌”荣誉称号。总经理游学伟被评选为“中国品牌建设十大杰出经理人”。

【福临机电商场】 位于铭功路259号，建筑面积5000余平方米。地处二七繁华商业圈地段，毗邻郑州火车站、郑州汽车客运总站，东临华润大夏，北临郑州市人民公园。商场设计为两层，一楼分为A、B、C三个区，二楼分为A、B两个区，现有商户59户，是一家集机电仪表、水暖阀门、五金工具、电工电料的零售商场。

【郑州鞋城】 位于京广中路与航海路交叉东北角，占地面积8公顷，建筑面积10余万平方米，成立于1994年，现有7家经营单位，经营商户1500多户，大部分商户来自浙、闽、川、渝、东北三省及本省各地，是中南及中部地区规模最大、品种齐全的鞋类产品集散地，年成交额位于全国前三名。

【合盛商贸城】 建于2010年1月，位于航海路71号，占地面积约5万平方米，投资1.2亿元，总建筑面积6.5万平方米，由郑州合聚商贸有限公司投资管理，是以精品展示为主，集广告、物流、银行、餐饮、商务酒店、电子商务等配套设施齐全的现代化商业综合体。

合盛商贸城内1号楼、2号楼、3号楼、5号楼为商务办公楼宇，郑州银行、郑州银行微贷中心、郑州银行教育培训中心、医药行业内GSP高端企业和国内外多家品牌总代理已经入驻。装修精良的A馆、B馆、C馆为精品展示中心。合盛商贸城内南区联排商业用房以精品鞋业和眼镜商家经营为主。

【中陆广场】 位于京广路路东，南三环路路北，占地面积20余公顷，现有商户1000余户，主要以经营茶叶、鞋类、洗化用品等为主。

【二七万达广场】 位于大学路与航海路交会处，总投资额约40亿元，总占地规划面积约11公顷，总建筑面积约62万平方米，于2012年10月13日开业。二七万达广场是万达集团公司继中原万达广场之后在郑州市区投资建设的第二座万达广场，集大型商业广场、室外步行街、商务酒店、城市商业街区、高档住宅以及精装SOHO六大城市功能于一体，涵盖高级连锁百货、五星级国际影城、大型生活超市、国际运动品牌、KTV、电玩娱乐、电器超市、健身养生等多元业态。

【中原百姓广场】 全国首家以建材家居商业为主题，以中国建材家居产业之优秀品牌的区域总部为基础，集物流仓储、展示交易、在线交易、设计装潢、渠道管理、资金平台、信息平台、企业孵化、展览会、办公及酒店配套等功能的中原建材家居市场。产品展示及交易中心用地超过30公顷，已建设营业面积超过60万平方米（其中装潢材料区15万平方米已开业运营，入驻厂商超过600家；建材家居品牌展示及交易中心35万平方米；酒店、办公配套商业10万平方米）；物流仓储及产业配套用地超过13.33公顷。

承载中原地区厂家品牌旗舰展示和渠道服务之功能，同时囊括郑州市区西南版块的零售、团购、家装业务，有效提高了郑州市建材家居商业在中原地区的知名度。品牌旗舰展示及交易中心，是中原百姓广场的基础功能，总面积超过35万平方米，包括陶瓷卖场、厨卫卖场、木地板卖场、灯具卖场、布艺饰品卖场、家具卖场六大主题卖场，采用现代化商场业态进行运营和管理，同时附以中原地区渠道拓展、展销会、厂商对接服务、大客户拓展、信息发布、在线交易、物流仓储、担保贷款等功能，为进驻厂商提供多元、个性、系统的服务。

【锦荣轻纺城】 郑州锦荣轻纺城始建于2010年8月，地处大学南路与南三环交会处，所在位置东接郑州新客运南站，北临郑州汽车客运总站，距离西南绕城高速公路5分钟路程，周边配套多家物流公司，具有得天独厚的交通优势。项目占地20公顷，建筑面积45万平方米，可容纳5000余家轻纺织品商户入驻，业务涵盖服装面辅料、缝纫设备、棉布、窗帘、床品等轻纺织品，是河南省“十一五”规划期间纺织规划重点项目之一，也是河南省最大的轻纺织品交易中心、中西部地区最大的轻纺织交易专业市场之一。公司已与二七区政府达成初步协议，拟对周边区域进行升级改造。升级改造后的锦荣轻纺城，规划占地41.33公顷，建筑面积185万平方米，涵盖商场、酒店、写字楼、公寓、住宅等多种业态，全部建成后将成为郑州市区南部的地标性建筑群和南部城区的消费中心。

（冯晓龙　马晓菲　武　冰　张亚鹏　史晓丽　石　静　李晓一）

二七区农贸市场一览表

序号	市场名称	地址	负责人	所属乡(办)
1	南彩社区服务中心	南彩农贸市场	于　杰	德化街街道
2	西彩社区服务中心	西陈庄	刘海娇	铭功路街道
3	郑大南街菜市场	大学路郑大南街	宋兵团	大学路街道
4	建新街社区服务中心	五里堡街道东侧	王卫国	五里堡街道
5	铁西农贸市场	京广北路	吴永忠	蜜蜂张街道
6	康复中街农贸市场	康复中街	何希新	蜜蜂张街道
7	淮北街农贸市场	汝河路	路忠旺	淮河路街道
8	交通路菜市场	交通路	廖　飞	淮河路街道
9	百顺农贸市场	嵩山与安康路交叉口向西	闫素娟	淮河路街道
10	金海市场	长江路	姚斌志	长江路街道
11	高砦新农贸市场	长江路与京广路交叉口	段志勇	长江路街道
12	金海粮油市场(专业)	郑平路88号	李永斌	嵩山路街道
13	佛岗农贸市场	冯庄路与南三环路交叉口	郑良聚	京广路街道
14	升龙农贸菜市场	新圃街	刘振江	建中街街道
15	郑州农副产品交易市场	郑密路66号	杨国强	侯寨乡
16	杨寨集贸市场	马寨镇	马慧峰	马寨镇
17	永安市场	永安街	王俊宝	建中街街道
18	金海农贸	人和南路	张双权	长江路街道
19	合作路农贸市场	合作路	文现明	五里堡街道
20	汝河生活广场	汝河路	范松峰	淮河路街道

（宋紫云）

二七区工贸市场一览表

序号	市场名称	地址	法人	总经理	所属乡(街道)
1	天隆服装城	敦睦路48号	姜郑林	窦艳新	一马路街道
2	敦睦路服装中心	敦睦路34号	陈传华	陈传华	一马路街道
3	敦睦路服装批发市场	敦睦路520号	李梅范	郭金灿	一马路街道
4	金城服装广场	操场街8号	郑万全	郑万全	一马路街道
5	恒泰服饰广场	一马路51号	何　涛	闫思玉	一马路街道
6	世贸商城	一马路2号	郭军伟	李少灿	一马路街道
7	大同鞋业	大同路127号	张心蜜	何　涛	一马路街道
8	通讯大世界	陇海中路181号	耿永祥	耿永祥	一马路街道
9	奥枷栖通讯城	陇海中路181号	耿永祥	张朝晖	一马路街道
10	中天玩具市场	福寿街3号	乔戊戌	王华敏	一马路街道
11	福临机电	西陈庄前街	鲁贵强	鲁贵强	铭功路街道
12	豫港五金城	铭功路83号	沈　星	沈　星	铭功路街道
13	金林市场	正兴街35号	冉喜贵	冉喜贵	铭功路街道
14	中陆物流广场	京广南路	王超斌	王超斌	京广路街道
15	合盛商贸城	航海中路71号	杨俊亚	杨俊亚	京广路街道
16	五金塑料城	万客来对面	郭志岭	胡明耿	京广路街道
17	盈合万货城	京广路南三环	张百超	梁庆安	京广路街道
18	瑞安布鞋城	航海路	谷见生	谷见生	福华街街道
19	鞋城(路华大厦)	航海路36	孙东建	胡德元	福华街街道
20	现代鞋业广场	京广路8号	张艳华	崇　斌	福华街街道
21	中原国际鞋城	京广路8号	杨为中	史振生	福华街街道
22	鞋城(盛祥实业)	京广路8号	冯银忠	李继增	福华街街道
23	珍宝大世界	淮河路	姜郑林	温建新	建中街街道
24	金泰城灯具城	淮河东路29号	孟铁城	宋德忠	建中街街道
25	郑州古玩城	大学路49号	蒋济明	李莲花	建中街街道
26	百姓广场	嵩山路69号	侯世安	郑晓东	嵩山路街道
27	亚星奥特	兴华南街	高国安	张　虹	嵩山路街道
28	万客来食品城	京广南路280号	侯世安	任海音	嵩山路街道
29	郑州箱包皮具中心	大同路139号	张祖海	张祖海	德化街街道
30	新世纪箱包城	大同路138号	许献忠	陈惠熙	德化街街道
31	郑州箱包城	大同路28号	张明霞	张喜凤	德化街街道
32	万博商场	苑陵街16号	张晓阳	张晓阳	德化街街道
33	豫龙商场	大同路116	何胜利	何胜利	德化街街道
34	御茶园	长江路	彭　博	陈松乐	嵩山路街道
35	锦荣轻纺城	大学南路99号	胡贵锋	王建勋	嵩山路街道
36	三五一九市场	陇海路	李建中	李建中	建中街街道
37	天下第一城	郑密路	闫文祥	郭国富	侯寨乡
38	凯盛通讯城	陇海路	吕国勤	杨　杰	一马路街道
39	钱塘箱包城	大同路	骆　嘉	谢红涛	一马路街道
40	沿河路市场	沿河路	赵新江	赵新江	铭功路街道
41	庆丰摩配城	庆丰街	汪朝彦	汪朝彦	建中街街道
42	百荣商贸城	南四环	徐国珠	徐国珠	侯寨乡

(宋紫云)

交通运输

区域交通运输管理

【概况】　二七区交通运输局机关内设办公室（包括财务室、工会、重点工程协调办公室、行政服务科）、安全运输科、农村公路建管科，下辖二七区公路运输管理所、二七区交通局地方道路管理所两个二级机构。现有干部职工63人。办公地址位于淮河东路36号。

2014年，二七区交通运输局在区委、区政府正确领导下，围绕全区中心工作，结合省、市交通发展战略，以市重点交通建设项目的协调工作、铁路沿线综合整治、高速公路出入市口综合整治及辖区农村公路建设为重点，采取多种措施，打好攻坚战，圆满完成各项工作任务。

【农村公路建设养护】　2014年，新建农村公路项目3个（Y005侯寨大桥—全垌段改建工程2.3公里，C035刘家门—新郑交界改建工程0.4公里，娄河村道坝体大修0.2公里），主体已全部完工，保证了“三年行动计划”和民生实事的顺利完成。

在做好农村公路日常养护及养护质量考核的同时，开展县道侯张线路容路貌整治，以过村（镇）路段整治为重点，清理公路沿线违章建筑及废弃物，整平路肩1100平方米、疏通边沟6000米，清理垃圾180平方米，更新路缘石3000块，硬化路肩2250平方米；及时处理侯张线、尖樱线等道路水毁，完成填筑土方1802立方米，砌片石184.4立方米，摊铺沥青混凝土56平方米，修复污水管道12米；对辖区内重要道路交通隐患进行集中排查，对X022侯张线、乡道Y008尖樱线等道路新增警告标志10块，斑马线、震荡线1225立方米；邀请河南省交通科学技术研究院有限公司公路工程试验检测中心对辖区8座农村公路桥梁进行全面隐患排查及安全检测，重点对桥梁墩台基础、承重部构件等进行检查检测，确保农村公路通行安全，实现农村公路“畅、洁、绿、美、安”总体目标。

交通运输局召开的“党的群众路线教育实践活动”座谈会

【运输市场管理和行政审批工作】　2014年，随着郑州市行政许可业务的下放，区交通运输局货运市场、驾驶员培训市场的审批和管理工作业务大量增加。为了维护辖区正常经营秩序，顺利实现业务承接，全局理清底数，及时调配工作配置，充实力量，完善工作业务流程，组织运政人员深入全区各运输企业进行服务和指导，健全完善辖区运输市场管理基础。截至2014年年底，辖区共有货运企业89家、驾驶培训学校16所，货运车辆6037台。全年新增经营业321户，新增营运车辆1196辆；审批普通货运公司10家、物流公司9家；行政许可业务办结3149件，办结率100%。

【重点建设项目协调工作】　2014年，二七区交通局负责郑登快速通道（二七区段）项目建设、大学南路南延工程、郑尧高速公路引线扩建3个郑州市重点建设项目的协调工作。大学路南延新建工程、郑尧高速公路连接线改扩建工程2个项目已于5月底完工；郑登快速通道道路建设按计划实施，电力部门正在配合道路施工方进行电力线路迁改工作，主线路面铺装已完成95%，防护排水及其他附属工程完成98%。

【铁路沿线绿化整治】　涉及辖区3条铁路24.4公里，规划绿化面积374.5万平方米。截至2014年年底，除铁路系统所属建筑外，已完成218.186万平方米拆迁任务；郑密路—郑平路生态防护林已完成，其中嵩山南路示范段、大学南路示范段已完成绿化20.38万平方米，占可实施绿化面积的95%，郑密路—启福大道绿化带正在实施。

【高速公路出入口连接线环境提升整治】　涉及辖区郑少高速公路连接线、郑登快速通道、郑尧高速公路引线、大学路南延共4条道路的改

（扩）建及绿化提升。截至年底，4条道路红线、绿线范围内的拆迁扫尾工作基本完成；郑少高速公路连接线绿化工程已全部完成，绿化面积31万平方米；大学南路南延绿化工程已全部完成，种植乔木8740棵、灌木11216棵、地被17万平方米；郑尧高速公路连接线绿化工程已全部完成，种植乔木11216棵、灌木4946棵，地被9万平方米；郑登高速公路绿化工作正在稳步推进。

【人大代表建议、政协委员提案办理】 2014年，收到人大代表建议1件、政协委员提案3件。区交通局专门制订建议、提案办理工作方案，强化工作责任，严格办理程序，加强协调配合，确保工作质量。5月底前所有建议、提案答复完毕，代表（委员）满意率100%。

（崔婷婷）

郑州铁路局

【概况】 郑州铁路局地处中原，位于全国铁路路网中心。管辖线路横跨河南省、山西省、山东省、陕西省、湖北五省，通过16个分界口，与周边北京、西安、武汉、太原、上海、济南铁路局相邻，所辖京广、京九、焦柳、陇海、侯月、宁西铁路及京广、郑西高速铁路等营业线路和郑州、洛阳、商丘、新乡、月山、南阳等铁路枢纽纵横交织成网，构成东达沿海、南通两湖、西连秦晋、北接京津的铁路网络，被誉为“中国铁路心脏”。

2014年年末，线路管辖范围：京广铁路线北于柏庄、安阳间485.800公里处与北京铁路局分界，南于小商桥、孟庙间807.000公里处与武汉铁路局分界；陇海铁路线东于虞城县、张阁庄间354.000公里处与上海铁路局分界，西于太要、潼关间935.500公里处与西安铁路局分界；焦柳铁路线南于耿坡、部营间474.099公里处与武汉铁路局分界；新兖铁路线东于箅王庄、菏泽南间148.000公里处与济南铁路局分界；京九铁路线北于曹县、梁堤头间650.273公里处与济南铁路局分界，南于木兰、王楼间718.300公里处与上海铁路局分界；太焦铁路线北于夏店、大平间190.682公里处与太原铁路局分界；邯长铁路线东于长治北、北舍间215.491公里处与北京铁路局分界；王北联络铁路线东于王里堡、北舍间9.000公里处与北京铁路局分界；侯月铁路线北于嘉峰、端氏间147.273公里处与太原铁路局分界；宁西铁路线西于商南、富水间248.285公里处与西安铁路局分界，东于李家湾、小林间563.600公里处与武汉铁路局分界；孟宝铁路线东于平顶山西、余官营间98.000公里处于武汉铁路局分界；郑西高速路线西于灵宝西、华山北间950.627公里处与西安铁路局分界；京广高速铁路线北于安阳东站510.330公里处与北京铁路局分界，南于许昌东站780.712公里处与武汉铁路局分界；瓦日铁路线西于长子南站501.417公里处与太原铁路局分界，东于台前北站835.768公里处与济南铁路局分界；其他线路都在郑州铁路局管范围内。

2014年8月1日，第100列中欧班列开行

全局运营线路正线及联络线66条，主要包括京广、陇海、焦柳、京九、宁西、太焦、侯月、新兖、新焦等铁路干线，运营线路营业长度2385.1公里，总延展长6949.604公里。其中正线延展长4468.15公里，站段岔特线延展长2481.454公里；正线60型钢轨4333.801公里，占正线总延展的97.0%；正线无缝线路延展长4142.703公里，占正线总延展的92.7%；道岔8512组，其中正线道岔3214组；正线曲线3007条1310.581公里；道口212处，其中有人看守道口20处。

合资铁路线路正线及联络线17条，包括新密、安李、石林、郑西高速铁路、京广高速铁路、郑开城际铁路、瓦日铁路线及相关联络线。线路营业里程1186.5公里，总延展长2510.076公里。其中：正线延展长2187.997公里，站段岔特线延展长322.079公里；道口57处，其中有人看守道口10处。

配属机车1253台,其中内燃机车210台，电力机车1043台。配属客车2399辆；配属CRH型动车组34列/50标准组，其中CRH2A型动车组4列/4标准组、CRH2A统型动车组6列/6标准组、CRH380A统型动车组8列/8标准组、CRH380AL型动车组16列/32标准组。

全局基层单位66家，其中运输站段34家、运输辅助等单位20家、非运输企业12家。有火车站247座。

全局设行政职能管理机构29个、其他机构2个，行政附属机构57个，学协会办事机构3个。局党委设职能机构4个，即组织部（人事处）、党委（行政）办公室、宣传部（企业文化处）、人民武装部（人民防空战备处），另设政法办（综合治理）办公室。郑州铁路局党校（局干部学校）、中原铁道报社、郑州铁路局有线电视台隶属局党委领导。郑州铁路局机关办公地址位于陇海中路106号。

2014年年末，全局职工112564人（含郑西客区专线53人、京广客区专线38人），其中在岗职工105769人，女职工19335人，工人93913

人。高级技师571人、技师5686人，高级工35660人、中级工24658人、初级工14958人。

2014年，全局完成运输收入322.95亿元、旅客发送量9728.1万人、货物发送量1650亿千克，换算周转量2441940亿千克公里。其中，运输收入、旅客发送量同比分别增加12.67%、8.09%。非运输企业完成经营收入280.4亿元，实现利润4.3亿元，同比增收7600万元。

【习近平视察郑州铁路集装箱中心站并接见郑州铁路局干部职工】 5月10日，中共中央总书记、国家主席、中央军委主席习近平在中共河南省委书记郭庚茂、省长谢伏瞻，中共郑州市委、市政府领导的陪同下到郑州铁路集装箱中心站视察，亲切接见并慰问郑州铁路局开行郑欧班列的一线干部职工。习近平在郑州铁路集装箱中心站货场听取中共河南省委、省政府的汇报。在郑州铁路局局长张军邦的介绍下，逐一同在场的郑州机务段、郑州火车东站、郑州铁路集装箱中心站、郑州车辆段等4家单位干部职工亲切握手。习近平首先询问中欧班列司机担当的任务和开行的目的地、开行的速度、120公里/小时的班列能不能达到常态化开行、本列编组多少箱、开双层还是单层等，又询问郑欧班列本地货源怎样、外地货源如何、郑欧班列在带动地方经济发展中发挥作用如何、铁路运输方式在国际贸易格局中所占的份额有多少、铁路运输与海关配合怎么样等具体问题。局长张军邦汇报作为全路18个中心站之一的郑州铁路集装箱中心站的地位和作用，以及铁路总公司全力支持、配合郑欧班列开行的基本情况，习近平回忆3月在德国杜伊斯堡港察看渝新欧货运班列抵达终点站时受到热烈欢迎的情景。习近平格外关注铁路体制改革后郑州铁路局推进落实情况，局长张军邦介绍铁路体制改革后，郑州铁路局的名称没有变化，郑州铁路局正作为企业主体加快客货运改革、提升服务质量、深化多元经营，逐步走向市场、融入市场。对于郑州铁路局的路网中心地位、区位优势和发展方向，习近平强调：郑州铁路局还是大局，铁路体制改革后管理还要加强。

【吴天君检查陇海路快速通道工程路局代建段工作】 4月2日，中共河南省委常委、郑州市委书记吴天君，市长马懿、副市长张建慧带领郑州市有关局委负责人到郑州市陇海路快速通道工程路局代建段检查指导工作。郑州铁路局副局长李会林、李学章陪同检查，并向检查组详细介绍工程前期准备及征地拆迁等有关情况。吴天君听取工程前期准备等介绍后，感谢郑州铁路局为郑州市政建设做出的努力和贡献，要求郑州市各有关单位和部门尽最大努力支持郑州铁路局代建部分工程建设，加快合同签订、设计供图、资金到位等前期准备工作进度，协调解决郑州铁路局在工程建设过程中出现的各种问题，为郑州铁路局全面开展工程建设排忧解难、扫清障碍，确保2015年春节前主体工程建成投用，最大限度方便人民群众出行。

【郑开城际铁路开通运营】 12月28日8时40分，C2802次首班郑开城际列车由郑州东站启动，开往古都开封，标志着郑州至开封城际铁路正式开通运营。中共河南省委书记、省人大常委会主任郭庚茂，省委副书记、省长谢伏瞻等省、市领导与郑州铁路局领导张军邦、杨建祥、杨伟军、陆彦彬等一同试乘，体验城际铁路给两城交通带来的便捷。

郑开城际铁路是国家对河南省城际铁路批复的建设规模1084.9公里中的第一条城际铁路，西起郑州枢纽郑州火车东站，经贾鲁河站、绿博园站、运粮河站，东至开封宋城路站。线路全长50.555公里，项目总投资55.06亿元，建设历时51个月。全线设火车站5座，每天开行13趟动车组，其中3趟直达、10趟站站停，时速200公里，直达需28分钟。作为河南省城际铁路规划中第一条通车运营的线路，其设计大量采用“以桥代路”，桥梁占线路全长的96.7%，基本上全程高架桥，自西向东设立的贾鲁河站、绿博园站、运粮河站、宋城路站4座车站均在高架桥下，既节约土地资源，也方便旅客安全快速乘降。

【瓦日铁路郑州铁路局管段开通】 2014年12月31日10时，编组52辆、装载4723000千克煤炭的35005次货物列车从汤阴火车东站驶出，标志着瓦日铁路郑州铁路局管段顺利开通。这也是全国铁路建造水平在继高原铁路、高速铁路走在世界前列之后，在重载铁路领域实现的新突破。

瓦日铁路是国家《中长期铁路网规划》的重要组成部分，年运输能力2000亿千克，开通运营后，将作为晋煤外运新的大能力通道，与石太铁路线、邯长铁路线、南太焦铁路线、侯月铁路线等共同构筑晋中南地区能力强大的煤炭外运系统，成为全国铁路煤运通道的重要组成部分。瓦日铁路西起山西省兴县瓦塘镇，东至山东省日照市，是国家铁路双线Ⅰ级铁路，连接南同蒲铁路线、太焦铁路线、京广铁路线、京九铁路线、京沪铁路线、兖日铁路线等干线铁路，横穿晋、豫、鲁三省。线路全长1260公里，列车牵引重量达万吨以上，是国家首条一次建成里程最长、直接满足国际重载铁路标准的铁路线，线上使用的CTC调度集中、G网、计算机联锁等技术设备均为准高速铁路设备，全国铁路线领先。

郑州铁路局管段为长子南（含）至台前北（不含），总长335公里，其中有桥梁104座、隧道21座，占区段总长的39.39%。途经山西省、河南省两省的长治、安阳、濮阳、台前等14个市、县、区，设长子南站、红旗渠站、鹤壁时丰站、濮阳站、范县站等13座火车站，均承办货运业务。线路的开通，结束了林州市没有干线铁路，濮阳、范县不通国有铁路的历史。

【“春运”工作】 “春运”期间（1月16日至2月24日），按照确保旅客“安全出行、方便出行、温馨出行”的“三出行”目标要求，郑州铁路局加强对相关人员的岗位培训，细化客运组织和服务保障措施，加大对候车大厅、自动售（取）票机等设施、设备的投入力度，加强客车的运力调配，实现旅客候车不露天、购票不排队、临时乘客不临时。通过扩展旅客购票、增设代售点、延长售票时间等措施，为旅客购票提供方便，全铁路局互联网和手机购票552.6万张、电话订票10.4万张，占售票总数的64.6%。2月4日至6日，郑州铁路局管内普降中到暴雪，郑州铁路局及时启动黄色、橙色应急响应预案，相关各部门在道岔防冻、旅客安全乘降、列车防溜、不良天气行车组织等方面加强组织，确保运输秩序和旅客人身安全。针对降雪导致的列车大面积晚点，加强与春节期间运输办公室沟通，通报有关列车运行晚点信息，协调落实公交、出租以及应急车辆运输方案。

同时，郑州铁路局党委开展“安全出行、方便出行、温馨出行”春节期间运输主题宣传活动。1月15日，开展体验式春节期间运输新闻发布，邀请中央驻豫及省、市50多家主流媒体100余名记者，分别到郑州火车车站、郑州火车东站、郑州火车机务段等站段体验铁路春节期间运输前期准备和运输组织、优良服务、旅行环境和铁路产品，营造良好的社会舆论氛围。

春节运输期间，全局发送旅客1137.7万人，较2013年多发送旅客112.4万人，增长11%。其中，管内旅客发送人同比增长16.9%。客票收入11.3亿元，同比增加11367万元，增长11.2%。农历正月初五后，全局客流持续高位运转，连续21天旅客发送量超过30万人。其中，2月6日，全局单日发送旅客424021人，刷新全局单日旅客发送纪录。

【节假日客货运输】 2014年清明小长假（4月5日至7日），全局发送旅客115.9万人，同比增加15.4万人，增长15.3%；完成货物发送量13.63亿千克，同比多运1500万千克，增长3.5%；日均装车7030车，同比多装168车，提高2.7%。其中煤炭日均同比多装295车，增长6.4%。货运收入累计完成11933万元，同比增加1595万元，增长15.4%。

“五一”小长假（5月1日至3日），全局发送旅客119.15万人，同比多发送22.68万人，增幅23.51%，创同期新高。5月1日发送旅客45.88万人，创单日旅客发送历史最高。针对“五一”期间赴洛阳看牡丹以及赴南阳、开封旅游等短途客流较多的实际，增开管内临时客车26列。郑州火车东站4月30日至5月3日，发送旅客61.2万人，同比增长11%，5月1日当天发送19.5万人，完成客运收入1054.3万元，同期分别增长14.6%、35.6%，单日发送人、客运收入均创新高。全局日均接车559.3列、交车562.7列，取得近期最好成绩。车辆周时完成1.79天，较年预算压缩0.01天。全局日均装车完成7129车，较1～4月日均多装192车，同比日均多装219车。

端午小长假（5月31日至6月2日），全局发送旅客98.5万人，同比增加7.7万人，增长8.5%。其中短途旅客发送53.7万人，同比增加10.1万人，增长231%。

中秋小长假（9月6日至8日），全局发送旅客98.16万人，较年计划日历进度多发送18.52万人，同比多发送9.56万人，增幅10.79%，创同期新高。期间，郑州铁路局加开高速铁路管内临时客车3列，直通至上海的临时客车3列。9月6日，郑州火车东站单日发送旅客28697人次，再次刷新单日发送人纪录。

“十一”黄金周（10月1日至7日），郑州铁路局发送旅客267.76万人，同比多发送12.96万人，增幅5.09%，创同期最高纪录；运输进款累计完成56055万元，同比多收入1871万元，增幅3.45%。其中客票进款完成15044万元，同比多收入1333万元，增幅9.72%；日均装车完成7133车，较前三个季度日均多装197车。郑州火车东站9月30日至10月7日累计发送旅客179万人，同比增加4.8万人，增长36.6%；郑州火车车站节日期间单日最高客流突破20万人。

【列车调图及首开至广深“Z”字头列车】 2014年7月1日零时起，全国铁路实行新的列车运行图，全国铁路增开旅客列车605对，其中动车组53对。运行图调整后，全国铁路开行旅客列车总数2447对，其中动车组1330对。调图涉及郑州铁路局多趟旅客列车：新增开通旅客列车7对；京广高铁铁路郑州至北京西间、郑西高速铁路、石太客运专列部分列车改车次、改始发终到站125对；停运直通旅客列车4对；直通动车组改周末线8对；安排高速铁路直通高峰线11对，其中高峰线为暑运、春运、节假日开行的列车。新图实施后，郑州铁路局开行郑州至成都的D2201次列车、郑州东至桂林的G425次列车实现半日至华南、一日至西南。郑州东至北京西的高速铁路列车由45列增至54列，相当于23分钟就有一趟列车开往北京，实现郑州与北京间高速铁路列车的公交化开行。7月1日，调图首日，全局始发客车84列，运行客车528列，正点率均达100%。旅客发送人完成28.94万人次，较计划多发送2.39万人次。

12月10日零时，全国铁路再次调图。郑州铁路局首次开行郑州至广州、深圳两趟“Z”字头直达特快列车。车次等级提升后，票价不变，旅客乘坐更舒适，列车运行速度更快。此次调图中，郑州铁路局新增旅客列车17对，变更运行区间旅客列车9.5对，改经由旅客列车16对，改等级、改车次28.5对，停运0.5对，货车提速方案同时优化。

【首趟郑欧国际集装箱返程班列抵郑】 2月8日，从德国汉堡驶出的郑欧集装箱班列返程列车，历时25天、行程10399公里，抵达郑州铁路集装箱中心站，这是2013年7月18日郑欧班列开行以来的首趟返程班列，也是全国第二趟、货物运输改革后首趟从欧洲到中国的返程班列。返程列车1月14日从德国汉堡站发车，经波兰、白俄罗斯、俄罗斯、哈萨克斯坦，2月2日从二连浩特口岸入境，8日抵达郑州铁路集装箱中心站，全程10399公里。返程列车上装载41个集装箱，货物来自欧洲的汽车原配件和动车、高速铁路钢板等货物。期间，郑州铁路局加强返程班列运输组织，强化与中国铁路总公司运输局的联系沟通，入境时与地方政府和郑州陆港集团公司人员专程到呼和浩特铁路局对接，入境后指定专人做好盯控和信息预报工作，严密班列运行线路铺画、组织，保证班列顺利、按期到达。首趟郑欧返程班列开行，实现重去重回“循环化”运输目标，打破了国内进口货物的物流格局，凸显了郑州作为“丝绸之路经济带”重要桥头堡的战略位置，为打造丝绸之路经济带郑欧铁路物流通道、开好“中欧快线”奠定了基础。

【第100列中欧班列开行】 2014年8月1日，一列满载货物的班列从郑州铁路集装箱中心站出发前往德国汉堡，当天由中国铁路总公司组织的2014年第100列中欧班列开行仪式在郑州举行。2011年3月19日，首列中欧班列（重庆至杜伊斯堡）开行后，成都、郑州、武汉、苏州等城市陆续开行。至2014年8月1日，全国各地开往欧洲集装箱班列累计达239列。从郑州开行的第100列中欧班列编组41辆，货源来自广东省、浙江省、江苏省等20个省份，有电子、轻纺、汽车配件、机电设备、机器人等，货重600吨，货值1000万美元。2014年，郑州至汉堡线开行列车占全国铁路总量的近30%，省外货源占总发货量的70%，货源覆盖地超全国半数省、直辖市，居全国去往欧洲集装箱班列首位。8月1日起，全国开往欧洲的集装箱班列统一更名为中欧班列。

【京广铁路新黄河桥投入使用】 5月16日6时50分至11时20分，历时270分钟的京广铁路线新黄河桥拨接及同步进行信号联锁闭塞等施工完成。12时，22222次列车由南向北通过郑焦城际黄河铁路大桥，标志着已经服役54年的郑州黄河铁路大桥正式退役,京广铁路新黄河特大桥正式启用。新的郑焦城际铁路黄河大桥是郑焦城际铁路和改建京广铁路跨越黄河的共用四线铁路特大桥。大桥主桥全长2200米，于2010年10月15日开工建设，2013年4月9日主桥贯通。该桥主桥为四线合建，东边两线为京广铁路线，西边两线为郑焦城际铁路，黄河上第一座也是唯一一座四线铁路桥梁具有规模大、结构新、施工难度大、科技含量高等特点。大桥开通后，将全面提高铁路应对汛期的能力，客运速度由老桥限速110公里/小时提升为160公里/小时，提升45%。

京广铁路线新黄河桥线路拨接同时，同步进行广武至忠义区间ZPW-2000A自闭改造，广武、焦作火车东站信号联锁设备换装施工，南阳寨天桥及接触网硬横梁吊装等施工，涉及7个铁路局的LKJ基础数据换装。新黄河桥拨接启用后，取消老田庵、黄河南岸火车站。

期间，郑州铁路局以5月16日京广线铁路新黄河桥拨接施工为契机，开展“两桥三站看变化”新闻采访活动，中央电视台当天累计连线直播5次，播出新闻14条36分，《人民日报》《新华每日电讯》《工人日报》等媒体刊发稿件18篇，《河南日报》《东方今报》等媒体刊发头版头条14篇、头版32篇、整版56个。

【“中原货物快运”开行】 2014年9月19日10时37分，X577次“中原货物快运”列车从郑州火车北站始发，标志着郑州铁路局“中原货运快运”列车正式开行。首趟列车编组14辆，由12辆棚车、1辆行李车、1辆宿营车组成，装载包括“剑南春”酒和日常用品在内的9吨货物。按照中国铁路总公司“构建全国铁路零散货物快运网络，推出货物快运产品”的要求，至年末全路除青藏铁路公司外，17个铁路局均在郑州铁路局管辖区域内构建覆盖县市级城市以上的快运作业网络，共有货物快运作业站2222座，基本覆盖全国三等以上城市。郑州铁路局零散快运列车定名为“中原货物快运”，确定郑州火车北站为中心站，按照地级城市全覆盖、县级城镇基本覆盖的原则在全铁路局设作业站54座，开行K1、K2两对环线列车，均由郑州火车北站始发终到。K1线主要覆盖陇海、北焦柳、新月、新菏铁路线，全程1145公里；K2线主要覆盖京广、西陇海、南焦柳铁路线，全程1208公里，每个环线均双方向开行。郑州铁路局组建“中原快货台”，按照“有货作业、无货通过”原则，实行客车化模式，最高时速120公里。列车车底采用“棚车+行李车+宿营车+工具车+棚车”的方式编组，实行“六固定”,即固定车次、固定编组、固定运行区段、固定机车牵引、固定站台作业、固定停车位置。价格按照覆盖铁路变动成本的原则，贴近公路市场价格，每旬调整一次快运价格，按实重收费。列车货运受理不受重量、体积、件数、批量等限制，除禁止运输货物外，其他货物敞开受理，提供中原货物快运列车覆盖区域内以及与全国各地之间的门到门、站到站综合物流服务。货主可以就近选择任意站办理，也可以通过12306电话或12306网站办理，做到首问负责，直接受理，敞开受理。货物快运分为零散货物快运和批量货物快运。郑州铁路局自9月19日起，依次开行K1顺、K2顺两趟环线列车和K1逆向环线列车。11月1日，开始办理批量零散货物快运。10月19日，中原货物快运开行满月，累计发运货物7217.8吨，特别是10月15日至19日，列车发送量达到日均1107.8吨。至2014年年末，零散货物快运开行104天，完成3331811件、日均32036.6件，发送157450.9吨、日均1514吨；批量快运开行61天，累计完成692车、日均11车，发送25905吨、日均424.7吨。

【“大包”物流业务实现“零突破”】 2014年4月3日，2500吨石英砂到达新密火车站，并将通过汽车运至郑州远东耐火材料有限公司。这批货物经由海运、铁路、公路三种运输方式，历时半个月，从海南省落地新密市，标志着郑州铁路局承揽大客户物流外包业务实现“零突破”。2014年，郑州铁路局把鼓励和支持各单位承揽大客户物流整体外包业务作为全程物流发展的重要突破口，进一步加快深化货运体制改革，提升铁路货运服务能力。铁路承揽大客户物流外包业务是指铁路企业利用铁路运输网络、场站、信息等资源优势，以合同的方式承接企业大客户部分或全部物流外包业务，在运输服务基础上，为大客户提供定制化的运输、仓储、流通加工、配送、信息服务等全方位物流解决方案。铁路企业通过参加企业物流外包项目投标或通过业务洽谈，以合同方式向大客户提供定制化的物流增值服务，按合同规定的服务内容，核收服务费用。全局龙门车务段、新乡车务段和新密车站3个站段办理石油焦、面粉、石英砂、耐火材料等品类的物流外包业务。为确保远东耐火材料有限公司每年1.5万吨石英砂运输需求，郑州铁路局与新密火车站一道，量身制定全程物流方案，通过与地方交通运输集团公司、连云港物流公司等企业签订的物流合作框架协议，实现在公路、海运、铁路运输无缝对接、优势互补、互利共赢。郑州铁路局派员亲赴海南省，完成装箱、装船任务，货物由海口港装船至连云港卸船，再换装火车，经陇海铁路线转京广铁路线运至新密火车站，再用汽车送达远东耐火材料公司。首单全程物流的成功产生示范效应，当日，又有5家企业与郑州铁路局签订大包物流项目。2014年，全局开展大客户物流外包项目11个，其中完成项目2个，正在实施项目6个，意向项目3个；共计发送1248车、7.77万吨。

【跨铁路局旅客列车告别“绿皮时代”】 2014年6月30日，郑州铁路局唯一一趟跨局直通绿皮客车、郑州至温州2194次驶出郑州火车站，踏上其最后一次旅途。从7月1日起，该车更换为红色空调车，车次变更为K1240次。河南省是全国劳动力输出大省，外出务工人口的大量输出，90%以上依靠铁路运输，而“绿皮车”以其停靠站点多和价格低廉的优势，备受低收入群体青睐。随着生活水平的提高，依靠燃煤来保证车厢供水取暖的“绿皮车”已不能满足大众出行的需求。更换车体后的K1240次列车在运行速度提高的基础上，运行路线不变，停靠站点不变，全程停站21站，总程1496公里。升级后的列车在空调、备品等硬件设施上均有较大改善。

【郑州铁路局集装箱跨境运输】 2014年8月16日，郑州铁路局开行首趟前往中亚的81899次集装箱班列从洛阳火车东站发出。这是继中欧班列（郑州至汉堡）之后，郑州铁路局集装箱跨境运输的又一突破。装载中国第一拖拉机股份有限公司生产的100台“东方红”牌拖拉机集装箱班列经由阿拉山口出关，前往中亚的乌兹别克斯坦。为了保证运输质量，郑州铁路局专业技术人员将10吨重的履带式拖拉机进行解体，分为主机、铲刀、配件三部分，并列出3套装车方案。同时利用自有车辆把空箱运往公司厂区就地装箱，指导装车加固，为客户节省二次搬运和加固费用。7月，该公司与洛阳火车东站签署铁路运输协议，8月13日59个集装箱装箱完毕，14日报关、验箱、施封，15日完成车辆集结、配送和车次、发车时间，16日首趟班列发出，为客户节省成本20余万元，也为铁路增加货运收入110万元。

【20趟棉农专列赴疆】 2014年8月25日，商丘开往奎屯的L29次棉农专列驶离商丘火车站，拉开河南省进疆棉农铁路运输的序幕。25日起郑州铁路局在郑州、商丘、宁陵、许昌、新乡陆续开行20趟棉农专列，方便采棉工出行。2014年，新疆采棉工需求较往年有所增加。为充分挖掘运能，路局充分利用乌鲁木齐“内高班”返校运输时机，与其他铁践局协调沟通，借用车体运送棉农。同时，组织300余名临时乘务人员组建10个临客班组，担当部分棉农专列的乘务任务。郑州客运段餐车工作人员根据河南省采棉工饮食习惯，准备物美价廉的面条、盒饭确保采棉工吃饱吃好。首趟棉农专列开行当天，新华社、中央电视台记者跟车采访，新华社以《全国首趟赴疆棉农专列从商丘开出》为题刊发1文3图新闻通稿，9月3日中央电视台《聚焦三农》栏目刊播《又是一年采棉季节，棉农出行需错峰》，《河南日报》等媒体分别以专版、专题的方式刊发。

【全国铁路首家跨铁路局高速铁路物流快递启动】 11月28日5时15分，搭载13批300多件快递包裹的DJ902次动检高速铁路列车从郑州火车东站启动，发往北京，标志全国铁路首家跨铁路局高速铁路物流快递业务正式启动。全国铁路货运改革后，郑州铁路局物流公司实施“强强联合、合作共赢”营销战略，与中国邮政速递物流公司、豫铁快运物流公司等大型物流企业建立长期合作关系。为了打造高速铁路物流品牌，中国邮政速递物流公司将目光瞄向每天凌晨从郑州火车东站开往北京西的首趟动检确认车，利用动检车空载的运能资源，做大做强高速铁路快递业务。高速铁路物流快递列车每天5时15分从郑州火车东站开车，8时07分到达北京西站，货物到达后，地方快递及物流公司负责接车派送，快件当天送达客户手中。同时，每天凌晨北京开往郑州火车东站的DJ901次高速铁路物流快递列车同时开行。在货运承揽环节，物流公司在郑州火车东站专门设立高速铁路物流服务部，充分利用遍布河南省各地、市的300多个客票代售点接收快件。全年共发、到货物6287批，总计74380公斤。

【郑州铁路局启用河南省社会保障卡】 2014年12月11日，郑州铁路局首个社会保障卡服务窗口揭牌仪式在郑州市举行。郑州铁路局总会计师王国强、河南省人力资源和社会保障厅副厅长贾宏伟为仪式揭牌。河南省电子政务中心、河南省医疗保险中心有关负责人出席仪式。按照河南省政府、河南省人力资源和社会保障厅关于更换“社会保障一卡通”工作要求，郑州铁路局作为全省行业单位中第一家启用社保卡的企业，及时更新软、硬件平台，改进社会保险软件，实现河南省人力资源和社会保障厅读卡器、密钥卡对郑州铁路局老医保卡的兼容。扩容改造机房，增加8Gb光纤存储交换机、光纤存储阵列等设备。提高管理服务能力，建立郑州铁路局社保卡服务窗口，负责社保卡申领、发放、挂失、解挂等；开发购置社保卡自助查询机，放置在社保卡服务窗口和人员集中的定点医院和药店；开发社保卡手机查询APP软件，实现手机查询各项社会保障信息；开通铁路“12333”社会保障专用电话；申请郑州铁路局社会保障处微信公众号，通过微信发布社会保障的政策法规以及相关信息；开发在院人员信息查询平台，通过手机查询各医院在院人员，同步显示照片、身份证号、入院时间、年度住院次数、疾病名称、统筹支付、大额支付等信息。同时，配合数据采集公司、公安系统比对参加保障信息22万余条，形成数据采集表由职工本人签认，上传河南省人力资源和社会保障厅电子政务中心卡管平台进行制卡。至年末，制卡22万张，分12批次向各单位发放、记名签收。

【职工保障性住房项目铁道·东风花园、长治佳苑竣工】 2014年9月26日、11月6日，郑州铁路局职工保障性住房项目铁道·东风花园、长治佳苑住宅小区分别竣工。铁道·东风花园位于金水区沙口路以东、东风路以北，是郑州铁路局重点棚户区改造项目，项目新建5栋28层高层住宅，其中4号楼东单元26层、西单元28层，总户数1112户，总建筑面积118925.77平方米。铁道·长治佳苑是郑州铁路局在长治地区首项保障性住房建设项目，位于山西省长治市站前路西侧，长治火车站南北两侧，于2012年3月1日开工，占地面积20468.7平方米，规划建筑面积76694.74平方米，住宅建筑面积64456.45平方米，共4栋楼、766户。

【“体验河之南”铁旅跨铁路局合作交流启动】 2014年4月13日，中国铁旅联盟全路18个铁路局所属旅游集团（公司）负责人会聚郑州，举办“体验河之南”中国铁旅联盟跨铁路局合作交流暨河南旅游精品线路推介活动。由河南省旅游局、中国铁旅联盟、河南报业集团公司多方联手的“体验河之南”活动是一项贯穿全年、惠及民生的幸福工程，其中设有百万门票大派送、“微视”竞拍免费游河南、河南百佳摄影作品评选等一系列项目，让利价值超千万元，以吸引更多游客到河南省感受中原文化，体验名山秀水。

【郑州铁路局“双微”网络平台上线运行】 2014年4月8日，郑州铁路局“双微”（微博、微信）网络平台测试版正式上线运行。按照中国铁路总公司关于利用“双微”网络平台开展公众服务的要求，郑州铁路局经过一个月的功能设计、软件研发和调试运行，优化整合郑州铁路局官方微博、微信，精心打造集沟通网友、开展营销、服务公众为一体的“双微”网络服务平台。郑州铁路局官方微信开设出行资讯、货运资讯、综合服务三个板块，包含最新动态、余票查询、列车动态、候车资讯、列车时刻、运费查询、失物招领、官方网站、郑铁微视等12个公众自助栏目。“双微”平台全天候分时分栏发布运力信息、票务信息等各类铁路动态资讯及客流预测、购票攻略、天气情况、失物招领等实用信息，日均发布资讯60余条，满足社会大众获取铁路资讯需要。全年，刊发网宣重点稿件13858篇，郑州铁路局“双微”平台“粉丝”494万，位居全国铁路各铁路局第一。郑州铁路局官方微信获“腾讯河南政务微信最具传播力奖”，郑州铁路局新浪微博获“河南十大政务微博影响力奖”，郑州铁路局腾讯微博获“腾讯河南政务微博最具传播力奖”“腾讯河南政务微博十大影响奖力”“腾讯2014华中政务微博影响力奖”。

【郑州铁路局“年度新闻人物”评选网站上线运行】 2014年8月5日，郑州铁路局“星耀家园·年度新闻人物”评选网站正式上线运行，为全局干部职工参与评选、推荐先进、争当典型开辟了新渠道。评选按照“层层推选、热点轮动”的展播原则，采取“文字+图片+视频+链接”的宣传方式，立体化、全景式展播候选人物事迹，做到一键浏览、全面展示。活动还首次与郑州铁路局官方微博、微信联动，为每名候选人开设个人微信频道及微博分享按钮，开通“网友留言”专区和“星耀家园·年度新闻人物”排行魅力榜，实现手机在线分享、转播、点赞、评论及候选人积分实时刷新、查询等功能，方便干部职工、家属、“铁粉”和社会各界在线参与互动，分享评选感受，放大典型影响和宣传效应。至2014年末，通过开设以专题评选网站、“双微”推介等方式，先后制作14期网络专题；中原铁道报社、郑州铁路局有线电视台等同步开辟专栏专刊，全方位、多角度展示候选人风采；网友浏览、微博分享、微信点赞、网上留言366万余人次；收到单位投票1049票，评委会成员部门投票538票、微信投票19.8372万票。经过网站公示、电视评选晚会和专家评审会，年末评选揭晓20名年度新闻人物。

（张蕾）

郑州客运段

【概况】 郑州客运段担当东到上海、厦门、福州、宁波、温州、青岛，西至乌鲁木齐、成都、重庆、银川、太原，北抵北京、哈尔滨，南达广州、深圳、湛江、昆明等方向的44对普速旅客列车,郑州至北京西、上海虹桥、西安北、太原、济南、广州、深圳等方向23.5对高速铁路动车组及郑州至开封方向的6.5对城际列车的乘务工作任务。担当的旅客列车形成连接东西、贯通南北的旅客运输网络，乘务区段纵横28个省、市、自治区，固定乘务里程928149千辆公里，年运输能力约7572万人，旅客运输规模和能力居全国铁路前列。机关位于二马路80号，下属各客运车队分别位于郑州五里堡客整场、洛阳市西工区史家屯客技站、新乡市卫滨区铁西路14号。

2014年7月，成银车队易名为银川车队。2014年年末，郑州客运段设行政科室10个：办公室、安全科、乘务科、路风监察科、职工教育科、信息技术科、收入统计科、财务科、劳动人事科(党委干部科)、武装保卫科。下属客运车队25个：高速铁路一队、高速铁路二队、北京一队、北京二队、北京三队、京九车队、上海一队、上海二队、广州一队、广州二队、昆明车队、哈尔滨车队、湛江车队、乌鲁木齐特车队、乌鲁木齐快车队、成都车队、深圳青车队、厦门车队、银川车队、福州车队、温州车队、太原车队、杭宁车队、杭州车队、重庆车队；车间5个：郑州运转车间、洛阳运转车间、后勤供应车间、旅行服务车间、洗涤车间；公司1家：劳动服务公司（集体经济管理办公室）。有班组272个，其中客运乘务班组234个、车下班组38个。党群组织设党委、纪委、工会、团委，下设党群工作办公室。有党总支32个，党支部232个，值乘党支部169个；工支会31个，工会小组218个；团总支5个，团支部18个。

2014年年末，职工总数7114人。其中：女职工2278人；管理人员422人、列车长442人；共产党员2771人，共青团员46人。文化程度：硕士研究生学历12人、本科学历361人、大专学历1367人、中专学及技校学历909人、高中及以下学历4465人。干部技术职务：高级7人、中级48人、初级137人。工人技术等级：高级技师1人、技师28人、高级工332人、中级工3612人、初级工2795人。另有其他从业人员（集体工）901人。

【主要技术设备】 2014年年末，郑州客运段有机械设备132台，其中剪冲设备2台、锅炉4台、装载机2台、洗涤设备74台、客货电梯7部、汽车43辆，电气设备543台。固定资产总额13329万元。

【客运乘务】 2014年，郑州客运段牢固树立“以服务为宗旨、待旅客如亲人”服务理念，继续按照“安全出行、方便出行、温馨出行”常态化要求，抓好服务质量、作业标准，完成旅客运输任务。一是春节期间运输、暑节期间运输、旅游、军事运输任务圆满完成。2014年春节期间运输前，增开高速铁路动车4对、直通临时客车11对，运用25组车底，管内临时客车7对；节后增开高速铁路动车5对、直通临时客车21对，运用41组车底，管内临时客车10.5对。针对春节期间运输前、节后工作特点，早预想、早部署、早准备，从严、从细、从实抓好各环节，消灭各种责任事故。各次列车在严重超员情况下，确保列车内的基本服务。结合“清明”“端午”“五一”“十一”节日旅客运输，按照“安全有序，运送及时，服务优良”原则，对增开的直通临时客车、管内临时客车、旅游专列，提前部署，抓好乘务组织，做好交路安排，盯控临时客车整备。二是按照春节期间运输“安全出行、方便出行、温馨出行”目标，制订保障措施16项，努力提升铁路客运服务质量，实现旅客“三个出行”常态化。三是夯实基础管理，深化列车整治。依据郑州铁路局《关于进一步加大普速站车基础工作专项整治的通知》精神，深化普速列车专项整治活动成果，推进落实《铁路旅客运输服务质量规范》，明确“用机制换质量，用汗水换满意”的原则，确立“让标准成为习惯，使习惯符合标准”的质量管理目标，重点针对列车卫生、卧具备品、设施设备、人员素质、资料台账等进行集中整治和自查自验。四是精心筹划组织，列车调整图平稳过渡。针对“4·26”“7·1”、郑西高速铁路分号图以及“12·10”等多次调整图，及时下发调整图文件，制订详细的新旧图交替方案，细化措施，分工负责，要求涉及调整的车队提前对照调图文件对到开时刻、作业程序、票额分配、给水方案等进行学习培训，确保调整图实施平稳有序、万无一失。

【安全管理】 一是扎实推进安全管理规范化。在郑州铁路局《安全管理规范化实施办法》下发后，组织召开专题推进会，对管理规范化工作进行部署，制订工作推进计划，落实管理规范化现场会精神，对照管理规范化要求，结合自身实际，明确各岗位安全管理职责、管理标准和重点工作流程。二是完善日常检查监督机制。明确各级管理人员现场检查量化要求，确保监督检查覆盖所有生产环节。强化安全生产分析制度，从安全意识、安全管理、风险管理、技术管理、规章制度、干部履职、教育培训、应急处置等方面分析原因，吸取教训，逐一制订具有操作性的措施。三是开展劳动安全专项整治活动。采取教育与检查管理相结合的方法，组织专题案例教育和安全“红线”学习等相关内容，分阶段整治，强化劳动安全管理。至2014年年末，全段实现安全生产2804天，被郑州铁路局授予“安全标杆单位”荣誉称号。

【客运收入】 2014年，郑州客运段面对旅客实名制购票、车站封闭式管理、列车剩余卧铺回收等新情况，为增加票补任务，通过中层干部会向各车队提要求、压担子，责成收入科将票补任务科学分劈至各车队，对每月完不成任务的车队、班组进行考核。同时，深入挖潜，多渠道增运增收。通过科学调配乘务组双班男女比例，合理安排休息铺位等方法，最大限度挖掘剩余铺位；通过增加途中重点区段验票次数，为班组配备电子秤等办法堵塞收入漏洞；通过充分利用卧铺代席散、席位复用等增运增收；通过争取政策支持，增加旅游专列、棉农专列等临时客运列车开行数量完成运输指标。2014年，全段完成运输收入22407万元，提前55天完成全年收入任务。

【路风建设】 一是加强动态检查。成立4个分线检查组、1个流动检查组、1个旅服专业组，不间断对安全、路风等工作进行全面的动态监管。1分线检查组和专业检查组每周3到4天时间上线检查，每个检查组每周检查列车42趟次左右，以远区段检查27趟次左右，实现同一列车不同时间、不同区段、以远、以近均有检查组检查，提高列车受检频率。二是加强重点管理，做到每日提醒、每周警示、重点通报并制订相关措施，防止同一问题重复发生，达到良好效果。三是狠抓日常教育，开展车长、副车长、主列、列车补票员等重点岗位人员“谈话教育”，主要采取“一对一”谈话和“面对面”谈话的形式，在春节期间运输、暑假期间运输、长假等关键时段，提前进行路风谈话，重点提醒教育，将历年来春节期间运输所发生的临时乘务人员粗暴待客的案例进行分析讲解，基本做到一人不漏。制定段路风“红线”：严禁为旅客代办车票收取好处费，为旅行团体代办车票提供方便获取不当利益；严禁收钱不补票、收长途钱补短途票；严禁倒卖车票或为倒卖车票提供便利；严禁私带无票人员、货物，违规安排越席及其他不符合乘车条件人员；严禁违反售票纪律，利用售票、改签、退票等谋取私利；严禁接送无票人员、货物进出站；严禁打骂旅客或侵害旅客人身、财产权利；严禁刁难旅客，勒卡索要旅客财物；严禁违规贩运香烟或其他禁运、限运物品；严禁违规收取或变相收取不合理费用，私进商品、餐料，出售假冒伪劣商品，采取强制、误导、诱导、搭售等手段侵害旅客利益，确保路风稳定。至11月24日，实现无路风事件10周年，至2014年年末实现无路风事件3687天，并获郑州铁路局“路风工作先进单位”称号。

【职工培训】 2014年，全段举办脱产培训班1168期、35913人次；业余培训班1018期、46719人次。一是夯实职业教育管理基础，以职业教育专项检查为契机，以职业教育考核评估机制为切入点，强化职工教育激励约束机制。二是大力推进基地建设，建立郑州铁路局唯一的客运乘务培训基地。在2014年郑州铁路局培训基地星级达标复审验收中，培训基地顺利通过验收，被命名为郑州铁局首批4个四星级职工培训基地之一。三是建设过硬的师资队伍。2014年，举办首次兼职教师选拔聘用暨职教技能竞赛活动，选拔出一批优秀兼职教师，修订《郑州客运段兼职教师管理办法》，通过提高津贴标准等方式提高兼职教师待遇，同时按照优胜劣汰原则动态优化师资库。在2014年郑州铁路局职业教育系统练功比武大赛中，获得团体总分第四名，兼职教师韩小会夺得站段实作教学组第一名，受到郑州铁路局通报表扬。

【旅客服务管理】 围绕列车食品安全，查漏洞、找差距，开展食品安全专项整治活动。定期对餐车进行检查，盯死关键线路、关键列车、关键环节、关键岗位、关键人员，查找安全隐患，确保餐车安全工作不出现任何问题。规范餐车经营，严格餐车供应餐饭明码标价、质价相符要求，确保菜品质量。同时，深化餐营改革，改进餐营管理方式，将列车商品、部分餐车餐菜、地面餐料加工及配送、（高速铁路）动车餐车经营进行委托经营，缓解列车餐菜销售的压力。全年客运段餐营销售收入9278.47万元，被郑州铁路局评为“食品安全先进单位”。

【后勤服务】 狠抓列车卧具洗涤质量，从基础工作入手，外看工作差距、内查自身实际，分析影响洗涤质量的原因，从细微起步找不足、细化标准促整改，源头治理抓好卧具洗涤，确保卧具干燥清洁，质量达标。2014年，客运段增加洗涤笼设备（隧道式自动化洗涤生产线），节省人工、水电、洗涤材料，洗涤质量进一步提高。制定卧具分类洗涤流程，根据不同卧具种类、品质制定卧具洗涤时间、温度，按时长控温洗涤。按洗涤量制定卧具洗涤投料标准及顺序以及漂洗遍数，并将流程标准张贴在每台洗衣机旁边，督促职工按标准洗涤。采取挑送制度，进行去污处理，制定去污卧具返洗制度，对去污后卧具指定专人返洗，保证质量。

【民生建设】 2014年，客运段坚持发展依靠职工、发展为了职工，上届职代会确立的十件实事全部得到落实。争取资金，对五里堡2号、3号楼进行整修，在新乡、洛阳修建精品食堂和浴室，在高速铁路乘务中心建立职工休闲驿站，在洗涤车间安装洗涤笼，有效改善职工生产和生活环境。落实“三不让”承诺，全年发放补助金279万元，救助2554人次。

（史媛媛）

郑州火车站

【概况】 郑州车站中心里程为京广线K676+153，技术性质为区段站,业务性质为客运站。管辖郑州客站、许昌东站、郑州南至小商桥11座中间站，管辖里程126.456公里（郑州站京广下行进站信号机至小商桥上行进站信号机间距离）。按车站等级分类，特等站1座：郑州客站；一等站2座：许昌站、许昌东站；二等站1座：新郑站；三等站6座：长葛站、临颍站、苏桥站、小李庄站、薛店站、郑州南站；四等站3座：谢庄站、官亭站、小商桥站。按车站业务性质分类：高速铁路站1座：许昌东站；货运营业站5座：郑州南站、小李庄站、薛店站、新郑站、苏桥站；客货运兼办理营业站3座：临颍站、许昌站、长葛站。机关位于二马路82号。

2014年，郑州车站设行政科室16个：行政办公室、计财科、劳人科（党委干部科）、技术科、安全科、教育科、收入科、客运科、货运科、经营管理办公室、服务质量监督科、综治办公室、电算站、服务中心、应急办公室（监控中心）、离退办公室；生产车间6个：客运车间、运转车间、售票车间、供水车间、行包车间、设备车间；经营实体2家：实业开发总公司、劳动服务公司。有生产班组44个。党群组织设党委、纪委、工会、团委，下设党群工作办公室。有直管党总支13个、党支部8个，班组党支部68个，党小组81个；车间工会15个，工会小组82个；团总支1个，团支部12个。

2014年年末，职工3332人。其中：女职工1161人；干部361名；共产党员1515人，共青团员96人。文化程度：研究生学历11人，本科学历287人，专科学历655人，中专学历354人，高中及以下学历2025人。干部技术职务：高级17人，中级62人，初级141人。工人技术等级：技师93人，高级工483人，中级工1303人，初级工826人。

【主要技术设备】 2014年郑州客站有客车到发线13条、道岔223组，零星车存车线5条，机车走行线2条。郑州客整所场区（I场）有到发线11条，道岔29组，其中11道未挂网。1～12道设48个双头上水栓，13道设24个单头上水栓。有候车厅13座，其中普通候车厅8座、软席母婴军人候车厅1座、旅行休闲厅1座、豪华休闲厅1座、东贵宾室1座、西贵宾室1座、二楼石头厅、将军厅。1至6厅共1.2万平方米，每厅2000平方米，候车能力1.09万人，7至8厅共2808平方米，每厅1404平方米，候车能力2553人。二楼软席、军人、重点旅客候车1118平方米，候车能力2553人。休闲厅290平方米，候车能力446人，豪华厅300平方米，候车能力273人。有站台7座。全站有“三品”检查仪25台，其中郑州站东进口6台、西进口4台、贵宾厅3台，1楼旅行休闲厅1台、行包车间3台，许昌东站3台，许昌站3台，长葛站、临颍站各1台。郑州站东售票大厅1920平方米，西售票大厅1540平方米。东售票厅自动售票机5台，自动取票机7台；西售票厅自动售取机10台。有人工售票窗口60个，其中东站房30个、西站房30个。客票代售点173处，其中人工窗口169个、自动售票机窗口4个。

【运输安全】 2014年，郑州火车站全面落实“三个共识”和“三个重中之重”要求，树立“三二二”风险理念，明确“变点”即是“险点”，盯紧防范现场作业“急、闯、迷”，突出“一刚一柔”安全管理理念，构建安全风险防控体系，强化基础管理，严格过程控制，确保车站运输安全持续稳定。一是以风险管理为引领，强化现场安全卡控。制定《郑州车站安全“高压线”和“红线”管理办法》，细化对97项危及安全关键性问题的处理，建立“连带追究”的关联岗位考核机制，实行“同岗连责、同班连责、干群连责”，提高班组长和相邻岗位对“两违”行为的监督、提醒和防止能力。将人员变化、设备变化、调图等六项内容作为“变点”卡控重点，细化“变点”卡控措施。明确接发列车作业、调车作业、施工等10大类45项安全关键点和安全卡控措施。印制11座中间站的安全风险技术手册，建立安全问题库系统，定期分析研判关键点控制情况，将郑州客站和11座中间站的作业环境和作业特点逐一分析，明确7项风险点，针对许昌东站高速铁路安全风险控制重点明确22项风险点，制订相应卡控措施。二是以“三化”建设为主线，风险管理成为新常态。把“三点共识”“三个重中之重”作为指导方向，制订郑州车站推进安全管理规范化建设实施方案《安全管理规范化实施办法》《关于对影响安全的突出问题实行深度分析的通知》，利用“日分析制度”、每周一大交班会等查找分析安全生产存在的关键性、倾向性问题。围绕管理规范化、作业标准化和检查整治常态化，健全管理职责，对车站领导班子成员、10个科室、6个车间、12座中间站、73个机关管理岗位、77个现场管理岗位的安全管理职责进行界定，将安全管理职责逐项梳理分解到各岗位。对相对复杂、多个部门协同、风险集中的工作建立图示化重点工作流程图，做到环环有监督、有互控、有追溯。制定车站“安全检查常态化实施办法”和“消防常态化检查办法”。2014年，检查发现问题1836件，其中下发管理通知书192份、现场作业通知书436份、其他整改问题1208件。三是以专项整治为手段，难点项目得到有效治理。开展七项专项整治，下发郑州车站2014年安全专项整治实施方案。建立高速铁路动车客车安全信息专项分析制度，修订“上道作业列车防护登记簿使用管理办法”，严格卡控道岔清扫、试风作业、调车等劳动安全关键风险点，重点核查上道作业防护“三率”数据。开展以防止调车作业人身伤害为主要内容的安全整治，在加强调车语音监听的同时，开展“铁鞋”专项整治，全面清理各中间站铁鞋数量、编号核对等。制订调车作业“三必须、三不准”安全卡控措施，开展调车安全“五个一”活动，进一步强化调车安全工作。制定郑州车站“消防安全常态化检查管理规定”，组织190人在高架第三候车厅举行消防疏散实战演练，下发安全检查通报8份，检查消防问题321件。在全站范围开展轨道电路分路不良专项整治，全站轨道电路分路不良区段由279处减少至249处。9月12日至10月22日，开展特种设备安全专项整治，制定郑州车站《关于开展特种设备安全专项整治活动的通知》《特种设备安全管理暨常态化检查办法》等，以确保高速铁路特种设备安全运用为重点，坚持“使用单位巡查、设备部门管理、检验单位把关、安全和技术设备部门监督”的管理体制。四是以阶段工作为重点，作业安全保持相对平稳。落实春节期间运输“三个出行”要求，开展“标准就是习惯，作业执行三办”安全专项活动，中间站开展“五个一”专项行动。制订郑州车站2014年防洪工作方案，以做实防洪前的准备、防控防洪隐患、高速铁路防洪检查、作业标准的落实等为重点，强化防洪基础和应急处置能力，卡控现场作业安全控制。加强对现场劳动防护用品使用和防暑降温措施的检查，修定《上道作业列车防护登记簿使用管理办法》。至2014年12月31日，车站实现安全生产7752天。

郑州火车站西广场

【运输生产任务】 （一）春节期间运输（1月16日至2月24日）共计40天，郑州火车站建立20天客票预售、重点列车预售等信息分析表。成立8个春节期间运输专项督导组，利用新开发的“网上干部考核系统”设立定量写实表，量化考核指标。针对互联网、电话订票占车站售票70%的实际，在东售票厅新增设8台自动取票机，并动态增开网络取票窗口，每天增派20名帮班职工和20名武警官兵加强进站口实名制验票、秩序维护和应急处置，在进站口设立“无障碍爱心通道”，抽调20名机关干部成立“机关党员先锋队”，协助当班职工做好引导服务。组织80名青年志愿者，随时为旅客提供咨询帮助。春节运输期间，全站发送旅客428.6万人、客票进款4.26亿元，同比分别增长10.8%、7.9%，创造连续20天发送10万人以上、单日发送13.6万人的成绩。（二）“清明”小长假（4月5日至7日）计3天，主要以探亲、旅游和中、短途学生流为主。发送旅客58.5万人，同比增长13.5%。“清明节”当天单日发送18.2万人。（三）“五一”小长假（4月30至5月3日）计4天，针对“牡丹花会”和“五一”小长假旅游拉动效应，深入分析客票预售情况，动态预测旅客发送量，优化临客及旅游列车开行方案，申请加开郑州铁路局管内临时客运列车，在东、西进站口各增加10名验证帮班人员。落实“售取分离”的要求，发挥“丹丹服务岗”“李克售票咨询台”等品牌服务优势，做好旅客咨询、引导和服务重点旅客等。郑州车站发送旅客61.2万人次，较2013年同比增长11%；其中5月1日发送旅客19.5万人次，完成客运收入1054.3万元，同期分别增长14.6%、35.6%，单日发送人数、客运收入均创历史新高。（四）暑假期间运输（7月1日至8月31日）计62天，客流以旅游观光、休假疗养、学生客流为主。客流主要集中在管内京广、陇海、焦柳和京广、郑西高速铁路等主要干线，流向集中在京沪杭、东北等主要旅游城市、风景名胜区。全站发送旅客694.4万人，同比增长11.9%。（五）“中秋”小长假（9月8日至10日）计3天，适时申请加开北京、上海、西安等方向8趟高速列车及直通临时客车，组织客运、技术设备部门对站内引导灯箱、标识等进行全面检查，加强客票系统软硬件的故障排查。针对小长假与“棉农”“军运”叠加，严格实名制验票及进疆、进藏旅客的二次复验。成立“中秋”小长假运输领导小组，下设假日办公室，实行24小时不间断值班，每日上报客流、安全、投诉、舆情等动态信息。期间发送旅客51.3万人，同比增长9.3%。（六）“十一”黄金周（10月1日至7日）计7天，客流以中长途旅游、探亲旅客为主，外出和返程时间较为集中，车站申请增开23趟临时客车，并在东广场进站口南侧实名制验票亭处增设6个人工互联网换票窗口。期间发送旅客98.4万人，同比增长4.2%；完成客运收入5188万元，同比增长2.5%。其中，10月1日发送旅客18.8万，较2013年同期增长4.8%，创单日发送旅客新高。全年郑州火车站完成运输收入46.14亿元，同比增长5.3%；旅客发送3857.03万人，同比增长7.9%；发送货物446.7万吨，同比减少19.0%。

【列车调图】 2014年7月1日新客车运行图实施后，郑州火车站增开直通旅客列车2对，京广高速铁路郑州至北京西间、郑西高速铁路、石太客运专线部分列车改车次、改始发终到站5对，变更运行区段1对，直通旅客列车改经由3对，直通旅客列车改等级3.5对，停运直通旅客列车3对，直通动车组改周末线4对，安排高速铁路直通高峰线1列，直通旅客列车在部分枢纽经路调整3对。新客车运行图实施后，郑州火车站图定运能日均4.6万张，较调图前减少3526张。郑州火车站日均图定列车157对/314列，减少5对/10列，日均图定动车组34对/68列，其中办理客运业务动车组31对/62列，和原图持平。车次变更、改变经由、停运、调整运行时刻及新增列车合计184列。12月10日新图实施，郑州火车站办理客运（不含动检车、特快行邮及回空动车组）图定旅客列车作业313列，其中始发47列、终到46列、通过220列。办理高速铁路、动车组、城际列车计63列。新增旅客列车7.5对，旅客列车改经由、变更运行区段、改车次、改等级等8对，变更运行区段2对，改经由9.5对，改等级、改车次21对。新图调整后，车站办理“Z”字客运业务列车22对/44列。其中始发终到列车2对/4列，通过列车20对/40列（“T”字头改“Z”字头19对，新增1对）。停点6分钟列车26列，6分钟以上列车14列。郑州站图定运能日均4.5万张，较2014年10月8日调图后运能增加3420张左右，与2014年7月1日调图后比较基本持平。郑州站增加郑开城际线动车组1对/2列。

【客运服务】 一是确保客运安全有序可控。贯彻“三二二”安全风险理念，制订客运系统“三办”“两立即”“两处置”细化措施，全面涵盖车站进口堵塞、大面积停电等14种非常情况及主要处置程序；修订完善涉及大客流、列车大面积晚点、恶劣天气等14种非正常情况下的客运应急预案，先后多次开展全站客运系统应急演练。依据“目标明确、方案可行、推进有序”原则，开展行包运输专项整治、职工劳动安全专项整治、安全生产月、暑期旅客安全专项整治、客运系统“六打六治”、普速车站专项整治等客运安全专项整治活动。二是确保非常时期组织有序。细化各时期客运组织方案，开展客流调查和客流需求分析，协调临客开行方案，对关键时段、关键车次进行重点盯控。2014年新兵运输与“中秋”小长假、“十一”黄金周交织重叠，郑州火车站设置购票专口、开辟专用候车厅，落实军事运输优先服务。三是提升客运服务质量。改善客服设备设施，完成候车厅中通廊空调系统、候车厅站台导向系统改造，客运休息室改造；重新粉刷候车厅，升级改造卫生间，打造“一室两间”精品服务设施；制作实名制验证台，在候车厅门口增设28块液晶显示屏用于显示车次分布信息；增设东票厅自动售（取）票机12台。完善引导自助服务，更新制作南、北地道东、西出站引导标识70余处，墙面灯箱引导25处；更新全站旅客服务区卫生间标识标识29处；新增出站口红、蓝票引导地标11处，高站台安全乘降、关键地点安全提示200余处，更新车站平面示意图及候车厅分布示意图2处，基本实现对旅客无声化引导服务。创建品牌温馨服务，打造郑州火车站“丹丹服务岗”“李克售票服务台”“玉琴售票服务窗口”“两台一口”客运服务品牌；优化设立重点旅客接待区和辅助设施摆放区“两区”；组建丹丹流动服务团队，在候车厅公布“丹丹服务岗”电话，实现站内重点旅客服务的无缝衔接；制定郑州车站重点旅客服务流程，设置进站“绿色通道”，开辟重点旅客候车专区，提供购票、进站、候车、乘降“一条龙”式温馨服务。在软席、军人、母婴候车厅设立相对隐蔽、环境温馨的母婴哺乳区，购置儿童游乐设备，开辟“儿童乐园”。

【客运服务平台建设】 （一）“丹丹服务岗”是郑州火车站以服务明星梁丹丹名字命名的一支客运服务团队，于2014年1月16日春节运输期间首日成立。服务岗配备4台计算机，分别联接郑州火车站局域网和互联网，通过服务岗上方的显示屏，为旅客提供列车正晚点信息查询、候车厅位置查询、12306余票信息查询和公共信息查询。开通内部电话，加强与值班站长室、广播室、售票值班主任窗口等岗位的联系与沟通。开通服务热线电话68352222，接受旅客的咨询、求助以及重点旅客预约。设立重点旅客接待区和辅助设施摆放区，在重点旅客接待区内实现老、幼、病、残、孕等重点旅客的“坐式服务接待”，在辅助设施摆放区内配备轮椅、担架以及其他服务备品，集中摆放展示，方便重点旅客选择使用。以“有困难找丹丹”为服务口号，开展重点旅客服务、重点旅客预约、广播寻人帮助、出行信息咨询、旅客候车引导等便民利民服务措施。全年服务重点旅客2.5万余人，其中利用轮椅、担架接送重点旅客1560人；收到表扬信35封、锦旗6面，被郑州火车站授予2014年路风建设先进集体称号。

（二）“玉琴服务窗口”是以郑州火车站售票服务明星郝玉琴名字命名的团队，于2014年成立，服务窗口位于郑州火车站西票厅30号，有职工4人，实行轮班制，每班2名职工。“玉琴服务窗口”落实“四声”服务法、“四情”工作法，帮助重点旅客购票，接待旅客购票咨询，引导旅客购票取票，并承担西售票厅自动售取机的维护，每天接待旅客咨询1200余人次。2014年帮助重点旅客1000余人次，收到旅客表扬信100余封。

（三）“李克售票服务台”成立于2012年，是以郑州火车站售票服务明星“李克”名字命名的售票服务团队。服务台位于郑州火车站东售票厅，有职工4名，实行轮班制，每班2名职工。“李克售票服务台”坚持“窗口有距离，服务零距离”服务理念，践行“以服务为宗旨，待旅客如亲人”的服务承诺，坚持“多巡视能够及时发现需要帮助的旅客，多问候能够拉近与旅客的距离、从情感上贴近旅客，多宣传能够使旅客感受到郑州火车站对他们的真心关怀、真情服务”的“三多”服务法。2014年帮助重点旅客2000余人次，收到表扬信200多封，锦旗30多面。

（四）“香荷服务台”是高速铁路许昌东站借鉴“莲城许昌、荷花文化”的城市精神，提出“以人为本，旅客至上，香荷服务，与您同步”服务理念，推出的含有24小时“香荷”服务热线以及行程规划、票务咨询、重点帮扶于一体的综合服务台。向社会开通“香荷”服务热线电话6060000，以“热线零时段、沟通零障碍、服务零距离、工作零差错”为标准，提供查询车次、票价、列车正晚点信息、剩余票额等与旅行相关的各类事项。在全市公开招聘8名形象好、气质佳的大学毕业生作为热线电话服务员，配备对讲机3部，坚持热线电话24小时不“掉线”。建立“香荷”热线电话服务记录卡、服务接力手册，在客运、售票等部门设置专人负责热线电话服务接续工作。提出“联动服务”法，与郑州火车站“丹丹服务岗”等服务品牌联手，形成站与站、站与车之间的无缝连接，做到重点旅客出行有人送、到站有人接。推出“香荷流动服务”，使用一辆流动服务车放置基本服务工具，配备多种便民服务工具，在候车区流动，主动寻找需要帮助的旅客。“香荷服务台”成立以来，党员、职工累计服务出行旅客5.3万余次，对重点旅客提供各类帮助3200余次，收到锦旗127面，表扬信257封，中国铁路总公司转表扬信12封。2014年获郑州铁路局“春运优秀党员便民服务台”和“全局党内优质品牌”荣誉称号。

【路风建设】　制定并下发“郑州车站2014年春运路风禁令”警示卡3000份到岗位，提出“什么绝对不能干，干了怎么处罚”等卡控范围及处理标准，全站售票岗位职工签订2014年度“严肃售票纪律，提升服务质量”保证书，将路风建设纳入党风廉政建设责任制、社会主义劳动竞赛和机关经济责任考核。筛选出影响服务质量的10大关键点，将卫生保洁、中通廊商柜摆放、客运设备运行情况作为巡视检查的关键区域。全年检查主业售票窗口110余次（含客运中间站）、客票代售点40余次（含郊县）、经营网点100余次、客运服务岗位110余次，发现问题220余件，下发通报11期、专题通报1期。在客站14处重点岗位的显著位置公布路风投诉电话，安排专人值守郑州火车站路风投诉电话，避免旅客投诉升级。对货运中间站开展季度重点岗位货主满意度测评活动，全年测评3次，发放问卷210份；郑州火车站回复意见、建议232条，处理化解有效投诉42个。下发“关于开展规范‘门到门’运输路风专项检查的通知”，明确指标任务，指定专人负责，公示投票流程，精心组织推进。

【货运营销】　至2014年11月末，全站完成装车66831车、发送413.1万吨、货运收入49940.7万元；完成停时30.4小时，较年计划压缩3.6小时，同比增加0.4小时。一是落实标准化作业程序，严格卡控装载加固质量。投入300余万元，新增轨道衡1台、汽车衡4台、平台称16台、勾头称1台、轮重测重仪13台。利用动态轨道衡检测仪及超偏载检测装置，进行车车过衡检测，对未配备计量衡器的中间站执行利用轮重测定仪执行“每月不少于3次，每次不少于3车”的检测制度。全年现场巡视检查650余天次，发现、整改问题450余件，管内未发生超偏载状况。全年装载500米长钢轨8列288车、军运物资425车，未发生装载质量问题。制定《郑州火车站危险货物运输管理办法》，开展“危险货物运输安全卡控专项整治”等活动，完善《货装系统作业流程作业标准及货运作业指导书》，下发《郑州火车站货运计量安全检测监控设备管理办法》《中原货物快运作业组织办法》等，开展标准化作业“对标达标”活动。全面推行“日检查、旬分析、月总结、季评估、月考核”安全管理评价体系建设，开展“货物装载加固和危险货物运输安全专项整治”活动。二是动态关注车站管内5家重点客户产、运、销信息，按月统计企业产量和公铁运量，每日召开生产对话会。9月19日，开行“中原货物快运”列车。稳步推进承揽大客户物流外包业务，全年实施项目1个、意向项目1个。抓好管内许昌、长葛、新郑国家移库粮接卸等重点卸车任务，设立郑州火车站货运营销中心和许昌火车站货运营销分中心，对外公布客户服务电话0371-68353192、0374-2593598，设立客户接待室、大客户档案室。在货运营业厅设立营销服务窗口安排专人负责客户服务工作，升级12306电商系统，实现空箱及配箱100%上网。采取“取消订车、敞开受理、一口报价”和“一口价新管内、新直通”等货运改革新举措，参加客户经理培训班、货运服务质量培训班及装卸管理人员培训班等，开展职工职业技能竞赛等形式，提升装卸管理与作业人员的安全意识和业务技能。

【职业教育培训】 2014年，郑州火车站采取一线选拔、组织推荐、标兵优先等方式推行高级职称预备考试，全年报考98人，58人取得高预备资格。采取“统一部署集中学、多种途径补强学、改进方法互动学”的方式，适时开展春节运输期间知识培训、行车主要工种等关键岗位防洪培训、劳动安全知识培训、新技术规范培训等，全年组织各类培训36期26073人次，送外培训298名，成人高等教育在学23名，参加成人高等学历教育报名14名。郑州火车站培训鉴定“三新”人员129人，其中新职74人、转岗17人、晋升37人、返岗1人。5月，对全站2112人进行资格考试及验证工作，确保职工100%持证上岗。同时，举办第五届“成才杯”客货、兼职教师、接发列车及调车系统技能竞赛，16个部门、156人参赛。

【民生建设】 2014年，郑州火车站落实“三不让”承诺，全年办理赔付119.28万元，受益职工902人次。其中：助困补助412人次，计48.18万元；助医补助490人次，计71.1万元；“六一”节对单亲女职工进行特殊救助14人，计1.12万元；端午节慰问困难职工52人，计1.2万元；中秋节慰问困难职工57人，共计7.4万元。加强职工“文化线、生活线、卫生线”建设，新建郑州火车站综合运动场、新郑火车站职工活动中心；升级改造职工活动中心，建成职工舞蹈厅、练功房；为售票车间安装室外健身器材。同时，为长葛站、谢庄站、薛店站、临颍站、行包车间新建职工食堂；为售票、供水、运转车间、郑州南站新建4个职工热饭点；建成许昌东站职工小菜园。投入3.12万元，为全站70个小药箱配备常用药和防暑药品28种。对涉及职工切身利益的养老保险、医疗保险以及婚假、探亲假申请等事项，制作便民服务手册说明办理程序、讲清注意事项。2014年，全站干部职工收入较2013年增长10%。

（杨　瑛）

郑州交通运输集团有限责任公司

【概况】 郑州交通运输集团有限责任公司（简称郑州交运集团）是一家集公路客货运输、现代物流、出租车运输等多元化经营为一体的大型国有控股企业，企业资产22亿元，员工6900余名，年营业收入20亿元，其规模和实力均居河南省同行业之首。

公路客、货运业是郑州交运集团公司两大支柱产业。拥有“郑州宇通”等世界名牌客车在内的各类客车2300余台（其中城际公交车辆241台），货车1200余台，出租车600余台；拥有郑州长途汽车中心站、郑州客运南站、郑州客运北站、郑州汽车站等全国一级汽车站、省部级文明汽车站14座，营运线路450余条（其中郑州至开封、郑州至新乡、郑州至许昌、郑州至焦作4条城际公交线路），覆盖全省、通达全国25个省、市、自治区，是河南省客运优质服务的一张名片。

经过多年高效发展，公司实现多个跨越，先后荣获中国道路运输企业50强、中国交通运输企业100强、中国道路运输“百强”诚信企业、河南省100强企业和河南省“改革开放30年卓越贡献”国有企业等荣誉称号，被誉为全国交通行业的“郑州模式”，成为全省乃至全国交通行业的一面旗帜。

2014年，实现收入19.18亿元，其中客运运输收入11.32亿元，站务票房收入12.59亿元，物流业务收入5.31亿元，其他板块营业收入2.55亿元。实现税金1.03亿元。

【公路客运业】 公路客运业是公司支柱产业之一。2014年，公司强力推进结构调整，推进线路公司化改造、公车实载率提升和城乡公交发展，深化内外部资源整合，强化客运市场治理，着力提高经营质量。抓好春节期间运输、“五一”、暑假期间运输、“十一”等旺季运输组织，强化市场治理、安全稽核，着力增保票房收入；加强市场营销、场站前移，扩大网络售票，适时开通手机购票业务，统筹推进全省联网售票；建成使用客运新北站、港区临时客运站、郑州汽车站，撤并二马路汽车站、客运老北站，站场综合服务功能和支撑能力进一步增强。

【运输服务】 深入开展客运“服务提升年”活动。强化服务精细化管理，编制并下发《客运业服务人员行为规范》，创新开展各具特色志愿服务活动，与《郑州晚报》联合设立旅客失物招领信息发布栏目，进一步提升服务质量。全年做好人好事6632件，办理爱心救助旅客92人次，启用爱心基金3107.5元，受到媒体和旅客表扬1265次，树立了良好的社会窗口形象。开展“质量信誉考核”“文明规范汽车站”“精品客运班线”争创工作，参加“首届全国汽车客运站优质服务竞赛”活动，进一步提升服务质量和服务技能；加强企业文化建设，深化服务品牌打造。2014年，公司被评为“中国道路运输百强诚信企业”“中国道路运输领袖品牌。

【公路货运业】 公路货运业拥有各类货运车辆1200台，货运场站6座，仓储面积10万平方米，郑州市区内网点48个，经营线路226条，主要经营传统货物运输、物流配送、商品车运输、保税货物运输、公路铁路联运、仓储等，线路覆盖全国主要中心城市、沿海地区、经济发达地区中心城市，已成为以“金象物流”为品牌，以货运场站为支点，以科技为先导，以信息网络为平台的集信息、仓储、运输为一体的现代物流企业，是国家中西部地区首家5A级综合服务型物流企业、中国物流试验基地，全

河南省公安厅副厅长陈志忠检查中心站“春运”安全工作

国甩挂运输试点单位、低碳交通运输先进企业，中国物流与采购联合会常务理事单位，河南省物流协会、交通物流协会、物流与采购联合会副会长单位。2014年，郑州交运集团公司大力发展联合物流，拓展新业务。在巩固公路铁路联运战略合作的基础上，成功与郑州铁路经济开发集团公司共同出资组建股份制公司，进一步提升公路铁路联合物流层次和水平。全年公路铁路联运业务量70万吨，创历史新高。着力推进“金象物流”、“保税物流”、危险货物运输发展。2014年，开通省内配送专线10条，成功完成5个市（县）、11个乡（镇）的网络布局，网点达到231个，业务量创历史新高；依托保税物流服务平台，成功与联邦快递公司、中外运公司等国际物流公司签订战略合作协议，为郑州交运集团公司物流业进入国际物流市场找到了切入点；成功开发“伊赛牛肉”、“高金食品”等大品牌客户，推进冷链运输规模化发展；成功取得全国首批1–8类危险品运输业务资质。物流产业支撑力实现稳步增强。

【安全管理】　消防安全、场地安全、劳动安全、财务安全、综合治理等方面保持稳定局面。围绕“五大安全体系”建设，着力构建新型安全管理体制。践行安全标准化建设“落实年”，巩固完善标准化建设成果。强化源头教育和隐患排查，组织开展“道路客运安全年”“平安交通”“安全生产月”和安全专项治理等活动，加强技术管理和安管队伍建设，从源头上把控安全，使“管严、管细、管到位”成为安全工作新常态。强化科技强安。重点在发挥好客车防碰撞等安全系统功能的基础上，对营运货车全部安装GPS监控系统，公司成为全省率先实现营运货车卫星定位全覆盖单位。推进节能减排。全年淘汰“黄标”车二批275台，更新燃气客车150台、燃气货车50台，新增纯电动客车50台，节能减排成果明显。同时扎实做好防暴恐、防洪防汛和消防内保等工作。

【场站建设】　推进客运北站、港区客运站建设。客运北站于2014年9月26日投入使用，港区客运枢纽站正在进行项目核准。推进客运东站、客运西站、客运西南站、客运西北站、金象物流园区和服务区物流项目选址规划工作，已与相关部门协调对接，正在推进。加快推进客运老南站、陇海站、京广站、二马路站、客运西站、城东路31号院及具备开发条件的客运经营场地土地盘活，均取得不同程度的进展。

（郑州交通运输集团有限责任公司）

郑州长途汽车中心站

【概况】　郑州长途汽车中心站隶属于郑州交通运输集团有限责任公司，位于兴隆街14号，毗邻郑州火车站，是交通部核定的一级客运站，现有职工470人，内设综合办公室、全质办公室、客运室、售票室、总调室、稽保科、治理组、财务室。设有南北2个候车厅，共有38个售票窗口、13台自助售票机，实行24小时微机联网售票和发车。有6个发车区，63个发车位，参加运输车辆主要是“河南金象快客”豪华大巴，营运线路193条，覆盖全省各地，跨省线路通达全国近30个省、市、自治区，日均发旅客3万余人次，最高旅客日发送量7.8万人次，是河南省运输规模最大、旅客换乘最方便、历史最悠久的汽车客运站。

2014年，面对着铁路运输严重冲击、安全保卫和反暴力恐怖袭击形势变化无常、陇海路高架施工封闭车站两区道路堵塞、东区场地大幅缩减等重重困难，郑州长途汽车中心站在各级领导的支持与帮助下，坚持以生产经营为中心，以安全管理为基础，突出抓好服务提升，全面落实封闭式管理，全站干部职工不懈努力，强力推进车站各项工作均衡发展，为展示城市文明和交通行业窗口良好形象做出了贡献。

【春节期间运输】　2014年春节期间运输自1月16日开始，到2月24日结束，共计40天。受火车运输临时客车增加、高速铁路、雾霾及雨雪天气等不利因素影响，中心站春节期间运输整体客流较2013年呈下降趋势，春节期间运输安全发送旅客116.14万人次，同比下降15.8%；安全发送班次38685班，同比下降16.2%。

【黄保卫到中心站视察“春运”安全工作】　2014年1月16日上午，中共郑州市委常委、市委政法委书记黄保卫到中心站视察春节期间运输安全工作，郑州交运集团公司副总经理周峰、副总经理杨同坤及中心站站长张涛等陪同检查。通过实地查看和听取汇报，黄保卫对中心站扎实的安全基础管理、温馨的服务环境、便民利民的服务措施给予高度肯定。并强调，春节期间运输是关系到社会民生的一件大事，各级领导对此高度重视，交通管理部门、运输企业要永远把安全放在首位，把群众的生命安全、财产安全放在心头，严格排查各类安全隐患，提前做好各种应急预案，确保把每一名乘客安全送回家。

【张维宁到中心站视察“春运”工作】　2014年1月16日晚上，河南省人民政府副省长张维宁在河南省发改委、河南省交通厅、河南省“春运”办公室及郑州交运集团公司董事长赵军伟、总经理王振斌等陪同下，到郑州长途汽车中心站视察春运工作，对交运集团公司、郑州长途汽车中心站春运整体工作给予高度评价。张维宁指出：安全是春运工作的首要任务，要进一步加强“科技兴安”，完善春运安全应急预案，做好应急物资储备，提高应急处置能力，全力保障群众安全、便捷、温馨出行，让旅客平安回家。最后，他代表省委、省政府慰问工作在“春运”一线的车站干部职工。

【陈志中到中心站视察“春运”安全工作】　2014年2月14日，河南省公安厅副厅长陈志中在郑州市公安局副局长周廷欣等陪同下到中心站视察“春运”安全工作，中心站站长张涛、党总支书记周永安陪同视察。经过现场查看，陈志中对郑州交运集团公司和中心站安全管理工作给予充分肯定，并提出要求：安全工作是关系到全社会的一件大事，“春运”期间公路旅客运输受天气、道路因素影响，安全责任更重，安全形势更为严峻。虽然“春运”工作已经过去大半，但安全工作不能有丝毫松懈，一定要切实抓好安全，把好源头关，杜绝安全事故发生。

【王小洪到郑州长途汽车中心站视察车站安全保卫工作】　2014年3月2日，河南省公安厅厅长王小洪到郑州长途汽车中心站视察车站安保工作，郑州交运集团公司董事长赵军伟、郑州长途汽车中心站站长张涛陪同。王小洪强调：安全保卫工作是关系到全社会的一件大事，汽车站是人员密集的场所，永远要把安全放在首位，把群众的生命安全、财产安全放在心头，严格排查各类安全隐患，提前做好各种应急预案，确保每一名乘客顺利安全出行。

【市人大代表团视察中心站】　2014年5月12日，郑州市人大代表团视察郑州长途汽车中心站。代表团领导先后查看中心站候车大厅、服务台、“三品”检验台、自助售票机厅、母婴温馨港湾、旅客服务中心、安全生产指挥中心、安全文化长廊、调度室及车场等场所，对郑州交运集团公司、郑州长途汽车中心站各项工作表示满意。

【国家反恐委员会安全检查组到中心站检查指导安全保卫工作】 2014年7月8日，国家反恐委员会安全检查组一行在郑州市火车站公安分局领导及郑州交运集团公司总经理王振宾陪同下，到中心站检查指导反暴力恐怖袭击安全保卫措施的落实情况。检查组查看了售票厅、“三品”检查处、候车厅、车场以及进出站口，详细询问各岗位的安全保卫工作情况，强调警民合作的重要性。检查组对中心站安全保卫态势以及各项措施的落实情况表示肯定，并对中心站安全保卫工作提出要求；要求继续加强警民协作，关口前移，重点防范，持续做好“反暴恐”高压态势。

【潘冰到郑州长途汽车中心站视察工作】 2014年10月2日，郑州市政府副秘书长潘冰到郑州长途汽车中心站视察工作，郑州交运集团公司总经理王振宾、郑州长途汽车中心站站长张涛、党总支书记张春雷等陪同检查。经过现场查看和听取汇报，潘冰对郑州交运集团公司、中心站各项工作表示满意。

（李春香　芈　丽）

郑州长途汽车总站

【概况】 郑州长途汽车总站成立于1992年12月，位于航海中路83号，东临京广快速路、郑州鞋业批发市场，隶属郑州交通运输集团有限责任公司，现有职工167人。占地面积3.6万平方米，站前广场4900平方米，站内停车场1.95万平方米，共有40个发车位，可同时停放400台大型客车。候车大厅2400平方米，配有“三品”检查仪2台；售票大厅500平方米，有14个微机售票窗口，8台自动售票机，18个检票口供旅客进站乘车。日均发送班次750余班，日均客流量2万人左右，营运线路77条，线路主要以豫南方向为主。省内主要发往登封市、新密市、禹州市、栾川县等；省际线路有路桥、温岭、苍南、福鼎等，以及郑州—许昌城际公交线路。站周边有公交线路519路、603路、62路、K62路、46路、213路、K81路、906路等在此停靠，方便市民出行。

【生产经营】 2014年，郑州长途汽车总站秉承“旅客至上，宾至如归”的服务宗旨，在做好传统服务的同时，注重人性化服务和细节服务，在拾物认领方面，开辟“爱心邮递”“五心”服务，千方百计满足旅客出行需求。2014年，郑州长途汽车总站依托京沙快速路、鞋业批发市场得天独厚的天时、地利、人和条件，在干部职工共同努力下，充分发挥和挖掘中短途线路资源，生产经营呈现出良好态势，高标准完成集团公司下达各项任务目标。在全国文明城市创建活动中，不断完善服务设施，对候车大厅、总服务台等硬件设施进行升级改造，提高服务质量，为旅客提供安全便捷、经济便利、热情周到的运输服务，受到旅客和社会好评，取得良好的经济效益和社会效益，树立了良好的窗口形象。

【荣誉】 2014年荣获郑州交通运输集团公司先进党组织、先进生产集体等。

（郑州长途汽车总站）

科技·教育·体育

科学技术

【概况】　二七区科学技术局成立于1978年。内设办公室、地震办公室、综合科、科技科4个科室，下设一个二级机构(二七区科技创业中心)。现有干部职工19人。办公地址位于兴华南街85号。

2014年，区科技局贯彻落实党的十八大精神，加快实施“创新驱动”发展战略，围绕区委十届六次全会提出的各项奋斗目标，以科学发展观为指导，进一步解放思想，大力推进科技进步和科技创新，促进二七区社会经济又好又快发展。

【科技项目管理】　(一) 科学制定区级科技项目。2014年，二七区科技项目的申报突出“三大主导产业”支撑及平台建设，引导和支撑科技创新、科技人才资源向主导产业集聚，助推区域主导产业发展。在持续支持马寨产业集聚区食品加工产业、扶持创意农业发展的同时，通过项目引领、人才带动，加快传统商贸业转型升级，促进电子商务与商贸业融合发展。(二) 做好2014年区级科技计划项目工作。在广泛征求意见的基础上，按照项目征集、初审、专家评审等流程，完成对区级科技计划项目的立项推荐、任务书签订工作，立项支持5个项目，其中电子商务项目3项。(三) 做好2012年、2013年科技项目结题工作。组织召开专家评审答辩会，评审2012年工业项目15个、农业项目10个、社会发展项目8个。对符合结题要求的，及时予以结题，节余资金及时返还区财政；对不符合结题要求的，下发整改意见书，督促项目单位及时整改，并对通过中期评估和结题验收的项目在科技局网站上进行公示。(四) 全区获得省、市科技经费支持项目89个，获得市级以上政策性非均衡分配的科技资金2058万元。

【服务企业】　(一)规范科技项目管理。制定并下发《二七区科技计划项目管理办法》《二七区科技计划项目后补助资金管理办法》，在全市率先实施科技资金后补助政策，切实发挥科技经费“种子”资金作用。(二)建立科技型企业资源信息库。开展中、小企业调查摸底，建立健全辖区科技型中、小企业信息库。(三)推动创新、创业综合体建设。按照《郑州市创新创业综合体建设管理办法》要求，发挥科技部门职能，结合全区“三大主导产业”布局及存量资源，通过市场调研论证，确立科学高效的运作模式，尽快促使综合体落地。(四)培育推荐企业申报科技型企业、高新技术企业等省、市资质。已培育市级科技型企业24家，省级高新技术企业9家，市级以上知识产权优势企业4家，市级创新型试点企业22家；帮助黄河科技学院、河南网商园等申报郑州市孵化器（创业园），其中黄河科技学院大学科技园被河南省科技厅认定为“2014年度河南省科技企业孵化器”。

科技局召开区级科技计划项目评审会议

【知识产权工作】　落实2013年第二批和2014年第一批专利资助资金。按照《二七区专利专项资金管理办法》要求，开展区级专利资助的受理、汇总、审核和资金拨付工作，2013年第二批专利资助资金18.85万元已拨付到位。同时，大力营造知识产权成果转化的良好环境，不断提升专利整体质量，优化专利结构。全年专利申请1640件，同比增长19.53%，完成年度目标的91%；专利授权量1104件，同比增长58.62%。

【高新技术企业】　2014年，二七区R&D投入占GDP的比重达到1.94%；二七区高新技术产业总产值实现54.69亿元、增加值完成13.02亿元。

【科技惠民】　2014年，区科技局牵头做好“4·26”知识产权宣传周、“5·12”全国防震减灾宣传日、科技活动周等全区性大型科普宣传活动的宣传和组织工作，用科学理念引导、影响辖区居民，不断提高居民生活质量和科学素养。同时，对已建成的科技成果体验中心进行跟踪检查，使其真正成为辖区居民提高科技素质的有力平台。开展科技下乡活动，组织科技培训10次。围绕人民群众最为关心的安全、健康、环境、生态等领域，遵循“以人为本，发展为民”原则，2014年设置一批民生课题，公开征集课题承担单位，提升科技促进社会管理创新和服务基层建设的能力，让科技成果更多地惠及群众日常生活、社会民生。

【防震减灾】 一是完成郑州市首个省级防震减灾科普教育示范基地（长江东路小学）的创建验收工作，为辖区搭建一个多功能科普展示平台和青少年创新实践平台。二是引导辖区中、小学申报省、市级防震减灾示范学校，郑州市第十三中学创建为省级防震减灾示范学校。同时，对已建成的科技成果体验中心进行跟踪检查，使其真正成为辖区居民提高科技素质的有效平台。

（汪晓慧）

科技活动

【概况】 二七区科学技术协会成立于1979年。内设一个二级机构（二七区反邪教协会）。现有在职干部职工7人。办公地址位于淮河东路68号。

【“三下乡”活动】 2014年1月21日上午，区委宣传部、区文明办、团区委、区妇联、区卫生局、区科协等15个部门在马寨镇水磨村联合组织开展文化、科技、卫生“三下乡”活动。活动现场，免费发放科普挂图500余张，发放心理健康知识、食品安全、环境保护、中医养生科普图书1000册，发放“社区科普大学”环境保护袋（600个）、反邪教宣传资料（2000余张）、反邪教扑克牌、印有文明礼仪“四德”教育宣传的挂历等，在惠民的同时宣传文明、公德、节约、环境保护等理念。

【“科普百讲进社区（村）”活动】 2014年，区科协局邀请郑州果树研究所专家举办葡萄、杂果种植技术培训班2期，增强农民科技创新能力。

【科技宣传及活动】 围绕2014年科技活动周“尚德守法，提升食品安全治理能力”活动主题，区科协利用社区科普大学开展食品安全专题讲座10场，并在二七万达广场开展多种形式的食品安全宣传；9月25日上午，邀请郑州市防火培训中心教员对区科协机关及社区科普大学学员开展两期消防安全知识培训；12月5日上午，在绿城广场开展“弘扬志愿者精神共创文明城市”—“12·5”国际志愿者日服务活动，宣传科技项目“3D打印技术”“机器人功能展示”“太阳能小电站”等，提高社会服务职能，推广科普知识。

【“全国科普日”活动】 区科协利用辖区各类广场、游园开展内容丰富的科普宣传活动。联合区科技局、区教体局共同举办2014年“全国科普日”广场集中活动，以“创新引领未来、创新改变生活、创新在我身边、创新园我梦想”为主题，开展科普“大篷车”展示、广场操展示、3D打印机等高科技知识展放等，编印、发放科普宣传资料5000份。

【社区科普大学】 2014年，区科协以巩固提升“社区科普大学”建设为抓手，推进“科普益民计划”实施，促进城区科普工作扎实有效开展。下发“关于做好2013-2014学年春季郑州市社区科普大学二七区分校开学有关事宜的通知”，明确重点工作和实施步骤，有序推进“社区科普大学”教育教学工作开展。全年完成课堂教学620个课时、教研观摩课1次、征文评选53篇、实践课160次、第二课堂160次，新创建“社区科普大学”1所，培训社区居民2万人次，免费向群众发放新编科普教材600套。

为进一步提高“社区科普大学”办学水平，展示教学实践课效果，扩大“社区科普大学”影响力和凝聚力，组织开展“运动与健康”实践课“广场健身操”活动，推广学习“行进有氧健身操”。2014年8月25日，组织开展全区“社区科普大学”广场舞健身操预赛，评选出1个一等奖、2个二等奖、3个三等奖，选出50名队员代表二七区参加郑州市广场舞健身操决赛，荣获郑州市广场操比赛二等奖。

2014年8月，组织相关街道、社区科普负责人以及“科普大学”的科普志愿者教师和学员骨干近160余人参加培训。培训班通过知识讲座、典型发言、经验交流以及参观科普教育基地等形式，提高学员的科普知识水平，促进学习与工作实践有益结合。

2014年10月至11月，发放科普知识竞赛题库。到21个“社区科普大学”组织学员阅读学习，并通过笔试和初赛，选拔出3名学员组成“魅力二七”代表队参加郑州市电视知识竞赛决赛。经过个人必答题、集体必答题、方阵必答题、抢答题、风险题五个环节的激烈角逐，二七区代表队荣获郑州市二等奖。

社区科普大学学员参加“行进有氧健身操”比赛

【青少年科普工作】 2014年，区科协与区教体局、区科技局配合，实施青少年科普教育基地建设。利用郑商瓷工程技术研究中心、郑州市卫生学校人体生命科学馆等科普示范基地，开展青少年科普知识宣传教育工作。

8月13日，开展“创建全国文明城市，我是小帮手”活动。利用暑假期间，组织未成年人走进社区、走进机关，清理墙壁文化长廊的小广告、帮助社区工作人员打扫花坛、垃圾箱等，教育学生学习雷锋精神，弘扬中华民族传统美德。

【企业科协及老科协工作】 区科协加强与辖区企业科协、老科协工作联系，支持帮助企业科协、老科协开展工作。2014年，区老科技工作者从区域保护、二七新城规划等方面对全区社会经济发展建言献策，并实地调研特色农业示范项目4次，荣获郑州市老科协系统工作“九连冠”；二七区科普文工团通过各种方式宣传科普知识，全年演出40多场，观众近万人次。

【社区帮扶工作】 2014年元旦、春节期间，区科协走访慰问郑大社区焦贵甫、宋玉清、高荣鹤、杨凤梅等伤残、“失独”家庭困难户，给他们送去生活所需的米、面粉、食用油等物品。

“六一”期间，对一马路饮马池27号院狼念东独生子女困难户、德化街街道南彩社区9号楼4单元17号孙义影独生子女困难户、德化街街道南彩社区3号楼3单元2号李爱琴独生子女困难户进行帮扶慰问，给儿童们送去学生文具、书包、水杯、小黑板、米、食用油等物品。

【反邪教工作】 加强基层反邪教组织网络建设。2014年，全区所有社区、村（组）都成立“关爱协会”，多途径、多方式开展反邪教协会工作，并投入1.8万元购置反对邪教知识读物发放给辖区群众，扩大反邪教宣传教育活动覆盖面，推动群众崇尚科学、远离邪教；印制反邪教科普宣传彩页1.5万份发放至街道、社区。在五里堡街道二环道东社区、嵩山路街道郑飞社区，通过科普趣味运动会形式开展反邪教主题宣传活动；配合区委防范办公室，开展“无邪教示范社区”创建检查；协助侯寨乡工作组举办大型反邪教专题讲座，受益群众近百人。全国科普日展出反邪教展板10块，发放反邪教宣传资料600份。

【创新性工作】 2014年，区科协秉承“普及科学知识、倡导科学方法、传播科学思想、弘扬科学精神”宗旨，创新科普载体，打造宣传平台，编撰出版《食全食美》《中医养生》科普知识读物，并荣获2014年河南省科普成果一等奖。

（秦亚楠）

教育 体育

【概况】 二七区教育体育局成立于1952年。内设办公室、人事科、计财科、教育科、体卫艺科、安全稳定科、行政服务科7个科室，下设学生资助管理中心、教师进修学校、勤工俭学管理办公室、教研室4个二级机构，另有高招办公室、督导室两个政府派出机构。现有两个办公区，一处位于长江中路108号，一处位于小赵砦街68号。

2014年，全区有区属各级各类学校78所（其中幼儿园7所、小学56所、初中9所、九年一贯制学校1所，高中2所、特殊教育学校1所、职业学校1所、中等专业学校1所），在校学生6.48万人，在职教师3676人，离退休教师1658人；注册民办幼儿园113所，在园幼儿2.56万余人，在职幼儿教师2560人；注册民办非学历教育培训机构126家，在职教师988人，在校学生2万余人；民办中小学9所，在职教师436人，在校学生6181人。辖区有市属中学13所，企事业学校3所，特殊教育学校1所，中等专业以上学校31所。

2014年，是“教育名区”建设第一周期“五年计划”的最后一年，二七区教体局圆满完成各项目标任务，同时，“教育名区”第一周期建设“完美”收官。

一是教育质量实现新突破。在2014年高考中，郑州市七十四中学娄珂夺得二七考区理科状元，成为全考区1万多名考生中唯一被北京大学录取的学生，实现区属高中考取国家最好大学的突破；郑州市第八十一中学、郑州市八十二中学成绩逐年跃升，已迈进全市初中教学质量的前列。特别是郑州市第八十二中学的语文、历史、体育、化学等学科教学质量处于全市乃至全省的领先水平；学生综合素质显著增强，在教育部所作的2014年郑州市中小学生学业质量分析——区县分析报告中，二七区学生的学业成绩等各项指标均处于全市领先水平。

二是教育品牌效应显著增强。扎实推进“一校一品”暨“美丽校园”创建活动。2014年，在全市十大杰出教师评选中二七区占据2名，100名名师中占据11名，数量位居全市之首；一批优秀教师开展“援疆支教”活动，二七区的一名教师走出国门，成为全市首名在美国援教的教师；5个郑州市学科课程研究基地落户辖区，学科建设走在全市前列，涌现“名学生”团队25个；河南省中小学心理健康教育、郑州市“名师”工作、社区教育等10余场现场会、观摩会先后在二七区召开；国家关心下一代工作委员会主任顾秀莲、省委副书记邓凯、省教育厅厅长朱清孟等先后视察指导二七区教育工作；2014年二七区在全国首批通过“国家义务教育发展基本均衡县（区）”评估验收，标志着二七区教育的综合实力已走在全国的前列。

三是教育服务质量全面优化。2014年，区教体局各单位创新创效，以“服务惠民”为根本，使全区教育服务水平得到全面优化。全年投入1.6亿元，高标准新建5所中小学、幼儿园，新增优质学位4500个，进一步满足辖区学龄儿童们“在家门口上好学校”的愿望；获得中央、省、市资金9146万元，对全区26所学校设施进行升级改造；为3191名学生发放资助金231.3万元，

6月24日，教育部基础教育一司副司长杜柯伟一行督查二七区义务教育学校规范办学情况

新增国家级体育试点学校1所、省级体育传统项目学校4所、市级体育传统项目学校15所；二七区教体局连续三年荣获郑州市全民健身先进单位，郑飞社区、航海社区被评为全国全民健身先进社区；成功举办二七区“促和谐、奔小康”全民健身“欢乐行”活动和“送体育下乡”集中服务活动。

【“多彩教育”品牌】 “名学校、名品牌”创建。建立二七区“一校一品”暨“美丽校园”建设长效机制，通过“一校一品”建设、名校托管、集团化办学等途径，打造陇西小学、汝河路小学、淮河东路小学等一批名校集群。

“名校长、名师培养”。健全“三三名师培养模式”，扎实推进教育干部和名优教师培训“双千”计划，名教师梯队逐步形成。2014年，全区教师荣获国家级奖励42人次、省级奖励803人次、市级奖励854人次。在全市“十大杰出教师”评选中二七区占据2名，100名名教师中占据11名，数量位居全市之首。一批优秀教师开展援疆支教活动；辖区教师郑亚敏走出国门，成为全市首名在美国援教的教师。

“名学科”建设。构建“多彩课堂文化”体系，丰富“多彩课堂”文化内涵，全面提升课堂教学质量。二七区在全市率先召开“课程建设推进会”“校本课程建设校长答辩会”，成功举办“二七区第三届多彩课堂文化节”，展示课堂文化建设成果。形成郑州市第七十四中学“理解课堂”、陇西小学“舒展课堂”等各具特色的课堂形态。辖区5所学校被评为全市校本课程建设先进单位，获奖数量居全市之首。

“名学生”培育。深入推进素质教育，实施中小学生体育、艺术、科技2+1+1工程，增强学生创新精神和实践能力，大力培养具有个性特长的“名学生”，并做好“名学生库”完善工作，涌现名学生团队25个。2014年高考中，郑州市第七十四中学考生娄珂以681分的优异成绩夺得二七考区状元，被北京大学录取。

区域教育发展。加强“三课一评”建设，做好二七“多彩教育”等重大课题研究工作，完善“多彩教育”区域发展模式。2014年5月，在国家哲学社会科学基金重点课题“我国基础教育未来发展新特征研究”第六届校长论坛会上二七区作典型发言，研究成果得到与会专家及同行的充分认可。河南省中小学心理健康教育、郑州市名师工作、社区教育等10余场现场会、观摩会先后在辖区召开。国家关心下一代工作委员会主任顾秀莲、河南省委副书记邓凯、省教育厅厅长朱清孟等先后视察指导辖区教育工作。

【均衡区域教育】 2014年，区教体局在持续深化“一人双岗”用人机制，推行“一校制”“学区制”等办学机制、体制的基础上，深入推进全区9所中、小学发展共同体校际间的协同共建，初步建立并推进教育发展共同体内部干部、教师队伍合理流动机制，打造了城乡、校际、各级各类教育之间共创、共建、共享高品质教育的工作格局，推进二七区教育优质特色、高位均衡发展。

【教育服务水平提升】 （一）加快推进学校项目建设。获得中央、省、市资金9146万元，对全区26所学校设施进行升级改造。总投资1.07亿元，新建中小学2所、幼儿园3所（人泰路中学新建项目、荆胡小学新建项目、双泰路幼儿园新建项目、樱桃沟小学附属幼儿园改扩建项目、侯砦小学附属幼儿园改扩建项目），新增学位3390个。

（二）深入推进教育公平。落实“两免一补”政策，不断完善资助体系，落实各项资助政策。2014年，按标准拨付农村义务教育公用经费755.3万元，为农村家庭经济困难寄宿生330人提供生活补助20.62万元，免除城市义务教育学杂费1165.95万元，减免学生课本费、作业本费333.75万元，为全区各级各类学生及幼儿3191人发放资助金231.3万元，确保每一名学生顺利完成学业。

（三）优化民办教育服务。2014年创健的民办教育数字化系统服务平台——“多彩云教育选学平台”开始运行。成立“二七区多彩民办教育协会”，二七区心理专业协会、美术协会、音乐协会、舞蹈协会等教育集群已逐步形成。进一步优化行政审批程序，提升民办教育服务质量，开展上门、延时、预约、代办、假日特岗等服务，继续促进行政服务便民化。

（四）安全稳定工作富有成效。继续建立和完善全局安全稳定工作责任制和责任追究制，进一步加强安全稳定工作力度，全面遏制各类校园安全事故发生，为全区广大师生营造安全和谐的学习生活环境，全区教育安全形势持续保持平稳。

【全民健身运动】 开展阳光体育活动，完善学校体育活动品牌建设，推进“体育、艺术2+1项目”，丰富大课间活动内容，确保师生每天锻炼时间不少于1小时。2014年，全区新增省级体育传统项目学校3所，省级青少年体育项目基地校1所，承办、协办省级以上青少年体育竞赛活动5项，获国家级竞赛奖励8项，省级以上团体奖励92项。成功举办二七区“促和谐、奔小康”全民健身“欢乐行”活动和“送体育下乡”集中服务活动。二七区教体局荣获“2013年郑州市群众体育工作先进集体”“2013年竞技体育后备人才培养工作先进单位”等荣誉称号。二七区获得河南省老年人体育工作先进县区，侯寨乡获得河南省老年人体育工作先进乡镇。

【大事记】 2014年3月25日上午，郑州师范学院“教学实习基地”在二七区艺术小学正式挂牌成立。郑州师范学院教务处处长盛宾、美术学院院长王西军等出席挂牌活动。

2014年5月27日上午，在“六一”国际儿童节来临之际，郑州师范学院党委副书记、纪委书记翟幸福一行到郑州师范学院附属培智学校——二七区辅读学校看望慰问学生们。

2014年5月30日上午，“六一”国际儿童节来临之际，中共河南省委副书记邓凯、河南省人大常委会副主任蒋笃运、河南省人民政府副省长张广智、河南省政协副主席龚立群、河南省关心下一代工作委员会、河南省妇联、共青团河南省委、河南省教育厅领导，中共郑州市委副书记、市政协主席、市委秘书长王璋，郑州市人大常委会副主任舒安娜，郑州市人民政府副市长刘东，郑州市政协副主席吴晓君，郑州市妇联、共青团郑州团市委、郑州市教育局等领导一行到幸福路小学参加“庆六一、红领巾相约中国梦——今天我入队争当好队员”示范性主题队日活动。中共二七区委书记蔡红，中共二七区委常委、区委组织部部长丁文霞参加活动。

2014年6月6日下午，郑州市人民政府副市长刘东，郑州市教育局党委书记、局长毛杰，党委副书记、常务副局长刘鹏利一行检查郑州市第二中学、郑州市第四中学高考考点准备工作。区委书记蔡红、副区长于珊等陪同检查。

2014年6月16日下午，教育部基础教育一司副司长杜柯伟一行督查二七区义务教育学校规范办学行为。河南省教育厅基础教育一处处长张怀军、副处长李明，郑州市政府副秘书长李建霞，郑州市教育局党委书记、局长毛杰，二七区人民政府副区长于珊等陪同督查。

2014年6月24日下午，全国人大常委会原副委员长、国家关心下一代工作委员会主任顾秀莲到淮河东路小学考察社会主义核心价值观教育活动开展情况。河南省关心下一代工作委员会常务副主任张德广、李中央、吴全智，中共郑州市委常委、市委组织部长高建慧，郑州市关心下一代工作委员会主任刘振中，中共郑州市委老干部局副局长、市关心下一代工作委员会秘书长战文胜，中共二七区委书记蔡红，中共二七区委常委、区委组织部部长丁文霞，中共二七区委常委、区委办公室主任赵吉平等陪同考察。

2014年9月3日下午，在第30个教师节即将来临之际，区委书记蔡红到长江东路小学、春晖小学、二七区第一幼儿园、兴华小学、工人南路小学、郑州市第七十四中学等学校走访慰问。区领导张伟岭、王鲁明、赵吉平、于珊、李东亮陪同走访。

2014年9月4日上午，二七区庆祝2014年教师节表彰大会在区会议中心三楼会议室召开。大会对先进个人、先进单位表彰。区委书记蔡红，二七区政协主席于广志、正区长级领导干部张伟岭，中共二七区委常委、区委宣传部部长王鲁明，中共二七区委常委、区委办公室主任赵吉平，二七区人大常委会副主任周国建，二七区政府副区长于珊，二七区政协副主席李东亮出席大会，区相关委局和乡（镇）、街道及辖区派出所负责人，区属各学校、辖区市直中学、事业单位子弟学校、民办学校校长及受表彰的先进教师代表参加会议。

2014年9月10日上午，正值第30个教师节，二七区政协主席于广志，副主席李东亮，副县级干部、二七区政府党组成员朱广善、李鹏飞等领导一行到侯寨乡龙岗实验小学，看望慰问工作在农村的教师。

2014年11月24日下午，郑州市人民政府副市长刘东到辖区橄榄果幼儿园调研。郑州市人民政府副秘书长李建霞，郑州市教育局党委书记、局长毛杰，副局长张大龙、二七区政府副区长于珊等领导陪同调研。

2014年1月26日下午，郑州市人大常委会副主任舒安娜带领二七市人大代表视察二七区义务教育均衡发展工作。郑州市教育局党委副书记、常务副局长刘鹏利，二七区人大常委会副主任周国建、二七区人民政府副区长于珊等陪同视察。

2014年11月28日上午，二七区人大常委会主任李章坤带领二七区人大代表视察全二七区学校建设工作。视察组一行到兴华街第二小学建设工地，实地查看学校规划建设情况，听取项目介绍，了解学校建设规模、班级编制等，并就学校的规划建设情况进行深入交流。

（肖　冉）

文化·旅游·卫生

文化　旅游

【概况】　二七区文化旅游局成立于2005年3月。内设办公室、文化文物科、旅游科及二七区旅游发展服务中心、二七区图书馆、二七区文化馆、二七区文化市场综合执法大队4个二级机构，现有干部职工79人。办公地址位于长江路128号。

2014年，二七区文化旅游局围绕“旅游惠民、文化强区”战略目标，推进文化旅游业转型升级，全区文化旅游业保持平稳较快增长。一是公共文化服务体系不断完善。初步实现每个社区（村）建设一支群众文化队伍、每年组织一次文化培训、每季度开展一次文化活动；全年放映公益电影636场，组织“公益演出”100场、“公益大讲堂”100余场；开展各类群众文化活动、各级文化骨干培训1500余场。二是文物和非物质文化遗产保护得到加强。启动老奶奶庙旧石器遗址保护大棚项目建设，编撰出版《永远的记忆——二七区非物质文化遗产精粹》等书籍。三是文化旅游市场监管持续强化，维护了市场健康有序发展。四是旅游营销宣传富有成效。开展二七区“农家乐”巡礼系列活动，推出两条二七区近郊“一日游”线路。五是旅游标准化及A级景区创建稳步推进。4家试点单位通过市级首批验收，7家试点单位通过区级验收。

【公共文化服务体系建设】　2014年，区文化旅游局实现每个社区（村）建设一支群众文化队伍、每年组织一次文化培训、每季度开展一次文化活动的目标。马寨镇综合文化站被评为国家一级综合文化站，侯寨乡综合文化站、嵩山路街道综合文化站、长江路街道综合文化站、淮河路街道综合文化站被评为国家二级综合文化站；二七区图书馆新馆正式对外开放，并率先实现与郑州市图书馆系统的通借通还。

【群众文化活动】　区文化旅游局以文化惠民、文化亲民工程为统领，大力开展“免费公益电影放映”“公益演出”“公益讲堂”等活动，全年放映公益电影636场、组织“公益演出”活动100场、“文化艺术公益大讲堂”100余场；开展各类群众文化活动、各级文化骨干培训1500场次，捐赠图书1.8万余册；举办二七区第一届群众文化活动展演。同时，配合完成2014年河南省“舞台艺术送农民”活动4场，郑州市“舞台艺术进乡村、进社区”活动26场，进一步满足了辖区居民的精神文化需求。

文化旅游局举办“携手共建文明城同心共筑中国梦”——二七区广场文化系列活动展演

【文化人才队伍建设】　2014年，二七区建立“田园二七”文化志愿者艺术团服务站；进一步充实区级民间文化骨干资源库内容；举办二七区2014年基层文化队伍培训班、二七区素质提升公益培训舞蹈班，对全区文化专兼职人员约140余人和广场舞骨干400余人进行培训。组织辖区文艺团队参与郑州市2014年华夏优秀传统民间文化展演、第六届郑州市少儿文化艺术节、郑州市第二届群众文化艺术节等大型群众性文化活动，并荣获全国中老年服饰艺术大赛暨河南省十二届中老年模特大赛团体金奖、优秀组织奖及其他国家、省、市级荣誉7项。

【文物和非物质文化遗产保护】　2014年，区文化旅游局开展新型城镇化建设中历史文化遗存保护整改和古城保护中文物违法与消防安全专项督察工作。对“三普”公布的388处不可移动文物进行调查摸底和自查，对发现的隐患和问题及时进行整改；配合郑州市文物考古研究院初步完成郑州老奶奶庙旧石器遗址保护中心环境整治工程建设，启动老奶奶庙旧石器遗址保护大棚挡土墙、栏杆项目建设；对区级文物保护单位——天主教修女楼、樱桃沟天井院文物维修方案进行评审。编撰出版《永远的记忆——二七区非物质文化遗产精粹》一书；古琴斫制、面塑两个项目申报第四批河南省非物质文化遗产保护名录；组织部分民间艺人参加河南省第二届民间文化艺术节，举办二七区非物质文化遗产项目传承人李秀莲作品展览。

【文化旅游市场监管】 依托网格化管理，继续保持对辖区文化旅游市场的高压监管态势。开展“扫黄打非”“春季文化市场集中整治”“中小学教辅专项治理行动”“旅游合同”等专项整治，维护文化旅游市场健康有序。全年开展各类专项整治行动13次、市场检查564次，出动稽查人员1260人（次）；检查歌舞娱乐（包括电子游戏）、出版物销售、景区（点）等各类文化旅游经营单位640家（次）；受理市、区舆情通告9件，按时处理9件；办理文化市场行政执法案件7件，立案7件，结案7件；收缴盗版、淫秽等各类非法出版物5000余册；受理旅游投诉4件，处理4件，旅游投诉率控制在0.5‰以内，游客满意度在全市排名位次持续上升。

【旅游营销宣传】 2014年，区文化旅游局联合中原网开展“乡野美味”——二七区“农家乐”巡礼活动，对辖区“农家乐”进行全方位宣传推介，收到良好效果；推出“市区—樱桃部落—御品堂”和“市区—郑州市树木园—毛家湾—龙园水乡”2条二七区近郊“一日游”线路。深入开展“5·19中国旅游日”“文明旅游进社区”等宣传活动。2014年，全区接待游客551.9万人次，实现旅游收入1.78亿元。二七区文化旅游局荣获2014中国（郑州）自驾车旅游产业交易博览会暨中原最美自驾游线路推荐奖。

【旅游项目建设】 2014年，区文化旅游局指导樱桃沟景区基础设施综合提升及景区旅游信息标准化工程、樱水生态园温泉洗浴项目、申河溶洞——明辉金鑫老年山庄项目、毛家湾升级改造项目建设；协助完成樱桃沟新宏种植园樱桃果塑造及樱桃叶制茶研究与开发、创业养鱼场食用锦鲤的引进研究与示范。其中，樱桃沟景区旅游信息化工程完美收官；景区区级文物保护单位——天井院修缮工程完成公开招标；樱水生态园温泉洗浴项目投资1000多万元，新建游客服务中心、住宿楼、民俗园等；申河溶洞——明辉金鑫老年山庄项目完成水、电等基础设施建设；毛家湾升级改造项目投资600万元，完成园区餐饮服务设施的升级改造，已对外营业。

【旅游标准化及A级景区创建】 2014年，郑州市首批旅游标准化试点单位创建终期验收结束，二七区4家试点单位顺利通过验收；二七区第二批乡村旅游标准化试点单位创建按期完成，7家试点单位通过验收；龙园水乡成功创建国家AA级景区，樱水生态园成为备案景区。圆满完成首批星级乡村旅游经营单位复核和二七区住宿设施普查。

【安全生产】 一是严格落实安全生产“行业监管、属地管理、企业主体责任”原则。与乡（镇）、街道、景区、文化旅游企业签订安全生产目标责任书；二是推进旅游安全生产标准化工作。制定并印发《二七区旅游行业安全生产标准化标准》（旅游景区、旅行社、乡村旅游企业）；三是在“五一”“郑州樱桃节”“十一”等节假日期间，联合相关部门开展安全生产专项检查。全年全区文化旅游行业未发生安全生产事故。

（李静涵）

卫 生

【概况】 二七卫生局内设办公室、财务科、医政科、公共卫生科、妇社科、农村卫生科、中医科、健康教育所、新型农村合作医疗办公室，现有在职职工23人。下设二七区卫生监督所、二七区疾病预防控制中心、二七区妇幼保健所3个二级机构，有区属医疗卫生单位11家、区属医院5家、乡（镇）卫生院2家。办公地址位于淮河东路68号。

【农村医疗卫生工作】 2014年，农村卫生提速发展，乡（镇）卫生院均与市级医院成立医疗联合体，并建立两家市级急救站，群众不出乡（镇）就能享受到高端医疗及急救服务。马寨镇卫生院率先提出与市级医院“同质化”管理理念，双方签订同质化管理合同，专家定期轮流坐诊和查房，对技术人员进行轮训和交流，转诊流程逐步规范，群众不出乡（镇）就能享受到优质的三级甲等医院的急救和医疗服务，在基层初步形成“公共卫生均等化、基本医疗同质化”城乡医疗卫生新格局。实施“智能化药房”及信息化提升工程，华润医药河南分公司无偿投资500万元，正在对区属医院的药房进行智能化和信息化提升改造，先期以马寨镇卫生院为试点配备智能化药柜、药品供应链信息一体化系统，然后逐一铺开，使基层的药事管理实现质的飞跃，在河南省同类医疗机构中走在了前列，为河南省基层医院药品供应改革树立了标杆。新农村合作医疗保障水平逐步提高，新型农村合作医疗报销封顶线已达20万元，新农村合作医疗联合大病保险封顶线可提高到35万元，参合农民人均筹资标准438元，参合率保持在98%以上，全年补偿7.75万人次，补偿费用4396.62万元；重大疾病医疗保障全年救助45人，补偿费用69.42万元；全年438人享受大病保险，使用资金139.73万元；强化定点医疗机构服务监管和费用控制，提高基金使用效能。

二七区启动预防接种微信平台

【社区卫生服务】 2014年，二七区社区卫生服务中心和社区卫生服务站注重提升服务内涵，为居民提供更加优质的医疗服务；深入推进片医服务进社区、进农村、进机关，全年进基层单位58次，消除服务盲点，实现全覆盖；开展星级社区创建，建中街社区卫生服务中心、嵩山路社区卫生服务中心、绿云社区卫生服务站被郑州市评为三星级社区卫生服务中心（站）。4月，在建中街社区卫生服务中心开设“胡佩兰爱心门诊”；建立完善片医服务绩效考评机制，注重对服务项目、质量、效能、投入及第三方感受等进行全面考核，建立起“奖优罚劣”及“经营权退出”等机制。

【公共卫生服务】 疫情防控工作。全区无一例人感染H7N9及埃博拉出血热疫情发生；完善预防接种信息化建设，开通“二七区预防接种手机微信公众平台”，举办“预防接种、呵护未来，首届家长课堂演讲比赛”，受到群众欢迎，为全市计划免疫工作的开展起到引领作用。慢性病防治工作。为争创省级慢性病示范区做了大量的基础性工作，得到省级专家组的认可。艾滋病人稳控工作。在国家重大活动期间，未发生任何来自卫生系统的干扰。打击非法行医工作。连续六年全市领先，开展“医疗安全、蓝盾护航”专题活动，加大对辖区一级医院、个体办医、社区卫生机构等监督频次，规范合法医疗机构的行为；严厉打击非法行医，规范医疗秩序，进一步净化医疗市场，保障辖区人民群众就医用药安全。突发事件应急处置。全力配合做好区“两会”、各类考试、城中村拆迁以及各类突发事件医疗保障任务，加强对学校、幼托机构、社区（村）应急知识培训，各类突发事件应急处置及时到位。妇幼保健工作。“两癌”筛查累计2万余人次，超额完成目标任务，实行“一站式”免费婚检服务，新婚夫妇免费婚检1723对，同比提高30%以上。健康教育工作。全年举办大型广场宣传活动9次，“卫生健康大讲堂”专题讲座140次，受益群众10万余人次。

【医疗服务管理】 2014年，区卫生局构建布局合理、功能完善的医疗服务体系，强力推进优质服务示范工程；深入开展“服务百姓健康行动”“三好一满意回头看”“大型义诊周”等活动；持续做好个体办医机构的规范化管理，启动“问题单位”退出机制，退出个体办医机构2家。各医疗单位以“人事代理”模式面向社会招聘急需、紧需人才，充实队伍，优化结构，系统引进研究生以上学历或副主任以上职称人员9名，选派20名优秀人员到省内外知名医院、学校进修，聘请知名医学专家、管理专家到辖区授课52次，提高医护人员学识，拓宽视野；上报省、市级以上医学科技攻关项目1项。

【中医药工作】 2014年，区卫生局营造中医药学习、实践应用氛围，组织29人参加全市中医药技能比武，提高理论和技术水平；开展“中医药公共卫生服务进万家”活动，全区181个片医小组203人熟练掌握6种以上中医药适宜技术；郑州市第二中医院突出医院中医特色，中医儿科在全市乃至全省的影响力不断扩大，中医妇科、中医皮肤科等新科室效益凸显。

【党务工作】 2014年，区卫生局开展“党的群众路线教育实践活动”，按照“照镜子、正衣冠、洗洗澡、治治病”总要求，围绕“为民、务实、清廉”活动主题，聚焦“四风”突出问题，紧密联系卫生工作实际，扎实完成“学习教育、听取意见”“查摆问题、开展批评”“整改落实、建章立制”三个环节的工作任务，组织学习32次，中心组学习11次，召开座谈会21次，实地走访群众421人，征求意见85条，合并为3大类14项，列出制度建设清单11项，其中修订制度9项，新建制度2项，通过活动的开展，党员干部思想认识得到提高，宗旨意识得到强化，工作作风得到改进，党群关系进一步密切，达到预期效果。举办“服务百姓健康、争当胡佩兰式好医生、好护士”演讲比赛和技能比武大赛；启动“关注百姓健康、医疗服务社区行”大型义诊月活动，惠及群众10万余人次。二七区卫生局先后两次参加省、市“党的群众路线教育实践活动”督导组座谈会并作典型发言，在全区基层党组织书记汇报会上作典型发言。

（闫李慧）

社会生活

人口和计划生育

【概况】　二七区人口和计划生育委员会成立于1963年11月。内设办公室、统计信息科、科技药具科、法制信访科、宣传教育科，下辖二七区计划生育协会、二七区计划生育服务站、二七区流动人口管理办公室、性别比治理办公室4个二级机构。现有正式干部职工63名。办公地址位于陇海中路34号。

2014年，全区出生5082人，人口出生率8.17‰，性别比107.26；全区人口自然增长率6.39‰，符合政策生育率99.84%，出生统计准确率99.6%，免费孕前优生健康检查覆盖率89.2%，避孕措施落实率96.5%，计划生育奖励落实率96%，流动人口计划生育均等化服务覆盖率95%。

【出生缺陷干预工作】　2012年，在做好优出生缺陷干预工程的基础上，二七区率先启动免费孕前优生健康检查项目，每年投入100万元专项经费并逐年递增，连续纳入二七区人民政府“十件实事”工作，健全宣传、咨询、指导、检查、治疗于一体的优质服务体系，并于2013年正式列入国家试点项目。河南省政府将此项目纳入2014年“十项重点民生工作”后，全区从“加强宣传、优质服务、做优做新”入手，不断提高群众的知晓率、参与率和满意率。全年印发孕前优生知识宣传页10万份、宣传手册5万份，制作卡通宣传展板20余块，开展宣传活动10余次，在《魅力二七》《二七人口网》开设专栏，在各级便民服务大厅和二七区民政局婚姻登记大厅加设专题宣传窗口；新聘请5名技术服务专家，以传帮带的形式提升整体技术服务能力；更新配备最先进的尿液分析机等专业设备，并依托辖区武警医院等优质医疗资源，拓展19项优生筛查、检查服务项目；区计划生育服务站设立候诊室，为候检群众提供专人接待、免费茶水和咨询等服务。优质服务深受群众欢迎，河南省卫生和计划生育委员会副主任谢李广在二七区调研时给予高度评价，并建议在全省推广二七区计划生育服务站的工作做法。2014年，为3479对已婚待孕夫妇提供免费孕前优生健康检查，发放叶酸营养素20874盒，评估出高风险人群275人；婴儿死亡3例，出生缺陷儿5例，录入国家信息库1355对。

河南省人大常委会教科文卫工作委领导调研二七区人口和计划生育工作

【利益导向工作】　全面落实国家、省、市、区出台的“奖、优、免、扶、保、助”六位一体的利益导向政策。强化计划生育特殊困难家庭扶助工作，落实发放女方年满49周岁的独生子女伤残、死亡家庭夫妻每人每月680元、540元特别扶助金；利用“双节”“六一”等节日，开展“关注贫困、关爱残疾、关心特殊困难家”的帮扶慰问活动，全年为764户计划生育贫困家庭、残疾致贫、留守儿童及155户“特殊困难家庭”开展帮扶慰问，发放价值34万元的慰问品。

【“失独”家庭养老工作】　应对人口老龄化问题，创新“失独”家庭帮扶模式，坚持“政府主导、社会参与、全民关怀”养老理念，逐步构筑以“以公办养老为骨干、居家敬老为主体、社会助老为补充、社区照料为依托”的多层次养老服务体系。2014年，全区以郑州爱馨阳光城老年公寓为依托，率先启动“失独”家庭养老服务项目，并将此项工作纳入2014年二七区政府为民办的十件实事之一。对符合集中供养条件的对象按年龄、身体状况等提供最高每人每月3500元不等的服务；对其他居家养老人员，分50、60、70、80周岁4个年龄段分别提供对应的紧急救援、生活帮助、家政等多元化服务。首批符合条件的6名“失独”家庭老人入住养老院，另外155户“失独”家庭享受到居家养老服务。成立“二七区计划生育家庭爱馨康乐服务中心”，为所有“失独”家庭老人每年发放价值400元的“爱馨康乐服务卡”，提供免费健康检查、健康知识咨询、家政等服务。该项工作得到国家、省、市人口和计划生育委员会有关领导的高度评价，郑州市政协领导进行专题调研，相关经验被郑州市《政府工作快报》专期刊发，《中国人口报》等多家媒体予以关注和报道。

【流动人口管理服务】 全面落实计划生育基本公共服务，将流动人口全部纳入免费技术服务范畴，落实免费技术服务均等化；将符合政策生育的流入已婚待孕妇女全部纳入出生缺陷一级干预工程，落实优生优育服务均等化；为流动人口育龄妇女免费开展生殖健康检查、妇科病普查普治，落实生殖健康服务均等化；建立定期联系帮扶制度，落实奖励优扶服务一体化。同时，结合二七区特点为流动人口提供特色服务。依托新爱婴早教中心，成立“流动人口婴幼儿服务之家”；在康桥华城社区开展“银悦”居家养老服务；与郑州大学第三附属医院联合推出针对孕产妇“呵护生命、关爱健康”的“连心卡”活动；与郑州耳鼻喉医院结合开展“健康5月、农民工呼吸健康”“护童工程”等免费救助活动；成立“百顺集贸市场流动人口服务中心”，免费为商户提供法律咨询及援助，并与郑州市营养协会联合开展倡导健康饮食活动。各类特色服务的开展，深受流动人口欢迎。12月25日，甘肃省人口和计划生育部门到辖区观摩考察。

【出生人口性别比治理】 深入开展“关爱女孩行动”“圆梦女孩志愿行动”等系列主题活动。实行“三包一”责任制，加强持二孩生育证妇女孕情监控，做好出生实名信息数据采报工作。联合卫生、公安、行政执法等部门，每季度开展一次“两黑”“两非”集中清理清查和规范整治活动。全年清查医疗机构、药店等场所375家，依法暂扣B超机2台、终止妊娠药品70盒。

【依法行政工作】 一是简化办证程序，优化办证流程，制作发放计划生育便民卡，严格落实首问责任制、行政审批事项一次性告知制、限时办结制等多项制度。同时，开展预约、延时、委托等特色服务，提高群众满意度。二是建立稳控机制。每月组织一次矛盾纠纷排查活动，坚持领导接访制度，领导班子每月召开一次会议研究信访工作和疑难信访案件。三是打造“阳光计生”，坚持依法行政，文明执法。开通“12356”计划生育热线电话，公布举报信箱，开通互联网举报专栏，畅通信访渠道。全年行政处罚138起，处罚11.01万元；行政征收25起，征收119.6万元。

（马艳飞）

民族宗教

【概况】 二七区民族宗教事务局，现有干部职工8人。办公地点位于淮河东路68号3楼。

2014年，全区有46个民族成分，其中，少数民族成分45个。全区有少数民族群众约1.7万人，其中，回族1.2万人，满族1284人；全区有1个民族村（兑周村）、2个民族杂居村（湾刘村、曹洼村）。少数民族超过千人的乡（镇）、街道有7个：铭功路、蜜蜂张、淮河路、建中街、五里堡、大学路、福华街。全区具有相当规模的少数民族企业1家，另有270余家清真饭店、清真食品摊点。

局长法建军指导辖区民族宗教服务工作

2014年，全区有四大宗教（天主教、基督教、伊斯兰教、佛教），经批准开放的宗教活动场所20处，其中：天主教堂1处、基督教活动点8处、清真寺7坊、佛教4处。全区有教职人员48人，其中天主教神父4人，基督教牧师1人，基督教传道员28人，伊斯兰教阿訇7人，佛教出家僧尼8人。全区信教群众近4万人，经常参加各种宗教活动的群众约1.2万人。

【民族宗教领域和谐稳定工作】 与乡（镇）、街道民族宗教办公室及辖区20处宗教活动场所保持联系，及时排查民族宗教领域的不稳定因素，辖区发生的牵涉少数民族群众的矛盾纠纷都得到化解和妥善解决。

【民族宗教政策宣传】 一是加强对民族宗教工作干部的培训和宣传。与区委统战部联合举办民族宗教知识、政策法规培训班2期，受教育150人，增强了领导干部贯彻落实民族宗教政策法规的主动性和自觉性。二是加强民族宗教政策法规和民族宗教工作基本知识的宣传。编印《民族宗教工作基本知识读本》《郑州市清真食品管理办法摘抄》《少数民族流动人口办事指南》等，向宗教活动场所、重点社区、少数民族群众较多的企业派发，扩大民族宗教工作宣传面。三是加强对民族宗教“两支队伍”的宣传。举办民族宗教界代表人士学习班3期，提高了贯彻执行民族宗教政策法规意识、整体素质和工作水平。四是加强民族宗教专题活动宣传。高度重视“民族团结进步宣传月”活动和“宗教政策法规学习月”活动，在重点社区、宗教活动场所等开展各种形式的学习交流活动7场次，制作宣传标语、横幅30余条，制作宣传专栏20多期，确保民族宗教专题宣传活动取得实效。

【民族团结进步工作】 以创建民族团结模范社区（村）活动为抓手，在民族团结进步示范社区嵩山路街道亚星社区、大学路街道金桥社区举行“民族政策和法律法规宣传周”活动；在黄河科技大学民族学院与少数民族大学生志愿者开展多种形式的民族团结联谊活动，在校园内营造民族团结浓厚氛围。

【清真食品管理服务】 2014年，全区有固定的清真食品义务监督员36人。通过与监督员的配合，及时对无清真牌证或委托、转让、出租、伪造清真牌证的经营者进行检查处理，全年组织集中检查4次，检查清真饭店及摊位、流动摊点近270家，大中型集贸市场5座，高等院校、医院的清真食堂、清真灶9处，其中，限期整改15家，没收不规范清真牌证30个，保证了清真食品市场健康有序发展。全年辖区未发生因清真食品而引起的矛盾纠纷。

【朝觐工作】 按照河南省、郑州市对朝觐工作的要求，按照排队朝觐原则，辖区所有朝觐人员全部按规定进行朝觐，无零散朝觐现象发生。

【行政审批】 优化审批流程，简化办事程序，创新多种有效审批形式，提高审批效率，对不同审批内容采取不同管理办法，做到能即时办理的即时办结；不能当场办理的承诺办结时限。2014年，受理各类办件306件，办结306件，办结率100%。

（白艳丽）

民政工作

【概况】 二七区民政局内设办公室（计财科）、殡葬管理所、低收入核对中心、救助站、临时救助科、福利生产办公室、婚姻登记处、救灾科、养老服务中心、民间组织管理办公室、社会救助科、社会事务科、中心敬老院、退伍安置办公室、行政服务科、"双拥"优抚科（军休所）和一个二级机构（二七区城乡社区建设服务局）。现有干部职工107人，办公地址位于政通路87号。

【救灾救济】 2014年春、冬季期间，发放救灾面粉、食用油、棉被等各类物资价值6万元，救助辖区群众155户300人；为全区29名孤儿发放基本生活保障金12.32万元。

【城乡"低保"】 按照"低保"自然增长机制，及时调整"低保"保障标准。2014年，区累计保障"低保"对象2228户3769人，累计发放"低保"金及各类临时性补贴1515万元；为469人发放大病救助金151万元。截至2014年12月底，全区接收低收入申请585户1495人。

【"五保"供养】 做好农村"五保"供养标准与"低保"标准衔接工作，确保农村"五保"集中供养标准不低于农村"低保"标准的2倍，分散供养标准不低于农村"低保"标准的1.2倍。2014年，为43名"五保"老人发放"五保"金、冬季取暖补助、一次性生活补贴等36.7万元，发放医疗救助资金5人1.98万元；累计为24名百岁老人发放敬老补助金5.8万元。

【社会救助】 （一）加强区级救助站管理，破解特殊人群政策救助外难题。2012年12月至2014年10月份，二七区救助站设立在解放西路（郑州市农村人力资源管理中心）西侧，当时安置救助床位150张。2014年11月，根据郑州市人民政府安排，救助站已搬至京广路和康复前街交叉口，具体负责周边流浪乞讨人员的临时救助管理工作，救助站安置救助床位50张。自2012年年底建站以来，二七区救助站共接收救助1876人，累计31853人次（其中务工人员750人，占40%；流浪乞讨人员656人，占35%；拾荒人员469人，占25%）。送郑州市救助站178人，为务工人员安置工作351人，就医43人。受助人员进站后，根据个人状况合理安排床位，供应一日三餐，24小时供应开水，各种基本生活保障到位。2014年，救助480人、9190人次，送郑州市救助站35人，就医13人（其中务工210人，流浪乞讨人员180人，拾荒人员90人）。

（二）做好社会救助"爱心超市"的建设和管理工作。2014年，两个"爱心超市"共接受社会捐赠物品28876件；免费发放各类物品21115件，价值40余万元。全区"低保"家庭在"爱心超市"自选采购商品21596次，直接让利困难群众91328元，切实提高了社会救助工作效率，有效改善了低收入群众的生活水平。

（三）不断规范临时救助工作。坚持"严把入口，畅通出口"工作原则，做好临时救助的受理、申请、审核及审批工作，让家庭困难的群众都能够及时得到救助。截至2014年年底，审批临时救助93人次，发放临时救助金21万余元，办理贫困证明1288份。

【村务公开】 建立健全村务公开和民主管理工作的领导机构，加强领导，抓好落实。明确各级、各有关部门在村务公开和民主管理工作中的职责，建立严格的责任制。组织乡（镇）、有关街道村（社区）干部，尤其是村（社区）"两委"成员进行学习培训，重点学习党的十八大、十八届三中全会精神、"三个代表"重要思想、科学发展观以及有关法律、法规和政策，教育引导村民认识村务公开的重要性和紧迫性，消除认识上的误区和片面性。从群众普遍关心和涉及群众切身利益的实际问题入手，对群众关心的热点、难点问题以及村里的重大事项都向村民公开。通过加强建章立制和强化责任追究以及对村务公开工作推进力度的进一步加大，全区村务公开内容更加全面，阵地建设有了新进展，村务公开规范化管理工作取得明显成效。

【农村社区示范点和农村社区服务中心创建】 指导侯寨乡、马寨镇部分社区办公用房建设具体工作，并实地查看41个农村社区综合用房情况及社区服务中心建设工作。侯寨乡的郭小寨社区、上李河社区等8个农村社

民政局举行中层干部竞争上岗素能答辩暨民主测评会

区，马寨镇的闫家咀社区、坟上社区等4个农村社区已按照要求制作完成并悬挂“中国社区标识”。

【村委会换届工作】 （一）提前谋划部署全区村级组织换届选举工作。9月，对全区12个城中村（社区管理委员会）情况进行摸底调查，并将调查情况形成调研报告上报郑州市民政局。10月19日，中共二七区委召开专题常委会研究部署全区村级组织换届选举工作。10月22日，全区村级组织换届工作会议召开，各乡（镇）、街道动员会相继召开，《全区村级组织换届选举工作的意见》《村级党组织换届选举工作实施方案》《村民委员会、村务监督委员会换届选举工作实施方案》等文件，制订相关工作细则，为全区村级组织换届选举工作提供保障。（二）加强组织领导。成立由区委书记任组长、区委副书记任常务副组长的村级组织换届选举工作领导小组，从组织、民政、纪检、信访等部门抽调8名工作人员，成立区换届选举办公室，具体指导各村换届选举工作。（三）加强思想动员。印制3万份“村级组织换届选举明白卡”和“六不准十严禁”工作纪律公告，逐户宣传换届选举工作法律政策、纪律规定，为换届选举创造良好的环境。（四）工作稳步推进。一是提前调查摸底。把握村情民意，做好充分的准备工作；二是科学制订预案，把握工作主动。组织力量做好村级财务清理和村“两委”成员离任经济责任审计工作，并及时公开审计结果，扩大群众知情权；三是制作《二七区村民委员会换届工作指导手册》和“村民委员会换届工作流程图”向全区农村发放；四是严格操作程序，因村制宜推进。村委会换届选举严格按照《中华人民共和国村民委员会组织法》及河南省《实施办法》进行，有效确保全区村级组织换届选举工作的顺利、有序开展。

【社区服务中心建设】 2014年，区民政局完成5个城市社区级社区服务中心建设，完成1个街道级社区服务中心建设，初步构建区、街道、社区三级社区服务中心网路。

【“星级”社区创建工作】 按照分类管理，升级达标的原则，持续开展社区创建。2014年完成5个城市一类社区（星级社区）建设。结合社区创建文明城市工作，抓好“和谐社区”创建工作，做好2014年上半年民政部对全区“和谐社区示范单位”创建检查验收的准备工作。

【社区综合用房建设】 2014年，通过装修，改造，解决5个社区近5000平方米综合用房；通过改扩建方式，解决2个社区近1000平方米综合用房，使全区社区综合用房面积达到53517平方米，平均504平方米，缓解了部分社区综合用房紧张的局面。

【社区人员管理】 进一步加强对社区居民委员会工作人员的监督管理，开展“吃空饷”情况大检查。从2014年1月上旬开始，对13个街道102个城市社区居民委员会工作人员的工作、在岗情况进行检查。检查采取指纹核对、身份证比对、逐人检查的方式进行，对因特殊情况不能到场的人员，要求各街道写出情况说明，出具相关请假和外出手续，确保不漏一个人。通过检查，进一步了解每个社区工作人员的工作状态和在岗情况，没有发现“吃空饷”现象。

【“双拥”工作】 开展多种形式的“双拥”共建活动，进一步夯实全区河南省“双拥”模范区创建基础。为了广泛发动各行各业参与、支持“双拥”工作，主动与辖区的医院、商场、学校沟通联系，在窗口单位设置“军人优先”标志牌，定期对辖区中小学生及群众进行国防教育，体现全社会对军人的尊重。

【“优抚”工作】 2014年，区民政局为辖区1404名各类优抚对象发放各类抚恤金及各种定期、定量抚恤补助金859万余元；为17名死亡军人发放一次性死亡抚恤金477万余元；为870名辖区义务兵发放优待金1480万元；办理新增残疾军人手续62余例、伤残警察评残手续11例、换证补证手续520例、病故军人遗属生活补助金申报手续3例、60岁以上农村籍退役士兵52例、参战参加核试验人员定期生活补助金申报手续24例；为辖区符合条件的优抚对象报销各类医疗费，提高了全区优抚对象医疗保障水平，减轻了优抚对象的医疗负担；全年为32名各类优抚对象报销医疗费6万余元。

【军队离退休人员安置】 2014年，区民政局妥善做好第六批军队退休职工的移交安置工作，已审核接收符合条件的无军籍职工42名。全年为300名军队退休职工，其中4名军队退休干部、6名地方代管人员、4名遗属发放工资及各种补贴1145万余元。

【退伍士兵接收安置】 2014年，区民政局为368名退役士兵办理自谋择业手续，发放一次性自谋择业金343.05万元整。

【区划地名勘界工作】 （一）行政区划着力推进体制创新，综合配置辖区发展资源。一是做好辖区行政区划调整的资料搜集、整理等相关工作。二是做好2014年出版的《河南省行政区划简册》数据的校对、更新工作。9月，再次汇总整理、审核各乡（镇）、街道及相关部门校对后的《中华人民共和国政区大典》（郑州卷二七部分）。

（二）地名管理着力拓展服务，不断优化辖区投资环境。一是进一步完善辖区地名数据库信息资料的输入。二是与郑州市地名办公室、地名专家及二七新区有关人员多次沟通、商讨，共同修订并完善全区规划道路、新修道路及二七新区规划道路命名方案。三是对辖区各类桥梁进行收集登记命名，经过对桥梁逐一排查，与街道逐一核实，做到“一桥一表”两张照片，按时完成各类桥梁的汇总上报工作。辖区桥梁分为五类56座。其中：立交桥8座；人行天桥18座；高架桥9座;梁式桥10座；钢架桥11座（内含拱式桥2座，跨河桥21座，跨线桥6座）。

（三）边界规范管理，着力维护稳定。一是做好辖区平安边界创建工作。收集整理每月底全区行政区域界线纠纷隐患排查的上报工作。二是按照郑州市县（市）、区级行政区域界线第三次联合检查的安排，由二七区牵头，与新密市民政局、荥阳市民政局联系沟通，制定二七新密线、二七荥阳线行政区域界线联合检查实施方案，并于5月中旬起，与新密市民政局、荥阳市民政局实地踏勘二七新密线、二七荥阳线行政区域界线。三是做好与新郑市、中原区、管城区、新密市及荥阳市周边“两区三县”平安边界“睦邻友好公约”的三级签订工作。

【民间组织管理】 2014年，二七区共有社会组织214个。登记的社会团体10个，按性质分类：行业性社团8个、公益慈善类社团1个、农村专业经济协会1个。登记的民办非企业单位204家，涉及文化、教育、民政、卫生、科技、其他等行业和领域。全区204家民办非企业单位和10家社会团体参加年检，合格率100%。

【婚姻登记】 2014年，区民政局依法办理婚姻登记12095对，其中结婚登记6916对，离婚登记2941对，补领结婚证2009对，补领离婚证229人；出具无婚姻登记记录证明2.16万份；装订婚姻档案343卷。婚姻登记合格率100%，全年未发生一起违规登记事件。

【老龄工作】　一是加强对辖区养老福利机构的管理指导，做好各项安全稳定工作。为严防养老机构各类重特大事故的发生，要求辖区各养老机构制订应急救援预案，每月及时上报消防安全台账。经常到辖区养老机构进行消防安全、食品安全、卫生安全、服务质量等检查，提高对各养老机构的日常管理和消防安全管理，并做好记录和档案资料的收集，杜绝各类不安定因素发生。组织各养老机构48人参加郑州市举办的养老护理员职业技能培训。二是推进居家养老工作。加强对辖区居家养老爱馨服务中心的日常指导和管理工作，提高对老人的服务质量，加强对服务人员的培训，确保居家养老工作的有序开展；严把居家养老服务对象的审批工作，确保辖区“三无”老人、空巢老人享受到政府的补贴和照顾；经常对服务老人进行入户和电话回访，及时发现、处理各类问题。辖区居家养老服务工作实现无偿、低偿、有偿相结合的服务模式，全年服务“三无”老人23人，“空巢”老人60人。三是广泛开展各种“敬老爱老”活动。已完成辖区“孝亲敬老之星”“孝老楷模”“健康寿星”候选人推荐工作。做好老年优待证办理工作，全年为3571名老年人办理优待证。10月，在全区开展以“关爱老人　构建和谐”“传承中华美德　弘扬敬老文化”为主题的“敬老月”活动，发动各乡（镇）、街道和社区托老站，开展系列“敬老爱老”活动，活动期间慰问老人1896人，慰问物品价值约133万余元；举办7场老年集体祝寿活动；组织社区235名老人参加荥阳市、新郑市“秋季采摘乐”活动；开展各类文体活动181次、大型义演活动61次、志愿者服务活动351次、家政服务119次、健康咨询105次、免费义诊87次。

【社会福利企业管理】　2014年，区民政局接收移交二七区属地管理福利企业6家。截至2014年年底，全区享有优惠政策的福利企业12家，工业总产值完成约4.3亿元，销售收入完成约4.1亿元，利润206万元；安置623名残疾人就业。

【殡葬管理】　2014年，全区火化尸体2224具，火化率100%；加强春节、清明节等祭祀高峰期间公墓、陵园火灾隐患的防范工作；加强辖区骨灰堂与经营性公墓的规范管理。

【网格化管理】　区民政局坚持把长效机制建设与以“为民、务实、清廉”为主要内容的“党的群众路线教育实践活动”有机结合，坚持“三个三分之一”制度、领导联系分包制度、常委会听取汇报制度。下沉人员强化对困难群众的管理和服务，帮助解决好困难群众的生活问题，做好低保、低收入家庭的帮扶工作。

【精神文明创建及干部队伍建设】　一是开展“党的群众路线教育实践活动”，制定活动指导文件10份，印发学习资料70余篇，调查问卷1580份，编发简报15期，专项督查通报22期；开展工作提示20次，督促检查22次，并在办公楼一楼显著位置制作温馨提示宣传版、每日动态显示屏、群众意见征集箱，设立投诉举报电话68186110。组织中心组学习5次、党员干部集中学习25次、各党支部学习32次，学习规定篇目50余篇，观看先进典型影视资料15部。在学习教育环节中，开展独具特色的“二七区民政局党的群众路线教育实践活动开讲啦”专题讲谈，100余名干部职工站上讲台，畅谈工作学习体会，谈反“四风”教育成果，谈为民服务宗旨，以全新的讲谈形式，促进“党的群众路线教育实践活动”深入开展；在征求意见过程中，创新开展村情民意“邮政服务”信访举报箱工作。通过在侯寨乡、马寨镇及其行政村设立的43个“邮政式服务”信访举报箱，由纪委、民政工作人员直接收取举报信件，引导和帮助群众更好地行使知情权、参与权和监督权。二是成立督查科，狠抓机关纪律作风整顿工作。严格按照《二七区规章制度》深入督查，切实增强了干部职工解放思想、转变作风的紧迫感和责任感。同时，做好预防职务犯罪与党风廉政建设工作，倡导严谨求实、积极向上、奋进创新，确保各项工作取得全新突破。

（王　丽）

社会保险事业

【概况】　郑州市社会保险局二七分局成立于1999年10月。内设办公室、医保征缴科、医保审核科、居民医保科、企业个体科、计算机管理科、财务科、稽查科、法制科、督查科、居民养老保险科、工伤科、失业科、机关事业科、社会化服务管理科。现有干部职工75人。办公地址位于航海中路151号。

2014年，是二七分局“五险合一”垂直管理的第一年，全局在郑州市社会保险局和中共二七区委、二七区人民政府正确领导下，全力抓好区级社会保险办理工作，助推“五险合一”改革工作，较好地完成各项目标任务。全年“五大险种”参保缴费目标均超额完成任务，社会化发放率100%，圆满完成河南省“十大实事”目标任务。

【养老保险】　2014年，全区完成征缴城镇企业职工基本养老保险37745万元，完成目标任务35964万元的

社保局领导慰问计划生育困难户

105%；完成城镇职工基本养老保险参保128140人，完成目标任务110699人的116%，其中企业职工参保114728人，完成目标任务93693人的122%。

【工伤保险】 2014年，全区完成工伤保险征缴1305万元，完成全年目标任务1280万元的102%；完成工伤保险参保76780人，完成全年目标任务69800人的110%。

【失业保险】 2014年，全区完成失业保险征缴3258万元，完成全年目标任务1850万元的176%；完成失业保险参保48951人，完成全年目标任务44100人的111%。

【医疗保险】 2014年，全区城镇职工基本医疗保险征缴13965万元，完成全年目标任务13558万元的103%；完成城镇基本医疗保险参保51500人，完成全年目标任务50000人的103%。

（杜菲菲）

残疾人事业

【概况】 二七区残疾人联合会内设办公室、教育就业康复部、行政服务科。下设残疾人就业服务所、残疾人综合服务中心、残疾人维权中心、残疾人特困援助中心。现有干部职工18人，办公地址位于政通路87号2楼。

2014年，区残联贯彻落实党的十八大和十八届三中全会精神，以“坚持一个中心，抓好两项民生工程，开展好三项活动，做好七项重点工作，办好十件实事”为主线，开展各项残疾人工作，努力推动全区残疾人事业持续快速发展。

【“阳光家园”工作】 2014年，为辖区463名残疾人发放救助金、康复补贴119.84万元。其中：62名残疾儿童享受二七区“天使（残疾儿童）救助计划”，发放康复训练补贴14.02万元；34名“三无”残疾人享受二七区“三无”残疾人救助，发放生活补贴14.4万元；367名低保家庭的重度残疾人享受二七区低保家庭重度残疾人“阳光家园”计划，发放生活救助金80万元；为148名残疾人专职委员发放工作补贴11.42万元。

【助残活动】 2014年5月16日，区

残联开展残疾人基本服务状况和需求专项调查

残联在二七区辅读学校举行“二七区残疾人自强健身示范点启动仪式暨‘爱心书吧’捐赠活动”。二七区领导张伟岭、林海为残疾人健身示范点揭牌。同时，为二七区辅读学校捐赠价值5000元的“爱心书吧”。健身示范点开放后，满足了辖区残疾人健身的需求，推动了残疾人健身运动；“爱心书吧”为学生搭建了一个看书学习的平台。在“全国助残日”活动期间，陆续开展为全区330名“三无残疾人”和“阳光家园”低保家庭重度残疾人发放1月至5月份生活救助金35.6万元，为107名残疾人免费发放轮椅、助听器等辅助器具，为264名残疾人机动三轮车车主发放了2014年度燃油补贴6.864万元，为59名贫困残疾儿童免费发放85件辅助器具。

组织辖区120名残疾人代表到升龙奥斯卡影城观看以二七区陇海大院为题材的励志电影《好好的活着》。

2014年8月11日上午，组织肢体残疾人代表参加“以创业成功残疾人的先进事迹鼓励带动更多有创业激情的残疾人”的二七区第五次全国“肢残人活动日”活动。辖区肢体残疾人代表到二七区残疾人阳光创业服务中心、七彩布艺床上用品商店、郑州市广民电动车有限公司参观学习。此次活动，既为肢体残疾人提供了交流、沟通的平台，也宣传了残疾人自强创业的典型，激发了残疾人勇于创业、实现就业的激情。

在社区或广场开展15场次形式多样的“爱耳日”宣传活动，发放宣传册；同时通过板报、飞信、短信、条幅等形式多渠道宣传耳科保健知识。各乡（镇）、街道联合辖区医院和卫生服务中心的专业技术人员到社区、广场为居民义诊，讲解爱耳、护耳知识。

“国际残疾人日”期间，为367名低保家庭“阳光家园”计划的重度残疾人发放救助款50.4万元、为32名“三无”残疾人、2名集中托养残疾人发放救助款6.96万元，为58名天使（残疾儿童）救助计划0–12岁贫困残疾儿童代表发放康复救助补贴款7.96万元，为148名考核合格的残疾人专职委员发放全年工作补贴114240元，为7名视力重度残疾人免费发放盲人读屏软件；组织149名辖区残疾人和残疾人工作者观看2D电影。

【残疾人基本服务状况和需求调查】 2014年，全区在册残疾人6657人，已全部完成入户调查和微机录入工作。通过采取入户调查数量控制、开通专项调查工作QQ群、日报告制度、日通报制度、加强督查、加班调查等措施，有力推动了辖区残疾人专项调查工作的顺利开展。

【民生工程】 （一）继续落实河南省残疾人就业培训工程。全年培训886人，完成全年培训任务的102%；举办残疾人专职委员培训、康复协调员手语培训、农村实用技术培训、丝带绣制作培训等；同时，多渠道安排526名残疾人就业。（二）做好“0–6岁贫困残疾儿童抢救性康复工程”。全年，4名智力残疾儿童、4名听力残疾儿童、12名脑瘫儿童和2名孤独症儿童到定点机构训练；为3名儿童植入了人工耳蜗，为12名贫困残疾儿童发放12件辅具器具（轮椅、坐姿椅、助行器、站立架）。

（孟宝国）

关心下一代

【概况】 二七区关心下一代工作委员会成立于1985年11月。关心下一代工作委员会是由在职领导牵头，以离退休老干部为主体，各有关部门参加，以关心教育青少年健康成长为中心的工作机构。办公地置位于区政府办公楼104室。

全区有各级关心下一代组织245个，其中企业关心下一代组织8个；成立各类报告团23个，报告团成员262人；"五老"网吧义务监督员181人。

【社会主义核心价值体系宣传教育】 3月1日，二七区关心下一代工作委员会、共青团二七区委、二七区教体育局联合在兴华小学举行学雷锋活动启动仪式；仪式后，组织千余名在校大学生、中小学生及社会义务志愿者，前往二七燃气具大世界总经理谷殿明自费筹办的"学雷锋实践教育基地"参观学习。协助离休干部张利修举办"向雷锋同志学习大型图片展"，到辖区中小学及社区进行巡展，观众万人以上。3月3日，郑州燃气具大世界总经理谷殿明带领员工在绿城广场、大专院校家属院开展学习雷锋活动，免费为居民安装、维修燃气具100台。

清明节前夕，组织部分"五老"人员与青少年学生一起到郑州市烈士陵园、二七纪念堂开展祭奠英烈活动，同时号召辖区2万多名中小学生在中共中央社会主义精神文明建设委员会办公室网站上参加祭奠英烈活动。组织6名"五老"报告团成员到兴华社区、教苑小区、幸福路小学、政通路小学、郑州市第七十四中学、郑州市第十三中学作爱国主义教育和传统文化教育专场报告，听众5000人次。

5月上旬，河南省关心下一代工作委员会派员到二七区中小学调研"学习雷锋常态化活动开展情况"，并将活动开展有特色的5所学校在《河南青年报》上报道。为了让农村青壮年掌握一技之长，拓宽就业和致富渠道，二七区老年科学技术协会组织老教授、专家、民营企业家到农村或"社区科普大学"进行科普知识讲座3场，听众300人次。

6月24日，中国关心下一代工作委员会主任顾秀莲带领的考察团到辖区参观考察"社会主义核心价值观教育活动情况"。在淮河东路小学，顾秀莲参观学校多功能教室，观看"中国梦　我的梦"汇报演出，与儿童们互动交流，对学校围绕社会主义核心价值观，开展丰富多彩的教育实践活动给予充分肯定和鼓励。顾秀莲一行还在郑州市军队干部休养一所观看离休干部张利修举办的红色图片展，听取张利修汇报自己20多年来自筹经费办图片展的感想，顾秀莲被张利修的事迹深深感动，动情地说："耄耋老人关爱后代、无私奉献的精神可嘉，值得我们学习啊！"顾秀莲与张利修及工作人员合影留念。

市领导看望军队退休老干部

【"中国梦　我的梦"主题教育活动】 2014年，围绕"中国梦　我的梦""学雷锋、爱祖国、树理想、讲道德、跟党走"开展主题教育活动。辖区73所中、小学的8万余名学生参与此项活动，开展演讲比赛30场次；开展读书活动，征集稿件1500多篇；10家单位被评为省、市优秀组织单位，8名教师被评为优秀辅导教师；67名学生获得国家教育部一等奖，120名学生获得二等奖和三等奖。在省、市关心下一代工作委员会开展的"中国梦　我的梦"演讲比赛暨表彰大会上，辖区33家单位、50名个人分别获得先进集体和先进个人奖；13篇学生征文入选《郑州市青少年中国梦我的梦优秀征文集》。

暑假期间，组织辖区中、小学生开展"中国梦　我的梦"教育实践活动。启动农村少年宫，组织留守儿童开展活动。根据少年儿童们不同兴趣爱好安排到电脑、舞蹈、书法等暑期培训班学习；组织部分"五老"报告团成员深入到社区、楼宇作安全教育报告2场，组织10名"五老"义务监督员到网吧进行监督检查，张贴宣传标语，宣传绿色上网、健康上网。

【青少年法制教育和帮教工作】 2014年，全区35名"五老"被二七区人大常委会聘为人民陪审员，全年参加法院开庭审判活动150多次。邀请二七区人民检察院、二七区人民法院检察官、法官到郑州市第二十二中学、郑州市第十三中学、郑州市第八十九中学、郑州市第七十四中学作法制教育报告和法制教育咨询，受教育师生3000多人次；邀请郑州市消防支队干警到汉川街、解放路、铭功路、长江路等学校进行消防安全知识讲座和实地演习；联合中共二七区委政法委、二七区司法局、二七区妇联、共青团二七区委团委等有关部门，组织"五老"志愿者协助社区做好失足、失范青少年的帮教、帮扶和矫正工作。

【"帮困助学"活动】 2014年，全区各基层关心下一代工作委员会结合元旦、春节、"六一"儿童节等，组织"五老"志愿者，深入结对帮扶联系点，开展"帮困助学"活动。开展为贫困家庭的学生"圆大学梦"活动，区关心下一代工作委员会多次与区慈善总会、区民政局协商从民营企业家捐赠的教育基金中每年出资2万元，帮助8名困难家庭中品学兼优的大中专学生解决学费问题。与团区委、区教体局联合开展“青春邀约走基层”活动，征集马寨镇23名留守儿童的“微心愿”，助圆“微梦想”，通过活动满足留守儿童们的心愿，给予他们更多的关心、关注、关爱，现场还给每1名儿童发放1份学习用品。5月29日，区关工委、区老干部局组织人员到兴华小学看望慰问50名贫困学生，为学生们送去书包、雨伞、“新华字典”、文具盒等生活、学习用品。

【“五好”基层关工委评比活动】 4月中旬，二七区关工委深入到辖区学校和社区，按照“五好”基层关工委评选标准逐条进行评比，评选出二七区教体局、铭功路街道、五里堡街道、二七区科学技术协会、马寨镇中心校、二七区人民法院、二七区人民检察院等8家单位为“五好”基层关工委组织。康桥华城社区关工委被评为“全国妇联基层组织建设示范社区”“郑州市特色广场文化示范社区”。

（汪仁霞）

红十字事业

【概况】 二七区红十字会成立于2007年7月。内设办公室、宣传科、赈济救护科，现有工作人员7名。办公地址位于淮河路68号。

【救助工作】 2014年1月3日，郑州市红十字会会长、郑州市人民政府副市长刘东看望慰问辖区首例遗体、角膜捐献志愿者家属娄学英，并送去慰问金2000元和米、面粉、食用油、被褥等慰问品，开启

红十字会开展慢性病志愿者交流培训

2014年二七区“博爱送万家”的序幕。春节、中秋节前夕，慰问残疾人、危重病人、孤寡老人、造血干细胞捐献者等家庭100户，送去生活必需品。

【应急救护知识培训】 为做好全民应急救护培训工作，区红十字会在社区、公共场所发放调查问卷数百张，征集群众愿学、易学、想学的救护知识，分类制定教学内容，为开展以进机关、进学校、进社区、进农村、进企业的“五进式培训”打造定制培训内容，2014年开展培训50场，参加培训5000人次。

【无偿献血和造血干细胞捐献宣传】 2014年，区红十字会党员干部多次到中原路万达商场、“五一”广场、绿城广场等地宣传“无偿献血”和“加入中华骨髓库、捐献造血干细胞拯救白血病人”活动，努力招募更多的志愿者加入造血干细胞捐献者资料库。全年辖区新增入库志愿者138名，为患病群众获得更多配型机会，挽救患者的生命。

【社区慢性病预防和控制试点项目启动】 2014年3月初，由红十字会与红新月国际联合会（简称“国际联合会”）组织开展的“慢性非传染性疾病预防和控制试点项目”在河南省启动，此项目正式落户二七区绿云社区、新郑市常刘社区，这是河南省率先在全国范围内开展的试点工作，在东南亚地区属首次。

（阎姗姗）

公用事业

通信　邮政

【联通通信】　2014年，郑州市联通公司实施移动宽带领先与一体化创新战略，打造移动宽带精品网络，全面推进固网宽带光纤改造，扩大宽带优势，适时推进电信业务升级转换及增加市场份额，进一步深化各项改革，努力提高电信服务质量，使公司步入新的发展阶段。

公司在电信信息技术与电信市场快速发展、国家电信发展产业政策和税制改革深刻变化形势下，以市场配置为导向，深化企业改革，对外提供一体化服务，对内提升一体化运营效率，初步建立起专业化的经营体系，为信息消费提供更加便捷的服务。2014年，公司全面进入移动4G通信和光纤改造业务，突出业务优势，攻坚克难，面对销售费用压降、营改增税制改革等严峻复杂形势，以“攻坚份额、提升效益”为中心，聚焦专业化运营，转变经营模式，加快改革步伐，转变工作作风，狠抓快速执行，较好地完成各项任务，发展整体呈现良好态势。全年增值税口径主营收入完成同比增长10.79%；收入市场份额提高1.64个百分点，利润同比增长35%。

2014年，公司将“转作风”作为“提效率”的重要抓手，建立现场管理长效机制，实施工作执行“回头看”评价，推广微信群管理，强化督查督办，服务意识明显提高，执行效率快速提升；公司扎实推进“党的群众路线教育实践活动”，完善基层联系点制度，落实工作目标责任制，顺利通过省级精神文明单位复审；公司推动企业创新与质量管理工作，5项成果获“行业优秀”奖，1项成果获“国家优秀”奖。

（一）通信业务。公司移动宽带业务围绕“规模、质量、促销”总体营销方略，推进移动网络发展重心由3G、2G向4G转移；全面开展“终端、融合、渠道、应用、迁移”五个拉动，4G运营实现良好起步；固定宽带业务以“光网改造”为契机，明确“品质+服务+责任田”经营模式，光网改造小区迁转率较2013年年底提升25个百分点。

（二）精品网络。2014年，公司围绕“效益下的项目配置”投资原则，推动新型投资管理体系落地，投资管理水平明显提升。建立网络公司重点考核指标、工作事项问责机制，强化责任闭环管理，工程交付及时率和初验、暂估及时性等指标均为满分。公司突出市场拓展和客户感知导向，以超常规速度完成4G宏站建设，顺利实现4G开网运营；加大光纤网改造力度，落实农村光纤改造专项行动，新建FTTH端口成万级增加；规范投诉派单及处理标准，严格“五位一体”断站管控，2G、3G用户万人投诉率同比分别下降23%、14%；强化“480”承诺节点管控及责任倒追，承诺区域装移修综合及时率均保持在99%以上。

（三）服务工作。建立“KPI+奖惩”管控体系，开展渠道服务达标活动；实施重点区域服务攻坚战，五大重点渠道客户满意度超出本系统全省均值，营业客户满意度连续8个月排名全省第一。建立服务责任追究制度，完善投诉解决率预警机制，打造电话外呼营销、线上线下协同受理的维系新模式；推进用户续约、迁转在线上完成，提升维系工作效率，整体服务KPI指标本系统全省排名第一。

（四）自主开发信息化产品“沃看路况”信息查询系统。4月，公司自主开发的行车路况信息实时查询系统——“沃看路况”上线运营。该产品是公司与郑州市公安局交警支队合作，依托联通3G/4G网络，整合交警支队道路视频资源及相关信息，打造的本地实时路况查询信息化应用产品。用户使用智能手机下载Android和IOS版“沃看路况”，可享受实时路况视频信息查询、机动车违章信息查询、常用路况视频收藏及微信互动等服务。

（五）召开郑州移动互联网联盟成立大会。2014年4月26日，郑州联通公司与郑州市信息化办公室、信息化促进会共同组织的郑州移动互联网联盟成立大会暨第一届一次会员代表大会在河南联通信息生活馆召开，50余家移动互联网联盟会员单位参加。郑州市联通公司作为郑州移动互联网联盟的常务理事长单位，向与会代表们重点介绍公司在政务信息化、行业信息化、农村信息化、企业信息化、家庭信息化等诸多领域取得的产品应用。同时，希望在信息化新产品开发应用等方面与会员单位开展多层级合作。

（六）“114商城”正式上线。2014年4月30日，公司举办“114商城”公测启动仪式，标志着河南省首家本地化综合性服务及大型购物平台——“114商城”的诞生。“114商城”是郑州联通公司与河南永川爱购有限公司合作搭建的综合信息服务平台，可为客户提供餐饮美食、休闲娱乐、运动健身、旅游酒店、百货购物等网上购物环境，客户可通过登陆www.114malls.com网站、扫描“114商城”微信二维码、下载“114商城”手机客户端等方式进行网上购物。

（七）4G业务正式开网运营。2014年8月10日，公司4G业务开网运营。当日公司举办“存话费、抢靓号”号码拍卖会。拍卖会吸引400余名高端客户参与，50个176号段靓号在两小时内竞价完毕，竞价总额即话费预存款500余万元，通过活动引发用户关注，助推4G业务提速发展。8月11日，公司举行4G开网暨品鉴会，正式宣告联通4G登陆郑州。公司现场解读联通4G技术与网络，进行应用产品的互动演示和网络与终端的体验。

（八）配合警方开展打击恶意呼叫专项活动。公司与郑州市公安机关积极配合，针对恶意呼叫号码反复骚扰客户、同时浪费大量公司网络资源的情况，开展专项打击活动，取得积极成效。活动通过采取蹲点守候、排查恶意呼叫号码信息及与警方无线电探测技术相结合等措施，警民联手，快速取缔多处恶意呼叫窝点，收缴呼叫服务器5台、呼叫终端400余部，有效净化了网络环境、提升了网络质量，每日为公司挽回收入损失近万元。

（曹新建）

【铁通通信】 铁通中国铁通集团有限责任公司郑州市分公司成立于2001年2月28日，隶属铁通河南省分公司。2008年5月，按照国家深化电信体制改革要求，铁通公司整体并入中国移动通信集团公司，作为其子公司独立运营。2009年3月，国资委、铁道部向国务院提交《关于将中国铁通集团有限公司铁路通信业务资产人员划转铁道部管理的请示》，获国务院批准。11月12日，中国移动集团公司与铁道部就铁通公司铁路通信业务、资产、人员划转铁道部管理事宜签定协议。12月15日，铁通公司将铁路通信业务、人员移交铁道部。铁路通信专网剥离后，铁通公司继续作为中国移动通信集团公司的全资子公司，从事公众通信业务。

2014年，公司在河南省分公司正确领导下，在郑州移动公司大力支持下，秉承以人为本的理念，按照铁通公司总部及河南省移动通信公司的统一要求和部署，始终坚持“一个中国移动”的原则，坚定走“新技术、高起点、有价值”“两不三新、健康扭亏”发展道路，在经营中不断抓住国内电信市场开放和发展的机遇，明确奋斗目标及市场定位，进一步挖掘电信市场潜力，经营工作效益显著，扭亏为盈。

（一）网络升级改造。公司在夯实网络安全的基础上，深入开展光纤网络升级改造，强力支撑市场发展。一是通过加强对既有的网络安全改造，提升本网维护质量，努力创建铁通优质网络，做好本网语音宽带保平稳的支撑工作；二是大力实施光纤接入，优化和提升网络接入能力，改善用户的感知，降低网络故障率。

（二）运营组织体系。调整构建适应转型发展的运营组织体系。一是明确调整的方向，即实现网格化、专业化、集中化、扁平化和信息化；二是强化调整的重点，即构建新型网络维护体系和市场营销体系；三是应用信息化手段。在调整过程中，信息化手段合理运用，起到事半功倍的作用；四是抓住调整的关键点，确保调整过程中各项职能平稳过渡；五是遵守调整推进原则，积极稳妥，因地制宜，梯次推进。

（三）企业文化建设。公司工会不断丰富企业文化，加大宣传力度。陆续开展“三八”妇女节女工毽球、软式排球比赛、职工健康体检，“送清凉”慰问活动，钓鱼、摄影比赛，10月，举办大型员工“群体活动月”活动和冬季运动会等，通过多种多样的企业文化建设提高广大员工的身体素质，活跃员工文化生活，进一步加强全民健身计划的落实。

（四）创新服务模式。公司健全客户服务队伍并使日常服务工作标准化、常态化，时刻秉承“为客户降低成本、为客户创造价值、为客户提供长期优质服务”经营理念，创新服务模式，以“专业品质、卓越服务”的企业理念，将“为客户服务”变为“为客户负责”，在“一切为了客户满意”的服务原则下服务于广大客户，开展“服务争优”“客服知识竞赛”活动。狠抓各窗口单位的服务质量、规范作业流程、提升服务水平，努力为广大电信消费者提供质优价廉的电信服务，全方位地满足社会公众的需求。

（葛成龙）

【中国通信建设第四工程局有限公司】 中国通信建设第四工程局有限公司成立于1965年6月，是一家国有控股企业，隶属于中国通信服务股份有限公司，办公地址位于中原东路102号。

公司现有各类管理、技术人员近千人，具有通信工程施工总承包一级、电信工程专业承包一级、通信信息网络系统集成甲级、通信网络代维（外包）企业甲级资质，通过了ISO9001、ISO14001、OHSAS18001“三标一体化”管理体系认证，业务范围涵盖光通信、移动通信、微波通信、数据通信、通信系统维护和网络优化技术服务等信息领域所有专业。

50年来，公司参加了所有国家干线通信网和重点工程建设，完成国家“七五”计划、“八五”计划、“九五”计划、“十五”、规划期间“八纵八横”国家通信干线工程项目和30多个省会运营商枢纽工程，技术水平和管理能力始终走在全国通信建设和服务行业前列，创造了国内通信建设的多项第一，积累了丰富的大型通信项目建设、管理经验。其中1项工程获得“国家优质工程金质奖”、1项工程获得“中国建筑工程鲁班奖”、5项工程获得“国家优质工程银质奖”、1项工程获得“国家优质工程优质奖”、30余项工程获得部级优质工程奖，工程质量、管理水平、建设速度和效率处于国内同行业领先水平。尤其是在兰西拉光缆干线工程中，承建海拔最高、施工难度最大的格尔木—唐古拉山口段，并获得国家银质奖。公司多次被授予“全国施工企业管理优秀奖”“全国优秀施工企业”“全国先进建筑施工企业”“全国质量效益型先进企业”“维护服务管理创新先进单位”“重合同守信誉企业”等。

公司不断拓展国际通信市场，先后承担尼日利亚、坦桑尼亚、乌干达、刚果（金）、科特迪瓦、布隆迪、卢旺达等多个国家的通信骨干网络建设，提高了公司海外项目的组织管理能力，取得良好经济效益，为公司未来的发展打开了更广阔的空间。

公司围绕企业改革、发展、稳定大局，以改革创新精神不断加强党的建设，倡导并推行“上善若水的乙方文化”,以“创新、包容、坚韧、信赖、伙伴”为核心价值观，讲服务、求效益、负责任、重执行、善合作。通过建立现代企业制度，提升核心竞争力。始终坚持“安全第一、质量第一”方针，奉献了一项精品工程，为通信事业的发展做出了贡献。

公司立足通信建设行业，以国内市场为基础，开拓海外市场；以市场为导向，以社会经济效益为中心；以体制、机制、管理创新为动力，以技术进步为支撑；致力于提供具有成本优势的优质特色服务，创新打造“中国通建四局”知名品牌，建设成为能满足各类通信工程建设需求、门类齐全、专业配套的，在国际上具有一定竞争力的综合信息建设承包商和服务商。

（中国通信建设第四工程局有限公司）

【邮政服务】 二七区邮政局共有邮政局所13个、邮政储蓄网点7个、投递班3个；2014年年末，邮政企业从业人员301人，其中在岗职工107人，劳务用工186人，非全日制用工8人。

2014年，二七区邮政局坚持以发展为主题，推进转型发展和业务创新，不断提升管理服务水平，各方面工作均取得较好成绩。全年实现业务收入5314万元，收入规模居市区局首位；物流专业实现收入147万元，规模列市区局第二，完成进度、增幅均列市区局第二。获得郑州市公安局金融安全先进单位，郑州市邮政分公司邮政服务综合满意度、邮政营业管理、邮政投诉管理、邮件时限管理、金融业务管理先进单位；陇海中路邮政所获郑州市邮政分公司基层管理先进班组。五里堡储蓄所、正兴街邮政所、大学路投递班获郑州市邮政局“兴邮杯”先进班组；邮政营业员翟蕾蕾获郑州市“五一”劳动奖章，王秋霞获得郑州市公安局金融安全先进个人，王琳、马秀琴、赵志强获郑州市邮政分公司“兴邮杯”标兵，成琳获郑州市邮政分公司优秀视察主任和邮政客户投诉管理先进个人。

（一）经营管理。2014年，区局以“坚持改革、优化结构、创新管理、稳步发展”工作方针为指导，坚持贯彻“转变中发展”精神，扎实推进综合管理、人才培养、体制改革等各项工作。同时坚持“服务金融、聪明物流、创意函件、实力电商、大众集邮、精明报刊、平台零售、平安纪要”要求，以“周周有活动”为主线，以项目运作为抓手，开展以金融、集邮、函件、物流等重点业务为主的各项劳动竞赛活动，取得一定效果。按照银行业监督部门、郑州市邮政局“合规建设提升年”具体要求，突出做好重大安全隐患问题整改，全区邮政金融保险风险防控能力稳步提升。开展二七区邮政文明示范窗口“双百佳”创建、市区“用户满意示范窗口”等活动，通过向用户发放征询意见函，强化对服务质量的监测和考评，提高了服务质量。全年区邮件时限综合准时率99.99%，邮政服务质量得到社会各界认可。

（二）深化体制改革。区局由经营型向经营管理型转变，形成了区局管理专业、管理收投分局、管理邮政支局，“条块”结合新模式。按照精简、统一、高效原则，在市区邮政局内部设立综合部、经营部、业务检查室和客户服务中心，客户服务中心与经营部实行“合署办公，两个牌子”。市区邮政局对各网点、专业客户经理队伍和投递队伍实行直接管理，不再设立大支局，原大支局设置的大支局长、综合业务管理、大客户及营销团队管理岗位予以撤销。市区邮政局的人力资源、财务等工作分别由郑州市邮政局相关职能部门负责，专业产品开发、项目策划、业务培训等工作由各专业局（公司）承担。通过市区邮政体制改革，区局成为拥有营业、投递、营销以及连锁超市、便民服务站等综合经营实体，实现对城市市场的深度开发。

（三）推进金融业务转型发展。2014年，区局把金融业务作为重中之重，努力探索“外拓走访、厅堂激发、存量维护”客户闭环管理新模式，取得显著成效。储蓄净增余额6422万元，储蓄余额规模9.89亿元。持续加强“四岗”考核，提升管户效能，促使中高端客户贡献度进一步提升。

（四）企业文化建设。为丰富职工的业余文化生活，先后举办“三八”妇女节女工活动、冬季职工运动会、野外郊游等活动。区局工会坚持关心职工生活，先后开展“三保证、三关爱”活动，为困难职工及时解决生活和工作中遇到的难题；开展“金秋助学”活动，奖励当年考上大学的职工子女；组织职工参与“兴邮杯”劳动竞赛活动，先后获得“兴邮杯”生产标兵、先进工作者等荣誉称号。

（五）党建工作。区局党支部加强支部建设，加强对党员的政治思想教育，不断提高党员的理论知识水平。坚持把优秀入党积极分子吸收到党组织中来，党员队伍日益壮大，党员素质不断提高，全体党员在各项工作中走在最前面，起到了先锋模范作用。

（六）开展“党的群众路线教育实践活动”。2014年，按照郑州市邮政分公司统一部署，密切联系“四风”问题，抓好“两方案、一计划”整改落实，较好地完成各项工作任务。4月，组织党员干部观看《焦裕禄》影片，做到活动开展与经营发展“两不误、两促进”，党员干部的政治意识、责任意识、大局意识明显增强，得到员工广泛认可和郑州市邮政分公司第三督导组肯定。

（王秋霞）

供电　供热　供水

【城市供电】　国家电网河南省电力公司是国家电网公司的全资子公司，国有特大型企业，担负着服务河南省社会经济发展和保障逾1亿人口可靠供电的重要任务。截至2014年年底，公司直管单位30家、县级供电企业107家，公司用工总量17.4万人。河南电网110千伏及以上变电站1087座、容量1.83亿千伏安、线路4.52万公里。河南500千伏电网形成“两纵四横”梯形主网架，各市实现220千伏环网供电，全部县域实现110千伏双电源供电。

近年，公司贯彻落实国家电网公司党组和中共河南省委、河南省人民政府决策部署，以持续深化公司和电网发展方式转变为主线，以建设坚强河南电网、运营高效河南公司、提升供电保障能力、服务社会经济发展为目标，着力提升电网安全稳定水平、供电优质服务水平、集约精益管理水平、员工队伍素质水平，全面加快“一强三优”现代公司建设，公司发展取得显著成绩，连续七年取得全省行风评议公共服务行业第一名，先后荣获全国“五一”劳动奖状、全国模范劳动关系和谐企业、全国厂务公开民主管理工作先进单位等荣誉称号，有力服务了全省社会经济发展，赢得各级政府和社会各界的广泛赞誉。

（河南省电力公司）

【城市供热】　2014年，郑州市热力总公司在中共郑州市委、郑州市人民政府和上级委局的正确领导与大力支持下，围绕年度责任目标，以科学规划为引领，站位全局“引热入郑”，推动郑州市集中供热事业转型与升级；按照“气化郑州”和蓝天工程的统一部署，推进“煤改气”工程，“煤改气”规模得到持续提升；加快对外发展与合作的步伐，为企业规模化与集约化发展打开良好局面；巩固与完善“五大格局”，把提升供热系统进一步引向深入；以多热源联网供热、能源管理、水质管理为重点，进一步提升供热质量与服务水平；供热生产实现大飞跃，经营管理、集中供热基础设施建设再破历史新纪录，供热质量显著提高，供热“阳光服务”品牌更加深入人心，超额完成各项年度责任目标和郑州市民生“十大实事”。全年完成供热量1218万吉焦，同比增长177万吉焦，同比增长17%。全年新增供热能力1600万平方米，供热总能力4800万平方米，新增供热面积801万平方米，供热总面积3822万平方米，同比增加26.5%，实现热费收入8.4亿元。全年新建供热管网134.63公里，新建热力站46座，实现银企联网、收费到户小区换热站586个，现已有34万余户居民用户实现收费到户。外网热单耗控制在26.43吉焦/万平方米·天，同比2013年下降10%，室温合格率99.7%（计划目标95%以上），设备完好率99.9%（计划目标92%以上），抢修及时率100%，热线电话回复率、办结率100%，回访满意率99.9%,供热质量稳中有升。先后荣获国家统计局河南调查总队先进调查企业，河南省总工会、河南省发改委、河南省环境保护厅联合颁发的节能减排先进单位，河南省建设工会工会工作先进集体、市级文明单位、市纪检监察工作先进单位等多项荣誉，保持了和谐稳定的发展局面。

（一）主业发展。2014年，是总公司“五年发展目标”正式实施的第一年。总公司以引热入郑、“煤改气”等创新举措为抓手，强力推动郑州市市区集中供热转型与升级。

总公司以科学规划为引领，在实施市区450平方公里集中供热规划的同时，参与编制全市1000平方公里的供热规划，并对全市集中供热综合承载能力进行规划研究，编制完成《郑州航空港经济综合实验区集中供热规划》，现已获得郑州市政府审批。裕中电厂“引热入郑”项目新增供热能力1100万平方米，枣庄热源厂“煤改气”项目实现供热能力500万平方米，实现真正意义上的“大热源”。公司现有供热能力4800万平方米，全年新增实际供热面积801万平方米，供热总面积3822万平方米，同比增加26.5%，保持了快速高效的发展态势。同时，围绕供热主业进一步拉长产业链条，加快对外发展与合作的步伐，与新密新区的供热合作项目已进入前期筹备阶段；与荥阳市签订合作框架协议，已开始建设宜居健康城住宅小区供热管网；在污水源热泵等新能源供热、供热设备合作推广等领域均已达成合作意向，为企业规模化与集约化发展打开了局面。

（二）工程建设。新密裕中电厂“引热入郑”工程。新密裕中电厂“引热入郑”工程是2014年度郑州市“民生十大实事”之一，计划建成从裕中电厂首站到郑州热力南郊热源厂的全长近20公里的供热管网。热源改造规模为2台30千瓦供热机组，入郑供热能力1100万平方米，热源入郑后与郑州热力南郊热源厂联合向郑州市市区南部供热。该项目是“郑州热力”迄今为止管道沟槽最长、施工难度最大的跨区域主管网，跨越新密市、新郑市、二七区三个县（区）的近20个自然村，下穿高速公路、跨越沟涵22座，需架设4座桥梁。为了全力确保工程进度，总公司组建裕中电厂“引热入郑”管网工程项目部，6月，正式开工建设，11月14日供热管网全线贯通，12月14日正式向市区供热，累计完成投资约3.5亿元。裕中电厂“引热入郑”工程的成功投运，彰显了郑州热力总公司超常规发展建设速度，充分展现了敢打硬仗、会打胜仗的气魄与精神。

枣庄热源厂“煤改气”工程。枣庄热源厂“煤改气”项目是列入2014年郑州市政府的重点项目，计划原燃煤锅炉保留暂不拆除，作为应急备用锅炉，另行在厂区东侧选址新建5台58MW燃气热水锅炉的燃气热源，建成后可实现供热能力500万平方米。总公司高度重视枣庄热源厂“煤改气”项目，为保证年内投入运营，在时间紧、任务重、施工作业面狭窄的情况下，总结往年“煤改气”工作经验，制订合理施工方案，统筹安排工期，采用交叉作业方式保证工程进度和质量。2014年8月15日开工，经过3个月的超常规紧张施工，11月14日锅炉本体已具备运行条件并一次点火成功，进行烘炉、煮炉，11月27日正式投运供热，为郑州“大北区”联网供热再添新军。

北郊热源厂工程。北郊热源厂是郑州市“气化郑州”的重点项目，位于惠济区长兴路以东、民和路以南、贾鲁河以北区域，建设规模为5台58MW的燃气锅炉房，可新增供热能力500万平方米。自8月22日土建单位进场，到12月已完成5台锅炉安装和水压试验，厂内土建工程已基本完成，锅炉安装已通过河南省锅炉检测院的验收，正在加紧进行热网、外电等施工。由于厂区外的长兴路尚未施工建设，2014年冬暂不投入供热运行。

供热管网工程。2014年，总公司结合郑州市“两环三十放射”的建设进程，在东区、西区、北区、南区、经济开发区、航空港区敷设供热管网134.63公里，无论从投资规模，还是建设速度均创造郑州市管网工程建设史上最佳成绩。总公司贯彻落实文明施工、安全施工等规章制度，全力推进航空港北区集中供热管网工程、北郊热源厂集中供热管网工程等建设项目，完成文化路、顺河路等路段的老旧供热管网改造。随着“大联网”整体架构的进一步优化，郑州市区热网的综合承载能力显著提高。在管网建设过程中继续扩大GPS、管网探伤等技术手段的应用，争创优质工程。同时，组建用户工程审图中心，完善用户工程建设管理各项规章制度，以优质的工程质量保障用户权益。

燃煤锅炉拆改。市区17家单位燃煤小锅炉拆改是2014年郑州市民生十大实事之一，涉及市区243.36万平方米热用户在拆后加入集中供热。总公司年初制订改后加入集中供热的相关方案，根据用户的需求组织查看现场，收集相关资料，并制订详细的锅炉拆改用户工作进度计划加以实施，按时保障17家单位243.36万平方米热用户的正常用热，获得中共河南省委办公厅郑州市人民政府的充分肯定与表扬。

（三）供热生产。供热准备。2014年，总公司下大力气提升供热系统，多措并举提高供热质量。4月，上个采暖季刚一结束，各项大修技改项目便有序推进，新一轮的供热运行准备工作全面展开。为了切实提高供热质量，全年投资3000多万元，实施一次网、二次网、热力站及锅炉辅机等改造项目，使设备完好率达99.9%（计划目标92%以上）。全年投资1200多万元进行自控改造，共有1030座热力站实现远程自动监控或监测，占热力站总数的94%，其中70座热力站实现无人值守试行改造。2014年，新建东区补水点，新增补水能力800吨/小时，经济开发区热源厂换热首站建成投入运营，与东区热网实现并网运行，增强了大东区联网供热的机动性，同时，二次网调节实现常态化，管网带水湿保养初见成效，水质管理再上新台阶，北区、东区两大补水点共向一次网注入软化水107万吨，有效提升供热水质，各项扎实有效的基础性工作与创新举措，为采暖期提升供热质量提供了有效保障，赢得用户的良好口碑。

生产运行。入冬前，总公司分析供热形势，充分发挥“引热入郑”、联网供热、系统提升等有利因素的合力，提高供热质量。2014年下半年，运行准备工作全面提前，进入11月，总公司统一认识，自加压力，提出确保用户室温不低于18℃的标准，并要求各层面采取有效保障措施，切实兑现对市民的承诺。总公司冷态运行及供热升温比往年提前1周，11月3日至6日，热电厂及自有热源开始陆续启动冷态运行，11月8日大网开始逐步升温，11月10日部分用户家中开始供热，11月14日晚，从热源、热网到用户提前进入供热稳定期，用户室温已达标，供热全面实现平稳起步。运行期内，总公司根据天气状况和运行参数，加强二次网的精细化调节，有效消除二次网流量失衡、用户冷热不均等现象。同时，在生产运行各环节逐级签订安全生产目标责任书，进一步落实安全生产责任，继续开展“安全生产”竞赛活动，完善《燃气锅炉房运行管理制度》，并按照行业标准开始修订燃气锅炉运行操作规范，保持安全稳定的生产大局。全年完成供热量1218万吉焦，同比增长177万吉焦，同比增长17%，创郑州市市区有集中供热历史以来最佳成绩。

供热调度。总公司以整个市区的热源和热用户为基础，将中原环保西区供热的运行状况一并纳入到调度方案中统筹考虑，继续提升总公司在郑州市集中供热生产管理过程中的核心地位和指导作用，供热“大调度”工作再上新台阶，使多热源联网供热再升级。

2014年冬，裕中电厂、枣庄热源厂“煤改气”项目新热源的加入，总公司通过对历史数据的系统分析和科学的水力平衡计算，先后制订32套运行方案，经比对确定供热调度方案。调度方案综合考虑热电厂、燃煤及燃气锅炉房的能力与特点，确定“大北区”“大东区”两大联网区域和裕中电厂单独运行的南区供热区域，充分考虑多种突发情况的应对方案，对热网调节、水力平衡、流量分配等工作进行统筹安排。供热运行期间，调度中心定期召开网络视频会议，在保持大网均衡供热的基础上，实现供热运行各环节精细化调节。通过精密计算，克服管网跨度长、水利工况复杂等困难，成功实现裕中电厂并网运行；指导经济开发区热源厂等多次并网与热网切割操作，在充分发挥热源热网综合供热能力同时，进一步凸显“大调度”在联网供热过程中核心地位。经科学调度，尽最大努力保障用户室温不低于18℃，供热质量稳中有升，室温合格率99.7%（计划目标95%以上）。

能源管理。2014年，总公司被纳入国家能源消耗在线监测系统建设的试点企业，与此同时，随着燃气热源比重的加大和上游能源价格的提高，供热主业成本压力日益凸显，生产经营举步维艰。面对严峻的形势，总公司不等不靠，通过规范能源管理、内部挖潜增效等手段，全方位、多角度努力缓解不利影响。一是加大热力站节能改造力度。二是建设更加精细化的节能管理在线检测系统。11月，该系统建成并使用，节能降耗有了更加精准的管理手段。三是继续深入开展“挖潜增效”竞赛活动，结合燃气热源数量增加等新形势，进一步细化热网单耗、二次网调节、热力站水电能耗等考核指标，设置节能降耗流动红旗与先进班组，调动供热一线职工节能降耗的积极性与主动性。2014年外网热单耗控制在26.43吉焦/万平方米·天，同比2013年下降10%，水电单耗等各项指标均达到行业先进水平，荣获河南省总工会、河南省发改委、河南省环境保护厅联合颁发的节能减排先进单位。

热网维护。总公司继续强化“大维护”的深度与广度，显著提升主干热网统一维护与统一抢险能力。年内组织完成供热辖区内一次主干热网普查工作，对1487处检查井、4014台阀门进行维修保养，累计整治供热设施隐患20处；完善总公司热网系统图，显著提高热网突发事故排查的准确性。继续推广带压堵漏技术，增添先进抢险工具，规范抢险物资备品备件库，提高热网突发事故的抢修及时性，全年成功处置突发故障152起，抢修及时率100%。

（四）技术进步。新技术应用。总公司坚持科技兴企，促进科学发展。按照提升自主研发能力的总体要求，继续关注国家产业政策调整，加快吸收式热泵、污水源热泵等新能源的研究应用工作；组织公司专业技术人才形成专家队伍，对提升供热系统的难点和关键点进行攻关，继续专题研究解决水质问题，对一补二试点的效果及推广的可行性进行调研；组织小发明、小创造、小革新、小改进项目申报工作，以技术进步凝聚企业高品质的核心竞争力。

信息化建设。总公司坚持信息网络先行，提升管理效率。以无人值守站全覆盖为重点，逐步将信息网络技术推广到公司发展管理的各领域。增加新的热费代收机构，开通第三方支付，实现收费方式的再革新；研究与建立地理信息、设备管理等新的子系统；2014年继续调研多个信息化平台整合的可行性，努力实现信息的共享与数据的互通，通过供热自动化管理系统的全方位建立，全力打造在行业技术领域叫得响的企业名片。

（五）供热服务。便民措施。总公司不断创新便民收费措施，在原中信银行、交通银行等5家金融机构缴费基础上，与银联合作，增加“全民付”收费系统，在全市思达超市新增190个便于收缴热费的收费网点，在总公司及各分公司收费大厅设置收费终端；同时配置20台手持POS机进行上门收费。2014年9月，5家金融机构和“全民付”系统同时启动，为用户提供了更加方便快捷的缴费服务，极大提升了公司形象。2014年至2015年采暖期，实现“银企联网、收费到户”小区换热站586个，34万余户居民用户实现收费到户。

客户服务。2014年，总公司将“进社区、进万家”活动进一步引向深入，实现常态化。年内共在126个住宅小区开展现场缴费、入户测温等服务活动，使“供热暖身，服务暖心”的阳光服务品牌更加深入人心，树立了供热企业的良好形象。对内继续提升“大客服”的软硬件水平，在客服系统的工单反馈中增加两级审核功能，结合信息化进班组工作的推进，显著提升用户来电处理的工作效率。年内共记录用户来电11.7万件，接到数字化管理系统网络专线转办件439件，“市长电话”、各类媒体转办事项1054件，均能够按照首问负责制、限时办结制、回访反馈制度等要求及时办理，热线回复率100%、办结率100%，回访满意率99.9%。

（六）行风建设。党的群众路线教育实践活动。围绕职工群众反映的突出问题，开展各类调研及座谈会31次，征集意见建议119条。深入开展批评和自我批评，对“四风”问题、联系服务群众“最后一公里”、供热发展等方面提出21条整改措施，确保“规定动作”扎实到位，“自选动作”亮点突出。通过开展“党员先锋队”“争创优秀党员”等活动，充分发挥共产党员的先锋模范带头作用。通过专题组织生活会和民主评议党员会，进一步提升基层党组织的凝聚力、战斗力。制度建设方面，废止制度1项，修订完善3项，新建制度1项。通过活动的深入开展，党员干部的党性意识、责任意识、服务群众的意识进一步增强。

行风宣传。2014年，总公司内强素质，不断提高客户服务水平；外树形象，对外加大供热宣传力度，充分发挥传统媒体与网络媒体的合力，形成点面结合、纵深结合的立体化宣传攻势。全年组织“市民看市政、用户看热力”、“小记者”看热力等活动，依托在线访谈活动等媒体平台，突出宣传“煤改气”、引热入郑、“全民付”缴费系统等工作新亮点，以“供暖热力人”等正能量宣传为主题，全年在省、市以上媒体刊发稿件211篇，同时扩大热力网站、官方微博、ZZIC等多种交流平台的影响力，及时为用户解决实际问题。

党风政风。总公司坚持标本兼治、惩防并举，逐级签订党风廉政责任书，聚焦“四风”转变作风，组织参观郑州市预防职务犯罪警示教育基地；按要求对党员干部私自从事营利性活动、“会所中的歪风”等进行专项清理。抓好工程建设、物资采购等专项治理监督工作，继续执行“三重一大”决策事项议事规则和企务公开制度，年内无违纪违规事件发生。

企业文化。总公司高度重视企业文化建设，2014年以庆祝公司成立30周年为契机，加快企业文化高端策划步伐，初步总结提炼了企业价值观、企业使命、公司LOGO等企业文化建设的重要内容。制作《温暖郑州，铸造辉煌》的主题宣传片，编制《郑州热力辉煌成就与展望》画册，出版5期《郑州热力》报特刊，举办“我与热力同行”征文比赛和书画摄影作品展评，生动地盘点了30年的发展成就，展望未来更加美好的发展前景。6月20日，一台由职工自编自演的文艺演出，把系列活动推向高潮，充分展示了职工积极向上的整体风貌。

2014年，总公司先后荣获国家统计局河南调查总队先进调查企业，河南省建设工会工会工作先进集体、女职工工作先进集体，郑州市纪检监察工作先进单位等荣誉。

（王力艰）

【城市供水】 郑州市自来水公司中原路营业处位于中原东路103号附28号，现有员工500多人，担负着郑州市107万余只注册水表的抄读计量、水费回收、水表周检更换以及表井内设施的抢修工作，是公司重要的窗口单位之一，最直接体现着企业的经济效益和社会效益。

营业处按区域划分为中原、金水、二七、管城、商鼎5个办公区，每个办公区主要业务部门有营销所、维修班、营业厅等配套设施，客户按抄表区域划分为非户表VIP客户、户表客户，收费系统与建设银行、工商银行、交通银行、郑州银行、中信银行开通水费代扣业务，并推出预交水费业务。

（郑州市自来水公司中原路营业厅）

管委会与产业集聚区

二七新区管理委员会

【概况】　二七新区位于郑州市区西南部，是离建成区最近的城市组团之一，重点发展高端商贸、电子商务、总部经济、生态文化休闲产业。规划范围北起长江路，南至绕城高速公路辅道，西起二七区区界、南四环路、嵩山南路，东至二七区区界，总面积约38平方公里，涉及侯寨乡、嵩山路街道、京广路街道、长江路街道，14个社区（村），人口约5.1万人。

二七新区管委会内设办公室、国土规划局、市政建设环境保护局、招商引资局，正式人员48人。办公地址位于南三环路569号二七新区投资大厦。

2014年，管委会围绕“品牌、品质、品位”理念，以“项目开工”为主线，突出抓好“基础设施”“安置区”建设两项重点任务，多管齐下、夯实基础，较好完成了“三年行动计划”目标及各项建设任务，在全市12个组团新区考核中，荣获“两强组团新区”荣誉称号。7月22日，在2014年上半年全市12个组团新区考核中，二七新区5项指标综合成绩名列前茅，其中固定资产投资指标排名第一，安置房建设指标排名第二，基础设施和公共服务设施完成投资、融资、新增建成区面积三项指标评比取得好成绩，在郑州市下发的《2014上半年全市组团新区建设情况通报》中，特别对二七新区管委会提出表扬。

【招商引资及项目建设】　管委会围绕二七新区主导产业定位，推进“宣传推介和选商引资”工作，实行项目分包责任制，设立项目首席服务官，强化项目服务工作，不断增添新区发展活力与后劲。2014年，新开工“绿地滨湖国际城”二期、郑州CSD国际时尚商贸中心、“鑫苑鑫家”等项目，其中“绿地滨湖国际城”项目一期写字楼及商铺已销售完毕，二期首批住宅及写字楼已销售90%，三期土地已获批；郑州CSD国际时尚商贸中心项目位于辖区的4个地块正在进行土建施工、土方开挖等，3、6、7、8号楼已进场施工；“鑫苑鑫家”一期20万平方米全部封顶，“鑫苑鑫家”二期、鑫苑交通学院、郑州“奥马大厦”、“天地和苑”等项目土地已摘牌；电信枢纽大厦项目控制规划已获批，土地已完成预登记和出让评估；“河南网商园”一期实现40余家网商进驻营业，二期主体3万平方米已建成，20家企业提前入驻，三期主体已完工。签约“茂丰”、“大田垌荆寨”土地一级开发等10亿元以上项目3个，总投资62亿元；引进市外资金34.7亿元；“绿地滨湖国际城”、郑州CSD国际时尚商贸中心等4个项目列入河南省重点建设项目，“红星美凯龙”、电信枢纽大厦等5个项目列入郑州市重点建设项目。

管委会召开郭家咀铁三官庙安置区一期修规专家评审会议

【基础设施建设】　管委会建立并完善南部区域基础设施建设工作机制，定期召开专题工作推进会，强化协调，加快基础设施和公共配套建设。2014年，寒山路、南彩路等12条道路建成通车，新建道路7.3公里；南云路、鼎盛大道等18条道路在建，环翠路、庆铭路等21条道路正在进行前期设计或编制施工图。黄岗变电站已竣工；荆胡变电站主体基本完工，正在签订电缆线路入地敷设协议，由荆胡变电站至徐庄变电站的管线规划编制完成；望桥变电站、芦河变电站列入郑州市2015年建设计划，正在办理相关手续。侯寨水厂奠基，自来水1号加压泵站正在办理相关手续，已进场施工。新区154条道路命名方案通过专家评审、论证。

【安置房建设及拆迁工作】　管委会妥善做好村民拆迁安置，加快推进城中村改造、合村并城工作，提升村民住房、生活质量。2014年，荆胡社区、黄岗寺社区、王胡砦社区等城中村改造项目共竣工安置房205万平方米。郭家咀铁三官庙村安置区1至6号楼已建至2~5层，南岗刘村安置区1至2号楼完成灰土桩，5至6号楼完成塔吊基础，8号楼完成PHC桩，9号楼完成筏板浇筑；侯寨滨河花园一期30万平方米安置房已封顶。贾砦社区拆迁约126万平方米，占总拆迁面积的90%；大田垌村拆迁约101.2万平方米，占总拆迁面积的88%。

【规划土地及融资工作】 2014年，管委会分层次、精细化抓好各类规划编制报批和土地报批，创新资金运作方式，增强二七新区发展内生动力。推进侯寨总体规划修编和项目控制规划编制报批工作，总体规划修编实施评估报告及调整必要性论证报告已完成公示并通过专家论证、局长办公会审查；铁三官庙村、交通学院地块制规划获批，电子商务产业集聚区控制规划通过专家评审暨预联审联批会。全年完成土地批复209.2公顷，征收92.7公顷，实现供地105公顷（绿地二期、鑫苑交通学院、刘砦社区、荆胡社区改造等项目），上缴土地出让金35.4亿元。对接洽谈、办理银行贷款手续，全年融资到账资金7.3亿元，完成国家开发银行贷款前期手续。

（高 绯）

马寨产业集聚区管理委员会

【概况】 马寨产业集聚区管理委员会，内设办公室、招商局、国土规划局、市政环境保护局、投资管理局，下设郑州马寨产业集聚区企业服务中心，现有正式人员50人，临时工作人员31人。办公地址位于马寨镇东方路6号。

2014年，在区委、区政府的正确领导下，管委会深入贯彻落实全市产业集聚区观摩会议精神，围绕“晋星升级”、新型城镇化建设“三年行动计划”奋斗目标，坚持以招商引资、项目建设、基础设施、合村并城、提升服务为重点，以扩大投资、促进开工为突破，以优化环境、提高效能为保障，统一思想，完善机制，锐意进取，以责任抓落实、以落实促推进，全力加快产业集聚区建设，各项工作取得较好成绩，圆满完成市、区下达的目标任务，被确定为“河南省产业集群区域品牌建设试点”、河南省“一星级”产业集聚区。

【经济工作】 2014年，集聚区主营业务收入完成183亿元，同比增长15.1%；规模以上工业总产值完成160.3亿元，增长14.8%；固定资产投资完成53.4亿元，增长52.3%；全口径税收完成5.7亿元，增长58.33%。被确定为“河南省产业集群区域品牌建设试点”、河南省“一星级”产业集聚区。

【招商引资】 2014年，集聚区成功签约苏宁食品电商园、马寨新镇区合村并城开发项目；引进郑州麦珂琪食品等二次招商项目27个，引进郑州茂峰置业公司、郑州豫宝达房地产公司等总部（楼宇）经济项目8家；实际到位资金34.4亿元，实际利用外资7395万美元；对外贸易出口总额完成5292万美元。

【项目建设】 2014年，集聚区纳入省、市重点项目5个，累计完成投资20亿元。其中，续建项目2个：“康师傅”二期4条生产线已投产，实现产值6亿元、税收5000万元，另外2条生产线正在安装；“花花牛”一期10条生产线已投产，产值1.8亿元，实现税收2000万元。新开工项目3个：苏宁物流配送中心项目总承包单位已进场施工，正在进行局部基础施工；“灏宇纸品”办公楼、厂房已基本竣工，正在修建厂区周边道路；“苏宁电商园”施工图设计初稿已完成，二次方案已获省政府批复。

郑州市委督导组到马寨产业集聚区调研

【基础设施建设】 道路建设。2014年，集聚区新建、续建11条道路，其中月光路、安宁路等5条续建道路共2.22公里已完工；公安西路、梦想路等4条新建道路，明晖路、飞翔路2条续建道路正在进行附属物清理。公用设施建设。马寨污水处理厂及配套进出水管网均完工；魏河变电站基本完成建设，涉及康佳路沿线的居民房屋拆除，正在与郑州市规划部门及市电力部门对接高压架空线路路径。

【合村并城】 2014年，集聚区张河社区李家沟村拆迁38户，累计签约32户，签约率86%，完成拆迁面积1.75万平方米，占应拆迁面积的83.3%。坚持政府主导、市场运作、安置优先、产业支撑，稳妥推进合村并城工作。新开工安置房36万平方米，建成20万平方米。程炉张河安置区土地征收基本完成，一期主体封顶，正在进行装饰、景观、场区道路施工；二期施工图设计已招标完成，正在办理选址意见书。刘胡垌、张寨安置区控制规划优化成果待郑州市政府批复，土地正在征收。其中，刘胡垌安置区一期正在进行基础施工；张寨安置区一期完成地质勘探、施工图设计和人民防空设计，即将开挖土方。

【要素保障】 保障项目用地。用好、用活土地政策，盘活存量土地，对现有零散土地整合、置换，集中向大项目、好项目供地，全年完成供地31.5公顷。破解资金难题。搭建银企合作平台，全年为10多家企业争取信贷支持，缓解企业融资需求；强化与华夏、平安等银行沟通对接，全年融资4亿元以上。能源供给能力显著提高。加快完善水、电、气管网建设，满足辖区工业项目所需，协调用电、用气，优先保障供给重大项目。建成标准化厂房22万平方米，有效解决了中、小企业的发展空间，节约用地效果明显。

【党组织建设】 坚持围绕发展抓党建、抓好党建促发展，以“党的群众路线教育实践活动”为契机，不断提高党建科学化管理水平。全年组织领导班子学习16次，观看红色电影4

部、电教片12部；深入企业、社区征求原始意见234条，梳理汇总3类9项突出问题，并制订整改方案及台账。通过思想教育、引导，有计划地吸收各层次、各类优秀人才加入党组织，把优秀人才培养成为党员。全年举办党员培训2期，上报入党积极分子35名、拟发展对象6名、拟转正党员11名，办理组织关系转接53人。同时，依托先锋会所，加快推进集聚区团工委示范点建设。

（郝金燕）

郑州火车站地区管理委员会

2014年，在中共郑州市委、郑州市人民政府的正确领导下，郑州火车站地区管委会按照“规范、提升、创新、突破”总要求，围绕“管理服务并重、提升城市功能、规范文明执法、推进‘平安、文明、美丽’站区建设”总思路，扎实开展“党的群众路线教育实践活动”，持续深化“四项秩序”综合整治，加快推进基础设施建设，不断提高城市管理水平，圆满完成全年各项目标任务。荣获郑州市都市区建设“三年行动计划”城乡管理综合提升先进工作单位荣誉称号。

【“四项秩序”综合整治】 2014年，管委会以网格化管理机制为载体，坚持日常管理与集中整治相结合，整合管理力量，创新联合执法机制，加大管理力度，持之以恒治理“四项秩序”，不断提高执法和服务水平，郑州火车站地区各项秩序平稳有序，区域化管理格局进一步提升。

开展交通秩序综合整治“百日行动”，交通环境顺畅。贯彻“畅通郑州”建设要求，始终把交通秩序作为治理重点，针对“六类”非法运营、“三类”抱团非法营运群体以及乱停乱放等突出问题，进一步深化治理措施，联合郑州市交通委、郑州市残联等部门扎实开展交通秩序整治专项行动、“百日行动”，取得显著成效，站区交通秩序明显好转，全年查处各类非法营运车辆5300多辆次，处罚违章车辆7000多辆次。开展“反暴恐保稳定”行动，社会大局平稳。立足维护区域稳定严峻形势，加强社会治理，强化“反恐防暴”措施，深入开展“反暴恐保稳定”“四严一创”、冬季关爱救助专项行动，严厉打击叫客拉客、职业乞讨、盗窃抢劫、“黄赌毒”等违法犯罪行为，加大对宾馆、小旅馆、网吧等人流密集场所检查，保持“严打整治”常态化、经常化。着力抓好安全生产、食品安全、消防、信访稳定、文化市场管理、“扫黄打非”，站区治安形势平稳，全年治安拘留38人，刑事拘留60人，行政拘留58人，破获治安案件3起，抓获网上逃犯5人，救助流浪人员590人。

开展“三城联创”工作，市容市貌亮丽。贯彻落实全市“三城联创”工作部署，扎实开展“国家卫生城市届满重创、全国文明城市届满重创、国家园林城市”创建工作。全面排查整改城市管理薄弱环节，加大环境卫生整治；深入开展爱国卫生运动、病媒生物集中消杀、“五小”门店专项整治，落实24小时清扫保洁制。

开展全区性“搬家式”大扫除，市容市貌更加亮丽。实施网格化城市执法管理，持续加大占道经营、流动商贩、门头牌匾等乱象治理，窗口城市环境持续改善，全年整治环境卫生问题1500余处，清理占道经营、无证游商2.2万起，拆除违章搭建、广告牌等2363处，整改门头牌匾、霓虹灯197处；开展搬家式大扫除12次，清运生活垃圾4000余吨，清洗清扫地面20万平方米；停业整顿“五小”门店12家，顺利通过创建国家卫生城市、创建文明城市验收检查。

开展“诚信市场”建设，商业秩序规范。加大市场秩序监管，持续开展商业秩序联合整治专项行动，严厉打击、取缔无证经营、超范围经营行为，严查假冒伪劣商品、制假售假和价格违法行为，对售假门店实施“黑名单”管理，进一步规范市场秩序。全年开展联合执法13次、卫生监督执法1900次，检查经营户3400余次，查获假烟657盒、涉嫌侵权和假冒过期商品700余件，查处商标侵权案件9起，站区商业经营秩序明显好转。

【基础设施建设】 一是完成大同路、兴隆街、福寿街3座人行天桥电梯建设，及时对周边道路实行硬隔离，实现人车分流，极大地缓解了交通拥堵。二是推进“精品站区”改造，完成兴隆街、二马路人行道板更换、东广场南北出口雨棚建设，提升城市品位。三是市政工程项目建设有序推进。完成火车站站区有机更新“三年行动计划”编制；慢行交通指示引导系统完成工程建设；数字化城市管理系统组织招标；西广场二期休闲广场、综合服务调度中心项目列入2015年建设计划。四是完成苑陵商场外迁任务，火车站地区管委会荣获郑州市市场外迁工作先进单位。

【创新管理机制】 管委会立足窗口地区管理动态性、突发性、反复性特点，总结“四项秩序”综合整治工作经验，建立综合整治长效管理机制。一是实施24小时全天管理模式，构建以城管执法、环卫保洁为主的24小时管理、24小时执法、24小时保洁、24小时服务“四个24小时”工作机制，确保站区管理无空档、无盲点、无缝隙。二是把网格化管理作为站区城市管理突出抓手，进一步完善网格职能，配优配强一级网格长，坚持关口前移，人员下沉一线，将机关人员全部纳入6个网格，并整合公安、交警、工商、运管、客运等部门职能融入网格，确保各种问题不出网格就能得到解决，实现对“四项秩序”统筹管理，促进了城市管理水平提升。全年排查发现问题2190件，解决2158项，解决率98%；加强数字化城市管理考核，全年接收和办理案卷922件，办结率100%，网格化管理在站区城市管理中发挥了重要作用，4月23日《人民日报》以“管理网络化，理顺关系治乱象”为题对郑州火车站地区管理成效进行报道。

（李俊晓　周　祎）

火车站地区管理委员会党员干部参观焦裕禄纪念馆并举行宣誓活动

樱桃沟景区开发管理委员会

【概况】 二七区樱桃沟景区开发管理委员会成立于2009年6月2日，管辖区域土地总面积2890.9公顷，村庄占地452.4公顷，林地面积2029.7公顷，总人口21667人。内设办公室、规划建设科、监管科、宣传科、综合科，编制36人。

2014年，樱桃沟景区接待游客167.65万人次，旅游收入6143.18万元，全年景区未发生安全事故，有效旅游投诉为零。

【基础设施】 2014年，区政府投资200万对樱桃沟景区基础设施进行综合提升改造，项目设计方案、施工图纸已完成，并进行专家评审，正在进行后期招投标工作；设计单位正在进行景区规划初步方案设计。同时，管委会筹备吸引民间投资，对提升景区的文化内涵、景观打造等方面进行升级改造，为建设4A级景区打下坚实基础。

【节庆活动】 一是开展“樱桃花仙子”赏花活动。3月，策划并宣传“樱桃仙子”赏花活动，吸引大批市民及游客前来赏花和踏青，拉开了“春季浪漫赏花游”的序幕。二是举办“环樱桃沟景区全民健身长跑活动”。活动当天，来自全市机关、企事业单位、学校的各界人士和学生近2000人到樱桃沟景区赏花踏青、度假娱乐。三是策划实施“樱桃节系列专题活动”。举办樱桃沟摄影大赛、乡村音乐会、千人骑行之旅、小樱桃动漫嘉年华等节庆专题活动。活动持续1个月之久，满足了游客的多样化需求，景区游客量持续攀升。

【对外宣传】 从3月开始，管委会以“春季浪漫赏花游”为契机，多次与河南省、郑州市电视台、报刊及网络等媒体加强联系，重点对赏花游、全民健身长跑活动、樱桃节开幕式以及拓展训练、景区美食、休闲垂钓等进行广泛宣传，在郑州电视台“郑州新闻”“郑州大民生”“有啥说啥”“旅游跟我走”等栏目，以及商都频道、新农村频道多次同步播出，在《郑州晚报》《郑州日报》《大河报》《东方今报》《河南商报》和新闻网站同步登载，吸引大量市民及游客来景区旅游，带动了餐饮、垂钓、住宿服务发展，促进了景区农民增收，实现景区社会经济可持续发展。向区委办公室、区政府办公室、区委宣传部上报樱桃沟景区领导调研、景区要闻和工作动态信息30多篇，向《郑州日报》《郑州晚报》及《魅力二七》报送信息12篇；向游客发放景区宣传画册、重点旅游景点简介及《旅游交通地图》等宣传资料2600余份。2014年8月被河南省旅游局评为全省5家乡村旅游信息化建设试点单位，重点开展旅游信息化工作，为景区的发展建设做好信息化服务。

【标准化建设】 管委会开展旅游标准化建设，全面提升管理服务水平。2014年，初步建成樱桃沟景区旅游标准化体系，包含基础标准、管理标准、服务标准、岗位工作标准4类，涵盖旅游标准140项（其中国家标准67项、行业标准6项、地方标准2项，企业标准65项）。同时，管委会力争完善硬件，提升软件，推进旅游标准有效实施，旅游标准化建设为景区带来显著变化，管理服务更加规范，综合效益明显提高，景区于2014年7月通过郑州市首批旅游标准化试点的验收考核，8月，被郑州市旅游局确定为郑州市首批旅游标准化试点单位。

【规范监管】 2014年4月，管委会联合二七区食品药品监督局、二七区物价局对景区内的所有“农家乐”（园区）、游乐设施进行摸底调查，对不符合要求的责任单位、责任人，责令进行整改和完善。对景区常年营业的“农家乐”（园区）办理餐饮服务许可证45家。6月21日，管委会组织乡执法队、巡防队等30余人到景区“农家乐”、鱼塘和道路沿线等景点对不符合规范、影响景区形象的广告牌进行集中整治拆除，拆除广告牌27块（其中大广告牌17块、小广告牌10块）、面积200余平方米，有效提升了景区形象。联合二七区安全生产监督管理局，对景区内不符合安全要求的旅游经营户下达安全生产检查监督整改指令书，并与“农家乐”责任人签订食品安全责任书，与游乐设施责任人签订游乐设施安全责任书。对景区有河湖、鱼塘的村（社区）、经营户，督促制作安装100块安全警示标识牌和悬挂80条安全宣传条幅。在景区地质灾害险要地段、隐患点设立警示牌、标示牌。

【综合治理】 一是召开2次“农家乐”食品安全培训会议，重点培训节假日期间“农家乐”服务的食品安全，并与参会的业主就如何做大做强“农家乐”服务业进行交流。二是全体召开“农家乐”服务培训会议1次，主要对“农家乐”室内环境设计、服务质量管理与提升、宣传与营销、特色菜肴开发等方面进行重点讲解。三是规范“农家乐”管理。对所有的“农家乐”登记造册，发放各项管理制度，做好日常“农家乐”管理和安全排查。四是节假日前期联合二七区工商局、税务局、食品药品管理局等职能部门，排查景区内存在的违法经营、食品安全等问题。五是依照《河南省乡村旅游经营单位等级评定与管理规范》，对一星级、二星级乡村旅游经营单位的经营场地、接待设施、服务质量和卫生安全等方面进行全面复核检查。六是开展第二批乡村旅游标准化工作，指导各试点单位在管理体制机制、基础配套设施、服务水平和质量提升。七是对景区内违法建设等进行排查。八是做好景区冬季森林防火宣传工作，讲解防火安全常识等。九是对景区旅游市场和旅游服务质量进行日常监督检查，受理旅游者投诉，依法维护旅游者和旅游经营者的合法权益。

（黄冠兵）

管委会召开工作谋划会议

乡镇·街道

侯寨乡

【概况】 侯寨乡人民政府成立于1983年。地处郑州市西南部，距市区5公里。地理坐标东经113°31′40″，北纬34°36′41″。乡域总面积83平方公里，地势地貌呈东西长南北宽，由西向东倾斜趋势。北临长江路街道和中原区大岗刘乡，南临新密市白寨镇、新郑市龙湖镇，西临马寨镇，东临管城区十八里河镇。乡域环境优美，物产丰富，交通便利，豫03线(郑密公路)、西南绕城高速公路、郑尧高速公路穿境而过；石灰石、煤灰、红黏土地下矿藏、含钠极低的矿泉资源丰富；尖岗水库碧波荡漾，环水库3333.33公顷水源涵养林形成一条巨大的绿色长廊，环绕郑州市西南郊，成为省会郑州的绿色氧吧；风景如画的十里樱桃沟、烤鱼沟，生机盎然的万亩葡萄基地等休闲观光旅游区驰名中州，备受市民青睐，成为居民群众节假日和周末赏花品果、静坐垂钓、陶冶情操、谈情会友的最佳去处。

2014年，辖区12153户、52377人。以汉族为主，少数民族有回族、蒙古族、布依族等，通用汉语。乡辖10个行政村（刘庄村、尖岗村、盆刘村、罗沟村、张李垌村、郭家咀村、铁三官庙村、南岗刘村、大田垌村、荆寨村），18个社区（三李社区、袁河社区、桐树洼社区、郭小寨社区、全垌社区、台郭社区、麦垛沟社区、樱桃沟社区、上李河社区、黄龙岗社区、大路西社区、曹洼社区、西胡垌社区、红花寺社区、东胡垌社区、侯寨社区、八卦庙社区、上闫垌社区）。其中樱桃沟社区、袁河社区、麦垛沟社区、西胡垌社区、红花寺社区5个社区为社会主义新农村建设示范村。

侯寨乡内设党委办公室、人大政协统战办公室、政府办公室、三级联创办公室（村组干部管理办公室、大学生村官办公室）、纪委、党校、宣传办公室、文教体卫办公室、经济发展办公室、三资代理中心、劳动和社会保障所、安全生产办公室、督查办公室、农业办公室、南水北调办公室、科技办公室、计划生育办公室、信访办公室、综治办公室、司法所、交通办公室、镇区建设项目办公室、规划办公室、建设办公室、行政执法协调办公室、爱国卫生运动办公室、环境保护所、民政所、景区办公室、财政所、武装部、地方志办公室、工会、妇联、团委35个部门。机关工作人员189人。乡政府位于侯寨村249号。

2014年，侯寨乡坚持以“党的群众路线教育实践活动”为抓手，强化党员队伍作用，做好基层组织换届工作。把握自身优势，全力推行新型城镇化建设，大力发展休闲旅游产业，开创了全乡社会经济全面发展新局面。荣获河南省城乡居民养老保险经办管理服务示范乡镇、郑州市社会救助工作先进单位、“保护母亲河行动”先进集体、二七区新型城镇化建设先进单位、生态廊道建设奖，连续三年荣获郑州市新型城镇化“十强”乡镇、二七区基层服务型党组织。

【经济工作】 2014年，侯寨乡财政收入完成1.17亿元，增长36.36%，成功迈入亿元乡（镇）行列；招商引资到位资金16.13亿元，增长167.15%；规模工业总产值完成3.07亿元；社会消费品零售总额完成4.83亿元，增长5.44%；固定资产投资完成58.79亿元，增长150.71%。其中，招商引资到位资金、固定资产投资增速及综合排名均为全区第一，财政收入、规模工业总产值综合排名全区第四。

【产业结构与科学发展】 2014年，侯寨乡坚持推进“精一退二强三”发展思路，构建形成以高端商贸住宅、生态文化旅游为主导的产业体系，传统工业企业所占经济发展比重持续降低。*一是现代农业发展趋势精品化。*樱桃沟休闲产业园建设顺利，新建大樱桃园5.33公顷，引导成立富民、益民专业合作社2家，辖区已注册的专业合作信用社24家，成员1350人，带动农户3870户，樱桃沟“樱桃”“蜂之宝”等4家合作社拥有独立注册商标。*二是商贸业发展基础明显强化。*郑州CSD国际时尚商贸中心、绿地滨湖国际城、中原万通商业综合体、电子商务产业聚集区等重大商贸项目加快建设，金源百荣市场投入使用，实现税收327.9万元。*三是旅游产业持续壮大。*全力推进樱桃沟4A级景区创建，率先开展乡村旅游标准化试点创建并通过验收考核，樱桃沟社区名列“郑州市自然生态风貌特色村”，成功举办第八届郑州樱桃节等旅游活动，全年接待游客159.05万人次，旅游收入5818.74万元。

乡政府坚持把投资建设作为经济发展的核心抓手，着力招大引强，狠抓项目攻坚，不断强化要素保障，辖区经济发展进入快速和良性增长阶段。*一是重点项目推进顺利。*绿地滨湖国际城：一期写字楼已基本完工，已销售完毕；二期正在施工，并进行认筹预售；三期土地已获批，补偿安置方案已完成二次公告。郑州CSD国际时尚商贸中心：已获得全部土地证，部分地块基坑正在开挖。郑州凤凰岛生态文化苑：绿化工作已基本完成，正在与绿地公司接洽签约事宜。鑫苑鑫都汇、郑州奥马置业投资大厦等项目正在加紧推进。“南水北调”“西气东输”“四环高架”、侯寨水厂、引水入密等国家及省、市重点项目在辖区施工。*二是招商引资成果丰硕。*谋划引进了路劲文化产业园、中国·中部电子商务港等重大项目，2014年荣获二七区重大项目招商引资先进单位。*三是规划支撑更加有力。*“侯寨乡老镇区控制性详细规划”、西南部片区概念性总体规划、樱桃沟新型农村社区建设规划等正在有序推进；滨河花园社区一期、二期控制性详细规划已全部批复完成，最后成果提交完毕，全乡发展更具科学性、前瞻性。

【新型城镇化建设】 拆迁工作保持高效。2014年，启动并基本完成大田垌村拆迁工作，完成鼎盛大道等重点项目拆迁，全年拆迁150万平方米。

安置房建设取得突破。2014年，郑州市首个政府主导项目——滨河花园社区一期30万平方米安置房封顶，滨河花园实验小学建设正在推进中；南岗刘安置区、铁三官庙郭家咀安置区进入全面施工阶段；大田垌村安置区控制管理通过审查，修订后的规划及施工图已完成招标，正在进行设计。

交通道路建设加快推进。郑登快速通道主体工程完工，实现通车；辖区10个标段绿化招标工作全面完成并进场施工。大学路南延道路建设及绿化工程全部完成；台郭—全垌段等2条改建农村道路完工。全年清理道路边沟5.3万米，修复路面870平方米，增设减速带490平方米；清理道路垃圾及占道建筑物，确保了全乡47.8公里道路清洁畅通。凤栖路被河南省交通厅评为河南省农村公路“文明示范路”。

【村庄拆迁和安置区建设】 (一)合村并城村庄拆迁。大田垌村整体拆迁。制订大田垌村拆迁补偿安置方案。大田垌村于9月2日召开拆迁动员大会，全村448户，已签订协议437户，已拆迁85.6万平方米。

(二)安置区安置房建设。(1)滨河花园一期安置房建设。侯寨滨河花园项目一期安置房项目控制规划已批复，立项、环境评价、项目建议书、项目选址意见书均已获批，修订后的规划已通过专家评审会审核；安置区A地块完成主体31层施工任务，即将封顶，安置区B、C地块及滨河花园实验小学建设工作正在准备中。(2)南岗刘安置区建设。南岗刘安置区位于杏园路两侧、芦庄路南、大学南路路西、嵩山南路东围合而成的区域。地质勘探、文物勘探现场工作全部结束，现场施工正全面展开。(3)铁三官庙郭家咀安置区建设。安置区位于双铁路南、四季路东、盆刘路北、荆胡路西围合而成的区域。已编制郭家咀铁三官庙安置区一期工程项目建议书，并获得二七区发展改革和统计局批复，正按照国家开发银行要求加紧编制可行性研究报告；文物勘探报告已获得郑州市文物局批复。选址意见书相关资料已递交郑州市规划局审批并已完成网上公示。

【美丽乡村建设】 农村环境面貌持续改观。2014年投资150余万元新建来集中转站1座并配备配套设施，新购保洁车辆230辆，新建垃圾中转站380平方米，持续增加保洁力量，及时覆盖和快速清运建筑垃圾，实现辖区垃圾日产日清；通过在拜祖大典、创建国家卫生城市和创建国家文明城市及旅游旺季开展的集中行动与日常管理相结合，有效改善了辖区环境，为“美丽乡村建设”创建奠定了基础。

生态建设水平稳步提升。率先完成叠彩公园建设并对市民开放；高标准推进“两环十七放射”绿化及高速铁路沿线绿化工作，对不符合标准的树种进行更换；深入开展“蓝天工程”行动，做好大气污染防治，圆满完成禁烧任务，拆改燃煤锅炉2台；彻底治理贾鲁河上游樱桃沟溪水源污染事件，改善河道水质，关闭、整改水源地污染企业18家，做好水源地保护工作。开展生态乡创建工作，编制完成《二七区侯寨乡环境规划》，全年环境保护投诉办理满意率100%。

违法建筑得到有效遏制。采用循环播放录音、视频，张贴通告，印发宣传册、悬挂横幅等手段，全方位、无死角掀起“防违、拆违、治违”高潮。全年组织执法行动165次，出动9000余人次、各种车辆800台次，调动各类大型机械180台，拆除违法建设面积21万平方米，平整土地2.67公顷，严厉打击了违法建设的嚣张气焰。

干部职工参加义务劳动

【信访稳定与安全生产】 社会大局保持和谐稳定。围绕“深化规范提升”主题，不断强化网格化管理工作，全年上报平台信息14850条，办结14849条，办结率99.99%，有效解决了一批群众关心的热点、难点问题。大力推进“平安建设”，开展治安巡查，全力打击各类治安不稳定因素。开展“城中村消防安全专项治理”等专项消防行动。消除安全隐患940处，整改安全隐患1590条，取缔非法生产企业25家，有效杜绝了辖区重特大事故的发生。高度重视和加强信访工作。坚持领导信访接待日制度和预约接待制度，不断畅通信访渠道，努力发挥乡、村两级调委会和民调员作用，扎实开展矛盾纠纷排查化解，全年信访总量下降11%。完成郭家咀村集体产权制度改革；顺利完成26个村级党组织换届选举，稳妥推进第八届村委会及监委会换届选举工作。

【廉政建设】 贯彻落实党风廉政建设责任制。2014年，乡党委与各村(社区)、各单位(部门)签订党风廉政建设责任书53份，考核结果纳入年度综合考核。强化村务监督委员会职权。一是健全监委会职责。着力改变和提升监委会角色定位，在协助做好村内事务的同时，村级财政的第一监管人、第一签字人列入村监委会，明确监委会主任第一监管责任人责任。二是健全工作例会和业务培训制度。每季度由乡纪委牵头召开一次全乡监委会干部工作例会，充分听取各村监委会工作开展情况，总结成效，改进不足；每半年组织开展一次监委会业务培训，对监委会工作监督标准及监管细则予以指导。三是坚持走访调研监委会工作，收集问题和意见。对尖岗、上闫垌、八卦庙等5个村（社区）监委会具体工作的开展进行指导帮助。截至2014年年底，全乡村（居）务监督委员会参与村级重大事项246件，审核基建项目73次，审核资金5.6亿。

【自身建设】 一是提升干部队伍素质，改善工作作风。采取集中学习与分散学习相结合的方法，组织乡领导班子成员深入学习党的十八大、十八届三中、四中全会精神等。围绕中心工作任务，以新型城镇化建设、社会管理创新为主要内容，邀请有关方面专家，组织乡机关干部、村组干部进行集中学习，带领各村（社区）书记、主任参加区委组织部赴辉县市考察基层党组织和新型社区建设。落实“四个一”制度（每周一次固定例会，每月一次集中学习，每季度一次总结观摩会，每半年一次组织生活会）。进一步完善侯寨乡机关管理制度，加强日常督查。在全面提升乡、村干部综合素质的同时，改进干部队伍工作作风，确保党员干部能“打硬仗、打胜仗”。

二是全面开展“党的群众路线教育实践活动”。2014年，在3065名党员、92家单位（部门）中全面开展“党的群众路线教育实践活动”，参与覆盖面100%。组织6场专题座谈会，发出3000多份征求意见表，乡党委、政府领导班子成员多次前往联系点，通过“上门听、坐下谈、面对面”征求到意见174条，针对群众意见反馈和查摆发现的问题，整改解决问题152件。做到“问题不解决绝不放手、群众不满意决不罢休”，真正把惠民政策落实到基层，把困难问题解决在基层，把矛盾阻力化解在基层。“党的群众路线教育实践活动”的有效开展，提高了广大党员干部的思想认识，强化了宗旨意识，改善了党群关系。

三是全面贯彻落实中央“八项规定”和省、市、区委有关规定，聚焦反对“四风”，扎实开展“党的群众路线教育实践活动”。引入电子考勤机制，举办“我是谁、为了谁、依靠谁”演讲比赛等，机关作风进一步转变；严格控制“三公”经费支出，有效降低行政运行成本；进一步完善科级干部廉政档案，建立“清风侯寨乡”廉政公共微博，办理群众投诉，自觉接受人大及社会监督，办理人大建议2件、政协提案1件，办结率和满意率均为100%，政风建设取得积极成效，干事创业、廉政勤正氛围更加浓厚。

【“三级联创”工作】 2014年，乡党委按照“组织设置、制度设置、台账资料、硬件设施、组织活动”规范要求，抓好机关党组织规范化建设，提升机关党建工作力度，对村（社区）等党组织开展晋位升级等活动，强优提差，全面推进基层组织建设。

一是抓实干促工作，抓学习强素质。开展领导干部读书竞赛活动，全年组织中心组学习6次，撰写调研文章2篇。以“四个一”活动为依托，组织机关干部学习20余次，举办学习讲座2期，集中考试2次，撰写学习心得179篇；坚持把党员干部培训融入到全乡跨越式发展大局中，坚持按照“分层施教、分类培训”原则，组织入党积极分子、党员发展对象、党员、村组干部等各类教育培训10期，培训3000余人次。区委带领各村（社区）书记、主任参加组织部组织的赴辉县市参观裴寨村、南李庄村、西辛庄村基层党组织和新型社区建设。

二是组织建设强队伍。软件方面。与区委组织部签订乡镇组织工作目标责任书，乡党委与各村（社区）书记签订年度党建工作目标责任书，组织召开2014年党建工作部署专题会议，安排全年党建工作重点。在“党员志愿服务集中行”“党建当先行”等大型活动开展前组织召开工作推进会。硬件方面。通过网络化排查和落实整改活动的完成，大部分村（社区）党员活动阵地达到要求，包括正在拆迁的郭家咀村、罗沟村，克服困难不断开辟新场地，保障党员活动不间断开展。在“软弱涣散”党组织整顿工作中，2个后进村和“软弱涣散”党组织，乡党委借助于“党的群众路线教育实践活动”，加强对这2个党组织的整顿力度，走访群众，查找问题根源，制订整改措施，完善整改台账，跟进整改进度，后进村已经有了明显改善。

三是抓村组党员全面管理。制定“侯寨乡村（社区）干部绩效考核奖惩办法”，完善考核评价体系，按照领导、部门、群众广泛参与的原则，进行定性考核和定量考核，实行月考核、季测评、年终总评的方式进行。同时，考核结果作为干部组织处理、绩效报酬、评优评先的重要依据。向村组干部印发侯寨乡村组干部工作纪实记录本，记录本上记录全年的承诺事项、每月工作计划、每周工作安排、每周的工作内容，定期总结学习情况。记录本作为村组干部工作记录的重要依据，乡联创办公室负责每月抽检一次，作为监督工作、发现问题的有效途径。

四是学教活动取得实效。组织参加“党的群众路线教育实践活动”演讲比赛。按照党建示范点的标准要求，把台郭社区党支部作为党建示范点进行重点打造，弘扬拼搏奋斗精神。在各村（社区）开展学教活动，每村（社区）都经过实践创新出为民服务新路。通过开展系列基层党建特色活动，党建活动阵地的作用得到发挥，真正成为广大党员提高党性的活动阵地。

五是志愿服务送温暖。全乡组建“党员志愿服务队”32支，开展活动70余次，参与党员1600余人次，服务群众3000余人次，办实事70多件。

六是通过“三大举措”夯实人才队伍，助推全乡快速发展。通过各渠道统计人才信息，采取实地走访、问卷调查、各单位上报等形式，在历年对人才信息掌握的基础上，对人才信息进行再充实，对在档人才信息进行动态更新，不断充实优秀人才资源库。创优环境，为优秀人才干事创业打造平台。鼓励优秀企业人才成为村组干部，将转正的优秀大学生村干部放在重要职能岗位上，鼓励现有企业提高本专科以上人员比例。引进人才，定期召开在外工作的侯寨乡籍优秀人才座谈会，请他们为家乡发展提意见；借助公共科技力量，从河南农业大学、郑州市农科所、郑州市农业科学院等购买服务。

【平安建设】 申请专项宣传车3辆，制作平安建设宣传语音，在辖区28个村（社区）巡回播放；联系河南省户外频道LED屏幕和河南农村信用社LED屏幕24小时播出平安建设宣传内容；三是制作平安建设宣传牌1000幅，制作固定墙体宣传标语30条，八是制作固定道旗200幅，在28个村（社区）的重要路段及门店进行安装；邀请盘鼓队进行宣传活动；在全乡范围内发送平安建设宣传短信；在辖区主要路口制作大型墙体喷绘和大型楼体固定钢架进行宣传；以辖区“中原第一城”为宣传阵地打造亮点，制作平安建设宣传小标语（不干胶彩画形式）进行全店铺张贴；发放各类宣传彩页2万余份，悬挂条幅500幅，制作展板6块，制作大型喷绘13幅

开展“反暴恐、净环境、调纠纷、稳大局”活动，与辖区公安派出

所相互配合，组织民警、巡防等力量，以设立路卡、车辆定点分流巡逻，分村分片排查流动人口、出租屋、“五小”门店等，全力打击辖区各类治安不稳定因素。

全力开展“城中村消防安全专项治理”“今冬明春火灾防控”“住宅小区电动自行车充电库（棚）建设情况统计”“建设工程施工现场基本情况统计”等工作，多次开展集中排查整治工作，全年排查460余家单位，发现940余处隐患，已整改到位单位460家、940处隐患。印发“侯寨乡消防安全大排查大整治活动实施方案”，全面开展消防安全大排查工作，逐村进行消防安全培训、排查、清理，确保辖区平安稳定。

开展“打击神邪教组织百日会战”等工作，举行集中宣传活动6次，发放宣传彩页3000份，悬挂条幅100条，制作宣传喷绘3幅，制作道旗50幅，发放手提袋500个，反邪教雨伞30把，接群众举报邪教组织聚会事件2起，打击处理2起。

以维护全乡社会稳定为目标，全面开展社会不稳定因素及各类矛盾问题排查整治工作，中央巡视组在河南省检查期间，乡社会治安综合治理办公室坚持做到“一日一统计、一周一总结”，全力与乡信访办公室、乡司法所加强联系，全面排查各类社会矛盾纠纷及不稳定因素，在重大不稳定问题方面排查登记11起，上报处理11起。全乡治安状况得到有效治理，工作信息在省级媒体发表。

【民生事业】 高度关注就业问题。实现农村剩余劳动力转移410人，组织技能培训、创业培训365人；发放小额担保贷款1280万元。累计发放临时救助资金、优抚金、大病救助金33.94万元，征缴各种社会保险896.26万元，新型农村合作医疗参合率超过99%，社会保障更加有力；建成郭家咀村养老幸福苑示范点；启动曹洼村、樱桃沟村幼儿园建设，为9个村（社区）更换健身器材，组织义诊138场；为25名计划生育家庭大学生颁发现金奖励6.7万元，更多群众得以享受计划生育服务。建成侯寨社区、桐树洼社区等5个村级文明使者志愿服务站，全乡社会主义精神文明建设取得新成效。

按照农村最低生活保障对象实行动态管理的原则，以扩大保障覆盖面为目标，对每名纳入低保的人员，严格审批程序，实施动态管理，采取层层审批公示，接受群众举报、监督，对符合条件的困难群众做到应保尽保，同时及时取消不再符合低保条件者的补助。2014年，通过家庭经济收入情况调查、公示，核定389户756人进入低保范围，总保障金额近150万元。对低保户、“五保”户大病救助实行“一站式”结算。2014年，全乡实施重大疾病救助33人，救助资金163127元。

拥军优属工作。全面落实各项优抚政策，切实维护优抚对象的合法权益。2014年，全乡有优抚对象265人，其中，残疾军人10人，在乡老复员军人18人，“三属”1人，“两参”人员40人，60岁以上农村籍士兵196人，向优抚对象发放优抚金629067.5元，补发义务兵优待金82049元。落实新增加的60周岁以上32名农村籍退役士兵的调查核实工作，为在乡老复员军人、伤残军人、现役军人发放米、面粉、食用油及300元到1000元不等的抚慰金。切实保障优抚对象在政治、经济社会中享有的待遇。

残疾人工作。2014年，为13名低保重度残疾人办理最低生活保障，为5名听力残疾人申请助听器、12名残疾人发放轮椅，为33名低保“三无”残疾人、38名低保精神病人发放各种补贴3.69万元，为54名残疾人发放机动三轮车燃油补贴14040元，为477名残疾人办理交通人身意外伤害保险。上报贫困残疾儿童（辅助器具适配）康复救助项目，组织残疾人参加二七区残疾人专职委员培训；完成全国残疾人基本服务状况和需求专项调查前期业务培训。

社区建设。一是进一步加强基层政权建设，强化社区的保障功能、便民服务功能。强化村务公开和民主管理，本着“有利于群众知晓、参与、监督，有利于调动村干部积极性”原则，统一规范村务决策程序，明确公开时间，规范公开内容，保证村民的知情权、参与权、决策权、监督权，规范村干部行为。做好各村每月的公开检查和指导。二是对社区建设中的6个示范点及服务中心补偿资金50万元。三是做好村级组织换届工作。

老龄工作。落实《中华人民共和国老年人权益保障法》，做好“五保”老龄工作。走访“五保”户家庭，了解他们的生活、住房情况，及时解决问题。全年为全乡20名智障老人配发“爱心黄手带”，并为25名老人配发“爱心手机”；为全乡3400多名老年人办理“绿城通”老年卡；在郭家咀村成立“养老幸福院”。

（申金贵）

马寨镇

【概况】 马寨镇位于郑州市市区西南6公里处，西与荥阳市相临，南与新密市搭界，北与中原区接壤，东与侯寨乡尖岗水库隔岸相望，地形基本上呈三角形。辖9个社区居民管理委员会（马寨社区、杨寨社区、坟上社区、程炉社区、水磨社区、张河社区、王庄社区、申河社区、阎家咀社区），4个村（刘胡垌村、张寨村、湾刘村、娄河村），54个自然村，总面积30.4平方公里。截至2014年年底，全镇6107户、28112人（不含辖区大中专院校在校学生数）。辖区共有20个民族，除汉族外有19个少数民族（回族、满族、维吾尔族、蒙古族、藏族、苗族、壮族、土家族、彝族、布依族、水族、土族、达尔族、朝鲜族、侗族、瑶族、畲族、黎族、纳西族）。镇政府内设党政办公室、经济发展办公室、计划生育服务中心、农业服务中心、食品药品安全办公室、文化服务中心、纪委、城管办公室、民政所、交管站、便民服务中心、劳动保障所、安全生产监督管理办公室、煤矿安全生产监督管理办公室、农村集体“三资”委托代理服务中心、信访办公室、司法所、财政所、环境保护所、社会治安综合治理办公室、村镇规划办公室。在职干部职工60人，办公地址位于工业路8号。

【经济工作】 2014年，马寨镇地方公共财政预算收入完成11400万元；社会消费品零售总额完成15.14亿元，同比增长18.8%；规模以上工业企业增加值完成39.01亿元，同比增长12.1%；规模以上工业企业主营业务收入152.7亿元，同比增长10.68%；固定资产投资完成53.4亿元，同比增长52.3%。

【招商引资】 坚持突出优势，特色发展。开展集群招商、产业链招商，引进上下游配套企业，培育壮大产业集群。签约苏宁食品电商园、马寨新镇区合村并城开发项目2个；引进郑州麦珂琪食品公司等二次招商项目27个，引进郑州茂丰置业公司、郑州豫宝达房地产公司等总部（楼宇）经济项目8家；实际到位资金34.4亿元，实际利用外资7395万美元。

【项目建设】 2014年，马寨镇纳入省、市重点项目5个，计划投资13亿元，累计完成投资20亿元。其中，续建项目2个："康师傅"二期4条生产线已投产，另外2条生产线正在安装，实现产值约6亿元，实现税收5000万元；"花花牛"一期10条生产线投产，实现产值1.8亿元，实现税收2000万元。新开工项目3个：苏宁物流配送中心项目正在进行基础施工；灏宇纸品公司办公楼、厂房已竣工，正在完善厂区周边基础设施；苏宁电商园施工图设计初稿已完成，二次方案已获河南省人民政府批复。

【合村并城】 以拆迁和安置房建设为抓手，着力推进城镇化进程，2014年被评为郑州市新型城镇化建设"十快"乡镇。坚持"以人为本、阳光拆迁"，镇政府与产业集聚区管委会配合分别于9月、12月共同启动张河社区（李家沟自然村）、程炉社区的拆迁工作，拆除房屋面积约8万平方米；安置区建设同步推进，程炉（张河）村安置区一期规划占地面积4.5公顷，建筑面积20万平方米，工程建设立项、环境评价、控制规划已批复，选址意见书已办理，土地已批回，主体工程、室内粉刷、护栏安装、主楼电梯安装、地下车库地坪铺建已完工，正在进行室外景观园林、道路、水电等基础服务设施施工；二期修订规划已于3月12日通过专家评审会，项目建议书、环境评价、可行性研究报告已经批复，正在办理《选址意见书》。刘胡垌安置区一期工程规划占地面积909公顷，建筑面积36万平方米，建设立项已批复，土地已批回，控制规划方案已通过市联审联批会议，主体平均建至五层以上。张寨安置区一期工程规划占地面积6.9公顷，建筑面积26万平方米，建设立项已批复，土地已批回，控制规划方案已通过市联审联批会议，即将进行土方开挖工程。

【城镇管理】 2014年，马寨镇全面开展农村环境卫生、集贸市场、主干道、"五小"门店等镇容村貌综合整治；利用全国卫生月、世界卫生日、世界无烟日等特殊节日及拜祖大典等重大活动开展环境卫生集中整治，清理、清运生活垃圾7500余立方米、建筑垃圾6000余立方米，清理小广告3500余条、卫生死角73处，查扣灯箱广告60余件，对光明路、明辉路等7条主干道共修复路面、人行道1700余平方米，更换路边石260米，维修更换窨井盖31个。加大镇国土资源所、查处违法建设办公室、执法中队等联合执法力度，开展集中行动12次，拆除违法建设36处（约1.3万平方米）。因地制宜开展交通专项治理。在主干道拥堵路段架设红绿灯1处、设置临时疏通点3处、划设停车位238个，纠错占道车辆200余辆，有效保证了镇区道路交通畅通。彻底关闭水源保护地周边4家污染企业；圆满完成4台10蒸吨以上燃煤锅炉的拆改工作；成功创建市级文明生态镇，进一步提升全镇整体形象。做好秸秆禁烧与综合利用工作，悬挂禁烧条幅120幅、张贴宣传标语600余条、出动宣传车4辆，鼓励群众秸秆还田、回收利用，有效确保夏、秋两季禁烧期间"不放一把火、不冒一处烟"。

【基础设施建设】 全年新建、续建11条道路，其中月光路、安宁路等5条续建道路共2.22千米已完工，公安西路、梦想路等4条新建道路，明晖路、飞翔路2条续建道路附属物已清点完毕。马寨污水处理厂及配套进出水管网均已完工；水磨污水处理站已通过主体通水测试，正在准备省、市、区工作验收；魏河变电站基本完成建设，正在与郑州市规划部门及郑州市电力部门对接高压架空线路路径。西四环路沿线马寨段绿化及"公交港湾"正在建设，涉及辖区"公交港湾"7处，已完成总工程量的30%；郑少高速公路航海路连接线与西四环路立交绿化工程已完成总工程量的50%。

【社会保障】 做好困难群众、农村低保、"五保"人员困难补助、复员军人定额补助的发放和临时救助等惠民工作，切实解决贫困人口生活问题，全年发放各类补助救助资金153.2万元、米面2.9万公斤、食用油5000公斤等。高度关注群众就业问题，组织就业技能培训211人、创业培训60人，转移农村剩余劳动力141人，新增城镇就业611人；完成小额贷款1200万元。做好养老保险、医保续缴费工作，完成养老统筹征缴1100万元，城镇居民养老保险续缴费5195人，新增城镇医疗保险9139人。创新服务模式，严格执行首问责任制、一次性告知制、限时办结制、服务双岗制，提高为民服务效能，全年受理各类事项1341件，办结1341件，办结率100%。

【社会事业】 2014年，马寨镇圆满完成村级组织换届选举工作，一批政治坚定、有能力、有知识水平的年青干部脱颖而出，为加强村民自治、巩固基层政权奠定了坚实基础。以稳定低生育水平，提高人口素质为核心，全面做好计划生育工作。对符合单独二胎生育政策夫妇的申报资料严格把关并按时上报；广泛开展优生优育宣传、做好单月健康体检；加强已拆迁村民及流动人口中育龄妇女管理。抽调精干力量，全力做好全国文明镇的复审工作。以科技周、知识产权周宣传活动为载体，扎实开展科普工作。强化文化阵地、文化队伍和活动载体建设，不断完善文化硬件设施，新配备电脑50台、书柜6个、腰鼓60个、广场音箱3个等；利用镇综合文化站广泛开展群众喜闻乐见的文化体育活动，组织广场舞大赛1次、电影下乡20场、送戏剧下乡10台等。加大对景区和"农家乐"的监管力度，指导景区"农家乐"完成第二批乡村旅游标准化试点单位和小型游客中心建设的申报工作，进一步提升了"美丽乡村"、旅游乡村的综合实力。着

马寨镇召开村级组织换届选举工作会议

力解决吃水难问题，对申河村吃水工程进行升级改造，安装无塔供水设备2套；大力发展农民专业合作社，帮助农民增收，做好农民负担监督卡的发放、村级组织乱收费的监督治理，发放农民负担监督卡3000份；做好林地保护工作，加大巡查力度，及时发现和惩处各种毁林行为；做好春、秋季动物防疫和重大动物疫病防控工作。民兵预备役、妇女儿童、民族宗教、外事侨务、地方志、档案等工作都取得新成绩。

【亮点工作】　2014年，马寨镇围绕“深化、规范、提升”主题，不断完善网格化管理标准化体系，强化网格长队伍、职能部门下沉队伍、群众工作队等的作用发挥，群众自治和为民服务水平得到进一步提高。全年通过社会管理信息平台上报各类信息1.5万余条，办结率100%，实现“小事情不出组、一般事情不出村、重大问题不出镇”工作格局。推进安全监管体制建设，健全安全生产监管机构，严格落实安全生产责任制，不断强化对食品、消防、煤矿、危险化学品、建筑等重点行业领域的安全监管，全年组织各类安全培训12次、培训2100余人；开展各类安全检查21次，查处安全隐患2000余条，并督查其全部整改到位，全镇安全形势持续稳定。创新工作机制，严格执行领导干部接访、突出干部下访制度，信访形势呈现较好态势。全年接待群众53起；累计受理各类信访案件19件，已全部办结。开展矛盾排查和防控工作，注重人员防范与技术防范的有机结合，强化治安巡防队伍建设，突出巡防队在治安防范和处置各类突发性事件中的关键作用；加强全民法治宣传教育，有效增强群众的法制观念；建立健全“三调联动”机制，实现矛盾纠纷发现在萌芽、解决在基层，构建了和谐有序的社会治安环境，人民群众的安全感和对社会治安的满意度进一步提升。

【队伍建设】　2014年，马寨镇全面贯彻中央“八项规定”和省、市、区委有关规定，围绕反对“四风”，扎实开展党的群众路线教育实践活动，着力解决人民群众反映强烈的突出问题，政风建设取得新成效。坚持和完善政府决策机制，自觉接受人大的法律监督、工作监督；坚持依法行政，确保政令畅通；坚持依法用权，确保权为民所用；坚持勤政为民，把发展好、维护好、实现好人民群众的根本利益作为政府工作的出发点和落脚点；全面提升干部素质，建立健全优质、便民、高效服务机制，打造“服务型”政府。严格落实党风廉政建设责任制，加大从源头上预防和治理腐败的力度，营造良好的干事创业氛围。进一步强化工作责任制，健全督查和奖惩机制，探索建立科学、合理的绩效评估机制，政府公信力和群众满意度不断提升。

（王晓曼）

大学路街道办事处

【概述】　大学路街道办事处成立于1961年9月，为二七区人民政府派出机构，位于二七区中西部，东邻交通路，西接嵩山路，北起中原路，南至陇海路。辖区总面积2.7平方公里，2014年辖区22817户、73965人，流动人口12063人。辖12个社区（祥和社区、郑大社区、金桥社区、中原社区、桃源社区、嵩山社区、新华社区、交通新苑社区、绿城社区、长城社区、长城康桥华城社区、学苑社区）3个村委会（兑周村、焦家门村、菜王村二组）。机关内设党政办公室、长效办公室、城市管理办公室、和谐发展办公室、计划生育办公室、财政所、经济发展办公室（项目办公室、协税护税办公室、统计信息中心）、稳定信访办公室、安全生产办公室、司法所、人事宣传科。在职干部职工152人。办公地址位于郑大市场南街1号。

街道召开办公会议

【经济工作】　2014年，大学路街道完成税收32077万元，占目标任务32379万元的99.07%；招商引资完成29.25亿元，占目标任务27.71亿元的105.56%；规模以上工业经济指标任务完成6.73亿元，占总任务19亿元的35.43%；固定资产完成4.25亿元，占目标任务10亿元的42.25%；社会消费品零售额完成24.55亿元，占目标任务24亿元的102.29%。

【项目建设】　雅居乐大学路商业中心项目：控制性规划已通过郑州市联审联批会，并下发会议纪要，正在等待正式批复。项目占地约6.47公顷，规划净地面积约5.77公顷。预测征收总面积约10余万平方米、征收约1000户。规划总建筑面积47.4万平方米（其中地面34.3万平方米，地下13.1万平方米），建设包括五星级酒店、特大型商业综合体、大型城市公共绿地、大型市中心综合停车场在内的城市综合体，以满足城市功能，促进区域社会经济快速发展。项目航空限高问题已办结，正在协调项目控制性规划正式批复；征收准备工作正在同步进行。

核五院院区改造项目：规划已经批复，正在做征收前准备工作。

桃源路兴华街片区改造项目、焦家门村（交通路段）城中村改造项目：2014年完成投资5500万元，焦家门项目正在动员动迁最后的23户居民，为土地分割挂牌做好准备。

郑州华贸中心项目：作为储备项目同时也是省、市重点项目之一，4月，二七区政府与北京国华置业签订框架协议，正就具体事项进行洽谈。

兑周村城中村改造项目：项目占地约16.67公顷，预测征收总面积约32余万平方米、征收约3200户。项目预计总建设规模约80万平方米

（含地下），总投资约100亿元。项目将按国内一线城市CBD高端城市综合体标准定位，包括国际标准顶级写字楼群，集国际一线品牌、高端餐饮娱乐为一体的商业综合体、国际品牌五星级酒店以及配套的国际高尚生活社区，最终建设成为郑州市区域百年经典建筑、极具标志性的高端国际化商务区，打造郑州区域商务中心和现代服务业聚集区。预计项目全部建成后将为辖区提供超过2万个就业岗位，聚集第三产业增加值超过300亿元，地方财税增加值超过30亿元。项目的修订规划和控制性规划已开始编制，征收准备工作正在同步进行。

【党建工作】 服务型基层党组织建设惠及群众。为进一步深化“三强一创”活动，街道党工委在原有示范点（康桥社区、中原社区、桃源社区）的基础上，引领带动相对老旧社区改造升级。2014年，街道党工委协调各方资源，将金桥社区、新华社区作为党建示范点进行打造，新华社区的“熟人社区”品牌建设迎来中共郑州市委常委、市委组织部部长高建慧和区领导的调研指导。街道党工委坚持把服务群众、保障民生作为活动的出发点和落脚点，将辖区634名志愿者分别编入47个志愿者服务队伍，打造“雷锋超市”服务品牌；开展在职党员“双报到双服务”和“实现微心愿、开展微服务”主题活动，累计帮助1000余名困难群众；推广“十五分钟便民圈”“四点半课堂”“惠民直通车”“惠艺乐流动大学”等工作经验，提升为民服务水平。第二批“党的群众路线教育实践活动”扎实推进。一是强化学习以正思想。以弘扬焦裕禄精神为主要内容，制订学习计划，通过集中学、定制学、讨论学多种途径强化思想教育。二是深入调研以开视听。要求党员干部“五必访”“五必听”“五必问”，引导居民“敢讲话”“讲真话”，制作“真心便签栏”收集群众心声，征集到537余条意见、建议，解决实际问题529余件。三是“揭短亮丑”以知不足。聚焦“四风”问题，通过自查、讨论，撰写个人对照检查材料、召开民主生活会，把问题谈开、谈透、谈深，从而统一思想、改进作风、增进团结。四是拓宽渠道以惠民生。建立“四色”民情档案、构筑“熟人社区”，设立居家养老志愿服务中心，针对不同群体、不同需求做出回应，提升为民服务水平，打通联系服务群众“最后一公里”。

【民生事业】 职工社会保险。全年任务1932万元，完成全年任务的100%。劳动再就业：全年任务3000人，完成3143人，其中安置下岗失业人员814人、“4050”人员1361人、持优惠证就业62人、公益性岗位就业82人，完成全年任务的104%；为辖区12名失业人员自主创业申请小额贷款40万元，企业贷款申报1200万元。

离退休人员管理。全年新增离退休人员159人，减少离退休人员12人，异地认证31人，领取遗嘱补助资格认定5人。

民政工作。停发低保户189户、变更4户、新增20户，发放低保金82.21万元，帮助20户重大疾病家庭申请大病救助金6.4万元，帮助8户低保精神病患者申请国家药物救助和每月每户现金补助100元，为3户低保精神病患者申请免费住院；发放优抚对象伤残金97.1万元，60岁以上退伍兵补助1320元，“参战涉核”人员补助10.46万元，“三属”抚恤金4.11万元，“退养主任”补助1.75万元。为辖区67名企业军队转业干部发放临时性生活困难救助金19.75万元，“两属”困难企业退休军队转业干部发放“八一”慰问金2.9万元。

残疾人工作。全年为3名低保家庭人员发放辅助器材，为8名0–12岁残疾儿童申请康复救助，为3名残疾人发放“三无残疾人”生活救助金（每人每月300元），为8名低保残疾人申请残疾人托养服务（每人每年600元），为10名重度残疾儿童申请最低生活保障金，为43名低保家庭重度残疾人申请补贴（每人每月200元）。

居民医疗保险工作。全年目标任务145人，新增和续交费139人，完成全年任务的95.86%。

居民社会保险工作。全年目标任务241人，新参保721人，完成全年任务的299.17%。

低收入、廉租房工作。全年新申请公租房96户；经济适用房变更7户；廉租房已享受廉租补贴173户；低收入参加2014年年审共128户、355人，其中通过低收入年审84户、457人，停发11户、22人，新申请低收入家庭8户。

【信访稳定】 坚持在全国、省、市“两会”党的十八届四中全会、“APEC会议”等特殊时期以及中央巡视组在郑州市期间开展大排查活动，排查矛盾纠纷149起，化解各类矛盾纠纷147起，排查率100%，化解率98%以上；为农民工追回拖欠工资60余万元。

【安全生产】 （一）创新载体，强化宣传教育，进一步提升群众的安全生产意识。一是加强培训，强化业务知识。以各类会议、专项活动等形式对安全生产、消防安全、食品安全工作的有关法律、法规进行广泛宣传，有效提高了人民群众的安全防范意识，增强了安全生产的责任感和紧迫感。全年开展安全知识培训会6次，开展宣传教育活动15场次，发放宣传材料2万余份，受教育4800人次。同时，通过安全专题会议和临时性安全工作会议，及时传达上级的重要指示和要求，对安全生产形势进行及时分析、通报和业务知识培训，保证辖区安全生产形势稳定。二是广泛宣传，弘扬安全文化。在辖区全面提升安全生产宣传教育工作，开展春季“关爱农民工”活动安全知识培训；普及“消防常识二十条”“六打六治”“打非治违”活动；组织开展“安全生产月”“食品安全宣传月”活动和“11·9”消防宣传周活动及安全生产“平安度夏”行动等各项活动。11月26日，组织员工及辖区企业参加《中华人民共和国安全生产法》安全生产知识考试，参考率100%。三是开展演练，提高应急处置能力。以完善应急预案内容，提高应急预案的针对性、可操作性和时效性，以提高应对生产安全事故的能力为目的，全年组织学生、商户、居民开展有针对性的演练10余次，尤其是6月份，在康桥华城社区组织由康桥物业、社区居民、重点场所、沿街商户参加的大型应急演练活动，通过活动普及安全生产科普知识，提高群众的安全防范意识和应对紧急情况的能力。

（二）突出重点，强化专项整治，进一步加大安全生产隐患治理工作。一是开展严厉打击非法、违法生产经营行为专项行动。4月，针对辖区实际情况，明确以打击建筑工地、危险化学品等非法、违法行为为重点的打击活动。采取突出检查、跟踪检查等形式，对各类非法、违法行为进行集中打击，查出4处隐患，已全面整改完毕，确保了“打非”专项行动取得实效。二是开展消防安全专项整治。根据《全区今冬明春火灾防控工作的通知》，在辖区集中开展消防安全“大排查、大整治、大宣传、大培训、大演练”的“五大”集中活动，重点组织对在建、在用高层居民住宅小区、人员密集场所、危险化学品企业、“三合一”和“多合一”场所开展火灾隐患排查整治。三是开展汛前安全专项检查。先后6次组织汛前、汛期安全大检查，重点抓好早期人民防空工程、在用高层建筑、在建工程、病险工程的安全检查。对查出的安全隐患逐一登记造册，按照分级管理原则下达整改通知书50份，并对实施整改情况和制订度汛方案跟踪检查，确保度汛安全。四是切实加强校园安全整治。联合多部门进行“校园安全大检查”活动，对辖区的7所大、中、小学校的周边环境，校内的消防设施及各种安全防范措施进行检查，进一步促进校区内公共安全各项措施完善。在各项专项整治中，查出隐患1580处，当场整改1556处，整改率98%以上，有效把各种隐患消灭在萌芽状态。

（三）加大力度、全力以赴，进一步做好食品安全工作。为切实保障辖区居民饮食安全，围绕“尚德守法、提升食品安全治理能力”的工作方针，组织开展“地沟油”、熟制花生、桶装水、鲜奶吧等专项清查整治，检查餐饮单位218家、学校食堂8家、建筑工地食堂2家，商场4家，取缔小作坊10家。全年辖区未发生食品安全事故。

【精神文明建设】 2014年，街道实施文化惠民工程，组织优秀舞台艺术进社区、进基层公益演出130场；为12个社区建成完善的文化活动中心，为祥和社区、新华社区电子阅览室配备电脑各10台；在省、市、区各级媒体发表文章30余篇，对辖区嵩山路、广场南街、桃源路等主干道老旧墙体进行粉饰，投入专项资金17万余元整治“五小”门店，投入资金近50万元整治占道经营，清理户外广告600处。

【网格化工作】 深入推进网格化管理长效机制建设。建立职能部门与街道工作、责任、绩效、考核、奖惩“五捆绑”制度，全年街道社情信息排查发现问题21936件，已解决21908件，解决率99.87%；台账信息排查发现问题2967件，已解决2951件，解决率99.46%。强力化解基层矛盾纠纷，集中解决农民工欠薪、军队转业干部生活救助、反邪教等社会问题，荣获郑州市信访工作先进单位。建立健全长效监管机制，推进企业安全生产主体责任落实，全年无重大安全生产事故发生；强化食品、药品安全监管，集中开展食品、药品安全专项整治，人民群众饮食用药安全得到有效保障。

【城市管理提升】 全年设置城市管理提升岗28个，整治占道经营500余处、突出店外经营600余处，规范管理堵疏结合点1个；整治门头牌匾32处，拆除墙体广告17处、软体条幅120余处、小广告340余处、LED灯箱100余处、橱窗广告600余处；对300米长路面进行硬化，对墙体进行粉刷，对2个破旧垃圾池进行重建；6月份对郑州市骨科医院1台15蒸吨、郑州大学4台10蒸吨的燃煤锅炉进行拆除；规范养犬治理，张贴、发放宣传资料2万余份，购买狗绳260条，制作袖标300余个，指派专人为违规遛犬劝阻员，劝阻不文明养犬、遛犬行为700余次；处理市、区各类整改通知书、投诉案件280余份，处理数字化案件1000余件，处理“市长电话”“市长信箱”、网络投诉等案件问题120余件；拆除康复后街违法建设约1100平方米，制止新增违法建设10余处；在郑西高速铁路沿线种植乔木2100株；清理积存垃圾、建筑垃圾120立方米。

【计划生育工作】 一是全年办理一孩生育证366个、办理独生子女证379人、办理流动人口婚育证明630人；二孩生育证审批上报82人，新增特别扶助家庭7人，新增计划生育养老补贴2人，新增独生子费用申请对象127人，新增生育关怀奖励扶助对象1人。辖区出生一孩342人，二孩41人。二是清查流动人口7910人，已经全部录入微机；对辖区医院、药店、诊所签订目标责任书、保证书；按照要求完成“生殖健康进家庭”活动各项目标任务。三是国家免费孕前优生健康检查工作任务已经完成。四是开展“双节”走访慰问计划生育贫困家庭。协助区直帮扶部门对辖区独生子女伤残、死亡及贫困家庭进行慰问帮扶；协调郑州市工商局对辖区10户计划生育特扶及特困家庭每户给予500元现金的帮扶。五是在“双节”“5·29”“9·25”等计划生育宣传日开展计划生育政策、法规宣传，累计发放计划生育宣传册3600份、避孕药具1200盒、宣传围裙180条。

（陈　睿）

五里堡街道

【概况】 五里堡街道成立于1959年3月，位于二七区西北部，郑州市中心城区核心地带。辖区面积3.37平方公里，范围东起京广北路、金水河、康复中街，西至嵩山北路，与中原区交界；南起康复前街、中原东路防空兵指挥学院南围墙；北至二环支路，与金水路接壤。辖区有19条街道，其中主干道6条（中原路、建设路、京广路、金水路、嵩山路、大学路）；有37家公共单位。2014年，辖区户籍总人口58091人（含在校大中专院校学生2031人），常住人口60560人。下辖18个社区（建新街社区、建新北街社区、建新南街社区、河医社区、河医南社区、康复路社区、菜王社区、五里堡社区、五里堡南社区、防空兵指挥学院社区、建设东路社区、水工社区、王立砦社区、棉纺东路社区、二环道东社区、二环道西社区、国花社区、香榭丽社区）。机关内部设19个科室（党政办公室、党建办公室、纠风督查室、便民中心、宣传科、信访综治中心、民政科、司法所、财政所、经济科、劳动和社会保障中心、安全生产监督管理办公室、市政科、投促中心、计划生育办公室、长效办、社会管理办公室、劳动服务公司、市政所）。2014年，街道党工委有30个党支部，直管党员1445人。办公地址位于建新街5号。

【经济工作】 2014年，街道财政收入完成8894万元，占全年目标任务12707万元的70%；工业总产值完成2.4亿元，占全年目标任务2.3亿元的104%；社会销售品零售总额完成10亿万元，占全年目标任务10亿元的100%；固定资产投资完成10.70亿元，占全年目标任务10亿元的107%；招商引资工作完成25.7亿元，占全年目标任务25.2亿元的102%。

【项目建设】 （1）中投汇金城项目：各项手续和安置房分配工作已完成；1号楼、2号楼、3号楼、5号楼已封顶，正在进行墙体砌体粉刷；住宅房已全部售出，商业房的预售证已取得，正在做前期宣传工作。

（2）钛合佳苑项目：地质勘察和文物勘探已完成，安置房分配工作基本完成；控制性规划郑州市政府已批复，修订规划方案已上报二七区规划分局初审；土地收储工作已结束，正在进行土地交易的申报工作，等待郑州市土地部门的审批；郑州警备区两栋住宅楼由于此次规划没有纳入，作为二期开发建设。

（3）中林国际项目：项目控制性规划郑州市政府已批复，修订规划已上报二七区规划分局审批中，已办理完建设工程用地规划许可证和国有土地使用证，正在办理建设工程规划许可证和施工证；1号楼建至28层，2号楼、3号楼、4号楼、5号楼已封顶，正在进行墙体砌体粉刷。

（4）解放新村项目：项目控制性规划已批复，地质勘察已完成，建设用地规划许可证及国有土地使用证已办理，正在办理建设工程规划许可证和施工证。

（5）金源大厦项目：修订规划、控制性规划已报郑州市规划局局长办公会（原则上同意），正式文本已修改完毕，等待提交郑州市联审联批会批复；一期的1号楼、5号楼、6号楼已封顶，正在进行室内外装饰。

（6）嵩山食品厂项目：1号楼26层和地下车库已经完工，水、电、天然气正在设计、安装；2号楼施工前期工作已经就绪，需要拆迁的七层住宅楼已经有75%住户达成安置协议，待拆迁完毕后方能办理施工证。

（7）河医片区改造项目：王立砦村民共242户，已签订241户，拆迁面积10.53万平方米；已与郑州市规划勘测设计研究院签订委托协议，委托其制订控制性规划，现在编制修改中；已完成王立砦村集体土地的确权工作；汇总棚户区改造项目资金贷款（编制可行性研究报告所需基础资料）的材料、项目环境评价审查、项目规划审查、项目可行性研究报告等4项手续已办理完毕，正根据国家开发银行的贷款要求，对二七区发展改革和统计局的规划审查手续进行修改，等修改完毕后以二七区建投公司的名义向河南省豫资城乡投资发展有限公司上报；国有土地房屋征收补偿方案（征求意见稿）已完成，二七区政府常务会议已通过，多处异地安置房源已确定，下一步等规划手续批复后将做好征求群众意见及征收令的下发工作。

街道领导到社区指导工作

【宣传思想文化工作】 扎实开展道德实践活动，提升公民道德素质。广泛开展道德讲堂活动，着力提升文明城市创建水平，巩固文明城市创建成果。街道办事处在建筑工地制作“文明河南”公益围挡2万平方米；发放未成年人思想道德建设海报180张。6个市级以上文明社区建立志愿者登记注册，各种制度、流程图、门头、牌子已经上墙，其余社区正在按照“六有一落实”进行建设。完成河医南社区“红领巾”文明使者志愿服务项目、棉东社区文明使者志愿服务站建设项目的申报工作；完成辖区郑州市劳动保险稽查大队、五里堡街道省级文明单位申报工作，完成建新街小学、建新街幼儿园区级文明单位申报工作。坚持文化惠民，不断丰富居民的精神文化生活。广泛开展群众文艺活动，组织优秀文化演出进社区。街道利用春节、元宵节组织开展老党员和道德模范茶话会、闹元宵猜灯谜、帮助农民工讨薪志愿服务、和“空巢”老人一起过春节等活动；利用端午节组织包粽子、诵经典、健康讲座等活动，丰富居民的精神文化生活。清明节组织部分机关工作人员到二七纪念塔、郑州市烈士陵园等开展祭英烈活动。全年完成新闻报道102篇，为网友解答37条“新通桥”问题。

【规范养犬整治】 每个社区设置养犬治理工作专题宣传栏，在各楼栋张贴通告、条例、禁养犬图例1万多份以及辖区居民养犬情况公示，挨家入户进行普查，登记发放宣传资料1万多份，街道办事处城管科制作5块宣传版面，轮流在各社区展出，同时刻录17张光盘，各社区在显著位置进行播放。

【网格化管理】 一是强化教育培训，提高网格长业务能力。二是健全完善双向通报、联席会议、问题“交办+督办”“一站式”服务等多项制度，提高网格办事效率。三是发挥网格优势，化解各类矛盾。一格多员，贴心服务，注重解难题。开通群众诉求专线，对群众诉求快速反应，切实为民排忧解难。全年街道排查各类问题871条，已解决862条，问题办结率97.93%；社情信息9657条，已解决9640条，问题办结率99.82%。2014年4月被中共郑州市委、郑州市人民政府评为2013年度郑州市“坚持依靠群众推进工作落实”长效机制工作先进街道办事处。

【计划生育工作】 2014年，辖区总人口58091人（含在校大中专院校学生2031人），其中已婚育龄妇女13552人，已婚育龄妇女管理率98%，个体、无业、下岗人员康检率100%；全年一孩生育证出生428人、二孩出生50人，人口出生率8.2‰，一孩、二孩符合政策生育率为100%；出生统计准确率100%，统计报表准确率100%。辖区流动人口13960人，其中已婚育龄妇女1873人，管理率98%，康检率100%，合同签订率100%。

【城市管理】 街道以“三城联创”为契机，以城市管理提升“六项重点工作”为突破口，制订详细的工作方案。5月份、7月份对辖区存在的露天烧烤、未设置专用油烟排放通道、安装的油烟净化装置等治理措施不达标的餐饮服务场所进行集中清理，收到良好效果。

【安全消防】 一是建立健全安全生产责任制。与辖区公共单位、18个社区签订安全生产目标责任书，制订安全生产网格化管理方案，编制安全生产网格化管理责任图。二是完善基层基础设施建设。辖区公共单位、18个社区配备专职安全监督员，成立不少于2人的安全生产工作小组。安全监督办公室配备6名专职人员，调整办公场所，增加办公设备，到标准化标准安全监督办公室。三是加大安全生产工作专项资金的投入。街道设立安全生产专项资金，聘请专业电工，对辖区内存在的老旧危房电线外漏、无主管楼院无电表箱等安全隐患进行整修。四是加强宣传与检查。全年开展综合性安全生产大检查5次，拉网式安全生产大排查12次；开展消防安全知识培训32次，逃生演练10次；悬挂条幅200余条，张贴消防安全宣传挂图1000余张，发放宣传册4000余张。全年辖区未发生安全生产事故。

【党建工作】　以开展“党的群众路线教育实践活动”为依托，以巩固“三强一创”活动成效为目标，党工委深入开展争创“服务型党组织”建设。大力推动基层组织活动场所标准化建设，国花社区成为符合“六有”标准的基层“服务型党组织”的典型。2014年，党工委根据年初的党员发展计划培养党员发展对象，组织13人参加党员发展培训班，发展中共预备党员13名，预备党员转正41名。进一步加强在职、无职、流动党员管理，推进在职党员“双报到、双服务”活动。新建3个非公有组织党支部，每季度对辖区非公有组织党组织书记开展1次培训，定期组织非公有党建指导员对辖区非公有组织支部进行指导，确保80%以上的非公有组织党组织达到“三有三强”标准，区级以上示范点达到20%以上。落实“二七区群众工作队管理办法”，做好第二批群众工作队员的管理与服务，做好与第三批群众工作队的对接。

【社会治安综合治理】　与辖区37家公共单位、18个社区、5个建筑工地签订目标管理责任书，层层落实责任，号召全民参与平安建设工作，全面提升辖区公众安全感指数。全年在国际城市花园广场、鑫苑景园广场、棉纺路小学、建新街小学、棉东社区、王立砦社区等开展40多次集中宣传活动，发放宣传册3600余份，调查问卷500余份，并通过“医务通”“校讯通”等宣传方式宣传平安建设内容，充分提高了辖区群众的平安建设意识，营造了良好的平安建设氛围。

3月，街道对河医社区改造项目的集体土地进行拆迁前风险评估，向涉及的被拆迁群众、单位发放社会稳定风险评估征求意见表，广泛征求意见。召开评估会议，涉及的单位和群众代表参会，对群众的意见逐条分析、讨论、协商，提出意见、建议。由于街道对此项目评估率达到100%，使河医片区王立砦村顺利拆迁完毕，未发生不稳定事件。

【信访工作】　街道通过强化领导、精心组织，落实信访工作各项制度，本着“劝慰一批、转化一批、稳定一批”的目标，有效化解各类信访矛盾。全年接待群众来访16次，化解矛盾12起，信访案件立案14起（个访3起，网访5起，督办6起），办结率100%；中央巡视组在河南省开展巡视工作期间，转办信访案件4批13件，中共河南省委巡视组交办案件2起，共15起案件已全部结案。全年在北京、省、市未发生有影响的信访事件，为辖区社会经济发展创造了良好的环境。全年排查出矛盾信息22余条，其中，有5条紧急信息，为党工委采取处置措施赢得第一时间。全年信访事项立案率100%，稳定率95%，按期结案率98%，年度办结率100%，群众满意率93%。2014年8月，街道荣获二七区2013年度信访工作先进单位。

【劳动保障和就业再就业工作】　2014年，街道完成就业再就业任务3253人，占全年目标任务3000人的108%，其中，下岗失业人员再就业任务910人，实际完成1190人；“就业困难”对象就业任务260人，实际完成440人；创业培训任务45人，实际完成55人，再就业培训任务630人，实际完成700人次。城镇登记失业率3.9%，控制在目标任务4%以内；劳动保障充分就业社区创建达标率85%。组织“送岗位、进社区”等各类招聘会和政策宣传活动12次，提供就业岗位860余个，发放各类宣传单930余份。在省、市、区各媒体发表工作信息14篇。

（黄倩华　刘德达）

福华街街道

【概况】　福华街街道办事处成立于1961年。辖区北连郑州火车站西广场，与蜜蜂张街道接壤；南至航海中路，与长江路、京广路街道相接；西部以京广路、保全街、庆丰街、政通路、大学路为界，与建中街、淮河路街道相邻；东部以京广铁路客运线为界，与一马路街道和管城区为邻。辖区总面积4.6平方公里，常住人口7.4万多人，流动人口1.7万多人。下辖12个社区（陇海中路社区、小赵砦社区、苗圃花园社区、永安东街社区、铁道家园社区、新圃西街社区、新圃东街社区、航海北街社区、福华南街社区、福华北街社区、七一三社区、苗圃东社区）；街道党工委直管机关党支部1个、机关离退休党支部1个、社区党总支2个、社区党支部8个、村党支部1个、非公有制党支部5个。街道内设党政办公室、人口和计划生育办公室、市政科、信访办公室、社会治安综合治理办公室、安全生产监督管理办公室、劳动保障所、民政科、财政所、协税护税办公室、企业综合服务科、鞋城发展办公室、便民服务大厅，现有干部职工93人。办公地址位于京广路56号。

【经济工作】　2014年，完成区级财政收入1.0517亿元，占年任务的108.57%，同比增长31.04%；固定资产投资完成14.4137亿元，占年任务的71%，同比增长　102.86%；社会消费品零售总额完成14.0306亿元，占年任务的96%；招商引资完成10.158亿元，占年任务的103.45%，同比增长24.15%。

【市场外迁】　实行“一个市场一套人马”，通过调研走访，帮助业主明确市场功能定位和发展谋划，组织商户考察外迁承接地，加快推进市场外迁工作。2014年，路华大厦基本完成升级，形成以电子商务为主体的楼宇总部经济；中原国际鞋城的批发业态已全部外迁，实现转型升级。街道市场外迁工作的快速推进得到上级领导及有关部门的一致肯定，相关单位多次到街道观摩学习。

【项目建设】　中央商务区项目：分派6名副科级干部组成动迁工作组，制定早例会、跟踪督办等制度，坚持“抓签约、抓搬空”，5个征迁小组分别实行“5+2”“白加黑”“盯守”“亲情”等工作方式方法，倒排工期，挂图作战，重点攻坚，迅速推进。截至年底，涉及辖区安置房区域房屋征收基本完成，4栋安置房已开工建设，项目新控制性规划编制及安置区修订规划编制正在审查中，新规划4条道路征收方案的征求意见工作已基本完成。

铁道·京广家园项目：项目位于京广路以东，新圃北街以北，郑州铁路局物资供应总段厂区内。拟规划建设28栋（一期13栋，二期15栋）高层住宅，总建筑面积77.5万平方米，其中住宅54.5万平方米，商业1.99万平方米，地下20.04万平方米，剩余为配套用房，共计5764户，车位6261个，容积率3.41。一期工程1号楼、2号楼、3号楼、4号楼、5号楼、7号楼、8号楼、9号楼、10号楼、11号楼进行室内批墙；6号楼建至32层，12号楼建至30层，13号楼建至32层。截至12月底，6号楼、12号楼、13号楼封顶。二期工程15栋楼除1号楼、2号楼正在进行文物挖掘，其他13栋楼正在打桩。截至12月底，京广·铁道家园项目缴纳建筑营业税140万元。

京航商贸城项目：项目位于京广路与航海路交叉口东北角，占地面积1.85万平方米，建筑面积8.80万平方米（1至6层为商业用房，面积为2.91万平方米，地下1至2层为车库及设备用房，面积为2.54万平方米），地上2栋分别为27层、28层，裙楼为3至6层，总投资4亿元，已纳入郑州市管理重点项目。截至12月底，8层主体已完工，已完成投资1.5亿元，占年度投资目标的100%；已缴纳建筑营业税50万元。

七一三所研发中心楼项目：项目位于七一三所院内西南部，主要用于军民品科研开发。占地1.35公顷，地上建筑面积4.7万平方米，地下建筑面积1.1万平方米，基底占地面积4351.19平方米，总建筑面积5.8万平方米，建筑高度83.4米。A区20层，B、C区12层。建成后地上车位73个，地下车位332个。截至12月底，3栋楼主体即将封顶，2015年计划进行楼前地下室建设。全年缴纳建筑营业税120万元。

小赵砦片区棚户区改造项目：8月22日，街道与河南登凯房地产开发有限公司就小赵砦片区棚户区改造项目签约意向协议。小赵砦片区棚户区改造项目所处地块北临陇海快速路、西接京广快速路、东连新开通的小赵砦东大街直至郑州火车站西广场，紧挨郑州市重点项目——中央商务区，规划占地面积约27.87公顷，计划投资90亿元。项目建设业态以高端商业、酒店、餐饮、文化娱乐、商务办公、住宅等为主，建成后将与中央商务区共同成为铁路以西的核心区域，打造成为辖区京广路陇海路经济中心，对现代高端商贸业的发展有很强的拉动作用。

【“三城联创”工作】 成立领导小组，下设11个整治指挥部，制作责任网络图；建立周例会、任务倒逼、激励奖惩等各项制度，形成按制度管人、干事的局面。创新道德讲堂、居民信息平台等宣传载体，建立文明劝导员、网络文明传播志愿者等队伍，开展文明交通“百日整治”行动，有效带动辖区群众参与到创建中。投入300余万元，为11个社区楼院悬挂扑蝇笼430余个，封闭垃圾道920个，配置垃圾筒1150个，楼院环境得到较好改善。联合二七区工商、税务、质量技术监督等部门，集中对“五小”门店、集贸市场等开展专项整治，市容环境得到良好控制。7月，在郑州市开展的卫生城市复审重创综合考评中，街道荣获流动红旗1面。

【城市管理】 （一）大市容整治。运用“疏、堵、控、导”等手段，对占道经营、突出店外经营进行专项治理，组织志愿者服务队在上下班高峰期对堵疏结合点进行交通疏导，较好地维护了市容环境秩序。全年劝阻占道、突出门外经营385起，流动摊点800余处，整治广告863处，拆除、更换不合格门头牌匾32处。（二）违法建设拆除。开展联合执法大行动，拆除违法建设278处，面积2651平方米，违法建设在一定程度上得到有效遏制。（三）环境综合整治。开展卫生清洁、楼院大扫除活动，清理、清运积存垃圾1950余车；栽植苗木5364棵，绿化面积5100平方米；集中对小赵砦村待建工地积存垃圾进行清运，并实施防尘覆盖，覆盖面积9000多平方米。

街道党工委书记带队整治“五小”门店

【综合治理】 完善矛盾调处化解机制，联合嵩山路公安派出所警务四中队，开展社会治安重点地区和突出治安问题集中排查整治活动14次，矛盾排查化解率99.5%。大力开展无邪教创建活动，创建反邪教警示教育基地1个。创新平安建设宣传形式，利用居民信息平台日发送信息1万余条。

【信访工作】 严格落实矛盾排查与化解机制，全年排查各类矛盾196起，已解决195起。严格执行领导干部接访、下访制度，全年领导班子成员接访300余次、下访165次。对不稳定因素及信访案件实行责任包案制度，“一案一策”，全程稳妥控制，维护稳定大局。全年未出现个人极端事件，无社会稳定风险评估事项，社会政治大局稳定。

【民生工作】 （一）人口与计划生育工作。强化优质服务，开展“两漏”清理清查，扎实推进优生优育进家庭活动，不断提高出生缺陷一级干预覆盖率。2014年，辖区符合政策生育率、出生统计准确率、已婚育龄妇女管理率均达100%。申报城镇独生子女父母年老奖励扶助3697人，发放奖扶资金414万元。（二）就业再就业及离退休工作。创新手机短信社会保障咨询、网络信息资源库、亲情联系卡等服务方式，加大企业养老、居民养老和医疗保险的宣传、扩面、催缴力度，健全各类就业服务台账，以创业带动就业。2014年，完成就业再就业3150人，办理企业小额担保贷款企业3家、个体工商户3家，完成社会基本养老保险扩面征缴1516.2万元，城乡居民养老保险新增147人，医疗保险新增420人，均超额完成任务。（三）民政工作。开展扶贫帮困和救济工作，严格做好低收入和住房保障工作。2014年，累计发放低保金95.7万元，保障低收入177户240人；审核上报公租房206户，廉租房248户。多途径对贫困居民和特殊群体进行社会救助，累计服务伤残军人91人，发放伤残优抚金54.7万元；多种形式开展“中国爱心城区”宣传和救助活动8次，助学救助58人次。创新居家养老服务形式，开展“爱暖空巢”慈善项目，不断完善老龄服务体系建设。组织开展社区文化服务活动33次。

【长效机制管理】 以网格精细化管理为重点，构建五级网格“全模式”社会服务管理体系。建立楼院自治管理制度，打造涵盖平安建设、医疗卫生等多项内容的“十五分钟便民服务圈”。组建“社工+义工”服务队，提供“一助一”或“多助一”志愿服务，推行积分兑换活动，志愿服务逐渐常态化。实行职能部门人员下沉、群众工作队和网格长“三支队伍”制度化管理，严格考核奖惩，网格队伍素能得到进一步强化。实行平台信息“百分倒扣制”，社情办结率99.99%，台账信息办结率100%。

【安全生产工作】 通过分级签订年度安全消防目标责任制，治理、消除安全隐患934条，安全防线不断加强。结合“119消防宣传日”等时间节点，开展安全生产、消防检查、消防演练等活动40余次，电梯隐患、电动车棚等专项整治和服务活动30余次，使辖区群众广泛受益。社区消防示范点创建工作得到郑州市、二七区领导充分肯定，并多次接待相关单位观摩学习。

【宣传及精神文明建设】 开展道德实践活动，坚持举办“道德讲堂”；打造“福华文化大舞台”文化品牌，推出“和谐邻居节、彩色周末”等品牌活动40余次；开展推荐“身边好人”活动，建立推荐“身边好人”长效机制，全年传播30余名身边好人事迹。在辖区主要路段制作“文明河南”“中国梦”“社会主义核心价值观”宣传喷绘100多块；制作“创文”楼栋贴4000余块。在创建全国文明城市工作中，完成2011版、2014版全国未成年人测评体系和创建省级文明城区资料；铁道家园社区作为创文备查点全部完成相关工作。

【网站建设与媒体宣传】 围绕区委、区政府中心工作更新街道网站，并开辟“群众路线教育”专题专栏，拓宽民意诉讼渠道。加强正面舆论引导，利用“二七门户网站”策划组织网上主题宣传和重大活动宣传；进一步加强网络舆情监测，坚持舆情会商和事项交办制度。围绕群众普遍关注的社会热点和突发事件，充分发挥网络评论员作用，及早发现、疏导网络舆情。全年在“二七门户网”发表信息1000余篇，在市级以上媒体发表通讯53篇，《魅力二七》发表信息69篇，《政府工作快报》发表信息57篇；《二七信息》发表信息41篇，街道对外形象得到较大提升。

【党建工作】 （一）*党的群众路线教育实践活动*。通过推行领导干部班子带头学、专题辅导促进学等“五学”举措，切实提升学习效果。坚持领导带头、开门纳谏，征集意见、建议301条。对照“三严三实”，按照自己找、群众提、集体议等“五种方法”，梳理各类问题228条。建立分类整改台账，领导班子调研反映的42项问题已全部解决，解决群众实际问题167件。坚持把“建章立制”与群众期盼、问题整改等有机结合，全面梳理现有规章制度，有效推进了党员干部作风转变。（二）*领导班子和干部队伍素质提升*。严格落实科级领导分包社区责任制，坚持“一线工作法”，领导班子成员定期入网格解难题，带动党员干事创业。采取观看红色电影、每周集中学习、岗位练兵等形式，强化党员干部学习教育。选派工作能力强的干部职工到项目拆迁、信访稳定等重点岗位锻炼，坚持在一线选拔培养干部。（三）*基层服务型党组织建设*。坚持“抓基层、打基础”，合理配备“党建万元经费”，强化社区阵地建设，打造了七一三社区服务型党组织示范点。新增志愿者队伍12支，开展“你我搭手助菜农”等志愿服务活动47次，探求“金手指”等新型服务模式。建成标准化社区便民服务大厅9个、党代表工作室3个，健全党代表列席重要会议制度，拓宽了党代表作用发挥的渠道。（四）*党风廉政建设*。与17名领导干部、16个党（总）支部、14个科室、近70名科室、社区工作人员签订目标责任书，为做好党风廉政建设责任制工作打下了坚实的基础。加强制度建设，对街道原有的反腐倡廉等制度进行全面清理和审查，发放征求意见表100余份，征求意见、建议20余条，经过整理完善，形成街道党工委现有的42项廉政风险防控制度。

【督察督办】 全年组织开展督查活动230余次，下发督查通报48期，办理“市长电话”“区长电话”室下达的督办事项、“心通桥”督办事项、ZZIC督办事项共计288件，同时对中央商务二期拆迁工作进行跟踪督查，每日汇总拆迁进度、每月汇总区委、区政府下达给街道的各项目标任务完成情况，及时掌握各项重点工作开展情况，查找问题，总结经验，确保各项目标任务的完成。1至7月，街道督查督办科通过对“市长电话”投诉登记表、“心通桥”、互联网舆情交办单、“市长信箱”、市委市政府网络发言人ZZIC网络舆情告知单、党的群众路线教育实践活动专项督办单等网络舆情案件进行综合分析，完成2014年上半年福华街街道网络舆情案件分析报告。通过对街道舆情热点综合分析，找到了街道网络舆情案件关注的焦点及成因，大大减少了投诉案件的发生，有效地促进了全年各项工作的落实。

（史晓丽）

建中街街道

【概况】 建中街街道办事处，东起京广路，西至淮南街，南起政通路，北至康复后街，辖区面积4.16平方公里，共3.4万余户、9.6万余人，有汉族、回族、满族、蒙古族、朝鲜族等12个民族。下辖铁英社区、庆丰社区、东福民社区、保全社区、永安社区、五彩社区、建华社区、西福民社区、康复社区、幸福社区、淮南社区、小李庄社区、铁道陇海家园社区、人和社区。街道内设党政办公室、文明办公室、统计科、便民服务中心、社会治安综合治理办公室、信访办公室、民政科、财政所、安全生产监督管理办公室、市政科、执法中队、招商办公室、计划生育办公室、社会保障所、协税所等科室；下设6个社区党委、6个社区党总支、2个社区党支部，直管党员1600余人。辖区有郑州铁路局、郑州大学第五附属医院等公共单位30余家。办公地址位于交通路65号。

【经济工作】 2014年，街道完成财税收入20000元，占目标任务的108.21%，较2013年同期增长31.68%；完成固定资产投资108177万元，占目标任务的120%；招商引资完成32亿元。

【项目建设】 2014年，街道有重点项目5个，其中，省、市重点项目2个（郑州市第一零二中学整体改造二期工程、郑州市第四十四中学新建学生宿舍楼和地下停车场项目）；二七区重点项目3个（小李庄城中村改造、富民街棚户区改造、碧波园连片改造项目）。2014年累计完成投资50030万元，区级税收1969万元。

郑州市第四十四中学新建学生宿舍楼和地下停车场项目：正在办理施工许可证；*郑州市第一零二中学整体*

街道党工委组织干部职工学习胡佩兰先进事迹

改造二期工程项目：正在进行内外部装饰；小李庄城中村改造项目：一期正在进行内外部装饰，二期需调整方案设计；碧波园片区改造项目：正在进行规划图纸设计；富民街棚户区改造项目：正在进行修建性规划修改。同时，对辖区3519家属院片区、淮河路沿线连片、西服总厂家属院片区进行谋划推介宣传。以旧城改造为契机，拉动辖区发展，已与多家企业联系并实地查看，力争早日确定开发主体。

加快升龙国际特色商业街区建设，充分利用节假日和传统节日，通过举办“疯狂购物节”“亲亲我的宝贝”、台湾士林美食嘉年华、“熊猫来了”百变熊猫展等促销活动，搭建宣传平台；利用各类媒体多渠道、多角度宣传，不断扩大特色商业街的影响力，提升升龙商业整体形象，打造精品商业街区。

【民生事业】 全年发放低保金110686元，大病救助54人，救助金172538元，廉租补贴实物配租230户；强力推进“十星社区”创建和社区中心建设，幸福社区成功争创“十星”社区和市级社区服务中心。

不断强化计划生育服务意识，开展全方位服务活动。春秋两季为辖区1488名已婚育龄妇女免费康检两次，康检率96%以上；实施孕前优生民心工程，加大孕前优生宣传力度，为323对夫妇进行19项免费健康检查。

全年完成城镇新增就业再就业3039人，实现“零就业家庭”动态为零，城镇失业率控制在4%以内；受理小额担保贷款企业申请8家，发放贷款金额1100万；提高城镇居民基本医疗保险续保率和参保率，完成参保7506人，超额完成全年任务。为群众代办各类事务9455件，办结率、群众满意率实现“两个100%”。

【信访稳定】 进一步畅通信访渠道，创新工作机制，强化工作责任，维护信访秩序，对坤业百货公司、交通路163号院商铺业主等有着信访隐患的企业、个人加强介入预防和矛盾调处，信访量逐步下降，实现了国家、省、市、区“两会”期间赴京去省上访“零发生”。

深化长效机制工作。构建“四、五级网格”，设立“群众网格长”，实现辖区网格化管理服务体系全覆盖。以“五化三严二提升”的工作思路全面提高安全生产（消防）综合处置能力，先后排查发现隐患3319处，已整改3253处，整改率98%，全年各类事故总量、事故死亡人数和事故直接经济损失“三项指标”均为零。

扎实开展创建国家卫生城市复审工作。加大力度整治乱点路段及早、夜市，处理数字化案件1.2万余条，清理暂扣占道游商经营工具1300余件、乱扯乱挂广告4560余处、无主垃圾180余车。

【特色工作】 结合第二批“党的群众路线教育实践活动”，扎实推进“双基双治”建设。开展“远学焦裕禄，近学胡佩兰”活动，举办“我是谁、为了谁、依靠谁”主题演讲比赛，不断提高服务意识，促工作作风大转变，推动街道加速发展。根据群众反映的不同需求，建立银色“银龄之家”、橙色社区戒毒（康复）工作站、绿色“儿童之家”的“三色”服务体系，使老人过上丰富多彩的晚年生活，戒毒人员得到社会关爱帮扶，儿童们在节假日和放学后有家长安全放心的好去处。开展“点亮微心愿·争做圆梦人”活动，征集到各类弱势群体的80条心愿，由领导班子、机关党员全部认领，“微心愿”完成率98%。

（祝　芳）

蜜蜂张街道

【概况】 二七区蜜蜂张街道办事处成立于1961年8月。辖区东起京广铁路，北至北闸口（金水河以南），南始马砦街，西到康复中街。总面积0.96平方公里。截至2014年年底，城镇化率100%，辖区户籍总人口2.6万人，具有面积小、人口密度大、流动人口多的特点。辖区主干道有京广路、中原路，次干道有和平路、太和路、马砦街、康复后街、康复中街、正兴街、北工房前街、铁工里、蜜蜂张街等。下辖西工房社区、马砦社区、蜜蜂张南社区、和平新村社区、京广北路社区，社区党总支部书记、主任实行“一肩挑”任职100%。街道内设党政办公室、市政科、财务室、协税办公室、社会保障所、招商办公室、司法所、劳资科、社会治安综合治理办公室、计划生育办公室等职能部门，现有在职职工56人。办公地址位于蜜蜂张街120号。

【经济工作】 2014年，街道财政收入完成3808万元，占全年任务4473万元的85.13%，区位排名第12位；固定资产投资完成87000万元，占全年目标任务107000万元的81%，全区排名12位；社会消费品零售额完成62946万元，占全年任务62200万元的101%，全区排名第4位。招商引资完成227956万元，占全年目标任务218388万元的104%，全区排名第3位。

【项目建设】 中央商务区一期（马砦村）改造项目：已按照时间节点完成辖区段（马砦村）铁路公房55户居民拆迁任务，拆迁房屋面积2000余平方米；涉及D地块的范围为马砦社区，需拆迁近1110余户，征收征求意见稿已发放并收回。蜜蜂张村连片改造项目：属于计划开工项目，村集体房屋已于前期拆迁完毕，国有连片土地约8万平方米建筑量已拆迁约7.85万平方米，完成项目投资1.7亿元，尚有6户未签订协议，正在走司法程序，安置房已开工建设。西工房铁路棚户区改造项目：6月，应二七区政府要求重新选商，现已确定由常绿集团公司开发。开发企业已于7月25日签订项目开发框架协议，项目保证金已打入区财政账户，已完成项目规划方案，项目的修订规划方案正在审核中。

【党建工作】　2014年，街道党工委继续深化“三强一创”活动，开展选树典型。成立医疗卫生志愿者服务队，与辖区48名“空巢”老人、老党员等结对，实行定期上门医疗卫生服务。通过“服务群众最后一公里”等活动，拉近与居民群众的距离。在活动中涌现出很多助人为乐的感人先进事迹（老党员杨树田、新闻信息爱好者王瑞明等）。街道党工委对这些先进事迹广泛宣传，通过身边的典型事迹去感染更多的人；加大非公有制企业党支部组建，实现党组织全覆盖。街道党工委遴选党性意识强、业务知识熟练的党员选派为非公有制企业党建指导员，切实加强非公有制企业的党建业务知识指导。通过“联合组建”的方式成立非公有制组织党支部2个，实现党组织全覆盖；严格程序，把好入党关。在党员发展工作中实施“一推三票两倾斜”方法，把培养和发展对象向拆迁、项目、招商、信访稳定等“急难险重”工作倾斜，向社区一线工作人员和群众积极分子倾斜，进一步规范发展制度和操作程序，严格把关，提升党员发展质量，2014年发展4名中共预备党员；整合资源，完善辖区公共服务体系。协调辖区公共单位郑州铁路办事处、郑州铁路桥梁工程段等，在文体活动设施上实现资源共享，全部免费向辖区居民开放，在京广路小学建立“红色网络家园基地”，弥补了社区办公和活动场所的不足。“六一”国际儿童节之际，协调郑州民生耳鼻喉医院开展“爱心进校园”活动，为辖区京广路小学赠送爱心药箱及药品，对品学兼优或家庭贫困的50名学生赠送价值1万元的文具。医院还成立“15万元耳鼻喉健康援助基金”，为郑州市20名贫困学生给予免费治疗。强化干部作风建设，提高工作效能。建立健全工作绩效考核，组建工作目标考核办公室，强化工作纪律、工作效能督查，使工作任务明确、工作责任清楚、工作督查常态化，在中层干部任用上实行“三票”制，全年已有4人走上中层领导岗位，有效地提高了选人、用人质量。

【民生事业】　搭建文化平台，着力塑造浓厚文化氛围。街道通过获得上级拨付的文化资金，先后对西工房社区文化活动室进行改造，购置100多件常用乐器，改造后的多功能活动室集图书、科学普及、青少年活动等多功能于一体，成为居民健身娱乐的活动平台；同时完善社区秧歌队、太极拳队、门球队等，全年社区文化活动中心为群众文艺演出12场，观众2000余人，社区真正变成了百姓的大舞台。开展平安建设，创造稳定街区环境。街道党工委通过构筑社区社会治安综合治理工作体系，运用社会网格化管理网络，把平安建设延伸至居民身边。调整队伍，充实力量，推动治安防范网络，每个社区建立警务室，更新安装电子监控设施，构筑社区平安网络。全年接待辖区群众来访15起20人，做到及时发现、及时解决，问题不激化，矛盾不上交，确保辖区和谐稳定，安居乐业，实现信访稳定“零激化”。全力改善民生，努力提高群众幸福指数。街道通过抓民生工作，为群众办实事，提高群众满意率。为242户低保户发放低保金1668463元，办理公租房家庭59户，审核66户公共租赁房申请。为残疾人申报发放轮椅3辆，助听器2个，开展“阳光家园居家养老”补助活动，为40名残疾人补助8.02万元，为18名低保精神病患者发放补贴2.04万元。

【计划生育】　街道把计划生育服务下沉至网格，把原有的药具服务、随访同入户结合，就近为居民服务，创新计划生育服务形式。辖区全年出生94人，均为政策内出生，性别比正常，政策内出生率100%，发放独生子女父母60岁奖励扶助人员1531人。

【劳动保障】　2014年，完成就业再就业365人，占全年目标任务350人的104%；完成下岗失业人员再就业80人，占全年目标任务70人的114%；完成小额担保贷款1250万元，占全年目标任务500万元的250%；完成居民医疗保险487人，占全年目标任务34人的1432%；完成城镇居民社会养老保险102人，占全年目标任务102人的100%。

【社区建设】　街道抓住“为民、务实、清廉”主题，以“打造为民服务示范窗口，创建群众满意社区”为载体，扎实开展规范化社区建设，条件成熟的社区均已建成“一站式”社区服务大厅和文化活动室，配备电视机、VCD、投影仪、电子显示屏等设备，实现网络化办公，提升社区阵地档次和水平。

规范管理，构建高效服务窗口。为满足居民办事需求，街道在各社区“一站式”服务大厅按照“六个一”标准，以“亲民、便民、利民”为服务宗旨，坚持“全面、便捷、贴心、诚信”理念，对办理事项流程、承办人员、工作时间等内容进行公示，为社区居民提供接待咨询、民事代办、科技信息、教育培训、文化体育、信访法律、社会保障、爱心志愿等服务。针对不同社区居民在居住环境、服务管理、文化娱乐、医疗卫生和社会保障等方面呈现多层次、多样化情况，精心打造文化和谐、党建综合、就业服务、“双拥”共建、志愿服务等品牌社区，以实施“五个一工程”为抓手，探索开展特色社区创建活动，社区服务对象覆盖面不断扩大，综合服务能力明显提升。

（邓明宝）

街道召开“党的群众路线教育实践活动”会议

铭功路街道

【概况】 铭功路街道办事处成立于1955年，地处二七区东北部，辖区北起金水河大石桥，与金水区大石桥街道接壤；南至正兴街，与一马路街道相接；东起聚玉里，与解放路街道毗邻；南至京广铁路、金水河，与五里堡街道、蜜蜂张街道相连。辖区总面积1.33平方公里，人口2.1万多人，有回族、满族、壮族、苗族、蒙古族等少数民族，具有面积小、人口密度大、流动人口多的特点。街道下辖解放路社区、二道街社区、东后街社区、西前街社区、西后街社区、西彩社区和西陈庄村，机关内部设党政办公室、党建妇联办公室、社会管理办公室、卫生和计划生育办公室、宣传工作办公室、财政所、城市管理办公室、综合服务中心、经济发展办公室、安全管理办公室、民生保障办公室、社区管理办公室、孵化基地办公室等13个科室（所），现有在职干部职工115人。办公地址位于二道街1号。

【创新性工作】 为创新社会管理方式，推动居民自治，打造服务型党组织，实现“群众参与、自我管理、服务社会”的目标，街道于2014年6月成立“公益性服务组织孵化基地”，采取“政府资金支持、民间力量兴办、政府公众监督、社会民众受益”运作模式，通过街道“提供工作场地、配备办公设施、筛选服务项目、开展服务培训、规范服务制度、号召居民中的积极分子主动参与”等“孵化”措施，组建居民自治、关爱帮扶、公共服务、社会管理、文体科教等5大类11个居民自治类公益组织，形成专兼职结合，群众广泛参与的基层社会治理队伍。全年各类公益组织开展群众评议、帮扶慰问、文体演出等活动120余次，满足了辖区群众不断增长的物质文化生活需求，打通“服务群众最后一公里”。

【经济工作】 2014年，街道财税收入完成11701万元，占全年任务11519万元的101.57%；固定资产投资完成133050万元，占全年任务120000万元的110.88%；社会消费品零售额完成114696万元，占全年任务11800万元的97.2%；招商引资完成294047万元，占全年任务290677万元的101.15%。

【重点项目】 （一）华润万象城一期：全年完成投资20.2亿元，购物中心一期正式营业，华润大厦已投入使用，悦府住宅正在进行内外装修，已经开始销售。华润万象城二期：项目修订规划方案已经通过审查并定稿，控制管理正在审批之中，原印象城地块已开始拆迁。（二）正弘凯宾城项目：全年完成投资2.7亿元。项目主体已完工，已完成外部装修工程，正在进行内部精装修。（三）西陈庄村城中村改造项目：项目控制性规划、改造方案已批复，修订规划方案正在审批中，项目现场已开始土方及边坡支护工程。（四）建业凯润中心（前期）项目：全年完成投资1亿元，已完成房屋征收前入户摸底、征求意见工作以及房产评估工作，正在规划编制阶段。（五）铭都国际（续建）项目：全年完成投资2500万元，主体已经封顶。（六）郑州市第十四中学改造项目：已完成全部投资5000万元，项目已经竣工，学生已经回迁上课。

街道党工委书记向区领导介绍铭功路以西开发项目建设情况

【网格化管理】 2014年，街道通过坚持主动沟通、成立联合党支部、实行公开承诺、选聘大学生入网格、开展阳光评议等方式深化“三支队伍”管理，推动网格问题高效发现，快速解决；通过编制铭功路街道网格化管理工作规范，规范工作机制，实现网格化管理与基层业务服务的有效衔接和良性互动；探索建立居民自治、关爱帮扶、公共服务、社会管理、文体科教等5大类11个居民自治类公益组织，提升群众自治水平，拓展街道、社区服务职能。中共河南省委常委、郑州市委书记吴天君，中共郑州市委常委、组织部部长高建慧，中共郑州市委常委、纪委书记郭锝昌等分别带队到街道指导调研，并对街道探索建立“公益性服务组织孵化基地”，利用网格化管理推进群众自治的做法给予高度评价。街道连续三年被评为郑州市“坚持依靠群众推进工作落实”长效机制工作先进街道办事处。

【劳动保障】 全面做好就业与再就业工作。街道从辖区实际情况出发，拓宽渠道，全面做好就业与再就业工作，确保各项工作和优惠政策落实到位。通过三级网格长对辖区内有就业能力、就业愿望的人员进行登记，分别联系郑州市职业介绍中心、二七区职业介绍中心以及辖区企业、市场等公共单位，搜集用工信息，在社区设置就业宣传栏，及时发布就业信息；对于劳动技能欠缺的人员，帮助联系有关部门或单位，从而实现就业。2014年，组织下岗失业人员参加市、区大型招聘会6场，发放小额贷款等宣传材料2000余份。全年辖区新增就业656人，占全年目标任务的109.93%；下岗失业再就业386人；就业困难对象再就业82人，公益性岗位就业31人；办理就业失业登记证210本；完成组件上报5户企业贷款，个体贷款1人，完成小额担保贷款810万元。

【社会保障】 2014年，街道完成职工养老保险835万元，完成全年目标任务的101.46%；城乡居民养老保险缴费295人，完成全年目标任务的104.29%；城镇居民医疗保险新增缴费450人，超额完成全年目标任务。

【计划生育】 坚持“属地化管理、

市民化待遇、亲情化服务”工作理念，开展流动人口基本公共服务均等化工作。开展以“温暖之春、清凉之夏、美满之秋、关爱之冬”为内容的“情暖四季、伴你同行”计划生育服务活动。全年办理流动人口婚育证明636本，为流动育龄妇女康检8286人次，流动人口管理服务率98%；为322名老人办理60岁以上独生子女父母奖励扶助，办理独生子女证278本，审核独生子女证1376本，奖励扶助政策落实率100%。加大宣传教育力度，利用元宵节、计划生育协会日、世界人口日等开展计划生育宣传8次，发放宣传页5万份，受教育人口5000余人。联合二七区卫生局、计划生育委员会取缔无证诊所4家。

【综合治理】 街道充分发挥巡防、民兵、志愿者“三支队伍”的主力军作用，通过完善技防监控网络，对辖区主要街道、重点楼院、中小学校、金融网点等重点区域加强巡逻，增加“见巡率”等措施，辖区治安发案率显著下降，辖区群众安全感指数显著提升。

【信访稳定】 落实科级领导干部接访、下访、走访活动，全力做好信访工作。加强信访苗头排查和源头治理，做到早发现，早解决，把问题解决在萌芽状态，全年辖区没有到省、市、区集体上访行为。

【司法民调】 贯彻落实“六五”普法规划，不断加大普法力度，定时开展普法讲座，扩大普法范围，全民法制意识明显提高。全面强化帮教组织机构建设，严格落实“一对一”帮教责任制，开展社区矫正工作，切实发挥基层帮教组织的作用，实现辖区帮教对象无重新犯罪目标。进一步加大民间纠纷的排查和调处力度，从抓早、抓小、抓快着手，及时掌握信息，解决问题，消灭隐患，防止形成矛盾纠纷，努力把不稳定因素降到最低。

【安全生产】 严格落实安全责任，与社区、重点生产经营单位和场所签订安全工作目标责任书。按照网格化管理责任划分，联合职能部门下沉人员、各级网格长，开展安全隐患排查治理、安全知识宣传“六进六送”活动和安全和谐社区创建工作，居民、商户、工人、学生等安全意识明显增强，辖区全年未发生安全事故。

【城市管理】 街道与沿街商户签订“门前五包”责任书500余份，完善堵疏结合点规章制度，规范经营秩序；通过发放宣传彩页，开展爱国卫生宣传展览活动，广泛宣传健康教育常识，辖区居民知晓率100%；继续开展沿街商户“黑红旗”评比活动，促进商户自治。2014年，拆除违法建设11处；拆除小型户外广告、小广告、软体条幅等4000余处，拆除大型户外广告12处；取缔占道经营、突店经营6000余处；整治道路破损46处，整治窨井64处，捆扎线缆33处，清除“僵尸车”36辆，整治废品收购站6家，清理生活垃圾、建筑垃圾152车。深入开展规范养犬管理工作，督促办证、年检犬只400余只，劝阻违规遛犬800余起，年检率93%，办证率100%，劝阻率100%。荣获2014年郑州市爱国卫生工作流动红旗2面，其他各项工作在市、区排名中多次名列前茅。

【民政救助】 以改善民生为目标，以街道干部职工为主体，整合工会、妇联、社区志愿者、“两代表一委员”等资源，继续大力开展爱心“1+1”帮扶活动。围绕传统节日，辖区爱心企业、人大代表政协委员参与结对帮扶，并与街道一起开展了“端午粽飘香，情暖夕阳红”“福满中秋”“九九重阳节、情暖夕阳红”“爱心汇聚　情暖寒冬”“乐享六一　情浓端午”“尊老爱老，敬老护老”等系列帮扶慰问活动。坚持每月一次义诊、义务理发、为60岁以上老人庆祝生日等活动。全年帮扶走访困难群众240户，发放面粉240袋，大米240袋，食用油240桶，棉被50床，慰问物资价值6万余元，慰问金共计12万元。坚持“应保尽保，应退尽退”原则，完善对低保、低收入对象的申请、调查、审核等工作程序，实现动态管理。全年发放低保金937056元；帮助辖区贫困群众申请大病救助25人，帮助贫困学生申请助学资助5人。帮助申请大病救助42人，帮助贫困学生申请助学资助56人，为辖区28名低保家庭提供就业岗位，实现脱贫致富。做好住房保障工作，全年受理上报公租房110户；开展居家养老服务调查工作，重点完善辖区空巢老人、孤寡老人、低保老人档案资料，对三类老人的生活状况和居家养老需求进行登记，开展家政服务、心理咨询、医疗救助、文体活动等。充分发挥解放路社区社区托老站的作用，为老年人无偿提供关爱服务。大力宣传残疾人优惠政策，为21名辖区残疾人办证，帮助22名残疾人申请“重度残疾人阳光家园”救助；帮助13名低保精神病患者申请医疗救助，为低保残疾家庭申请轮椅4辆、拐杖2个，为辖区的4名贫困儿童申请贫困儿童救助金，为7名0—12岁贫困儿童申请康复补贴；为12名肢残人员申请残疾人机动轮椅车燃油补贴；为6名低保精神病患者申请免费服药，为5名重度残疾人申请轮椅，为5名特困残疾家庭申请物质救助，为4名“三无”残疾老人申请生活补助，组织残疾群众参加各种就业培训40人次，全年申报救助资金达到10万余元。

【社区建设】 不断加大社区建设力度，改善二道街社区办公用房1000平方米，打造多个功能室，进一步完善社区服务功能，极大改善了社区的办公条件。

【党组织建设】 在“党的群众路线教育实践活动”中，以“为民务实清廉”和“创先争优”为主题，坚持落实“联述联评联考”和“书记抓、抓书记”制度，开展在职党员“双报道双服务”活动，依托街道党工委23个党建网格，形成“街道党工委创一流、社区党支部创特色、非公有制党组织争先进、党员干部争优秀”的浓厚氛围，全面提升街道党工委推动发展、服务群众、凝聚人心、促进和谐的能力和水平。一是加强基层服务型党组织建设，培育打造党建亮点。街道党工委从服务群众入手，加大党组织服务功能，投入56万余元用于服务党员和群众。全年建立5大类11个公益性服务组织，为辖区居民提供家政、托管帮扶、议事、书法、绘画、声乐、舞蹈等各类服务，开展“最美居民评选”、制订社规民约等活动30多次，拓宽党组织、党员、企业、群众等社会力量参与社会公共管理和民生服务的渠道，推动辖区“双基双治双安”建设。建立党员爱心“1+1”帮扶平台。街道党员干部与辖区108名困难群众结成帮扶对子，累计帮扶慰问群众1200余人次。扎实开展“双报到双服务”活动，组建由64名到社区报到的在职党员参与19支“志愿服务队”，开展爱心理发、美化墙体、改造下水管网等志愿服务，建立积分考核奖惩制度，促进共产党员发挥先锋模范作用。二是加大基层党建工作投入，强化基层基础保障。街道严格落实基层党组织工作活动经费制度，全年投入18万余元对街道党工委党员群众服务中心进行升级改造，增加图书阅览室、红色网吧、书画社、舞蹈排练室等党员活动场所，使辖区3个社区服务场所达到700平方米以上，实现基层党组织"有形覆盖"和"有效覆盖"。三是非公有制组织党建工作。围绕"打造平台定调子、建立队伍搭架子、强化机制趟路子"总体思路，依托街道非公有制党委，打造豫港大厦非公有制党总支、河南丰绅投资有限公司党支部等非公有制党建基地，推行非公有制党建"一委五站四服务"工作法，发挥"六员八人"服务团队作用，建立一套有效工作机制，带动辖区14家非公有制党组织党建工作的开展。

【精神文明建设】 街道始终把社会主义精神文明建设作为展现各项工作的平台，大力开展创建活动。全年组织党工委中心组学习18次，副科级干部撰写学习体会32篇、调研文章16篇；开展党员干部培训教育12次；开设道德讲堂，全年开展讲座40余次，受教育群众800多人次，做到学习时间、人员、内容、效果"四到位"。2014年，街道党工委深化文化"六进"工作（即廉政文化进机关、进社区；中华民族优秀传统文化进街道、进楼院；街道文化进企业、进家庭），深入开展群众性文化活动，组织成立10余支社区居民文艺队伍，包括秧歌队、腰鼓队、盘鼓队、健身操队、模特队、合唱队、老年时装队，极大地丰富了群众的文化生活。

【党风廉政建设】 街道按照"转职能强化监督检查、转作风深入调查研究、转方式切实取得实效"的思路加强党风廉政建设，打造"崇廉 尚洁 勇争先"的廉政品牌。一是细化廉政责任与制度。从"已发、萌发、未发"三个层次和"事前、事中、事后"三个阶段完善反腐倡廉各项制度，建立责任分解、检查监督、倒查追究链条，确保"一岗双责"落到实处。二是制定"工作人员积分管理办法"。对干部职工工作作风、服务质量、工作成效、廉政情况进行积分制管理，推动工作作风持续改进。三是大力开展廉政文化"进机关"活动。打造街道"石"文化，以"石"喻"实"，树立"重实际、说实话、干实事、凭实绩、求实效"的工作目标，建设廉政文化宣传基地，营造"实实在在做人、实实在在做事、实实在在创效、实实在在发展"工作氛围。四是开展"五微"教育。用"精细+渗透"的方法开展廉政"微"教育；利用飞信、网站、微信等形式建立廉政微学堂，进行廉政"微"提醒；结合"忠孝"特色文化讲述廉政"微"故事；利用春节、中秋节等传统节日开展廉政"微"警示；推行"窗口接待受理"六个一样"标准"，规范廉政"微"服务。五是创新载体，打造"阳光党务政务"。设立党务、政务公开查询室，配备查询机、电脑等物品，制作业务办理指南和宣传册，方便居民随时查询打印；利用展板、网站、LED屏、微博，形成"栏上贴、网上晒、墙上播、掌上查"四位一体的党务、政务公开模式，保障群众知情权；同时，实行公开成效定期评估制度，推行群众意见限时办结、及时回复，公开内容定期检查，推进公开工作开展。六是开展述职评议活动。利用半年、年终等时间节点，在各科室和网格长中开展"到群众中述职，让群众评议"活动，邀请群众从服务态度、服务质量、工作作风、办事效率、勤政廉政等方面对工作人员进行评议，征集群众对街道改进工作作风、提升服务质量、优化发展环境等方面的意见、建议，通过监督评议，畅通了群众反映诉求渠道，及时查处了身边的不廉洁行为，促进了工作作风的转变。

（张亚鹏）

一马路街道

【概况】 一马路街道办事处位于郑州火车站地区，东临管城回族区，与菜市街、东三马路街道相接，西至铁路线与蜜蜂张街道接壤，南接布厂街、福华街街道，北靠铭功路街道和德化街街道。辖区总面积0.69平方公里，总户数1173户，总人口4008人（含户籍在本辖区内，常住户及空挂户）。街道下辖陇海大院社区、敦睦路社区、一马路社区、饮马池社区，内设财政、城管、信访、协税、社会治安综合治理、司法、安全生产监督管理、计划生育、民政、招商、统计、劳动保障等职能部门，现有干部职工129人。

辖区内有天隆服装城、通讯大世界、郑州小商品城、敦睦路服装批发中心、世贸商城等大型批发市场，有二七纪念堂、郑州大酒店、郑州市军人接待转运站、郑州长途汽车站、郑州火车站等公共单位，地理位置优越、交通便利，为客商往返、商品集散提供了极为有利的条件。

【经济工作】 2014年，街道财税收入完成11422万元，占全年任务10880万元的104.98%；招商引资完成165400万元，占全年目标任务163440万元的101%；固定资产投资累计完成89248万元，占全年目标任务80000万元的111.56%；社会消费品零售额完成387730万元，占全年目标任务382000万元的101.5%。

【重点项目建设】 （一）德化街地下人民防空工程项目：已竣工，并于2014年9月28日试营业。

（二）郑州市军人接待转运站二期工程——"钱塘大厦"项目：主体工程正在建设。1至5轴线八层顶板架子、钢筋搭建进行中，6至16轴线八层底混凝土浇筑收尾，负三层到二层砌体施工中；空调1至4层风机末端安装、4至5层设备进场；消防负3层到3层喷淋设备安装进行中，排风管道安装中。

（三）欧洲时尚中心（钱塘路连

街道党工委书记看望老党员

片开发改造）项目：委托郑州市规划勘测设计研究院编制控制性规划，并与管城区和二七区征收办公室对接，已完成对项目范围内的4个箱包城摸底调查，测量工作已完成。

（四）郑州通讯大世界项目：办理项目建设用地的国有土地使用证、建设用地规划许可证、建设工程规划许可证、中华人民共和国建筑工程施工许可证、商品房销售许可证相关材料已上报郑州市规划局。

（五）二七印象中心项目：项目所在地块调查摸底工作已完成，正在对项目的规划设计进行修改，开始申请编制控制性规划。正在就文物保护与相关单位进行沟通协商。

（六）热力总公司项目：已完工。

【安全生产】 2014年，街道开展安全生产大检查6次，累计发现各类安全隐患582条，隐患整改率100%。以消防安全宣传为重点，大力开展“安全生产月”活动；举办安全生产知识培训4次，累计培训1000余人。

【城市管理】 （一）进一步拓宽“疏”的渠道，竭力扩大城市容量，畅通输出通道，切实减轻路面管理压力。在以银行街为堵疏结合便民服务点的基础上，再拓展背街小巷2至3条为堵疏结合点，已设立堵疏结合点5个。（二）建筑渣土扬尘得到有效治理。采取“抓两头、控途中”工作方式，对建筑工地渣土生产情况进行实时监控，规范工地渣土出场管理；与建筑垃圾倾倒场建立信息反馈机制，掌握入场倾倒情况，确保运输车辆在规定时间、地点倾倒；加强沿路车辆检查，依法查处运输车辆不封盖密闭、沿路撒漏、违规倾倒行为，并在建筑工地显眼位置设置健康教育宣传栏，开展健康知识普及。建筑渣土规范管理工作初显成效。（三）开展占道经营、突出店外经营工作整治。经过采取强有力的整治措施，登记在册的680余处突出店外经营、986处占道经营、30余处夜市占道问题得到全部整改，并建立长效管理机制，确保辖区占道经营、突出店外经营现象不出现反复情况。（四）道路路面及照明设施整治工作。辖区地处商业中心，同时是郑州市的老城区地带，各类道路路面年久失修、坑洼不平，照明设施老旧，各类电线散乱。全年清理道肩45处，捆扎下垂线缆200余米，修补路面100余平方米。

【信访稳定】 2014年，辖区有1起信访不稳定因素。“金智万博”二期拆迁商户反映开发商未按协议安置、补偿等问题，正在协调解决中。“金智万博”二期商户拆迁安置问题，现已安置23家，剩余4家未安置，正在协商中。

【计划生育】 （一）充分利用社区、商场的宣传栏、广播、群众明白栏及人口学校，多渠道扩大宣传教育阵地。利用各类节假日，深入商场、社区，聘请妇科专家进行义诊、咨询，开展以流动人口均等化服务、孕前优生优育等为主题的宣传活动；全年举办大型宣传活动5次，悬挂标语13条，展板8个，发放宣传手册、宣传页3800余份，避孕药具550余盒，现场接待群众2200余人次。（二）兑现各项计划生育奖励政策，街道办事处对社区10余户计划生育困难家庭进行慰问。（三）在辖区组织开展2次流动人口集中拉网式清理、清查活动，通过清理、清查，新建档280余人；及时更新流动人口个案信息，流动人口待办事宜接受率、反馈率100%。（四）全年实现流动人口上门查验证2200余人，为153人（下岗、个体、物业及流动人口）提供两年一次的妇科病普查，提高群众对计划生育工作的满意度。全年有14对（城市人口及流动人口）新婚夫妇享受孕前优生免费健康检查。

【劳动保障】 2014年，街道新增就业再就业362人，占年目标任务的103%（其中下岗失业人员再就业177人，占年目标的252%）；城镇职工社会养老金征缴867万元，占年目标任务的102%；居民医疗保险新增45人，占年目标的264%；居民养老保险缴费新增14人，占全年任务的116%。

【民政工作】 （一）全年发放最低生活保障金238710.80元，累计保障38户、50人。节假日继续开展走访慰问辖区优抚对象、残疾家庭、低保户、困难家庭活动。（二）辖区有伤残军人16人，全年累计发放残疾保健金207445元；参战退役军人1人，全年发放生活补助3420元；城镇优抚对象2人，全年累计发放抚恤金2676元；退养主任3人，全年累计发放生活补贴5.85万元。（三）利用全国助残日，制作版面4块、宣传彩业1000余份，在各社区进行扶残助残宣传。同时各社区利用张贴标语、条幅、宣传橱窗等形式在公共场所大力开展助残主题宣传，宣传残疾人事业。辖区有6人享受残疾人机动轮椅车燃油补贴、每人260元；共计1560元。为辖区低保家庭重度残疾人发放“阳光家园计划”生活救助金每人1000元；“三无”残疾人员生活救助金，每人发放3600元。（四）保障性住房、低收入工作做到应保尽保，全年上报公租房3户、享受廉租房补贴13户、实物配租19户。低收入家庭5户。

【党建工作】 （一）持续抓好社区党建“三有一化”基础工作。指导陇海大院社区党支部在办公场所拆迁临时安置条件下开展工作，推进其他社区党建活动阵地和党员群众活动场所建设。（二）巩固“党的群众路线教育实践活动”成果。将学习教育贯穿日常工作中，继续深入挖掘存在的“四风”问题，逐条整改；结合创建服务型党组织活动要求，继续发挥“为民解难题办实事”工作台账机制，扎实为群众办好实事、解决难题。

【精神文明建设】 2014年，街道通过“四城联创”工作优化市容环境，辖区竞争力得到有效提升。在创建国家级文明城市、创建国家级卫生城市前期，充分利用会议、社区版面、发放公开信等方式宣传创建活动，发放“致居民一封信”2000份，发放宣传单500份，悬挂横幅8条，办板报和宣传栏8处。在创建工作中，坚持以网格为依托，建立市容环境管理长效机制，同时不断深化监督机制，充分发挥政府职能部门的“三查”（监察部门督查、主管部门检查、所属街道巡查）作用和社会舆论的监督作用，以保持环境整治成果，并使之成为常态。

【廉政建设】 2014年，街道党工委实施廉政文化工程，着力实现“三个创新”。（一）创新活动阵地，办好“两个专栏、四个基地”。充分利用社区画廊、宣传栏，开辟“廉政文化专栏”“反腐倡廉宣传栏”，同时依托社区党校建立廉政教育培训基地，开展“讲、树、优、促”等主题教育活动；依托社区文化娱乐中心建立廉政文化活动基地，编排廉政文艺节目、组织廉政文艺演出；依托社区书画室建立廉政文化艺术基地，举办廉政文化书画展；依托社区阅览室建立廉政理论学习基地，组织社区党员、干部开展读廉书、看廉政片、听廉政课、写廉政文、做廉政人等学习教育活动。（二）创新活动载体，开展“四进”活动。为拓宽途径，增强廉政文化的影响力、渗透力和感染力，将社区廉政文化延伸到进楼道、进小组、进岗位、进家庭的“四进”中。通过开展创建清风楼道、廉政小组、党员先锋岗、廉政家庭等活动，在社区形成了浓厚的讲廉、唱廉、说廉、书廉、画廉、议廉的廉政文化氛围。(三) 创新活动组织，抓好“一室”“三团”建设。办好社区“廉政工作调研室”，组织好“文化艺术团”“理论宣讲团”“党风廉政建设报告团”，开展廉政调研、案例演示、理论宣讲、事迹报告等活动。(四) 创新工作模式。着力开展“1+5”工作模式，“1”是制定一项管理办法，即社区党员量化积分考核办法。按照社区党员干部及社区工作者的工作内容，细化考核项目，由社区每半年进行一次积分考核，并对考核结果排名靠后的社区党员干部和社区工作者进行诫勉谈话，同时将考核结果上报街道党工委，作为调整基层干部的重要依据。“5”是建立五项工作制度。一是走访党员群众制度。社区党员干部通过分片包楼院形式，定期入户走访居民，每月不少于10户，主动收集、及时反馈民生问题。二是社区纪委监督审核制度。监督相关决议执行是否到社区，重大事项是否经过社区“两委”会议、民主协商议事会、党员大会和居民代表会议讨论，是否实行社区党务、居务公开。三是社区纪委工作例会制度。每月召开一次工作例会，每季召开一次社区党组织下属支部纪检委员工作会议，研究处理基层反映的问题、意见和建议，督促社区党组织、居委会和有关部门处理。四是社区党风廉政监督员制度。每个社区聘请12名党员干部、居民代表担任社区党风廉政监督员，公开亮明身份和举报电话，设立意见箱，收集廉情民情信息。五是社区干部履职评比制度。社区干部对全年工作目标作出承诺，接受社区居民监督，年终向党员大会报告工作情况，接受全体党员的监督；街道纪工委建立实绩档案，对社区纪委工作进行检查考核。通过实施“三项工程”(实施基层基础工程、制度创新工程、廉政文化工程)，使社区呈现四个明显变化：一是从源头治理反腐败力度明显加大；二是社区“党务、居务公开”工作成效明显提高；三是党员干部廉政风气明显转变；四是社区居民群众廉政意识、监督意识明显增强。

【制度建设】 2014年，街道党工委开展“坚持依靠群众、推进工作落实”长效机制工作，科学搭建网格，设立16个三级网格，建立问题排查和快速反馈等机制。坚持“网格化管理，组团式服务”，形成全天实时监控制度，组织网格工作队每日下访，对发现的问题，能够当场解决的，立即解决；不能当场解决的，限期解决；难于解决的，分析原因，研究对策，想办法解决；不能解决的，立即汇总上报，建议有关部门解决。建立每日民情日志工作台账和群众工作联络室，做到资料完整、存档完备。建立“周汇总、旬例会、月通报、年总结”制度，每周四汇总各管理网格内问题发现、处理情况；每半月召开“民情分析”例会，逐项研究分析，推进问题解决；每月28日对活动开展情况进行通报，形成双线呈报工作机制。全年排查台账问题3850条，已解决3848条，解决率99.95%；排查社情信息类问题6342条，已解决6342条，解决率100%。

（武　冰　左浩远）

解放路街道

【概况】 解放路街道办事处始建于1955年。位于二七区东北部，地处二七商圈的核心区域，东起二七路与管城区接壤，西至铭功路、民主路与铭功路街道相接，南起正兴街与德化街街道、一马路街道相连，北至西太康路与金水区相邻。辖区总面积0.29平方公里，2014年户籍居民860户1861人；由于大面积拆迁，现实有702户1497人，其中常住居民385户853人，流动人口317户644人(含少数民族18户46人)。街道内设党政办公室、纪检长效办公室、下辖民主路社区，财政所、税源办公室、民政科、综合治理办公室、社会保障所、计划生育办公室、项目办公室、安全生产监督管理办公室、城管科、食品安全生产办公室、经济发展科等13个科室，现有在职干部职工105人。辖区经济以商业、服务业为主导，有大型商场5家、商务写字楼7座，100万元以上纳税企业10家，纳税50万元以上企业15家，个体工商企业520家。

【经济工作】 2014年，街道完成财税收入1.26亿元，占全年目标任务的103.14%，同比增长25.52%；招商引资完成26.46亿元，占全年目标任务的102.7%，同比增长21%；固定资产投资完成10.34亿元，占全年目标任务的114.87%；社会消费品零售总额完成60.31亿元，占全年目标任务的101.7%，同比增长29.5%。

【重点项目】 华润万象城一期项目：位于民主路以西，自由路以北，铭功路以东，西太康路以南。项目占地6.51公顷，投资40亿元，建筑面积约60万平方米，包含华润大厦、万象城购物中心（一期）等。华润大厦为国际超5A级写字楼，高181米、38层，地上总建筑面积69865平方米；购物中心一期，总建筑面积18万平方米（地上11万平方米，地下面积7万平方米）。其中，购物中心于2014年4月19日正式营业，已签约入驻的品牌有“Chanel”“Prada”“Armami”“Cartier”“Burberry”“江诗丹顿”“卡地亚”“万国”“欧米茄”“金标百盛百货”“太兴美食”“稻香海鲜酒家”“冰纷万象（真冰滑冰场）”“星幻乐园”“CK”“宝姿”等品牌，中部地区唯一一家“苹果”直营店也落户其中。华润大厦于2014年9月正式对外启用，“华润置

街道开展“我是谁、为了谁、依靠谁”主题演讲比赛

地”“民生证券”“周大福”等20多家重点品牌企业已经入驻。

金博大城扩建项目：位于金博大商场以西、民主路以东、西太康路以南、北京华联商厦以北区域。项目占地1.2公顷，总投资10亿元，由大商股份郑州商业投资有限公司投资建设。项目规划建筑面积约12万平方米，其中商业部分约8万平方米，商务部分约4万平方米，楼高120米、46层，其中地下4层，地上42层。地下2至4层为停车场，地下1层至地上11层为商业，12至42层为写字楼，有地下停车位2622个。加建一期主楼180米、56层，地下3层，约15万平方米，主要为高档酒店和写字楼。项目拟建设集购物、餐饮、娱乐、商务办公于一体的现代化、多功能、高标准购物中心。全年完成投资2.3亿元，占年度投资目标的115%；项目用地于3月份成功摘牌，已获得建设用地规划许可证、国有土地使用证；9月，开始文物发掘工作；修订规划方案正在等待郑州市联审联批会研究批复。

二七时代广场项目：位于福寿街以东、正兴街以北、解放路以南三角区域。拟建设成为郑州市一座集购物、金融、办公、酒店于一体的270米、59层的标志性建筑。项目以高品位、新概念、国际化为原则，对其周边区域进行整体规划改造，满足城市现代化的商务、购物需求。项目占地1.87公顷，总投资18亿元，由河南新田时代广场置业有限公司投资建设。规划建筑面积214186平方米，楼高270米、59层，地上55层、地下4层。地上面积155023平方米、地下面积59163平方米。地下1层至地上12层为商业，13至15层、36至53层为酒店，17至34层为商务办公，16层、35层、54层、55层为设备层。绿化率22%，容积率7.99，建筑密度39.24%，项目设计1200个停车位。2014年，已完成投资8000万元，占年度投资目标的80%；项目用地内房产证已注销完成，正在进行土地证注销和文物勘探、发掘工作。

百年德化二期项目。位于福寿街以东、共建街以北、正兴街以南、兴盛路以西。项目占地2.19公顷，总投资15亿元，由郑州绿都不动产有限公司投资建设。楼高130米、40层，地上37层、地下3层，规划建筑面积196615平方米。地上面积152850平方米，其中1至8层为商业，面积约74269平方米，9至37层为商务办公，面积78581平方米；地下面积43765平方米，地下1层14580平方米，地下2层14650平方米，地下3层14535平方米。绿化率15.1%，容积率8.49，建筑密度59.9%。机动车位1450个，非机动车位796个。项目拟建设集休闲商业、品牌展示、贸易办公、电子商务、会展服务等功能于一体的商贸联合中心。全年已完成投资3.35亿元，占年度投资目标比例的135%；项目用地已于8月底成功摘牌，正在办理国有土地使用证，即将进行文物勘探、发掘工作。

【党建工作】 一是抓领导班子建设，打造善思实干的领导班子。建立健全党工委中心组学习制度，广泛涉猎法律、经济、金融等多项专业知识；严格执行党的民主集中制，引导领导班子成员之间工作相互配合，形成领导班子“合心、合拍、合力”和“风清、气正、劲足”的良好氛围。二是抓队伍建设，形成强大的团队合力。坚持学习为先，创新建立微信学习法，通过街道微信公众平台，及时推送最新精神，达到同学习、共提高的目的。坚持靠制度管人，规范完善信息奖励制度、“红黑旗”评比制度和督查考核制度，考核结果与年终评优评先挂钩，引导干部职工踏实重干、有所作为。三是抓社区建设，以活动凝聚人。着力在民主路社区打造“四叶草便民服务站”，举办“邻里文化节”“粽香端午情”“红色电影周”等系列文娱活动，丰富居民生活。整合辖区党员资源组建8支志愿者服务队伍，为居民、商户及企业提供多样化的集中服务。全年累计开展各类活动103次、782人次。

【廉政建设】 2014年，街道党工委贯彻党的十八大会议精神，开展“私自从事营利性活动自查”、“会所中的歪风”自查等专项治理自查活动，营造风清气正的机关工作氛围；及时发布反腐倡廉、廉政文化建设等新闻信息，突出宣传中央“八项规定”和廉洁从政有关要求；定期召开党风廉政建设工作专题会议，研究部署反腐倡廉、廉洁自律有关工作安排。开展“节日病”专项治理工作，组织召开节前廉政谈话会，确保反腐倡廉工作取得实效。

【城市管理】 大力推进内环区域城市有机更新工作。圆满完成二七宾馆区域征迁工作；投资10余万元对小楼清真寺门口积水道路、汇港新城道门坑洼地面进行修复；自由路、五彩路改扩建工程建成通车。在规范养犬工作中，执法人员全员上岗，实行早6点、晚10点的工作模式，盯守在主要路段和重点区域，形成相互衔接、联动执法的强大合力。2014年，街道规范养犬工作获得郑州市区各街道办事处排名第二的好成绩。在“四城联创”工作中，拆除大商金博大店、北京华联商厦、正弘大厦楼顶存在近20年的户外广告6500平方米，被评为“郑州市户外广告规范整治工作先进办事处”。

【安全生产】 街道办事处在安全隐患日巡查基础上，对辖区156家门店、28家公共单位开展两次拉网式排查。重点对人员密集场所、危险化学品、建筑工地等领域进行专项整治，发现安全生产领域问题180余处，下发整改通知书170多份，除金运大厦环形通道隐患未整改，其他均已得到彻底解决。与辖区234家公共单位、沿街门店签订年度管理责任书，做到新建1家登记1家。邀请二七区消防大队、二七区建设局专家对华润万象城建筑工地、汇港新城物业部、郑州华联商厦进行安全生产及消防知识培训。开展送安全文化“进企业、进工地、进网格、进学校、进社区、进家庭”活动，对企业负责人、安全生产监督管理人员、特种人员进行安全培训，使其持证上岗。全年开展集中培训6次，广场文化宣传活动8次，应急演练活动2次，受训5000余人次。

【综合治理】 定期召开平安建设专题工作会议，每月召开1次治安工作调度会议，排查矛盾纠纷隐患，做到有问题早发现、早处理、早上报、早解决。整合资源，形成大社会治安综合治理、大调解新格局，实现社会治安综合治理办公室、信访办公室、司法所统一运作，按照“配齐配强、得力精干”原则，及时调整工作人员，定期组织开展业务知识和法律法规知识培训。全年接受群众来信来访登记8起，调处8起，调处解决率100%，群众满意率95%以上。全年没有发生有影响的群体性事件和恶性缠访、闹访事件。中央巡视组在河南省巡视期间，未发生来自办事处辖区的干扰。

【网格化工作】 按照“网定格、格定人、人定责”方法，将辖区细分为11个二级网格、21个三级网格，选派32名优秀干部担任网格长。街道把现有的楼栋长、巡防队员、商户协管员、志愿者、群众工作队队员等80余人基层力量进行整合，共同参与网格化管理，提供社会救助、劳动就业、社会保障等帮扶服务。全年街道通过网格巡查发现问题9248件，解决问题9248件，办结率100%，其中台账信息509件，办结率100%；社情8739件，办结率100%。全年联合二七区卫生局、二七环境保护局、二七区市政局、公安派出所、工商所、公安食品安全生产等职能局委开展执法活动13次，有效地推进了网格化管理工作的正常运行。

【民生事业】 做好低保政策的宣传及入户调查工作，全面完成68户廉租房家庭的年审工作。2014年低保家庭有36户54人，累计发放低保金、优抚金508人次、24万元、优抚金15万元。城镇职工养老保险征缴任务完成1365万元。新增城镇就业岗位243个，完成目标任务100%；实现城镇“零就业家庭”动态为零，登记失业率控制在4%以内。城乡居民医疗保险完成33人，占全年任务的194%；居民养老保险缴费任务完成13人，占全年任务的100%。计划生育孕前优生筛查完成6人，完成率120%；发放计生药具6500只；新办理独生子女证5户、60岁养老奖励、扶助71户，发放奖励资金79520元。清理、清查新增流动人口3280人，康检342人。

（马晓菲）

德化街街道

【概况】 德化街街道位于郑州市城市中心区和商贸核心区，辖区东起南下街，与管城区相临；西到福寿街；南到大同路；北到西大街。总面积0.24平方公里。2014年，辖区有居民1272户，常住人口1240人，流动人口9712人，有汉族、回族、满族等民族。下辖3个社区居民委员会（南彩社区、文苑社区、大同社区）。辖区共有3条主次干道（南下街、大同路东段、西大街西段），1条德化商业步行街主街，3条步行街辅街（苑陵街、金光路、美食街），5条背街小巷（延陵街、汉川街、裕元里、彩虹路、兴盛路）。街道办事处内设党政办公室、财政所、卫生和计划生育办公室、商务办公室、协税护税办公室、统计信息中心、劳动和社会保障事务所、稳定办公室、社会治安综合治理信访办公室、城市管理执法科、步行街管理科、民政科、安全生产监督管理办公室等13个科室，在职职工79人。办公地址位于德化街3号德化快捷酒店3楼。

【经济工作】 2014年，街道财政收入8374万元，完成全年目标任务的94.32%；社会消费品零售总额503441万元，完成全年目标任务的97.3%；招商引资120196.8万元，完成全年目标任务117840万元的102%；固定资产投资89094万元，完成全年目标任务8亿万元的111.37%。

【重点项目】 德化大厦项目（在建）。位于德化街以西、苑陵街以北、金智万博商城以东、裕元里以南，占地面积0.68公顷，总建筑面积7.32万平方米，其中商业营业面积4.57万平方米，商业办公面积2.13万平方米，停车位320个，容积率8.99。由河南大正投资置业有限公司投资6亿元开发建设，建设周期为2009年3月至2015年6月。项目以体验购物为主，融合时尚、个性、特色文化，面对全市大学生人群和一般公司职员需求，并考虑周边商务人群消费需求，打造德化街区域最具特色体验式地标性购物中心。6月，除大厦主楼内、外部装修全部完成；8月，完成主楼周边地下管网改造及周边道路施工，计划2015年8月29日正式开业。截至2014年5月中旬，整体招商达成率94%，已签约C&A、“世茂国际影城”“冒险家”“主觉”“reemoor”“First”“view”“Fairy”等多个知名品牌。

领导带队到德化大厦项目工地检查工作

德化街地下人民防空工程项目（竣工）。北起德化街二七广场，南至莱市街与钱塘路口，长度800米，总建筑面积3.5万平方米，由郑州凯浦置业股份有限公司投资4.7亿元开发建设。项目按照“人防工程、平战结合”原则，战时可掩蔽人员、储备物资；和平时期为“新体验式地铁商业步行街”，打造中原首家3条地铁交换枢纽商业街，成为郑州市的“商业名片”。现有商场经营商户550户，占商场可容纳商户900户的61.1%，安排2000多人就业，其中主力商户和特色商户约有400户，占总体比例的73%。

欧洲时尚中心项目（前期）。位于大同路以南，弓背街以西，钱塘路以东，上元二街以北，占地面积1.26公顷（德化街辖区占地0.69公顷），总建筑面积16万平方米，由郑州永恒正方置业有限公司投资16亿元开发建设。项目商业综合体为双塔建筑，主要包括：A、B座商务办公楼30层（119.3米）、商业裙房7层（34.2米）、地下室3层，以及配套的公用工程。将以全新的业态承接商业升级，将以现货批发为主的低端批发市场业态提升到展贸一体的国际精品采购中心业态，打造一个契合时代产业动向，创新运营模式的专业精品商场。项目区域内房屋土地面积、权属排查已完成，控制性规划手续正在报批，主要规划指标已与规划部门达成一致意见，规划正在编制，正在与项目区域内业主单位沟通，为下一步房屋征收奠定基础。

【城市管理】 2014年，街道始终将城市管理作为长久性重点工作狠抓不放松。本着“不影响城市市容、不影响环境卫生、不影响居民出行”原则设立疏导点，统一制作疏导指示牌，培训专业管理队伍，严格规范疏导点经营秩序。全年出动车辆56次，人员200余人次，清理占道经营122处、店外经营146处，整改率100%。多次召开门头牌匾整治专题会、现场办公会，发现橱窗广告问题35处，已全部整改完毕，整改率100%；清洗门头210余处、LED灯50处，清理小广告300余处、软体条幅40余处。全年统计犬只152只，办证、年检累计152只，已处置违规犬5只，暂扣收容流浪犬35只，收容无证犬20只，圆满完成规范养犬工作。

【信访稳定】 2014年，街道牢固树立“稳定压倒一切”思想，以化解矛盾纠纷为着力点，全力做好辖区维护社会稳定工作，强力打造“平安德化”。全年化解辖区各类矛盾纠纷36起，未发生到市进京赴省越级非正常信访事件。2014年荣获“二七区信访工作红旗单位”“二七区依法治理工作红旗单位”“二七区平安建设先进单位”“二七区三年行动计划社会管理和信访稳定工作先进单位”。

【安全生产】 2014年，街道开展安全生产排查2457次，发现问题2562处，整改2539处，向执法部门移交5家隐患整改不到位的单位，社会大局保持稳定。

【基层党组织建设】 2014年，街道学习贯彻习近平系列讲话和党的十八届三中、四中全会精神，以“党的群众路线教育实践活动”为契机，扎实推进党建工作，通过成立党建工作领导小组，深入居民楼院、企业、商户走访，解决社区党建力量基础薄弱、基础条件差、非公有制党建发展不均衡等问题；通过拓宽党建思路，探索建立党小组，使社区党建工作范围向社区之外延伸，扩大党建工作覆盖面；通过立足服务民生，建立“党员司法援助服务中心”“特色党员服务站”，为党员群众提供各项帮助。全年培养入党积极分子47名，拟发展对象10人，申请入党积极分子10人，中共预备党员转正12名，辖区现有党员276人。新组建3个非公有制党组织，辖区已有非公有制党组织16个，党员人数3人以上的企业实现党组织全覆盖。

【社会保障及社会救济】 2014年，街道发放城市低保金480788元，累计保障77户、135人，其中残疾人家庭28户；为23户低保家庭申请大病救助，救助金额46655元。全年发放优抚金81567.5元；发放参战人员生活补贴11835元；发放“退养主任”生活补助93240元；发放精神病医疗救助金8人、4800元。筛查统计辖区低保家庭重度残疾人7人，申请低保家庭重度残疾人“阳光家园”计划生活救助，发放救助金7000元。

【计划生育】 2014年，辖区常住人口1240人，已婚育龄妇女485人；全年出生13人，政策出生符合率100%；流动人口9712人，已婚育龄妇女1640人。优生筛查13人，孕前评估参与13人。一孩生育证领取30人，二孩生育证4人。60岁独生子女父母奖励、扶助126人，全年新增43人。享受独生子女奖励193人，已全部足额发放到位。全年，辖区内无政策外出生、无“两非”案件发生。

【网格化管理】 街道本着“为民、利民、惠民、便民”服务宗旨，不断完善网格长队伍，探索问题排查、发现、解决机制，使非法生产、非法经营、非法建设得到有效治理，信访案件得到有效化解，公共服务更加有效便捷，市容市貌进一步提升，基层组织建设得到有效加强。全年排查发现问题9345件，办结率99%以上。获得“二七区网格化管理先进单位”。

（冯晓龙）

淮河路街道

【概况】 淮河路街道办事处成立于1997年7月。行政管辖区域为陇海中路以南，金水河以东，航海中路以北，大学中路以西。街道下辖陇海社区、兴华社区、金海社区、淮河社区、政通社区、亚新社区、天下路社区、绿云社区、淮北社区及路砦社区、齐礼阎2个社区管委会。内设党政办公室、精神文明办公室、纪检督查办公室、社会治安综合治理中心、信访办公室、司法所、财政所、经济办公室、统计中心、社会保障所、社区管理办公室、计划生育办公室、城市管理办公室、城建办公室、安全生产监督办公室。现有干部职工125人。

辖区面积4.4平方公里，常住人口6.6万人，流动人口2万人。辖区资源丰富，是中共二七区委、二七区人民政府所在地，是全区政治、经济、文化中心。在行政资源上，有郑州市财政局、郑州市地税局等50余家单位；在科技资源上，有河南省交通规划勘察设计院、河南省同位素研究所等20家科研单位；在文化资源上，有黄河科技大学、郑州卫生学校等近10家院校，具有浓厚的文化氛围。2014年，街道围绕“改革创新、持续提升、投资增效、服务惠民”总要求，以完成“三年行动计划”和全年各项任务为总目标，扎实开展党的群众路线教育实践活动，全力推进项目建设，优化产业结构，持续创新社会管理，不断促进民生发展，各项社会事业稳中有进、稳中向好、稳中提质，荣获省级文明单位、全省先进基层党校、郑州市精神文明建设先进单位、郑州市爱国卫生流动红旗、郑州市平安建设先进乡镇街道等荣誉称号。

街道举办庆“七一”红色主题活动

【经济目标】 2014年，街道财税收入43497万元，占目标任务的102.23%，总量全区第一；招商引资完成46.7亿元，占目标任务的104.47%，全区排名第二；工业总产值完成67131万元，占目标任务的101.7%，全区排名第二；固定资产投资完成39.6亿元，占目标任务的113.1%，全区排名第三；社会消费品零售额完成14.2亿元，占目标任务的100.1%，各项经济指标全部超额完成目标任务。

【项目建设】 2014年，街道有在建、续建项目3个（齐礼阎社区城中村改造项目、路砦社区城中村改造项目、杨桐输变电工程项目），其中路砦社区城中村改造项目全年完成投资12亿元，实现税收4746万元；齐礼阎社区城中村改造项目全年完成投资15亿元，实现税收1.09亿元；杨桐输变电工程站址位于郑密路与航海路交叉口北约100米路东，规划容量6.3万千伏安，线路长度2.4千米，2014年年底已竣工。2013年起始的郑州第二医院扩建、郑州市第十九中学改建项目已经竣工，永辉生活广场项目已经正式签约。在项目建设的同时，街道整合辖区可利用、可提升资源，接洽相关开发公司，推介包装可开发项目2个（“凯恩”项目、“新世界”连片开发项目），截至2014年年底，“凯恩”项目已经二七区政府批准，项目建筑规模预计0.67公顷，总投资约2.3亿元；“新世界”连片开发项目前期的居民入户意见摸底调查已经结束。项目建设规模预计5.63公顷，总投资约30亿元。“新大地4D影城”“国美电器”多个商业项目已经正式签约。

【党建工作】 一是抓好干部职工思想道德建设。街道党工委充分发挥领导班子的领导核心作用，开展践行社会主义核心价值观教育活动，坚定理想信念，筑牢为民服务基础。同时，通过开展“道德讲堂进社区”“寻找身边的好人”“周末大讲堂”“文明使者”志愿服务等活动，不断提高干部职工服务居民的热情和思想道德水平，形成“团结、奉献、务实、高效”的良好氛围，荣获省级文明单位称号。二是抓好社区管委会党组织换届工作。前期为保障路砦社区、齐礼阎社区拆迁改造期间项目建设进度和社会大局稳定，两个社区管委会党组织自2005年以来一直没有进行换届。为进一步加强社区管委会党组织建设和充实领导班子，街道党工委精心组织、深入调研，对两个社区管委会党组织的现状进行系统分析，分类制订实施方案，强化舆论宣传引导，遵章依法操作，实现两个社区管委会党组织换届工作平稳、顺利完成。三是抓好服务阵地建设。高标准打造社区为民服务站，持续深化“一门进来、一站服务、全程问效”服务模式。为天下路社区、淮北社区协调近1300平方米办公用房，淮北社区新的便民服务大厅投入使用，“红色网络家园”和其他丰富群众文化生活活动场所正在打造，争取成为街道又一个为民服务示范点。四是抓好服务队伍建设。街道通过建立党代表接待室、开通服务热线、“三微平台”等载体实时了解群众信息，组建“阳光号”“先锋号”志愿服务队，定期开展服务活动。各社区相继成立志愿服务队21支、316人，以“365阳光服务驿站”为依托，组织“双报到”党员和网格党员开展“双服务”活动，全年开展各种活动100余次。

【精神文明建设】 一是精心组织，全力开展文明城市、文明单位创建工作。全年累计整理50余项涉及街道的创建资料，圆满完成省级文明城区复审工作。二是把握重点，着力提升街区文明底蕴。依托工地围挡、道路围墙等开展培育和践行社会主义核心价值观活动；利用楼院空白墙体，打造“二十四孝”等楼院文化；做好开展道德讲堂、道德选树活动，辖区涌现出一批如孙淑娟、张利修等先进典型人物；通过“周末大讲堂”讲诚信、短信课堂学诚信、夺旗争星比诚信、党务政务公开践行诚信等措施，深入开展诚信主题宣传教育活动；扎实开展文明交通、厉行节约和文明餐桌宣传教育活动。三是丰富载体，着力打造街区服务品牌。打造志愿服务品牌，推动志愿服务制度化、常态化，9个社区志愿服务站全部在“志愿郑州”注册；提升文化服务品质，按照“文艺表演有舞台、社区活动有场所、居民休闲有场地”的标准，建立综合文化站和社区文化活动中心，组建10多支文化队伍，开展“我们的节日”活动，在春节、端午节、中秋节等传统节日，组织开展戏曲、舞蹈、书法等特色文化活动。邀请郑州市文化艺术团、郑州杂技团、二七区文化馆等，开展“文艺进社区”活动等20余场，参与群众2000余人次。

【民生事业】 一是依托“中国爱心城区”品牌创建，整合辖区有效资源，大力开展扶贫慰问活动，全年开展捐赠救助活动9次，走访慰问辖区贫困群众178户。二是加强下岗失业人员技能培训，拓宽就业渠道，全力解决就业再就业问题。全年完成城镇就业再就业3100人、下岗失业人员再就业810人、就业困难人员再就业260人，创业培训45人、再就业培训650人。三是完成养老保险征缴2426万元，完成居民医疗保险1750人；做好2015年度二七区新型农村合作医疗筹资工作，全年齐礼阎社区管委会全年参加新型农村合作医疗978户，2633人，筹资236970元，街道办事处配套配备26330元。四是通过有针对性地建立农贸市场流动人口服务中心，为留守儿童、困难妇女实现“微心愿”等。开展计划生育服务活动，全年审核办理一孩生育证453本，审核单独二孩生育证141本；全年出生426人，人口自然增长率6.9‰。发放各类奖励扶助资金2961420元（“四术”补助费、独生子女费、城镇奖扶费、退二孩证奖励费）；社区个体、无业累计应康检3670人，实康检3597人，康检率98%。

【城市建设与管理】 一是定标准分类指导。街道通过组织机关人员、辖区“五小”从业人员、工地负责人、楼院长开展创建知识培训会，解答工作人员在整治过程中遇到的热点、难点问题，并根据商户具体情况细化标准、职责，动员辖区群众理解、关心、支持和参与整治工作。二是定责任分层进行。以科室（社区）为单位，确定一名负责人，分包负责人一条路段，制定分包负责人一日一督查、社区书记一日一汇报、工作人员一日一排查的“1+1”工作机制，针对“五小”门店相关证件、楼院卫生、工地整治等情况进行推磨式排查，确保责任明确，排查不留死角。三是定重点分级评比。针对排查出的问题，街道在常规管理的同时，开展专项整治行动，对辖区内达标“五小”门店、示范工地、卫生楼院进行公示，表彰先进，树立样板，带动后进。全年清除楼院无主垃圾130余车，清理无证摊点500余处，整治“五小”门店365家，并联合二七区工商、二七区城管执法局等部门，对辖区内3家无证照废品收购站以及郑密路、政通路、沁河路、汝河路堆放的水泥大沙进行逐一清理，使辖区环境质量得到进一步提升，创建工作取得良好实效。在前三季度全市“爱卫杯”流动红旗评比活动中，第一季度、第三季度评为流动红旗单位，在创建全国卫生城市期间被评为全市流动红旗先进单位，圆满完成郑州市、二七区下达的各项任务指标。

【平安建设】 一是做好领导干部接访工作。实行科级领导干部排班接访，现场处理信访问题。同时，坚持实行领导干部包案制度，一案一包，一案一组，推进工作落实。强化矛盾排查机制，每月定期对各种不稳定因素进行排查，制订问题台账，实行分包责任制，采取倒查机制，做到及时发现、及时处理，全年办结案件8起，化解不稳定因素43起，召开信访案件协调会34次。二是开展无邪教社区创建工作。不断加大反邪教宣传工作力度，深入各家各户发放“致居民一封信”及反邪教明白卡，制作反邪教条幅20条，宣传版面10块，重点在社区楼院、主街道、游园进行张贴，通过宣传使广大居民对邪教危害的认知度进一步提高，受到广大居民一致好评，并获得“郑州市平安建设先进乡镇街道”称号。三是建立安全生产分级、分类管理机制。按照“市—区—街道—社区”四级管理模式，建立“九小”门店（小美发店、小旅馆、小饭店、小副食店、小洗浴中心、小学校（幼儿园）、小商场、小网吧、小生产加工企业）由社区监管，公共单位、特种行业、建筑工地、300平方米以上的人员聚集场所由街道安全生产监督管理办公室直接监管的分类监管机制。同时各社区对所管辖的门店建立“一户一表”户籍化管理台账，并与9个社区、27处工地、1383家“九小”场所及辖区公共单位签订年度安全生产目标责任书、消防安全工作责任书，细化、分解落实目标责任。加大安全隐患排查力度。严格按照“全覆盖、零容忍、严执法、重实效”工作要求，通过落实主体责任、注重宣传教育、强力排查隐患、实施重点监管、强化隐患整改等系列措施，街道组织开展12次安全大检查和多领域安全生产专项整治行动，全年查出隐患67处，全部整改到位，确保了辖区安全形势平稳。

【廉政建设】 一是深入学习教育。开展16次集中学习、8次专题报告会和8次学习成果交流会，开展党组织书记讲党课活动、“我是谁、为了谁、依靠谁”主题演讲比赛、反腐倡廉文艺会演等，其中，精心编排的反腐败警示哑剧《盖章》参加二七区“人生四季”双节廉政教育演出活动，荣获一等奖。多途径的学习教育提高了全体党员的思想认识，筑牢了为民服务的基础。二是广泛听取意见。通过点对点征求意见、面对面走访座谈、分层级排查梳理、多渠道敞门纳谏等形式，面向辖区广泛征求意见、建议358条，归纳梳理为108多条。三是深入查摆问题。在领导班子专题民主生活会上，领导班子成员之间开展自我批评和批评，收到团结—批评—团结的目的。四是坚持落实整改。针对征求到的问题和意见、建议，建立销号管理，书记约谈，“红、黄、蓝”三色分类管理等机制，对整改效果群众不认可、不满意的，党工委书记进行约谈，继续深化整改，直到满意为止。活动以来，整改落实问题196项。

【城中村改造】 路砦城中村改造项目。2008年1月完成拆迁，拆迁面积近80万平方米。项目累计交付商业房面积2.8万平方米，累计完成一期、二期安置房46万平方米，2014年完成投资约12亿元，税收约8200万元。

齐礼阎城中村改造项目：2010年9月16日由郑州市政府批准实施，2010年年底所有村民宅基地范围内约76万平方米建筑物全部拆迁完毕。开发的8个楼院正在开工建设，安置房80万平方米全面开工，2014年完成投资约11亿元，实现税收1.7亿元。

（孔 伟）

嵩山路街道

【概况】 嵩山路街道办事处位于二七区城乡结合部，扼守京广南路、大学南路、嵩山南路、郑密路、郑平路等几个重要的出入市口，总面积15平方公里，常住人口10万人，流动人口10万余人，下辖黄岗寺、王胡砦、刘砦、荆胡、贾砦5个社区管委会和郑飞社区居委会、亚星社区居委会、航海路社区居委会、工人路社区居委会、蔚蓝社区居委会、珠江社区居委会、宏鑫社区居委会、逸园社区居委会、嵩南社区居委会、联合社区居委会、广兴社区居委会、啟福社区居委会，是二七区管辖范围内面积最大的街道办事处。内设党政办公室、宣传教育办公室、纪检办公室、工会、社会经济办公室、协税护税办公室、城市管理办公室、社会治安综合治理和维护稳定办公室、信访办公室、安全生产办公室、计划生育办公室、农业科技办公室、城建所、社会保障所、民政所、司法所、财政所、便民服务大厅等机构。

【经济工作】 2014年，街道财税收入完成37797万元，占目标任务31730万元的119.12%；工业总产值完成18281.2万元，占目标任务25000万元的73.12%；固定资产投资完成594552万元，占目标任务820000万元的72.5%；社会消费品零售额完成179304万元，占目标任务186000万元的96.4%；招商引资完成353655万元，占目标任务352906万元的100.21%。

【项目建设】 2014年，二七区下达重点项目12个，计划投资752071万元，预计税收14250万元。截至12月底，累计完成投资538770万元，实现税收20920万元。

街道召开“全国文明城市创建工作”推进会议

红星美凯龙家居博览中心项目。土方工程、基坑支护工程已完成，正在进行地下部分基础施工。

荆胡社区城中村改造项目。一期安置房已竣工并交付使用；二期安置区4个地块，文物勘探、文物发掘工作结束，正在进行土方开挖及桩基施工；三期正在办理土地证；四期7宗土地由于铁路以南局部未拆迁，手续暂无法办理。

王胡砦社区改造项目。大学南路东、沅江路北（A07地块），大学南路、南三环路（A11地块）竣工交房；行云路东、沅江路东（A11地块）正在进行文物勘探及人防申报工作。

黄岗寺社区改造项目。安置区一期竣工并交付使用；二期（安置二）尚未开工建设；开发区第一、二批次土地证已办理完毕，第三批次正在办理土地农转用手续；安置区土地已签订土地出让合同。

刘砦社区城中村改造项目。位于地泰路西、双泰路北、双铁路南（E1-01）地块及位于地泰路西、双泰路北、双铁路南（E3-01）地块，均已封顶，土建部分工作接近尾声，正在进行安装工程，配套报建等相关工程；位于南水北调南、石武高速铁路、嵩山路西（A2-05）地块已取得土地证、用地证；安置区1、2、5号院主体封顶，正在进行装饰施工，6号院已领取规划证，9号地施工手续正在办理。6号地规划手续审批已完成，正在批前公示，施工手续已开始办理。9月，6宗土地摘牌。

贾寨社区城中村改造项目。已完成投资8300万元，截至年底，提交材料911户，审核通过763户，协议签订617户，完成拆迁64万平方米。康桥溪城项目：主体二层正在施工。

金牛水岸国际花园项目。二期2号楼、5号楼、14号楼装饰安装完成，三期3号楼、6号楼正在建设。

南华府项目。优化设计、完成招拍挂，正在办理土地证等手续。

公路局办公区改造项目。2014年投资8000万元，正在做控制性规划工作。

110千伏黄岗输变电工程。设备已进场，正在安装。

110千伏柴郭输变电工程。正在进行主控楼框架结构施工。

【党建工作】 街道以“重持续、抓落实、善创新、求实效”为总要求，以“服务型党组织创建”活动为载体，加强党员干部为民服务的宗旨意识，第一季度组织社区（村）党组织书记、委员培训1次，组织辖区党代表集中活动1次，培训率100%。为促进各社区工作相互交流和学习，进一步推动社区工作规范化、制度化建设，按照年初既定目标，细化考评标准，对社区管委会及领导班子成员工作情况进行测评，对大学生社区干部进行“积分制”管理。按照年初党员发展计划，做好入党积极分子、拟发展对象、预备党员、转正的教育培训和手续办理工作。截至2014年年底，有23名入党积极分子、20名拟发展对象、57名预备党员。

【畅通郑州、安置房建设和“五项重点”工作】 2014年，拆迁建设市政道路2条，拆迁面积约6100平方米，另有16条道路正在建设中；完成嵩山路、大学路等6条道路16公里、72万平方米的绿化，高铁沿线绿化种植76万平方米，建成6公里景观生态林。王胡砦社区、黄岗寺社区居民全部回迁，回迁面积106.80万平方米，楼房9140套，1.3万余名群众迁入新居。辖区新开工建设安置房140.99万平方米，新开工建设商品房面积55万平方米。南水北调工程21号管线建设干渠已通水。综合性公园天和园、叠彩园共完成拆迁面积3.12万平方米，垃圾清运1.81万平方米，绿化种植近10万平方米，于12月底正式开园。

【网格化管理】 2014年，街道严格按照“坚持依靠群众推进工作落实”长效机制，“深化规范提升”的总体要求，着力以“持续、完善、主动、长效、拓展、创新”为核心内容，通过推进工作方式“五个转变”（即：由传统向现代转变、由管理服务向服务管理转变、由粗放向精细转变、由局部向全局转变、由滞后向超前转变），努力推动网格化管理工作实现新跨越，将辖区划分为14个二级网格、36个三级网格，全面构筑“横向边、纵到底、全覆盖、无缝隙”管理网络，社情信息和台账信息办结率均达到100%，推动中心工作提质提速。

【宣传和精神文明建设】 宣传工作。2014年，街道网站更新信息563篇，编发内部刊物《嵩山路之声》24期，在市级以上新闻媒体发表稿件35篇次，其中省级采用2篇次、市级采用33篇次。向《魅力二七》投稿460余篇，采用84篇，营造了有利于发展的良好舆论氛围。

精神文明建设工作。街道组建社区志愿服务队42支，全年新增14支，新增志愿者1300余人；组建并完善社区文艺团队39支，人员增至2172人，约占辖区人口的2.2%；依托传统文化、重大节日和民族民间文化资源，开展群众喜闻乐见、丰富多彩的文体活动153场，丰富了辖区群众的精神文化生活。同时做好市级文明单位申报工作。

【城市管理】 在城市文明指数测评工作中，街道整合城管、执法、工商等部门对辖区出入市口、城乡结合部等重点区域进行重拳整治，对主次干道占道经营现象进行集中整治，发动各社区排查清运积存垃圾，利用项目围挡制作大型创建国家文明城市公益广告1万平方米，发动居民整治楼院卫生死角垃圾80.12万立方米，发动各种社会力量参与“五小”、窗口单位、建设工地等专项整治活动，圆满完成全国城市文明指数测评工作。

【劳动保障】 2014年，街道完成新增就业2123人，征收社会保险金750万元，城乡居民养老保险完成5060人，城镇居民医疗保险完成1647人。

【计划生育】 2014年，辖区总人口69280人，已婚育龄妇女14730人，占总人口21.3%；城区下岗、无业已婚育龄妇女健康检查率100%；避孕节育措施落实率100%，农村社区已婚育龄妇女健康检查率100%；流动人口已婚育龄妇女15477人。全年辖区出生人口608人，政策生育率99.5%，出生统计准确率100%。

【信访稳定】 强化“一岗双责”，健全接访、下访、约访、回访、应急处置等机制，深入开展“大走访、大排查、大化解”活动，多方面、多层次解决矛盾纠纷。全年接待个访案件58起，接待集访案件56起，其中二七区指派9起，自立案7起，接待1555余人，上访人员均已稳控到位。辖区信访形势总体稳定。

【党的群众路线教育实践活动】 街道党工委牢牢把握“为民、务实、清廉”主题，贯彻“四风”整治总要求，加强“双基”建设，注重街道和社区联动、压茬推进，搭建联系服务群众平台，创新实施“党员联户工程”，按照“3221”和“分包”“属地”分配方式进行联户对接，即党员领导班子成员每人联系3户，科室党员每人联系2户，社区党员“两委”成员每人联系2户，社区党员每人联系1户。按照“月访和重要节日访”相结合的方式，定时定期入户走访，解决好联系服务"群众最后一公里"问题。建立"群众说事儿"制度，拓宽群众反映问题的渠道，搭建问题解决的公共参与平台。全年召开各层次座谈会32次、设置意见箱16个，开通"热线电话"1部，科级领导干部带领分包科室深入辖区31个基层党组织，走访党员1100人次，走访群众386户，听取意见600余条，解决问题826条，归纳整理四大类44条问题，着力抓好专项整治和立行立改，把活动各环节工作"做到家"，推动活动健康有效开展。

（王明明）

长江路街道

【概况】 长江路街道办事处成立于2006年10月16日，辖区行政管辖范围为：京广路以西，兴华南街以东，航海路以南，郑航路以北，面积4.5平方公里，辖航海中路社区、长江路社区、玫瑰花园社区、五号街坊社区、代庄街社区、台胞小区社区、万达7个社区居委会和高砦社区管委会、孙八砦社区管委会，常住人口8.3万人，流动人口6.1多人。现有干部职工110名。办公地址位于大学南路16号。

伴随着中原经济区、郑州都市区建设的深入推进，以及二七区的快速发展，辖区区位优势正在逐步凸现。一是商业气氛浓厚。拥有"二七万达""世纪联华""郑州富达丰田"河南万佳捷泰北京现代汽车销售有限公司、金城风湿病医院、爱馨老年公寓等多家知名企业，中都饭店、华悦酒店、长江鑫地酒店、金殿娱乐城等多家餐饮住宿企业，特别是继二七万达商业广场、大商千盛生活广场开业后，其强大的辐射效应不仅提升了辖区商业的品位，更有效拉动了辖区社会经济发展。二是公共单位众多。拥有郑州市公交三公司、郑州市交通运输管理处、郑州汽车客运总站、二七区公安消防大队、郑州市蔬菜研究所等多家公共单位。三是人居环境优美。拥有长平游园、选秋林、ABC公园等居民健身休息游园，有"仁恒上元""江南戎居""兰亭名苑""玫瑰花园""五号街坊"等多座高档住宅小区。四是文化资源丰富。拥有郑州市航空工业管理学院、郑州测绘学校、郑州交通学院等多所大、中专院校，郑州市第七十四中学、郑州市第八十一中学、二七区大学路小学、二七区艺术小学等多所中小学校。

【经济工作】 2014年，街道财政税收完成22787万元，完成年度任务的113.88%，同比增长38.58%，全区综合排名第二；固定资产完成312000万元，完成100.65%；招商引资完成164872万元，完成年度任务的75%；社会消费品零售额完成348388万元，完成年度任务的100.4%。

【项目建设】 孙八砦社区城中村改造项目。正在进行拆迁收尾工作。

高砦社区城中村改造项目。一期安置房主体结构全部封顶，商品房正在开发建设中。

江泰天宇国际改造项目。2号楼主体封顶，1号楼及2号楼22层具备混凝土浇筑条件。

润翔京莎广场项目。主体已竣工，预计2015年开业。

【党建工作】 一是通过构建"一图、二簿、三优先、四员"网格体系（"一图"即绘制社区党建网格化管理分布图；"二簿"即建立党员信息登记簿和党员活动记录簿；"三优先"即网格内大事让党员先知、群众的难事让党员先议、奉献的事让党员先做；"四员"即组织党员志愿者主动担当社情民意信息员、义务巡逻治安员、民事纠纷调解员、环境卫生监督员），真正实现以街道党工委为核心、社区党支部为主体、网格党小组为前端的网格化党建新格局；二是通过建立党员服务中心、设置党员志愿者服务站、公布党员服务热线、发放党群连心卡、设立党员示范岗、划分党员责任区等系列"零障碍"绿色服务通道，开展"五必访、五必送"活动（红白事必访、生病住院必访、家庭矛盾必访、意外事故必访、邻里纠纷必访以及过生日送蛋糕、红白事送礼包、有困难送温暖、生病送关怀、没工作送岗位），继续全面推行"13915"为民服务工作法（"1"即围绕创建服务型党组织一条主线，"3"即有效发挥党员干部、居民群众、企业商户三支服务力量的作用，"9"即建立健全错时工作、全程代办、首问负责、一次性告知、限时办结、AB角、预约服务、办结告知、投诉追究九项服务机制，"15"即打造十五分钟便民服务圈），着力打造功能齐全、高效快捷的15分钟社区便民服务圈，拉近党员干部与居民群众的距离；三是通过探索"五常法"（即常教育、常管理、常激励、常服务、常关爱）党员干部教育管理新模式，加强党员"常态化"管理；实施非公有制组织党建"扩面提质"工程，高标准打造爱馨养老集团公司非公有制组织党建示范点，创建"1+N"志愿服务模式（即依托"银龄之家"服务体系，将企业、社区、社会等多层面志愿服务力量进行整合），做优志愿服务，有效提升了非公有制企业党建工作水平。

【信访稳定】 进一步规范受理和办理程序。从建章立制、领导干部包案、值班接访、排查化解、督办落实入手，开展科级领导干部轮流接访和包案化解，对重复访问题进行专项治理，突出解决群众通过信访反映的热点、难点问题。全年接待群众来信来访47起，已化解43起，办结率和满意率96%；排查信访案件4类33起，已化解30起，结案率97%；到

街道召开"三城联创"工作动员大会

省、市上访案件6起6批24人，均已得到妥善解决，真正做到了“事事有回音”“件件有落实”，信访工作成效明显提升，确保了辖区大局稳定。

【安全生产】 与辖区所有企事业单位签订安全生产责任书，按照“三分六定”网格化管理，落实安全生产工作责任制度。突出危险化学品、烟花爆竹、公众聚集场所、特种设备等专项整治，及时排查、消除安全隐患；开展以建章立制为重点的“基础工作大行动”，同时通过组织二七万达商场、郑州长途汽车总站、郑州市第八十一中学等单位自发开展消防安全培训和应急演练8次；广泛开展群众喜闻乐见的宣传教育活动，努力提高全社会的安全意识，实现辖区安全生产形势稳定。

【民政社保】 坚持“以民为本、为民解困、为民服务”工作宗旨，紧抓“民心工程”。帮贫助困，定期开展帮扶慰问活动，关爱救助流浪乞讨人员4名，全年累计发放低保金168084元；扎实做好辖区300余名残疾人的助残扶残工作；按照公租房新政策，严格落实公、廉租房申请审核认定工作。对辖区54个住宅项目采取专业化物业管理、专业化后勤管理和业主自治相结合的“三位一体”管理模式，确保居民小区有序发展；开展劳动就业和社会保障工作，通过学习培训，更新业务知识，增强人员素质水平，全年新增就业1350人，完成年度目标任务的103.8%；下岗失业人员再就业256人，完成年度目标任务的106.7%；就业困难人员再就业66人，完成年度目标任务的110%；完成小额贷款组件任务1090万，完成年度目标任务的218%；新增医疗保险2051人，完成年度目标任务的149%；居民养老缴费484人，完成年度目标任务的110%；征缴养老保险780万元，完成年度目标任务的105.5%。

【计划生育】 定期开展计划生育优质服务活动，进一步规范计划生育服务体系，提高计划生育服务水平和群众满意率。截至2014年年底，辖区常住已婚育龄妇女10864人，建档管理率98.7%，避孕措施落实率100%；出生人口403人，政策生育率100%，性比别102.2%，死亡人口33人，自然增长率7.5‰；免费出生缺陷干预工程参加查体280对。开展流动人口计划生育管理清理清查9次，建档747人，康检516人次，综合管理率95.9%。领取独生子女证2798户，领证率（领取独生子女证户数占已婚育龄妇女数比）25.8%，申请独生子女奖励费人员新增157人，累计发放1835人。申请城镇独生子女父母（年满60岁）奖励扶助项目230人，累计451人。

【城市管理】 2014年，街道以“四城联创”活动为契机，结合网格化管理，围绕“飓风行动”，切实加大城市管理力度，提高精细化管理水平。一是广泛开展宣传活动。悬挂条幅100余条，美化墙体400余平方米，发放各类宣传材料3000余份。二是开展市容环境综合整治。集中整治金海市场、高砦市场及重点“脏乱差”区域，彻底取缔郑航北路“马路市场”，对辖区无主管楼院的200余处垃圾道进行封闭，配备垃圾桶200多个，开展垃圾集中清运10余次，累计清运垃圾200余车、800余吨。三是加强联合执法。联合区工商、食品、药品、卫生等职能部门对“五小”门店进行整治，清理占道经营1.3万余处、突店经营4000余处，拆除违章建筑13处，清理违章广告1200余处；拆除燃煤锅炉9台。同时，组织检查食品安全经营商户800余次，办证犬只978只，在高速铁路沿线种植绿化树苗1500余棵。实行“四定”和错时上下班制度，确保市容管理“时间上不间断，地域上不留空”，市容环境状况显著提升。

【城中村改造】 孙八砦社区城中村改造项目。截至2014年12月底，完成村民兑付1207户，占总数的96%；完成房屋拆迁面积130万平方米；小产权房完成兑付632户，占总任务的69%。

高砦社区城中村改造项目。截至12月底，共建村民安置房46万平方米，一期安置1至4号楼，主体结构全部封顶；商品房建设10栋15至21层的高层，总建筑面积18.7万平方米，已基本开发完成；B2-06、B2-03（B组团位于长江路与碧云路交叉口西南角）具备开发条件，均在开发路以东，待开发路和郑航北路修建完成后进行市政管网对接。

（李晓一　李锦锦　楚佳睿）

京广路街道

【概况】 京广路街道办事处成立于2006年10月16日，位于二七区东南部，北起航海路与福华街街道相连，西起京广南路与长江路、嵩山路街道接壤，东邻管城区，南与十八里河镇、嵩山路街道搭界，南三环路横贯全境。辖冯庄、佛岗2个社区管理委员会，洁云、冯春、红云、橄榄、天擎、惠城、春晖、青秀佳苑8个社区居民委员会。辖区面积7.8平方公里，人口5.2万人。内设党政办公室、长效办公室、宣传教育办公室、便民服务中心、督查室、创建办公室、执法中队、社会治安综合治理办公室、信访办公室、经济办公室、计划生育办公室、社会保障所、安全生产监督管理办公室办、财政所、民政所、司法所、项目办公室等科室。现有工作人员96人，办公地址位于长江东路12号。

辖区有京广南路、南三环路、航海中路、长江路4条主干道，连云路、祥云路、春晖路、碧云路、华中路、佛岗路、三峡路、万泉路、郑贾路、开发路、天云路、丹凤路、南屏路、寒山路、峨眉路15条次干道，地理位置优越，交通优势凸显；有中陆物流、华中水果市场、合盛商贸城、鞋业批发、都市广场等大型综合批发市场，河南鸿福实业有限公司、河南贤瑞医疗器械经营有限公司等多家企业，人流、物流、信息流畅通；有黄河科技大学、中州大学、郑州财贸学校、春晖小学、长江东路小学、邱寨小学、佛岗小学、郑州市第十三中学、郑州市第六十二中学、郑州市第八十二中学等10家教育机构；河南省射击运动管理中心、郑州市气象局、郑州市第六人民医院、郑州市公交总公司等20多家公共单位。

2014年，京广路街道在区委、区政府正确领导下，深入贯彻落实党的十八大及十八届三中、四中全会精神，把握区委、区政府“改革创新、持续提升、投资增效、服务惠民”的总要求，以“品质、品牌、品位”为理念，以经济项目为抓手，开展大走访、大化解、大服务、提升群众满意度的“三大一提升”工程，启动“红色引领”工程，全力打造“文明京广、活力京广、美丽京广、和谐京广、繁荣京广”。街道荣获“二七区2014年度重点项目推进奖”“二七区三年行动计划经济社会发展综合工作先进单位”“二七区三年行动计划教科文卫工作先进单位”“二七区三年行动计划社会管理和信访稳定工作先进单位”“二七区三年行动计划城乡建设管理工作先进单位”等荣誉称号，社会经济保持良好发展态势。

【经济工作】 2014年，街道财政税收完成19793万元，占目标任务的74%；招商引资完成28亿元，占目标任务的54%；固定资产投资完成180382万元，占目标任务的113%；社会消费品零售额完成100192万元，占目标任务的99%。

【社会保障】 2014年，完成城镇新增就业再就业人员1319人；为贫困残疾人、低保户发放低保金及各类临时性补贴28.7万元；参与“十星”社区创建活动，洁云社区、春晖社区通过检查验收；完善春晖社区、青秀佳苑社区成立社区办公用房软硬件设施及洁云社区办公用房升级改造；加大计划生育工作力度，扎实开展计划生育优质服务活动；通过努力，多方协调，解决红云社区金祥小区煤改气问题，已于2014年12月通气。

街道召开“红色引领”工程动员大会

【项目建设】 2014年，街道共有建设项目5个，其中市重点项目1个（郑州市第六人民医院肝病医学中心项目），续建项目4个（冯庄城中村改造项目、佛岗城中村改造项目、“春江家园”项目、“泰和新苑”项目）。街道始终坚持把“抓大项目，大抓项目”作为经济工作的支撑和保障，紧盯项目的形象进度和时间节点，实行挂图作战，倒排工期，及时掌握项目动态，确保项目稳步推进。全年完成投资22.5亿元，占总投资的117%；实现区级税收15561万元，占总税收的172%，为经济发展提供了强大支撑。（其中，郑州市第六人民医院肝病医学中心项目内部二次结构砌墙已至六层；“春江家园”项目1、2、5、7、12、13号楼外保温已完成50%，商铺砌体已完成，夹层砌墙已完成，其余楼栋正在进行门窗安装；泰和新苑项目已完成负一层顶板浇筑）。

【重点工作】 公园建设。完成净馨公园改扩建地面附属物的测量工作，搬迁商户576家，拆迁面积2.8万平方米，并配合完成工程招投标，圆满完成公园建设，确保了该项惠民工程顺利推进。

新型城镇化建设。路网建设全面铺开，完成郑贾路、三峡路等11条道路1.4万平方米的拆迁任务。同时完成生态廊道、京沙快速通道二期项目5660平方米的拆迁任务。

特色街区创建。全力打造占地3.2公顷，总建筑面积12万平方米，总投资4.2亿元的都市广场，形成集购物、餐饮、休闲、娱乐等为一体的“一站式”商业特色步行街。签约引进“世纪联华”“比高国际影院”等国内外知名企业近百家，新增就业岗位3万多个。

市场外迁工作。做好搬迁商户思想工作，经过沟通协调、寻找市场承接地、实地考察，顺利完成华中果品物流港外迁、盈合万货城拆改升级改造工作。

【党的建设】 扎实开展“党的群众路线教育实践活动”。以服务型党组织建设为抓手，不断探索新形势下密切联系群众、服务群众的新方法和新举措；启动“红色引领”工程，开展大走访、大化解、大服务、提升群众满意度的“三大一提升”工程及“践行群众路线服务之星”评比活动，“群众之声”文化系列服务活动和“便利服务直通车”活动，开通街道微信平台。领导班子成员带头分包社区，党员干部职工全员参与，融入各网格，分包到院、到户，使党员联系群众进户到人、服务群众到点到事，进一步提升服务意识、能力和水平，使群众的生活质量和幸福感得到提升。同时，“严标准”管理队伍。设置“录像签到、指纹签到”系统，强化制度建设，提高机关效能，坚持在社区、网格一线及拆迁、项目、经济、稳定等“急、难、险、重”工作中历练干部，真正打造一支想干事、善做事、好共事、能成事的干部职工队伍。全年选拔中层领导干部2名，通过村级组织换届选举，新产生“两委”干部18名。

【城市管理提升】 以提升城市整体形象为落脚点，全面实行城市管理网格化，重点对占道经营、道路路面、户外广告等进行集中整治。全年整治占道经营与突出店外经营1.08万处，户外广告与霓虹灯门头牌匾1.03万处；持续加大中心城区道路两侧违法建设整治力度，强化巡查、督查，严格责任追究，始终保持对违法建设的高压态势，拆除违法建设2处570平方米；开展规范养犬治理工作，办证年检率98%；做好环境提升工作，栽植乔木4000棵，垂直绿化3500株，清理生活建筑垃圾2万平方米，为辖区创造更为整洁、优美的环境。

【创文创卫工作】 以“三城联创”活动为契机，严格按照郑州市、二七区创建要求，全员上阵，昼夜奋战，合力攻坚，创建国家卫生城市工作荣获市级“红旗”一面，创建国家级文明城市工作资料代表二七区获得郑州市创文工作肯定，街道荣获“省级文明单位”荣誉称号，圆满完成创建国家级卫生城市、创建国家文明城市工作。

【网格化管理】 落实“深化、规范、提升”总要求，围绕“党员入网格，服务进楼栋，信息通民生，文化亮社区”主题，全面开展网格管理工作。结合街道实际，对网格进行重新调整，使网格责任更清晰明确，网格管理更高效务实，构建“全覆盖、无缝隙”工作网。打造“二级网格—党群联络基站—党小组长、楼栋长”密切联系群众模式，加快推动条块深度融合，使网格管理长效机制保障性作用得到充分发挥。全年排查各类问题4800起，整改解决率99.7%，有效解决辖区的一批顽疾、痼疾，使网格化管理成为推动各项工作的主要载体和基本方法。

【队伍建设】 街道坚持“以制度约束人，以文化熏陶人”管理理念，以建设“学习型、思考型、实干型、创新型、自律型”团队为目标，开展“干部队伍素质提升工程”，开设“阳光课堂”“一把手上党课”、演讲比赛、红色文化讲座等主题活动。依托“党的群众路线教育实践活动”，通过领导干部领学、发放材料自学、开展热题讨论、观看红色影片、关注微信微博等集中与分散、辅导与自学、通读与精读相结合的方式，系统学习有关文件。同时，严格落实党工委中心组学习制度，做到学习有安排、有内容、有落实、有成果，有效提升了党员干部文化素养和知识水平，营造了风清气正的良好氛围，广大干部职工工作创新，机关作风焕然一新，工作效能提升。

【信访稳定】 深入开展平安创建活动。依法防范、严厉打击暴力犯罪、邪教等违法犯罪活动，排查各类矛盾纠纷76起，并逐一化解；对辖区楼院、道路等监控设施进行全面维修，群众安全感进一步提升；落实领导干部接访下访制度，深化矛盾排查化解，接待上访群众21起72人次，已全部解决或达成协议，信访形势总体平稳；持续开展安全隐患排查整改活动，严肃问责追究，重点抓好工地、消防、电梯安全隐患排查整改，辖区安全形势较为平稳。

【城中村改造】 （一）冯庄社区城中村改造项目。冯庄社区改造项目位于京广路以东，客技路以西，航海路南北两侧及长江东路以南部分区域。包括冯庄居民区、邱砦居民区、李纯吾居民区、前石柱梁居民区、后石柱梁居民区5个居民区，下设7个村民小组，共有村民2129户7694人，暂住人口3万余人，项目总占地面积77.46公顷，由河南正商置业有限公司投资建设。项目规划总建筑面积226.12万平方米，其中安置面积82.3万平方米，开发面积143万平方米（商业建筑面积43.69万平方米，商业住宅85万平方米，保障性住宅14万平方米）。项目预计总投资65亿元，实现税收6亿元。总工期5年，分四期或五期开发，规划打造为涵盖住宅、五星级酒店、商业、甲级写字楼、公寓的大型综合体项目。规划范围内设置的公共设施主要有：幼儿园5所、社区卫生服务中心1个、社区卫生服务站5个、文化活动中心1个、文化活动站3个、邮政支局1个、物业管理/社区服务中心7个、居委会/治安联防站19个、公共厕所5座、垃圾转运站2座、便民店19个、“两店”1个。

冯庄一期征收报批土地20.27公顷，其中可用于开发的净地13.33公顷，已经于2012年1月摘牌，5个地块（安置住宅A2-01位于后庄，占地2.09公顷。商业住宅B4-01位于祥云路东侧，占地2.35公顷；B3-03位于祥云路东侧，占地2.27公顷；B5-03位于李纯吾居民区，占地1.28公顷。保障性住房B7-02（位于祥云路东侧，占地1.19公顷）的用地证、土地证、规划证、施工证已经办理完毕。安置住宅A2-01，建筑面积11.91万平方米，1至3号楼3层以下瓷砖粘贴已完成40%，4至5号楼外墙保温剩余部分已完成30%。商业住宅B4-01，建筑面积11.7万平方米，已竣工交房；B3-03，建筑面积11.1万平方米，1号楼外墙涂料已完成80%，其他楼正在进行后期维修；B5-03，建筑面积6.4万平方米，3栋楼（31层），已竣工交房。保障性住房B7-02，建筑面积5.7万平方米，3栋楼（31层），已竣工交房。

（二）佛岗社区城中村改造项目。佛岗城中村改造项目位于京广路以东、南三环两侧，由郑州亚新房地产开发有限公司、河南中联创房地产开发有限公司联合投资建设，计划总投资32.56亿元，是集住宅、商业、写字楼等形态于一体的城市综合体。项目占地总面积（摘牌面积）60.02公顷，规划总建筑面积135万平方米，其中村民安置房45万平方米（商业面积约3万平方米：安置一期临街店面2.8万平方米；安置二期临街店面0.26万平方米），商品住宅90万平方米（现已开发商业面积约16万平方米：“都市广场”写字楼、商业中心12.42万平方米；清秀佳苑临街店面0.8万平方米；橄榄城一期临街店面0.67万平方米；橄榄城二期临街店面1.2万平方米；橄榄城三期0.99万平方米），建设周期7年，综合容积率2.25，绿化率30%，建筑密度20%。

（1）安置房情况：安置区一期于2008年1月开工，总建筑面积32.33万平方米，共10栋高层、37栋多层。其中首批竣工34栋多层住宅，共计12.58万平方米，1078套住宅，于2009年9月1日交付村民；第二批竣工的10栋高层、3栋多层，共计19.75万平方米，2198套住宅，于2010年8月30日交房。安置区二期总建筑面积为6.98万平方米，2010年7月开工建设，已于2012年7月全部交付给村民使用。安置区三期总建筑面积4.17万平方米，2011年5月开工建设，2013年12月开始院内绿化，预计2015年上半年交付村民使用。

（2）商品房情况：“橄榄城一期”于2008年开工建设，总建筑面积20.45万平方米，共28栋住宅楼；“橄榄城二期”20栋楼，共计12.6万平方米。橄榄城一期、二期项目及橄榄城柏林印象住宅小区、都市广场住宅部分均已交付业主使用；橄榄城三期约16.4万平方米，2013年12月已竣工；“橄榄城都市广场”总建筑面积18.1万平方米，2013年7月已竣工；橄榄城五号院一期已封顶，二期、三期均已开工。

（石　静　郭丽敏）

重点项目建设

二七新区总部经济园项目

【概况】 二七新区总部经济园项目指挥部内设办公室、土地、规划、拆迁等5个工作组，区委常委、组织部部长丁文霞任指挥长。

2014年，二七新区总部经济园项目（绿地滨湖国际城）一、二期土地全面开工建设，一期高端商务写字楼封顶，二期部分地块完成销售，剩余地块全面开工。

【项目简介】 二七新区总部经济园项目（绿地滨湖国际城）占地60.67公顷，由上海绿地集团公司投资建设，总投资约130亿元，总建筑面积约200万平方米，将建设成集购物、餐饮、住宅、休闲娱乐以及基础教育资源集群等核心功能版块为一体的大型城市综合体。整个空间组织以“二七双塔引领，圈层布局展开”规划，以2栋70层二七新双塔（约270米）为新地标，建设总部经济写字楼、soho办公等，拟引进“香港九龙仓”王府井“正大集团”等品牌入驻。

【规划工作】 二七新区总部经济园项目（南区、东南区）控制性详细规划全部获得河南省人民政府批复，主要规划为高端商务、五星级酒店、高端住宅等。

【土地出让】 2014年1月3日，河南绿地新城置业有限公司与郑州市国土资源局签订国有土地使用权出让合同，并上交土地出让金7.28亿元，为绿地滨湖国际城项目二期提供净用地16.13公顷。项目三期25.87公顷土地，2014年6月获得河南省人民政府批复。

【项目建设】 2014年，项目一期主体工程已全部封顶并完成销售，景观绿化已完成，部分楼正在进行样板间吊顶、隔墙施工，计划2015年9月交房。同时，针对物业管理公司提出的问题正在进行维修整改；二期摘牌土地面积16.13公顷，已全面开工建设。其中：三区正在进行二次结构砌体施工，五区正在进行构造柱施工，七区正在进行筏板砼浇筑施工，八区正在进行主体结构施工。270米双塔项目规划建设国际招标已完成，正在进行规划方案细化。2014年6月，绿地滨湖国际城项目五区住宅项目已开盘销售。

（项晓静）

齐礼阎城中村改造拆迁建设安置

【概况】 齐礼阎城中村改造拆迁建设安置指挥部成立于2009年11月，2014年由二七区人大常委会副主任靳凤英任指挥长，二七区人大常委会原党组副书记赵成林任顾问，淮河路街党工委书记赵红林任副指挥长，淮河路街道党工委委员李丽任办公室主任。

【安置房建设】 齐礼阎城中村改造指挥部把安置房建设作为维护村民稳定，保障项目平稳推进的关键举措，召开开发企业、村“两委”对接会，不断对安置房建设存在的问题进行协商沟通，有效促进了安置房全面开工建设。同时，为了保证安置房建设质量，在成立由村组干部、村民代表、专业人员组成的质量监督小组基础上，完善制度，加强领导，着重在安置房建设施工、排除外界干扰等关键环节进行监管，保证建房速度和质量。2014年，项目6个安置地块、80万平方米安置房全面开工，建成主体面积70万平方米。预计2016年年初开始回迁。

2014年，完成投资11亿元，实现税收1.7亿元。

【配套开发区建设】 2014年，升龙城新开工建设30万平方米，其中升龙城2号、5号、6号、8号院销售情况良好，其他地块正在建设中。

安置开发混合项目共计58万平方米，分为“悦都”项目、“郦都”项目，共15栋高层，其中安置商业面积约10万平方米，商品房面积48万平方米，2014年年底已交付使用。

（朱永杰）

“二环十五放射”道路绿化提升工程建设

【概况】 二七区“二环十五放射”道路绿化提升工程建设指挥部成立于2012年1月。

2014年，二七区“二环十五放射”道路绿化提升工程建设指挥部持续推进南三环路二期等生态廊道建设工作。

【绿化建设】 2014年，完成南三环路二期、大学南路（南四环—绕城高速段）、郑尧高速公路连接线道路绿化工程建设，绿化面积67.2万平方米，栽植乔、灌木8.58万株、地被40万平方米，敷设自行车道8.17公里。其中，南三环公路二期绿化工程，绿化面积20万平方米，栽植乔灌木4.6万株，地被13.18万平方米，自行车道2.17公里；大学南路（南四环—绕城高速公路段）绿化工程，长3000米，绿化面积30万平方米，栽植乔、灌木2.3万株、地被17万平方米，敷设自行车道6公里；郑尧高速公路连接线绿化工程，长1600米，绿化面积17.2万平方米，栽植乔、灌木1.68万株、地被9.8万平方米。

（聂磊　薛源）

蜜蜂张改造项目

【概况】 2007年，蜜蜂张改造项目列入郑州市城中村改造计划；2009

年，列入郑州市第一批政府主导项目。项目根据土地性质的不同，分为蜜蜂张城中村改造项目及京广北路以东、中原路以北综合整治项目。2012年8月3日，蜜蜂张城中村改造拆迁建设安置指挥部成立，2012年10月29日，京广北路以东、中原路以北综合整治项目指挥部成立，区政府党组成员张富强任指挥长，蜜蜂张街道党工委书记张振国、主任李青青、二七区房屋征收与补偿办公室主任徐力夫、二七区机关事务管理局书记周明亮任副指挥长，二七区房屋征收与补偿办公室副科长高泳任办公室主任。

蜜蜂张改造项目指挥部秉承“坚持依靠群众，推进工作落实”原则，强力推进项目整体改造进程。项目全部建成后，不仅使城区形象得到改变、城市基础设施更为完善，而且将成为一个集商业、写字楼、酒店式公寓、高档住宅等为一体的多业态综合商业中心，为楼宇经济、总部经济发展提供了广阔空间。

【项目简介】 截至2013年签约率98.2%，国有土地尚剩余15户未签约。2014年主要工作是拆迁收尾，做好待建工地扬尘治理和防治工作。一是继续做好剩余15户未签约群众的工作，每户都有分包人员进行沟通协商。二是对未签约的15户实行分户评估。2014年9月分别向15户送达分户评估报告书。三是二七区人民政府于2014年12月30日对未签约搬迁的15名产权人做出征收补偿决定，为施行司法强拆做好基础工作。其中提出行政复议10人。四是做好待建工地扬尘治理防治工作，按规定把拆迁待建工地全部覆盖防尘网，工地周围从原来的低围挡全部更换成标准围挡，为项目开工建设打下坚实基础。

（李启军）

郑州中央商务区项目

【概况】 郑州中央商务区项目位于郑州火车站西广场周边，东起京广铁路，西到康复中街—铁英街一线，南起陇海中路，北至中原东路。总占地面积为60.06公顷，规划净地总面积38.43公顷；总征收面积110万平方米，总征收7315户。郑州中央商务区项目分A、B、C、D、E、F、G共7个地块，分批、分期实施改造。郑州中央商务区项目一期（D地块）位于郑州火车站西广场以南、陇海路以北、京广路以东、京广铁路以西区域。按照中共郑州市委、郑州市人民政府关于加快推进重点区域拆迁改造和安置房建设的工作部署，该区域先行开发建设。项目（D地块）占地面积26.45公顷，规划净地面积15.39公顷，征收总面积30万平方米，征收2152户，计划征收时间为2015年。项目规划建筑总面积约84万平方米，计划总投资90亿元。

二七区人民政府于2011年4月14日成立郑州中央商务区项目指挥部，区政协副主席袁新生任指挥长。

【项目推进情况】 2013年11月，指挥部围绕中共郑州市委、郑州市人民政府加快推进城区重点区域拆迁改造和民生安置房建设的部署，着眼服务郑州都市区建设大局，项目规划以“品牌品质品位”定位实施，项目各项工作正在稳步有序推进。

中央商务区项目已列入郑州市重点区域拆迁改造项目；经申报已列入河南省棚户区改造计划；项目整体控制性规划调整工作正在进行。2014年年初，指挥部在逐步完善项目立项、规划、征收令等手续的情况下，超常规运作，对项目（D地块）中铁七局集团公司非住宅房屋实施预征收动迁。已征迁腾出土地3.33公顷，现5栋安置楼已开工建设，其中4栋已出正负零。2014年11月，在郑州市规划局对项目（D地块）内幸福路、新圃西街等4条道路规划方案批复后，正在组织实施征收动迁的前期筹备工作。

【项目批复】 2014年6月26日，河南省住房和城乡建设厅批复“郑州火车站西广场（含马砦城中村）棚户区改造项目”。

2014年10月30日，郑州市规划局批复项目（D地块）范围内幸福路至操场街下穿铁路隧道、新圃西街等4条道路规划方案。

（冯秀菊）

核工业第五研究设计院院区改造项目

【概况】 核工业第五研究设计院院区改造项目位于中原东路北侧，东临二七区外国语小学，北靠郑州防空兵指挥学院，改造面积2.2公顷，院区原住户305户，拆迁面积约5万平方米。项目总投资8亿元，开发企业为福建群升置业有限公司。

【项目建设】 2014年3月，初步确定征收方案，组织人员首次入户，居民改造意愿支持率90%以上，并对方案进行公示。

2014年5月16日，郑州市人民政府下达控制性规划批复；正在办理征收决定前的准备工作，涉及办理征收决定的三大要件，二七区发展改革和统计局、郑州市国土资源局已经回复，市规划局的回复正在办理中。

大学路街道配合二七区征收办公室起草项目征收安置补偿方案（征求意见稿），已上报郑州市征收办公室审核，郑州市征收办于2014年12月初到现场进行实地勘察。

（许志玲）

小李庄社区城中村改造

【概况】 小李庄城中村改造指挥部指挥长由二七区人大常委会副主任靳风英担任，二七区人大常委会原党组副书记赵成林任顾问，副指挥长由建中街街道党工委书记李景光、主任李振伟担任。

小李庄社区城中村改造项目于2007年5月启动。项目分两期进行，一期项目“升龙国际中心”已基本完成，二期项目于2013年开工建设。二期项目（升龙天玺）占地3.87公顷，总建筑面积25万平方米。

【项目建设】 （一）2014年已开工建设天玺一号院、二号院，开工面积22.8万平方米，预计2017年陆续竣工。

（二）完成原村委会办公楼拆迁。位于大学路的原村委会办公楼，建筑面积5000平方米，于2014年年初实施拆除。

（三）指导办理安置房产权证。协助社区管理委员会对拆迁范围内已办理的产权证进行注销，经核对，有18户村民的原房屋在郑州市房管局办理过产权证。经过登报声明、司法公证等程序后，产权证全部注销。

（四）督促整改消防安全工作。协调改造企业和社区管理委员会采取商业化管理服务模式，由专业消防工程公司对安置区的消防设施进行整改、维修、更换、保养，以达到安置区消防安全设计要求和使用功能。

（李志宏）

德化街地下人防工程项目

【概况】 德化街地下人防工程项目（德化新街），北起德化街二七广场，南至菜市街与钱塘路口，总投资4.7亿元，已于2014年9月28日正式开业。项目按照“人防工程、平战结合”原则，战争时期，可掩蔽1万人，储备战略物资5.3万吨，提供财产保护、防地震、防辐射等安全保护，提高城市防灾减灾能力；和平时期，项目定位为“新体验式地铁商业步行街”，打造中原地区首家3条地铁线路换乘枢纽商业街，成为郑州市的“商业名片”。

【德化新街简介】　德化新街分为上下两层。一层以品牌客户为主，二层以个性店铺为主。截至新街开街，德化新街共订出商业铺位近700间，整体招租比例超过95%，其中具有一定知名度的品牌332户595间，占比近75%。德化新街负二层餐饮区的招商选商工作进展顺利，5个“店中店”已成功引进知名餐饮品牌3家；19个美食广场铺位经过严格选商，所有铺位全部落定。“麦当劳”“屈臣氏”“DQ”等一批知名品牌签订入驻意向协议。2014年，商场经营商户550户，占商场可容纳商户900户的61.1%，安排社会就业2000多人，其中主力商户、特色商户400户，占总体比例的73%。

【大事记】　2014年9月28日上午10时，德化新街开街仪式在德化街举行，德化新街出品人丁迎春、中国步行商业街工作委员会主任韩健徽、建业地产公司董事局主席胡葆森、河南省旅游局旅游协会会长苏福功到场致辞并揭幕剪彩。

2014年11月23日，德化新街与郑州地铁1号线正式连通，郑州市区首个真正意义上的地铁商业街应势而生。

（臧刘伟）

路砦社区城中村改造项目

【概况】　路砦社区城中村改造项目指挥部成立于2007年8月13日，二七区人大常委会副主任周国建任指挥长，淮河路街道党工委书记赵红林任副指挥长，二七区物价局局长冯保强任办公室主任，淮河路街道党工委委员刘福平任办公室副主任。

【安置房建设】　2014年，指挥部紧盯路砦村民二期回迁安置房建设及三期安置房拆迁建设工作，根据安置计划，路砦城中村改造项目将有3个地块、近19万平方米安置房需回迁安置。指挥部本着对村民负责态度，多次组织由村民代表、建设方、施工方及邀请的房屋质量专家组成的验房工作小组，对即将交付回迁安置房进行验收。针对验收出现的问题，指挥部要求开发企业进行修复，全部验收合格后方能交付使用。二期安置房于2014年7月开始交付，截至11月，共交付安置房1570套，交付面积约19万平方米。

2014年年初，项目三期安置区集体土地部分拆迁工作全部完成，D3安置区1号楼、2号楼、5号楼开工建设，新增安置房建设面积约10万平方米。截至2014年年底，已开建至地上12层。剩余国有土地征收工作正在进行征收前的准备工作，预计2015年年初开始启动。

【土地手续办理】　2014年6月，项目二期土地招拍挂完成。

（孔　磊）

康桥溪岸项目

【概况】　康桥溪岸项目指挥部成立于2012年8月9日，二七区人大常委会副主任周国建任指挥长，嵩山路街道党工委书记胡仲泰任副指挥长，二七区物价局局长冯保强任办公室主任。

【项目简介】　康桥溪岸项目为路砦社区城中村改造配套开发项目，因路砦社区融入城区较早，土地存量较少且地块较为分散，按照郑州市当初城中村改造政策，路砦社区安置、开发比不够，为确保项目正常推进，经二七区人民政府多方协调，给予郑州康桥房地产开发有限责任公司捆绑约26.13公顷土地作为路砦社区城中村改造项目配套开发用地。

【项目建设】　2014年，康桥溪岸项目内贾砦社区区域土地地面附属物拆迁完成。2014年7月，康桥溪岸项目一期土地招拍挂完成。2014年12月28日，“康桥悦岛”住宅小区项目一期进行预售。

（孔　磊）

旅游观光景点

百年德化商业步行街

百年德化商业步行街位于郑州市市区中心的二七商圈，始建于1905年，是郑州市最为悠久的商业街道。历史上原是一片荒地，名叫野鸡岗。它之所以后来成为一条街，除了当时清光绪年间河南巡抚陈龙奏请清政府批准，将郑州辟为商埠，同时铁路也在这里兴建，由此形成最初的德化街。

当时的街道以苑陵街为界，南名天中里，北名惠仁街。后因“惠”与“毁”谐音受商人忌讳，1916年，前清举人刘帮骥和几名富商议定，取“德化育人”之意，定名德化街，并沿用至今。20世纪三四十年代，德化街成为当时郑州的主要商业街道，日渐繁荣。按老辈人的说法，那时候的德化街已经是“天天如赶会，日日似过年”。

1948年10月郑州解放后，经过工商业社会主义改造，德化街开始真正繁荣起来，成为郑州市名副其实的商业中心，在郑州市的经济地位愈来愈高。毛泽东、刘伯承、陈毅等党和国家领导人、陈赓大将以及著名京剧大师梅兰芳等曾先后光临过德化街，并到当时位于德化北街北段的京都老蔡记馄饨馆就餐，对该店的蒸饺、馄饨给予高度评价。20世纪90年代，德化街被称为郑州市的“南京路”。2000年8月，郑州市人民政府批准将德化街建成商业步行街。二七区人民政府历时两年的建设，将百年德化街建成中原地区首条步行街，并于2002年12月正式开街。随后，德化街完成以百年德化·风情购物公园（简称“百年德化”）为主题的二期建设、三期建设正在进行。2006年10月，郑州德化步行街、北京王府井、上海南京路等10条商业路一同被命名为中国著名商业街；2008年7月，德化街被中共中央宣传部、国家工商总局等单位命名全国“百城万店无假货”活动示范街；2010年4月，百年德化商业步行街被郑州市旅游局评选为郑州市旅游区。

樱桃沟（烤鱼沟）景区

樱桃沟景区是国家AAA级景区，郑州市重点旅游景区，位于侯寨乡南部，距郑州市区约15公里，是一处集休闲、度假、餐饮、娱乐、健身于一体的多功能、全方位、综合性生态旅游景区。该景区以樱桃沟村为中心，丘陵纵横，沟壑起伏，延绵百余华里，布满青翠繁茂的樱桃树，因此有“百里樱桃沟”的美誉。这里樱桃种植已有千年历史，由于气候适宜、沟内避风、土壤特殊，产出的樱桃粒大肉厚、色泽艳丽、入口甘甜，且能补中益气，滋润肌肤。1999年樱桃沟出产的樱桃被评为郑州市十大历史名产。2000年3月，樱桃沟景区获得郑州市旅游局颁发的旅游景点证书，并确定为郑州市重点旅游景区。2008年12月被评为国家AA级景区。

景区环境优美，空气清新。每年3月，樱桃沟里沟沟岔岔开满一簇簇粉色的樱桃花，迎风摇曳，鲜艳娇丽，馥郁的芳香扑面而来。4月下旬就进入果实成熟期，在青翠的绿叶映衬下，串串樱桃就像晶莹的红玛瑙让人心动，人们可以边观赏边品尝，别有一番情趣。樱桃沟至今还存活着一些百年老樱桃树，年年开花，岁岁结果，成为一大景观。樱桃沟是由多条大小不同的沟群组成，其得天独厚的地理优势和丰富的自然资源，使游客处处能感受到这里是回归自然、返璞归真的“世外桃源”。每年举办的“郑州樱桃节”已成为景区一大盛事和郑州休闲旅游知名品牌，“郑州樱桃节”的举办，带动了樱桃沟的“农家乐”休闲旅游蓬勃发展。景区已发展数十家风格别具的“农家乐”经营户，农家饭、野炊、篝火晚会、农事体验、风情窑洞、拓展训练、果品采摘、垂钓烧烤等特色项目吸引着郑州市及周边地区的众多游客到此游览、消费，成为二七区新的经济增长点。

蝴蝶岛景区

蝴蝶岛景区位于马寨镇娄河村，尖岗水库库区西北岸，周边数万公顷生态养生林簇拥。全村现有162户、606人，是一座生态自然村，土地总

面积85.73公顷。水域面积124公顷，距郑州市中心10公里，距郑州市城区南四环路约1公里，村庄入口处距郑少洛高速公路出入口仅2公里。可以充分依托省会城市的优势，发展都市型现代农业，并承接郑州居民和前往古都洛阳、中岳名山少林寺的旅游客源，是一处旅游黄金地带。乡村风光浓郁，生态环境良好，旅游资源丰富，三面环水，俯视地形错落有致，形成多级半岛，北面是自然形成长约1500米、宽30至80米、深10至25米、西高东低自然落差约15米的大沟壑。沟内树茂草丰，与沟壑两边黄土状粉质黏土自然地貌，形成天作地合碧水蓝天的自然风光。

蝴蝶岛景区内的蝴蝶馆自2011年1月开始建设，2011年12月完工，由二七区人民政府投资360万元与中国林业科学院资源昆虫所蝴蝶中心合作进行规划建设。共分两馆，其中蝴蝶网棚馆占地面积800平方米，主要用于放飞成年蝴蝶；蝴蝶温室馆占地面积2000平方米，主要用于培育蝴蝶。蝴蝶岛景区是河南唯一一处四季有活蝴蝶的景区。蝴蝶象征着绿色环保、幸福美妙，给人们带来轻松愉悦、诗情浪漫的蝴蝶身影。五彩缤纷的蝴蝶给市民的休闲生活增添无穷的雅兴，带来不尽的精神享受。

龙园水乡

龙园水乡位于马寨镇西南的申河村，距市区12公里，是一处集观光、休闲、度假、垂钓、烧烤、娱乐为一体的综合型观光餐饮庄园。

园区占地面积4公顷，四面环山，绿树成荫。自2003年开发建设以来，已形成以时令野菜、煎饼、“三吃鱼”等为代表的农家特色餐饮园。园区建有风格独特的水上餐厅和特色独具的水帘洞，设置包间30余间，标准餐台73个，可同时容纳700余人就餐，另备有各种烧烤供游客品尝，可满足不同层次游客的需求。

2011年，园区从湖南省张家界市引进国家二类保护水生野生动物大鲵（娃娃鱼）进行人工养殖，2014年建成寓教于乐的大鲵科普展馆，并对外开放。景区现有大鲵200尾，最重达50多斤，景区同时是郑州市大鲵救护中心。

红樱桃生态园

红樱桃生态园位于侯寨乡樱桃沟景区，占地面积8公顷，是集果蔬采摘、农家餐饮、珍禽养殖观赏、垂钓烧烤、休闲度假等为一体的园区型“农家乐”。

园区风景优美，环境宜人，主体建筑呈徽派风格，黑瓦白墙，高墙封闭，马头翘角，墙线错落有致，色泽典雅大方。园区有农家特色餐饮区、绿色无公害蔬菜基地、珍禽养殖观赏区等，其中农家特色餐饮区占地1000多平方米，可同时接纳300余人就餐。

满仓家园

满仓家园位于侯寨乡大路西社区郭家咀村小北沟，距郑州市区15公里，是一座集生态农业观光、拓展训练为一体的综合型园区。

园区占地面积近百公顷，其中有樱桃园约1.33公顷、拓展训练区2公顷。樱桃园有树龄上百年的樱桃树100余株，树形大，枝干粗壮，形成园区一道独特的景观。

拓展训练区设有高空断桥、高空巨人梯、毕业墙、背摔台等拓展项目，可同时满足300人进行拓展训练。

园区还设有特色窑洞，可供游客参观、休憩。

金水河源

金水河源“农家乐”位于侯寨乡南部，距市区20公里，是一处集生态养殖、休闲观光、餐饮娱乐为一体的园区型“农家乐”。

园区依山傍水，风景秀丽。园区有窑洞3孔，可供游人参观休憩；有垂钓娱乐区，可供游人休闲垂钓；有野生动物养殖园，可供游人观赏；有无公害蔬菜种植区，可供游人采摘。园区内有设施完善的餐厅与住宿区，可供游客就餐与住宿。

在园区游客不仅能体验采摘的乐趣，还可享受垂钓的惬意、水上娱乐的欢畅。风味独特的农家饭菜是这里的一大特色，烙馍卷菜、扣碗、炸鱼块以及杂粮面条等农家菜肴令游客回味无穷。

老羊山农庄

老羊山农庄位于马寨镇东方路南段老羊山上，占地面积6.67公顷，是一家集中原历史文化、乡土人情、农家生活情趣，以吃、住、玩、游、娱、购于一体的“农家乐”主题庄园。

唐朝女将樊梨花曾经占山为王于老羊山，唐王封樊梨花为威宁侯，老羊山从此闻名于天下。如今的老羊山农庄风景秀丽，绿树成荫，美丽的孔河依山环绕，不仅是特色低碳餐饮开发基地、全国绿色餐饮示范基地，更是天然氧吧。农庄有菜地1.33公顷，种植各种时令蔬菜，纯绿色食品，无公害菜肴。其主要经营农家饭菜，特色菜品有：信阳黄金甲鱼、南湾鱼“三吃”、乡村柴火鸡等，最具特色的是要属“石磨果蔬豆腐”，果蔬豆腐与传统豆腐一样，以大豆为原料，但不同的是在制作中加入天然蔬菜果汁辅料，形成天然色彩，且含有丰富的营养成分，保存了蔬菜中的纤维质，有利于人体吸收、消化。老羊山农庄为游客提供爬野山摘野果、钓野鱼等众多游玩项目。

稷水生态园

稷水生态园位于马寨镇王庄村，紧邻王庄水库，在马寨食品工业园区规划区域内，距市区仅15公里，是集休闲娱乐、垂钓烧烤、温泉洗浴为一体的综合性园区。

园区占地12公顷，主要由餐饮区、种植区、温泉洗浴区三部分组成。餐饮区有6700平方米的鱼塘、800平方米的窑洞、1000平方米的农家院，主要以农家特色餐饮为主，设置包间10余间，可同时容纳500余人就餐，另备有各种烧烤供游客品尝，可满足不同层次游客的需求。种植区栽植各类果树、绿化苗木2万余棵，发展高效农业。温泉洗浴区深水温泉井已打好，正在建设户外洗浴配套设施。

张家湾休闲山庄

张家湾休闲山庄位于马寨镇张河村，占地面积13.33公顷，是集餐饮、垂钓、烧烤、娱乐为一体的园区型休闲“农家乐”。主要经营野菜、烤鱼、柴鸡等农家特色美食。园区自然环境优美，种植各类果树，可供游人赏花和摘果；娱乐设施丰富，滑冰场、恋歌房等可供游人休闲娱乐，并有鱼塘可供游客垂钓，有窑洞可供游客休憩，常年开办拓展训练。2013年被评为河南省三星级乡村旅游经营单位。

好日子园艺

好日子园艺位于马寨镇张寨村，成立于2006年8月，占地面积33.33公顷，是一家专业从事鲜切花生产企业，是集设施农业、科研示范、科普教育、休闲观光为一体的高科技农业示范园区，是郑州市第五批农业产业化经营重点龙头企业。

园区现有高标准节能日光温室70余栋，连栋智能温室2000平方米，年产鲜切花6200余万枝。主营花卉品种有：非洲菊、西伯利亚百合、索邦百合、剑兰、郁金香、红掌等。

2014年正在修建300平方米的生态停车场、1座三星级旅游公厕，逐步完善庄园基础设施；开展庄园绿化、美化，打造特色景观小品，启动婚纱摄影项目建设。该项目率先引进国际最流行的“一站式”婚礼服务理念，配合一流的国际服务水准和文化理念，结合中原地区民俗文化,不断吸收国外流行的婚礼元素,投资上千万元打造河南省乃至全国最大的婚纱摄影基地及大型婚礼堂。婚纱摄影拍摄现场共分八个区。一区：浪漫盎然区；二区：欧式奢华区；三区：韩式格调区；四区：地中海风情区；五区：HOLLE KITTY(凯蒂猫卡通区)；六区：儿童景区；七区：璀璨时尚区；八区：中式景区。建成后，园区将成为集婚纱摄影、婚礼策划、化妆造型、摄影摄像、婚礼仪式、舞美灯光、婚礼花艺及生态餐饮为一体的大型综合性生态园区。

樱桃部落

樱桃部落位于侯寨乡大路西行政村郭家嘴自然村，始建于2006年5月，占地面积6.67公顷。环境优美，空气清新，远离城市的喧嚣，置于沟的怀抱。每年3月，这里成为樱桃花的海洋，百鸟争鸣，花香四溢。4月下旬即进入果实成熟期，在青翠的绿叶映衬下，串串樱桃就像晶莹的红玛瑙让人心动，人们可以边观赏边品尝，别有一番情趣。樱桃部落一棵百年老樱桃树年年开花、岁岁结果，成为一大景观。五彩缤纷令人陶醉的樱桃部落是由多条大小不同的沟群组成，其得天独厚的地理优势和丰富的自然资源，使游客处处能感觉到回归自然、返璞归真的“世外桃园”境界。樱桃部落环境幽美，交通便利，已成为集采摘、养殖、餐饮、住宿、CS野战、拓展训练、会议接待、青少年素质教育于一体的生态园。

吉祥地生态园

郑州海硕科技有限公司（吉祥地生态园）成立于2011年2月8日，园区主要以倡导特色农业，以推动农业产业化为宗旨，集特色农业、林业、特种养殖、生态景观、休闲观光、文化产业为一体，将艺术现代科技与农业有效结合，努力发展生态农业、有机农业、文化农庄、特色旅游等农业第三产业。

园区有农业区、珍禽养殖区、杂果采摘区、农业耕体验区、生态园厅，已建成集设施农业、创意农业、生态餐厅、珍特禽养殖、林果采摘、农业文化为一体的综合农业园区。

（李静涵）

文 物

综 述

【概述】 二七区历史悠久，文化底蕴深厚，生态环境优良，文物胜迹众多，第三次全国文物普查公布辖区各类不可移动文物共390处。其中，古遗址198处；古墓葬43处；古建筑37处；石窟石刻3处；近现代史迹109处。有全国重点文物保护单位2处、河南省文物保护单位4处、郑州市文物保护单位23处、二七区文物保护单位13处。

全国重点文物保护单位

【二七纪念塔】 地理坐标 N:34°45′186″，E:113°39′628″，海拔104米。位于二七广场。

二七纪念塔是为纪念被直系军阀杀害的铁路罢工工人领袖汪胜友、司文德而建。汪胜友，中共党员，1871年出生于安徽巢县大汪村。1923年参加京汉铁路大罢工，领导工人与军阀作坚决的斗争。罢工失败后，汪胜友被反动军阀列入通缉名单。1925年，京汉铁路总工会及郑州分工会恢复时，汪胜友被推荐为郑州分工会委员长。司文德，出生于河南汤阴县城关镇。1923年大罢工失败后被反动军阀逮捕投入监狱。1925年京汉铁路郑州分工会恢复，司文德担任工务处工人总代表。1926年10月6日，由于叛徒告密，汪胜友、司文德被直系军阀逮捕，10月15日同时被害于郑县西关外五虎庙，并在长春桥桥头悬首示众7天。1927年北伐军会师郑州，郑州铁路总工会为烈士举行隆重的迁葬仪式和追悼活动。新中国成立后，汪胜友、司文德被人民政府追认为二七烈士。为缅怀先烈，继承和发扬京汉铁路工人的精神，1951年，郑州市人民政府将郑州市西关长春桥旧址扩建为二七广场，中置六角形木质尖塔1座，顶悬五角星，周围种植花草。1971年7月1日至9月29日，拆除木塔，将其重建为钢筋混凝土五角联体双塔，共14层，高63米。其中底座3层，用汉白玉栏杆环绕；塔身11层，每层塔檐用绿色琉璃瓦砌成。塔顶建有六面钟楼，每逢整时，钟声齐鸣，悠扬悦耳。钟楼顶高矗一枚鲜红的五角星。塔内陈列有京汉铁路工人大罢工的文物、图片、文字资料、纪念品。二七纪念塔已成为郑州市的标志和象征。

1986年11月21日，河南省人民政府公布二七纪念塔为河南省文物保护单位。2006年6月，中华人民共和国公布其为全国重点文物保护单位。

【二七纪念堂】 地理坐标N:34°44′838″，E:113°39′630″，海拔110米。位于钱塘路中段路西。

二七纪念堂是为纪念京汉铁路总工会成立及全路工人大罢工而建。1921年，中共劳动组合书记部干事李震瀛被派到郑州，分管陇海、京汉两铁路的工人运动。1922年年底，京汉铁路全线建立16个工会。1923年，各分工会代表在郑州召开总工会成立筹备会，决定2月1日在郑州举行京汉铁路总工会成立大会。铁路工人的组织和团结使反动军阀惊恐不安，2月1日上午，大会代表不顾军警阻拦，到达普乐园戏院，庄严宣布京汉铁路总工会成立，并决定举行总同盟罢工。2月7日，在帝国主义分子驱使下，反动军阀吴佩孚对罢工工人进行血腥镇压。郑州罢工领导人高斌及共产党员林祥谦、施洋等40多人牺牲、300多人受伤，这就是骇人听闻的“二七惨案”。京汉铁路工人大罢工充分反映了中国工人阶级反帝、反封建的彻底革命精神，体现了工人阶级的高度组织纪律性，显示了工人阶级大公无私、英勇无畏的革命气概。为了弘扬京汉铁路工人的革命精神，1951年9月，郑州市人民政府拆除京汉铁路总工会成立大会旧址——砖木结构的普乐园戏院，兴建钢筋混凝土结构的二七纪念堂。纪念堂总面积3100平方米，中部为礼堂（影剧院），两侧配楼为工人俱乐部，内设“二七”史迹陈列馆、图书馆、报刊阅览室和其他各种游艺室。每年2月7日，这里都举行纪念活动，缅怀为争取自由、争取人权而献身的革命先烈。

1986年11月21日，河南省人民政府公布其为河南省文物保护单位。2006年6月，中华人民共和国公布其为全国重点文物保护单位。

河南省文物保护单位

【胡家脑遗址】 地理坐标 N：34°37′229″，E：113°34′104″，海拔135米。位于侯寨乡上李河村胡家脑自然村南约100米处，贾鲁河上游北岸台地。

在贾鲁河上游北岸，有一条南北向的小冲沟，冲沟宽30余米，该处地形为低山丘陵区，地势呈西北向东南部倾斜，马兰黄土发育。在冲沟东西两侧断崖剖面均发现有古人类活动面。文化层分布范围南北长150米，东西宽120余米，面积约2万平方米。

以冲沟东侧断崖剖面为主，顶部距冲沟底部高约10米，地层堆积从上往下依次为：一层，表土层，厚0.3米至0.4米；二层，马兰黄土堆积层，厚5米；三层，钙质结核层，厚0.2米至0.5米；四层，文化层，马兰黄土堆积层，厚2米至3米，文化层下为活动面，由北向南呈北高南低，局部有凹坑。人类活动面下部为马兰黄土堆积层。文化层内暴露出的有石制品和动物化石。地层内采集石制品标本27件，石制品岩性有硅质岩、石英、灰岩、砂岩、燧石，其中硅质岩9件；石器类型有石核、石片、石锤、断块，有石英8件、灰岩4件、砂岩3件、燧石3件。石器加工技术多为锤击法，另有少量的石器为砸击法，但锤击法特征多不明显。动物化石30余件，石化程度较深，大多数较破碎，部分化石外部胶结着一层钙皮。

2008年6月16日，河南省人民政府公布其为河南省文物保护单位。

【芦村河遗址】 地理坐标N:34°40′126″，E:113°36′556″，海拔158米。位于侯寨乡芦村河村自然村西部及其周围，金水河上游的西侧台地，四周环河沟，南四环路从遗址中部东西向穿过。

遗址地处低山丘陵区、嵩山余脉延伸的东北部地带。地势呈中部高、四周低。南北长700米，东西宽500米，面积35万平方米。该遗址北部保存较好，南部破坏较为严重，部分被厂房占压。在遗址区的中部、南部、北部发现有灰坑及文化层分布。文化层厚0.8米，黄褐土，土质较硬，包含物有陶片等。灰坑有筒状坑、袋状坑、不规则形坑，填土多为灰褐土，夹有大量的草木灰，土质较松，包含物有陶片、兽骨等遗物。陶片陶质有泥质陶、夹砂陶，以泥质陶为主；陶色有灰陶、红陶、黑陶等；纹饰有绳纹、弦纹、附加堆纹、篮纹、素面等；可辨器形有陶罐、盆、鬲、豆、瓮、大口尊等遗物。

根据调查情况及采集的遗物标本分析，该遗址的时代为二里头时期文化遗存，是在郑州市区南郊发现的一处大型二里头文化遗址。

2008年6月16日，河南省人民政府公布其为河南省文物保护单位。

【常庙城址】 地理坐标N:34°43′131″，E:113°33′771″，海拔129米。位于郑州市区西南约8公里的中原区大岗刘乡常庙村周围。城址西临常庄水库，东达贾鲁河西岸，南连两河之间台地，北抵水库溢洪道。

城墙南北长2000米左右，东西宽约500米，周长达5公里。现存城墙高一般在3米至5米间，最高达8米以上。城墙用夯土夯筑而成，每层厚9厘米左右，圜底圆夯窝，直径9厘米左右。城内有房基、陶窑、灰坑等遗迹。据现场调查，城址内地面散见陶器残片很多，有鬲足、宽折沿盆、瓮、豆、板瓦、筒瓦、素面瓦当等。陶质有泥质灰陶、夹砂灰陶，器表多饰绳纹。陶片多为春秋战国时期的遗物，有少量西周的鬲、豆残片。2006年3月，郑州市文物考古研究所进行调查并进行试掘，发现大量的陶文。这将为研究东周时期的社会状况起着巨大的作用。其城应为春秋、战国时期的城址。

2008年6月16日，河南省人民政府公布其为河南省文物保护单位。

【陈家沟遗址】 地理坐标N:34°41′938″，E：113°31′293″，海拔159米。位于马寨镇陈家沟村北部，东部临贾峪河，西、北两面临贾峪河的支沟。

遗址地处低山丘陵区、嵩山余脉延伸的东北地带。东西长500米，南北宽350米，面积17.5万平方米。地势为中部高，四周低，后经平整形成梯田。据当地群众介绍，这里称为“老窑山”，认为这里是古老的砖瓦窑厂；另有传说：唐代时期，樊梨花在这里打仗扎过营寨。地表发现有丰富的遗物，断崖剖面暴露有文化层、灰坑、墓葬、房基、红烧土堆积层等。遗物有陶片、兽骨和石器等。陶片陶质有泥质陶和夹砂陶，以泥质陶为主；陶色有灰陶、红陶、褐陶、彩陶等；纹饰有绳纹、篮纹、附加堆纹、素面等；可辨器形有陶罐、盆、甗、鼎、尖底瓶及陶环等遗物。根据所采集的遗物标本分析，该遗址的时代为仰韶时期文化遗存。

2008年6月16日，河南省人民政府公布其为河南省文物保护单位。

郑州市文物保护单位

【黄岗寺遗址】 地理坐标N：34°42′239″，E：113°37′088″，海拔128米。位于嵩山路街道黄岗寺社区北的郑州市烈士陵园及其周围，东临郑密路，南临南三环路。

遗址地处郑州市区西南部的丘陵区，嵩山余脉延伸的东北部地带。南北长500米，东西宽450米，面积22.5万平方米。现该遗址被郑州市烈士陵园及其民房占压。原调查面积为1万平方米，文化层厚1米至1.5米。发现有房基。采集有红陶钵、尖底瓶、彩陶罐片。调查发现该遗址面积较大，在南四环路的北侧断崖剖面发现有文化层分布。郑州市烈士陵园内的绿化地带发现有较为丰富的陶片和红烧土块等。陶质有夹砂陶和泥质陶，以夹砂陶为主；陶色有灰陶、红陶、褐陶、彩陶等；纹饰有绳纹、弦纹、附加堆纹、素面等；可辨器形有陶罐、瓮、鼎等遗物。根据采集的遗物标本分析，该遗址的时代为仰韶、龙山时期、东周文化遗存。

2009年6月3日，郑州市人民政府公布其为郑州市文物保护单位。

【胡公祠】 地理坐标N:34°45′581″，E:113°39′492″，海拔101米。位于郑州市人民公园南门。

胡公祠即1923年河南督军胡景翼的祠堂。祠堂由大门、大殿组成。大门单檐歇山，黄琉璃瓦，面阔3间，宽10米，进深5米，高6米。大门两侧有八字墙，进门有90米长甬道，大殿建在二层高台上，台高1.75米。面阔5间15米，进深3间5米，单檐歇山，绿琉璃瓦顶，檐下施三昂11踩斗拱。前面各间均装隔扇门，高7米。由冯玉祥、张群、于右任等力主建祠。现为郑州市人民公园南门内则。甬道中有古槐1株，两侧为银杏树。

2009年6月3日，郑州市人民政府公布其为郑州市文物保护单位。

【高洪寺遗址】 地理坐标N:34°41′055″，E: 113° 33′989″，海拔174米。位于侯寨乡麦秸垛沟村娄河东顶自然村东北部约100米处，尖岗水库的西岸台地，北临圣水峪河，南临娄河东顶自然村，西临圣水峪河的支沟。因遗址区的东北部高台地上原有一座高洪寺，故此命名。

遗址地处低山丘陵区，嵩山余脉延伸的东北部地带。东西长500米，南北宽400米，面积20万平方米。地势由西南向东北部倾斜。遗址区东北部最高，尚保留有文化层，厚1.2米，灰褐土，夹有大量的草木灰及烧土块等，土质较松，包含物有陶片、兽骨等遗物。还发现陶窑、灰坑等遗存。其中遗址西部的一袋状坑，平底，高约8米，口径约3.5米，底径约5米。坑内填土为灰褐土，夹有大量的草木灰，土质疏松，包含物有陶片、兽骨、石器等。陶片陶质有泥质陶和夹砂陶，以泥质陶为主；陶色有红陶、灰陶、褐陶、黑陶、彩陶等；纹饰有绳纹、弦纹、附加堆纹、素面等；可辨器形有陶罐、盆、鼎、瓮、杯、钵及陶环等遗物。根据所采集的遗物标本分析，该遗址的时代为仰韶时期文化遗存。

2009年6月3日，郑州市人民政府公布其为郑州市文物保护单位。

【过垌王东北遗址】 地理坐标N:34°37′732″，E:113°34′300″，海拔186米。位于侯寨乡过垌王村北部偏东约1000米处，东临贾鲁河，南、西、北部临沟，只有西南部有一出口，形成一处孤岛台地。

遗址地处郑州市区西南部的低山丘陵区、嵩山东部延伸的余脉地带。南北长450米，东西宽350米，面积15.75万平方米。地势为中部高、四周低。现遗址区为果园。断崖剖面发现有文化层，厚1.5米。地表采集有陶片等遗物。据当地村民介绍，在20世纪70年代平整土地时，曾发现有大量的灰土、烧土、陶片、兽骨等遗物。经群众提供的线索，现断崖处剖面多为平整土地后新堆积起来的，含有少量的陶片。地表采集有陶片，陶质有泥质陶和夹砂陶；陶色有灰陶、褐陶、红陶等；纹饰有绳纹、篮纹、方格纹、附加堆纹、素面等；可辨器形有陶罐、瓮、盆、鼎等遗物。

根据采集的遗物标本分析，该遗址的时代为仰韶、龙山时期文化遗存。

2009年6月3日，郑州市人民政府公布其为郑州市文物保护单位。

【胡河遗址】 地理坐标N：34°37′964″，E:113°31′720″，海拔226米。位于侯寨乡胡河村及其周围，西临圣水峪河，南、北两侧临圣水峪河支沟。

遗址地处郑州市区西南部的低山丘陵区、嵩山东北部延伸的余脉地带。东西长400米，南北宽300米，面积约12万平方米。地势为东高西低。在村庄的西南部、东北部的沟壁均发现有陶片。陶质有泥质陶和夹砂陶；陶色有红陶、灰陶、褐陶等；纹饰有绳纹、素面等；可辨器形有陶罐、鼎、盆等遗物。根据所采集的文化遗物标本分析，该遗址的时代为仰韶时期文化遗存。

2009年6月3日，郑州市人民政府公布其为郑州市文物保护单位。

【吉鸿昌烈士墓】 地理坐标N:34°42′292″，E:113°37′001″，海拔129米。位于嵩山路街道黄岗寺村北的郑州市烈士陵园内。

吉鸿昌烈士墓原在河南省扶沟县，1964年迁葬于郑州市烈士陵园。墓用白水泥筑成。长3.2米，宽1.4米，高0.6米。墓前立方形汉白玉墓碑，碑宽0.95米，厚0.23米，高1.6米。正面中间嵌烈士照片，背面镌刻烈士的生平事迹和就义诗：“恨不抗日死，留作今日羞。国破尚如此，我何惜此头。”

吉鸿昌（1895—1934年），字世五，河南省扶沟县吕潭镇人。曾任国民革命军冯玉祥部师长、第二十一军军长和宁夏省国民政府政府主席。1931年，因反对进剿“鄂豫皖”工农红军，被蒋介石强令出国。1932年“九一八”事变后回国，并加入中国共产党。1933年5月，联合冯玉祥、方振武在张家口组成察绥民众抗日同盟军，任同盟军第二军军长兼北路前线总指挥。同盟军在日伪和国民党军队夹击下受挫，吉鸿昌在北京、天津继续从事抗日救国活动。1934年11月9日，在天津被国民党特务逮捕，同年11月24日，在北京英勇就义。

2009年6月3日，郑州市人民政府公布其为郑州市文物保护单位。

【尖岗遗址】 地理坐标N:34°42′085″，E：113°34′088″，海拔160米。位于侯寨乡尖岗村西北部约1000米处，南临四环路，西临贾鲁河，一条东南至西北的乡村公路从遗址区穿过。

遗址地处低山丘陵区、嵩山余脉延伸的东北部地带。东西长400米，南北宽350米，面积14万平方米。地势由东南向西北部倾斜呈缓坡状。在遗址西部地表发现有较为丰富的陶片。断面发现有文化层，厚0.6米，红褐土，土质较松，包含有少量的陶片等。陶质有夹砂陶和泥质陶，以夹砂陶为主；陶色有灰陶、褐陶等；纹饰有绳纹弦纹、附加堆纹、素面等；器形有陶罐、盆、鬲、大口尊、甗等，尤其是鬲足较多。根据采集的遗物标本分析，该遗址的时代为商代时期文化遗存。

2009年6月3日，郑州市人民政府公布其为郑州市文物保护单位。

【梨园河遗址】 地理坐标N:34°38′229″，E：113°31′247″，海拔198米。位于马寨镇梨园河村西南部约500米处，北临圣水峪河，东临圣水峪河支流，暖泉、冰泉的西北部，圣水峪河在遗址的西北部由南向北折向东流。

遗址地处低山丘陵区、嵩山余脉延伸的东北部地带。东西长400米，南北宽200米，面积8万平方米。地势由西南向东北部倾斜。断崖剖面发现有灰坑和文化层分布。文化层厚1.30米，黄褐土，土质较松，包含物有陶片等。灰坑填土为黑灰土，夹有大量的草木灰及红烧土块等，土质较松，遗存丰富。陶质有泥质陶和夹砂陶；陶色有灰陶、红陶、褐陶等；纹饰有绳纹、弦纹、附加堆纹、素面等；可辨器形有陶罐、瓮、盆等遗物。根据采集的遗物标本分析，该遗址的时代为裴李岗、仰韶时期文化遗存。

2009年6月3日，郑州市人民政府公布其为郑州市文物保护单位。

【娄河遗址】 地理坐标N:34°41′253″，E：113°33′878″，海拔159米。位于马寨镇娄河村东北部约400米处，尖岗水库西侧台地，南临圣水峪河，北、西两侧临支沟，形成一处孤岛台地。

遗址地处低山丘陵区，嵩山余脉延伸的东北部地带。东西长350米，南北宽300米，面积10.5万平方米。地势由西南向东北部倾斜。在20世纪70年代平整过土地，现为梯田。遗址区地表现为农田，发现有丰富的遗物。断崖剖面发现有灰坑及文化层分布。灰坑为直壁平底和圜底两类，填土为灰褐土，土质较松，包含物有陶片、兽骨、石器等。文化层厚1.2米，灰褐土，土质较松，包含物有陶片等。陶质有夹砂陶和泥质陶，以夹砂陶为主；陶色有灰陶、褐陶等；纹饰以绳纹为主，另有少量的素面；可辨器形有陶罐、盆、鬲、瓮、豆等遗物。根据所采集的遗物标本分析，该遗址的时代为西周时期文化遗存。

2009年6月3日，郑州市人民政府公布其为郑州市文物保护单位。

【彭公祠】 地理坐标N:34°45′12.8″，E：113°39′251″，海拔104米。位于郑州市人民公园西门内。

彭公祠即冯玉祥部靳云鹗下的团长彭象乾的祠堂。1922年4月直奉战争，冯玉祥拒赵倜攻郑州，彭象乾身先士卒阵亡。靳云鹗驻军与郑县商会于1925年10月购地1.33公顷建铭功园，纪念保卫郑州有功之臣。1938年改彭公祠。现存五座攒夹亭子，建在一个面积260平方米、高0.7米的汉白玉台子上，中间亭为八角，其他4亭为六角，呈梅花点布局。各角高挑绿琉璃瓦顶，中亭高7米，其他4亭高6米。亭子西北20米有一汉白玉石碑，高1.8米，围2.7米，刻官兵名字。

2009年6月3日，郑州市人民政府公布其为郑州市文物保护单位。

【全垌遗址】 地理坐标N:34°40′10.7″，E：113°31′53.2″，海拔173米。位于侯寨乡全垌村西南800米，遗址北临圣水域河，南部为废弃砖场，东距乡间公路150米，西邻小刘湾至刘胡垌公路。

遗址地处河边台地上，东西100米，南北200米，面积为2万平方米。南部被窑场取土破坏，在遗址西部断崖发现有文化层，厚1.5米，深3米。采集有少量陶片、兽骨和石器。陶片陶质有夹砂陶和泥质陶；陶色有红陶、灰陶；纹饰有素面、绳纹；器型有鬲、罐等。根据采集文化遗物的面貌分析，该遗址的时代为商代。

2009年6月3日，郑州市人民政府公布其为郑州市文物保护单位。

【上李河西遗址】 地理坐标N:34°

37′196″，E：113°34′459″，海拔177米。位于侯寨乡上李河村的西侧。北临贾鲁河上游，西临贾鲁河支沟，东临村庄。

遗址地处二七区西南部的低山丘陵区，嵩山东部延伸的余脉地带。南北长450米，东西宽400米，面积约18万平方米。地势由南向北部倾斜。地表发现有陶片，在北部断崖剖面发现有文化层分布，厚1.5米，红褐土，夹有红烧土颗粒，土质较硬，包含物有陶片等。陶片陶质有夹砂陶和泥质陶，以夹砂陶为主；陶色有黑陶、灰陶、红陶、褐陶等；纹饰有绳纹、弦纹、素面等；可辨器形有陶盆、罐等，还有陶环遗物。根据所采集的遗物标本分析，该遗址的时代为仰韶、龙山时期文化遗存。

2009年6月3日，郑州市人民政府公布其为郑州市文物保护单位。

【申河遗址】 地理坐标N：34°39′16.2″，E：113°30′54.7″，海拔212米。位于马寨镇申河村南100米台地，在三层至四层台地都有发现。北临圣水域河，四周为台地。

遗址东西长200米，南北宽400米，面积8万平方米。遗址中发现大量红绕土块，发现有灰坑、文化屋堆积，文化层厚1米左右。采集大量泥质红陶、夹砂、红陶、灰陶、彩陶等。器型有钵、小口尖底瓶、罐等。根据所采集的遗物标本分析，该遗址的时代为仰韶时期文化遗存。

2009年6月3日，郑州市人民政府公布其为郑州市文物保护单位。

【水磨石造像遗址】 地理坐标N：34°40′30.9″，E：113°31′50.1″，海拔183米。位于马寨镇水磨村东150米的佛爷庙内。

石造像一尊头部残失，现为村民用水泥制成一个头安于像上。外刷铜漆，底座上有铭文，但因时间太久，风化较严重，年代为大唐咸亨元年（670）。

2009年6月3日，郑州市人民政府公布其为郑州市文物保护单位。

【田河遗址】 地理坐标N：34°38′270″，E：113°31′096″，海拔179米。位于马寨镇闫家咀村下田河自然村东北部，贾鲁河支流圣水峪河东岸台地，河流从西南往东北流由该台地北侧折向东流。

该处地形为低山丘陵区，地势由西南向东北部倾斜，黄土发育。断崖剖面高7米，上部为厚0.4米的表土，下部暴露出约7米厚的马兰黄土堆积层。在马兰黄土地层内的下部泛灰黄土中发现有石制品及动物化石分布。地层内采集石制品标本2件，石制品岩性有石英、砂岩；石英1件，石器类型为断块；砂岩1件，石器类型为石片。动物化石2件，较碎小，石化程度较深。

2009年6月3日，郑州市人民政府公布其为郑州市文物保护单位。

【下李河东南遗址】 地理坐标N：34°38′195″，E：113°34′443″，海拔185米。位于侯寨乡下李河村东南部约500处，贾鲁河的东岸台地，南面、北面两侧为贾鲁河支沟。

遗址地处郑州西南部的低山丘陵区、嵩山东部延伸的余脉地带。东西长450米，南北宽400米，面积18万平方米。地势由东部向西部逐渐倾斜。据当地群众介绍，20世纪70年代平整过土地，现为梯田。地表发现少量的绳纹陶片，遗址中部有几处栽树挖的小坑，发现有红褐土，夹有红烧土块，含有陶片等遗物。陶质有泥质陶和夹砂陶；陶色有灰陶和红陶等；纹饰有绳纹、弦纹、素面等；可辨器形有陶盆、罐等遗物。根据所采集的遗物标本分析，该遗址的时代为二里头时期文化遗存。

2009年6月3日，郑州市人民政府公布其为郑州市文物保护单位。

【小庙咀遗址】 地理坐标N：34°38′804″，E：113°34′085″，海拔172米。位于侯寨乡小庙咀村东部及其周围，东临贾鲁河，南部、北部两侧为贾鲁河支沟，西南绕城高速公路从遗址区东西向穿过。

遗址地处二七区西南部的低山丘陵区、嵩山东部延伸的余脉地带。东西长350米，南北宽300米，面积约10.5万平方米。地势为西高东低。现遗址区大部分被村庄及高速公路占压。在东南部，发现有被扰乱的文化层，采集有陶片、兽骨等遗物。据当地村民介绍，在宅基地挖地基盖房子时，发现有灰土坑和大量的陶片等遗物。陶片陶质有泥质陶和夹砂陶；陶色有黑陶、灰陶和褐陶等；纹饰有绳纹、篮纹、方格纹、素面等；可辨器形有陶盆、罐、高领瓮等。根据采集的遗物标本分析，该遗址的时代为龙山时期文化遗存。

2009年6月3日，郑州市人民政府公布为郑州市文物保护单位。

【盐店庄遗址】 地理坐标N：34°39′165″，E：113°34′142″，海拔166米。位于侯寨乡盐店庄村东部约500米处，东临贾鲁河，南、北两侧为贾鲁河支沟。

遗址地处二七区西南部的低山丘陵区、嵩山东北部延伸的余脉地带。

东西长400米，南北宽500米，面积20万平方米。地势为西高东低。地表发现有绳纹、附加堆纹陶片。遗址中部发现两处灰坑，其中一处为袋状坑，平底，填土为黑灰土，夹有大量的草木灰，土质松软，包含物有少量的陶片等。陶质有泥质陶和夹砂陶；陶色有灰陶及红褐陶等；纹饰有绳纹、附加堆纹、素面等；可辨器形有陶罐、大口尊等遗物。根据所采集的遗物标本判断，该遗址的时代为二里头时期文化遗存。

2009年6月3日，郑州市人民政府公布其为郑州市文物保护单位。

【张河遗址】 地理坐标N：34°41′12.1″，E：113°30′35.4″，海拔149米。位于马寨镇张河村南100米，遗址北临贾峪河，东部和西部均为大沟。

遗址东西宽600米，南北200米，面积12万平方米。在地表采集有少量陶片、石器和烧土块。在遗址东北发现有窑址，在遗址东南断崖上发现有灰坑，土色为灰褐色，土质略疏松。采集的陶片其陶质有夹砂陶、泥质陶；陶色有红陶、褐陶、灰陶；纹饰有绳纹、弦纹、方格纹、素面、彩陶等；器型有钵、平底罐、鬲、大口尊等。根据所采集的遗物标本分析，遗址的时代应为裴李岗、仰韶、西周时期。

2009年6月3日，郑州市人民政府公布其为郑州市文物保护单位。

【周悼王陵（坟上村明墓）】 地理坐标N：34°42′553″，E：113°30′604″，海拔163米。位于马寨镇坟上村北部。

遗址地处低山区丘陵区、嵩山余脉延伸的东北部地带，现地势北部高，南部低。墓葬在“文化大革命”期间遭到人为破坏，出有“皇明周荣悼世子之墓志铭”盖1方。地面已无冢，尚存石马2座，石羊2座，残石人2座，残碑1通。据当地村民介绍，原墓冢高大，神道长约200米，两侧石刻林立。

2009年6月3日，郑州市人民政府公布其为郑州市文物保护单位。

【坟上村臧氏家庙】 地理坐标N：34°42′249″，E：113°30′324″，海拔170米。位于马寨镇坟上村中部、坟上村卫生所西侧。

臧氏家庙筑年代为清代，硬山灰瓦。现存家庙大殿1座，坐南朝北，面阔3间（9.1米），进深1间（4.4米）。建在家庙内墙上镶有石碑5通，1通为清嘉庆十二年（1807）碑刻，内容不详；2通为臧氏家谱碑，共分为4块，自右向左，尺寸为0.53米高，1.3米长，0.55米高，1.3米长，0.5米高1.33米长，石碑的年代为民国二十一年（1932），内容为记载臧氏先祖5人，于嘉靖年间至此守墓。

2009年6月3日，郑州市人民政府公布其为郑州市文物保护单位。

【陈丁遗址】 地理坐标N：34°38′171″，E：113°34′015″，海拔190米。位于侯寨乡陈丁村及其周围，东部临贾鲁河，南、北两侧临贾鲁河支沟。

遗址地处低山丘陵区，嵩山余脉延伸的东北部地带。南北长600米，东西宽500米，面积30万平方米。遗址区地势相对较为平坦。地势为西高东低，后经平整形成梯田。在剖面发现有灰坑及文化层分布。文化层厚1.2米，灰褐土，夹有红烧土颗粒，土质较松，包含物主要是陶片。灰坑呈圆形、筒状，填土为红褐土，土质较松，包含物有陶片等。陶质有夹砂陶和泥质陶，以夹砂陶为主；陶色有灰陶、褐陶等；纹饰有绳纹、弦纹、附加堆纹、素面等；可辨器形有陶罐、鬲、大口尊等遗物。根据所采集的遗物标本分析，该遗址的时代为商代时期文化遗存。

2009年6月3日，郑州市人民政府公布其为郑州市文物保护单位。

【下李河遗址】 地理坐标为N：34°38′644″，E：113°34′113″，海拔169米。位于侯寨乡下李河村东北部约300米处，东临贾鲁河，北临贾鲁河支流。

遗址东西长300米，南北宽200米，面积6万平方米。

遗址地处二七区西南部的低山丘陵区，嵩山东部延伸的余脉地带。地势为西南部高，东北部稍低。未见文化层，地表采集有陶片。陶片陶质有泥质陶和夹砂陶；陶色有灰陶、红陶等；纹饰有绳纹、素面等；可辨器形有陶盆、豆、罐、瓮等遗物。据当地群众介绍，遗址附近有一座砖窑厂，取土时曾发现有大量的灰土、陶片等遗物。根据采集的遗物标本分析，该遗址的时代为东周时期文化遗存。

2009年6月3日，郑州市人民政府公布其为郑州市文物保护单位。

区级文物保护单位

【老奶奶庙旧石器遗址（含代家门遗址）】 老奶奶庙旧石器遗址位于侯寨乡樱桃沟景区内。2011年春季至2013年夏季连续3年，北京大学考古文博学院与郑州市文物考古研究院联合作进行发掘，揭露面积近60平方米，发现5000多件石制品、2万多件动物骨骼及碎片、20余处用火遗迹，以及多层叠压、连续分布的古人类居住面。这处新发现，非常清楚地展示了当时人类在中心营地连续居住的活动细节，将近年在嵩山东南麓新发现的300多处旧石器地点完整地连接起来，不仅系统地再现了郑州地区晚更新世人类的栖居形态，同时发掘出土一系列与现代人行为密切相关的文化遗存，为探讨中国及东亚地区现代人类出现与发展等史前考古学核心课题提供了非常重要的新证据。

现代中国人来自何方？北京猿人是否是直系祖先？这是最近20多年中外考古学与古人类学界一直争论的学术焦点之一，也是公众长期关注的话题之一。按照非洲夏娃说理论，中国境内的远古人类在最后冰期的寒冷气候阶段已经灭绝，现代中国人是在距今4至5万年前后，由起源于非洲的现代人类分别从南北两路进入。由此看，位于东亚大陆核心地带的中原地区在距今3至5万年期间的考古发现，已经成为认识中国人直系祖先来源的关键所在。区域地层对比显示，老奶奶庙遗址与郑州地区新发现的大量旧石器地点，主要分布在距今3至5万年期间，而这一时期正处于现代人类及其行为出现与发展的关键阶段。

老奶奶庙遗址出土的大量石制品、动物骨骼遗存与丰富的火塘等活动面遗迹，具备典型的中心营地特征，这一新发现在空间上将嵩山东南麓数百处旧石器地点连接起来，清楚地展示了中原地区3至5万年前的栖居形态。

老奶奶庙遗址所发现的石片石器文化在时代方面，亦具有鲜明的承前启后特点，将中原地区更早的旧石器文化与其后发展起来的石叶与细石器文化完整地衔接起来，非常清楚地确立了该地区旧石器文化发展谱系。

老奶奶庙遗址及嵩山东南麓新发现的复杂居址结构，象头与石堆遗迹等与现代人行为密切相关的遗存，是国内和东亚地区同时期首次发现，填补了这一时期旧石器考古学空白。

老奶奶庙遗址所发现的连续多个文化层以及嵩山东南麓数量众多的遗址群，完整地再现了距今3至5万年前嵩山东麓古人类发展的历史进程，使人们能够从宏观上观察、研究并对嵩山东南麓古人类文化面貌进行整体认识。同时，清楚地展示了中国境内更新世人类发展的连续性特点，与西方学界关于东亚地区的古人类灭绝的认识并不符合。这些新证据对于深入探讨当前世界史前考古学与古人类学界关于现代人类起源与发展的问题尤为重要。

2012年3月，郑州老奶奶庙旧石器遗址被河南省文物局评为“2011年度河南省五大考古新发现”；同年，被国家文物局评为“2011年度全国十大考古新发现”；2012年4月，郑州老奶奶庙旧石器遗址被郑州二七区人民政府公布为第一批区级文物保护单位。

【小庙咀旧石器遗址】 小庙咀旧石器遗址位于侯寨乡小庙咀村东部、贾鲁河东源上游九娘庙河西岸台地。遗址南北长283.975米，东西宽194.672米，面积46431.80平方米。黄土剖面高10余米，上部为6米多厚的马兰黄土堆积层，下部暴露出约4米厚的河湖相沉积层。在马兰黄土堆积层的下部、河湖相沉积地层内均有石制品与动物化石分布，文化层厚约5米，可分为上文化层和下文化层。上文化层（即马兰黄土层）发现有石制品及动物化石分布。石制品有石英雕刻器、砂岩石片等，动物化石为大型动物盆骨化石；下文化层（即河湖相沉积层）发现有石制品及动物化石分布。石制品有石英石核、石片、雕刻器、断块及砂岩断块等，动物化石较为丰富，可辨认出的有大型食草类动物的肢骨、肋骨化石。结合文化遗存所在的地层堆积情况分析，该地点时代与附近的老奶奶庙旧石器遗址应为同时期遗存，距今3至5万年，应为该遗址群的一处次中心营地。

【南郭家咀遗址】 南郭家咀遗址位于侯寨乡郭家咀村南郭家咀自然村。东西长368.635米，南北宽228.498米，面积63347.78平方米。遗址地表发现有零星的碎陶片，在北壁断崖剖面发现有灰坑及文化层分布。文化层厚1.50米至3.50米，灰褐土，夹有草木灰及烧土块等，包含物有陶片、兽骨、石器等遗物。灰坑呈不规则形，填土为灰褐土，土质较松，包含物较为丰富，有陶片、兽骨等遗物。陶质有泥质陶和夹砂陶，以夹砂陶为主；陶色有黑陶、灰陶、红陶等；纹饰有方格纹、篮纹、绳纹、素面等；可辨器形有陶盆、碗、高领瓮、甗、圆腹罐等遗物。该遗址的时代为新石器时代晚期河南龙山文化遗存，对探索和研究中原地区新石器时代晚期向早期夏文化过渡阶段的研究具有重要意义。

【石旦沟遗址】 石旦沟遗址位于侯寨乡石旦沟村西部约400米处、郭家咀水库的东岸台地，东临郑尧高速公路，南、北各临一条小支沟。遗址东西长459.572米，南北宽270.828米，面积81939.36平方米。遗址地势呈东高西低。在遗址断崖剖面发现有灰坑和文化层分布。文化层厚1.20米至1.80米，灰褐土中夹有红烧土颗粒，土质较松，包含物有陶片、兽骨等。灰坑呈不规则形，填土为灰褐土，夹有草木灰及烧土块等，土质较松，包含物有陶片、兽骨等。陶片较为破碎，有泥质陶和夹砂陶，以夹砂陶为主；陶色有灰陶、黑陶、褐陶等；纹饰有绳纹、方格纹、篮纹、素面等；可辨器形有陶罐、鼎、盆、钵等遗物。该遗址为新石器时代晚期河南龙山时期文化遗存，对研究原始社会末期村落社会变迁具有重要价值。

【红花寺南遗址】 红花寺南遗址位于侯寨乡红花寺村南100米、郑州市区西南绕城高速公路与郑尧高速公路

西南侧，南部和西部均为深沟。遗址东西长467米，南北宽297米，面积96674.89平方米。遗址的北部、郑州西南绕城高速公路南侧断崖上，发现有文化层分布，厚1.20米至1.75米，土质较硬，黄褐土，包含有陶片。陶片陶质有夹砂陶和泥质陶，以夹砂陶为主；陶色主要是灰陶，另有少量的褐陶；纹饰有绳纹、附加堆纹、素面等；器型有罐、大口尊、盆等。该遗址是一处二里头文化村落遗址，对研究夏代村落社会结构具有重要意义。

【水磨遗址】 水磨遗址位于马寨镇水磨村东，遗址南临贾鲁河西源圣水峪河，东部为圣水域河支沟，西至水磨村。遗址东西长632.515米，南北宽596.809米，面积251695.01平方米。遗址地形为丘陵台地，较之周围略高。断崖上发现有文化层，暴露部分厚约0.50米至1.20米，土色灰褐色，土质较疏松，发现有兽骨和陶片等文化遗物。陶片陶质有夹砂陶及泥质陶；陶色有灰陶、红陶；纹饰有绳纹、弦纹、素面等；器型有大口尊、鼎、盆、罐等。该遗址是一处商代二里岗文化遗存，对研究商代早期聚落布局具有重要意义。

【邓通寨遗址】 邓通寨位于侯寨乡小庙咀村东北部约300米处，贾鲁河上游邓通寨河东岸台地，为东部台地向西部延伸出的一处半岛形台地。东西长288.521米，南北宽139.295米，面积32768.21平方米。邓通寨大致呈东西长条形，东宽西窄，东部为一条南北向的深护寨沟，南、西、北三面环河。除东寨墙保存较好之外，其他地段的寨墙保存较差或不存在。东寨墙高约5米，宽3米至4米，夯层不明显。寨内发现有陶片等遗物，多为泥质灰陶，素面居多，绳纹较少，器形有罐、瓮等遗物。还发现有众多砖、瓦残块。相传，邓通寨为汉代邓通铸钱场所，曾在寨内发现有钱范和五铢钱等。

【双冢村墓冢】 双冢村墓冢位于侯寨乡西胡垌村双冢自然村（因该村历史上有两座较大的墓冢，又俗称冢上）北部约300米处，郑州西南绕城高速公路北侧约170米处，原为双冢，西侧墓冢较小，20世纪70年代平整土地时被平掉。现存的墓冢为东侧的墓冢，现存封土高约6.5米，周长40余米，由黄土和红土相间堆积起来，层次较为明显。该墓早期曾被盗挖，为砖室墓，出土有陶罐、仓等遗物，故此，推测两冢的时代为汉代，据传为东汉“云台二十八将”冯异、耿弇之墓。

【山海默穆杜哈墓（巴巴墓）】 山海默穆都哈墓位于解放路与民主路交会处的西北角的老坟岗南部。该墓是明朝洪武年间伊斯兰传教人山海默穆都哈（音）的墓葬，俗称“巴巴墓”。墓冢用青砖砌筑，墓高0.84米，长1.82米，呈半圆形，滚白色。现存六角亭为新中国成立初期重建，高约7米，坐北向南。墓前立有石碑，为道光二十三年（1843）由马耿光捐资，教长马振九等重修时所立，中书“山海默穆都哈大人墓”，旁书年月及捐修人姓名，额镌阿拉伯文，意谓“真主曰：墓中人，完人也，殁后将享极乐”。左右分刻“日月”二字，亭前有走廊甬道，前通祭堂。默穆都哈反对用暴力解决民族纠纷，主张各民族加强团结，消除隔阂，和睦相处，为后人树立光辉典范。山海默穆都哈是阿拉伯人，不远万里历尽艰辛来到中国，毕生致力于伊斯兰事业，使中国人民与阿拉伯人民之间加深了解、增进友谊，是中华民族与阿拉伯民族友好往来的历史见证。

【侯寨郭氏祠堂】 侯寨郭氏祠堂位于侯寨乡侯寨村中部、村文化广场的北侧。祠堂初建于明成化元年（1465），原建筑是一座中原地区传统的四合院。院落坐北朝南，建筑形式为单檐硬山灰瓦顶，木构架为“抬梁式”梁架。山墙两侧墀头和博风前部均有砖雕花。该四合院建筑对研究中原地区祠堂建筑文化具有重要价值。由于祠堂原建筑年久失修，其族人于2011年把原有建筑拆除，又在原址新建祠堂1座。

【竹竿园村天井院】 竹竿园村天井院位于侯寨乡竹竿园村东南角，东为深沟，西为丘陵，北临饭店。天井院建筑时代为清代，院落为长方形院落，北、南、西部为10米高断崖，三面有土窑洞9孔；整个院落南北长25米，东西宽30米。院落西部正中为砖砌窑洞1孔，门高2米，宽1.2米，室内开间面阔3米，进深通面阔9米；门上有砖雕，上有字“勒令玄元皇帝”，四角安为“乾、元、灵、应”；东部有砖木结构房屋一座，坐东朝西，开间三间，通面阔9.8米，进深通面阔4.75米；墙上绘有灵芝、

梅花鹿、祥云、梅花等彩绘图案。该院落对研究郑州地区天井院布局具有重要意义。

【娄河东顶郭公懿行碑】 郭公懿行碑位于侯寨乡麦秸垛村娄河东顶自然村东。碑为青石质，通高1.81米，宽0.64米，厚0.17米，无碑帽，字迹清晰。碑正面中部竖行刻“清痒生郭公讳树先字建甫懿行碑”，左侧文字介绍了郭建甫一生行医，救死扶伤，在当地做了众多好事。右侧落款：中华民国拾叁年（1924）岁次甲子桐月上浣吉日。碑背面刻有“世德作求”。该碑对研究清末民初郑州地方名人事迹具有重要价值。

【郑州公教医院旧址（天主教堂修女楼）】 郑州公教医院旧址位于解放西路81号2号院、解放路与铭功路交叉口西北部。现仅存天主教堂修女楼1座，该楼建成于1912年，占地面积约200平方米左右。建筑坐北朝南，平面为方形，竖向长条形采光窗外饰拱券式窗套，红色机制平板瓦坡屋顶上开老虎窗。该建筑从建造时代上应为民国初期建筑。建筑结构形式为砖木混合结构，主体使用墙体承重，楼板的水平荷载由横向的木梁承托，屋面的檩条直接搁置于砖柱子上，这种结

构做法是当时中西方建筑思想融合的一种发明创造，屋面的做法完全遵照中国古典建筑的建造工艺进行，采用方形木椽子承托望砖，上面做苫背覆瓦。承重墙采用一顺一丁的垒砌方式建造，外饰面直接采用清水砖墙，简洁美观。

（李静涵）

重要文献选编

团结奋进　改革创新 以二七品牌助推郑州都市区建设

——在区委十届六次全体（扩大）会议上的讲话

区委书记　蔡　红

（2014年1月8日）

同志们：

今天，我们在这里召开区委十届六次全体（扩大）会议，主要任务是贯彻落实党的十八大、十八届二中、三中全会以及中央、省、市有关会议精神，总结2013年工作，部署2014年工作，动员全区上下团结奋进，改革创新，全面完成三年行动计划，以二七品牌助推郑州都市区建设。会议表彰了一批先进集体和个人；区长陈红民对2013年工作进行了全面总结，对2014年工作做了具体部署。大家要认真抓好落实。下面，经区委常委会研究，我讲四点意见。

一、肯定成绩，总结经验，坚定加快发展的信心和决心

2013年，面对错综复杂的形势和异常繁重的发展任务，全区上下在市委、市政府的正确领导下，从容面对挑战，积极有效应对，适时破解难题，经济社会各项事业取得新成绩，呈现出许多新亮点，展现出全面提升、争创品牌的新局面。主要表现在四个方面：

一是坚持围绕目标聚合力，保持良好的发展态势。一年来，全区党员干部群众紧紧围绕“43333”的目标，共识共为，合力攻坚，圆满完成全年任务，预计地区生产总值首次突破400亿元，固定资产投资、服务业增加值、社会消费品零售总额均首次突破300亿元，公共财政预算收入净增3个多亿元；项目建设快速推进、选商引资成效显著、三个园区建设全面提速、城乡面貌日新月异、社会民生事业和精神文明建设等各方面各领域都取得新的发展，实现了“三年行动计划”大头落地。二是坚持以事业凝聚人心，形成了浓厚的发展氛围。始终坚持党委统一领导、政府分工负责、人大政协通力合作、全区上下齐心协力抓落实，各乡镇街道、区直各委局、各人民团体、驻区各单位，各司其职，各负其责，发挥优势，群策群力，在实践中形成了强大合力，进一步形成了充满活力、风清气正的发展氛围。三是坚持以实干和实绩树立品牌，进一步提升了发展竞争力和影响力。大家立足于改善民生、推动发展，不怕困难，不畏风险，敢抓敢管，善战善为，在新型城镇化、主导产业发展、网格化管理、服务型党组织建设、反腐倡廉教育、干部队伍建设、民生改善等工作推进中，亮点纷呈，树立了二七品牌。获得全国科技进步考核先进城区、中国爱心城区、省级文明城区、省义务教育均衡发展先进区、省级“双拥”模范区、市新型城镇化建设先进单位、市招商引资先进单位等多项国家和省市荣誉。四是坚持以作风和品质展示风采，锻炼了一支团结务实、勇于担当的干部队伍。团结拼搏成为贯穿2013年工作的主线。一年来，围绕发展大局，区“四个班子”坚持谋发展一盘棋，干事业一条心，始终抓大事、谋长远，抓难点、求突破，抓重点、带全面，用行动诠释了责任，用实干彰显了形象；广大干部群众迎难而上，奋力拼搏，连续作战，打赢了拆迁、土地、融资、选商引资等一场又一场硬仗，解决了一大批影响全区发展的关键问题，展现了二七区干部敢担当、能攻坚、肯奉献的精神风采。

回顾一年来的工作，我们加深了对经济社会发展规律的认识和把握，积累了指导今后各项工作的宝贵经验：正是市委、市政府的正确领导，区“四大班子”的科学决策，使我们的发展方向更加坚定；正是坚持了八个领导小组等工作运行机制，使我们的工作得以高效快速推进；正是紧扣了发展主题，使我们为社会各项事业的发展奠定了坚实基础；正是牢牢抓住了惠民的宗旨，使我们的事业得到最广泛的支持；正是广大党员干部的主动担当、克难攻坚、顽强拼搏，使我们在困难中不断取得好成绩，赢得上级的肯定、群众的认可。在此，我代表区“四大班子”，向受表彰的单位和个人表示热烈的祝贺！向奋战在全区各条战线上的广大党员、干部、群众，参与支持二七区发展的企业界朋友、新闻媒体朋友，表示衷心的感谢和崇高的敬意！

肯定成绩、总结经验，目的在于提振精神，鼓足干劲。今天受到表彰的单位和个人，只是其中的一部分，还有很多优秀的同志，他们默默地在各自岗位上奉献，同样值得尊敬。希望大家站在新的起点，继续保持奋发有为、积极向上的精神状态，坚定信心，拉高坐标，提高站位，以更高的要求、更大的力度，推动全区经济社会发展再上新的台阶。

二、借势顺势，抢占先机，牢牢把握发展的主动权

谋事者必先谋势。从大的发展趋势和全区的实际看，2014年是深入贯彻落实十八届三中全会精神、全面深化改革的开局之年，是实现“三年行动计划”各项目标的攻坚之年、决胜之年。当前和今后一段时期，既是全区加快发展的黄金期，又是爬坡过坎的攻坚期。

加快发展的黄金期，是因为我们面临难得的机遇。从全国看，党的十八届三中全会做出全面深化改革的部署，中央经济工作会和城镇化工作会议对各项工作做出具体部署，从调控政策、改革红利释放、扩大开放、支持中西部地区发展、推进新型城镇化等方面，为我们加快发展提供了有利的政策条件。从省、市看，郑州航空港实验区上升为国家战略，各项工作的快速推进，将带来巨大的客流、物流、资金流。我们要做好与郑州航空港实验区的对接、衔接，充分利用港区产业发展的带动作用、对外开放的辐射作用，加快二七区主导产业发展和基础设施建设。从全区看，一年来，经济社会各项事业又好又快发展，为今后的发展进一步奠定了基础。我们有100多平方公里非建成区，这是我们的潜力和后发优势。尤其是在拆迁、项目推进、服务群众等实践中，培养锻炼了一支深入群众、善抓落实、敢拼能战的干部队伍。这些是我们做好今后工作的动力之源、信心所在。

爬坡过坎的攻坚期，是因为我们面临的形势严峻，挑战更大。从宏观形势看，国内经济发展正处于增长速度换挡期、结构调整的阵痛期、前期政策的消化期，对我们的发展提出了更高的要求。从区域发展看，与四川省成都市、湖北省武汉市等地先进城区相比，与市内兄弟城区比，在一些经济指标上，特别是发展品质上，还存在着差距，仍有较大的提升空间，可以说，前有标兵、后有追兵，标兵渐远，追兵渐近。从自身实际看，二七区发展正由规模扩张向质量提升转变，由粗放的外延扩大再生产到精细化的内涵扩大再生产转变：一是主导产业有待进一步提升。虽然落地了一批大项目，但是整体层级不够高、比重不够大、集聚优势不明显，正处在转型升级、选大引强的关键节点。二是统筹城乡发展需要进一步加快。这两年，全区完成近2000万平方米的拆迁，腾出了难得的发展空间。拆迁的艰难，我们都有深刻体会，但要建成对全区未来长远发展负责任、增后劲的城市品牌更加艰难，对我们的视野、站位和能力提出了更大挑战。三是公共基础设施需要加快完善。老城区市政设施难以满足城市发展需要，影响土地的产出价值；西南区域基础设施相对薄弱，制约着项目落地、城市框架拉大和居民生活水平的提升。四是我们干部队伍的政治素质、业务素质、综合能力还不能完全适应现代化城市发展的高要求，奉献精神和担当勇气在爬坡过坎的攻坚期尤为珍贵。

挑战无处不在，机遇稍纵即逝。“抢抓机遇、奠定基础、晋位升级”是我们面临的当务之急、历史责任。希望全区上下切实增强机遇意识、责任意识、忧患意识，准确把握形势，抢占先机，顺势而为，牢牢抓住发展的主动权，努力推动全区经济社会各项事业开创新的局面。

三、明确目标，突出重点，推动全区发展迈上新台阶

在前期充分调研，广泛听取各行各业各层次意见的基础上，我们确定了2014年全区工作的总体思路，即全面贯彻党的十八大、十八届二中、三中全会精神和省、市委全会精神，坚持以“三大主体”工作为主导，以项目为抓手，树立“品牌、品质、品位”理念，突出“改革创新、持续提升、投资增效、服务惠民”，全面完成“三年行动计划”，努力走出一条符合郑州都市区规划、实现主城区整体效益最大化、富有二七区特色的发展之路，为郑州都市区建设做出积极的贡献。

关于2014年的目标和工作重点，区长陈红民做了具体安排部署。我们制订了两套目标，既有必保的，又有奋斗的。之所以提出这样的目标，是从3个方面考虑。一是从积极、稳妥、可行的角度，确保完成三年行动计划确定的目标任务。二是二七区正处于大有可为的关键阶段，要求我们必须树立更高标准，向先进看齐，勇于“比、学、赶、帮、超”。三是在制订目标时，我们不能满足于轻松完成。要站位全国、全市，更加注重发展的内涵和品质，以“蹦起来摘桃子”的标准，自加压力，全力“保位晋级”。大家要按照奋斗目标来安排各项工作，开展督查、考核，全力以赴抓好落实。要紧紧围绕“三大主体”工作，集中力量重点突破，以点带面，带动全局。

（一）突出“改革创新”。党的十八届三中全会确定的改革目标涉及到各行各业，每个单位、每个人，贯穿于经济社会发展各个领域、各个环节。要把改革创新作为加快发展的动力源泉，推动各项工作再上新台阶。要积极稳妥推进重点领域改革。对国家自上而下推进的改革，如行政管理体制改革、政法体制改革、财税体制改革等，要加强调研，做好准备，按照上级部署抓好落实；对国家明确属于地方推进，在区级权限范围内的改革，要把握政策，积极推进；对我们正在实施并取得初步成效的改革，要进一步深化提升，特别是对“六统一”改革、集聚区管理套合体制改革等，注重动态研究，推进改革不断走向深入。要进一步强化创新意识。把创新贯穿于各项工作中，不断创新工作方法，在群众安置模式、融资渠道和平台、项目策划包装、网格化管理等工作中，积极探索更加有效的工作模式；创新活动载体，在社区管理、干部教育、服务群众、党的建设等领域，多角度、多层面创新活动形式，做到活动有主题、区域有特色，树立全区对外新的形象和品牌；要创造性地开展工作，善于抓重点、抓关键、抓长远，用超前思维和眼光谋划发展，用最新理论和观点指导实践，在基础设施建设投入、国有资产运营管理、城市管理等各项工作中，立足实际，解放思想，把握政策，创新发展。

（二）突出“持续提升”。提升是我们的工作向更高层次推进的结果和导向，又是我们今后一个时期的**着力**点。要以“品牌品质品位”的理念和要求建设二七区，坚持目标求超越、工作求精品，推进经济社会发展全面提升。一要提升服务意识、能力和水平。在理念上，实现“三个转变”，即由“管理意识”向“服务意识”转变，由“要我服务”向“我要服务”转变，由“无能为力”向“尽力而为”转变，切实以积极主动的态度，扎实为群众和企业做好服务；在措施上，做到“三个勤”，即勤沟通协调，勤深入实际，勤解决问题；在效果上，达到“三满意”，即服务态度满意、速度满意、质量满意，真正以实实在在的成效，打造服务环境最优的二七区品牌。二要提升城乡建设管

理水平。深化推进新型城镇化建设，将生态文化融入经济社会发展的各领域、全过程，在综合性公园建设、城市景观设计等方面，融入文化内涵，体现二七区文化特色；要着力实施城乡精细化管理，完善环卫体制，强化管理举措，提升城乡品位，打造品质城区，美化优化城乡环境。三要提升主导产业层级和比重。二七新区要加快路网等基础设施建设，加快重大项目建设，保护性开发利用生态文化资源，做优做强高端商贸、生态文化品牌，尽快承担起城市次中心的功能；马寨产业集聚区要依托合村并城加强主导产业招商，全面提速提质，集中力量晋升省级经济开发区；二七特色商业区要坚持存量上档升级、增量高位起步，集中精力推进主导产业向高端化发展，围绕千亿级商圈建设，打造现代化高品质服务业形象展示区。四要提升长效机制工作成效。党的十八届三中全会提出"发展基层民主"、"鼓励和支持社会各方面参与，实现政府治理和社会自我调节、居民自治良性互动"、"以网格化管理、社会化服务为方向，健全基层综合服务管理平台"等要求，为我们推进社会治理工作指明了方向。我们要坚持党的群众路线，充分发动群众，依靠群众，持续深化长效机制建设，全面推进网格化管理标准体系建设，推动各项工作有效落实。要坚持"条块融合、职责明确、联动负责、逐级问责、网格覆盖"，进一步健全以党组织为核心，政府公共服务、市场监管、社会管理、环境保护与群众自治有效衔接、互为支撑的基层治理结构，着力解决好条块深度融合、主动履职能力提升、依法行政与群众自治融合衔接等问题，加大安全监管力度，加强平安二七区建设，深化信访、稳定各项机制，营造稳定、有序、和谐的发展环境和群众生活环境。

（三）突出"投资增效"。坚持把以项目为载体的"强投资"作为社会经济工作的总抓手，抓好项目包装策划和梯次储备，实现谋划一批、在谈一批、签约一批、开工一批、竣工一批、提升一批。要抓选商，储后劲。提高门槛，高点站位，切实抓好选商引资，尤其是二次选商，着力引进高品质、高效益、高附加值、新兴业态的项目，推动主导产业提档升级。要抓开工，保持和扩大投资规模。全力以赴在项目落地率和开工率上求突破，确保2013年签约的产业项目实现80%开工建设；优化投资结构，引导资金更多投向产业发展、生态文化建设、民生事业等领域，不断提升投资综合效益。要抓竣工，增活力。强化目标责任，明确时间节点，层层细化分解任务，建立台账，跟踪问效，千方百计缩短项目建设周期，力促一批重大项目早日运营见效。要抓服务，全面加快项目进度。坚持项目周例会、"四个一"等推进机制，深化项目领导分包责任制，优化服务环境，强化效能监察，及时帮助解决项目推进中的困难和问题，主动服务、靠前服务，以服务出效益。要抓业态，显特色。突出集约用地、投资强度、税收贡献、科技含量和环境保护要求，推动城市有机更新，有序疏解城区人口，大力发展电子商务和楼宇经济等新兴业态，促进主导产业向高端化、高科技方向发展，产品和服务向高附加值延伸，做强主业，彰显特色，提升中心城区商业开发价值。

（四）突出"服务惠民"。改善民生，是我们工作的出发点和落脚点。一要加快民生事业发展。抓好"基本民生"，积极做好为民承诺的实事，深入开展困难群众帮扶救助工作，健全基本公共服务体系，保障群众基本生活。关注"热点民生"，在扎实做好就业、教育、医疗、保障房等工作的同时，更加注重生态文明建设，加强环境保护，切实解决好人民群众最关心、最直接、最现实的利益问题。二要更加便捷地服务群众。充分利用网格化管理这个有效方法和平台，主动把政府职能下沉到每个网格中，积极调动社会力量，更好更方便地为群众办实事、办好事。加强社区服务中心建设，完善社区服务功能，把服务送到群众家门口，更好地服务居民群众。三要做好群众安置工作。加快安置房建设，更加注重产业配套，积极稳妥推进农村集体资产股份制改革，统筹做好村民转化市民后的就业再就业培训，教育宣传等工作，让群众生活方式更健康，生活环境更优美，实现安居乐业。

四、解放思想，改革创新，凝聚干事创业的强大合力

实现各项目标任务，党的领导是关键。要以党的群众路线教育实践活动为契机，全面加强党的建设，为实现全区更好更快发展提供坚强保障。

（一）加强思想政治建设，增强加快发展的精神动力。思想政治建设是党建工作的核心和灵魂。一要强化理想信念教育，完善中心组学习制度，依托"周末大讲堂"活动，认真学习党的十八大、十八届二中、三中全会精神和习近平总书记系列讲话精神，教育引导广大党员干部，提高党性观念，强化理论武装，进一步坚定中国特色社会主义道路自信、理论自信、制度自信，切实增强责任感和使命感。二要持续推进社会主义核心价值体系建设。大力弘扬中华民族优秀传统文化，深化"道德讲堂"，深入开展学雷锋活动，拓展培育和践行社会主义核心价值观的有效途径，增强公民的文明意识、道德意识，逐步形成"讲文明树新风"的浓厚氛围。三要强化宣传舆论引导，围绕内强素质、勤练内功，加强宣传队伍建设，健全"新闻发言人"制度，做好全媒体时代的宣传工作，积极传递"正能量"。加强舆论引导，大力宣传区委、区政府的决策部署、社会经济发展的经验成就和未来的美好愿景，增强干部群众的发展信心；广泛宣传各条战线、各个领域涌现出的先进典型，把镜头更多地对准基层一线，引导全社会力量积极参与二七区建设，凝聚强大的工作合力。

（二）加强干部和人才队伍建设，为各项事业发展提供坚强保障。2014年，全区各项任务更加繁重，每个项目、每项工作都是硬骨头，对全区党员干部提出了更高要求。必须建设一支想正事、干正事、干成事、不出事的领导干部队伍。一要加强品德修养。群众对党和政府的认识，更多更直接来源于每一名党员干部的言行中。党员干部要敢于亮明身份、亮出承诺，主动服务群众、自觉接受监督。要常自省和反思，群众对你的尊重是由衷的还是表面的？是仅仅敬畏你的岗位，还是兼具你的人品和能力？希望全区的党员干部以工作实绩赢得组织和群众的认可。要认真对照习近平总书记关于"好干部"的20字标准，把国际化视野、现代领导素质和作风扎实、敢于担当的素质要求融入当中，每个人都要努力做到信念坚定、为民服务、勤政务实、敢于担当、清正廉洁。二要提升能力素质。成长为好干部，一靠自身努力，二靠组织培养。广大党员干部要牢固树立终身学习的理念，坚持"学中干、干中学"，加强岗位练兵，突出学习的针对性和实效性，努力掌握更多的理论知识、前沿科技知识和业务技能，提高解决问题、化解矛盾的能力，抢抓机遇、推动发展的能力，凝聚力量、团结协作的能力。三要强化领导班子建设。坚持党的民主集中制，一把手做到不管什么样的"班子"都能带得住、带得好；副职做到在什么样的"班长"带领下都能尽职尽责，创造佳绩；领导班子成员之间既要能容人容事，又要坚持党性原则，做到思想上经常交流、工作上密切配合。四

要坚持正确用人导向。不唯学历、不唯职称、不唯资历、不唯身份，坚持在社会经济发展主战场、维护稳定第一线、服务群众最前沿，在克难攻坚中历练干部、发现干部、选用干部，重用那些能吃苦、善攻坚、德才兼备的优秀人才。要提高干部考核的科学性，健全干部识别考察机制，完善干部凭业绩自动生成机制，充分调动党员干部干事创业的积极性、主动性。五要加强人才队伍建设。坚持依托产业集聚人才，创新机制成就人才，优化环境留住人才，加快人才创新创业基地建设，完善科研成果转化、投融资等创新创业扶持政策，形成有利于人才发展的良好环境。

（三）加强基层组织建设，夯实坚强有力的执政基础。以服务群众为工作导向，深化推进服务型党组织建设，不断提升基层党建科学化水平。一要深入开展党的群众路线教育实践活动。第二批实践活动近期将启动，要按照省、市要求，深入调研，精心谋划，科学制订方案，突出重点，确保活动扎实高效推进。二要深化服务型党组织建设。持续推进“三强一创”活动，进一步创新党建活动的方式和载体，不断提升各级党组织服务发展、服务民生、服务群众、服务党员的能力和水平。要发挥网格化作用，抓好党的组织和工作“双覆盖”，培育一批党建工作亮点品牌，以点带面，全面提升党建工作水平。三要加强党员教育管理。按照“提高素质、优化结构、能进能出”原则，加强党员的培养教育和管理监督，建立健全党员经常受教育、永葆先进性的长效机制。四要强化基层基础。加强三级网格长队伍建设，把那些党性强、能力强、服务意识强的人充实到基层领导岗位上。要真正重视、真情关怀、真心爱护广大基层干部，进一步巩固“人往基层走、钱往基层花、物往基层用、权往基层放、劲往基层使”的良好局面。

（四）加强作风建设，保持干事创业的精神状态。巩固提升“除四病、刹四风”干部作风集中整治活动成果，以作风建设的实际成效，推动全区发展再上新台阶。一要拉高坐标，提高站位。工作中，不仅要纵向比，还要超出自我与外界横向比；不仅勇于突破自我、挑战自我、超越自我，还要敢于向先进看齐、与高手比拼。希望大家高点站位，自我加压，在平凡的岗位上涌现出更多优秀干部，在更多的优秀干部中培养历练出更多卓越人才。二要满怀激情，积极主动。现在各项工作目标、时间节点已经非常明确，不是想干不想干的问题，也不是早干晚干都可以的问题，而是必须立即行动，全力以赴，以高度的政治责任感，充满激情的精神状态，一往无前的决心和信心，冲刺三年行动计划，确保各项目标圆满完成。三要强化责任，勇于担当。敢于动真碰硬、奋勇攻坚，到工作压力最大的地方去抓落实，到困难最多的地方去抓落实，到基层一线去抓落实，认真研究怎么才能做到、怎样才能做好，一个一个突破“瓶颈”、一个一个解决问题，以点带面，全面推进。四要带好风气，树好正气。围绕全区中心工作，向着总目标，静下心来，把精力集中在想正事上、本领体现在干正事上、目标锁定在干成事上、底线把握在不出事上，兢兢业业工作，勤勤恳恳奉献，以高度负责的精神，全力以赴推进各项工作。

（五）加强反腐倡廉建设，构筑拒腐防变的牢固防线。反腐倡廉是民心所向、事业所成。一要厉行勤俭节约。深入贯彻落实改进工作作风、密切联系群众的各项规定，厉行勤俭节约，反对铺张浪费，严控“三公”经费支出。二要创新廉政教育的内容和形式。深化“廉政亲情寄语”活动，增强反腐倡廉教育活动的感染力和影响力；强化宗旨意识，使党员干部不想腐、不敢腐、不能腐，切实筑牢拒腐防变的思想防线。三要健全各项制度。制度具有根本性、长远性和稳定性。要健全权力运行监督制约机制，让权力在阳光下运行。要严格落实党风廉政建设责任制，完善政治纪律、组织纪律、财经纪律、工作纪律和生活纪律等制度，确保纪律刚性约束。四要强化监督管理。加强重点领域监督检查，加大案件查办力度，深入开展专项治理，维护好人民群众的合法权益，营造风清气正的发展环境。

（六）健全体制机制，确保各项工作有效落实。围绕新型城镇化建设、主导产业发展、项目建设等重点难点工作，不断探索创新管理体制、工作机制，做到依法依规有制度，用体制和机制管理人。要充分发挥区八个领导小组的作用，巩固一级抓一级、一级带一级、层层抓落实的良好局面。要完善督查机制，严格按照确定的时间节点要求，定期不定期开展督查检查，做到重点工作、重点项目进展到哪里，督查工作就跟进到哪里。要完善考核评价机制，按照党的十八届三中全会的精神要求和全市的统一部署，不断优化完善社会经济发展目标考核、区直部门综合目标考核、三个园区考核等评价办法，加大问责力度，把考核奖惩和用人结合起来，充分调动广大党员干部的积极性，保障工作高效开展。

同志们，2014年蓝图已经绘就，前景美好，责任重大。全区上下要坚定信心，迎难而上，始终以充满激情的精神状态，改革创新的工作措施，更加扎实的工作作风，树二七区发展品牌，展实力提升风采，努力为郑州都市区建设做出积极贡献。

谢谢大家！

中共二七区委2014年工作要点

（2014年3月1日）

2014年是实施“十二五”规划、推动全区发展提质增效的攻坚之年，是全面完成“三年行动计划”目标的决胜之年。全区工作的总体思路是：全面贯彻党的十八大、十八届二中、三中全会精神和省市委全会精神，坚持以“三大主体”工作为主导，以项目为抓手，树立“品牌、品质、品位”理念，突出“改革创新、持续提升、投资增效、服务惠民”，全面完成“三年行动计划”，努力走出一条符合郑州都市区规划、实现主城区整体效益最大化、富有二七特色的发展之路，为郑州都市区建设做出积极的贡献。

经济社会发展的主要预期目标是：地区生产总值增长11%，力争13%；公共财政预算收入增长10%，力争14%；规模以上工业增加值增长12%，力争14%；全社会固定资产投资增长23%，力争30%；社会消费品零售总额增长15%，力争17%；城镇居民人均可支配收入增长10%，力争11%；农民人均纯收入增长10%，力争11%；人口自然增长率控制在6.5‰以下，万元生产总值能耗控制在市定目标内，各项社会事业取得新进展。

实现各项目标任务，2014年要着重从六个方面实现新突破：

一、狠抓项目，扩大投资，在增强区域发展后劲上取得新突破

1、加强选商引资，提升发展品位。坚持开放创新双驱动，不断完善选商引资工作机制，建立健全项目库，更加重视项目包装策划、梯次储备和落地开工。注重选商引资的品牌、品质、品位，立足于产业高端、产品终端、科技前沿，选大商、招强商，引进一批具有国际影响力、国内辐射力、国内外资源整合力的“三力”型项目。加强主导产业招商，突出集约用地、投资强度、税收贡献、科技含量和环保要求，着力提升主导产业发展层级和比重。强化二次招商，提升招商门槛，依托城市更新，引进特色鲜明、品牌度高的主导产业项目，进一步形成产业集聚优势。

2、加快项目建设，持续扩大投资。完善区级领导分包重点项目和项目考核等制度。提升项目服务水平，建立重点项目分包领导、责任单位、项目所在地、职能部门“四位一体”帮办服务机制，形成全方位、多层次服务网络，促进项目加快进度。准确把握国家、省、市产业发展导向，提高项目前期工作精深度和成熟度，推进更多主导产业项目列入省、市重点盘子。深入细致做好项目生成、评价、洽谈、引进、用地指标配置等工作，促进项目加快落地、顺利开工，进一步在全区形成大建设、大发展局面。

3、抢抓改革红利，促进发展要素集聚。把握中央建立城乡统一的建设用地市场、加快完善现代市场体系、下放经济管理权限等机遇，积极探索实践，以先试先行争创体制机制优势，增强区域发展活力动力。主动对接郑州航空港经济综合实验区建设，引导、支持辖区企业，加入电子商务、航空物流等产业链中，实现借力发展、借势发展。加强用地计划管理，突出土地用途管控，提升土地运作水平，提高土地节约集约利用效率，全年力争完成土地报批4000亩，征收6000亩，供应4000亩，实现土地储备7000亩。充分发挥区建设投资公司、二七国有资产经营有限公司等融资平台作用，综合运用多种融资方式，为区域发展提供资金支持。

二、提升品质，树立品牌，在主导产业发展上取得新突破

4、大力发展高端商贸服务业。以二七特色商业区建设、市场外迁和服务业重大项目为抓手，强化规划龙头作用，引领服务业结构层次和品质提升，确保全年服务业增加值突破350亿元，占地区生产总值75%以上。加快地下空间开发，积极发展地铁经济，优先建设配套基础设施和公益性服务设施，突出交通精细管理，加大缓堵保畅力度，提升中心城区综合承载力；依托旧城和城中村改造项目，增加中心城区高端商业开发比重，适度控制住宅项目开发，通过功能疏解带动核心区人口转移，突出中心城区品牌影响力和辐射带动力。充分发掘辖区悠久的商业文化、红色文化及现代商业优势，加快特色街区培育、建设步伐；大力发展楼宇经济、总部经济，力争培育和打造税收“亿元楼”。

5、培育壮大电子商务产业。探索电子商务助推传统产业转型升级发展之路，鼓励、支持辖区实体企业加强信息技术运用，通过电子商务渠道扩大销售，扩大市场。大力引进电子商务骨干企业、第三方交易平台，培育孵化配套产业，搭建电子商务生态链条。加快淘宝（郑州）女装馆等重点项目落地建设，强力推进城南电子商务产业集聚区建设，力争全年引进电子商务企业突破50家，使电子商务成为新的经济增长点。

6、做大做强现代食品制造业。坚持内涵与外延并重、“引外”与“培内”并举，加快推进顶新扩大再投资、花花牛乳制品等重大项目建设，实现大项目带动大产业发展；围绕世界五百强、国内一百强和行业龙头，努力引进一批大块头和高成长型企业，力争全年完成营业收入178亿元，规模以上工业营业收入150亿元。不断优化集聚区产业结构，在发展食品、机械制造等优势产业的同时，积极发展关联第三产业，推进工业观光旅游，增强集聚区综合服务能力。

7、积极培育生态文化产业。全力推进华侨城文化休闲旅游综合体等重大项目建设，引进一批大型生态文化项目，推进生态资源优势向发展优势转化。以辖区特色文化资源和历史名胜为重点，实施文化产业“倍增”计划，打造具有地域特色的文化产业群，不断壮大文化产业实力。培育发展休闲旅游产业和生态高效农业，加快樱桃沟森林公园和乡村旅游标准化

建设，创新旅游宣传模式，培育发展项目推介、代理服务等中介服务机构，逐步形成生态文化产业服务体系，推动近郊休闲观光旅游业上档次、树品牌。

三、以人为本，统筹发展，在新型城镇化建设上取得新突破

8、**深入推进四类社区建设**。坚持“政府主导、市场运作、和谐拆迁、统一标准、安置优先”的原则，创新建设模式，攻坚疑难问题，着力在土地招拍挂、项目开工见效和安置房建设等方面求突破。全面完成孙八砦、贾寨、中央商务区等6个重点区域拆迁；加快高砦、冯庄、德化大厦等开工项目建设进度；按照“136”时间节点，加快推进城中村和旧城改造安置房建设。认真落实合村并城三年行动计划，完成大田垌、马寨等6个项目拆迁，全面实现12个合村并城项目安置房全部开工。

9、**加快完善公共基础设施**。加大支线路网建设力度，协调推进全区更多路网工程列入全市年度建设计划，扎实做好郑登快速通道、陇海路高架桥等省市重点工程服务，确保项目顺利推进。加快道路生态廊道建设和铁路沿线绿化整治，完成铁路绿线范围内应拆建筑物拆迁、绿化等任务。抓好高速公路出入口及连接道路综合整治，完成大学南路南延等道路拆迁、市容环境整治和生态绿化。加快综合性公园建设工作，2014年底前全部建成开放，并配备养老、医疗、教育等设施，形成区域性便民服务中心。

10、**全面推进二七新区建设**。抓好规划、土地工作，完成城南电子商务产业集聚区项目控规和金水河、郑密路、南四环围合区域控规编制报批等工作；加大手续办理协调力度，实现土地出让金60亿元。抓好基础设施及公共服务配套建设，加快鼎盛大道、环翠路等市管路网建设；积极推进嵩山南路、京广南路2座污水泵站建设工作。抓好拆迁及安置房建设，争取全年完成新区范围内所有村庄拆迁；开工南岗刘合村并城一期安置区和铁三官庙、郭家咀安置区建设。抓好项目建设，采取多种形式，加大新区宣传推介力度，做好选商引资工作；加快绿地滨湖国际城、郑州CSD等项目建设进度。积极拓宽融资渠道，搭建融资平台，破解资金瓶颈。

11、**不断发展壮大马寨产业集聚区**。全力争创省级经济开发区，着力打造具有国际风情的慢城小镇。扎实稳妥推进坟上等社区合村并城建设，启动张河、程炉安置区二期工程建设，优先推进新镇区开发。全面推进集聚区基础设施建设，优化污水、热力等各类管网结构，实现建成区内供水、供电、供气、通讯全覆盖。加快工业项目用地开发和标准化厂房建设。完善管理和服务方式，积极探索便企、利企服务新模式。深化探索银行借贷、项目运作、社会合作等途径，扩大投融资成效。加大招商引资和重点项目建设力度，培育电子商务产业集群，实现向“产城一体、二三并重、功能完善”的城市新区转型晋级。

12、**加快提升中心城区功能**。全力推进二七特色商业区建设，围绕“一心、两带、四区、五街”规划布局，构筑立体交通体系，加快城市有机更新，打造功能完善、环境优美、业态高端的现代化高品质服务业形象展示区。继续推进城市管理创新，不断提升数字化城市管理水平，健全城市管理体制和运行机制，推行智能化、精细化、常态化管理。

13、**加强生态文明建设**。以侯寨“美丽乡村”建设，西南8万亩水源涵养林管护，贾鲁河、金水河源头和尖岗水库6000亩水系治理，国家森林城市创建等为依托，大力发展生态农业，提升城区生态环境。健全国土空间开发、资源节约利用、生态环境保护体制机制，认真落实节能减排政策，强化节能减排目标责任考核和问责机制，提高项目准入门槛，打造生态效益、经济效益、社会效益相结合的高品质城市人居生活环境。

四、改善民生，服务群众，在促进社会和谐上取得新突破

14、**深入推进网格化管理工作**。认真贯彻十八届三中全会精神，推进长效机制持续“深化规范提升”。全面推进标准化体系建设，及时提炼好的经验做法，不断完善网格化管理标准体系。深化条块融合，进一步梳理界定乡镇街道和职能部门职责，推进履责常态化，确保问题快速解决，工作高效落实。稳步推进群众自治，在法律法规框架内，提升群众自治水平。充分发挥群众主体作用，继续以文化活动为引领，开展特色主题活动，进一步调动更多社会力量参与网格化管理。加强社区服务工作，探索建立社区公共服务、社区商业服务、社区志愿服务、政府购买公益服务和居民互助服务体系，着力提升社区服务水平。2014年，全区每个乡镇街道至少要打造1个网格化管理工作亮点社区。

15、**持续保障和改善民生**。全面实施“六名工程”提升计划，积极构建“多彩教育”区域教育文化，加快推进教育事业高位均衡、特色优质发展。深入实施科技兴区、科技富民，加强软科学研究，提升区域发展软实力。深化落实医疗卫生体制改革各项要求，进一步完善公共卫生服务体系。探索推广社区服务中心模式，建设运营小型城市服务综合体。不断创新社会救助体系，探索新型养老方式，提升社会保障服务水平。完善人口和计划生育工作机制，促进人口长期均衡发展。进一步加强社会保险工作，完善社会保障体系建设。认真做好城镇就业、再就业和农村劳动力转移就业，落实困难群体和高校毕业生就业“三优先”政策，努力增加和促进就业。加大保障性住房建设力度，逐步改善中低收入家庭居住条件。加强社区软硬件建设，完善社区网格化服务功能。继续办好每年为民承诺的实事好事。

16、**全力促进社会和谐稳定**。改进社会治理方式，完善和探索信访稳定工作的新方式、新机制，激发社会组织活力，进一步畅通信访渠道，有效预防和化解社会矛盾。巩固平安创建成果，完善社会治安防控网络，抓好综治基层基础建设，依法打击各种违法犯罪活动。健全突发公共事件应急机制，提高保障公共安全和处置突发事件的能力。严格落实安全生产“一岗双责、党政同责、齐抓共管”相关规定，进一步完善工作体制机制，探索安全生产工作分级、分类管理办法。深入开展食品安全严打整治行动，不断加大消防、煤矿、建筑、危险化学品安全监管力度，有效防范和坚决遏制重特大安全事故，保障人民群众安居乐业。

五、凝聚合力、营造氛围，在民主法治和精神文明建设上取得新突破

17、**加快社会主义精神文明建设**。深入开展优秀传统文化学习宣传和“道德讲堂”活动，提高公民道德素质，弘扬社会正能量。加强社会主义核心价值观教育，发挥正面典型示范引领作用，构筑具有二七特色的城区价值体系。做好第四届全国文明城市创建工作，积极推动我区跨入国家级文明城区行列。加快诚信二七建设，创新完善社会征信体系，强化党委、政府信用意识，坚持依法依规承诺；深化党务、政务公开；严厉打击各类扰乱市场秩序和破坏生产经营环境的违法违规行为。创新志愿服务形式，打造二七特色志愿服务品牌。加快农村基础设施建设，推动城乡人居环境改善。继续强化未成年人思想道德建设工作。

18、**着力发展社会主义文化事业**。完善文化管理体制，建立健全现代文化市场体系，构建现代公共文化服务体制，增强文化创造活力。强化文化基础设施建设，加大农村文化基础设施投入，努力实现公共文化服务的标准化、均等化。大力推进文化惠民工程，实施文化艺术“双百”计划；广泛开展群众文化活动，丰富群众精神文化生活。加强新闻宣传阵地和载体建设，引进、培育文化创作和管理人才；加大文化市场执法力度，净化社会文化环境；把握舆论导向，健全舆情监测、报告、研判、处置机制；健全新闻发言人机制，加强网络评论员、网络宣传管理等队伍建设。

19、**积极建设社会主义民主政治**。坚持党的领导核心地位，增强党委统揽全局、协调各方的能力。大力支持区人大及其常委会依法履行职能，加强重大事项的决定和监督，进一步做好人大代表工作。大力支持区政协依法履行职能，推进政协履行职能制度建设，充分发挥其在协调关系、建言献策、服务大局方面的重要作用。加强统战工作，做好新时期工商联、民族、宗教等工作。认真做好老干部工作。充分发挥工会、共青团、妇联、科协、残联、红十字会等人民团体的作用。深入开展国防教育，扎实做好“双拥”共建工作。积极发展基层民主，健全城乡基层群众自治制度，深化政务公开、司法公开、村务公开。

20、**深入推进依法治区工作**。认真抓好“六五”普法工作，深入开展“法律六进”活动，深化“法治文化建设年”“法治二七”建设工作，推进依法治区、依法执政、依法行政。加强政法队伍建设，推进执法规范化进程，提高政府机关人员依法行政能力，促进公正廉洁文明执法。全面深化行政审批制度改革，深入开展“两集中两到位”改革，强化行政效能监察，优化经济发展环境，建设法治政府和服务型政府。

六、解放思想，改革创新，在加强党的建设上取得新突破

21、**深入开展党的群众路线教育实践活动**。按照省市的统一安排部署，结合全区深入开展的“坚持依靠群众推进工作落实”长效机制工作，科学制定教育实践活动实施方案。围绕“照镜子、正衣冠、洗洗澡、治治病”的总要求，集中开展调查研究，合理安排学习教育、查摆问题、整改落实和建章立制各环节工作，确保活动扎实有序推进。

22、**加强思想政治建设**。深入学习贯彻十八届三中全会精神，积极开展各类主题教育培训和系列宣讲活动，全面推动干部群众解放思想、更新观念。深化开展“周末大讲堂”活动，搭建更多形式、更广内容的干部交流互动、自我提升平台。进一步加强和巩固党委（党组）中心组学习制度，不断扩大学习覆盖面，增强学习影响力，推动理论学习规范化、制度化。

23、**加强领导班子和干部队伍建设**。持续加强领导班子民主集中制建设，营造“风正、气顺、心齐、劲足”的工作氛围。全面提高干部考核科学性，完善干部识别考察机制，使合适的干部在适合的岗位上发挥更大作用。坚持把经济发展主战场和基层一线作为历练发现选用干部的主阵地，建立健全干部凭业绩自动生成机制。围绕区委中心工作，积极选派干部到重点岗位和基层一线进行实践锻炼，到上级部门、发达地区挂职学习，全面提升干部队伍的综合素质。认真落实《二七区人才发展五年规划》，发挥创新创业等各类人才在全区经济社会发展中的作用。

24、**加强基层组织建设**。深化推进“三强一创”活动，不断提升各级党组织服务发展、服务民生、服务群众、服务党员的能力和水平。切实抓好党员志愿服务，持续开展在职党员“双报到双服务”活动，全面提升党员参与度。严格党员教育管理，加大对不合格党员的教育处置力度，保持党员队伍的先进性、纯洁性。继续做好群众工作队选派工作，提升群众工作规范化水平。加大大学生村（社区）干部管理、培养和使用力度，促使其健康成长成才。发挥党建网格化作用，抓好党的组织、党的工作“双覆盖”。拓展党员远程教育形式，有效扩大党员电教的覆盖面和受益率。

25、**加强和改进工作作风**。深入贯彻关于改进工作作风、密切联系群众的各项规定，着力解决人民群众反映强烈的突出问题，提高做好新形势下群众工作的能力。巩固深化提升“除四病、刹四风”干部作风集中整治活动成果，厉行勤俭节约，反对铺张浪费，严控“三公”经费支出，严治公款吃喝、旅游等行为。

26、**加强反腐倡廉建设**。严格落实党风廉政建设责任制，严明政治纪律、组织纪律、财经纪律、工作纪律及生活纪律，确保纪律刚性约束。深入开展专项治理活动，切实维护好人民群众的合法权益。坚持抓早抓小，进一步强化警示教育和理想信念教育；强化监督检查，加强反腐败机制创新和制度建设，建立健全权力运行监督制约机制；坚持有案必查、有腐必惩，严查滥用职权、贪污贿赂、失职渎职等案件，严惩以权谋私等行为。

中共二七区委
关于在全区党员中深入开展党的群众路线教育实践活动的实施意见

（2014年3月10日）

党的十八大明确提出，围绕保持党的先进性和纯洁性，在全党深入开展以为民务实清廉为主要内容的党的群众路线教育实践活动。这是新形势下坚持党要管党、从严治党的重大决策，是顺应群众期盼、加强学习型服务型创新型马克思主义执政党建设的重大部署，是推进中国特色社会主义伟大事业的重大举措。根据《中共中央关于在全党深入开展党的群众路线教育实践活动的意见》（中发〔2013〕4号）、《中共中央办公厅印发〈关于开展第二批党的群众路线教育实践活动的指导意见〉的通知》（中办发〔2014〕4号）、《中共河南省委办公厅印发〈河南省第二批党的群众路线教育实践活动实施意见〉的通知》（豫办〔2014〕3号）和《中共郑州市委关于在全市党员中深入开展党的群众路线教育实践活动的实施意见》（郑发〔2014〕6号）要求，结合我区实际，现就在全区党员中深入开展党的群众路线教育实践活动提出如下意见。

一、总体要求

开展党的群众路线教育实践活动要以党的十八大、十八届三中全会和习近平总书记系列重要讲话精神为指导，围绕保持党的先进性和纯洁性，把握为民务实清廉主题，坚持"照镜子、正衣冠、洗洗澡、治治病"总要求，严格落实中央八项规定、《党政机关厉行节约反对浪费条例》、省委省政府若干意见和市委市政府二十条规定以及区委区政府二十六条规定，按照"聚焦反对'四风'，加强'双基'建设，突出服务群众和维护群众合法权益两大重点，真抓实做，推动活动健康开展"的基本要求，以"学习弘扬焦裕禄精神，做为民务实清廉表率"和深化规范提升"坚持依靠群众推进工作落实"长效机制为载体，以"一学三促四抓"为抓手，以群众满意为根本标准，紧密结合基层服务型党组织创建活动，坚持严的标准、严的措施、严的纪律，着力解决关系群众切身利益的问题，提高做好新形势下群众工作的能力，使党员干部思想进一步提高，作风进一步转变，党群干群关系进一步密切，为民务实清廉形象进一步树立，基层基础进一步夯实，为树立"品牌、品质、品位"理念，在全市率先实现城乡一体化和全域城镇化提供坚强保证。

要坚持以区级领导机关、领导班子和领导干部为重点，突出抓好直接联系服务群众的执法监管部门和窗口单位、服务行业的教育实践活动，注重抓好乡镇街道、村（社区）等与群众联系密切的基层组织的教育实践活动，统筹抓好中小学校及幼儿园、医院、非公有制经济组织、社会组织和其他基层党组织的教育实践活动，切实加强广大党员干部马克思主义群众观点和党的群众路线教育。

要借鉴运用第一批教育实践活动成果和经验，发扬认真精神，坚持正面教育为主，坚持开展批评和自我批评，坚持真抓实做、讲求实效，更加注重领导带头、层层示范，更加注重聚焦"四风"、解决问题，更加注重敞开大门、群众参与，更加注重分类指导、有序推进，更加注重上下协力、衔接带动，更加注重严格要求、真督实导，确保活动不虚不空不偏，不走过场。

二、重点任务

党的群众路线教育实践活动的主要任务是抓住反对"四风"这个重点，对作风之弊、行为之垢来一次大排查、大检修、大扫除。同时，要积极回应群众关切，维护群众利益，注重解决实际问题，解决群众身边的不正之风，把改进作风的成效落实到基层，真正让群众受益。

（一）着力解决"四风"方面的突出问题。区、乡镇街道领导机关、领导班子和领导干部要围绕牢固树立大局意识、群众观念，增强执政能力，提高服务引导群众、化解矛盾促进和谐的水平，重点解决理想信念动摇，责任心不强、不敢担当，贯彻上级决策部署不彻底、不能创造性地开展工作，心浮气躁、组织纪律性差，坐等上门多、主动问需少，落实惠民政策缩水走样，好事办不好，工作不专心、在位不在岗，得过且过、弄虚作假、欺上瞒下等问题。区直属单位和垂直单位要围绕强化宗旨意识、提升服务效能，重点解决业务不熟、政策把握不准，脱离群众、不接地气，庸懒散拖、推诿扯皮、消极怠工，亵渎职守、反仆为官，工作不落实、服务不主动，"中梗阻"、衙门作风等问题。执法监管部门和窗口单位、服务行业要围绕转变工作作风、优化发展环境，重点解决门难进、脸难看、事难办，乱收费、乱罚款、乱摊派，滥用职权、吃拿卡要，司法不公、执法不严，本位思想、群众观念淡薄、服务意识缺失等问题。村（社区）等基层组织要围绕拓展服务功能、提升服务水平、夯实基层基础，重点解决班子软弱涣散、战斗堡垒作用发挥不好，服务群众意识和能力不强，党员日常管理的平台搭建不够、作用发挥的途径不广，政务不透明、财务不公开，决策"一言堂"、权力"一把抓"，群众合理诉求得不到解决，"小官僚、小衙门"做派严重，作风粗暴，办事不公、优亲厚友，侵占集体资产、克扣群众财物、损害群众利益等问题。中小学校及幼儿园要围绕加强职业道德建设、办好群众满意教育，重点解决违反规定收取赞助费、招收高收费班、收受教辅材料回扣，及道德教育、安全教育、法治教育、“三观”教育缺失等问题。医院要围绕加强行风建设、构建和谐医患关系，重点解决宗旨意识淡薄、服务能力不强、执业道德水平不高，片面追求经济利益、忽视社会责任，唯利是图、收“红包”、捞外快等突出问题。非公有制经济组织和社会组织要围绕有效增强党组织的政治引领和政治核心作用，重点解决党组织和党的工作覆盖面不全，党员意识淡化、党性观念不强、在职工群众中起不到带头作用，党组织生活不正常、职工合法权益维护不够、诚信经营意识不强，与企业生产经营“两张皮”等问题。流动党员要围绕加强教育管理，重点解决不愿意亮明身份、不积极参加组织活动、不主动发挥先锋模范作用等问题。各单位要对照以上问题，对号入座，主动认领，同时还要深入查摆工作落实不力、组织纪律涣散、服务效率低下及其他问题。

（二）**着力解决关系群众切身利益的突出问题**。坚持为民利民便民，本着量力而行、尽力而为的原则，落实各项惠民政策。办好区委区政府提出的十件民生实事，解决群众在教育、医疗、住房、就业、社会保障等方面的基本需求问题，解决生态环境、食品药品安全、安全生产、社会治安、执法司法、征地拆迁等方面损害群众切身利益的问题，解决困难群众的生产生活问题，解决与民争利问题。充分发挥网格化管理作用，推进民生实事办理和涉及民生领域的专项整治。畅通民意诉求表达渠道，深入开展领导干部接访下访，加强与群众的真诚沟通，做好矛盾纠纷排查化解工作。注重法治建设，坚持运用法治思维和法治手段解决问题，切实把群众合法权益维护问题纳入法治化轨道，让群众切身感受到社会的公平正义。

（三）**着力解决“双基”建设中的突出问题**。针对部分基层组织制度不健全、决策不民主、服务群众不到位及个别基层组织软弱涣散等问题，切实加强“双基”建设，扩大党的组织覆盖面和工作覆盖面，让党组织和党的工作延伸到经济社会发展各个领域，解决好联系服务群众“最后一公里”问题。持续深化“三强一创”活动，深入推进基层服务型党组织建设，不断提升“服务改革、服务发展、服务民生、服务群众、服务党员”的水平。加强基层组织建设网格化管理，强化基层党建工作责任制落实，推动基层党组织晋位升级。注重基层党组织书记队伍建设，加大教育培训和管理力度，努力培养造就一支守信念、讲奉献、有本领、重品行、服务意识强、服务作风好的党组织书记队伍。加强和改进乡镇街道、村（社区）便民服务工作，建立和完善标准化便民服务中心（站、点），坚持“十五分钟服务圈”、服务代办等机制，建强基层服务阵地。健全服务保障体系，建立稳定的基层组织运转和基本公共服务经费保障制度，推动人、财、物向基层倾斜，强化基层工作导向。坚持在“双基”建设中推进网格化管理，认真落实长效机制“三个三分之一”要求，深化网格化管理标准体系建设，完善条块融合、三级网格工作机制，推动党员干部向基层下沉，服务向基层延伸。围绕扩大有序参与、加强议事协商、强化服务监督、促进矛盾化解四个重点，健全各类群众性自治组织和社会性服务组织，深化在职党员“双报到双服务”活动，加强志愿者队伍建设，推行楼栋长管理服务，落实“四议两公开一监督”工作法，探索开展新时期星级文明家庭评选活动，实现政府管理和基层自治的互为支撑。

三、主要环节

党的群众路线教育实践活动从2014年3月开始，2014年9月基本完成。要坚持边学边查边改，夯实学习教育和查摆问题两个基础，抓住整改落实和建章立制两个关键，落实认真从严的要求，使教育实践活动各环节有效衔接、有序推进。

（一）学习教育、听取意见

1、抓好学习教育。依托中心组学习、周末大讲堂、网络专栏、微博短信、家庭党校等载体，组织党员干部认真学习中国特色社会主义理论体系和社会主义核心价值观，学习党章和党的十八大、十八届三中全会及习近平总书记一系列重要讲话精神，学习中央和省委、市委、区委关于教育实践活动及作风建设方面的规定和要求，学习党的光辉历史和优良传统，学习第一批教育实践活动的经验做法。对照理论理想、党章党纪、民心民声、先辈先进四个方面，树起红色教育启迪、贫困地区体验、优良传统帮带、先进文化洗礼、先进典型引领、反面教材警示“六面镜子”，时刻对照反省，使广大党员志有标准、学有榜样、戒有警示。以“学习弘扬焦裕禄精神，做为民务实清廉表率”为主题开展学习教育，引导党员干部尤其是党员领导干部做到“六问六带头”。以史来贺、吴金印、李连成、任长霞、胡佩兰、杨华民、张金保等先进典型为榜样，开展“我是谁、为了谁、依靠谁”讨论交流活动，增强广大党员干部践行群众路线的思想和行动自觉。

2、听取群众意见。各级各部门由领导班子成员带队，组织党员干部“带着问题”深入联系点、三级网格、非公企业和联系分包基层单位，开展调查研究，了解基层实情，把握民意诉求。采取集中座谈、上门走访、发放问卷、网络征询、开通“民意快线”、官方微博、电子邮箱、社会公共管理信息平台等方式，拓宽民意诉求表达渠道。注重听取工作对象和服务对象的意见，重视来信、来访等送上门的意见。对征求到的意见建议进行分门别类，系统整理，直接反馈给领导班子、领导干部和有关部门。统筹做好征求意见工作，防止相互征求意见“公文旅行”、“函来函往”，防止“一窝蜂”下基层、重复征求意见。

（二）查摆问题、开展批评

1、找准找实突出问题。按照为民务实清廉要求，采取群众提、自己找、上级点、互相帮、集体议等方式，通过基层看问题、群众看干部、民意看差距、工作看作风、下级看上级，深入查找“四风”突出问题；注重从关系群众切身利益的突出问题、制约改革发展的突出障碍、影响党组织和班子建设的突出矛盾中，结合自身实际，深入查找“四风”方面的共性问题和个性特征，防止以工作问题代替作风问题、以班子问题代替个人问题、以共性问题代替具体问题。“四风”问题要以现行政策为标准，严格对照中央八项规定、省委省政府若干意见、市委市政府二十条规定和区委区政府二十六条规定等，进行查找。各单位领导班子要召开一次查找“四风”问题专门会议，通过相互交流、相互启发，使查摆问题更准确、更深入。各级机关和企事业单位还要对照《党政机关厉行节约反对浪费条例》，乡镇街道、村（社区）还要对照《农村基层干部廉洁履行职责若干规定（试行）》进行检查。

2、认真撰写对照检查材料。各级各部门领导班子、班子成员要撰写对照检查材料。对照检查材料要认真列出“四风”问题的具体表现、典型事例，对“三公”经费支出、职务消费、办公用房和住房、领导干部家属子女从业等情况要作出说明；紧密联系思想和工作实际，从理想信念、宗旨意识、党性修养、政治纪律等方面剖析根源，明确努力方向和整改措施，确保对照检查“画得像、查得深、找得准、态度诚”。主要负责同志要主持起草领导班子对照检查材料，并在一定范围征求意见。班子成员要自己撰写个人对照检查材料。上级党组织、党（工）委（党组）负责同志和督导组要严格审核把关。村（社区）、中小学校及幼儿园、医院、非公有制经济组织、社会组织和其他基层党组织，可参照上述要求执行。

3、开好专题民主生活会和组织生活会。各级各部门领导班子要按照严肃认真、实事求是、民主团结的要求，召开专题民主生活会。会前，要普遍开展谈心交心。会上，要以整风精神开展严肃认真的批评和自我批评，既揭短亮丑、动真碰硬，又实事求是、出以公心，不发泄私愤，不搞无原则纷争，达到改进提高、团结鼓劲的目的；主要负责同志要带头开展批评和自我批评，班子成员之间要进行相互批评，做到“三讲三不讲”，即讲原则不讲关系、讲真话不讲套话、讲要害不讲枝节。会后，要在一定范围通报民主生活会情况。村（社区）、中小学校及幼儿园、医院、非公有制经济组织、社会组织和其他基层党组织，要召开专题民主生活会和组织生活会，开展民主评议党员工作，针对存在问题提出改进措施和办法。上级机关党员领导干部要参加下级单位领导班子的专题民主生活会，党员领导干部要以普通党员身份参加所在党支部组织生活会。

（三）整改落实、建章立制

1、抓好整改落实。各级各部门领导班子要紧扣班子查摆出的问题、基层和群众反映的问题、上级指出的问题、网格追溯上来的问题，认真制定切实可行的整改方案，突出“四抓”事项，明确路线图、任务书、时间表和责任人，做到具体化、可操作、可督查。领导班子成员要制定个人整改措施并抓好落实。村（社区）、中小学校及幼儿园、医院、非公有制经济组织、社会组织和其他基层党组织可列出问题清单，明确整改措施。坚持边学边查边改，活动一开始就改起来，从具体事抓起，从身边事做起，从群众最不满意的地方改起。对能马上整改的问题要即知即改、立行立改；对复杂难办的问题，要提出有效的解决方案，创造条件进行整改；对“四风”共性问题和群众最为关心的热点难点问题，要进行专项整治。推行挂单整改和阳光整改，向群众作出整改承诺，建立问题整改台账，实行销号管理，及时公布、通报整改情况，请群众评价和监督。

2、开展专项整治。根据初步调研和问题梳理情况，围绕作风建设，集中整治文山会海、检查评比泛滥，公款送礼、公款吃喝、奢侈浪费，多占办公用房、新建滥建楼堂馆所，党员干部违规经商办企业、参与非法集资，党政机关、事业单位人员超编和超职数配备干部，“三公”经费开支过大，拉票贿选跑官要官等“四风”问题。围绕维护群众合法权益，集中清查治理政策缩水走样、办事不公，党政单位和机关干部拖欠群众钱款、打白条、耍赖账，黑作坊、黑诊所、黑渣土车、“黄牛党”，税费违规征缴、公路“三乱”和教育、医疗乱收费等问题。围绕“双基”建设，集中整顿软弱涣散基层组织，对不合格党员进行严肃处理。围绕社会和谐稳定，集中排查化解各类信访积案，以及城市化推进中拆迁安置补偿不到位、企业改制后遗留问题长期得不到解决、对待群众合理诉求不作为等问题。围绕环境保护，集中开展环境污染综合治理，着力解决企业违法排污、河流污染严重、垃圾乱堆乱放、环境基础设施建设滞后等问题。活动中新发现、群众反映强烈的问题要及时梳理整治。单位自身能够解决的问题，要制定计划，批次推进，梯次整改；需要上下联动解决的问题，要立项上报，合力解决；需要纳入全区重点整治的问题，要逐项研究，明确目标、任务、责任和时间要求。前期配合上级开展的整治事项及2013年我区实施的“十二项专项治理”，要进行“回头看”，没有整改到位的继续下猛药、出重拳，落实整改；已经取得初步成效的要巩固成果，防止反弹。

3、强化正风肃纪。深入贯彻落实中央八项规定和中纪委三次全会精神，严明党的各项纪律，强化执纪监督，加大对违纪违法党员干部审查力度。坚持严字当头，坚决查处发生在群众身边的不正之风和腐败问题，坚决整治特权病、冷漠病、梗阻病、懒散病、享乐病、挥霍病。加强领导班子建设，严格干部教育管理，对软、懒、散的领导班子进行整顿；对存在一般性作风问题的党员干部，立足于教育提高，促其改进；对群众意见大、不认真查摆问题、没有明显改进的党员干部，进行组织调整。围绕专项整治加强明察暗访，对有问题不整改、大问题小整改、边整改边再犯的党员干部严肃批评教育，必要时采取组织措施和纪律措施；对顶风违纪、严重侵害群众利益的党员干部，及时移交纪检监察机关或有关方面严肃查处，并在一定范围通报处理结果。

4、完善制度机制。用改革的办法、法治的思维和问题的导向，注重从体制机制上解决问题。坚持于法周延、于事简便的原则，认真做好废、改、立工作，推动制度机制创新。认真梳理现有制度，对经实践检验行之有效、群众认可的，长期坚持，抓好落实；对不适应新形势新任务要求的，该废止的立即废止，该完善的抓紧修订；对现实工作需要而尚未建立的，组织力量调查研究，科学论证，限期制定。第一批教育实践活动中央和省委出台的制度和办法，要深入贯彻，严格执行。把加强制度建设与深化规范提升“长效机制”紧密结合，通过“长效机制”不断巩固扩大教育实践活动成果。要注重制度建设的科学性、针对性和实效性，坚决防止照搬照抄、重复建设，“单兵推进”、各行其是，只顾眼前、不顾长远，有令不行、有禁不止等不良倾向。

四、推进方法

根据不同层级、不同领域、不同对象提出不同目标要求，坚持分类实施、分层联系、分线督导、分项建账、分步规范，有针对性加强指导。

（一）压茬有序推进。第二批教育实践活动大体安排8个月时间，具体到每个单位，开展教育实践活动的时间一般不少于3个月。采取统一部署、区分层级、梯次展开、压茬进行的办法，区级领导机关先行一步，乡镇街道、村（社区）及其他基层组织依次推进。在活动推进中，四大班子先于部门班子，部门班子先于基层科室。具体到一个单位，领导班子先于中层机构，中层机构先于基层支部。各单位要针对自身特点，认真制定实施方案，明确目标要求、具体任务、活动载体和推进措施。要坚持时间服从质量，各单位可结合实际，统筹协调、科学安排时间进度。

（二）坚持分类实施。区、乡镇街道领导机关、领导班子和领导干部要紧紧扭住解决“四风”问题不走神、不散光，在找准和解决突出问题上下功夫、见实效。各基层单位要突出服务群众这个着力点，在增强服务群众意识、提高服务群众能力上下功夫，运用网格化管理、选派群众工作队、驻村联户、定点扶贫、结对帮扶、在职党员“双报到双服务”等有效载体，把联系服务群众工作做扎实。非公有制经济组织和社会组织党组织要注重采取小型、业余、分散的方式开展活动。流动党员参加教育实践活动以流入地党组织为主，流出地党组织为辅。离退休党员及年老体弱党员的教育实践活动，可采取送学上门等方式进行。

（三）发挥行业系统指导作用。干部实行垂直管理或以行业为主管理的公安、工商、地税、国土、规划、质监、社保、食品药品监管、农信社等部门，要严格按照上级领导部门的安排和部署，认真开展自身和所属基层党组织的教育实践活动。教育、环保、住建、农业、卫生、计生、安监等关系群众切身利益的部门，要充分发挥行业系统指导作用，上下联动开展专项整治，共同推进教育实践活动开展。

五、组织领导

（一）强化领导，明确责任。区委对全区教育实践活动承担直接责任，在抓好区级班子活动的同时，统筹抓好全区各领域各行业的教育实践活动。区委常委联系1个乡镇街道，蹲点1个村（社区），示范带动教育实践活动深入开展。区政府党员副区长按业务对口选择1个区直单位，作为教育实践活动联系点。乡镇街道党（工）委主要抓好班子自身的教育实践活动，负责组织村（社区）、所属非公有制经济组织和社会组织等基层党组织和党员的教育实践活动；区直各单位党组织要重点抓好班子自身和所属基层党组织的教育实践活动。各级党（工）委（党组）主要负责同志要承担起第一责任人职责，带头真抓实做、亲力亲为，发挥示范带动作用。对教育实践活动搞应付、走过场的，要追究“一把手”的责任。

（二）突出特色，务实创新。各单位要用好的作风组织开展教育实践活动，按照“灵活、简便、管用、有效”的原则，坚持重在解决实际问题、重在取得实效，每个环节、每项工作都要出实招、鼓实劲、求实效，不滥发资料简报，不进行层层检查评比，防止文山会海，力戒形式主义。要结合各自实际，把“规定动作”做到位，使“自选动作”有特色。鼓励在学习内容、活动载体、方式方法、成效检验等方面积极探索创新，使教育实践活动切合实际、丰富多彩、富有成效。

（三）搞好督查，跟踪问效。区委要派出督导组，组长由副县级领导干部担任，全程督导各单位的教育实践活动，并进行巡回指导。各督导组要认真审阅活动实施方案、对照检查材料、整改方案等，全程参与专题民主生活会并进行点评，督促抓好每个环节各项工作落实。要沉下去“面对面”开展工作，紧盯“一把手”、紧盯重点对象、紧盯薄弱环节，及时发现和解决问题，有效传导压力。督导工作要做到“六不放过”，即思想认识不到位不放过、查摆问题不到位不放过、自我剖析不到位不放过、问题整改不到位不放过、建章立制不到位不放过、群众满意度不到位不放过。

（四）扩大参与，接受监督。坚持开门搞活动，在区级领导机关、区直各单位、乡镇街道，扎实开展以“听取意见由群众评价、查摆问题由群众评议、整改落实由群众评判”为主要内容的“群众三评”工作，由下级评上级、群众评领导、服务对象评服务主体，结果在一定范围公开，让群众全程参与、把脉、监督，避免以自我感觉代替群众感受。“群众三评”结果纳入领导班子建设和领导干部管理，对与群众有感情、为群众办实事、得到群众拥护的干部，要优先提拔使用；对活动效果差、群众满意度低的领导班子和领导干部，进行严肃批评，直至补课、返工。村（社区）、中小学校及幼儿园、医院、非公有制经济组织、社会组织和其他基层组织，按照简便易行、实际有效原则，引导群众参与，接受群众监督。

（五）注重引导，营造氛围。各单位要充分运用传统媒体和新兴媒体，宣传中央精神和省委、市委、区委要求，宣传活动进展情况和实际效果。总结推广好经验好做法，广泛宣传先进典型特别是基层党员干部中的优秀楷模，及时曝光反面典型。把握好舆论引导的时机、力度和效果，建立新闻发布会制度，更好发挥评论、言论的引导作用，营造良好舆论氛围。

（六）推动改革，服务发展。把开展活动与做好改革发展各项工作紧密结合，与推进“三大主体”工作、实施三年行动计划和加快我区“城乡一体化、全域城镇化”建设等紧密结合，与行政审批“两集中、两到位”改革、推进政府工作提质增效紧密结合，与完成本单位各项任务紧密结合，把活动成效体现在科学发展、改善民生上，把党员干部在活动中激发出来的工作热情和进取精神转化为做好工作的动力，实现开展活动与改革发展两手抓、两不误、两促进。

各乡镇街道党（工）委，区直各单位、组织关系隶属区委的驻区垂直单位党组织，要根据本意见，制定本单位实施方案，经区委督导组审核把关，报区委党的群众路线教育实践活动领导小组审定后认真组织实施。教育实践活动结束后，要及时向区委报送教育实践活动的总结报告。

名词解释

“一学三促四抓”：“一学”，即突出学习弘扬焦裕禄精神、倡导为民务实清廉，把学习教育贯穿活动始终；“三促”，即用“群众三评”促反思、促查摆、促整改；“四抓”，即抓好立行立改事项、抓好共性问题的专项治理、抓好群众期盼解决的实事、抓好一批本地区本单位促进改革发展稳定的大事。

“六问六带头”：“六问”，一问是否像焦裕禄那样，把群众当亲人，想群众之所想，急群众之所急，增进群众感情，当好人民公仆；二问是否像焦裕禄那样，扑下身子、沉下心来，深入基层、深入群众，摸清实际情况，找出解决问题的有效办法；三问是否像焦裕禄那样，敢于知难而进、迎难而上，积极进取、开拓创新，勇于担当、善于担当，不图名不图利；四问是否像焦裕禄那样，始终坚持一切从实际出发，实事求是，遵循规律，勤奋工作；五问是否像焦裕禄那样，坚持厉行节约、艰苦朴素，勤俭办一切事情；六问是否像焦裕禄那样，带头遵守各项廉政规定，严格要求家人和身边工作人员。“六带头”，一要带头加强学习，二要带头服务群众，三要带头改进作风，四要带头整改落实，五要带头勤政廉政，六要带头推动发展。

中共二七区委办公室　二七区人民政府办公室
关于印发《二七区职能部门下沉人员管理实施细则（试行）》等4个文件的通知

各乡镇党委、政府，各街道党工委、办事处，区委各部委，区直各单位，驻区各垂直单位，各人民团体：

按照市委、市政府《关于建立"坚持依靠群众推进工作落实"长效机制的意见》（郑发〔2012〕4号）、《关于规范"坚持依靠群众推进工作落实"长效机制的实施意见》（郑发〔2012〕8号）和区委、区政府《关于建立"坚持依靠群众、推进工作落实"长效机制的实施意见》（二七发〔2012〕3号）文件精神，为进一步加强我区职能部门下沉人员、群众工作队和各级网格长（以下简称"三支队伍"）的管理，完善"三支队伍"工作运行机制，推进以网格化管理为载体的"坚持依靠群众推进工作落实"长效机制的持续深化规范提升，区长效办与区委组织部、区社管办等单位共同研究制定了《二七区职能部门下沉人员管理实施细则（试行）》《二七区网格长队伍管理实施细则（试行）》《二七区群众工作队管理办法（试行）》和《二七区"坚持依靠群众推进工作落实"长效机制运行监督管理办法（试行）》，对全区"三支队伍"的管理监督、职责任务、工作制度、考评激励等提出了具体意见。现将上述4个文件印发给你们，请结合实际，认真组织实施。

中共二七区委办公室
二七区人民政府办公室
2014年6月19日

二七区职能部门下沉人员管理实施细则
（试　行）

第一章　总　则

第一条　为进一步加强区职能部门下沉人员的管理，有效推进职能部门下沉网格，主动履职，根据《中共郑州市委、郑州市人民政府关于规范"坚持依靠群众推进工作落实"长效机制的实施意见》（郑发〔2012〕8号）和区委、区政府《关于建立"坚持依靠群众推进工作落实"长效机制的实施意见》（二七发〔2012〕3号）精神，结合工作实际，制订本细则。

第二条　区"坚持依靠群众推进工作落实"长效机制领导小组负责区职能部门下沉人员工作的组织领导，区职能部门负责对本单位下沉人员的日常管理，区长效办会同区纪委、区委组织部、区社管办、区委督查室、区政务督查室等有关单位负责对职能部门下沉人员的督查考核。

第二章　人员选派

第三条　按照"按需下沉、科学配置"的原则，各乡镇街道根据工作需要，向区长效办、区社管办提出职能部门下沉申请，区长效办、区社管办综合乡镇街道申请和职能部门职责等情况，统筹安排职能部门人员下沉工作。

第四条　区承担下派下沉人员的职能部门，要按照"定人、定岗、定责、定奖惩"的原则，根据自身实际情况，明确一名分管领导负责人员下沉工作，同时要选派一定数量思想素质好、业务能力强的中层领导干部和工作人员下沉网格，原则上要下沉到三级网格。

第五条　区职能部门要构建相对固定的下沉工作人员责任分包体系，报区长效办、区社管办存档备案。根据工作需要，职能部门可适时对人员进行调整补充，调换时应进行下沉任务交接，须报区长效办、区社管办备案，并在信息平台上更新修改信息资料。下沉人员因故缺岗时，所在单位应同时安排人员补缺，保持工作不间断。下沉人员调整补缺情况要及时通知区长效办、区社管办及所下沉网格。

第三章　岗位职责

第六条　区职能部门主要领导职责：

（一）负责本部门人员下沉工作的组织领导；

（二）负责召开本部门下沉工作例会，研究下沉工作情况，及时解决基层网格涉及本部门业务的突出问题；

（三）定期组织对下沉人员到位履职情况进行考核讲评。

第七条 区职能部门分管领导职责：

（一）负责下沉工作的组织实施；

（二）组织部门下沉人员开展组团服务；

（三）及时主动安排解决区级平台交办和一、二级网格平台转办的事项，并督促下沉人员积极配合三级网格现场解决问题；

（四）根据实际工作需要，按照本部门工作职责，牵头组织相关职能部门人员和网格长开展联合执法；

（五）负责与下沉乡镇街道长效办（社管办）沟通协调，按要求参加下沉一级网格条块融合联席会议、联合执法，解决下沉人员反映的各类问题；

（六）负责督促检查下沉人员工作情况，及时进行讲评。

第八条 区职能部门下沉人员职责：

（一）切实履行辖区内自身业务管理工作，严格按照每周三分之一的时间到下沉网格开展工作，主动开展自主巡查，及时发现、解决自身业务和职责范围内的问题；

（二）及时主动解决区级平台交办和一、二级网格平台转办的事项，并积极配合三级网格现场解决问题；

（三）参加下沉网格组织的联合巡查、联席会议和联动执法，主动参与解决问题，并自觉接受下沉网格责任人的监督；

（四）负责对网格管理人员进行业务培训，指导开展日常工作；

（五）协助网格管理人员开展业务宣传工作。

第四章 工作任务

第九条 坚持常态下沉。下沉人员要自觉深入基层、融入网格，每周至少参加1次基层网格组织的联合巡查、1次网格联席会议；主动参加基层网格组织的与本部门业务相关的联合执法活动，随叫随到。

第十条 开展组团服务。区职能部门分管领导要组织下沉人员对所联系的乡镇街道，采取巡回检查、现场办公、召开例会等形式开展组团服务，每2周至少深入到基层网格巡查指导1次，对工作中发现的问题进行会商研判，协调解决。

第十一条 及时沟通对接。区职能部门要建立与所联系乡镇街道的沟通协调机制。下沉人员要与下沉网格保持全时联系，在工作时间内不得出现关闭手机、无故拒接电话或设置呼叫转移等情况，确保联系渠道畅通。

第十二条 坚持首问负责。区职能部门下沉人员为所联系分包网格的首席服务官，对网格或群众反映问题实行首问负责，及时调查处理、协调解决，并在5个工作日内向反映问题的单位或个人反馈问题处置进展情况。不属于本部门职责范围内的，要及时转办。

第十三条 运用平台开展工作。区职能部门每周应集中将下沉人员在基层网格中解决的问题进行收集整理，将处置进展情况在信息平台进行反馈。

第十四条 建立工作日记。每名下沉人员都要建立工作日记，及时记录巡查走访、联合执法以及发现解决问题情况。工作日记要在参加巡查、联席会议或联合执法当天记录，所记内容与所联系网格工作情况一致。

第十五条 积极履职尽责。对所联系网格反映上报涉及本部门职能范围的问题，职能部门下沉人员是第一责任人，要在第一时间组织人员研究解决。下沉人员对所联系网格发现上报的问题处置化解率不应低于95%。

（一）属职责权限范围内能够解决的问题，不等不靠，立即解决；

（二）属于本单位职责但超出个人职责权限的问题，下沉人员作为责任人，及时协调本单位其他工作人员解决；

（三）超出本单位职责权限范围的问题，要主动及时与一级网格沟通，讲明情况，并向本单位分管领导报告；

（四）需要多个部门协调配合解决的问题，要主动参与一、二级网格组织的分析研判会，主动协调，及时跟进，推动问题解决。

第十六条 处置疑难问题。对区级层面无法解决的复杂疑难问题，经上报市级平台仍无法解决的，可以申请业务挂起。对挂起问题和主体责任部门无强制执法权的问题，相关职能部门应按各自职责进行日常监管。

第十七条 健全保障机制。区职能部门要积极为下沉人员进一步明确工作条件和经费保障，更好地解决下沉人员在深入网格开展巡查工作中的交通、生活等现实问题。

第五章 日常管理

第十八条 区职能部门要建立长效机制领导小组及其办公室，主要领导任组长，具体负责本单位下沉人员工作的组织实施。主要领导是本部门下沉人员管理的第一责任人，分管领导是直接责任人。下沉人员接受职能部门、所驻乡镇街道的双重管理，既要对职能部门负责，又要对所驻乡镇街道负责。

第十九条 区职能部门要建立健全下沉人员工作业绩档案，对每名下沉人员的工作考勤、参与巡查执法、参加联席会议、主动服务、解决问题、作风纪律等工作情况进行全程跟踪监督。

第二十条 区职能部门每月要召开一次下沉工作例会，分析下沉人员工作开展情况，研究解决下沉人员反映的问题，组织对下沉人员工作开展情况进行讲评通报。

第二十一条 各一级网格要建立区职能部门下沉人员管理台账，对下沉人员工作考勤、参加活动、解决问题等情况进行详细登记，并根据职能部门下沉人员工作情况，每季度组织一次群众评议。

第二十二条 区职能部门要加强对下沉人员的岗前网格基础知识和本单位业务知识培训。每年对下沉人员进行一次培训，着力提高下沉人员发现问题、解决问题的综合能力。

第二十三条 区长效办、区社管办要加强对职能部门下沉人员的管理，职能部门和全区一级网格每季度应将下沉人员的业绩档案和工作台账报区长效办、区社管办备案。

第六章 督查考核

第二十四条 组织内部监督。区职能部门要采取督促检查、业绩档案、群众评议等形式，加强对本部门下沉人员融入网格开展工作情况的监督，并在本系统内进行通报，作为年度考核的重要依据。

第二十五条 进行常态督查。由区长效办、区社管办牵头，会同区纪委（监察局）、区委组织部、区绩效办、区委督查室、区政务督查室，成立效能稽查组，上述各部门每周至少抽调1名工作人员开展1天以上的督查工作，采取明查暗访、走访群众、随机抽查等形式，对区职能部门分管领导履职情况、下沉人员到岗履职及工作任务完成情况进行常态化的督促检查，督促检查结果及时在全区进行通报，同时向相关职能部门反馈。

（一）对区职能部门分管领导的常态督查内容。主要督查其是否组织、安排、实施本部门下沉工作；是否主动帮助下沉人员和下沉网格协调解决实际问题；是否主动督促检查下沉人员工作情况；是否做到每2周至少1次到乡镇街道开展巡查、现场办公、召开例会、解决问题；

（二）对区职能部门下沉人员的常态督查内容。主要督查其是否每周三分之一的时间到所在网格开展工作；是否参加所在网格的联合巡查及涉及本部门职责的联席会议、联合执法；是否随叫随到对属自身业务和职权范围的问题及时主动处置解决；是否对网格管理人员进行业务培训指导；是否撰写工作日志。

第二十六条 开展评优评差。区长效办、区社管办依托社会公共管理信息平台，每季度组织基层网格对下沉人员评议1次，评议结果纳入下沉人员个人年度考核。

第二十七条 定期考核通报。由区长效办、区社管办负责，相关部门参与，依据职能部门内部监督情况、基层评议情况、日常督查情况等，每季度对区职能部门下沉人员履职尽责进行1次汇总评定，形成每季度职能部门下沉人员履职尽责的综合成绩，并进行通报。年终汇总形成个人年度总成绩。

第七章 奖惩激励

第二十八条 切实奖优罚劣，兑现奖惩。对下沉人员的考核结果要与各单位绩效奖惩、干部评先使用结合起来，充分调动广大干部的工作积极性。

第二十九条 注重表彰先进

（一）区长效办、区社管办综合日常考核与年终考核结果，每年评选长效机制工作先进单位、先进个人；

（二）对职能部门分管下沉人员工作的领导每年依据督查考核情况按一定比例评选优秀干部予以表彰奖励，并在确定上一级后备干部和干部提拔使用中予以优先考虑；

（三）对职能部门下沉人员，按其总数的一定比例，由所下沉一级网格推荐，所在职能部门认定，作为优秀下沉人员进行表彰奖励，并将其本人下沉工作经历作为基层锻炼经历存入个人档案，作为干部使用的重要依据之一，是干部身份的在推荐后备、选拔干部时予以优先，在区内公选科级干部时作为加分因素；是工人身份的在岗位聘用时予以优先。

第三十条 严格责任追究

（一）对区职能部门分管领导的责任追究

1、对不履行管理责任，导致本部门下沉人员组织涣散、工作不力的，给予全区通报批评；

2、对不主动协调解决下沉人员和下沉网格上报的本单位职责范围内的问题，由区长效办、区社管办向其单位主要领导下发整改通知；仍未能及时整改的，将情况上报区主要领导，并在全区进行通报批评；

3、乡镇街道对职能部门分管领导提出参加联席会议、开展联合执法要求，而分管领导无故不参加，每季度达2次以上的由区长效机制领导小组对其进行领导约谈，达4次以上的在全区进行通报批评；

4、对申请挂起的问题和无强制执法权的问题，相关职能部门未履行日常监管职责的，由区长效办、区社管办向其单位主要领导下发整改通知，区长效机制领导小组对其分管领导进行领导约谈；

5、因工作不作为或工作失误，致使问题未能有效化解引发群体性信访稳定事件全年达3次以上的，在全区通报批评，并建议组织部门和纪检监察部门按照相关规定对其进行责任追究。

（二）对区职能部门下沉人员的责任追究

1、下沉人员没有按照每周三分之一的时间到所在网格开展工作，对自身业务和职权范围的问题未及时发现或在规定时限内未处置解决，通过信息平台对其亮黄、红牌。每月黄牌、红牌数量累计达5次以上的，通知其所在单位主要领导对其进行领导约谈，并在全区进行通报批评；

2、每月参加所在网格联合巡查、联席会议、联合执法缺席2次的令其作出书面检查，缺席3次以上的在全区进行通报批评；

3、对申请挂起的问题和无强制执法权的问题，下沉人员未履行日常监管职责，由区长效办、区社管办向其单位主要领导下发整改通知，并责令下沉人员作出书面检查；

4、对于全年未对网格管理人员进行业务培训指导的，对其进行领导约谈；

5、对记录工作日志不完整的，责令其改正，并对其进行领导约谈，对长期不记录工作日志的，在全区进行通报批评；

6、下沉人员未能与下沉网格保持全时联系，在工作时间内出现关闭手机、无故拒接电话或设置呼叫转移等情况，每季度达3次以上的，令其作出书面检查；

7、因工作不作为或工作失误，致使问题未能有效化解引发群体性信访稳定事件全年达2次以上的，在全区通报批评，并建议组织部门和纪检监察部门按照相关规定对其进行责任追究。

（三）其他情况的责任追究，按照《区委办公室、区政府办公室关于印发〈二七区“坚持依靠群众推进工作落实”长效机制责任追究办法（暂行）〉的通知》（二七办〔2012〕72号）规定执行。

第八章 附 则

第三十一条 本细则自发布之日起实施，由区长效办、区社管办负责解释。

二七区网格长队伍管理实施细则

（试　行）

第一章　总　则

第一条　为加强网格长队伍建设，持续推进以网格化管理为载体的长效机制建设深化规范提升，根据《中共郑州市委　郑州市人民政府关于规范“坚持依靠群众推进工作落实”长效机制的实施意见》（郑发〔2012〕8号）和区委、区政府《关于建立“坚持依靠群众推进工作落实”长效机制的实施意见》（二七发〔2012〕3号）等文件精神，制订本细则。

第二条　本细则适用于全区一、二、三级网格长队伍的管理考核。

第三条　一级网格长由乡镇街道党政主要领导担任。乡镇二级网格长由乡镇副科级干部担任，村（社区）书记和主任担任二级网格长助理，和二级网格长同责；街道办事处二级网格长由社区书记担任，分包办事处的科级干部任二级网格指导员，与二级网格长同责。三级网格长由乡镇街道公职人员担任，乡镇村民组长任三级网格长助理，与三级网格长同责。二级、三级网格长的选派由所在乡镇街道领导班子集体研究确定。

第四条　各级网格长实行属地管理和逐级考核。

第二章　岗位职责

第五条　一级网格长全面负责本辖区以网格化管理为载体的长效机制建设工作，为第一责任人。岗位职责如下：

（一）负责辖区网格队伍的建设、管理与考核。整合网格力量组建综合服务管理队伍，并做好培训、管理及保障工作；

（二）负责本级社会公共管理信息平台（以下简称信息平台）的建设应用管理，确保人员、设备、场地、制度、经费“五到位”，强化信息平台应用，督促指导一、二、三级网格人员运用平台上报处置和跟踪反馈问题；

（三）负责协调解决二、三级网格上报的属于职权范围内的问题；对需职能部门解决的问题，应与相应的职能部门积极沟通协调；超出职权范围的问题逐级上报；

（四）负责安排、督促乡镇街道各项工作分管领导、各科室参与解决平台交办的属职责范围内的网格化管理问题；

（五）负责每2周至少组织1次二、三级网格长和有关职能部门下沉人员召开联席会议，研究解决本辖区内复杂疑难问题；

（六）负责组织或配合有关职能部门依托平台对辖区内疑难问题开展联合执法、集中执法；

（七）采取多种方式，支持组织热心公益群众和社会力量参与网格化管理工作，形成专兼职结合、群众广泛参与的基层社会治理队伍；

（八）负责依托信息平台对本网格内群众工作队员和市、区职能部门下沉人员管理、评价和考勤。

第六条　二级网格长全面负责本网格工作，承担领导责任。岗位职责如下：

（一）负责督促指导二、三级网格人员开展工作；

（二）开展定期巡查，每周在辖区网格内至少开展2次全面巡查工作，确保问题及时发现处置；

（三）负责本级平台应用管理工作。督导网格人员运用平台，确保各类问题和敏感信息及时录入平台，依托平台流转处置；

（四）负责日常协调解决三级网格上报的各类问题，对超出职责范围的问题及时上报上级平台并跟踪反馈；

（五）每周召开一次三级网格负责人和区直单位下沉人员联席会议，研究解决疑难问题，适时组织联合执法；

（六）负责组织配合本网格内群众工作队员和职能部门下沉人员开展工作。

第七条　三级网格长对本网格工作承担第一责任，为直接责任人，岗位职责如下：

（一）负责组织开展每日巡查，重点排查、梳理、上报本网格内社会管理、公共服务、市场监管等方面问题及各种隐患。对一般性事务及时处理，并录入网格日志；对超出职责权限的问题上报上级平台处置，并跟踪反馈；

（二）全面掌握本网格基本情况，做好网格内人、情、地、事、物、组织等网格基础信息采集上报，及时更新维护；

（三）定期走访联系辖区群众，了解、记录、反馈掌握群众思想动态及各类诉求，提供便民服务；

（四）引导群众参与网格化管理，组织发动群众和社会力量加强自我管理，提升自治能力；

（五）做好上级党委、政府政策法规宣传工作，及时反映群众的意见和建议。

第三章　工作任务

第八条　巡查走访。二级网格长每半年、三级网格每季度至少对辖区内群众走访一遍，了解群众诉求，帮助解决问题。三级网格长应每日组织对责任网格进行巡查，掌握网格动态，及时发现问题；每日对巡查情况录入平台，记录网格日志。

第九条　研判会商。一级网格长定期召开由群众工作队员、职能部门下沉人员和网格长参加的联席例会，梳理分析、研判会商、协调处置本级平台受理问题。二级网格长适时召集网格内相关人员研究解决本级本辖区内排查发现的各类问题。

第十条　台账登记。网格长对网格内排查发现、群众反映、媒体曝光和上级交办的各类矛盾问题，经核实后，按照“一事一账”要求，全面、准确、及时录入平台。

第十一条　问题调处。各级网格长运用平台对受理问题按照职权及时主动调解处理；对超出职权范围的，及时通过平台逐级上报。

第十二条　督促检查。通过经常性抽查、暗访等形式督促下级网格人员、职能部门下沉人员及群众工作队员履职尽责。一级网格长每周督查二、三级网格运用平台录入、上报、处置问题情况，以及网格人员、群众工作队和职能部门下沉人员履职情况。

第十三条　信息公开。各级网格长及网格人员基本信息应在本网格内醒目位置公示并及时更新；一级网格长每季度向辖区内群众代表、人大代表、政协委员、特邀媒体代表等通报一次网格化管理工作情况；二、三级网格长及时对群众反映的热点、难点问题解决处置情况进行通报反馈。

第十四条　重大信息报告。网格长对本网格内发生的突发公共事件，涉访、涉诉、涉恐事件，重大安全事故等重大问题或隐患，以及媒体采访、群体事件等信息，4小时内通过平台逐级上报，并及时跟踪反馈。

第十五条　疑难问题处置。一、二级网格长要主动运用联席会议、联合执法手段，充分发挥“三支队伍”的合力，研判解决网格内疑难复杂问题。同时，各级网格长要将超出职权范围、多次协调解决未果的疑难问题，及时上报上级平台并跟踪反馈。

对于一级网格上报区级平台的复杂疑难问题，经区长效办、社管办协调仍无法解决，可经区分管领导签批后暂缓解决或申请业务挂起，区社管办对该事项进行备案。对申请挂起的疑难问题，各级网格和相关职能部门应按各自职责进行监管。

第十六条　强化信息平台应用。各级网格长要充分依托信息平台处置问题，推动工作。三级网格长应及时通过信息平台上报超出职责范围问题并及时跟踪反馈。业务信息处理完毕，信息采集人或信息采集人联合相关职能部门下沉人员认定业务信息是否可以办结；对办理结果不认可的要及时将核实情况上报信息平台，必要时上传多媒体附件。业务信息没有办理完毕不得直接认定办结。对本级不能处理的，及时上报上级平台。一、二级网格长要及时受理、处置、反馈、上报信息，做到应受理尽受理，应处置、尽处置。

第四章　日常管理

第十七条　区长效办负责规划指导网格长队伍建设工作；区社管办负责对网格长运用平台履职情况进行指导、考核和督查。

第十八条　日常督查由区长效办、区社管办牵头，会同区纪委（监察局）、区委组织部、区绩效办、区委督查室、区政务督查室成立效能稽查队伍，建立定期轮流稽查制度，上述各部门每周至少抽调1名工作人员开展1天以上的督查工作，重点稽查网格长队伍履职情况，录入信息平台，列入考核。

重大事项督查经区分管领导批准后，由区委督查室牵头，上述各部门共同参与。

各乡镇街道聘请辖区人大代表、政协委员、热心市民、媒体记者等组建义务监督员队伍，对网格长队伍履职情况进行社会监督。

第十九条　区长效办、区社管办负责制定网格长队伍培训大纲和规划，并组织实施对各级网格长开展政策法规、平台技能、业务知识、职业道德等方面的培训，增加培训次数，拓宽培训渠道，不断提高网格长队伍整体素质。

第二十条　为促进基层网格顺利开展工作，区财政每年安排一定数额的专项资金用于网格化管理工作，对工作成效突出的基层网格长适当增加工作经费，以资鼓励。具体使用办法由区长效机制领导小组制定，区长效办、区社管办具体实施。

第二十一条　各乡镇街道要重视网格长队伍建设，二、三级网格长的选派由所在乡镇街道领导班子集体研究确定，报区长效办、区社管办备案。各乡镇街道建立三级网格人员调配和轮岗制度，定期选拔优秀公职人员担任三级网格长。为保证三级网格长队伍稳定，促进其很好地开展工作，各乡镇街道可以根据实际情况，为基层网格人员发放加班补助，适当配备自行车、电动车等交通工具，为网格长创造良好工作环境。

第二十二条　区长效办、区社管办会同区委宣传部定期组织《魅力二七》编辑部对优秀网格长进行采访报道，树立典型，推动工作。每季度推出4—6名优秀网格长典型。

第二十三条　区社管办定期组织对各乡镇街道以及网格长运用平台开展工作情况进行专项考核，并作为年终工作考核的重要内容。

第五章　考核评价

第二十四条　考核评价主体。一级网格长由市、区两级进行评价，二、三级网格长由区、乡镇街道两级进行评价。

第二十五条　考核评价内容。考核评价以法定事项和职责界定事项履职情况为基本依据，以平台反映数据为主要指标，以问题发现、上报、处置为重点，对网格长履职情况和工作实绩进行考核评价。

第二十六条　考核评价方式。采取绩效考核与社会评价相结合的方式，建立动态管理考核评价体系，依托平台，实行月报告、季通报、半年评优评差、年终总结表彰。各乡镇街道将二、三级网格长考核评价结果报区长效办、区社管办备案。区长效办、区社管办根据上报结果适时采取明察暗访、台账跟踪、联合督查等方式进行抽查。

第二十七条　考核结果运用。注重依据考核评价结果对网格长实施奖惩。

（一）注重表彰先进

每年按照二级网格长、三级网格长总数，根据考核评价结果，按照一定比例评选出优秀二、三级网格长，除区委、区政府授予其“二七区优秀网格长”称号外，是干部身份的在推荐后备、选拔干部时予以优先，并在区内公选科级干部时作为加分因素；是工人身份的在岗位聘用时予以优先。组织部门要把考核评价结果作为干部提拔、任用的重要依据，对经过网格长岗位历练的干部原则上优先提拔使用。

（二）严格责任追究

对一级网格长的责任追究：

1、一级网格长不重视本级社会公共管理信息平台的建设应用管理，导致本级信息平台未能发挥作用，每月产生黄、红牌合计达5次以上的，全区通报批评；

2、对二、三级网格长上报的问题在职权范围内能解决而未解决，或应与职能部门沟通协调帮助解决而不作为，每月达3次以上的，将情况上报区主要领导，5次以上的在全区进行通报批评；

3、每季度组织召开联席会议、开展联合执法少于3次的，区长效办、区社管办对其下达整改通知。

对二级网格长的责任追究：

1、二级网格长未能充分运用信息平台，平台基础数据不完整，或问题信息应上平台而未录入，每月达3次以上的通知其所在乡镇街道主要领导对其进行领导约谈；

2、应协调解决职责范围内的问题，或应与职能部门下沉人员沟通协调却不作为，每月达3次以上的通知其所在乡镇街道主要领导对其进行领导约谈，达4次以上的在全区进行通报批评；

3、因工作不作为或工作失误，致使问题未能有效化解引发群体性信访稳定事件全年达2次以上的，在全区通报批评，并建议组织部门和纪检监察部门按照相关规定对其进行责任追究。

4、在追究乡镇二级网格长责任时，二级网格长助理同责；在追究街道办事处二级网格长责任时，二级网格指导员同责。

对三级网格长的责任追究：

1、三级网格长每月应发现而未发现问题达3次以上的，通知其所在乡镇街道主要领导对其进行领导约谈，5次以上的在全区进行通报批评；

2、其在职权范围内能够现场解决的日常问题而未主动解决，导致事态扩大，造成不良影响的，进行通报批评；

3、因工作不作为或工作失误，未及时发现上报问题而导致发生群体性信访稳定事件的，在全区通报批评，并取消当年优秀网格长评选资格。

4、在追究乡镇三级网格长责任时，三级网格长助理同责。

对其他情况的责任追究：

按照《区委办公室　区政府办公室关于印发〈二七区“坚持依靠群众推进工作落实”长效机制责任追究办法（暂行）〉的通知》（二七办〔2012〕72号）规定执行。

第六章　附　则

第二十八条　本细则自发布之日起实施，由区长效办、区社管办负责解释。

二七区群众工作队管理办法（试　行）

第一章　总　则

第一条　为加强对“坚持依靠群众推进工作落实”长效机制群众工作队的管理，根据《中共二七区委、二七区人民政府关于建立“坚持依靠群众推进工作落实”长效机制的实施意见》（二七发〔2012〕3号）和《区委办公室关于区直单位派驻群众工作队的通知》（二七办〔2012〕11号）精神，结合工作实际，制定本办法。

第二章　人员选派

第二条　按照“三个三分之一”（区直部门主要负责同志每年要用三分之一的时间调查研究、梳理指导本单位开展群众工作；领导班子每年要有三分之一成员带队深入基层；机关干部每年要有三分之一参与基层群众工作）的要求，区直各部门全部参与群众工作队工作。一个群众工作队蹲点一个村（社区），工作范围辐射整个乡镇街道。队长由本单位党政领导班子成员担任，队长和队员可视情况轮换，但每批次人员参加群众工作队的时间不得少于一年。同时每个群众工作队要固定1名政治素质好、有一定组织协调能力、作风踏实、身体健康的人员作为常驻工作队员，专职从事群众工作队工作。其他工作队员原则上不驻村（社区）。工作队成员不得擅自调换，确需调整的，须报群众工作队管理办公室批准。

对常驻工作队员的管理依照区历练干部管理办法执行，各区直单位要优先选派没有乡镇街道工作经历的机关干部作为常驻工作队员。今后，区直单位工作人员一般应具有基层工作经历。

第三章　组织机构

第三条　区“坚持依靠群众推进工作落实”长效机制领导小组（以下简称领导小组）负责对全区群众工作队的统一领导，区委组织部具体负责管理；群众工作队同时接受区领导小组和派驻单位、所驻乡镇街道的日常管理和业务指导。

第四条　派驻单位“一把手”是本单位群众工作队第一责任人，群众工作队长是直接责任人，群众工作队员是所承担工作的具体责任人。按照“属地管理、分级负责”和“谁主管、谁负责”原则，各乡镇街道对本地群众工作负全责，党（工）委书记是第一责任人；区直单位“一把手”对所联系的村（社区）实行本职工作和群众工作“一岗双责”。群众工作开展情况纳入本地、本单位党建工作年度考核体系，并与各乡镇街道党（工）委书记和区直单位“一把手”的年度考核挂钩。

第四章　职责任务

第五条　按照“蹲点、联片、负责面”的联系分包体制，群众工作队联乡驻村开展工作。蹲点即一个工作队负责一个村（社区），每个工作队员要联系两个以上的困难户。联片即工作队参与村（社区）日常工作，工作范围辐射整个乡镇街道。负责面即工作队结合乡镇街道、村（社区）和派出单位工作职能的实际情况，对本单位主要职责在联系区域的全面落实和乡镇街道负同等责任，对联系乡镇街道的工作负连带责任。

第六条 群众工作队主要任务：

（一）探索、创新工作有效落实的方法路径。群众工作队全面融入所驻村（社区）的各项工作，在所驻村（社区）积极探索、创新推动本单位工作有效落实的方法、路径和载体，形成成熟经验并在全区推广，争做本单位业务工作的"示范点"、创新举措的"试验田"、典型示范的"引领台"；结合实际情况，组织开展对口帮扶活动，为基层群众送温暖、办实事、促和谐。

（二）督促、指导、落实区委、区政府中心工作。按照"定人、定岗、定责、定奖惩"的原则，推动所驻村（社区）和联系乡镇街道推进网格化管理体系建设。常驻工作队员在网格化管理体系中要有明确的任务和岗位，重点做好群众走访、问题排查、沟通协调等工作。及时完成区委、区政府的阶段性中心工作。

（三）加强基层组织建设。结合"三强一创"活动开展，以"六优"为目标，以服务群众、做群众工作为主要任务，加强基层服务型党组织建设。协助排查基层党组织在班子建设、制度落实、党员管理、作用发挥等方面的问题，督促抓好农村、社区、非公有制企业和社会组织等领域党建工作，对存在软、瘫、散、弱问题的基层党组织进行重点帮扶，切实提高基层组织建设科学化水平。

（四）推动经济发展。帮助基层理清发展思路，明确发展方向，寻找致富门路。引导基层调整产业产品结构，加快产业优化升级。指导、帮助基层谋划和争取产业项目，协调加快项目报批和建设进度。推进基层水、电、气、暖、路等基础设施建设，解决影响和制约基层发展的瓶颈问题。

（五）加强安全生产监管。工作队在所驻村（社区）参与排查安全生产责任制、安全生产基层基础建设、安全生产管理制度落实、安全事故预防等方面问题，及时报告安全隐患排查情况，督促、指导、配合有关单位抓好安全隐患消除整改工作。

（六）协助查处"三非"行为。对所驻村（社区），协助排查、反映和查处未经许可擅自生产、未按法规和标准生产、超范围生产等非法生产行为，非经许可经营专营、强买强卖、哄抬物价等非法经营行为，未经许可进行建设、擅自改变规划进行建设、规划明确应拆未拆等非法建设行为，坚决打击插手干扰重点工程、重点项目建设，非法控制客运线路、专业市场、矿产开采的黑恶势力，维护市场稳定。

（七）提升社会管理水平。强化基层社会治安综合治理，加强对治安重点地区、重点问题的排查整治。坚持滚动排查、挂牌督办、重点治理等工作机制，实现排查整治常态化、长效化。坚持打防结合预防为主、专群结合依靠群众的方针，健全完善人防物防技防结合、打防管控结合的立体社会治安防控体系。强化特殊人群的管理和服务，帮助解决好城市流动人口、进城务工人员、城乡低保和"五保"人员、农村留守老人和儿童等特殊群体的生活问题。做好刑释解教人员、精神病患者的帮扶、监管工作。帮助基层群众自治性组织建设，参与完善基层民主决策机制和矛盾调解化解机制，构建起调动群众参与的完整"链条"，实现政府依法行政与基层群众依法自治的有效衔接和良性互动。

（八）完善公共服务体系。着力促进教育、卫生、文化等社会事业健康发展，建立健全公平公正、惠及全民、水平适度、可持续发展的公共服务体系，重点关注和帮扶低收入群体，逐步实现公共服务均等化，更好地发挥政府公共服务保障社会公平正义的作用。

（九）做好信访稳定工作。对所驻村（社区），坚持"预防、控制、化解、打击"多措并举，督促抓好基层矛盾源头治理，建立健全信访稳定风险评估、矛盾纠纷排查预警和调解处置机制，着力化解集访、重访、越级上访、非访等各种矛盾，落实稳控措施，确保社会大局稳定。

第五章 日常管理

第七条 加强组织建设。群众工作队与所驻村（社区）党支部建立联合党支部，归所驻乡镇街道党（工）委管理。群众工作队队长（是党员的）兼任联合党支部书记或副书记。联合党支部要坚持好"三会一课"制度，严格落实"四议两公开"工作法，参与基层全面工作，完成基层组织建设任务。

第八条 建立工作会议制度。群众工作队每周要召开一次工作例会，开展政治理论和业务学习，研究分析问题，安排部署工作，认真做好会议记录，会议记录作为日常检查、年终考核的依据。群众工作队定期参加所派驻村（社区）的工作会议，全面融入所派驻村（社区）的党务政务工作。

第九条 建立公开承诺制度。结合联乡驻村和当地实际情况，群众工作队要建立完善公开承诺制度，所承诺事项要求具体可行，规划工作进度，责任到人。公开承诺情况作为日常检查、年终考核的依据。

第十条 建立工作汇报制度。群众工作队每月向区群众工作队管理办公室报送当月工作总结，及时报送工作信息、经验材料和调研报告。

第十一条 建立责任落实制度。实行队长负责制，群众工作队长要加强对队员的管理，及时掌握动态，做好上下联络与沟通工作，定期向上级反映情况。队员要自觉服从队长领导，执行请示报告制度，不越权办事。

第十二条 群众工作队所驻村（社区）具体负责工作队考勤工作。常驻队员工作时间必须在村（社区），其他工作队成员可根据实际情况自行安排，每人每月到村（社区）工作时间不少于7天。考勤记录由各乡镇街道按月汇总上报区群众工作队管理办公室，作为日常检查、年终考核的依据。

第十三条 建立台账管理制度。群众工作队根据公开承诺事项和本单位驻村（社区）开展相关工作建立动态工作管理台账，做到一村（社区）一档一账，资料完备。

第十四条 建立《民情日记》阅检制度。工作队长每月审阅工作队员《民情日记》，区群众工作队管理办公室每半年抽检一次工作队长和队员的《民情日记》。

第十五条 建立"为民服务卡"制度。群众工作队印制统一样式的"为民服务卡"，在走访、接待群众时负责发放，要确保群众工作队所联系村（社区）的每户村（居）民家至少有一张"为民服务卡"，从而加强群众工作队与群众之间的联系，畅通沟通渠道，促进工作落实。

第十六条　建立廉政制度。工作队员要严格遵守政治纪律、组织纪律、工作纪律和群众纪律，做到“四不准”：不准在所驻乡镇街道报销应由个人负担的各种费用；不准用公款吃请；不准收受所驻乡镇（街道）、村（社区）发放的各种补贴；不准参与有损党员干部形象的各种活动。

第六章　考核奖惩

第十七条　区群众工作队管理办公室负责组织对群众工作队的考核。

第十八条　考核内容。对群众工作队的考核，重点是考核群众工作队职责任务和公开承诺事项的完成情况；对工作队员的考核，包括德、能、勤、绩、廉、学六个方面，重点考核工作队员到位开展工作，承诺践诺，参与乡镇街道和村（社区）工作，服务群众，工作实绩等方面的情况。

第十九条　考核方式。对群众工作队的考核采取日常动态管理与年终考核相结合的形式。日常动态管理由区群众工作队管理办公室对工作队各项日常工作开展情况进行实时掌握、量化打分，结果作为年终考核的依据。年终考核采取“一述两考三评”的考核办法。“一述”，工作队对开展群众工作进行专题述职；“两考”，对派出单位长效机制落实情况和工作队群众工作开展情况进行综合考察；“三评”，区长效机制领导小组，派驻乡镇街道和村（社区）分别对工作队进行评议评价。

第二十条　群众工作队管理办公室综合日常管理与年终考核结果，每年按照一定比例评选优秀群众工作队和优秀群众工作队员。被评为优秀群众工作队员的，作为其本人基层锻炼经历存入个人档案。对落实乡镇街道分包制度不到位、执行“三个三分之一”不到位、不能给予群众工作支持的区直单位，追究相关领导责任。

第二十一条　工作队必须按要求报送调研报告、工作计划、工作总结、考勤表、简报信息等材料，完不成任务的，不得参加年度优秀工作队、优秀工作队员评选。

第二十二条　对违反工作纪律、增加基层负担、群众反映强烈、工作职责不清、问题解决不力、工作相互推诿的工作队和队员，将按照有关规定，严肃追究责任。

第七章　附　则

第二十三条　本办法自发布之日起施行，由区群众工作队管理办公室负责解释，之前印发的《二七区“坚持依靠群众推进工作落实”长效机制群众工作队管理办法》（二七办〔2012〕51号）同时废止。

二七区“坚持依靠群众推进工作落实”长效机制运行监督管理办法（试　行）

第一章　总　则

第一条　为有效督促各级各部门更好地下沉基层、融入网格、条块融合、履职尽责，促进以网格为载体的“坚持依靠群众推进工作落实”长效机制（以下简称长效机制）制度更加规范、机制更加完善、运行更加顺畅，进一步发挥长效机制建设服务中心、服务发展、服务民生作用，根据《中共郑州市委、郑州市人民政府关于规范“坚持依靠群众推进工作落实”长效机制的实施意见》（郑发〔2012〕8号）和区委、区政府《关于建立“坚持依靠群众推进工作落实”长效机制的实施意见》（二七发〔2012〕3号），制定本办法。

第二条　长效机制建设运行监督考评由区“坚持依靠群众推进工作落实”长效机制领导小组负责，区长效办和区委督查室牵头组织，区纪委（监察局）、区委组织部、区社管办、区政务督查室等有关单位参与实施。

第三条　长效机制建设运行监督考评应坚持客观公正、持续经常、深入有效、促进工作原则。

第二章　目标任务

第四条　充分发挥考评机制的导向、激励和监督作用，通过日常监管、随机抽查、定期评议、走访座谈等办法，及时发现长效机制建设运行中存在的漏洞和不足，有针对性地加强管理、完善制度。通过客观、准确、实事求是地反映工作情况，克服考评片面性、随意性，使考评更加合理规范，从而持续推动全区长效机制工作健康发展。

第五条　监督考评由对下考评、对上考评和第三方稽查三种形式组成，三方共同构成长效机制工作互动考核体系。

第六条　监督考评分为对单位考评和对个人考评两个层面：

（一）对单位考评：主要包括对市、区职能部门和乡（镇）办进行考评；

（二）对个人考评：主要包括对区群众工作队员、区职能部门下沉人员和基层一、二、三级网格长进行考评。

第三章　对下考评

第七条　对下考评主要通过三种途径进行：

（一）区长效办、区社管办对乡镇街道进行考评；

（二）组织区职能部门下沉人员对所联系乡镇街

道进行考评；

（三）区职能部门对本单位下沉人员、群众工作队员进行考评。

第八条 规范组织程序。从内容、程序、项目等方面全方位规范完善对下考评机制，增强公正、公平、公开性，减少人为因素，克服考核评价的片面性和随意性。

（一）考评内容。主要包括乡镇街道推进网格化管理，服务保障中心工作，及时发现问题、协助执法等情况以及基层网格长、职能部门下沉人员和群众工作队员在岗履职情况等。

（二）定量考评。区职能部门每季度对其下沉人员和群众工作队员出勤到岗、落实工作制度、依法解决问题等量化指标进行考评，考评依据是下沉人员、群众工作队员管理台账及基层网格在信息平台录入的下沉人员工作情况。考评情况分别由区长效办、区社管办和区委组织部备案。

（三）定性考评。区长效办、区社管办及区职能部门对乡（镇）办网格化管理履职尽责的总体情况进行定性考评。

（四）定性与定量考评相结合，形成综合成绩，进一步增加考评的可度量性，确保考核结果的客观与真实。

第四章　对上考评

第九条 对上考评由区长效办、区社管办利用信息平台对市直职能部门和乡镇街道对市、区职能部门及其下沉人员工作情况进行考评。

第十条 考评内容。主要包括职能部门帮助其落实重点工作、深入基层开展调研、解决网格化管理各种问题以及参加联席会议、开展联合执法等情况进行考评，对职能部门下沉人员协同巡查、到岗履职以及遵守工作纪律等量化指标进行考核。

第十一条 对单位考评。区对市直职能部门及乡镇街道对市、区职能部门履职尽责的总体情况进行定性考评。

第十二条 对个人考评。各乡镇街道对市、区职能部门下沉人员出勤到岗、落实工作制度、依法解决问题等量化指标进行考评，由基层网格随时录入信息平台。

第十三条 区长效办、区社管办及乡镇街道每季度利用信息平台组织一次对上考评。考评结果由信息平台自动生成。

第五章　第三方稽查

第十四条 第三方稽查主要包括效能稽查和群众评议两种方式。稽查工作由区委督查室、区政务督查室牵头，区纪委（监察局）、区委组织部、区委宣传部、区绩效办、区发改统计局、团区委等单位参与实施。

第十五条 效能稽查。坚持“分片包干、定人定责、定期轮流”的原则，采取明察与暗访相结合、抽查与普查相结合、定期稽查与常态督查相结合等形式进行，每周不少于2次。区委组织部负责对群众工作队员在位履职情况的稽查工作，区长效办、区社管办负责对职能部门下沉人员和各级网格长到岗履职情况的稽查工作，其他部门参与稽查工作。

第十六条 群众评议。群众评议由区长效办、区社管办牵头制定具体方案，分别由区发改统计局、团区委组织实施。

（一）区发改统计局负责对长效机制运行情况进行统计调查，并进行分析研判，每季度不少于一次。

（二）团区委负责发动组织志愿者采取问卷调查、入户走访等形式，了解基层群众对长效机制建设的具体评价和意见建议。

（三）群众评议情况报区长效机制领导小组审定后，在《魅力二七》进行公示通报。

第六章　结果运用

第十七条 监督考评成绩由对下、对上考评和第三方稽查结果共同组成。

第十八条 提高基层网格的评议权重。年终对职能部门的考评要以乡镇街道的打分成绩为重要参考依据，并在对职能部门的考评成绩中占较大比重。

第十九条 监督考评要做到公平、公正、公开。考评单位要严格按照相关法律法规要求履行职责，严格执行考评标准，坚决杜绝隐瞒事实、弄虚作假、打击报复等不正之风。

第二十条 落实党风廉政建设、社会管理综合治理、计划生育、安全生产、节能减排工作一票否决制度。

第二十一条 考评结果作为单位评先、干部选用和奖惩的重要依据。

第七章　责任追究

第二十二条 在稽查中发现的问题，由区长效办、区社管办督促有关单位整改落实，重大问题及时报区长效机制领导小组研究解决。

第二十三条 对稽查中发现的问题，应当进行责任追究的，按照《二七区职能部门下沉人员管理实施细则（试行）》《二七区网格长队伍管理实施细则（试行）》和《二七区“坚持依靠群众推进工作落实”长效机制责任追究办法（暂行）》实施。

第八章　附　则

第二十四条 本办法自发布之日起施行，由区长效办、区社管办负责解释。

第二十五条 各乡镇街道参照本办法，结合实际制定本单位长效机制运行监督办法。

郑州市二七区人民政府办公室关于印发二七区2014年企业服务工作实施方案的通知

各乡镇人民政府、街道办事处，区人民政府各部门，各有关单位：

《二七区2014年企业服务工作实施方案》已经区政府同意，现印发给你们，请认真贯彻执行。

2014年6月24日

二七区2014年企业服务工作实施方案

为贯彻落实《郑州市人民政府办公厅关于印发郑州市2014年企业服务工作实施方案的通知》（郑政办〔2014〕13号）精神，进一步完善企业服务长效机制，不断优化企业发展环境，推动全区经济持续健康较快发展，特制定本方案。

一、工作任务和目标

（一）规模实力有新提升。2014—2016年全区规模以上工业增加值增速分别达12%、13%、14%以上；规模工业将分别实现利润总额5.9亿元、6.5亿元、7亿元。

（二）服务效能有新提高。企业反映的问题得到及时办理，政策范围内问题办结率达到100%。

二、工作重点

（一）构建企业服务长效机制。一是区企服办做好省、市“双百”企业的推荐上报工作，积极搭建区领导分包重点企业、首席服务官和企业服务直通车等企业服务平台。各乡镇、街道办事处要根据属地管理原则，整合政策、要素等资源，支持辖区内省市“双百”企业做大做强。二是完善问题办理工作机制。通过政策咨询会、网上直报、现场调研、问卷调查、服务热线、电子信箱等途径，进一步完善企业问题受理渠道，建立企业问题台帐，落实企业问题转办制度，加大企业问题的办理力度，确保取得实效。三是落实涉企扶持政策。各成员单位要组建政策宣讲团，加大政策宣传力度，让企业及时了解相关政策精神，促进企业更好发展。

（二）开展产销对接，扩宽产品销售渠道。一是建立产销对接长效机制。以现代食品及装备制造等产业为重点，分行业建立产销对接信息征集和发布制度，推动产业链产销对接常态化。

（三）开展银企对接，破解企业融资难题。一是完善银企对接长效机制。建立企业贷款需求资料库，利用中小企业服务网、金融服务网等平台，及时发布信息，强化跟踪协调，推动银企对接网络化、信息化、常态化。二是搭建银企洽谈平台。加强与大型金融机构的战略合作，支持金融机构为大企业量身定做综合性融资方案，帮助企业发展。积极组织企业参与省、市组织的各项金融对接活动，帮助企业拓宽融资渠道。

（四）开展用工对接，强化企业人才保障。一是组织人才招聘。针对企业用工难问题，组织企业参加省、市定期举办各种形式、有针对性的企业人才招聘活动，积极帮助企业化解用工难题。二是加大培训力度。继续联合国内知名高校，分批次对重点企业的高级管理人员进行专业培训，不断提高重点企业的管理水平和创新能力。积极组织企业参与EMBA学历培训及企业总裁创新管理高级研修班，推动我区企业经营管理人才队伍的职业化、现代化、国际化进程。

（五）推动转型升级，加快转变工业发展方式。一是加快转型升级项目建设。按照“签约项目抓落地，落地项目抓开工，开工项目抓续建，续建项目抓竣工”的思路，重点抓好省、市重大项目建设，突出抓好“三力”型项目推进，着力优化项目投资结构，不断做大规模总量，持续提升产业竞争能力。二是积极建设马寨产业集聚区。围绕主导产业，按照集聚集约集群发展的原则，着力发展现代食品制造和装备制造等重点产业。三是实施大企业培育计划。筛选确定一批总部、研发、营销均在我区，并且主业突出、发展前景较好的企业，实施战略性企业（集团）培育工作计划，按照“一企一策”原则给予重点扶持。四是加强质量品牌建设。帮助企业积极争创各级政府质量奖、质量管理先进单位和质量标杆企业，推动龙头企业成为制定国家标准的主体，引领新产品开发和品牌创建，带动中小企业实施技术改造升级和管理创新，不断提升质量品牌效力。五是促进绿色发展。加快工业节能立法进程，推进绿色清洁生产和资源综合利用，确保完成节能降耗目标任务。落实各级淘汰落后产能的奖补政策，加快落后产能淘汰步伐，积极消化过剩产能，引导企业生产适销对路产品。继续开展困难企业认定工作，认真落实困难企业社保费用缓缴、减免等帮扶措施。

（六）强化运行调节，促进经济平稳较快增长。一是加强运行监测。依托郑州市工业经济运行网上直报系统，做好重点企业生产数据监测，按照月初有快报、月中有分析、月底有调度会的总体要求，及时发布我区工业经济运行情况，为领导决策提供参考。二是完善用地保障机制。优化配置建设用地计划指标，用好增量、盘活存量，优先保障重点项目用地需求。完善节约集约用地评价和考核体系，引导企业科学设计生产流程，优化厂房布局，提高节约集约用地水平。

（七）减轻企业负担，优化经济发展环境。一是开展减轻企业负担专项治理。严格清理整顿涉企收费，实行涉企检查备案制度，严厉查处各种名目的乱收费、乱罚款、乱摊派、乱检查、乱评比、乱培训等行为，严禁违规强行指定中介服务机构对企业进行强制服务和强制收费。二是加强企业周边环境整治。继续组织开展重点项目建设环境、企业治安环境等专项治理，积极构筑企、警、地共建的治安环境长效机制。健全完善投诉举报受理机制，对企业投诉举报、检查发现以及媒体披露的影响企业发展的案件线索，依法组织查处，保护企业合法权益。三是提升行政审批效能。抓好重点项目、重点企业“直通车”服务，加大项目联审联批工作力度，扩大联审联批范围，切实为企业和群众提供优质高效服务。建立健全行政效能电子监察系统，对行政审批、行政征收、行政处罚、行政检查等施政情况进行实时监控、预警纠错、绩效评估、投诉处理、信息服务和统计分析，促进政府依法、高效、规范行政。

三、组织保障

（一）加强组织领导。全区企业服务工作继续采取统一组织、上下联动、分级实施的办法，在区企业服务联席会议统一协调下，各成员单位要进一步转变职能，增强服务意识，简化办事程序，积极主动为企业排忧解难。各有关部门要建立健全组织领导机构，制定工作方案，保障工作经费，切实做好企业服务工作。区企服办要完善工作机制，细化目标任务分解，促进企业服务工作有序开展，确保取得实效。

（二）营造良好氛围。充分利用报纸、电视、广播、网络等新闻媒体，向全社会宣传企业服务渠道，帮助企业熟悉并运用服务平台，增强政企沟通效果；及时总结宣传全区企业服务工作中涌现出的先进典型，努力在全区形成关心企业成长、服务企业发展的舆论氛围。

（三）强化督导考核。区企服办要定期组织开展督导活动，针对工作推动、政策落实以及经济运行中的热点难点问题进行督促检查，及时掌握企业需求，解决企业服务工作中存在的问题。研究建立企业服务通报制度，定期通报各单位问题处理和解决情况，对久拖不决的问题挂牌督办。继续把企业服务作为各有关部门政风行风评议的重要内容，进一步完善企业服务工作目标考核体系，从企业满意度评价及投诉率、经济运行指标、企业问题办理、政策落实等方面，综合考评各有关部门企业服务工作开展情况，对工作成绩突出的单位和个人给予表彰，对措施不力、工作不到位的部门给予通报批评。

郑州市二七区人民政府办公室

2014年6月24日印发

郑州市二七区人民政府办公室关于印发二七区2014年推进服务型行政执法建设工作实施方案的通知

各乡镇人民政府、街道办事处，区人民政府各部门，各有关单位：

《二七区2014年推进服务型行政执法建设工作实施方案》已经区政府同意，现印发给你们，请结合工作实际，认真贯彻落实。

2014年6月28日

二七区2014年推进服务型行政执法建设工作实施方案

为贯彻落实《河南省人民政府办公厅关于推进服务型行政执法建设的意见》（豫政办〔2012〕78号）、《河南省人民政府办公厅关于做好2014年度全省推进服务型行政执法建设工作的通知》（豫政办〔2014〕39号）、《郑州市人民政府办公厅关于印发郑州市人民政府推进服务型行政执法建设工作实施方案的通知》（郑政办〔2012〕77号）和《郑州市人民政府办公厅关于印发郑州市2014年推进服务型行政执法建设工作实施方案的通知》（郑政办〔2014〕19号）要求，深入推进服务型行政执法建设工作，结合我区实际，现制定《二七区2014年推进服务型行政执法建设工作实施方案》（以下简称《实施方案》）。

一、指导思想

深入贯彻落实党的十八大和十八届三中全会精神，紧紧围绕市委确定的“三大一中”战略目标，坚持“三大主体”工作格局，依托网格化为载体的“坚持依靠群众推进工作落实”长效机制，结合我区党的群众路线教育实践活动对行政执法部门提出的目标要求，加快推进行政执法体制改革，进一步树立“民生为本、服务为先”的理念，认真践行“管理、执法、服务”三位一体的行政执法模式，使突出问题明显解决，执法监管明显规范，服务意识明显增强，服务质量明显提升，营造良好的法治环境。

二、工作任务

（一）改进行政执法方式，落实行政指导制度

各相关单位要综合运用提醒提示、示范、协商、契约、建议、劝导等非强制方式开展行政执法工作。对责令停产停业、吊销许可证或者执照、较大数额罚款等对行政管理相对人影响较大的行政处罚事项，要积极落实行政执法事前提示、事中指导、事后回访制度。通过行政指导制度的落实，真实反映出执法实际效果和行政管理相对人对违法行为的认同度，努力实现行政指导与严格执法的有效统一，促进执法关系和谐。

（二）推进行政执法信息公开，全面公开执法权力清单

各相关单位要在继续推行行政执法责任制的基础上，全面梳理行政执法权力清单，明确执法项目、执法依据、执法权限和执法责任，依法全面公开权力运行流程，梳理情况报区法制办审核后在各单位网站上公布，于2014年10月30日前全面公开。切实促进执法权限法定化、执法行为规范化、执法程序公开化、执法责任明晰化，实现管理公开、程序公开、服务公开和执法结果公开，自觉接受群众、社会和媒体的监督，真正让权力在阳光下运行。

（三）转变政府职能，深化行政审批制度改革

结合我区行政审批制度改革，及时修改、完善政府规章和规范性文件，固化行政审批改革成果，推动行政审批“两集中两到位”改革工作。结合《国务院关于清理国务院部门非行政许可审批事项的通知》（国发〔2014〕16号）要求，继续做好对非行政许可事项的清理、取消工作，真正方便企业、方便群众办事，提高行政审批服务水平。建立健全行政审批责任制度和行政审批事项动态管理机制，加强对行政审批权力运行的监督。

（四）加强城市管理，提升城市管理水平

2014年，将区政府城市管理行政执法领域作为推进服务型行政执法建设工作的突破点，以提升城市管理水平作为推动工作的落脚点，不断创新工作手段和措施。将选择一至两个行政执法部门作为重点推进部门，适时组织召开座谈会、交流会，及时总结经验、成果，及时将好的典型做法提炼、转化并上升为制度机制，以点带面，推进提高城市管理服务型行政执法水平。

（五）修订行政处罚裁量标准，规范行政处罚裁量权

按照《河南省人民政府关于规范行政处罚裁量权的若干意见》（豫政〔2008〕57号）要求，根据法律、法规、规章“立、改、废”情况，进一步细化适用规则，严格规范行政执法自由裁量权行使，避免执法的随意性，确保罚过相当、同案同罚。2014年9月30日前，各单位要将重新修订后的《行政处罚裁量标准》在本单位网站上公布，并将电子版上报二七区依法行政工作领导小组办公室。根据市政府统一安排，将农业、环保、文化旅游等部门作为今年重点推进规范行政处罚裁量权部门。上述部门要采取日常检查、年底报告等方式，认真落实，推进落实的效果，并积极做好市政府、区政府的检查、抽查。

（六）强化行政调解工作，化解行政争议和纠纷

各相关单位要把行政调解工作作为本单位的重要职责，建立由区人民政府负总责、政府法制机构牵头、各职能部门为主体的行政调解工作机制，明确行政调解事项，制定行政调解规程。有关行政执法部门要运用调解机制依法处理污染纠纷、土地纠纷、拆迁纠纷、治安纠纷等纠纷。

（七）普遍建立法律顾问制度，提高行政执法水平

2014年底前，各乡（镇）、街道办事处，区政府各部门，各有关单位要全面建立法律顾问制度。在充分发挥各级法制机构作用的基础上，聘请具备一定专长的优秀律师作为法律顾问，参与到本单位的文件制定与审核、行政决策、政策研究、案件审查等具体事务中去，尤其是要积极参与到服务型行政执法建设工作中去，不断提高本单位依法行政和服务型行政执法建设的水平和能力。

（八）加强学习培训，提高行政执法人员素质

各相关单位要结合年度行政执法培训工作，积极开展“服务型行政执法培训月”活动。培训月活动要以行政执法相关制度规定为基础内容，以服务型行政执法相关文件规定和有关规范行政执法行为的法律、法规为重点内容，并根据《中共郑州市委党的群众路线教育实践活动领导小组关于印发〈郑州市执法监管部门和窗口服务行业党的群众路线教育实践活动实施方案〉的通知》（郑群组发〔2014〕6号）有关要求，有重点、分层次、多形式地开展执法大培训、岗位大练兵活动。二七区依法行政工作领导小组办公室将确定2014年9月为“服务型行政执法学习培训月”，集中组织由二七区行政执法机构负责人、法制科（室）负责人和业务骨干参加的服务型行政执法培训活动，努力提高行政执法机构负责人、法制科（室）负责人和业务骨干的服务意识、服务质量和服务水平。

三、工作要求

（一）加强组织领导

各相关单位要加强组织领导，理清工作思路，狠抓工作落实，提升服务型行政执法成效，并及时制定本单位推进服务型行政执法建设年度工作安排，同时报二七区依法行政工作领导小组办公室（包括电子版）。政府法制机构要认真履行职责，充分发挥指导、监督、协调作用，指导开展宣传培训、经验交流、督促检查和评先评优等工作，努力推动推进服务型行政执法建设工作取得实效。二七区依法行政工作领导小组办公室将适时组织经验交流会，互相交流学习经验，引导和推动服务型行政执法建设工作由点上突破向整体提升转变。

（二）加强制度建设

要注重行政执法的制度建设，以制度规范行政执法行为。结合《河南省重大行政处罚备案审查办法》和《河南省行政执法投诉办法》实施，进一步完善监督制度，提升行政执法监督的主动性、针对性、权威性和影响力。各相关单位要结合实际，加大对重大行政处罚案件的监督审查力度，继续完善行政执法投诉受理、办理流程，切实把层级监督贯穿行政执法全过程。

（三）加强监督检查

要继续加大监督检查力度。充分采取日常检查与年度考核相结合、案卷评查与查阅资料相结合、实地检查和适时暗访相结合、专项督查与重点抽查相结合、联合纪检和监察部门开展检查等方式，加强对推进服务型行政执法建设工作的监督检查。对监督检查中发现的问题，要及时督促整改，并依法作出处理。

（四）加强宣传引导

要充分利用电视、广播、报刊、网络等宣传服务型行政执法工作的经验做法，宣传行政执法人员执法为民的先进事迹，充分发挥先进典型的模范引领作用。大力提升服务型行政执法的社会知晓度、认可度和影响力，并有效转化为推动二七区建设和发展的软实力。

郑州市二七区人民政府办公室

2014年6月28日印发

中共二七区委
印发《关于落实党风廉政建设党委主体责任和纪委监督责任的实施意见（试行）》的通知

各乡镇党委、街道党工委，区委各部委，区直各单位党组织，驻区各垂直单位党组织，各人民团体党组织：

现将《关于落实党风廉政建设党委主体责任和纪委监督责任的实施意见（试行）》印发给你们，请结合实际认真贯彻执行。

中共二七区委
2014年12月4日

关于落实党风廉政建设党委主体责任和纪委监督责任的实施意见（试行）

为进一步落实党风廉政建设党委主体责任和纪委监督责任，深入推进全区党风廉政建设和反腐败斗争，根据《中国共产党章程》、《中国共产党党内监督条例（试行）》、中央《关于实行党风廉政建设责任制的规定》、《中共河南省委关于落实党风廉政建设党委主体责任和纪委监督责任的意见（试行）》（豫发〔2014〕20号）和《中共郑州市委关于落实党风廉政建设党委主体责任和纪委监督责任的实施意见（试行）（郑发〔2014〕27号），结合我区实际，制定如下实施意见。

一、总体要求

深入贯彻落实党的十八大和十八届三中四中全会、十八届中央纪委三次四次全会、省纪委九届四次全会、市纪委十届四次全会精神，完善党风廉政建设责任体系，促进党委和纪委真正把落实“两个责任”放在心上、扛在肩上、抓在手上，做到守土有责、守土尽责，以良好的党风政风促进全区经济社会健康快速发展。各单位党组织要把落实党风廉政建设主体责任作为重大政治任务，切实当好本单位党风廉政建设的领导者、执行者、推动者。各单位纪检监察部门要全面落实监督责任，认真履行党内监督专门机关的职能，积极协助同级党委加强党风廉政建设和组织协调反腐败工作，切实履行监督执纪问责职责。

二、全面落实党委主体责任

党组织担负着全面领导党风廉政建设的主体责任，要坚持集体领导与个人分工负责相结合，做到权责对等，有错必究，有责必问。

（一）党委（党组）领导班子责任。党组织是党风廉政建设的领导者、执行者、推动者，对本单位的党风廉政建设负全面领导的集体责任。

1、加强组织领导。贯彻落实中央及上级党委、纪委关于党风廉政建设的部署和要求，定期召开党风廉政建设和反腐败工作专题会议，年初制定工作计划、目标要求和具体措施，明确领导班子、领导干部职责和任务分工；年中分析研判面临的形势和任务，解决具体问题，推动责任落实；年底听取工作情况汇报，分析问题，总结经验，为下一年度党风廉政建设和反腐败工作做好准备。

2、健全工作机制。进一步落实党风廉政建设责任制和惩防体系建设工作，明确职责任务，完善责任体系，形成齐抓共管，上下贯通、层层负责、各司其职的工作格局和抓党风廉政建设的强大合力。

3、深化宣传教育。认真落实“四会一课”廉政教育制度，通过多种形式开展廉政教育活动，加强党性党风党纪和廉洁从政教育，推进廉政文化建设，筑牢思想防线，营造崇廉尚廉氛围。

4、选好用好干部。在选人用人方面，积极推行竞争上岗和双向选择等科学用人机制，加强对干部的选拔任用和监督管理，不唯考、不唯分、不唯票，以新时期“好干部”标准选好用好干部。

5、加强作风建设。严明党的政治纪律、组织纪律和生活纪律。大力弘扬党的优良作风，大兴艰苦奋斗和调查研究之风，带头厉行勤俭节约，反对铺张浪费。深入贯彻执行中央八项规定精神和省委、省政府若干意见、市委市政府二十条规定和区委二十六条规定，持之以恒反对和纠正“四风”，强化督查职能，以优良的党风政风带民风促社风。

6、维护群众利益。认真贯彻落实党的群众路线，完善维护群众权益机制，畅通群众诉求渠道，加强纠风治乱工作，及时研究解决群众反映强烈的突出问题，坚决查处和纠正损害群众利益行为。

7、支持查办案件。领导和支持执纪执法部门依纪依法履行职责，每季度听取党风廉政建设和反腐败工作情况汇报，及时协调解决重大问题。加强纪检监察组织和干部队伍建设，全力支持和保障纪检监察部门依纪依法查办腐败案件，严格落实查办案件以上级纪委领导为主等规定，加大案件查办力度，做到有腐必反、有贪必肃，始终保持惩治腐败高压态势。

8、推动源头治理。认真贯彻落实中央、省市区委关于惩治和预防腐败体系建设的安排部署，严格执行党风廉政法规制度，强化对权力运行的制约和监督，推进权力公开透明运行，切实加强廉政风险防控，从源头上预防和治理腐败。

（二）党委（党组）主要负责人责任。党组织主要负责人是党风廉政建设第一责任人，对本单位的党风廉政建设负全面领导责任。

1、履行领导责任。严明党的政治纪律，自觉维护党的集中统一。坚决执行区委和区纪委关于党风廉政建设和反腐败工作的决策部署，主持研究制定本单位党风廉政建设工作计划、目标任务和具体措施，审核签署年度党风廉政建设责任目标，对全局性、战略性等重要工作亲自部署，重大问题亲自过问，重点环节亲自协调，重要案件亲自督办。

2、强化组织推动。积极推进本单位党风廉政建设和反腐败工作，研究部署党风廉政建设工作，听取本单位纪检监察部门和下一级党组织工作汇报，协调解决工作中的困难和问题，参加涉及党风廉政建设全局性工作的会议和活动。

3、加强宣传教育。坚持“四会一课”廉政教育制度，把廉政教育纳入中心组学习内容，每年至少主讲1次廉政党课，及时通报典型案例、经常性开展廉政提醒，加强对班子成员和党员干部的党性党风党纪教育和廉洁从政教育。

4、落实监管责任。加强对领导班子成员及部门主要负责人的监管，管好班子，带好队伍，督促领导班子成员和各部门主要负责人落实“一岗双责”，对在党风廉政建设责任制检查中发现问题较多、群众来信来访反映较多、社会反映强烈的突出问题，进行廉政谈话、廉政点评、约谈和函询，对领导班子成员、部门主要负责人廉政谈话每年不少于1次。

5、带头做好表率。严格执行民主集中制，自觉践行“三严三实”要求，坚持以身作则，管好自己，管好亲属和身边工作人员，不搞特权，公布个人行使权力清单，签订廉洁从政承诺书，公开述责述廉，报告个人有关事项，带头接受干部群众监督，作廉洁从政的表率。

6、全力支持“三转”。支持纪检监察部门落实当前“转职能、转方式、转作风”的“三转”要求，保证纪检监察部门正确处理好监督与监管、监察与督查、主业与副业的关系，纪（工）委书记、纪检组长、纪（工）委副书记不兼任其他职务，不分管与党风廉政建设无关的业务工作，保障纪检监察机关聚焦主业，落实好监督执纪问责的主要职能。

（三）党委（党组）领导班子成员责任。领导班子其他成员根据工作分工，认真履行一岗双责，对职责范围内的党风廉政建设负主要领导责任。

1、落实分管职责。严格落实“一岗双责”，坚持分管工作与党风廉政建设工作同安排、同部署、同研究，每半年检查和报告分管范围内的党风廉政建设工作情况。

2、强化工作指导。认真贯彻执行上级党委、纪委和本级党组织的决策部署，指导分管部门研究制定加强党风廉政建设的具体措施，完善制度规定，加强风险防控。

3、加强日常监管。加强对分管部门、分管领域党员干部教育，督促分管部门及其负责人廉洁从政、改进作风、履职尽责，发现苗头性、倾向性问题早提醒、早纠正。每年对分管部门主要负责人开展廉政谈心活动不少于2次。

4、自觉接受监督。严格执行廉洁从政和改进作风各项规定，增强政治素养、自觉摆正位置、培养自律意识、充分发扬民主、勇于求真务实，自觉接受组织和群众监督。

三、切实履行纪委监督责任

纪检监察机关是党内执纪监督专门机关，按照党章和相关党内法规要求，协助党委加强党风廉政建设，组织协调反腐败工作，对本单位党风廉政建设负监督责任。

（一）维护党的纪律。坚决维护党章和其他党内法规，严格执行党的纪律，严肃查处违犯党纪行为。加强对党的路线、方针、政策和市委、区委重大决策部署贯彻落实情况的监督检查，确保政令畅通。

（二）加强组织协调。根据区纪委的统一部署，结合实际，向本单位党组织提出党风廉政建设和反腐败工作的建议；组织协调党风廉政建设和反腐败工作，协助本单位党组织制定规划、分解任务，提出工作建议，推动任务落实，及时向本单位党组织和区纪委报告反腐败重大工作情况。

（三）深化教育预防。创新反腐倡廉教育方式方法，运用多种形式加强理想信念、宗旨观念、廉洁自律和警示教育，教育党员干部“为民、务实、清廉”。促进党员干部廉洁从政，对党员干部作风和纪律上的问题早发现、早提醒、早纠正、早查处。

（四）强化执纪监督。加强对贯彻落实中央八项规定精神和省委、省政府若干意见、市委市政府二十条规定以及区委二十六条规定情况的监督检查，持之以恒反对和纠正“四风”，加大惩戒和问责力度。严肃查处违反作风建设规定的典型问题，及时通报曝光，形成强大震慑。每月月底向区纪委报送有关案件线索情况、案件查处情况和通报曝光情况。

（五）严肃查办案件。按照干部管理权限，严格查处党员干部违纪违法案件，切实解决发生在重点领域、关键环节和群众身边的腐败问题。严格落实“查办腐败案件以上级纪委领导为主，线索处置和案件查办在向同级党委报告的同时必须向上级纪委报告”的有关要求。

（六）严格追究问责。强化责任追究，加大问责力度。对因领导不力、不抓不管而导致不正之风长期滋生蔓延，或者屡屡出现重大腐败问题而不制止、不查处、不报告的，严格执行一案双究和责任倒查制度。对违纪违法案件，既追究当事人责任，又追究相关负责人责任。每季度末将责任追究案件统计情况报区纪委。

（七）定期分析研判。加强对预防和惩治腐败工作以及党风廉政建设工作新情况新问题的分析和研究；对案件查办情况及时总结分析，尤其注重对当前党员干部作风建设和落实中央“八项规定”工作过程中存在的难点和问题进行分析研究；对群众来信来访反映较多、社会反映强烈的突出问题进行梳理汇总和分析研判，提出针对性的处理意见，必要时向本单位党组织和区纪委报告，纪检监察部门主要负责同志要对存在苗头性、倾向性问题的同志进行约谈。

四、保障制度

以建立健全制度机制为重点，各单位党组织、纪检监察部门要切实加强组织领导，明确工作职责，注重加强保障机制建设，推动党委主体责任、纪委监督责任真正落到实处。

（一）党委主要负责人履行主体责任任务清单制度。各单位党组织主要负责人要带头履行部署党风廉政建设工作、遵守党内政治生活制度、开展反腐倡廉教育、专题报告责任制执行情况、及时解决党风廉政建设问题、检查考核党风廉政建设工作、按照规定选拔任用干部、落实领导干部监管责任、支持和保障案件查办工作、接受干部群众监督等党风廉政建设主体责任10件事“任务清单制度”，实行项目化管理，推动党委主体责任全面落实。

（二）“两个责任”签字背书制度。各单位党组织和纪检监察部门要对承担的党风廉政建设责任签字背书，年初，与责任对象签订党风廉政责任书。同时，主体责任人和监督责任人要审查本单位党风廉政责任分工、任务分解、上年度工作总结报告等具体内容，提出意见并签名。

（三）“两个责任”年度双报告制度。实行党委主体责任双报告制度和纪委监督责任双报告制度，每年年初，各单位党组织分别向区委、区纪委以书面形式报告上年度履行党风廉政建设主体责任情况；各单位纪检监察部门分别向本单位党组织和区纪委以书面形式报告上年度履行党风廉政建设监督责任情况。

（四）纪委班子成员参加下级党组织民主生活会制度。各单位纪检监察部门要加强对民主生活会的指导和监督。区纪委领导班子成员按照有关要求参加全区各单位的民主生活会，监督是否将执行党风廉政建设责任制情况列为民主生活会重要内容；班子主要负责人是否在民主生活会上对班子成员廉政点评；领导班子及成员在廉洁自律方面是否存在苗头性、倾向性问题；上次民主生活会整改措施是否落实到位等。民主生活会召开后，各单位党组织应在一周内将会议基本情况、会议记录、解决的问题、整改措施等上报区纪委。

（五）主体责任述责述廉和评议制度。各单位党组织主要负责人要向本单位全体干部职工述责述廉，每年不少于1次，集中报告履行党风廉政建设主体责任和个人廉洁履职等情况。各单位党政正职述责述廉报告要上报区纪委，接受纪委委员审阅和评议。

（六）廉政谈话和约谈制度。各单位党组织主要负责人与领导班子成员、分管部门主要负责人每年廉政谈话不少于1次，把廉政谈话作为责任制检查考核、述职述廉、任前教育的重要内容和必要程序。对在党风廉政建设责任制检查中发现问题较多、群众来信来访反映较多、民主测评满意度较低的部门，由纪检监察工作负责人进行约谈，听取党委主体责任落实情况和个人廉洁从政情况，解决倾向性、苗头性问题。

（七）一案双究和责任倒查制度。实行一案双究制度，在查办违纪违法案件同时，一并调查和追究发案单位党委主体责任和纪委监督责任是否落实到位。对不认真履行主体责任和监督责任，导致不正之风长期滋生蔓延，或者出现重大腐败问题而不制止、不查处、不报告的，由下至上逐级实行责任倒查，追究党委和纪委相关领导责任。

（八）责任追究案件报告和通报曝光制度。建立责任追究案件季度报告制度和典型案件双月通报曝光制度，各单位应在每季度末，将责任追究季报表及典型案例报区纪委。责任追究典型案例在双月月底集中通报，对情节严重、性质恶劣、社会影响大的问题及时通报曝光，向社会传递和释放违纪必究、执纪必严的强烈信号。

五、工作要求

（一）加强组织领导。各单位党组织要切实加强组织领导，明确工作职责，完善工作机制，细化任务分工，强化督促检查，结合实际层层抓好落实。各单位党员领导干部必须牢固树立不抓党风廉政建设就是严重失职的意识，认真履行“一岗双责”，贯彻执行好“两个责任”。

（二）强化督导考核。按照省市统一要求，每年年底，区委、区纪委联合组织开展督查和考核“两个责任”贯彻执行情况，区委班子成员将带队参加考核工作，听取考核情况汇报，作为各单位领导班子和领导干部评先评优和选拔任用的重要依据，考核结果在全区通报，对考核结果末位或干部群众反映问题集中的单位负责人进行约谈。对考核中发现的问题，各单位要在30日内整改落实到位。

（三）开展专项巡察。按照省市统一部署，区委、区纪委将联合对各单位“两个责任”落实情况进行巡察，及时掌握了解工作进度，发现和纠正工作中存在的突出问题。对于工作中搞过场、走形式等行为，严肃追究相关单位和有关领导责任，确保“两个责任”落实到位。

中共二七区委办公室

2014年12月4日印发

中共二七区委 二七区人民政府 关于深化实施开放创新双驱动战略 加快二七区经济社会发展的意见

（2014年12月12日）

为加快二七经济社会发展，充分发挥对外开放与科技创新对经济社会发展的支撑和引领作用，现就深化实施开放创新双驱动战略提出如下意见：

一、实施开放创新双驱动战略的重要意义

1.战略意义。实施开放创新双驱动战略，就是坚持开放与创新同步推进、相互融合、互动并进，促进对外开放与产业优化升级、创新要素集聚相结合，促进自主创新与开放式创新相结合，以开放拓平台、引要素，以创新添动力、强支撑，驱动经济社会实现转型发展、跨越发展、可持续发展。当前，我区正处于爬坡过坎、转型发展的关键时期，实施开放创新双驱动战略是区委、区政府立足二七经济社会发展新阶段，加快推进经济转型升级，全面构筑科学发展新优势的战略选择。深化实施开放创新双驱动战略，有利于在更高层次、更宽领域集聚创新要素，提高科技对经济社会发展的支撑引领作用，带动技术创新、产业创新、管理创新、体制创新；有利于加快经济增长方式由依靠资源消耗和投资拉动向开放带动、创新驱动转变，探索走出一条以开放驱动和创新驱动有机结合为内涵的二七经济社会发展转型升级之路。

二、总体要求

2.指导思想。以邓小平理论、“三个代表”重要思想、科学发展观为指导，深入贯彻党的十八大和十八届二中、三中全会精神，坚持解放思想、自主创新、重点跨越、支撑发展、引领未来的方针，围绕“商贸中心区”的战略定位，以三大产业集聚区建设为统揽，大力实施开放创新双驱动战略，以开放促创新，以创新促发展，着力构建国际化、现代化的开放型经济体系和高效完备的科技创新体系，切实加快产业结构调整和经济发展方式转型步伐，为郑州都市区建设作出积极贡献。

3.基本原则

——坚持开放创新、引领发展。把开放创新放在优先发展的位置，贯穿到经济社会发展全过程，成为全区领导干部的自觉行为和全社会的共同取向。

——坚持政府支持、市场主导。统筹发挥政府在战略规划、政策法规和监督指导等方面的作用与市场在资源配置中的基础性作用，完善有利于创新要素集聚和合作的政策体系，充分利用国际国内两个资源、两个市场，提高开放创新的国际化水平。

——坚持企业主体、协同推进。强化企业开放创新的主体地位，充分调动企业开展对外合作、推进协同创新的积极性和能动性，提升开放创新整体效能。

——坚持外源与内生并重、培内与引外并举。坚持开放招商引资、引智、引技、引平台相结合，吸引国内外高端产业、创新要素、优质资源向二七集聚，实现借力发展；坚持以培育高成长性、高科技型企业（集团）为重点，加快推进企业为主体、市场为导向的产学研政相结合的创新体系建设，增强发展的内生动力。

——坚持开放式创新与创新型开放相结合。坚持以开放促创新，以创新扩大开放、引领发展。依托开放提升创新能力，通过创新促进更宽领域、更深层次、更高水平的开放，实现开放与创新双轮驱动，扩大整体效能。

4.战略目标。到2018年，形成国际化、现代化的开放型经济体系和高效完备的科技创新体系，建成一批具有国际影响力和竞争力的对外经济合作平台和科技创新平台，引进培育一批具有较强国际市场整合力、带动力的跨国企业和创新机构，形成一批具有国内领先水平、拥有自主知识产权的知名品牌，打造一批高新技术企业和新兴产业集群，使开放创新成为经济社会科学发展的基本驱动力。

三、以“五大板块”为统揽，着力提升对外开放水平，构建开放型经济新格局

5.继续加快二七新区开发建设。加快基础设施建设，抓好项目建设，采取多种形式，加大新区宣传推介力度，着手谋划二次选商，培育发展总部经济、楼宇经济。积极拓宽融资渠道，搭建融资平台，破解资金瓶颈。依托现有优势，着力发展电子商务产业，积极争取跨境贸易，特别是体验区、展示区在我区布点，努力实现“买全球、卖全球”。

6.积极推进马寨产业集聚区晋位升级。以争创省级经济开发区为目标，努力开创集聚区建设新局面。加快创新链、产业链和服务保障链建设，做强实体经济，努力把康师傅培育成为百亿级领军企业。完善管理和服务方式，积极探索便企、利企服务新模式。深化探索银行借贷、项目运作、社会合作等途径，扩大投融资成效。加大招商引资和重点项目建设力度，形成项目梯次配备，培育电子商务产业集群，力争早日晋级为星级产业集聚区。

7.全力推动特色商业区规划建设。以打造千亿级商圈为目标，依托“一心、两带、四区、五街”的规划布局，合理开发二七商圈地下空间，加快人口疏解、立体交通建设、基础

设施完善、选商引资等工作，抓好展示馆建设，高标准、高品质、高效率发展高端商贸业，进一步提升商业业态和开发价值，打造现代化高品质服务业形象展示区。

8.积极打造高端医疗及公共服务区。依托郑大一附院及周边医疗资源，发挥优势，发展医疗保健及服务等产业，形成涵盖五里堡、大学路、淮河路、建中街等街道的医疗服务产业集群。以旧城和城中村改造为契机，规划培育医疗康复服务、医疗器械经营、医疗教科研及配套服务等产业，力争3—5年，把医疗及公共服务区打造成全市的经济亮点，成为全区功能齐全、产业布局合理、品位高端、效益良好的新增长极。

9.全力培育美丽乡村田园生态区。充分发挥西南部生态优势，依托侯寨“美丽乡村”建设，加快规划调整完善，积极包装策划，运作和引进一批品牌生态文化项目，切实把生态优势、空间优势转化成全区发展新优势，形成休闲度假、生态旅游、现代农业为主的田园产业体系。

10.大力推进以二七新区、马寨产业集聚区、特色商业区为载体的产业转移承接平台建设。坚持“五规合一”“四集一转”产城互动的原则，突出抓好规划修订、功能集合构建和主导产业发展，加快完善各类基础设施，科学布局生产性服务设施和生活性服务设施，提高各类产业集聚区的承接承载能力。按照“一区一主业”原则，着力在龙头培育、集群发展、科技创新、品牌带动上求突破，加快主导产业集群集聚发展。持续深化行政管理与区域管理套合制度改革，创新各类产业集聚区管理体制，努力把三大产业集聚区打造成全区“三化”协调科学发展的示范区和承接产业转移的主平台、农民转移就业的主渠道、区域经济发展的主引擎。

11.创新招商模式，推动招商引资提质增效。围绕主导产业发展谋划实施产业集群招商和产业链招商，制定主导产业集群招商方案。按照“竞争力最强、成长性最好、关联度最高”的要求，围绕具有国际影响力、国内辐射力、国内外资源整合力的“三力”型项目，以国内外500强和主导产业前20强企业为重点，建立重要客商资源库和常态化跟踪对接机制，加大跟踪引进招商力度。坚持以商招商，实施战略性企业（集团）培育行动计划，按照“企业主体、引导扶持、提质增效、内外并举”的原则，深耕企业业态，制定扶持政策，引导本土骨干企业通过改组改制改造做大做强，引导外来龙头企业在二七建立全国性、战略性的研发和生产基地，带动国内外配套企业和生产要素集聚入驻。

12.深化对外合作，提高对外经贸工作的质量与水平。以优化商品结构、贸易结构和主体结构为重点促进外贸转型发展，加快内外贸一体化发展，促进“走出去”与“引进来”融合发展。着力扩大外贸竞争优势，吸引国内外知名网商、电商、物流商入驻二七开展进出口业务，以物流集聚带动产业链的制造和研发板块在我区落地，培育二七外贸新的增长极。加快“走出去”步伐，建立重点外经企业联系制度，全力支持对外投资重点企业和对外承包工程重点企业开展对外投资合作。大力推动电力、城建、路桥、水利、房建等行业有条件的企业拓展境外承包工程业务，通过境外大项目带动更多的设备、技术和劳务出口。

13.进一步拓宽开放领域，强力推动开放向社会各领域延伸。抓住国家放宽外商投资市场准入机遇，积极落实市里配套支持政策措施，深入开展投资管理、金融制度、服务业开放和贸易监管制度创新。坚持“项目带动、全方位开放、多渠道运作”工作原则，注重引资与引智引技相结合、引进外资与引进民资相结合，扩大能源、金融、教育、文化、医疗、基础设施建设等领域重大项目的对外合作，以开放合作促进服务业提速发展，创新投融资体制，加快基础设施建设，带动社会管理创新，实现开放领域和层次的全面拓展。

四、以建设国家创新型城区为目标，构建产学研政资介相结合的科技创新体系

14.加快科技发展体制机制改革，打造高新技术产业园区，建立二七自主创新发展新模式和新体制。坚持问题导向、市场导向、需求导向，以促进科技与经济社会发展紧密结合为重点，强化各种资源集聚和协同创新，形成多方位、多层次推进科技创新的强大合力，在促进创新创业和加快高新技术产业发展等方面先行先试，重点突破。同时，努力争取国家、省、市创新政策支持。

坚持高位谋划、重点扶持，按照郑州市“一区一主业”的要求，强化产业集聚区功能提升，扶持二七新区、马寨产业集聚区、二七特色商业区、医疗及公共服务区、美丽乡村田园生态区五大板块发展，努力将其打造成高新技术产业园区。创新发展体制、机制和模式，实现园区创新功能、创业功能、产业功能、辐射功能的融合发展，成为发展高新技术产业的主要载体和引领产业转型升级的强大引擎。

15.坚持以培育高新技术企业、新兴产业集群为引领，加快发展高新技术产业。紧扣郑州市“十百千万”科技型企业培育工程（到2018年培育10个百亿级、100个10亿级、1000个亿级科技型企业，使科技型企业总数发展到10000家），强化创新主体培育，对重点科技型企业，一企一策制定专项培育计划。围绕主导产业发展，统筹创新创业资源和科技服务资源，大力实施科技计划项目，争取省市重大科技专项落户我区，发挥龙头企业的辐射聚引作用，加强新业态、新产业培育，着力培育百亿级新兴产业集群。

16.围绕打造“三个链条”，促进产学研政资介融合互动发展。

围绕主导产业布局“创新链”。围绕高端商贸服务业、现代食品制造业、生态文化产业三大主导产业制定产业发展路线图，引导产业技术研发和产业项目招商。按照郑州市“一区一主业”的要求引进、实施一批与主导产业关联度高的强链补链科技项目。整合、集聚域内外高等院校、科研机构、企业、金融资本，强化协同创新，引导和鼓励我区现有企业牵头或参与建设产业技术创新研究院和产业技术创新战略联盟，使之成为主导产业创新的骨干载体，力争主导产业关键技术在我区实现突破，成为推动产业发展的强大引擎。

依托创新源谋划“产业链”。以加快发展高新技术产业和战略性新兴产业为核心，强化与国家级大院大所和著名高校的战略合作，对引进的国家级科研机构及高端新型研发机构，按照市政府要求，在土地利用、资金配套等方面给予重点支持。围绕“创新在高校，创业在二七”，认真落实郑州市鼓励院校师生创新创业的支持政策，促进高校科技成果在我区转移转化和产业化。积极与区内外的高校建立相互依存、相互助益的战略合作关系和工作机制，建设创新创业载体，完善从研发创新到创业发展的承接链条和服务链条。支持高校和创新组织在二七建设大学科技园区和产业育成中心，培育新业态、新技术、新产业，促进战略性新兴产业快速发展。鼓励研发性机构和企业转型发展。

围绕科技创新项目建立“服务保障链”。坚持项目驱动、服务推动，梳理一批科技攻关项目、成果转化项目和创新创业载体项目，积极争取市

级科技专项资金、集中区级技术研究与开发经费、产业引导基金、土地、人力和政府性科技资源、市场资源等向其倾斜，优先支持，优先保障，形成全链条服务和要素保障链。

17.构建“三个体系”，强化科技自主创新功能支撑。

加快构建功能完善、国内领先、低成本、高效率的政府性创新平台服务体系。整合科技资源，建设设备完善的区级科技创新服务平台，面向区域产业技术创新需求，建设一批区域性、专业性技术创新服务平台。对辖区现有企业的研发、检测、设计中心机构进行摸底统计，梳理挖掘一批创新能力强、发展前景好、具备相应资质条件的科技型企业，积极推荐争取省级、国家级认证，并给与研发经费支持；鼓励辖区企业积极申报国家和省、市工程技术研究中心（重点实验室）、企业研发中心、院士工作站等，争取更多、更高层次的研发机构落户二七。坚持政府主导，按照财政奖补、共建共享、互惠互利的原则，支持社会力量建设专业性的科技公共服务平台。鼓励企业等社会力量围绕专业领域建设科技条件、检测服务等专业技术服务平台。

加快构建机制灵活、梯次合理、支撑有力的人才引进培育体系。坚持依托产业聚集人才、创新机制成就人才、优化环境留住人才，认真落实《二七区关于引进培育创新创业人才的实施意见》，完善高层次科技人才引育政府补贴、资金支持和配套服务等政策措施，加快引进一批创新创业领军人才和高端人才。对带团队、带项目、带资金在我区依托企业实施研发和成果转化的高层次科技人才给予优先、重点支持。支持科技人才带技术在我区创办科技型企业或到企业进行科技成果转化，支持其以兼职和参股等多种形式，参与企业的技术开发和经营管理，成为资本所有者和劳动者利益共同体。强化对优秀青年科技人才的扶持和奖励。建立高层次科技人才区领导联系服务制度和有关部门首席服务制度。

加快构建政府引导、保障有力、风险可控的科技金融服务体系。强化政府投入的导向作用，确保财政科技投入增幅明显高于财政经常性收入增幅。把科技和金融结合作为科技与经济结合的重中之重，强力推进。以争创国家促进科技和金融结合试点城市为契机，积极探索科技创新创业与金融资源对接的新机制、新模式，构建覆盖科技创新链条的金融支撑体系。完善科技与金融、财税等部分的协同机制，统筹利用开发科技金融资源。发挥财政资金的引导杠杆作用，设立科技金融专项资金，建设科技金融服务平台，引导社会资本积极参与科技创新，为科技型企业创立、成长提供专业化、全过程、立体化的科技与金融服务。

18.加快“两环境一机制”建设，强化科技创新服务保障。

建设创新创业的载体环境。研究制定加快建设科技企业孵化器的政策措施，提高我区河南网商园、中部电子商务港、黄河科技大学大学生创业园的规模和层次，帮助申报省市级科技企业孵化器。完善促进创新创业的载体环境，到2016年底，高标准建成1处创新创业综合体，实现科技企业孵化、创业培育、创新研发、科技服务、人才集聚和生活服务的集约功能功能。依托创新创业综合体加强科技公共服务平台建设，完善创新创业服务保障链。

建设“两基金一扶持”的政策环境。结合主导产业发展需求，加快建立创业投资引导基金和产业发展引导资金，从投入、土地、环境、人才、财税、市场、服务等方面研究制定一系列有针对性、前瞻性和“含金量”的扶持政策，为创新创业提供政策保障。

建立科学高效的工作推进机制。制定百亿级科技型企业和新兴产业集群的培育行动方案。对于重点科技创新项目、科技型企业、科技领军人才，要按照“一个项目、一个领导联系、一个班子服务、一套方案推进”的“四个一”原则，制定工作专案，形成政策扶持、培育孵化、跟踪服务的长效机制。

五、积极营造有利于人才集聚、创新创业的发展环境

19.着力打造透明高效的政务环境。进一步梳理行政审批事项的依据、标准、审批时限和前置条件，最大限度地精减审批事项，优化审批流程，压缩审批时限，推进行政管理由重前置审批向重事后监管转变。做好“两集中两到位”（审批职能向一个大科室集中、审批科室向办事大厅集中；窗口授权到位、事项进驻到位），进一步坚持首席服务官、全程代理制、联审联批等制度，加强行政效能监察，切实提高行政效率。

20.着力打造开放包容的人文环境。大力弘扬敢闯敢试、勇于创新，追求成功、宽容失败，开放包容、崇尚竞争，富有激情、力戒浮躁的创新精神，尊重劳动、尊重知识、尊重人才、尊重创造，鼓励创新、宣传创新、推动创新，形成浓郁的创新氛围和广为共识的创新文化。

21.着力打造生态优美的人居环境。坚持“一个主体两个载体”的“三位一体”城乡统筹发展理念，按照“中心城市带动、县域组团发展、产业集聚区支撑、统筹社区建设”的思路，加快推进全域城镇化建设，着力提升城乡承载功能，塑造现代化城市形态，加快建设自然之美、社会公正、城乡和谐的现代田园城区。

22.着力打造文明和谐的社会环境。持续深化规范提升以网格化管理为载体的依靠群众推进工作落实长效机制建设，着力构建以基层党组织为核心，政府公共服务、市场监管、社会管理、环境保护与群众自治有效衔接、互为支撑的基层治理结构，以培育和践行社会主义核心价值观为主线，大力深化拓展群众性精神文明创建活动，巩固提升全国文明城市创建成果，努力营造文明、和谐的发展环境和群众生活环境。

六、加强组织领导，稳步推进实施

23.加强组织领导。区经济社会发展综合工作领导小组、区商贸物流和对外开放工作领导小组、区科教文卫工作领导小组要加强领导、统筹协调，牵头细化工作实施意见。要把实施开放创新双驱动战略摆上重要议事日程，把对外开放和科技创新工作作为经济社会发展的重要内容，作为推动经济发展的动力源泉，建立健全工作责任制和协调推进机制，认真做好部署、落实和考核工作。

24.强化考核督查。健全对外开放和科技创新工作评估评价指标考核体系，重点强化对招商引资、科技投入、人才培养和引进、孵化器建设、开放创新政策落实等工作的考核。区委、区政府定期听取开放创新工作汇报，开展讲评活动。区委督查室、区政务督查室要定期开展督查，创新督查形式，加大督查落实力度。

25.统筹协调推进。要把开放创新工作纳入全区综合配套改革，深化扩大对外开放和科技创新体制机制研究，加强与其他方面改革的衔接配合，把握好节奏和进度。要加大宣传力度，使开放创新双驱动战略深入人心，使对外开放、人才汇聚、创新创业理念成为全民共识和自觉行动，激发全社会的创造活力。

全区各单位、各部门要根据本意见要求，结合实际，认真贯彻落实，切实把各项任务措施落到实处。

中共二七区委办公室

2014年12月12日印发

附 录

二七区2014年国民经济和社会发展统计公报

郑州市二七区发展改革和统计局

2014年4月28日

2014年，面对复杂的宏观经济形势，我区紧紧围绕中原经济区、郑州都市区发展部署，以率先全面建成小康社会总目标为引领，以“三大主体”工作为主导，树立“品牌、品质、品位”理念，突出“改革创新、持续提升、投资增效、服务惠民”，扎实推进各项工作开展，全区经济运行总体上保持平稳增长。

一、综 合

初步核算，全年地区生产总值4282393万元，比上年增长7.6%。其中第一产业增加值6164万元，比上年下降4%；第二产业增加值836199万元，比上年增长10.7%；第三产业增加值3440030万元，比上年增长6.6%。人均生产总值56393元。三次产业结构由上年的0.2:21.4:78.4调整为0.2:19.5:80.3。

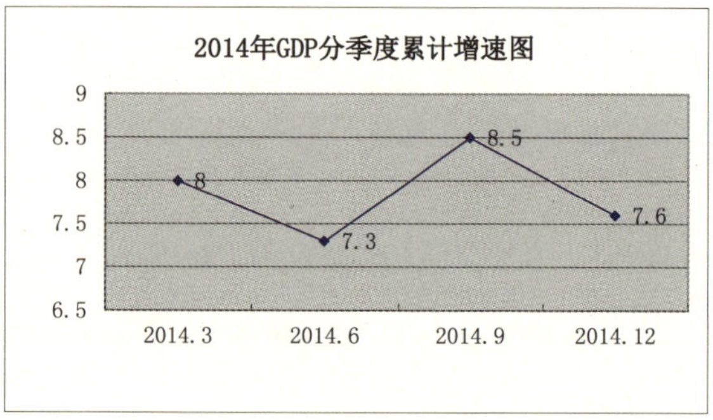

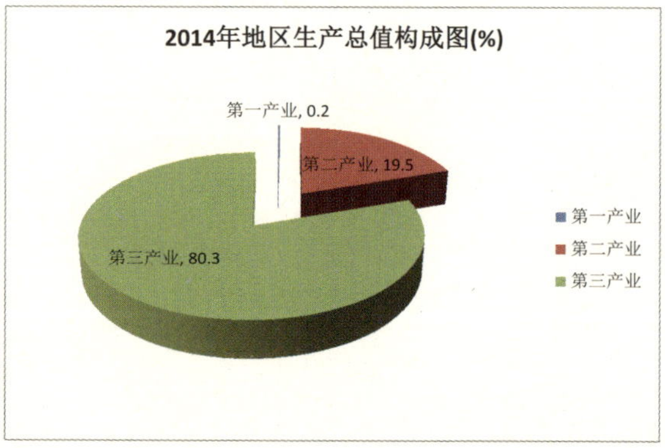

二、农 业

全年完成农业总产值11207万元，比上年下降14%；完成农业增加值6164万元，比上年下降4%。

全年完成种植业增加值2958万元，比上年下降3%。粮食总产量680吨，比上年下降72%；其中夏粮388吨，比上年下降70%；秋粮292吨，比上年下降73%。蔬菜总产量639吨，比上年下降28%；水果总产量10245吨，比上年下降3%。

全年完成林业增加值50万元，比上年下降74%。

全年完成畜牧业增加值2737万元，比上年下降7%；完成渔业增加值100万元，比上年增长14%。

全年完成农林牧渔服务业增加值319万元，比上年增长10%。

三、工业和建筑业

年末全区共有规模以上工业企业100家。

全部工业完成增加值446222万元，比上年增长9.6%。其中：规模以上工业完成增加值417603万元，比上年增长10.2%；规模以下工业完成增加值28600万元，比上年增长4.4%。

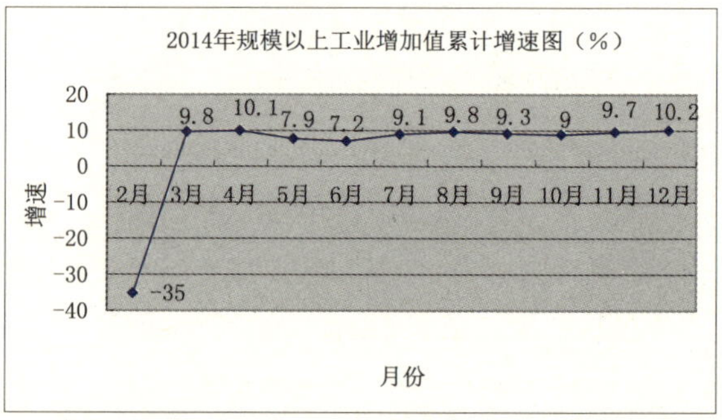

全年规模以上工业企业实现产品销售收入1747758万元，实现利税总额77801万元，实现利润总额56650万元，产销率达到97.6%，比上年下降1.3个百分点。

2014年1–4季度完成建筑业增加值364960万元，比上年增长10.6%。具有建筑业资质的独立核算建筑企业127个，共完成总产值249.2亿元。

主要工业产品产量

指标名称	单位	全年累计	累计比去年同期±%
饲料	吨	67590	-0.1
畜肉制品*	吨	14136	-43.8
速冻食品	吨	56962	16.2
方便面	吨	85943	57.8
乳制品	吨	4846	12.7
软饮料	吨	750348	0.4
服装	万件	62	-7.0
纸制品	吨	135368	14.8
单色印刷品	令	626864	-11.7
多色印刷品	对开色令	2090869	-3.8
商品混凝土	立方米	1041440	18.0
耐火材料制品	吨	89138	-7.7
钢材	吨	346856	115.0
粮食加工机械*	台	1124	-17.9
收获机械	台	4660	0.9
电力电缆	千米	168802	14.2

四、固定资产投资

全年完成全社会固定资产投资3391599万元，比上年增长15.7%。其中：城镇投资3389372万元，比上年增长15.8%；农村投资2226.5万元，比上年下降41.7%。

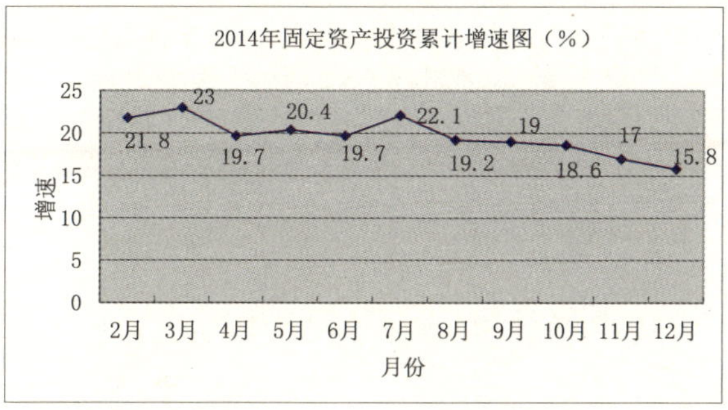

全年固定资产新开工项目34个，比上年下降37%。

全年房地产开发完成投资2408218万元，其中住宅投资1448388万元。商品房屋施工面积1121.6万平方米，同比增长2.5%，其中住宅施工面积773.5万平方米，同比增长1.8%。房屋新开工面积314万平方米，商品房竣工面积47.2万平方米。商品房销售面积123.8万平方米，同比下降22.8%；销售金额1042883万元，同比下降26.4%。

新开工公共租赁住房1504套，新开工棚户区改造住房17484套；基本建成保障性住房和棚户区改造住房9000套。

五、商　业

全年完成社会消费品零售额3356967万元，比上年增长13.4%。分行业看，批零贸易业零售额2992541万元，比上年增长13.9%；住宿餐饮业零售额364426万元，比上年增长9.1%。

全年实现外贸出口总值11215万美元，比上年下降28.2%；实际利用外商直接投资23185万美元，比上年增长13.1%。

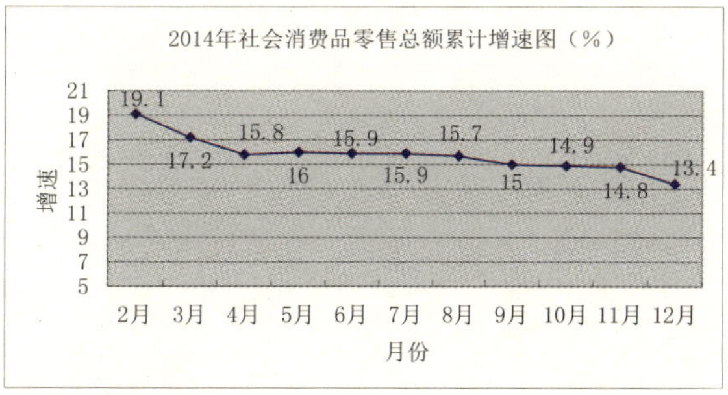

六、财　政

全年地方财政收入完成284041万元，比上年增长14.05%。其中公共财政预算收入283898万元，比上年增长14.12%。公共财政预算收入中税收收入完成269453万元，其中增值税完成24399万元，同比增长94.18%；营业税完成82776万元，同比下降1.7%；企业所得税完成25689万元，同比增长8.38%；个人所得税完成10973万元，同比增长47.47%。全年公共财政预算支出258105万元，比上年增长18.84%。其中一般公共服务支出42711万元，教育支出36109万元，社会保障和就业支出22446万元。财政收入占全区生产总值的比重达到6.6%，比上年提高0.5个百分点。

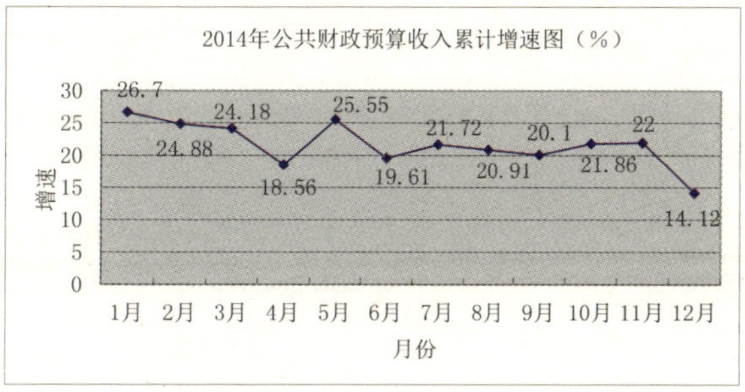

七、城市建设和环境保护

年末全区总面积156.2平方公里，其中建成区面积36.25平方公里。新建公厕3座，升级改造公厕9座；新建垃圾中转站1座；金水河兴华街桥维修工程已全部完成；建设叠彩园、天和园、净秀园3个区级综合性公园，总面积28.67万平方米，新植乔木6632株，新植月季6.8万株;完成了南三环（二期）、嵩山南路交通学院段、郑尧高速连接线、大学南路南延绿化工程建设，绿化总面积约99.15万平方米，栽植乔灌木12.3万株、地被53.7万平方米，铺设游路12公里、自行车道9.6公里，建设公建综合体3个、广场29个。郑登快速通道绿化面积约134万平方米。南水北调生态文化公园示范段绿化面积268.8万平方米。

辖区工业固体废物处置利用率达到90%以上，危险废物产生、处置单位规范化管理抽查达标率达到95%以上，医废无害化处置率达到100%。全年辐射事故零发生，废旧放射源集中收贮率、闲置放射源集中暂存率100%。

拆改燃煤锅炉共31台274蒸吨(目标内25台，目标外6台)，目标任务完成率124%。经初步核算，通过燃煤锅炉拆改，二七区燃煤年消减量约13.9万吨，二氧化硫年减排约4011.2吨，削减氮氧化物约1915.6

吨，减少烟尘排放约1288.9吨。

八、文化、教育、体育、卫生、科技

年末全区文化馆1个，图书馆1个；初步实现了每个社区（村）建设一支群众文化队伍、每年组织一次文化培训、每季度开展一次文化活动的目标。以文化惠民、文化亲民工程为统领，大力开展“免费公益电影放映”、“公益演出”、“公益讲堂”等活动，全年共放映公益电影636场（次），组织“公益演出”活动100场（次）、“文化艺术公益大讲堂”100余场（次）；开展各类群众文化活动、各级文化骨干培训1500场次,捐赠图书18000余册；举办了二七区第一届群众文化活动展演。同时，配合完成2014年河南省“舞台艺术送农民”活动4场，郑州市“舞台艺术进乡村、进社区”活动26场，进一步满足了辖区广大群众的精神文化需求。

联合中原网，开展了“乡野美味”——二七农家乐巡礼活动，对我区农家乐进行全方位宣传推介，收到了良好效果。推出了“市区——樱桃部落——御品堂”和“市区——郑州市树木园——毛家湾——龙园水乡”2条二七近郊一日游线路。深入开展了“5.19中国旅游日”、“文明旅游”进社区等宣传活动。2014年，全区全年接待游客551.9万人次，比上年增长15%；实现旅游收入1.8亿元，比上年增长20%。

全年全区普通高中招生1184人，毕业835人，年末在校学生3312人；普通初中招生3181人，毕业2770人，年末在校学生8819人；小学招生10558人，毕业8292人，年末在校人数52647人；幼儿园入园幼儿招生6123人，离园幼儿7352人，年末在园幼儿25676人。全区适龄儿童入学率达100%。中小学体育达标率为92%。2014年全区体育运动荣获世界级奖励28项，国家级奖励51项，省级奖励194项。

年末全区医疗卫生机构310家，卫生技术人员18932人，病床16020人。组建片医团队城市153个和农村41个，实现城乡片医覆盖率100%，国家免疫规划疫苗接种率达99.0%，医疗机构量化分级管理率达100%；监督检查覆盖率达100%。

全年全区培育科技型企业41家，高新技术企业15家，知识产权优势企业4家，创新型试点企业25家，2014年市级科技进步奖9项，专利奖1项；完成专利申请量1803件，授权量1104件；郑州市首家防震减灾科普教育基地落户长江东路小学。

九、人口、人民生活和社会保障

全区年末总人口766392人，其中女性375593人；城镇人口680173人。全年出生人数7996人，死亡人数3508人。人口出生率10.53‰，死亡率4.62‰，自然增长率5.91‰。

全区城镇居民人均可支配收入达到27873元，比上年增长9.4%；农民居民人均纯收入17475元，比上年增长10.2%。

全年城镇居民基本医疗保险参保人数达215636人；新农合参保人数达90689人，参合率达到98.9%，享受补贴77694人次共4329.66万元；全年城镇居民养老保险参保人数63048人;累计发放低保金、五保金、大病救助金及各类临时性救助补贴1721.7万元。征缴各项社会保险费5.1亿元。创新“失独”家庭帮扶模式，辖区155户“失独”家庭由政府购买养老服务；新建社区托老站10个、农村养老服务中心2个，初步建立了公办养老院、民办养老公寓、社区托老站、居家养老“四位一体”互补型养老服务体系。实施农村安全饮水工程，6000余名群众安全吃水问题得到解决。

全年城镇新增就业23470人，新增转移农村劳动力就业601人，开展再就业培训4608人，创业培训480人，农村劳动力职业技能培训558人。

注：1、公报中经济指标为市统计局初步认定数，均按在地口径统计。

2、公报中生产总值、各产业增加值绝对数按现行价格计算，增长速度按可比价格计算。

（杨雁平）

2014年二七区1-12月份主要经济指标完成情况表

指标	单位	区目标		1-12月份完成			
		绝对数	增速%	绝对数	增速%	占区目标%	比区目标
地区生产总值	万元	4476000	11	4282393	7.6	95.67	低3.4个百分点
第一产业增加值	万元	–	–	6164	–4	–	–
第二产业增加值	万元	–	–	836199	10.7	–	–
第三产业增加值	万元	3528000	11	3440030	6.6	97.51	低4.4个百分点
地方财政收入	万元	–	–	284041	14.05	–	–
地方公共财政预算收入	万元	273658	10	283898	14.12	103.7	高4.12个百分点
规模以上工业增加值	万元	531000	12	417600	10.2	78.6	低1.8个百分点
社会消费品零售总额	万元	3465000	15	3356967	13.4	96.9	低1.6个百分点
固定资产投资	万元	3599000	23	3389372	15.8	94.2	低7.2个百分点
出口总值	万美元	16800	8	11215	–28.2	66.8	低36.2个百分点
实际利用外资	万美元	22600	10	23185	13.1	102.6	高3.1个百分点
城镇居民人均可支配收入	元	28026	10	27873	9.4	99.5	低0.6个百分点
农民人均纯收入	元	17443	10	17475	10.2	100.2	高0.2个百分点

注：1、表中"*"标注的指标数据为上报数，未经市统计局认定，其余均为市局反馈认定数。

（杨雁平）

2014年二七区地区生产总值

		按现行价格计算（万元）		按2010年不变价格计算（万元）			
		2014年		2014年		比上年同期增长(%)	
		当季	累计	当季	累计	当季	累计
甲	乙	1	2	5	6	9	10
地区生产总值	01		4282393		4096070		7.6
第一产业	02		6164		7254		-4.0
第二产业	04		836199		1073057		10.7
第三产业	07		3440030		3015760		6.6

（杨雁平）

2014年二七区主要工业经济指标

单位:万元

指 标	本月止累计	去年同期	比去年同期±%
企业单位数(个)	100	100	-
#亏损企业(个)	6	6	0.0
产品销售收入	1747758	1642321	6.4
税金总额	21151	24473	-13.6
利润总额	56650	53429	6.0
亏损企业亏损额	1268	740	71.4
应收账款净额	235385	178435	31.9
存货	115945	115238	0.6
产品销售率(%)	97.6%	98.9%	下降1.3个百分点

（杨雁平）

2014年二七区规模工业增加值

单位:万元

指标名称		本 月	本月比去年同期±%	本月止累计	累计比去年同期±%
总计		39525	18.8	417603	10.2
其中:	轻工业	18868	32.6	196071	7.7
	重工业	20657	8.7	221532	12.4
其中:	国有企业	1715	-57.9	20956	-14.4
	集体企业	43	-7.2	605	10.9
	股份制企业	27127	21.5	282245	13.5
	外商和港澳台商投资企业	10315	59.5	110201	7.8
	其他	323	20.7	3594	16.1
其中:	公有制	1758	-57.3	21562	-13.8
	非公有制	37766	29.8	396041	11.9
其中:	大型企业	11134	-5.5	152985	1.5
	中型企业	8017	26.5	65293	3.6
	小型企业	20123	35.3	196606	21.4
	微型企业	250	-18.9	2717	-17.6
其中:	内资企业	29210	9.1	307402	11.0
	港、澳、台商投资企业	85	64.5	3419	34.5
	外商投资企业	10230	59.5	106781	7.1

（杨雁平）

2014年二七区固定资产完成情况表

单位：万元

	投资完成额合计	上年同期完成数	同比增长%
甲	1	2	3
城镇固定资产投资	3389372	2926295	15.8
其中：项目投资	981154	622715	57.6
其中：房地产	2408218	2303580	4.5

（杨雁平）

2014年二七区社会消费品零售总额

计量单位：万元

指标名称	代码	合计	限额以上批发零售、住宿餐饮企业	限额以下批发零售、住宿餐饮企业及个体
甲	乙	1	2	3
社会消费品零售总额	1	3356967	1637390	1719577
1. 批发业	2	399937	52016	347921
限额以上企业（单位）	3	52016	52016	
限额以下企业（单位）	4	6257		6257
个体户	5	341664		341664
2. 零售业	6	2592604	1472549	1120055
限额以上企业（单位）	7	1472549	1472549	
限额以下企业（单位）	8	378423		378423
个体户	9	741632		741632
3. 住宿业	10	27597	22238	5359
星级（限额）以上企业（单位）	11	22238	22238	
星级（限额）以下企业（单位）	12	108		108
个体户	13	5251		5251
4. 餐饮业	10	336829	90587	246242
星级（限额）以上企业（单位）	11	90587	90587	
星级（限额）以下企业（单位）	12	2745		2745
个体户	13	243497		243497

（杨雁平）

规模工业企业名录

序号	工作单位	姓名	职务
1	郑煤（集团）有限责任公司		
2	河南省电力公司		
3	河南省瑞光印务股份有限公司	张歌伟	董事长
4	郑州市热力总公司	武国瑞	总经理
5	郑州瑞特彩印有限公司	陈晓烁	厂　长
6	郑州市方正印务有限公司	陈国章	董事长
7	郑州市兴依璐服饰有限公司	雷国建	总经理
8	河南超汇实业有限公司	冯振亚	总经理
9	郑州铁路专用器材有限公司	胡保林	总经理
10	郑州市欣隆印刷有限公司	闫全玉	总经理
11	郑州中宇包装材料有限公司	李亚宾	总经理
12	郑州龙兴华美石材有限公司	郑书良	总经理
13	郑州恒基混凝土有限公司	焦建伟	总经理
14	郑州成农生物科技有限公司	闫香远	总经理
15	郑州三中收获实业有限公司	弓永红	总经理
16	郑州汇邦线缆有限公司	李　晓	总经理
17	郑州市扁电缆厂	闫载文	厂　长
18	郑州市华强纸制品包装有限公司	郭新正	总经理
19	郑州惠诚电机机械有限公司	刘晓宏	总经理
20	郑州五环包装有限公司	陈建梅	总经理
21	河南省翎丰纸品有限公司	郑　民	总经理
22	郑州恒生实业有限公司	肖　慧	总经理
23	郑州安华磨具有限公司	唐保军	总经理
24	郑州市升达电磁线有限公司	闫建岭	总经理
25	郑州乐达实业有限公司	徐明俊	总经理
26	河南正通化工有限公司	楚军政	总经理
27	郑州天方集团有限公司	朱广华	董事长
28	郑州新大方重工科技有限公司	张志华	董事长
29	郑州豫龙树脂砂轮有限公司	闫军芳	总经理
30	郑州裕昌包装有限公司	王全有	副总经理
31	郑州天顺食品有限公司	张天顺	总经理
32	河南省宏达炉业有限公司	李学彦	总经理
33	郑州万谷机械有限公司	陆学中	总经理
34	河南一生缘食品有限公司	刘丽娜	总经理

序号	工作单位	姓名	职务
35	郑州安泰橡胶有限公司	陈宝兴	总经理
36	郑州联创制漆有限公司	李文华	总经理
37	郑州妙可奶业有限公司	程夏明	总经理
38	郑州东方尚武食品机械有限公司	魏明东	总经理
39	郑州九天工贸有限公司	胡江河	总经理
40	河南省丰泰实业有限公司	曹　磊	总经理
41	郑州名扬窗饰材料有限公司	张年青	总经理
42	河南省经纬电机有限公司	王麦荣	总经理
43	郑州万家食品有限公司	张子成	总经理
44	郑州丰宝炉料制品有限公司	李盈真	总经理
45	郑州宇航铝业有限公司	孙新民	总经理
46	河南吉晟电力器材有限公司	李建国	总经理
47	郑州市四不见微粉有限公司	闫自强	经　理
48	郑州精英面粉有限责任公司	任源春	总经理
49	郑州全橡电缆制造有限公司	王联明	总经理
50	河南东方食品机械设备有限公司	马逸秋	书　记
51	郑州市金德明纸品有限公司	郑梓标	总经理
52	郑州金木装饰材料有限公司	徐世兵	经　理
53	郑州荣利达食品有限公司	张旭东	总经理
54	郑州福满多食品有限公司	杨　敏	厂　长
55	郑州昊天金属加工有限公司	吴天玉	总经理
56	郑州恒泰生物科技有限公司	富金生	总经理
57	郑州顶津食品有限公司	程　利	厂　长
58	河南天义包装容器有限公司	郑年生	总经理
59	郑州瑞泽建材有限公司	张　玲	总经理
60	郑州马寨精诚机械制造有限公司	马定国	总经理
61	郑州净瓶集团有限公司	刘如勤	董事长
62	郑州秉信纸箱厂	叶　钰	厂　长
63	河南华中食品有限公司	张新建	总经理
64	郑州华顿电力设备工程有限公司	司　军	总经理
65	郑州天荣防盗门窗厂	李富有	总经理
66	郑州华扬印刷板材有限公司	高文静	总经理
67	河南新浦天圆混凝土有限公司	树文涛	总经理
68	郑州永安电力电缆有限公司	刘伟超	董事长
69	郑州塑力电缆有限公司	郑富来	总经理
70	河南博方电器有限公司	孙　珂	总经理

序号	工作单位	姓名	职务
71	郑州赛克超硬材料有限公司	刘　冰	总经理
72	河南省科学院同位素研究所有限责任有限公司	范家霖	总经理
73	河南金邦重工机械有限公司	李朝军	总经理
74	郑州庆文食品有限公司	周庆文	总经理
75	郑州帝益生态农业科技工程有限公司	刘新领	董事长
76	立邦涂料(郑州)有限公司	巢东辉	厂　长
77	河南花都柜业集团有限公司	周克俊	经　理
78	河南亚星混凝土有限公司	陶　鹏	总经理
79	郑州恒基耐磨制品有限公司	张永生	总经理
80	河南爱尔达包装有限公司	吕建州	总经理
81	郑州志诚精密机械设备有限公司	李　华	总经理
82	郑州天宜植物蛋白有限公司	潘乃有	总经理
83	郑州宴酒坊酒业有限公司	毛凌志	总经理
84	郑州贝斯汉德机械有限公司	魏黎石	总经理
85	河南辉煌草本药业有限公司	胡　杨	副总经理
86	郑州宏靖彩印包装有限公司	吴铁忠	总经理
87	河南中材水泥装备有限公司	马俊霞	董事长
88	河南郑牛食品有限公司	徐海鸿	总经理
89	郑州四通电缆有限公司	朱亮新	总经理
90	河南金土地煤气工程有限公司	吴得治	总经理
91	河南瑞光机械科技有限公司	张天水	董事长
92	郑州金时机械有限公司	王便芳	总经理
93	郑州市金阳光印务有限公司	齐新世	总经理
94	郑州京华制管有限公司	王晓文	副总经理
95	郑州市海龙塑料制品有限公司	黄耀军	总经理
96	郑州市鼎迅电器有限公司	谭景妮	总经理
97	河南万华彩印有限公司	程会军	总经理
98	郑州智通机械科技有限公司	张玉香	总经理
99	郑州市黄河机械制造有限公司	李　军	总经理
100	河南日钢天宇钢构工程有限公司	王晓文	副总经理

（时永贵　刘　燕）

区级学校、幼儿园

郑州市二七区解放路小学 始建于1950年，位于解放路78号，占地面积3916.7平方米。近年，解放路小学依托革命纪念圣地地域优势，把“红色教育”作为学校发展理念灵魂，培养学生热爱祖国、自强不息崇高品格，让二七红色传统和精神传承，为学生打下人生的精神底色。将红色文化校园建设、学校品牌打造、综合实践活动、校本课程开发、课题研究等五位一体多元开发同推进，形成了解放路小学“红色成长课程体系”，并系统化建设“红色传承实践型校本课程”四个特色课程分支。

学校作为市级“认星争优，做美德少年”示范学校和“做一名有道德的人”主题活动联系点学校，着力打造具有全省引领和示范作用的“认星争优”德育平台，在未成年人德育工作上先行一步，形成科学完善的学生德育实践体系。在二七区人民政府主持下，2013年8月全国红军小学建设工程理事会批复，解放路小学正式成为全国第135所红军小学。中共中央总书记、国家主席习近平为红军小学题词“托起明天的太阳!”。

2014年，解放路小学荣获“河南省校园文化先进单位”“河南省综合实践活动课程建设校本学校”“郑州市师德师风先进学校”“郑州市卫生先进单位”等荣誉，《中国教育报》、人民网、新华网、中原网、《河南日报》《郑州晚报》、省会各家电视台媒体对学校红色教育特色及活动进行专题报道。中原网专门开辟“红色教育”专栏，河南映象网在学校建立“红色小记者站”。这些主流媒体成为宣传“红色德育教育”品牌的重要平台。

郑州市二七区铭功路小学 始建于1949年10月，有60多年的办学历史，位于铭功路228号。学校占地面积1.5万多平方米，建筑面积5900平方米。有图书室、实验室、仪器室、微机室、多媒体室、少先队活动室。教室实现“班班通”。操场有标准的200米塑胶跑道，运动设施齐全，器材完备。全校教职工62人，研究生学历7人，大专以上学历98%，有省、市、区级学术带头人及骨干教师10人。共有24个教学班，现有学生989人。

学校立足实际，确定“呵护生命成长 畅享快乐时光”办学理念，确立“让教育的阳光温暖每个心灵，让阳光的教育润泽每个生命”办学愿景，确立“实施阳光教育，引领幸福人生”校训，树立“智慧编织梦想，活泼伴我飞扬”校风，“合作凝聚智慧，反思成就发展”教风，“展示塑造自我，习惯奠基人生”学风。学校以打造戏曲特色为抓手，依托“金名”剧社，培养一批戏曲名学生。学校排演的戏剧《娄小鼠奇遇记》在全国中小学生艺术展演活动中获得一等奖。学校组建田径队、乒乓球队、舞蹈队、管乐队，建立省级体操基地，促成“中央戏曲学院附属中等戏曲学校河南基地”落户学校，打造“金名”文化，形成学校品牌特色，不断挖掘学生的潜能，培养个性特长，促进学生全面发展。

学校先后获得“河南省校园文化艺术建设先进单位”“河南省青少年科技教育示范学校”“河南省体育达标先进单位”“河南省田径体育传统项目学校”“河南省优秀家长学校”“郑州市教育工作先进单位”“郑州市文明学校”“郑州市标准化学校”“郑州市调节教学先进单位”“郑州市红领巾示范学校”“郑州市绿色学校”“二七区教育科研先进单位”“二七区教育工作优秀单位”“二七区文明单位”“二七区科普教育先进单位”“二七区‘名学科建设’先进教研组”“二七区教科研先进单位”“二七区教育财务先进单位”等荣誉称号。

郑州市二七区德化街小学 原为郑州市二七区汉川街小学，始建于1950年，于2015年2月更名为郑州市二七区德化街小学，学校因毗邻“百年德化”而得名，座落在郑州市中心二七纪念塔附近，学校现有教职工30名。其中，市级名师1名、市级骨干教师2名、区级名师1名、区级学科带头人1名、区级骨干教师4名，在校学生321人，其中流动儿童274人，学校以“给流动儿童建设一个多彩的、温馨的教育家园”为目标，围绕二七区“多彩教育”理念，秉承“做最好的自己做最好的我们”，提出“博雅教育”。

精致美丽的校园文化，处处彰显“博雅教育”的生机与活力，让学校草木会说话，墙面皆育人。设计的吉祥物——卡通马，希望学生们能成为志在千里，健康、睿智、高雅、灵动的高素质人才。美丽的棕榈和木质圈椅相映成趣，开放书架给学生提供丰富的知识大餐，地棋乐园给学生增添一份童趣，空中花园给学生提供陶冶情操与综合实践的场所，成长阶梯让学生们每上一个台阶就能获得一些知识……“立德树人，以德化人”——用课程实现德化街小学的“博雅教育”梦想，用课程承载学子们的成长梦想，通过长时间的调研和准备，构建了以自主、安全、开放、生态为核心特质的“博雅”故事课程体系，围绕“博”“雅”进行引领，开发18门“博雅”校本故事课程，学生们根据自己的喜好，选择适合自己的课程，学校致力于为学生提供合适的教育，让每一名学生能按需选学，德化教育人将在追逐梦想的路上，奋勇前行。在“博雅教育”办学理念引领下，学校各项工作有序开展，节节攀升，取得丰硕成果。《中国教育报》《中国教师报》《中国德育》《河南教育》《教育时报》《河南青年报》《东方今报》《郑州日报》等媒体均在显著位置进行大篇幅报道，获得学生、家长和社会各界的广泛赞誉。学校先后获得“全国青少年‘五好小公民’示范学校”“全国百家书香校园”“全国心理健康教育基地”“全国书画先进单位”“河南省儒学与创新试点单位”“河南省教育系统优秀家长学校”“河南省家长示范学校”“郑州市教育工作先进单位”“郑州市德育工作先进单位”郑州市教育系统争创“五好关工委”先进单位“郑州市行风评议先进单位”“郑州市教育科研先进单位”“郑州市红领巾示范学校”“郑州市三星红领巾示范标兵学校”等荣誉称号。有20多节优质课在省、市级比赛中获奖，多名教师被评为郑州市优秀教师、名师、文明教师、优秀班主任、师德先进个人。

郑州市二七区京广路小学 位于二七区西中和路69号，始建于1953年，办学历史悠久，文化积淀深厚。学校占地面积10779.9平方米，建筑面积6688平方米。现有教职工57人，18个教学班，在校学生近800人。

学校秉承“为每名学生的幸福人生奠基”办学理念，从“习惯养成之根、阅读文化之根、民族传统之根”三个方面不断探索，立体化精铸“植根”教育品牌。学校坚持以丰富多彩的活动为载体，以教育科研为引领，以“七色阅读，点亮学生幸福人生”、“楹联教学，绽放京广校园”、“九好习惯，陪伴学生幸福起航”为实践主题，让每一名小学生在校园文化的熏陶中感受“根文化”，做有中华民族情怀和现代素养的中国人。学校注重教师队伍建设，拥有一支敬业爱岗、业务精良的教师队伍。学校不断加强现代化校园的建设，建有各种功能室，每个教室装配“班班通”，为学生学习提供良好的平台和丰富的资源。

学校先后荣获河南省教育系统示范家长学校、郑州市校本课程建设先进单位、郑州市教育科研先进单位、郑州市德育工作先进单位、二七区教育工作优秀单位等荣誉称号。学校“七色阅读、楹联教学”特色突出，被命名为“郑州市楹联教育基地”。京广路小学——为每名学生的幸福人生奠基，成就精彩人生。

郑州市二七区建新街小学 建校于1956年，58年的文化积淀，行中求知的不变信念，传承创新的生态发展，把今天的郑州市二七区建新街小学打造得厚重而不失灵动。学校现有24个教学班，约1300名学生，近70名教师。

学校在二七区“六名工程”科学发展规划和目标引领下，结合自身发展现状，以“行知建新，动漫建新”为特色，坚持“为了每一名”办学愿景，在“做、读、玩”教育生活方式中不断开拓创新、锐意进取。学校引领全校师生在生活实践中体验做人真谛，在行知课堂“以生为本、注重体验”的探索中且行、且思、且展望，在书香“新阅读”中提升文化内涵，在“酷玩”大课间提高生命质量。学校在教育实践过程中坚持落实国家课程，开好地方课程，创新校本课程，开展社区课程。在以“实践”和“创新”为核心的动漫教育过程中，扎实、有序推进动漫课程。学校在成功举办三届动漫节的经验基础上，于2014年“六一”前夕举办“乐享动漫，创意生活”第四届动漫节活动。活动的成功举办和课程的扎实开展，为动漫教育与学校教学有效结合，提高学生们信息技术能力，提高学生创意思维能力，促进学生多元能力的发展起到了积极的推动作用。为探索改革创新机制，积极探索动漫教育教学模式和方法，开展“中小学动漫课程研究”，丰富实验内容和形式，为推进全国中小学信息化教育提供了有益经验。

在各级领导的大力支持下，建新街小学全体师生齐心协力谋发展，在近年先后获得全国优秀家长学校、雏鹰大队；河南省青少年科技教育示范学校、教育系统示范家长学校、防震减灾科普示范校、教科研先进单位；河南省级体育传统项目学校；郑州市书香校园、文明学校、中小学社会实践活动先进学校、办学管理规范化学校、师德先进单位、德育工作先进单位、校本课程建设先进学校、“行知课堂”有效形态、少林拳进课堂楷模学校、绿色学校、调节教学重点实验学校、模范教工之家等百余项集体荣誉称号。

郑州市二七区棉纺路小学 始建于新中国成立前，前身为旧郑县时期的私塾学校，经历了新中国成立初期，改革开放等重要历史时期。棉纺路小学是二七区区直小学，位于郑州市二七区王立砦南街22号，占地2997平方米，建筑面积2067平方米。根据二七区政府统一规划，对河医片区进行整体改造，2014年4月棉纺路小学整体搬迁到棉纺路中学进行临时过渡安置。现有教职工40人，14个教学班，在校生667名。学校拥有河南省教育厅学术技术带头人1名、市级骨干教师2名、二七区多彩教师1名、区级骨干教师4名、区学科共同体组长2名。学校历年以“诚信向善，志存高远”为校训，以“求实求真，求新求索”为校风，坚持教育创新，推进素质教育。

棉纺路小学本着传承与创新相结合，确定办学理念为：“做最好的自己，绽放生命光彩”，形成“飞羽毽球、双语实验、体验课堂”三大特色。全面推进素质教育，促进学生全面发展、健康成长。毽球运动是棉纺路小学的体育传统项目，作为学校的工作亮点，彰显学校特色。近年，毽球运动成绩喜人，多次在省、市等比赛中屡获佳绩。棉纺路小学成为“河南省毽球协会第二届会员单位”。学校被授予“河南省青少年毽球运动基地”。成功申报郑州市体育传统项目学校。2014年5月，由郑州市体育局、郑州市教育局联合主办，郑州市体育总会、郑州市毽球协会承办的第四届“百顺杯”毽球锦标赛于5月17日在郑州市第六十一中学开赛。学校男子、女子代表队共十名队员参加比赛，分获郑州市小学男子冠军、女子第三名；在三人赛项目上学校分获郑州市小学男、女第三名的好成绩。棉纺路小学自2011年9月被确立为二七区4所双语试验学校之一，从一年级开设英语搭桥课，开展双语教学实验。学校利用楼梯处的英语长廊、每周一升旗仪式进行双语展示、每周三的双语广播营造英语学习氛围，展示学生学习成果。让喜欢英语的学生在一起探讨英语、交流中外文化，为学生打开看世界的一扇门。

学校致力于课堂教学改革，一年间成绩斐然，声名远扬，吸引了郑州市各区及外地市学校慕名参观学习百余人次，学校为传播二七区多彩教育扬名做出了积极贡献。专家的引领和同行们的关注为棉纺路小学搭建了展示的平台，加强学校之间的交流与合作，推进了学校改革创新，加快了学校品牌定型和推介步伐。2014年12月马雪颖、张颖两名教师参加第二届全国现代课堂博览会高效课堂大赛，以独具特色的体验课堂模式分别荣获全国语数学科一、二等奖，也是郑州市唯一荣获一等奖的学校和全国唯一获奖教师最多的学校，在全国大赛中实现零突破。2014年6月教师陈璐荣获省级优质课二等奖。2014年9月教师崔雯在郑州市教学技能竞赛中荣获电教系统小学语文学科优质课一等奖、郑州市教育局举办的十八届教育教学信息化大赛中课例类作品二等奖。因学校数学教研组在课程建设、课堂教学改革、学科教研、评价探索、教师专业发展等方面所做出的突出成绩，学校的数学学科被确定为郑州市首批学科课程研究基地。由于课堂教学改革成果显著，学校荣获郑州市教育局表彰的“郑州市道德课堂有效形态”。“体验课堂”在道德课堂引领下，改革课堂教学方法，提升师生学习品质，提高学校教学质量，服务口碑鹊起。《中国教师报》主办的《新道德》、《河南教育》《郑州工作》《河南校园》《魅力二七》、中原网、映象网、郑州教育电视台等媒体予以报道。

2014年，棉纺路小学荣获二七区教育工作先进单位、二七区迎接全国义务教育发展基本均衡县（市、区）评估验收先进单位、郑州市三星级红领巾示范标兵学校。

郑州市二七区外国语小学 始建于1940年，原名兑周村小学，1973年因中原路建成改名为中原路小学，2004年改名为二七区外国语小学。学校占地面积5763平方米，建筑面积6200平方米。现有1556名学生，26个教学班。教师85名，学历达标率100%，其中3人为研究生学历，71人为本科学历，11人为专科学历。

二七区外国语小学以“多彩教育”理念为引领，以“培养中西文化共融、具有国际视野、民族灵魂学生”为培养目标，以“办负责任的教育，育负责任的学生”为办学理念，以“成功是一种习惯”为校训，深入实施“BBR”教育（双语双文化），构筑“追求卓越工作、享受品质生活”管理文化、“传承民族经典、放眼世界文化”校园文化、“以生为本、探循本真”课程文化。学校打造出的具有二七区外国语学校特色的“BBR4+N”课堂教学形态。BBR即Bilingual、Basic、Responsibility，意在实施双语双文化本责教育，以“培养中西文化共融、具有国际视野、民族灵魂学生”为目标。学校要求教师们在语文课堂之外的各学科课堂始终贯穿英语元素。旨在随时强化学生英语口语，创设语言环境和不断深化英语语言教学，努力将语言习得延伸至文化浸润。

经过多年的文化积淀和努力发展，二七区外国语小学现已成为管理规范科学、校园文化厚积、教育质量优质、办学特色凸现、英语特色鲜明的人文化、现代化学校。

郑州市二七区幸福路小学 始建于1956年，占地13余亩，建筑面积1万余平方米，现有34个教学班，90余名教职工，2000余名学生。

学校把“为了师生的幸福成长”作为办学理念，将“幸福教育”作为办学特色，狠抓教育质量，凸显优质教育，打造一流教学，营造幸福氛围，实现全校师生“求知在幸福，收获在幸福，快乐在幸福，立人在幸福，成功在幸福”，形成以“幸福教育”为内涵的校园人文精神，受到社会各界的好评，人们亲切地称之为“幸福的摇篮”。学校把德育放在首位，结合学校实际和新课程改革要求，积极探索新时期德育工作的新途径，开展丰富多彩的德育活动。教师和学生的“幸福帮帮团”的身影活跃在社区、街道，多年间坚持开展“我为社会聚积正能量”实践活动。2014年5月30日上午，“六一”国际儿童节即将来临之际，中共河南省委副书记邓凯等省、市、区领导和学校师生一起，参加“庆六一、红领巾相约中国梦——今天我入队争当好队员”示范性主题队日活动，中央电视台“新闻联播”栏目进行报道。学校注重素质教育，篮球、乒乓球、象棋、舞蹈、器乐、合唱、动漫、书法等社团活动，不仅丰富学生们的校园生活，也让他们有机会发展特长。“红樱桃艺术团”自成立以来，排演的舞蹈、合唱、戏曲联唱等节目先后150余次在国家、省、市电视台和各类文艺会演中获奖；绘画作品在日本国际儿童画展中有80人次获奖；动画制作在全国中小学生电脑制作大赛中多次荣获一等奖；科幻画作品已经连续十年在全国科技创新大赛中获奖。作为河南省体育传统项目学校，篮球是幸福路小学校校园最受欢迎的体育运动，学校篮球队多次在全国“U13苗苗杯”篮球赛中取得优异成绩。2014年5月承办全国“U13苗苗杯”篮球赛河南赛区比赛工作，并荣获第一名。学校曾接待美国、日本教育团及国际儿童文化艺术中心的参观访问。

学校先后被授予国家青少年素质教育优秀基地、教育部重点课题实验研究学校、省级传统体育项目学校，被美国联邦文化教育基金会国际儿童文化艺术交流中心暨人与自然国际儿童书画大赛组织委员会授予“国际儿童美术教育特级示范基地”；荣获全国中小学电脑制作大赛一等奖、全国校园文艺会演金奖、河南省文明学校、河南省教育名片、河南省绿色学校、河南省校园文化建设先进单位、河南省少年儿童美术工作先进集体、河南省体育传统项目学校、河南省电化教育实验学校、郑州市青少年科技创新大赛优秀组织单位、郑州市中小学生作文竞赛优秀组织单位、郑州市电化教育工作先进单位、郑州市中小学生体育节优秀组织奖、二七区文明单位，连年荣获二七区教育教学先进单位等荣誉称号。

郑州市二七区实验小学 原郑州铁路第十小学，2005年更名为二七区实验小学，创建于1963年，现有教职工67名，在校学生1200余名。占地面积10550平方米，建筑面积6870平方米。

近年，学校以“多彩教育”为引领，以实现高质量、名品牌、优服务为目标，依托教育发展共同体，构建具有实验标识的“成长教育”品牌，本着“快乐成长，做最好的自己，做最好的我们”办学理念，以“三课”为重点，开展“数字化校园实验”“全效课堂实验”“科学校本教研实验”等。

学校曾被评为全国人教数字校园实验学校、全国青少年五好小公民主题教育活动示范学校、河南省首届教育名片、河南省校园文化示范学校、河南省“五好”基层党组织、河南省校本教研实验学校、河南省体育达标先进学校、河南省绿色学校、河南省教育系统示范家长学校、郑州市文明单位、郑州市五一劳动奖章、郑州市文明学校、郑州市中小学德育先进单位、郑州市教育科研先进单位、郑州市教育系统平安校园建设先进单位、郑州市红旗大队、郑州市科技动漫基地、郑州市综合实践活动先进集体、二七区教育工作特殊贡献单位。

郑州市二七区陇海中路小学 始建于1963年。校园占地面积9708平方米，多媒体专业教室等教学设施一应俱全，图书馆藏书4万余册。作为一所有着半个世纪历史文化积淀的学校，日臻完善的现代化教育设施，德艺双馨的教师队伍，人文化的管理，使学校拥有“阳光教育”特色品牌的美誉。学校是全国中小学信息技术课题实验学校，首批被郑州铁路局命名为局示范学校、国家教育部人教版语文、数学教改实验基地、河南省的师德师风先进学校，河南省教育系统示范家长学校、河南省综合实践样板学校，郑州市教育科研先进单位，连续八年被评为二七区教学质量综合评价先进单位。

学校以积极心理学为理论基础，用“心育”校本课程支撑“阳光教育”文化，关注师生的优势和幸福，确立“为每名学生和教师创造人生幸福，为家长和社会提供优质服务”教育理念，确立“文化立校、科研兴校、质量强校”办学之路。

郑州市二七区陇西小学 郑州市二七区陇西小学（校本部）位于陇海路中段，始建于1964年。学校秉持“让每一个多彩的生命幸福舒展”办学理念，尊重生命，以学生为本，全面实施素质教育，深入进行教育教学改革，引导学生“做最好的自己、做最好的我们”，建构“美乐爱”教育模式。学校秉持“让每一个多彩的生命幸福舒展”办学理念，尊重生命，以学生为本，全面实施素质教育，深入进行教育教学改革。得到中央政治局原常委、国务院原副总理李岚清的充分肯定，他说：“希望全国的小学都办成这样。”

学校致力于构建“让生命舒展的课程文化”，把“开放、学术、品质”作为学校发展的方向，提出“崇德尚学，智圆行方”校训，构建“以美载德，乐爱促行”的“美乐爱”教育模式，帮助每一名学生具有正直无私的品格、学以致用的能力、强壮健美的体魄、活泼自主的个性、创新进取精神的人。学校重视教育现代化建设，建有计算机教室、语音室、实验室、图书室、心理咨询室、多功能厅、音乐教室、美术教室、校园电视台等功能室；建成先进的校园网络系统，每个教室能通过互联网与世界联结；为教室装配交互式电子白板，拥有更加丰富的课程资源。

学校强调优秀师资队伍培育，坚持“学术视角、专业姿态”教研文化，建设面对教学研究最前沿开放的名师工作室，重建教师工作方式，拥有一支覆盖各学科、兼顾不同年龄阶段、横跨国家、省、市、区四级的德艺双馨的名师队伍。学校关注校园文化建设，校园绿树成荫、花香四溢、芳草茵茵、美丽典雅，体现了人与自然的亲近与融通；教学楼内随处可见学生的书法、绘画、电脑作品，表达着文化的传承与创新。

郑州市二七区陇西小学南校区 原名交通路小学，始建于1958年6月，位于郑州市二七区交通路39号，南靠陇海路，东临京沙快速路，交通十分便利。学校先后被评为全国红旗少年先锋队大队、河南省体育传统项目学校、河南省家长学校先进单位、郑州市教育科研先进单位等。2014年有在校学生1087人，21个教学班，其中以双语为特色的教学班11个。现有教职工54人，其中专任教师51人，省、市级骨干教师、优秀教师20余名，中级及以上专业技术职务教师33人，其中大学本科及以上学历28人，专科学历23人。

2011年，二七区教育体育局创新试行“一校制”管理模式，把交通路小学作为陇西小学的南校区，实现强校带弱校托管模式。上级部门投入上千万建设北教学楼、体育馆、塑胶操场，为所有班级配备电子白板，增加课桌椅1000余套，为学校配备一流的微机室、阅览室、图书室。二七区教育局为学校配备价值60万元的图书。

在多彩教育的引领下，陇西小学提出“让每一个多彩的生命幸福舒展”办学理念。在一校两区办学格局下，学校采用“一套办学理念，两块教育品牌”战略。结合南校区实际，提出“生命·梦想”教育品牌。“生命·梦想”教育和本校区的“美乐爱”教育一样，植根于“让每一个多彩的生命幸福舒展”办学理念。“生命·梦想”教育的核心思想是：教育点燃梦想，梦想照亮生命。把“点燃梦想”作为“让生命舒展”的起点和路径，把“照亮生命”作为“让生命舒展”的归宿和愿景。陇西小学南校区的校园文化建设确定：以关注“生命”做为基本底色，以“梦想”为核心词汇展开。

校风：德厚行健　学高趣雅

教风：尚德乐业　博学善教

学风：以学为伴　与思为友

双语教学是南校区又一特色，双语班采用标准编班，引进省名师和外教优化师资和课程设置，建立全区唯一的国家教师教育精品资源课程基地，并开展丰富多彩的双语活动，取得良好教学效果和社会效益，得到家长广泛认可。

郑州市二七区苗圃小学 成立于1951年，原名郑州铁路第三子弟小学，位于郑州市二七区铁路苗圃生活区。学校有1座欧式六层现代化综合教学楼、200米塑胶跑道、“班班通”、语音室、演播厅、多功能教室、生态园、草坪假山、雕刻画廊。

学校树立“以人为本，文化立校”的管理理念，充分发挥校园环境的隐性教育功能，加强生态校园文化建设，实现环境育人。教师多次在全国、省、市、区级优质课大赛中获奖，教师练功比武和教学质量评比曾获铁路学校七连冠。

学校先后荣获全国中小学信息技术教育课题实验学校、全国少儿计算机考级学校、全国宋庆龄少年儿童科技发明示范基地、中国青少年素质教育研究实践基地、河南省青少年科技教育示范学校、河南省小学作文教学改革实验学校、河南省现代教育技术实验学校、河南省校园文化先进单位、河南省先进家长学校、河南省杨帆小学数学名师工作室、郑州市标准化小学、郑州市文明学校、郑州市教科研先进学校、郑州市防震减灾示范校、郑州市绿色学校、郑州市网络管理先进单位、郑州市“少林拳进课堂活动楷模学校”、郑州市“双关爱”示范学校、二七区文明单位、二七区教育工作先进单位等荣誉称号。2014年，校长杨帆参加全国校长暨教育专家峰会演讲，使苗圃小学的生态教育品牌享誉全国。和英国皇室圣·米歇尔教育集团签订友好交流合约，开始实现国际化办学。

郑州市二七区永安街小学 位于郑州市二七区永安街3号，创建于1956年。作为河南省小班化教育实验学校，学校秉承“让每一个生命精彩”办学理念，发掘和利用小班化教育的优势，深度实施小班课堂增值项目，在学校的课程、教学和活动中，为每一名学生创造条件和机会，让每一名学生多元发展、适性成长。通过了解每一名学生的爱好和需求，结合任课教师的个人特长，学校规划以“快乐、兴趣、多元”为基本特征的“多元智能”课程体系，将每一门课程以社团形式开展，推行“走班选课”学习方式，助推和成就每一名学生的精彩。个性化、多样化的“悦活课程”和“走班选课”的推广，受到全校学生热捧：“E时代电脑绘画”受到电脑爱好者热捧，“影像留声”吸引大批英语原声爱好者，“我动手、我快乐”让喜好手工制作的学生们沉浸其中，“放飞希望科技制作”则捕获大批科技迷，“悦舞踢踏”得到踢踏舞者的拥捧，“琴声飞扬”让器乐爱好者陶醉其中，“速写生活、素描世界”成为美术爱好者的“天堂”，“彩绳飞扬”“魅力排球”“快乐篮球”更是让体育运动迷们大呼过瘾……

几年来，学校形成以悦读、围棋为代表的特色课程，实现“以特色塑造特长，以特长成就人生”办学目标。让读书成为习惯，像呼吸一样自然，教师们致力实践多元智能视角下的阅读方式，让每名学生爱上阅读，学校读书氛围浓厚，学生们爱读书、读好书。学校发展围棋特色，提炼出“走好每一步”棋文化内涵，建成专业围棋室，确定专业围棋教材，在1至3年级开设围棋课并纳入课表，成立围棋社团。通过普及围棋知识，学习围棋礼仪，发展学生们的智力，陶冶学生情操，促进学生全面发展、优质发展。2014年，学校被命名为河南省第一所“青少年围棋训练基地”。

郑州市二七区淮河东路小学 创建于1963年，位于郑州市二七区淮河东路9号。位居中央教科所命名的全国200强学校之列。曾先后荣获全国十佳科技创新教育学校、全国机器人竞赛优秀学校、河南省语言文字规范化示范学校、河南省心理健康示范学校、河南省综合实践活动课程建设样本学校等称号。学校占地13950平方米，现有33个教学班，在校学生1695人，教职工99人。学校师资力量雄厚，国家级机器人竞赛金牌教练员，省、市、区级名师、骨干教师、学科带头人云集。作为二七区淮河东路小学教育发展共同体的理事长学校，秉承“满足多元需求、注重个性特色、追求多样和谐、成就多彩人生”办学理念，把多彩教育融入学校教育的每一个细节，让益智、育能、强身、健心的校园生活充满对生命的尊重与关怀，为学生创设一个和谐发展的氛围，共同构成以“绿色、童趣、书香、数字、开放”为特色的校园文化有机整体，全面实现科技强校、书香润校、科研兴校的良好格局，形成学校不断创新、锐意进取的不竭源泉与动力。

2014年3月，学校荣获郑州市教育系统平安校园建设先进单位；河南省电视台报道学校教师羊志华支教先进事迹。2014年4月，学校继续进行全国重大哲学社会科学类基金项目“基础教育未来新特征研究”，撰写数学学科顶层设计方案，入选课题成果集。2014年5月，教师毛淑贤执教的数学课例荣获全国“基础教育未来新特征研究”课题汇报观摩展示二等奖；学校申报的课题“书香校园建设的研究与实践”成功立项为郑州市重点课题；省级报刊《青年导报》整版刊登学校学雷锋德育教育纪实。2014年6月，教育部基础教育一司副司长杜柯伟一行莅临学校督查规范办学行为，对学校规范办学、落实减轻学生负担多元举措给予充分肯定。教育部面向全国发布督查通报，对学校特别提名表扬；中国关心下一代工作委员会主任顾秀莲专程莅临学校指导教育和践行社会主义核心价值观工作。2014年7月，黄河少年队远赴新疆维吾尔自治区乌鲁木齐市参加第十四届全国机器人竞赛，以优异成绩荣获大赛小学组最高奖项——最佳创造奖，刷新了河南省青少年机器人奖项新的记录。2014年8月，学校荣获“河南省语言文字规范化示范学校”称号；学校申报的研究成果《多彩特色课程规划与开发的实践研究》荣获河南省基础教育研究成果评比二等奖。2014年10月，学校荣获“河南省综合实践活动课程建设样本学校”荣誉称号；省级媒体《教育时报》以《校园因书香更加馥郁芬芳》为题，推介报道学校书香校园建设活动经验；校长张艳丽主持的工作室荣获郑州市“优秀校长工作室”称号；蝉联第二届郑州市校本课程建设先进学校称号。2014年11月，学校被评为全国青少年五好小公民“美丽中国，我的中国梦”主题教育活动先进学校。2014年12月，学校作为郑州市唯一一所小学荣获首批全省中小学心理健康教育示范学校称号；《河南教育》杂志刊登学校依据学校培养目标和积极心理学原理研究开发的《小学生心理健康绿色体系》研究成果；学校荣获郑州市教育科研先进单位、二七区文明单位称号；语文学科省级市级名师田园应邀赴郑州市高新区举办讲座；数学学科省级名师羊志华应邀赴陕西省渭南市城关镇小学，参加河南省基础教研室组织的“名师送课”活动，充分彰显出学校名师团队风采。全年学校迎接各级各类检查及参观30余次，多次代表二七区接受评估、展示风采。先后在创建国家文明城市、教育部规范办学检查、教育和践行社会主义核心价值观检查、新疆校长团参观等重要活动中崭露头角。名师工作站现场交流会、共同体课博会、《中国德育》记者调研、新郑校长团、济源市济渎路小学等教育同仁慕名前来考察。

郑州市二七区汝河路小学　始建于1983年。学校现有37个教学班，2600余名学生，百余名教职工。“人本至上，和谐发展”是学校的办学理念。学校以“和谐”的理念统领校园环境建设、管理模式、教育教学等各方面工作，依靠“和谐”治校，依靠“和谐”兴校，依靠“和谐”发展，追求以“和谐教育”为特色的独特的整体风貌和显著的育人效益。

教育部副部长杜占元、教育部基础教育司一司司长王定华曾莅临学校调研指导，学校屡次被评为二七区教育工作先进单位、教学质量综合评价先进单位，经常代表二七区接待外地区参观交流、承办各级各类学术研讨活动。学校师资力量雄厚，省、市、区名师、骨干教师云集，硬件设施齐全：学校37个教学班，班班配有“班班通”教学辅助设备，拥有多功能报告厅、少儿科学院、生命科学园、计算机教室、心理咨询室、舞蹈教室、录播室、跆拳道馆等设施辅助教学。学校开展各类特色活动，实施“因性施教”“家长百科讲堂”“年级自主管理”“少儿党史研究”等研究项目，成立“小精灵”独轮车队、“探索者”科技小队、“蜡彩”绘画小队等特色社团，多渠道、全方位促进学生全面发展。

《人民教育》杂志2014年第4期用近5000字的篇幅，全文刊登，汝河路小学《以和谐文化引领课程建设》的文章，学校的课程建设成果走出了郑州市、走出了河南省，走向了全国；学校受邀参加2014年中国国际智慧教育展览会，在全国教育会议上展示在教育信息化方面所取得的成果；“小学科”四评一结合评价模式及2014年实施的“游园式”评价均取得良好效果，引起各大媒体强烈反响和关注，提升了学校的知名度与美誉度。学校获得全国科学调查实验体验活动优秀组织单位、省百佳单位、市道德课堂优秀课堂形态、市校本课程示范学校、市科技创新优秀组织单位等。树“和谐教育”品牌，办“和谐教育”特色，育“和谐教育”人才，建“和谐生态”校园。

郑州市二七区航海路小学　始建于1963年，原名为七一三研究所子弟小学，2008年交地方。学校先后被授予中国青少年研究中心成功计划研究实践基地、河南省青少年航海模型科技教育项目训练基地、河南省校园文化艺术工作先进单位、郑州市教育科研先进单位、郑州市中小学德育先进单位、郑州市教育系统家庭教育工作示范家长学校、郑州市无烟单位、二七区文明单位、二七区教学质量综合评价先进单位、二七区科技教育先进单位、二七区教育工作先进单位、二七区“六名工程”名学校拓展工程师范学校、二七区“六名工程”名师团队、二七区“六名工程”名学科、二七区“名学科建设”先进教研组、二七区“六名工程”名学生培育工程精英学生团队等。

学校秉承“海纳百川、激扬生命、和谐发展”办学理念，以“海洋教育”文化为核心，从校本课程“小学生礼仪”为积淀，从“海娃航航小海”为学生的形象代言，培养文明懂礼、团结友善、热爱科学、积极向上的航海好少年。学校成立“小小航海科学院”，邀请享受国务院特殊津贴的科学家团队为学生进行科普教育；成立河南省海洋教育实验学校，成为全国唯一一所内陆城市开展海洋教育的学校，打造海洋教育特色校园文化，营建海洋教育文化氛围，开启内陆海洋教育新篇章。成功承办河南省科技活动周启动仪式，受到河南省人民政府副省长徐济超的亲切接见和高度评价；承办“我爱祖国海疆”河南省青少年航海模型锦标赛；组织特色团队活动，受到时任中共河南省委常委、省委统战部部长刘怀廉等的赞许。作为二七区多彩海洋文化特色教育的组成部分，“太平洋”航海模型队获得省级奖200余项、50个单项冠军，达到大赛设置奖项半数，并代表河南省走向全国，荣获51项全国大奖，6项一等奖，同时，获得“环保船创意赛”两项奖项，填补了河南省“环保船”项目参赛的空白，成为代表河南省青少年航海模型运动的“梦之队”。

根据学校特色，充分整合教师、家长、社区教育资源，科学家、大画家、医生等各行各业的“教育人”纷纷走进校园，成立“课程百草园”，开展以社会主义核心价值观、科学知识、海洋、国防、艺术、身心健康等教育活动，学生们在自然而悦纳的环境中张扬个性、健康成长；教师享受着宁静而充实的教育生活。

郑州市二七区人和路小学 位于政通路76号，占地面积13340平方米，建筑面积7635平方米，现有4个年级，20个教学班。学校硬件及教学设施先进、完备，配有音美教室、计算机教室、语音室、图书室等，学校精心装修陶艺室、绘本阅览室、舞蹈教室及心理活动室。校园文化处处凸显“和·乐”特色，“人和”长廊、和乐泉、人和景石与楼群文化交相呼应，处处生机，是一所充满朝气、典雅又富有内涵的现代化小学。学校坚持“以人为本、和合共生”办学理念，以校训“和·乐”作为核心教育理念，创立“和·乐”教育品牌，构建其课程理念下的新型课程模式与课堂教学形态，课程内容多样、灵活、扎实、有效，形成鲜明的办学特色。学校着力培养“善思乐群　卓越优雅”的学子，精铸具有特色的学校品牌，让学生们在和谐、快乐的校园文化氛围中健康成长，为学生们幸福人生奠基。学校在开设国家课程的基础上，开设独具特色的校本课程，内容丰富，形式多样，网球及书法特色课程成绩卓著。学校拥有一支高素质的师资队伍，由教学经验丰富、责任心强、业务精湛的优秀教师任教，学校聘请知名教育专家和顾问对教育教学工作予以定期培训指导。雄厚的师资力量，丰富的教师培训内容，为学校教育教学、教育科研及特色教育的开展奠定了扎实的基础。“博学笃志、乐教爱生”的师风已形成。

学校先后荣获河南省语言文字规范化示范学校、河南省网球体育传统项目学校、郑州市中小学社会实践活动先进单位、郑州市无烟单位；连续3年获得郑州市双关爱示范学校、郑州市安全工作先进单位。学校网球特色荣获：河南省第十届短式网球比赛团体第四名和优秀组织奖、体育道德风尚奖；河南省第十一届短式网球比赛中获男子团体第二名、女子团体第三名、女子双打第一名、第二名、女子单打第一名、第二名、第四名、男子单打第八名，郑州市第六届短式网球比赛团体第二名和优秀组织奖、郑州市第七届短式网球比赛冠亚军、2014年郑州市“晨光杯”网球、短式网球比赛中女子组单打、双打第一名，团体总分第三名和优秀组织奖。二七区“六名工程”名学校、名校长、名学科、名学生团队，二七区“美丽校园”创建活动示范校，2014年获二七区教育教学工作先进单位、二七区教科研先进单位等荣誉。

郑州市二七区政通路小学 位于政通路27号，始建于1946年。2006年学校在原址的基础上重新规划建设，占地面积22亩，建筑面积12373平方米，现有31个教学班，教师88名，学生2105名。

学校坚持以“多元共生、和而不同、优质特色、高位均衡”为核心特征的“多彩教育”理念为指导，尊重生命、以学生为本、基于生活、生态发展，为每名受教育者提供适合的教育。学校通过“个需化”课堂教学形态的构建，让每一名学生拥有自己的起跑线；让每名学生有自己的发展目标；让每一名学生始终处在有意义的学习活动中；让每一名学生能得到恰切的评价；让每一名学生能获得充分的发展。

近年，学校相继获得河南省绿色学校、河南省依法治校先进单位、河南省防震减灾科普示范学校、河南省先进家长学校；郑州市“四星红领巾”示范标兵学校，郑州市教育科研工作先进单位，郑州市中小学德育先进单位；二七区教育工作先进单位，二七区教学质量综合评价先进单位等荣誉称号。

郑州市二七区春晖小学 创建于2005年8月。现有35个教学班，2500多名学生。学校秉承“以人为本，德慧双修”办学理念，依托校训“感恩”，确立“养正慧通”特色办学思路，不断丰富创新，定期组织经典诵读比赛、“学雷锋”、感恩主题教育等活动，成就独具特色校园文化。学校是河南省足球传统项目学校、河南省乒乓球传统项目学校，培养的足球健儿和乒乓球健儿多次荣获国家级、省级荣誉。学校在全面执行国家课程、地方课程的同时，结合发展愿景和文化内涵，开发综合实践类、国学经典类、学科拓展类、体育健康类和艺术修养类等五大类39门校本课程，初步形成“养正慧通”校本课程体系。学校组建足球、乒乓球、古筝、书法、剪纸、健美操、合唱、跆拳道、街舞、小记者等社团，为学生们特长发展、个性张扬搭建平台。学校注重内涵发展和教师专业成长，成立“芳菲苑”名师工作室和“青年教师成长营”，开展“读书交流”“班主任沙龙”“新教师亮相课”“骨干教师示范课”“课题研究”等活动，将教学研讨、学习培训和网络研修有机结合，培养优秀名师梯队，提升学校品位、品质、品牌。

学校先后荣获全国语言文字规范化示范学校、全国书香校园、教育部首批优秀传统文化进校园试点学校；河南省绿色学校、河南省小学德育实验学校、河南省少先队红旗大队、河南省校园文化艺术工作先进单位、河南省教科研先进单位、河南省卫生工作先进单位；郑州市交通治理工作先进单位、郑州市中小学德育先进单位；二七区教育工作特殊贡献单位等荣誉。国家教育部、省、市、区各级领导以及香港教育代表团等教育同行多次莅临学校考察、指导工作。

郑州市二七区大学路小学 创建于1996年，学校占地面积约1.8公顷，2014年学生1967人，其中83%是外来务工子女。学校承载着辖区绝大部分进城务工人员子女的入学就读任务，学校针对进城务工人员子女教育问题开展工作，得到上级领导和多家媒体高度关注。学校以“仁爱教育”办学理念，努力体现省、市政府的“民心工程”，让辖区内进城务工人员子女和辖区适龄儿童得到公平享受教育的机会，在同一所校园内快乐成长。学校采取各种有效方法给予流动儿童更多的关注和关爱：与河南省青年联合会举办关爱流动儿童的慰问活动，中央电视台少儿频道主持人绿泡泡特地与学生们进行亲密接触。二七区红十字会和社会各界人士、企业等来校对流动儿童进行捐赠活动。学校与郑州航空管理学院共同举办“手拉手共成长”结对帮扶活动。学校与黄河科技学院合作，成立朗诵、音乐、舞蹈等校外辅导班；创建“爱心班级”，开展“生生帮扶、师生帮扶”活动；建立师生对话沟通机制、和谐师生关系等。学校的“爱心妈妈”或“代理家长会”邀请1至2名流动儿童在双休日到家中做客；提醒儿童们按时给父母打电话、互通信息、传递亲情，并向家长公布教师联系方式，让家长随时与班主任联系，了解儿童们学习、生活情况。周末，教师对在活动中有进步的学生给予鼓励。《中国青年报》、河南电视台、《郑州日报》等媒体对学校开展的“关爱流动儿童”工作进行报道，并取得良好社会成效。

学校组建“海纳”诵读社，让学生“读千古美文，做现代少年君子”。三、四、五年级学生每天在

“阳光童乐苑”上阅读课。开展诵读比赛，学校组织学生评选身边的“海纳之星”，以榜样的力量激励更多的学生加入到这一行列中来。学校组建各类大型社团活动，建筑模型团队，被定为河南省建筑模型训练基地，在2014年河南省建筑模型大赛中取得优异成绩，荣获河南省优秀科技体育社团。管乐团，在每周一升旗仪式及重大节日、庆祝活动中，给予他们展示的机会与舞台。“小百灵”合唱团两次在郑州市合唱比赛中获得第一名、一等奖的好成绩；安塞腰鼓队在郑州市大型活动中受到各级领导、专家和群众的好评。学校还成立足球队、田径队、舞蹈队，在郑州市第五届中小学体育节中成绩斐然；课间操展示被评为小学组一等奖，体育教研组被评为郑州市优秀教研组。学校还开展社会、劳动实践活动，有计划地组织学生走向自然、走入社会，感受社会生活，到爱心老年公寓、社区参加公益劳动。节假日，组成环卫小队，为社区居民清理出干净整洁的道路；利用学校的空地，开辟“开心农场”，种植时令蔬菜水果；组织安全演练，培养学生自理、自律、自救自护的安全意识。

学校被共青团中央、中国青少年研究中心命名为“中国青少年素质教育研究实践基地”；博士生导师中国科学院心理研究所张梅玲教授得悉学校情况，特意为学校题词：“让每个孩子在同一片蓝天下健康快乐地成长。”全国儿童教育专家孙云晓为学校题词：“习惯决定孩子命运。”

郑州市二七区兴华小学 建于2005年，位于兴华南街106号，占地面积11333平方米，学校现有教职工74人，28个教学班，在校学生2080人。

学校以“品质教育，精彩校园”为办学理念，秉承“重品求质”校训，育品格学生、塑品位教师、办品质学校。学校着力打造书香环境，以“书法、阅读”为切入点，通过开展“习字品人生”“诵读悟人生”“践行做真人”系列活动，让师生在读书、习字的过程中，浸染书香。实现了学校内涵发展，办学特色有力彰显，社会影响力不断提升。学校的办学特色先后被《中国教育报》《语言文字报》《中国教师报》等报刊宣传报道。学校承担的国家哲学社会科学基金项目“我国基础教育未来发展新特征研究”已进入结项准备阶段。作为郑州市“道德课堂”实验项目学校，以“道德课堂”为抓手，对道德课堂的实施策略和规律、道德课堂的实施模式、道德课堂的教学评价体系进行研究，以此促进学校教育教学质量全面提升。

“华之声”合唱团作为河南省唯一进入决赛的团队，在2013年第四届香港国际青少年合唱节比赛中荣获铜奖；“小旋风”轮滑队参加韩国国际轮滑公开赛获得“三金一铜”的优异成绩。学校先后获得河南省校园文化建设先进单位、河南省书法特色学校、河南省示范家长学校、郑州市文明单位、郑州市绿色学校、郑州市德育工作先进单位、郑州市师德先进单位、郑州市教科研先进单位、郑州市首届校本课程先进单位等荣誉。

郑州市二七区艺术小学 位于长江中路108号，是一所以文化教育为基础、艺术教育为特色的公办小学。学校现有30个教学班，学生1756人，教师77人。自2009年8月建校以来，全面实施素质教育，率先在小学阶段开设艺术专业选修课程。以“尚艺尚美　快乐发展”为办学理念，以“质量一流　艺术卓越”为培养目标，精铸艺术品牌，努力践行“艺术小学——孩子美丽人生的起点”。

学校连续两届荣获“小荷风采”全国少儿舞蹈展演最高奖“小荷之星”奖，登上中央电视台《舞蹈世界》舞台，中国舞蹈家协会分党组书记冯双白称赞：“明天，你们会飞向维也纳金色大厅！”学校合唱团曾参与录制河南动画片《太极蝌蚪成长记》，并为其录制片尾曲《天蓝蓝水清清》，于2013年在中央电视台戏曲频道试播。曾与感动中国十大人物共同参与大型公益歌曲《你好，河南》的MV录制。学校被中国舞蹈家协会社会舞蹈教育委员会授予三星级教学会员单位；荣获全国第四届中小学生艺术展演活动艺术表演类小学甲组二等奖；被评为河南省文化艺术工作先进单位；河南省教育系统先进家长学校，河南省第四届中小学生艺术展演活动优秀创作奖，河南省中小学首届舞蹈节比赛一等奖；郑州市中小学德育工作先进单位，郑州市绿色学校，郑州市防震减灾科普示范学校，郑州市教育系统安全工作先进单位，郑州市职工书屋示范点；荣获郑州市第五届教育艺术节群舞二等奖，郑州市中小学舞蹈比赛一等奖，郑州市小本课程先进学校；二七区教育工作“特殊贡献单位”。连续两年被评选为二七区目标工作先进单位。二七区“书香校园”示范校；学校办学经验被《中国教育报》《中国青年报》《教育时报》《河南教育》《河南校园》《今日河南》《新课程》等媒体报道。

郑州市二七区长江东路小学 建成于2005年，2006年正式投入使用。位于碧云路20号，占地面积2.4万平方米，建筑面积12006平方米。学校2014年有31个教学班，学生2100余名，84名在职教师，其中省级名师1名，省级学术技术带头人2人，省级骨干教师3名、市级骨干教师10多名。教师大专学历100%，本科学历82%。

“让每名学生享受童年的快乐，让每名教师感受职业的幸福”是学校的发展愿景，学校围绕“质量、品牌、服务”三大主题，开展“三课”建设，推进实施“六名工程”，打造学校“科技、体育、书香”特色。以“自主吸纳、愉悦生长”为核心理念，以“自信、真诚、合作、包容”的校风、“以爱为源、因材施教”的教风、“快乐读书、健康成长”的学风、关注每一名学生的多元生长，精铸学校“悦纳教育”文化品牌。学校建立郑州市首个中小学科技活动室，开发《排球小将》《防震减灾》《快乐阅读》《节日文化》等校本课程，成立文学社、排球队、足球队、武术队、健美操队、车模队、建模队、合唱队、书画社等多元化的学生社团，满足学生多样化发展的需要，为学生的个性发展搭建舞台。学校分年级段开设阅读指导课、欣赏课，以“扬帆”文学社为平台，开展丰富多彩的课外阅读活动，先后举办五届校园读书节，多次邀请著名儿童作家进校园与学生进行面对面交流。学校把教育教学活动渗透到社区和家庭，使学生、家长、教师在开放、互助的氛围中和谐共处、寓教于乐，形成学校、家庭、社会“三位一体”教育合力，引导学生们在形式多样的活动中悦纳自我、悦纳他人、悦纳社会，身心健康地快乐成长。近年，学校教师相继参与各级各类、各学科公开课展示交流活动，在全国体育学科优质课比赛，河南省心理健康、体育、劳动技术学科优质课比赛，郑州市数学、体育、科学、音乐、信息技术学科优质课比赛，二七区各学科优质课比赛中获得奖项，承担郑州市体育学科示范课光盘录制任务。

学校先后获得全国科普教育示范基地、全国中小学校图书馆建设先进单位、全国教育科学“十二五”规划教育部重点课题实验学校、全国校园文化系列活动优秀示范单位、全国科技体育试点学校等荣誉称号。2014年，学校被确立为河南省防震减灾科普教育基地、郑州市防震减灾科普教育基地、郑州市十佳科普教育学校。在河南省定向越野比赛中荣获第二名，在郑州市中小学生“简化少林拳”武术段位赛中荣获团体总分一等奖、集体优胜奖和道德风尚奖等多项奖项，在郑州市中小学生舞蹈比赛中获二等奖；获郑州市青少年“中国梦 我的梦”主题绘画比赛先进单位，中共二七区委、区政府2013至2014学年教育工作先进单位等荣誉。

郑州市二七区工人南路小学 建于2014年8月，位于南三环路与工人路口，学校占地面积15公顷，2014年有24个教学班，1400余名师生。学校设有微机室、图书室、录播室、舞蹈室、报告厅等专用教室，风雨球场、塑胶操场为学生的体育锻炼提供了保证。“梅林、兰苑、竹海、长廊、巨石”为校园增添了生机与灵慧。

学校的“品·慧”理念，以德、智为核心，以品学兼优为导向，多角度、多维度落实“品·慧”理念，让理念化为师生的信念、信仰和自觉行动，建设独具“品·慧”特色的校园文化，致力营造“品慧校园”，打造“品慧课堂”，塑造“品慧教师”，锻造“品慧学生”。

郑州市二七区第一幼儿园 始建于1955年，是二七区人民政府最早举办的公办幼儿园。原名“兴华幼儿园”，2013年在人和路与汉江路交叉口万千世纪城住宅小区西南角重建，更名为“二七区第一幼儿园”。建筑面积3119平方米。秉承“用爱呵护、用心教育、用情感动”办园宗旨，以“养育”教育为特色，努力为幼儿创设“自然、和谐、快乐、健康”的教育环境，为幼儿搭建快乐成长的平台。

幼儿园倡导“呵护生命、滋养心灵”教育理念，突出“善食养身、善德养心、善体养能、养育求真”办园思路，以“身体教育”为核心，依托“食育、体育、礼育、心育”特色课程体系，回归自然、弘扬优秀传统、培养行为、建构知识、体验情感、开发潜能，促进幼儿体、智、德、美全面发展，努力实现“乐学吸收精华、乐思提升智慧、乐行以礼相待、乐活共享人生”的“快乐教育”办园方向，最终达成“用快乐滋润幼儿心田，让健康相伴幼儿成长”办园目标。

在“多彩教育”理念引领下，幼儿园以“快乐名师工作室”为平台，以“专业引领、探索创新、共同成长”为发展理念，造就了一支团结协作、充满爱心，具有专业化、高素质的教工队伍。现在职教师研究生学历、本科学历占总数的80%以上，专科以上学历100%。中高级教师、小学高级教师占总数的60%。教师队伍中拥有河南省学科带头人、河南省骨干教师、学科高层次教师；郑州市骨干教师、优秀班主任、优秀教师；二七区骨干教师、师德标兵等一批研究型人才，多人次获得省、市、区级先进教育工作者，并在省、市、区各项教育竞赛评比中屡获殊荣。幼儿园被郑州市人民政府命名为“文明单位”“园林绿化花园式单位”。多次被评为郑州市教育工作先进单位、幼儿教育先进单位、安全管理先进单位；荣获二七区教育工作先进单位、二七区先进集体、托幼机构卫生保健先进单位、先进党支部等荣誉称号。

郑州市二七区建新街幼儿园 位于建新东街97号，始建于1959年3月。幼儿园始终把“让每一个生命都多彩绽放”作为教育使命，重视“幼儿园、家庭、社区”三者结合，树立服务意识、安全意识，以开放的教育理念、独特的教学模式、创新的园本课程建构引领着二七区幼儿教育的前沿文化。教师学历全部在大专以上，学历100%达标，研究生学历4名，本科学历9名，教师职称全部是一级以上，其中高级教师13名，占全体教师总数的62%，拥有省级名师1名、省级骨干教师3名、市级骨干教师6名。

幼儿园坚持以“尊重生命、以生为本、基于生活、生态发展”为核心特征的“多彩教育”理念为指导，构建生活即教育，教育即生活“生活教育”理念，从生活中寻找教育契机，从生活中挖掘教育资源，让幼儿在亲身体验感受中去发现生活中的趣、体验生活中的乐、感受生活中的美，从而学会生活、学会学习、学会做人、学会做事，促进每名幼儿健康、快乐成长。

幼儿园成为2014年“国培幼儿园计划的实验实习基地”，先后接待来自全省各地的200名骨干教师参观、交流、学习、实习，得到专家及教师们一致好评；获得二七区2014年度“幼儿教师专业技能培养”先进单位；帮扶的二七区圣爱芙蓉幼儿园、二七区快乐贝贝两所幼儿园通过一级园验收，发挥了示范幼儿园的辐射引领作用；2014年9月“多彩童乐”艺术团参加郑州市幼儿基本体操比赛，获得幼儿花球操一等奖；教师李知君参加郑州市幼儿教师自制玩教具大赛，获得“区自制玩教具大赛一等奖”“郑州市幼儿教师自制玩教具大赛三等奖”；“汇爱童梦”名师工作室获得二七区“名教师培养工程”第一周期示范名师工作室。

郑州市二七区实验幼儿园 位于政通路86号，始建于2012年，是全日制公办幼儿园，占地面积2700平方米，配置6个教学班。幼儿园配备全覆盖式监控系统、触摸式电子白板、空气消毒机等现代生活设施，游戏馆、音乐馆、阅读馆、创意手绘馆等幼儿活动空间。幼儿园拥有河南省名师1名、河南省骨干教师3名、郑州市杰出教师1名、郑州市名师1名、郑州市骨干教师3名、郑州市学术技术带头人1名。教师全部具有学前教育专科以上学历，并取得高级育婴师及小提琴、钢琴、水粉画、拉丁舞、珠心算等多项等级证书。

实验幼儿园坚持“从心启航”办园理念和“让每一个生命灿烂绽放”办园宗旨，围绕“创设润心环境，构建慧心课程，推行可心管理、铸造沁心品牌”发展目标，遵循幼儿身心发展规律和特点，精心创设育人环境，开发创意手绘、趣味阅读等园本特色课程。通过内容丰富、形式多样的游戏活动，实现每一名幼儿“健康、快乐、聪慧、向善”的发展。

幼儿园先后被授予郑州市示范性幼儿园、郑州市师德师风先进校、郑州市家访活动先进校、二七区文明单位、二七区教育教学先进单位、二七区美丽校园示范学校、二七区防震减灾科普示范校、二七区新生团队、二七区名学生团队、二七区幼儿教师专业技能培养先进单位、二七区“六名工程”第一周期博客反思引领先进集体、二七区教职工文化艺术节文艺展演优胜单位等荣誉称号。

郑州市二七区辅读学校 创办于1985年12月26日，为河南省第一所弱智儿童教育学校。现有8个教学班，学生90名，教职工28人，其中国家级骨干教师1名、省级学科带头人1人，区级名师、学科带头人各1人，区级骨干教师4名。教师本科学历占75%。学校占地15公顷，建筑面积9500平方米。拥有集教学、办公、多功能厅、餐厅、学生宿舍、室内篮球馆为一体的综合性建筑和一座200米跑道的标准化运动场。学校内部建有有感统训练室、运动康复训练室、语训室、烹饪室、家政室、阅览室、图书室、美工教室、计算机教室、个训室、模拟超市、书法教室等专业教室。

学校始终坚持以生为本，以全面提高残疾学生素质为办学宗旨，“为儿童成长而教育，为儿童发展而教育，以培养残疾学生树立自尊、自信、自强、自立的精神和社会适应能力”为主要办学目标，坚持文化知识和劳动技能教育相结合，为智障学生提供不同的教育帮助，使每名智障学生在学校教育下得到不同程度的发展。自建校以来，先后有200多名弱智学生毕业，部分学生走上自食其力工作岗位，为社会、家庭解决了后顾之忧。

近年，学校贯穿“多彩课堂”教学理念，探索课程改革，以科研为先导，走医教结合发展之路，形成教育、康复训练为一体，独具特殊教育特色。2006年9月、2009年9月学校两次荣获二七区10万元的教育工作特别贡献奖。学校的特色项目——游泳队、轮滑队、田径队代表河南省参加全国第二届、第三届、第四届、第五届特奥运动会比赛；2007年游泳队员入选国家队，代表国家参加第十二届夏季国际特奥会。自2002年累计获得奖牌50金、34银、25铜，为河南省、郑州市争得了荣誉。游泳项目成为河南省特奥运动的领军项目，多名学生被评为全国优秀特奥运动员。

学校先后被评为全国特奥工作先进单位、河南省特殊教育先进学校、河南省先进家长学校、郑州市特殊教育先进学校、郑州市教育工作先进单位、郑州市师德师风先进学校、郑州市先进家长学校、郑州市教育科研先进单位、二七区扶残助残先进单位、二七区教育管理先进单位、二七区特殊贡献单位等荣誉称号。

郑州市二七区职业学校　组建于2002年8月，前身为郑州金牛（集团）股份有限公司子弟学校，始建于1970年，2000年1月，移交二七区教育体育委员会管理。学校位于建新西街75号，占地面积4300平方米，现有教职工10人，在校学生261人。

多年来，学校以“崇德自强，敬业笃学，全面发展，开拓创新”为校训，坚持面向全体学生，优化教育过程，培养素质特长，促进全面发展的教育原则，为学生提供主动学习、成长发展的空间，创造和谐开放、互学互促的环境，实施“人才教育、做人教育、礼仪教育”，既让学生知书，又让学生达礼，努力实践“有教无类、教书育人”教育思想，达到与学生思想和情感的共鸣，教育、引导学生健康成长。

近年，学校培养出计算机、机械制造、数控机床、柴油机维修、医学护理等大批合格的中等技术学生，其中一些计算机专业的学生已成为郑州市IT界的实业人士，其他专业学生大多成为行业骨干，为社会输送了急需的中等职业技术人才。

郑州市第十三中学　位于南三环路和碧云路交叉口路南，始建于1952年，2005年政府斥巨资对其进行改造扩建，现占地面积5.6万余平方米。2014年，学校有教职工99人，在校学生1576人。

近年，学校把“光谱教育”定为发展理念，制定“三风一训”：校风“笃学、尚美、修德、励志”；校训“担当、承责、明理、诚信”；教风“博爱、创新、协作、奉献”；学风“博学、善思、明德、责任”。

学校先后获得河南省教育科学“十一五”规划重点课题教学研究实验学校、河南省示范实验室学校、郑州市文明学校、河南省第六届校园定向越野联赛团体第一名、2013年至2014学年郑州市教育教学先进单位、2014年度教育科研先进单位等荣誉称号。

郑州市第二十二中学　始建于1956年，位于政通路106号，占地面积2.27公顷，建筑面积17712平方米。学校现有18个教学班，有学生千余名，有教职工92名，其中行政管理人员10名，省级学科带头人3名，具有高学历教师85名，其中10人具有研究生学历，学校曾荣获河南省网络示范学校、河南省教研先进单位、河南省先进家长学校、郑州市文明学校、郑州市师德教育基地、郑州市师德先进单位、郑州市新闻宣传先进单位、郑州市网络示范学校、郑州市行风建设先进单位、郑州市人民满意学校民主评议先进单位、郑州市首届电视辩论赛二等奖、郑州市创建教育部“教育管理信息化标准”应用示范学校、郑州市师德教育先进单位、二七区教育教学先进单位、二七区文明单位等称号。

谨守“敬业、笃学、和谐、发展”校训，以严格的要求规范学生、优良的校风熏陶学生、高尚的师德感染学生、优美的环境陶冶学生、崇高的典范影响学生、丰富的活动提高学生、现代化观念武装学生，以创新精神和实践能力的培养为核心、全面实施素质教育，创造有特色的精品学校。

学校经过不懈努力，实现所有班级“班班通”，使教育信息化真正走向每一间教室，每一节课堂，每一名学生。学校树立健康第一的终身体育思想，把体育、艺术教育有机地融入学生各种素质培养之中。以体育艺术“2+1”项目实验为平台，开展“阳光体育活动”，有计划地把“2+1”项目落实在体育课上，探索特色体育课堂教学模式，以促进学生全面健康发展。为了弘扬中华民族优秀传统文化，2006年学校以太极功夫扇作为常规体育项目，在全校师生中进行普及，取代以广播体操为主的课间活动。全校师生人人熟练掌握功夫扇套路，人人养成练习功夫扇的习惯，以此促进师生身心健康，提高生活质量。

近年，学校在“质量、品牌、服务”三大主题引领下，继续围绕“六名工程”建设开展教育教学工作，加强“一校一品”特色建设，以稳定促发展，以发展铸品牌，形成了具有二十二中特色的校园文化。

郑州市第八十一中学　始建于1970年，原为王胡砦中学，1988年迁至高寨，更名高寨联中，2007年改为现名。学校位于京广南路，学校占地面积14367平方米，建筑面积5294平方米，有教学楼、综合楼、办公楼、家属楼、食堂、学生公寓等。现有18个教学班，在校学生984名，在职教职工87名。教职工中、高级职称比例达67%以上，本科学历专职教师占93.19%。

学校开展阳光体育运动，每天锻炼一小时，每天锻炼一小时，增强师生体质。学校组织有国旗礼仪班、美术班、舞蹈班、合唱团等，丰富了学生的生活。

秉承“有教无类，扬长避短，为每名学生的永续成功加油”办学理念，坚持走“成功教育”特色之路，施“策略化教学”素质课堂，构建尊重、关爱、民主、和谐的“四生”课堂，实现教学内容的呈现方式、学生的学习方式、教师的教学方式和师生互动方式的变革。同时，不断创新育人模式，实施多元“成功教育”，依托“生存教育”“生命教育”“感恩教育”“情智教育”等，帮助学生形成“认识自我，建构自我，超越自我，奉献自我”等战略意义的教育思维，完善其勤奋进取健康向上的人格，为提升教育教学质量奠定了强有力的基础。学校中招升学成绩连续多年位居二七区第一名乃至郑州市前列，学校连续四年被评为"郑州市普通初中教育教学先进单位"，政治学科教研基地2014年落户学校；学校近两年被评为河南省校园文化艺术工作先进单位、郑州市教育科研先进单位、郑州市依法治校示范学校、2014年郑州市中小学综合实践活动先进单位、2013年至2014学年二七区教育工作特殊贡献单位等，舞蹈社团精心编排的"心声"节目荣获2014年郑州市中小学生舞蹈比赛一等奖。

郑州市第八十二中学 创建于2005年8月。学校占地面积5.3万余平方米，建筑面积2.5万余平方米，绿化面积40%。拥有36个网络化多媒体教室、实验室，现有26个教学班，在校学生1486名、教职工101名。

学校坚持以人为本，构建和谐校园办学理念，推行"赏识教育、尊重教育"，促进师生健康发展；坚持"规范化管理高水平，教师队伍高素质，育人环境高标准，培养人才高质量"办学目标，突出"质量、品牌、服务"三大主题，坚持"全面发展，张扬个性，科研兴校，质量为先"总体工作思路，实施科学、民主管理，打造德才兼备、团结协作的师生团队，铸就以校园"三风一训"为主体的学校精神文化，以显著的教育教学质量和优异的办学业绩，赢得学生家长、社会各界高度评价和由衷的信赖。

学校连续九年荣获二七区教育教学先进单位、教学质量综合评价先进单位，连年荣获郑州市教育教学先进单位，先后被授予郑州市绿色学校、郑州市德育工作先进单位、郑州市安全工作先进单位、郑州市体育教育先进集体、郑州市教育科研先进单位、郑州市卫生工作先进单位、郑州市青少年校园足球活动先进单位、郑州市文明学校、郑州市教育教学先进单位、郑州市治安保卫工作先进单位、郑州市社会主义核心价值体系成长教育活动先进学校、郑州市教育系统家庭教育工作示范家长学校、郑州市教育系统争创"五好关工委"先进单位等；被河南省教育厅授予河南省教育系统先进家长学校、河南省校园文化艺术工作先进单位；被教育部关心下一代委员会评为全国青少年"五好"小公民主题教育"我是90后"读书征文活动示范学校、全国青少年"五好"小公民主题教育"光辉的旗帜征文"活动示范学校；被国家基础教育中心外语教学研究中心任命为实验学校，被教育部中国教师发展基金会授予全国"十一五"规划期间教育科研先进集体。荣获二七区教育教学先进单位、郑州市教育教学先进单位等称号；被中共二七区教育体育局党委授予先进党支部，被中共二七区纪律检查委员会、二七区监察局授予二七区廉政文化进校园示范点，被中共二七区委、二七区人民政府授予二七区创先争优先进基层党组织、二七区文明单位、二七区"三八"红旗集体。郑州市教育局授予郑州市学校行风建设工作先进单位，中共郑州市纪律检查委员会、郑州市监察局授予郑州市廉政文化进校园示范点，中共郑州市委宣传部授予郑州市先进基层党校。学校的特色教育教学，被国家基础教育中心外语教学研究中心任命为外语教学实验学校。被河南省建业足球俱乐部选定为河南省青少年足球训练基地，被命名为河南省体育传统项目学校。先后荣获郑州市第五届中小学生体育节篮球赛区组初中男子第二名、郑州市第十一届运动会市区部足球比赛青少年女子第一名、男子第三名，2013河南省校园足球冠军标赛初中女子组第二名及体育道德风尚奖。校园足球运动稳居全省传统项目学校首位，篮球项目走在全市前列。

郑州市第八十九中学 创建于1969年，位于郑州市二七区郑州烈士陵园东侧，郑密路西侧。学校现有教师79名（其中各级各类骨干教师8人），18个教学班，900余名学生，建筑面积6216平方米。2014年9月新教楼建成并投入使用，建筑面积6070平方米，36个标准教室。

学校被中共郑州市委、郑州市人民政府命名为"郑州市文明单位""郑州市标准化初中"。多次获得二七区卫生先进单位、教育教学质量先进单位、学校管理工作先进单位。国家教委原主任何东昌曾来学校检查指导工作；泰国教育考察团曾来学校考查。

学校2014年6月被河南省教育厅、河南省新闻出版局评为校园文化艺术工作先进单位；2014年3月被郑州市教育局评为中小学德育先进单位；2014年9月被二七区教体局评为教科研工作先进单位；2014年9月被二七区教体局评为二七区迎接"全国义务教育发展均衡县"评估验收工作优秀单位。

郑州市第九十二中学 始建于1972年，前身为中国航空工业部国营第一二四厂子弟学校。2007年8月，学校移交至郑州市二七区人民政府管理，成为全区唯一一所九年一贯制学校。学校位于长江路与淮南街南，占地面积13286平方米，建筑面积12076平方米。2014年有教职工110人，中高级教师比例达到72%以上，教师学历达标100%。中小学两部共36个教学班，学生2200余名。

学校秉承"共建师生精神家园，让每个人都得到全面发展"的办学理念，以"多彩课堂文化"为依托，精铸"目标教育"品牌，大力推进"目标教育"下的学生"行为习惯养成教育"，针对少年儿童"黄金九年"的习惯培养最佳时期，将"生活习惯、学习习惯、礼仪习惯、节俭习惯"养成教育融入学校教育教学的方方面面，做到在校的学生"人人有目标，天天有进步"，鼓励学生每天都"做最好的自己"。学校以"仰望星空 脚踏实地"为校训，开展书法、毽球、手风琴、田径等多个社团活动，为学生提供展示平台，取得优异成果。作为河南省唯一的"中华人民共和国教育部考试中心中国书画等级考试硬笔书法教学实验基地"，承办6次国家硬笔书法等级考试，千余名学生取得各级硬笔书法证书，8人加入中国硬笔书法协会。2014年，学校先后被评为"郑州市中小学综合实践先进单位""二七区教育工作特殊贡献单位"，并获得河南省"全民健身你我他"社会体育系列活动跳绳项目展示最佳表演奖、二七区"美德好少年"书画展评团体一等奖。

郑州市第七十四中学 兴建于2003年，位于长江路与淮南街交叉口东南角，占地约5.33公顷，是郑州市示范高级中学。学校现有34个教学班，2400多名学生，150名教师。

学校拥有特级教师1人，中高级教师103人，国家、省、市级骨干教师、学科带头人35人，硕士研究生学历31人，本科学历达标率100%。学校以"理解教育"为办学特色，秉承"理解、和谐、发展"核心办学理念，高考成绩连创新高。学校连续11年被评为"郑州市高中教育教学先进单位"，5次获得中共二七区委、二七区人民政府特别嘉奖。学校已成为全国"十一五"规划重点课题理解教育实验示范学校、全国养成教育重点示范学校、郑州市特色学校。具有特色的理解课堂已成为郑州市道德课堂四大样本学校之一，省内外学校陆续到学校学习交流，河南新闻联播、《中国德育》《中国教师报》《中国教育报》等多家媒体给予专题报道。

郑州市第五十三中学 始建于1968年，位于侯寨乡255号。学校占地3公顷，是一所有着深厚文化底蕴和丰富历史内涵的“书院式”综合高中。2014年学校有18个教学班，900多名学生，教职工70人，硕士研究生学历45人，本科学历达标率100%。

学校以“创办适合每名学生发展的教育”为办学宗旨，塑造美术、园林艺术、书法、体育、音乐、播音主持等多元专业并存的“生态教育”品牌，构建尊重差异、鼓励特色、释放个性、精彩纷呈的“多彩—生态高效课堂”，形成“五步三问”教学模式，创建剪纸、定向越野、舞动青春等特色社团。

2014年，学校紧紧抓住提升质量的核心要素，在大力推进“课程、课堂、课题”建设的基础上，把“绿色评价”作为教育教学工作的着力点，通过课程多样化、课堂个性化、评价多元化，实现学生生态发展、个性成长，多元成才的教育愿景。学校筹措资金70万元添置学生宿舍的更衣柜，教师办公桌椅和柜子；筹措资金7万元派骨干教师和青年教师外出学习培训，提升业务素养。2014年，学校学生高考本科上线18人，最高分629分，实现文化课考取国家重点的突破。“鼎新定向越野社团”在省、市级各项赛事中获得8项团体第一、8项团体第二、6项团体第三，被评为二七区名学生社团；学校先后荣获河南省校园文化艺术工作先进单位、河南省十大“最具文化氛围学校”、郑州市德育工作先进单位、郑州市先进基层党校、二七区教育工作先进单位、二七区平安校园建设先进单位、二七区“名学生培育工程”优秀学生团队、二七区教职工文化艺术节文艺展演优胜单位、二七区名学校拓展工程示范学校等荣誉称号。

郑州市二七区南部城区中心学校 位于二七新城的核心区域，辖区内有7所小学，教职工350余人，学历达标率100%。学生7000余名，外来务工子女占73%左右。

齐礼阎小学 确定“为学生的精神打底，为学生的人生奠基”办学理念，全体师生恪守“我能行”校训，形成了“让我们享受学习”校风、“让我们一起成长”教风、“让我们共同收获”学风，营造了书香校园的良好氛围，形成了以“书香墨韵、阳光体艺”为特色的学校品牌，培养了学生浓厚的学习兴趣，发展了学生的个性特长，提高学生的综合素质。

路砦小学 始终坚持“创人民满意的教育、办人民满意的学校、做人民满意的教师”宗旨，以“打造品牌特色学校”为目标，提出“臻善教育”核心理念与价值取向:做一名善良的人，把善良作为人生发展的底色；做一名善学的人，把善学作为人生攀登的阶梯；做一名完善的人，把完善作为人生追求的境界。近年，学校推进以“国家课程校本化，校本课程特色化”为指导原则的校本教研工作和课程改革。学校秉承“多彩教育”理念，坚持“向善、向上”校训，在区域教育统筹布局下，根据学校“臻善教育”理念和培养目标进行课程总体设计，整体优化课程目标、结构、内容、实施及评价策略，构建“美善、善学、善悟、善和”的多彩课程体系。“臻善”课程建设日益完善，课堂上，学生“乐学、善学”，学习力得到显著提升；课堂外，学生们在“跳跃精灵”“放飞梦想”等社团活动中多元发展，体验着成功与快乐。

荆胡小学 依托“欢乐腰鼓”校本课程，铸造“鼓·舞”教育品牌。学校本着学生全面发展的要求出发，以“多彩教育”理念为指导，以“欢乐腰鼓”为特色建设项目，树立鼓舞教育品牌，取得良好社会效果。

大学路第二小学 以满足师生发展为目标，以师生的快乐幸福为主旨，明确提出学校“赏乐教育”核心理念与价值取向，让课堂成为学生学习的“天堂”，让课堂成为学生展示个性的地方，让课堂成为尊重、欣赏生命的地方，让课堂成为学生快乐成长的地方。学校以“乐”为魂，把快乐贯穿于学校工作的各环节，不断优化管理、教研、用人等制度，打造高品质、高快乐、高幸福感的教育品牌。“同心同乐，阳光向上”是学校精神，“和谐育人”是办学宗旨，“赏而有道，师生共发展；乐尽其妙，多彩展魅力”是学校的发展愿景。学校从“洁化、绿化、美化、文化”四个方面完善校园文化；以“校园、乐园、花园”为主题，努力建设“雅致校园”，展现校园的洁净美丽，展示校园文化的丰富多彩；倡导“赏乐”教育理念，要求教师以学生为中心，尊重学生认知水平的差异，因材施教、循序渐进，用科学高效又充满趣味的方法教导和启发学生，充分挖掘学生的潜能，引领学生开启智慧之门，焕发生命活力。学校开设丰富多彩的校本课程（篮球、经典诵读、墨下生花、巧巧手、英语角、舞之翼、科技小制作、涂鸦世界、行进乐队等），丰富了学生的校园生活，“墨下生花”“舞之翼”“行进乐队”和“巧巧手”成为精品课程。

邱砦小学 紧紧围绕“雅和”教育，营造和谐校园，重视人文教育熏陶进行雅致管理，创造雅净环境；重视“有为”教师培养，建设“雅博”教师团队；开展“雅思”课堂研讨课，完善“雅思”课堂形态，提升课堂质量；开发校本课程，建设“雅彩”课程；推进语文、数学、体育名学科建设，打造“雅创”团队；抓好阳光绿芽社团建设，培养具有特长的“雅儒”学子，塑造名学生；用好德育基地，创新德育形式，做好“雅正”德育。通过开展一系列的多彩实践活动，实现学校全面发展、健康发展、充分发展，让学生们在充满教育气息的、快乐和谐的校园中茁壮成长。

贾砦小学 重点打造特色“美育教育”品牌。围绕“美”的元素，不断优化校园环境、研究课堂形态、开展团队活动，促进学生健康成长。校园以“美”为主题，在花坛里种植各种花草树木，在“童心童画”角张贴学生们优秀的美术作品，在校园围墙上张贴别致新颖的教育格言警句，打造充满“美育”气息的文化校园。课堂以“美”为主题，充分挖掘学科当中的科学教育、人文教育、艺术教育和环境教育等内容，以“导—学—思—评”为基本教学流程，把“美”融入课堂，让课堂处处洋溢着美的气息、美的教育、美的熏陶。学生团队以美为主题，成立童心童画、多彩童声、阳光少年田径训练队、花样跳绳等团队，塑造学生“美”的品格，丰富学生们多彩的童年。

佛岗小学 秉承“童真为本 尊重个性 快乐学习 和谐共生”的“童真教育”办学理念，使教师和学生间相互促进、相互推动、相互提高，使学校成为珍爱童真、师生快乐健康成长的幸福乐园。多年来，学校以“童真学习品质、童趣阳光体育、童心书香校园”等特色建设为抓手，把“童真学习品质”作为学校教育的重点特色，学生们在各种活动中不仅体验到学习的乐趣，还充分体验生活，真正达到“以多样活动促有效评价”目的。学校开展“童趣阳光体育”系列活动，力求为学生们打造健康、阳光童年。“润物细无声”，良好的阅读氛围，能给学生们以潜移默化的影响和熏陶；在“小手拉大手 阅读一起走”系列亲子活动启动仪式上，家长和学生们感人的宣誓，每月的“亲子阅读成果展”“全校亲子阅读交流会”上家长和学生们共成长。

郑州市二七区侯寨乡中心学校 现有2所中学、15所小学（包含2所不成建制学校），2014年初中在校学生1565人、小学6012人；现有公办幼儿园2所，已注册民办幼儿园10所，在园幼儿1649人。现有在职教职工390人（其中初中131人，小学259人），教师学历达标率均为100%，现有省、市、区级骨干教师、名师和“多彩”教师47名，区级名校长10名。

2014年，多彩教育和学校品牌日益凸显。各校整合资源，开发、编写出“多彩教育”系列乡土校本课程教材，开展特色综合实践活动，实施多彩校本课程。侯寨乡第一中学“以美育美”系列校本课程、三李小学的“多彩的二七，我的家”“书法艺术”“叶贴画”校本课程、樱桃沟小学的“生态课程”、铁三官庙小学的“多彩课程超市”等，形成较为完善的三级课程体系，在此基础上逐步形成学校品牌文化。铁三官庙小学“蔷薇”名师工作室和侯寨第一中学“启智”名师工作室分别荣获二七区2014年度“名教师培养工程”先进团队，在市、区级优质课评比中，李金岭等34名教师获奖，教师卢慧丽代表淮东共同体参加第三届多彩课堂文化节展示。龙岗实验小学“文泽”语文学科团队和英语学科团队，郭小寨小学“芳草苑”校本课程团队，侯寨乡第一中学“启智”数学学科团队分别荣获二七区2014年度“名学科构建工程”优秀学科团队。樱桃沟小学“以手绘心”美工社团等15所学校新生的学生团队分别荣获二七区2014年度“名学生培育工程”优秀团队。在二七区教体局组织的“美丽校园”建设观摩活动中，侯砦等4所小学参加展示。铁三官庙小学荣获二七区2014年度“书香校园”示范学校。侯砦小学、三李小学分别荣获二七区2014年度“名学校拓展工程”示范学校。在创建文明城市活动中，西胡垌小学、侯寨乡第一中学、铁三官庙小学荣获二七区创建文明城市工作突出贡献单位；樱桃沟小学、三李小学荣获创建文明城市工作优秀组织单位。樱桃沟小学、铁三官庙小学分别被评为全国中小学科普教育示范基地。2014年9月，侯寨乡中心学校被中共二七区委、二七区人民政府评为教育工作先进单位。

教师张静辅导的“启智小组”被评为郑州市普通中学优秀学习小组，教师赵俊杰辅导的“2011级五班”被评为郑州市优秀班集体。教师刘瑞芳被评为郑州市家访活动先进个人。在郑州市语文教师素养大赛中，张志伟获得一等奖；教师阎芳、付超峰在河南省第七届农村中小学青年教师技能竞赛中获得省级一等奖。在“复兴中华、从我做起”主题教育活动征文中，朱雨、李爽获得国家级三等奖，郑心雨获得市级优秀奖，刘凌等3名教师获得国家级、市级辅导奖。陆佳慧、李明阳获得郑州市新“三好学生”称号。铁三官庙小学的学校特色教育课程超市开发和“自信课堂”模式取得初步成效，分别于2014年4月25日、2014年12月31日，在《郑州日报》（特刊）栏目、《中国教育报》进行专题报道，向社会各界介绍铁三官庙小学的课堂形态。2014年12月，在第二届全国现代课堂博览会现场赛课中，侯寨乡第一中学教师高海兰荣获二等奖。

在郑州市第八届教育博客大赛中，徐龙强等5名教师分别荣获教学类、生活感悟类、管理类优秀奖。2014年5月，八卦庙小学在2014年河南省青少年航海模型锦标赛两次赛中，闫舟洋等71名学生获得不同项目的第一名至第六名，张静玉等8名教师被评为优秀科技教师，校长郭建国荣获河南省2014年度科技体育竞赛先进个人，学校荣获“优秀科技体育社团”称号，同时荣获河南省2014年度科技体育竞赛先进单位。铁三官庙小学承办全省电子制作、定向越野校园联赛，并获得河南省第七届定向越野锦标赛优秀组织奖、河南省青少年车辆模型锦标赛精神文明奖、河南省首届青少年电子制作锦标赛中男子团体第一名，集体奖36项。台郭小学陈松月等13所学校124名学生在河南省电子制作比赛中获奖。在郑州市中小学生棋类比赛中，铁三官庙小学获得团体第一名。铁三官庙小学在2014年“101中学杯”全国无线电测向公开赛（河南站）中，田志浩、宋志强分别获得二、三等奖，张欣欣获得优秀辅导教师，学校获得体育道德风尚奖。

郑州市二七区马寨镇中心学校 位于马寨镇工业路8号。2014年，全镇共有公办教育学校12所，其中初中2所、小学7所、幼儿园3所，在校中学学生887人、小学学生2722人、幼儿620人，在职教职工210人，其中中学教职工79人、小学教职工131人、幼儿园19人。全镇注册民办幼儿园18所，在园幼儿2683人。

马寨镇中心学校坚持“以素质教育为本，五育并重，全面发展”办学思想，秉承“实事求是、锐意创新”工作作风，不断拓展“重规范、创特色、铸名牌”发展思路，践行“多彩二七、绿色马寨、尊重生命、以人为本”等理念，辖区学校各具特色。

全镇中、小学全部为郑州市标准化学校。郑州三星红领巾示范标兵学校1所、郑州市四星级红领巾示范标兵学校3所。2014年镇中心学校先后荣获郑州市成人教育教研先进单位、二七区“郑州慈善日”活动先进单位、郑州市第八届博客大赛先进集体。

（萧 冉）

区属医院

郑州市口腔医院　建于1956年，位于北二七路224号。集医疗、教学、科研、预防于一体，技术力量雄厚，是河南省规模最大的全民事业口腔专科医院。现有门诊大楼、医技大楼、附属大楼，医院总建筑面积27305.26平方米。内设口腔修复科、口腔种植科、口腔正畸科、牙体牙髓科、牙周黏膜科、儿童口腔科、口腔颌面外科、三叉神经痛治疗科、颞颌关节病治疗科、口腔特诊科、口腔综合科、口腔预防保健科、口腔放射科、义齿制作部等30多个科室，拥有124台口腔综合治疗椅，专科病床30张，职工400余人，中高级以上职称190余人，博士、硕士学位者50多人。

1998年郑州市卫生局在口腔医院挂牌成立郑州市牙病防治中心，承担省会860万人的口腔保健和医疗服务。是中华口腔医学会理事单位和团体会员单位、郑州市医院协会口腔专业管理委员会主委单位、郑州市教育局确定的中小学生和教师专业口腔检查定点医院、国家医师资格口腔类别实践技能考试与考官培训基地、河南省临床医学重点培育学科、郑州市临床医学重点学科。被评为河南省牙病防治先进单位，河南省“三八”红旗先进集体，郑州市科技教育工作先进单位，郑州市行风建设先进单位、美国微笑列车基金会唇腭裂修复免费项目定点医院、郑州市口腔感染控制示范单位；是省、市、新型农村合作医疗、省直离休干部、郑州铁路职工及离休干部“六大”医保定点医院。为方便市民区域就诊需求，1999年在金水区丰产路设立分院。

郑州市精神病防治医院　位于郑密路36号，是郑州市卫生系统一家精神、心理疾病专科医院。医院坚持“仁爱、敬业、务实、进取”理念，始终贯彻“大专科、小综合”发展思路，不断充实和完善各项工作，逐步形成集“预防、治疗、康复、科研、社区防治”为一体的管理运营模式。

医院现有各级、各类专业技术人员200余人，中、高级技术职称60余人，床位200余张。设有精神科及内科、外科、妇科、儿科等综合科室。精神科设有男、女两个精神科全护理病区，一个心理治疗及康复病区，一个开放病区。

医院拥有先进的医疗设备及多种具有专科特色的医疗、护理、康复、娱乐设施。治疗采用中西医综合治疗、心理治疗、行为矫正治疗、工娱体疗、社区防治等。管理采用全护理式、开放式、康复式、家庭式等特色管理模式。

医院在担负医疗任务的同时，承担着郑州市社区重症精神病人防治以及重大、突发事件中社会群体心理危机干预等社会职能。医院与郑州市几十家社区卫生服务中心签订双向转诊协议，对重症精神病人进行医院、社区双重管理。医院响应政府号召，在富士康公司、“5·12”地震等重大、突发事件中，多次派心理专家赶赴事发地进行心理危机干预，取得良好效果，受到社会各界广泛赞誉。

医院承担着郑州市民事、残疾、劳动、精神病等的鉴定工作。是河南省精神疾病诊疗网络成员单位，是郑州大学护理学院、华夏心理咨询机构教学实习基地。具备省、市、区、郑州铁路医疗保险及新型农村合作医疗定点医院资质。2000年至2011年连续12年被评为二七区卫生系统目标管理工作优胜单位；2002年被评为郑州市文明单位；2006年被评为郑州市卫生系统先进单位；2012年被评为郑州市卫生系统护士节先进单位。

郑州市第二中医院　成立于1956年。是集预防、保健、医疗、科研、教学为一体的中医院。医院地处二七广场，总建筑面积8800平方米，日均门诊量400余人次，编制床位79张。现有职工163人，其中专业技术人员128人，中高级卫生技术人员70余名。设有郑州市中医儿科研究所、郑州市中医糖尿病研究所两家科研机构，系河南中医学院教学医院，是省、市、区医疗保险、新型农村合作医疗定点单位。多次被省、市、区命名为“文明中医院”“文明单位”。

医院设有急诊科、内科、外科、妇科、儿科、介入科、肿瘤科、耳鼻喉科、骨伤科、针灸推拿科、乳腺科、不孕症科、皮肤科等16个门诊科室，设内科、外科、妇科综合病房，开放床位79张。大型C型臂X线机、放射、检验、心电、多探头彩超、B超等医技功能科室等。

医院继承传统中医理论，突出中医特色。从整体观念出发，依据辨证论治的原则，运用中药内服、外敷、灌肠、针灸、推拿、按摩、理疗、薰蒸等传统疗法，临床疗效显著。

二七皮肤病专科医院　位于行云路13号，是郑州市卫生局批准设置的以“大专科小综合”为特色的非营利性一级医疗机构，医院占地面积1600平方米，设置有内科（急诊科）、皮肤科、外科、妇科、预防保健科、放射科、检验科，设置合格的消毒供应室，开设床位20张，配备有200毫安X光机、CO2治疗等设备。2014年有员工32人，其中卫技人员17人，具有高级技术职称者2人。

医院有一套严格的医疗管理制度，重视开展以病人为中心的医德医风教育。前来该院就诊的患者，遍及全国24个省、自治区、市，还有慕名而来的美籍华人，港、澳、台同胞等。在治疗上采用中西医结合方法，对银屑病（牛皮癣）、白癜风、天疱疮、神经性皮炎、化脓性痤疮、脂溢性皮炎、皮肤淀粉样变、扁平疣、红斑狼疮、血管瘤、荨麻疹、湿疹、瘙痒症、色素沉着斑等有独特疗效。

二七区侯寨中心卫生院　位于南四环路与郑尧高速公路交叉口，建于2005年，是郑州市示范卫生院建设单位。卫生院“以公共卫生为重点，以基本医疗为基础，以建设群众满意的乡镇卫生院为目标”，确定“视病人为亲人、待人民为父母、用技术作投资、以服务创效益”院旨；深入贯彻落实“以人为主，患者至上，科学管理，强化质量，科技兴院，人才强院”发展方针，按照“保基本、强基层、建机制”基本原则，全面提高医院服务质量，增强医院的整体竞争力。

卫生院建筑面积5600平方米，配套房面积1000平方米，年门诊量6.5万人次，住院3500人次，床位100张，是一所综合性医院。现有职工129人，拥有副主任医师4人，主治医师20人，医师以上职称85人。设内科、外科、妇产科、中医科、公共卫生服务中心、B超室、放射科、化验室、手术室、新型农村合作医疗办公室等科室，能开展普外科手术、子宫切除术、前列腺切除术、甲状腺切除术、乳腺手术、四肢骨科手术等，内科对心脑血管、高血压等慢性病诊治有特长。拥有胃镜、彩超、阴超、X光机、全自动生化仪等先进的进口检查仪器及救护车2辆。

二七区马寨镇卫生院 位于马寨镇曙光路6号。医院占地面积达1.13公顷，建筑面积6000平方米，业务用房面积4000平方米。

卫生院设内科、外科、急诊科、妇产科、儿科、耳鼻喉科、口腔科、中西医结合科（理疗）、新型农村合作医疗办公室，住院部，防疫科、彩超室、B超室、心电图室、放射科、化验室、手术室，消毒供应室、病房、护理部、财务科、办公室、后勤等科室。现有职工62人，副主任医师2人，主治医师4名，主管药师2名，医师8名，检验师2名，护师8人，初级士12人，防疫员2人。

卫生院业务用房3500平方米，共有二栋楼，一栋门诊楼设置门诊科室及病房，一栋体检中心楼，设有B超室、彩超室、放射科、化验室、防保科等功能科室。现有医疗专用设备：X光机4台（其中大型X光机2台），黑白B超机2台，彩超机1台，便携式B超机2台，心电图机2台，全自动膜式洗胃机1台，尿液分析仪2台，半自动生化分析仪1台，血球计数仪1台，电解质分析仪1台，酶标仪1台，细胞机1台，双目显微镜1台，监护仪1台，手术床2张，血细胞分析仪1台，高频电刀1台，麻醉呼吸机2台，无影灯2台、病床50余张、急救车辆3台等。

2012年8月24日，卫生院与郑州市中心医院成立郑州市首家区域医疗联合体——郑州大学附属郑州中心医院马寨分院，建立41号急救站，急救站配备30余名急救人员，各专科医生24小时全天候在马寨镇卫生院坐诊。同时配备两台功能齐全的急救车、“飞利浦”牌初筛仪、抢救床、洗胃机、呼吸机、心电图机等急救设备，41号急救站集院前急救、院内救治于一体，急救水平完全符合市级标准，通过郑州市紧急医疗救援中心的验收。

二七区疾病预防控制中心 位于嵩山南路3号，成立于1956年，是二七区政府举办的公共卫生专业机构，承担着全区传染病防控、慢性非传染性疾病的预防与控制、突发公共卫生事件的应急处置、疫情及健康相关因素信息管理、健康危害因素监测与干预、实验室检测检验与评价、疫苗管理与免疫规划实施、健康教育与健康促进、技术管理与应用研究指导、餐饮与公共场所等服务行业从业人员预防性体检等职能。

中心2014年在职职工61名，其中，硕士研究生学历4人、本科学历24人、大专学历29人、中专学历4人，专业技术人员38人，其中取得高级职称8人、中级职称9人、初级职称21人。设办公室、财务科、免疫规划科、流病科、慢病科、公共卫生科、艾防科、检验科、门诊部共9个科室。

中心围绕工作职能，以人民身体健康服务为宗旨，全面加强质量管理和各项内部管理，大力提高突发公共卫生事件应急处置能力，加强队伍建设，抗击“SARS”“甲流”“禽流感”等突发公共卫生事件，防控结核病、艾滋病等重点传染病，强化全区儿童特别是流动儿童免疫规划管理，开展多种形式健康教育宣传活动，提高群众防病意识和健康知识水平，全面落实预防为主的方针，竭尽全力地为辖区100余万群众提供安全、有效、快捷、简便的公共卫生服务。

二七区妇幼保健所 位于交通路73号北楼。是全区唯一一家由政府举办、不以营利为目的、具有公共卫生性质的妇幼保健医疗事业单位，是政府履行社会管理和公共服务职能的重要内容，是为妇女儿童提供公共卫生和基本医疗服务的专业机构，现有职工21人，其中专业技术人员17人，硕士研究生学历1人，本科学历10人，大专学历5人，中专学历1人；高级职称2人，中级职称10人，初级职称5人。依照“一法两纲要”和“以保健为中心，以保障生殖健康为目的，面向群体、面向基层和预防为主”的妇幼卫生工作方针，掌握辖区妇女儿童健康状况及影响因素，协助卫生行政部门制定辖区妇幼卫生工作的相关政策、技术规范及各项规章制度；受卫生行政部门委托对辖区各级各类医疗保健机构开展的妇幼卫生服务进行检查督导、考核与评价；负责指导和开展辖区的妇幼保健健康教育与健康促进工作；组织实施辖区母婴保健技术培训，对基层医疗保健机构开展业务指导，并提供技术支持；负责辖区孕产妇死亡、婴儿及5岁以下儿童死亡、出生缺陷监测、妇幼卫生服务及技术管理等信息的收集、统计、分析、质量控制和汇总上报；受二七区卫生和计划生育委员会，开展二七区出生医学证明管理工作；提供婚前卫生咨询，婚前医学检查、婚检结果释疑及不同检查结果对应的医学建议、指导等。二七区妇幼保健所科室设办公室、财务科、妇幼信息科、婚检中心等。

二七区人民医院 始建于1956年，分东西两院（德化街40号，延陵街19号），是集医疗、预防、保健、康复、特检、科研为一体的现代化综合性医院。

医院占地面积0.33公顷，建筑面积8000平方米，现有职工145人，其中离退休职工83人，在职职工58人，设有内科、外科、口腔科、妇科、儿童保健科、皮肤科、医疗美容科、眼科、中医科、化验室、B超室、心电图室、医学影像科等科室。拥有多种现代化的诊疗设备（日本进口500mAX光机、德国“西门子”牌B超机、日本血球分析仪、生化分析仪），有病床80余张，具有完备的急救抢救设施，是郑州市医疗保险定点单位。

（闫李慧）

马寨产业集聚区企业

郑州安华磨具有限公司 专业生产各种磨具及抛光磨具的著名企业，已取得ISO9001：2000质量管理体系认证、德国MPA产品质量认证。位于学院路68号，占地3.33公顷，拥有固定资产600万元，职工150余人，其中硕士学历2人，高级工程师1人。公司技术力量雄厚，生产经验丰富，设备精良，工艺先进，拥有大批高科技开发人才。公司所有磨具产品均采用优质原材料，实行严格的科学管理。安华磨具经检验中心严格测试，质量达到国家颁发标准，达到安全优质，广泛应用于五金业、建筑业、汽车制造、机械制造、航空制造业、石材加工业和航空航天等领域，产品除满足国内市场外，已远销20多个国家或地区，受到国内外客户好评。

安华磨具公司现主要产品有PVA海绵抛光砂轮、树脂切割片、可弯曲砂轮、卡盘页轮、平面砂布轮（百页片）、带柄页轮、玻璃类抛光轮以及金刚石树脂砂轮、金刚石软磨片等等，品种齐全，规格繁多，居国内同行前列。公司可根据客户特殊要求进行定研定制磨具。

“安华”品牌以诚信的经营和过硬的产品质量，受到国内外用户的信赖，以树脂切割片，涂附磨具导型产品为主导，畅销东南亚、中东及欧美地区。

郑州百分食品有限公司 在原商丘百分食品有限公司的基础上成立的民营企业，位于学院路。

2005年9月，公司被河南方便面制品专业协会评为河南方便面“十强”企业。生产的“华夏百分”系列产品被誉为河南省著名品牌；2003年，公司成功通过ISO900 1：2000国际质量体系认证，通过中国中轻产品保障中心认可；2005年，通过考核获得全国工业产品生产许可证；2007年被河南省评为“免检产品”称号。

建厂伊始，公司以学习型企业为发展方向，以“安全、品质、创新、价值”为发展战略，把“做正确的事和把事情做正确”的经营宗旨导入企业创业和发展之中。百分公司以“管理人员行为规范十条、七个不给机会”为理念，指导“百分人”工作。公司三大系列产品，上百个品种，多个规格，以芝麻香干吃面、膨化食品为代表的“华夏百分”系列产品，畅销河南省、安徽省、江苏省、湖北省、湖南省、山东省、山西省、陕西省、甘肃省、四川省、上海市等20多个省市。以香、酥、脆，空心、宽条、膨化为特点的干吃面深受小朋友及广大消费者青睐。

北京联创种业有限公司 是“育、繁、推”一体化的高科技种业公司，由国家著名玉米育种家、研究员王义波等育种家、企业家联合创办。注册资金3000万元，拥有农业部颁发的全国种子经营许可证，是北京市高新技术企业。随着近10年的快速发展，公司已发展成为国家最具发展潜力、竞争实力、技术领先的玉米种业公司之一。

2009年5月，公司在马寨产业集聚区明晖路以招商引资方式购买土地3公顷，投资建设北京联创种业有限公司河南分公司，主要功能为种子加工、检验、仓储、销售。建设内容包括：种子加工检验办公楼2500平方米、种子半成品库3600平方米、种子成品库2900平方米、种子精选车间1600平方米、种子包衣包装车间1600平方米。新上或搬迁原有设备，包括种子加工生产线3条（10吨线2条、5吨线1条），钢板暂存仓14座，暂存量3800吨，种子烘干机1套，烘干能力10吨/小时，同时购置与加工生产配套的其他附属设施。

公司坚持“技术（产品）、质量、管理、服务”“四个一流”营销理念，以玉米新品种培育与开发为重点发展领域。

公司的核心价值是“诚信务实，共同发展”。公司的立企宗旨是“持续科技创新，造福亿万农民”。公司科研实力雄厚，拥有一个玉米研究所。现有研究员2人、副研究员3人、高级农艺师5人、高级会计师1人，大学专科以上技术人员75人，其中国务院特殊津贴专家2人。公司在郑州市、海南省、铁岭市建有试验站，拥有试验用地20公顷，已育成新玉米自交系20多个，每年组配杂交组合近2万个。已育成“中科系列”“联创系列”玉米品种15个，其中国家审定品种4个（“中科11号”“中科10号”“中科2号”“联创5号”），河南省审定或引种审定品种8个（“中科1号”“中科4号”“中科8号”“中科9号”“中科青贮1号”“联创2号”“联创3号”“联创4号”）。公司玉米的科研实力、科研规模和技术水平均达国内一流水平。

公司在国家西北地区建立种子生产基地，制定严格的种子质量监控技术体系。销售的种子经过“四关”检查，即田间花检、基地公司实验室同工酶检验、公司实验室同工酶检验、海南省大田种植鉴定。

公司市场网络发展到河南省、山东省、河北省、江苏省、安徽省、陕西省、山西省、北京市、天津市、辽宁省、吉林省、内蒙古自治区、湖南省等13个省、自治区、市，已发展400多家县级加盟连锁经销商、8000多家科技示范型零售商。公司采取“一个中心、两个确保”营销方针，以县级经销商为中心，确保经销商利益，确保农民利益。同时，通过调货、退货等措施，确保经销商、零售商低风险运作。

郑州秉信纸业有限公司 由康师傅公司控股投资的一家中外合资企业，主要从事中、高档纸制品及新型包装材料、包装印刷生产、销售及进出口贸易业务。为顶新集团公司“康师傅”等系列产品提供纸箱包装系列服务。占地面积5公顷，投资总额420万美元。

公司于2007年11月20日批准成立，批准号：商外资豫府郑资字【2007】0041号，法人江柏勋，注册资金210万美元，出资人出资均以现金方式投入，其中：中方（杭州顶信纸业有限公司）出资157.5万美元，出资比例75%；外方（英属维尔京群岛马利维森公司）出资52.5万美元，出资比例25%。营业期限50年，自2007年11月20日至2057年11月18日。

公司秉承诚信、务实、创新之理念，以“培育一流人才、创造一流产品、成就一流企业、回馈社会、永续经营”为使命。采用国际先进的生产设备及生产工艺，通过严格全面的品质管理系统，以管理及保证品质为基础，发挥生产、技术、人力资源、财务各系统的功能作用。全国已有9家公司，分布在浙江省杭州市、湖北省武汉市、广东省广州市、辽宁省沈阳市、新疆维吾尔自治区、安徽省淮安市、重庆市、陕西省西安市等地，郑州市为第10家。

郑州成农生物饲料有限公司 成立于2005年，隶属于深圳成农饲料股份有限公司，是专业从事弱仔猪救护产品、乳猪教槽料、猪用复合预混料、猪用配合料及浓缩料的研发、生产、销售于一体的专业、高档猪饲料生产公司。被中国林牧渔业经济学会饲料经济专业委员会评为“2005年中国饲料重大科技进步与应用奖”，是唯一获此奖项的教槽料产品。公司自2005年成立郑州销售分公司以来，倡导以“伙伴天下、共同成长”“全情投入、持续卓越”“科技为本、行业典范”为标志的企业文化，以销售优质、专业、高效的产品为定位，以“成农博士，让您养猪更轻松”为品牌口号，创立“成农”品牌形象。通过长远规划，对市场的准确把握，经营“1010代乳王”“810代乳王”等乳猪教槽料系列；“611”“311”等乳猪料系列及小猪、中猪、大猪等各阶段配合饲料；浓缩饲料“8800”“880”“16311”“13311”等；猪用复合预混保育金“4312”“速大金4313”“健美金4314”“福多金4325”“乳多金4326”“精旺多金4327”等系列产品。

公司采用现代化管理模式，结合严格的质量保证体系，产品定位准确，技术含量高，并拥有由配备先进检测设备、经验丰富的专业技术服务人员组成的贴心用户服务体系，客户服务水准高；拥有一支精干、稳定的专业化营销队伍，在河南省及周边省、市建立强大的销售网络，拥有牢固的客户群体，创立了良好的市场口碑，成为中原地区乃至全国乳猪教槽料、乳猪料、猪用复合预混料最具专业化饲料公司之一。

河南城开集团公司温州特色食品工业园 2007年，温州特色食品工业园由温州商会（7家温州民营企业联合参股）投资，占地面积33.33公顷，总投资4亿元。由郑州中邦营销策划有限公司运营、管理，按照标准化厂房设计建设，集生产、研发、展销、综合服务为一体的特色工业园区，是河南省内第一家由民营企业投资的工业园项目，于2007年9月16日开工奠基。

2008年，集团公司全资收购郑州中邦营销策划有限公司，温州商会退出，由城开集团公司全权接手。城开集团公司秉承温州商会规划、设计理念，园区建成后由标准化厂房区、研发中心区、总部经济区3个板块组成，其中多层标准化厂房示范区建筑面积约7万平方米，可容纳80家生产企业入驻，可直接提供就业岗位4000个，产值超过百亿元。

城开·食品工业园（以下简称园区）前期规划工业用地33.33公顷，一期开发占地13.2公顷，位于马寨镇康师傅控股公司（郑州顶津食品有限公司）南侧，康佳路与振兴路之间，东西长620米，南北宽240米，场地中间东西方向道路宽18米，道路两侧绿化带宽各10米。2014年，4栋1.5万平方米标准化厂房已经结顶，内、外部装修马上收尾。已签约3家食品企业（福建南靖宏利彩印包装有限公司、郑州豫乡缘有限公司、郑州市二七区顶塑包装制品厂）。福建南靖宏利彩印包装有限公司、郑州市二七区顶塑包装制品厂已入驻园区。

郑州大方重工科技股份有限公司 现已成为集研发设计、制造销售、安装服务、设备租赁为一体的大型特种施工装备国家级高新技术企业，是当今国际上拥有桥梁施工成套技术和产品（提梁、运梁、架梁、造桥、铺轨）的唯一一家专业化公司。

依靠科技创新，公司相继完成涉及铁路客运专线、高速公路、磁悬浮列车、城市轨道交通、船舶制造、冶金、水利引水、石油化工和风电安装等系列拥有国家自主知识产权的重大施工设备的研制工作，承担国家“863计划”和“火炬计划”、国家科技支撑计划、国家“十五”规划期间重大科技装备研制，铁道部和河南省等一系列重大科技攻关项目，获得30多项国家专利，创造了10多项中国第一，填补了20余项国内空白，使公司的产品和技术水平在特种施工装备行业达到国际先进水平，多项成果获得省部级科技进步奖。公司先后荣获“国家高新技术企业”“国家火炬计划重点高新技术企业”“河南省创新型试点企业”“河南省重型转运装备工程研究中心”“郑州市十大创新型企业”“郑州市50家重点科技民营企业”等荣誉，被列为“郑州市跨越式发展重点支持企业”。

公司产品已覆盖全国各地，部分产品出口韩国、新加坡、越南、保加利亚、马来西亚、泰国、孟加拉、坦桑尼亚、罗马尼亚、香港等国家和地区。2008年，占地25.33公顷的新大方工业园投产，拥有1000多名员工和8万平方米的生产、安装、拼装、试验场地，彻底改变了企业强而不大的历史，成为年产值超10亿元的行业领军企业。

河南东方食品机械设备有限公司 位于东方路18号，始建于1975年，原名郑州市马寨挂面机制造厂，1992年更名为郑州食品机械制造总公司，1996年成立河南东方集团有限公司，2004年改制重组为河南东方食品机械设备有限公司。公司占地13.33公顷，是郑州市“百强”企业。是以研制、开发、生产、销售各类食品机械的专业公司。

“东方”牌面条机以悠久的历史、优质的服务、可靠的质量、最低的价格、公司良好的社会信誉，赢得国内外客户青睐。产品从单一的面条机到中、低挂面机系列，又从单一的挂面机到班产3至9吨挂面机系列成套设备，班产1至16万包（班产）油炸、非油炸方便面机，方便米机、米粉机、锅巴机等50多个品种的食品机械。挂面机占据国内60%的市场份额，方便面生产线成套设备占国内市场份额的40%以上，销往国内30个省、市。2004年方便面设备进入国内大型食品行业（“统一”“康师傅”“中旺”“金苑”“白象”“顶益”等公司），并出口俄罗斯、吉尔吉斯斯坦、蒙古、马来西亚、南非、尼日利亚、缅甸等国家。

2002年，公司研发推出新产品：WFP-12H烘干新型方便面生产成套设备和GSM70新型低温烘干挂面生产成套设备，经中国食品科学技术学会专家委员会正式鉴评，被评定为市场“推荐产品”。WFP-12H型油炸碗装方便面生产成套设备、WPV-3T米粉生产成套设备已投入样机制造。2002年荣获“中国星火计划名优产品奖”。

在近30年间，公司不断开发、生产新产品以满足客户的需求，始终坚持走科学研发的道路，先后与西安轻工机械研究所、郑州工程学院、机械部第六设计院、郑州机械研究所等10多所院校科研单位签订长期合作协议，以达到世界一流食品机械为目标，紧扣国内外前沿技术，持续开发具有国内领先、国际一流的各种食品机械。其中研制开发出的混沌水煮机、包装机成型机、挂面多刀切面机、波纹辊、三层复合轧片机等获国家专利，多次荣获“国家科技进步奖”“国际博览会金杯奖”“中国首届食品机械博览会金杯奖”“全国食品加工及包装机械展览会金奖”“全国高科技节能产品一等奖”“国家级新产品奖”“河南省名优产品”“河南省质量信得过企业”等10多种奖项。

郑州丰宝炉料制品有限公司 是一家集研发、生产、炉窑砌筑为一体的耐火材料企业。公司有各类高级工程技术人员10人，职工60多人。公司与洛阳耐火材料研究院、武汉科技大学保持长期技术合作和业务关系，使之有较强的产品开发与推广能力。公司拥有成套耐材加工和生产设备，年产量3万吨以上，主要生产冶金系统使用的各种耐火材料及炉料，并且可对各种特殊定型制品进行整形加工。

公司产品主要有：转炉用补炉料、镁质喷补料、出钢口料、电炉底用干式捣打料、马丁砂、连铸中间包碱性干式振动料、钢包浇注料、各种预制件等不定型耐火材料；电炉、转炉用各种牌号镁碳转、出钢口管，精炼钢包用尖精石、蓝精石铝镁碳转、座砖，滑板、上水口、下水口、预制件挡渣棒、冲击板等定型制品。产品为安钢集团公司、信阳钢铁公司、洛阳安龙钢铁公司、武汉钢铁集团公司、邯郸钢铁公司、涟原钢铁公司、广西柳州钢铁公司、磨山迁西钢铁公司等多家公司使用，并建立长期稳定的业务关系。公司已建立完整的质量保证体系，始终本着以科技为中心、以市场为向导、以质量求生存、以信誉求发展的宗旨，不断为用户提供可靠且满意的产品。

河南省丰泰实业有限公司 位于先锋路20号，主要从事宾馆、酒店、洗浴以及保健食品、保健酒生产与销售。公司占地面积2.38公顷，建筑面积2万多平方米，仓储面积3500多平方米，在册员工206人，其中本科以上学历占30%以上；拥有符合GMP认证条件的片剂、颗粒剂、口服液、软胶囊剂、胶囊剂等多种剂型的生产车间，是国内为数不多的花园式高科技综合企业，产品远销中东、欧美、澳大利亚等国家和地区，深受消费者好评。

公司董事长曹磊，郑州市第十三届人大代表、二七区第七届政协委员、清华大学MBA总裁班毕业，是郑州商会副会长、马寨工业园区工商联合会会长、高级经济师、专利发明人，在长期的工作中积累了丰富的企业管理经验，在全国保健品行业中久负盛名。他先后研发产品“三便宝胶囊”“永刚牌丰泰片”“百益软胶囊”等丰泰系列产品，获得国家食品药品监督管理局批准并获得国家发明专利证书，发明专利为：ZL96105250.3。

2009年6月1日，河南绿源保健品有限公司与郑州少林医药保健品厂签订合作协议，郑州少林医药保健品厂授权公司使用他们注册的“少林功夫”、“少林”注册商标。商标注册人朱天喜，系中国嵩山少林寺第32代传人、中国少林医学秘籍代表人。合同签约期间，得到省、市、区领导的关心与支持，许多领导亲临现场祝贺。2009年以来，公司斥巨资新建一座集餐饮、住宿、会议、洗浴、KTV、休闲娱乐于一体的综合性豪华商务酒店，酒店建筑面积1.5万平方米，可同时容纳300多人住宿、餐饮、会务。

多年来，公司董事长曹磊先后被评为“河南十大诚信英才”“河南省科技创新先进个人”“河南省十大科技新闻人物”“河南省百名技术英杰”“河南省新农村建设先进个人”，公司被授予“河南省重点保护企业”“河南省慈善功勋企业”等称号。

郑州恒生实业有限公司（原郑州市橡胶三厂） 国家二级计量单位；创建于1962年，2002年5月经郑州市人民政府批准改制为股份制企业，占地4万多平方米，公司设备先进，工艺精良，技术力量雄厚，各类检测手段齐全。多年来推行以全面提高质量为中心的现代化管理。贯彻ISO9000质量管理体系，建立健全企业机制。

公司主要生产“邙山”牌普通V带（三角带）、窄V带、农机带、平型传动带、胶管、各种劳动保护鞋底及各类橡胶杂件。其中主要产品普通V带采用微机现代化24小时监控，历年来在国家、省、市监督抽查中全部达到国家标准，多次被评为河南省免检产品，农业部农机配件V带定点生产企业，全国产品质量售后服务用户满意企业，全国消费者质量信得过产品。

河南省宏达炉业有限公司 马寨镇储有丰富的优质耐火原料，拥有大量的合成高档耐火原料，其得天独厚的资源优势和便捷的交通运输条件使其成为国家优质耐火材料的主要生产基地之一。

公司位于马寨产业集聚区，是河南省冶金研究所创办的高新技术企业，与洛阳耐火材料研究院、武汉科技大学等院校建立长期的技术合作关系，使公司具有较强的研究开发和新产品推广应用能力。公司以科技为中心，以新产品开发为导向，研究开发和成功推广系列优质高效耐火材料新产品，这些产品以优异的性能满足客户的使用要求，产生巨大的社会效益和经济效益，深受用户信任和赞誉。

提供优质产品，不断研究开发新产品，做好售后服务，与用户密切合作解决产品应用中的有关技术难题，使新型耐材产品为用户带来经济效益，是公司一贯的工作方针，也是公司的宗旨。

郑州金木装饰材料有限公司 公司位于马寨经济开发区，占地面积5.6公顷，职工280人，隶属上海吉祥新型材料有限公司，是中国建材工业协会会员单位，专业生产铝塑复合板大型股份制企业，生产经验丰富，技术力量雄厚，拥有较完善的生产加工设备和严格的监测手段。

“诚信经营，永续发展，优质高效，服务顾客”是公司的质量方针。在生产和服务方面积极吸收引进国内外先进技术，用雄厚的技术力量、精良的设备、完善的工艺为顾客提供优质产品。公司投资8000万元，引进先进的铝塑复合生产线12条，大型涂铝生产线2条。主要生产PE铝塑复合板、钢纹板及其他装璜材料等，产品采用高纯度铝片、优质聚乙烯材料结合先进科技和高精度设备复合而成，其广泛用于大型建筑和家庭住宅的内外墙表面装修，具有重量轻、强度高、隔音隔热效果好，易清洁、随意弯曲、剪切等优点，由于产品本身采取烤漆工艺、避免产品安装时的气体污染，是现代前卫绿色环境保护产品，国内外市场前景看好。

公司自成立以来致力于铝塑复合板的研究、开发和生产，始终坚持高起点、超常规发展思路，以品牌形象打造市场需求，以卓越品质、完善服务赢得广大客户的赞赏和信赖，先后由国家建筑材料测试中心、国家防火建筑材料质量监督检验中心颁发的中国建材第一标志“防火、环境保护”标志产品，产品送检国家建材测试中心、国家铝塑复合材料产品质量监督测试中心检测为合格产品并颁发检测报告和检验报告。面对新世纪的挑战和加入WTO的巨大机遇，公司锐意进取，2002年4月全部产品由中国人民保险公司承担质量责任保险，2004年6月获得奥运会建筑工程材料及设备推荐证书，2004年12月获得中国质量认证中心（CQC）颁发的ISO9001国际质量体系认证证书，在全国设立50多家分销机构，使公司的产品质量和营销层次提高到新的台阶。公司自2004年9月正式投入生产以来，产品投放市场后受到新老用户一致赞赏和信赖，发展势头很快，已成为同行业的佼佼者。

郑州净瓶集团公司 创建于1982年，是以生产消防产品和承接消防工程为主的综合性企业。公司占地面积9.6万平方米，固定资产8700万元，年产值1.5亿元，2014年有职工580人，其中中级职称的工程、经济、会计系列专业人才占职工总数的18%。公司主要生产经营红外线自动寻的消防炮灭火装置、加油站型自动灭火装置、钢质复合型防火卷帘门、特级防火卷帘门、无级防火卷帘门、干粉灭火器、消火栓箱、豪华木质防火门、塑钢门窗、农业机械配件及消防工程报警系统等。

红外线自动寻的消防炮灭火装置是利用航天红外制导、军工技术研制开发的高科技产品，该产品解决了长期以来困扰消防界对大空间建筑和大面积广场火灾探测和扑救的难题，集红外线监控感知器、红外线光学系统、红外线水平、垂直自动寻的系统为一体，属典型的光、机、电一体化现代产品。

公司技术力量雄厚、生产设备先进、检测设备齐全，具有雄厚的科研队伍，不断致力于公共安全防范系列产品的研究、开发和创新，使产品向国际化、多元化方向发展。

郑州妙可奶业有限公司 成立于2000年，是一家以科技为先导、以人才为根本、以“质量第一、客户至上”为宗旨的现代化乳品生产企业。

公司位于郑州市二七区马寨产业集聚区，紧邻环城快速公路，距中原地区最大的食品批发市场——华中食品城仅15分钟车程，物流迅捷。公司在郑州市区北部20公里处有数万公顷的黄河滩地，生长着茂密的牧草，是河南省政府规划的“10万头奶牛绿色养殖示范区”，将孕育成为继黑龙江省、内蒙古自治区之后的中国第三大天然牧场，为公司的发展提供了十分宝贵的优势资源。

公司十分重视科学技术在企业发展中的重要性，在成立之初就与国内多家大专院校、科研院所建立广泛技术协作关系，科技成果对企业发展贡献率达到30%以上。公司已形成工业奶粉、婴幼儿配方奶粉、焙烤冷饮专用粉、功能性乳粉四大系列40多个品种，年产奶粉4000吨，年营业额5500万元，固定资产1600万元，已成为国内多家著名企业的原料供应商之一。

公司建立完善的质量管理体系，先后通过ISO9001—2000国际质量体系认证、国家出口食品生产企业卫生注册、国家婴儿奶粉生产许可等认证；是澳大利亚SAVORY公司在中国大陆授权使用“妙可”牌商标的独家生产企业。公司已成为河南省最大的奶粉类产品专业生产加工企业。

为满足不断扩大的市场需求，公司将专业致力于婴幼儿配方奶粉、营养功能性乳粉、工业用奶粉的生产与加工。

郑州名扬窗饰材料有限公司 是一家生产各种窗帘的外向型民营企业，厂址位于先锋路2号，主导产品是布卷帘、垂直帘、编制帘。产品100%销向海外，是中原腹地最大的卷帘外销企业，公司已通过由CCIC质量认证中心颁发的ISO9001：2000认证证书。

2003年生产窗帘50万支，销售收入1400万元，纳税44万元；2004年生产窗帘65万幅，销售收入1927万元，上缴税金59万元，各项经济指标在全国同行业中名列前茅。

2009年公司完成产值8004万元，同比增长22.8%；实现销售收入8600万元，同比增长22.5%，公司产品主要销往美国、英国、德国、荷兰、澳大利亚、日本。实现利润总额104.1万元。

公司已有10余项产品获得国家专利，有3项专利申请项目正在审批中。

河南日钢天宇钢构工程有限公司 是一家集钢结构设计、制作、安装于一体的大型现代化新兴建筑企业，具有较强的技术优势和丰富的管理经验。公司位于工业路16号，占地26.3公顷，注册资金5000万元，2014年有员工400余人，其中高级工程师10人，高级技术人员52人。公司前身是河南天宇钢结构彩板有限公司，2004年3月由河南天宇钢结构彩板有限公司与日照钢铁有限公司联合增资组建。公司采用国际先进的5S管理模式，并通过ISO9001：2000国际质量标准管理体系认证。河南日钢天宇钢构工程有限公司作为知名的环境保护节能型产品生产企业，通过大力探索和引进高层钢结构建筑空间技术，具备高层钢结构建筑设计、制作和安装能力。公司始终以振兴国家钢结构产业为己任，坚持走规模化、现代化发展道路，采用具有国内先进水平的H型钢自动流水生产线。无论是型钢制作设备还是辅助设备均采用国际一流的全程电脑数字化控技术，用数字化操作控制各工序，定额生产成本，为产品质量和经济效益的不断提高提供了重要保障，公司引进和推行国际先进的5S管理模式，生产区全部以网络化监控系统进行场外监控。

公司始终坚持“以科技为先导，以质量求生存”、以“创中原一流”为奋斗目标，大胆探索和引进多高层钢结构建筑技术，大力吸引和引进中高级技术人才，不断采用新技术、新工艺、新材料、新设备，加大创新力度，力争在国家钢结构建筑领域占有一席之地，进而不断扩大规模和影响。公司承建的工程遍及全省各地，辐射陕西省、山西省、河北省、青海省、西藏自治区等多个省（自治区），具有良好的社会信誉。加之有日照钢铁公司作为坚强的后盾，公司的原材料资源得到有效整合和充分保障，产品竞争优势将日益凸显，日钢天宇公司在市场中的竞争力得到提高和增强。

郑州三中收获实业有限公司 位于光明路，占地7.33公顷，总投资1.01亿元。是一家集生产、销售各类农业收割机械的股份制公司。

公司计划投资6000万元，至2014年，办公楼、钢结构整装车间已经建成，正在进行配套工程施工和人员培训，投产后将形成年产4000台各类农业收获机械能力，实现产值5亿元，销售收入3亿元左右，实现利税1600万元。

公司拥有自主品牌和专利技术，并建立完善的销售网络，在市场上具有一定的知名度和影响力。公司主导产品有自走式小麦谷物联合收割机、自走式玉米联合收割机、履带式水稻收割机、背负式谷物联合收割机等系列产品。产品均通过河南省农业机械鉴定站技术鉴定，并获得农业机械推广许可证，连年被列入国家农用机械补贴项目。公司是全国唯一一家自主生产配件的农业收割机械生产企业，整机故障率不足千分之一，不仅保证了产品质量，而且保证了产品的市场竞争力。多年来，产品得到省内外广大用户的肯定和欢迎。

郑州市升达电磁线有限公司 是一家专业生产电磁线的企业。公司位于马寨产业集聚区。公司的核心团队由国内从事电磁线工作多年的工程技术人员、工人技师组成。公司注重产品质量和管理，视质量为公司生命，视管理为企业灵魂，从而奠定“升达”产品在行业中的知名度和市场的信誉度，打造了“天下”品牌。

公司技术力量雄厚，企业管理扎实，生产设备先进，拥有一支训练有素的生产工人队伍，全新的企业文化。公司现有生产线5条，专业生产设备25台（套），专用检测仪器（设备）40台（套），员工180余人，工程技术人员55余人，年产电磁线4000吨，产品销售率98%以上；公司占地3.33公顷，注册资金净值1500万。主要产品有220级聚酰亚胺漆包铜圆线、200级聚酯亚胺/聚酰胺酰亚胺复合漆包铜圆线、180级聚酯亚胺漆包铜圆线、155级改性聚酯漆包铜圆线、130级聚酯漆包铜圆线及耐水电磁线。产品生产范围φ0.130mm—3.000mm，规格型号齐全。公司产品主要销往湖南省、湖北省、山东省、山西省、河南省、河北省、江苏省、安徽省、陕西省、青海省、甘肃省、新疆维吾尔自治区、内蒙古自治区、宁夏回族自治区、福建省、广东省、辽宁省等17省、自治区、区100余家客户。

公司坚持走质量效益之路，视顾客为生存条件，以拓展市场发展、优质服务为基础，诚信经营提升企业形象，公司先后荣获“河南省优质产品”“河南省免检产品”“河南省高新技术企业”“河南省高新技术产品认定”“河南省质量之星企业”“中国知名电磁线十佳品牌”等荣誉称号。公司从1999年开始贯彻国际质量管理体系标准，建立质量管理体系，取得ISO9001：2000质量管理体系认证证书。取得编号为XK06—238—00231的生产许可证，取得检验室认定证书。坚持质量第一，严格过程控制，以最优质的产品、最优质的服务取信于顾客是公司的质量方针，“愿天下牌电磁线为您的事业打天下”是总经理对客户的真诚质量承诺，售后服务组织24小时提供服务；公司拥有8台运输车辆，将产品按要求准时送达。

郑州天方集团有限公司 位于马寨产业集聚区，是国家清真食品定点生产企业，主要产品有“天方”牌系列方便面、速冻食品、纯净水、调味品等。

公司有近20年生产方便面的历史，2014年有方便面生产设备14条，其中16万包1条、12万包10条、6万包3条，生产所需面粉、酱包、蔬菜包等均为公司自产。现已开发生产“五谷飘香”系列面、碗装系列面、红高粱面、绿豆面、干脆面等100多个品种。公司现有专职质量检验人员20余人，检验室具备承担食品出厂检验资格。公司产品质量长期稳定，2004年通过食品生产企业“QS”强制认证，产品经国家粮油质量监督检验中心抽检均为合格。

2002年通过ISO9001：2000质量管理体系认证，并获国家计量保证能力C标志认证，“天方”牌商标为河南省著名商标，“天方”牌方便面为河南省名牌产品，“天方”牌方便面于2006年荣获“国家免检”称号，被河南省卫生厅确定为“省名牌保护产品”。公司被评为河南省“优秀民营企业”，“天方”牌产品为“河南方便面制品产业著名品牌”，公司为河南省“绿色企业”，2006年通过清洁生产审核，2008年获得郑州市“双比双降”节能减排竞赛先进单位。

“天方”牌方便面以河南省为主销市场，销往全国100多座城市，远销俄罗斯等国家。

郑州天顺食品有限公司 公司前身为郑州市中原天顺熟肉加工厂，成立于1995年，2007年重新设立为公司，公司占地1.33公顷，是一家以熟肉制品加工销售为主的肉制品公司，主要产品分为高温火腿系列、低温烤肠系列、酱卤制品系列。2014年有员工100余人，科研技术人员5人

公司设备精良，工艺先进，拥有国内外先进设备30余套，并配备有1500吨冷库。主要产品有“博顺”牌“王中王”高温火腿肠系列及蒜蓉烤肠、烧烤肠、烤肉、烤鸭胸等低温系列肉制品。产品主要采用国内先进生产设备，集灌肠生产与火腿肠生产工艺于一体，严格执行检验检疫标准，利用先进生产工艺加工而成，整个过程全部按照产品生产工艺标准组织生产，层层把关、安全卫生。低温肉制品采取蒸煮、熏烤工艺，通过低温杀菌处理加工而成，产品具有鲜嫩、爽口、风味极佳的特点。

公司研发中心与质量保证中心以品牌策略为准绳，以市场为导向，积极创新，严把质量关。在质量保证体系中严把原料进厂关，实施过程监控，成品出厂采用先进的检测设备对产品的理化指标进行检验。

郑州万谷机械有限公司 是一家集科研开发、设计、制造、销售、安装为一体的高科技股份制公司。专业生产各种大中型粮食烘干机、渣类烘干机、复混肥烘干机、牧草烘干机、有机废液干燥处理系统、燃煤热风炉及烘干系统配套设备，承接、改造各种成套烘干工程。

公司技术力量雄厚，拥有高素质专业技术人才群体，具备强大的科研开发设计能力。公司开发的大型粮食烘干机、糟渣和有机废液烘干等成套设备技术水平在行业内处于领先地位。

粮食烘干机是公司的主要产品之一，主要用于烘干高水分玉米、小麦、水稻、大豆、油菜籽等。近年，在世界银行中国粮食流通项目国际招标、国家粮食储备库建设项目招标中，公司的粮食烘干设备多次中标，黑龙江省三江国家粮食储备库300t/d水稻烘干机项目，中谷集团公司开鲁东风国家粮食储备库300t/d玉米烘干机项目等，所建项目均受到世界银行项目部、国家粮食局的表扬。2004年，公司为山东临沂盛泉油脂公司设计、生产、安装1800t/d大豆烘干机，自调试之日起设备运行良好，得到客户一致好评。

2001年，公司成功运行国内第一套大型苹果渣烘干制粒生产线，令苹果渣变废为宝的设想变为现实。已在河南省、山东省、陕西省、江苏省等省设计建造十多套时产2至5吨物料的大吨位苹果渣烘干加工生产线，全部运行良好，产量、煤耗、电耗等各项经济指标均达到设计要求，为用户带来良好的经济效益。

2003年8月，公司开发国内第一套大型大豆渣烘干生产线在哈高科大豆蛋白有限公司正式投产。公司为哈高科大豆蛋白有限公司承建的第二套大型大豆渣烘干生产线正在实施中。

2004年5月，为吉林省吉安市生化乾安酒精有限公司设计生产的国内第一套大型DDGS高蛋白饲料烘干生产线，日处理浓缩酒精尾液250立方米，将发酵废水变成高品质饲料，既解决了困扰其多年的有机废水污染环境问题，又带来良好的经济效益。2005年5月，公司为河南银鸽实业投资股份有限公司控股的漯河无道理生物肥有限公司设计生产国内第一套大型复混肥有机原料烘干生产线，日产干有机原料80余吨，至今运行良好，公司设计生产的10万吨/年生态复混肥生产线于2005年10月建成投产，年产值1.5亿元。

郑州万家食品有限公司 2002年7月25日经郑州市工商行政管理局批准登记注册，登记注册类型为有限责任公司，企业注册资金500万元。位于东方南路66号，占地面积41240平方米，建筑面积2.2万平方米，其

中生产车间17040平方米。2014年有员工480人，企业总资产5100万元，资产负债率49.5%，银行信用等级为AA级，2008年销售收入9600万元，年创利税980万元。主导产品有杂粮挂面、手工面、火锅面、八宝粥、小杂粮、杂粮粉等系列产品，国内市场占有份额30%以上，技术来源主要是自主研发，附带引进吸收。

公司是国内第一家专业从事纯粹粗粮面食研发、加工与销售的大型厂家。公司通过自主研发和引进国外技术，经过6年持续发展，已成功开发和生产出7大类、18个系列的纯粹粗粮产品，成为行业内加工品种最全、市场占有份额最大，技术纵深最广的龙头企业。企业生产的荞麦挂面、高粱挂面、黑米挂面、黑麦挂面、五谷挂面、绿豆挂面、苦荞挂面、手工面、营养面均排名国内第一；朝鲜冷面、玉米挂面、燕麦挂面居河南省第一位；小杂粮、杂粮粉在国内同行业中位居前列。公司本着“以质为本、科技创新”原则；从严格加强产品质量入手，在产品生产过程中实施严格的质量管理监督体制，使公司所生产的每一样产品均达到出口产品质量指标。产品已畅销国内各省（市）市场，并出口朝鲜、韩国及东南亚国家。2006年12月，“万家粮仓”牌粗粮挂面、面粉及粗粮制品被河南省工业经济联合会科技创新与名牌培育委员会推介为最具发展潜力品牌；2007年河南省首家通过粮食制品质量安全认证企业；2008年6月，公司经中国国家认证认可监督管理委员会审查，批准注册国家出口卫生登记企业；2008年9月，“万家粮仓”牌荞麦面挂面被全国农产品加工业博览会组委会授予优质产品奖。

（郝金燕）

2013年度二七区人民满意的公仆单位

二七区人民政府办公室
二七区地税局
二七区财政局
二七区教育体育局
二七区人民法院
二七区人力资源和社会保障局
二七区人民检察院

（乐凤海）

2014年郑州市科技进步二等奖项目

序号	项目名称	项目单位
1	虹膜识别芯片设计以及嵌入式智能虹膜识别系统开发	河南华辰伟业科技有限公司
2	新型保水松土掺混肥料技术研究	郑州帝益生态农业科技工程有限责任公司

（汪晓慧）

2014年郑州市专利二等奖项目

序号	项目名称	项目单位
1	有机酸甘油脂肪酸酯的制备方法	河南正通化工有限公司

（汪晓慧）

2013年度二七区新型城镇化建设先进单位 重大招商引资项目先进单位和 优秀三级网格长名单

一、新型城镇化建设先进单位（5个）

侯寨乡党委、政府　　马寨镇党委、政府

嵩山路街道党工委、办事处　　淮河路街道党工委、办事处　　大学路街道党工委、办事处

二、重大招商引资项目先进单位（7个）

（一）重大招商引资项目

河南网商园项目　　苏宁（食品）网商园项目

凯顿中心项目　　鑫苑鑫都汇项目

孙八砦城中村改造项目

（二）表彰单位

二七新区管委会　　马寨产业集聚区管委会　　二七特色商业区管委会　　侯寨乡党委、政府

铭功路街道党工委、办事处　　嵩山路街道党工委、办事处　　长江路街道党工委、办事处

三、优秀三级网格长（130名）

马香枝	李　莉	王　帅	高红涛	路艳茹	郑俊梅
李海梅	陈　静	司建秋	付秀霞	杨　斌	杨德政
高曼真	李　芳	郭培培	唐军涛	白　利	孙二强
周春峰	张　博	刘燕格	王　硕	闫亚萍	王　涛
荆海英	焦水磊	樊启超	朱　磊	牛　劲	虎　鸣
陈继峰	赵建丽	李　娜	王　伟	徐　达	白　芳
杨焕英	陈红娜	薛小鹏	王晓波	郭海彬	郭　艳
孙庆江	罗丽琴	闫　凯	闫桂云	冯丽君	朱利华
李　娟	赵　宁	郭水婷	聂翠玲	荆志涛	曹建民
张　珂	吴松文	刘　欣	韩继原	耿成林	桑　泼
李建国	陶　英	刘寒冰	张俊平	刘　楠	刘晓丽
高雪莉	刘青霞	李　静	宋晨光	李俊伟	申志强
郭春梅	郝金艳	黄河山	王东霞	孙中平	邢志勇
高秀丽	郭　佳	李　洁	孔红艳	刘凤妞	李东淼
陈刘星	赵凤梅	芦　红	黄凤梅	李英萍	李　功
刘文伟	闫润嫱	王　宏	荆自瑞	孔志军	荆　路
安保松	陈冬菊	臧伟伟	郑占士	陈丽娟	王春玲
郭　奇	杨　凯	梁金超	靳　闯	李建新	苏慧珍
王　佩	徐志梅	胡军峰	周焕焕	党巧云	魏新巧
陈　健	樊晓宇	陈　浩	佟香红	郭文东	李　瑞
刘秀玲	郭伟霞	罗利军	郭晓丽	王双岭	邬雨轩
廖明明	刘　华	王　阳	李宗泽		

光 荣 榜

获奖项目：2014年度郑州市未成年人思想道德建设先进县（市）区
获奖单位：二七区
颁奖单位：郑州市精神文明建设指导委员会
颁奖时间：2015年3月

获奖项目：郑州市2014年度“文明使者”志愿服务站建站工作考核第二名
获奖单位：二七区
颁奖单位：郑州市财政局、郑州市精神文明建设指导委员会办公室
颁奖时间：2014年12月

获奖项目：郑州市基层党校工作先进党组织
获奖单位：二七区
颁奖单位：中共郑州市委宣传部
颁奖时间：2015年1月

获奖项目：郑州市党委（党组）中心组学习优秀单位
获奖单位：二七区
颁奖单位：中共郑州市委宣传部
颁奖时间：2015年3月

获奖项目：郑州都市区建设三年行动计划综合工作优秀单位
获奖单位：二七区
颁奖单位：中共郑州市委　郑州市人民政府
颁奖时间：2015年1月

获奖项目：郑州都市区建设三年行动计划工业经济和安全生产工作单位
获奖单位：二七区
颁奖单位：中共郑州市委　郑州市人民政府
颁奖时间：2015年1月

获奖项目：2014年度全市巡防消防一体化工作先进县（市）区
获奖单位：二七区
颁奖单位：郑州市社会治安综合治委员会
郑州市防火安全委员会
颁奖时间：2015年4月

获奖项目：2014年郑州市重点项目建设先进单位
获奖单位：二七区人民政府
颁奖单位：郑州市人民政府
颁奖时间：2015年1月

获奖项目：2014年度郑州市服务业发展先进单位
获奖单位：二七区人民政府
颁奖单位：郑州市人民政府
颁奖时间：2015年2月

获奖项目：2014年度郑州市都市区建设三年行动计划经济社会发展综合工作先进单位
获奖单位：二七区人民政府
颁奖单位：中共郑州市委、郑州市人民政府
颁奖时间：2015年1月

获奖项目：郑州都市区建设三年行动计划城乡管理综合提升工作先进单位
获奖单位：二七区人民政府
颁奖单位：中共郑州市委、郑州市人民政府
颁奖时间：2015年1月

获奖项目：郑州市环卫优胜杯
获奖单位：二七区人民政府
颁奖单位：郑州市人民政府
颁奖时间：2014年12月

获奖项目：2014年郑州市新型工业化建设先进单位
获奖单位：二七区人民政府
颁奖单位：郑州市人民政府
颁奖时间：2015年2月

光荣榜

（部　门）

中共二七区委组织部

获奖项目：全省信访工作先进单位
获奖单位：中共二七区委组织部
颁奖单位：中共河南省委组织部
颁奖时间：2014年11月

中共二七区委统战部

获奖项目：2014年度《中国统一战线》宣传先进单位
获奖单位：中共二七区委统战部
颁奖单位：中央统战部宣传办公室　中国统一战线杂志社
颁奖时间：2014年

获奖项目：2014年中央台办“两刊”对台宣传工作先进单位
获奖单位：二七区台湾工作办公室
颁奖单位：中央台湾工作办公室宣传局
颁奖时间：2014年6月

获奖项目：2014年度基层统战信息工作先进单位
获奖单位：中共二七区委统战部
颁奖单位：中共河南省委统战部
颁奖时间：2015年2月

获奖项目：2014年度全省基层网站宣传工作先进单位
获奖单位：中共二七区委统战部
颁奖单位：中共河南省委统战部
颁奖时间：2015年2月

获奖项目：2014年度全市统战调研工作先进单位二等奖
获奖单位：中共二七区委统战部
颁奖单位：中共郑州市委统战部
颁奖时间：2015年2月

获奖项目：2014年度全市统战宣传工作先进单位二等奖
获奖单位：中共二七区委统战部
颁奖单位：中共郑州市委统战部
颁奖时间：2015年2月

获奖项目：2014年度全市统一战线“同心话苑”征文活动优秀组织奖
获奖单位：中共二七区委统战部
颁奖单位：中共郑州市委统战部
颁奖时间：2015年2月

获奖项目：二七区三年行动计划综合工作优秀单位
获奖单位：中共二七区委统战部
颁奖单位：中共二七区委　二七区人民政府
颁奖时间：2015年2月

获奖项目：2014年度《中国统一战线》宣传先进个人
获奖人员：王玉红
颁奖单位：中央统战部宣传办公室　中国统一战线杂志社
颁奖时间：2014年

获奖项目：河南省统战系统先进工作者
获奖人员：尚　红
颁奖单位：中共河南省委统战部　河南省人力资源和社会保障厅
颁奖时间：2014年12月

获奖项目：2014年度郑州市统战理论政策研究创新及调研报告优秀成果一等奖
获奖人员：王玉红
颁奖单位：中共郑州市委统战部
颁奖时间：2015年2月

获奖项目：2014年全市统战宣传工作先进个人
获奖人员：帖建军
颁奖单位：中共郑州市委统战部
颁奖时间：2015年2月

获奖项目：2014年度全市网站宣传工作先进单位
获奖人员：张淑君
颁奖单位：中共郑州市委统战部
颁奖时间：2015年2月

获奖项目：2014年度郑州市侨联系统先进个人
获奖人员：李　青
颁奖单位：郑州市归国华侨联合会
颁奖时间：2014年12月

获奖项目：2014年度全市统战信息工作先进个人
获奖人员：许　琳
颁奖单位：中共郑州市委统战部
颁奖时间：2015年2月

获奖项目：2014年度全区精神文明建设工作先进个人
获奖人员：许　琳
颁奖单位：中共二七区委　二七区人民政府
颁奖时间：2015年2月

获奖项目：2014年度全区政法暨平安建设工作先进个人

获奖人员：陈　卓
颁奖单位：中共二七区委　二七区人民政府
颁奖时间：2015年3月

获奖项目：2014年度全区统一战线工作先进个人
获奖人员：陈　卓　张　昊　许　琳
颁奖单位：中共二七区委
颁奖时间：2015年2月

中共二七区委老干部局

获奖项目：二七区坚持依靠群众推进工作落实长效机制工作先进单位
获奖单位：中共二七区委老干部局
颁奖单位：中共二七区委　二七区人民政府
颁奖时间：2015年3月

获奖项目：二七区档案工作先进单位
获奖单位：中共二七区委老干部局
颁奖单位：中共二七区委
颁奖时间：2015年3月

获奖项目：创建“五好”基层关工委优秀组织奖
获奖单位：二七区关心下一代工作委员会
颁奖单位：河南省关心下一代工作委员会
颁奖时间：2014年3月

获奖项目：2014年郑州市甲A门球联赛第二名
获奖单位：中共二七区委老干部局
颁奖单位：郑州市老年人体育协会
颁奖时间：2014年4月

中共二七区委党校

获奖项目：郑州市党校系统第十二届优秀科研工作组织奖
获奖单位：中共二七区委党校
颁奖单位：中共郑州市委党校
颁奖时间：2014年11月

获奖项目：服务先进单位
获奖单位：中共二七区委党校
颁奖单位：中共二七区委　二七区人民政府
颁奖时间：2015年3月

获奖项目：郑州市党校系统第十二届优秀科研成果一等奖
获奖人员：冯晶丽
颁奖单位：中共郑州市委党校
颁奖时间：2014年11月

获奖项目：郑州市党校系统第十二届优秀科研管理工作者奖
获奖人员：冯晶丽
颁奖单位：中共郑州市委党校
颁奖时间：2014年11月

获奖项目：2013年度全区优秀调研成果二等奖
获奖人员：冯晶丽
颁奖单位：中共二七区委
颁奖时间：2014年5月

获奖项目：郑州市2013年度基层党校优秀教师
获奖人员：贾根柱
颁奖单位：中共郑州市委宣传部
颁奖时间：2014年2月

获奖项目：全省基层党校骨干教师培训班优秀建议奖
获奖人员：贾根柱
颁奖单位：愚公移山精神干部学院
颁奖时间：2014年9月

获奖项目：郑州市2014年度基层党校优秀教师
获奖人员：贾根柱
颁奖单位：中共郑州市委宣传部
颁奖时间：2015年2月

获奖项目：2014年度全区统一战线工作先进个人
获奖人员：张　婧
颁奖单位：中共二七区委
颁奖时间：2015年2月

获奖项目：郑州市党校系统第十二届优秀科研成果二等奖
获奖人员：张　歌　宋　军
颁奖单位：中共郑州市委党校
颁奖时间：2014年11月

获奖项目：郑州市党校系统第十二届优秀科研管理工作者奖
获奖人员：张　歌
颁奖单位：中共郑州市委党校
颁奖时间：2014年11月

获奖项目：郑州市党校系统先进个人
获奖人员：张　歌
颁奖单位：中共郑州市委党校　郑州市人力资源和社会保障局
颁奖时间：2014年12月

二七区档案局

获奖项目：二七区2014年度服务先进单位
获奖单位：二七区档案局
颁奖单位：中共二七区委　二七区人民政府
颁奖时间：2015年3月

获奖项目：2014年度河南省档案学优秀成果三等奖
获奖人员：张艳玲
颁奖单位：河南省档案学会
颁奖时间：2014年7月

获奖项目：2014年度河南省档案学优秀成果二等奖
获奖人员：张婕妤
颁奖单位：河南省档案学会
颁奖时间：2014年7月

获奖项目：郑州市档案学会优秀成果二等奖
获奖人员：张艳玲
颁奖单位：郑州市档案学会
颁奖时间：2014年12月

获奖项目：郑州市档案学会优秀成果一等奖
获奖人员：张婕妤
颁奖单位：郑州市档案学会
颁奖时间：2014年12月

获奖项目：2014年度郑州市档案学会先进个人
获奖人员：张艳玲　张婕妤
颁奖单位：郑州市档案学会
颁奖时间：2014年12月

获奖项目：全市档案工作优秀个人
获奖人员：郑艳鸣　袁　华　谢文玲　张军博
王　蕾　李银娟
颁奖单位：郑州市人力资源和社会保障局　郑州市档案局
颁奖时间：2015年3月

获奖项目：2014年"坚持依靠群众推进工作落实"长效机制"三支队伍"先进个人
获奖人员：徐辰昊
颁奖单位：中共二七区委　二七区人民政府
颁奖时间：2015年2月

获奖项目：信访工作先进个人
获奖人员：袁　真
颁奖单位：中共二七区委　二七人民区政府
颁奖时间：2015年3月

二七区编制办公室

获奖项目：二七区2014年度服务先进单位奖
获奖单位：二七区机构编制委员会办公室
颁奖单位：中共二七区委　二七区人民政府
颁奖时间：2015年2月

政府办公室

获奖项目：优化经济发展环境奖
获奖单位：二七区行政服务中心
颁奖单位：中共二七区委　二七区人民政府
颁奖时间：2015年2月

获奖项目：基层服务型党组织
获奖单位：二七区行政服务中心
颁奖单位：中共二七区委
颁奖时间：2015年2月

获奖项目：二七区2014年度社会管理奖
获奖单位：二七区社会公共管理办公室
颁奖单位：中共二七区委　二七区人民政府
颁奖时间：2015年2月

二七区人力资源和社会保障局

获奖项目：二七区2014年度工作考核优秀单位
获奖单位：二七区人力资源和社会保障局
颁奖单位：中共二七区委　二七区人民政府
颁奖时间：2015年2月

获奖项目：二七区2014年度基层服务型党组织
获奖单位：二七区人力资源和社会保障局
颁奖单位：中共二七区委
颁奖时间：2015年2月

获奖项目：二七区三年行动计划长效机制工作先进单位
获奖单位：二七区人力资源和社会保障局
颁奖单位：中共二七区委　二七区人民政府
颁奖时间：2015年2月

获奖项目：二七区三年行动计划社会管理和信访稳定工作先进单位
获奖单位：二七区人力资源和社会保障局
颁奖单位：中共二七区委　二七区人民政府
颁奖时间：2015年2月

获奖项目：二七区三年行动计划综合工作优秀单位
获奖单位：二七区人力资源和社会保障局
颁奖单位：中共二七区委　二七区人民政府
颁奖时间：2015年2月

获奖项目：2014年度城乡就业全民创业工作先进单位
获奖单位：二七区人力资源和社会保障局
颁奖单位：二七区人民政府
颁奖时间：2015年3月

二七区政府法制办公室

获奖项目：2014年度依法治区工作红旗单位
获奖单位：二七区政府法制办公室
颁奖单位：中共二七区委　二七区人民政府
颁奖时间：2015年3月

获奖项目：二七区2014年度服务先进单位奖
获奖单位：二七区政府法制办公室
颁奖单位：中共二七区委　二七区人民政府
颁奖时间：2015年2月

二七区地方志办公室

获奖项目：《二七年鉴》（2013卷）框架设计二等奖、条目编写三等奖、装帧设计三等奖
获奖单位：二七区地方志办公室
颁奖单位：中国出版协会年鉴工作委员会
颁奖时间：2015年2月

获奖项目：2014年度全省修志工作先进单位
获奖单位：二七区地方志办公室
颁奖单位：河南省地方史志办公室
颁奖时间：2015年1月

获奖项目：郑州市公务员素能竞赛"修志编鉴业务"能手
获奖人员：赵慧敏
颁奖单位：郑州市地方史志办公室
获奖时间：2014年2月

二七区区直机关事务管理局

获奖项目：郑州市农村精神文明建设结对帮扶先进单位
获奖单位：二七区机关事务管理局
颁奖单位：中共郑州市委　郑州市人民政府
颁奖时间：2014年5月

获奖项目：郑州市机关事务工作先进集体
获奖单位：二七区机关事务管理局
颁奖单位：郑州市人力资源和社会保障局　郑州市市直机关事务管理局
颁奖时间：2014年4月

获奖项目：郑州市五一劳动奖状
获奖单位：二七区机关事务管理局
颁奖单位：郑州市总工会
颁奖时间：2014年4月

获奖项目：二七区2014年度精神文明建设先进单位
获奖单位：二七区机关事务管理局
颁奖单位：中共二七区委　二七区人民政府
颁奖时间：2015年3月

获奖项目：二七区三年行动计划长效机制工作先进单位
获奖单位：二七区机关事务管理局
颁奖单位：中共二七区委　二七区人民政府
颁奖时间：2015年2月

获奖项目：二七区三年行动计划综合工作优秀单位
获奖单位：二七区机关事务管理局
颁奖单位：中共二七区委　二七区人民政府
颁奖时间：2015年2月

获奖项目：二七区三年行动计划社会管理和信访稳定工作优秀单位
获奖单位：二七区机关事务管理局
颁奖单位：中共二七区委　二七区人民政府
颁奖时间：2015年2月

获奖项目：二七区2014年度优化经济发展环境奖
获奖单位：二七区机关事务管理局
颁奖单位：中共二七区委　二七区人民政府
颁奖时间：2015年2月

获奖项目：二七区2014年度考核优秀单位
获奖单位：二七区机关事务管理局
颁奖单位：中共二七区委　二七区人民政府
颁奖时间：2015年2月

获奖项目：二七区“坚持依靠群众推进工作落实”长效机制工作先进单位
获奖单位：二七区机关事务管理局
颁奖单位：中共二七区委　二七区人民政府
颁奖时间：2015年2月

获奖项目：二七区信访工作先进单位
获奖单位：二七区机关事务管理局
颁奖单位：中共二七区委　二七区人民政府
颁奖时间：2015年3月

中共二七区纪委

获奖项目：2014年度行政审批制度改革暨优化经济发展环境工作先进集体
获奖单位：二七区纪律检查委员会
颁奖单位：中共郑州市委　郑州市人民政府
颁奖时间：2014年3月

二七区工商联

获奖项目：河南省工商联系统先进集体
获奖单位：二七区工商联
颁奖单位：省人力资源和社会保障厅　省工商业联合会
颁奖时间：2014年3月

二七区总工会

获奖项目：2014年郑州市职工法律法规知识竞赛优秀奖
获奖单位：二七区总工会
颁奖单位：郑州市总工会
颁奖时间：2014年7月

获奖项目：全省工会经审工作先进集体
获奖单位：二七区总工会
颁奖单位：河南省总工会
颁奖时间：2014年8月

获奖项目：郑州市2013年度工会财务工作三好竞赛先进集体
获奖单位：二七区总工会
颁奖单位：郑州市总工会
颁奖时间：2014年9月

获奖项目：2014年度郑州市工会刊物征订工作先进单位
获奖单位：二七区总工会
颁奖单位：郑州市总工会
颁奖时间：2014年10月

获奖项目：2014年度郑州市工会理论政策研究工作先进单位
获奖单位：二七区总工会
颁奖单位：郑州市总工会
颁奖时间：2014年12月

获奖项目：二七区三年行动计划综合工作优秀单位
获奖单位：二七区总工会
颁奖单位：中共二七区委　二七区人民政府
颁奖时间：2015年3月

获奖项目：“坚持依靠群众推动工作落实”长效机制工作先进单位
获奖单位：二七区总工会
颁奖单位：中共二七区委　二七区人民政府
颁奖时间：2015年3月

获奖项目：2014年二七区群众体育活动优秀组织单位
获奖单位：二七区总工会
颁奖单位：二七区教体局
颁奖时间：2015年4月

获奖项目：郑州市先进女职工工作者
获奖人员：程小晴
颁奖单位：郑州市总工会
颁奖时间：2014年3月

获奖项目：郑州市总工会厂务公开民主管理先进个人
获奖人员：张雅琪
颁奖单位：郑州市总工会
颁奖时间：2014年3月

获奖项目：郑州市总工会安康杯先进个人
获奖人员：孔　颖
颁奖单位：郑州市总工会
颁奖时间：2014年3月

获奖项目：郑州市总工会保障工作先进个人
获奖人员：武红前　邵中春
颁奖单位：郑州市总工会
颁奖时间：2014年3月

获奖项目：郑州市公交评议优秀志愿者
获奖人员：王　超　南　鹏
颁奖单位：郑州市总工会
颁奖时间：2014年3月

获奖项目：郑州市五一劳动奖章
获奖人员：董秀云
颁奖单位：郑州市总工会
颁奖时间：2014年4月

获奖项目：全市帮扶困难职工活动先进个人
获奖人员：邵中春　武红前
颁奖单位：郑州市总工会
颁奖时间：2014年5月

获奖项目：2014年度全市工会刊物征订先进个人
获奖人员：张雅琪
颁奖单位：郑州市总工会
颁奖时间：2014年10月

获奖项目：2014年度郑州市工会理论政策研究工作先进个人
获奖人员：武红前
颁奖单位：郑州市总工会
颁奖时间：2014年12月

获奖项目：郑州市先进女职工工作者
获奖人员：张雅琪
颁奖单位：郑州市总工会
颁奖时间：2015年3月

获奖项目："六名工程"第一周期"现代化教育名区建设工程"先进个人
获奖人员：马颜超
颁奖单位：中共二七区委　二七区人民政府
颁奖时间：2015年9月

共青团二七区委

获奖项目：2013年度二七区"坚持依靠群众推进工作落实"长效机制工作先进单位
获奖单位：共青团二七区委
颁奖单位：中共二七区委　二七区人民政府
颁奖时间：2014年2月

获奖项目：2013年度"三下乡"先进集体
获奖单位：共青团二七区委
颁奖单位：中共二七区委宣传部　二七区人社局
颁奖时间：2014年2月

获奖项目：2013年度郑州市优秀共青团员
获奖人员：李亚娟
颁奖单位：郑州市人力资源和社会保障局　共青团郑州市委
颁奖时间：2014年6月

获奖项目：首届郑州优秀青年网络文明建设志愿者
获奖人员：韩冰冰　路海燕　刘　烨
颁奖单位：中共郑州市委宣传部　共青团郑州市委
颁奖时间：2014年9月

获奖项目：2013年度郑州市大中学生社会实践先进工作者
获奖人员：路海燕　帖亚威
颁奖单位：中共郑州市委宣传部　郑州市文明委办公室　共青团郑州市委　郑州市教育局　郑州市商务局　郑州市学生联合会
颁奖时间：2013年12月

获奖项目：2013年度郑州市职工群众评议公交优秀志愿者
获奖人员：刘　烨
颁奖单位：郑州市总工会　共青团郑州市委　郑州市妇女联合会　郑州市科学技术协会
颁奖时间：2014年1月

获奖项目：2013年度精神文明建设先进个人
获奖人员：刘　烨
颁奖单位：中共二七区委　二七区人民政府
颁奖时间：2014年2月

获奖项目：2013年度"坚持依靠群众推进工作落实"长效机制工作优秀群众工作队员
获奖人员：帖亚威
颁奖单位：中共二七区委　二七区人民政府
颁奖时间：2014年2月

获奖项目：2013年度二七区创建国家公共文化服务体系示范区工作先进个人
获奖人员：韩冰冰
颁奖单位：二七区人民政府
颁奖时间：2014年3月

获奖项目：2013年度二七区人口和计划生育工作先进个人
获奖人员：杨雪琪
颁奖单位：中共二七区委　二七区人民政府
颁奖时间：2014年4月

二七区妇联

获奖项目：河南省寻找最美家庭活动优秀组织奖
获奖单位：二七区妇女联合会
颁奖单位：河南省妇女联合会
颁奖时间：2014年5月

获奖项目：郑州市寻找最美家庭活动优秀组织奖
获奖单位：二七区妇女联合会
颁奖单位：中共郑州市委宣传部　郑州市文明委办公室　郑州报业集团　郑州文广新局　郑州市妇联
颁奖时间：2014年5月

获奖项目：郑州市“双学双比”“巾帼建功”活动先进集体
获奖单位：二七区妇女联合会
颁奖单位：郑州市“双学双比”“巾帼建功”协调小组　郑州市人力资源和社会保障局
颁奖时间：2014年3月

获奖项目：“十佳母亲”评选活动优秀组织奖
获奖单位：二七区妇女联合会
颁奖单位：郑州市妇女联合会
颁奖时间：2014年5月

获奖项目：“十百千美丽家庭”评选活动优秀组织奖
获奖单位：二七区妇女联合会
颁奖单位：郑州市妇联　郑州市文明委办公室　郑州市环境保护局　郑州晚报社　郑州电视台
颁奖时间：2014年3月

获奖项目：2014年度“郑州市绿色家庭”创评活动优秀组织奖
获奖单位：二七区妇女联合会
颁奖单位：郑州市妇联　郑州市环境保护局　郑州市创建国家森林城市领导小组办公室
颁奖时间：2014年3月

获奖项目：“好爸好妈好家风”庆“六一”成果展示活动“优秀组织奖”
获奖单位：二七区妇女联合会
颁奖单位：郑州市妇联　郑州市教育局
颁奖时间：2014年6月

获奖项目：2014年度“郑州市绿色家庭”创评活动优秀组织奖
获奖单位：二七区妇女联合会
颁奖单位：郑州市妇联　郑州市环保局
颁奖时间：2014年12月

中共二七区委政法委

获奖项目：二七区三年行动计划综合工作优秀单位
获奖单位：中共二七区委政法委员会
颁奖单位：中共二七区委　二七区人民政府
颁奖时间：2015年2月

获奖项目：反邪专项整治“百日会战”行动先进个人
获奖人员：李小平
颁奖单位：中共河南省委防范和处理邪教问题领导小组办公室
颁奖时间：2015年2月

获奖项目：2014年度优秀预备役军官
获奖人员：李建涛
颁奖单位：中共郑州市委组织部　中共洛阳市委组织部　中共新乡市委组织部　中共三门峡市委组织部　河南陆军预备役高射炮兵师政治部
颁奖时间：2015年1月

获奖项目：2014年度涉外宣传斗争先进个人
获奖人员：荆阳阳
颁奖单位：中共郑州市委防范和处理邪教问题领导小组办公室
颁奖时间：2015年2月

获奖项目：二七区三年行动计划工作先进个人
获奖人员：丁晨浩　冯江涛
颁奖单位：中共二七区委　二七区人民政府
颁奖时间：2015年2月

获奖项目：二七区2014年度反腐倡廉建设工作先进个人
获奖人员：成　昊
颁奖单位：中共二七区委
颁奖时间：2015年2月

获奖项目：2014年度政法暨平安建设工作先进个人
获奖人员：李艳丽　靳晓会　冯　超
颁奖单位：中共二七区委　二七区人民政府
颁奖时间：2015年3月

获奖项目：2014年度信访工作先进个人
获奖人员：高璐君　胡晓旭
颁奖单位：中共二七区委　二七区人民政府
颁奖时间：2015年3月

获奖项目：2014年度依法治区工作先进个人
获奖人员：程石磊　郑晓明　张　巍　钟　蕾
颁奖单位：中共二七区委　二七区人民政府
颁奖时间：2015年3月

获奖项目：2014年度全区统一战线工作先进个人
获奖人员：张世杰
颁奖单位：中共二七区委
颁奖时间：2015年2月

获奖项目：2014年度劳动维权工作先进个人
获奖人员：党媛媛
颁奖单位：二七区人民政府
颁奖时间：2015年3月

嵩山路派出所

获奖项目：二七区三年行动计划社会管理和信访稳定工作先进单位
获奖单位：嵩山路派出所
颁奖单位：中共二七区委　二七区人民政府
颁奖时间：2015年2月

获奖项目：二七区2014年服务地方发展特别贡献奖
获奖单位：嵩山路派出所
颁奖单位：中共二七区委　二七区人民政府
颁奖时间：2015年2月

获奖项目：二七区3年行动计划综合工作优秀单位
获奖单位：嵩山路派出所

颁奖单位：中共二七区委　二七区人民政府
颁奖时间：2015年2月

获奖项目：二七区2014年度工作考核优秀单位
获奖单位：嵩山路派出所
颁奖单位：中共二七区委　二七区人民政府
颁奖时间：2015年2月

获奖项目：二七区2014年度劳动维权先进单位
获奖单位：嵩山路派出所
颁奖单位：二七区人民政府
颁奖时间：2015年3月

获奖项目：二七区2014年关心支持国防建设先进单位
获奖单位：嵩山路派出所
颁奖单位：中共二七区委　二七区人民政府　二七区人民武装部
颁奖时间：2015年3月

洁云路派出所

获奖项目：2013年度全省优秀公安基层单位
获奖单位：交管巡防大队
颁奖单位：河南省公安厅
颁奖时间：2014年6月

获奖项目：2014年度政法工作先进单位
获奖单位：治安管理服务大队
颁奖单位：中共二七区委
颁奖时间：2014年3月

获奖项目：2013年度全省优秀人民警察
获奖人员：张　勇
颁奖单位：河南省公安厅
颁奖时间：2014年3月

获奖项目：2014年度全省信访先进个人
获奖人员：柳　伟
颁奖单位：河南省公安厅
颁奖时间：2014年3月

解放路派出所

获奖项目：河南省卫生先进单位
获奖单位：解放路派出所
颁奖单位：河南省爱卫会
颁奖时间：2015年3月

获奖项目：2014年度郑州市消防工作先进单位
获奖单位：解放路派出所
颁奖单位：郑州市防火安全委员会
颁奖时间：2015年3月

获奖项目：郑州市无烟单位
获奖单位：解放路派出所
颁奖单位：郑州市爱卫会
颁奖时间：2015年3月

获奖项目：郑州市公安局“铁拳战役”综合考核序列第二名
获奖单位：解放路派出所
颁奖单位：郑州市公安局
颁奖时间：2014年12月

获奖项目：二七区三年行动计划长效机制工作先进单位
获奖单位：解放路派出所
颁奖单位：中共二七区委　二七区人民政府
颁奖时间：2015年3月

获奖项目：2014年度二七区服务地方发展特别贡献奖
获奖单位：解放路派出所
颁奖单位：中共二七区委　二七区人民政府
颁奖时间：2015年3月

获奖项目：2014年度二七区政法暨平安建设工作先进基层单位
获奖单位：解放路派出所
颁奖单位：中共二七区委　二七区人民政府
颁奖时间：2015年3月

马寨派出所

获奖项目：二七区三年行动计划综合工作优秀单位
获奖单位：马寨派出所
颁奖单位：中共二七区委　二七区人民政府
颁奖时间：2015年3月

获奖项目：2014年度二七区工业经济和安全生产工作先进单位
获奖单位：马寨派出所
颁奖单位：中共二七区委　二七区人民政府
颁奖时间：2015年3月

获奖项目：服务地方发展特别贡献奖
获奖单位：马寨派出所
颁奖单位：中共二七区委　二七区人民政府
颁奖时间：2015年3月

二七区人民检察院

获奖项目：集体一等功
获奖单位：二七区人民检察院
颁奖单位：最高人民检察院
颁奖时间：2014年4月

获奖项目：全国检察机关“文明接待室”
获奖单位：二七区人民检察院
颁奖单位：最高人民检察院
颁奖时间：2014年3月

获奖项目：2013年度服务型党组织
获奖单位：二七区人民检察院
颁奖单位：中共二七区委
颁奖时间：2014年2月

获奖项目：2013年度先进基层检察院
获奖单位：二七区人民检察院
颁奖单位：郑州市人民检察院
颁奖时间：2014年3月

获奖项目：2013年度工作考核优秀单位

获奖单位：二七区人民检察院
颁奖单位：中共二七区委
颁奖时间：2014年4月

获奖项目：二七区反腐倡廉建设工作先进集体
获奖单位：二七区人民检察院
颁奖单位：中共二七区委
颁奖时间：2014年4月

获奖项目：集体三等功
获奖单位：二七区人民检察院技术科
颁奖单位：郑州市人民检察院
颁奖时间：2014年4月

获奖项目：郑州市检察机关优秀团队
获奖单位：二七区人民检察院侦监科、公诉科
颁奖单位：郑州市人民检察院
颁奖时间：2014年3月

获奖项目：2013年度二七区长效机制优秀群众工作队
获奖单位：冯庄社区工作队
颁奖单位：中共二七区委
颁奖时间：2014年2月

获奖项目：全国检察宣传先进单位
获奖单位：二七区人民检察院
颁奖单位：最高人民检察院
颁奖时间：2014年5月

获奖项目：郑州市政法工作先进集体
获奖单位：二七区人民检察院
颁奖单位：中共郑州市委
颁奖时间：2014年10月

获奖项目：宣传工作先进基层检察院
获奖单位：二七区人民检察院
颁奖单位：河南省人民检察院
颁奖时间：2014年9月

获奖项目：集体三等功
获奖单位：二七区人民检察院监察科
颁奖单位：郑州市人民检察院
颁奖时间：2014年12月

获奖项目：档案系统省特级认证单位
获奖单位：二七区人民检察院
颁奖单位：郑州市档案局
颁奖时间：2014年2月

获奖项目：十大精品案件
获奖单位：二七区人民检察院
颁奖单位：郑州市人民检察院
颁奖时间：2014年12月

获奖项目：学习型组织先进单位
获奖单位：二七区人民检察院未检科
颁奖单位：郑州市总工会
颁奖时间：2014年12月

获奖项目：2013年度郑州市青年文明号
获奖单位：二七区人民检察院未检科
颁奖单位：共青团郑州市委
颁奖时间：2014年5月

获奖项目：运动会精神文明奖
获奖单位：二七区人民检察院
颁奖单位：郑州市人民检察院
颁奖时间：2014年10月

获奖项目：郑州市检察机关第五届“十佳检察官”
获奖人员：张永杰
颁奖单位：郑州市人民检察院
颁奖时间：2013年12月

获奖项目：2013年度统战工作先进个人
获奖人员：张　慧
颁奖单位：中共二七区委
颁奖时间：2014年2月

获奖项目：2013年度优秀群众工作队员
获奖人员：王文彩　张庆峰
颁奖单位：中共二七区委
颁奖时间：2014年2月

获奖项目：郑州市检察机关优秀检察干警
获奖人员：杨爱萍　周清水
颁奖单位：郑州市人民检察院
颁奖时间：2014年3月

获奖项目：河南省先进工作者
获奖人员：刘京雷
颁奖单位：河南省人民检察院
颁奖时间：2014年4月

获奖项目：反腐倡廉建设工作先进个人
获奖人员：李　鹏
颁奖单位：中共二七区委
颁奖时间：2014年4月

获奖项目：郑州市五一劳动奖章
获奖人员：李　波
颁奖单位：郑州市总工会
颁奖时间：2014年4月

获奖项目：涉军维权工作先进个人
获奖人员：范　昌
颁奖单位：济南军区政治部
颁奖时间：2014年1月

获奖项目：郑州市检察机关十佳侦查监督业务能手
获奖人员：耿伟伟
颁奖单位：郑州市人民检察院
颁奖时间：2014年7月

获奖项目：全省民事行政检察业务能手
获奖人员：张启娟
颁奖单位：河南省人民检察院
颁奖时间：2014年8月

获奖项目：全省民事行政检察业务竞赛“优秀汇报与答辩奖”
获奖人员：张启娟
颁奖单位：河南省人民检察院
颁奖时间：2014年8月

获奖项目：个人三等功
获奖人员：杨爱萍　康　锦　朱　涛
颁奖单位：郑州市人民检察院
颁奖时间：2014年4月

获奖项目：全省检察教育培训优秀课程
获奖人员：张庆峰
颁奖单位：河南省人民检察院
颁奖时间：2014年2月

获奖项目：2013年度二七区长效机制工作优秀队员
获奖人员：王文彩　张庆峰
颁奖单位：中共二七区委
颁奖时间：2014年2月

获奖项目：郑州市技术标兵
获奖人员：张庆峰
颁奖单位：郑州市人力资源和社会保障局
颁奖时间：2013年12月

获奖项目：二等功
获奖人员：张庆峰
颁奖单位：河南省人民检察院
颁奖时间：2013年12月

获奖项目：十佳人民检察官
获奖人员：张永杰
颁奖单位：郑州市人民检察院　郑州市人力资源和社会保障局
颁奖时间：2014年10月

获奖项目：河南省人民满意的政法干警
获奖人员：张永中
颁奖单位：河南省人民检察院
颁奖时间：2014年11月

获奖项目：个人二等功
获奖人员：牛俊伟
颁奖单位：河南省人民检察院
颁奖时间：2014年9月

获奖项目：全省检察机关优秀反贪侦查员
获奖人员：李　波
颁奖单位：河南省人民检察院
颁奖时间：2014年10月

获奖项目：“十佳司法警察”“优秀司法警察”
获奖人员：宋海涛　苏晓斌
颁奖单位：郑州市人民检察院
颁奖时间：2014年11月

获奖项目：郑州市档案工作先进个人
获奖人员：韩素娟
颁奖单位：郑州市档案局
颁奖时间：2014年3月

获奖项目：全省检察机关预防素能比武金牌标兵
获奖人员：张庆峰
颁奖单位：河南省人民检察院
颁奖时间：2014年12月

获奖项目：全市检察机关刑事申诉十佳业务能手
获奖人员：金　鹏
颁奖单位：郑州市人民检察院
颁奖时间：2014年12月

获奖项目：河南省检察机关2013年度优秀调研成果二等奖
获奖人员：丁铁梅
颁奖单位：河南省人民检察院　河南省检察官协会
颁奖时间：2014年2月

获奖项目：十佳公诉人
获奖人员：秦　聪
颁奖单位：郑州市人民检察院
颁奖时间：2014年11月

获奖项目：预防职务犯罪摄影大赛一等奖
获奖人员：张庆峰
颁奖单位：河南省人民检察院
颁奖时间：2014年12月

获奖项目：预防职务犯罪摄影大赛优秀奖
获奖人员：张庆峰
颁奖单位：河南省人民检察院
颁奖时间：2014年12月

获奖项目：预防职务犯罪摄影大赛三等奖
获奖人员：陈　晶
颁奖单位：中共河南省人民检察院
颁奖时间：2014年12月

获奖项目：全省“中原唱响中国梦”征文活动二等奖
获奖人员：曹卫华
颁奖单位：中共河南省委宣传部
颁奖时间：2014年1月

二七区司法局

获奖项目：2013年度工作考核优秀单位
获奖单位：二七区司法局
颁奖单位：中共二七区委　二七区人民政府
颁奖时间：2014年3月

获奖项目：2013年度完成任务目标先进单位
获奖单位：二七区司法局
颁奖单位：郑州市司法局
颁奖时间：2014年2月

二七区发展改革和统计局

获奖项目：二七区支持新型城镇化建设先进单位
获奖单位：二七区发展改革和统计局
颁奖单位：中共二七区委

颁奖时间：2015年1月

获奖项目：2014年度二七区统一战线工作先进单位
获奖单位：二七区发展改革和统计局
颁奖单位：中共二七区委
颁奖时间：2015年2月

获奖项目：二七区2014年度工作考核优秀单位
获奖单位：二七区发展改革和统计局
颁奖单位：中共二七区委
颁奖时间：2015年3月

获奖项目：二七区三年行动计划综合工作优秀单位
获奖单位：二七区发展改革和统计局
颁奖单位：中共二七区委
颁奖时间：2015年3月

获奖项目：二七区农业农村工作先进单位
获奖单位：二七区发展改革和统计局
颁奖单位：中共二七区委
颁奖时间：2015年3月

获奖项目：二七区商贸物流和对外开放工作先进单位
获奖单位：二七区发展改革和统计局
颁奖单位：中共二七区委
颁奖时间：2015年3月

获奖项目：二七区工业经济和安全生产工作先进单位
获奖单位：二七区发展改革和统计局
颁奖单位：中共二七区委
颁奖时间：2015年3月

获奖项目：二七区社会管理和信访稳定工作先进单位
获奖单位：二七区发展改革和统计局
颁奖单位：中共二七区委
颁奖时间：2015年3月

获奖项目：二七区城乡建设管理工作先进单位
获奖单位：二七区发展改革和统计局
颁奖单位：中共二七区委
颁奖时间：2015年3月

获奖项目：2014年度郑州市服务业发展先进个人
获奖人员：周　洋
颁奖单位：郑州市人民政府
颁奖时间：2015年2月

获奖项目：2014年度二七区统一战线工作先进个人
获奖人员：徐冠发
颁奖单位：中共二七区委
颁奖时间：2015年2月

获奖项目：二七区三年行动计划工作先进个人
获奖人员：王庆照　杨峻霁　夏　普
颁奖单位：中共二七区委
颁奖时间：2015年3月

获奖项目：2014年二七区新型城镇化工作先进个人
获奖人员：郑泰文
颁奖单位：中共二七区委
颁奖时间：2015年3月

获奖项目：2014年二七区劳动维权工作先进个人
获奖人员：邢　娟
颁奖单位：二七区人民政府
颁奖时间：2015年3月

郑州市工商局二七工商分局

获奖项目：2014年度二七区“坚持依靠群众推进工作落实”长效机制工作先进单位
获奖单位：二七工商分局
颁奖单位：中共二七区委　二七区人民政府
颁奖时间：2015年2月

获奖项目：二七区2014年度优化经济发展环境奖
获奖单位：二七工商分局
颁奖单位：中共二七区委　二七区人民政府
颁奖时间：2015年3月

获奖项目：二七区2014年度网格化管理奖
获奖单位：二七工商分局
颁奖单位：中共二七区委　二七区人民政府
颁奖时间：2015年4月

获奖项目：二七区2014年度优化经济发展环境奖
获奖单位：二七工商分局
颁奖单位：中共二七区委　二七区人民政府
颁奖时间：2015年3月

获奖项目：二七区三年行动计划长效机制工作先进单位
获奖单位：二七工商分局
颁奖单位：中共二七区委　二七区人民政府
颁奖时间：2015年3月

获奖项目：二七区2014年度网格化管理奖
获奖单位：二七工商分局
颁奖单位：中共二七区委　二七区人民政府
颁奖时间：2015年4月

获奖项目：2014年度二七区食品安全工作先进集体
获奖单位：二七工商分局
颁奖单位：二七区人民政府
颁奖时间：2015年4月

获奖项目：2014年郑州市工商行政管理系统宣传工作先进单位
获奖单位：二七工商分局
颁奖单位：郑州市工商行政管理局
颁奖时间：2015年2月

获奖项目：2014年度全市工商系统政务信息工作先进单位
获奖单位：二七工商分局
颁奖单位：郑州市工商行政管理局
颁奖时间：2015年2月

获奖项目：2014年度全市工商系统道德讲堂优秀组织奖
获奖单位：二七工商分局

颁奖单位：郑州市工商行政管理局
颁奖时间：2014年12月

审计局

获奖项目：2014年度郑州市审计系统先进个人
获奖人员：郑世杰　祖旭良
颁奖单位：郑州市审计局
颁奖时间：2015年2月

获奖项目：2014年度全区依法治区工作先进个人
获奖人员：周红勤
颁奖单位：中共二七区委　二七区人民政府
颁奖时间：2015年3月

获奖项目：2014年度二七区共青团优秀团干
获奖人员：张　锐
颁奖单位：中共二七区委　二七区人力资源和社会保障局
颁奖时间：2015年3月

获奖项目：2014年度全区政法暨平安建设工作先进个人
获奖人员：赛　静
颁奖单位：中共二七区委　二七区人民政府
颁奖时间：2015年3月

二七区物价局

获奖项目：二七区十佳优质服务基层站所
获奖单位：二七区物价检查所
颁奖单位：二七区人民政府
颁奖时间：2014年8月

郑州市质量技术监督局二七分局

获奖项目：二七区2013年度特别贡献奖
获奖单位：郑州市质量技术监督局二七分局
颁奖单位：中共二七区委　二七区人民政府
颁奖时间：2014年3月

获奖项目：二七区2013年度安全生产奖
获奖单位：郑州市质量技术监督局二七分局
颁奖单位：中共二七区委　二七区人民政府
颁奖时间：2014年3月

获奖项目：二七区2013年度食品安全工作创新单位
获奖单位：郑州市质量技术监督局二七分局
颁奖单位：二七区人民政府
颁奖时间：2014年3月

获奖项目：2013年度郑州市质监系统目标管理工作优秀单位
获奖单位：郑州市质量技术监督局二七分局
颁奖单位：郑州市质量技术监督局
颁奖时间：2014年2月

获奖项目：2013年度郑州市质监系统党风廉政建设工作优秀单位
获奖单位：郑州市质量技术监督局二七分局
颁奖单位：郑州市质量技术监督局
颁奖时间：2014年2月

获奖项目：2014年度郑州市质监系统正规化管理优秀单位
获奖单位：郑州市质量技术监督局二七分局
颁奖单位：郑州市质量技术监督局
颁奖时间：2014年8月

二七区安全生产监督管理局

获奖项目：2014年度郑州市安全生产先进单位
获奖单位：二七区安全生产监督管理局
颁奖单位：郑州市人力资源和社会保障局　郑州市安全生产监督管理局
颁奖时间：2015年

获奖项目：郑州市2014年度宣传月先进单位
获奖单位：二七区安全生产监督管理局
颁奖单位：郑州市人民政府安全生产委员会
颁奖时间：2015年

获奖项目：郑州市2014年度安全生产宣传教育培训工作先进单位
获奖单位：二七区安全生产监督管理局
颁奖单位：郑州市人民政府安全生产委员会
颁奖时间：2015年

获奖项目：二七区三年行动计划综合工作优秀单位
获奖单位：二七区安全生产监督管理局
颁奖单位：中共二七区委　二七区人民政府
颁奖时间：2015年

获奖项目：二七区2014年度考核工作优秀单位
获奖单位：二七区安全生产监督管理局
颁奖单位：中共二七区委　二七区人民政府
颁奖时间：2015年

获奖项目：二七区长效机制工作先进单位
获奖单位：二七区安全生产监督管理局
颁奖单位：二七区人民政府
颁奖时间：2015年

获奖项目：二七区网格化管理奖
获奖单位：二七区安全生产监督管理局
颁奖单位：二七区人民政府
颁奖时间：2015年

郑州市食品药品监督管理局二七分局

获奖项目：2014年度郑州市食品药品监管先进集体
获奖单位：郑州市食品药品监督管理局二七分局
颁奖单位：郑州市人力资源和社会保障局　郑州市食品药品监督管理局
颁奖时间：2015年3月

获奖项目：二七区三年行动计划长效机制工作先进单位
获奖单位：郑州市食品药品监督管理局二七分局
颁奖单位：中共二七区委　二七区人民政府
颁奖时间：2015年3月

获奖项目：二七区2014年度文化旅游工作先进单位
获奖单位：郑州市食品药品监督管理局二七分局

颁奖单位：中共二七区委　二七区人民政府
颁奖时间：2015年4月

获奖项目：2013年度人口和计划生育综合治理先进单位
获奖单位：郑州市食品药品监督管理局二七分局
颁奖单位：中共二七区委　二七区人民政府
颁奖时间：2014年4月

获奖项目：2013年度食品药品监管先进单位
获奖单位：郑州市食品药品监督管理局二七分局
颁奖单位：郑州市食品药品监督管理局
颁奖时间：2014年1月

获奖项目：2013年度二七区坚持依靠群众推进工作落实长效机制工作先进单位
获奖单位：郑州市食品药品监督管理局二七分局
颁奖单位：中共二七区委　二七区人民政府
颁奖时间：2014年2月

获奖项目：二七区2013年度特别贡献奖
获奖单位：郑州市食品药品监督管理局二七分局
颁奖单位：中共二七区委　二七区人民政府
颁奖时间：2014年3月

获奖项目：2012-2013年度政风行风建设先进单位
获奖单位：郑州市食品药品监督管理局二七分局
颁奖单位：郑州市食品药品监督管理局
颁奖时间：2014年5月

二七区煤矿安全监管办公室

获奖项目：二七区三年行动计划工业经济和安全生产工作先进单位
获奖单位：二七区煤矿安全监管办公室
颁奖单位：中共二七区委　二七区人民政府
颁奖时间：2015年2月

获奖项目：2014年度二七区煤矿管理工作先进单位
获奖单位：二七区煤矿安全监管办公室
颁奖单位：二七区人民政府
颁奖时间：2015年3月

获奖项目：2014年度二七区煤炭管理工作先进个人
获奖人员：常　勇　张喜峰　张森林　马鹏迪　姜蒙蒙
颁奖单位：二七区人民政府
颁奖时间：2015年2月

二七区财政局

获奖项目：郑州市2013年度基层财政综合管理工作先进单位
获奖单位：二七区财政局
颁奖单位：郑州市财政局
颁奖时间：2014年4月

获奖项目：二七区三年行动计划综合工作优秀单位
获奖单位：二七区财政局
颁奖单位：中共二七区委　二七区人民政府
颁奖时间：2015年3月

获奖项目：二七区三年行动计划工作农业农村工作先进单位
获奖单位：二七区财政局
颁奖单位：中共二七区委　二七区人民政府
颁奖时间：2015年3月

获奖项目：二七区三年行动计划工作商贸物流和对外开放工作先进单位
获奖单位：二七区财政局
颁奖单位：中共二七区委　二七区人民政府
颁奖时间：2015年3月

获奖项目：二七区三年行动计划工作城乡建设管理工作先进单位
获奖单位：二七区财政局
颁奖单位：中共二七区委　二七区人民政府
颁奖时间：2015年3月

获奖项目：二七区三年行动计划工作社会管理和信访稳定工作先进单位
获奖单位：二七区财政局
颁奖单位：中共二七区委　二七区人民政府
颁奖时间：2015年3月

获奖项目：二七区三年行动计划工作坚持依靠群众推进工作落实长效机制工作先进单位
获奖单位：二七区财政局
颁奖单位：中共二七区委　二七区人民政府
颁奖时间：2015年3月

获奖项目：2014年度工作考核优秀单位
获奖单位：二七区财政局
颁奖单位：中共二七区委　二七区人民政府
颁奖时间：2015年3月

获奖项目：2014年度“坚持依靠群众推进工作落实”二七区长效机制工作先进区直部门
获奖单位：二七区财政局
颁奖单位：中共二七区委　二七区人民政府
颁奖时间：2015年3月

获奖项目：2014年度三大主体工作奖支持新型城镇化建设先进单位
获奖单位：二七区财政局
颁奖单位：中共二七区委　二七区人民政府
颁奖时间：2015年3月

获奖项目：2014年度特别贡献奖
获奖单位：二七区财政局
颁奖单位：中共二七区委　二七区人民政府
颁奖时间：2015年3月

获奖项目：2014年度反腐倡廉建设工作先进集体
获奖单位：二七区财政局
颁奖单位：中共二七区委　二七区人民政府
颁奖时间：2015年3月

获奖项目：2012-2013年度财政系统先进个人
获奖人员：田严严
颁奖单位：郑州市人力资源和社会保障局　郑州市财

政局
颁奖时间：2014年2月

获奖项目：郑州市第二十六届财会论文评比二等奖
获奖人员：范　瑞
颁奖单位：郑州市财政局
颁奖时间：2014年12月

获奖项目：郑州市第二十六届财会论文评比三等奖
获奖人员：余立民
颁奖单位：郑州市财政局
颁奖时间：2014年12月

获奖项目：2013年科技进步工作先进个人
获奖人员：王艳霞
颁奖单位：中共二七区委　二七区人民政府
颁奖时间：2014年4月

获奖项目：2013年度推进工业转型升级及信息化建设工作先进个人
获奖人员：李　楠
颁奖单位：二七区人民政府
颁奖时间：2014年3月

获奖项目：2013年社会救助工作先进个人
获奖人员：陈云云
颁奖单位：二七区人民政府
颁奖时间：2014年4月

获奖项目：拥军优属先进个人
获奖人员：陈云云
颁奖单位：中共二七区委　二七区人民政府　二七区人民武装部
颁奖时间：2014年12月

获奖项目：2014年度城乡就业全民创业工作先进个人
获奖人员：李会贞
颁奖单位：二七区人民政府
颁奖时间：2014年12月

二七区国家税务局

获奖项目：特别贡献奖
获奖单位：二七区国家税务局
颁奖单位：中共二七区委　二七区人民政府
颁奖时间：2015年3月

获奖项目：2014年度工作考核优秀单位
获奖单位：二七区国家税务局
颁奖单位：中共二七区委　二七区人民政府
颁奖时间：2015年3月

获奖项目：优化经济发展环境奖
获奖单位：二七区国家税务局
颁奖单位：中共二七区委　二七区人民政府
颁奖时间：2015年3月

获奖项目：二七区三年行动计划综合工作优秀单位
获奖单位：二七区国家税务局
颁奖单位：中共二七区委　二七区人民政府
颁奖时间：2015年3月

获奖项目：二七区三年行动计划经济社会发展综合工作先进单位
获奖单位：二七区国家税务局
颁奖单位：中共二七区委　二七区人民政府
颁奖时间：2015年3月

获奖项目：二七区坚持依靠群众推进工作落实长效机制工作先进单位
获奖单位：二七区国家税务局
颁奖单位：中共二七区委　二七区人民政府
颁奖时间：2015年3月

获奖项目：全市国税系统党的群众路线教育实践活动先进单位
获奖单位：二七区国家税务局
颁奖单位：郑州市国家税务局
颁奖时间：2015年2月

获奖项目：优秀办税服务厅
获奖单位：二七区国家税务局
颁奖单位：郑州市国家税务局
颁奖时间：2015年2月

获奖项目：五一劳动奖状
获奖单位：二七区国家税务局
颁奖单位：郑州市总工会
颁奖时间：2015年4月

二七区地方税务局

获奖项目：2013年度目标管理优秀单位
获奖单位：二七区地方税务局
颁奖单位：郑州市地方税务局
颁奖时间：2014年1月

获奖项目：2013年度新闻宣传工作先进单位
获奖单位：二七区地方税务局
颁奖单位：郑州市地方税务局
颁奖时间：2014年3月

获奖项目：2013年度信息工作先进单位
获奖单位：二七区地方税务局
颁奖单位：郑州市地方税务局
颁奖时间：2014年3月

获奖项目：2013年度“税人税事税情”征文活动一等奖
获奖单位：二七区地方税务局
颁奖单位：郑州市地方税务局
颁奖时间：2014年11月

获奖项目：2013年度“税人税事税情”征文活动三等奖
获奖单位：二七区地方税务局
颁奖单位：郑州市地方税务局
颁奖时间：2014年11月

获奖项目：2013年度工作考核优秀单位

获奖单位：二七区地方税务局
颁奖单位：二七区人民政府
颁奖时间：2014年3月

获奖项目：2013年度优化经济发展环境奖
获奖单位：二七区地方税务局
颁奖单位：二七区人民政府
颁奖时间：2014年3月

获奖项目：2013年度全市地税系统先进办税服务厅
获奖单位：二七区地方税务局
颁奖单位：郑州市地方税务局
颁奖时间：2014年4月

获奖项目：2013年度企业服务活动先进单位
获奖单位：二七区地方税务局
颁奖单位：郑州市地方税务局
颁奖时间：2014年4月

获奖项目：2013年度纳税服务双月刊优秀单位
获奖单位：二七区地方税务局
颁奖单位：郑州市地方税务局
颁奖时间：2014年4月

获奖项目：2013年度纳税服务优秀论文课题组
获奖单位：二七区地方税务局
颁奖单位：郑州市地方税务局
颁奖时间：2014年4月

获奖项目：2013年度办税服务厅实行“朝九晚五”工作时间先进单位
获奖单位：二七区地方税务局
颁奖单位：郑州市地方税务局
颁奖时间：2014年4月

获奖项目：2013年度办税服务厅实行“午间不间断”服务先进单位
获奖单位：二七区地方税务局
颁奖单位：郑州市地方税务局
颁奖时间：2014年4月

获奖项目：2013年度办税服务厅实行“分散出号集中领票”先进单位
获奖单位：二七区地方税务局
颁奖单位：郑州市地方税务局
颁奖时间：2014年4月

获奖项目：2013年度郑州市地税系统依法行政示范所
获奖单位：马寨所　德化街所
颁奖单位：郑州市地方税务局
颁奖时间：2014年1月

获奖项目：2012-2014年度全省推进服务型行政执法建设先进单位
获奖单位：二七区地方税务局
颁奖单位：河南全面推进依法行政工作领导小组
颁奖时间：2014年12月

获奖项目：2013年度部门决算工作先进集体
获奖单位：二七区地方税务局
颁奖单位：郑州市地方税务局
颁奖时间：2014年3月

获奖项目：2013年度减免税统计调查工作优秀单位
获奖单位：二七区地方税务局
颁奖单位：郑州市地方税务局
颁奖时间：2014年8月

获奖项目：2013年度全市资产管理工作考核优秀单位
获奖单位：二七区地方税务局
颁奖单位：郑州市地方税务局
颁奖时间：2014年12月

获奖项目：2013年度党风廉政建设责任目标管理优秀单位
获奖单位：二七区地方税务局
颁奖单位：中共郑州市地方税务局党组
颁奖时间：2014年4月

获奖项目：2013年度反腐倡廉制度建设年活动先进单位
获奖单位：二七区地方税务局
颁奖单位：郑州市地方税务局
颁奖时间：2014年8月

获奖项目：2013年度廉政格言创作征集活动优秀组织单位
获奖单位：二七区地方税务局
颁奖单位：郑州市地方税务局
颁奖时间：2014年4月

获奖项目：2013年度创建群众满意基层站所
获奖单位：福华街税务所　德化街税务所
颁奖单位：郑州市地方税务局
颁奖时间：2014年8月

获奖项目：2012-2013年政风行风建设优秀单位
获奖单位：二七区地方税务局
颁奖单位：郑州市地方税务局
颁奖时间：2014年4月

获奖项目：2013年度群众满意基层站所
获奖单位：二七区地方税务局福华街所
颁奖单位：河南省人民政府纠正行业不正之风办公室　河南省地方税务局
颁奖时间：2014年4月

获奖项目：2013年度全区纠风工作暨“双十佳”基层站所
获奖单位：蜜蜂张税务所
颁奖单位：二七区人民政府
颁奖时间：2014年8月

获奖项目：2013年度基层站所民主评议第一名
获奖单位：福华街税务所
颁奖单位：二七区纠正行业不正之风领导小组
颁奖时间：2014年

获奖项目：2013年郑州市地税系统“五好班子”

获奖单位：二七区地方税务局
颁奖单位：中共郑州市地方税务局党组
颁奖时间：2014年1月

获奖项目：2013年档案整理工作优秀单位
获奖单位：二七区地方税务局
颁奖单位：郑州市地方税务局
颁奖时间：2014年12月

获奖项目：2013年度河南省五四红旗团支部
获奖单位：二七区地方税务局
颁奖单位：共青团河南省委
颁奖时间：2014年4月

获奖项目：2013年度郑州市优秀团支部
获奖单位：二七区地方税务局
颁奖单位：郑州市人力资源和社会保障局　共青团郑州市委
颁奖时间：2014年6月

获奖项目：2013年度郑州市地税系统十佳文明科室
获奖单位：二七区地方税务局征科科
颁奖单位：郑州市地方税务局
颁奖时间：2014年1月

获奖项目：2013年度郑州市地税系统十佳先进科所
获奖单位：二七区地方税务局征科科
颁奖单位：郑州市地方税务局
颁奖时间：2014年1月

获奖项目：2013年度全市地税系统十佳公开课堂
获奖单位：二七区地方税务局
颁奖单位：郑州市地方税务局
颁奖时间：2014年

获奖项目：2013年度全市地税系统十佳创新项目
获奖单位：二七区地方税务局
颁奖单位：郑州市地方税务局
颁奖时间：2014年

获奖项目：2013年度期刊投稿先进单位
获奖单位：二七区地方税务局
颁奖单位：郑州市地方税务局
颁奖时间：2014年4月

获奖项目：2013年度全员业务学习及业务标兵竞赛活动先进单位
获奖单位：二七区地方税务局
颁奖单位：郑州市地方税务局
颁奖时间：2014年10月

获奖项目：2013年度郑州市扶残助残先进单位
获奖单位：二七区地方税务局
颁奖单位：郑州市人民政府残疾人工作委员会
颁奖时间：2014年5月

获奖项目：2013年度股息红利个人所得税核定征收工作先进单位
获奖单位：二七区地方税务局
颁奖单位：郑州市地方税务局
颁奖时间：2014年12月

获奖项目：2013年度企业所得税考评先进单位
获奖单位：二七区地方税务局
颁奖单位：郑州市地方税务局
颁奖时间：2014年12月

获奖项目：2013年度税收调查和营改增工作先进单位
获奖单位：二七区地方税务局
颁奖单位：郑州市地方税务局
颁奖时间：2014年

获奖项目：2013年电子税务工作优秀单位
获奖单位：二七区地方税务局
颁奖单位：郑州市地方税务局
颁奖时间：2014年1月

获奖项目：2013年全市地税系统优秀组织单位
获奖单位：二七区地方税务局
颁奖单位：郑州市地方税务局
颁奖时间：2014年7月

获奖项目：2013年度全市地税系统优秀纳税评估案例
获奖单位：二七区地方税务局
颁奖单位：郑州市地方税务局
颁奖时间：2014年7月

获奖项目：2013年度旅游业专项纳税评估优秀单位
获奖单位：二七区地方税务局
颁奖单位：郑州市地方税务局
颁奖时间：2014年7月

获奖项目：2013年度全市娱乐业税收风险应对优秀单位
获奖单位：二七区地方税务局
颁奖单位：郑州市地方税务局
颁奖时间：2014年9月

获奖项目：2013年度纳税评估培训优秀单位
获奖单位：二七区地方税务局
颁奖单位：郑州市地方税务局
颁奖时间：2014年9月

获奖项目：2013年度全市税收征管基础档案先进单位
获奖单位：二七区地方税务局
颁奖单位：郑州市地方税务局
颁奖时间：2014年11月

获奖项目：2013年度郑州市青年文明号、青年岗位能手
获奖单位：侯寨税务所　五里堡税务所
颁奖单位：共青团郑州市委
颁奖时间：2014年

获奖项目：2013年度全国优秀通讯员
获奖人员：王爱民
颁奖单位：中国税务报社
颁奖时间：2014年3月

获奖项目：2012–2013年度优秀经济税收调研成果

《税务机关保护纳税人权益的思考与探索》
获奖人员：刘伟红
颁奖单位：郑州市地方税务局
颁奖时间：2014年3月

获奖项目：2012–2013年度优秀经济税收调研成果《浅谈地税部门如何加强执行力建设》
获奖人员：杜　华　李　华
颁奖单位：郑州市地方税务局
颁奖时间：2014年3月

获奖项目：2012–2013年度优秀经济税收调研成果《税务机关推行纳税服务责任制的几点思考》
获奖人员：刘伟红
颁奖单位：郑州市地方税务局
颁奖时间：2014年3月

获奖项目：2012–2013年度优秀经济税收调研成果《浅析税务公开在日常税收工作中的作用》
获奖人员：薛　凡　闫利霞
颁奖单位：郑州市地方税务局
颁奖时间：2014年3月

获奖项目：2013年度新闻宣传工作先进个人
获奖人员：常　晔
颁奖单位：郑州市地方税务局
颁奖时间：2014年3月

获奖项目：2013年度信息工作优秀信息员
获奖人员：常　晔
颁奖单位：郑州市地方税务局
颁奖时间：2014年3月

获奖项目：2013年度“民生杯”书画摄影比赛三等奖
获奖人员：于颖杰
颁奖单位：郑州市地方税务局
颁奖时间：2014年11月

获奖项目：2013年度全市地税系统办税服务明星
获奖人员：李　嵩
颁奖单位：郑州市地方税务局
颁奖时间：2014年4月

获奖项目：2013年度郑州市地税系统优秀税收法制员
获奖人员：王　瀛　李军峰　姚明凯　郑　艳　沈　斌
颁奖单位：郑州市地方税务局
颁奖时间：2014年1月

获奖项目：2013年度郑州市青年岗位能手
获奖人员：徐媛媛
颁奖单位：共青团郑州市委
颁奖时间：2014年5月

获奖项目：2013年度廉政格言创作征集活动优秀作品
获奖个人：李　嵩　朱　平　姚　晴　宗　宜　李林涛
颁奖单位：郑州市地方税务局
颁奖时间：2014年4月

获奖项目：2013年度“十佳纳税人”满意的税务人员
获奖人员：于英杰
颁奖单位：郑州市地方税务局
颁奖时间：2014年8月

获奖项目：2012–2013年政风行风建设优秀个人
获奖人员：张晓军
颁奖单位：郑州市地方税务局
颁奖时间：2014年4月

获奖项目：2013年度全区纠风工作暨“双十佳”工作先进个人
获奖人员：毛钦佩　张晓军
颁奖单位：二七区人民政府
颁奖时间：2014年8月

获奖项目：2013年度先进基层党组织优秀党务工作者
获奖人员：郑　艳　李自华　闫利霞　苗平战　张绍伟　李　嵩
颁奖单位：中共郑州市地方税务局机关委员会
颁奖时间：2014年6月

获奖项目：2013年度优秀共产党员
获奖人员：范文娜　景钰洋　赵军强　林　凯
幺　鹏　马建青　李小丽　徐媛媛
孙　茜　郭　霞　刘传州　杨玉生
王新光　王　晔　夏　辉　徐　琛
颁奖单位：中共郑州市地方税务局机关委员会
颁奖时间：2014年6月

获奖项目：2013年度市直机关优秀共产党员
获奖人员：张绍伟
颁奖单位：中共郑州市委市直机关工作委员会
颁奖时间：2014年7月

获奖项目：2013年郑州地税三等功
获奖人员：王爱民　朱　平　沈　斌　胡克立
颁奖单位：中共郑州市地方税务局党组
颁奖时间：2014年1月

获奖项目：2013年郑州地税嘉奖
获奖人员：慕万亭　常　晔　张翼霄　张永峰
秦素萍　石　浩　李自华　吴宇宁
李　娟　袁　军　姚明凯　王新光
李秋珂　韩强国　孟国丽　贾占巨
闫利霞　许志创　李　凯　冯维韬
赵惠杰
颁奖单位：郑州市地方税务局
颁奖时间：2014年3月

获奖项目：2013年度全省地税系统组建20周年“特别贡献奖”
获奖人员：杜　华
颁奖单位：河南省地方税务局
颁奖时间：2014年7月

获奖项目：2013年度郑州市优秀共青团干部
获奖人员：朱　平
颁奖单位：郑州市人力资源和社会保障局　共青团郑州市委

颁奖时间：2014年

获奖项目：2013年度郑州市优秀共青团员
获奖人员：张　昕
颁奖单位：郑州市人力资源和社会保障局　共青团郑州市委
颁奖时间：2014年

获奖项目：2013年度全市地税系统“风雨同舟阔步前行”演讲比赛一等奖
获奖人员：张　昕
颁奖单位：郑州市地方税务局
颁奖时间：2014年7月

获奖项目：2013年度期刊投稿先进个人
获奖人员：王国娜　荆志军　张翼霄　陈远耀
颁奖单位：郑州市地方税务局
颁奖时间：2014年4月

获奖项目：2013年度全市地税系统组建20周年“特别贡献奖”
获奖人员：贾占巨　桑义让
颁奖单位：郑州市地方税务局
颁奖时间：2014年9月

获奖项目：2013年度最美地税人
获奖人员：王国娜
颁奖单位：郑州市地方税务局
颁奖时间：2014年9月

获奖项目：2013年度全员业务学习及业务标兵竞赛活动先进个人
获奖人员：李　娟　薛　凡　范文娜
颁奖单位：郑州市地方税务局
颁奖时间：2014年10月

获奖项目：2013年度河南省扶残助残先进个人
获奖人员：李小丽　吴宇宁　张永峰　应　明　王拥军
颁奖单位：郑州市人民政府残疾人工作委员会
颁奖时间：2014年5月

获奖项目：2013年度郑州市残疾人就业保障金征收工作先进个人
获奖人员：应　明　王拥军
颁奖单位：郑州市人民政府残疾人工作委员会
颁奖时间：2014年5月

获奖项目：2013年度全市土地增值税清算工作先进个人
获奖人员：李军峰
颁奖单位：郑州市地方税务局
颁奖时间：2014年12月

二七区建设局

获奖项目：2014年度二七区支持新型城镇化建设先建单位
获奖单位：二七区建设局
颁奖单位：中共二七区委　二七区人民政府
颁奖时间：2015年1月

获奖项目：区级文明单位
获奖单位：二七区建设局
颁奖单位：中共二七区委　二七区人民政府
颁奖时间：2015年3月

获奖项目：二七区三年行动计划综合工作优秀单位
获奖单位：二七区建设局
颁奖单位：中共二七区委　二七区人民政府
颁奖时间：2015年3月

获奖项目：工业经济和安全生产工作先进单位
获奖单位：二七区建设局
颁奖单位：中共二七区委　二七区人民政府
颁奖时间：2015年3月

获奖项目：社会管理和信访稳定工作先进单位
获奖单位：二七区建设局
颁奖单位：中共二七区委　二七区人民政府
颁奖时间：2015年3月

获奖项目：城乡建设管理工作先进单位
获奖单位：二七区建设局
颁奖单位：中共二七区委　二七区人民政府
颁奖时间：2015年3月

获奖项目：2014年度工作考核优秀单位
获奖单位：二七区建设局
颁奖单位：中共二七区委　二七区人民政府
颁奖时间：2015年3月

获奖项目：劳动维权工作先进单位
获奖单位：二七区建设局
颁奖单位：二七区人民政府
颁奖时间：2015年3月

获奖项目：“坚持依靠群众推进工作落实”长效机制工作先进单位
获奖单位：二七区建设局
颁奖单位：中共二七区委　二七区人民政府
颁奖时间：2015年3月

获奖项目：发展散装水泥工作先进单位
获奖单位：二七区建设局
颁奖单位：郑州市城乡建设委员会
颁奖时间：2015年3月

郑州市规划局二七规划分局

获奖项目：二七区新型城镇化建设奖
获奖单位：郑州市规划局二七规划分局
颁奖单位：中共二七区委　二七区人民政府
颁奖时间：2015年3月

获奖项目：二七区2014年停车场建设先进单位
获奖单位：郑州市规划局二七规划分局
颁奖单位：中共二七区委　二七区人民政府
颁奖时间：2015年3月

获奖项目：二七区三年行动计划城乡建设管理工作先进单位

获奖单位：郑州市规划局二七规划分局
颁奖单位：中共二七区委　二七区人民政府
颁奖时间：2015年3月

获奖项目：二七区三年行动计划综合考核优秀单位
获奖单位：郑州市规划局二七规划分局
颁奖单位：中共二七区委　二七区人民政府
颁奖时间：2015年3月

获奖项目：二七区三年行动计划工业经济和安全生产工作先进个人
获奖人员：李　延
颁奖单位：中共二七区委　二七区人民政府
颁奖时间：2015年3月

获奖项目：新型城镇化先进个人
获奖人员：张　博　张晏铭
颁奖单位：中共二七区委　二七区人民政府
颁奖时间：2015年3月

获奖项目：2014年度国土资源管理工作先进工作者
获奖人员：张雅都
颁奖单位：中共二七区委　二七区人民政府
颁奖时间：2015年3月

获奖项目：二七区三年行动计划新型城镇化建设先进个人
获奖人员：景晓凯
颁奖单位：中共二七区委　二七区人民政府
颁奖时间：2015年3月

二七区住房保障中心

获奖项目：2014年度全区统一战线工作先进单位
获奖单位：二七区住房保障服务中心
颁奖单位：中共二七区委
颁奖时间：2015年2月

获奖项目：2014年度信访工作先进单位
获奖单位：二七区住房保障服务中心
颁奖单位：中共二七区委　二七区人民政府
颁奖时间：2015年3月

获奖项目：2014年度服务工作先进单位
获奖单位：二七区住房保障服务中心
颁奖单位：中共二七区委　二七区人民政府
颁奖时间：2015年2月

二七区国土资源局

获奖项目：2014年度支持新型城镇化建设先进单位
获奖单位：二七区国土资源局
颁奖单位：中共二七区委　二七区人民政府
颁奖时间：2015年1月

获奖项目：2014年度国土资源执法系统篮球比赛第二名
获奖单位：二七区国土资源局
颁奖单位：郑州市国土资源局
颁奖时间：2014年11月

获奖项目：二七区三年行动计划综合工作优秀单位
获奖单位：二七区国土资源局
颁奖单位：中共二七区委　二七区人民政府
颁奖时间：2015年3月

获奖项目：城乡建设管理工作先进单位
获奖单位：二七区国土资源局
颁奖单位：中共二七区委　二七区人民政府
颁奖时间：2015年3月

获奖项目：特别贡献奖
获奖单位：二七区国土资源局
颁奖单位：中共二七区委　二七区人民政府
颁奖时间：2015年3月

获奖项目：第五届河南省发展研究奖三等奖
获奖人员：李汉敏
颁奖单位：河南省人民政府
颁奖时间：2015年1月

获奖项目：河南省国土资源重大问题调研成果奖
获奖人员：禹秉臻　李汉敏
颁奖单位：河南省国土资源厅
颁奖时间：2015年2月

获奖项目：2014年度新型城镇化建设工作先进个人
获奖人员：崔绍光　王敬敏
颁奖单位：中共二七区委
颁奖时间：2015年3月

获奖项目：2014年二七区三年行动计划工作先进个人
获奖人员：崔绍光　李汉敏
颁奖单位：中共二七区委
颁奖时间：2015年3月

获奖项目：2014年度反腐倡廉建设工作先进个人
获奖人员：孔春磊
颁奖单位：中共二七区委
颁奖时间：2015年3月

获奖项目：2014年郑州市国土资源系统平安建设先进个人
获奖人员：禹秉臻
颁奖单位：郑州市国土资源局
颁奖时间：2015年3月

郑州市土地储备中心二七区分中心

获奖项目：二七区2014年度工作考核优秀单位
获奖单位：郑州市土地储备中心二七区分中心
颁奖单位：中共二七区委　二七区人民政府
颁奖时间：2015年2月

获奖项目：二七区2014年度特别贡献奖
获奖单位：郑州市土地储备中心二七区分中心
颁奖单位：中共二七区委　二七区人民政府
颁奖时间：2015年2月

获奖项目：二七区三年行动计划综合工作优秀单位
获奖单位：郑州市土地储备中心二七区分中心
颁奖单位：中共二七区委　二七区人民政府

颁奖时间：2015年2月

获奖项目：二七区三年行动计划城乡建设管理工作优秀单位
获奖单位：郑州市土地储备中心二七区分中心
颁奖单位：中共二七区委　二七区人民政府
颁奖时间：2015年2月

建设投资公司

获奖项目：二七区三年行动计划优秀单位
获奖单位：建设投资公司
颁奖单位：中共二七区委　二七区人民政府
颁奖时间：2015年3月

获奖项目：二七区三年行动计划城乡建设管理工作先进单位
获奖单位：建设投资公司
颁奖单位：中共二七区委　二七区人民政府
颁奖时间：2015年3月

获奖项目：二七区三年行动计划"坚持依靠群众推进工作落实"长效机制工作先进单位
获奖单位：建设投资公司
颁奖单位：中共二七区委　二七区人民政府
颁奖时间：2015年3月

获奖项目：2014年度工作考核优秀单位
获奖单位：建设投资公司
颁奖单位：中共二七区委　二七区人民政府
颁奖时间：2015年3月

获奖项目：2014年度民生建设奖
获奖单位：建设投资公司
颁奖单位：中共二七区委　二七区人民政府
颁奖时间：2015年3月

获奖项目：2013年度全市调查研究工作先进个人
获奖人员：崔宗晓
颁奖单位：中共郑州市委政策研究室
颁奖时间：2014年6月

获奖项目：2014年度优秀组工干部
获奖人员：金国河
颁奖单位：中共二七区委
颁奖时间：2015年2月

获奖项目：2014年度新型城镇化建设先进个人
获奖人员：孙　毅
颁奖单位：中共二七区委　二七区人民政府
颁奖时间：2015年3月

获奖项目：二七区三年行动计划工作先进个人
获奖人员：靳少勇
颁奖单位：中共二七区委　二七区人民政府
颁奖时间：2015年3月

获奖项目：2014年度信访工作先进个人
获奖人员：宋国强
颁奖单位：中共二七区委　二七区人民政府
颁奖时间：2015年3月

二七区房屋征收与补偿办公室

获奖项目：2014年度支持新型城镇化建设先进单位
获奖单位：二七区房屋征收与补偿办公室
颁奖单位：中共二七区委　二七区人民政府
颁奖时间：2015年1月

获奖项目：二七区三年行动计划城乡建设管理工作先进单位
获奖单位：二七区房屋征收与补偿办公室
颁奖单位：中共二七区委　二七区人民政府
颁奖时间：2015年2月

获奖项目：二七区2014年度最具和谐团队奖
获奖单位：二七区房屋征收与补偿办公室
颁奖单位：中共二七区委　二七区人民政府
颁奖时间：2015年2月

获奖项目：2014年度郑州市房屋征收工作先进单位
获奖单位：二七区房屋征收与补偿办公室
颁奖单位：郑州市城乡建设委员会
颁奖时间：2015年3月

二七区南水北调工程建设管理办公室

获奖项目：2014年度南水北调工作"优秀单位"
获奖单位：二七区南水北调办公室
颁奖单位：郑州市南水北调办公室　郑州市移民局
颁奖时间：2015年2月

获奖项目：二七区2014年度"服务先进单位奖"
获奖单位：二七区南水北调办公室
颁奖单位：中共二七区委　二七区人民政府
颁奖时间：2015年2月

获奖项目：南水北调配套工程征迁劳动竞赛先进单位
获奖单位：二七区南水北调办公室
颁奖单位：郑州市南水北调配套工程建设管理局
颁奖时间：2015年2月

二七区城市管理执法局

获奖项目：河南省城市市容环境卫生工作先进集体
获奖单位：二七区环卫清洁服务总公司
颁奖单位：河南省住房和城乡建设厅
颁奖时间：2014年10月

获奖项目：郑州市文明单位
获奖单位：二七区城市管理执法局
颁奖单位：中共郑州市委　郑州市人民政府
颁奖时间：2014年2月

获奖项目：郑州市环卫工作先进单位
获奖单位：二七区环卫清洁服务总公司
颁奖单位：郑州市人民政府
颁奖时间：2014年12月

获奖项目：郑州市环卫工作先进单位
获奖单位：二七区环卫公共设施管理所
颁奖单位：郑州市人民政府

颁奖时间：2014年12月

获奖项目：郑州市2014年度“月季花杯”园林绿化建设管理竞赛活动银杯
获奖单位：二七区园林绿化管理中心
颁奖单位：郑州市人民政府
颁奖时间：2014年

获奖项目：道路清扫工技能比武第一名
获奖单位：二七区环卫清洁服务总公司
颁奖单位：郑州市环卫双竞赛领导小组
颁奖时间：2014年11月

获奖项目：道路机械化作业技能比武第二名
获奖单位：二七区环卫清洁服务总公司
颁奖单位：郑州市环卫双竞赛领导小组
颁奖时间：2014年11月

获奖项目：2014年度城市防汛工作先进单位
获奖单位：二七区城市管理执法局　二七区环卫清洁服务总公司
颁奖单位：郑州市城市防汛指挥部
颁奖时间：2015年1月

获奖项目：2014年度郑州市城市园林绿化先进单位
获奖单位：二七区园林绿化管理中心
颁奖单位：郑州市人力资源和社会保障局　郑州市园林局
颁奖时间：2015年1月

获奖项目：2014年度园林绿化工作优秀单位
获奖单位：二七区城市管理执法局
颁奖单位：郑州市园林局
颁奖时间：2015年1月

获奖项目：2014年度区级综合性公园建设先进单位
获奖单位：二七区城市管理执法局
颁奖单位：郑州市园林局
颁奖时间：2015年1月

获奖项目：2014年度郑州市两环三十一放射道路绿化提升工程建设先进单位
获奖单位：二七区城市管理执法局
颁奖单位：郑州市两环三十一放射道路绿化提升工程建设指挥部
颁奖时间：2015年2月

获奖项目：爱国卫生工作流动红旗
获奖单位：二七区城市管理执法局
颁奖单位：郑州市爱国卫生运动委员会
颁奖时间：2014年

获奖项目：二七区2014年度工作考核优秀单位
获奖单位：二七区城市管理执法局
颁奖单位：中共二七区委　二七区人民政府
颁奖时间：2015年2月

获奖项目：2014年度支持新型城镇化建设先进单位
获奖单位：二七区城市管理执法局
颁奖单位：中共二七区委　二七区人民政府
颁奖时间：2015年1月

获奖项目：2014年度网格化管理奖
获奖单位：二七区城市管理执法局
颁奖单位：中共二七区委　二七区人民政府
颁奖时间：2015年2月

获奖项目：二七区三年行动计划长效机制工作先进单位
获奖单位：二七区城市管理执法局
颁奖单位：中共二七区委　二七区人民政府
颁奖时间：2015年2月

获奖项目：2014年度精神文明建设先进单位
获奖单位：二七区城市管理执法局
颁奖单位：中共二七区委　二七区人民政府
颁奖时间：2015年3月

获奖项目：2014年度优化经济发展环境奖
获奖单位：二七区城市管理执法局
颁奖单位：中共二七区委　二七区人民政府
颁奖时间：2015年2月

获奖项目：2014年度城市管理提升奖
获奖单位：二七区城市管理执法局
颁奖单位：中共二七区委　二七区人民政府
颁奖时间：2015年2月

获奖项目：二七区三年行动计划综合工作优秀单位
获奖单位：二七区城市管理执法局
颁奖单位：中共二七区委　二七区人民政府
颁奖时间：2015年2月

获奖项目：二七区三年行动计划城乡建设管理工作先进单位
获奖单位：二七区城市管理执法局
颁奖单位：中共二七区委　二七区人民政府
颁奖时间：2015年2月

获奖项目：二七区2014年度基层服务型党组织
获奖单位：二七区城市管理执法局
颁奖单位：中共二七区委
颁奖时间：2015年2月

获奖项目：二七区三年行动计划城市管理提升工作先进单位
获奖单位：二七区城市管理执法局
颁奖单位：中共二七区委　二七区人民政府
颁奖时间：2015年2月

二七区城市管理行政执法局

获奖项目：河南省住房和城乡建设系统四星级执法监察队伍
获奖单位：二七区城市管理行政执法局
颁奖单位：河南省住房和城乡建设厅
颁奖时间：2015年3月

获奖项目：2014年上半年无烟单位

获奖单位：二七区城市管理行政执法局
颁奖单位：郑州市爱国卫生运动委员会
颁奖时间：2014年9月

获奖项目：2014年度城市管理行政执法先进单位
获奖单位：二七区城市管理行政执法局
颁奖单位：郑州市城市管理局
颁奖时间：2015年1月

获奖项目：郑州市户外广告规范整治工作先进单位
获奖单位：二七区城市管理行政执法局
颁奖单位：郑州市城市管理局
颁奖时间：2015年2月

获奖项目：2012—2014年度郑州市推进服务型行政执法建设先进单位
获奖单位：二七区城市管理行政执法局
颁奖单位：郑州市依法行政工作领导小组办公室
颁奖时间：2015年2月

获奖项目：二七区2014年度城市管理提升奖
获奖单位：二七区城市管理行政执法局
颁奖单位：中共二七区委　二七区人民政府
颁奖时间：2015年2月

获奖项目：二七区2014年度工作考核优秀单位
获奖单位：二七区城市管理行政执法局
颁奖单位：中共二七区委　二七区人民政府
颁奖时间：2015年2月

获奖项目：二七区三年行动计划综合工作优秀单位
获奖单位：二七区城市管理行政执法局
颁奖单位：中共二七区委　二七区人民政府
颁奖时间：2015年2月

获奖项目：二七区三年行动计划城乡建设管理工作先进单位
获奖单位：二七区城市管理行政执法局
颁奖单位：中共二七区委　二七区人民政府
颁奖时间：2015年2月

获奖项目：二七区三年行动计划城市管理提升工作先进单位
获奖单位：二七区城市管理行政执法局
颁奖单位：中共二七区委　二七区人民政府
颁奖时间：2015年2月

获奖项目：二七区2014年度最具和谐团队奖
获奖单位：二七区城市管理行政执法局
颁奖单位：中共二七区委　二七区人民政府
颁奖时间：2015年2月

获奖项目：二七区2014年度最具执行力奖
获奖单位：二七区城市管理行政执法局
颁奖单位：中共二七区委　二七区人民政府
颁奖时间：2015年2月

获奖项目：支持新型城镇化建设先进单位
获奖单位：二七区城市管理行政执法局
颁奖单位：中共二七区委　二七区人民政府
颁奖时间：2015年3月

获奖项目：郑州市户外广告规范整治工作先进个人
获奖人员：王照跃　杨　磊　毛　铭
颁奖单位：郑州市城市管理局
颁奖时间：2015年2月

获奖项目：二七区2014年度新型城镇化建设工作先进个人
获奖人员：朱继光　李晓君　李志强
颁奖单位：中共二七区委　二七区人民政府
颁奖时间：2015年3月

获奖项目：二七区2014年度反腐倡廉建设工作先进个人
获奖人员：李晓君
颁奖单位：中共二七区委
颁奖时间：2015年3月

获奖项目：2014年度劳动维权工作先进个人
获奖人员：李志强
颁奖单位：二七区人民政府
颁奖时间：2015年3月

获奖项目：二七区三年行动计划工作先进个人
获奖人员：黄志伟　郭傲成　房俊涛
颁奖单位：中共二七区委　二七区人民政府
颁奖时间：2015年3月

二七区数字化城市管理指挥中心

获奖项目：2014年度郑州市数字化城市管理行业先进集体
获奖单位：二七区数字化城市管理指挥中心
颁奖单位：郑州市人力资源和社会保障局　郑州市数字化城市管理监督中心
颁奖时间：2015年2月

获奖项目：二七区2014年度最具活力奖
获奖单位：二七区数字化城市管理指挥中心
颁奖单位：中共二七区委　二七区人民政府
颁奖时间：2015年2月

获奖项目：二七区三年行动计划城市管理提升工作先进单位
获奖单位：二七区数字化城市管理指挥中心
颁奖单位：中共二七区委　二七区人民政府
颁奖时间：2015年2月

二七区爱国卫生运动委员会办公室

获奖项目：郑州市“爱国卫生杯”银杯
获奖单位：二七区爱国卫生运动委员会办公室
颁奖单位：郑州市人民政府办公厅
颁奖时间：2015年4月

获奖项目：郑州市2014年度爱国卫生先进集体
获奖单位：二七区爱国卫生运动委员会办公室
颁奖单位：郑州市人力资源和社会保障局　郑州市爱国卫生运动委员会
颁奖时间：2015年4月

获奖项目：二七区三年行动计划城市管理提升工作先进单位
获奖单位：二七区爱国卫生运动委员会办公室
颁奖单位：中共二七区委　二七区人民政府
颁奖时间：2015年2月

获奖项目：2014年度精神文明建设先进单位
获奖单位：二七区爱国卫生运动委员会办公室
颁奖单位：中共二七区委　二七区人民政府
颁奖时间：2015年3月

获奖项目：郑州市2014年度爱国卫生先进个人
获奖个人：孙　冬
颁奖单位：郑州市人力资源和社会保障局　郑州市爱国卫生运动委员会
颁奖时间：2015年4月

环境保护局

获奖项目：2014年度二七区支持新型城镇化建设先进单位
获奖单位：二七区环境保护局
颁奖单位：中共二七区委　二七区人民政府
颁奖时间：2015年1月

获奖项目：城市管理提升工作先进单位
获奖单位：二七区环境保护局
颁奖单位：中共二七区委
颁奖时间：2015年3月

获奖项目：2013年度郑州市环境保护系统廉政文化建设先进单位
获奖单位：二七区环境保护局
颁奖单位：郑州市环境保护局
颁奖时间：2015年3月

获奖项目：城市管理提升工作先进单位
获奖单位：二七区环境保护局
颁奖单位：中共二七区委
颁奖时间：2015年3月

获奖项目：2014年度政府环境保护目标完成单位
获奖单位：二七区环境保护局
颁奖单位：郑州市人民政府
颁奖时间：2015年2月

获奖项目：2014年度全区统一战线工作先进个人
获奖人员：贾　佳
颁奖单位：中共二七区委
颁奖时间：2015年2月

获奖项目：2014年度新型城镇化建设工作先进个人
获奖人员：俎晓静　邓东丰
颁奖单位：中共二七区委
颁奖时间：2015年3月

获奖项目：二七区卅年行动计划工作先进个人
获奖人员：王奂丽
颁奖单位：中共二七区委
颁奖时间：2015年3月

获奖项目：二七区煤炭管理先进个人
获奖人员：裴　彤
颁奖单位：二七区人民政府
颁奖时间：2015年3月

获奖项目：依法治区工作先进个人
获奖人员：石　涛
颁奖单位：中共二七区委
颁奖时间：2015年3月

获奖项目：信访工作先进个人
获奖人员：侯亚丽
颁奖单位：中共二七区委
颁奖时间：2015年3月

获奖项目：优秀职能部门下沉人员
获奖人员：胡金财　左辰仲　翟　欣
颁奖单位：中共二七区委
颁奖时间：2015年3月

获奖项目：优秀群众工作队队员
获奖人员：卓新天　李　扬　孙辛宇
颁奖单位：中共二七区委
颁奖时间：2015年2月

二七区工业和信息化局

获奖项目：二七区三年行动计划综合工作优秀单位
获奖单位：二七区工业和信息化局
颁奖单位：中共二七区委　二七区人民政府
颁奖时间：2015年2月

获奖项目：二七区三年行动计划工业经济和安全生产先进单位
获奖单位：二七区工业和信息化局
颁奖单位：中共二七区委　二七区人民政府
颁奖时间：2015年2月

获奖项目：二七区三年行动计划经济社会发展综合工作先进单位
获奖单位：二七区工业和信息化局
颁奖单位：中共二七区委　二七区人民政府
颁奖时间：2015年2月

获奖项目：二七区三年行动计划社会管理和信访稳定先进单位
获奖单位：二七区工业和信息化局
颁奖单位：中共二七区委　二七区人民政府
颁奖时间：2015年2月

获奖项目：二七区三年行动计划商贸物流和对外开放先进单位
获奖单位：二七区工业和信息化局
颁奖单位：中共二七区委　二七区人民政府
颁奖时间：2015年2月

获奖项目：二七区2014年度工作考核优秀单位
获奖单位：二七区工业和信息化局
颁奖单位：中共二七区委　二七区人民政府
颁奖时间：2015年2月

获奖项目：二七区2014年度安全生产先进单位
获奖单位：二七区工业和信息化局
颁奖单位：中共二七区委　二七区人民政府
颁奖时间：2015年2月

获奖项目：2014年度信访工作先进单位
获奖单位：二七区工业和信息化局
颁奖单位：中共二七区委　二七区人民政府
颁奖时间：2015年3月

获奖项目：2014年度全区统一战线工作先进单位
获奖单位：二七区工业和信息化局
颁奖单位：中共二七区委
颁奖时间：2015年2月

获奖项目：郑州都市区建设三年行动计划工业经济和安全生产先进个人
获奖人员：袁珊珊
颁奖单位：中共郑州市委　郑州市人民政府
颁奖时间：2015年1月

获奖项目：2014年郑州市新型工业化建设先进个人
获奖人员：张建忠　王遂义
颁奖单位：郑州市人民政府
颁奖时间：2015年2月

二七区农业农村工作委员会

获奖项目：郑州市创建国家森林城市工作先进单位
获奖单位：二七区农业农村工作委员会
颁奖单位：中共郑州市委　郑州市人民政府
颁奖时间：2015年2月

获奖项目：2014年度全市农业系统先进集体
获奖单位：二七区农业农村工作委员会农业科
颁奖单位：郑州市人力资源和社会保障局　郑州市农业农村工作委员会
颁奖时间：2015年3月

获奖项目：二七区三年行动计划农业农村工作先进单位
获奖单位：二七区农业农村工作委员会
颁奖单位：中共二七区委　二七区人民政府
颁奖时间：2015年2月

获奖项目：二七区三年行动计划工作先进个人
获奖人员：刘少娟　李俊凡　郭瑞红　阎明军
颁奖单位：中共二七区委　二七区人民政府
颁奖时间：2015年3月

二七区粮食局

获奖项目：2013年度责任目标完成优秀单位
获奖单位：二七区粮食局
颁奖单位：郑州市粮食局
颁奖时间：2014年3月

获奖项目：2013年全市粮食安全工作先进集体
获奖单位：二七区粮食局
颁奖单位：郑州市人力资源和社会保障局　郑州市粮食局
颁奖时间：2014年10月

获奖项目：二七区2014年度服务先进单位奖
获奖单位：二七区粮食局
颁奖单位：中共二七区委　二七区人民政府
颁奖时间：2015年3月

二七特色商业街区管理委员会

获奖项目：2014年度河南省十强商务中心区（特色商业区）
获奖单位：二七特色商业区管委会
颁奖单位：河南省人民政府
颁奖时间：2015年4月

获奖项目：二七区2014年度文明单位
获奖单位：二七特色商业区管委会
颁奖单位：中共二七区委　二七区人民政府
颁奖时间：2015年2月

获奖项目：二七区2014年度重大招商引资先进单位
获奖单位：二七特色商业区管委会
颁奖单位：中共二七区委　二七区人民政府
颁奖时间：2015年1月

获奖项目：2014年度工作考核优秀单位
获奖单位：二七特色商业区管委会
颁奖单位：中共二七区委　二七区人民政府
颁奖时间：2015年2月

获奖项目：二七区三年行动计划经济社会发展综合工作先进单位
获奖单位：二七特色商业区管委会
颁奖单位：中共二七区委　二七区人民政府
颁奖时间：2015年2月

获奖项目：2014年度郑州市组团新区产业集聚区建设先进个人
获奖人员：金一灿
颁奖单位：郑州市人民政府
颁奖时间：2015年4月

获奖项目：郑州市2014年度服务业发展先进个人
获奖人员：张金博
颁奖单位：郑州市人民政府
颁奖时间：2015年2月

获奖项目：二七区2014年度新型城镇化建设工作先进个人
获奖人员：郑大伟
颁奖单位：中共二七区委　二七区人民政府
颁奖时间：2015年3月

二七区投资促进服务中心

获奖项目：郑州市重大招商引资项目先进单位
获奖单位：二七区投资促进服务中心
颁奖单位：中共郑州市委　郑州市人民政府
颁奖时间：2015年3月

获奖项目：郑州市对外开放工作先进单位
获奖单位：二七区投资促进服务中心
颁奖单位：中共郑州市委　郑州市人民政府

颁奖时间：2015年3月

二七区市场管理处

获奖项目：二七区2014年度市场外迁工作先进单位
获奖单位：二七区市场管理处
颁奖单位：二七区中心城区市场外迁工作领导小组
颁奖时间：2015年3月

获奖项目：二七区三年行动计划综合工作先进单位
获奖单位：二七区市场管理处
颁奖单位：中共二七区委　二七区人民政府
颁奖时间：2015年2月

获奖项目：二七区三年行动计划工业经济和安全生产工作先进单位
获奖单位：二七区市场管理处
颁奖单位：中共二七区委　二七区人民政府
颁奖时间：2015年2月

获奖项目：二七区2014年度服务地方发展特别贡献奖
获奖单位：二七区市场管理处
颁奖单位：中共二七区委　二七区人民政府
颁奖时间：2015年2月

获奖项目：二七区三年行动计划商贸物流和对外开放工作先进单位
获奖单位：二七区市场管理处
颁奖单位：中共二七区委　二七区人民政府
颁奖时间：2015年2月

获奖项目：2014年度先进单位
获奖单位：二七区市场管理处
颁奖单位：中共郑州市市场发展局委员会
颁奖时间：2015年3月

二七区交通运输局

获奖项目：2014道路运输管理工作先进运管所
获奖单位：二七区交通运输局
颁奖单位：河南省交通运输厅
颁奖时间：2015年1月

获奖项目：2014年度货运管理先进单位
获奖单位：二七区交通运输局
颁奖单位：郑州市道路运输管理局
颁奖时间：2015年3月

获奖项目：郑州市交通运输三年行动计划先进集体
获奖单位：二七区交通运输局
颁奖单位：郑州市交通运输委员会
颁奖时间：2015年2月

获奖项目：2014年郑州市交通运输工作先进集体
获奖单位：二七区交通运输局
颁奖单位：郑州市人力资源和社会保障局　郑州市交通运输委员会
颁奖时间：2015年2月

获奖项目：二七区三年行动计划综合工作优秀单位
获奖单位：二七区交通运输局
颁奖单位：中共二七区委　二七区人民政府
颁奖时间：2015年2月

获奖项目：二七区三年行动计划城乡建设管理工作先进单位
获奖单位：二七区交通运输局
颁奖单位：中共二七区委　二七区人民政府
颁奖时间：2015年2月

获奖项目：二七区三年行动计划城市管理提升工作先进单位
获奖单位：二七区交通运输局
颁奖单位：中共二七区委　二七区人民政府
颁奖时间：2015年2月

获奖项目：郑州市交通运输三年行动计划先进个人
获奖人员：杨　鹏
颁奖单位：郑州市交通运输委员会
颁奖时间：2015年2月

获奖项目：二七区三年行动计划工作先进个人
获奖人员：张　虹　李　莉
颁奖单位：中共二七区委　二七区人民政府
颁奖时间：2015年3月

郑州长途汽车中心站

获奖项目：全市精神文明建设信息工作先进单位
获奖单位：郑州长途汽车中心站
颁奖单位：郑州市精神文明建设指导委员会
颁奖时间：2014年1月

获奖项目：消防工作先进单位
获奖单位：郑州长途汽车中心站
颁奖单位：郑州市防火安全委员会
颁奖时间：2014年2月

获奖项目：五一巾帼标兵岗
获奖单位：郑州长途汽车中心站
颁奖单位：郑州市总工会
颁奖时间：2014年3月

获奖项目：2013-2014年度省级卫生先进单位
获奖单位：郑州长途汽车中心站
颁奖单位：河南省爱国卫生运动委员会
颁奖时间：2014年3月

获奖项目：2014年度先进基层党组织
获奖单位：郑州长途汽车中心站
颁奖单位：中共郑州市国资委党委
颁奖时间：2015年3月

获奖项目：2014年度安全生产工作先进单位
获奖单位：郑州长途汽车中心站
颁奖单位：郑州火车站地区管理委员会
颁奖时间：2015年4月

获奖项目：2014年度交通运输部百城道路信息监测网先进单位
获奖单位：郑州长途汽车中心站

颁奖单位：中国道路运输协会
颁奖时间：2015年4月

获奖项目：公民道德建设优秀个人
获奖人员：胡昴昴
颁奖单位：郑州市人力资源和社会保障局　郑州市精神文明建设委员会办公室
颁奖时间：2013年8月

二七区科学技术局

获奖项目：2014年县（市、区）防震减灾综合工作先进单位
获奖单位：二七区科学技术局
颁奖单位：河南省地震局
颁奖时间：2014年12月

获奖项目：2011-2012年度技术市场工作先进集体
获奖单位：二七区科学技术局
颁奖单位：郑州市政府办公厅
颁奖时间：2014年6月

获奖项目：县（市、区）防震减灾综合工作先进单位
获奖单位：二七区科学技术局
颁奖单位：郑州市地震局
颁奖时间：2015年3月

获奖项目：2013年度全区服务型党组织
获奖单位：二七区科学技术局党支部
颁奖单位：中共二七区委
颁奖时间：2014年2月

获奖项目：2013年度全区统战工作先进单位
获奖单位：二七区科学技术局
颁奖单位：中共二七区委
颁奖时间：2014年2月

获奖项目：二七区三年行动计划综合工作优秀单位
获奖单位：二七区科学技术局
颁奖单位：中共二七区委　二七区人民政府
颁奖时间：2014年3月

获奖项目：二七区三年行动计划农业农村工作先进单位
获奖单位：二七区科学技术局
颁奖单位：中共二七区委　二七区人民政府
颁奖时间：2014年3月

获奖项目：二七区三年行动计划商贸物流和对外开放工作先进单位
获奖单位：二七区科学技术局
颁奖单位：中共二七区委　二七区人民政府
颁奖时间：2014年3月

二七区科学技术协会

获奖项目：河南省科普成果一等奖
获奖单位：二七区科学技术协会
颁奖单位：河南省科学技术协会　河南省科普成果奖评审委员会
颁奖时间：2014年9月

获奖项目：2014年度河南省全国科普日活动先进单位
获奖单位：二七区科学技术协会
颁奖单位：河南省科学技术协会
颁奖时间：2014年12月

获奖项目：2014年度服务先进单位
获奖单位：二七区科学技术协会
颁奖单位：中共二七区委　二七区人民政府
颁奖时间：2015年3月11日

获奖项目：2014年郑州市社区科普大学科普知识竞赛集体二等奖
获奖单位：二七区科学技术协会
颁奖单位：郑州市科学技术协会
颁奖时间：2014年11月

获奖项目：2014年郑州市社区科普大学广场健身操集体二等奖
获奖单位：二七区科学技术协会
颁奖单位：郑州市科学技术协会
颁奖时间：2014年9月

获奖项目：2014年度河南省城区科普工作先进个人
获奖人员：任随意
颁奖单位：河南省科学技术协会
颁奖时间：2014年12月

获奖项目：2014年度河南省全国科普日活动先进个人
获奖人员：任随意
颁奖单位：河南省科学技术协会
颁奖时间：2014年12月

获奖项目：2014年度郑州市科协系统先进个人
获奖人员：秦亚楠
颁奖单位：郑州市科学技术协会
颁奖时间：2015年2月

获奖项目：二七区统战工作先进个人
获奖人员：马海敏
颁奖单位：中共二七区委
颁奖时间：2015年2月

获奖项目：2014年度政法暨平安建设信访依法治区工作先进个人
获奖人员：王　月　张俊民
颁奖单位：中共二七区委
颁奖时间：2015年3月

获奖项目：2014年度“坚持依靠群众推进工作落实”长效机制“三支队伍”先进个人
获奖人员：方　圆
颁奖单位：中共二七区委
颁奖时间：2015年2月

二七区教育体育局

获奖项目：“第十四届华人少年作文比赛”组织奖
获奖单位：二七区教育体育局
颁奖单位：国务院侨务办公室文化司　教育部关心下一代工作委员会　国家对外汉语教学领导

小组办公室　河南省教育厅　北京华人少年儿童文化教育交流协会
颁奖时间：2014年3月

获奖项目：2014年河南省中小学生舞蹈比赛优秀组织单位
获奖单位：二七区教育体育局
颁奖单位：河南省教育厅
颁奖时间：2014年12月

获奖项目：2014年河南省老年人体育工作先进县区
获奖单位：二七区教育体育局
颁奖单位：河南省体育局
颁奖时间：2014年12月

获奖项目：全省中小学心理健康教育示范区
获奖单位：二七区教育体育局
颁奖单位：河南省教育厅
颁奖时间：2014年12月

获奖项目：第28届河南省青少年科技创新大赛
获奖单位：二七区教育体育局
颁奖单位：河南省科协技术协会　河南省教育厅　河南省科学技术厅
颁奖时间：2014年5月

获奖项目：河南省民办教育服务和管理先进单位
获奖单位：二七区教育体育局
颁奖单位：河南省教育厅
颁奖时间：2014年11月

获奖项目：2014年度消防宣传先进单位
获奖单位：二七区教育体育局
颁奖单位：河南省消防协会消防宣传与服务中心
颁奖时间：2014年12月

获奖项目：河南省2013年度县（市、区）生源地信用助学贷款工作考核优秀单位
获奖单位：二七区教育体育局
颁奖单位：河南省教育厅
颁奖时间：2014年6月

获奖项目：郑州市普通中小学德育先进单位
获奖单位：二七区教育体育局
颁奖单位：郑州市教育局
颁奖时间：2014年3月

获奖项目：2014年郑州市汉字听写大会优秀组织奖
获奖单位：二七区教育体育局
颁奖单位：郑州市教育局
颁奖时间：2014年4月

获奖项目：2012—2013学年郑州市普通初中教育教学先进集体
获奖单位：二七区教育体育局
颁奖单位：郑州市教育局
颁奖时间：2014年9月

获奖项目：郑州市少先队工作先进单位
获奖单位：二七区教育体育局
颁奖单位：郑州市人力资源和社会保障局　共青团郑州市委员会　郑州市教育局　少先队郑州市工作委员会
颁奖时间：2014年7月

获奖项目：郑州市工会工作标兵单位
获奖单位：二七区教育体育局
颁奖单位：郑州市总工会
颁奖时间：2014年3月

获奖项目：2013全市教科文卫体系统工会工作先进集体
获奖单位：二七区教育体育局
颁奖单位：郑州市总工会
颁奖时间：2014年3月

获奖项目："好妈好爸好家风"庆六一儿童成果展示活动优秀组织单位
获奖单位：二七区教育体育局
颁奖单位：郑州市妇联　郑州市教育局
颁奖时间：2014年6月

获奖项目：郑州市妇女儿童工作先进集体
获奖单位：二七区教育体育局
颁奖单位：郑州市妇女儿童工作委员会　郑州市人力资源和社会保障局
颁奖时间：2014年3月

获奖项目：2014年第六届郑州市中小学网络作文大赛先进集体
获奖单位：二七区教育体育局
颁奖单位：郑州市教育局
颁奖时间：2014年11月

获奖项目：郑州市第五届暑假读一本好书活动优秀组织奖
获奖单位：二七区教育体育局
颁奖单位：郑州市教育局
颁奖时间：2014年12月

获奖项目：第八届郑州教育博客大赛先进集体
获奖单位：二七区教育体育局　二七区教育体育局教学研究室　二七区教师进修学校
颁奖单位：郑州市教育局
颁奖时间：2014年12月

获奖项目：2013年度郑州市防震减灾工作先进集体
获奖单位：二七区教育体育局
颁奖单位：郑州市人力资源和社会保障局　郑州市地震局
颁奖时间：2014年2月

获奖项目：2013年度教育系统平安校园建设先进单位
获奖单位：二七区教育体育局
颁奖单位：郑州市教育局
颁奖时间：2014年3月

获奖项目："晨钟杯"第四届郑州市中小学安全知识

竞赛优秀组织奖
获奖单位：二七区教育体育局
颁奖单位：郑州市教育局　郑州市晚报社
颁奖时间：2014年5月

获奖项目：郑州市普通中小学应急疏散演练比赛优秀组织奖
获奖单位：二七区教育体育局
颁奖单位：郑州市教育局
颁奖时间：2014年12月

获奖项目：2013年县级人民政府中小学幼儿园建设专项督导检查成绩特别突出单位
获奖单位：二七区教育体育局
颁奖单位：郑州市人民政府办公厅
颁奖时间：2014年3月

获奖项目：“乐享童年畅想未来”郑州市少年儿童图文创作大赛优秀组织奖
获奖单位：二七区教育体育局
颁奖单位：郑州市文明办　郑州市教育局　郑州市妇女联合会
颁奖时间：2014年6月

获奖项目：2013年度教育新闻宣传工作先进集体
获奖单位：二七区教育体育局
颁奖单位：郑州市教育局
颁奖时间：2014年1月

获奖项目：2013年度郑州市群众体育工作先进单位
获奖单位：二七区教育体育局
颁奖单位：郑州市教育局
颁奖时间：2014年2月

获奖项目：2013年郑州市竞技体育后备人才培养工作先进单位
获奖单位：二七区教育体育局
颁奖单位：郑州市教育局
颁奖时间：2014年2月

获奖项目：首届郑州市中小学生“简化少林拳”锦标赛暨武术段位赛团体一等奖
获奖单位：二七区教育体育局
颁奖单位：郑州市教育局
颁奖时间：2014年9月

获奖项目：2014年郑州市老年人体育工作先进单位
获奖单位：二七区教育体育局
颁奖单位：郑州市教育局
颁奖时间：2014年12月

获奖项目：2013年度教育新闻宣传工作先进集体
获奖单位：二七区教育体育局
颁奖单位：郑州市教育局
颁奖时间：2014年1月

获奖项目：2013年度二七区“坚持依靠群众推进工作落实”长效机制工作
获奖单位：二七区教育体育局
颁奖单位：中共二七区委　二七区人民政府
颁奖时间：2014年2月

获奖项目：2013年度二七区“双十佳”基层站所
获奖单位：二七区教育体育局
颁奖单位：二七区人民政府
颁奖时间：2014年8月

获奖项目：创建国家公共文化服务体系示范区工作中先进集体
获奖单位：二七区教育体育局
颁奖单位：二七区人民政府
颁奖时间：2014年3月

获奖项目：2013年度工作考核优秀单位
获奖单位：二七区教育体育局
颁奖单位：中共二七区委　二七区人民政府
颁奖时间：2014年3月

获奖项目：2013年度特别贡献奖
获奖单位：二七区教育体育局
颁奖单位：中共二七区委　二七区人民政府
颁奖时间：2014年3月

获奖项目：最具执行力奖
获奖单位：二七区教育体育局
颁奖单位：中共二七区委　二七区人民政府
颁奖时间：2014年3月

获奖项目：最具活动力奖
获奖单位：二七区教育体育局
颁奖单位：中共二七区委　二七区人民政府
颁奖时间：2014年3月

获奖项目：社会管理奖
获奖单位：二七区教育体育局
颁奖单位：中共二七区委　二七区人民政府
颁奖时间：2014年3月

二七区文化旅游局

获奖项目：“郑州市2014年华夏优秀传统民间文化展演活动”广场舞大赛一等奖
获奖单位：二七区文化馆（二七区田园文化志愿者红裙艺术团）
颁奖单位：中共郑州市委宣传部　郑州市文化广播电视新闻出版局
颁奖时间：2014年5月

获奖项目：“郑州市2014年华夏优秀传统民间文化展演活动”舞狮大赛二等奖
获奖单位：二七区文化馆（二七区文化馆舞狮表演队）
颁奖单位：中共郑州市委宣传部　郑州市文化广播电视新闻出版局
颁奖时间：2014年5月

获奖项目：“郑州晚报夕阳红记者团杯”广场舞大赛一等奖
获奖单位：二七区文化馆

颁奖单位：郑州晚报社夕阳红记者团
颁奖时间：2014年9月

获奖项目："唱响中国梦歌颂新生活"郑州纪念抗战胜利69周年暨新中国成立65周年群众合唱比赛二等奖
获奖单位：二七区文化馆
颁奖单位：中共郑州市委宣传部
颁奖时间：2014年9月

获奖项目：2014全国中老年服饰艺术大赛团体金奖
获奖单位：二七区文化馆（二七区文化馆志愿者艺术团）
颁奖单位：全国中老年服饰艺术大赛组委会　河南省模特艺术研究协会
颁奖时间：2014年10月

获奖项目：2014全国中老年服饰艺术大赛优秀编导奖
获奖单位：二七区文化馆
颁奖单位：全国中老年服饰艺术大赛组委会　河南省模特艺术研究协会
颁奖时间：2014年10月

获奖项目：2014全国中老年服饰艺术大赛优秀组织奖
获奖单位：二七区文化馆
颁奖单位：全国中老年服饰艺术大赛组委会　河南省模特艺术研究协会
颁奖时间：2014年10月

获奖项目：中原最美自驾游线路推荐奖
获奖单位：二七区文化旅游局
颁奖单位：2014中国（郑州）自驾车旅游产业交易博览会组委会
颁奖时间：2014年10月

获奖项目：郑州市第二届群众文化艺术节广场舞大赛自选曲目一等奖
获奖项目：二七区文化馆（二七区田园文化志愿者红裙艺术团）
颁奖单位：郑州市文化广播电视新闻出版局
颁奖时间：2014年10月

获奖项目：郑州市第二届群众文化艺术节广场舞大赛大美郑州一等奖
获奖单位：二七区文化馆
颁奖单位：郑州市文化广播电视新闻出版局
颁奖时间：2014年10月

获奖项目："2014年蒙牛焕轻乐舞团"总决赛优秀奖
获奖项目：二七区文化馆
颁奖单位：河南电视台民生频道
颁奖时间：2014年11月

获奖项目：2013—2014年度全市文物安全执法工作先进单位
获奖单位：二七区文化旅游局
颁奖单位：郑州市文物局
颁奖时间：2015年2月

获奖项目：二七区三年行动计划科教文卫工作先进单位
获奖项目：二七区文化旅游局
颁奖单位：中共二七区委　二七区人民政府
颁奖时间：2015年2月

获奖项目：二七区三年行动计划农业农村工作先进单位
获奖项目：二七区文化旅游局
颁奖单位：中共二七区委　二七区人民政府
颁奖时间：2015年2月

获奖项目：二七区三年行动计划综合工作先进单位
获奖项目：二七区文化旅游局
颁奖单位：中共二七区委　二七区人民政府
颁奖时间：2015年2月

获奖项目：2014年度二七区反腐倡廉工作先进集体
获奖团体：二七区文化旅游局
颁奖单位：中共二七区委
颁奖时间：2015年3月

获奖项目：第十届郑州市"十大杰出女性"
获奖人员：牛雷莉
颁奖单位：郑州市妇女联合会
颁奖时间：2014年2月

获奖项目：河南省三八红旗手
获奖人员：牛雷莉
颁奖单位：郑州市妇女联合会
颁奖时间：2014年3月

获奖项目：2013年度全区纠正行业不正之风工作先进个人
获奖人员：吴敏磊
颁奖单位：二七区人民政府
颁奖时间：2014年8月

获奖项目：第十二届河南文化艺术论文及创作歌曲、歌词评选活动二等奖
获奖人员：牛雷莉
颁奖单位：河南省群众艺术馆　青年歌声杂志社
颁奖时间：2014年9月

获奖项目：第十二届河南文化艺术论文及创作歌曲、歌词评选活动三等奖
获奖人员：牛雷莉
颁奖单位：河南省群众艺术馆　青年歌声杂志社
颁奖时间：2014年9月

获奖项目：河南省人大庆祝中华人民共和国成立65周年暨河南省人民代表大会成立60周年书画摄影展二等奖
获奖人员：牛雷莉
颁奖单位：河南省人大常委会
颁奖时间：2014年9月

获奖项目：2014全国中老年服饰艺术大赛优秀编导奖
获奖人员：牛雷莉
颁奖单位：全国中老年服饰艺术大赛组委会　河南省模特艺术研究协会

颁奖时间：2014年10月

获奖项目：2014全国中老年服饰艺术大赛优秀组织奖
获奖人员：牛雷莉
颁奖单位：全国中老年服饰艺术大赛组委会　河南省模特艺术研究协会
颁奖时间：2014年10月

获奖项目：首届郑州市五星志愿者
获奖人员：牛雷莉
颁奖单位：郑州市志愿者联合会
颁奖时间：2014年12月

获奖项目：郑州市第六届少儿文化艺术节展演活动动态美一等奖
获奖人员：张　倩
颁奖单位：郑州市文化广播电视新闻出版局　郑州市教育局
颁奖时间：2014年12月

获奖项目：郑州市第六届少儿文化艺术节展演活动动态美二等奖
获奖人员：张　倩
颁奖单位：郑州市文化广播电视新闻出版局
郑州市教育局
颁奖时间：2014年12月

获奖项目：郑州市第六届少儿文化艺术节展演活动个人组织辅导奖
获奖人员：廖昊鹏
颁奖单位：郑州市文化广播电视新闻出版局
郑州市教育局
颁奖时间：2014年12月

获奖项目：2014年度优秀政协委员
获奖人员：牛雷莉
颁奖单位：政协郑州市委员会
颁奖时间：2015年元月

获奖项目：郑州市政协十三届一次会议优秀提案
获奖人员：牛雷莉
颁奖单位：政协郑州市委员会
颁奖时间：2015年元月

获奖项目：二七区三年行动计划工作先进个人
获奖人员：靳东霞　闫　华　王珮璐
颁奖单位：中共二七区委　二七区人民政府
颁奖时间：2015年3月

获奖项目：2014年度二七区新型城镇化建设先进个人
获奖人员：吴敏磊
颁奖单位：中共二七区委　二七区人民政府
颁奖时间：2015年3月

二七区卫生局

获奖项目：2014年度郑州市地方病防治工作先进集体
获奖单位：二七区卫生局
颁奖单位：郑州市地方病防治领导小组
颁奖时间：2015年1月

获奖项目：全市离退休干部先进集体
获奖单位：二七区卫生局
颁奖单位：中共郑州市委组织部　中共郑州市委老干部局
颁奖时间：2015年3月

获奖项目：二七区三年行动计划综合工作优秀单位
获奖单位：二七区卫生局
颁奖单位：中共二七区委　二七区人民政府
颁奖时间：2015年2月

获奖项目：二七区三年行动计划教科文卫工作先进单位
获奖单位：二七区卫生局
颁奖单位：中共二七区委　二七区人民政府
颁奖时间：2015年2月

获奖项目：二七区三年行动计划社会管理和信访稳定工作先进单位
获奖单位：二七区卫生局
颁奖单位：中共二七区委　二七区人民政府
颁奖时间：2015年2月

获奖项目：二七区三年行动计划农业农村工作先进单位
获奖单位：二七区卫生局
颁奖单位：中共二七区委　二七区人民政府
颁奖时间：2015年2月

获奖项目：二七区三年行动计划长效机制工作先进单位
获奖单位：二七区卫生局
颁奖单位：中共二七区委　二七区人民政府
颁奖时间：2015年2月

获奖项目：二七区2014年度优化经济发展环境奖
获奖单位：二七区卫生局
颁奖单位：中共二七区委　二七区人民政府
颁奖时间：2015年2月

获奖项目：二七区关心支持国防建设先进单位
获奖单位：二七区卫生局
颁奖单位：中共二七区委　二七区人民政府　二七区人民武装部
颁奖时间：2015年3月

获奖项目：2014年度政法暨平安建设工作先进单位
获奖单位：二七区卫生局
颁奖单位：中共二七区委　二七区人民政府
颁奖时间：2015年3月

获奖项目：二七区2014年度基层服务型党组织
获奖单位：二七区卫生局
颁奖单位：中共二七区委
颁奖时间：2015年2月

获奖项目：郑州市卫生系统第八届“天使杯”职工运动会优秀组织奖
获奖单位：二七区卫生局
颁奖单位：中共郑州市卫生局委员会
颁奖时间：2014年10月

获奖项目：二七区2014“郑州慈善日”活动优秀组织奖
获奖单位：二七区卫生局
颁奖单位：郑州市慈善总会　二七区慈善总会
颁奖时间：2014年11月

二七区人口和计划生育委员会

获奖项目：河南省2010—2013年度人口和计划生育工作先进单位
获奖单位：二七区人口与计划生育委员会
颁奖单位：中共河南省委　河南省人民政府
颁奖时间：2014年12月

获奖项目：河南省人口计生宣传品进村入户先进单位
获奖单位：二七区人口与计划生育委员会
颁奖单位：河南省人口和计划生育宣传教育中心
颁奖时间：2014年9月

获奖项目：2013年河南省计划生育家庭意外保险二等奖
获奖单位：二七区人口与计划生育委员会
颁奖单位：河南省计划生育协会
颁奖时间：2014年4月

获奖项目：2014年度郑州市流动人口计划生育服务管理先进集体
获奖单位：二七区人口与计划生育委员会
颁奖单位：郑州市人力资源和社会保障局　郑州市人口计划生育委员会
颁奖时间：2015年2月

获奖项目：2013年度“强基提质”工程先进单位
获奖单位：二七区人口与计划生育委员会
颁奖单位：郑州市人口计生委
颁奖时间：2014年1月

获奖项目：2013年度岗位练兵工作先进集体
获奖单位：二七区人口与计划生育委员会
颁奖单位：郑州市人口计生委
颁奖时间：2014年1月

获奖项目：2012—2016年度青年文明号
获奖单位：二七区人口与计划生育委员会
颁奖单位：共青团郑州市委
颁奖时间：2014年

获奖项目：2014年度工作考核优秀单位
获奖单位：二七区人口与计划生育委员会
颁奖单位：中共二七区委　二七区人民政府
颁奖时间：2015年3月

获奖项目：二七区三年行动计划综合工作优秀单位
获奖单位：二七区人口与计划生育委员会
颁奖单位：中共二七区委　二七区人民政府
颁奖时间：2015年3月

获奖项目：二七区三年行动计划农业农村工作先进单位
获奖单位：二七区人口与计划生育委员会
颁奖单位：中共二七区委　二七区人民政府
颁奖时间：2015年3月

获奖项目：二七区三年行动计划“坚持依靠群众推进工作落实”长效机制工作先进单位
获奖单位：二七区人口与计划生育委员会
颁奖单位：中共二七区委　二七区人民政府
颁奖时间：2015年3月

获奖项目：2013年度二七区“坚持依靠群众推进工作落实”长效机制工作先进单位
获奖单位：二七区人口与计划生育委员会
颁奖单位：中共二七区委　二七区人民政府
颁奖时间：2014年2月

获奖项目：2013年度服务先进单位奖
获奖单位：二七区人口与计划生育委员会
颁奖单位：中共二七区委　二七区人民政府
颁奖时间：2014年3月

获奖项目：2013年度反腐倡廉建设工作先进集体
获奖单位：二七区人口与计划生育委员会
颁奖单位：中共二七区委
颁奖时间：2014年4月

获奖项目：2012—2014年度郑州市推进服务型行政执法建设先进个人
获奖人员：朱卫星
颁奖单位：郑州市依法行政工作领导小组办公室
颁奖时间：2015年2月

获奖项目：2014年度郑州市流动人口计划生育服务管理先进个人
获奖人员：王　瑞　董利霞
颁奖单位：郑州市人力资源和社会保障局　郑州市人口计划生育委员会
颁奖时间：2015年2月

获奖项目：2014年度全区政法暨平安建设工作先进个人
获奖人员：朱卫星
颁奖单位：中共二七区委　二七区人民政府
颁奖时间：2015年3月

获奖项目：2014年度信访工作先进个人
获奖人员：冯瑾芳
颁奖单位：中共二七区委　二七区人民政府
颁奖时间：2015年3月

获奖项目：2014年度全区依法治区先进个人
获奖人员：于　燕
颁奖单位：中共二七区委　二七区人民政府
颁奖时间：2015年3月

二七区民政局

获奖项目：2013年度中国爱心城市（区）
获奖单位：二七区民政局
颁奖单位：中华社会救助基金会
颁奖时间：2014年1月

获奖项目：2014年度全省社会组织管理工作先进单位
获奖单位：二七区民政局

颁奖单位：河南省民政厅
颁奖时间：2014年12月

获奖项目：河南省“敬老月”活动先进单位
获奖单位：二七区民政局
颁奖单位：河南省老龄工作委员会办公室
颁奖时间：2014年12月

获奖项目：2013年郑州市社会救助工作先进单位
获奖单位：二七区民政局
颁奖单位：郑州市人力资源和社会保障局　郑州市民政局
颁奖时间：2014年3月

获奖项目：2013年度二七区“坚持依靠群众推进工作落实”长效机制工作先进单位
获奖单位：二七区民政局
颁奖单位：中共二七区委　二七区人民政府
颁奖时间：2014年2月

获奖项目：2013年度工作考核优秀单位
获奖单位：二七区民政局
颁奖单位：中共二七区委　二七区人民政府
颁奖时间：2014年3月

获奖项目：民生建设奖
获奖单位：二七区民政局
颁奖单位：中共二七区委　二七区人民政府
颁奖时间：2014年3月

获奖项目：社会管理奖
获奖单位：二七区民政局
颁奖单位：中共二七区委　二七区人民政府
颁奖时间：2014年3月

获奖项目：最具执行力奖
获奖单位：二七区民政局
颁奖单位：中共二七区委　二七区人民政府
颁奖时间：2014年3月

获奖项目：最具和谐团队奖
获奖单位：二七区民政局
颁奖单位：中共二七区委　二七区人民政府
颁奖时间：2014年3月

获奖项目：2013年度反腐倡廉建设工作先进集体
获奖单位：二七区民政局
颁奖单位：中共二七区委
颁奖时间：2014年4月

获奖项目：2013年度人口和计划生育工作先进单位
获奖单位：二七区民政局
颁奖单位：中共二七区委
颁奖时间：2014年4月

获奖项目：2013年度社会救助工作先进集体
获奖单位：二七区民政局
颁奖单位：二七区人民政府
颁奖时间：2014年4月

获奖项目：2013年度全区纠风工作先进集体
获奖单位：二七区民政局
颁奖单位：二七区人民政府
颁奖时间：2014年8月

获奖项目：“拥军优属”工作先进单位
获奖单位：二七区民政局
颁奖单位：中共二七区委　二七区人民政府　二七区人民武装部
颁奖时间：2014年12月

郑州市社会保险局二七分局

获奖项目：2014年度郑州市人力资源和社会保障工作先进单位
获奖单位：征缴科
颁奖单位：郑州市人力资源和社会保障局
颁奖时间：2015年1月

获奖项目：2014年度郑州市人力资源和社会保障工作先进个人
获奖人员：符　超
颁奖单位：郑州市人力资源和社会保障局
颁奖时间：2015年1月

二七区残疾人联合会

获奖项目：2013年度河南省残疾人就业培训工程先进集体
获奖单位：二七区残疾人联合会
颁奖单位：河南省残疾人联合会
获奖时间：2014年5月

获奖项目：2014年度服务工作先进单位
获奖单位：二七区残疾人联合会
颁奖单位：中共二七区委　二七区人民政府
获奖时间：2015年3月

获奖项目：2014年度残疾人工作先进单位
获奖单位：二七区残疾人联合会
颁奖单位：郑州市残疾人联合会
获奖时间：2015年3月

获奖项目：2014年度残疾人就业培训工程先进单位
获奖单位：二七区残疾人联合会
颁奖单位：郑州市残疾人联合会
获奖时间：2015年3月

获奖项目：2014年度残疾人基层组织建设工作先进单位
获奖单位：二七区残疾人联合会
颁奖单位：郑州市残疾人联合会
获奖时间：2015年3月

获奖项目：2014年度助残志愿服务工作先进单位
获奖单位：二七区残疾人联合会
颁奖单位：郑州市残疾人联合会
获奖时间：2015年3月

获奖项目：2013年度郑州市残疾人就业保障金征收工作先进单位
获奖单位：二七区残疾人联合会

颁奖单位：郑州市人民政府残疾人工作委员会
获奖时间：2014年6月

获奖项目：郑州市第五届残疾人职业技能竞赛团体总分第一名
获奖单位：二七区残疾人联合会
颁奖单位：郑州市残疾人联合会
获奖时间：2014年8月

二七新区管理委员会

获奖项目：二七区三年行动计划综合工作优秀单位
获奖单位：二七新区管委会
颁奖单位：中共二七区委　二七区人民政府
颁奖时间：2015年3月

获奖项目：经济社会发展综合工作先进单位
获奖单位：二七新区管委会
颁奖单位：中共二七区委　二七区人民政府
颁奖时间：2015年3月

获奖项目：二七区三年行动计划商贸物流和对外开放工作先进单位
获奖单位：二七新区管委会
颁奖单位：中共二七区委　二七区人民政府
颁奖时间：2015年3月

获奖项目：二七区三年行动计划城乡建设管理工作先进单位
获奖单位：二七新区管委会
颁奖单位：中共二七区委　二七区人民政府
颁奖时间：2015年3月

获奖项目：2014年度工作考核优秀单位
获奖单位：二七新区管委会
颁奖单位：中共二七区委　二七区人民政府
颁奖时间：2015年3月

获奖项目：2014年度招商引资和项目建设工作先进单位
获奖单位：二七新区管委会
颁奖单位：中共二七区委　二七区人民政府
颁奖时间：2015年3月

获奖项目：2014年度郑州市“两强”组团新区
获奖单位：二七新区管委会
颁奖单位：郑州市人民政府
颁奖时间：2015年4月

马寨产业集聚区管理委员会

获奖项目：河南省产业集群区域品牌建设现代食品制造产业试点单位
获奖单位：郑州马寨产业集聚区
颁奖单位：河南省工业和信息化厅
颁奖时间：2014年12月

获奖项目：郑州市先进基层党校
获奖单位：郑州马寨产业集聚区
颁奖单位：中共郑州市委宣传部
颁奖时间：2015年1月

获奖项目：二七区三年行动计划社会发展综合工作先进单位
获奖单位：郑州马寨产业集聚区
颁奖单位：中共二七区委　二七区人民政府
颁奖时间：2015年2月

获奖项目：二七区三年行动城乡建设管理工作先进单位
获奖单位：郑州马寨产业集聚区
颁奖单位：中共二七区委　二七区人民政府
颁奖时间：2015年2月

获奖项目：二七区三年行动计划综合考核优秀单位
获奖单位：郑州马寨产业集聚区
颁奖单位：中共二七区委　二七区人民政府
颁奖时间：2015年2月

获奖项目：二七区三年行动商贸物流和对外开放工作先进单位
获奖单位：郑州马寨产业集聚区
颁奖单位：中共二七区委　二七区人民政府
颁奖时间：2015年2月

获奖项目：二七区三年行动工业经济和安全生产工作先进单位
获奖单位：郑州马寨产业集聚区
颁奖单位：中共二七区委　二七区人民政府
颁奖时间：2015年2月

获奖项目：二七区2014年度工作考核优秀单位
获奖单位：郑州马寨产业集聚区
颁奖单位：中共二七区委　二七区人民政府
颁奖时间：2015年2月

获奖项目：二七区招商引资和项目建设工作先进单位
获奖单位：郑州马寨产业集聚区
颁奖单位：中共二七区委　二七区人民政府
颁奖时间：2015年2月

获奖项目：二七区劳动维权工作先进单位
获奖单位：郑州马寨产业集聚区
颁奖单位：二七区人民政府
颁奖时间：2015年3月

获奖项目：2014年度河南省一星级产业集聚区
获奖单位：郑州马寨产业集聚区
颁奖单位：河南省人民政府
颁奖时间：2015年4月

获奖项目：2014年度郑州市基层党校优秀教师
获奖人员：张　华
颁奖单位：中共郑州市委宣传部
颁奖时间：2015年2月

获奖项目：2014年郑州好公文创作大赛公文创作业务能手
获奖人员：史　楠
颁奖单位：郑州市公务员岗位练兵活动领导小组办公室
颁奖时间：2014年3月

获奖项目：2014年度二七区三年行动计划工作先进个人
获奖人员：王惠敏　苗俊峰　郭江华
颁奖单位：中共二七区委　二七区人民政府
颁奖时间：2015年3月

获奖项目：2014年度二七区新型城镇化建设先进个人
获奖人员：郭宏召
颁奖单位：中共二七区委　二七区人民政府
颁奖时间：2015年3月

获奖项目：2014年度反腐倡廉建设工作先进个人
获奖人员：王陇利
颁奖单位：中共二七区委
颁奖时间：2015年3月

樱桃沟景区开发管理委员会

获奖项目：郑州市首批旅游标准化示范单位
获奖单位：二七区樱桃沟景区开发管理委员会
颁奖单位：郑州市旅游局
颁奖时间：2015年3月

获奖项目：优秀三级网格长
获奖人员：孙晶晶
颁奖单位：中共二七区委　二七区人民政府
颁奖时间：2015年1月

侯寨乡

获奖项目：郑州市新型城镇化建设工作“十强”乡镇
获奖单位：侯寨乡
颁奖单位：中共二七区委　二七区人民政府
颁奖时间：2015年2月

获奖项目：郑州市煤炭管理工作先进单位
获奖单位：侯寨乡
颁奖单位：郑州市人力资源和社会保障局　郑州市煤炭管理局
颁奖时间：2015年2月

获奖项目：“郑州慈善日”活动优秀组织奖
获奖单位：侯寨乡
颁奖单位：郑州慈善总会　二七区慈善总会
颁奖时间：2014年11月

获奖项目：二七区重大招商引资项目先进单位
获奖单位：侯寨乡
颁奖单位：中共二七区委　二七区人民政府
颁奖时间：2015年1月

获奖项目：二七区重点项目推进奖
获奖单位：侯寨乡
颁奖单位：中共二七区委　二七区人民政府
颁奖时间：2015年1月

获奖项目：二七区新城镇化建设先进单位
获奖单位：侯寨乡
颁奖单位：中共二七区委　二七区人民政府
颁奖时间：2015年1月

获奖项目：二七区新城镇化建设生态廊道建设奖
获奖单位：侯寨乡
颁奖单位：中共二七区委　二七区人民政府
颁奖时间：2015年1月

获奖项目：二七区三年行动计划综合工作优秀单位
获奖单位：侯寨乡
颁奖单位：中共二七区委　二七区人民政府
颁奖时间：2015年3月

获奖项目：二七区三年行动农业农村工作先进单位
获奖单位：侯寨乡
颁奖单位：中共二七区委　二七区人民政府
颁奖时间：2015年3月

获奖项目：二七区三年行动计划工业经济和安全生产工作先进单位
获奖单位：侯寨乡
颁奖单位：中共二七区委　二七区人民政府
颁奖时间：2015年3月

获奖项目：二七区三年行动计划城乡建设管理工作先进单位
获奖单位：侯寨乡
颁奖单位：中共二七区委　二七区人民政府
颁奖时间：2015年3月

获奖项目：二七区工作考核优秀单位
获奖单位：侯寨乡
颁奖单位：中共二七区委　二七区人民政府
颁奖时间：2015年3月

获奖项目：二七区先进基层人民武装部
获奖单位：侯寨乡人民武装部
颁奖单位：中共二七区委　二七区人民政府　二七区人民武装部
颁奖时间：2015年3月

获奖项目：“拥军优属”先进单位
获奖单位：侯寨乡
颁奖单位：中共二七区委
颁奖时间：2014年12月

获奖项目：全区基层服务型党组织
获奖单位：侯寨乡党委
颁奖单位：中共二七区委
颁奖时间：2015年2月

获奖项目：全区基层服务型党组织
获奖单位：侯寨社区党支部　台郭社区党支部
颁奖单位：中共二七区委
颁奖时间：2015年2月

获奖项目：二七区城乡就业全民创业工作先进单位
获奖单位：侯寨乡
颁奖单位：二七区人民政府
颁奖时间：2015年3月

获奖项目：二七区社会救助先进单位

获奖单位：侯寨乡
颁奖单位：二七区人民政府
颁奖时间：2015年3月

获奖项目：二七区政府部门“十佳优质服务基层”站所
获奖单位：侯寨乡财政所
颁奖单位：二七区人民政府
颁奖时间：2015年3月

获奖项目：河南省特种设备安全监察先进协管员
获奖人员：田　领
颁奖单位：河南省安全生产监督局
颁奖时间：2015年3月

获奖项目：2014年武装工作先进个人
获奖人员：程丽霞
颁奖单位：中共郑州市委　郑州市人民政府　郑州市警备区
颁奖时间：2015年2月

获奖项目：共青团郑州都市区建设先进个人
获奖人员：刘　辉
颁奖单位：共青团郑州市委
颁奖时间：2015年3月

获奖项目：精神文明先进个人
获奖人员：胡瑞红
颁奖单位：中共二七区委　二七区人民政府
颁奖时间：2015年2月

获奖项目：二七区三年行动计划工作先进个人
获奖人员：谭红叶　王庆国　胡军峰　张　霞　孙建斌
颁奖单位：中共二七区委　二七区人民政府
颁奖时间：2015年3月

获奖项目：优秀三级网格长
获奖人员：刘　阳　郭文东
颁奖单位：中共二七区委　二七区人民政府
颁奖时间：2015年3月

获奖项目：二七区新城镇化建设先进个人
获奖人员：郭书芳
颁奖单位：中共二七区委　二七区人民政府
颁奖时间：2015年3月

获奖项目：二七区“拥军优属”先进个人
获奖人员：李建新
颁奖单位：中共二七区委　二七区人民政府　二七区人民武装部
颁奖时间：2014年12月

获奖项目：全区优秀组工干部
获奖人员：程丽霞
颁奖单位：中共二七区委
颁奖时间：2015年2月

获奖项目：全区统一战线工作先进个人
获奖人员：程丽霞
颁奖单位：中共二七区委
颁奖时间：2015年2月

获奖项目：二七区反腐倡廉工作先进个人
获奖人员：洪建峰
颁奖单位：中共二七区委
颁奖时间：2015年3月

获奖项目：二七区煤炭管理先进个人
获奖人员：郭超旗
颁奖单位：二七区人民政府
颁奖时间：2015年3月

获奖项目：二七区城乡就业全民创业先进个人
获奖人员：荆淑景　许　华
颁奖单位：二七区人民政府
颁奖时间：2015年3月

获奖项目：二七区劳动维权工作先进个人
获奖人员：芦　红
颁奖单位：二七区人民政府
颁奖时间：2015年3月

马寨镇

获奖项目：2014年度重大招商引资项目先进单位
获奖单位：马寨镇
颁奖单位：中共二七区委　二七区人民政府
颁奖时间：2015年1月

获奖项目：2014年度新型城镇化建设先进单位
获奖单位：马寨镇
颁奖单位：中共二七区委　二七区人民政府
颁奖时间：2015年1月

获奖项目：2014年度二七区新型城镇化建设生态廊道建设奖
获奖单位：马寨镇
颁奖单位：中共二七区委　二七区人民政府
颁奖时间：2015年1月

获奖项目：2014年度二七区新型城镇化建设安置房建设工作奖
获奖单位：马寨镇
颁奖单位：中共二七区委　二七区人民政府
颁奖时间：2015年1月

获奖项目：2014年度二七区新型城镇化建设交通道路及铁路沿线整治奖
获奖单位：马寨镇
颁奖单位：中共二七区委　二七区人民政府
颁奖时间：2015年1月

获奖项目：2014年度二七区统战工作先进集体
获奖单位：马寨镇
颁奖单位：中共二七区
颁奖时间：2015年2月

获奖项目：2014年度二七区煤炭管理工作先进单位
获奖单位：马寨镇

颁奖单位：二七区人民政府
颁奖时间：2015年3月

获奖项目：2014年度依法治区工作先进单位
获奖单位：马寨镇
颁奖单位：中共二七区委　二七区人民政府
颁奖时间：2015年3月

获奖项目：2014年度城乡就业全民创业工作先进单位
获奖单位：马寨镇
颁奖单位：二七区人民政府
颁奖时间：2015年3月

获奖项目：2014年度社会保险工作先进单位
获奖单位：马寨镇
颁奖单位：二七区人民政府
颁奖时间：2015年3月

获奖项目：2014年度郑州市农村公路文明养护站
获奖单位：马寨镇
颁奖单位：郑州市地方公路管理处
颁奖时间：2015年3月

大学路街道

获奖项目：二七区三年行动计划综合考核优秀单位
获奖单位：大学路街道
颁奖单位：中共二七区委　二七区人民政府
颁奖时间：2015年2月

获奖项目：二七区2014年度工作考核优秀单位
获奖单位：大学路街道
颁奖单位：中共二七区委　二七区人民政府
颁奖时间：2015年2月

获奖项目：二七区2014年度社会管理奖
获奖单位：大学路街道
颁奖单位：中共二七区委　二七区人民政府
颁奖时间：2015年2月

获奖项目：二七区2014年度特别贡献奖
获奖单位：大学路街道
颁奖单位：中共二七区委　二七区人民政府
颁奖时间：2015年2月

获奖项目：二七区2014年度优化经济发展环境奖
获奖单位：大学路街道
颁奖单位：中共二七区委　二七区人民政府
颁奖时间：2015年2月

获奖项目：二七区2014年度选商引资及投资促进奖
获奖单位：大学路街道
颁奖单位：中共二七区委　二七区人民政府
颁奖时间：2015年2月

获奖项目：二七区三年行动计划商贸物流和对外开放工作先进单位
获奖单位：大学路街道
颁奖单位：中共二七区委　二七区人民政府
颁奖时间：2015年2月

获奖项目：二七区三年行动计划城乡建设管理工作先进单位
获奖单位：大学路街道
颁奖单位：中共二七区委　二七区人民政府
颁奖时间：2015年2月

获奖项目：二七区三年行动计划社会管理和信访稳定工作先进单位
获奖单位：大学路街道
颁奖单位：中共二七区委　二七区人民政府
颁奖时间：2015年2月

获奖项目：2014年度郑州市全民健身先进指导站点
获奖单位：交通新苑社区站
颁奖单位：郑州市体育局
颁奖时间：2015年1月

获奖项目：河南省首批示范“妇女之家”
获奖单位：大郑大社区妇女之家
颁奖单位：河南省妇女联合会
颁奖时间：2014年8月

五里堡街道

获奖项目：郑州市“创建幸福家庭”活动先进单位
获奖单位：五里堡街道
颁奖单位：郑州市人口和计划生育领导小组
颁奖时间：2014年1月

获奖项目：2013年度郑州市“坚持依靠群众推进工作落实”长效机制工作先进乡镇街道
获奖单位：五里堡街道
颁奖单位：二七区人民政府
颁奖时间：2014年2月

获奖项目：郑州市廉政文化“六进”示范点
获奖单位：五里堡街道
颁奖单位：中共郑州市纪律检查委员会　郑州市监察局
颁奖时间：2014年2月

获奖项目：2013年度推进工业转型升级及信息化建设先进单位
获奖单位：五里堡街道
颁奖单位：二七区人民政府
颁奖时间：2014年3月

获奖项目：郑州市先进人民调解委员会
获奖单位：五里堡街道
颁奖单位：郑州市人力资源和社会保障局　郑州市司法局
颁奖时间：2014年4月

获奖项目：2013年郑州市“欢乐中原魅力郑州”群众文化活动先进单位
获奖单位：五里堡街道
颁奖单位：中共郑州市委宣传部
颁奖时间：2014年5月

获奖项目：2013年度郑州市信访工作先进单位

获奖单位：五里堡街道
颁奖单位：中共郑州市委　郑州市人民政府
颁奖时间：2014年8月

获奖项目：郑州市廉政文化“六进”示范点
获奖单位：国花社区
颁奖单位：中共郑州市纪律检查委员会　郑州市监察局
颁奖时间：2014年2月

获奖项目：二七区示范型党组织
获奖单位：国花社区
颁奖单位：中共二七区委
颁奖时间：2014年2月

获奖项目：郑州市计划生育示范化社区
获奖单位：国花社区
颁奖单位：郑州市人口与计划生育委员会
颁奖时间：2014年3月

获奖项目：二七区文明社区
获奖单位：国花社区
颁奖单位：中共二七区委　二七区人民政府
颁奖时间：2014年3月

获奖项目：郑州市民主法制社区
获奖单位：国花社区
颁奖单位：郑州市民政局　郑州市司法局　郑州市依法治市工作小组
颁奖时间：2014年10月

获奖项目：市级文明社区
获奖单位：河医南社区
颁奖单位：郑州市人民政府
颁奖时间：2014年3月

获奖项目：2014年上半年二七区优秀三级网格长
获奖人员：佟香红　张红伟　杜佳丽　马文军
刘　智　张俊平　李永革　李晓云
贾彩玲　董桂春　刘玉敏　张丽红
颁奖单位：二七区人民政府
颁奖时间：2014年4月

福华街街道

获奖项目：2014年度二七区三年行动计划社会管理和信访稳定工作先进单位
获奖单位：福华街街道
颁奖单位：中共二七区委　二七区人民政府
颁奖时间：2015年3月

获奖项目：2014年度二七区政法暨平安建设工作优秀单位
获奖单位：福华街街道
颁奖单位：中共二七区委　二七区人民政府
颁奖时间：2015年3月

获奖项目：二七区三年行动计划社会管理和信访稳定工作先进单位
获奖单位：福华街街道
颁奖单位：中共二七区委　二七区人民政府
颁奖时间：2015年3月

获奖项目：2014年度政法暨平安建设信访依法治区工作先进单位
获奖单位：福华街街道
颁奖单位：中共二七区委
颁奖时间：2015年3月

获奖项目：二七区2014年度民生建设奖
获奖单位：福华街街道
颁奖单位：中共二七区委　二七区人民政府
颁奖时间：2015年2月

获奖项目：二七区2014年度网格化管理奖
获奖单位：福华街街道
颁奖单位：中共二七区委　二七区人民政府
颁奖时间：2015年2月

获奖项目：二七区城市管理提升工作先进单位
获奖单位：福华街街道
颁奖单位：中共二七区委　二七区人民政府
颁奖时间：2015年3月

获奖项目：二七区反腐倡廉工作先进集体
获奖单位：福华街街道
颁奖单位：中共二七区委
颁奖时间：2015年3月

获奖项目：二七区城市管理提升工作先进单位
获奖单位：福华街街道
颁奖单位：中共二七区委　二七区人民政府
颁奖时间：2015年3月

获奖项目：二七区城乡就业工作优秀集体
获奖单位：福华街街道
颁奖单位：二七区人民政府
颁奖时间：2015年3月

获奖项目：二七区2014年度安全生产奖
获奖单位：福华街街道
颁奖单位：中共二七区委　二七区人民政府
颁奖时间：2015年2月

获奖项目：二七区信访工作先进单位
获奖单位：福华街街道
颁奖单位：中共二七区委　二七区人民政府
颁奖时间：2015年3月

获奖项目：二七区长效机制工作先进单位
获奖单位：福华街街道
颁奖单位：中共二七区委　二七区人民政府
颁奖时间：2015年3月

获奖项目：二七区商贸物流和对外开放工作先进单位
获奖单位：福华街街道
颁奖单位：中共二七区委　二七区人民政府
颁奖时间：2015年2月

获奖项目：二七区新型城镇化建设单项工作重点区域

拆迁工作先进单位
获奖单位：福华街街道
颁奖单位：中共二七区委　二七区人民政府
颁奖时间：2015年1月

获奖项目：二七区科普工作先进单位
获奖单位：福华街街道
颁奖单位：二七区人力资源和社会保障社局　二七区科学技术协会
颁奖时间：2015年4月

获奖项目：二七区文化工作先进单位
获奖单位：福华街街道
颁奖单位：二七区人民政府
颁奖时间：2015年4月

获奖项目：二七区精神文明工作先进单位
获奖单位：福华街街道
颁奖单位：中共二七区委　二七区人民政府
颁奖时间：2015年2月

建中街街道

获奖项目：2014年度安全生产月咨询日活动先进单位
获奖单位：建中街街道
颁奖单位：郑州市人民政府安全生产委员会
颁奖时间：2014年10月

获奖项目：2014年第三、四季度“爱国卫生杯”流动红旗
获奖单位：建中街街道
颁奖单位：郑州市爱国运动委员会
颁奖时间：2014年11月

获奖项目：二七区三年行动计划综合工作优秀单位
获奖单位：建中街街道
颁奖单位：中共二七区委　二七区人民政府
颁奖时间：2015年3月

获奖项目：二七区三年行动计划教科文卫工作先进单位
获奖单位：建中街街道
颁奖单位：中共二七区委　二七区人民政府
颁奖时间：2015年3月

获奖项目：二七区三年行动计划经济社会发展综合工作先进单位
获奖单位：建中街街道
颁奖单位：中共二七区委　二七区人民政府
颁奖时间：2015年3月

获奖项目：二七区三年行动计划商贸物流和对外开放工作先进单位
获奖单位：建中街街道
颁奖单位：中共二七区委　二七区人民政府
颁奖时间：2015年3月

获奖项目：二七区三年行动计划工业经济和安全生产工作先进单位
获奖单位：建中街街道
颁奖单位：中共二七区委　二七区人民政府
颁奖时间：2015年3月

获奖项目：二七区三年行动计划社会管理和信访稳定工作先进单位
获奖单位：建中街街道
颁奖单位：中共二七区委　二七区人民政府
颁奖时间：2015年3月

获奖项目：二七区三年行动计划“坚持依靠群众推进工作落实”长效机制工作先进单位
获奖单位：建中街街道
颁奖单位：中共二七区委　二七区人民政府
颁奖时间：2015年3月

获奖项目：2014年度工作考核优秀单位
获奖单位：建中街街道
颁奖单位：中共二七区委　二七区人民政府
颁奖时间：2015年2月

获奖项目：2014年度“三大主体”工作奖
获奖单位：建中街街道
颁奖单位：中共二七区委　二七区人民政府
颁奖时间：2015年3月

获奖项目：二七区环境保护工作先进单位
获奖单位：建中街街道
颁奖单位：中共二七区委　二七区人民政府
颁奖时间：2015年3月

获奖项目：二七区选商引资及投资促进奖
获奖单位：建中街街道
颁奖单位：中共二七区委　二七区人民政府
颁奖时间：2015年3月

获奖项目：最具活力奖
获奖单位：建中街街道
颁奖单位：中共二七区委　二七区人民政府
颁奖时间：2015年3月

获奖项目：二七区先进基层人民武装部
获奖单位：建中街街道
颁奖单位：中共二七区委　二七区人民政府　二七区人民武装部
颁奖时间：2015年3月

获奖项目：二七区“拥军优属”先进单位
获奖单位：建中街街道
颁奖单位：中共二七区委　二七区人民政府　二七区人民武装部
颁奖时间：2014年12月

获奖项目：二七区2014年度反腐倡廉建设工作先进集体
获奖单位：建中街街道
颁奖单位：中共二七区委
颁奖时间：2015年3月

获奖项目：二七区2014年度全区统一战线工作先进单位
获奖单位：建中街街道
颁奖单位：中共二七区委

颁奖时间：2015年2月

获奖项目：二七区2014年度城乡就业全民创业工作先进单位
获奖单位：建中街街道
颁奖单位：二七区人民政府
颁奖时间：2015年3月

获奖项目：2014年度基层服务型党组织
获奖单位：铁道陇海家园社区　人和社区
颁奖单位：中共二七区委
颁奖时间：2015年2月

获奖项目：郑州市离退休干部党支部先进集体
获奖单位：铁道陇海家园社区
颁奖单位：郑州市老干部局
颁奖时间：2015年4月

获奖项目：河南省寻找“最美家庭”活动优秀组织奖
获奖单位：铁道陇海家园社区
颁奖单位：河南省妇女联合会
颁奖时间：2014年5月

获奖项目：郑州市三八红旗集体
获奖单位：铁道陇海家园社区
颁奖单位：郑州市人力资源和社会保障局　郑州市妇女联合会
颁奖时间：2015年3月

获奖项目：2014年郑州市“基层科普行动计划”之“社区科普益民计划”优秀示范点
获奖单位：建华社区
颁奖单位：郑州市科学技术协会　郑州市财政局
颁奖时间：2014年8月

获奖项目：郑州市先进基层党校
获奖单位：人和社区
颁奖单位：中共郑州市委宣传部
颁奖时间：2015年1月

获奖项目：2014年共青团服务郑州都市区建设先进个人
获奖人员：李　刚
颁奖单位：共青团郑州市委
颁奖时间：2015年3月

获奖项目：2014年郑州市流动人口计划生育服务管理先进个人
获奖人员：樊玲玲
颁奖单位：郑州市人力资源和社会保障局　郑州市人口与计划生育委员会
颁奖时间：2015年2月

获奖项目：2014年度优秀二级网格长
获奖人员：刘青霞　刘春芳　沈丽梅
颁奖单位：中共二七区委　二七区人民政府
颁奖时间：2015年1月

获奖项目：2014年度优秀三级网格长
获奖人员：陈瑞红　孙二强　赵凤梅　刘玉茹　王志军　张保华　朱利华
颁奖单位：中共二七区委　二七区人民政府
颁奖时间：2015年1月

获奖项目：二七区三年行动计划工作先进个人
获奖人员：成　晨　王　阳　姚兰兰　张玉军
颁奖单位：中共二七区委　二七区人民政府
颁奖时间：2015年3月

获奖项目：二七区优秀专武干部
获奖人员：朱新杰
颁奖单位：中共二七区委　二七区人民政府　二七区人民武装部
颁奖时间：2015年3月

获奖项目：二七区“拥军优属”先进个人
获奖人员：李　静
颁奖单位：中共二七区委　二七区人民政府　二七区人民人武部
颁奖时间：2015年12月

获奖项目：2014年度全区统一战线工作先进个人
获奖人员：沈　洁
颁奖单位：中共二七区委
颁奖时间：2015年2月

获奖项目：二七区2014年度城乡就业全民创业工作先进个人
获奖人员：宋东莹　张欢欢
颁奖单位：二七区人民政府
颁奖时间：2015年3月

获奖项目：2014年度社会保险工作先进个人
获奖人员：宋东莹
颁奖单位：二七区人民政府
颁奖时间：2015年3月

蜜蜂张街道

获奖项目：2014年二七区度工业经济和安全生产工作先进单位
获奖单位：蜜蜂张街道
颁奖部门：中共二七区委　二七人民政府
颁奖时间：2015年3月

获奖项目：2014年度二七区城市管理提升工作先进单位
获奖单位：蜜蜂张街道
颁奖部门：中共二七区委　二七人民政府
颁奖时间：2015年3月

获奖项目：2014年度二七区重大招商引资先进单位
获奖单位：蜜蜂张街道
颁奖单位：中共二七区委　二七人民政府
颁奖时间：2015年3月

获奖项目：二七区三年行动计划工作先进个人
获奖人员：徐　力　王中华　张利涛　孟淑霞
颁奖单位：中共二七区委　二七人民政府
颁奖时间：2015年3月

获奖项目：二七区2014年度新型城镇化建设先进个人
获奖人员：徐　力
颁奖单位：中共二七区委　二七人民政府
颁奖时间：2015年3月

获奖项目：二七区2014年度城乡就业全民创业工作先进个人
获奖人员：王俊英　于　健
颁奖单位：二七区人民政府
颁奖时间：2015年3月

获奖项目：二七区2014年度劳动维权工作先进个人
获奖人员：王　伟
颁奖单位：二七区人民政府
颁奖时间：2015年3月

获奖项目：2014年度社会保险工作先进个人
获奖人员：鲁　睿
颁奖单位：二七区人民政府
颁奖时间：2015年3月

获奖项目：2014年度二七区社会管理奖
获奖人员：张利涛
颁奖单位：二七区人民政府
颁奖时间：2015年3月

获奖项目：2014年度二七区依法治区奖
获奖人员：牛红玉
颁奖单位：二七区人民政府
颁奖时间：2015年3月

铭功路街道

获奖项目：2014年度郑州市“坚持依靠群众推进工作落实”长效机制工作先进街道办事处
获奖单位：铭功路街道
颁奖单位：中共二七区委　二七区人民政府
颁奖时间：2015年2月

获奖项目：郑州市2014年度住房保障管理工作先进集体
获奖单位：铭功路街道
颁奖单位：郑州市人力资源和社会保障局　郑州市住房保障和房地产管理局
颁奖时间：2015年2月

获奖项目：郑州市“妇女之家”建设示范点
获奖单位：铭功路街道
颁奖单位：郑州市妇女联合会
颁奖时间：2015年3月

获奖项目：二七区2014年度工作考核优秀单位
获奖单位：铭功路街道
颁奖单位：中共二七区委　二七区人民政府
颁奖时间：2015年3月

获奖项目：二七区重大招商引资先进单位
获奖单位：铭功路街道
颁奖单位：中共二七区委　二七区人民政府
颁奖时间：2015年3月

获奖项目：二七区中心城区功能提升工作先进单位
获奖单位：铭功路街道
颁奖单位：中共二七区委　二七区人民政府
颁奖时间：2015年3月

获奖项目：二七区2014年度最具和谐团队奖
获奖单位：铭功路街道
颁奖单位：中共二七区委　二七区人民政府
颁奖时间：2015年3月

获奖项目：二七区2014年度反腐倡廉建设工作先进集体
获奖单位：铭功路街道
颁奖单位：中共二七区委　二七区人民政府
颁奖时间：2015年3月

获奖项目：二七区2014年度文物工作先进单位
获奖单位：铭功路街道
颁奖单位：二七区人民政府
颁奖时间：2015年4月

获奖项目：二七区社会保险工作先进单位
获奖单位：铭功路街道
颁奖单位：二七区人民政府
颁奖时间：2015年4月

获奖项目：二七区统一战线工作先进单位
获奖单位：铭功路街道
颁奖单位：中共二七区委
颁奖时间：2015年4月

一马路街道

获奖项目：2013年度全区统战工作先进单位
获奖单位：一马路街道
颁奖单位：中共二七区委
颁奖时间：2014年3月

获奖项目：2013年度二七区“坚持依靠群众推进工作落实”长效机制工作制度建设优秀乡（镇）街道
获奖单位：一马路街
颁奖单位：中共二七区委　二七区人民政府
颁奖时间：2014年2月

获奖项目：2013年度郑州市信访工作“四无”乡（镇）办
获奖单位：一马路街道
颁奖单位：郑州市信访工作领导小组办公室
颁奖时间：2014年6月

获奖项目：2013年度全区纠正行业不正之风工作先进集体
获奖单位：一马路街道
颁奖单位：二七区人民政府
颁奖时间：2014年8月

获奖项目：2014年度二七区新型城镇化建设内环区域有机更新工作单位
获奖单位：一马路街道
颁奖单位：中共二七区委　二七区人民政府

颁奖时间：2015年1月

获奖项目：二七区2014年度基层服务型党组织
获奖单位：一马路街道
颁奖单位：中共二七区委
颁奖时间：2015年2月

获奖项目：2014年度二七区特别贡献奖
获奖单位：一马路街道
颁奖单位：中共二七区委　二七区人民政府
颁奖时间：2015年2月

获奖项目：二七区2014年度优化经济发展环境奖
获奖单位：一马路街道
颁奖单位：中共二七区委　二七区人民政府
颁奖时间：2015年2月

获奖项目：2014年度二七区三年行动计划教科文卫工作先进单位
获奖单位：一马路街道
颁奖单位：中共二七区委　二七区人民政府
颁奖时间：2015年2月

获奖项目：2014年度工作考核优秀单位
获奖单位：一马路街道
颁奖单位：中共二七区委　二七区人民政府
颁奖时间：2015年2月

获奖项目：2014年度二七区企业税收贡献奖
获奖单位：一马路街道
颁奖单位：中共二七区委　二七区人民政府
颁奖时间：2015年2月

获奖项目：2014年度网格化管理奖
获奖单位：一马路街道
颁奖单位：中共二七区委　二七区人民政府
颁奖时间：2015年2月

获奖项目：2013年度全区服务型党组织
获奖单位：陇海大院社区党支部
颁奖单位：中共二七区委
颁奖时间：2014年2月

解放路街道

获奖项目：2013年度市级文明单位
获奖单位：解放路街道
颁奖单位：中共郑州市委　郑州市人民政府
颁奖时间：2014年5月

获奖项目：2013年度平安建设先进乡（镇、街道）
获奖单位：解放路街道
颁奖单位：中共郑州市委　郑州市人民政府
颁奖时间：2014年10月

获奖项目：郑州市民族团结进步示范单位
获奖单位：解放路街道
颁奖单位：中共郑州市委宣传部　中共郑州市委政法委　郑州市民族事务委员会　中共郑州市委统战部　郑州市社会主义精神文明建设委员会办公室
颁奖时间：2014年6月

获奖项目：2014年度重大招商引资项目先进单位
获奖单位：解放路街道
颁奖单位：中共二七区委　二七区人民政府
颁奖时间：2015年1月

获奖项目：二七区三年行动计划经济社会发展综合工作先进单位
获奖单位：解放路街道
颁奖单位：中共二七区委　二七区人民政府
颁奖时间：2015年2月

获奖项目：二七区2014年度重点项目推进奖
获奖单位：解放路街道
颁奖单位：中共二七区委　二七区人民政府
颁奖时间：2015年2月

获奖项目：二七区2014年度优化经济发展环境奖
获奖单位：解放路街道
颁奖单位：中共二七区委　二七区人民政府
颁奖时间：2015年2月

获奖项目：二七区三年行动计划商贸物流和对外开放工作先进单位
获奖单位：解放路街道
颁奖单位：中共二七区委　二七区人民政府
颁奖时间：2015年2月

获奖项目：二七区2014年度安全生产奖
获奖单位：解放路街道
颁奖单位：中共二七区委　二七区人民政府
颁奖时间：2015年2月

获奖项目：二七区三年行动计划教科文卫工作先进单位
获奖单位：解放路街道
颁奖单位：中共二七区委　二七区人民政府
颁奖时间：2015年2月

获奖项目：二七区2014年度社会保险工作先进单位
获奖单位：解放路街道
颁奖单位：二七区人民政府
颁奖时间：2015年3月

获奖项目：二七区2014年度基层服务型党组织
获奖单位：解放路街道
颁奖单位：中共二七区委
颁奖时间：2015年2月

获奖项目：二七区三年行动计划工作先进个人
获奖人员：张淑利
颁奖单位：中共二七区委　二七区人民政府
颁奖时间：2015年3月

获奖项目：二七区反腐倡廉建设工作先进个人
获奖人员：张淑利
颁奖单位：中共二七区委
颁奖时间：2015年3月

获奖项目：2014年度二七区优秀专武干部
获奖人员：李清海
颁奖单位：中共二七区委　二七区人民政府　二七区人民武装部
颁奖时间：2015年3月

获奖项目：2014年度平安建设先进个人
获奖人员：闫　立
颁奖单位：中共二七区委　二七区人民政府
颁奖时间：2015年3月

获奖项目：二七区三年行动计划工作先进个人
获奖人员：孟　健　康向军　王利杰　海　帅　李海涛
颁奖单位：中共二七区委　二七区人民政府
颁奖时间：2015年3月

获奖项目：2014年度二七区信访工作先进个人
获奖人员：张　旭　张　丽　王艳伟
颁奖单位：中共二七区委　二七区人民政府
颁奖时间：2015年3月

获奖项目：2014年度城乡就业全民创业工作先进个人
获奖人员：李燕阁
颁奖单位：二七区人民政府
颁奖时间：2015年3月

获奖项目：2014年度二七区优秀三级网格长
获奖人员：张雪萍　崔　冰
颁奖单位：中共二七区委　二七区人民政府
颁奖时间：2015年1月

获奖项目：2014年度二七区"坚持依靠群众推进工作落实"长效机制工作优秀工作者
获奖人员：张锋涛
颁奖单位：中共二七区委　二七区人民政府
颁奖时间：2015年2月

获奖项目：二七区2014年度精神文明建设工作先进个人
获奖人员：王丽娜
颁奖单位：中共二七区委　二七区人民政府
颁奖时间：2015年2月

获奖项目：二七区2014年度劳动维权工作先进个人
获奖人员：杨晓红
颁奖单位：二七区人民政府
颁奖时间：2015年3月

获奖项目：二七区2014年度城乡就业全民创业工作先进个人
获奖人员：院　芳
颁奖单位：二七区人民政府
颁奖时间：2015年3月

获奖项目：二七区2014年度社会保险工作先进个人
获奖人员：任　佳
颁奖单位：二七区人民政府
颁奖时间：2015年3月

获奖项目：2014年度优秀组织工作干部
获奖人员：齐璟璇
颁奖单位：中共二七区委
颁奖时间：2015年2月

获奖项目：2014年度平安建设先进个人
获奖人员：许秋明
颁奖单位：中共二七区委　二七区人民政府
颁奖时间：2015年3月

获奖项目：2014年度依法治区工作先进个人
获奖人员：逯建中
颁奖单位：中共二七区委　二七区人民政府
颁奖时间：2015年3月

获奖项目：二七区"双拥"工作先进个人
获奖人员：赵娟娟
颁奖单位：中共二七区委　二七区人民政府
颁奖时间：2015年3月

获奖项目：2014年度全区统一战线工作先进个人
获奖人员：贺　淼
颁奖单位：中共二七区委
颁奖时间：2015年2月

德化街街道

获奖项目：二七区三年行动计划商贸物流和对外开放工作先进单位
获奖单位：德化街街道
颁奖单位：中共二七区委　二七区人民政府
颁奖时间：2015年3月

获奖项目：二七区三年行动计划社会管理和信访稳定工作先进单位
获奖单位：德化街街道
颁奖单位：中共二七区委　二七区人民政府
颁奖时间：2015年3月

获奖项目：2014二七区长效机制工作先进乡镇街道
获奖单位：德化街街道办事处
颁奖单位：中共二七区委　二七区人民政府
颁奖时间：2015年3月

获奖项目：2014年度重大招商引资先进单位
获奖单位：德化街街道
颁奖单位：中共二七区委　二七区人民政府
颁奖时间：2015年3月

获奖项目：2014年度中心城区功能提升工作先进单位
获奖单位：德化街街道
颁奖单位：中共二七区委　二七区人民政府
颁奖时间：2015年3月

获奖项目：2014年度最具和谐团队奖
获奖单位：德化街街道
颁奖单位：中共二七区委　二七区人民政府
颁奖时间：2015年3月

获奖项目：二七区2014年度基层服务型党组织

获奖单位：德化街街道
颁奖单位：中共二七区委
颁奖时间：2015年2月

获奖项目：2014年度政法暨平安建设工作先进单位
获奖单位：德化街街道
颁奖单位：中共二七区委　二七区人民政府
颁奖时间：2015年3月

获奖项目：2014年度依法治区工作红旗单位
获奖单位：德化街街道
颁奖单位：中共二七区委　二七区人民政府
颁奖时间：2015年3月

获奖项目：2014年度信访工作红旗单位
获奖单位：德化街街道
颁奖单位：中共二七区委　二七区人民政府
颁奖时间：2015年3月

淮河路街道

获奖项目：2013年度二七区新型城镇化建设先进单位
获奖单位：淮河路街道
颁奖单位：中共二七区委　二七区人民政府
颁奖时间：2014年1月

获奖项目：2013年度全市精神文明建设信息工作先进单位
获奖单位：淮河路街道
颁奖单位：郑州市精神文明建设指导委员会办公室
颁奖时间：2014年1月

获奖项目：郑州市先进基层党校
获奖单位：淮河路街道
颁奖单位：中共郑州市委宣传部
颁奖时间：2014年1月

获奖项目：2013年度二七区“坚持依靠群众推进工作落实”长效机制工作先进乡镇街道
获奖单位：淮河路街道
颁奖单位：中共二七区委　二七区人民政府
颁奖时间：2014年2月

获奖项目：2013年全区服务型党组织
获奖单位：陇海社区党委
颁奖单位：中共二七区委
颁奖时间：2014年2月

获奖项目：全市“深入学习贯彻党的十八大精神促进郑州都市区发展”主题党课活动优秀党课教案
获奖人员：赵红林
颁奖单位：中共郑州市委宣传部
颁奖时间：2014年1月

获奖项目：2013年度统战工作先进个人
获奖人员：刘福平
颁奖单位：中共二七区委
颁奖时间：2014年2月

获奖项目：2013年度二七区“坚持依靠群众推进工作落实”长效机制工作优秀二级网格人员
获奖人员：孟　斌　路　斌
颁奖单位：中共二七区委　二七区人民政府
颁奖时间：2014年2月

获奖项目：2013年全区优秀组工干部
获奖人员：李　丽
颁奖单位：中共二七区委
颁奖时间：2014年2月

获奖项目：2013年“讲文明树新风”公益广告宣传工作先进集体
获奖单位：淮河路街道
颁奖单位：郑州市精神文明建设指导委员会办公室
颁奖时间：2014年2月

获奖项目：2013年度郑州市物业管理工作先进集体
获奖单位：淮河路街道
颁奖单位：郑州市人力资源和社会保障局　郑州市住房保障和房地产管理局
颁奖时间：2014年1月

获奖项目：2013年度郑州市司法行政系统工作先进集体
获奖单位：淮河路街道
颁奖单位：郑州市司法局
颁奖时间：2014年2月

获奖项目：二七区“坚持依靠群众推进工作落实”长效机制工作先进乡镇街道
获奖单位：淮河路街道
颁奖单位：中共二七区委　二七区人民政府
颁奖时间：2014年2月

获奖项目：二七区重点项目推进奖
获奖单位：淮河路街道
颁奖单位：中共二七区委　二七区人民政府
颁奖时间：2014年3月

获奖项目：二七区选商引资及投资促进奖
获奖单位：淮河路街道
颁奖单位：中共二七区委　二七区人民政府
颁奖时间：2014年3月

获奖项目：二七区社会管理奖
获奖单位：淮河路街道
颁奖单位：中共二七区委　二七区人民政府
颁奖时间：2014年3月

获奖项目：二七区最具执行力奖
获奖单位：淮河路街道
颁奖单位：中共二七区委　二七区人民政府
颁奖时间：2014年3月

获奖项目：二七区最具活力奖
获奖单位：淮河路街道
颁奖单位：中共二七区委　二七区人民政府
颁奖时间：2014年3月

获奖项目：2013年郑州市精神文明建设先进单位
获奖单位：淮河路街道
颁奖单位：中共郑州市委　郑州市人民政府
颁奖时间：2014年5月

获奖项目：二七区新型城镇化建设工作先进个人
获奖人员：亢春风　汪培志　王　璐
颁奖单位：中共二七区委　二七区人民政府
颁奖时间：2014年3月

获奖项目：2013年度社会救助工作先进集体
获奖单位：淮河路街道
颁奖单位：二七区人民政府
颁奖时间：2014年4月

获奖项目：2013年郑州市精神文明建设先进个人
获奖人员：赵红林
颁奖单位：中共郑州市委　郑州市人民政府
颁奖时间：2014年5月

获奖项目：2010年度省会改善人居环境工作先进单位
获奖单位：淮河路街道
颁奖单位：省会改善人居环境工作领导小组
颁奖时间：2014年5月

获奖项目：2013年度全省先进基层党校
获奖单位：淮河路街道
颁奖单位：中共河南省委宣传部
颁奖时间：2014年4月

获奖项目：2013年度城市管理整治提升活动先进单位
获奖单位：淮河路街道
颁奖单位：中共二七区委　二七区人民政府
颁奖时间：2014年4月

获奖项目：2013年郑州市"欢乐中原魅力二七"群众文化活动先进个人
获奖人员：赵红林
颁奖单位：中共郑州市委宣传部
颁奖时间：2014年5月

获奖项目：爱国卫生工作流动红旗
获奖单位：淮河路街道
颁奖单位：郑州市爱国卫生运动委员会
颁奖时间：2014年8月

获奖项目：2013年度郑州市平安建设先进乡（镇、街道）
获奖单位：淮河路街道
颁奖单位：中共郑州市委　郑州市人民政府
颁奖时间：2014年10月

获奖项目：2013年度郑州市平安建设先进个人
获奖个人：赵红林
颁奖单位：中共郑州市委政法委员会　郑州市人力资源和社会保障局
颁奖时间：2014年10月

获奖项目：2014年度二七区新型城镇化建设先进单位（综合奖）
获奖单位：淮河路街道
颁奖单位：中共二七区委　二七区人民政府
颁奖时间：2015年1月

获奖项目：2014年度二七区新型城镇化建设安置房建设工作奖（单项奖）
获奖单位：淮河路街道
颁奖单位：中共二七区委　二七区人民政府
颁奖时间：2015年1月

获奖项目：2014年度优秀三级网格长
获奖人员：郭培培　杭桂枝　罗丽琴　白　芳
赵　宁　王　瑞　李　娟　李　娜
颁奖单位：中共二七区委　二七区人民政府
颁奖时间：2015年1月

获奖项目：2014年度郑州市新型城镇化建设先进个人
获奖人员：赵红林
颁奖单位：中共郑州市委　郑州市人民政府
颁奖时间：2015年2月

获奖项目：2014年度郑州市流动人口计划生育服务管理先进集体
获奖单位：淮河路街道
颁奖单位：郑州市人力资源和社会保障局　郑州市人口和计划生育委员会
颁奖时间：2015年2月

获奖项目：二七区2014年度先进基层人民武装部
获奖单位：淮河路街道
颁奖单位：中共二七区委　二七区人民政府　二七区人民武装部
颁奖时间：2015年2月

获奖项目：二七区2014年度优秀专职人民武装干部
获奖人员：张　健
颁奖单位：中共二七区委　二七区人民政府　二七区人民武装部
颁奖时间：2015年2月

获奖项目：2014年度工作考核优秀单位
获奖单位：淮河路街道
颁奖单位：中共二七区委　二七区人民政府
颁奖时间：2015年2月

获奖项目：2014年度工作单项奖（选商引资及投资促进奖）
获奖单位：淮河路街道
颁奖单位：中共二七区委　二七区人民政府
颁奖时间：2015年3月

获奖项目：2014年度工作单项奖（民生建设奖）
获奖单位：淮河路街道
颁奖单位：中共二七区委　二七区人民政府
颁奖时间：2015年3月

获奖项目：2014年度工作单项奖（城市管理提升奖）
获奖单位：淮河路街道

颁奖单位：中共二七区委　二七区人民政府
颁奖时间：2015年3月

获奖项目：2014年度工作单项奖（最具执行力奖）
获奖单位：淮河路街道
颁奖单位：中共二七区委　二七区人民政府
颁奖时间：2015年3月

获奖项目：2014年度反腐倡廉建设工作先进个人
获奖人员：毛淑娜
颁奖单位：中共二七区委
颁奖时间：2015年3月

获奖项目：2014年度二七区“坚持依靠群众推进工作落实”长效机制工作先进乡镇街道
获奖单位：淮河路街道
颁奖单位：中共二七区委　二七区人民政府
颁奖时间：2015年3月

获奖项目：2014年度信访工作红旗单位
获奖单位：淮河路街道
颁奖单位：中共二七区委　二七区人民政府
颁奖时间：2015年3月

获奖项目：2014年度政法暨平安建设工作优秀单位
获奖单位：淮河路街道
颁奖单位：中共二七区委　二七区人民政府
颁奖时间：2015年3月

嵩山路街道

获奖项目：2013年度新型城镇化建设工作先进单位
获奖单位：嵩山路街道
颁奖单位：中共郑州市委　郑州市人民政府
颁奖时间：2014年3月

获奖项目：2013年度爱国卫生杯铜杯
获奖单位：嵩山路街道
颁奖单位：郑州市人民政府办公厅
颁奖时间：2014年6月

获奖项目：2013年度残疾人工作先进街道
获奖单位：嵩山路街道办事处
颁奖单位：郑州市人民政府残疾人工作委员会
颁奖时间：2014年4月

获奖项目：2013年度郑州市“两环十七放射”道路绿化工作先进单位
获奖单位：嵩山路街道
颁奖单位：郑州市“两环十七放射”道路绿化提升工程建设指挥部
颁奖时间：2014年1月

获奖项目：郑州市第一批民族团结进步示范单位
获奖单位：亚星社区
颁奖单位：中共郑州市委宣传部　中共郑州市委统战部　中共郑州市委政法委员会
颁奖时间：2014年7月

获奖项目：2013年度精神文明建设先进个人
获奖人员：胡仲泰
颁奖单位：中共郑州市委　郑州市人民政府
颁奖时间：2014年5月

获奖项目：郑州市思想政治工作研究会优秀工作者
获奖人员：胡仲泰
获奖单位：郑州市思想政治工作研究会
颁奖时间：2014年8月

获奖项目：五一劳动奖章
获奖人员：李爱国
颁奖单位：郑州市总工会
颁奖时间：2014年4月

长江路街道

获奖项目：2013年度二七区重大招商引资项目先进单位
获奖单位：长江路街道
颁奖单位：中共二七区委　二七区人民政府
颁奖时间：2014年1月

获奖项目：2013年度二七区“坚持依靠群众推进工作落实”长效机制工作制度建设优秀乡（镇）街道
获奖单位：长江路街道
颁奖单位：中共二七区委　二七区人民政府
颁奖时间：2014年2月

获奖项目：二七区2013年度服务型党组织
获奖单位：长江路街道
颁奖单位：中共二七区委
颁奖时间：2014年2月

获奖项目：二七区2013年度社会救助工作先进集体
获奖单位：长江路街道
颁奖单位：二七区人民政府
颁奖时间：2014年4月

获奖项目：郑州市2013年度文明单位
获奖单位：长江路街道
颁奖单位：中共郑州市委　郑州市人民政府
颁奖时间：2014年5月

获奖项目：2013年郑州市“欢乐中原·魅力郑州”群众文化活动先进单位
获奖单位：长江路街道
颁奖单位：中共郑州市委宣传部
颁奖时间：2014年5月

获奖项目：2013年度全区纠风工作先进集体
获奖单位：长江路街道
颁奖单位：二七区人民政府
颁奖时间：2014年8月

获奖项目：全国乡镇综合文化站评估定级“二级文化站”
获奖单位：玫瑰花园社区
颁奖单位：河南省文化厅
颁奖时间：2014年5月

获奖项目：郑州市“基层科普行动计划”之“社区科普益民计划”示范点
获奖单位：玫瑰花园社区
颁奖单位：郑州市科学技术协会　郑州市财政局
颁奖时间：2014年8月

获奖项目：郑州市民主法治社区
获奖单位：玫瑰花园社区
颁奖单位：郑州市依法治市工作领导小组办公室　郑州市民政局　郑州市司法局
颁奖时间：2014年10月

京广路街道

获奖项目：二七区2014年度重点项目推进奖
获奖单位：京广路街道
颁奖单位：中共二七区委　二七区人民政府
颁奖时间：2015年2月

获奖项目：二七区三年行动计划经济社会发展综合工作先进单位
获奖单位：京广路街道
颁奖单位：中共二七区委　二七区人民政府
颁奖时间：2015年2月

获奖项目：二七区三年行动计划教科文卫工作先进单位
获奖单位：京广路街道
颁奖单位：中共二七区委　二七区人民政府
颁奖时间：2015年2月

获奖项目：二七区三年行动计划社会管理和信访稳定工作先进单位
获奖单位：京广路街道
颁奖单位：中共二七区委　二七区人民政府
颁奖时间：2015年2月

获奖项目：二七区三年行动计划城乡建设管理工作先进单位
获奖单位：京广路街道
颁奖单位：中共二七区委　二七区人民政府
颁奖时间：2015年2月

2014年区属学校获奖项目

序号	获奖单位	奖项名称	颁奖单位	获奖时间
1	春晖小学	2014“王者陶瓷杯”全国青少年校园足球冠军杯赛呼和浩特赛区分区赛小学组二等奖	全国青少年校园足球工作领导小组办公室　全国青少年校园足球冠军杯赛主委会	2014年6月
2	春晖小学	中国教育学会“传统文化进校园”项目试点学校	全国青少年校园足球工作领导小组办公室　全国青少年校园足球冠军杯赛主委会	2014年12月
3	春晖小学	荣获“中国移动校信通杯”第十五届中小学电脑制作优秀组织奖	中央电化教育馆	2014年8月
4	春晖小学	在全国综合实践活动优秀课程资源评选《环保体育行》荣获一等奖	教育部基础教育课程改革综合实践活动组　中国教育学会教育学分会综合实践活动学术委员会	2014年11月
5	春晖小学	在全国综合实践活动优秀课程资源评选中《“茶韵飘香”校本课程开发的研究》荣获优秀奖	教育部基础教育课程改革综合实践活动组　中国教育学会教育学分会综合实践活动学术委员会	2014年11月
6	长江东路小学	亚盛校园杯晋陕冀鲁豫少年足球赛第四名	大赛组委会	2014年5月
7	汝河路小学	2014年青少年科学调查体验活动全国优秀活动示范单位	中国科协　教育部　中央文明办　共青团中央	2014年12月
8	幸福路小学	2014“雄鹰杯”第五届中国中西部青少年篮球锦标赛(邯郸分赛区)男子组第三名	中国中西部青少年篮球锦标赛理事会	2014年10月
9	幸福路小学	第26届CPBA全国(U13)“苗苗杯”小篮球赛男子组第九名	中体协篮球分会小篮球工作委员会　CPBA全国(U13)“苗苗杯”小篮球理事会	2014年7月
10	永安街小学	全国青少年五好小公民“美丽中国　我的中国梦”主题教育活动示范学校	教育部关系下一代工作委员会	2014年7月
11	苗圃小学	中国青少年素质教育研究实践基地	中国青少年研究会 中国青少年研究中心	2014年4月
12	苗圃小学	宋庆龄少年儿童科技发明示范基地	中国宋庆龄基金会 中国发明协会	2014年8月
13	德化街小学	全国百家书香校园	人民教师报社语言文字报报社	2014年
14	解放路小学	校本德育创新基地	中国德育杂志社	2014年10月
15	解放路小学	综合实践活动优秀课程资源《红色传承》一等奖	教育部基础教育课程项目组	2014年11月
16	解放路小学	《少儿画苑》第二十届国际少儿书画作文大赛	中国国际全息教育学会	2014年
17	郑州市第八十一中学	2014年全国养成教育实验学校	国家“十二五”规划重点研究课题养成教育研究课题组	2014年10月
18	郑州市第七十四中学	2014年全国青少年电子制作锦标赛道德风尚奖	大赛组委会	2014年8月
19	郑州市第七十四中学	2014年全国青少年无线电测向锦标赛道德风尚奖	大赛组委会	2014年8月
20	郑州市第七十四中学	2014年全国青少年无线电测向锦标赛定向猎狐青年男子团体第二名	大赛组委会	2014年8月

序号	获奖单位	奖项名称	颁奖单位	获奖时间
21	郑州市第七十四中学	2014年全国青少年无线电测向锦标赛3.5MHZ青年男子团体第1名	大赛组委会	2014年8月
22	郑州市第七十四中学	2014–2015年全国青少年校园青春拉拉操联赛(郑州站)中国啦啦之星争霸赛(郑州站)中学乙组集体自由舞蹈自选动作第二名	全国啦啦操比赛组织委员会　国家体育总局体操运动管理中心　中国大学生体育协会　中国中学生体育协会	2014年8月
23	郑州市第七十四中学	2014–2015年全国青少年校园青春拉拉操联赛(郑州站)中国啦啦之星争霸赛(郑州站)中学乙组集体花球自选动作第三名	全国啦啦操比赛组织委员会　国家体育总局体操运动管理中心　中国大学生体育协会　中国中学生体育协会	2014年8月
24	郑州市第七十四中学	2014年全国无线电测向公开赛(河南站)体育道德风尚奖	大赛组委会	2014年11月
25	邱砦小学	“中国移动校讯通杯”第十五届全国中小学电脑制作活动“校讯通”专项作品优秀组织奖	中央电化教育馆	2014年8月
26	铁三官庙小学	2014年全国青少年电子制作锦标赛道德风尚奖	国家体育总局	2014年8月
27	铁三官庙小学	全国无线电测向公开赛体育道德风尚奖	国家体育总局	2014年11月
28	淮河东路小学	第四十届中国青少年机器人竞赛金奖	中国青少年机器人竞赛组委会	2014年7月
29	淮河东路小学	2014全国“苗苗杯”篮球比赛优秀奖	“苗苗杯”中国篮球协会会	2014年5月
30	刘胡垌小学	“培林杯”2014—2015年全国跳绳联赛华中赛区　体育道德风尚奖	国家体育总局社会体育指导中心	2014年10月
31	人和路小学	河南省级体育传统项目学校	河南省体育局　河南省教育厅	2014年4月
32	春晖小学	迎新杯U9青少年足球选拔赛优胜奖	河南足球事业发展基金会	2014年12月
33	郑州市第八十一中学	2013年度河南省校园文化艺术工作先进单位	河南省教育厅	2014年6月
34	郑州市第八十一中学	2014年度河南省十大教育窗口学校	河南省校园文化艺术促进会	2014年12月
35	春晖小学	河南省综合实践活动课程建设样本学校	河南省教育学会中小学综合实践活动教学专业委员会	2014年10月
36	春晖小学	2013年度校园文化艺术工作先进单位	河南省教育厅河南省新闻出版局　河南省文学艺术界联合会　河南省校园文化艺术促进会	2014年6月
37	春晖小学	河南省第十二届运动会及首届全民健身大会学生组校园足球冠军杯赛小学组第二名	河南教育厅河南省体育局	2014年7月
38	春晖小学	2014男子团体第八名乒乓球省传校	河南省教育厅	2014年7月
39	春晖小学	2014女子团体第四名乒乓球省传校	河南省教育厅	2014年7月
40	航海路小学	“我爱祖国海疆”2014年河南省青少年航海模型锦标赛体育道德风尚奖	河南省体育局　河南省教育厅	2014年7月
41	航海路小学	2014年河南省青少年建筑模型锦标赛优秀科技体育社团	河南省体育局　河南省教育厅	2014年12月
42	航海路小学	“我爱祖国海疆”2014年河南省青少年航海模型锦标赛足球赛团体第一名	河南省体育局　河南省教育厅	2014年7月

序号	获奖单位	奖项名称	颁奖单位	获奖时间
43	航海路小学	2014年"我爱祖国海疆"河南省青少年航海模型教育竞赛男子团体　第三名	河南省体育局　河南省教育厅	2014年5月
44	航海路小学	"我爱祖国海疆"2014年河南省青少年航海模型锦标赛足球赛团体第四名	河南省体育局　河南省教育厅	2014年7月
45	航海路小学	二十八届河南省青少年科技创新大赛青少年科技创新成果项目一等奖	河南省教育厅　河南省科学技术学会	2014年9月
46	航海路小学	"我爱祖国海疆"2014年河南省青少年航海模型锦标赛足球赛团体第五名	河南省体育局　河南省教育厅	2014年7月
47	大学路小学	2014-2017河南省体育传统项目学校	河南省体育局　河南省教育厅	2014年10月
48	大学路小学	2014年河南省青少年建筑、车辆模型锦标赛优秀科技体育社团	河南省体育局　河南省教育厅	2014年12月
49	外国语小学	河南省儒学文化与教育创新示范学校	河南省儒学文化促进会	2014年2月
50	外国语小学	河南省校园文化艺术工作先进单位	河南省教育厅	2014年6月
51	外国语小学	河南省蒙特梭利模拟联合国项目基地学校	河南省教育厅	2014年11月
52	外国语小学	河南省十大综合实力十强学校	河南省校园文化促进会	2014年12月
53	兴华小学	河南省第六届轮滑锦标赛优秀组织奖	河南省社会体育管理中心	2014年8月
54	铭功路小学	河南省级体育传统项目学校	河南省体育局、河南省教育厅	2014年
55	长江东路小学	河南省防震减灾科普教育基地	河南省地震局	2014年5月
56	长江东路小学	河南省定向越野冠军赛第二名	河南省体育局	2014年12月
57	汝河路小学	2014年河南省科学调查体验活动优秀组织单位	省青少年科技中心	2014年10月
58	汝河路小学	河南省第十二届运动会暨首届全民健身大会闭幕式群众文化表演奖	河南省第十二届运动会暨首届全民健身大会组委会	2014年9月
59	幸福路小学	第26届CPBA全国(U13)"苗苗杯"小篮球赛河南赛区甲组冠军	中体协篮球分会小篮球工作委员会　CPBA全国(U13)"苗苗杯"小篮球理事会	2014年5月
60	幸福路小学	第26届CPBA全国(U13)"苗苗杯"小篮球赛河南赛区乙组第二名	中体协篮球分会小篮球工作委员会　CPBA全国(U13)"苗苗杯"小篮球理事会	2014年5月
61	幸福路小学	河南省级体育传统项目学校(2014-2017)	河南省体育局　河南省教育厅	2014年12月
62	陇海中路小学	CPBA全国U13"苗苗杯"小学生(甲组)篮球比赛(河南赛区)优胜奖	全国小蓝球协会	2014年5月
63	陇海中路小学	河南省综合实践样板校	河南省基础教育教学研究室	2014年10月
64	陇海中路小学	映象网教育频道校园记者站	河南人民广播电台	2014年3月
65	陇海中路小学	2014年河南省青少年航海模型锦标赛精神文明奖	河南省体育局　河南省教育厅	2014年5月

序号	获奖单位	奖项名称	颁奖单位	获奖时间
66	陇海中路小学	河南省中小学综合实践活动、社团活动优秀组织奖。	河南省基础教育教学研究室	2014年9月
67	陇海中路小学	2013年度校园文化艺术工作先进单位	河南省校园文化艺术促进会	2014年6月
68	实验小学	校本教研实验学校	河南省基础教育教学研究室	2014年1月
69	永安街小学	2014-2016年度河南省青少年围棋训练基地	河南省围棋协会	2014年5月
70	永安街小学	河南省十大书香校园	河南省校园文化艺术促进会　河南校园编辑部	2014年12月
71	永安街小学	2014年第八届河南省青少年科学素质网上知识竞赛优秀组织奖	河南省教育厅　共青团河南省委　河南省科协	2014年12月
72	苗圃小学	河南省杨帆小学数学名师工作室	河南省教育厅	2014年12月
73	建新街小学	河南省体育传统项目学校	河南省体育局　河南省教育厅	2014年12月
74	德化街小学	2013年度校园文化艺术工作先进单位	河南省教育厅	2014年6月
75	德化街小学	2014年度十大校园文化示范校	河南省校园文化艺术促进会	2014年12月
76	解放路小学	校园文化先进单位	河南省教育厅	2014年6月
77	解放路小学	综合实践活动课程建设样本学校	河南省教育学会	2014年10月
78	解放路小学	2014年河南省青少年建筑、车辆模型锦标赛优秀组织奖	河南省体育局　河南省教育厅	2014年12月
79	解放路小学	建筑模型优秀科技体育社团	河南省体育局　河南省教育厅	2014年12月
80	政通路小学	2014年河南省传校中小学生足球锦标赛男子第四名	河南省体育局	2014年7月
81	陇西小学	校园文化艺术先进单位	河南省教育厅　河南省新闻出版局　河南省文学艺术界联合会　河南省校园文化艺术促进会	2014年6月
82	郑州市第七十四中学	河南省传校篮球比赛第六名	河南省体育局　河南省教育厅	2014年7月
83	郑州市第七十四中学	河南省高中篮球联赛第六名	河南省体育局	2014年6月
84	郑州市第七十四中学	2014年河南省定向越野冠军赛第一名	河南省体育局	2014年12月
85	郑州市第七十四中学	2014-2017河南省级传统项目学校	河南省体育局　河南省教育厅	2014年12月
86	郑州市第七十四中学	全国教育科学“十二五”规划教育部重点课题中学化学新课程实验教学创新研究实验示范学校	河南省基础教育教学研究室	2014年12月
87	郑州市第十三中学	河南省第六届校园定向越野联赛团体第一名	河南省教育厅　河南省体育局	2014年4月
88	郑州市第五十三中学	2013年度校园文化艺术工作先进单位	河南省教育厅	2014年6月
89	郑州市第五十三中学	第六届校园定向越野联赛精神文明奖	河南省新闻出版局	2014年4月
90	郑州市第五十三中学	河南省第六届校园定向越野联赛(十三中学站)优秀组织奖	河南省体育局　河南省教育厅	2014年4月
91	郑州市第五十三中学	2014年度河南省十大最具文化氛围学校	河南校园文化促进会　河南校园编辑部	2014年12月

序号	获奖单位	奖项名称	颁奖单位	获奖时间
92	郑州市第八十九中学	2013年度河南省校园文化艺术工作先进单位	河南省教育厅　河南省新闻出版局	2014年6月
93	荆胡小学	2014年度最具传统文化学校	河南省校园文化艺术促进会	2014年12月
94	大学路第二小学	"舞动中原"河南省青少年电视舞蹈大赛二等奖	河南省舞蹈家协会	2014年8月
95	八卦庙小学	河南省青少年车辆模型锦标赛优秀科技体育社团	河南省体育局　河南省教育厅	2014年12月
96	八卦庙小学	河南省青少年航海模型锦标赛(郑州赛区)女子团体第一名	河南省体育局　河南省教育厅	2014年5月
97	八卦庙小学	"我爱祖国海疆"2014年河南省青少年航海模型锦标赛体育道德风尚奖	河南省体育局　河南省教育厅	2014年7月
98	八卦庙小学	河南省青少年航海模型锦标赛(郑州赛区)优秀组织奖	河南省体育局　河南省教育厅	2014年5月
99	八卦庙小学	2014年度科技体育竞赛先进单位	河南省体育局　河南省教育厅	2014年12月
100	侯寨二中	河南省第六届定向越野联赛优秀组织奖	河南省教育厅	2014年3月
101	尖岗小学	2014年河南省青少年车辆锦标赛优秀科技体育社团	河南省教育厅	2014年12月
102	罗沟小学	2014年河南省青少年车辆模型锦标赛优秀科技体育社团	河南省体育局　河南省教育厅	2014年12月
103	铁三官庙小学	河南省第六届校园定向越野联赛(育人学校站)M9A团体第二名	河南省教育厅　河南省体育局	2014年3月
104	铁三官庙小学	河南省第六届校园定向越野联赛(育人学校站)W9A　团体第三名	河南省教育厅　河南省体育局	2014年3月
105	铁三官庙小学	2013年度河南省校园文化艺术工作先进单位	河南省教育厅	2014年6月
106	铁三官庙小学	河南省无线电测向公开赛男子团体第一名	河南省教育厅　河南省体育局	2014年11月
107	淮河东路小学	河南省文明学校	河南省教育厅	2014年1月
108	淮河东路小学	河南省语言文字规范化"示范学校"	河南省教育厅	2014年8月
109	淮河东路小学	河南省基础教育成果评比二等奖	河南省教育厅	2014年8月
110	淮河东路小学	河南省综合实践活动课程建设"样本学校"	河南省教育学会中小学综合实践活动教学专业委员会	2014年10月
111	淮河东路小学	首批河南省中小学生心理健康教育"示范学校"	河南省教育厅	2014年12月
112	培育小学	2013年度河南省校园文化艺术工作先进单位	河南省教育厅　河南省新闻出版局　河南省文化艺术届联合会　河南省校园文化艺术促进会	2014年6月
113	培育小学	全省第三届青少年素质教育"老少共筑中国梦"手抄报评比活动优秀组织奖	河南省关心下一代工作委员会办公室　河南省教育厅办公室关心下一代工作委员会　河南宋基会　河南省期刊协会　河南省青少年素质教育专业委员会	2014年8月
114	培育小学	2014年度科技体育竞赛先进单位	河南省教育厅	2014年12月
115	刘胡垌小学	2013年度校园文化艺术工作先进单位	河南省教育厅	2014年6月
116	刘胡垌小学	河南省十大书香校园	河南省校园文化艺术促进会	2014年12月

序号	获奖单位	奖项名称	颁奖单位	获奖时间
117	马寨第一中学	河南省第六届校园定向越野联赛（十三中学站）精神文明奖	河南省体育局　河南省教育厅	2014年4月
118	马寨第一中学	河南省第六届校园定向越野联赛（十三中学站）第二名	河南省体育局　河南省教育厅	2014年4月
119	马寨第一中学	2013年度河南省校园文化艺术工作先进单位	河南省教育厅　河南省新闻出版局　河南省文化技术界联合会　河南省校园文化促进委员会	2014年6月
120	人和路小学	郑州市中小学综合实践活动先进单位	郑州市教育局	2014年10月
121	人和路小学	全国青少年五好小公民“美丽中国，我的中国梦”主题教育活动先进学校	郑州市教育局关心下一代工作委员会	2014年8月
122	人和路小学	郑州市无烟单位	郑州市爱国卫生委员会	2014年7月
123	人和路小学	郑州市第八届短式网球比赛团体第三名	郑州市体育局　郑州市教育局	2014年1月
124	人和路小学	2014年郑州市“晨光杯”短式网球比赛短式网球团体三等奖	郑州市体育局　郑州市教育局	2014年12月
125	人和路小学	“第六届少儿文化艺术节”展演活动动态类三等奖	郑州市文化广播电视新闻出版局　郑州市教育局	2014年12月
126	人和路小学	2014年郑州市“晨光杯”网球比赛、短式网球比赛优秀组织奖	郑州市体育局　郑州市教育局	2014年12月
127	春晖小学	2014年肯德基全国青少年校园青春健身大赛（河南赛区）一等奖	郑州市教育局　郑州肯德基有限公司	2014年6月
128	春晖小学	2013-2014郑州市青少年校园足球活动评为先进单位	郑州市教育局　郑州市体育局	2014年10月
129	春晖小学	2013-2014年度《郑州日报》校园记者站“十佳校园记者站”	郑州市教育局　郑州日报社	2014年6月
130	航海路小学	第二十届郑州市科技创新大赛科技创新成果竞赛项目一等奖	郑州市教育局	2014年4月
131	航海路小学	郑州市无烟单位	郑州市爱国卫生运动委员会	2014年9月
132	大学路小学	2013-2014年度全国青少年校园足球联赛（郑州赛区）小学女子组第八名	郑州市体育局　郑州市教育局	2014年5月
133	大学路小学	“好妈好爸好家风”郑州市庆“六一”儿童成果展示活动	郑州市妇女联合会　郑州市教育局	2014年6月
134	大学路小学	2013-2014学年度郑州市中小学综合实践活动先进单位	郑州市教育局	2014年10月
135	大学路小学	郑州市文明班级	郑州市教育局	2014年12月
136	外国语小学	全国青少年五好小公民主题教育活动先进学校	郑州市关心下一代协会	2014年8月
137	兴华小学	郑州市级文明单位	中共郑州市委　郑州市人民政府	2014年2月
138	兴华小学	郑州市少先队红旗大队	郑州市人力资源和社会保障局　共青团郑州市委　郑州市教育局	2014年7月

序号	获奖单位	奖项名称	颁奖单位	获奖时间
139	兴华小学	2014郑州市"滑启"杯第八届中小学生轮滑比赛"优秀组织奖"	郑州市体育局　郑州市教育局	2014年10月
140	兴华小学	2014郑州市"滑启"杯第八届中小学生轮滑比赛"团体第二名"	郑州市体育局　郑州市教育局	2014年10月
141	铭功路小学	2013－2014学年郑州市中小学家访活动先进校	郑州市教育局	2014年12月
142	长江东路小学	郑州市十佳科普教育学校	郑州市教育局	2014年4月
143	长江东路小学	郑州市防震减灾科普教育基地	郑州市地震局	2014年5月
144	长江东路小学	首届郑州市中小学生"简化少林拳"锦标赛暨武术段位赛集体项目优胜奖	郑州市体育局	2014年9月
145	长江东路小学	首届郑州市中小学生"简化少林拳"锦标赛暨武术段位赛体育道德风尚奖	郑州市教育局　郑州市体育局	2014年9月
146	长江东路小学	首届郑州市中小学生"简化少林拳"锦标赛暨武术段位赛集体优胜奖	郑州市教育局　郑州市体育局	2014年9月
147	长江东路小学	首届郑州市中小学生"简化少林拳"锦标赛暨武术段位赛团体总分一等奖	郑州市教育局　郑州市体育局	2014年9月
148	长江东路小学	2014年郑州市中小学生舞蹈比赛二等奖	郑州市教育局	2014年9月
149	长江东路小学	2014年郑州市青少年"中国梦　我的梦"主题绘画比赛先进单位	郑州市关心下一代工作委员会	2014年12月
150	汝河路小学	2014年郑州市校本课程《生命科学》设计二等奖	郑州市教育局	2014年2月
151	汝河路小学	郑州市校本课程建设先进单位	郑州市教育局	2014年9月
152	汝河路小学	2014年郑州市教育科研先进单位	郑州市教育局	2014年12月
153	汝河路小学	2014年郑州市青少年"中国梦我的梦"主题绘画比赛先进单位	郑州市关心下一代工作委员会	2014年12月
154	幸福路小学	2013年郑州市竞技体育后备人才培养先进集体	郑州市体育局　郑州市人力资源和社会保障局	2014年2月
155	幸福路小学	2013年度教育系统平安校园建设先进单位	郑州市教育局	2014年3月
156	幸福路小学	第十二届郑州市青少年科技创新大赛优秀组织单位	郑州市科学技术学会　郑州市教育局	2014年4月
157	幸福路小学	2014年度小学校园水育活动先进单位	郑州市节约用水办公室	2014年4月
158	幸福路小学	2015郑州市中小学棋类比赛围棋比赛小学男子甲组团体第一名	郑州市体育局　郑州棋院	2014年5月
159	幸福路小学	2014年肯德基全国青少年校园健身操大赛(河南赛区)一等奖	郑州市教育局　郑州肯德基有限公司	2014年6月
160	幸福路小学	2013-2014年度《郑州日报》校园记者站"十佳校园记者站"	郑州市教育局　郑州日报社	2014年6月
161	幸福路小学	郑州市"童心向党"歌咏活动优秀组织单位	郑州市文明办　郑州市教育局　共青团郑州市委　郑州市妇联　郑州市关心下一代工作委员会	2014年9月
162	幸福路小学	郑州市"第六届少儿文化艺术节"动态类三等奖	郑州市文化广播电视新闻出版局　郑州市教育局	2014年12月

序号	获奖单位	奖项名称	颁奖单位	获奖时间
163	京广路小学	郑州市校本课程建设先进单位	郑州市教育局	2014年9月
164	陇海中路小学	郑州市气象科普示范校	郑州市气象局	2014年10月
165	陇海中路小学	全国青少年五好小公民"美丽中国，我的中国梦"主题教育活动先进学校。	郑州市教育局关心下一代工作委员会	2014年8月
166	实验小学	郑州市少先队红旗大队	郑州市教育局　郑州市人力资源和社会保障局　共青团郑州市委　少先队郑州市工作委员会	2014年7月
167	实验小学	全国青少年五好小公民"美丽中国，我的中国梦"主题教育活动先进学校	郑州市教育局关心下一代工作委员会	2014年8月
168	实验小学	2014年度文明学校	郑州市教育局	2014年12月
169	艺术小学	郑州市中小学定向越野比赛获小学组第六名	郑州市教育局	2014.09
170	艺术小学	郑州市中小学生舞蹈比赛获一等奖	郑州市教育局	2014.09
171	艺术小学	郑州市校本课程先进单位	郑州市教育局	2014.09
172	永安街小学	2014年郑州市中小学生棋类比赛小学女子团体第一名，女子丙组团体第一名，男子乙组团体第二名、第三名	郑州棋院	2014年5月
173	永安街小学	2013-2014年度《郑州日报》优秀校园记者站	郑州市教育局　郑州日报社	2014年6月
174	永安街小学	郑州市教育系统"社会主义核心价值观教育社会实践"活动先进学校	郑州市教育局关心下一代工作委员会	2014年10月
175	建新街小学	2013年度郑州市文明学校	郑州市教育局	2014年2月
176	建新街小学爱眼护眼科技小组	第二十届郑州市青少年科技创新大赛实践活动一等奖	郑州市科学技术协会 郑州市教育局	2014年4月
177	建新街小学	2013——2014年度《郑州日报》优秀校园记者站	郑州市教育局　郑州日报社	2014年6月
178	建新街小学六二中队	郑州市少先队优秀中队	郑州市人力资源和社会保障局　共青团郑州市委　郑州市教育局　少先队郑州市工作委员会	2014年7月
179	建新街小学	郑州市校本课程建设先进单位	郑州市教育局	2014年9月
180	棉纺路小学	2014年度郑州市三星级红领巾示范标兵学校	郑州市教育局	2014年2月
181	德化街小学	教科研工作先进单位	郑州市教育局	2014年3月
182	德化街小学	健美操比赛一等奖	郑州市教育局	2014年6月
183	德化街小学	"好爸好妈好家风"郑州市庆"六一"儿童成果展示活动优秀组织奖	郑州市教育局	2014年6月
184	德化街小学	教科研工作先进单位	郑州市教育局	2014年9月
185	解放路小学	2013年度教育新闻宣传工作先进集体	郑州市教育局	2014年1月
186	解放路小学	郑州市卫生先进单位	郑州市爱国卫生运动委员会	2014年1月
187	解放路小学	郑州市中小学生安全知识竞赛优秀组织奖	郑州市教育局	2014年5月
188	解放路小学	郑州市"认星争优"活动优秀学校	郑州市教育局　共青团郑州市委	2014年6月

序号	获奖单位	奖项名称	颁奖单位	获奖时间
189	解放路小学	2014年度郑州市师德师风先进校	郑州市教育局	2014年12月
190	建新街幼儿园	2014年郑州市幼儿体操比赛(幼儿花球操)	郑州市体育局郑州市教育局	2014年9月
191	政通路小学	郑州市校本课程建设先进单位	郑州市教育局	2014年9月
192	陇西小学	“中国汉字听写大会”团体二等奖	郑州市教育局	2014年4月
193	陇西小学	郑州市“认星争优”活动优秀学校	郑州市精神文明建设指导委员会办公室　郑州市教育局　共青团郑州市委　郑州市妇女联合会	2014年6月
194	陇西小学	2013年度文明学校	郑州市教育局	2014年6月
195	陇西小学	郑州市优秀名师工作室	郑州市教育局	2014年6月
196	陇西小学	全国青少年五好小公民“美丽中国　我的中国梦”主题教育活动先进学校	郑州市教育局关心下一代工作委员会	2014年8月
197	陇西小学	郑州市校本课程建设先进单位	郑州市教育局	2014年9月
198	陇西小学	2014年郑州市“童心向党”歌咏活动优秀组织单位	郑州市精神文明建设指导委员会办公室　郑州市教育局　共青团郑州市委　郑州市妇女联合会　郑州市关心下一代工作委员会	2014年9月
199	陇西小学	2014年郑州市中小学生舞蹈比赛一等奖	郑州市教育局	2014年9月
200	陇西小学	“中国汉字听写大会”团体二等奖	郑州市教育局	2014年4月
201	郑州市第九十二中学	2014年度郑州市综合实践先进单位	郑州市教育局	2014年10月
202	郑州市第八十一中学	2014年郑州市中小学生舞蹈比赛一等奖	郑州市教育局	2014年9月
203	郑州市第八十一中学	2013—2014学年度郑州市中小学综合实践活动先进单位	郑州市教育局	2014年10月
204	郑州市第七十四中学	郑州市普通高中教育教学先进单位	郑州市教育局	2014年9月
205	郑州市第七十四中学	2013-2014学年郑州市中小学家访活动先进校	郑州市教育局	2014年12月
206	郑州市第十三中学	2013-2014学年郑州市普通初中教育教学“先进单位”	郑州市教育局	2014年9月
207	郑州市第十三中学	2014年度郑州市教育科研先进单位	郑州市教育局	2014年12月
208	郑州市第五十三中学	先进基层党校	中共郑州市委宣传部	2014年1月
209	二七区辅读学校	2014年度郑州市中小学德育工作先进单位	郑州市教育局	2014年3月
210	郑州市第八十九中学	2014年度郑州市中小学德育先进单位	郑州市教育局	2014年3月
211	路砦小学	2014年郑州市青少年“中国梦我的梦”主题绘画比赛先进单位	郑州市关心下一代工作委员会	2014年12月
212	邱砦小学	三星级红领巾示范标兵学校	共青团郑州市委　郑州市教育局　郑州市少工委	2014年2月
213	贾砦小学	三星级红领巾示范标兵学校	郑州市少工委	2014年2月
214	佛岗小学	2014年肯德基全国青少年校园青春健身操一等奖	郑州市教育局	2014年6月

序号	获奖单位	奖项名称	颁奖单位	获奖时间
215	八卦庙小学	2013年度教育系统平安校园建设先进单位	郑州市教育局	2014年3月
216	八卦庙小学	“飞上蓝天”折纸飞机竞赛活动优秀组织二等奖	郑州科学技术馆　二七区教学研究室　郑州市科学教育研究会	2014年6月
217	郭小寨小学	全国青少年青春健身操大赛二等奖	郑州市教育局	2014年6月
218	尖岗小学	2014年郑州市二七区飞上蓝天折纸飞机竞赛活动优秀组织二等奖	郑州市科学技术馆	2014年6月
219	尖岗小学	2014年肯德基全国青少年校园青春健身操大赛(河南赛区)二等奖	郑州市教育局	2014年6月
220	铁三官庙小学	2014年郑州市中小学棋类比赛象棋比赛团体第四名	郑州市教育体育局	2014年5月
221	铁三官庙小学	2014年郑州市百顺杯毽球锦标赛优秀组织奖	郑州市教育体育局	2014年5月
222	铁三官庙小学	2014年郑州市中小学定向越野比赛体育道德风尚奖	郑州市教育体育局	2014年9月
223	樱桃沟小学	郑州市文明班级(六年级)	郑州市教育局	2014年12月
224	淮河东路小学	郑州市教育系统平安校园建设先进单位	郑州市教育局	2014年3月
225	淮河东路小学	2014郑州市中小学德育先进单位	郑州市教育局	2014年3月
226	淮河东路小学	全国青少年“五好”小公民“美丽中国,我的中国梦”主题教育活动先进学校	郑州市教育局关心下一代工作委员会	2014年8月
227	淮河东路小学	郑州市校本课程建设先进单位	郑州市教育局	2014年9月
228	淮河东路小学	郑州市校长工作室	郑州市教育局	2014年10月
229	淮河东路小学	郑州市教育科研先进单位	郑州市教育局	2014年12月
230	郑州市第八十二中学	2013—2014学年度郑州市普通初中教育教学先进单位	郑州市教育局	2014年9月
231	二七区实验幼儿园	2013—2014学年郑州市中小学家访活动先进校	郑州市教育局	2014年12月
232	马寨镇中心学校	郑州市成人教育教研先进单位	郑州市成人教育教研室	2014年2月
233	马寨镇中心学校	第八届郑州市教育博客大赛先进集体	郑州市教育局	2014年12月
234	培育小学	2014年郑州市中小学生跳绳比赛小学组第五名	郑州市教育局　郑州市体育局	2014年9月
235	培育小学	2014年郑州市中小学生定向越野比赛小学组第四名	郑州市教育局　郑州市体育局	2014年9月
236	燕蓉希望小学	郑州市小学生毽球比赛女子组团体第一名	郑州市体育局	2014年5月
237	燕蓉希望小学	郑州市小学生毽球比赛男子组团体第二名	郑州市体育局	2014年5月
238	刘胡垌小学	2013年度郑州市未成年人思想道德建设工作先进单位	郑州市社会主义精神文明建设指导委员会	2014年2月
239	水磨小学	郑州市四星级红领巾示范标兵学校	共青团郑州市委　郑州市教育局　郑州市少工委	2014年2月
240	水磨小学	2014年郑州市中小学生毽球比赛中获小学女子组三人赛第六名	郑州市毽球协会	2014年5月

序号	获奖单位	奖项名称	颁奖单位	获奖时间
241	水磨小学	2014年郑州市中小学生毽球比赛小学女子组团体计数赛第五名	郑州市毽球协会	2014年5月
242	闫家咀小学	2014年度郑州市中小学生定向越野比赛团体第五名	郑州市社会体育管理中心	2014年9月
243	马寨一中	2014年郑州市中小学生排球比赛初中男子组第四名	郑州市教育局	2014年5月
244	马寨一中	2014年郑州市中小学生定向越野比赛初中组第六名	郑州市教育局	2014年9月
245	人和路小学	2013——2014学年度教育工作先进单位	中共二七区委　二七区人民政府	2014年9月
246	春晖小学	2013-2014学年度教育工作先进单位	中共二七区委　二七区人民政府	2014年10月
247	航海路小学	2013-2014学年度教育工作先进单位	中共二七区委　二七区人民政府	2014年7月
248	外国语小学	二七区文明单位	中共二七区委　二七区人民政府	2014年3月
249	长江东路小学	2013-2014学年教育工作先进单位	中共二七区委　二七区人民政府	2014年9月
250	汝河路小学	2013-2014学年教育工作先进单位	中共二七区委　二七区人民政府	2014年9月
251	苗圃小学	二七区文明单位	中共二七区委　二七区人民政府	2014年3月
252	解放路小学	二七区文明单位	中共二七区委　二七区人民政府	2014年3月
253	政通路小学	2013-2014学年教育工作先进单位	中共二七区委　二七区人民政府	2014年9月
254	陇西小学	2013-2014学年度教育工作先进单位	中共二七区委　二七区人民政府	2014年9月
255	郑州市第八十一中学	2013—2014学年度教育工作特殊贡献单位	二七区人民政府	2014年9月
256	郑州市第九十二中学	2013-2014学年度教育工作特殊贡献单位	二七区人民政府	2014年9月
257	郑州市第二十二中学	二七区文明单位	二七区委、二七区人民政府	2014年3月
258	郑州市第二十二中学	特殊贡献单位	二七区人民政府	2014年9月
259	郑州市第七十四中学	2013-2014学年度教育工作特殊贡献单位	二七区人民政府	2014年9月
260	辅读学校	2013-2014学年度教育工作先进单位	中共二七区委　二七区人民政府	2014年9月
261	邱砦小学	2013-2014学年度教育工作特殊贡献单位	二七区人民政府	2014年9月
262	贾砦小学	2013-2014学年教育工作特殊贡献单位	中共二七区委　二七区人民政府	2014年9月
263	侯寨乡中心学校	2013-2014学年度教育工作先进单位	中共二七区委　二七区人民政府	2014年9月
264	淮河东路小学	2013-2014学年度教育工作先进单位	中共二七区委　二七区人民政府	2014年9月
265	淮河东路小学	2014年度二七区文明单位	中共二七区委　二七区人民政府	2014年12月
266	郑州市第八十二中学	2013-2014学年度教育工作先进单位	中共二七区委　二七区人民政府	2014年9月
267	实验幼儿园	二七区文明单位	中共二七区委　二七区人民政府	2014年3月
268	实验幼儿园	2013-2014学年度教育工作先进单位	中共二七区委　二七区人民政府	2014年9月

（肖　冉）

索 引

说明：

一、本索引为分类索引，包括主题词索引和表格示意图索引。

二、主题词索引标目按汉语拼音音序排列，标目后数字为页码，页码后a、b、c分别表示为该页的左、中、右栏。

三、表格和示意图索引按页码顺序编排

A

B

C

D

E

F

K

L

M

N

P

Q

R

S

T

W

X

Y

Z

表格和示意图索引

图书在版编目(CIP)数据

二七年鉴. 2015 / 郑州市二七区人民政府主办;二七区地方志办公室编. —郑州:中州古籍出版社,2015.12

ISBN 978-7-5348-5541-2

Ⅰ. ①二… Ⅱ. ①郑… ②二… Ⅲ. ①区(城市)—郑州市—2015—年鉴 Ⅳ. ①Z526.11

中国版本图书馆CIP数据核字(2016)第004139号

责任编辑: 米 敏
责任校对: 黄倩扬
出版社: 中州古籍出版社
(地址:郑州市经五路66号 邮政编码:450002)
发行单位: 新华书店
承印单位: 河南省瑞光印务股份有限公司
开本: 889mm × 1194mm 1/16 **印张:** 28
字数: 1 300千字 **印数:** 1—500册
版次: 2015年12月第1版 **印次:** 2015年12月第1次印刷

定价: 310.00元